帝國議會

# 衆議院議事速記錄

## 제6권

소화 4年 1月 ~ 소화 7年 9月

韓國學資料院

## < 目　　　　次 >

### 第 6 卷　昭和 4年 1月 ～ 昭和 7年 9月

○國務大臣（男爵田中義一君）　諸君、茲ニ第五十六回帝國議會ノ開會ニ方リ、政府ノ所見ヲ述ブルコトハ、私ノ光榮トスル所デアリマス、昨年十一月行ハレマシタ御一代ノ大典、即位ノ禮及大嘗祭ヲ滯リナク終了セラレマシタコトハ、一ニ御稜威ノ然ラシムル所デ、誠ニ御同慶ニ堪ヘマセヌ（拍手）私ハ諸君ト共ニ謹ンデ即位禮ノ當日ニ渙發セラレマシタル勅語ノ御主意ヲ遵奉致シ、益〻勵精以テ皇運ノ隆昌ニ翼賛センコトヲ期スル次第デアリマス（拍手）而シテ此皇室及國家ノ盛儀ニ際シテ、遺憾ナク我ガ全國民ヲシテ尊王愛國ノ精神ヲ發揮セシメ、國體ノ精華ヲ顯揚シマシタコトハ、諸君ト共ニ慶賀措ク能ハザル所デアリマス（拍手）帝國ト締盟各國トノ交際ハ益〻親厚ヲ加ヘ、殊ニ御大禮ニ當リマシテ各國ノ元首、政府竝ニ朝野ノ諸人士カラ我ガ皇室及國家ニ對シテ、熱誠ナル奉祝ノ意ヲ致サレマシタコトハ、深ク感銘スル所デアリマス、私ハ此機會ニ於テ帝國政府ノ深厚ナル謝意ヲ表スルモノデアリマス、又一時御重態ニ拜シマシタ英國皇帝陛下ノ御病狀ガ、昨今大第ニ快方ニ向ハセラレツヽアルコトハ、諸君ト共ニ私ノ衷心ヨリ御慶ビ申上ゲル所デアリマス（拍手）隣邦支那ノ時局ニ關シマシテハ、後刻外務大臣トシテ改メテ説明スル筈デアリマス、政府ハ時運ノ進展ニ伴ヒ國家ノ隆盛ヲ圖リ、國民ノ利福ヲ増大センガ爲ニ、ソレ〳〵緩急ヲ考慮シテ新規ノ計畫ヲ立テ、就中國民思想ノ善導、精神ノ作興ニ注意シ、産業貿易ノ振興ヲ圖ル爲ニ、財源ノ許ス限リ諸種ノ施設ヲ全ウスルニ勉メ、國税地方税ヲ通ジテ根本的整理ヲ行ヒ、地方自治體ノ健全ナル發達ヲ期シ、同時ニ社會政策上必要ナル施設ヲ爲サントスルモノデアリマス（拍手）即位禮當日ノ勅語ニ於テ、教化ヲ醇厚ニシ愈民心ノ和會ヲ致シ、益國運ノ隆昌ヲ進メムトノ聖旨ヲ拜シマシタコトハ、國民一同恐懼感激ニ堪ヘナイ所デアリマス（拍手）政府ハ特ニ國民思想ノ善導、精神ノ作興ニ最善ノ努力ヲ致シ、此方針ニ基イテ教育ノ内容ノ改善ヲ圖ルハ勿論、立法、行政各般ノ施設ニ亙リテ常ニ聖旨ノ徹底ヲ期シ、殊ニ青年及學生生徒等ヲシテ其方途ヲ誤ラザラシメンガ爲ニ適當ノ施設ヲ爲シ、又社會教育ヲ振興センガ爲メ特ニ行政機關ノ擴張ヲ行ヒ、各種團體ノ活動ト相俟ッテ其目的ヲ達成セントスルノデアリマス、産業貿易ノ振興ニ就テハ自作農ノ創設維持ノ計畫ヲ確立シ、開墾、治水、水利、林業、蠶業、水産等、農業上ノ諸方策ヲ充實スルト共ニ貿易ノ保護獎勵、主要工業ノ助長、金融ノ疏通等、商工業ノ發達ニ留意致シ、又交通及通信機關ノ整備ニ依リテ、齊シク産業ノ振興ト文化ノ開發トニ資センガ爲ニ道路港灣ノ改修ヲ完成シ、鐵道ノ普及改良ヲ圖リ、航空事業ノ助長、諸航路ノ開拓改善ヲ企テ、電氣事業ノ統制ニ就テモ亦適當ノ措置ヲ講ズルノ方針デアリマス、政府ハ帝國領土竝ニ租借地ニ對スル行政ノ統轄ヲ必要ト致シ、拓殖ニ關スル一省ノ設置ヲ決定シ、併セテ海外ニ於ケル國民ノ經濟發展ヲ保護獎勵センコトヲ企圖シツヽアルノデアリマス、政府ガ豫テ種々ナル調査機關ヲ設定シテ、帝國ノ殖産興業ニ關スル研究ヲ進メテ居ルコトハ御承知ノ通リデアリマス、是等諸機關ノ答申ニ對シマシテハ常ニ周密ナル注意ヲ拂ヒ、施設上ノ參考ニ資シテ居ルノデアリマス、近時一般財界ノ整理大ニ進行致シ、金融機關ノ基礎著シク堅實ヲ加ヘ、資金ノ狀況ハ漸次改善セラレツヽアルノデアリマス、此際前述ノ如ク政府ガ産業貿易ノ振興ニ關シ一段ノ力ヲ添フルニ於テハ、我ガ財界ハ一層良好ニ向フモノト考フルノデアリマス、政府ハ地方自治體ニ獨立ノ財源ヲ與ヘテ、其財政的基礎ヲ鞏固ニシ、健全ナル發達ヲ期スルコトガ刻下ノ急務ナリト信ズルノデアリマス、政府ハ此目的ヲ達成スルガ爲ニ、地租竝ニ營業收益税ヲ國税ヨリ移讓致シ、國税地方税ヲ通ジテ根本的整理ヲ行フノ方針ヲ決定致シ（拍手）其過渡的施設トシテ昭和四年度ヨリ右兩税ノ負擔輕減ヲ圖ルノ計畫デアリマス（拍手）世態ノ推移ト、産業經濟ノ發展トニ從ッテ、各種社會問題ノ解決ヲ要スルモノガ少クナイノデアリマス、政府ハ之ニ對シテ立法、行政各方面ヨリ種々ノ社會政策ヲ講ジ、勞働者災害救濟法ノ制定ヲ始メ、工場法ノ改正、公益職業紹介機關ノ整備等ヲ計畫致シ、更ニ失業救濟ノ爲ニ、土木事業ノ獎勵、其他ニ付テ十分考慮致シテ居ルノデアリマス、尚ホ財政經濟事項ニ付キマシテハ、大藏大臣ヨリ説明致ス筈デアリマス、諸君ハ何卒政府ノ意ノ在ル所ヲ諒トセラレ、諸般ノ案件ニ對シテ、御協賛ヲ與ヘラレンコトヲ希望致シマス（拍手）引續キ外務大臣トシテ外交問題ニ就テ説明ヲ申上ゲマス（拍手）諸君、私ハ外務大臣トシテ昨年一月本院ニ對シ、我ガ對外關係ヲ御説明致シタノデアリマス、ソレ以來今日ニ至ルマデノ外交問題ノ經過ヲ茲ニ申述ベタイト存ジマス、諸君、帝國ト締盟各國トノ國交ガ益〻親善ヲ加ヘ、又世界ノ平和ガ日ヲ逐ウテ其基礎ヲ固クシ、帝國ガ之ニ十分ノ貢獻ヲ爲シツヽアルコトハ、諸君ト共ニ慶賀ニ堪ヘナイ所デアリマス、世界平和ノ點カラ見マシテ、客年八月二十七日巴里ニ於テ調印セラレマシタ戰爭抛棄條約ハ、一ツノ重要ナル約定デアリマス、帝國ハ其重要ナル性質ニ顧ミテ、殊ニ内田伯爵ヲ全權委員トシテ巴里ニ派遣致シ、之ニ調印セシメタノデアリマス、帝國ト諸列國トノ國交關係ヨリ見マスレバ、獨逸或ハ英領新西蘭及「ラトヴィア」國トノ間ニ新タニソレ〳〵通商條約若クハ取極ノ成立ヲ見、又日露兩國間ノ新漁業協約モ御批准ヲ了スルニ至リマシタ、尚ホ北米合衆國トハ益〻經濟的關係ガ密接トナリ、國交ノ親善ヲ深クシテ參リマスノハ、洵ニ欣賀ニ堪ヘナイ次第デアリマス、唯數年來懸案トナッテ居リマシタ所謂排日移民法ハ、尚ホ未ダ解決ニ至ッテ居リマセヌ、其解決ハ全ク日米兩國民相互ノ了解ニ俟ツノデアリマシテ、此了解モ年ヲ逐ウテ深厚トナリツヽアルコトヲ確信スルノデアリマス、次ニ支那ノ狀況ヲ見マスルニ、過去十有五年ノ間、殆ド絶ユルコトナカッタ所ノ戰亂モ漸ク鎭靜ノ域ニ入リ、一般ニ和平ノ機運ガ現レル形勢ヲ呈スルニ至リマシタ、斯ノ如キハ常ニ隣邦ノ慶福ヲ念トスル帝國ノ洵ニ喜バシク感ズル所デアリマス、政府ハ支那國民ガ斯カル機運ヲ善用シテ、一日モ速ニ和平統一、建設的大業ヲ完成センコトヲ望ンデ止マナイノデアリマス（拍手）之ガ爲ニハ終始一貫深甚ノ同情ヲ有シ、支那ト關係多キ列國ト協力シテ貢獻セント欲シテ居ルノデアリマス、唯國民政府ノ前途ニハ内外共ニ幾多ノ難關ガアルノデアリマスルカラ、所期ノ目的ヲ達成スルガ爲ニハ、同政府ニ於テモ今後一層ノ自重ト穩健ナル態度ヲ以テ事ニ當ルノ要アルコトハ言ヲ須ヒヌ所デアリマス（拍手）若シ夫レ、滿洲ニ關シテハ同地方ガ我國ト接壤地帶ナルガ爲ニ、國防上政治上極メテ重大ナル關係ニアルノミナラズ、當テ我國ハ帝政露國ノ侵略ニ對シ、國運ヲ賭シテ同地方ノ自由ヲ恢復シタル歷史的關係アルガ爲ニ、我ガ國民ノ同地方ニ對スル國民的感情ハ、支那ノ他ノ地方ニ對スルト異ルモノアルノハ當然ノ次第デアリマス(拍手)加之同地方ニ於テハ今ヤ百万有餘ノ帝國臣民カ在住シ、幾多重要ナル權利利益ガ現存シテ居ルノデアリマス、隨テ日本國民トシテハ滿洲ノ事柄ニ對シ一層深刻ナル注意ヲ拂フノハ當然デアリマシテ、帝國政府ニ於テハ素ヨリ滿洲ニ於ケル支那ノ領土主權ヲ尊重シ、門戶開放機會均等ノ趣旨ヲ確保徹底セシメ、以テ內外人安住ノ地タラシムルコトヲ切望スルモノナルガ故ニ、此地ノ靜謐ヲ亂シ若クハ我ガ重大ナル權益ヲ害スルガ如キ事態ノ發生ニ對シマシテハ、之ヲ排除スルノ覺悟ヲ有スルモノデアリマス(拍手)政府ハ是迄此方針ニ基キ總テヲ適宜措置シツヽアル次第デアリマス、之ヲ要スルニ帝國政府ノ希望スル所ハ、日支兩國互ニ其立場ヲ理解シ、其理解ニ基キ互讓妥協ノ精神ヲ以テ腹藏ナキ意見ノ交換ヲ行ヒ、由テ以テ從來ノ諸懸案ヲ解決一掃スルノミナラズ、更ニ一層協力シテ日支兩國民共榮ノ實ヲ擧ゲ極東ノ平和ヲ維持シ、延イテ世界ノ文化進運ニ貢獻スルニ在ル次第デアリマス(拍手)以上槪略ノ說明ニ依リマシテ政府外交方針ノ大要ヲ御了解下サッタコト、信ジマス、政府ハ今後トモ此方針ニ依ッテ益、列國トノ友好關係ヲ增進シ、帝國ノ權益ヲ擁護伸張スルト共ニ、人類ノ平和ニ貢獻致シタイト考ヘテ居ル次第デアリマス(拍手)

○議長(元田肇君) 大藏大臣三土忠造君

〔國務大臣三土忠造君登壇〕

○國務大臣(三土忠造君) 諸君、茲ニ昭和四年度歲入歲出總豫算並ニ財政計畫ノ大要ヲ說明致シマスルコトハ、私ノ最モ光榮トスル所デアリマス、昭和四年度豫算ノ編成ニ方リマシテハ、前年度ニ於テ計畫シタル產業ノ振興ニ關スル諸政策ノ外、昨春特別議會ニ於テ聲明シタル國稅及地方稅ヲ通ジテ行フベキ稅制ノ整理、社會政策的施設等ノ政策ノ實現ヲ圖ルベキハ勿論、時運ノ進展ニ伴ヒ更ニ新規ノ施設ヲ要スルモノモ亦尠クアリマセヌガ、而モ經濟界ノ現況ハ殆ド自然增收ヲ見積ルノ餘地ガ存シナイノデアリマス、是ヲ以テ既定經費ノ節約ニカムルト共ニ財政計畫ニ變更ヲ加ヘ、財源ノ許ス範圍ニ於キマシテ諸政策ノ實現ヲ期シタル次第デアリマス、以上ノ方針ニ依リ編成シタル昭和四年度總豫算ハ、歲入歲出各、十七億五千二百八十餘万圓ニシテ、之ヲ前年度實行豫算ニ比較スレバ四千三百六十餘万圓ノ增加デアリマス、先ヅ歲入ヨリ說明致シマスガ、歲入經常部ハ十四億九千九百餘万圓、同臨時部ハ二億五千三百七十餘万圓デアリマシテ、之ヲ前年度實行豫算ニ比較スレバ、經常部ニ於テハ千四百六十餘万圓、臨時部ニ於テハ二千九百餘万圓、計四千三百六十餘万圓ノ增加ニナルノデアリマス、歲入豫算ノ內增減事項中ノ主要ナルモノヲ擧ゲマスレバ、經常部ニ在リテハ租稅ノ內相續稅ニ於テ四百四十餘万圓、砂糖消費稅ニ於テ四百二十餘万圓、織物消費稅ニ於テ五百十餘万圓、關稅ニ於テ三百七十餘万圓ヲ增加シ、所得稅ニ於テ八百七十餘万圓、地租ニ於テ三百五十餘万圓、營業收益稅ニ於テ八百九十餘万圓、酒稅ニ於テ三百七十餘万圓、取引所稅ニ於テ三百五十餘万圓ヲ減少シ、其他ノ諸稅ニ於テモ多少ノ增減ガアリマスガ、結局租稅全體ニ於テハ九百三十餘万圓ヲ減少シテ居リマス、右ノ內地租及營業收益稅以外ノ諸稅ノ增減ハ、大體前年度ノ實績等ヲ基礎トシテ算出シタル所謂自然ノ增減デアリマスガ、地租及營業收益稅ノ減少ハ主トシテ過渡的減稅ノ結果デアリマス、又印紙收入ニ於テ七百餘万圓、官業及官有財產收入ニ於テ千五百二十餘万圓、是ダケヲ增加致シ、尚ホ預金部特別會計ヨリノ繰入ニ於テ百九十餘万圓ヲ增加シテ居リマス、併シナガラ此等增加額ノ大部分ハ既定計畫上ノ當然增加額、又ハ新規事項ニ伴フ增加額等デアリマシテ、歲入經常部ヲ通算シテ所謂自然增收ト目スベキモノハ、僅ニ四百六十餘万圓ニ過ギナイノデアリマス、次ニ歲入臨時部ニ於キマシテハ、公債ニ於テ二千七百二十万餘圓ヲ增加シ、前年度剩餘金繰入ニ於テ三千四百餘万圓ヲ減少シ、賠償金特別會計資金繰入千二百九十餘万圓ヲ新ニ計上致シマシタ、賠償金特別會計ノ資金ハ昭和三年末ニ於テ現金千八百餘万圓ヲ有シ、「ドーズ」案ノ實行ニ依リマシテ今後每年約七百万圓ノ收入アル見込デアリマス、之ヲ最モ有效ニ使用スル爲メ移植民ノ保護獎勵ニ關スル經費、國際聯盟ニ關スル經費、航空施設ニ關スル經費ノ財源ニ充當スルノ計畫ヲ樹テ、右ニ要スル經費ニ相當スル金額ヲ賠償金特別會計ヨリ一般會計ニ繰入ルヽコトヽ致シマシタ、尚ホ從來懸案トナレル世界大戰ニ依リ損害ヲ被リマシタル帝國臣民ニ對スル追加救恤ニ付キマシテハ、此際之ヲ實行シテ以テ本件ノ結末ヲ付クルコトヲ適當ト認メ、之ニ要スル交付金四百万圓ヲ賠償金特別會計ニ計上致シタノデアリマス、公債ニ付キマシテハ一般會計ニ於テ帝都復興費並ニ震災復舊諸費共ニ大體之ヲ公債支辨トスルコトヽシ、昭和四年度ニ於テハ震災善後費一億二千二十餘万圓ノ內九千百餘万圓ヲ公債ニ依ルコトト致シマシタ、特別會計ノ內帝國鐵道ノ分ハ、前內閣ノ豫定額ニ比シ四千万圓ヲ增加シテ八千万圓ト致シマシタ、其他ノ特別會計ノ分ハ總テ豫定額通リ、卽チ朝鮮事業公債二千万圓、臺灣事業公債五百万圓、關東州事業公債百万圓、樺太事業公債百万餘圓デアリマス、以上一般會計、特別會計ヲ通ジテ昭和四年度ニ於ケル歲出豫算ノ財源タルベキ新規公債ノ發行額ハ一億九千八百餘万圓デアリマス、右公債ノ發行方法ハ、固ヨリ今後金融市場ノ情勢ニ應ジマシテ、適宜之ヲ處理スベキデアリマスガ、成ベク預金部其他ノ運用會計ノ引受等ニ依ル分ヲ多ク致シ、公募額ハ出來得ル限リ減少スル方針デアリマス、次ニ歲出ニ付說明致シマス、歲出經常部十二億三千九十餘万圓、臨時部五億二千百八十餘万圓、之ヲ前年度實行豫算ニ比較スレバ、經常部ニ於テ三千四十餘万圓、臨時部ニ於テ千三百二十餘万圓、計四千三百六十餘万圓ノ增加デアリマス、卽チ前年度豫算ニ對スル當然增加額一億千九百三十餘万圓、當然減少額一億八千六百九十餘万圓、要求減額千二百八十餘万圓、節減若クハ繰延額八百餘万圓、新規增加額一億三千二百餘万圓デアリマシテ、增減差引前述ノ如ク四千三百餘万圓ノ增加ニナルノデアリマス、昭和四年度ニ於テ施設スベキ重要ナル事項ニ付其大要ヲ說明致シマス、產業振興ニ關スル施設ハ政府ノ最モ重キヲ置ク所デアリマスガ、殊ニ經濟界ノ現況ニ鑑ミ、其實施ノ忽セニスベカラザルヲ認メマシテ、財源ノ餘裕少キ際ナルニ拘ラズ、出來得ル限リ之ガ實現ニ努メタノデアリマス、卽チ產業行政ヲ主管スル農林、商工、兩省ニ於テノミナラズ、其他ノ各省ニ亙リマシテ直接間接ニ產業ノ振興ニ必要ナル施設ニ關シ新ニ計畫セルモノ、又ハ從來ノ計畫ヲ擴張シタルモノガ少クナイノデアリマス、今其新規計畫中農林、商工、兩省所管ニ屬スル顯著ナルモノヲ例示致シマスレバ、蠶絲試驗場設置、水產講習所充實並ニ水產試驗場設置、肥料改善、暗渠排水事業獎勵、用排水主要工事國營、桑園改良獎勵、民有林ノ造林促進、產業統計ノ改善、綿業試驗場設置、曹達灰及人造藍製造業保護獎勵、貿易局設置等デアリマス、交通通信機關ノ整備普及ハ、產業ノ振興ニ最モ密接ナル關係ヲ有スル施設デアリマスガ故ニ、前ニ一言致シマシタル如ク鐵道建設ノ財源タル公債ノ豫定額四千万圓ヲ倍加致シマシテ八千万圓トシ、既定線路ノ線上四十一線、新線ノ追加三十一線、既定線路ノ延長五線、既定計畫ノ變更三線ヲ計畫致シマシタ、又從來ノ道路改修及助成ニ關スル經費ヲ四百五十万圓ニ增額シ、別ニ產業道路助成費トシテ二百万圓ヲ新ニ計上シタノデアリマス、電信ノ改良擴張ニ付テハ總額七百万圓ヲ昭和四五兩年度ニ亙リ既定額ニ追加致シマシタ、又電話ノ交換擴張計畫ハ根本的ニ之ヲ改正シ、設備負擔金ヲ遞減シテ遂ニ之ヲ全免スルコト、シ、之ニ基キ昭和十五年度迄十二箇年度間ニ亙ルノ計畫ヲ樹テ、以テ其普及整備ヲ促進スルコト、致シマシタガ、之ガ總經費ハ五億八千四百餘万圓ニ上ルノデアリマス、右計畫ニ伴ヒ設備負擔金ヲ減免スル結果、昭和五年度以降其財源ノ一部ヲ公債ニ依ル計畫ト致シマシタ、各種ノ航路補助ニ關スル契約ハ北米航路、「シヤトル」線ノ分ヲ除クノ外、昭和三年度末又ハ昭和四年末ニ於テ全部其期間滿了致シマスノデ、其既定施設ニ屬スルモノニ付キマシテハ、各航路ノ現況並ニ施設ノ内容ヲ精査致シマシテ、或ハ其内容ニ變更改善ヲ加ヘシメ、或ハ補助金ノ增減ヲ爲ス等、必要ナル改訂ヲ行ヒマシタ、尚ホ現下ノ國情ニ鑑ミ新ニ補助航路ノ開設ヲ爲ス所モアリマス、就中南米航路、東岸線及西岸線ニ改善ヲ加ヘテ、移民渡航ノ便益ヲ擴張シ、近東主要港寄港補助及玖馬寄港補助ヲ創設シテ、是等地方ニ對スル貿易ノ伸張ヲ企圖シタルガ如キハ其顯著ナルモノデアリマス、治水及港灣修築ノ事業ニ付テモ既定計畫ノ繰上ヲ爲スト共ニ、新ニ大野川、那賀川、渡川ノ改修、木曾川、北上川ノ改修費ノ追加ヲ爲スコトヽシ、又小名濱、土崎、宮古、浦戸、七尾、尾道、博多、舞鶴、名瀨ノ諸港ノ修築ヲ爲シ、尚ホ門司、清水兩港ノ修築費及關門海峽改良費ニ付テハ、既定額ニ對スル追加ヲスルコトヽ致シタノデアリマス、北海道拓殖費ノ財源ハ、既定計畫ニ依リマスト昭和四年度ニ於テハ約二千三百万圓ニ過ギナイコトニナルノデアリマスガ、之ヲ以テシテハ北海道拓殖事業ノ振興上不十分ナリト考ヘマシテ、右既定ノ財源ニ對シテ五百十五万餘圓ヲ增加計上シ、以テ其促進ヲ期スルコトヽ致シタノデアリマス、更ニ政府ノ發明シタル社會政策的施設ノ一端トシテ、先ヅ陸海軍兵卒ノ俸給增加ニ要スル經費二百六十餘万圓ヲ計上シ、尚ホ兵卒竝ニ廢兵ノ待遇改善等ニ付調査會ヲ設置シ、愼重ニ調査研究スルコトヽシ、之ニ要スル經費ヲ計上致シタノデアリマス、又遞信從業員ノ優遇ニ付テハ二十四時間連續勤務制度ノ改善ニ要スル經費八十餘万圓、現業員休暇付與ニ要スル經費百餘万圓ヲ計上致シマシタ、思想ノ善導ハ思想界ノ現狀ニ照シ最モ緊要トスル所デアルコトハ、敢テ説明ヲ要シナイ所デアリマス、政府ハ深ク意ヲ茲ニ用ヒ、更ニ之ガ對策ノ一部ヲ剩餘金支出ヲ以テ實行致シタノデアリマスガ、引續キ昭和四年度豫算ニ於キマシテモ、之ニ要スル經費トシテ總額八十一万餘圓ヲ計上致シマシタ、尚ホ政府ハ義務教育終了後ニ於ケル青少年ノ補習教育ニ力ヲ致スノ急務ナルヲ感ジ、之ガ施設ニ對スル補助金二百万圓ヲ增加計上致シタノデアリマス、拓殖行政ノ徹底ヲ期シ、移民ノ保護指導ト、植民地統治ノ完備ヲ圖ルコトハ亦刻下ノ急務デアリマス、政府ハ之ガ爲ニ拓殖省ヲ設置スルコトヽシ、之ニ必要ナル經費ヲ計上致シタノデアリマス、

國稅及地方稅ヲ通ジテ、稅制ノ整理ヲ行フコトハ、政府ノ重要政策ノ一ツデアリマス、政府ハ地方ニ獨立且ツ確實ナル財源ヲ與フル爲メ、地租及營業收益稅ヲ國稅ヨリ撤廢シ、地方自治團體ヲシテ地方稅トシテ土地及營業ニ對シ、相當ノ課稅ヲ爲サシメ、地方財政ノ基礎ヲ鞏固ニシテ、其健全ナル發達ヲ圖リ、以テ地方分擔ノ實ヲ擧グルニ資シ、是ト同時ニ國稅及地方稅ヲ通ジテ稅制ノ整理ヲ行ヒ、社會政策的租稅制度ヲ確立シテ、國民租稅負擔ノ公正ヲ期シ、併セテ多數國民ノ負擔ヲ輕減スルコトヽ致シタノデアリマス(拍手)之ガ詳細ハ法律案説明ノ際ニ讓リマスルガ、新ニ地方財源トナルベキ土地及營業ニ對スル負擔ヲ、地方稅トシテ、徵收スルマデニハ相當複雜ナル準備ヲ必要トスルヲ以テ、地租及營業收益稅ヲ國稅ヨリ撤廢スルコトハ、昭和六年度ニナリマスルノデ、成ベク速ニ土地及營業ノ負擔ヲ輕減センコトヲ期シ、經過的施設トシテ昭和四年分ヨリ田畑地租ノ稅率ヲ引下ゲ、又營業收益稅ノ免稅點ヲ引上グルコトヽ致シマシタ、之ガ爲ニ昭和四年度ニ於テ歳入ノ減少スル額ガ地租ニ於テ四百十餘万圓、營業收益稅ニ於テ七百六十餘万圓、合計千百八十餘万圓、昭和五年度ニ於テ兩者ノ輕減額合計千三百餘万圓トナルノデアリマス(拍手)

諸君、此機會ニ於テ私ハ經濟界ノ情勢ニ付テ一言致シマス、一昨年春勃發シタル財界ノ動亂ニ對シテハ、官民協力一致シテ其應急措置及善後處理ニ付キ全力ヲ注ギマシタル結果、今日金融機關ノ基礎ハ恐慌前ニ比シマシテ却テ堅實ヲ加ヘ、一般事業界ノ整理モ亦大ニ進捗致シタノデアリマス(拍手)即チ恐慌ニ因リ休業シタル銀行ノ整理ハ略、完了ヲ告ゲ、政府ノ獎勵ト銀行當事者ノ自覺トニ依リ、一昨年以來銀行ノ合同整理ハ著シク進行致シマシタ、而シテ合同ノ獎勵ニ當リマシテハ政府ハ資金都市集中ノ弊ヲ避クル爲メ、成ベク各地方ニ於テ相互合同ヲ爲サシムルノ方針ヲ採リマシタ、又合同ニ際シ極力不良資產ノ整理ヲ爲サシメ、合同後ニ於ケル資力ノ充實、資產ノ良化ヲ期シタノデアリマス、合同ニ依リ差引減少セル銀行數ハ昭和二年ニ於テ百二十行、昭和三年ニ於テ百九十七行ニ上リ、此趨勢ハ今後モ尚ホ繼續シ、銀行ノ數ハ減少致シマシテモ其資力增大ノ爲メ、將來產業界ニ好影響ヲ齎スモノト信ジマス、又財界恐慌後金融市場ハ資金偏在ノ現象著シク、全國ノ多數銀行ノ預金ハ一時著シク減少シ、郵便貯金、大銀行ノ預金、信託會社ノ金錢信託等ハ急激ナル增加ヲ見ルニ至ッタノデアリマス、之ガ爲メ或ル方面ニ於テハ資金ノ涸渴ヲ訴フルモノアルト同時ニ、他方ニ於キマシテハ資金ノ過剩ヲ來シ、金融ノ變態的緩慢ヲ見ルニ至ッタノデアリマス、政府ハ斯ノ如キ資金ノ偏在ヲ解キ、金融ノ疏通ヲ圖ルノ急務ナルヲ認メマシテ、之ガ爲メ種々施設ヲ講ジタノデアリマス、郵便貯金ハ恐慌以來昨年末マデニ、五億八千二百餘万圓ノ增加ヲ見ルニ至ッタノデアリマスガ、之ガ地方還元ヲ計ル爲メ、預金部資金ノ運用計畫ヲ樹ツルニ當リ、普通低利資金其他各種ノ地方資金ノ融通ニ振向ケマシテ、又各特殊銀行ヲシテ市場ノ遊資ヲ吸收セシメ、產業資金ノ普及ヲ圖ラシムル爲メ、債券ノ發行ニ努メシメタノデアリマス、其結果是等銀行ノ債券發行額ハ恐慌以來、昨年十二月迄ニ七億九千餘万圓ノ多額ニ上リ、借換ニ依リ債券ノ利廻リヲ低下シ得タルト共ニ、其貸付高モ昭和三年上期末現在ニ於テ、昭和二年上期末ニ比シ、一億八千五百餘万圓ノ增加ヲ來シマシタ、是等ノ施設ハ民間當業者ノ努力ト相俟ッテ信用ヲ恢復セシメ、資金ノ偏在ヲ緩和シ、金融界ハ漸次改善ヲ見ルニ至ッタノデアリマス、

昨年ニ於ケル對外貿易ハ輸出十九億七千百餘万圓、輸入二十一億九千六百餘万圓、輸入超過額二億二千四百餘万圓デアリマシテ、之ヲ一昨年ニ比較致シマスルト、輸出ニ於テ二千餘万圓ヲ減少シ、輸入ニ於テ千七百餘万圓ヲ增加シ、結局輸入超過額ニ於テ三千七百餘万圓ヲ增加シタノデアリマス、尚ホ之ニ朝鮮及臺灣ノ分ヲ加ヘマスルト、輸入超過額ハ三億三千四百餘万圓ト相成リマス、斯ノ如ク昨年ニ於ケル貿易ノ狀況ハ、一昨年ニ較ベマシテ稍、遜色ガアルト申サナケレバナリマセヌガ、之ヲ其以前數年間ノ實績ニ比較致シマスレバ、其改善ノ跡著シキモノアルヲ認メルノデアリマス(拍手)併ナガラ我國經濟界ノ現狀ヨリ見テ、今日ノ國際貸借ノ狀況ヲ以テ、到底滿足ハ出來ヌノデアリマシテ、官民一致協力、一層ノ努力ヲ以テ今後更ニ其改善ヲ圖ラナケレバナラヌト信ジマス、外國爲替相場ハ昨年初メ對米相場四十七弗見當デアリマシタガ、三月下旬ヨリ漸騰ノ勢ヲ示シ、一時ハ四十八弗ニ達シタノデアリマスガ、五月ニ入リマシテ、支那事件ノ勃發ノ影響ヲ受ケテ、四十六弗臺ニ下リ、其後一進一退、最近ニ於テハ四十五弗臺ヲ示シテ居リマス、爲替相場ノ安定ハ產業貿易全般ヨリ見テ、頗ル必要ナノデアリマスルカラ、政府ハ國際貸借ノ改善ニ依リ、爲替ノ自然ナル恢復ヲ期スルト同時ニ、成ベク速ニ金ノ輸出禁止解除ヲ實行致シタイト考ヘテ居リマス、金輸出解禁問題ハ、今ヤ我國財界ニ於ケル最大ノ懸案デアリマシテ、之ガ解決ニハ擧國一致ノ努力ヲ要スルト考ヘマス、近時財界各方面ニ於テ本問題ガ熱心ニ研究セラレ、種々ノ意見ガ主張サレテ居リマスガ、政府ハ是等ノ意見ハ、本問題ノ解決ニ必要ナル財界各方面ノ準備進捗ノ程度如何ヲ示スモノト

考ヘ、之ニ對シ深甚ナル注意ヲ拂ッテ居リマス、本問題ニ關スル政府ノ方針ハ、成ベク速ニ解禁ヲ實行セントスルニ在ルコトハ、從來ト異ナル所ハアリマセヌガ、之ガ實行ニ付キマシテハ、飽迄愼重ノ態度ヲ要スルト考ヘ、絶エズ内外ノ情勢ヲ考察シ、本問題ノ解決ニ付キ、其時期方法ヲ誤ラザランコトヲ期シテ居ル次第デアリマス（拍手）終リニ臨ミ、政府提出ノ豫算案ニ付キマシテハ、何卒速ニ御協贊ヲ與ヘラレンコトヲ切望致シマス（拍手）

○小川鄕太郎君(續)　現ニ減債基金元金償還ノ繰入ハ爲サシメナイト云フ、特別會計ガアルノハソレヲ爲サシメタナラバ補充金ヲ增サナケレバナラヌト斯ウ云フノデアルカラシテ、朝鮮其他ニ於キマシテハ減債基金ノ元本償還元ヲ負擔サスルカト言ヘバ、サセナイノデアル、然ルニ恩給ノ方ハ之ヲ負擔セシムルノデアル、初メノ論理ヲ以テ言フナラバ、卽チ恩給金ノ增ザレルダケハ經費補充金ヲ增シテ行カナケレバナラヌト云フコトニナルノデアリマス、若シ此結論ヲ認メナケレバ、私ハ首相ニ聽キタイノデアリマスガ、各植民地特別會計ハ、今後ニ於テ經費補充金ノ增加ヲ求メズ、其中デ收入ヲ增スカ、或ハ經費ヲ節減スルト云フコトヲ斷行スルカ、之ニ對シテノ聲明ヲ願ヒタイノデアリマス(拍手)若シ植民地ニ於テ此事ガ出來ヌノナラバ、代リ財源ハ其處ニナイノデアリマス、尙ホ官業特別會計ニ就テ之ヲ言フナラバ、或ハ製鐵所ニ就テ之ヲ考ヘマシテモ、ソレダケ減債基金ノ繰入ヲ增シテ行カウ、元本ノ償還ヲサセヤウ、恩給ヲ負擔セシメヤウト云フノナラバ、ソレダケ其特別會計ノ收入ガ減ル、收益ガ減ル、收益ガ減ルカラシテ一般會計ノ方ヘ繰入ガ少クナル、卽チ國庫ノ減收トナッテ現ハレルノデアリマス(拍手)グル〳〵廻ッタダケデ何等其處ニ財源ト認メラルベキモノハナイデハナイカ、之ヲ鐵道特別會計ニ付テ言フナラバ、鐵道特別會計ハ之ニ關聯シテ約二千万圓程ノ金ガ要ルト云フコトデアル、其二千万圓ノ金ハ卽チ收益ヲ食フコトニナルノデアリマス、現內閣ノ方針ニ付テ言フナラバ、改良費ガ少クナル、其改良費ガ少クナルト云フコトニ依ッテ今後改良費ニ遺憾ナキコトヲ期スルコトガ出來ルカドウカ、若シ之ガ遺憾ナキコトヲ期シ得ラレヌモノナリトスルナラバ、ソコニ又鐵道公債ガ現ハレテ來ル、尙ホ假ニサウ云フコトガナイト致シ、改良費ガ將來二千万圓程節約ガ出來ルト云フノナラバ、其二千万圓ヲ建設費ノ方ニ廻シテ行ク、サウスルト云フト八千万圓公債ヲ募ルト云フモノガ六千万圓デ濟ムデハナイカ、ソレヲ八千万圓ニシヤウト云フノハ、卽チソコニ兩稅委讓ノ代リ財源トシテ公債ヲ認メテ居ルト云フコトニ歸著スルノデアル(拍手)何レニ致シマシテモ今私ガ疑問ヲ

〔此時發言スル者多シ〕

○議長(元田肇君)　靜肅ニ

○小川鄕太郎君(續)　懷キマシタコトニ付テ考ヘテ見マシテモ、八千百万圓程ノ代リ財源トシテ首肯セシムルモノハナイ、若シ强イテヤルナラバ、ソレハ借金デアルト云フコトニナル(拍手)而シテ三土藏相ハ今日ニ於テ代リ財源ニハ借金ヲ持ッテ來ナイト云フコトヲ言ハウトシテ居ラレマスガ、ソレハ世間ノ非難ヲ避ケヤウトスルコトニ外ナラヌノデアル(拍手)現ニ三土藏相ハ堂々トシテ今日マデ地租委讓ノ代リ財源ハ

〔此時發言スル者多シ〕

○議長(元田肇君)　私語ヲ禁ジマス

○小川鄕太郎君(續)　公債デアルト云フコトヲ言ハレテ居リマス、大正十五年ノ稅制整理ノ時ニ於キマシテ三土藏相ハ市町村地租法案、所謂地租委讓法案ヲ提出シ、其說明ニ斯ウ云フコトヲ言ッテ居リマス、代リ財源ハ第一ニハ、關稅ノ增收デアル、第二ニハ震災復舊費、帝都復興費卽チ所謂震災善後費デ普通財源ニナッテ居ル分――其分ハ震災復舊費デアリマセウガ――震災復舊費ノ普通財源デ支辨シテ居レモノヲ外シテ、代リニ震災復舊公債ヲ起スト云フコトヲ言ハレテ居ルノデアリマス、言葉ヲ換ヘテ言ヘバ普通財源ヲ公債財源ニ變ヘ公債ヲ委讓ノ代リ財源トスルノデアル、是ハ屢〻聲明セラレテ居ルコトデアリマシテ、私ハ今日ニ於テ三土君ガ此說ヲ變更スルコトノ理由ハナイト思フノデアリマス(拍手)ソレハ單ニ世間ノ非難ヲ恐レテ今日ニナッテ俄ニ論理ヲ變ヘテ、兩稅ノ代リ財源ハ公債デハナイト云フコトヲ言ハウトシテ居ル、其言フロノ下ニ襤褸ガ現ハレテ、矢張公債デアルト云フコトニナル(拍手)其事ハ豫算內示會デモ明カニナッタノデハナイカ、豫算內示會ニ私ガ此問題ニ論及シテ尋ネマシタ時ニ、藏相ハ不足ガ七百万圓アルト言ハレタ、而シテ示サレタ所ノ代リ財源ト七百万圓ト云フモノヲ引イテ見テモ其間ニ二千何百万圓ト云フ穴ガアル、其穴ハ何デアルカト私ガ追及シタケレドモ答ヘラレナカッタデハナイカ(拍手)而シテ更ニ他ノ方面カラ聞キマスト、矢張震災復舊公債ガ其代リニナルノデアルト云フコトヲ認メラレタデハナイカ(拍手)何ト言ッテモ代リ財源ハナイノデ、詰リ公債ヲ增發スルノ已ムヲ得ザルモノデアルト云フコトヲ認メテ居ルモノト謂ハナケレバナラナイ(拍手)兩稅委讓ヲシテ、サウシテ其代リ財源ニ十分ナモノガナイ、而シテ公債ヲ以テ之ヲ補塡シテ行クト云フナラバ、臨時收入ヲ以テ恒久ノ收入ニ代ヘントスルノ財政々策ヲ執ッテ居ル、財政ハ遠カラズシテ行詰リガ生ズル(拍手)是レ卽チ財政ノ基礎ヲ危ウスルノ遣方デアルト謂ハナケレバナラナイノデアル(拍手)此點ニ對シテ世間ニ非常ニ心配ヲシテ居ル者ガアリマスカラシテ、何人ヲモ首肯セシムルニ足ル代リ財源ト云フモノヲ示シテ貰ヒタイト思フノデアリマス

〔此時發言スル者多シ〕

○議長(元田肇君)　靜肅ニ願ヒマス

○小川鄕太郎君(續)　第三ニ私ハ公債政策ニ付テ御伺ヲ致シマス、積極政策ハ詰リ公債ヲ以テ支辨セナケレバナラヌト云フコトニナル、兩稅委讓ト云フモノモ矢張公債ヲ以テ支辨セナケレバナラヌト云フコトニナル、一體政友會ノ兩稅委讓ト云フ政策ト積極政策ト云フモノハ、之ヲ財政ノ眼カラ見レバ矛盾撞著ニナッテ居ルノデアル、一方ニ收入ヲ減ジテ他方ニ多クノ金ヲ使ハウト云フコトハ、ドウシテモ出來ナイ相談デアル(拍手)ソレヲ何トカ辻褄ヲ合サウト云フナラバ、公債ヲ起スヨリ外ニ途ガナイノデアリマス、ソコデ三土藏相ニ伺ヒタイ

ノハ、今ノヤウナ理由ニ依ッテ公債ヲ増スコトニナルノデアリマセウカ、昨日ノ御演説ノ中ニモ公債政策ニ關聯致シマシテ、今日マデノ帝都復興費ヲ公債ニ仰グト云フ政策ヲ改メテ、震災復舊費モ亦公債ニ仰グト云フコトニシタ、斯ウ云フ意味ノ御説明、尚ホ鐵道特別會計ニ付テハ四千万圓ヲ八千万圓ニスルト云フ御説明、是モ一ツノ公債政策デアリマセウガ、何故ニ震災復舊費ト云フモノヲ公債ニ仰グト云フコトニシタノデアルカ（拍手）三土藏相ハ或ハ之ヲ辯ジテ、法律ニ許サレテ居ル カラ 差支ナイト言ハレルカモ知レナイ、ソレハ法律ノ問題デアリマシテ、私ノ聞カントスル所ハ財政政策デアリマス（拍手）一般會計デハ帝都復興費ニ限リテ公債ヲ起スト云フコトニシテアッタモノヲ、震災復舊費マデ公債ニ仰グト云フナラバ、問題ハ法律問題デナクシテ政策ノ變更デアリマス、政策ノ變更ニ付キマシテ其理由ヲ承ハリタイノデアリマス（拍手）尚ホソレニ關聯致シマシテ、公債ノ發行額ハ前内閣ノ方針デ行キマスト云フト、一億五千万圓程デアリマシタガ、併シ之ヲ今日ニ當嵌メテ見マスト云フト震災復舊費ヲ公債ニ仰ガナイノデ、帝都復興費ダケヲ公債ニ仰グトスレバ、昭和四年度ニハ僅ニ七千三百万圓トナル、其他ニハ公債ハ募ラナイノデアリマシテ、特別會計ニ於キマシテモ若シ鐵道特別會計ニ四千万圓ノ公債ヲ起スト云フコトニ止メタナラバ、二億圓近クノ――一億九千八百万圓ノ公債ヲ起サヌデ、一億圓位デ濟ムベカリシモノデアル、然ルニ之ヲ一億九千八百万圓ニ改メタト云フコトハドウ云フ理由ニ依ルカ、是ハ財政已ムヲ得ズト云フナラバ、財政ノ遣方ガ其當ヲ失シテ居ルト云フコトヲ證明スルコトニナルノデアル、若シ之ガ經濟ノ方面カラ公債ヲ増スト云フコトガ宜イト、斯ウ云フ積極的ノ理由ガアルナラバ之ヲ承ハリタイノデアリマス（拍手）三土藏相ハ一億九千八百万圓、約ソ二億圓ノモノヲ公債發行ノ限度トシテ居ラレルヤウデアリマス、併シ他方カラ考ヘテ見マスレバ、此限度ヲ越エントスルモノガアル、是ガ故ニ私ハ此問題ニ付テ明白ニ御答辯ヲ願ヒタイト思フノデアリマス、ソレガ初メ總理大臣ニ向ッテ質問ヲシタコトニ關聯スル、即チ自作農ノ維持創定ニ對シテハ公債ヲ起スコトガナイノデアルカドウデアルカ、勝田文部大臣ノ案ヲ起サレタノヲ聞キマスニ、矢張茲ニ公債ヲ起スコトヲ認メラレテ居ルヤウデアル、サウナレバ二億ノ公債ヲ起スコトヽハ非常ナ違ヒガ起ッテ來ルノデアリマス、尚ホ私ハ交付公債ニ付テ之ヲ考ヘテ見マスト、交付公債ハ二億圓ト云フ限度ニハ關係ナイト言ハレルカモ知レマセヌガ、政府ノ考ヘテ居ラレル交付公債ハ可ナリ多イノデハナイカ、第一ニ吾々ノ聞イテ居ル所デハ、國際汽船會社ノ整理、其整理ニ依ッテ二千九百二十万圓ノ大藏省預金部ノ貸付ヲ一般會計ニ肩替ヲサセル、即チソレニ依ッテ三千万圓ノ交付公債ヲ起スコトニナル、不良鹽田ノ整理ノ爲ニ一千万圓、尚ホ地方鐵道買收ノ爲ニ約五千万圓要ル、此事ニ付キマシテハ豫算内示會ニ於テ聽キマシタガ、地方鐵道買收ニ付テハ何等鐵道省カラ交渉ヲ受ケナイト言ハレタ、今日ニ於キマシテハサウ云フコトヲ答ヘル譯ニ參ラナイノデアリマス、交付公債ハ九千万圓、約一億圓足ラズノモノガ出ルノデアリマス、二億圓ノ限度ヲ定メツヽ、交付公債ハ一億圓ニナリマス、更ニ前ニ申シマシタコト即チ一般會計ニテ大藏省證券ヲ一億圓出スノデアリマス、是ハ短期公債デアル、前申シマシタ通リ、來年ノ二月三月ニハ一億圓ガ殆ド發行サレルノデアル、サウナレバ二億圓ニ加フルニ短期公債一億圓ヲ以テスルコトニナルデハナイカ、尚ホ朝鮮總督府特別會計ニ於キマシテモ、公債金ノ外ニ借入金二百三十万圓ヲ計上シテ居ル、臺灣總督府特別會計ニ於キマシテモ、公債金五百万圓ノ外ニ借入金二百七十七万圓ヲ計上シテアリマス、即チ茲ニ兩植民地ニ於キマシテ、五百万圓位ノ借入金ガ出來テ居ル、サウ云フコトヲ考ヘテ見マスト、短期公債ガ先ヅ一億五百万圓アル、交付公債ガ九千万圓アル……

○淺原健三君(續)　三重縣ニ於ケル死者ハ、檢束ノ結果御飯ヲ食ベサセナカッタガ爲ノ飢餓ノ結果死ンデ居ル、或ハ大阪府ニ於テハ脚氣病トシテ寢テ居タ者ヲ其儘拘引シテ、之ヲ亂打シタガ爲ニ心臟麻痺トシテ死亡シテ居ル、神奈川縣ハ撲殺デアル、ソレヲ共產黨ト關係アルデアラウト云フ想像ノ下デ、殺シテ差支ナイト云フ政策ヲ望月內相ハ執ラレルカドウカ、御尋致シタイノデアリマス、特ニ朝鮮人ニ對スル取締ノ如キハ言語ニ絕シテ居ル、下ノ關カラ東京マデノ直通列車ニ乘ルナラバ、ソレガ朝鮮人デアルナラバ何ノ理由、何ノ根據アルニモ拘ラズ、極端ニ之ヲ制限セラレテ居ルコトヲ吾々ハ知ル、或ハ其荷物ヲ點檢シ、或ハ其宿所ヲ聞キ、其行先ヲ聞キ、或ハ仕事ヲ聞イテ、有ユル方法ニ依ッテ御大典中朝鮮人ノ入國ヲ阻止セラレタ……

〔此時發言スル者多シ〕

○議長(元田肇君)　靜肅ニ願ヒマス――私語ハ許シマセヌ

〔此時發言スル者多シ〕

○議長(元田肇君)　靜ニ願ヒマス――靜ニ願ヒマス

○淺原健三君(續)　御大典中ニ於ケル朝鮮人ニ對スル態度ハ、朝鮮人ト見レバ何カ御大典デヤリサウニアルト云フ事ヲ前提トシテ御ヤリニナッタノデアリマス、斯ノ如キ態度ヲ以テ果シテ日鮮融和ノ實ガ擧ゲラレルト考ヘラレルカ、御尋致シタイノデアリマス……

〔「日鮮トハ何ダ」ト呼ヒ其他發言スル者多シ〕

○議長(元田肇君)　靜肅ニ願ヒマス

○淺原健三君(續)　故ニ私ハ望月內相ニ對シ、御大典中ノ檢束ハ如何ナル具體的ナ根據ニ立ッテ檢束セラレタカ、或ハ彼ノ朝鮮人ニ對スル取締態度ノ如キヲ以テ、將來內鮮融和ノ實ガ擧ゲラレ得ルト信ゼラレルカドウカ、御尋致シタイノデアリマス、要スルニ……

(「日鮮トハ何ダ」ト呼フ者アリ)內鮮ト申上ゲマシタ、內鮮ヲ日鮮ト御聽ニナッタナラバ、貴方ノ耳方ガドウカシテ居ルノダ(拍手「日鮮ト言ッタ」「速記錄ヲ見ロ」ト呼フ者アリ)　之ヲ總括致シマスルニ、私ハ斯ノ如ク濫用ノ餘地十分デアリ、極端ナル濫用ノ可能性ヲ十分ニ持ツ所ノ警察法規中、治安警察法或ハ違警罪卽決例、或ハ警察犯處罰令、或ハ行政執行法、或ハ暴力行爲處罰ニ關スル件等ノ警察法規ニ對シ、根本的改廢ヲ爲スノ意思ハ持ッテ居ラレナイカドウカヲ御尋シタイノデアリマス、以上七點ヲ御尋致シタ所以デアリマス、第二ニハ治安維持法及治安維持緊急勅令ニ關スル件ヲ御尋致シタイト思フノデアリマス、治安維持法及治安維持緊急勅令ニ關スル質問ハ、二十二日齋藤隆夫氏ニ依ッテ完膚ナキ迄ニ質問セラレタト思ヒマスガ故ニ、私ハ齋藤隆夫氏ノ――御無禮ナガラ言殘サレタ點ノミヲ申上ゲテ見ヤウト思フノデアリマス、緊急勅令ヲ發布スルニ方ッテ、ソレガ手續上必要缺クベカラザル時機デナイニモ拘ラズ、或ハ議會ヲ無視シテマデモ此緊急勅令ヲ發シタコトハ不當デアルト云フ齋藤隆夫氏ノ抗議ニ對シテ、當時ノ特ニ政友會席デハ、治安維持法改正法律案ハ五十五議會ニ於テ審議未了ニナッタデハナイカ、握潰シニナッタデハナイカト云フヤウナ空氣ガ漂ッテ居ッタヤウデアリマス、原司法大臣モ其樣ナ御考ノ下ニ立ッテ御答辯セラレタカノ如ク吾々ハ想像スルノデアリマスガ、審議未了ハ事實上否決ト同一ノ效果ヲ齎スモノデアルト思フノデアリマス、所謂治安維持法ガ――治安維持法改正法律案ガ審議未了ニ終ッタコトニ對シテ、政府ガ之ヲ通過セシムルニ努力スル、或ハ再開シテ治安維持法改正法律案ヲ臨時議會ニ上程スル所ノ努力ヲ爲サレナカッタト云フコトハ、政府自ラ審議未了ハ否決ト同一ノ效果ヲ持ツモノナリト是認セラレタコト、思フノデアリマス、默認セラレタコト、思フノデアリマス、諸君ハ審議未了ガ否決デアレバコソ、不信任案ガ審議未了デアリ、卽チソレガ否決デアレバコソ、今日恬然トシテ其職ニ留ッテ居ラレルデハナイカ、所謂審議未了ハ否決ト同一ノ效果ヲ齎ラスモノデアルト考ヘラレルノデアリマスニ拘ラズ、ソレヲ樞密院ニ依ッテ活カサウトセラレタノハ何故デアルカ、而モ政府ハ樞密院ニ投票權ヲ持ッテ居ラレル故ニ、其自己ノ持ツ投票權ヲ以ッテ、衆議院ニ於テ否決ト同樣ノ運命ニ遭ッタルモノヲ樞密院デ活カサウトナサルコトハ、衆議院ノ權能ヨリモ樞密院ノ權能ヲヨリ多ク認メラレタ所ノ、專制政治家ノ思想ニ立脚シタデハナイカト言ハザルヲ得ナイノデアリマス

〔此時發言スル者多シ〕

○鈴木富士彌君(續)　一千三百万圓ハ臺灣銀行ガ受ケタ補償金ノ約三分ノ一ニ近イモノデアリマス、尚ホ久原房之助君ハ朝鮮銀行カラモ震災手形約百万圓ノ補償ヲ受ケタ勘定ニナッテ居ルノデアリマス、斯ノ如クニ致シマシテ合計「千四百万圓ニ近イ所ノ大金ヲ政府カラ出シテ貰ッテ、僅ニ窮境ヲ脫シテ國家ニ大損害ヲ與ヘタ久原房之助君ガ、今日國務大臣ノ椅子ニ坐ッテ居ルト云フコトハ吾々何トシテモ閑却スルコトハ出來ナイノデアリマス(拍手)承ル所ニ依リマスルト、久原サンニモ色々ノ辯解ノ辭ガアラウト存ジマス、私ハ久原房之助君ガ國務大臣タルノ技倆ガナイト言フノデハナイ、實業界ニ於ケル手腕家トシテ私之ヲ認メルノデアル、唯〻此震災手形ノ關係ニ於テ御一考ヲ願ハナケレバナラヌノデアリマスガ、久原房之助君ト致シマシテモ多分辯解ノ辭ガアラウト思ヒマス、承ル所ニ依リマスト、成程一千四百万圓國家カラ出シテ貰ッタコトハ認メルニシテモ、臺灣銀行ノ分ハ久原商事株式會社デアッテ、久原個人デナイ、又朝鮮銀行ノ分ハ合名會社久原本店デアッテ、久原個人デナイ、斯ウ云フ辯解ヲナサッテ居ルサウデアリマスガ、若シ左樣ナ辯解ヲシテ居ルノデアレバ、其罪ヤ愈〻大ナリト謂ハナケレバナラヌノデアリマス(拍手)其理由ヲ說明致シマスルカラ暫ク御聽ヲ願ヒタウ存ジマス、御議論ガアッタラバ後カラ承リマス、卽チ右手形ノ中、臺灣銀行ノ分ハ久原商事株式會社ガ振出シテ、久原房之助君個人ガ引受ケ、又ハ個人保證ヲ爲シタモノデアリマシテ、手形上ノ債務者ハ久原房之助其人デナケレバナラヌ、又振出人タル久原商事株式會社ハ、久原房之助君ガ大株主デアリ、取締役社長デアッタ時代ニ此大穴ヲ明ケテ此損失ヲ蒙ッタノデアル(拍手)又久原本店ハ御承知ノ通リ資本金一千万圓ノ合名會社デアリマスガ、久原房之助君ノ出資額ハ此一千万圓ノ中九百八十万圓ヲ占メテ、後ノ殘リガ御長男ト御次男ノ二人ノ名前ニナッテ居ル、久原個人ト違フ所ハナイノデアリマス、近頃名前ヲ變ヘタカモ知レマセヌガ、震災手形ノ關係ニ於テハ斯ウ云フコトヲ申上ゲナケレバナリマセヌ、此久原君ガ商業上ノ大失敗ヲ致シマシテ、臺灣銀行又ハ朝鮮銀行ニ迷惑ヲ掛ケ、延イテ國家ニ尻拭ヒヲシテ貰ッタト云フ關係ニナッテ居ルノデアリマスカラ、此債務ニ關シテハ久原君ハ直接ノ責任者デアルト云フコトヲ斷言シテモ差支ナイノデアリマス、此責任者ガ未ダ債務ヲ完濟シナイ前ニ、國家ニ對シテ損害ヲ掛ケタ儘、其國ノ大官而モ椅子モアラウニ國務大臣ノ椅子ニ就クト云フニ至ッテハ、實ニ驚クノ外ハナイ(拍手)若シ世ノ中ニ久原房之助君ハ厚顏無恥ノ人デアルト言ッタ人ガアッタナラバ、貴方ハ何ト辯解ヲナサル(拍手)尚ホ大藏省ノ發表スル所ニ依リマスルト云フト、震災手形善後處理法ニ依リマシテ、日本銀行ガ震災手形所持行ニ金ヲ融通シテ貸付ケタ所ノ金額ハ、東京渡邊及辛酉ノ兩銀行ヲ除キマシテ總テ〻十八行、此金額七千六百万圓餘ニナッテ居リマス、此中臺灣銀行ニ關スル分ハ五千三百七十万圓ニ近イ巨額ニ達シテ居リマス、鈴木商店云々ト云フ言葉モアリマシタガ、鈴木商店ハ貴方ノ內閣ノ時代ニ於テ、而モ昨年ノ此田中總理ノ御推薦ニ依ッテ、何ノ功ガアッタカ知レマセヌガ伯爵ニ敍セラレタ後藤新平サント深イ關係ガアルト云フコトハ知ッテ居ルデアリマセウ、我ガ民政黨トハ斷ジテ關係ガアリマセヌ(拍手)(此時發言スル者多シ)此善後處理ニ依リマスル臺灣銀行ノ五千三百七十万圓ノ中、久原房之助君關係ノモノガ五百六十六万圓ゴザイマス、ソレハ久原君ノ完全ナ債務トシテ殘ッテ居リマスルカラ、此分ダケハ國家ニ損害ヲ掛ケタト云フコトハマダ申上ゲ難イノデアル、多分戾ス積リデアラウト存ジマス、然ルニ此貸付ナルモノ、條件ヲ見ルニ至ッテ、私ハ其寬大ナルニ驚イタノデアリマス、是ハ自然大藏省ノ關係ニナッテ來ルノデアリマスガ、聞ク所ニ依レバ此五百六十六万圓ノ貸付、是ハ久原君ノ分ハ利率三朱ニシテ二箇年据置、八箇年賦ト云フコトニナッテ居ルサウデアリマス、元來此貸付ハ法ノ精神カラ見マシテ五分利公債ヲ貸付ケルノデアリマスカラ、五分ヨリ以下ノ金デハ甚ダ辻褄ガ合ハヌコトニナッテ來ルノデアリマスカラ、ドウシテモ五分取ラナケレバナラヌモノデアルト信ジマスルガ、久原君ニ限ッテ三朱ト云フ利率ヲ出シタノハドウ云フ譯デアルカ、是ハ甚シイ特典ノヤウニ私思フノデアリマス(拍手)他ノ關係ヲ見マシテモ、矢張東洋製糖株式會社ノ分ハ六朱二厘ニナッテ居リマス、某同族會社ノ分ハ七朱七厘ノ利息ニナッテ居リマス、又勝田汽船株式會社ノ分ハ六朱五厘ニナッテ居リマス、賀田組ハ八朱ニナッテ居リマス……

(此時發言スル者多ク議場騷然)

○副議長(淸瀨一郎君)　津雲君ニ注意致シマス

○鈴木富士彌君(續)　斯樣ナ利息ニナッテ規定ノ五朱以上ニナッテ居ルニモ拘ラズ、久原君ノミ三朱ト云フ特別待遇ハ一體ドウ云フ譯デアリマスカ、ソレカラ先キハ成程擔保ガアリマス、擔保ハドウ云フモノデアルカト云フト、昨年十一月ニ園遊會ヲ爲サレタ住吉ノ別邸ノ二番抵當ガ擔保ニナッテ居リマス、此一番抵當ハ共保生命株式會社ガ御持ニナッテ居ル、久原君トハ最モ關係ノ深イ會社デアル、是ハ毛利公爵家カラ久原君ガ金百万圓バカリ借リテ、早ク戾サヌト久原ハ危險デアルカラト云フノデ、井上子爵カラ督促ヲ受ケテ、已ムヲ得ズ此邸宅ヲ共保生命會社ニ入レマシテ、サウシテ一番抵當ヲ付ケテ、其金ヲ毛利ニ返シタト云フ關係ニナッテ居ルサウデアリマスガ、其二番抵當、尙ホ正金銀行ト共同擔保デアル所ノ山口縣下松町ノ地所モ一部擔保ニナッテ居ルサウデアリマス、其外ハ鴻池銀行ノ金ガ極メテ少イノデアリマスガ、是モ擔保ニナッテ居ル、全體擔保トシマシテハ極メテ貧弱ナルモノガ多イヤウデゴザイマス、之ニ對シテ五百六十六万圓ト云フ大金ヲ、是ハ半官半民ノ特殊銀行カラ借リテ居ルノデアル、國家ニ非常ノ迷惑ヲ掛ケテ居ルト云フ點ニ於テハ、損失補償ノ場合ト何等異ナル所ハナイト私ハ思フノデアリマス、(ヒヤ〱)(拍手)尚ホ朝鮮銀行關係ニ於テモ處理法ニ依ッテ融通ヲ受ケタ金額ハ、約六十万圓ニ近イモノデアリマス、此點ニ於テモ久原君ノ責任ト云フモノハ洵ニ重大デアル、斯樣ナル債務ヲ私立銀行ニ負ウテ居ルノデアレバ、私ハ何モ言ハナイ、政府ノ保護ノ下ニ政府ガ大部分ノ出資ヲ爲シ、政府ガ保護シテ居ル所ノ特殊銀行カラシテ、此多額ナル所ノ貸付ヲシテ貰ヒ、債務ヲ負ウテ居ルト云フ點ニ於テ、久原君ガ國務大臣トシテ其責任輕カラズト云フコトヲ私ハ申上ゲルノデアリマス、久原君ノ債務ガ以上述ベタダケデモ可成リナ大問題ダト思ヒマス、然ルニ尙ホ此外ニ橫濱正金銀行カラ五百万圓ノ債務ヲ負フテ、是ハ到底回收不能デアルカラト云フノデ、正金銀行ハ回收困難トシテ貸借對照表ノ資產ノ部カラ之ヲ削リ去ッテ、而シテ之ヲ萬年帳ニ揭ゲテ居ルト云フ事實ヲ吾々ハ見ナケレバナラナイノデアリマス(拍手)尙ホ日本興業銀行カラハ約一千万圓ニ近イ所ノ金ヲ借リテ居リマスルガ、是ニハ擔保ガ多少アリマスルケレドモ、併ナガラ全部ヲ掩フコトハ出來ヌノデアリマス、尙ホ又朝鮮銀行ニ對スル所ノ不良債務ハ震災手形ヲ除キマシテ久原商事會社四百万圓、是ハ擔保ガアリマセヌ、久原商事部百五十万圓、擔保ノ有無ハ不明デアリマス、久原本店六十万圓、是モ擔保ノ有無不明デアリマス、久原鑛業株式會社四百万圓、是ハ擔保ガアリマスルカラ、是ノミハ善良ナル所ノ債務ト言ウテ宜カラウト思ヒマス、何レニシマシテモ合計一千万圓ヲ超エル所ノ金額ヲ朝鮮銀行カラ借リテ居ルノデアリマス、之ヲ總括致シマスレバ、茲ニ尨大ナル所ノ債務ヲ久原君ガ負擔致シテ居ルト云フコトニナッテ居ル、此關係ヲ試ミニ私ガ箇條書ニ、書キ連ネテ見マシタ所ガ、圖ラズモ茲ニ久原房之助君不始末一覽表ト云フモノガ出來タノデアリマス(拍手)之ヲ御覽下サイ(拍手、此時發言スルモノ多ク議場騷然)只今此結論ヲ申上ゲテ見マセウ、震災手形損失補償法ニ依ッテ國家ニ損失ヲ掛ケタ分ガ約一千四百万圓、第二、震災手形善後處理法ニ依ッテ債務ヲ負擔シ、國家ニ迷惑ヲ掛ケタルモノガ合計約七百万圓、單純ナル不良貸トシテ特殊銀行ニ矢張迷惑ヲ掛ケテ居ルモノガ約二千五百万圓、此中ニハ擔保モ多少アリマスルガ、差引イテモ尙且ツ一千五百万圓バカリハ不良貸ト云フコトニナルノデアリマス(拍手)合計四千六百万圓、尙ホ此外ニ特殊會社タル東洋拓殖其他ニモアル筈デアリマスルガ、私ハ此處デハ申上ゲマセヌ、以上ノ巨額ニ達シ、國家ノ救濟ニ依ッテ辛ウジテ破產ノ狀態カラ免レタ所ノ財界ノ落伍者久原房之助君ガ、此醜シキ形骸ヲ表面ダケハ錦デ包ンデ粉飾ヲ施シテ、處女ノ如クニ裝ウテ國務大臣ノ椅子ニ座ッテ居ルト云フコトハ、如何ニ考ヘテモ良心ニ反スル問題デハナイカト疑ハザルヲ得ナイノデアリマス(拍手)更ニ此久原君ヲ適任者ト致シマシテ、黨内ノ反對論ヲ押切ッテ　陛下ニ推薦シタ所ノ田中總理ノ責任、亦重大デアルト謂ハナケレバナラヌノデアリマス(拍手)果シテ斯ノ如キコトデ輔弼ノ重責ヲ盡サレルトアナタハ御考ニナッテ居ルノデアリマスカ(拍手)政友會ニモ人材乏シカラズ、例ヘバ衆議院議長元田肇先生ノ如キ、前議長ノ粕谷義三君ノ如キ、國務大臣ノ椅子ガ空イテ居レバ斯ウ云フ人ヲ國務大臣ニシタラ宜シイデハナイカ、何モ他カラ斯ウ云フ疵ノ付イタ代物ヲ持ッテ來ナクテモ、政友會内ニハ澤山人材ハアル筈デアリマス、然ルニ斯ノ如キ債務ヲ國家ニ負擔シテ居リナガラ、聞ク所ニ依レバ議員ノ一部ニ腐敗墮落ノ行爲ガアルト云フコトデアルガ、是ニモ亦久原サンノ名前ガチヨイ〳〵新聞ニ現ハレテ居ルコトデアリマス、眞僞ノ程ハ何レ又他ノ機會ニ於テ突止メルコトガ出來マセウ、ノミナラズ住吉ノ邸ニ於テ大園遊會ヲ御開キニナッタ、是ハ至極結構デアリマス、斯ウ云フ金ガアレバ先ヅ國ニ對シテ之ヲ返還シナケレバナラヌ立場ニ在ルト私ハ思フノデアリマス(拍手)尚ホ久原氏ノ英國政府ニ對シテ道德上許スベカラザル不都合ノ行爲ガアルト云フコトヲ私共ハ耳ニ致シテ居リマス、此報告ヲ或法律關係ノ人ニ求メマシタ、其報告ガ茲ニゴザイマス、其一節ニ「大正六年四月久原房之助氏經營ノ日本汽船株式會社ハ倫敦「フエデラル、ナヴィゲーション、コンパニー、リミテッド」聯合航海會社ト、汽船四隻三万一千噸……

〔清瀨副議長議長席ヲ退キ元田議長復席〕

一噸當リ四十八磅ノ賣船契約ヲ爲シ、久原氏ハ手附金二百八十餘万圓ヲ受取リタルモ、大正八年一月休戰後ニ至ルマデ汽船ヲ引渡サヾリシ爲メ、英國會社ヨリ契約解除ヲ申込ミ、手附金ノ返還ヲ要求セラレタルガ、久原君ハ之ニ應ゼズ、訴訟ヲ提起セラレ、第一審大阪地方裁判所、第二審大阪控訴院ニ於テ何レモ敗訴シ、遂ニ大正十一年十二月大審院ニ於テモ上告棄却トナリタリ、久原氏ハ此間米國ガ鐵ノ輸出禁止ヲ爲セル爲メ造船不能ナリシト主張セシモ、實ハ當時英國政府ノ證明ニ依リ米國ヨリ約十三隻分ノ大量ノ鐵ヲ取寄セ、ドシ〳〵造船シタルモノナルガ、之ヲ契約通リ噸當リ四十八磅(當時磅下落ノ爲メ邦貨ニ換算シテ約四百圓)ニテ英國政府ニ引渡スヨリモ、他ノ噸當リ六七百圓ニテ賣付ケルヲ有利ナリトシタルモノニテ、英國ニテハ遂ニ戰爭ノ間ニ合ハザリシモノナリ

〔此時發言者多ク議場騷然〕

○議長(元田肇君)　靜肅ニ願ヒマス

○鈴木富士彌君(續)　此久原氏ノ行爲ハ啻ニ英國ニ對スル不德義ナルノミナラズ、米國ニ對シテモ已ニ欺瞞的行爲ヲ働キシモノニ外ナラズ、而シテ英國會社ハ久原ニ對シ、損害賠償ヲモ請求シ得ベキモノナルヲ、穩ニ手附金ノ返還ノミヲ要求シタルモノナレバ、之ヲ拒メル久原ノ敗訴セシハ當然ナリ、此敗訴ニ依リ久原ハ右手附金二百八十万五十七圓ノ外利息百五万圓ヲ支拂フコトトナリシモ、之ヲ支拂フコト能ハズ、十二年三月遂ニ强制執行ヲ受ケントシ、同四月……

〔議場騷然〕

○議長(元田肇君)　靜肅ニ願ヒマス

○鈴木富士彌君(續)　破產ノ申告ヲ受ケ大ニ狼狽シ、同七月久原房之助、日本汽船會社、久原商事會社、久原合名會社、連名ニテ分割支拂ヲ約シテ、示談成立シタルガ、其後震災ヲ口實トシテ今日ニ至ルマデ、元金ハ固ヨリ、利息スラ一金モ支拂ハザルモノナリ……

〔議場騷然〕

○議長(元田肇君)　靜肅ニ――靜肅ニ願ヒマス、御着席ヲ願ヒマス――御着席ヲ願ヒマス

○鈴木富士彌君(續)　是ハ相手ガ英國政府デアリマスルカラ、極メテ重要ナルコトデアリマス、英國政府ト國務大臣トノ間ニ起ッタ事柄デアリマスルカラ、是ハ私事デアリマセズ、公ノ事トシテ之ヲ論ジナケレバナラナイノデアリマス(拍手)斯ノ如キ譯デアリマシテ、震災手形並ニ不良貸ト云ヒ、又英國政府ニ對スル所ノ契約不履行ト云ヒ、斯様ナ公人トシテ公ナル事柄ニ付テ、不都合ガアル以上ニ於キマシテハ、久原君ハ國務大臣ノ椅子ハ潔ク拋タナケレバナラヌト私ハ考ヘマス、尚ホ申上ゲルコトモ澤山アリマスルガ、是ハ何レ豫算委員會ガ一問一答ノ際ニ詳シク辯明ヲ求ムルコトニ致シマス、斯ノ如キ次第デアリマシタカラ、久原サンガ就任セラレタノハ昨年ノ五月二十三日デアリマスルガ、是ヨリ前久原氏入閣ノ報ガ傳ハルヤ、世人之ヲ意外トシ、閣内ニ於テモ三土忠造君、小川鐵道大臣並ニ水野錬太郎君、此三名ハ極力之ニ反對ヲシテ、水野君ハ優諚問題マデ惹起シテ、之ニ反對ヲシタト云フ事實ヲ諸君ハ何ト見ルノデアリマスカ(拍手)三土大藏大臣ハ昨年ノ五月ニ大阪ニ於テ開カレマシタ全國手形交換所大會ニ出席シテ歸京ノ途次、同ジク二十一日汽車中ニ記者ヲ引見シテ、左ノ如キ意見ヲ發表セラレテ居ルノデアリマス、(久原氏ノ入閣問題ハ既ニ二、三箇月以前ノ議會解散後カラ屢、問題ニナッテ、サウシテ田中總理ヨリ久原氏ヲ入閣セシメナクテハナラヌト云フ事情モ聞カサレテ居ル、併シ自分ハ現在ノ政治的情勢ヲ達觀シテ、同氏ノ入閣ハイケナイト信ジテ居ルノデ反對ヲシテ來タ、其理由ハ震災手形問題トカ、其他種々アルガ、久原氏個人ノ能、不能ト云フ點デハナイ、唯同氏ノ入閣ハ本人ノ爲ニモ、田中總理ノ爲ニモ、又政友會ノ爲ニモ不可ト信ズルカラデアル」尚ホ曰ク「高橋是清氏モ小泉君モ自分ト同樣ナ理由デ久原氏ノ入閣ニハ反對シテ居ルノデアル、意見ト云フモノハサウ簡單ニ變更セラレルモノデハナイ、現内閣ノ人事行政ノ不評判ハ頂點ニ達シテ居ルカラナ」ト云フ言葉デ結バレテ居リマス、「同ジヤウナ記事ガ數種ノ新聞ニ載ッテ居リマシタカラ、三土大藏大臣ヨモヤ是ハ言ハヌトハ申サレマイト思フノデアリマス(拍手)斯ウ云フ經歷ノアル方ガ國務大臣ニ就任シタ時ニ、吾々ガ之ヲ排斥セントスルノハ當然ノ事柄デアル、別ニ久原君ノ手腕ヲ認メヌト云フノデハナイ、又永久ニ國務大臣ニナル資格ガナイト云フノデモナイ、將來國家ニ對スル債務ヲ完濟シタ時ニハ、始メテ貴方ガ大手ヲ振ッテ國務大臣ニオナリニナッテモ少シモ差支ハナイノデアリマス(拍手)斯ノ如キコトヲ致シテ久原君ヲ入閣セシメタ、斯ノ如キコトヲ致シマシタナラバ、思想ノ惡化是ヨリ甚シキモノハナイト思フノデアリマス(拍手)三土大藏大臣ハ來年度豫算案ニ於キマシテ八十一万圓ノ思想善導費ヲ計上シ、尚ホ昨年度ニ於テモ責任支出デ剩餘金カラ多額ナル金ヲ思想善導ノ爲ニ御使ニナッテ居ル、思想善導ノ爲ニ是ダケノ金ヲ使ッテモ、久原氏ノ如キガ國務大臣ニナレバ、斯ノ如キコトハ一朝ニシテ之ヲ破壞シテシマフノデアル(拍手)凡モ言殘シマシタガ、英國ニ關スル債務ハ示談ガ成立致シマシテ半額ニ負ケテ貰ッテ、田村一郎君ノ手ヨリ之ヲ完濟シテ貰ッタト云フコトハ聞キマシタ、此點ニ關シテハ久原君ノ債務ハ免レタ譯デアリマス、是ハ久原君ノ利益ノ爲ニ私ハ附加ヘテ置キマス(拍手)ソコデ私ガ御尋致シタイノハ、先ヅ第一ニ久原君ニ對シテ、國家ニ斯ノ如キ大迷惑ヲ及ボシナガラ、國務大臣トシテ果シテ自ラ恥ヅル所ナキカト云フコトヲ御尋シタイノデアリマス(拍手)又斯ノ如キ大債務ヲ如何ニシテ何時頃返濟スル御考デアルカ、尚ホ英國ノ件ニ對スルコトニ付キマシテモ、御辯明ガアレバ承リタイト思フノデアリマス、大藏大臣ニ御尋ヲ致シマスルガ、何故ニ久原氏ノ債務ニ對シテ斯ノ如キ寬大ナル處置ヲ爲シタノデアルカ、又三土大藏大臣ガ極力久原氏ノ入閣ニ反對シナガラ、最後ニ之ニ同意シタノハ、一體ドウ云フ理由デアルカ、同意スベキ理由ハ少シモ生ジテ居ナイト私ハ思フノデアリマス、果シテドウ云フ譯デアルカ、田中總理ニ御尋致シマス、特殊銀行ニ對シテ斯ノ如キ不始末ヲシテ居ル所ノ久原氏ヲ、反對ヲ押切ッテ閣僚ニ推薦シタノハ一體何故デアルカ、是ガ思想界ニ及ボス所ノ惡影響ニ付テハドウ御考ヘニナッテ居ルカト云フコトヲ御尋致シタイノデアリマス(拍手)尚ホ申上ゲタイ事ハ澤山アリマスガ、又適當ナ機會ニ於テ……

〔此時發言スル者多シ〕

○議長(元田肇君)　靜肅ニ願ヒマス――御著席ヲ願ヒマス

○鈴木富士彌君(續)　此處ニ一覽表ヲ置イテ置キマスカラ、ドウカ之ニ基イテ御答辯ヲ請ヒマス(拍手)

〔此時發言スル者多ク議場騷然〕

○議長(元田肇君)　鈴木富士彌君――鈴木富士彌君――鈴木富士彌君――鈴木富士彌君――久原國務大臣

〔國務大臣久原房之助君登壇〕

〔發言者多ク議場騷然〕

○議長(元田肇君)　靜肅ニ願ヒマス――靜肅ニ願ヒマス

○國務大臣(久原房之助君)　議場ニ慣レマセヌカラ、若シ彌次ノ爲ニ私ガ意ヲ盡サナカッタナラバ、其責任ハアナタ方ノ責任トドウゾ御承知ヲ願ヒマス、(此時發言者多

シ）私ハ聲ガ小サウゴザイマスカラ、喧マシイ間ハ默ッテ居リマスカラ、サウ御承知ヲ願ヒマス、今色々御議論デゴザイマシタガ、色々事實ニ遡ッタ所ガアリマスカラ、私ハ答辯ノ前ニ御注意ノ爲ニ其事實ニ遡ッタ所ヲ極ク簡單ニ申上ゲルコトニ致シマス、震災手形ニ關シマスル法律ハ、アノ際ニ震災ノ爲ニ銀行ガ金融ヲ梗塞サレマシテ、銀行ガ困リマシタノニ對シテ、之ヲ救濟スル爲ニ、卽チ詰ッテ居リマスル金融ヲ緩和スル爲ニ設ケラレタ法律デアルノデゴザイマス、卽チ銀行ヲ救濟スル爲ノ法律デゴザイマシテ、其銀行ト取引ヲシテ居リマスル商工業者ヲ救濟スル法律デハナイノデゴザイマス、故ニ若シ法律ガ適當ニ適用サレテ居リマシタナラバ、銀行ガ救濟サレタダケデアリマシテ、他ニハ何モ影響ノナイ筈デアル、ソレデ又震災手形法ハ適當ニ適用サレマシテ、無事ニ其通リニ行ハレテ居ル譯デゴザイマス、決シテ商工業者ガソレニ依ッテ幸ヒサレテハ居ラヌノデアリマス、若モソレガ適當ニ適用サレマセズニ法律ノ精神以外ニ走リマシタナラバ、其處ニ大キナ問題ガ起ラナケレバナラヌ譯デゴザイマス、一向法律ノ適用ノ上ニハ問題ガ起ッタコトヲ承知致シテ居リマセヌ(拍手)而モ其法律ヲ主ニ適用サレマシタノハ、ソレハ濱口サンガ大藏大臣ノ時デアルノデゴザイマス、其後ヲ承ケ繼ガレマシタノガ片岡サンデゴザイマス、ソレデ若モ其法律ノ適用ニ疑義ガオアリデアリマスルナラバ、御兩君ニ能ク御聞キニナッタラ宜シイ(拍手)今ノ御話ニ依ッテ漫然之ヲ聞キマスルト、如何ニモ久原ガ……

(此時發言スル者多シ)

○議長(元田肇君) 御靜粛ニ御聽キナサイ

○國務大臣(久原房之助君)(續) 震災ノ時ニ打擊ヲ受ケマシテ、サウシテソレヲ救濟サレタヤウニ聞エマスガ、事實ソンナコトハ更ニアリマセヌ(拍手)

(此時發言スル者多シ)

○議長(元田肇君) 靜ニ御聽キナサイ――靜粛ニ御聽キナサイ

○國務大臣(久原房之助君)(續) 喧シイトソレダケ遅レマスヨ……

(此時發言スル者多シ)

○議長(元田肇君) 御靜ニ願ヒマス

○國務大臣(久原房之助君)(續) 私及私ノ關係シテ居リマスル事業ガ不思議ニモ此震災ニハ更ニ何ノ打擊ヲ蒙ラナカッタノデアリマスル、故ニ其故ヲ以テ他ニ憐ミヲ乞ヒ、若クハ救濟ヲ受クルヤウナ口實モ、材料モ、機會モ、何モナカッタノデ、隨テ其必要モ何モナイノデゴザイマス(拍手)是ハ私ハ答辯デハアリマセヌガ、唯、今ノ事實ニ對シマシテ御注意ニ申上ゲタ次第デゴザイマス、モウ一遍繰返シマスレバ、卽チ震災手形ハ銀行ヲ救濟スル爲ノ法律デゴザイマシテ、之ガ適當ニ適用サレテ居リマスレバ、銀行ガ救濟サレタダケデアリマシテ、他ノ第三者ノ商工業者ガ何モ影響ヲ受ケル譯ハナイノデゴザイマス、影響ト申シテハ言葉ガ違フカモ知レマセヌガ、救濟サレルヤウナコトハ更ニナイノデゴザイマス、ソレハ今申シマスル通リニ、法律ノ精神ト其適用サレマシタ實情ヲ御承知ナイヤウニ思ヒマスルノデ、御注意ノ爲ニ申シテ置キマス、是カラ……

(此時發言スル者多シ)

○議長(元田肇君) 靜ニ願ヒマス――御靜ニ願ヒマス――靜粛ニナサラナケレバ分リマセヌ

○國務大臣(久原房之助君)(續) 是カラ私トシテ答辯ニ取掛リマス……

(此時發言スル者多シ)

○議長(元田肇君) 御靜ニ願ヒマス

○國務大臣(久原房之助君)(續) 私ハ今官ニ奉職シテ居リマスル身デゴサイマスルガ其以前ノ問題ニ付キマシテ、卽チ私ガ實業界ニ居リマシタ時ノコトノ御質問ニ對シマシテハ――モウ少シ詳シク申シマスレバ、私ノ關係シテ居リマシタ會社ノ事務及取引等ニ對シマシテ、彼此レノ御質問ガアリマスルノニ對シマシテハ、私ハ今自分ノ身柄上、卽チ國務大臣ト致シマシテ、ソレニ對シテ一々應酬ヲシ、答辯ヲ申上ゲル譯ニハ參リマセヌ(拍手)

(此時發言スル者多シ)

○議長(元田肇君) 靜粛ニ御聽キナサイ

○國務大臣(久原房之助君)(續) 是ハ當然サウアルベキ筋ノモノデアルト信ズルノデゴザイマス

(此時發言スル者多シ)

○議長(元田肇君) 靜粛ニ――靜粛ニ願ヒマス

○國務大臣(久原房之助君)(續) 就キマシテハ是等ノ御質問ニ對シマシテ國務大臣ト致シマシテハ御返答ヲ申上ゲマセヌ、左樣ニ御承知ヲ願ヒマス

(拍手、發言スル者多ク議場騷然)

○議長(元田肇君) 御靜粛ニ願ヒマス――三土國務大臣

(國務大臣三土忠造君登壇)

○國務大臣(三土忠造君) 御答ヲ致シマス、震災手形ノ損失補償並ニ善後處理法ニ依ル融通ニ付キマシテハ、震災手形處理委員會ナルモノヲ設ケマシテ、委員會ニ於テ公正ノ判斷ヲ致シテ審議ノ結果決定シタモノデアリマス、隨テ久原商事ニ對シテ特別ノ金利ナドト、待遇ヲ變ヘタ事ハアリマセヌ、ソレカラ久原君ノ入閣ノ際ニ於キマシテ私ガ彼此レ言ウタト云フコトニ付テ御質問デゴザイマスガ、閣員ノ任命等ニ付キマシテ色々意見ヲ言フコトハアリマスケレドモ左樣ナ問題ニ付キマシテハ御答辯ノ限リデアリマセヌ(拍手)

○議長(元田肇君) 田中内閣總理大臣

(國務大臣男爵田中義一君登壇)

○國務大臣(男爵田中義一君) 私ハ久原君ヲ適任者ト認メテ推薦ヲ致シタノデアリマス、而シテ就任以來完全ニ職務ヲ遂行シテ居ラレルノデアリマス、何等思想ノ問ニ關係ハ持タヌト存ジマス(拍手)

○議長(元田肇君) 鈴木富士彌君

(鈴木富士彌君登壇)

○鈴木富士彌君 只今久原遞信大臣カラ御答辯ガアリマシタ、敵ナガラ味方トナリマシテ、此壇上デ斯ノ如キ言論ヲ費サナケレバナラヌコトハ、私トシテハ甚ダ遺憾ニ思フノデアリマス、攻擊ハ致シマシテモ、久原房之助君ノ技倆等ニ付キマシテハ、私ハ實ハ感心致シテ居ル點モアル、併ナガラ只今ノ答辯ヲ聽イテ見マスルト、貴方モ思ヒノ外嘘ヲ言フ御方デアルト云フコトヲ感ジタノデアリマス、貴方ガ果シテ良心ノ命ズル所ニ從ッテ斯ノ如キ答辯ガ出來マスカ、震災手形損失補償公債法並ニ震災手形善後處理法ナルモノハ、精神ハ、アナタ方カラ承ハラヌデモ私ハ能ク知ッテ居リマス、貴方ガ――久原房之助君ガ臺灣銀行、朝鮮銀行ニ債務ヲ負擔シテ、手形割引ノ形式デ金ヲ借リテ居テハソレヲ戾サヌカラ、更ニ朝鮮銀行ナリ、臺灣銀行ナリハ日本銀行ニソレヲ再割引ヲシテ、サウシテ其金ヲ借リテ、銀行ハ辛ウジテ之ヲ融通致シテ居ッタノデアリマス、而シテ債務者タル久原君ガ支拂ハナイカラ、斯樣ナル所ノ金ヲ融通シナケレバナラヌコトニナッテ居ルノデアリマス(發言スル者多ク議場騷然)

(此時元田議長鈴木富士彌君ニ注意スル所アリ)

○鈴木富士彌君(續) 故ニ久原房之助君ガ若シ債務ヲ戾セバ、國家ハ日本銀行ニ對シテソレダケ補償スル必要ハナイノデアリマスルカラ、九千九百八十万圓ハソレダケ減ッテ來ル勘定ニナリマシテ、國家ノ損失ハ減ッテ來ルノデアリマス、故ニ此關係ニ於テ震災手形所持銀行ガ幸ヒシテ居ルガ、一番幸ヲ受ケテ居ルモノハ手形債務者デアル、斯ウ云フコトヲ御承知ヲ願ヒタイノデアリマス、ソレカラ是ハ濱口時代ニサウナッタノダト云フコトデアリマシタガ、震災手形善後處理法、震災手形損失補償公債法ノ成立シマシタノハ、昭和二年ノ第五十二議會デアッテ、諸君ガ反對ヲサレテ、非常ニ妨害ヲシテ、是ガ兎モ角通過シテ、其年ノ四月ニ――其年ノ四月ニ若槻内閣ハ辭職ヲシテ、此田中内閣ガ成立ヲ致シテ居リマス(拍手)田中内閣成立以後ニ於テ震災手形善後處理、震災手形ノ補償ト云フコトヲ決定致シタノデアリマスルカラ、濱口時代ナドト白々シイ答辯ハ吾々ニ於テハ斷ジテ之ヲ否認シナケレバナラヌノデアル(拍手)ソレカラ久原關係ノ事業ハ震災手形ノ――震災時代ニ打擊ヲ受ケタコトハナイト云フ御話デアリマシタ、多分サウデセウ、其筈デス、久原關係ノ事業ハ震災ニ依ッテ打擊ヲ受ケタニアラズシテ、震災ヨリハ餘程前ニ打擊ヲ受ケテシマッテ居ッタノデアル、モウ是ヨリ以上打擊ノ受ケヤウハナイコトデ、ソレヲ震災手形ト稱スルノデアル……

(此時發言スル者多ク議場騷然)

○鈴木富士彌君(續) 震災手形ノ定義ハ此處ニ掲ゲテゴザイマス

(議場騷然)

(此時元田議長鈴木富士彌君ニ注意スル所アリ)

○鈴木富士彌君(續) 債務關係ハ餘リ私ハ申シタクハアリマセヌ、マア是ダケデ、貴方ノ……

(此時發言スル者多シ)

○鈴木富士彌君(續) ソレカラ英國ノコトモ此處デハ申上ゲルコトヲ憚リマセウ、ソ

レカラ三土大藏大臣ノ御答辯ハ是ハ顧ミテ他ヲ仰セラレタノデアル、別ニ私ハ深ク貴方ヲ責ムルト云フコトモドウカト思ヒマスルガ、兎モ角モウ五朱以上デ貸サナケレバナラヌ所ノモノヲ、三朱ニシテ貸シテ居ルト云フコトハ、何トシテモ是ハ久原君ニ對スル特典ト謂ハナケレバナラヌ(拍手)此點ニ對スル所ノ貴方ノ御答辯ガナイノデアル、是ハ恐ラク出來マイト思フ、是ハ強イテ求メヌデモ亦豫算委員會ナドニ於テ承ルコトガアラウト思ヒマス、材料ハ山ノ如クニアリマスルカラ、何レ豫算委員會デ見參致スコトニ致シタイト思ヒマス(拍手)

○議長(元田肇君)　三土大藏大臣

(國務大臣三土忠造君登壇)

○國務大臣(三土忠造君)　只今私ハ鈴木君ノ御質問ニ對シテ明瞭ニ答辯シタ積リデアッタノデアリマス、卽チ震災手形善後處理法ニ依リマシテ貸付ケマシタモノハ、全部同ジ利率デアリマシテ、久原商事ニ對シテ特別待遇ヲシタコトガナイト斯ウ申シタノデアリマス、卽チ震災手形善後處理法ニ依ッテ貸付ケマシタモノハ、總テ同ジヤウニ五分五厘トナッテ居リマス、其他ニ少シモ差別待遇ヲ致シタモノハアリマセヌ(拍手)

○原惣兵衞君　總理大臣ノ演說ニ對スル質疑ハ本日ハ此程度ニ止メテ之ヲ延期シ、明二十五日ニ定刻ヨリ特ニ本會議ヲ開キ、日程議了後殘餘ノ質疑ヲ繼續セラレンコトヲ望ミマス

(「異議ナシ」ト呼フ者アリ)

○議長(元田肇君)　原君ノ動議ニ御異議ハアリマセヌカ

(此時發言スル者多ク議場騷然)

○議長(元田肇君)　原君ノ動議ニ御異議ハアリマセヌカ――原惣兵衞君ノ動議ニ御異議ハゴザイマセヌカ

(此時發言スル者多ク議場騷然)

○議長(元田肇君)　原惣兵衞君ヨリ……

(此時發言スル者多シ)

○議長(元田肇君)　御聽下サイ――國務大臣ノ演說ニ對スル質疑ハ本日ハ此程度ニ止メテ、日程ト共ニ之ヲ延期シ、明二十五日定刻ヨリ特ニ本會議ヲ開キ、日程議了後殘餘ノ質疑ヲ繼續スベシト云フ動議ガ出マシタ、此動議ニ付テ御異議ハアリマセヌカ

(「異議ナシ」ト呼ヒ發言スル者多シ)

○議長(元田肇君)　成規ノ贊成ガアルト認メマシタ

(此時發言スル者多シ)

○議長(元田肇君)　原君ノ動議ニ贊成ノ方ノ起立ヲ求メマス

(贊成者　起立)

○議長(元田肇君)　多數ト認メマシタ

(「異議アリ」「異議アリ」ト呼フ者アリ
議場騷然)

○議長(元田肇君)　異議アリト云フコトデアリマスレバ、記名投票ニ依ッテ決シマス

(議場騷然)

○議長(元田肇君)　更ニ明ニ申上ゲマス、只今原君ヨリ國務大臣ノ演說ニ對スル質疑ハ、本日ハ此程度ニ止メテ日程ト共ニ之ヲ延期シ、明二十五日定刻ヨリ特ニ本會議ヲ開キ、日程議了後殘餘ノ質疑ヲ繼續スベシト云フ動議ガ起リマシテ成規ノ贊成ガアリマシタ……

(此時發言スル者多シ)

○議長(元田肇君)　御靜ニ願ヒマス――成規ノ贊成ガアリマシタカラ、議長ハ決ヲ採リマシタ所ガ多數起立致シタト議長ハ認メタノデアリマス、併ナガラ異議アリト云フ聲モ成規ノ數ガアルヤウデアリマスカラ、記名投票ヲ以テ之ヲ決定致シマス(拍手)是ヨリ投票ヲ行ヒマスガ、原君ノ動議ニ贊成ノ御方ハ白票、反對ノ諸君ハ青票ヲ以テ御投票アランコトヲ望ミマス――閉鎖ヲ命ジマス――氏名點呼ヲ行ヒマス

(書記官氏名ヲ點呼ス)

○議長(元田肇君)　投票漏ハアリマセヌカ――投票漏ハアリマセヌカ

(「ナシ」ト呼フ者アリ)

○議長(元田肇君)　投票漏ナシト認メマス、投票函ヲ閉鎖致シマス――開匣――開鎖

(書記官投票ノ數ヲ計算ス)

○議長(元田肇君)　投票ノ結果ヲ書記官長ヨリ報告セシメマス

(中村書記官長朗讀)

投票總數四百六
可トスル者　白票　二百三十三
否トスル者　青票　百七十三

(拍手起ル)

○議長(元田肇君)　仍テ原君ノ動議ノ如ク決シマシタ

第三　朝鮮簡易生命保險特別會計法案　第一讀會
(政府提出)

朝鮮簡易生命保險特別會計法案

朝鮮簡易生命保險特別會計法

第一條　朝鮮總督府ニ於テ簡易生命保險事業ヲ經營スル爲特別會計ヲ設置シ其ノ歳入ヲ以テ歳出ニ充ツ

第二條　本會計ニ於テハ保險料、積立金ヨリ生ズル收入、毎年度豫算ノ定ムル所ニ依リ朝鮮總督府特別會計ヨリ繰入ルル金額及附屬雜收入ヲ以テ其ノ歳入トシ保險金、還付金、事業取扱費、營繕費其ノ他ノ諸費ヲ以テ其ノ歳出トス

第三條　本會計ニ於ケル歳入總額ノ歳出總額ニ超過スル金額ハ之ヲ積立ツベシ

本會計ノ歳計ニ不足アルトキハ積立金ヨリ之ヲ補足スベシ

第四條　本會計ニ於テ支拂上現金ニ餘裕アルトキハ之ヲ大藏省預金部ニ預入ルルコトヲ得

第五條　政府ハ毎年本會計ノ歳入歳出豫算ヲ調製シ歳入歳出ノ總豫算ト共ニ之ヲ帝國議會ニ提出スベシ

第六條　本會計ノ收入支出及積立金ノ運用ニ關スル規定ハ勅令ヲ以テ之ヲ定ム

附　則

本法施行ノ期日ハ勅令ヲ以テ之ヲ定ム

〔國務大臣三土忠造君登壇〕

○國務大臣(三土忠造君)　只今議題トナリマシタル朝鮮簡易生命保險特別會計法案ニ付キマシテ、提案ノ理由ヲ說明致シマス、朝鮮ニ於ケル現狀ニ鑑ミマシテ、大體內地ノ例ニ依リマシテ、朝鮮ニ簡易生命保險制度ヲ實施スル必要ヲ認メマシテ、是ガ實施ノ方法ニ付キマシテハ、別途ニ省令等デ制定セラレルコトニナッテ居リマスルガ、簡易生命保險事業ハ原則トシテ準保險料式ニ基イテ、保險料及積立金ヲ運用利息金ヨリ生ズル收入等ヲ以テ、保險金還付金等ノ經費ニ充用セントスルノデアリマシテ、唯收支ノ關係上收入ノ不足ヲ見マスノデ、當分ノ中朝鮮總督府特別會計ヨリ補給スルコトニ致シタノデアリマスルガ、性質上是ガ收支ハ一團トシテ獨立ニ計算スルヲ適當ト考ヘマスノデ、本事業ニ關スル歳入歳出ハ之ヲ當然總督府特別會計ト區分致シマシテ、別ニ特別會計ヲ設置スルノ必要ガアリマスノデ、本案ヲ提出致シタ次第デアリマス、何卒速ニ御協贊ヲ與ヘラレンコトヲ希望致シマス(拍手)

○副議長(清瀨一郎君)　日程第四、右議案ノ審査ヲ付託スベキ委員ノ選擧ヲ議題ト致シマス

第四　右議案ノ審査ヲ付託スヘキ委員ノ選擧

○原惣兵衛君　本案ハ議長指名九名ノ特別委員ニ付託セラレンコトヲ望ミマス

○副議長(清瀨一郎君)　原君ノ動議ニ御異議アリマセヌカ

〔「異議ナシ」ト呼フ者アリ〕

○副議長(清瀨一郎君)　御異議ナシト認メマス、仍テ動議ノ如ク決シマシタ――日程第五、臺灣事業公債法中改正法律案ノ第一讀會ヲ開キマス――三土大藏大臣

第九　朝鮮簡易生命保險ノ事務ニ關スル郵便物ニ關スル法律案（政府提出）　第一讀會

朝鮮簡易生命保險ノ事務ニ關スル郵便物ニ關スル法律案

朝鮮簡易生命保險ノ事務ニ關スル郵便物ハ命令ノ定ムル所ニ依リ之ヲ無料ト爲スコトヲ得

附　則

本法施行ノ期日ハ勅令ヲ以テ之ヲ定ム

〔政府委員池上四郎君登壇〕

○政府委員（池上四郎君）　玆ニ本案提出ノ理由ヲ極メテ簡單ニ申上ゲタク存ジマス、昭和四年度ヨリ、朝鮮ニ於テ簡易生命保險ヲ實施スル見込デアリマシテ、之ガ特別會計ニ關スル法律案ハ既ニ提案ニナリマシタ次第デアリマス、サウ致シマシテ、朝鮮簡易生命保險ノ事務ニ關スル郵便物ニ付キマシテハ、内地ノ簡易生命保險ノ例ニ倣ッテ、之ヲ無料ト爲スコトヲ得ルノ特點ヲ認メルノ必要ガアルノデアリマス、朝鮮簡易生命保險ニ關スル一般ノ規定ハ制令ニ依ル見込デアリマス、右郵便物無料ニ關スル規定ハ、法律ニ依ラナケレバナラヌノデアリマス、ソレデ本案ヲ提出致シマシタ次第デアリマスカラ、何卒御審議ノ上御協贊アランコトヲ切望致シマス（拍手）

○議長（元田肇君）　質疑ヲ許シマス――別ニ通告ガアリマセヌカラ日程第十二移リマス――右議案ノ審査ヲ付託スベキ委員ノ選擧ヲ議題ト致シマス

第十　右議案ノ審査ヲ付託スヘキ委員ノ選擧

○原惣兵衞君　本案ハ政府提出朝鮮簡易生命保險特別會計法案外四件ノ委員ニ併セ付託セラレンコトヲ望ミマス

〔「異議ナシ」ト呼フ者アリ〕

○議長（元田肇君）　原君ノ動議ニ御異議ハアリマスマイ

〔「異議ナシ」ト呼フ者アリ〕

○議長（元田肇君）　御異議ナシト認メテ可決致シマス――日程第十一、馬ノ傳染性貧血ニ罹リタル馬ノ殺處分ニ關スル法律案ノ第一讀會ノ續ヲ開キマス、委員長ノ報告ヲ求メマス――内野辰次郎君

第三十　米穀需給調節特別會計法中改正法律案（三輪市太郎君外六十三名提出）　第一讀會

米穀需給調節特別會計法中改正法律案

米穀需給調節特別會計法中左ノ通改正ス

第二條第二項中「最高二億圓トス」ヲ「最高四億圓トス」ニ改ム

（三輪市太郎君登壇）

○三輪市太郎君　只今議題トナリマシタ米穀需給調節特別會計法中改正法律案ハ、各政黨政派ノ農村ニ關係ノ深イ所ノ（元田議長議長席ヲ退キ清瀨副議長代リテ著席）貴衆兩院議員ニ依テ組織サレテ居ル農政研究會ノ會員中ノ有志ヨリ提出致シタモノデアリマシテ、私ハ提出者ヲ代表シテ説明ノ任ニ當リマシタノデ、私ノ述ブルコトハ、全國ノ農業者並ニ地方ノ小都會ノ商業者、工業者ノ叫聲ヲ茲ニ訴ヘテ、以テ提案ノ理由トスルノデアリマス、米價ハ今ヤ慘落ヲ致シマシテ、大正七年ノ四五月頃以前ノ諸物價ノ安イ時代ノ相場ニ下リマシタコトハ、諸君御承知ノ通リデアリマス、是ガ定期米商人等ニ依テノ一時的ノ變動相場デアレバ、敢テ恐ルヽニハ足リマセヌガ、大正十四年以後ハ引續イテ段々ト低落ノ一途ヲ辿ルノミデアリマシテ、此儘ニ放任スル時ニハ、ドノ程度迄低落スルカ測リ難イノデアリマス、御參考ノ爲ニ、過去數年間ノ下落ノ趨勢ヲ帝都ノ深川ノ正米――中米ノ相場ニ依テ一箇年毎ノ平均ヲ調査シタモノヲ、此處ニ御紹介ヲ致シマス、大正九年ノ一月ヨリ三月マデノ暴騰相場ハ、是ハ例外デアリマシタガ、此時ハ一石ガ五十四圓五十錢デアリマシタ、其後相場ハ高低ヲ致シテ居リマスルガ、大正十四年ニハ一箇年ノ平均相場一石値段ハ四十一圓六十錢デアッタノデアリマス、大正十五年即チ昭和元年ノ平均ハ一石ガ三十七圓八十錢デアッタノデアリマス、昭和二年ノ平均相場ハ一石ガ三十五圓四十錢デアリマシタ、昭和三年ノ平均相場ハ一石三十一圓デアリマシタ、現今ハ諸君モ御承知ノ通リ一石ガ二十八九圓ニ下落シマシテ、交通ノ不便ナル生産地ニ至リマシテハ、一石ガ二十三四圓ト云フ値段デアリマス、以上ノ如ク順次下落シタ爲ニ、農村ハ疲弊困憊ト云フモノハ今ハ極度ニ陷ッテ、名状スベカラザル状態デアリマス（拍手）農村ノ實情ヲ知ラヌ御方ハ米價ノ下落ニ依ッテ影響ヲ被ムル者ハ唯、地主ノミト考ヘラレル人ガアリマスガ、是ハ大ナル誤リデアリマス、自作農ト言ハズ小作スル人ト言ハズ、此收穫米ヲ賣却シテ其代金ニ依テ必需品ヲ購買スル者ハ、洵ニ困窮ノドン底ニ沈ンデ居ルノデゴザイマシテ、單リ生産者ノミナラズ、購買力ノ衰ヘタル爲ニ地方小都會ノ工業者若クハ商業者モ、共ニ今日デハ不景氣ニ泣イテ居リ、共倒レノ困厄ニ陷ッテ居ルノ状況デゴザイマス（拍手）斯ル場合ニ米穀法ノ運用ニ依テ價格ノ調節ヲ圖ルベキハ當然デアルニモ拘ラズ、政府當局ガ之ヲ爲シ得ナイ所以ノモノハ、米穀法ノ運用資金ガ乏シイ爲デアルコトハ是ハ察スルニ餘リアルノデアル（拍手）現在米穀法ニ依テ運用シ得ラレル金額ハ五千七百万圓餘トナッテ居ルノデゴザリマスガ、此中將來ノ事務費若クハ事業費或ハ營繕費借入金利子等ノ支拂モセンケレバナリマセヌカラ、此運用資金ノ殘額ヲ全部米ノ買入ニ使用スルコトハ出來ナイノデアッテ、此爲ニ政府ノ躊躇スル所ノモノモ亦無理カラヌコトデアル、今日トシテハ僅ノ石數ヲ買上ゲマシテモ、其效果ハ薄イデアラウト思ヒマス、殊ニ米穀商人等ハ米穀法ノ内容ヲ能ク知ルガ故ニ、現在ノ儘デハ米穀法ハ一向活用シナイモノデアリマス、幸ニ本案ガ成立ヲ致シマシテ運用資金ガ充實シテ、多量ニ買上ゲラレル途ガ開ケタナラバ、却テ多額ノ米ヲ買ハナクテモ或ハ價格ノ調節ガ出來ルカモ知レマセヌガ、是ハ恰モ兵備ヲ嚴ニシタル爲ニ、平和ガ保テルト同樣ノ結果ヲ見ルデアラウト思フノデゴザイマス、此米穀法ニ對シテ一部ノ反對論者ハ、米穀需給調節特別會計ニ缺損ヲ生ジタルガ爲ニ、寧ロ米穀法ヲ廢スルニ如カズト云フヤウナ議論モ唱ヘラレ、或ハ運用資金ヲ增加シテモ、是マデノ轍ヲ踏ンデ、却テ國家ノ損害ガ增スノミデアルト云フガ如キ議論モ聞クノデアリマスガ、是モ私共ハ一應ノ道理ガアルトハ思ヒマス、斯ル結果ヲ招キ米穀法ガ全ク意味ヲナサナイコトニナリマシタノハ、此運用ガ姑息ナル結果デアラウト思ヒマス、第五十一議會ニ於テ若槻内閣ノ時ニ、私ハ此米穀法ノ運用ニ付テ質問ヲ致シ、總理大臣ノ答辯ヲ求メタノデアルガ、其趣旨ノ一部ハ此米穀法ヲ臺灣若クハ朝鮮米ニ實行スルノ御考ハアルカト云フ意味デアリマシタ、若槻總理大臣ハ之ニ對シテ立派ニ實行スル、適用スルト云フコトノ答辯ヲサレタノデアリマスガ、此聲明ヲ何レカノ内閣ニ於テ斷行致シタナラバ米穀法特別會計ニ於ケル損害ト云フモノハ私ハ生ジナカッタデアラウト思ヒマス（拍手）之ヲ具體的ニ申上ゲテ見タナラバ朝鮮米、臺灣米ハ諸君御承知ノ通リ生產費ガ少イノデアル、其少イ所以ハ勞働賃銀ニ於テモ安シ或ハ課税ニ於テモ薄シ、全ク米ト云フモノハ廉價ニ買入レラレルノデアル、之ヲ政府ガ一手ニ買上ゲテ、内地ニ直接移入スルコトヲ禁止シテ内地米ノ相場トノ適當ノ價格ニ調節ヲ圖ッタナラバ國家ニ損害ヲ與ヘズシテ一擧兩得ノ結果ヲ見タノデアルト思ヒマス、之ヲ政府ガ斷行スルノ勇氣ガナイ爲ニ斯ウ云フ成行ニナッタノデアリマス（拍手）殊ニ朝鮮米ハ米穀法ヲ制定シタル大正十年頃ニハ、内地ヘ移入致シタル額ト云フモノハ三百万石デアッタノデアルガ、現在ハ約七百万石ニ增加ヲ致シテ居ルノデアル又臺灣米ニ於テモ同ジ大正十年頃ニハ移入高ト云フモノハ約十万石デアリマシタガ、現今デハ是モ三倍即チ三百万石ニ達シテ居ルノデアリマス、殊ニ御承知ノ通リ今後ハ此新領土ノ土地ニ於テノ增殖計畫ガ立ッテ居ル爲ニ、一層移入ノ增加ヲ見ルコトハ明デアリマス、此爲ニ内地米ノ相場ノ壓迫ヲ受ケルコトモ是亦自然ノ結果デアルノデアル（拍手）之ヲ鑑ミレバドウシテモ此儘放任スルコトハ出來マセヌ、臺灣米、朝鮮米ト内地米ノ價格ノ調節ノ政策ヲ樹立シナケレバ、内地ノ農業者ハ滅亡スルヨリ他ニ途ガナイノデアル（拍手）併シ此點ニ於テハ恒久政策ニ屬スルコトデアリマス、デ私ハ今ハ多クヲ論ジマセヌ、併シ今日ノ疲弊困憊ヲ救濟スルコトハ焦眉ノ急ヲ要スルモノデアリマスガ故ニ、暫定的ニ私共ハ本案ヲ提出シ運用資金ヲ增加スルヨリ他ニ途ハナイト信ジタノデアリマス、尚又米穀法ノ制定以來、其運用ガ兎角生產者ノミノ爲ト云フ人モアリマスガ、是ハ誤ッタル見樣デアリマシテ、却テ私共ヨリ見レバ需要者ノ爲ニ運用セラレタル方ガ多イト思フノデゴザイマス、單ニ斯ウ申スノミデハ御諒解ハドウカト思ヒマスデ、事實ヲ指摘シテサウシテ米穀需給調節特別會計ニ於テ缺損ノ生ジタル其内容モ併セテ諸君ニ愬ヘテ置キタイト思フノデゴザイマス、兎角此缺損ニ付テハ唯數字ノ上ノ合計金ノミヲ捉ヘラレテ、實際ノ其缺損ノ内容ハ失禮ナガラ、マダ御承知ノナイ御方モアルカモ知レマセヌデ、宜シク御聽取ヲ願ヒタイノデアル、先以テ其特別會計ノ收支決算ニ於キマシテ、昭和三年十一月末ノ借入金高ガ一億四千二百八十九万一千二百十三圓三十九錢トナッテ居リマス、之ヲ先刻申シタ二億圓マデ借入レ得ラレル中カラ差引ケバ、即チ五千七百万圓餘ノ運轉資金ガアルト云フノハ、此數字ヨリ出タモノデゴザイマス、而シテ此内譯ハ先ヅ第一ニ現金及貯金ノ金高ハ、今日六十六万四千七百五十一圓五十八錢五厘アリマス、第二ニハ現在米ノ二百四十六万六千石ノ代價ガ、七千七十五万三百十九圓十九錢九厘ニ當ッテ居リマス、第三ニハ收入未濟額、是ガ百四十一万五千六百四十圓七十二錢九厘デアリマス、第四ニハ倉庫建設勘定ガ千三百七十五万七千百七十九圓六十二錢四厘デアリマス、第五ニハ事務所費、第六ニハ事業費、此中ニハ保管料、運賃、保險料、燻蒸費、乾燥費等ヲ含ミマスガ、此金高ハ千二百一万千五百四十一圓五錢デアリマス、第七ニハ營繕費七十三万四千六百十三圓十錢四厘デアリマス、第八ニハ借入金ノ利子ガ千八百九十八万二千六百八十二圓九十六錢七厘デアリマス、第九ニハ震災ノ爲ニ損失シタ金ガ五百八十三万二千七百九十九圓四十五錢二厘デアリマス、以上四項ヨリ九項ニ至ル此六項目ノ損失合計金ガ五千二百五十八万七千七百六十七圓八十九錢トナルノデゴザイマス、第十ハ累年評價額ノ損失ト云フモノガ、千七百四十七万二千七百三十三圓九十八錢デアリマス、斯ノ如クデアリマシテ、其中ノ第四項ヨリ第九項迄ノ損失金五千二百五十八万餘圓ト云フモノハ、當然是ハ一般會計ヨリ補塡スベキ筈ノモノデアリマス（拍手）斯樣ナ損失マデモ特別會計ニ包含シテ居ルコトガ根本ヨリ誤ッテ居ル、此內容ヲ究メズシテ、單ニ米穀法ニ於テ多額ノ損失ヲ致シテ居ルカノ如ク論ズル人ハ、是ハドウモ誤ッテ居ルノデアッテ、全ク國防上ノ軍艦ヲ製造シマシテモ、其金バカリデナク、之ヲ維持スル上ニ於テハ、相當ニ經常費ノ要ルモノデアッテ、國家ノ爲ニ米穀法ヲ布イタ以上ハ、今申ス五千何百万圓ト云フモノハ、當然之ハ國家ノ一般會計ヨリ補塡シナケレバ道理ニ合ハナイノデアル（拍手）此米穀法ヲドウシテモ之ヲ一般會計ニ移スベキコトモ、此法案ト共ニ吾々ハ提案致シタイト云フコトモ考ヘマシタガ、之ヲ含ム時ハ審議ニ日子ヲ要シマシテ、今ヤ地方ニ於ケル小農者、作諸人等ノ僅カ宛米ヲ賣ル、此時代ニ安クテハ救濟ヲスルコトガ出來ナイカラシテ、審議ヲ速ニ御願ヲスル爲ニ、單ニ此米穀ノ運用資金ノ增加ヲ提案スルニ止メタノデゴザイマスルガ、全ク今日デハ地方ニ歸レバ、原價デ泣イテ投賣ヲシテ居ル所ノ狀態ヲ見タナラバ、何人ト雖モ之ヲ救濟シヤウト云フ觀念ハ起ルデアラウト思フノデアリマス（拍手）其他ノ第一項、二項、三項ノ如キモノハ、今申ス如ク物資ガ減損シテ居ルノデ、何等言フヲ要セヌカト思ヒマスルガ、第十項ノ累年ノ評價損失千七百四十七万二千七百餘圓ト云フモノハ、是ハ米穀法ノ特別會計ニ屬スルノガ至當デアルト信ジマス、併シ此損失ト雖モ生產者ノミヲ保護スル爲ニ生ジタモノト思フノハ、是亦大ナル誤デアリマス（拍手）何トナラバ米穀ハ需用者、生產者ノ區別ナク、全國民ノ露命ヲ繫グ必需品デアル、數量ノ調節ノ如キハ凶作ニ備ヘルモノデアッテ、寧ロ是ハ需用者ノ保護ノ豫備トモ見ラレルデアラウト思ヒマス、價格ノ調節ト雖モ需給方面ヨリ觀察シテ適當ニ調節スルノガ目的デアリマシテ、此評價額ノ損失ニ依ッテ恩惠ヲ受ケタ者ハ生產者ト見ルノハ誤デ、買上當時一時相場ニ影響ヲ及ボシタ時ニハ、多少生產者モ利益ヲ得ルト雖モ、是ガ忽チ値ガ上レバ買上ヲ中止スルノハ、是ハ何レノ內閣ト雖モ政府當局ガ常ニ採ッタ方針デアリマス、間接ニハ政府ノ貯藏米ハ米價ノ暴騰ノ豫防ニナルモノデアリマス、特ニ諸君ノ御考慮ヲ求メテ置キタイノハ、政府ノ買上米ガ買上ゲタル當時ノ相場ヨリ、下落ニ依テ數箇年ニ亙ッテ、合計金千七百餘万圓ノ損失ヲ生ジタコトハ、是ハ今申上ゲタ通リデアリマスルガ、之ヲ半面ノ生產者ノ利害關係カラ判斷ヲ致シタナラバ、一箇年生產者ノ賣拂フ所ハ、先ヅ二千五百万石ト見ルガ相當デゴザイマセウ、此二千五百万石ヲ賣拂フ、此生產費ヲ既往五箇年間全國的ニ平均シテ見マスレバ、一石ニ付テ三十七圓五十七錢ト云フモノニナルノデゴザイマシテ、此調査ハ最モ信ズベク又根據アルベキコトヲ、責任ヲ以テ私ハ言明スルヲ憚カラヌノデアルガ、之ヲ基礎ト致シマシテ、大正十四年以後ノ深川ノ正米ノ中等米ノ相場ト、產地相場ト二十分ノ一ノ開キガアルモノトシテ算出ヲ致シテ見レバ、大正十四年ニハ生產費ヲ償フニ足ッテ居ルノデゴザイマスガ、大正十五年卽チ昭和元年度ノ平均値段ハ、生產費ヲ下ルコトガ一石ニ付一圓六十錢低イノデゴザイマス、此金高ハ四千百七十万圓トナルノデアリマス、是ガ生產者ノ減收トナッテ居ルノデゴザイマス、昭和二年ノ平均下落ノ差ト云フモノハ、一石ニ付三圓九十四錢ト下ッテ居ルノデアリマシテ、此金高ガ九千八百五十万圓生產者ノ減收トナルノデアリマス、昭和三年ノ平均ハ、下落ノ差ガ一石ニ付テ八圓十二錢、此金高ハ二億三百万圓ノ生產者ハ減收トナッテ居ルノデゴザリマス、昭和四年度卽チ現今ニアリマシテハ、下落ノ差ハ一石ニ付テ十圓九十七錢ヲ生產費ヨリ減ジテ居ルノデアリマスルガ、今日只今此賣拂米ヲ三分ノ一賣ッタモノト假定シテ算出致シテ見マスレバ、是ダケデモ減收金高ハ九千百四十一万圓餘トナルノデゴザイマシテ、以上ノ三箇年ト一箇年ノ三分ノ一トヲ通算致シマスレバ、生產者ノ損失金額ト云フモノハ四億三千六十一万圓ノ多額ニ上ルノデアリマスルガ、今年未ダ賣拂ハナイ所ノ此三分ノ二ヲ現在ノ相場デ賣拂フモノト假定シテ算出致シマスレバ、更ニ一億八千二百八十三万圓ノ損失ガ嵩ムノデゴザイマシテ、結局四箇年ヲ通算シテ農家ノ蒙ムル損失ト云フモノハ、六億千七百四十餘万圓ノ大損害トナルノデゴザイマス、實ニ驚カザルヲ得ヌノデアリマス、國家ガ數年間ニ亙ッテ、國民全般ノ爲ニ二千七百餘万圓ノ損失ヲシタルガ如キコトハ、生產者ノ損失ト對照シテ見タナラバ問題デハアリマセヌ、實ニ德川時代ニ米價ヲ維持スル爲ニ、品川沖ニ玄米ヲ流シタト云フコトヲ聽イテ居リマスガ、其當時ノ政治家ノ樂翁ト云フ人ノコトガ偲バレルノデアリマス、洵ニ今日デハ米穀法運用ノ非難ノ的トナッテ居ル千七百餘万圓ノ損害ノ如キハ問題デナイ、半面ヨリ見タナラバ、今申ス數字ノ如ク需要者ハ之ニ對スル三十七倍ノ石數ヲ安イ米ヲ食ベテ居ルノデアル、斯ノ如ク農村ヲ歷代ノ政府ガ顧ミナイ爲ニ農村ハ苦況ニ陷ッテ居ルノデアル、尙ホ大正十四年ノ以前ニ遡ッテ精算ヲ致シマシタナラバ、何十億圓ト云フ金額ニナルノデアル、之ハ申上ゲルハ諸君ノ迷惑ト思ッテ差控ヘマスルガ、實ニ驚クベキモノデアリマス、次ニ政府當局ガ常ニ米穀法ノ運用ニ付テ需要者ニ重キヲ置ク形跡ノアルコトヲ、私ハ實例ニ依ッテ諸君ニ訴ヘタイト思フノデゴザイマス、過去ニ於テ米價引下ノ爲ニ四回ニ亙ッテ米穀輸入ノ關稅免除ヲ行ヒマシタルコトガアリマスルガ、其行ヒマシタル都度ノ米價ト云フモノハ、未ダ生產費ニハ達シテ居ラナイノニモ拘ラズ、其達セザルニ先立ッテ免稅ヲ施行シタノハ、是ハ全ク生產者ヲ顧ミズシテ需要者ノミニ重キヲ置イテ運用シタルモノデアリマス、偶、昨年初メテ外米輸入ノ禁止ヲ內地ニ施行致シマシタガ、是トテ臺灣朝鮮ニハ實行シナカッタノデアル、全ク其時ノヤリ方ト云フモノハ、袋ノ口ヲ締メテ底ノ破レテ居ルト同樣デアル、洵ニ效果ハ薄カッタノデアル、尙又過去ニ於ケル買上ノ有樣ヲ見マスルニ、大正十年六月ニハ百万石ノ買上ヲ發表致シマシタ、然ルニ買上ノ爲ニ少シ値段ガ高クナレバ三十五万八千石デ止メテシマッタノデアリマス、又大正十二年二月ニ百万石ノ買上ヲ發表致シマシタガ、是モ前同樣ニ値段ガ少シ高クナッタ爲ニ二十二万石デ止メタノデアリマス、大正十二年ノ十月ニ三十万石ヲ買上ゲルト云フコトヲ發表致シマシタガ、是モ少シ値段ガ高クナッタノデ九万六千石デ止メタノデアル、昭和二年ノ九月ニ百万石ノ買上發表ヲ致シマシタガ、是モ少シク高クナッタノデ二千一万石ニ止メタノデアル、洵ニ相場ノ上ル時ノコトハ注意ヲ拂ッテ居ルノデアリマシテ、何時モ買上ヲ中止スル當時ノ相場ト云フモノハ、生產費ニハ達シテナイノデアル、生產費ニ達シナクテモ、一旦發表シタ石數ニ達シナクテモ、少シク値段ガ上レバ忽チ中止スルノハ需要者ノミニ重キヲ置イテ居ルト言ウテモ、私ハ過言デアルマイト思ヒマス（拍手）併シ斯ク申セバ如何ニモ吾々ハ唯生產者ノミヲ擁護スルニ努メルト云フノ誤解ガアルカモ知レマセヌガ、吾々ト雖モ立法府ニ參與シテ居ル以上ハ、決シテ一方ニ偏スルモノデハナイ、需要者ノ立場モ常ニ考慮ハ致シテ居ルノデゴザイマスルガ、今日ノ此狀態ヲ考ヘマスルト、生活ト云フモノハ一般ニ向上致シテ居リマシテ、食料米ノ代金ノ如キハ上流ニアッテハ衣食住ノ全體ノ費額カラ見レバ、二十分ノ一ニモ達シナイノデアル、中流ノ生活ト雖モ米ノ代金ノ如キハ一割位ニシカ相當シマセヌ、尙ホ降ッテ下級ノ人々ト雖モ米ノ代ト云フモノハ生活費ノ中ノ二割以上ニハ上ラナイノデアル、勞働階級ノ人々ト雖モ下級ノ人々ト雖モ今日ハ米ガ割安ナルコトヲ認メ、否需要者一般ニ認メテ居ル所デゴザイマス、之ニ反シマシテ小農者ハ僅ノ收穫米ヲ賣却シテ得タル所ノ金ニ依ッテ、生活ノ必需品ヲ購買スルノデアリマスルガ、實際此人々ハ必要ナ物モ買ヒ得ナイノガ今日ノ狀態デアル、此爲ニ斯ウ云フ地方ノ農業者ヲ御客トスル商業者、工業者モ共ニ困憊ノ極ニ達シテ居ルノガ現狀デアル、斯ウ云フ困窮ノ人々ヲ地方ニ歸ッテ慰メルノニ、吾吾適當ノ言葉ヲ見出スコトガ出來マセヌ、自分等ノ無能ナルコトヲ恥ルノミデ、涙ヲ以テ慰メルヨリ外ニ途ノナイノガ現在ノ狀態デアリマス(拍手)今一ツ政府竝ニ諸君ニ訴ヘタイコトハ、各地到ル所ニ小作爭議ガ起ルノデゴザイマスガ、此小作爭議ハ思想ノ惡化ノミト即斷スルコトハ出來マセヌ、大部分ハ米價ノ下落ニ基クモノト考ヘラレルノデアル、從來ノ作人、地主間ニ締結シテアル所ノ小作米ヲ地主ニ納メタナラバ、其作人ノ得ル所ノ收穫ト云フモノハ僅デアッテ、斯ウ云フ安イ値段デ之ヲ賣拂フト云フヤウナコトデハ、全ク生活ガ出來ナイノデアル、隨テドウシテモ地主ニ納ムベキモノヲ少クシテ、己ノ收穫ノ多キヲ圖ラントスルコトハ、是ハ當然ノ結果デアッテ、食フコトガ出來ナイ以上ハ、已ムヲ得ヌノデアル、然ラバ譲ッテ地主ノ今日ノ有樣ヲ見マスレバ、是亦作人ト同樣デアッテ、土地ニ對スル課税ト云フモノハ、商工業ノ殆ド倍額ノ不當ナル重税ノ負擔ニ苦ンデ居ルノデゴザイマス(「ヒヤ〳〵」拍手)實ニ此土地ヲ所有スル者ガ租税ヲ拂ヒ、若クハソレニ相當スル所ノ附加税等モ拂ッタナラバ、全ク收益ト云フモノハ皆無ト言ッテ差支ナイノデアル、大部分ノ地主ハ收益皆無デアリマス、僅タリトモ土地ニ依テ收益ヲ殘ス者ハ稀デアリマス、私ハ机上ノ議論デアリマセヌ、自ラ自作ヲ致シテ、實際ノ經驗ヲ致シテ居ルノデアリマスルガ、昭和二年、即チ一昨年ハ御承知ノ通リ豐作デアリマシテ、私ガ穫リ得タノハ、一反歩ニ付テ四斗入リ七俵ノ收穫ガアッタノデゴザイマスガ、此耕作人夫賃ヲ普通勞働者ノ賃金ニ比較シテ支拂ヲ致シマシタ、而シテ肥料其他ノ雜費、或ハ租税等ノ支拂ヲ致シマシタラバ、一昨年ノ如キ相當ノ價格ヲ保ッテ居ッテ、而モ多收穫ノ時デモトン〳〵デアル、全ク無收益デアリマシタ、ソコデ自分ハ人夫ヲ使フ上ニ於テモ、是デハイケヌト云フコトヲ悟リマシテ、昨年ハ更ニ此耕作ニ從事スル人ニハ、收穫米ヲ判當テルコトニシテ、所謂耕作請負ノ方法ヲ採ッテ、試ミタノデゴザイマス、處ガ是ハ勞働賃ニ於テハ、即チ耕作賃ニ於テハ、前年ヨリハ幾分少クテ上リマシタガ、本年ハ米ノ安イ爲ト、收穫米ニ於テ前年ヨリ一俵減ジマシテ、一段ニ六俵ヨリアリマセナンダノデ其六俵ノ代金ニ依テ、今申ス通リ總テノ經費ヲ差引イテ見マシタレバ、一層米ノ安イ爲ニ收益皆無デアリマシタ、此內譯明細ヲ述ベルコトハ諸君ニ御迷惑ト思ッテ差控ヘマスルガ、私ハ詳細ニ調査シテアリマス、全ク收益ハ皆無デアリマス、私ノ算出ヨリ考ヘテ見マシタナラバ、恐ラク如何ニ巧妙ニヤラレル地主ト雖モ、地代金ニ對シテ二朱以上ノ利廻リニナル收益ヲ見ル人ハ斷ジテナイト斷言シテ憚ラヌノデアリマス(拍手)斯ノ如ク地主モ、作人モ、自作人モ、總テ悲慘ノ極ニ陷ッテ居ルコトヲ見ルニ付キマシテハ、吾々トシテハドウシテモ看過スルコトガ出來ナイ、何トカシテ切メテハ今日ノ場合、小農ノ人々デモ救濟ヲ致シタイト云フ一念ハ、私ノミニ限リマセヌ、提案者一致ノ意見ヲ持ッテ居ルノデゴザリマス(拍手)只今私ガ土地ニ對スルト、營業所得ニ對スルトヲ對照シ、二倍以上土地ノ課税ガ重イト云フコトヲ申シマシタガ、土地ニ關係ノナイ諸君ガ、或ハ御疑ニナルカモ知レマセヌカラシテ、玆ニ私ハ此調査表ヲ、議長ノ許可ヲ得テ、速記錄ニ載セテ置カウト思ヒマスルデ、ドウゾ後デ御一覽ヲ願ヒタイ、此調査表モ決シテ民間デ出來タモノデハアリマセヌ、當議會ニ於テ、兩税委讓案ノ委員會ニ、參考書類トシテ政府ヨリ配付サレタモノデアリマスルカラシテ、間違ハナイノデアリマスルガ、尙ホ私ガ之ニ附加ヘテ申シマスルコトハ、此調査表モ實際ヲ申シタナラバ、土地ノ所得ハ野外ニ在ッテ、屋外ノモノデアッテ、是ハ何處デ何石取レルト云フコトハ、騙スルコトハ出來ナイノデアルガ、營業ノ所得ト云フモノハ屋內ニ在ッテ、帳簿ニ依テ作製致シタモノデアッテ、若シ不心得ノ者ガ營業者ニアレバ、隱蔽ガ出來ナイト云フコトヲ保シ難イノデアルカラ、實際ヲ調ベテ見タナラバ、此比較表ハ寧ロマダ是レ以上農業者ハ負擔ガ重イト認メラレルノデゴザイマス(拍手)以上申述ベマシタコトハ、實際ヲ物語ッタノデゴザイマスガ、此機會ニ私ハ極メテ簡單ニ、自己ノ卑見ヲモ述ベテ見タイト思ヒマス、政治ノ要諦ハ國民生活ノ安定ヲ計ルニアル、立憲政治ハ多數ノ國民ノ意思ヲ尊重セネバナラヌト云フコトハ、私ノ言ヲ俟タヌコトデアラウト思ヒマス(拍手)近來ノ政治ノ實績ヲ考ヘテ見マスレバ、現內閣ト言ハズ、前內閣ト言ハズ、歷代ノ內閣ガ、ドウシテモ之ニ副ハザルノ政治ヲ行ッテ居ルノ疑ガアルノデゴザリマス(「ヒヤ〳〵」)本案ノ成立ヲ渴望スルモノハ、全國民ノ過半數デアリマス、即チ生產者ハ全國民ノ過半數デアル、其過半數ノ中ノ大部分ト云フモノハ資產ノ薄イ者デアリマス、歷代ノ內閣ガ常ニ社會政策ヲ唱ヘルト云フ以上ハ、先以テ是等ノ問題ニ注意ヲシナケレバナラナイト思フノデアリマス(拍手)爲政者ガ常ニ全國民ノ生活狀態ニ注意ヲ怠ラナカッタナラバ、吾々ノ提案ヲ俟タズシテ、政府自ラ進ンデ(「ヒヤ〳〵」)調節ニ關シ提案スルノガ當然デアラウト思ヒマス(「同感々々」「政友會顏色ナシ」「政友會ニ限ラナイ」ト呼フ者アリ)獨リ政友會ニ限ラナイ、歷代ノ內閣其通リデアル、何レノ內閣モ……

〔「超黨派的ダ」ト呼ヒ其他發言スル者多シ〕

○副議長(清瀨一郎君) 靜肅ニ願ヒマス

○三輪市太郎君(續) 何レノ內閣ノ時代ト雖モ、斯ウ云フ場合ニハ財源ガナイ、財源ノナイト云フ理由ノ下ニ擊退スルノデアル、私御遠慮ナシニ申シテ見レバ、今日十七億万圓ト云フ財源ヲ以テ豫算ヲ編成スルニ當ッテ、斯ル問題ガ重要デアルト認メタナラバ、先以テ之ニ充テナケレバナラナイノデアル(拍手)實ニ國防ト云ヒ教育ト云ヒ必要デハアルガ、斯ウ云フ問題ハ最モ必要デアルノデアル、ソレガドウシテモ歷代ノ內閣ニ閑却サレルト云フモノハ、是ハ爲政者ニ對シテ農民ノ狀態ヲ能ク徹底的ニ諒解ヲ得セシムルコトガ出來ナイカラデアル、操觚界ト雖モ是亦同樣デアッテ、決シテ操觚界ノ人ヽガ都會ノ人心ノミニ偏スルモノトハ思ヒマセヌガ、其操觚界ノ人ヽニ能ク徹底スルノ途ヲ講ジナイノガ、斯ウ云フ結果ヲ招イテ居ルノデアラウト思ヒマス、殊ニ近來ハ政治運動ハ洵ニ巧妙ニナッテ、此政策目的ハ政治運動ノ巧拙如何ニ依テ成敗ガ定マル嫌ガアルノハ、私ハ慨嘆ニ堪ヘナイノデゴザイマス、兎角都會ノ商工業ノ人ヽト云フモノハ運動等モ敏活デアリマスガ、農村ノ者ハ實ニ質朴デアッテ、我ガ米倉ニ火ガ付イテ居ルガ如キ今日ノ狀態デモ、對岸ノ火災視致シテ居リマシテ容易ニ運動等ハ爲サナイノデゴザリマス、此頃始メテ三會堂ニ二千名程ノ農民ガ集合サレテ大會ヲ催シタノデゴザイマスガ、何時モノ農民ト違ッテ此度ハ初メテ眞劍ノ運動デアルト云フコトヲ感ジマシタガ、是トテ運動ノ時機ヲ誤ッタノデアリマス、豫算編成當時カ議會劈頭ニ此運動ヲ起シマシタナラバ一層效果ガアッタカト思ヒマスガ、吾々ハ其運動ニ左右サレタモノデハナイ、其大會ノ前ニ本案ヲ提出致シタノデアリマシテ、全ク御互有志ハ自發的ニ此窮状ヲ見ルニ忍ビズシテ提案致シタノデゴザリマスガ、斯ノ如クノ有様デ、ドウシテモ此農村ハ政治家等ニ閑却サレ易イノデ、是ハ農民自ラガ至ラヌコトヽ申シテモ過言デハアルマイト思フ、論ヨリ證據デアッテ、農村ノ人々ガ歴代ノ内閣ニ農村政策ヲ閑却サレルト云フコトヲ自覺シタナラバ、總選擧ノ時ニ何黨派ヲ問ハズ、眞ニ農村ニ理解アル人ニ自分等ノ擁護ノ爲ニ投票シタナラバ、農村關係議員ハ此議席ノ過半數ヲ占ムルコトハ易々タル問題デアル(拍手)然ルニ選擧ノ結果ハ毎期毎ニ農村議員ノ減少スルヲ見テ、此農村ノ人々ノ愚カト申シテハ語弊ガアラウガ、御人ノ善イニハ憐レマザルヲ得ナイノデアル、ナレドモ爲政者ト云フ者ハ運動ヲシナイカラトテ、或ハ活動ヲセナイカラトテ、全國民ノ常ニ頭ニ置イテ觀察ヲ致シテ居ッタナラバ、ドウシテモ斯ウ云フ結果ニナルノデハゴザイマセヌカ、ドウモ其處ガ矢張政府ノ要路ノ人々ト雖モ人デアル、常ニ接シテ運動スル方ニハ動カサレ易イノデアリマスルカラシテ、洵ニ農村ノ者ハ私ハ同情ニ堪ヘヌガ、斯ウ云フ農村ノ人々ガ自ラ働カナクテモ、政府ガ進ンデ此救濟策ヲ講ズルノハ、是ガ全ク仁政ノ行ヒデアラウト思フ(拍手)ドウアッテモ政府ハ此處ニ御留意ヲ願ハナケレバ、眞ニ國民ノ過半數ノ意ノ儘フ所ノ政治ヲ行フコトハ出來ナイト思ヒマス、以上申上ゲタ如ク、今日デハ全ク農村經濟ト云フモノハ脅威ヲサレテ居リマス、是ニ於テ何トカ此救濟策ヲ講ジナケレバ、社會ノ秩序ヲ紊スノ危險ガ孕ンデ居ルト認メルノデアリマス(拍手)若シ本案ガ不成立ニ終ッタ時ニハ、納税義務ヲ果ス資力ト云フモノガ無イ者ハ致方ガナイ、滯納處分ヲ受ケルヨリ外ニ途ハナイノデアル、是ガ少數ノ人デ止マレバ宜シイガ、此滯納處分ヲ受ケル者ガ多數續出スレバ、大勢ニ順應シテ納税資力ヲ有スル者マデモ、遂ニ滯納スルコトニナッテ参リマシタナラバ、或ハ一大字デ止マルモノガ、延イテハ一村ニ及ボシ、尚ホ擴大シテ一郡ニ及ボス、斯ッ云フ時ニ一般ニ對シ滯納處分ガ執行シ得ラレマスルカ、假ニ法律ニ依ッテ爲シ得ラレルトスルモ、斯ウ云フ場合ニハ世ニ謂フ社會主義、若クハ共產主義ト云フガ如キ人々ガ群衆心理ヲ利用シテ、此機ニ乘ジテ煽動ヲ致シタナラバ(「脱線々々」ト呼フ者アリ)洵ニ國家ノ不祥事ヲ起サヌトモ限ラヌノデアル、私ノ議論ヲ脱線ト言フ人ハ、是ハ農村ノ知識ノ無イ人デアル、御慎ミナサイ、實ニ斯ウ云フ騷擾非、若クハ内亂ガ起ルガ如キ事ガアッタナラバ、國威ヲ失墜スルコトノ甚シキコトハ勿論デアリマスガ、御上ニ對シ奉ッテモ洵ニ恐懼ノ至デハアリマセヌカ、或ハ近キ將來ニ此實現ヲシナイト云フコトハ保シ難イノデアル、洵ニ是ハ實際問題トシテ諸君ニ大ニ御考慮ヲ願ハンケレバナラヌノデアル、此實情ヲ政府ガ諒解サレタナラバ、財源ノ如キハ何デモナイ、僅ニ吾々ノ提案ハ二億万圓デアルガ、此二億万圓ヲ果シテ全部費消スルモノカ、ドウカハ分ラナイノデアル、唯後備ニ過ギナイノデアル、殊ニ此法案ハ暫定的ノモノデアッテ、ドウシテモ根本的ニ恒久策ヲ立テナケレバナラナイノデアル、全ク朝鮮米ト臺灣米ト内地米トノ相場ノ調節ノ政策ヲ樹立シナケレバ、先程申シタ通リニ内地ノ農業ハ滅亡ヨリ外ニ途ハナイ、サウ云フ結果ヲ見タナラバ、新領土ノ増殖計畫ノ爲ニ恰モ角ヲ矯メテ牛ヲ殺スガ如キ結果ニナルノデアル(拍手)吾々ト雖モ年々増加スル人口ニ對スル食糧問題、即チ自給自足ノ途ヲ講ズルニハ新領土ニ俟タナケレバナラヌ、新領土ノ増殖計畫ト云フコトハ大賛成デアリマス、大賛成デアルト同時ニ内地米ノ生產者ノ保護ノ途ヲ立テナケレバ、内地農業者ハ立チ行カヌノデアル、一方ニ新領土ニ多收穫ヲ得テモ、内地米ガ出來ナクナッタナラバ、今日コソ平和ノ時代デアルガ、一朝有事ノ場合ハ四面環海ノ我國トシテ如何ニスルノデアルカ、ドウシテモ此食糧問題ハ自給自足ノ途ヲ立テ、、新領土ト内地ト共ニ多收穫ヲ圖ラナケレバナラヌト思フノデゴザイマス、ドウカ政府ニ於カレテモ願クバ此恒久政策ト云フモノハ、來ルベキ五十七議會迄ニハ立案ヲサレテ、是非トモ實現ヲ圖ッテ戴キタイノデアリマス、諸君ニ於カレテモドウゾ今日ノ此小農、小作農等ガ今ヤ泣イテ竇ランケレバナラヌト云フ時期ニ迫ッテ居ルノデアリマスルカラ、本案ニ御賛成下サレンコトヲ切ニ希望致シマス、又委員付託ニナリマシタナラバ、速ニ審議ヲ終了サレンコトヲ切ニ御願致シマシテ、是デ御免ヲ蒙リマス(拍手)

○副議長(清瀨一郎君) 三輪君ノ演説中ニ引用サレマシタ調査表、卽チ全國税務監督局管内ニ於ケル田畑所有者百二十人、營業所得者百六十八人ニ付キ調査表ナル文書ハ之ヲ速記録ニ留メルコトヲ許シマス

〔参照〕

全國税務監督局管内ニ於ケル田畑所有者一二〇人營業所得者一六八人ニ付調査(昭和三年度分)

| 所得ノ階級 | 田畑所有者 總額 | 田畑所有者 國税 | 田畑所有者 地方税 | 營業所得者 總額 | 營業所得者 國税 | 營業所得者 地方税 |
|---|---|---|---|---|---|---|
| 千二百圓 | 圓 二六九、八六 | 圓 六七、九〇 | 圓 二〇一、九六 | 圓 一二六、二八 | 圓 四四、四二 | 圓 八一、八六 |
| 二千圓 | 五二九、九〇 | 一四四、三〇 | 三八五、六〇 | 二三〇、二八 | 八八、三〇 | 一四一、九八 |
| 三千圓 | 八七三、九一 | 二五八、九四 | 六一四、九七 | 三八三、五一 | 一九六、九二 | 二〇六、五九 |
| 五千圓 | 一、三九四、八五 | 四五七、〇二 | 九三七、八三 | 七〇〇、六一 | 三一五、六九 | 三八四、九二 |
| 一万圓 | 三、四八四、七二 | 一、一八七、〇三 | 二、二九七、六九 | 一、六〇三、三三 | 八一三、六〇 | 七八九、七三 |
| 三万圓 | 一二、〇九六、七二 | 四、九九五、九九 | 七、一四一、一三 | 六、八一八、六五 | 三、七三七、四六 | 三、〇八一、一九 |
| 十万圓 | 五三、二二四、九〇 | 二二、一六七、八二 | 三一、〇五七、〇八 | 三〇、〇五七、九一 | 一七、八八三、四一 | 一二、一七四、五〇 |

○副議長(清瀨一郎君) 本案ニ關聯致シマシテ政府ニ對スル質疑ノ通告ガアリマス、順次之ヲ許シマス――高田耘平君

〔高田耘平君登壇〕

○高田耘平君 本案ハ黨派ヲ超越シタル問題トシテ農村研究會ノ諸君ガ主トシテ發案者トナリ、本日此議場ニ現ハレタモノデゴザイマス、私ハ此法律ノ運用如何ニ依テハ、場合ニ依テハ生產者ニ對シテ非常ナ不利益ヲ來ス場合モアリト信ズルガ故ニ、五六ノ點ニ付テ極メテ簡單ニ要項ノミヲ申上ゲテ、政府ノ御意見ヲ伺ヒタイト思フノデアリマス、第一ニ御伺スルコトハ、農林大臣ガ豫算總會等ニ於テ御説明ニナッタ場合ニ於テ、或ハ又分科會ニ於テ東政務次官ガ御答ニナッタ點ヲ見マスルト云フト、ドウモ今ノ米穀法デハ到底米價調節ノ目的ヲ完全ニ達スルコトガ出來ナイト云フヤウナ意味ニ伺ッテ居ルノデゴザイマス、私共モ其樣ニ存ジテ居ルノデアリマス、所ガ新聞紙ノ報ズル所ニ依レバ、政府ハ現在ノ米穀法ヲ改正スルナリ、或ハ其他ノ方法ヲ別ニ御立テニナルナリシテ、ソレニハ相當ノ調査機關ヲ設ケテ、サウシテ根本的ニ解決スル爲ニ調査會ヲ設置スルト云フ意見デアルカノ如ク、新聞ニ傳ヘラレテ居ルノデゴザイマス、果シテ其御意見デゴザイマスルヤドウカト云フコトガ、是ガ質問ノ第一點デゴザイマス、第二ハ、政府ハ米穀運用ノ爲メ、米穀需給特別會計法ヲ改正シテ、其資金ヲ增加スルノ御意見アリヤ否ヤ、過般豫算總會ニ於テ守屋君ノ質問ニ對シテ、農林大臣ハ斯ウ云フ御答ヲナスッテ居ルノデゴザイマス、今ハ米價ガ二十八九圓デアッテ、是ハ安イヤウニ思フ、併ナガラ今ノ米穀法ノ力ヲ以テ――三年間引續イテ豐作ノ結果、呈シタル此市況ヲ、今ノ米穀法ノ運用ニ依テ引上ゲルト云フコトハ中々困難ノコトノヤウニ思ハレル、故ニ政府ハ――其當時ハ二十八圓許リノ時ト思ヒマス、此市況ガ今日以下ニ落チテ、ソレガ恒久的ノ場合ニ於テハ買上ニ着手スル、斯ウ云フヤウナ御意見ガアッタノデゴザイマス、果シテ其通リノ御意見デアリト致シマスレバ、此際急ニ此資金ヲ

増加セズトモ、マダ濟ム時機デアルヤウニ思フノデゴザイマスケレドモ、併ナガラ政府ハ米穀需給特別會計資金ヲ増加シテ、サウシテ米穀法ノ運用ノ爲スト云フ御意見デアリマスカドウカ、若シ其御意見ガアルト致シマシタナラバ、何故今日迄ニ御提案ニナラナイノデアルカ、此點ハ三輪君ノ質問デハゴザイマセヌガ、政府攻撃ノ一端ト同一ノ意味ニナルノデアル、何故今日迄ニ御提案ニナラヌカ、米ガ安イト云フコトハ今始ッタ問題デハゴザイマセヌ、何モ農民大會ヲ俟ッテ知ルモノデモゴザイマセヌ、故ニ吾々ハ政府ガ眞ニ米穀需給特別會計法ノ改正ヲシテ資金増加ノ意思アリトセバ、何故今日マデ御提案ニナラナカッタカ、吾々惟フニ此法律案ガ、今二億万圓ヲ四億万圓ニスルト云フ法律案ガ提案サレマシテ、是ガ衆議院ニ於テ可決サレ、貴族院ニ於テ可決サレルニハ、尙ホ相當日時ヲ要スルト思フノデアリマス、時機ガ遲レルヤウニ相成ルコトヲ私共ハ非常ニ疑惧ノ念ニ堪ヘナイ、假令出來テモ……故ニ吾々ハ何故政府ガ今日迄ニ相當ノ案ヲ具ヘテ議會ニ諮ラズシテ居ルノデアルカト云フコトヲ御伺シタイノデアリマス、勿論今日マデ政府ト致シマシテ相當ノ成案ガナイノデアラウト私ハ思フノデアル、御成案ガナイノデアルト致シマシタナラバ、今回提案ニナッテ居ル所ノ此二億圓ヲ四億圓ニ増額スルト云フ、所謂資金増加ノ法律案ニ御同意相成ル御意見デアルカ否ヤト云フコトヲ、ハッキリ伺ッテ置キタイト思フノデアリマス、新聞紙ノ報ズル所ニ依リマスレバ、昨日貴族院ニ於テ、豫算總會ト存ジマス、阪谷男爵ノ質問ニ對シテ大藏大臣ハ、衆議院ニ於テ議員各位ヨリ資金増加ノ法律案ガ出テ居ルケレドモ、ソレニ對スル贊否ノ意見ハ政府トシテハ未ダ決定シナイト云フヤウナ答辯ガアッタヤウニ拜見スルノデアリマス、是ハ速記録デゴザイマセヌカラ、或ハ新聞紙ノ傳フル所ガ誤ッテ居ルカドウカ知リマセヌガ、兎ニ角大藏大臣ハ貴族院ニ於テ未ダ御決定ニナッテ居ラヌト云フコトヲ答辯ニナッテ居ルト致シマスレバ、無論農林大臣モ昨日迄ハサウデアルガ本日ハドウナッテ居ルカト云フコトヲ伺ッテ置キタイノデアリマス、次ニハ極メテ現實ノ問題ニ付テ伺ヒマス、若シ此資金増加ガ兩院ヲ通過シテ法律トナッタ場合ニ於テハ、而シテ米價ガ今日ノ狀態デアル場合ニ於テハ、政府ハ直ニ御買上ゲニ著手セラルヽノデゴザイマスカ、先程提案者ノ御説明ニハ資金増加ノコトノミヲ申シテ居リマシテ、資金ヲ増加シタラ直グ買ッテ呉レト云フコトガ御演説ノ中ニアッタカモ知レマセヌガ、私ハ、ハッキリ聞ヘマセヌデシタ、併シ帝國農會及農民大會ノ御希望ハ、資金ヲ増加スルハ直ニ大買收ヲシテ呉レト云フノデゴザイマスケレドモ、果シテ政府ハ此希望ニ副フテ資金ガ増加スル、卽チ資金ニ餘裕ガ出來レバ、直ニ買收ニ著手スルト云フ御意見デアルヤ否ヤ伺フノデアリマス、ソコデ若シ農民大會等ノ希望ヲ入レテ御買上ニナルト致シマスレバ、茲ニ恐ルベキ狀態ガ出ルト思フコトハ、是ハ農林大臣モ同ジ御意見ト思フノデアリマスガ、大體二百五十万石ノ政府ノ持米ガ市場ニ在ル、此二百五十万石ノ政府所有ノ米ガアル爲ニ、或ル人々ハ今ノ米ノ上リ得ナイノハ、ソレガ爲デアルト言ヒ、或ハサウデアルカモ知レヌ、サウスルト今度假ニ二百万石買上ゲルト假定スルト、四百五十万石ノ米ヲ政府ガ持ッテ、之ヲ東京、大阪、神戸等ノ各消費地ニ持ッテ居ルノデアリマス、斯ル場合ニナッテドウナルカト申シマスルト、私共相場買ノ事ハ存ジマセヌガ、二百五十万石ノ米ガアルノデサヘモ、只今申シマシタヤウナ批評ヲスル人ガアルノデゴザイマスカラ、若シ是ガ四百万石、五百万石ト云フ大量ノ米ガ市場ニ現ハレタ場合ニ於キマシテハ、例ヘバ本年ノ秋ニ至リマシテ、不作ノ狀況ガ現ハレタ場合ニ於キマシテモ、四、五百万石ノ米ガ常ニ市場ヲ壓迫シテ、ソレガ爲ニ需要供給ノ關係ヨリ、當然或ル程度マデ騰貴シナケレバナラナイ米價ガ、騰貴スルヲ得ザル狀況ニ立至ルコトハ必然デアルト私ハ思フノデゴザイマス、其場合ヲ想像スレバ却テ買上ハカリガ能デハナイ、卽チ其場合ヲ想像スレバ、政府ガ大量ノ米ヲ市場ニ貯藏シテ置ク結果ハ、當然昂騰スベキ市價ガ昂騰セザル結果ニナル、此場合ニ於テハ消費者ノ爲ニハ宜シイカ、生産者ニハ非常ニ利益ヲ阻害サレルト云フコトニナルト私ハ思フ、之ニ對シテ政府ハ私ト同ジ考デアルヤ否ヤ、五百万石デモ千万石デモ政府ガ持ッテ居レバ、ソレデ生産者ノ利益ヲ圖リ得ルト信ズルヤ否ヤ、次デ起ルベキ問題ハ、若シ私ノ判斷ノ通リ大量ノ米ヲ政府ガ市場ニ持ッテ居ルコトハ、市場ノ脅威トナッテ、ソレガ爲ニ生産者ヲ害スルト云フコトデアレバ、唯買フバカリガ能デハナイ、何處カニ捌口ヲ見付ケナケレバナラヌト思ヒマスガ、ソレハドウスレバ宜シイカト言ヘバ、五百万石ノ米ヲ貯藏シテ居ッテハ種々ノ弊害ヲ起スカラシテ、卽チ内地米デモ古米トナッタモノハ之ヲ朝鮮或ハ海外ニ、政府ハ損ヲシテモ構ハズニ賣却スル、斯ウスルト調節ノ効果ハ擧ルト思フノデアリマス、一昨年カ昨年外米ノ古米ヲ上海方面ニ御賣リニナッタヤウデゴザイマスガ、ソレト同ジ意味ニ於テ政府ガ五百万石モ六百万石モ到底持ッテ居ルコトハ出來ナイカラ、却テ生産者ニ害ヲ及ボスカラ、政府ハ思切ッテ在來持ッテ居ル古米ヲ二百万石ナリ三百万石ナリ、朝鮮其他ノ方面ニ損得ヲ構ハズ賣出ス、斯ウ云フ御決心マデ取ッテ進ムコトガ出來ルカドウカ、サウスレバ徹底的ノ政策ニナリマスケレドモ、唯買上ゲバカリデハ是ハ場合ニ依テ恐ルベキ結果ヲ生ズルカト思ヒマスガ故ニ、只今申上ゲマシタ點マデ進ンデ政府ハ斷行スルノ意思アリヤ否ヤ、此點ニ付テ御答ヲ願ヒタイト思フ次第デアリマス、要項ノミヲ申上ゲマスカラシテ、ドウゾ御了解ノ中ニ明確ナル御答辯ヲ御願スル次第デアリマス

（國務大臣山本悌二郎君登壇）

○國務大臣（山本悌二郎君）　髙田君ノ御尋ニ對シテ御答ヲ致シマス、第一ハ政府ハ米穀法ノ改正ニ付テ、若クハ米價調節ノ根本ニ關シテ調査機關ヲ設クルノ意思アリヤ否ヤト云フ御尋デアリマス、政府ハ特ニ其考ヲ持ッテ居リマスノデ、不日之ニ對スル豫算ヲ請求致シタイト考ヘテ居リマス、又資金ヲ増加スルノ意思アリヤ、實ハ米價調節ニ付キマシテハ根本ニ立入ッテ之ヲ變革スル必要ガアルト當局ハ認メテ居リマスノデ、之ニ對シテハ只今申上ゲル通リ調査機關ヲ設ケテ、遠ニ調査ヲ遂ゲタイト考ヘテ居リマスルガ、又現在ノ米價ノ狀況カラ眺メマシテ、現在農家ガ非常ニ窮迫致シテ居リ、之ニ從ッテ地方ニ於ケル商工業者モ亦煽リヲ喰ッテ非常ナ困難ニ陷ッテ居ルト云フ、此現況ニ直面致シテハ、應急的ノ方法トシテハ何等カ致サナケレバナラヌト云フ考ハ既ニ持ッテ居ルノデアリマス、之ニ對シテハ差詰メ資金増加ノ方法ヨリ外ハアルマイト考ヘテ居リマシテ、之ニ對シテ議會ニ相當ノ提案ヲ致サウ、斯樣ニ考ヘテ居ッタ矢先ニ、衆議院ヨリ本案ガ提出サレタヤウナ次第デアリマスルカラ、此本案審議ノ行程ニ於テ、特ト衆議院ノ御意見ノアル所モ承ッテ、而シテ政府ノ最後ノ爲サント欲スル所ヲ決定致シタイト考ヘテ居リマス、此案ニ同意デアルカドウカト云フ第三ノ御尋デアリマシタガ、是ハ大藏大臣モ豫算總會ニ於テ申サレタ通リ、又私モ貴族院ノ豫算總會ニ於テ、其意味ノコトヲ申シテ置イタ積リデアリマスルガ、此案此儘ニ直ニ之ニ御贊成ト申スコトハ、只今ノ處デハ斷言致シ兼ル次第デアリマス、其次ノ御尋ハ、資金増加ガ假ニ爲サレタ場合ニ於テハ、直ニ買上ヲ行フノデアルカドウカト云フ事デゴザイマシタ、之ニ關聯シテ過日私ノ申シタ事ヲ御引用爲サッテ、米價ハ安イガ是ヨリ以上ニ下落シテ、其下落シタ價格ガ恆久性ヲ帶ビルモノデアッタナラバ、其時ニ初メテ買上ヲ行フノデアルト、私ガ申シタト云フコトヲ御引用ニ相成ッテ、然ラバ資金ガ増加シタト雖モ、今日此米價ノ現狀デハ、直ニ買上ハシナイノデハナイカト云フ結局御尋ト拜承致シマシタガ、私ガ申上ゲタ當時ニハ、米穀特別會計ノ資金ヲ増加スルト云フ其豫定ノ下ニ申上ゲタノデハナイノデアッテ、現在ノ米穀

特別會計ノ力ガドレダケアルカト云フコトヲ前提ト致シテ、私ノ考ノ在ル所ヲ申上ゲタノデアッテ、實ヲ申セバ、今日ノ米價デハ資金サヘ豊富デアレバ、特ニ踏出シテ居ッテモ宜シイノデアルト、私ハ考ヘマスケレドモ、何分ニモ今日ノ力ヲ以テシテハ、踏出シテモ其效果ガ無イノミナラズ、踏出シテシマッタガ最後、卽チ最後ノ彈丸ヲ放ッタガ最後、來ルベキ出來秋ニ於テ再ビ米價ノ下落ヲ見タ場合ニ於テハ、之ニ應ズル何物モ持タナイト云フコトニナリマスルカラ、此最後ノモノハ極メテ愼重ニ考ヘテ、之ヲ使用致サナケレバナラヌ場合デアリマシタガ故ニ、私ハ左樣ニ申上ゲタノデアリマス、若モ資金ニ餘力ヲ生ズルト云フコトニナレバ、此際ニ於テハ買上ヲ斷行スルト云フコトガ、卽チ米價調節ノ使命ヲ完ウスル所以デアルト、私ハ考ヘテ居リマス(拍手)併ナガラ玆ニ百万、二百万ノ買上ヲ新ニシタナラバ、將來持ッテ居ル所ノ政府持米ト合シテ多量ニナルガ故ニ、之ガ却テ市價ヲ壓迫スル原因ニナリハセヌカト云フノガ、最後ノ御尋デアッタヤウデアリマス、大體今日ノ持米デスラモ、左樣ニ申ス人モアリマセウケレドモ、私ハ必シモサウトハ思ッテ居リマセヌ、何トナレバ、之ガ營利事業ト異リ、少シデモ米ガ上レバ、持ッテ居ルモノヲ直ニ賣ッテシマウト云フ立テ方デハナイノデアッテ、持ッテ居ル米ヲ賣却スル時ニハ、米價ガ昂騰シテ是レ以上ニ上ッテハ相成ラヌ、此處デ調節ヲシナケレバナラナイト云フ場合デナケレバ、賣却ヲ致サヌノデアリマスカラ、二百万ヤ三百万ノ米ヲ持ッテ居リマシテモ、米價ガ非常ニ騰貴シテ、消費者ノ爲ニ之ヲ調節シ、騰貴ヲ喰止メナケレバナラナイト云フヤウニ高クナッタ場合デナケレバ、之ヲ賣ラヌノデアリマスカラ、少々位上ッタノデハ之ヲ賣却致サヌノデアリマス、ソレハ外部ニ於テモ能ク承知シテ居ル筈デアリマス、多少ノ米ヲ持ッテ居ッタ所ガ、是ハ威嚇ニナラヌト私ハ考ヘマス、併ナガラ更ニ是レ以上買上ヲシテ、其持米ト云フモノガ市場ニ影響スルト云フコトヲ見定メマシタナラバ、其時ニハ臨機ノ策ニ出ナケレバナラヌト思フノデ、或ハ高田君ガ申サレタ如ク、損失ヲ顧ミズシテ、米穀特別會計ノ使命ヲ完ウスル意味カラ、之ヲ外國ニ賣ルト云フ如キ非常手段モ亦執ラナケレバナラヌト云フ場合モ生ズルカモ知レマセヌ、大體ノ處、今日ハ左樣ナ心配ハ無カラウカト考ヘマス(拍手)

○副議長(淸瀨一郞君) 熊谷五右衛門君

〔熊谷五右衛門君登壇〕

○熊谷五右衛門君 只今上程サレタ案ニ對シマシテ、私政府ニ向ッテ三箇ノ質問ヲ試ミタイト思フノデアリマス、最近米價ガ特ニ暴落シ、サナキダニ困難ノ極ニ達シテ居ル、農家ノ經濟ハ益、窮迫シ、此場合至急之ガ救濟ノ方策ヲ講ジナケレバ、農村ハ再ビ立ツ能ハザルノ窮境ニ陷ルト思フノデアリマス、政府ハ今日ノ米價ヲ適當ナリト御考ニナリマスカ如何、第二ハ、世間ニハ總テ物價ハ需給關係ニ依テ決スベキモノデアッテ、人爲的ニ之ヲ左右スベキモノデナイト云フ議論モアリマス、無論經濟ノ原則カラ言ヘバ其通リデアルカモ知レマセヌ、併ナガラ米ノ如キ特殊ノ事情ノアル農產物ニ對シマシテハ、適當ニ人爲的ニ調節ノ手段ヲ講ズルト云フコトハ、國家當然ノ義務ナリト考ヘルノデアリマス(拍手)卽チ此意味カラ言ヘバ、本案ノ如キハ國家自ラ進ンデ提案スベキモノナリト、私等ハ考ヘルノデアリマス、只今農林大臣ガ高田君ノ質問ニ對シテ御答辯ガアリマシテ、資金ヲ增加サレルト云フコトノ意味ハ分リマシタ、然ルニ新聞紙ニ依ルト、政府ハ此際五千万圓ヲ增額スルノ底意ノアルト云フ事ヲ承知シマシタガ、政府ハ果シテ五千万圓ヲ以テ此大問題ヲ解決シ得ルモノナリト考フルヤ、是如何、第三ハ、吾々ハ今日ノ急場ヲ救フ爲ニハドウシテモ米穀法ノ運用上、資金ノ增額ヲ以テ焦眉ノ急務ナリト考ヘルケレドモ、眞ニ米價問題ヲ根本的ニ解決シ、農村振興ノ實ヲ擧グルノニハ、米穀法ニ根本的ノ改正ヲ加ヘ、之ガ運用上遺憾ナキヲ期スルノミナラズ、外米ノ管理、內地植民地間ノ連絡等ニ對シテ、根本ノ方策ヲ講ジナケレバナラヌ、政府ハ此際斯ノ如キ根本的改正玆施設ニ着手スルノ意思アリヤ如何、此三點デアリマス、本案ハ御承知ノ如ク、各派ヲ通ジマシテ六十餘名ノ多數ガ提出者デアリマス、斯ノ如キ多數ノ提出者ヲ以テ改正案ヲ出シタコトハ稀ナ事デアリマス、先般我ガ福井縣ニ於キマシテ、二三ノ村長ガ此農家ノ慘狀ヲ政府ニ訴ヘントシテ發起致シマシタ集會ヲ求メタル處、忽ニシテ集マル者五千有餘名ニ達シタノデアリマス、先刻御話モアリマシタ如ク、去ル十五日三會堂ニ農民大會ヲ開キマシタ時ニ於テモ、各府縣ヨリ集リマシタ者二千名、殊ニ富山縣ノ如キハ三百名ノ多數ガ大擧參加致シテ居ルノデアリマス、之ヲ以テ見マシテモ、實ニ農民ノ目下苦痛ニ陷ッテ居ルト云フコトヲ證スルニ足ルノデアリマス、今ヤ全國ノ農民ハ、議會ニ於ケル其經過及政府ノ處置如何アラント手ニ汗ヲ握リ、片唾ヲ呑ンデ待ッテ居ルノデアリマス、故ニ政府ハドウゾ此ノ憫レナル農家ノ慘狀ヲ酌取ラレマシテ、最モ御親切ニ御答辯アランコトヲ切望スル次第デアリマス(拍手)

〔國務大臣山本悌二郞君登壇〕

○國務大臣(山本悌二郞君) 熊谷君ノ御尋ニ御答致シマス、今日ノ米價ニ對シテ、政府ハドウ考ヘテ居ルカト云フ御尋デアリマシタガ、是ハ再三委員會其他ニ於テ申上ゲテ居リマスル通リ、今日ノ米價ハ決シテ生產者ニ取リマシテ適當ナ値段ト思ッテ居リマセヌ、卽チ米價ハ安過ギルト當局ハ信ジテ居リマス、又次ニ政府ハ米穀特別會計ノ資金增加ニ付テハ、五千万圓ト云フ考ヲ持ッテ居ルサウダガ、ドウダト云フ御尋デアッタヤウニ考ヘマスガ、政府ガ增加金額ニ付テ如何ナル提案ヲ致スカト云フコトハ、只今ノ所デハ申上ゲ兼ネマス、是ハ曩ニ高田君ニ對シテ申シタ通リ、旣ニ本案ガ提出サレマシタ以上ハ、諸君ノ御意見ノ在ル所モ、篤ト拜聽ヲ致シマシテ、政府ノ意嚮ヲ定メタイ積リデアリマス、又次ニハ根本的ニ米穀法ノ改革ヲ施ス考ハナイカト云フ御尋デアリマシタガ、是モ高田君ニ對シテ御答申上ゲマシタ通リ、至急ニ調査機關ヲ設ケマシテ、一先ヅ此調査機關ニ付シテ調査ヲ致サセマシテ、其上デ成案ヲ得タイト考ヘテ居ル次第デアリマス(拍手)

○原惣兵衛君 本案ハ議長指名ノ、特ニ二十七名ノ委員ニ付託セラレンコトヲ望ミマス

〔「贊成々々」ト呼フ者アリ〕

○副議長(淸瀨一郞君) 只今ノ動議ニ御異議アリマセヌカ

〔「異議ナシ」ト呼フ者アリ〕

○副議長(淸瀨一郞君) 御異議ナシト認メマス、仍テ動議ノ如ク決シマシタ

○原惣兵衛君 再ビ議事日程變更ノ緊急動議ヲ提出致シマス、卽チ議事日程ヲ變更シテ、日程第三十八、取引所法中改正法律案、日程第三十九、信託業法中改正法律案ヲ上程シ、其審議ヲ進メラレンコトヲ望ミマス

〔「贊成々々」ト呼フ者アリ〕

○副議長(淸瀨一郞君) 原君ノ動議ニ御異議アリマセヌカ

〔「異議ナシ」ト呼フ者アリ〕

○副議長(淸瀨一郞君) 御異議ナシト認メマス、仍テ日程ハ變更セラレマシタ、日程第三十八及三十九ハ、同一委員ニ付託セラレマシタ議案デアリマス、仍テ一括議題ト爲スニ御異議アリマセヌカ

〔「異議ナシ」ト呼フ者アリ〕

○副議長(淸瀨一郞君) 御異議ナシト認メマス、日程第三十八、取引法中改正法律案、日程第三十九、信託業法中改正法律案ヲ一括シテ、其第一讀會ノ續キヲ開キマス、委員長ノ報告ヲ求メマス、委員長金光庸夫君

第一　關稅定率法中改正法律案（政府提出）　第一讀會

關稅定率法中改正法律案

關稅定率法別表輸入稅表中左ノ通改正ス

第二百八號第二項ヲ左ノ如ク改ム

| | | |
|---|---|---|
| 二　ペタナフトール | 每百斤 | 一八・七〇 |
| 三　オキシナフトエ酸及其ノ誘導體 | 每百斤 | 一〇〇・〇〇 |
| 四　其ノ他 | 從價 | 三割五分 |

第二百四十五號中「每斤」ヲ削リ「一一・四〇」ヲ「無稅」ニ改ム

第二百七十三號ヲ左ノ如ク改ム

| | | |
|---|---|---|
| 二七三　綿絲及長十メートルノ重量三グラムヲ超エサル綿線 | | |
| 一　紹造ノモノ（生ノモノ） | 每百斤 | 三九・二〇 |
| 二　木製ノ絲卷ニ卷キタルモノ | 每百斤 絲卷共 | 七〇・一〇 |
| 三　其ノ他 | 從價 | 三割 |

第五百五十七號第一項ヲ左ノ如ク改ム

| | | |
|---|---|---|
| 一　ピアノ | | |
| 甲　平形ノモノ | 每百斤 | 八六・七〇 |
| 乙　其ノ他 | 每百斤 | 六〇・九〇 |

第六百十二號第一項己ヲ左ノ如ク改ム

| | | |
|---|---|---|
| 己　パイン、ファー、シダー其ノ他ノ針葉樹 | | |
| 己ノ一　長二十センチメートル、幅七センチメートル、厚七ミリメートルヲ超エサルシダー | | 無稅 |
| 己ノ二　ヒノキ屬（ホワイトシダー及イエローシダー等） | | |
| イ　厚二百ミリメートルヲ超エサルモノ | 每立方メートル | 九・八五 |
| ロ　其ノ他（丸太及割材ヲ含ム） | 每立方メートル | 五・四〇 |
| 己ノ三　ネヅコ屬（レッドシダー等）及ツガ屬（ヘムロック等） | | |
| イ　厚六十ミリメートルヲ超エサルモノ | 每立方メートル | 六・二五 |
| ロ　厚二百ミリメートルヲ超エサルモノ | 每立方メートル | 五・五〇 |
| ハ　厚二百ミリメートルヲ超エタルモノ | 每立方メートル | 三・七〇 |
| ニ　丸太及割材 | 每立方メートル | 三・三〇 |
| 己ノ四　モミ屬（トドマツ等）、タウヒ屬（エゾマツ、スプルース等）、マツ屬（紅松等）及カラマツ屬（落葉松等） | | |
| イ　厚二百ミリメートルヲ超エサルモノ | 每立方メートル | 一・一〇 |
| ロ　其ノ他（丸太及割材ヲ含ム） | | 無稅 |
| 己ノ五　其ノ他（ドグラスファー等） | | |
| イ　厚六十ミリメートルヲ超エサルモノ | 每立方メートル | 四・五五 |
| ロ　厚二百ミリメートルヲ超エサルモノ | 每立方メートル | 三・九〇 |
| ハ　厚二百ミリメートルヲ超エタルモノ | 每立方メートル | 二・一〇 |
| ニ　丸太及割材 | | |
| ニノ一　長十メートルヲ超エ、末口ノ直徑三十センチメートルヲ超エサルモノ | | 無稅 |
| ニノ二　其ノ他 | 每立方メートル | 一・二〇 |

附　則

本法ハ公布ノ日ヨリ之ヲ施行ス

第二　大正九年法律第五十三號中改正法律案（關稅法等ノ朝鮮ニ於ケル特例ニ關スル件）（政府提出）　第一讀會

大正九年法律第五十三號中改正法律案

大正九年法律第五十三號中左ノ通改正ス

第一條　削除

第八條中「關稅法、關稅定率法、保稅倉庫法又ハ假置場法中大藏大臣又ハ主務大臣」ヲ「關稅法又ハ關稅定率法中大藏大臣」ニ改ム

ノ別表ヲ創ル

附　則

本法ハ公布ノ日ヨリ之ヲ施行ス

朝鮮ニ輸入スル鹽ニハ昭和五年三月三十一日迄仍從前ノ輸入稅ヲ課ス

朝鮮ニ輸入スル木材ニシテ別表ニ揭グルモノニハ本法施行ノ日ヨリ昭和五年三月三十一日迄ハ別表ノ輸入稅表甲號ニ依リ、昭和五年四月一日ヨリ昭和七年三月三十一日迄ハ別表ノ輸入稅表乙號ニ依リ輸入稅ヲ課ス

（別表）

輸入稅表甲號

| 品名 | 單位 | 稅率 |
|---|---|---|
| 木材（關稅定率法別表輸入稅表第六一二號一ノ己ノ四ノイニ該當スルモノ） | 每立方メートル | 〇・四〇 |

輸入稅表乙號

| 品名 | 單位 | 稅率 |
|---|---|---|
| 木材（關稅定率法別表輸入稅表第六一二號一ノ己ノ四ノイニ該當スルモノ） | 每立方メートル | 〇・七五 |

備考　從量稅率ノ單位ハ圓トス

〔國務大臣三土忠造君登壇〕

○國務大臣(三土忠造君) 只今議題ニ供セラレマシタル關稅定率法中改正法律案ニ付キマシテ、大體ノ說明ヲ申上ゲマス、本案ノ內容ハ、木材外四品ニ關スル關稅率ヲ改正セントスルノデアリマシテ、是等ノ品目ニ付キマシテハ、第五十一議會ニ於キマシテ一般關稅改正ノ際、議會ニ於テ種々ノ議論ガアリマシタル結果、更ニ政府ニ於キマシテ、之ガ關稅率ニ付愼重調査ヲ遂グベキ希望決議ヲ附シテ可決セラレタノデアリマシタ、ソコデ政府ニ於キマシテハ、其後十分ニ調査硏究ヲ進メマシテ、尙ホ關稅調査委員會ニ付議致シマシテ、茲ニ成案ヲ得マシタノデ、本改正案ヲ提出致シタ次第デアリマス、就中木材ニ關シマシテハ、我國林業界ノ現狀竝ニ外材輸入ノ情勢ニ鑑ミマシテ、此儘ニ推移致シマスルト、國土保安上、水源涵養上、又治水上ニモ惡影響ヲ招來スルノミナラズ、我國木材ノ供給力ヲモ減退セシムル虞ガアリマスノデ、茲ニ林業政策ヲ確立スルコトハ、國家百年ノ長計トシテ最モ必要ナルモノト認ムルノデアリマス、故ニ政府ニ於キマシテハ、此際斯業ノ保護助長ニ一段ノ力ヲ致シ、造林ノ奬勵竝ニ森林利用ノ增進等ニ關スル諸方策ヲ講ズルト同時ニ、關稅政策上木材ノ關稅率ヲ改正シテ、適當ニ之ヲ保護スルノ必要ヲ認ムルノデアリマス、併シ木材關稅ノ引上ハ、延イテ材價ヲ騰貴セシメ、國民生活ニ影響ヲ及ボス虞ガアリマスルカラ、引上率ハ外材輸入ヲ調節シ、材價ヲ適當ニ維持安定セシメテ、林業ニ對スル外材ノ壓迫ヲ緩和シ、以テ斯業ノ進展ヲ促ス程度ニ止メタノデアリマス、而シテ外材ノ爲ニ脅威ヲ蒙リマスルモノハ、針葉樹デアリマシテ、而モ其樹種形狀等ニ依リ、脅威ノ程度モ自ラ異ル所ガアリマスルカラ、本改正案ハ之ヲ針葉樹ノ範圍ニ止メマシテ、且ツ樹種及形狀ニ應ジテ稅率ヲ按配スルト共ニ、工業原料、輸出品ノ包裝材料等ニ必要ナルモノニ付キマシテハ、特ニ低稅又ハ無稅ヲ配スルコトニ致シタノデアリマス、尙ホ詳細ナル點ニ付キマシテハ、委員會ニ於キマシテ御說明ヲ致ス考デアリマス、何卒御審議ノ上、速ニ御協贊ヲ與ヘラレンコトヲ希望致シマス(拍手)

○副議長(淸瀨一郞君) 池上朝鮮總督府政務總監

〔政府委員池上四郞君登壇〕

○政府委員(池上四郞君) 只今上程セラレマシタ大正九年法律第五十三號中改正法律案ニ付キマシテ大體ノ御說明ヲ申上ゲタク存ジマス、本法ハ大正九年朝鮮ニ內地ノ關稅制度ヲ布キマシタ際設ケラレマシタ特例デアリマス、其特例デアリマスルガ、其後著シキ事情ノ變化ヲ見ルニ至リマシタ爲ニ、今日ニ於テハ斯ク特例ヲ存置スル必要ヲ認メザルヲ得ザルニ至ッタノデアリマス、仍テ此際之ヲ廢止致シマシテ、帝國既定ノ方針タル內鮮關稅ノ完全ナル統一ヲ實現スルヲ適當ト信ズルノデアリマス、唯其中木材及鹽ニ付キマシテハ、急激ナル變動ヲ避クルガ爲メ、適當ニ之ヲ緩和スルコト、致シタノデアリマス、本案ハ大體以上ノ趣旨ヨリ提出シタル次第デアリマス、何卒御審議ノ上、御協贊ヲ與ヘラレンコトヲ切望致シマス(拍手)

○副議長(淸瀨一郞君) 日程第一ニ關シ數箇ノ質疑ノ通告ガアリマス、通告順ニ依リ之ヲ許シマス——三輪市太郞君

〔三輪市太郞君登壇〕

○三輪市太郞君 私ハ御承知ノ通リ與黨デアリナガラ、茲ニ質問ヲ致サナケレバナラナイノハ洵ニ遺憾ト致シマス、只今大藏大臣ノ御說明ガアリマシタガ、治水ニ關シテ此政策ガ宜イヤウナ御說明デゴザイマシタガ、先ヅ第一ニハ治水、卽チ農業關係ニ付テ御尋ヲ致シタイト思フノデアル、第二ニハ社會政策ニ關シテノ御尋ヲ致シタイノデアル、第三ニハ國家經濟ノ見地ヨリ御尋ヲ致シタイノデアル、第四ハ對外關係ニ付テ御尋ヲ致シタイノデアル、第五ニハ山林伐採ノ取締ノコトニ付テ御尋致シタイノデアル以上五項目ニ分ッテ御尋ヲスルガ、成ベク私ハ簡單ニ要點ダケヲ申上ゲマス、治水ノ爲ニ政府當局ハ此法案ガ必要ナルカノ如キ御說明デアリマシタガ、私ハ治水ノ爲ニハ寧ロ惡影響ガアリハシマイカト云フヤウナ疑ヲ持ッテ居ルモノデゴザイマス、其所以ハ內地材ノ値段ヲ引上ゲヤウト云フコトガ眼目デアル、値段ガ騰レバ自然ト濫伐ト云フコトハ免レナイノデアル、從來ニ於テモ河數ハ年々ニ何レノ河川ト雖モ土砂埋沒ノ爲メ川底ガ高クナルコトハ、諸君御承知ノ通リデアル、上流ハ激流ノ爲ニ停滯ハ致シマセヌガ、下流ニ至レバ確ニ停滯スルモノデアル、此點ハ私ハ空論デナイ、各河川ニ就テ一々調査シタ實例ヲ示シタイガ、此點ハ政府ガ能ク御承知デアラウト思フカラ、私ヨリハ申述ベヌデアリマス、其下流ニ停滯シタル結果トシテハ、自然ニ惡水ノ放流ヲ致シテ居ルモノガ、其川底ノ高イ爲ニ自然ノ放流ヲ妨ゲテ、餘儀ナク機械的喞筒等ニ依テ今日デハ惡水ヲ排除致シテ居ルコトハ、諸君御承知ノ通リデアル、其土砂ノ流出スル原因ハドウデアルカト云ヘバ、言フ迄モナク水源地ノ山岳ニアル所ノ樹木ヲ伐採シタ結果ガ、土砂ヲ河川ニ流出スルモノデアリマス、今後木材ヲ濫伐シタナラバ、治水上ニ影響スルコトガ多大デアラウト思フノデゴザイマス、此點ニ付テ政府ハ餘程御調査ニナッテ居ルノカドウデアルカ、尙ホ又上流ハ排水上差支ナイヤウデアリマスガ、是ハ灌漑用水ト云フ問題ニ付テ、餘程影響スルノデアリマス、灌漑用水ノコトニ付キマシテハ、現內閣ト言ハズ、歷代ノ內閣ガ隨分電力等ノ工業者ニ對シテ、農村ノ利害ヲ愼重ニ調査セズシテ許シタ結果ハ、各地到ル處デ農村ハ迷惑ヲ致シテ居ルト云フコトハ事實デアリマス、然ルニ灌漑用水ヲ要スル時ト云フモノハ、必ズ旱魃ノ時デアル、旱魃ノ時ニ水ヲ保タントスレバ、水源地ノ樹木ノ繁茂ト云フコトガ最モ必要デアル、然ルニ茲ニ濫伐ヲ致シタ結果ト云フモノハ、旱魃ノ時ニハ必ズ水ハ涸レルノデアル、此邊ニ付テモ相當ノ御調査ハ出來テ居ルモノデアリマセウカ(此時發言スル者アリ)私ノ此質問ニ對シテ批評ヲサレル人ハ、ソレハ唯林業者ノミヲ保護スルコトニ偏シテゴザル議員デアル、ソレデ排水喞筒等ニ依テ費消スル所ノ燃料其他機械代ニ對シテハ、農林當局ニ各地ヨリ補助ヲ申請致シテ居ルノデアルガ、此補助ノ必要ハ一層此法案ヲ實行サレタル曉ニハ、多額ニ上ルデアラウト思フガ、此點ニ付テノ御調査ハ出來テ居ルデアリマセウカ、何時モナガラ農村ニ利害關係ノ者ハ餘リ陳情等ニハ出ナイガ、此法案ヲ提案サレルニ至リマシタル以前ニハ、吾吾仄聞スル所ニ依レバ、林業ニ關係ノ諸君ノ運動ノ目覺シカッタコトモ聞イテ居ルノデゴザリマスルガ、農業關係者ガ是等ニ付テ陳情ヲ致シタル事實アリヤ、假ニアッテモ、是ハ理由ナキモノトシテ政府ハ認メナカッタカ、其邊ノ消息モ伺ヒタイノデアリマス、第二ニハ、私ハ此米材ノ輸入ノ關稅ヲ引上ゲタ結果トシテ米材價格ノ暴騰スルコトハ勿論デアル、又內地材モ之ニ伴ッテ昇騰スルコトハ、本案ノ目的デアル、ドウシテモ是ハ免レヌコトデアル、內地材ヲ使用スル人ハ、假令建築ヲ致シマシテモ中流以上ノ人デアッテ、敢テ苦痛トスルニハ足ルマイト思フノデゴザリマスルガ、中產階級以下ノ住宅ニ要スル、所謂借家ノ如キト云フモノハ、其大部分ハ米材ヲ使用スルコトハ、諸君ハ御承知ノ通リデアル、然ラバ其建築經費ガ米材ノ昇騰ノ爲ニ多額ヲ要スレバ、隨テ家賃等ニモ影響スルコトハ、否ムコトハ出來マスマイ、サウシテ見レバ勞働階級或ハ中等以下ノ住民ニ取ッテ苦痛トスル所デアルガ、之ガ社會政策ノ意味ニ適フデアリマセウカ、建築費ト云フモノガ、今後此關稅ヲ引上ゲタル爲ニ何割增加スルカ、概略ト雖モ御調ベニナッテ居ルカ、御調査ガ出來テ居レバ隨テ之ガ全國的ニドレ程ノ影響ヲ及ボスモノト云フコトガ、算出シ得ラレルト思フガ、此邊ニ付テノ御調査ハ出來テ居ルカ否ヤト云フコトヲ伺フノデゴザイマス、第三ニ御尋致シタイノハ、國庫ノ收入トシテハ關稅引上ニ依テ相當ノ增收ガ得ラレルデアラウガ、之ニ引換ヘマシテ府縣費ト云フモノハドウ云フモノデアルカ、先刻申ス如ク

川底ノ高クナルニ從ッテ堤防ノ增築ト云フコトヲ要スルモノデ、是ハ各府縣共ニ年々之ニ費ス所ノ工事費ハ少カラヌノデアルガ、一方ニ國庫ノ增收ヲ圖リマシテモ、府縣ニ於テ此經費ノ嵩ムコト、對照致シタナラバ、此經濟上ノ關係ト云フモノハ如何ニナルカ、此邊ノ御調ガ付イテ居ルカ、ドウデアラウカト云フコトモ御尋シタイノデアル、殊ニ又殖林業ヲ營ム人ハ、其大部分ハ富豪階級ニアルノデアル、各地ヲ通ジテ植林業ガ盛ニナッタト云フノハ、是ハ安全ナ資本ノ運用デアッテ、投資家ハ其爲ニ植林ヲ到ル處デ行ッテ居ルノデアッテ、此法案ニ依テ利益ヲ蒙ムルモノハ內地材デ、大部分ハ富豪階級ヲ保護スル結果デアッテ、僅ノ山林ヲ所有シテ居ルモノハ、假令人數ハ多クテモ、反別ハ僅デアラウカト思フガ、是等ニ付テノ取調ハ出來テ居ルモノデアラウカ、又現在ノ儘ニシテ置テモ、一方ニ於テ八年ヲ經ルト共ニ樹木ガ成長スル、是ガ卽チ最初ノ植林ノ目的ニ適フ、自然ニ利殖シテ居ルモノト思フガ、此邊ニ付テノ御調査ハ出來テ居ルデアラウカト云フコトヲ御尋スルノデゴザイマス、殊ニ又日本ノ面積ノ狹隘ナルコトハ諸君御承知ノ通リデアル、今ヤ日本材ノ需要ノ途ト云フモノハ、電燈、電話等ノ電柱ニモ要レバ、或ハ鐵道ノ枕木等ニ付テモ隨分使用スルモノデアル、此場合ニ私ノ卑見ヲ以テ見レバ、寧ロ內地材ハ成長ヲ爲サシメテ、而シテ外材ノ安イ物ヲ却テ輸入致シタ方ガ、私ハ國家ノ利益ト思ッテ居ルノデアル、デ是等ニ付テノ利害關係ト云フモノ、御調査ガ出來テ居ルデアラウカ、之ヲ承レバ仕合ニ思フノデゴザイマス、今一ツ對外關係ト申シタノハ、是ハ私ガ噂ニ聞ク所デアルガ、是ガ噂ニ止ッテ事實ニ現レナケレバ、洵ニ我國トシテ幸福デアルガ、米國ヨリ來ル所ノ木材ノ稅率ヲ引上ゲル反動トシテ、日本ヨリ米國ニ輸出スル所ノ生絲ノ關稅ヲ引上ゲル憂モアルノデアルガ、此邊ニ付テ心配ノ要ガナケレバ、洵ニ吾々モ結構ニ存ズルノデアルガ、此消息モ伺ヒタイノデアル、第五ニ……

〔「簡單々々」ト呼フ者アリ、其他發言スル者多シ〕

○副議長（淸瀨一郞君） 靜肅ニ

○三輪市太郞君（續） 簡單ト言ハレナクテモ、私ハ固ヨリ簡單ヲ望ンデ居ル、私ヲシテ遠慮ナシニ言ハシメレバ長イノデアル、私ハ最モ簡單ヲ心掛ケテ居リマス、第五ニハ山林ノ伐採ニ付テ、自由ニ濫伐ヲサセテ置クモノデアルカ、自由ニ濫伐ヲ致セバ、必ズ土砂ノ流出ハ一層甚シクナルガ、之ニ對シテ取締ノ方法ガ講ゼラレテ居ルカ、其腹案ガアルカト云フコトヲ御尋スルノデアル、私ハ强ナ反對ノミヲ主張スルノデアリマセヌ、私ノ見ル所ガ誤ッテ居ッテ、此案ヲ啓クコトガ得ラレルナラバ、洵ニ喜ビニ堪ヘナイノデアリマス、ドウゾ再ビ質問ヲ要セナイヤウ、ソレ〳〵關係當局ニ於テ御親切ナル御答辯ヲ望ミマス

○副議長（淸瀨一郞君） 山本農林大臣

〔國務大臣山本悌二郞君登壇〕

○國務大臣（山本悌二郞君） 三輪君ノ御尋ニ御答致シマス、第一ノ御尋ハ關稅引上ニ依テ木材ノ內地價格ガ騰貴シタナラバ、之ニ依テ山林ノ濫伐ヲ促ス憂ハナイカト云フ御尋デアリマシタ、之ヲ過去ノ事例ニ徵シ、又現在ノ狀況カラ見マシテ、其御心配ハ御無用デアラウト思ヒマス、曾テ大正六年頃、最モ材木價格ノ暴騰シタ頃ニ於キマシテ、當時盛ニ濫伐ガ行ハレタト云フコトハ事實デアリマス、所ガ其後段々ニ材木ノ價格ガ下落スルニ從テ、伐採モ亦一時減少ハ致シマシタガ、ソレカラ更ニ更ニ下落ヲスルニ從テ又伐採數量ガ增シテ參リマシテ、此大正六年ノ當時ニ於テハ二十三万町步バカリノ伐採デアッタモノガ、今日昭和二年ニ於テハ二十万町步ノ伐採ニ近付カントシツヽアルノデアリマス、是ハドウ云フ譯カト言フト、値段ノ高イ時ニハドシ〳〵伐ッテ其利益ヲ收メルト云フコトニナリマスノデスガ、値段ガ極端ニ下落致シマスト、値段ノ如何ニ拘ラズ、山林業者ハ之ヲ賣ッテナケレバ、其生計ヲ維持スルコトガ出來ナイト云フヤウナ者ガ多分ニ生ジマスノデ、値段ガ下レバ下ル程仕方ガナイノデ、値段ノ如何ニ拘ラズ片ッ端カラ伐ッテ賣ラナケレバナラヌト云フ必要ガアルガ爲ニ、値段ガ下落シテサウシテ濫伐ヲ見ルト云フヤウナ、奇ナル現象ヲ見テ居ルノデアリマス（「答辯ガ矛盾シテ居ル」ト呼フ者アリ）ソレハ現ニ統計ノ示ス所デアリマスカラ、爭フコトハ出來マセヌ、次ニハ木材ノ價格ガ騰貴シタナラバ、是ガ家賃ノ騰貴ヲ促シテ、社會政策上惡イ影響ヲ及ボシハシナイカト云フ御尋デアリマシタガ、ソレモ私共ハ左樣ニハ考ヘテ居リマセヌ、材木ノ今日ノ引上ハ、此方面ノ事モ考慮致シテ、卽チ消費者側ノ利害モ考慮致シマシテ、適當ノ所ニ稅率ヲ定メテアリマスノデ、卽チ無稅ノ材木ヲ除イテ、有稅品ノミノ平均ニ致シマスレバ一割二分、又全體ヲ包括致シマスト、僅カ一割ニ過ギナイ稅率デアリマス、而シテドノ位是ガ建築費ノ上ニ影響ヲ及ボスカト申シマスレバ、大體材木ガ建築費全體ノ幾割位ヲ占メルカト申シマスト、是ハ建築協會アタリノ調査ニ依リマスレバ、建築費ノ全體ノ約三割位ニ過ギナイノデアル、ソレデ此關稅引上ニ依テ米材ガドレダケ影響スルカ、其價格ニドレダケ影響スルカト云フコトヲ算出致シテ見マスト、假ニ一坪八十圓ノ建築費ノ場合ヲ見マスト、此中デ米材ガ約十八圓見當ニナッテ居リマスノデ、此一割ト云フモノヲ假ニ增加致シマシタ、此一割ガ騰貴致シマシタモノト見マシテモ、一圓八十錢ニ過ギナイノデアリマスカラ、卽チ八十圓ノモノガ八十一圓八十錢トナルニ過ギナイト云フヤウナ狀態デ、五十圓位ノ建築ナラバ、此影響スル所ガモット少ナイノデアリマス、ソコデ斯樣ナ狀態デアリマスルガ故ニ、坪當リノ關稅率引上ニ依ル影響ト云フモノハ、極メテ輕微ナルモノデアル、ソレ程痛苦ヲ與ヘルトハ當局ハ考ヘテ居リマセヌ、殊ニ況ヤ此家賃ノ騰落ト云フコトハ、必シモ建築費ト竝行ハ御承知ノ通リ致サヌノデアル、是ハ現ニ都會地ニ於テ御覽ニナレバ分リマスケレドモ、其需給ノ關係ガ主ヲ成シテ居ルノデアル、需要ガ非常ニ盛ナ時ニ、之ニ應ズベキ所ノ家屋ガナケレバ、建築費ノ如何ニ拘ラズ、家賃ト云フモノハ非常ニ騰貴スルノデアル、其反對ノ場合、需要ノ少イ時ニハ、卽チ如何ニ高イ建築費デモ、其反對ノ現象ヲ見ルト云フコトガアル、現ニ近郊ノ昨今ノ樣子ヲ見レバ分リマス、震災當時ニ於テハ、非常ニ需要ガ多カッタガ爲ニ、安イ普請ノ「バラック」同然ノモノデモ、非常ニ家賃ガ騰貴ヲ來シテ居ッタノデアリマスガ、昨今見タヤウニ需要ノ少イ時ニハ、相當高イ建築費ヲ掛ッテ建築シタ相當ノ家屋デモ、其家賃ハ決シテソンナ高イモノデハナイト云フ狀況ニ今日ハナッテ居ルデハアリマセヌカ、卽チ主トシテ家賃ノ騰落ハ、建築費ニアラズシテ時ノ需給ニアリト當局ハ考ヘテ居ル次第デアリマス、其次ノ問題ハ日本ノ森林ハ其儘ニシテ置イテ、要ル木材ハ外國カラ買フタガ宜イデハナイカト云フ御說デアリマシタガ、是ハ同意致シ兼ネマス、樹木ニハ各樹齡ガアリマスカラ、伐ラズシテ其儘置ケバ片ッ端カラ腐ッテシマウ、ソレデサウ云フ譯ニハ參リマセヌト云フコトハ、詳シキ說明モ要リマセヌト思ヒマス、又外國ニ於ケル關係ハドウカ、我ガ生絲業等ニ關係ガ有ルカ無イカト云フ御尋デアリマスガ、是ハ決シテソンナ心配ハナイ積リデアリマス

〔前田房之助君登壇〕

○前田房之助君 諸君、私ハ只今ノ議案ニ對シマシテ、少シク質問ヲ致シタイト思フモノデアリマス、然ルニ議案ヲ說明ナサレマシタ大藏大臣ガ、貴族院ノ方ニ參ラレテ出席ナサレヌノデアリマス、斯樣ナコトハ甚シク我ガ衆議院ヲ輕視サレタ嫌ヒガアリマシテ、甚ダ遺憾ト思フノデアリマス（拍手）併ナガラ已ムヲ得ナイノデアリマスカラ此際質問ハ致シマス、先ヅ本質的ノ質問ヲ致シマスル前ニ、本案ト極メテ密接ナ關係ノアリマス所ノ國際貸借ノ改善竝ニ關稅政策ニ付テ質問ヲ致シマシテ、其後ニ本案ノ本質ニ關スル質問ヲ致シタイト存ジマス、

田中總理大臣竝ニ三土大藏大臣ハ、屢〻本會議竝ニ委員會ニ於キマシテ、我國ノ財界ノ不況ハ今ガドン底デアル、將來財界ハ必ズ好轉スルノデアル、隨テ政府ノ積極政策ノ遂行ニハ支障ヲ來サナイ、又兩税ヲ委讓致シマス時ノ説明ニ於キマシテモ、地方財政ノ膨脹ヲ抑制スルト云フコトハ頗ル困難デアル、併ナガラ困難デハアルガ、今後財界ハ好轉スルノデアルカラ、自然附收モ增加ヲスル、隨テ地租ヲ委讓致シマシテ地方税ト致シマシテモ、假令地方財政ガ膨脹致シマシテモ、增税ヲスルコトナクシテ濟ムデアラウト云フ説明ヲ再三爲サッテ居ルノデアリマス、之ニ依テ考ヘマスト云フト、現内閣ノ財政經濟ノ方針ノ根幹ハ、財界ノ不況ガ今ハドン底デアル、今後財界ハ好轉スルデアラウト云フ見解ノ下ニ、總テノ政策ヲ立テラレテ居ルト云フコトハ確カデアルノデアリマス、隨テ萬一今ガ財界ノ不景氣ノドン底デナクシテ、今後尚ホ財界ガ惡化スルト致シマスルナラバ、現内閣ノ重要ナル所ノ財政經濟ノ諸政策ハ、當然行詰ラザルヲ得ナイト考ヘルモノデアリマス（拍手）諸君、私共ト雖モ決シテ帝國ノ前途ヲ悲觀スル者デハアリマセヌ、併ナガラ如何ニ考ヘマシテモ、現内閣ノ執ッテ居ラレマスル所ノ財政經濟ノ方針ニ依テ我ガ財界ガ好轉シ得ルモノトハ考ヘルコトガ出來ナイノデアリマス（拍手）財界ノ好轉ヲ期シマスルニハ、ドウ致シテモ國際貸借ノ改善ヲ圖ルコトガ必要デアルノデアリマス、如何ニ國民相互ノ取引ガ頻繁ニ行ハレマシテモ、國際收支ノ上ニ於キマシテ、支拂勘定ヨリモ受取勘定ガ超過セザル限リハ、斷ジテ國力ノ發展ヲ期スルコトハ出來ナイノデアリマス、然ルニ我國ハ諸君モ御承知ノ如ク、土地極メテ狹小デアリマシテ富源ガ乏シイ、其結果ト致シマシテ明治元年カラ

〔此時發言スル者アリ〕

○副議長（淸瀨一郎君） 靜肅ニ願ヒマス

○前田房之助君（續） 今日迄海外貿易ヲ見マスルノニ、輸入超過ハ實ニ四十二回デアッテ、輸出超過ノ年ハ僅ニ十九箇年ニ過ギナイノデアリマス、昨年ノ如キモ當初ノ豫期ニ反シマシテ、國際收支ノ關係ヲ見マスルニ、約一億五千万圓ト云フモノガ支拂超過ニナッテ居ルノデアリマス、隨テ政府ト致シテハ、國際貸借ノ改善ニ向ッテハ

〔此時發言スル者アリ〕

○副議長（淸瀨一郎君） 靜肅ニ願ヒマス

○前田房之助君（續） 餘程考慮シナケレバナラヌニ拘ラズ、昭和四年ノ豫算ヲ見マスト云フト、國際貸借ノ改善ニ向ッテ新ニ要求サレテ居ル所ノ金額ハ、僅ニ八十五万圓内外ニ過ギナイノデアリマス、斯ノ如ク國際貸借改善ニ關スル所ノ新規要求額ガ僅ニ八十五万圓デアッテ、總豫算ノ二千分ノ一ニ過ギナイト云フコトハ、現内閣ガ國際貸借ニ對シマシテ熱心デナイト云フコトガ、豫算ノ上ニ現ハレテ居ルモノト斷定シテ憚ラヌト思フノデアリマス、隨テ私ハ政府當局ニ御尋ヲ申上ゲマス、政府當局ハ國際貸借ノ

〔此時發言スル者アリ〕

○副議長（淸瀨一郎君） 靜肅ニ願ヒマス

○前田房之助君（續） 改善ニ付キマシテ、豫算面ニ現ハレタル以外ニ尚ホ積極的ノ御方針ガアリマセウカ、又準備ガアリマスカト云フコトヲ第一ニ御尋申上ゲタイト思ヒマス、第二ハ之ニ關聯致シマシテ、物價ノ問題ヲ御尋申上ゲタイト存ジマス、一國ノ物價ハ其國ノ國民經濟ノ實勢ニ伴ウテ

〔此時發言スル者アリ〕

○副議長（淸瀨一郎君） 靜肅ニ願ヒマス

○前田房之助君（續） 調節スル必要ガアルノデアリマス、然ルニ我國ノ物價ハ國際的平準ヨリ高イノデアリマス、皆樣モ御承知ノ如ク、大正五年ノ七月ヲ基準ト致シマスト、昭和三年ノ十一月ノ世界ノ物價ノ指數ハ、紐育ハ一五〇・二、倫敦ハ一四九・五、東京ハ一八二・五デアルノデアリマス

〔此時發言スル者アリ〕

○副議長（淸瀨一郎君） 靜肅ニ願ヒマス

○前田房之助君（續） 斯ノ如ク我ガ日本ノ物價ハ世界ノ中デ一番高イノデアリマス

〔此時發言スル者アリ〕

○副議長（淸瀨一郎君） 田崎君、注意シマス

○前田房之助君（續） 金ノ解禁ヲヤルニシテモ、國際的ノ平準ニ迄下ゲル必要ガアラウト思ヒマス、現ニ歐米各國ニ於キマシテモ、金ヲ解禁致シマスル場合ニハ、成ベク物價ヲ下ゲテ、百五十内外ニ致シテ居ル、英吉利ノミハ百六十二デ金ノ解禁ヲ致シタカラ、非常ナ不況ヲ招來ヲ致シタノデアリマス、隨テ此際我國ノ物價ヲバ國際的平準ニ迄引下ゲル必要ガアリト吾々ハ認メテ居ルノデアリマスガ、政府當局ハ左樣ニ御考ニナッテ居リマセウカ、此點ニ付テ政府當局ノ御意見ヲ伺ヒタイト同時ニ、物價ノ調節ニ付キマシテ、政府當局ハ如何ナル所ノ對策ヲ御持チニナッテ居ルカト云フコトヲ伺ヒタイト存ジマス

〔此時發言スル者アリ〕

○副議長（淸瀨一郎君） 靜肅ニ願ヒマス

○前田房之助君（續） 更ニ第三ハ、此場合ニ於キマシテ爲替相場ノコトニ付テ御尋申上ゲタイト存ジマス、對外爲替相場ハ昨秋以來下落ニ下落ヲ重ネマシテ、最近ニハ四十五弗ヲ漸ク維持スルト云フ狀態ニナッテ居ルノデアリマス、然ルニ政府ハ此對米爲替相場ノ下落ナルモノハ、國際貸借ガ惡化シタノデハナイ、貿易關係デハナイ、對支外交關係ガ停頓ヲ致シタコト竝ニ英米ノ金利高ガ禍ヲ致シテ居ル、隨テ一時的ノ現象デアルカラ、少シモ心配ハ要ラナイト説明サレテ居ルノデアリマスガ、果シテ政府當局ハ左樣ナ原因ニ依テ、對外爲替相場ガ下落致シテ居ルモノト御考ニナッテ居ルノデアリマスカ、此點ヲ第一ニ御伺致シマス、更ニ正金銀行ガ此爲替資金ノ涸渇ノ結果トシテ、ドウシテモ資金ヲ調達スル必要ガアルト思ヒマスガ、聞ク所ニ依ルト、政府當局ハ外國ニ在ル所ノ日本銀行所有ノ外貨ノ外價ヲバ、此正金ニ融通ヲスルト云フ方針ノ下ニ、資金ヲ調達セシメヤウト云フ方策ノヤウニ伺ヒマスガ、果シテ事實デアリマスルカ、事實ナラバ幾何ノ金額ヲ御融通ニナル御見込デアリマスカ、ソレヲ伺ヒタイト思ヒマス、同時ニ又爲替相場ニ付キマシテハ、今後政府當局ハ全然自然ニ放任スルト云フ御考デアリマスカ、是モ序ニ御伺致シマス、又正金銀行ニ對シテ爲替資金ヲ調達サレマス結果ト致シマシテ、今後政府ガ人爲的ニ之ヲ阻止シナタトモ、正金銀行ノ手ヲ通ジテ爲替相場ノ下落ヲ阻止スルト云フヤウナ結果ヲ招來スルノデハナカラウカト、吾々ハ見テ居ルノデアリマスガ、之ニ對スル政府ノ御所見モ伺ッテ見タイト思ヒマス、尚ホ同時ニ現在在外正貨ハ四千九百万圓程度ニナッテ居リマスト思ヒマスガ、此補充ト云フコトハ、目下非常ニ必要ナルコトデアラウト思ヒマスガ、政府ハ之ヲ補充スル御考ガアリマスカ、御考ガアルナラバ、如何ナル方法ノ下ニ補充サレル御考デアリマスカ、之ヲ序ニ御伺申上ゲルノデアリマス、國債貸借ノ改善ニ關シマシテハ、以上七ツノ點ヲ御尋申上ゲマス、更ニ私ハ本案ト密接ナ關係ノアリマス所ノ關税政策ニ付テ御伺申上ゲタイト思ヒマス、諸君モ御承知ノ如ク、我國ノ關税率ヲ定メテ居リマスノハ、收入主義ト保護主義トノ性質ヲ加味致シテ居ルノデアリマス、併ナガラ多年實行致シテ來マシタ結果ト致シマシテ、最早其産業ニ對シテハ保護スル必要ノナキモノマデモ保護ヲ致シテ居ル、又保護スル必要アリト致シテモ、程度ヲ過ギテ保護ヲ致シテ居ル、或ハ多年ノ經驗上如何ニ保護致シマシテモ、到底發達ノ見込ナキモノマデモ保護致シテ居ル、斯樣ナモノモ大分アルヤウニ考ヘラレマス、一方關税ハ財政ノ上カラ言ヘバ一種ノ消費税デアル、此消費税デアル所ノ關税ヲ引上ゲルトカ引下ゲルト云フコトハ、直接社會政策ノ上ニ非常ニ影響ヲ及ボス虞ガアルノデアリマスカラ、是等ノ見地カラ致シマシテモ、關税ニ向ッテ根本的ノ改正ヲ加ヘル必要ガアラウト思フノデ

アリマス、前內閣ハ大正十五年多數ノ種目ニ亙ッテ改正ヲ致シタノデアリマスガ、未ダ其根本ニ觸レタ改正デハナカッタノデアリマス、政府ハ此關稅ニ付テ根本的ノ改正ヲオヤリニナルト云フ必要ヲ認メテ居ラレルヤ否ヤト云フコトヲ、第一ニ質問致スノデアリマス、更ニ自由港ノ設置ニ付テ御伺ヲ申上ゲタイト思ヒマス、我ガ日本ノ國ハ土地ガ狹クシテ非常ニ富源モ乏シイ結果ト致シテ、中繼貿易ヲ盛ニ致シテ、保險トカ、運賃トカ、加工トカ、保管トカ、斯ウ云フ上ニ於テ國際收支ヲ改善スル必要ガアラウト思フノデアリマス、世界ノ大勢ヲ按ジマスルニ、歐洲大戰後歐米ノ各國ハ自由港ヲ設置致シテ、獨逸ノ「キール」ヲ初メト致シテ、十數箇ノ自由港ヲ設ケテ居ルノデアリマス、又亞米利加ニ於キマシテモ、自由港設置ノ運動ガ盛ニナリマシテ、今ヤ亞米利加ニ於キマシテハ、貿易地帶法案ナルモノガ上院ノ委員會マデ通過致シテ居ルノデアリマス、政府ハ此世界ノ大勢竝ニ我國ノ國際貸借ノ現狀ニ鑑ミラレマシテ、自由港ヲ設置スル所ノ必要ヲ御認メニナッテ居ルヤ否ヤト云フコトヲ御尋致シタイト思ヒマス、第三ハ我ガ日本ノ國ハ英吉利、佛蘭西、伊太利ト此稅率ニ付テ協定ヲ致シテ居ルノデアリマス、此協定ヲ致シテ居リマスル結果ト致シテ、我ガ日本ノ國ガ受ケル所ノ利益ヨリモ、被ムル所ノ損害ガ年々數百万圓ニ上ッテ居ルノデアリマス、幸ニモ此稅率協定ニ關シマスル條約ハ、三箇月乃至一箇年デ、暫定的デアリマスカラ、更新シ得ルノデアリマスルガ、政府ハ現在ノ英吉利、佛蘭西、伊太利ト取組ンデ居リマスル此稅率ノ協定ニ付キマシテ、モウ少シ我國ノ有利ノヤウニ、此稅率ヲバ更新スルト云フ御考ガアリヤ否ヤヲ御伺致シマス、更ニ私ハ國際貸借ノ改善、關稅政策ヲ立直スト云フコトハ、我國當面ノ急務ナリト信ジテ居ルノデアリマスガ、之ニ對スル調査ト致シマシテ關稅調査委員會ガアリ、一方ニ於テ經濟審議會ガアルノデアリマス、關稅調査委員會ハ其範圍ガ餘リ狹イ、經濟審議會ハ其範圍ガ餘リニ廣イノデアリマスカラ、此國際貸借改善ヲ中心トスル調査會ヲ御設置ニナッテ、鋭意此改善ニ努力スル御考ガアリヤ否ヤト云フコトヲ伺ッテ見タイノデアリマス、以上私ハ國際貸借改善竝ニ關稅政策ニ付キ御尋致シタノデアリマスガ、更ニ本案ニ付キマシテ本質的ノ質問ヲ少シク致シテ見タイト思フノデアリマス、現內閣ガ當初豫算ヲ編成サレマス時ニハ、此木材關稅ノ引上ノ價格ハ、約五百五十万圓ト云フコトニナッテ居ッタノデアリマスガ、其後更ニ之ヲ急遽六百五十万圓ニ引上ゲラレタノデアリマス、斯樣ナ見地ヨリ致シマスルト云フト、是ハ寧ロ財界ノ必要カラ此案ヲ御立テニナッタヤウナ嫌ヒガアルノデアリマスガ、此點ニ付テ明瞭ナル御答ヲ得タイト存ジマス、更ニ私ハ只今モ與黨ノ三輪君カラ御質問ガアリマシテ、却テ此案ガ實行サレルナラバ、山林ガ濫伐サレル虞ガアリハシナイカト云フ御質問ヲ爲サッタノデアリマス、農林大臣ハ之ニ對シテ、値段ガ騰レバ決シテ濫伐ハセナイト云フヤウナ御答デアッタヤウニ思ヒマスルガ、今ヤ財界ハ不況ノドン底デアリマス、値ガ騰レバ早ク伐ッテ賣リタイト云フノガ、此山林ニ關係アル一般ノ希望デアラウト思ヒマス、私ハ農林大臣ノ答ハ、是ハ詭辯デアラウト思ヒマス、此案ガ通過致シマスレバ、或ル程度迄必ズ山林ガ濫伐サレル虞ガアルト思フノデアリマスガ、改メテ此點ヲ伺ヒタイト思フノデアリマス、更ニ山林ニ對シマシテ、私ハ此反社會的ノ關稅引上ヲ爲サルヨリモ、今日迄多額ノ金ヲバ補助金若クハ助成金トシテ御出シニナッテ居ル、現ニ本年ノ豫算ヲ見マシテモ、二千六百三十一万五千百六十圓デアリマスルカ、昭和四年度カラ二十箇年間ニ亙ッテ補助金ノ交付ヲ爲スト云フコトニナッテ居ルノデアリマス、斯樣ニ山林保護ニ付テハ助成金若クハ補助金ヲ出シテ居ルノデアリマスカラ、反社會的虞レアル所ノ關稅ヲ引上ゲルコトナクシテ、寧ロ此補助金若クハ助成金ヲ増加致シテ、山林ヲ保護スル、コトガ、現在ノ國民經濟ノ實勢ニ照シテ穩當デハナカラウカト思フノデアリマスガ、此點ニ付テモ御答ヲ願ヒタイノデアリマス、更ニ三輪君カラ只今質問ガアリマシタガ、如何ニ政府ノ諸君ガ辯解ヲサレマシテモ、木材關稅ノ引上ニ依テ消費者タル所ノ國民全體ガ非常ニ迷惑スルト云フコトハ、是ハ明ナル事實デアラウト思フノデアリマス、ノミナラズ、是ハ借家人ガ少シモ困ラヌト仰シャイマスケレドモ、建設費ガ高クナレバ、家主ハソレヲ口實トシテ借家賃ヲ引上ゲテ、庶民階級ヲシテ更ニ苦痛ヲ増加セシメルト云フコトハ、明ナル事實デアラネバナラヌノデアリマス、卽チ現內閣ノ諸君ハ、地租委讓ハ社會政策ノ爲デアルト一方ニ稱シテ居リナガラ、一方ニ斯樣ナ反社會的ノ政策ヲ實行サレルノデアル、卽チ現內閣ノ諸君ハ、公ニ國民ニ向ッテパンヲ與ヘルト呼號シテ置キナガラ、事實國民ニ向ッテ石ヲ投ジテ居ルノデアリマス、此點ニ付テ更ニ明瞭ナル御答ヲ得タイト存ズルノデアリマス、更ニ私ハ今モ質問ガアッタヤウデアリマスガ、此木材關稅引上ノ結果ト致シテ、亞米利加ニ於キマシテハ千九百二十二年ノ九月ニ於キマシテ新關稅法ヲ發布致シテ、今後他國ガ直接間接自國ノ商業ニ對シテ差別的待遇ヲ與ヘル場合ニ於テハ、大統領ハ布告ヲ以テ其國ノ產業ニ向ッテ從價五割ノ附加稅、若クハ新稅ヲ賦課スルコトヲ得ト云フ規定ヲ明ニ致シテ居ルノデアリマス、成程今回ノ木材關稅引上ハ、米材ノミニハ限定サレテ居リマセヌケレドモ、事實ハ米材ノミニ限定サレル結果ト相成ルノデアリマスルガ故ニ、私ハ或ハ恐ル、亞米利加ガ報復關稅ノ手段ニ依テ、却テ日本ガ迷惑スルヤウナ時期ガ來ルデハナカラウカト心配ヲ致シマス、此點ニ付テ改メテ御伺ヲスルノデアリマス、最後ニ私ハ朝鮮ノ此木材關稅引上ニ付テ御尋ヲ申上ゲタイト思ヒマス、朝鮮ノ木材關稅引上、是ハ昭和二年五十二議會ノ時ニ於テモ、既ニ問題ニナッテ議會ニ現ハレタノデアリマス、吾々ハ殖民地ノ關稅ヲ統一スルト云フコトノ精神ニ向ッテハ、毫モ反對ノ意思ハ有シテ居ラヌノデアリマス、併ナガラ臺灣ト朝鮮トハ其趣ガ異ッテ居ルノデアリマス、其時期ニ付テハ愼重ナル考慮ヲ廻ラス必要ガアルト思フノデアリマス、卽チ現ニ安東縣ニハ三千人以上ノ日本人ガ居ッテ、其二割以上ハ此材木ニ關係ノアル商業ヲ營ンデ、現ニ二千万圓以上ノ投資ヲ致シテ居ルノデアリマス、然ルニ若シ之ガ實行致サレマスト、僅カ對岸ノ新義州ニ居ル所ノ日本ノ材木商ハ非常ニ利益ヲ受ケマスガ、滿蒙開發ノ大使命ヲ帶ビテ行ッテ居ル安東縣ノ邦人ハ、非常ナル苦痛トナラザルヲ得ナイノデアリマス、卽チ政府ハ既ニ滿蒙ノ特權ヲ維持スル必要ヲ唱ヘラレ、大ニ滿蒙開發ノ爲ニ努力スルト云フコトヲ闡明サレテ居ルノデアリマスガ、僅カ川ヲ隔テタ新義州ノ商人ハ非常ニ利益ヲ得ルガ、滿蒙デ働イテ居ル安東縣ノ邦人ガ非常ニ迷惑スルト云フコトハ、滿蒙開發ノ上ニ於テ非常ナル支障ヲ來シハシナイカト云フコトヲ私ハ心配スルノデアリマス、此事柄ハ滿蒙一般ノ邦人ニ直ニ宣傳サレルノデアリマス、今ヤ滿蒙ノ特權ヲ維持シテ、飽迄モ滿蒙開發ノ爲ニ大ニ努力スル必要アル際ニ、急遽トシテ此案ヲ出サレルト云フコトハ如何デアラウト思フノデアリマス、尤モ昭和二年ニ御出シニナッタ案ハ、全部內地同樣ニスルト云フコトデアッテ、今回ハ過渡的ニ、暫定的ニ、順ヲ逐ウテヤルト云フコトニナッテ居リマスケレドモ、其結果ハ矢張五十步百步デアラウト思フノデアリマス、私ハ今直ニ之ヲ實行サル、ト云フコトハ、滿蒙開發ノ上ニ於テ少ナカラザル支障アリト認メルノデアリマスガ、政府當局ハ如何ナル御考ガアリマスルカ、此點ハ非常ニ重大ナル點ト考ヘマシテ、田中總理大臣ノ出席ヲ要求致シタノデアリマスガ、御出席ニナッテ居リマセヌカラ、他ノ諸君カラ御答ヲ得タイト思ヒマス、以上十數點ニ對シテ私ハ政府ノ御答辯ヲ促スモノデアリマスルガ、最後ニ申上ゲタイト思ヒマスルノハ、國際貸借ノ關係又關稅政策ト云フモノハ、洵ニ我國財政經濟ノ重點ヲ成シテ居ルモノデアリマス、然ルニ現内閣ハ黨勢擴張ノ爲ニ、放漫ナル所ノ豫算ヲ編成サレマシテ、其結果ト致シテ、國債貸借改善ノ基調デアル所ノ金解禁ノ上ニ一大支障ヲ與ヘテ居ルノデアリマス(拍手)ノミナラズ一黨ノ面目ヲ維持センガ爲ニ、兩税ノ委讓ヲ爲サレマシテ、其結果財政ノ基礎ヲ危殆ニ陷ラシメテ、遂ニ財源ニ窮シタ結果、此木材關税ヲヤルト云フコトニナッタト云フヤウナ疑ガアルノデアリマスカラ、此際特ニ政府當局ハ詳細ニ、又卒直ニ御答辯アランコトヲ希望スル次第デアリマス(拍手)

○副議長(清瀬一郎君) 大口大藏政務次官

(政府委員大口喜六君登壇)

○政府委員(大口喜六君) 只今前田君ヨリ極メテ多數ノ御質問デアリマシテ、大藏當局關係ノ事ニ對シマシテハ、大藏大臣ヨリ御答スベキデアリマスルガ、只今貴族院ノ本會議ニ出席致シテ居リマス關係ヨリ、私ヨリ御答辯申上ゲ得マス點ニ對シマシテ、出來得ル限リノ御答辯ヲ申上ゲタイト存ジマス、若シ御不滿足ノ點ガアリマシタナラバ、ドウカ委員會等ニ於テ更ニ詳細ニ御質問アリマスヤウニ御願致シタイト存ジマス、先ヅ第一ニ我國ノ國際貸借ノコトニ付テノ御質問デアリマシタガ、此事ハ刻下極メテ重要ナ事デアルト存ジマスカラ、只今御意見ノアリマシタ通リ、腹藏ナキ意見ノアル所ヲ申上ゲテ御批判ヲモ煩ハシタイト考ヘルノデアリマス、我國ハ御承知ノ通リ、世界ノ大亂ノ前ニ當リマシテ持ッテ居リマシタ所ノ正貨ハ、僅ニ三億七八千万圓デアッタト記憶致シマスガ、此頃ハ矢張極メテ不景氣デアリマシテ、我國ノ經濟界ハ頗ル逆境デアッタト私共ハ信ジテ居リマス、然ルニ此世界ノ大亂ハ不思議ニ我國ニ仕合ヲ致シマシテ、僅ノ間ニ二十二億ニ近キ所ノ正貨ヲ得タノデアリマスカラ、此割合ニ通貨モ膨脹致シマシタ、其結果ガ非常ナル我國ニ景氣ヲ持來シタノデアリマスガ、是ガ永ク續ケバ洵ニ結構デアリシタガ、如何セン御承知ノ通リ永ク續キマセヌ、世界ノ大戰ガ濟ミマスト同時ニ、貿易ハ益、逆調ニ相成リマシテ、殊ニ我國ニ於テ最モ輸入超過ヲ多カラシメタノハ何時デアッタカト言ヘバ、實ニ大正十三年デ、内地ダケデ六億四千万圓ト云フ大ナル輸入超過ヲ來シタノデアリマス、此時ガ一等我國ノ正貨金貨ガ減ッテ居ルノデアリマス、勿論是ニハ御承知ノ通リ大震火災ノ關係ガアリマスカラシテ、私共決シテ其時ノ内閣ノ遣方ガ惡カッタモノデアルトハ批評ハ致シマセヌ、是ハ誰ガヤリマシテモ、此大震火災ノ結果ト云フモノハ、少ナカラザル影響ヲ受クベキモノデアルト考ヘテ居リマスガ、此大震火災ノ大影響ト云フモノハ、矢張此貿易ノ上ニモ現レテ參ッテ居リマス、一方ニ於テサナキダニ輸入超過ノ多イ所ヘ、只今申シマシタ災害ガ伴ヒマシテ、先刻申ス通リ六億四千万圓ト云フ大ナル輸入超過ヲ來シテ居リマス、其結果我國ノ正貨ハ次第々々ニ減リマシテ、只今幾ラデアルカト云ヘバ、先般政府ニ於テ發表致シマシタ如ク、當テ二十二億ニ近カリシ正貨ハ、今約十二億デアリマス、其割合ニ矢張通貨モ縮小サレテ居ル譯デアリマスカラ、我國ノ經濟界ト云フモノハ、總テガ壓迫ヲ受ケマシテ、士農工商共ニ不景氣ヲ感ジ、財界ノ困難ヲ感ズルコトハ已ムヲ得ザルノ狀況ニナッテ居ル、然ラバ之ヲドウシテ吾々ハ維持スルカ、吾々日本帝國ノ經濟界ヲ將來好轉ニ向ケルニハドウスルカ、是ハ矢張前田君ガ申サレマシタ通リ、無論此一方ニ於テ輸出貿易ガ盛ニナリマシテ、所謂國際貸借ノ「バランス」ヲ得テ參ラナケレバナラヌト云フコトハ、申ス迄モナク私共御同感デアリマス、ソコデ前内閣ノ終リガドウナッテ居ルカト言ヘバ、前田君能ク御承知ノ通リ、六億四千万圓ノ大ナル輸入超過ノアッタ時代ハ稍、過ギ去リマシテ、大震火災ノ結末モ稍、著イテ參リマシタ結果モ手傳ッテ、昭和元年度ハ三億三千万圓ノ輸入超過デ終ッタコトハ御承知ノ通リデアリマス、ソレデ吾々内閣ヲ引受ケルコトニナリマシテカラ、此事ニ對シテハ及バズナガラ出來ルダケノ力ヲ盡シテ居ル積リデアリマス、昭和二年ノ貿易ノ計算ニ於キマシテ、是ハ内地ダケノ計算デアリマスガ、植民地ヲ入レマシテモ、矢張數字ノ比例ハ稍、同ジデアリマス、内地ダケハ今調ベテ居リマスカラ申上ゲマスト、只今申シタ通リ昭和元年ニ於テハ三億三千万圓ノ輸入超過デアリマシタモノガ、昭和二年ニハ一億八千万圓ノ輸入超過ニ減ッテ居ルノデアリマス、貿易以外ノ取リ分ガ比較的多カッタ爲ニ、昭和二年ニ於テハ割合ニ我國ノ正貨ガ減ッテ居ナイコトハ御承知ノ通リデアリマス、併ナガラ幾ラカ減リマシタ、ソコデ昭和三年度ハドウナッタカト言ヘバ、一昨年ヨリハ稍、逆調デアリマシテ、二億二千万圓ノ輸入超過ヲ算シテ居ルノデアリマス、ソレデ是ハ一體ドウ云フ原因デアルカト吾々考ヘテ見マスルト、申ス迄モナク第一ガ生絲ノ關係、第二ガ綿絲ノ關係デアリマス、殊ニ生絲ニ於テ三四千万圓ト云フモノガ金額ニ於テ少ナイ、併シ數量ハ能ク賣レテ居ル、是ハ前田君能ク御承知デアル、數量ハ賣レテ居ルガ割合ニ金ガ取レナカッタ、是ガ非常ナル影響ヲ致シテ、若シモ生絲ガ前年通リニ參ッタトスレバ、矢張一億八千万圓位ノ輸入超過デ濟ンダ譯デアリマス、ソコデ此生絲ト云フモノハ、何故斯ウナルカト云フコトニ對シテハ、商工省、農林省等ニ於テモ十分調査致シテ居ルコト、信ジテ居リマスガ、大藏當局ニ於テモ相當是ハ調査ヲ致シマシテ、此原因ニ溯ッテ十分ナル研究ヲ致シテ、何トカシテ之ヲ一ツ維持シタイト云フコトハ努メテ居ルノデアリマス、此事ニ對シテ別ニ法案モ出テ居リマスシ、此處デ申述ベル事デハアリマセヌカラ一々申上ゲラレマセヌガ、私共及バズナガラ多少研究ヲ致シテ居リマスコトモ聽イテ下サラバ一應申述ベタイト思フ點モアルノデアリマス、唯此處デハ餘リ複雜ニナリマスカラ私申述ベマセヌ、サウ云フ關係デアリマシテ、昭和元年度ニ於テ三億三千万圓ノ輸入超過タリシモノガ、一躍シテ昭和二年ニハ一億八千万圓ノ輸入超過デ濟ンダ、ソレガ昨年稍、逆調ニナリマシタガ、兎ニ角二億二千万圓ノ輸入超過デ濟ンダノデアリマスカラ、此上何トカ努力シテ、吾々ハ輸入超過ヲ減ラスコトヲ考ヘテ參レバ、段々吾國ノ貿易ハ改善サレ、所謂貿易上ノ「バランス」ト云フモノガ合ッテ參ッテ、我國ノ財界ハ自然ニ安定シテ來ルモノナリト確信シテ居ルノデアリマス、其事ニ對シテハ豫算ノ上ニ現ハレテ居ル事バカリデナク、總テ私共出來ル限リ此方針ニ向ッテ努力ヲ致シテ居リマス、ソレデ今問題ニナッテ居リマス木材關税ノ事等ニ付キマシテモ、先刻大藏大臣カラ述ベラレマシタ理由モアリマスシ、又只今農林大臣ヨリ述ベラレタ理由モアリマスルガ、其外ニ此貿易ニ關係シマシテモ、私共斯ウ云フ考ヲ持ッテ居ル、木材ト云フモノハ、全體大正六年度ニハ外國カラ幾ラ輸入シタカト申シマスト、前田君ハ無論御承知ノコト、考ヘマスガ、三百万圓ニ過ギナカッタノデアリマス、ソレガ大正九年ニハ一千五百餘万圓トナリ、大正十三年ニハ一躍シテ實ニ一億一千九百万圓ノ輸入高ヲ見タノデアリマス、是ハ先刻申シマシタ大震火災ノ結果モアリマスカラシテ、木材ノ輸入ノ殖エタコトハ、或ハ尤ナヤウナ道理モアリマスガ、然ラバ其後減ッタカト云フト、一寸減リノ見エタコトモアリマスガ、再ビ又此輸入高ハ高マリマシテ、昭和二年ニ於キマシテハ更ニ九千五百餘万圓ノ輸入高ヲ見テ居リマス、總テ約一億万圓モノ木材ノ輸入ニナルノデアリマス、勿論貿易ハ私ガ申ス迄モナク、前田君ノ述ベラレタ通リ、保護致ス必要アルモノト、保護致スドコロデナク、内地デ絶對ニ產シナイモノハ外國ノ安イモノヲ入レ、或ハ原料ノ内地ニ無イモノハドンドン之ヲ入レテ、我國ノ產業ヲ發達セシメルコトハ是ハ致サナケレバナラヌ、然ラバ我ガ日本國ニハ木材ハ無イカト云フト、御承知ノ通リ無論我國ニハ農業モ大切デアリマスガ、林業ト云フモノモ中々我國ニハ大切デアル、サウシテ相當ニ林野モアル、然ルニ外國カラ一億ノ木材ノ輸入ヲ見テ居リ、一方ニハ我國ノ正貨ガ減ッテ參ルト云フコトヲ目前ニ見テ居ル私共ハ、或ル程度ニ於テ我ガ内地ノ木材ニ保護ヲ與ヘルト同時ニ、一面ニ外國カラ這入ル木材ヲ防グダケノ考ハ、國民ニナクテハナラナイト云フコトヲ信ジテ居ルノデアリマス、サウ云フコトヲ段々考ヘテ、全體カラ見テ參リマスト、木材ノ關稅モ或ル程度ノ引上ハ、貸借關係ノ上カラモ餘儀ナイモノデアルト確信シテ居ル、是モ此際一ツ申上ゲテ置キタイト思ヒマス、ソレカラ又色々政府ガ執ッテ居リマスル所ノ豫算其他稅制ニ付テノ御批評ガアリマシタガ、是ハ豫算モ稅制モ既ニ此議會ハ濟ンデ居ルコトデアリマスカラ、私今日强ヒテ御辯明ヲ申上ゲル必要ハナイト思ヒマスガ、他ノ事ニ關聯シテ一言ダケハ此事ハ御釋明ヲ申上ゲテ置キタイノデアリマス、成程前田君ハ御立場モ違ヒマスシ、根本ニ於ケル御考ガ或ハ御違ヒニナッテ居ルト存ジマスカラ、私ノ考トハ違フカモ知レマセヌガ、私ハ曾テ稅制ノ委員會ニ於テ前田君ニモ御說明申上ゲマシタ通リ、政府ノ財政ハ勿論鞏固デナクテハナリマセヌ、政府ノ財政ガ不鞏固デ宜イト云フヤウナ議論ガアル譯ハアリマセヌ、ケレドモ政府ト云フモノハ、言フ迄モナク國家ノ機關デアリマス、別段ニ一ツノ團體デモナケレバ、一ツノ閥デモナイノデアリマス、ソレデアリマスカラ政府ハ財政計畫ガ立ッテ、財政ノ基礎危カラズト自ラ信ジタ以上ハ、假令自分ハ窮屈デアッテモ、出來ルダケ自分ノ身ヲ詰メテ、少シデモ多ク國民ヲ裕カニスル必要ガアルト云フコトヲ私共考ヘテ居ル、ソレデアルカラ是ハ國家ニ有益ナ事業デアリ、是ハ國家ノ爲ニ爲スコトガ、將來我國ノ產業ノ發展ノ上ニ宜イコト、考ヘル以上ハ、例ヘバ道路デアリマシテモ、港灣デアリマシテモ、鐵道デアリマシテモ、盡スダケハ盡シ、費用ヲ投ジテ仕事ヲスル、所謂積極的ニ事業ヲ致シマスケレドモ、一面ニ節約ハセヌデモ宜イカト言ヘバ、ソレハイケナイ、出來ルダケハ既定經費ノ節約シ得ベキモノハ節約致サネバナラヌ、其節約高ガ少イト云フ御批評デアレバ、私ハ唯其多イト云フコトヲ誇リト致シマセヌ、又御攻擊デアレバ吾々色々申シマスケレドモ、此場合政府委員トシテ、ソレハ申上ゲルベキコトデアリマセヌカラ、申上ゲマセヌケレドモ、現内閣ニ於テハ盡スベキ事ハ之ヲ盡シ、節約スベキ事ハ節約シ、其殘ッタ力ヲ以テ出來ルダケノ產業ノ發達ヲ圖リ、而シテ國民ニ對シテ減稅ノ意味ニ於テ今回ノ兩稅ノ委讓ヲ致スノデアリマス、絕對ニ增稅ニナルトハ考ヘテ居ナイノデアリマスカラ、是デ吾々ハ宜イト思フノデアリマス（拍手）斯ウ云フ政策ニ依テ段々進ンデ行ケバ、我ガ内地ノ產業ハ總テノ方面ニ亙ッテ好況ヲ及ボシマシテ、其結果ハ必ズヤ我國ノ貿易ニ對シテモ「バランス」ガ得ラレル方ニ近クナル、何處迄モ是デ進ムコトガ眞ニ國家ノ爲デアル、是ガ政府ノ爲ス事ナリト確信シテ居ルノデアリマスカラ、此信念ダケハ此場合申上ゲテ置キタイト思フノデアリマス、ソレカラ外國ト日本トノ物價ノ指數ヲ御比較ニナッテ、色々御論ジニナッテ、政府ノ意見ヲ問ハレマシタガ、無論物價ハ安イノガ宜イノデアリマス、併ナガラ豫算委員會等デ大藏大臣ガ御答シマシタノハ、我國ハ歐羅巴或ハ亞米利加アタリノ所謂文明國ト較ベレバ、世界大戰以前ハ日本ハ特別ニ安カッタノデアルカラ、其時ハモノヲ本ニシテノ指數ヨリ見レバ、ソレハ我國ノ指數ガ上ッテ居ル、ソレハ我國ノ總テガ發展シテ來テ、世界ニ於ケル日本ニナッタカラ、戰爭前ノ昔ノヤウニ下ゲルト云フコトハ是ハ困難デアル、而シテ政府ノ今ノ方針ト致シマシテハ、此物價ヲ安クシマスノニ、或ハ工賃ヲ安クシタラ宜カラウト云フ議論ガアルカモ知レマセヌガ、ソレハ決シテ將來吾々ノ採ルベキ途デナイト考ヘル、寧ロ工賃ハ高クアッテモ、所謂能率ノ增進、此方ニ努メテ、總テノ工業ノ改良發達ト云フ方ニ力ヲ用ヒ、之ニ依テ我國ノ物價ヲ安クスルコトニシナクテハナラナイ、而シテ政府ハ此方針デ進ンデ居ルト云フコトヲ御了解ヲ願ヒタイト思ヒマス（「了解出來ナイト」呼フ者アリ）御了解ガ出來ナケレバ、色々此處デ議論ヲ致サナケレバナリマセヌガ、ソレデハ長クナリマスカラ他ノ時ニ讓リマス、ソレカラ根本カラ惡イト思ッテ御反對ニナッテ居ルニハ、既ニ根本ガ違ッテ居ル以上、如何ニ申上ゲテモ議論ニナリマスカラ、此場合議論ハ避ケタイト思ヒマス、ソコデ爲替相場ガ下ッタニ付テハ、色々原因ガアルデアラウガ、其中デ現政府ハ支那關係ノ事ノミヲ見テ居ルヤウダト云フ御詰ガアリマシタガ、是モサウ見テハ居リマセヌ、申ス迄モナク爲替相場ノ上ッタリ下ッタリスルノニハ、種々ノ關係ガアリマス、上海邊リノ投機ノ關係モ少ナカラヌ影響ガアリマスガ、殊ニ我國ノ在外正貨ノ關係カラ申シテモ、貿易ノ關係、貸借對照ノ上カラ申シテモ、色々ノ關係ガアリマス、是ハ中々ムヅカシイコトデ、一概ニハ參ラヌコトハ申ス迄モアリマセヌ、唯現在ノ狀態ニ於テハ、支那問題ガ最モ多ク關係シテ居ルト云フ意味ヲ御答シタコトデアラウト思ヒマス、ソレカラ又近頃爲替相場ガ稍〻下ッテ居ル、之ニ對シテ政府ハ何カ對策ヲ講ジテ居ルカ、又之ニ對シテ正金銀行ヘ資金デモ貸付ケルカト云フ御質問デアリマシタガ、政府ニ於キマシテハ、現在ノ爲替ニ對シテハ强ヒテ小刀細工ヲ用ヒルノハ宜シクナイト思ッテ居リマス、今日ハマダ人爲的ニ之ヲ左右スルコトハ宜シクナイト考ヘテ居リマスカラ、此場合强ヒテ政策ハ用ヒナイ積リデアリマス、唯、若シ是ガ極端ニ下落シテ參ッテ、經濟界ニ惡影響デモ及ボスト云フ急變デモ起リマスレバ、政府ハ打棄テ置キハシマスマイケレドモ、現狀ニ於テハ何等人爲的ノ小刀細工ハ用ヒナイ、斯ウ云フ考ヲ持ッテ居リマスカラ、御問ノヤウナコトハ無イト云フコトヲ申上ゲテ置キタイト思フノデアリマス、ソレカラ正貨補充ノ事デアリマスガ、是ハ誠ニ御心配御尤デアリマス、吾々モ此事ニ對シテハ日夜焦慮致シテ居リマス、只今モ申シマシタ通リ、正貨ハ毎年々々減ッテ參ッテ居リマス、現内閣ガ受取リマシタ時ニハ、頗ル少イ時代ニ受取ッテ居ルノデアリマス、ソレカラ後ニハ正貨ハ餘リ減少シナイ、減少ノ割合ガ少クナッタ、併シ只今申シマシタヤウナ譯デ、在外正貨ノ減ッテ來テ居ルコトハ事實デアリマス、而シテ之ヲ補塡スルニ付テノ考ハ吾々持ッテ居ルノデアル、今日デモ在外正貨ハマダ相當ニアリマスガ、其上ニ茲ニ在外正貨ニ數ヘテナイ所ノ、我國ニハ外國ニ於テ自由ニ出來ルベキ證券等ヲ持ッテ居ル、ソレデアリマスカラ萬一ノ場合ニハ、之ニ應ジラレルダケノコトハ考ヘテ居リマス、將來ノ遠イ所マデ、ズット先キノ將來ニ對シテモ最モ細心ノ注意ヲ拂ッテ、今日研究處理ヲ致サネバナリマセヌカラ、之ニ當ッテ居リマスガ、差當ッテハ御說ノ如ク憂フベキ程ノコトハナイト實ハ考ヘテ居リマス、其數字ヲ種々ナルコトニ對シテ此場合公表シテ善イカ惡イカハ、餘程考慮ヲ要スル問題デアラウト思ヒマスカラ、私ハ是以上ハ只今御答辯致シマセヌ、大體今ノ如キ考ヲ持ッテ居ルト云フコトヲ御諒知ヲ煩シタイト思ヒマス、ソレカラ關稅ノ根本改正ノコトデアリマスガ、是ハ御承知ノ通リ隨分議論ガアリマス、吾々モ相當ニ議論ヲ致シテ居リマスガ、御承知ノ如ク關稅ノ會議ニ於キマシテモ、段々ニ改正ヲサレマシテ、殊ニ先年關稅改正ガ此議場ニ上リマシタ時ニ、議會カラ種々ナル希望條件ニ付モアリマシタ、只今其希望サレタ條件ニ付キマシテ、著々之ヲ處理シツヽアル場合デアリマスカラ、今日マダ根本的ニドウシヤウト云フマデノ具體案ハアリマセヌ、併シ將來ニ向ッテハ、是ハ相當ニ研究ヲ致シテ行クベキモノデアラウト考ヘテ居リマス、ソレカラ自由港ノコトニ付テモ御詰ガアッタヤウデアリマスガ、是ハ御承知ノ通リ別ノ方法ヲ今用ヒマシテ實行中デアリマシテ、次第ニ是ガ效果ヲ生ジツヽアルヤウニ見エテ居リマスカラ、只今自由港ヲドウスルカト云フヤウナコトニ付テハ深ク考ヘテ居ナイ、之ニ代ルベキ働ニ付テ今種々ナル仕事ヲ致シテ居リマス、此仕事ノコトニ付キマシテハ實ハ私ハ細カク存ジマセヌ、大體ヲ承ッテ居ルダケデアリマス、細カク御質問デアリマスナラバ、此事ハ委員會等デ尚ホ他ノ政府委員、局長等ヨリ詳シク御說明申上ゲタ方ガ宜イカト思ヒマス、其他ノ御質問ハ大藏省ニ關係ノナイコト、又是ハ內閣ノ方カラデモ御答ヘニナラナイト、大藏當局タル私共デハ御答ハ出來ナイモノモアリマスノデ、是ダケデ私ハ御答辯ノ責ヲ終ヘタモノト思ヒマス、大體是ダケ御答ヘ申上ゲマシテ、尙ホ先刻申シマス通リ、御不滿足ノ點ガアリマシタナラバ、委員會等ニ於テ十分御質問ヲ願ヒタイト思ヒマス、出來ルダケ綿密ニ御答辯申上ゲタイト考ヘテ居リマス(拍手)

〔政府委員成毛基雄君登壇〕

○政府委員(成毛基雄君) 朝鮮ニ於ケル所ノ木材關稅ノ特令ノ廢止ニ付キマシテ、滿洲ノ木材營業者ハ大ナル影響ヲ受ケルデハナイカ、殊ニ一衣帶水ノ新義州ト安東縣ニ於テハ、非常ナル所ノ不幸ヲ生ズルデハナイカト云フ御質問デアリマシタガ、是ハ今議會ニ法案ヲ提出スルニ當リマシテ、政府ガ最モ苦心ヲシテ、調査研究ヲ致シテ居ル所デゴザイマス、此事ニ付キマシテハ御承知ノ通リ、先年來重大ナル問題トシテ考慮セラレタノデアリマシタガ、併シ此朝鮮ニ於ケル特令廢止ト云フコトハ年來ノ問題デアル、暫定的ノ法律デアリマシテ、是非之ハ廢止センケレバナラヌト云フ運命ニアルノデアリマス、內地ニ於ケル所ノ關稅ノ統一ト云フコトモ、是ハ御承知ノ通リ何時カヤラナケレバナラヌノデアリマス、ソレデアリマスカラ今回ノ議會ニ於キマシテ此特令ヲ廢止シ、滿洲ト朝鮮ノ利益ノ爲ニ、互ニ折衝ヲ圖ルト云フコトハ、最モ當ヲ得タル時節デアラウト存ジタノデアリマス、ソレデ當局ト致シマシテハ朝鮮ノ特令ヲ廢止スルト同時ニ、滿洲ニ對シマシテハ先ヅ初年ニ於テハ四十錢ト云フ所ノ輕イ稅ヲ課スルコトニナッテ居リマス、サウシテ二年目ニ於キマシテハ七十五錢三年目モ七十五錢、四年目ニ至リマシテ初メテ一圓十錢ト云フ所ノ稅ヲ課スルコトニナッテ居リマス、丁度是ガ初年一步、二年二步、三年二步、四年ニ至ッテ初メテ三步デアルノデアリマス、今日滿洲ノ木材ハ內地ヘ來リマスノハ六步デアリマス、サウシテ是ハ木材價格ノ下落ニ依リマシテ、滿洲ノ木材業者ト云フモノハ殆ド九步近イ所ノ稅ヲ課セラレテ居ルノデアリマスガ、今回此關稅ノ改正ニ依リマスルト云フト、滿洲ニ於ケル處ノ木材ハ內地ニモ向クコトニナリマスノデ、此點ハ木材業者モ非常ニ喜ンデ居ル所デアリマス、ソレデアリマスカラ差引致シマスナラバ、滿洲ニ於ケル所ノ木材ニハ大ナル影響ヲ及ボサナクテ濟ムト考ヘテ居リマス、斯ウ云フコトノ外、又一方ニ於キマシテハ種類モ限定致シマシタカラ、彼此レ斯ウ云フ點ヲ考慮致シマスルト云フト、大ナル所ノ打擊ヲ與ヘズシテ濟ムコト、信ジテ居リマシテ、當局ハ苦心シテ斯ウ云フ所ノ接近シタ所ノ案ヲ作ッタ次第デアリマス

〔國務大臣山本悌二郎君登壇〕

○國務大臣(山本悌二郎君) 只今前田君カラノ御尋ノ中、私ニ關スル分ノ御答ヲ致シマス、第一ハ關稅引上ニ付テ木材價格ガ騰貴シタナラバ濫伐ガ必ズ起ルデアラウガト云フ御尋デアリマス、之ニ對シマシテハ先刻三輪君ニ對シテ御答ヲ致シマシタコトヲ繰返スヨリ外ハアリマセヌガ、伐採ノ增加スルノハ材木價格ノ騰貴シタ時ニ勿論行ハレマスガ、材木價格ガ餘リ低落シタ時ニ於テモ亦伐採ノ增加スルコトガアリマス、唯其間ニ於ケル山林政策ノ上カラ見タ相違ハ、材木ノ下落シタ時ノ伐採ハ所謂濫伐デアッテ、片端カラ後先キ見ズニ仕方ガナイカラ伐ッテ賣ル、跡ハ構ハナイ、斯ウ云フコトニナルノデアリマスガ、之ニ對シテ相當價格ハ引合ウガ爲ニ伐ッテ賣ルト云フ場合ニハ、サウ云フヤウナ亂暴ナ伐採ノ致方ハ致シマセズ、又跡ノ植付ト云フコトモ亦之ニ隨ッテ行ヘレテ行クノデアリマス、ソレ故ニ關稅引上ノ結果トシテ、多少材木伐採ノ數量ガ增加致シタト致シマシテモ、同時ニ植林ガ隨テ行ハレマスルカラシテ、是ハ決シテ深ク憂フルニ足ラズト信ズルノデアリマス、又今日ノ現況カラ見マシテ、此儘ニシテ置クト云フコトガ相成ラヌト云フコトハ、山林政策ノ上カラ見テ當然ナルコトデアッテ、獨リ助成金或ハ補助金ト云フ方法ニ依テノミ山林ノ作振ノ出來ナイト云フコトハ、分リ切ッタコトデアル、ソコデ第二ノ前田君ノ御尋ノ點ニ觸レルノデアリマスガ、前田君ハ必シモ社會政策ニ關係ノアル所ノ此木材關稅ヲ引上ゲナクトモ、補助金若クハ助成金ノ方法ニ依テ旣ニ山林ノ作振ヲ圖ッテ居ルデハナイカ、之ヲ增額シテ其方面ニ依テ山林政策ヲ施行シタラバ宜イヂヤナイカト云フ御說若クハ御尋ガアリマシタガ、私共ノ考デハ獨リ山林ニ於テノミナラズ、總テノ政策ニ於テ之ヲ助長スル場合ニ、唯、一ツノ方法ヲ以テ之ヲ行ハントスルコトハ、決シテ出來ナイノデアリマス、有ユル方法ニ依テ之ヲ併セ行フト云フコトデナケンケレバ、一方ノ負擔ト云フモノガ非常ナコトニナッテ來テ、例ヘバ此材木關稅ノ場合ニ於テモ關稅ノミニ依テ此保護ヲ施サウトシタナラバ、非常ニ高イ關稅ヲ掛ケナケレバナラヌ、サリトテ助成金補助金ノ方法ノミニ依テ此目的ヲ達シヤウトスレバ、助成金補助金ト云フモノハ非常ナ多額ニ上ラザルヲ得ナイノデアリマス、此助成金ノ方法ノミニ依テ山林ノ助長ヲシタラ宜イヂヤナイカト云フ前田君ノ先刻ノ御尋ニ付キマシテハ、私ハ意外千萬ニ思フノデアリマス、前田君ナゾハ常ニ財政ノ膨脹ヲシナイヤウニ、財政ノ緊縮ヲシナケレバナラヌ、歲計ヲ少クシナケレバナラヌト云フ御說デアルノデアリマス、若シ助長補助ノ一途ヲ以テ山林政策ヲ行ハウト云フコトヲ、シタナラバ、此上何千万圓ノ補助獎勵ト云フモノヲ致サナケレバナラヌト云フ結果ニ相成ルノデアリマシテ、其結果ガ全體ノ歲計ノ膨脹トナルト云フコトハ明デハアリマセヌカ、アナタ方ガ歲計ノ膨脹ハシテモ構ハヌ、其方法ヲ採レト云フコトデアルナラバ、吾々ハ又別ニ考ヘヤウモアリマセウト、思ヒマスケレドモ、左樣ナ常ニ緊縮々々ト仰セラレテ居リナガラ、此問題ニ對シテノミ助成金ヲ以テ之ヲヤレト云フコトハ、少シ御無理ヂヤナイカト思フノデアリマス(拍手)又此社會政策ニ付テ其次ノ御尋ガアリマシテ、是ハ結局家賃ノ騰貴ヲ促スノデアルト云フコトデ、其點ニ付キマシテハ、三輪君ニ對シテ御答致シテ置キマシタカラ更ニ詳シク申上ゲマセヌガ、唯、一言私ノ申上ゲテ置キタイコトガアリマス、ソレハ今日ノ山林ノ面積ヲ、其大小ニ依テ區別シテ見マスト云フト、五段步未滿ノモノガ五割九分アル、全體ノ面積ノ五割九分ハ五段步未滿ノ小面積デアリマス、二十町步以上ハ僅ニ一「パーセント」ニ過ギナイ、斯ウ云フ狀態デ、今日我國ノ山林面積ト云フモノガ、悉ク小サイ經營者ニ依テ大部分經營サレテ居ルノデアリマシテ、其戶數カラ申シマスレバ、農業ヲ兼營シテ居ル山林家ト云フモノガ四六百十万戶アルコトニナッテ居リマス、之ヲ假ニ一戶五人宛ノ家族ト見マスルト、其數ハ二千三百万、三千三百万ト云フ者ノ利害休戚ト云フコトガ、山林ノ能ク行クカ行カヌカト云フコトニ繫ッテ居ルノデアリマス、故ニ此山林ハ相當引合フ程度ニ之ヲ導イテ行クト云フコトハ、是ハ大ナル社會政策ナリト私ハ信ジテ居ルノデアリマス、此四百六十万戶ノ中デ、其九割迄ハ此五反步以下ノ者デアルト云フコトガ、益、之ニ對スル作振ノ政策ヲ講ズルコトガ、卽チ大ナル社會政策デアルト私ハ確信致シテ居リマス、材木ノ價格ハ、價格ノ點カラ他ノ物價ト較ベテ見マシテモ甚ダ安イ、比較的安イ位置ニ在ルト云フコトモ、亦御諒承ヲ願ハナケレバナラヌノデアッテ、一寸調ベテ見マスルト、昭和三年ノ一般物價指數ト云フモノガ二百二十四ト云フモノニ對シテ、木材ノ指數ハ百十八ニ過ギナイ、卽チ一般物價指數ヨリハ遙ニ少ナイ、材木ハ一般ノ物價ニ較ベテ今日低イ位置ニ在ルト云フコトハ、是ハ否認スルコトガ出來ナイ、然ラバ一般物價ヨリモ安イ材木ノ價ニ甘ジテ、此四百何十万戶ノ經營者ガ安イ材木ヲ都市ニ向ッテ供給シナケレバナラヌト云フ理窟ハ立ツマイダラウト思フノデアリマス、ソレカラ報復關稅ヲ受ケル憂ガアルデハナイカト云フヤウナ御尋デアリマシタガ、是ハ先刻申上ゲタ通リ、今日迄ノ當局ノ受ケテ居ル所ノ情報ニ依リマスレバ、左樣ナ憂ハナイノデア

リマス、今日位ノ程度ノ關税ノ引上ゲナラバ、生絲其他ニ向ッテ報復關税ヲ設ケテ來ルト云フ憂ハ萬々ナイト當局ハ信ジテ居リマス、材木ニ關税ヲ掛ケテ之ヲ相當保護シヤウト云フ政策ハ、單リ我國ニ於テ今之ヲ執ッテ居ルノミナラズ、外國ニ於テモ今將ニ執ラントシツヽアルコトハ、御承知デモアリマセウケレドモ、米國ニ於テハ加奈陀ヨリ輸入シテ來ル所ノ材木ニ對シテ二割ノ關税ヲ課サウトシテ、今其計畫ヲ立テ、居ルト云フ情報ガアリマス、又獨逸ハ自國ノ山林保護ノ爲ニ、相當重キ關税ヲ掛ケル計畫ヲ今立テ、居ルト云フコトモ、是亦吾々ハ其情報ニ接シテ居ルノデアリマス、我國ガ僅カ一割内外ノ關税ヲ茲ニ增加スルト云フコトハ、ソレ程異常ナコトデナク、ソレ程無理ナコトデナイト云フコトガ、他國ニ於テモ亦諒承セラル、コトデアラウト思ヒマスガ、殊ニ米國ハ、米國自身ガ加奈陀ヨリノ輸入材木ニ對シテ關税ヲ掛ケヤウト云フ際ニ、我國ガ僅カ一割カソコラノ關税ヲ增加スルト云フコトニ向ッテ、報復關税ヲ以テ之ニ報イントスルコトハ、萬々ナイト私ハ確信致シテ居リマス

○前田房之助君　簡單デスカラ此席カラ……

○副議長（清瀨一郎君）　許シマス

○前田房之助君　政府當局カラ縷々御說明ニナッタノデアリマスガ、大部分ハ議論デアリマスカラ、改メテ質問ハ致シマセヌガ、唯、一點申上ゲマスノハ、只今大藏政務次官ハ木材ガ一箇年一億圓内外モ輸入スル、之ヲ阻止スルト云フコトハ、國際貸借ノ改善ノ上ニ於テモ必要デアルト云フ御答デアリマシタケレドモ、吾々ノ主張スル所ハ、國民生活ニ直接關係ノアル所ノ消費税ヲ增加スルト云フコトニ付テハ、深甚ナル考慮ノ必要アリト認メテ居ルモノデアリマスカラ、此以上ハ意見ノ相違デアルカ知レマセヌケレドモ、此點ニ付テ改メテ政府ノ御考慮ヲ煩シマスト同時ニ、只今農林大臣ハ、是ハ山林業者ヲ保護スル上ニ於テ必要ナリト云フコトヲ申述ベラレマシタガ、六百万圓ノ山林業者ガ重イノデアルカ、八千万ノ國民生活ヲ忽カニスルコトガ重イノデアルカ、此點ニ付テモウ一度御考慮ヲ煩シタイト思ヒマス、細カイ問題ハ委員會ニ於テ申述ベマス

○副議長（清瀨一郎君）　永田善三郎君

〔永田善三郎君登壇〕

○永田善三郎君　諸君、只今本案ニ對シマシテ、大所高所ヨリノ大キナ議論ガ交換サレタヤウデアリマス、私ハ極ク本案ノ内容ニ入リマシテ、限定シタ範圍ニ於テ質疑ヲ致シタイト思フノデアリマス、關税定率法ノ改正ハ、前内閣ガ大正十五年ニ根本的ノ大改正ヲ行ッタノデアリマシテ、是ハ當時ノ内閣ノ大ナル功績ノ一ツデアルト私ハ思ウテ居ル、明治四十二年以來、永ク打捨テラレテアリマシタ所ノ我國ノ關税定率法ノ儘ニ、十數年ノ間我國ノ產業ハ各方面ニ於テ異常ナル發達ヲナシ、又海外ニ於ケル貿易關係ガ異常ナル變化ヲ來シテ居ッタニ拘ラズ、之ニ對スル立派ナル關税定率法ガ立テラレテ居ラナカッタノデアリマス、幸ニ大正十五年ノ改正ハ、前内閣ノ努力ニ依リマシテ、茲ニ新シク定率法ガ確定シテ、漸ク我國ノ產業ニ對シマシテ、洵ニ適切ナル所ノ税ヲ見積ルコトガ出來タノデアリマス、其後ニ於キマシテ、吾々ノ眼ニ著シク映ズル所ノモノガ澤山アル、製鐵保護ノ如キ其顯著ナル一ツデアリマシテ、銑鐵、製鋼事業ガ既ニ二三年ノ間ニ長足ナル進歩ヲシテ、我國ノ鐵工業ノ前途ニ、從來大ナル暗影ヲ持ッテ居ッタノヲ一掃シ得タト云フヤウナコトハ、洵ニ顯著ナル功績デアルト私ハ思ウテ居リマス、而シテ本日茲ニ本案ガ提案ニナリマシタ其所以ニ遡リマシテモ、卽チ大正十五年ノ改正當時ニ於キマシテ、政府ガ異常ナ努力ヲ爲シタト雖モ、其費目ガ千五六百種類ニ上ッテ居リマシテ、關税ノ「オーソリチー」ト言ハレテ居リマス――今日御出席ハアリマセヌガ、大藏省ノ矢部君等ノ隨分御熱心ナ研究ガアリマシタ、併ナガラ尚ホ不備ナリト衆議院ガ認メマシテ擧ゲタ所ノモノガ、二十數點アッタノデアリマス、此當時ノ關税改正ニ對スル衆議院ノ態度ハ、政友本黨、政友會、憲政會、共ニ殆ド一致シテ之ニ當ッタノデアリマシテ、殆ド黨派ヲ超越シタ觀念ノ下ニ之ガ審議ヲ進メマシテ、加藤政之助君ガ委員長トシテ、殆ド六十日ニ亙リ審議ヲシタノデアリマス、隨テ此時ニ定メラレタル所ノ關税改正定率法ナルモノハ、殆ド黨派ノ觀念ハ加味サレテ居ラナカッタ、眞ニ我國ノ產業ノ立場ニ鑑ミテ、此處ニ出發點ヲ置イテ、各位ガ努力ヲ致シタノデアリマス、而シテ殘サレタル所ノ二十五六ノ問題ガ、其後ノ憲政會内閣或ハ引續キノ内閣ニ於キマシテ、漸次之ガ解決ヲサレマシテ、隨分其中ニハ改正ヲ施サレタモノガ澤山アリマスガ、殘ッタ所ノ問題ハ、茲ニ出テ居リマス木材、或ハ樂器ノ中ノ「ピアノ」デアルトカ、或ハ綿絲ノ中ノ琦絲デアルトカ、斯ウ云フ物ガ殘ッテ居ッタノデアリマス、幸ヒ今回政府ガ此前内閣以來ノ傳統ヲ引繼イデ、茲ニ本案ガ提出ニ至ッタト云フコトハ、黨派ヲ超越シテ私ハ大ニ歡迎スル所デアリマス、特ニ私共木材事業ニ關係ノ深イ議員カラ見マスルト、積年ノ努力ガ漸ク酬ヒラレタ感ガ致スノデアリマスガ、併ナガラ本案ノ成立ニ至リマスル從來ノ沿革カラ申シマスト、餘程本案ノ行方ノ違ッテ居ル點ヲ遺憾ト致スノデアリマス、ソレハドウ云フ點ガアルカト申シマスト、木材關税ノ改正ナルモノハ、農林關係ノ議員ニ於キマシテハ、黨派ヲ超越シテ熱心ニ主張サレタノデアリマシタガ、其聲ハ從來議場ニ徹底致サナカッタノデアリマス、然ルニ大正十三年ノ夏三派内閣ノ下ニ於キマシテ、當時ノ國際貸借改善ニ資センガ爲ニ、人格高潔ナル當時ノ濱口大藏大臣ガ、贅澤品關税ナルモノヲ突如トシテ制定サレマシテ、組閣後僅カ二週間ニ過ギナカッタ此繁忙ノ裡ニ於テ、尚且當時ノ國際貸借ノ現狀見ルニ忍ビザルモノアリトシテ、茲ニ國民ヲ戒飭セントシテ、贅澤關税ナルモノヲ設ケタノデアリマス、此時ニ於キマシテ、始メテ木材關税ノ改正ニ一ノ新ラシキ理由ヲ加ヘタ人デアリマス、從來山林保護ト云フヤウナ立場ニ於テ進ンデ來テ居ッタモノガ、贅澤關税ガ設ケラレマシテ贅澤品ノ輸入ヲ防遏シヤウト云フコトヲ認メルト同時ニ、木材ノ中ノ特殊ナル物、卽チ高級木材、杉デアルトカ、檜デアルトカ、特ニ建築用材トシテ高級ニ使用サルベキ物ハ、矢張贅澤品デハナイカ、南洋カラ入ル所ノ床柱ニスルヤウナ贅澤ナ木材ニ課税ヲスルト云フコトデアレバ、矢張ソレト同ジヤウナ資格ヲ持ッテ居ル杉、檜ト云フヤウナ物モ、同ジク贅澤品デアル、故ニ之ニ課税スルノガ當然ダト云フ議論ガ起リマシテ、茲ニ木材ノ關税改正ニ有力ナ論據ヲ與ヘタノデアリマス、ソレカラ進ンデ大正十五年ノ關税改正ノ時ニ、後日改正スベキモノトシテ、希望條件トシテ各派一致シテ之ヲ擧ゲタノデアリマス、ソレガ今回此處ニ現レテ來ル基礎デアルト思ヒマスガ、併シ此沿革カラ考ヘマスト、今回ノ改正ニ於キマシテ、只今大藏大臣ノ御話ニナッタ樹ノ種類ニ依ル區別、此事ハ當時ノ沿革カラ認メラレルノデアリマス、而シテ次デ其容積、大キサト云フコトニ付テ御話ガアリマシタガ、大キサニ付キマシテハ、其當時ノ沿革カラ申シマスレバ、洵ニ考ガ薄イノデアリマス、唯樹種ヲ主トシテ考ヘタ、而シテ其目的トスル所ハ杉、檜デアッテ、松材以下ノ物、斯ウ云フ物ニハ課税ヲシナイ、成タケシナイ、何トナレバ是等ハ只今質問應答ヲ重ネラレマシタ如ク、非社會政策的ナモノデアル、國民ノ多數ノ負擔ヲ增加スルコトニナル、松材ノ如キハ今日殆ド繩ヤ叺ノ如ク使用サレテ居ル、斯樣ナ物ニ税金ガ課カルト云フコトハ、甚ダ宜シクナイト云フコトガ、今日迄傳ヘラレテ來タノデアリマス、而モ之ニ加フルニ政府ニ於キマシテハ、此處ニ大口政府委員モオイデデアリマスガ、實業同志會ト昨年ノ協約ヲ致ス時ニ於キマシテ、木材關税、或ハ鐵ノ關税ノ引上ハシナイト云フ御約束ヲ致シタヤウニ聽イテ居ルノデアリマス、武藤君ハ今御見エニナリマセヌガ、ドウモ政實政策協定ノ中ニハ、木材關税及鐵ノ關税ト云フモノガ入ッテ居ッタノデアリマス、故ニ私ハ其協定

ヲ見マシタ時ニ、政府ハ護憲三派以來ノ傳統的ノ御考ヲ捨テタノダラウカ、或ハ大正十五年ノ當時、各派一致デ決メタ所ノ此木材關税ノ引上、之ヲ實業同志會ノ僅カ三名カ四名ノ人ノ協定ノ爲ニ、此大キナ政策ヲ擲ッタノカト思ウタ所ガ、矢張今回拋タズニ茲ニ提案ニナッタノデアル、然ラバ此實業同志會トノ約束ハ是ハ放棄シタノデアルカドウカ、私ハ別ニ之ヲ大シタ問題トシテ責メヤウトハ思ヒマセヌガ、併ナガラ政府ガ一度實業同志會ノ諸君トノ約束ハ、ドウデモ宜シウゴザイマセウガ、之ヲ實業同志會トノ約束ナリトシテ世間ニ公表シタ、卽チ國民ニ斯ウ云フ政策デ進ムゾト言ヒナガラ、又漫然トシテ御取消ニナッタ、此態度ニ付テハ私ハドウシテモ腑ニ落チナイ、故ニ第一ニ是等ノ從來ノ沿革カラ來タ木材關税ノ引上、及途中デ變更スルヤウナ顚ヲ爲サッタノヲ、復タ政實協定ヲ破棄シテ茲ニ本案ヲ提出ニナリマシタル其理由、之ヲ第一ニ伺ヒタイト思フノデアリマス、次ニハ先程來ノ質問應答ニ於キマシテモ御話ガアリマシタガ、本案ニ依リマス關税ノ收入、是ガ六百五十万圓デアルト云フコトヲ承ッテ居リマス、此金額ニ付キマシテ、私ハ敢テ議論ヲ致スノデハアリマセヌガ、兎角地租委讓ノ財源ニスルノダトカ、何トカ言ハレ勝チデアル、是ハドウモ甚ダ政府ガ不用意デアッタト私ハ思フ、前ノ如キ沿革ニ依テ來タ案デアリマスカラシテ、斯樣ナ疑ヲ受ケルヤウナ不用意ヲ致サナケレバ、此案ハ洵ニ傷ガ付カズニ進行シ得ラレル案デアラウト思フ、然ルニ如何ニモ是ガ地租委讓ト大ナル關係ガアル如ク見エテ居ル、之ニ對シテハ政府ハ如何ニ辯解ヲスルカ、吾々ハ甚ダ此點ヲ殘念ニ思ウテ居ルノデアリマス、而モ只今農林大臣ノ御話ヲ承ハリマスレバ――今御見エニナラヌヤウデアリマスガ、木材關税ノ引上ハ社會政策的ダ、斯ウ云フヤウナコトヲ言ウテ居リマスル、又一方ニハ非社會政策的ダト言ウテ爭ッテ居リマスガ、サウ云フ爭ハ先ヅ止メマシテモ、木材關税ノ引上ガ社會政策ダト云フコトヲ仰シヤル必要ハナイ(拍手)是ハ無論國民ノ負擔ヲ――消費者ノ負擔ヲ増加スルト云フコトハ分リ切ッテ居リマス、是ガドウモ社會政策ニナラヌト云フコトハ分ッテ居ル、併ナガラサレバト言ウテ大シテ責メル程ノコトデモナイ、國際貸借上必要デアル、或ハ産業振興上必要デアル、斯ウシテ見タナラバ、僅カ五、六百万圓ノ負擔位ガソレ程大ナル問題デハナイ、何方ニシテモ爭ヲスル程ノコトデハアリマセヌガ、併シソレニ付テノ農林大臣ノ御話ハ、大ニ山林ノ開發ヲスルノダ、一本調子デハ中々林業政策ノ確立ハ出來ナイ、故ニ一方ニ於テ關税ノ引上ヲスレバ、一方ニ於テハ補助金モヤラウ、若シ民政黨ノ諸君ガ宜イト云フナラバ、幾ラデモ錢ヲ出スト云フヤウナ今御話デアリマス、故ニ此點ニ付テ伺ヒタイ、幸ニ六百五十万圓ト云フ金ガアル、其六百五十万圓ト云フ金ハ、地租委讓ノ財源デハナイカト云ウテ世間カラ疑ハレテ居ル、此際ニ於テ農林大臣ガ、君等ハ助成金ヲヤルナラバ、幾ラデモ出シテ宜イト云フナラバ出スゾト、斯ウ云フコトデアルナラバ、ドウカ此六百五十万圓ヲ林業開發ノ爲ニ支出シテ戴キタイト思フ、今年ノ豫算ヲ見マスト云フト、新シク林業ニ對スル施設トシテノ費用ハ幾ラモナイノデアリマス、折角六百五十万圓ト云フ金ガ木材關税ノ引上ニ依テアルノニモ拘ラズ、其中カラ使ッテ居ル金ハ、二百万圓足ラズデアル、後ノ金ハ三土大藏大臣ノ御説明ニ依レバ、歳入一本ニシテ歳出一本ニシテ見ルカラ、何處ニ行ッタカ分ラヌト云フ御話、ソレハ其通リダラウト思フガ、今ノヤウナ農林大臣ノ御考ノ通リナラバ、此六百五十万圓ノ金ヲ皆山林ノ開發ニ使ッテ貰ヒタイ、若シ此金ヲ以テ充テ、戴クナラバ、卽チ山間部ニ於ケル交通ノ便ヲ開キ、或ハ舟楫ノ便ヲ開クト、斯ウ云フコトヲスルナラバ、今ノ前田君其他多クノ人ノ心配スル非社會政策的ノ國民ノ消費ノ負擔增加ト云フコトモナク、却テ木材ハ安クナル、安クナッテ斯ウ云フモノハ除ケ得ルノデアル、關税ト云フ消費税ガ一圓掛レバ、一圓ダケ消費者ノ負擔ニナルト云フコトハナイコトハ、是ハ明ナコトデアル、政府デモ能ク說明ナサルガ、其通リ一圓掛ケテ必ズ一圓ニハナラナイ、併シ一圓掛ケタ爲ニ二圓ニナル場合モアル、十錢ニナル場合モアルガ、二圓ニナル場合モアル、併シ今言フヤウニ六百五十万圓ヲ年々支出シテ、日本ノ山林ノ開發ニ充テルト云フコトニナレバ、是ハ期年ナラズシテ木材ハ必ズ安クナル、安クナッテ而シテ山林業者ハ收益ヲ得ラレルノデアリマス、今ノヤウニ唯税金ヲ取ル許リニシテ置イタノデハ、是ハ消費者ノ負擔ト云フモノハ何時マデモ繼續スル、木材ニ安ク税ヲ掛ケテ、ソレデ以テ施設ヲスルナラバ、材木ガ安クナリ、初メテ消費者ノ負擔ガ輕クナル、ドウカ農林大臣ハ今御留守ノヤウデアリマスカラ、東農林次官デモ洵ニ結構デアリマスカラ、之ニ對シマスル一ツ政府ノ御意見ヲ承リタイト思フ、次ニ本案ハ木材關税其他五六ニ限ッテ居リマスルガ、關税定率法ノ改正法律案ソレ自體ト云フモノハ、此千五六百種ニ關スル總テノモノニ對シテ、吾々ニハ審議ノ權利ガアルノデアリマス、故ニ木材關税ヲ離レマシテ一、二點伺ッテ見タイ、大正十五年ノ希望條件トシテ殘ッテ居リマスル中ニ、綿絲布、綿織絲ノ中デ、一ノ項ニ屬スルモノ、卽チ細イ絲、太イ絲ト世間デ謂ハレテ居ル今日ノ紡績絲デアリマス、總稱シマシテ――之ニ對シマスル所謂綿絲布關税ノ撤廢ト云フコトガ議論ニナッテ居ル、而シテ之ヲ主張致シマシタノハ、昨年亡クナラレマシタ尊敬スベキ政友會ノ武藤金吉君ノ切ナル主張デアル、サウシテ政友會ノ諸君ハ多クノ之ニ贊成ヲ表サレテ居リマス、民政黨、憲政會ニ於キマシテモ、之ニ對スル贊成者ハ相當ニアッタノデアリマス、唯當時ノ政友本黨ノ諸君ハ之ニ反對デアッタ、故ニ今日ノ此議場ヲ以テ申スナラバ、衆議院ノ空氣ヲ以テ申スナラバ、此綿絲關税ノ撤廢ト云フコトハ、此沿革ニ徹シテ當然此政府ニ於テ御實行爲サランケレバナラヌ點デアルト私ハ思ッテ居ル、然ルニ之ニ對シテ少シモ觸レル所ノナイト云フコトハ、ドウ云フ御考デアルカ、大藏政務次官ハ只今關税ノ根本的改正マデモ考ヘテ居ルト仰ッシヤル、私共ハ關税ノ根本的改正ナドガ、今日サウ急イデ行フ必要ハアリマセヌ、前内閣ハ極メテ用意愼重ニ此點ヲ考ヘテ、關税調節委員會ヲ設ケテ、年々斯ウシテ幾分カノ議案ヲ提出スルコトガ出來ルヤウニシテアルト云フコトハ、餘程能ク御考ニナッタ案デアル、之ヲ傳統的ニ繼續シテ行ケバ結構デアッテ、別ニ新シク案ヲ御考ニナルコトハナイト私ハ思ッテ居ルガ、併ナガラ大藏次官ハ根本的ノ改正ヲシヤウト云フ御考デアルト、斯ウ御見識ヲ振リ廻シテ居ラレルノデアルカラ、ドウカ其御見識ニ依リマシテ、此綿絲關税ニ對シテ如何ナル御見識ヲ發表ナサルカヲ、一ツ御伺シタイト思フノデアリマス、更ニ私ハ第二ノ朝鮮ノ木材關税ニ付キマシテ、只今東君ノ御答辯ガアッタヤウデアリマスガ、本案ハ先年衆議院ニ於テモ中々審議ヲ愼重ニ爲サレタ案デアリマシテ、今回出サレマシタ案ハ、政府ガ愼重審議シタト云フ御話デアルガ、政府ガ愼重審議シタノデハナクテ、衆議院ニ於テ愼重審議シタ其案ガ出テ居ルノデ、何モアナタ方ガ少シモ研究シタ所ハナイ、ソレヲ其儘出シテ居ル、其儘出シテ居ルガ、少シ間ノ拔ケテ居ル點ガアルノデアリマス、私ハ甚ダ不滿ニ感ズル所デアリマスルガ、是ハ多少外交問題ニ關スルト思ヒマスカラ、私ハ委員會デヽモ伺ッタ方ガ宜カラウト思ヒマスガ、政府ガ愼重審議シタト仰シヤルガ、一言ドンナ風ニ愼重審議シタカヲ伺ヒタイト思フ、大體此程度デ私ノ質問ハ終ッテ置キマス(拍手)

〔政府委員東武君登壇〕

○政府委員(東武君)　永田サンノ御質問ニ答辯ヲ致シマス、關税增徵ニ依リマシテ、六百五十万圓バカリノ增收ガアリマスガ、其增收ハ山林施設ニ助成ヲシタラ如何デアルカト云フ、斯ウ云フ御議論デアリマスガ、吾々ハ此增收ガ一般會計ニ這入リマシテ、ドノヤウナ使途ニ使ハレテ居ルカト云フコトハ私ハ分リマセヌケレドモ、山林上ノ立場ト致シマシテハ、本年ノ如キハ新規要求額ト從來ノ施設ヨリハ新シキ費用ヲ增加致シマシタモノヲ見マスルト云フト、四年度ニ於テ七百二十二万圓新規施設ヲ增加ヲ致シテ居リマス、約關稅增徴ノ六百五十万圓以上ノモノハ、此山林ノ政策ニ使ッテ居ルノデアリマス、此點カラ此率ダケハ一言御答シテ置キマス、是ガ地租委讓ノ財源デアルトカ、色々ノコトヲ議論致シマスガ、山林ノ政策カラ割出シテ、關稅增收ノ費用ハ、ヨリ以上山林ノ方面ニ助成、若クハ其他ノ指導奬勵施設ニ使ッテ居ルト云フコトヲ御承知ヲ願ヒマス、又此金ハ五年度ニ行ケバ、此計畫ガ山林政策ノ確立ニ要スル所ノ此費用ハ、四年度ガ七百二十二万圓デアリマスガ、五年度ニナレバ、九百二十万圓ニナリ、九百二十万圓ト云フモノハ、新シク本年吾々ガ要求シタ新規施設ニ這入ッテ居ルノデアリマス、此點ヲ豫メ御諒承ヲ願ヒマス、ソレカラシテ五十一議會ノ關稅ノ委員會、及本會ニ於ケル所ノ意見ニ於キマシテ、木材關稅ハ五十一議會ニハ決シテ增徴ヲシナイト云フ意見デハナカッタノデアリマス、此增徴スル程度ニ於テ各派ニ相當ノ議論ガアッタ、餘リ關稅ノ牆壁ヲ高クスルト云フコトガ、或ハ消費者ニ轉嫁スルト云フヤウナ虞モアルシ、低クケレバ――其低イ稅率ナラバ、輸入ニ對シテ餘リ影響ハナカラウト云フコトデ、關稅委員會ハ此調査ノ議ヲ決スルコトガ出來ナクシテ、暫ク是ハ取リ除ケテ置イテ、關稅委員會ニ付シテ、十分ニ愼重審議ヲスルト云フコトニナッテ、是ハ留保シテ、サウシテ其附帶決議案ヲ附ケテ出シタ、故ニ諸君モ關稅政策ノ委員ノ當時ニ於キマシテハ、此木材關稅ヲ或ル程度ニ引上ゲルト云フコトニ付テハ、毛頭反對ハナカッタ、寧ロ是ハ增徴スルト云フ意見ガ多カッタノデアリマスガ、調査會ニ於テ爾來二箇年間愼重審議ノ結果、餘リ大シタ稅率デモナイ、適當ナル程度ニ於テ關稅率增徴ノ案ヲ玆ニ提出スルト云フコトガ、極メテ適切ナコトデアルト吾々ハ考ヘテ居ルノデアリマス、是ダケヲ御答ヲ致シテ置キマス（拍手）

〔政府委員大口喜六君登壇〕

○政府委員（大口喜六君）　私ノ方ヘノ御質問ハ、極メテ簡單ノヤウデアリマスカラ、大要ヲ御答申上ゲタイト思ヒマス、此木材關稅ノコトニ關シマシテ、政友會ト實業同志會ト協定ヲ致シタコトニ付テノ御問ガ、主デアッタヤウニ考ヘマスガ、是ハ只今東農林政務次官カラ御答申上ゲマシタ通リ、五十一議會ニ於テ此衆議院デ木材關稅、鐵ノ關稅ノコトニ付キマシテ、相當ニ議論ノアリマシタ結果、更ニ之ヲ關稅委員會ノ手ニ掛ケテ調ベルヤウニト云フコトニナッタノデアリマス、斯ウ云フ問題ニナッテ居ッタモノデアリマスカラ、實業同志會ト政友會ト協定致シマス時ニ、無論此話ガ出タノデアリマス、其時ニモ協定ハ文書デ御覽ノ通リ、是ハ極メテ兩方トモ大切ナモノデアルカラ、輕々シクヤルコトハ困ル、十分ニ考慮シテ愼重ナ行動ヲ執ルヤウニト、斯ウ云フ意味ノコトデアリマシテ、其通リニ實ハ協定書ニモ書イテアルノデアリマス、此協定ハ最モ私共ハ之ヲ重ンジマシテ、現政府ニ於キマシテモ、所謂是ハ愼重ニ研究ヲシ考慮モシタノデアリマス、而シテ鐵ノ方ニ於キマシテハ、今日最早關稅ヲ掛ケル――此上高メルコトハ必要ナカラウト云フコトデ、今提案ヲ致サナイノデアリマス、ソレカラ木材ニ對シテハ、矢張今東君カラ申述ベマシタ通リ、關稅ヲ上ゲルニシマシテモ、其程度ト云フモノニ依テ非常ニ影響ガ違フノデアリマスカラ、此程度範圍ニ付テハ相當ニ考慮研究ヲ致シタ積リデアリマス、其結論ト致シマシテ、今回提案致シマシタ如キモノナラバ、諸方ニ對シテ先以テ宜シイモノデアル、斯ウ考ヘマシタ結果デアリマスカラ、決シテ此協定ヲ無視致シタ遣リ方デハナイト、私共ハ固ク信ジテ居ルノデアリマス、ソレカラ次ニ綿絲關稅撤廢ノコトデアリマスガ、是ハ其後ノ狀況ガ餘程變ッテ居ルヤウデモアリマスシ、マズ餘程研究ヲ要スルモノト見テ居リマス、併ナガラ關東州ノ特惠關稅ニ付キマシテハ、略、調査ガ濟ンデ居リマスカラ、近キ中ニ決定サレルコトガアルデアラウト私ハ考ヘテ居リマス、是ダケヲ御答致シマス

○副議長（清瀬一郎君）　太田信治郎君

〔太田信治郎君登壇〕

○太田信治郎君　私ハ朝野兩政黨ニ關係ヲ持ッテ居リマセヌ、無所屬ノ立場ニ居リマス者デアリマス、故ニ極メテ公平ニ本問題ヲ審議ヲ致シテ、是ハ是、非ハ非トシテ贊否ヲ決スル積リデアリマス、併ナガラ只今御說明ヲ段々伺ッテ居ル中ニ、私ノ頗ル疑惑ヲ感ジマシタコトヲ、大藏當局ニ御尋ヲ致シ、更ニ工業關係ノコトヲ商工大臣若クハ商工省ノ方ニ御尋ヲ致シ、森林保護ニ關スルコトヲ農林省若クハ農林大臣ノ方ニ御尋致シタイト思フノデアリマス、第一ニ御伺致シタイコトハ、一體此關稅案ハ收稅ヲ目的トシテ――收入ヲ六百數十万圓得ルコトヲ目的トシテ、御提案ニナリマシタモノデアリマスルカ、將又森林ノ保護、所謂林業ノ振興ヲ目的トシテ、此關稅改正案ヲ御企ニナッタノデアリマセウカ、只今當局ノ御說明ニ依リマスト、一億万圓ノ木材ノ輸入超過ヲ防止スル爲ニ、森林ノ振興ト共ニ――外材ノ値上ニ依テ森林ガ振興シ、輸入材ガ防止セラレテ、所謂爲替ノ調節ニモ資スルノデアルト云フ結果ニナリ、御說明ヲ伺フト森林保護ガ目的ニナル、サウスルト隨テ一億万圓ノ輸入ガ段々減ズルヤウニナリマス、輸入ガ減ズルヤウニナリマスルト、前ニ御話ノ之ニ依テ六百數十万圓ノ財源ヲ得ルト云フコト、ハ、此ニ少シク矛盾ガ生ジヤシナイカ、六百五十万圓ノ財源トシテ提案ヲシ、一方ニハ其財源ヲ減ラスヤウナ政策ヲ執ッテ居ルト云フト、六百五十万圓ト云フモノハ、少シク矛盾ガ感ゼラレルヤウニ私ハ思フノデアリマス、ソレカラ此財源トシテ收稅ヲシタル所ノモノハ、何ニ之ヲ使用スルカト云フコトハ、恐ラク國家ノ收入ガ一ノ目的ニ向ッテ收入ヲスル次第デハアリマスマイ、何レ收入ハ收入、支出ハ支出ト、別ニ豫算ヲ立テルモノデアリマスケレドモ、兎ニモ角ニモ兩稅委讓ノ結果、財源ニ補塡ヲシナケレバナラナイ必要ガ生ジ、其補塡ノ結果、何物カニ財源ヲ求メルト云フモノ、一ツデアルト云フコトハ、是ハ免レナイモノデアラウト思フノデアリマス（拍手）サウスルト兩稅委讓ノ財源ニ充テタモノデアリ――充テタモノデナイトシテモ、此六百五十万圓ノ收入ヲ目的トシテアルモノデアルトスルト、先ニ申シタ所ト少シク收入ガ減ズレバ、矛盾ヲ來スト私ハ考ヘルノデアリマス、（拍手）ソレカラモウ一步進ンデ、兩稅委讓案ハ今貴族院ニ於テ審議中デアリマスルガ、其結果ハ吾々マダ豫測スベカラザル次第デアリマス、若シ兩稅委讓案ガ否決トナリマシタトキニ、又本案ハ不必要ナルヤウナ感ジガ、此ニ私ハ致スノデアリマス、此點ニ對シテハドウ云フ御考デアリマスカ、ソレカラモウ一ツハ、何ガ故ニ此木材關稅ヲ其費目ニ御選ビニナリマシタカ、關稅改正ハ前年濱口大藏大臣ノ時代ニ、大改正ヲセラレタノデアリマスガ、當時ハ生活必需品ニ關稅ヲ低クシテ、或ハ無稅ニシテ、或ハ原料ヲ無稅トシテ、奢侈品若クハ贅澤品ノ如キ、其他嗜好品ノ如キ、或ハ國內ニ於テ商工業ヲ保護シナケレバナラヌモノニハ課稅ヲ重クシテ、原料ハ成ベク稅ヲ低クスルト云フ方針ヲ執ッタノデアリマス、處ガ最モ生活必需品トシテ、今日木材ハ必要ナモノ、一ツデアリマス、サウスルト若シ財源ヲ得ルト云フノガ目的デアルトスレバ、他ニ求ムベキ、收稅スベキモノガナカッタカ、假ニ關稅ノミト致シマシテモ、私ヲ以テ言ハシムレバ、贅澤品其他我國工業ノ助長ヲサスベキ、所謂保護貿易ノ趣旨ニ於テ、助長奬勵スベキ趣旨ニ於テ關稅ヲ課スベキモノハ、外ニモアッタノデハナイカ、然ルニ木材ニ稅種ノ費目ヲ御選ビニナリマシタ理由ハ、如何ナル理由デアリマセウカ、所謂產業保護ノ目的ニ他ニ必要ナモノガナイカラ、木材ガ最モ必要ナリト認メテ、之ニ課稅ヲシタト云フ所ノ趣旨デアルカ、之ヲ御伺致シタイ、ソレカラ今度ハ工業ノ率ニ付キ御尋ヲ致シタイノデスガ、

商工省ノ方ハ御出ガナイヤウデアリマスカラ、後ニ致シマシテ、一ツ農林ノ方ヲ先ニ御伺致シマセウ、農林省ノ只今御話ヲ伺ヒマスト、此關税引上ノ結果、森林業ヲ保護シ、森林ノ開發、林業ノ振興ヲ圖リ、延テハ水源ノ涵養ニマデモ影響ヲ及ボスト云フコトニ伺ヒマシタ、是ハ非常ニ結構ナコトデアル、一體我國ノ森林業ガ甚ダ不振ノ狀態デアルト云フコトハ、國家トシテ私ハ甚ダ憂慮ニ堪ヘナイ、ドウシテモ此林業ヲ保護シナケレバナラヌト云フコトハ、申ス迄モナイノデアリマス、其點ニ付テハ私共非常ニ御同感ヲ感ズル次第デアリマス、但シ先刻ノ御話ニ、此木材ノ關税ノ引上ノ結果、木材ノ市價ニ影響ハ甚ダ少イ、是ガ爲ニ家屋ノ建築ニ影響ニ及ボスヤウナコトモナク、何等其影響ヲ受ケル所寡少ナリト云フヤウナ御話ガアリマシタ、若シ假ニサウデアッテ見ルト、又森林業者ニ利益スル所モ少イモノニナリハシナイカト思フ、玆ニ私ハ一ツノ矛盾ガ起リハシナイカ、木材ノ需要ハ、所謂生活必需品ニ影響ガ甚ダ少イモノデアッテ、ソレニモ拘ラズ內地ノ森林業者ガ、之ニ依テ利益スル所ガ甚ダ多イト云フコトハ、私ハ少シク了解ニ苦ムノデアリマス、ソレカラモウ一ツ木材ハ或ル樹齡ガ來レバ腐ッテシマフ、ソコデ針葉樹ヲ保護スル、斯ウ云フ御話ガアリマシタ、是モ私ハ甚ダ了解ニ苦ム、今日亞米利加カラ來ル「シーザー」ノ如キモノハ、樹齡ガ來テ既ニ腐朽ニ近付イテ居ルヤウナモノモ澤山アル、日本ノ針葉樹ハ樹齡ガ來テ伐ラナケレバナラヌト云フヤウナ程、豐富ナル大森林ヲ持ッテ居ナイ、針葉樹ニ於テハ、東海道トカ濱街道ノ松並木ニハ、漸ク樹齡ガ來テ伐ルヤウナモノモアルカモ知レナイガ、是ハ私ハ强ヒテ伺フ必要ハアリマセヌガ、私ハ一寸矛盾シテ居ルヤウニ思フ、但シ林業ノ開發ヲスルト云フコトノ爲ニ、之ヲ御設ケニナルトスルナラバ、保護貿易ニ對立ヲスルモノガナケレバナラヌ、例ヘバ一時ノ間ハ保護貿易ノ結果、需要者ガ多少不利益ヲ感ズルケレドモ、將來ニ於テハ利益ヲ得テ、其利益ノ結果トシテ國富モ增進シ、需要モ大ニ緩和シ、需要供給ノ圓滑ヲ圖ル上ニ於テ、一時ノ間ノ不便ハ忍ブモ、將來ノ利益ノ爲ニ、保護貿易ヲ行ハナケレバナラヌト云フコトニナリマスレバ、私ハ大ニ之ヲ贊成ヲ致サウト思フノデアリマス、其意味カラ申シマスト、對立スルモノガナケレバナラヌ、只今亞米利加カラ來ル所ノ亞米利加松ノ如キモノハ、三十尺、四十尺ト云フ長尺ノモノデアッテ、或ハ加奈陀方面カラ來ル「シーザー」ノ如キ、末口四尺トカ、三尺トカ云フ木材ハ、內地ニ求メルト謂モ、ソレニ對立スベキモノガ少イト思フ、我國ノ木材トシテ對立スベキモノハドウデアルカト云フト、外材デ製品トナッテ來ル四吋、四吋半、若クハ一吋板ト云フヤウナ小サイモノナラバ、我國ニ於テモ對立スベキ木材ガ澤山アル、是ハ決シテ供給ガ不足ト云フ譯デハナイ、現在ノ針葉樹ハ、日本ノ在積ハ約七億六千石ト稱シテ居ル、デアリマスカラ、七億六千石モアレバ、其方ノ需要供給ニハ我國ノ材ヲ以テシテモ間ニ合フ、但シ外材ガ非常ニ低廉ナ爲ニ、森林業ガ振ハナイ、故ニ若シ內地ノ森林業者ヲ保護シ、農村ノ振興ヲ圖リ、林業ノ開發ヲシヤウト云フニハ、我國ガソレニ對立シテ持ッテ居ルモノヲ保護スル必要ガアリハシナイカト思フノデアリマス、此見地カラ申シマスト、今我國ニ在ル所ノ木材ニ對立シテ邪魔ニナルモノハ何デアルカト云フト、亞米利加カラ來ル木材ノ中ノ、所謂製品ニナッテ居ルモノデアル、此製品ニナッテ來ルモノガ、日本ノ木材界ニ影響ヲ直ニ及ボス、亞米利加松ノ如キ長尺材ニ於テ、是ハ建築材トシテ又今日必要ナモノデアル、是等ノモノニ課税ヲシタカラト云ッテ、我國ノ森林保護ニハ私ハナラナイト思フノデアル、此點ニ付テドウ云フ御考ガアルカ、之ヲ一ツ伺ヒタイ、ソレカラモウ一ツハ、森林ヲ保護スルト云フ上カラ行キマシテ、單ニ關税ノミヲ以テ之ヲ保護スルコトハ出來ナイ、其他ニ種々ナル方法ガアルト云フ御話デアリマシタガ、私共ハ最モ今森林業者ヲ保護シナケレバナラヌ、森林ノ獎勵ト云フモノ、中デ、最モ力ヲ注ガナケレバナラヌモノハ、寧ロ私ハ闊葉樹ニ在ルト思フ、闊葉樹ハ現ニ我國ノ內地ダケデモ、十四億六千万石ノ多數ヲ有ッテ居ル、其闊葉樹ノ需要ト云フモノガ、將來段々發達シテ行クノデアル、將來大ニ發達シテ行クノデアルガ、ソレニ向ッテ最モ障碍ヲ爲シテ居ルモノハ、南洋材デアル「チーク」「マホガニー」等デアル、要スルニ是等ノモノハドウカト云フト、堅木ト云フ種類ニ屬シテ居ル雜木デアル、此材積ガ我國ニハ最モ澤山アルノデ、之ヲ保護獎勵シテ、此利用ヲ廣メルコトガ、最モ此林業開發ノ上ニ必要デアル、東次官ハ北海道ノ方デスカラ、私ガ申上ゲヌデモ御承知デゴザイマセウガ、北海道ニ於ケル闊葉樹ハ、楢デアルトカ、欅デアルトカ、「タモ」デアル、其北海道ノ闊葉樹ガ今日市價ノ價格ガ低落シテ、ソレガ爲ニ北海道ニ於ケル森林業者ガ最モ苦ンデ居ル、ソレハ何デアルカト云フト、南洋材ト云フ强敵ガ現ハレタ爲ニ、脅威ヲ受ケテ居ルノデアル、然ルニ農林大臣ハ何故北海道及內地ニ於ケル闊葉樹ニ、至大ノ關係ヲ有ッテ居ル所ノ南洋材、其他闊葉樹ノ强敵ニ課税ヲ爲サラナイデ、無税ニ御置キニナッタカト云フコトヲ疑フ、私ヲシテ言ハシメレバ、東次官ハ北海道ヘ御歸リニナッテ、大キニ御困リニナリハシナイカト思フ(拍手)殊ニ北海道ノ闊葉樹ハ、將來內地ニ向ッテ移出ヲスルコトガ、頗ル困難ニナッテ居ルト云フコトハ、南洋材ノ結果デアリマス、併シナガラ今南洋材ハ頗ル數量ガ少ナイト云フ政府ハ御考デアルカモ知レナイケレドモ、將來多數輸入シテ來ルコトハ明デアル、是ハ丁度日本ノ內地ニ於ケル所ノ杉ガ、米杉ニ負ケテ居ルノト同ジ態度ヲ執ッテ居ル、同ジ徑路ヲ步ンデ居ル、本年ハ二百万石以上輸入ヲスルデアラウト思フ、明年ニナレバ更ニ一層增大スルダラウト思フ、此闊葉樹ニ對シテドウ云フ御方針ヲ持チ、ドウ云フ御考デアリマスルカ(「簡單」ト呼ビ其他發言スル者アリ)政友會ノ諸公カラ簡單ト云フ御話ガアリマシタガ、農村ノ振興ニハ最モ力ヲ注イデ居ル方デアラウト思フ、然ルニ農村ニ於テ最モ今必要ヲ感ジテ居ルモノハ、此雜木林ノ闊葉樹林ノ用途ガナクテ困ッテ居ルコトデアル、故ニ之ヲ開發スルト云フコトガ、農村振興ノ上ニ私ハ必要ナリト感ジテ居ル、(拍手)之ヲ其儘今度ノ改正案ノ中ニ御入レニナラヌノハ、更ニ時期ヲ見テ追加ヲスル御考デアルカ、或ハドウ云フ御考デアルカ、此闊葉樹林ニ付テ政府ノ御所見ヲ私ハ一ツ伺ッテ見タイ、ソレカラモウ一ツハ、林業政策ニ付テ、ドナタカ補助金云々ノ御話ガ出マシタガ、補助金モ色々必要デアリマセウ、其他ノ政策モ澤山必要デアリマセウガ、私ハ最モ林業ニ於テ必要ナルモノハ、生產費ノ低下デアル、其生產費ノ中デ最モ重キヲ爲シテ居ル モノハ 鐵道デアル、鐵道ノ運賃ノ引下ト云フコトガ、林產物ノ中ノ木材ニ對シテ最モ必要デアル、此鐵道ノ運賃ヲ引下ゲナケレバ、多少ノ關税ノ引上ヲシテモ、ソレニ依テ以テ農村ガ――日本ノ內地ノ森林業ガ作興スルトハ認メラレナイ、此保護關税モ勿論一ツノ方法デハアリマセウガ、ソレト對立シテ行ク所ノ手段ガナケレバナラヌ、之ヲ有ッテ居ナイト云フコトハ、今農林次官モ仰セラレタガ、全ク其通リデ、私モ實ニ御同感デアル、流石賢明ナルモノト思フ、其一ツデ行カナイトスレバ、其對立スベキ手段方法ニ付テハドウナサル、今日林業ノ金融ト云フモノガ非常ニ逼迫シテ居ル、之ニ對シテ林業金融ヲ政府ガ目的トシテ居ルノハ、植林若クハ造林ト云フコトニハ政府ハ力ヲ注イデ居ラレマセウガ、先以テ十四億六千万石ノ闊葉樹林ガ改造サレナケレバ、森林事業ノ發達ハシナイ、其處ニ引合ハナイ木ガ植ハッテ居ル、之ヲ燒拂フ譯ニモドウスル譯ニモ行カナイ、是ガ金ニナッテ出テ來テ、其跡ニ植林ヲ行ッテ、ソレガ水源ノ涵養ニナル、闊葉樹ヲ拾テ、國イチ、町ニ近イ麓ノ方ニ針葉樹林バカリ植エテモ何ニモナラナイ、其闊葉樹林ヲ改造スル上ニ於テハ、保護ノコトハ言ハナイデモヤッテ居リマセウガ、是ハ林業ノ實際ニ當ルベキ者ニ對シテハ、特ニ低利資金ノ如キモノヲ融通スルコトモ一ツノ案ダラウト思フ、或ハ今申ス通リ鐵道ガ特ニ林業ノ爲ニ割引ヲスルト云フコトニナツテ、初メテ此關稅問題ト相俟ツテ森林事業ガ振興スルノデアル、然ルニ此鐵道ハドウデアルカト云フト、益〻鐵道ガ收入ノ不足ヲ感ジヤシナイカト云フ觀ガアル、ソレハドウカト云フト、聞ク所ニ依レバ更ニ本年モ現政府ハ新線ノ追加ヲシテ、鐵道ノ延長ヲ圖ツテ居ル、延長ヲ圖ルコトハ結構デアリマスケレドモ、是ガ爲ニ鐵道ノ收入ヲ減ズレバ、運賃ノ引下ト云フコトハ追ヒ不可能ニナリハシナイカト思フ、此場合ニ政府ハ林業ヲ保護スルト云フナラバ、一層ノコトニ鐵道運賃ヲ森林事業ニ限ツテ、特ニ引下ヲナサル御考ガアルカドウカ、ソレカラモウ一ツハ工業關係ヲ率ヒ御出デニナツタカラ商工省ノ方ニ御伺シタイ、一體我國ハ原料ニ乏シイノデアリマスカラ、ドウシテモ原料ハ海外カラ輸入シナケレバナラヌ、木材ノ如キモノモ原料トシテハ、內地ニ於テ相當供給ノ途ガ開ケルト致シマシテモ、更ニ必要ヲ感ジテ居ル譯ダラウト思フ、處ガ今日ハ此原料デナタシテ加工品ガ盛ニ輸入セラレテ居ル、最モ甚シイモノニナルト、楊子カラ燐寸ノ軸マデ海外カラ輸入シテ居ル、嘘ト思フナラアノ食堂ニ御出デニナツテ御覽ナサイ、彼處ニハ海外カラ來タ軸木ガアリマス、サウ云フ風ナ工合デアリマスカラ、原料ヲ入レテ工業ヲ發達セシムルト云フコトガ必要デアル、工業ヲ保護シナケレバナラヌ、處ガ今日ノ此關稅改正案ヲ見マスルト、原料品ニ課稅ヲシテ居ルト共ニ、更ニ製品ニモ課稅ヲ致シテ居リマスガ、其製品ニ對スル課稅ノ率ガ少クテ、原料品ニ對シテハ比較的厚ク課稅シタト云フコトハ、將來工業上ニ非常ナル影響ヲ及ボスモノデアル、假ニ現在ノ有樣カラ申シマシテモ、內地デ外國ノ原料材ヲ以テ製造シテ居ル事業ニ從事シテ居ル人ハドノ位アルカト云フト、大阪、名古屋若クハ神戶、橫濱、東京等ニ於テハ、殆ド一万人以上ノ職工ガ之ニ從事シテ居ル、然ルニ原料材ニ對スル課稅ガ餘計ニナリ、製品ノ方ハ課稅ガ低イト云フコトニナルト、益〻製品ヲ以テ輸入ヲスルト云フヤウナ傾向ヲ生ズル、サウスレバ折角ノ此政府ノ森林保護ノ目的ノ上ニモ、障害ヲ起シ、更ニ又失業者ヲ生ズルト云フコトニナルガ、是甚ダ憂フベキ現象デハナイカ、兎ニ角先ニ社會政策ト云フ御話ガ出マシタガ、凡ソ政治ノ上ニ於テ、社會政策ヲ加味セザルモノハアリマセヌ、然ルニ多クノ失業勞働者ヲ生ズルト云フコトハ憂フベキコトデアル、日本ハ原料ニ乏シイ國デアルカラ、原料ヲ安ク供給シテ、サウシテ之ニ加工シテ、其加工スルト云フコトガ要スルニ勞働者ニ生活ノ資料ヲ與ヘルノ基ニナルノデアリマス、ソレニ原料ヲ與ヘナケレバ、ソレニ從事シテ居ル所ノ無產階級ハ生活ノ資料ヲ失ツテ、失業致ス結果ニナリハシナイカト思フ、此點ニ付テ政府當局ノ御考ハドウデアルカ、但シ未ダ此案ハ今日此處ニ提出セラレタバカリデ、私モマダ內容ヲ能ク見マセヌガ、多少之ニ付テ其點ヲ御考慮ニナツテ、所謂改善ヲナサル御考ガアリマスカドウカ、此點ヲ御伺致シタイト思ヒマス

〔政府委員東武君登壇〕

○政府委員(東武君)　時間モ段々切迫致シマスノデ、極ク簡單ニ御答ヲ致シマス◦太田サンノ闊葉樹ノ保護ヲスルコトガ必要デハナイカト云フ御話デアリマスガ、是ハ勿論サウデアル、內地ノ森林ハ國有林ハ大抵針葉タル美林デアリマスガ、民有林ノ三百万町步ト云フモノハ、殆ド闊葉樹帶ノ無立木地デアル、サウ云フヤウナ所デアリマスカラシテ、是等ニ向ツテハ先程申上ゲタ助成方法ニ依テ植栽ヲシ、各種ノ天然更新ヲシ、其他種々ノ方法ヲ執ツテ居ルノデアリマス、矢張此針葉樹ト同時ニ闊葉樹ノ保護ヲ致スト云フコトハ當然デアリマス、南洋材ニ付テハ是ハ最近輸入ガ現レテ參ツタノデアリマスルガ、是モ多少內地ノ森林ニ影響ヲスルノデアリマスガ、併シ此稅率ニ付テハ今漸ク調査ヲ致シテ居ル、ドノヤウナ狀況デアルカト云フコトニ付キ、又ドノ位ノ關稅ヲ課シテ適當デアルカト云フヤウナコトハ、今調査致シテ居ルノデアリマス、此次ニ或ハ提案ヲスルコトニナルカモ知レマセヌ、ソレカラ原料品ヲ成ベク安クシテ製品ノ課稅ヲ高クスル、サウ致サナケレバ內地ノ製材業者ト云フモノガ、非常ナ窮地ニ陷ルト云フコトデアリマスルガ、是モ立案ノ當時ニハ非常ニ考慮ヲ拂ツテ居ル、今ノ改正稅率ト現行稅率ニ依リマスルモノトヲ比較致シマスルト、其差額ガ、現行稅率デ板類ハ毎立方ガ三圓十錢デ、一石當リガ八十六錢一厘デアルガ、丸太材ハ無稅デアル、其差額ガ三圓十錢、一石當リ八十六錢一厘、之ヲ此改正稅ト現行稅トヲ比ベマスルト、改正稅率ハ毎立方尺六圓二十五錢デ、一石當リガ一圓七十三錢、丸太ノ方ガ毎立方三圓三十錢、一石當リガ九十一錢七厘、此兩者ノ差額ヲ見マスルト云フト、毎立方尺ニ付二圓九十五錢デ、一石當リ八十二錢ノ差ガアル、ソコデ現行稅ト改正稅率ヲ比較スルト云フト、其開キハ毎立方尺ガ十五錢、石當リデ一石四錢、製板ニシテ來タモノト丸太ニ對スル開キノ差ハ、日本ノ石ニ直スト、一石ニ付キ四錢弱デ、何等憂フル程ノコトハ無イ、是ハ十分吾々ガ立案當時ニ考慮ヲ致シタノデアル、ソレカラシテ社會政策ト稱シテ、是等ガ職ヲ失フヤウナコトガアツテハナラヌト云フ御說ガアリマシタガ、是等ハ十分攻究考慮ノ中ニ入レマシテ、內地ノ製板業者モ山林業者モ、是ナラバト云フ適當ノ稅率ヲ考ヘテ賦課致スコトニ致シタノデアリマス、又モウ一ツノ御尋ハ、大キナモノニ此稅ヲ課スルノハイカヌデハナイカト云フヤウナ御尋モアリマシタ、所謂原料材デアリマスガ、非常ナ長尺ノモノニ向ツテハ、無稅ニナツテ居リマス

〔政府委員大口喜六君登壇〕

○政府委員(大口喜六君)　大藏省ノ管轄ニ屬シマスル部分ニ付キマシテ御答辯申上ゲタイト思ヒマス、此關稅ノ改正ハ收入ヲ目的ト致シタモノデハナイ、即チ先ヅ收入ヲ考ヘマシテ、然ル後ニ此關稅ノ改正ヲ計畫致シタモノデナイト云フコトヲ申上ゲテ置キタイト思ヒマス、隨テ御說ノ如ク毎年毎年幾ラカヅヽ關稅ガ減ツテ參ルト云フコトハ、是ハ認メネバナラヌト思ヒマス、ソレ故ニ此計算ノ中ニハ、毎年々々木材ノ輸入ガ減ルト云フコトヲ見積リマシテ、積算致シテアルト云フコトヲ申上ゲテ置キタイト思ヒマス、ソレカラ何故ニ此木材ヲ選ンダカト云フコトデアリマスガ、是ハ先刻來申上ゲテアリマス通リ、第五十一議會ニ於キマシテ、衆議院ニ於テ希望ガアリマシタノデ、其希望ニ依リマシテ、段々調査ヲ進メタノデアリマス、當時ノ希望ハ太田君モ御承知ノ通リ、此木材ノ關稅ハ上ゲナクテハナラナイト云フ議論ガ大分アリマシテ、一面ニ反對論モアツタヤウデアリマスガ、之ヲ決スルコトヲ關稅委員會ニ委ネラレタヤウナ形ニナツテ居リマスノデ、何トカ之ヲ決定セネバナラヌト云フノデ、次第ニ研究ヲ致シマシテ、一面ニ於キマシテ、先刻來大藏、農林兩大臣カラ申シマシタ通リナ理由ニ依テ此改正ヲ計畫致シタモノデアリマスガ、併シ一面ニ於キマシテハ、國民ノ生活上ニ對シテモ、相當ニ考慮ヲ致サネバナラヌト云フノデ、範圍並ニ此稅率ト云フモノニ重キヲ置キマシテ、調査研究ノ結果確定ヲ致シマシテ、是ガ最モ當時ニ於テ適當ノモノナリト信ジタ次第デアリマスカラ、右樣御承知ヲ願ヒタイト思ヒマス

○副議長(淸瀨一郎君)　以上ヲ以テ質疑應答ハ終リマシタ、日程第三、右各案ノ審議ヲ付託スベキ委員ノ選擧ヲ議題ニ供シマス

第三　右各案ノ審査ヲ付託スヘキ委員ノ選擧

○原惣兵衛君　本案ヲ一括シテ議長指名九名ノ委員ニ付託セラレンコトヲ望ミマス

○副議長(淸瀨一郎君)　御異議アリマセヌカ

〔「異議ナシ」ト呼フ者アリ〕

○副議長(淸瀨一郎君)　御異議ナシト認メマス、仍テ動議ノ如ク決シマシタ、日程第四、經濟安定融資補償法案ノ第一讀會ノ續

ヲ開キマス、委員長ノ報告ヲ求メマス――

委員長生田和平君

第六　朝鮮簡易生命保險特別會計法案（政府提出）　第一讀會ノ續（委員長報告）

報告書

一朝鮮簡易生命保險特別會計法案（政府提出）

右ハ本院ニ於テ可決スヘキモノト議決致候此段及報告候也

昭和四年二月二十六日

委員長　佐々木長治

衆議院議長元田肇殿

---

第七　朝鮮簡易生命保險ノ事務ニ關スル郵便物ニ關スル法律案（政府提出）　第一讀會ノ續（委員長報告）

報告書

一朝鮮簡易生命保險ノ事務ニ關スル郵便物ニ關スル法律案（政府提出）

右ハ本院ニ於テ可決スヘキモノト議決致候此段及報告候也

昭和四年二月二十六日

委員長　佐々木長治

衆議院議長元田肇殿

〔佐々木長治君登壇〕

○佐々木長治君　朝鮮簡易生命保險特別會計法案ノ委員會ノ經過並ニ結果ヲ御報告致シマス、本案ハ別途制令ヲ以テ規定致シマス朝鮮簡易生命保險ヲ實施セントスルニ當リマシテ、內地ノ例ニ傚ッテ、本特別會計法ヲ設置セントスルノデアリマシテ、政府委員ノ說明ニ依リマスルト、朝鮮簡易生命保險ハ朝鮮總督府管理ノ下ニ、朝鮮總督府遞信局ニ於テ、監督、企畫、契約及原簿ノ事務ヲ掌リ、約六百八十ノ郵便局ニ於テ是ガ現業事務ノ取扱ヲ爲サシメマシテ、保險ノ種類、加入年齡、保險金額、保險料ノ計算ノ基礎、其他ノ制度ハ內地ニ於ケルモノト殆ド同樣デアリマシテ、保險ニ關スル爭議ノ審査ニ付キマシテモ、朝鮮簡易生命保險審査會規定ヲ設ケマシテ、先ツ此審査會ノ審査ヲ經ベキコト、致シテ居ルノデアリマス、唯內地ノ制度ト特ニ異ッテ居リマスルノハ、其豫定利率ガ、內地ノ三分五厘ナルニ反シマシテ、朝鮮ノ市場金利ニ鑑ミマシテ、之ヲ四分五厘ト致シタコトデアリマス、積立金ハ本特別會計ニ於キマシテ、有利確實ニ運用スルコトヲ方針ト致シマシテ、朝鮮ニ於ケル公共ノ利益ヲ助長スベキ事業ニ投資セント致スノデアリマス、而シテ朝鮮簡易生命保險ハ昭和四年十月一日ヨリ之ヲ實施致サントスルモノデアリマスガ故ニ、初年度ニ於キマシテ、九万八千七百八圓、二年度ニ於テ一万六千二百二十三圓ノ歳入不足ヲ來ス計算トナリマシテ、兩年度トモ此不足ハ朝鮮總督府特別會計ヨリ繰入レル必要ガアリマスガ、三年目ヨリハ歳入超過ヲ來シ、同年度ヨリ每年度相當ノ剩餘金ヲ生ズベキ見込デアルトノコトデアリマス、委員會ハ二回ニ亙リマシテ、特ニ內鮮融和、鮮人勞働者ノ生活安定ニ關シマシテ、熱心ナル質疑應答ガアリマシタガ、本案ニ直接關係致シマス事項ニ付テハ、政府委員ノ懇篤ナル說明ニ依リマシテ、委員諸君ヨリハ特ニ御報告申上グル程ノ質問ヲ見ズシテ採決ニ入リマシタ、討論ヲ用ヒズシテ滿場一致原案ノ通リ可決致シマシタ、次ニ朝鮮簡易生命保險ノ事務ニ關スル郵便物ニ關スル法律案ノ委員會ノ結果ヲ御報告ヲ致シマス、本案ハ朝鮮簡易生命保險ヲ實施スルニ當リマシテ、是ガ事務ニ關スル郵便物ニ付キマシテハ、內地同樣無料ト爲サントスルモノデアリマス、委員會ハ朝鮮簡易生命保險特別會計法ト一括シマシテ審議致シマシタ結果、討論ヲ用ヒズシテ滿場一致原案ノ通リ可決致シマシタ、詳細ナル點ハ委員會ノ速記錄デ御承知ヲ願ヒタイト考ヘマス、以上簡單ニ御報告申上ゲマス（拍手）

○副議長（清瀨一郎君）　質疑又ハ討論ノ通告ガゴザイマセヌ、仍テ採決ニ入リマス、而シテ議題トナリマシタ兩案ヲ一括シテ採決致シタイト思ヒマス

〔「異議ナシ」ノ聲起ル〕

○副議長（清瀨一郎君）　兩案ノ二讀會ヲ開クニ御異議アリマセヌカ

〔「異議ナシ」ノ聲起ル〕

○副議長（清瀨一郎君）　御異議ナシト認メマス、兩案ノ第二讀會ヲ開クニ決シマシタ

○原惣兵衞君　直ニ兩案ノ第二讀會ヲ開キ、第三讀會ヲ省略シテ、委員長報告ノ通リ可決セラレンコトヲ望ミマス

〔「贊成」「贊成」ノ聲起ル〕

○副議長（清瀨一郎君）　御異議ナシト認メマス、仍テ直ニ兩案ノ第二讀會ヲ開キ、議案全部ヲ議題ト致シマス

---

朝鮮簡易生命保險特別會計法案　第二讀會（確定議）

朝鮮簡易生命保險ノ事務ニ關スル郵便物ニ關スル法律案　第二讀會（確定議）

○副議長（清瀨一郎君）　別ニ御發議モアリマセヌ、仍テ第三讀會ヲ省略シテ兩案トモ委員長ノ報告通リ可決確定致シマシタ（拍手）日程第八、國寶保存法案第一讀會ノ續ヲ開キマス、委員長ノ報告ヲ求メマス、委員長山下谷次君

第十四　自作農創設維持助成資金特別會計法案（政府提出）　第一讀會

自作農創設維持助成資金特別會計法案

自作農創設維持助成資金特別會計法

第一條　自作農創設維持助成金ノ會計ハ之ヲ特別トシ一般ノ歳入歳出ト區分スベシ

第二條　自作農創設維持助成ノ資金ニ充ツル爲政府ハ本會計ノ負擔ニ於テ借入ヲ爲スコトヲ得

前項ノ規定ニ依リ借入ヲ爲スコトヲ得ル金額ハ毎年度三千萬圓ヲ限度トス

第三條　政府ハ前條ノ規定ニ依ル借入金ノ額ガ前條ニ規定スル制限額ニ滿チザル場合ニ於テハ借入金ト通ジテ其ノ制限額ニ達スル迄自作農創設維持助成ニ要スル交付金トシテ交付スル爲本會計ノ負擔ニ於テ農地債券ヲ發行スルコトヲ得

第四條　本會計ニ於テハ借入金、自作農創設維持助成交付金ノ償還金及其ノ利子其ノ他附屬雜收入ヲ以テ其ノ歳入トシ自作農創設維持助成交付金、借入金及農地債券ノ償還金及其ノ利子其ノ他附屬諸費ヲ以テ其ノ歳出トス

第五條　本會計ニ於テ支拂上現金ニ餘裕アルトキハ之ヲ大藏省預金部ニ預入ルルコトヲ得

第六條　政府ハ毎年本會計ノ歳入歳出豫算ヲ調製シ歳入歳出ノ總豫算ト共ニ之ヲ帝國議會ニ提出スベシ

第七條　本會計ノ毎年度歳出豫算ニ於ケル支出殘額ハ翌年度ニ繰越使用スルコトヲ得

第八條　本會計ノ收入支出ニ關スル規程ハ勅令ヲ以テ之ヲ定ム

附　則

本法ハ昭和四年度ヨリ之ヲ施行ス

國債整理基金特別會計法第二條第三項中「臨時國庫證券」ノ下ニ「、農地債券」ヲ加フ

登錄税法第十九條第八號中「北海道府縣市町村」ヲ「國、北海道府縣市町村」ニ改ム

〔國務大臣山本悌二郎君登壇〕

○國務大臣（山本悌二郎君）　自作農創設維持助成資金特別會計法案提案ノ理由ヲ説明致シマス、自作農創設維持助成ハ農業生産ノ増進ヲ圖リ、國民食糧ノ充實ヲ期スル上ニ於テ重要ナルノミナラズ、農地問題殊ニ小作問題ノ解決、農家經濟ノ向上、農村安定ノ對策トシテ極メテ必要ナル施設デアリマシテ、國家政策上最モ重要且ツ緊要ナル事項ト信ジマス（拍手）從來簡易生命保險積立金ヲ此方面ニ融通シ、國家ノ補助施設ト相俟テ相當ノ效果ヲ收メテ參ッテ居リマスルケレドモ、此方法ハ元來同積立金運用ノ一體樣ニ過ギマセヌカラ、自作農創設維持者ノ選擇ニ關シテハ、資金還元ノ趣旨ニ依ル制限ノ爲ニ、適當ナル資格者ニモ資金ヲ融通シ能ハザル場合ガアルノデアリマス、又融通資金ノ限度ハ農村一般ノ要望ニ對シマシテ、到底之ヲ滿足シ能ハザルノ狀況ニ在ルノデアリマス、即チ簡易生命保險積立金ノ運用ノミニテハ、其貸付ノ方法及限度ニ於テ自作農創設維持ノ目的ヲ十分ニ達成シ能ハザルノ憾ガアルノデアリマスル、是ニ於テ政府ハ恆久的ノ制度ヲ確立致シマシテ、爾今毎年一定ノ資金ヲ以テ自作農創設維持ノ助成ニ流用セシメテ、以テ相當ノ程度ニ於テ資金ノ需要ヲ滿足セシムルト同時ニ、交付ノ按配ニ關スル從來ノ不便ヲ緩和セントスルノデアリマスル、而シテ是ガ資金ニ關シマシテハ毎年度三千万圓ヲ限度トシテ借入金ヲ爲シ、以テ自作農創設維持助成ニ要スル交付金ノ支出ニ充當シテ、若シ借入金ノ額ガ三千万圓ニ滿タザル場合ニ於テハ、之ニ滿ツルマデ農地債券ヲ發行シテ交付致シマシテ、其交付金ノ元利償還金ヲ以テ右借入金及農地債券ノ元利償還ニ使用セントスルモノデアリマス、而シテ是等ノ收支及之ニ附屬スル收入支出ハ、一團トシテ獨立ニ計算スルヲ適當ト考ヘマスノデ、本資金ニ關スル歳入歳出ハ之ヲ一般ノ會計ト區別致シマシテ、特別會計ヲ設置スルノ必要ヲ認メルノデアリマス、是レ本案ヲ提出致シマシタ理由デアリマス、願クバ速ニ御協贊ヲ與ヘラレンコトヲ請ヒマス（拍手）

〔小山松壽君登壇〕

○小山松壽君　只今農林大臣ヨリ御説明ニナリマシタ自作農創設維持ニ關シマスル本案ニ付キマシテ數點ノ質疑ヲ致シ、御説明ヲ煩シタイト存ジマス、只今農林大臣ノ趣旨御辯明ノ中ニアリマシタ通リ、本問題ハ農産物ノ増殖、食糧政策ノ解決、就中小作問題ニ要點ヲ置カナケレバナラナイ國家政策上ノ、重要案件デアルヤウニ御説明ガゴザイマシタ、此點ハ本案制定ノ趣旨ノ上ニ全然御同感デゴザイマス、サリナガラ政府ヨリ御提出ニナリマシタ自作農創設維持特別會計法案、之ヲ拜見致シマスト、僅ニ八箇條、附則ヲ添ヘマシテ極メテ簡單ナル組立デアリマス、之ヲ施設シテ參リマスル所ノ内容ニ至リマシテハ、審ニスルコトヲ得マセヌ、本案ハ農村社會問題解決ノ一ツトシテ、朝野ノ間ニ久シク研究ヲ重ネテ參ッタ問題デアリマシテ、現内閣成立直後ニ於テ、此問題ハ地租委讓ノ問題ト相竝ンデ政友會ノ重要ナル政策トシテ、世間ニ御聲明ニナッテ參リマシタ案件デゴザイマス、昭和二年六月二十八日地方長官會議ニ於テ、田中總理大臣ハ我國内外ノ情勢ニ鑑ミ、主力ヲ産業政策ニ傾注スルノ必要ヲ痛感シテ居ル、豫テ産業立國ノ必要ヲ提唱シ來ッタガ、社會問題ノ如キ、經濟問題ノ如キハ多ク我國ノ産業狀態ニ於テ未ダ十分ナラザルモノガアラウト思フカラ、是等ノ見地カラ、是等幾多ノ難關ヲ解決シタイト云フ御趣旨ヲ以テ、各府縣知事ニ御訓示ニナリマシタ、此精神ヲ承ケラレテ山本農林大臣ハ、自作農創設維持ニ付テ其徹底ヲ期スルト云フ御趣旨ニ依リマシテ、昭和二年八月十日ノ政府竝ニ與黨タル政友會ノ幹部懇談會ノ席上ニ於テ、全國耕地三百万町歩、其内二百四十万町歩ノ小作地、約三分ノ一ニ該當スベキ八十万町歩ヲ自作農トシ、六十万町歩ヲ加ヘテ約其半分ヲ自作ニスルト云フ目的ヲ以テ、其政策ノ遂行ニ努力スルト聲明セラレマシタ、此施設ハ曩ニ簡易生命保險積立金ノ融通ヲ以テシマシテ、五十一議會ニ於テ國費ヲ以テ補助シ、之ヲ助成スルノ政策ヲ執リマシテ、當時ノ憲政會内閣ハ此經費ヲ提出シテ議會ノ協贊ヲ求メマシタ、近時小作農ニ轉ズル所ノ中堅自作農ヲ維持スルト云フコトハ、最モ力ヲ用ヒナケレバナラヌ所デアルト同時ニ、農村社會問題ハ言フマデモナク經濟問題デアリマスカラ、此經濟ヲ基調トシテ自助ニ依リマシテ、小作農ヲ移シテ自作農ヲ創設スルト云フコトハ、是ハ出來ルダケ努メナケレバナラヌコトデアリマスケレドモ、此趣旨ヲ達シマス上ニ付キマシテハ、深ク現在ノ農村ノ狀態ヲ考察シテ參リマセヌト、非常ナ憂ヲ將來ニ貽シハシマイカト考ヘルノデゴザイマス、只今山本農相ノ御説明ニ依リマスレバ、從來施設シテ參リマシタ所ノ趣旨ト、此度新ニ行ハントスル所ノ御精神ト、其間ニ若シキ相違ガアルノデアリマス、私ガ茲ニ憂ヘマスノハ、若シ本案ノ實行ヲ見ルニ至リマシタ曉ニ於キマシテハ、年ヲ經テ我國ノ土地制度ニ一ツノ改革ヲ促シ、由々敷キ事件ヲ招來スルニ非ズヤト心配ヲ致ス者デゴザイマス、從來ノ施設ニ付キマシテハ、本日改メテ政府當局ヨリ御調査ヲ戴キマシタ、即チ只今申上ゲマシタ若槻内閣當時ニ於キマス自作農創設維持ニ關シマス所ノ施設ヘ、二十五箇年ヲ以テ一期トシ、國費ヲ以テ補

給シ、依テ其目的ヲ達シヤウト致シマシタモノデアリマシテ、試ニ其金額ヲ申上ゲマスレバ、融通貸付ヲ致シマス總額ハ四億六千八百五十万圓デアリマシテ、補助金總額ハ一億二百六十万圓ニ上リマス、斯ウシテ創設維持致シマス所ノ面積ハ十一万七千百二十五町步デアリマス、即チ第一年タル大正十五年、昭和元年ニ七百万圓、二年タル昭和二年度ハ千三百五十万圓、三年ハ千五百万圓、四年ハ千五百万圓、五年ハ千八百万圓、六年ハ二千万圓デアリマシテ、是ガ只今申上ゲマシタ第一期ノ一區劃トシテ其金額ニ達スルノデアリマス、而シテ之ニ對シ只今御説明ニナリマシタ新施設ハドウ云フ風ナモノニ當ルカト、書類ノ御提出ヲ願ヒマシテ拜見致シマスト、新施設ニ於テハ三十五年、其貸付總額十億五千万圓、面積町步ハ二十六万二千五百町步、斯様デアリマスガ、此新舊即チ此施設ノ兩方面ヲ合シテ見マスト、何レモ同一年限、二十五年ト致シマスレバ、總金額ニ於テ十二億一千八百五十万圓、總面積ニ於テ三十万四千六百二十五町步、補助金ハ此新施設ニハゴザイマセヌカラ、前ニ申上ゲタ通リデアリマス、私ハ只今大臣ノ御説明ニナリマシタヤウニ、本案ガ農業經營ノ安固ヲ圖リ、農村ノ堅實ナル發達ヲ期シ、小作爭議ヲ緩和シ、農村社會問題ノ解決ノ一助タラシメントスル、此社會立法ト致シマシテハ、既ニ一昨年來種々御調査ニナッテ居ルコトデアリ、且又昭和二年十二月特ニ御招來ニナリマシタ小作調査會ノ開會ニ於テ、諮問事項ヲ附議セラレ、其調査會ハ附帶希望決議ヲ二箇條致シテ居リマス、即チ第一ハ「自作農地ニ付テハ年賦支拂ヲ終ル迄ハ、小作ノ場合ニ比シテ租稅其他ノ公課ノ負擔ヲ重カラシメザルヤウ適當ノ保護ヲ加ヘラレンコトヲ望ム」ト云フ附帶決議デアリマス、斯様ニ附帶決議ヲシテ、本施設ノ速ニ其計畫ヲ樹立セラレルヤウニ答申ノアリマシタニ拘ラズ、今日マデ此實現ヲ見ズシテ、會期既ニ三分ノ二ヲ經過致シマシテ、最早餘ス所幾何モナイト云フ此際ニ當ッテ、斯様ナ重要ナル法案ヲ御提出ニナリマシタ其御精神ヲ私ハ承リタイト思フノデゴザイマス(拍手)是ガ第一點デアリマス、若シ地租委讓ノ問題ト共ニ現内閣ノ二大政策、産業立國ノ上カラシテ眞ニ此問題ヲ熱誠ヲ以テ御解決ニナルト云フコトデアリマスナラバ、議會開會ノ劈頭ニ於テ、地租及營業收益稅ノ御提出ト共ニ、本案ヲ議會ニ御提出ニナッテ、御協贊ヲ求メルコトガ當然デアルト考ヘルモノデアリマス(拍手)殊ニ此問題ハ……

〔此時發言スル者アリ〕

○議長(元田肇君) 靜肅ニ願ヒマス

○小山松壽君(續) 昭和三年度豫算編成ノ場合ニ當ッテ、農林大臣ハ其自説ノ貫徹ニ頗ル努メラレタヤウデアリマス、併ナガラ愈々昭和三年度ノ豫算閣議ニ於テハ、本問題ハ又他日ニ讓ルト云フ風ナ取扱ヲ受ケラレタヤウデアリマス、私ハ只今申上ゲマシタコトニ付テ、何故斯様ニ申上ゲルカト申シマスレバ、昨年春ノ總選擧ニ當ッテ、産業立國ヲ基調トスル政策ノ中ニ、新聞ニ一頁大ノ廣告ヲ擧、セラレ、田中首相ハ其蓄音機ノ演説ト云フ其御演説ノ趣旨ノ中ニ、特ニ自作農ニ付テハ愼重ナル考慮ヲ拂ヒ、根本的ノ解決方法ヲ講ジテ居ルト聲明セラレテ居ッタノデアリマス、又昭和四年度ノ豫算ノ編成ニ當ッテ、矢張此問題ハ相當ニ論議セラレ、此度ハ如何ナル事ガアッテモ船讓ラヌト云フ風ニ農林大臣ハ御主張ニナリマシタ、而シテ私ハ特ニ大臣ノ御説明ヲ請ヒタイト思ヒマスルノハ、昭和三年一月自作農地法案、此農地法案ナルモノヲ殆ド公ニセラレタノデアリマス、勿論農林省カラ進ンデ發表セラレタモノデハゴザイマセヌ、ケレドモ我ガ民政黨ノ政務調査會ニ於テ其御説明ヲ請ヒマシタ時ニ當ッテ、各委員ヘ御配付ニナリマシタモノガ即チ本案デアリマス、此本案ハ條文六十八箇條附則ヲ加ヘマシテ、曩ニ若槻内閣ノ際世間ニ公表シテ其批評ヲ求メマシタ小作法案ト相竝ンデ、農村社會問題ノ解決ニ對スル所ノ二大法典デアルト私共認メラレル程ノ重要ナルモノデアッタノデアリマス、然ルニ此昭和三年一月、殆ド御發表ニナリマスル迄ニ案ヲ立テラレタル此自作農地法案ナルモノガ閣カラ閣ニ葬ラレ、其影ヲ沒シタト云フコトニ付テ、私ハ大臣ノ御精神ノ在ル所ヲ承リタイト考ヘルノデゴザイマス(拍手)殊ニ此問題ハ本會議ニ於テ豫算總會其他ノ特別委員會ノ場合ニ於テ、屢々總理大臣初メ關係當局ト質疑應答セラレタ問題デアリマシテ、我國ノ農村ニ於ケル所ノ各種ノ社會問題ヲ解決スル上ニ付テハ、殊ニ吾々ハ意ヲ用ヒテ此審議ヲ致サナクレバナラヌト云フコトハ申ス迄モナイ、總理大臣ハ貴族院、衆議院其他ノ場合ニ於テ、社會政策ノ事ニ質問ガ及ビマスルト、其一トシテ近ク自作農創設ニ對シテ、政府ハ其確然タル方針ヲ樹立致スノデアル、即チ社會政策ノ一ハ常ニ自作農維持創設デアルト、唯一無二ノモノデアルガ如ク御説明ヲ常ニセラレテ居ルノデアリマスカラ、私ハ本問題ハ如何ニモ現内閣ノ重要ナル政策デアリ、同時ニ農村ノ問題ヲ解決スル所ノ重要ナルモノデアルト認メル者デゴザイマス、殊ニ此問題ハ私共ハ能ク御尋ヲ申上ゲテ、其趣旨ニ於テ、又其施設スル所ニ於テ、更ニ疑ガナイト云フコトデ、吾々ノ疑ヲ解クコトガ出來マスルナラバ、私共ハ將來農村社會問題解決ノ爲ニ、進ンデ之ヲ協贊スルニ決シテ吝カナル者デハアリマセヌ(拍手)

〔此時發言スル者多シ〕

○議長(元田肇君) 靜肅ニ願ヒマス、御互ノ私語ハ御愼ミヲ願ヒタイ

○小山松壽君(續) 殊ニ只今申上ゲマシタ本案ハ僅カ八箇條デアリマスカラ、之ガドウ云フ風ニ施行上ニ付テ運用セラレルノカ、其點ハ少シ不明デアリマス、只今農林大臣ノ御説明ニナリマシタ所ニ依リマシテモ、少シモ之ヲ了解スルコトガ出來マセヌ、思フニ本法律ノ運用ニ付キマシテハ、勅令及省令等命令規定ニ依ルモノガ多カラウト思ヒマスカラ、此點ニ付テ私ハ其内容ヲ確メ、此運用ノ誤リナイコトヲ期シタイト思フノデアリマス、殊ニ此問題ハ少シク細カク御尋申上ゲマスルニハ、委員會ニ於キマシテハ、其公開セラレタル所ノ法律ノ精神ガ外間ニ詳カニナリマセヌ、本問題ハ道府縣町村、産業組合、農會、是等ノ多數ノ人々ノ手ニ依テ取扱ハレルモノデアリマシテ、是等ノ取扱ヲ致シマスル者ニ其趣旨ヲ徹底セシメテ、本案ノ施行ニ當ッテ誤リナカラシムルト云フコトニ致シマスコトハ、御互ニ努メナケレバナラヌ事デアラウト考ヘルノデゴザイマス(拍手)私ハ次ニ本法案ノ其運用ニ付テ御尋申上ゲマス、只今申上ゲマシタヤウナ趣旨ニ依リマシテ、曩ニ非公式ニ御發表ニナリマシタ自作農地法案、之ニ相對シマシテ今回御提案ニナリマシタ此八箇條ノ、極メテ簡單ナル法案ニ相比シマシテ、私ノ疑ノ起シマス所ハ、自作農地法案ノ方デハ農地金庫ノ制度ヲ認メ、而シテ其運用ニ當ッテハ徹底セシムルヤウナ御精神デアッタノデアリマスガ、此度ハ僅ニ八箇條ノ法律ニ於テ特別會計ニ委ネラレマシテ、本施設ノ運用ヲ致サウト云フコトニ立歸ラレタヤウデアリマス、固ヨリ事業施行ノ統一ト其事業整理ノ目的ノ上ニ於テ、其軌ヲ一ニスルモノデアル、サリナガラ茲ニ最モ解スベカラザルコトハ、本計畫ハ最初年々八千万圓ノ計畫デアリマシタガ、此度ハ三千万圓ニ變ッテ參ッタノデアリマス、若シ斯様ナ金額ニ變ッテ參ッタト云フコトデアリマスナラバ、既ニ大臣ガ政府並ニ與黨ノ懇談會ノ席上ニ於テ御聲明ニナリマシタ所ノ、其自作農ノ維持創設ニ關スル段別ト、頗ル距離ガ出來ルノデアリマス、私ハ此場合御尋申上ゲテ置キタイコトハ、預金部資金ト農地債券ニ關シテノ事デアリマス、預金部資金ニ付テ本施設ノ運用ヲ完ウシタイト云フコトハ、只今大臣ノ御説明ノ通リデアリマス、若シ預金部ノ資金ガ三千万圓ニ達セザル場合ニ當ッテハ、其不足ハ農地債券ヲ發行スルト云フ御趣旨デアリマス、私ハ此場合ニ大藏當局ニ御尋申上ゲマス、預金部資金運用ニ付キマシテハ、屢々幾多ノ世上ノ非難ガアリマシテ、或時ハ伏魔殿ト云フガ如キ惡名サヘ負ハセラレタノデアリマス、是ガ故ニ加藤内閣當時ニ於キ

マシテ、濱口大藏大臣ハ預金部資金運用委員會ヲ設ケマシテ、大正十四年五月五日第一回委員會ヲ開キ、其際本委員會ヲ設置スルニ付テノ所信ヲ明ニ致サレマシタ、其要點ハ濱口大藏大臣ノ演說ニモアリマズルガ、此預金部ノ金額ハ今ヤ一般會計ノ歳計ニ匹敵スベキ巨額ニ上ッテ居ル、財政經濟ニ及ボス影響ノ大ナルハ勿論デアル、資金ノ本體ハ郵便貯金デアル、卽チ零細ナル資金ヨリ成ル所ニ鑑ミテ、運用ハ公正適切ヲ期サナケレバナラヌ、保管利殖ニ付テハ有利且ツ確實ノ方法ヲ以テ運用スル機能ヲ有セシムル爲、今回委員會ヲ設ケテ改革ノ骨子トシタノデアルト云フ演說ノ要點デアリマス、此政策ハ當時輿論ハ如何ニモ預金部ノ運用ノ過去ニ於ケル所ノ幾多ノ失態ヲ咎メテ居リマシタ際デアリマシタカラ、此健實ナル濱口大藏大臣ノ聲明ニ對シテハ、滿天下悉ク之ヲ容認致シタノデアリマス(拍手)ソコニ於テ私ハ大藏當局ニ御尋申上ゲタイト思フコトハ、預金部ノ運用委員會ハ、只今申上ゲタヤウナ趣旨デ之ヲ濫ニシナイコトニナッタノデアリマス、私ガ茲ニ承リマスノハ、只今山本農林大臣ガ預金部ノ資金三千万圓ヲ、此施設ニ充當スルト云フコトノ御說明デアリマシタガ、預金部運用委員會問ニナッテ、其決定ヲ經タモノデアルヤ否ヤト云フコトヲ承リタイ、何故之ヲ私ガ特ニ承ルカト申シマスレバ、今ハ故人ニナリマシタ下岡朝鮮政務總監ガ、當時朝鮮産米計畫ヲ立テマシテ、其運用資金ヲ預金部ニ仰ガント致シマシタ、卽チ世ノ所謂八百万圓ノ産米計畫デアリマス、此八百万圓ノ産米計畫ニ對シ、其資金ヲ仰ギマス二當ッテ、濱口大藏大臣ハ預金部ノ精神ニ鑑ミマシテ、豫メ預金部ノ了解ヲ得テ、之ヲ議會ニ言明スル二至ッタノデアリマスガ故ニ、此先例ニ基イテ、此預金部運用資金ハ山本農林大臣ノ言明セル所ニ依テ、大藏當局ハ之ヲ御諮問ニナッテ、其了解ヲ得テ御ルヤ否ヤヲ承ル譯デアリマス、次ニ私ハ農地證券ノ事ニ付テ大臣ニ伺ヒマス、農地債務ハ五分ノ交付公債デアリマス、預金部ノ資金關係ヲ見マスルノニ、現在ノ預金部ノ資金ハ一億三千万圓デアッテ、昭和四年度ノ運用ハ既ニ定ッテ居ルヤウデアリマス、是ハ過日ノ豫算總會ニ於テ、議員ト政府委員ノ間ニ應答セラレテ、ソレガ確定セラレテ居ルト云フコトハ、大藏當局ノ言明セラレル所デアリマス、然ラバ之ニ對シテ昭和四年度運用ノ資金ハ幾許ヲ要スルヤト言ヒマスレバ、其運用委員會ニ於テ決定致シタル所ノ一億二千四百五十万圓ハ、既ニ確定致シテ居リマスガ故ニ、後ニ殘ル所ハ僅ニ五百五十万圓デアリマス、然ラバ只今山本農林大臣ガ仰セニナリマスルヤウニ、預金部運用資金ノ三千万圓ヲ持ッテ來テ、昭和四年度、卽チ四月一日カラ本法ノ實施ヲスルト云フコトニナリマスナラバ、三千万圓ニ對シテハ遙ニ距離ガアルノデアリマス、僅ニ五百五十万圓シカナイ預金部ノ資金ヲ以テ、此三千万圓ノ施設ヲ行ハウト云フコトハ、何處カラ其財源ヲ御求ニナルカト云フコトデアリマス、斯様ニ考ヘテ參リマスレバ、結局此預金部ノ運用資金ニ俟ツト云フコトハ、唯是ハ當面ヲ糊塗スル所ノモノデアッテ、謂ハヾ假面ヲ着テ其實ハ公債發行ニ依ルモノデハナイカト認メラレルモノデゴザイマス(拍手)若シ公債發行ニ依ルト云フコトデアリマスナラバ、玆ニ三土大藏大臣ニ特ニ御尋ネ申上ゲナケレバナラヌコトガ起ッテ參ルノデゴザイマス、三土大藏大臣ハ昭和四年度ノ豫算ヲ本議場ニ紹介セラレ、若クハ其他ニ於テ說明セラル、場合ニ當ッテ、一般豫算編成ニ當ッテハ、公債政策ニ付キマシテハ二億ヲ上ホサナイト云フコトヲ屢〻聲明セラレ、以テ財政計畫ニ對スル說明ノ資料トセラレテ居ルノデアリマス、卽チ一般募債ハ一億九千八百万圓デアリマスガ、只今申上ゲル所ノ五百五十万圓ヲ差引キマシタルアト二千四百五十万圓ト云フモノハ、公債ヲ募集シナケレバ此募集ハ出來ナイノデアリマス、サル場合ニハ是ハ一般募集公債デハナイ、交付公債デアルカラ差支ナイト云フ御意見デアルナラバ、是ハ別デアリマスガ、公債政策ハ二億ヲ出デナイト云フコトデアリマスレバ、此問題ダケデモ二億圓ヲ超過スル、況ヤ肥料管理ノ問題アルニ於テ尚ホ然リデアリマス、私ハ此事ニ付テ三土大藏大臣ノ御聲明ヲ裏切ルモノデハナイカト云フコトヲ心配致シマス爲ニ、之ニ對スル御所見如何ト云フコトヲ御尋申スノデアリマス、更ニ現在ノ施設ハ尚ホ將來持續スルモノデアルヤ否ヤト云フコトヲ御尋申上ゲマス、卽チ只今山本農林大臣ノ御說明ニアリマシタガ、簡易生命保險積立金運用ニ依テ本施設ハ致シテ居ルノデアリマシテ、其全金額及施設ノ內容ハ最初ニ申上ゲテ置キマシタ、何故私ガ其事ヲ承ルカト申シマスレバ、現行施設ノ年限ハ二十五箇年デアリマス、其資金ハ只今申ス通リデアッテ、自作農者ニ廻シマス所ノ利率ハ三分五厘デアリマス、簡易生命保險ノ低利資金ハ四分八厘デアリマスケレドモ、此四分八厘デ受入レマシテ、之ヲ府縣町村、産業組合、農會等、是等ノ團體ヲ經テ貸付ケマス時ニ、其低利ノ四分八厘デハ事業遂行ノ上ニ於テ所期ノ目的ヲ達スルコトガ出來ナイカラト云フ理由ニ依リマシテ、一分三厘ヲ國庫カラ補給シテ居ルコトハ、申ス迄モナク御承知ノ通リデアリマス、卽チ小作ヨリ自作ニナリマス場合ニ當ッテハ、三分五厘ト云フ低利ニ依テ、其事業ヲ定メラレタル年度內ニ完成致スノデアリマスガ、之ヲ今度新タニ施設シヤウトスル只今御說明ノ案ト比較致シマスレバ、玆ニ著シク權衡ノ取レヌコトガ起ルノデアリマス、先ヅ年限ニ於テ現在施設ハ二十五年デアリ、只今御說明ノモノハ三十五年デアル、而シテ利率ニ於テ現在施設ノモノハ三分五厘デアリ、只今御說明ノモノハ五分デアリマスカラ、其間一分五厘ノ差ガアルト云フコトガ、非常ナ問題ヲ起スデアラウト思ヒマス(拍手)私ハ農林大臣及其他ノ方面ヨリマダ何等聞ク所ガアリマセヌカラ、此場合ニ確メテ置キマスガ、自作農ノ意義、自作農トハ一體ドウ云フモノデアルカト云フコトヲ、此場合明ニ其定義ヲ下シテ置イテ戴キタイト思ヒマス、何故ナラバ唯自作農ト申シマシテモ、主トシテ自分ノ勞力ニ依リ自己ノ生計ヲ維持スル爲ニ土地ヲ有スル者モアル、ソレカラ或ハ作男ヲ使ッテ自作ヲシテ居ル者モアリマス、若シ此解釋ノ相違ガ著シイ場合ニ當リマシテハ、特ニ本案ニ於テ受フベキモノガアルト思ヒマスカラ、之ヲ御尋シテ置クノデアリマス、傳フル所ニ依リマスレバ、一世帶四千圓ト云フモノヲ限度トスルト云フ話デアリマスガ、此一世帶四千圓ノ貸付金額ニ依テ、若干ノ町歩ヲ得ラレルモノデアリヤ否ヤト云フコトニ付テハ、マダ定ッタ所ハ御發表ニナラヌヤウデアリマス、何故ナラバ內地ニ於ケル所ノ段當リヨリ考ヘマシテ、或ハ一世帶四千圓ト云フモノハ、是ハ約一町歩ヲ見當ト致スモノデアラウト考ヘマスケレドモ、之ヲ移シテ北海道ニ施行致スト云フコトニ致シマスナラバ、是ハ內地ト地價ノ價格ニ於テ異ナルト云フコトハ申ス迄モナイコトデアリマスカラ、此場合私ハ之ヲ確メテ置ク必要ガアラウト思ヒマス、次ニ自作農ト云フモノハ如何ナルモノデアルカト云フ其定義ガ定マリマスレバ、玆ニ私ハ最モ必要ト思ヒマス所ノ次ノ御尋ニ付テ明確ナル御答辯ヲ戴キタイト思ヒマス、現在ノ小作料ヲ以テ相當小作料ト認ムルヤ否ヤト云フコトヲ伺ヒマス、此問題ハ非常ニ重要ナ事デアッテ、本施設ノ由テ來ル所ノ基礎ニ動搖ガ來ルト思ヒマスカラ、之ヲ御尋申上ゲテ置キマス、今日小作爭議ノ唱フル所ハ、小作條件ノ維持改善ヲ目標ト致シテ居ルヤウデアリマス、何故私ハ現在ノ小作料ヲ以テ相當ト認ムルヤ否ヤト云フコトヲ御尋スルカト申シマスレバ、此自作農ニ對シテ低利資金ヲ融通致シマス所ノ根本觀念ハ、現在小作人ガ負擔致シテ居ル所ノ其程度ヨリモ高カラザル程度ニ於テマナケレバ、決シテ小作ガ自作ニ移ルト云フ觀念ヲ持タナイカラト云フ所ニ、此根本ガ置イテアルノデアリマス(拍手)都會ニ於テ住宅組合、低利資金ヲ廻シマシテ、生活ノ安定ヲ期スルト云フコト、共ニ、農村ニ於テ自作農ノ維持創設ハ之ニ該當スルモノデアリマシテ、自分ガ幾年ノ間カ定メラレタル年限ノ中ニ於テ、現在ノ小作料ヨリモ高カラザル負擔ヲ納メテ居ル中ニハ、時來ッテ自己ノ所有ニナルト云フ所ニ、自作農ノ運用ノ妙ガアルノデアリマスカラ、現在小作料ヲ以テドウ云フ風ニ御考ニナッテ居ルカ、此御考ヲ根本ニ致シマセヌケレバ、現施設ノ根本ニ動搖ガ起ルト思フガ爲ニ、之ヲ御尋致スノデゴザイマス(拍手)更ニ利廻ヲ五分ニ致シタト云フコトデアリマスルナラバ、三分五厘ト五分トノ間ニ一分五厘ノ差ガアリマス、現在ノ施設、之ヲ實行シテ參レバ、三分五厘ト云フ低利ノ、殆ド只ノ如キモノデ自分ノ所有ニ田畑ガ移ルノデアリマスガ、此一分五厘高イ五分ト云フモノニ依テ參ルト云フコトデアリマスナラバ、玆ニドウシテモ遣繰算段ヲ致サナケレバナラヌガ、其遣繰算段ガ卽チ現施設二十五年ガ三十五年ニ變ッテ參ッタノデハナイカト考ヘルノデゴザイマス、私ハ假ニサウデアッタト致シマシテモ、此處ニ重ネテ申上ゲマスノハ、五分ト定メタル根據如何、卽チ此根據ハ米價ヲ幾何ニ維持セントスルノ農林當局ノ御考デアルカヲ、此際伺ッテ置キタイト思ヒマス、本問題ハ衆議院ノ各派ヨリ共同提案トナリマシテ、既ニ本議場ヲ經テ只今特別委員會ニ於テ審議中デアリマス、米穀法ノ委員會ニ於テ、昨日政友會ノ委員諸君ト東政務次官トノ間ニ質問應答セラレテ居リマシタノヲ拜聽致シマシテ、私ハ更ニ東政務次官ヘ御尋申上ゲマシタノハ、現在農政方面ニ於ケル各施設ニ付テ、政府ハ助成方針ヲ執ルヤウデアルガ、然ラバ現在ノ米價ニ付テ、米ノ價ニ付テ、何處ノ所ヘ目標ヲ置イテ、其施設ヲシテ居ラレルノデアルカト云フ御尋ヲ申上ゲマシタ時ニ、其事ハ考慮ノ中ニハ加ヘテ居ナイト云フ意味ノ御答辯デアリマシタ、是ハ政友會ノ委員諸君モ御聽キノ通リノ次第デアリマス、此産業助成政策ヲ執リ、殊ニ農村問題ヲ論ズル時ニ當ッテ、農家經濟ノ窮迫ニ陷ッテ居ルト云フコトヲ論議スル時、要ハ農家經濟ヲ裕カニスルト云フコトデアリマスガ、此産業助成政策ノ米價ヲ幾何ニ維持シナケレバナラナイカト云フコトガ、農林當局ノ胸中ニナイト云フコトデアッタナラバ、驚入ッタルコトデアリマス、私ハ大臣ニ改メテ御尋申上ゲマス、現在ノ米價ヲドウ云フ所ニ維持セラレルカト云フコトヲ明日ニ致シテ置キマスルコトハ、卽チ本施設ガ三十年、三十五年ノ將來ニマデ此五分ニ定メタト云フ、ソコニ基礎觀念ガ出テ參ルカラデアリマス、私ハ此事ハ蓋シ政友會ノ諸君ト雖モ、現在ノ米價ヲドノ邊ニ維持シナケレバナラナイカト云フ、此質問ノ當局ノ答辯ヲ促シ、確メテ置クト云フコトニ付テハ、御不同意ハアルマイト考ヘテ居ルノデアリマス、次ニ本法ガ實施セラレルトシテ、將來ノ事ニ付テ御尋ヲ申上ゲマス、本法ガ實施セラレルト云フコトニ付テノ根本ノ私ノ知ラウトスル所ハ、只今申上ゲタ通リデアリマスガ、更ニ此事ヲ御尋申上ゲルノハ、帝國農會ガ調査致シテ居リマスル所ノ玄米一石當リ生産費、土地資本利子五朱ノ場合若干、四分八厘ノ場合若干、四分、三分五厘、三分ノ場合若干ト云フコトヲ、特ニ御調査ヲ願ヒマシテ、私ハ戴イテ居ルノデアリマス、此帝國農會調査ノ利廻リノ表ニ依テ考ヘマスルト、只今御説明ニナリマシタ交付公債五朱ノ利廻リデアリマスト、一石當リノ米價生産費ニ相比シマシテ、農林大臣ガ過日本議場ニ於テ米穀需給特別會計法中改正法律案ノ御答辯ノ中ニ、現在ノ米價ハ安イト思フ、モウ少シ何トカシナケレバナラヌト云フ御答辯ガアッタヤウデアリマスガ、其御答辯ニ對シテ私ハ想ヒ起シマスルノハ、此公債五朱ト云フモノト、此米價ト云フモノヲ引較ベマシテ、而シテ此自作農ノ施設ガドウ運用サレテ行クカト云フコトヲ考ヘマスル時ニ當ッテ、當然私ハ此御質問ヲ申上ゲナケレバナラナイト思フノデアリマス、殊ニ更ニ是モ帝國農會ノ御調査ヲ戴キマシタガ、大正元年――明治四十五年ヨリ昭和三年ニ至ル所ノ田畑賣買價格ニ付テノ御調査ヲ私ハ戴キマシタガ、此調査ニ依リマスレバ、最モ田畑賣買價格ノ高騰致シマシタノハ大正八年デアリマシテ、九年、十年ヲ經テ、今日デハ段々田畑ノ賣買價格ハ低下致シテ參ッテ居リマス、此場合ニ當ッテ一世帶四千圓、一戶一町歩當リト云フコトニ御定メニナリマシタト致シマスルナラバ、此田畑ノ賣買價格ハ將來如何ナルヤウナ變遷ヲ辿ルモノデアルカト云フコトニ付テ、過去ノ事實カラ相當ナ御考ガアルデアラウト思ヒマスカラ、其推斷ヲ私ハ承ッテ置キタイト思フ、何故之ヲ承ルカト云フコトニ付キマシテハ、言フ迄モナク此事ガ現施設ト將來ノ施設ト違ヒマスカラ、此事ノ違ヒマスニ當ッテ、ソコデ田畑ノ價格ガ漸落致スト云フコトデアルナラバ、更ニ本施設ニ付テ考ヘナケレバナラヌコトガ起ッテ參ルノデアリマス、私ハ此一分五厘ノ幅ガアッテ、而モ自作農維持創設ノ此御趣旨ガ現施設ト竝ビ行フカ、或ハ現施設ヲ打切ルカ、ソレデ所期ノ目的ヲ御達シニナルコトガ出來ルヤ否ヤト云フコトヲ私ハ伺ッテ見タイノデアリマス、私ハ一方ニ於テ三分五厘ト云フ安イ金デ、國庫カラ一分三厘ノ補給ヲシテ四分八厘デアル、然ルニ一分三厘ノ補給ヲ止メテ、サウシテ四分八厘ト云フ其低利資金ヲ、更ニ五朱ノ公債ニシテ渡スノデアリマスカラ、ソコニ二分ノ開キガアリマスガ、其二分ノ開キハ政府ガ之ヲ收入ニ見テ居ルノデアリマス、其收入ハドノ位アルカト申シマスト、四分八厘ト五朱ノ間ハ僅ナ幅デアリマスケレドモ、二分ノ差ハ只今申上ゲマシタ三十五年目ニ當ッテ五千五百三十七万八千二百六十圓ニナルト云フコトガ、政府當局ガ私ヘノ御示シニナッタ表ニアリマス、然ラバ此三分五厘ニ一分三厘ヲ補給シテ、サウシテ現施設ヲ行フノニ、五分ニシテ二分ノ鞘ヲ政府ガ取ッテ、サウシテ現施設ヲ竝ビ行ハレルト云フコトハ、一寸常識上考ヘラレマセヌガ、此點ハ如何ニ御考ニナルカト云フコトデアリマス、私ハ尙ホ此場合非常ニ大切ナ事デアリマスカラ、附加ヘテ御尋シタイト思ヒマスルノハ、事業經營ノ主體デアリマス、事業經營ノ主體ハ、現施設ハ卽チ府縣町村產業組合、農會等ノ手ヲ經テ、國家ハ間接ニ此自作農ノ維持助成ヲ致シテ居ルノデアリマス、然ルニ今回ノ立案セラレタル所ノ運用ノ方法ヲ仄聞致シマスレバ、個人ニ貸付ケルト云フコトノ立前デアルヤウデアリマス、私ハ先刻我國ノ土地制度ノ改革ト、將來土地政策ノ上ニ考ヘテ、本問題ハ極メテ重要ナル事デアルト申上ゲマシタノハ、玆ニ觸レテ參ルノデアリマス、卽チ特別ノ事情アルモノヲバ、政府ガ認メテ適當ト思ハレル者ニ對シテハ、國家ガ直接ニ此資金ヲ貸付ケルト云フコトノ施設ヲ御執リニナルト云フヤウニ承ッテ居リマス、非常ナ危險ナ事デハナイカト思フ、道府縣町村其他ノ團體ニ於テ、國家ガ間接ニ之ヲ助成スルト云フコトデアルナラバ宜シウゴザイマスガ、而モ餘リ問題ハ左樣ニ憂ヘルコトモナカラウト考ヘマスルケレドモ、國家自ラガ個人ニ之ヲ貸シテ、サウシテ此施設ヲ致スト云フコトニナリマスルナラバ、玆ニ恐レルコトハ、國家ハ小作爭議ニ直面シテ、自ラ其渦中ニ投ズルト云フコトニナリハシナイカト思フノデゴザイマス、何故ナラバ貸付ケマスル時ニ當ッテノ貸付ノ條件內容等ガ、農林當局ノ御説明デアルカノヤウニ新聞ニ現ハレテ居ル所ヲ見マスルト、自作農田畑ノ購入維持者ハ、現ニ小作ニ從事シ維持スル所ノ資格ガナケレバナラヌ、之ニ對シテハ第一抵當權ヲ設定スルモノデアル、他ニ讓渡シ得ザル所ノ契約、資金借入ノ各條件ニ違背シタル場合ノ違約金ノ徵收、竝ニ災害ノ場合ニ於ケル所ノ償還ノ減免、而シテ若シ定メラレタル年限ニ於テ、其自作ヲ廢シ、若クハ元利償還ヲ怠ッタル場合ニ當ッテハ、事業經營ノ主體者ハ、之ニ對シテ先買權ヲ有スル者デアリマス、卽チ政府ガ個人ニ自作農維持創設ノ爲ニ貸シマシタル金額ニシテ、之ヲ受入レルコトノ出來ナイ支障ガ起キマシタ場合ニハ、政府ハ自ラ其小作地ヲ、國家ノ所有トシテ處理シナケレバナラヌト云フコトノ問題ガ、今後ニ湧イテ起ッテ參ルノデアリマス(拍手)是ハ先買權ヲ認メラレル結果ニ於テ、當然起ル問題デアリマス、私ハ何故此御尋ヲ重ネテ圓キタイト考ヘルカト云フコトニ付テ申上ゲマスレバ、現行施設ノ成績ガ良好デアル、過去數年間ニ創設維持致シタ所ノ其自作農ノ成績 及最近自作農維持創設ニ付テ資金ヲ要望スル所ノ金額、或ハ一億五千万圓ニモ達スルト云フ、斯ウ云フヤウナ多額ノ要望ガアルガ故ニ、之ヲ選定シテ其良成績ヲ擧ゲ得ベシト信ズベキ者ニ致シタナラバ、決シテ今云フヤウナ憂ハ將來貽サナイデアラウト云フコトノ御答辯ニナルカモ分リマセヌガ、サリナガラ一方ニ只今申上ゲタ四億以上ニ達シヤウト云フ所ノ簡易生命保險ノ積立金ノ運用ノ現制度ヲ認メ、更ニ此方ノ方ハ此制度ヲ致スト致シマスレバ、二ツノ途ヲ追ッテ參ル時ニ、三分五厘ノ方ハ低利デアリマスカラ申込ガ多イガ、四分八厘、五朱ノ方ハ高率デアリマスカラ申込ガ少イ、申込ガ少イ場合ニ至ッテ、當局ハ本法制定ノ趣旨ニ於テ、之ヲ失敗ニ終ラシメテハ、面目ニ關スルト云フヤウナコトデ、其貸出ヲ濫ニスルト云フヤウナ陷リ易キ弊害ヲ伴フト思フガ故ニ、此御尋ヲ致シテ置ク次第デアリマス(拍手)私ハ次ニ小作問題ニ關スル現政府ノ方策ニ付テ承リタイト思ヒマス、試ニ過去ノ事ヲ調ベマスレバ、大正九年十一月小作制度調査委員會、大正十二年五月小作制度調査會、大正十三年四月帝國經濟會議、大正十三年十一月帝國經濟會議農業部、大正十五年五月小作調査會、卽チ現存スルモノデアリマス、斯ク年月ヲ經マシタ小作問題ノ愼重ナル審議ニ依リマシテ、小作調停法ハ大正十三年七月法律第十八號ヲ以テ公布セラレ、自作農創設維持施設ハ大正十五年度、只今申上ゲタ通リノ實行トナリ、及自作農助成ノ各減免ニ關スル所ノ施設ハ曩ニ稅務整理ノ問題ガ論議セラレマシタ時ニ、地價二百圓以下ノ自作農ニ對シテ免除スルト云フコトノ特典ヲ與ヘ、以テ自作農維持創設ニ關シ之ヲ解決シテ、農村社會問題解決ノ一端ニ資セントスル所ノ經過ヲ取ッテ居ルノデアリマスガ、現内閣ニ至ッテ只今申上ゲマシタヤウニ小作調査會、之ニ御諮問ニナリマシテ、其答申ヲ得ラレタノデアリマス、然ルニ其答申ノ精神ノ第一ハ、只今申上ゲル通リニ、今ヤ空シト云フヤウナ狀態ニ在ルノデアリマス、私ハ現政府及山本農林大臣ガ、果シテ此社會立法ニ誠意ヲ以テ當ッテ居ラレルヤ否ヤト云フコトヲ伺ヒタイノデアル、小作法、小作組合法、永小作權處理ノ問題、小作調停法ノ改正、是等ノ問題ニ付テハ、ドウ御考ニナッテ居ルノデアリマスカ、先日本議場ニ於テ一月二十六日、鈴木文治君ヨリ農村問題ニ付テノ御尋ガアリマシタ際ニ於テ、小作法及小作調停法ニ付テ說及バレ、政府ノ所見ヲ質サレマシタ、其御話ノ一節ニ、山梨縣ニ於ケル所ノ小作爭議ノ狀態等ヲ實際ニ御述ニナリマシテ、小作調停法ノ現行法ヲ改正シテ、其運用ヲ發揮セシムルコトノ必要アルコトヲ力說セラレタヤウデアリマス、私ハ此點ハ全然御同感デアリマス、曩ニ農村ニ於テ小作爭議ガ頻發致シマシタ時ニ、小作條件ノ維持改善ニ付テ、各地ニ於テ之ガ論議セラレ、而シテ三年或ハ五年ト云フ期限ヲ以テ、小作爭議ハ解決シタルモノガ多々アリマス、其小作爭議ノ解決ノ年限ハ、丁度今年カラ明年、此兩三年ニ於テ、其小作條件維持改善ノ期限ガ、續々參ラウト思フノデアリマスカラ、農村ニ於ケル所ノ小作爭議ハ、此場合ニ於テ善處シテ置クニ非ズンバ、更ニ一層深刻ナル所ノ問題ヲ招來シハシマイカト考ヘルガ故ニ、此御尋ヲ致スノデゴザイマス、私ハ更ニ此小作調査會ノ答申ノ第二ニ——卽チ附帶希望決議ノ第二ニ斯ウ云フ事ガアリマス「政府ハ速ニ小作法ヲ制定實施セラレンコトヲ望ム」ト、此小作調査會ノ答申ノ第二ニ揭ゲテアリマス、卽チ昭和二年十二月ノ答申デアリマス、此答申ヲ當局ハ如何ニ御取扱ニナル御考デアルカ、之ヲ承ッテ置キタイト思フノデゴザイマス、續イテ遞信當局ニ御尋申上ゲマス、只今迄申上ゲマスルヤウニ、簡易生命保險積立金ノ運用ハ、今後每年二千万圓、或ハ其餘裕アルニ至ッテハ三千万圓、四千万圓ニ及ブト思ヒマス、申ス迄モナク遞信省ノ簡易生命保險積立金ハ、每年五六千万圓宛ヲ增加致スヤウデアリマス、固ヨリ地方還元ノ趣旨ニ依リマシテ、其運用委員會ノ精神ヲ尊重致サナケレバナラヌコトハ、言フ迄モアリマセヌケレドモ、五六千万圓宛殖エテ參リマス所ノ此低利資金ヲ、將來益〻農村社會問題ノ解決ニ資スル爲ニ、此自作農維持創設ノ資金ニ、多々益〻辨ズルト云フ所ノ御考アリヤ否ヤ、更ニ若シ必要アリトスルナラバ、農林當局ガ此度施設セントスル所ノモノト、只今ハ合議ヲ致シテ居リマスガ、其合議ヲ離レテ、遞信省ハ遞信省ノ獨自ノ考ヲ以テ、之ヲ施設スルト云フモノデアルカ、或ハ現施設ノ通リ、農林當局ト合議ヲ以テ其施設宜シキヲ得、其目的ヲ完ウシタイト云フ御考デアルカ、此點ヲ伺ッテ置キタイト思ヒマス、更ニ附加ヘテ御答辯ヲ得タイト思ヒマスル事ハ、郵便貯金利下ノ問題デアリマス、此郵便貯金利下ノ問題ハ、政府ノ金輸出解禁ニ對スル所ノ政策ト相俟ッテ、民間ノ銀行ガ預金利子ヲ引下ゲマシテ、就中貯蓄銀行ハ今之ニ遲ッテ居ルヤウデアリマスガ、之ニ促サレテ、之ニ相關聯シテ、郵便貯金利下ノ問題ガ、遞信省内ニ於テハ、旣ニ利下ト決シテ居ラレルヤウニ私ハ察スルノデアリマス、若シ利下ヲセラレルト云フコトデアリマスルナラバ、現在低利資金ハ四分八厘デアル、之ヲ政府ハ五朱ノ公債デ貸スノデアリマス、若シ郵便貯金利下ヲスルト云フコトデアリマスナラバ、或ハ六厘下ゲノ四分二厘位ニ當リハシマイカト思ヒマスガ、左樣ニナッテ參リマスレバ、二步ノ差デサヘ五千万圓ヲ生ジマス、此三倍約一億五千万圓、二億万圓ニ近イ所ノ幅ガ郵便貯金利下ノ結果其處ニ生ジテ、政府ノ歲入ニ不足ガ起ルト云フコトデアル、同時ニ三分五厘ト云フモノニ對スル一分三厘ヲ補給スルト云フト、益〻其間ニ於テ種々ナル紛議ヲ起シテ參ルト思フノデアリマスルガ、之ニ付テ御差支ナケレバ、其利下ノ内容ニ付テ此際承ッテ置キタイト思ヒマス、私ハ以上申上ゲマシタ所ニ依テ御質問申上ゲタイト云フコトノ大要ヲ盡シタノデアリマスガ、之ヲ要スルニ本案ハ田中總理ガ國民ノ前ニ公約シ、又議員ノ質問ニ對シテ屢〻聲明シタル唯一ノ社會政策的立法ガ、龍頭蛇尾ニ終ッタト云フコトヲ頗ル遺憾トスル者デゴザイマス、本法ノ制定ニ當ッテ當局ガ三年ニ涉ッテ宣傳セラレタル所ニ依リ、國民ノ期待ハ美化スベク頗ル望ヲ屬シテ居ッタニ拘ラズ、今日惡化シテ、却テ小作爭議ヲ頻發スルト云フヤウナ施設ニ化セントスルコトヲ遺憾トスルノデゴザイマス、更ニ私ハ特ニ諸君ニ御考慮ヲ煩シタイト思ヒマスコトハ、卽チ本法ニ依テ交付債券ヲ得ントスルガ爲ニ、卽チ不動產ノ資金化或ハ此機會ニ於テ不耕地ノ地主及不在地主、是等ノ洵ニ心掛ノ善クナイ所ノ地主ガ、本法ノ施行ニ依テ其持テ餘シテ居ル地所ノ賣退ケヲスルモノデハナイカト云フコトヲ恐レル者デゴザイマス、若シサウデアリトスルナラバ、全ク是ハ地主擁護ノ爲ニ提案セラレタモノデアッテ、社會政策ノ假面ニ隱レテ以テ本法ノ運用ノ上ニ、地主ヲ擁護シテ參ルト云フコトニ申サレテモ、農林大臣ハ之ニ付テ反駁セラルヽコトガ出來ナイト云フヤウナ狀態ニナリハセヌカト考ヘマス、又是ト反對ニ、一面ニ於テハ低廉ナル自作農地ヲ得ンガ爲ニ、各小作人ハ地主ニ對シテ團結シテ小作爭議ヲ起シテ、以テ地主ヲ窮地ニ陷ラシメ、以テ低廉ナル地所ヲ收メンガ爲ニ、小作爭議ヲ誘發スルト云フコトノ、其誘因ニナラナイカトモ考ヘルノデアリマス、其何レニ御覽ニナリマスカ、且ツ直接個人ニ貸付ケルト云フコトニナリマスレバ、只今申シマシタ通リ

〔此時發言スル者アリ〕

○議長(元田肇君) 靜肅ニ願ヒマス

○小山松壽君(續) 政府ハ國家ガ小作爭議ニ直面シテ、其渦中ニ陷ルト云フコトニナッテ、由々敷キ問題ヲ招來シヤシマイカト云フコトヲ私ハ恐レル者デゴザイマス、要スルニ三年間ニ涉ッテ現内閣ガ社會政策立法ノ一トシテ、地租委讓ト共ニ二大看板トシテ揭ゲラレタル所ノモノハ、要スルニ產業立國ノ應質政策トナリ、粗製濫造ニ陷ッタモ

ノデハナイカト考ヘルノデゴザイマス、此點ニ付キマシテ農林大臣ノ御覽ニナリマス所ヲ御説明ヲ願ヘマスレバ、私ノ滿足トスル所デゴザイマス

〔國務大臣山本悌二郎君登壇〕

○國務大臣(山本悌二郎君) 小山君ノ御尋ニ對シマシテ御答ヲ致シマス、段々小山君ハ御述ニ相成ラレマシタガ、私ニハ其御質問ノ要點ヲ補促致兼ネタノデアリマスケレドモ、私ガ信ズル所ノ、之ガ卽チ御尋ノ點デアラウト云フ其點ニ付テ御答ヲ申上ゲマス

〔此時發言スル者アリ〕

○議長(元田肇君) 靜ニ願ヒマス

○國務大臣(山本悌二郎君)(續) 第一ニ、御尋ノ點ニ對シテ御答申上ゲル前ニ、申上ゲテ置クコトガアリマスルガ、小山君ハ今日ノ現行簡易生命保險積立金ニ依ル自作農創設維持ト云フ制度ハ、大正十五年ニ創定セラレタカノ如クノ仰セガアリマシタケレドモ、サウデハアリマセヌ、是ハ其前ノ大正十一年原内閣ノ下ニ始メテ其端緒ヲ發シテ居ルノデアリマス(拍手)ソレカラ次ニ第一ノ御尋ハ、提出ノ理由ガドウシテ斯ウ遲レタカト云フ御尋デアリマシタガ、小山君モ此問題ガ頗ル國家ニ對シテ重大ナル問題デアルト云フコトハ、御同意デアルヤウデアリマスルガ、ソレダケニ、重大デアルダケニ各方面ノ實情ヲモ考査シ、財政ノ狀態ヲモ參酌致シテ決メナケレバナラナイ極メテ重大ナル問題デアッテ、其考慮ニ今迄遲レテ居ッタノデアリマス(拍手)ソレカラ以前ニ農林省案トシテ世間ニ現レタモノハ大變ニ浩瀚ナ大キナモノガアッタガ、今ハ頗ル小サナモノニナッタデヤナイカト云フ御說デアリマシタガ、小サナモノデ同一ノ目的ヲ達スルコトガ出來マスレバ、ソレデ宜イヂヤアリマセヌカ(拍手)當時ノ法案ハ――

〔此時發言スル者多シ〕

○議長(元田肇君) 靜肅ニ願ヒマス――靜ニ願ヒマス

○國務大臣(山本悌二郎君)(續) 當時ノ法案ハ農地金庫ナルモノヲ設ケテ、是ヨリ農地債券ヲ發行スルト云フ組織デアリマシタガ爲ニ、其農地金庫ノ組織ニ關スル法制ヲ要スルノデ、ソレデ非常ナル澤山ノ箇條ヲ要シタノデアリマス、併ナガラ今回ノ如ク之ヲ特別會計ト致スト云フコトニナレバ、左樣ナ煩瑣ナ條項ハ要ラナイノデアリマス、隨テ短カイモノニナッタト云フニ過ギナイノデアリマス、而シテ其實質ニ付テハドウカト言ヘバ、金庫ヨリ債券ヲ發行スルモ、乃至ハ特別會計カラ發行スルモ、其實質ハ少シモ違ハナイ、寧ロ金庫ヨリハ特別會計ガ發行スル債券ノ方ハ信用多クシテ、寧ロ之ヲ歡迎シナケレバナラナイノデアル、併ナガラ當時一案トシテ殆ド國家ノ公債ニ類スルガ如キ債券ヲ、特別會計カラ發行サセルト云フコトハ、深ク考慮シナケレバナラナイ餘地ガアルカラ、ソレヨリモモウ少シ手輕ナ法人ヲ拵ヘテ、是ヨリ債券ヲ發行サセルト云フコトニシタラドウカト云フノデ、ソレガ農林省案ニ現ハレテ居ッタニ過ギナイ、併シソレヨリモモット宜シイ、卽チ國家ノ公債ニ等シイ債券ヲ特別會計カラ發行スルト云フコトニナレバ、ソレ程宜シイコトハナイノデス(拍手)ソレカラ金額ガ大キイ小サイト云フコトヲ申サレマシタ、成程農林當局ノミノ立場カラスレバ、總テ此點ノミナラズ總テノ方面ニ向ッテ、多々益々其多キヲ欲スルト云フコトハ當然デアリマス、併ナガラ時ノ財政狀態、經濟狀態ト相對照シテ、其歸結ヲ求メナケレバナラナイノデアル、アナタ方ハ始終公債ヲ發行シテハイケナイ、財政ハ緊縮致サナケレバイケナイト申シテ居ラレマシタ、吾々ト雖モ亦始終其點ニ注意シテ總テヲ行フト云フ點ニ苦心カ存シテ居ルノデアリマス(拍手)ソレカラ其次ニ從來ノ簡易保險ハ三分五厘デ貸付ケルコトニ相成ッテ居ル――一分三厘ヲ國家カラ補償スルカラ、實際ハ三分五厘ノ利子ニナルノデアルガ、今回ノ分ハ五分ダト云フカラ、其處ニ卽チ一分五厘ノ差ガ生ズルデハナイカト云フ御尋デアリマシタ、如何樣其通リ、其通リデアリマスルガ、サル代リニ年限ガ御承知ノ通リ簡易保險ノ分ハ二十五年ダ償還ニ相成ルコトニナッテ居ル、然ルニ今回ノ分ハ期限ヲ延シテ三十五箇年ニシテアリマス、隨テ一箇年ニ支拂フベキ所ノ年賦金ハ、何モ現在ノ分ト少シモ變ラナイ、現在ノ分ヨリハ更ニ多ク支拂ハセルト云フヤウナコトデハナイノデス、年限ガ長クナルダケデアッテ、年賦金ノ金額ヲ大ニ膨脹スルト云フ憂ハナイノデアル、ソレカラ自作農ノ定義如何ト云フヤウナ御話ガアリマシタ、自作農ノ定義ハ、是ハ卽チ小山君ノ言ハレタ大正十五年ノ當時カラ、所謂今日ノ簡易生命保險ハ二十五箇年デアルト云フコトデ決メタ其當時ノ自作農ト云フ定義ト、今日ハ少シモ違ハナイノデアリマス、卽チ自家ノ勞力ヲ標準トシテ、自家勞力ヲ以テ耕作シ得ル面積ヲ持ッテ耕作シテ居ルノガ自作農デアル、ソレハ今回此定義ヲ定メル必要ハナイノデアッテ、既ニ今日定ッテ居ル、ズット前ノ當時デアリマシタガ、卽チ大正十五年カラ決ッテ居ルノデアリマス、ソレカラ現在ノ小作料ヲ適當ダト認メルカドウカト云フ御尋ガアリマシタガ、小作料ハ全國ニ亘リマシテ各種ノ事情ヨリ非常ニ異ッテ居リマス、小作料ガ高イトカ安イトカ云フヤウナコトハ、中々容易ニ其斷定ヲスルコトハ出來ナイモノデアリマスルガ故ニ、自作農ノ維持創設ノ場合ニ於ケル所ノ標準ハ、所謂普通小作料ヲ標準ト致シテ居ルノデアリマシテ、之ヲ以テ年賦金算出ノ基礎ニ備ヘテ居ルノデアリマス、是ハ卽チ現在ノ簡易生命保險ニ依ル所ノ維持創設ト何等異ル所ハ大體ニ於テナイノデアリマス、ソレカラ米價ト利率ノ關係ニ付テ御尋ガアリマシタガ、是ハ米價ガ下ッタナラバ五分ノ利息ヲ拂フコトガ出來ナクナリハセヌカト云フ、御心配デアラウト思ヒマスケレドモ、米價ノ傾向ハ大體ニ於テ將來大ニ下落スルト云フ推測ハ、當局トシテハ致シテ居リマセヌ、卽チ統計上カラ申シマシテモ、大正八年ノ暴騰後ヲ受ケテ今日迄ハ、大體ニ於テズット平衡ヲ保ッテ居ルノデアリマスル、此後ニ於テ大ニ下落スルト云フ――時ニ依テハ波瀾ハアリマセウ、時ニ依テ波瀾ハアリマスケレドモ、併ナガラ將來長年ヲ通ジテ低落スベキ運命ニアルモノトハ當局ハ考ヘテ居ラナイノデアリマスル、ソレカラ何故ニ現行制ヲ廢セザルヤト云フヤウナ意味ノ御尋ガアッタヤウデゴザイマスガ、サウデアリマスカ、(「サウダ」ト呼ビ其他發言スル者多シ)――ソレナラバソレハ申シマセヌ、ソレカラモウ一ツハ、貸付ハ主トシテ個人ニ向ッテ貸付ケルト云フコトニ相成ッテ居ルヤウデアルガ、ソレハ非常ニ危險ナコトデハナイカト云フヤウナ御尋ガアリマシタガ、ソレハ小山君ノ御考違ヒデアリマス、サウデハナイノデアリマス、卽チ府縣、市町村ト云フモノニ貸付ヲスルト云フコトガ原則トナッテ居ル、唯例外ニ於テ個人ニ貸付ケルコトガアルト云フコトニナッテ居ルノニ過ギナイノデアリマス、(「例外バカリダ」ト呼フ者アリ)ソレカラ其例外ニ於テモ同ジク危險ガアルヂヤナイカト云ヘバ、之ニ對シテハ斯樣ニ御答スルヨリ外ハナイノデアル、大體ニ於テ是ガ國ガ引受ケタカラト云フテモ、此立方デハ危險ガナイト思フ、ソレハ何トナレバ今日迄ノ簡易生命保險ノ此成績ニ徵シマシテモ、年賦ガ滯ッタト云フヤウナコトハアリマセヌカラシテ、將來ニ於テモ此危險ハナイト思フ、ナイト思フガ、併ナガラ假ニ多少ノ危險ガソコニアッタトシテモ、是ヲ又補塡スル方法ガ具ッテ居ルノデアル、故ニ國家ハ多大ノ損失ヲ受ケルト云フコトハナイ積リデアリマス、損失ヲ受ケルト云フコトハナイ積リデアリマスガ、併シモウ一歩進ンデ、多少ノ危險ガ國家ニ對シテ生ズルト云フコトハイカヌデハナイカト言ヘバ、私ハ小山君ニ向ッテ問ハザルヲ得ナイノデアル、然ラバ府縣ヲ主體トシテヤラシタ場合ニ、府縣ハ其危險ヲ負擔シテモ宜シイノデアルカ、國家ハ左樣ナ危險ヲ負擔シテハナラヌガ、府縣ハ此危險ヲ負擔シテモ宜シイノデアルカト云フ、貴方ノ御考ヲ問ハザルヲ得ナイノデアル、大體ニ於テ此今日ノ現行簡易生命保險ノ積立金ニ依ル自作農維持創設ヲ廢止シヤウト云フノデハナイノデアル、廢スルド

コロデハナイ、此積立金ヨリ融通シテ呉レレバ多々益、結構ナノデアッテ、是ハ是デ此儘行ッテ居ルノデアル、併シ是デハ足ラナイノデアル、到底足ラナイ、足ラナイノミナラズ、小山君モ能ク御承知ノ通リ、簡易生命保險ノ資金ハ所謂還元主義ニ依ルノデアリマスカラシテ、自作農ノ維持創設ヲ必要トスル其地方ニ向ッテ、必シモ此資金ヲ廻スト云フ譯ニハ參ラヌノデアル、随テ自作農ノ維持創設ト云フ立場カラ言ヘバ、今日ノ簡易生命保險ノ還元主義ト云フノハ甚ダ不自由ナノデアル、ソレ故ニ新ニ此制度ヲ立テ、資金ノ増加ヲ圖ルト同時ニ、此不便ヨリ免レントスルノデアリマス、現在ノ此法制ヲ廢シヤウト云フ譯デモ何デモナイノデアッテ、是ハ結構ナノデアルカラ、之ト併セテヤラウト云フノデアル、ソレカラ小作立法ヲ何故急ガヌカト云フヤウナ御意見ガアリマシタガ、是ハ過日鈴木文治君ノ御尋ニ對シテ詳シク申述ベテ置キマシタカラ、茲ニ重ネテ御答スルコトノ煩ヲ避ケマス、ソレカラ地主ガ賣拔ケヲスルノニ此法制ガ唯便宜ヲ與ヘルノミデハナイカ、向ホ進ンデハ此法制ハ却テ小作爭議ヲ挑發スルモノデハナイカト云フヤウナ意味ノ御尋ガアリマシタガ、私ハ左樣ニハ考ヘテ居リマセヌ、地主デ土地ヲ賣ラウト云フ者ガアッテ、ソレガ適當ノ値段デ、小作人カラ見レバ今迄拂ッテ居ッタ小作料ノ範圍内デ、三十五箇年間ニ其土地ヲ取得スルコトガ出來ルモノデアルナラバ、賣ラウト云フ地主ニ賣ラシテ、此自作農ヲ創設スルコトガ出來レバ、非常ニ結構ナコトデハナイカト思フ、何モ之ヲ高ク賣ッテ小作人ニ取得セシメヤウト云フノデハナイ、年々今迄拂ッテ居ッタ所ノ小作料ノ範圍内ニ於テ、年賦金ヲ三十五箇年ニ拂ッテ行ケバ、ソレデ其土地ヲ取得スルコトガ出來ル、其價格内デ取引ヲサセルノデアリマスカラ、地主ガドウ云フ地主デアラウガ、サウ云フコトハ問題デハナイノデアル、決シテ地主ノ賣拔ケニ特ニ便宜ヲ與ヘルノデハナイト云フコトハ明デアリマス、次ニ此小作爭議ヲ挑發スルト云フコトハ、餘リ心配過ギルノデハナイカト思フ、小作人ガ合同シテ土地ノ價格ヲ下落セシメ、サウシテ土地ヲ取得シヤウト云フヤウナコトハ、是ハ想像スルコトスラ、私ニハシ得ナイシ、又シタクナイノデアル、左樣ナ現象ハ斷ジテ起ラヌト私ハ思ッテ居リマス、然レドモ斯ウ云フ現象ガ假ニ起ルトシタナラバ、ソレハ同ジク今日ノ簡易生命保險ノ制度デモ、矢張起ルノデアル、今日ノ簡易生命保險ノ制度ハ大正十五年ニ之ヲ立テタノダト仰セラレテ居ル、若槻内閣ノ下ニドウ云フヤウナ御話ガアリマシタカ、ソレハ私ハ能ク記憶致シマセヌ、兎ニ角今日ノ制度ト云フモノニ付テハ、小山君ハ結構ナモノダト云フ御考ヲ有ッテ居ラレルヤウデアル、然ラバ若シ之ヲ地主擁護ニナルモノデアル、小作爭議挑發ノ具ナリト言ハレルナラバ、今日ノ制度ノ下ニ於テモ之ヲ言ハナケレバナラヌノデアリマス、其點マデハ小山君ハ恐ラク申サヌノデハナイト思ヒマスガ、其弊ガ生ズルト云フコトヲ恐レラレルナラバ、今日ノ制度ニ於テモ、又新タナル今回ノ制度ニ於テモ同ジコトデアルト思ヒマスガ、私ハ左樣ナ極端ナ弊ハ生ゼナイモノト確信シテ居ルノデアリマス(拍手)

〔政府委員大口喜六君登壇〕

○政府委員(大口喜六君) 大藏當局ニ關シマスル事ニ付キマシテ小山君ニ御答ヲ申上ゲタイト存ジマス、小山君ガ仰セラレマシタ如ク、此預金部ノ金ハ最モ愼重ニ取扱ヒマシテ、堅實ヲ期セネバナラヌコトハ、其通リデアルト考ヘマス、私共モ常ニ其考ヲ以テ此事ニ當ッテ居ル積リデアリマス、而シテ今回出サレマシタ所ノ此自作農ノ案ハ、是ガ幸ニ貴衆兩院ヲ通過致シマスレバ、兩院ガ此有利ナルコトヲ認メラルヽノデアリマシテ、而シテ政府ノ特別會計ニナルモノデアリマスガ故ニ、此位有利確實ナモノハナイト私共ハ信ジテ居ルノデアリマス(拍手) ソレ故ニ此場合ニ當リマシテハ、運用委員會ニ於テハ必ズヤ之ヲ認メラルヽモノナリト、政府ハ信ジテ疑ッテ居ラナイノデアリマス(拍手)併ナガラ御話ノ如ク頗ル重要ナモノデアリマスルガ故ニ……

〔此時發言スル者多シ〕

○議長(元田肇君) 靜ニ……

○政府委員(大口喜六君)(續) 此案ヲ提案スルニ當リマシテ、會長ヨリ此委員諸君ノ了解ヲ得ベク、一應案ノ趣旨内容ダケハ申述テアル次第デアリマス、是ダケヲ御承知ヲ願ヒタイト思ヒマス、又大臣ヨリ公債ハ二億ニ止メルト云フコトヲ申シテ居ルガ、是ト矛盾ハシナイカト云フ御尋デアリマスガ、是ハ小山君ガ申サル、如ク、此案ニ屬シマスル債券ハ所謂交付公債デアリマスカラ、大臣ガ申シマシタ二億ノ範圍ニハ屬セナイモノデアリマス、併ナガラ此債券ハ萬一ノ爲ニ用意シテアル債券デアリマスル故ニ、幸ニ預金部ノ運用ガ目的通リニ參リマスレバ、此債券ハ發行シマセズトモ、豫期ノ目的ハ達シ得ルモノナリト吾々ハ信ジテ居ルモノデアリマス、御答致シマス(拍手)

〔政府委員廣岡宇一郎君登壇〕

○政府委員(廣岡宇一郎君) 小山君ノ只今ノ御質問ニ御答ヲ致シマス、政府ハ現在施行シテ居ル簡易生命保險ノ積立金ヲ將來自作農維持創定ノ爲ニ、現在ノ如ク持續シテ之ヲ運用スルカト云フ御尋デアッタト思ヒマス、元來簡易保險ノ積立金ハ、簡易保險加入者ノ階級ニ屬スル人ノ經濟狀態ノ向上ヲ圖ルガ爲ニ、維持創定ニ貸付ケテ居ルノデアリマスカラ、將來ト雖モ此方針ヲ變ヘルコトハアリマセヌ、唯此積立金ハ私ガ申ス迄モナク、之ヲ運用スルニ付テハ保險加入者ノ分布狀態ト、其資金還元ノ二大原則ニ準據ヲ致サナケレバナラヌノデアリマスカラ、此方針ニ依テ將來共之ヲ持續致シテ行ク考デアリマス、ソレカラ農林省ト合議ヲシテ定メテ居ルガ、本法案ニ關係シテ將來之ヲ持續スルカト云フ御尋デゴザイマスガ、此積立金ノ運用ニ付キマシテハ、從來農林省ト合議ヲシタコトハアリマセヌ、總テ運用ノ申込ヲ受ケルノモ、運用致スノモ、遞信省デヤッテ居リマス、運用委員會ノ議決ヲ經テヤッテ居リマス、唯農事ニ關スル主管省デアリマスルカラ、農林省ニ何等カノ希望ガアルカト云フヤウナコトヲ參考ノ爲ニ聞クコトハアリマスケレドモ、合議ハ致シテ居リマセヌ、随テ先刻小山君ガ御話ノ如ク、昭和三年ニ八千五百万圓、昭和四年ニ八千八百万圓、何十箇年ニ何十億圓ト云フヤウナ一定ノ計畫ガアルヤウニ御話デアリマスガ、ソレハ農林省ノ計畫デアリマシテ、遞信省ニハ關係ガアリマセヌ、故ニ只今御述ニナッタ通リ、昭和三年ニハ千五六百万圓ト云フコトデアリマシタケレドモ、農林省デ決メマシタノハ約千二百万圓デアリマス、左樣御承知ヲ願ッテ置キマス、第三ニハ、郵便貯金利下ノ本柄デアリマス、近時市中銀行ガ金利ノ引下ヲ致シマシタニ付テハ、郵便貯金ノ利下ニ付テモ相當考慮ヲ拂フベキモノト斯樣ニ信ジテ居リマス、併ナガラ郵便貯金ノ金利ノ引下ハ其影響スル所ハ頗ル重大デ、其關係モ亦廣汎デアリマス、故ニ政府ハ折角現在ノ狀態ニ於テ愼重ニ考慮研究ヲ致シテ居リマシテ、何等決定シタ所ハアリマセヌ、随テ御尋ノ次第ニ對シテハ、是レ以上御答スルコトハ、現時ノ狀態ニ於テ出來マセヌカラ、左樣御承知ヲ願ッテ置キマス(拍手)

〔小山松壽君登壇〕

○小山松壽君 只今山本農林大臣ノ御答辯ニ當リマシテ、自作農ノ維持創設ノ施設ハ原内閣ノ時カラ定ッテ實行致シタモノデアルト云フヤウナ御話ガゴザイマシタ、是ハ私カラ改メテ御說明ヲ申上ゲルマデモナク本施設ハソレヨリモ前カラ遞信省ノ保險積立金デ致シテ居ッタコトハ、是ハ御說明ヲ要サヌト思ヒマス、唯私ノ申上ゲタノハ、國家ガ一分三厘ヲ補給シテ、三分五厘ノ負擔ヲ以テ自作農ノ維持創設ヲスルト云フコトノ、此施設ヲシタノハ五十一議會、加藤、若槻内閣ノ時デアルト云フコトヲ私ハ申上ゲタノデアル、是ハ何方デモ宜シイコトデアリマシテ、規則ノ發布ニナッテ居ルコトデアリマスカラ、此處デ御說明ヲ申上ゲルヲ要シマセヌ、次ニ三分五厘ト五分ノ差異ノコトニ付テ大臣ヨリ御說明ガゴザイマシタガ、私ハ是ハ了解ガ參リマセヌ、何故ナラバ、三分五厘ト五分ノ間ニ一分五厘ノ差違ガアル三分五厘ハ二十五年デアリ、五分ハ三十五年デアル、年限ガ長イカラ毎年々々負擔シテ償還シテ行ク所ノ其負擔關係ハ、決シテ現施設――只今ヤッテ居ルモノト其間ニ甲乙差違ガナイ、斯ウ云フ御話デアリマス、ソレデアリマスカラ私ハ先刻申上ゲマシタ、二十五年ヲ三十五年ト云フ風ニ引延シテ參ッタナラバ、負擔割合ニハ甲乙ハアルマイ、サリナガラドウシテモ御考ニナラナケレバナラヌコトハ、現施設ハ三分五厘デ一分三厘ノ補給デアリマスカラ、二十五箇年ニシテ其自作地ハ自分ノ所有ニ移ルノデアリマスガ、此施設ヲシヤウトスルノハ高率デアリマスカラ、モウ十年間年貢同樣ナモノヲ納メナケレバ自分ノ所ノモノニナラナイ（拍手）斯ウ云フコトデアルカラ、一日モ早ク小作ヨリ自作ニ移ッテ、自分ノモノトシテ村ノ者ニモ幅ヲ利カセヤウト云フノニハ、二十五年先デアッテ、マダ十年向フニ負擔シテ參ラナケレバナラヌト云フコトハ、思想感情ニ於テ差違ガアリハシナイカト考ヘルノデアル、ソレデモ些トモ差支ナイト云フ御答デアレバ、ソレハ別デアリマス（拍手）若シ此問題ニ付テ理解ヲ有セラレ、熱誠ヲ有セラレルナラバ、現施設ニ更ニ國庫ノ負擔ヲシテ、サウシテ此施設ヲ成ベク現制度ニ近イモノニシ、或ハ其資金ヲ擴張シテ參ルト云フコトデアリマスナラバ、私共ハ强ヒテ此質問等ハ試ミナイ積リデアリマス、其次ニ道府縣町村其他ノ團體ハ現在ノ通リ、又此施設ノ貸付ハ矢張現在施設ノ通リ團體本位トシテ居ルノダ、唯例外ニ個人ヲ認メルノデ、小山君ハ此點ニ付テ誤解ガアリハシナイカト云フ御話デアリマス、私ハ現施設ニ例外ヲ認メテ居リマセヌ、其原則ヲ何デ御變ヘニナルト云フコトニ付テ心配ガアルカラ御尋スルノデアル、此例外ヲ御認ニナラヌデ現施設ト同樣ニオヤリナラバ、私ハ何モ此憂ヲ將來ニ貽ストハ申上ゲマセヌ、次ニ危險ガ伴フト云フコトデアレバ、府縣デモ町村デモ、産業組合デモ農會デモ、同ジヂヤナイカ、ソレ等ノモノガ危險ヲ負擔シテ、國家ガ負擔ヲシナケレバ宜イト云フコトノ議論ハ立ツマイト云フ御話デアリマスガ、是ハ大變ニ違フト思ヒマス、國家ガヤルト云フコトニナレバ事情ニ通ジマセヌ、府縣、町村、産業組合、農會等、是等ノ團體ガ致スト云フコトデアリマスナラバ、直接其事情ニモ通ジ、且ツ色々ノ評議機關モ持ッテ居リ、評價等モ致シテ、サウシテ其償還等モ誤リナイヤウニ隣保相助ケテ、政府ノ施設ヲ援助シヤウト云フコトニ依テ、初メテ麗ハシイ結果ヲ擧ゲ得ルモノト私ハ考ヘルモノデアル、國家ガ遠クカラ中央ニ於テ之ヲ統一シテ、サウシテ地方ヲ統括シテ行クト云フヤウナコトニ付テ、其間ニ遺憾ハナイカト私ハ心配致スモノデアル、殊ニ貸付ケマシタ資金ノ回收、若クハ年賦償還等ノ取立テハ、是ハ何人ガ致スノデアリマス、思フニ、個人貸付ト云フコトニナリマスナラバ、稅務署ガ之ヲ取扱フデアリマセウ、國家事務ヲ若シ府縣知事ニ委任サレルト云フコトニナルナラバ、府縣知事ガ此衝ニ當ルデアリマセウ、私ハ左樣ニナリマスナラバ、小作人ト國家ノ役人ト、其間ニ思想ノ疎隔ヲ來タスト云フヤウナ虞レアルコトヲ私ハ心配スルモノデアリマス（拍手）之ヲ地方ノ團體ガ致シマスナラバ、能ク事情ニ通ジテ居リ、明ケ暮レ顏ヲ見合セテ居ル仲デアリマスカラ、圓滿ニ行クデアラウト私ハ思フノデアリマス、又其次ニ小作爭議ハ、現在ノ施設デモ起ルデハナイカト云フヤウナ御話ガアリマシタガ、私ハ小作爭議ガ現在ノ施設デモ起ルコトヲ甚ダ遺憾ニ存ジマス、故ニ私ハ最初申上ゲタ、是等ノ施設ハ農村ノ堅實ナル安固ヲ圖リ、農業經營ヲ安心シテヤッテ行ケルト云フコトガ、社會立法ノ一ツデアルト云フコトヲ私ハ申上ゲテ居ルノデ、小作爭議ノ頻發スルコトヲ喜ブモノデアリマセヌ、去リナガラ現在ノ施設ハ三分五厘デ、國家ハ一分三厘ノ補給ヲシテ居ル、尚ホ負擔ヲ輕クスル爲ニ二十五年位デ完了スルモノデアル、然ルニ五朱ト云フ高率デ借リルナラバ、切メテハ買入レル時ノ地代ト云フモノハ安イモノヲ望ムヤウニナリハシナイカ、此施設ガ二ツニ行ハレルト云フ所ニ私ハ心配ガアリマシタカラ、其一例トシテ申上ゲタノデアリマス、尚ホ大藏當局ガ只今御答辯ニナリマシタガ、預金部委員會ノ了解ヲ得タルヤ否ヤヲ御尋申上ゲテ置キマシタガ、是ハ御答モナカッタヤウデアリマス、預金部ニハ御諮ニナリマシタカ、ナリマセヌカ、之ヲ私ハ伺ッテ置ク、何故カト言ヘバ、先例ガアリマス、下岡元政務總監ガ朝鮮産米計畫ヲ立テマシタ時分ニ、資金運用ニ付テ當時ノ濱口大藏大臣ハ、愼重ニ此問題ヲ御取扱ニナリマシタ先例ヲ以テ、私ハ御尋申上ゲテ居ルノデアリマス（拍手）遞信當局ニ重ネテ御尋申上ゲマスガ、只今ノ御答辯ニ依リマスト、簡易生命保險積立金運用ニ付テハ、農林當局ト何等合議ヲシナイ、又施設モ自分ノ思フヤウニシテ參ルノデアル、斯ウ云フ御話デアリマシタガ、是ハ篤ト、モウ少シ御調査御研究ノ上デ御答ヲ願ヒタイト思ヒマス、私ハ左樣ニハ感ジマセヌ、ソレカラ運用資金ノコトニ付テ、今小山君ハ何年ニ千三百万圓、何年ニ千五百万圓、千八百万圓、二千万圓ト申シタガ、サウ云フヤウナコトハ遞信當局ハ認メナイト云フ御話デゴザイマス、勿論斯樣ナ問題ニ付テハ、私ハ敢テ茲ニ言葉ヲ多ク用ヒマセヌガ、昨年十二月十八日ト記憶致シマスガ、簡易生命保險運用委員會ニ於テ一ツノ問題ガ起リマシタ、ドウ云フ問題ガ起ッタカ、當時山本農林大臣ハ自作農維持創設ニ付テ、昭和四年度ノ豫算ニ提出シタイト云フコトニ付テ御努力ニナッテ居リマシタ時分ニ、他ノ閣僚ト意見ノ一致ヲ見ズ、遂ニ田中總理大臣ガ自分ニ委セロト云フノデ一任セラレテ居リマシタ當時、此資金ハ簡易生命保險積立金ヲ以テ運用スルモノデアルト云フコトヲ、當局ノ御話ノヤウニ新聞ガ傳ヘタト云フコトニ原因致シマシテ、當時ノ積立金委員會ニ於テハ、其委員デアリマス所ノ兩三名ノ人カラ――殊ニ簡易生命保險ヲ大隈内閣當時制定致シマシタ其時ノ立法者ノ一人デ、深ク此問題ノ將來ヲ憂ヘラレテ居リマス所ノ藤澤、松本兩博士ハ、其積立金委員會ニ於テ此資金ノ運用ニ付テ、山本農林大臣ガ積立金委員會ノ了解モ得ズシテ、自儘ニ其資金ノ運用ヲ彼此スルコトハ怪シカラヌコトデアルト云フノデ、甚シク久原遞信大臣ニ向ッテ其責任ト所信ヲ質シ、遂ニ久原遞信大臣ハ此積立金ノ運用ノコトニ付キマシテハ、何等自分ニ一言ノ相談モアリマセヌシ、若シ將來相談ガアリマシテモ、積立金ノ運用ハ致シマセヌト、其時言責ヲ取ラレタ例ガアリマスカラ、只今ノ御答辯ハ其時ノ關係等ニヨリシテ、將來ヲ考慮セラレテノ御答ト考ヘマスガ、既ニ憲政會内閣當時ニ主張致シマシタ二十五箇年ノコトニ付キマシテハ、豫算外國庫ノ負擔トナルベキ契約ヲ要スルノ件トシテ、帝國議會ノ協贊ヲ經テ居ルノデアリマスカラ、今之ヲ還ヘサレルト云フコトニナリマスト、非常ニ國家ノ重大事ガ起ラウト思ヒマスガ、併シ是ハ御答ニナラナクテモ、私ノ意見ダケハ申上ゲテ置キマス、若シ此場合ニ御答シテ差支ガアルナラバ、是ハ御答ハ要シマセヌ

〔國務大臣山本悌二郎君登壇〕

○國務大臣（山本悌二郎君） 目下ノ簡易生命保險積立金ニ依ル自作農ノ維持創設制度ト、今提案シテアリマスル方法トノ間ノ金利ノ差ニ付キマシテ、重ネテノ御尋ガアッタヤウデアリマスガ、ソレハ政府ガ現在ノ所デハ一分三厘ヲ補給致シテ居ルノデアリマスカラ、一年ニ此方面ニ放出スル所ノ資金ガ此以上何千万圓ニナリマシテモ、引續イテ一分三厘ノ補給ヲ繼續シテ行クコトガ出來マスレバ、是ハ洵ニ結構至極ナコトデアル、然レドモ御承知ノ通リ今回ノ規模ハ甚ダ小サイヂヤナイカト云フコトヲ小山君ガ言ハレテ居ル、其規模デスラ、三十五箇年ノ間ニ一億五千万圓ト云フ資金ヲ出サナケレバナラヌノデアル、之ニ對シテ一分三厘ヲ補給シテ行クト云フコトニ相成リマシタナラバ、國家ノ負擔ト云フモノハ是ハ非常ナモノニナルノデアリマスカラ――殊ニ財政ノ緊縮ヲ高唱サレテ居ル所ノ其小山君

ガ、此以上尙ホ補給ヲスルノガ宜シイヂヤナイカト云フ御議論ヲスルノハ、私ハ寧ロ其本意ヲ解スルニ甚ダ苦ムノデアリマス、是ハ出來レバ結構デアル、出來レバ結構デアルガ、今日ノ財政狀態デハ補給ヲスルト云フコトハ頗ル困難デアル、ソレ故ニ年々拂フ所ノ年賦金ノ變更ヲ來サヽル範圍ニ於テ年限ヲ延長シテ、農民ヲシテ土地ヲ取得セシメルト云フノガ今回ノ立前デアルト云フコトヲ御承知ヲ願ヒタイノデアル(拍手)ソレカラ貸付ヲスル場合ニ府縣ヲ主體トシテ貸付ヲスルナラバ、ソレハソレデ宜シイガ、併シソレニシテモ例外ニ於テ國家ガ直接貸付ヲスルコトハ非常ニ危險デハナイカ、斯ウ云フ御尋デアッヤウデアリマスガ、此例外ト云フ所ニ、卽チ今回ノ法制ノ妙味ガ存シテ居ルノデアル、是ハ小山君ハ恐ラクハ其處マデ御考ニナッテ居ラヌカモ知レマセヌガ、簡易保險ノ——重ネテ申シマス、簡易保險ノ今日ノ制度ニ於テハ、遞信次官カラモ申シマシタ通リ還元主義ト云フ制限ガアルノデアル、卽チ被保險者ノ多イ所ニ大體ニ於テ此資金ヲ又戾シテヤルト云フ、此原則ノ下ニ簡易生命保險ノ資金ヲ運用サレテ居リマス、夫故ニ自作農維持創設ト云フ立場カラ致シマスレバ、是ハ最モ緊要ナルモノデ、最モ其方面ニ多額ノ融通ヲシナケレバナラヌ場合ニ、必シモソコニ融通スルコトガ出來ナイ場合ガ生ズル、府縣ノ場合ニ於テモ同ジデアル、府縣ヲ通ジテヤル場合ニ、若クハ市町村ヲ通ジテヤル場合ニ、其市町村若クハ府縣ノ財政ノ狀態ニ依テハ是ダケノ起債ヲスルコトガ出來ナイ、卽チ自作農維持創設ニ要スルダケノ金額ヲ自己ノ負擔ニ於テ、自己ガ起債シテ實行スルト云フコトハ、困ル場合ガ生ゼヌトモ限ラナイ、又府縣ノ場合ニハ起債ニ付テ內務省ノ認可ヲ經ナケレバナラヌ、事ニ依ルト云フト內務省トシテハ其府縣ノ財政狀態ニ鑑ミテ、是以上ノ起債ハイカヌト云フコトニナルカモ知レナイ、サウ云フ場合ニ於テ、卽チ其地方ニ於テ自作農維持創設ハ極メテ緊要デアッテ、之ニ多額ノ資金ヲ要スルコトガアリマスニ拘ラズ、府縣若クハ市町村トシテハ、ソレガ出來ナイ、若クハ十分ニ出來ナイト云フ場合ガ生ズル、其場合ニ國家ガ自ラ出動スルト云フコトニ今回ノ法制ノ妙味ガ存シマス、ソコデ今回ノ方法ハ從來ノ簡易生命保險ノ制度ト其選ヲ異ニスルト云フコトヲ御諒知ヲ願ヒタイノデアリマス

○議長(元田肇君) 大口政府委員

〔政府委員大口喜六君登壇〕

○政府委員(大口喜六君) 再應ノ御質問デアリマシタガ、私ハ實ハ先刻明瞭ニ御答シタ積リデアッタノデアリマス、小山君ノ御問ニナリマス運用委員會ノ了解ヲ得タト云フコトハ、ドウ云フコトデアリマセウカ、若シ私此處デ此演壇ニ於キマシテ此了解ヲ得タリト言ハウトシマスレバ、ドウシテモ是ハ委員會ヲ正式ニ開キマシテ、サウシテ其運用委員會ニ於テ斯ク〳〵ノコトヲヤラウト思ウガ如何デアルカト云フコトヲ諮問致シマシテ、ソコデサウ云フコトガ出來上ルナラバ宜シイト云フ決議ヲ經マシタノデナケレバ、明瞭ニ私此處デ了解ヲ得テ居ルト云フコトハ言ヘナイノデアリマス、其手續ハ致シテアリマセヌ、併ナガラ先刻申ス通リ、事ガ頗ル重大デアリマスカラ、此案ヲ提出スルニ當リマシテ、會長カラ委員諸君ノ個人ニ向ヒマシテ、今回斯ノ如キ案ヲ此趣意デ出スト云フノデ諸君ノ了解ヲ得タイ希望ヲ以テ、其事ヲ申述ベテアル事實ガアルト申スノデアリマス、是ダケヲ申上ゲマス

○小山松壽君 只今農林大臣及大藏當局ヨリノ御答辯ニ依リマシテ、私ハ此問題ニ對スル所ノ質疑——尙ホ私ノ懷イテ居ル所ノ疑問ヲ了解スルニ至リマセヌ、サリナガラ本問題ハ頗ル細目ニ亙ッテ質問應答ヲシテ、徹底ヲ期スル場合ガナケレバナラヌト考ヘマシテ、委員會ニ付議サレタ場合ニ讓リマス

○議長(元田肇君) 田中万逸君

〔田中万逸君登壇〕

○田中万逸君 本案ニ對シマシテ同僚小山君ヨリ廣汎ニ亙ル御質問ガアリ、私ノ問ハントスル大半ハ盡サレマシタガ故ニ、私ハ簡單ニ農村問題ヲ中心ト致シマシテ二三質問ヲ致シタイト存ズル次第デアリマス、本案ハ現內閣ノ所謂積極政策ノ最モ重要ナル一ツデアリマスル、產業立國ノ基礎ヲ成セルモノデアリマシテ、彼ノ兩税委讓案ト共ニ政友會ノ二枚看板トサヘ稱ヘラレタ所ノ案デアリマスル、隨テ過グル總選擧並ニ各方面ノ選擧ニ方リマシテ、選擧演說ノ最モ重要ナル一大項目ト致シテ、多數ノ投票ヲ贏チ得ラレタル所ノ法案デアリ、一方ニ於キマシテハ、一昨年來山本農林大臣、三土大藏大臣、此兩大臣ガ三年越シノ確執ノ主因ト致シマシテ、內閣不統一ノ醜態ヲ暴露セシコト一再ニ止ラザル所ノ故事來歷ニ富ム所ノ案デアッテ、現內閣ニ取ッテ頗ル持扱ヒ兼ネタル所ノ案デアリマス、內閣ト致シテハ頗ル持扱ヒ兼ネタ案デアルケレドモ、併シ政友會ト致シテハ有ユル選擧ト云フ選擧ニ於ケル演說ノ一大題目トシテ、醇朴ナル所ノ農民ノ投票ヲ贏チ得タル所ノ其責任上、本案ノ實現ニ努力スベキコトハ、政治道德上當然ナルコトデアルト斷言スルニ躊躇致サナイノデアリマス(拍手)然ルニ會期三分ノ二ヲ經過致シタ今日ニ當ッテ、漸ク其提出ヲ見ルニ至ルト云フコトハ、選擧當時ノ御宣傳ニ對シテ何ト云フ體タラクデアリマスルカ(拍手)元來政黨ノ看板ニ揭ゲラレル程ノ重要ナル所ノ法案ガ、會期ノ三分ノ二ヲ過シタ頃ニ、漸ク閣議ノ決定ヲ見ルト云フガ如キコトハ、眞ニ不誠實不誠意且又不用意極マル所ノコトデアッテ、此哀レナ取扱方ニ依テ案其モノ、價値、卽チ權威モ測リ知ルコトガ出來ルノデアリマス、論ヨリ證據デアリマスル、試ニ其成案ヲ一覽致サレタナラバ、曩ニ世上ニ問ハレタ所ノ此自作農地法案、卽チ農地金庫法案ニ較ベマシテ非常ナ徑庭ガアル、當時山本農林大臣ハ農村救濟ノ國策ヲ樹立スル爲ニ、此自作農地法案ヲ提出スルモノデアルトサヘ壯語セラレタコトヲ私ハ記憶致シテ居リマスル、然ルニ拘ラズ今回提出サレマシタル本案ニハ、其抱負經綸ノ片鱗スラモ認ムルコトガ出來ナイデハアリマセヌカ、要スルニ本案ハ羊頭ヲ揭ゲテ狗肉ヲ售ルモノデアッテ、山本農林大臣ノ面目ノ爲、兎ニモ角ニモ三年越シノ爭論ノ片ヲ付ケタ間ニ合セノ案ニ過ギナイト云フコトハ、一目瞭然ノ事實デアリマス、而モ此骨拔案ヲバ會期切迫致シタ今日俄ニ提出ヲセラレテ、果シテ貴衆兩院ヲ通過スル成算アリヤ否ヤ、先ヅ此點ヲ御伺致サナケレバナラヌノデアル、斯ク私ガ質問ヲ致シマスルト、當局大臣ハ勿論其成算アリト月並的ナ御答辯ガアラウト思ヒマスルガ、月並的ナ御答辯デアッテモ宜シイ、山本農林大臣ノ職責上、其責任上且ツ政治道德上、將來ノ爲ニ此點ヲ確然ト私ハ承ッテ置キタイト思フノデアル(拍手)而シテ更ニ御伺致シテ置カナケレバナラヌ事ハ、農林當局ニ於テハ自作農創設ノ決意ヲ致サレルヤ、一昨年來ヨリ引續イテ今日ニ至ルマデ、案其モノ、內容ガ頗ル杜撰デアッタニモ拘ラズ、其目的ノ美ナルコトヲ奇貨ト致シテ、之ヲ選擧ニ利用シテ遂ニ種々ノ紛爭ヲ釀サレタ結果トシテ、漸ク今日ニ至ッテ此骨拔案ヲ提出サレタコトハ、吾々ヨリ見テ政治道德上許スベカラザル大罪惡デアルト確信ヲ致シテ居リマスルガ(拍手)山本農林大臣ハ率直ニ此點ニ對シテ所見ヲ承リタイノデアリマス、次ニ御伺ヲ致シタイコトハ、山本農林大臣ガ本案提出ノ際ニ述ベラレタ如ク——卽チ本案提出ノ趣旨ニ述ベラレタ如ク、本案ハ小作爭議ノ對策デアルト、斯樣ニ言ハレマシタ、卽チ農林大臣ガ多年御主張ヲナサッテ居ラレル其御主張ニ依リマスレバ、自作農ノ創設ニ依テ小作爭議ヲ解決シテ、而シテ農村問題ニ對シテ根本的ノ政策ヲ確立スル爲ニ、本案ヲ提出サレタノデアルト、斯樣ニ申シテ居ラレマス、然ルニ今回提出ノ此法案ハ、前刻モ申上ゲマシタ通リ、洵ニ規模ノ狹小ナ妥協本位ノ鵺的ノモノデアッテ、而モ當局ノ責任者デアル所ノ農林大臣ヲ度外視シテ、漸ク勝田文相ノ考案ニ成ッタト云フ、山本農林大臣ヨリ見タナラバ、自作農デナクシテ寧ロ他作農デ

アルト云フノガ當然デアルト、吾々ハ考ヘルノデアリマス（拍手） 卽チ最初ノ案ト現在ノ案トヲ對比シテ見マスレバ、三十五箇年ト云フ長星霜ダケハ同ジデアリマスルケレドモ、其資金ニ於キマシテハ、前ニ提出サレタモノハ年額八千万圓デアッタニモ拘ラズ、僅ニ三千万圓ヲ限度トスルト云フ、其半バニモ達セザル所ノ僅少ナル所ノモノデアリマス、而シテ創定セラルベキ所ノ自作農ノ段別ト云フモノハ、最初ノ六十三万町歩ニ較ベテ、是亦其半バニモ達セザル所ノ僅ニ二十六万町歩ト云フ僅少ナモノデアリマス、卽チ小作農地總面積デアル所ノ二百七十八万餘町歩ニ比べマシタナラバ、僅ニ十分ノ一デアル、其一割ニ足ラザルト云フガ如キ、所謂九牛ノ一毛ニ比スベキモノデアリマスルガ、斯ノ如キ貧弱ナル施設ニ依テ、如何ニ農村ニ於ケル所ノ階級闘爭ヲ調和致シ、其根本問題ニ對シテ解決ヲ下シ得ルヤ否ヤ、蓋シ百年河清ヲ待ツト同一デアルト言ハザルヲ得ナイノデアリマス、殊ニ小山君モ質問セラレタ如ク、從來ノ簡易保險積立金ノ運用ニ依ル自作農ノ創設ハ、農家ノ負擔スル所ノ利息ハ三分五厘デアルニモ拘ラズ、本案ハ更ニ一分五厘高イ所ノ、實ニ五分ノ利息ヲ負擔シナケレバナラヌコトニナッテ居リマス、就テハ從來ノ三分五厘ノ利子ヲ負擔致シマシタ場合ニ於テ、此場合ニ於テコソ、十數倍ノ希望申請者ガアリマシタケレドモ、五分利負擔ノ其上ニ、地代ト致シテ四分ノ一ノ現實出資ヲシナケレバナリマセヌ關係上、從前通リ其申請者ハ十數倍ヲ超ユル如キ多數ヲ出サナイト云フコトハ、言フ迄モナキ話デアリマス

〔元田議長議長席ヲ退キ清瀬副議長代リ著席〕

隨テ斯樣ナ負擔ノ下ニ於テ、果シテ小作農カラ自作農ニ進出シ得タ所ノ新タナル自作農者ガ、其現勢力ヲ維持致シマシテ、依然トシテ自作農ノ資格ヲ保ツト云フコトハ頗ル困難デアッテ、折角作上ゲタ所ノ自作農者モ、數年ヲ出デズシテ又々元ノ小作農ニ還元スルト云フ所ノ憂ヲ懷カザルヲ得ナイノデアリマス、卽チ現在ノ農村ハ地主ト云ハズ、自作農ト云ハズ、將又小作農ト云ハズ、總テ行詰リノ狀態デアッテ、農村困憊ノ窮極ニ達シテ居ルト云フコトハ、天下公知ノ事實デアリマス、而モ農作ハ必シモ農村ニ取ッテ福音デナイノデアリマス、農作ニ伴フ所ノ必然ノ結果ト致シテ襲ヒ來ル所ノ米價ノ低落ハ、深刻ニ御互農民ノ生活ヲ脅威致シテ居ルデハアリマセヌカ、吾々ハ平素農村ノ振興ヲ力說セラル、現內閣トシテ、此場合其平素ノ御主張ノ如ク、疲弊困憊ノ窮極ニ達シテ居リマス所ノ農村ヲ救濟スベク、其根本政策ノ確立ヲ期スルト云フコトガ、當然ノ事デアルト考ヘテ居ルノデアル、然ルニ此貧弱極マル所ノ自作農外一二ノ不徹底ナル所ノ提案ヲ爲シタルノミニテ、事足レリトセラレルノハ、向後現內閣ハ農村振興ヲ口ニスルノ資格ナキモノト斷定セラレテモ、蓋シ返ス言葉ハナカラウト思フノデアリマス（拍手）山本農林大臣ハ、農村疲弊ノ結果ト致シテ年々八千町歩乃至一万町歩ノ自作農ノ減少シテ行ク所ノ事實ヲバ、ヨモヤ御存知デナイ筈ハナカラウト思フノデアリマス、又現在ノ小作農ノ思想的傾向ト云フモノハ、耕地ヲ購入致シテ自作農トナルヨリハ、寧ロ小作農トシテ耕作權ノ確立ヲ期シ、斯クシテ他人ノ土地ヲ耕スコトヲ以テ得策ト致シテ居ル所ノ傾向ヲ、是亦御存知ナイ筈ハナカラウト思フノデアリマス、果シテ然ラバ自作農ノ一本槍デハ、到底農村問題ノ根本解決ヲ爲ス能ハザルノミナラズ、一面ヨリ見テ本案ハ時代ニ逆行セル所ノ地主擁護ノ政策デアルト云フ誹ハ免レナイノデアリマス、現內閣ハ何ガ故ニ農村振興ノ根本政策ヲ揭ゲテ、所謂産業立國ノ實ヲ明ニ致サントセラレナカッタカ、或ハ又此貧弱ナル自作農外一二ノ提案ヲ以テ、農村振興ノ根本策トセラレテ居ルノデアルカ、此點ヲ明瞭ニ御答ヲ願ヒタイノデアリマス、最後ニ御伺致シタイコトハ、小山君ヨリ御話ガアリマシタガ、更ニ私ハ自作農ト小作立法トハ互ニ兩立セナケレバナラヌト考ヘマスル關係上、重ネテ此點ヲ御伺致シマスガ故ニ、詳細ナル御答ヲ御願致シテ置キマス、山本農林大臣ハ本案ノ實施ニ依テ小作爭議ノ對策タラシメント云フコトヲ提案ノ趣旨ニ於テ御述ニナリマシタ、併シ吾々ヨリ見タナラバ、斯ル貧弱ナル所ノ自作農ノ創設維持案ヲ以テ、農村ニ於ケル重大ナル社會問題デアル所ノ小作爭議ヲ解決スルガ如キハ、到底出來得ナイコトデアッテ、恰モ竿竹ヲ以テ天上ノ星ヲ叩キ落サントスルノト同樣デアルト私ハ思ハザルヲ得ナイノデアリマス、卽チ假ニ本案ガ支障ナク實行セラレタト致シマシテモ、三十五箇年ノ間ニ僅ニ二十六万二千五百町歩ノ自作農ガ出來上ルノミデアッテ、之ヲ七百二十八万町歩ノ小作農地ノ總段別ニ比較ヲ致シテ見マスルト、僅ニ一割足ラズデアリマス、而シテ他方ニ於テハ先刻モ述ベマシタガ如ク、農村衰退ノ結果ト致シテ年々八千町歩乃至一万町歩ノ自作農ガ減少致シテ參リマスルガ故ニ、此點カラ見タナラバ、三十五箇年後ニ於テハ蓋シ「プラス、マイナス」デアッテ、一方ニ於テハ自作農ヲ助成致シマシテモ、一方ニ於テ時代ノ力ニ依テ自作農ガ減退致シテ參リマスガ故ニ、絕エズ二百七八十万町歩ノ小作農地ガ殘存致シテ居ルト云フコトニナリマス、卽チ耕地ノ總面積ニ對スル所ノ五割五分內外ノ小作地ガ、依然トシテ小作爭議ノ對象トシテ農村ニ殘存サレルト云フ勘定ニナルノデアリマス、故ニ自作農ノ創定維持ヲ行フト同時ニ、此小作爭議ニ對スル根本政策ヲ確立スルコトハ、當然過ギル程當然ナリト申サナケレバナリマセヌ、小作爭議ノ內面的事實ト致シマシテハ、地主ト小作人トガ共ニ困リマスルノミナラズ、小作爭議必然ノ結果ト致シテ農耕地ノ荒廢ト、農産物ノ產額減少トヲ招來致シマスルガ故ニ、國策上ノ見地ヨリ致シテ速ニ基準法ヲ制定致シテ、地主ト小作業者ノ權利義務ヲ明確ニ致シ、爭議紛擾ノ方法ヲ講ジナケレバナラヌノガ當然ノコトデアルト考ヘマス、然ルニ政府ハ之ヲ高閣ニ束ネテ顧ミントハセズ、自作農ノミヲ提出致シマシタコトハ、農村政策ト致シテハ全ク前後ヲ誤マタレタル所ノ處置デアッテ、世上ニ於テ本案ハ地主偏重ノ策デアルト云フ所ノ批評ニ對シテ、吾々ハ強チ無理デナイ批評デアルト感ゼザルヲ得ナイノデアリマス、殊ニ最近ニ於ケル小作爭議ノ狀勢ヲ通覽致シマスルニ、一層吾々ハ左樣ノ感ヲ懷カザルヲ得ナイノデアリマス、ココ數年前ノ小作爭議ハ諸君モ御存知ノ如ク、小作者側ノ團結ノ力ニ依テ絕エズ地主側ヲ壓伏シテ居ッタト云フコトハ事實デアリマス、然ルニ最近ノ趨勢ハ全ク主客顚倒ノ形ト相成ッテ居リマシテ、小作者側ノ勢力ヨリモ地主側ノ勢力ノ方ガ反撥的ニ強クナッタト云フコトハ、動カスベカラザル事實デアリマス、此事實ヲ最モ能ク證據立テルモノハ、土地返還ノ訴訟事件ガ小作爭議ノ發生數ニ比ベマシテ著シク增加シテ居ルコトハ、生キタル證據デアリマス、現ニ昨年ノ秋ヨリ本年ニ掛ケテ、小作爭議ハ例年ニ較ベテ減少ハシテ參リマシタガ、此減少ノ原因ハ我ガ帝室及國家ノ慶典デアル御大典ノ關係、又ハ豐作ノ影響等、其原因ハ種々アリマスガ、其中ニ於テ小作者側ノ勢力ノ衰ヘタコトハ、見遁スベカラザル一大事實デアリマス、卽チ昨年ノ春開カレマシタ所ノ第五回小作官會議ニ於キマシテモ、小作者側ノ勢力ガ衰ヘテ、地主側ノ勢力ガ反撥的ニ增大シテ來タコトヲ明ニ確認サレタ事實ト云フモノハ、諸君ノ記憶ニ新ナル所デアラウト思ヒマス、吾々ハ農村振興ノ爲、此憐レナル所ノ小作業者、僅ナ賠償金ヲ與ヘラレテ永久ニ耕地カラ驅逐サレテ居ル所ノ小作業者ニ對シテ、黨派觀念ヲ離レテ眞劍ニ其對策ヲ講ジナケレバナラヌト考ヘテ居リマス、然ルニ小作業者ノ勢力ガ減退シタコトヲ奇貨トシテ、是等同情スベキ多數農民ノ權利ヲ擁護スベキ小作法ヲ提出シナカッタコトハ、農村振興ヲ口ニスル所ノ現內閣ノ一大失策デアルト私ハ斷ゼザルヲ得ナイノデアル、殊ニ山本農相ハ先般小作調査會ニ於テモ、農地金庫案ノ審議ヲ求メラレタ其際ニ、農地金庫案ヲ議會ニ提出スルト同時ニ、小作法ヲ提案スベシトノ言明ヲ

與ヘラレタト聞キマスガ、果シテ然リトシタナラバ、一體何時小作法ヲ提案セラレルノデアルカ、今日尚ホ提案セラレナイ所ヲ見レバ、小作調査會ニ於ケル言明ト云フモノハ如何ニナツタノデアルカ、農地金庫案ガ全ク骨拔キニサレタ關係上、小作調査會ニ於ケル所ノ言明ヲ抛棄セラレル外ナイトシテ、小作法ヲ提案セラレナカツタノデアルカ、此三點ニ對シテ明確ナル御答辯ヲ要求致シマシテ、私ノ質問ハ是デ打切リヲ致シマス

〔國務大臣山本悌二郎君登壇〕

○國務大臣(山本悌二郎君) 田中君ノ御尋ニ對シテ御答ヲ致シマス、第一ハ御意見デアツタヤウナ御尋デアリマシタガ、曾テ農林省案トシテ世間ニ見エタモノハ八千万圓ノ金ヲ以テヤルト云フモノデアツタガ、今回ノ分ハ金額ハ僅ニ三千万圓ニナツテ、而モ全然骨拔キニナツタト云フヤウナ御説デアリマスガ、少シモ骨拔キニハナツテ居リマセヌ、田中君ハ前ノ所謂農林省案ナルモノモ、今日提案サレテ居ル此政府案モ、恐ラクハ深ク御研究ニナツテ居ラナイ結果、斯様ナ御意見ガ出ルノダラウト思フ、以前農林省案トシテ世間ニ傳ヘラレタモノモ、金額ハ八千万圓デアリマスガ、債務即チ農地金庫ヨリ發行スル債券ヲ以テ、八千万圓宛三十五箇年ノ間資金ヲ供給スルト云フ案ニナツテ居ツタノデアル、今回ノ分ハ同ジク三十五箇年間、金額ハ三千万圓、而シテ預金部ノ資金ヲ主體トシテ、若シ預金部ノ金ガ足リナカツタ時ニハ、此特別會計ヨリ發行スル債券ヲ以テ之ヲ補充シテ、兎ニ角三千万圓宛ハ動カナイ金額トシテ、之ヲ三十五箇年實行シヤウト云フ案ニナツテ居ル、而モ其主體ニ於テ金額ガ違フダケデアツテ、而シテ一方ニ於テハ公債デ、一方ニ於テハ特別會計カラ資金三千万圓ヲ調達スルト云フコトデアツテ、一方ニ於テハ金庫ニ於テ調達スル金八千万圓ト云フダケデアツテ、其骨組ニ於テハ變ツテ居ラナイ、金額ガ減少シタ點ハアリマセウ、併ナガラソレハ周圍ノ經濟狀態、内部ノ財政狀態、之ニ鑑ミテ金額ハ三千万圓ヲ適當ナリト認メテ之ヲ提案致シテ居リマス、併ナガラ是ガ財政關係カラ若シ此以上ニ金額ヲ增加スルコトガ出來マスレバ結構デアリマス、田中君ナドハ成ベク斯様ナモノハ多ク世間ニ出サナイヤウナ方ガ宜イト云フヤウナ、不斷カラノ民政黨諸君ノ御主張デアリマスガ、此三千万圓ニナツタト云フコトハ、寧ロ其御主張ニ合致シタモノデハナイカト思フノデアリマス、是ガ小サイカライケナイ、其主義ニ於テハ賛成デアルガ、金額ガ少クシテ是デハ仕方ガナイダラウト云フナラバ、アナタ方ノ方デ五千万圓ナリ一億圓ナリニ修正シテ下サルナラバ、其時ニ考慮スルコトニ致シマス、ソレカラ斯様ナ規模デハ小作爭議ノ解決ニハ何モナラヌデハナイカト云フヤウナ御意見デアツタヤウデアリマスケレドモ、私ハ此規模デモ相當小作爭議ノ解決ニ資スルコトハ出來得ルト思フノデアリマス、年々七千五百町歩、之ヲ從前ノ分ト合セテ一万町歩宛自作農ヲ設定シテ、即チ今日ノ小作農ヲ自作農ニ直スト云フコトガ出來ルト云フコトデアツタナラバ、是ガ小作爭議ノ解決ニ少シモ資スル所ナシト云フコトハ誰カ言ヘルコトデアリマセウカ、ソレカラ今回ノ制度ハ現行法ニ較ベテ利息ガ高イカラ、隨テ、一旦小作農ヲ自作農ニ直シテモ、再ビ小作ニ墮落シテシマウデアラウト云フヤウナ御尋ガアリマシタガ、是ハ即チ田中君ガマダ能ク御研究ニナツテ居ラナイ結果デアル、小作人ガ年々負擔スル年賦金ト云フモノハ、從來拂ツテ居ル小作料ノ範圍ニ止メテアルト云フコトハ、現行法モ亦今回提案シタル法制モ同ジコトデアル、但シ現行法ニ於テハ補給ガアリマスカラ、年限ガ早ク濟ムト云フノデアル、處ガ此提案ニハ補給ガナイカラ年限ガ長クナルト云フダケデアリマシテ、小作人ノ年々拂フ年賦金ニハ大差ガナイノデアリマスカラ、隨テ是ガ爲ニ再ビ自作農ニ墮落スルト云フ憂ハ決シテナイノデアリマス、又自作ガ年々減少スル場合ニ於テ、斯様ナ法制ハ尙更役ニ立タヌデハナイカ、斯様ナ御意見ノヤウデアリマシタケレドモ、自作農ガ漸次減少シテ來タト云フ現象ハ大正十一年迄デアリマシテ、其後ハ多少ヅヽ、自作農竝ニ自作小作ヲ兼業スル者ノ數ガ增加致シテ居リマス、是ハ管々シイカラ統計ヲ擧ゲテハ此處デ申シマセヌガ、委員會等ニ於テハ數字ヲ示シテ之ヲ御説明申上ゲルコトガ出來ルト思フノデアル、ソレカラ斯ウ云フヤウナ自作農ノ維持創設ト云フ斯様ナ制度ハ、結局地主擁護ニナルデハナイカト云フヤウナ御言葉ガアリマシタケレドモ、是ハ屢〻繰返サレル御言葉デアリマスケレドモ、是ハ能ク御考ヲ願ハナケレバナラナイ、若シサウ云フコトデアツタナラバ、現行ノ簡易生命保險ニ依ル處ノ法制ヲモ抛ツテシマヘト云フ結論ニナルノデアリマス、田中君ナドノ如キハ恐ラク其處迄ノ御考デハアルマイト思フ、サウスレバ決シテ今日ノ現行法ト違ハナイ、唯補給ガ有ルカ無イカト云フダケノ違ヒデアル、此提案シタル處ノ自作維持創設案ト云フモノヲ非難スル道理ハ、其處カラハ生レテ來ナイダラウト思ヒマス、若シ現在ノ此提案シタル所ノ本案ヲ何處迄モ地主擁護デアルカラ斯様ナモノハイケナイト云フコトハ、言葉ヲ換ヘテ言ヘバ、現行制度即チアナタ方ノ時代ニ於テ、若槻内閣ノ時代ニ於テ基礎ヲ定メラレタリト云フ此簡易保險ノ此制度ヲ、アナタ方自身トシテ呪フヤウナモノデアルト云フ結論ニナラザルヲ得ナイノデアル、小作法ヲ何故速ニ制定シナイカト云フコトニ付テハ、是ハ重ネテ申シマセヌ、鈴木文治君ノ御尋ノ時ニ曾テ詳シク御説明申上ゲテ置キマシタカラ、之ヲ繰返スコトハ致シマセヌ、終リニ臨ンデ私ハ一言申上ゲマス、即チ政友會ハ之ヲ以テ天下ニ宣傳シテ、其責任ヲ果ス上カラシテ已ムヲ得ズ斯様ナモノヲ提出致シタ、而モ小サクナツテシマツタケレドモ、己ムヲ得ズ之ヲ提出致シタ、是ハ政治道德ニ反シタモノデアルト、斯様ナ御結論ニナラレタヤウデアリマスガ、私ノ政治道德ト解シテ居ルノハ、田中君ノ政治道德トハ餘程違ツテ居ル、苟モ天下ニ宣言シ、公約シタル問題デアルナラバ、其實現ヲ期スルト云フコトガ、是ガ政治家ノ政治道德ナリト信ズルノデアリマス、其規模ノ大小ノ如キハ其時ノ周圍ノ狀況、經濟ノ狀況、財政ノ狀況ト照シテ適當ノ所ニ之ヲ定メナケレバナラヌ、ソレガ自分ノ思フ通リニナラヌカラト言ツテ、打遣ツテシマウト云フナラバ、ソレコソ政治家ノ政治道德ハ其處ニ破壞サレルノデアリマス

〔田中万逸君登壇〕

○田中万逸君 只今山本農林大臣ヨリ私ノ質問ニ對シテ御答辯ガアリマシタガ、其御答辯ノ中ニ於キマシテ、私ガ本案ト竝ニ農地金庫法案ト、此兩案ニ對シテ研究ヲ致シテ居ナイガ故ニ、私ノ言フガ如キ質問ヲ致シタト言ハレタノデアリマスガ、寧ロ私ヨリシテ見タナラバ、山本農林大臣ハ自己ノ主張通リ政策トシテ爲スコトガ出來ナイデ、遂ニ内閣ノ大紛擾ヲ招イタ結果、勝田文相ノ救濟ニ依テ漸ク本案ガ出來タノデアツテ、寧ロ山本農林大臣ノ方ガ案ノ研究ヲセラレザルモノト謂ハザルヲ得ナイノデアリマス、更ニ又前ノ案ト本案トハ骨組ニ於テ何等相違ハナイ、斯様ナコトヲ言ハレタト共ニ、小山君ニ對シテハ小ハ大ヲ兼ルト云フガ如キ御答辯ヲ爲サツタノデアリマス(笑聲起ル)骨組ニ於テ相違ノナイモノガ、以前ニ於テハ八千万圓ノ主張ヲ致サレタモノガ、今回ノ成案ニ於テハ僅ニ三千万圓トナツタ、又自作農地ノ段別ニ於キマシテモ、六十三万町歩ト二十六万町歩ト非常ナ相違ガアツテ、相違ガアルダケ農林大臣ノ面目ト云フモノガ潰サレテ居ルト云フコトヲ御存知ナイノデアリマス、殊ニ年々一万町歩以上ノ自作農ヲ創設スルコトニ依テ小作爭議ヲ解決スルト言ハレタ、此御答辯ト云フモノハ、洵ニ農村ノ實情ニ御通ジナイ所ノ御議論デアルト申サナケレバナラヌノデアリマス、先刻モ申上ゲマシタ如ク、自作農地ガ貴方ノ御計畫ノ如ク完全ニ達成セラレテモ、僅ニ二十六万町歩デアリマシテ、自作農地總反別ノ十分ノ一足ラズデアリマス、而モ小作爭議ト云フコトハ、經濟上ノ關係ヨリシテ、思想上ノ關係ヨリシテ、年々激

甚ヲ呈シテ居リマス現時ニ於キマシテ、果シテ貴方ノ仰シヤル通リニナリマシタナラバ、私ハ農村ノ爲ニ取ッテハ幸デアルトハ思ヒマスケレドモ、貴方自ラノ人格ニ對シテ斯樣ナコトヲ言ハレルト云フコトハ、深ク惜マザルヲ得ナイノデアリマス、政治道德ニ對シテ、私共ト貴方ノ見解ノ異ニナッタト云フコトハ、貴方ノ御議論デアリマスカラ、之ニ對シテ反駁ハ致シマセヌガ、何卒貴方ハ大臣トシテノ貫祿ヲ保ッテ、農村振興ノ爲ニ眞劍ナル御努力ヲセラレンコトヲ、御希望ヲ茲ニ申上ゲマシテ質問ヲ打切リマス

○副議長(清瀨一郎君)　鈴木文治君

〔鈴木文治君登壇〕

○鈴木文治君　自作農ノ創設維持ニ關スル本法案ハ、今期議會ニ提出セラレタル政府ノ諸法案中ニ於テ、最モ重要ナル所ノ一ツデアルト信ズルノデアリマス、隨テ此法案ノ審議ニ當リマシテハ、固ヨリ愼重ニ當ラナケレバナラナイノデアリマシテ、私モ亦本法案ノ御提出竝ニ其說明ヲ承リマシテ、御尋ヲ致シタイト思ヒマスコトハ頗ル其數ガ多イノデアリマス、併ナガラ既ニ私以前ニ質疑セラレタル所ノ御兩君ノ御質疑、竝ニソレニ對スル政府當局ノ御答辯等ヲ伺ヒマシテ、大分私ノ御尋致シタイト思ヒマスコトノ質疑應答ハ終ヘタヤウナ感ジガ致スノデアリマス、ノミナラズ事柄ガ事柄デアリマスカラ、唯斯ノ如キ本會議ノ議場ニ於テ質疑應答ヲ試ミルト云フコトヨリモ、寧ロ微細ナ質問ニ付テハ、詳細ニ亙テ委員會ニ於テ御尋スル方ガ其當ヲ得テ居ルト考ヘルノデアリマスカラ、私ハ唯極メテ簡單ニ、前質疑者ノ質疑セラレマシタコト、成ベク重複ヲ避ケマシテ、唯三點ダケニ付テ其要旨ヲ申述ベテ、御答辯ヲ御願致シタイト思フノデアリマス、私ノ御尋致シマスル第一點ハ、本法案ヲ御提出ニナリマスル本來ノ趣旨ニ付テ御伺致シタイノデアリマス、是ハ先刻農林大臣自ラ一應ノ御說明ガアリマシタケレドモ、尙ホ私ノ滿足シ得ナイ點ガアルノデアリマスカラ、重ネテ御尋申上ゲタイノデアリマス、卽チ本法案ヲ御提出ニナリマシタ趣旨ハ、一般的ニ且ツ槪括的ニ昨今ノ農村ノ疲弊ヲ救濟シヤウトスル、所謂農村振興策ニ出デタノデアルカ、抑〻又小作爭議ノ頻發ノ情勢ニ鑑ミテ、是ガ對應策トシテ、小作人ノ地位ノ救濟、其引上ト云フコトヲ目的トセラレタモノデアルカト云フコトヲ御伺致シタイノデアリマス、勿論是ハ兩者相關聯シテ居ル事デハアリマスルケレドモ、本法案ニ於テ重點ヲ置カレタル所ガ何處ニアルカト云フコトヲ、先ヅ明ニ致シテ置キタイト思ヒマス、若シ小作人ノ地位引上、其窮狀ヲ救濟シ、小作爭議ノ對策ニ備ヘヤウトスルコトデアリマスルナラバ、本法案ニ依テ果シテ能ク其目的ヲ貫徹シ得ルヤ否ヤ、私ハ頗ル疑ニ堪ヘナイ者デアリマス、ト申シマスル理由ハ、長々シイ說明ハ省略ヲ致スノデアリマスルガ、先般私ハ本議場ニ於テ一般質疑ヲ致シマスル際ニモ、此點ハ申上ゲタノデアリマスルガ、私ハ本法案ヲ御提出ニナルニ付キマシテハ、其前提ノ條件トシテ、先行條件トシテ、若クハ本法案ト同時ニ小作立法ニ關スル御提案ガナケレバナラナイ筈デハナイカト私ハ考ヘルノデアリマス、私共ノ見ル所ニ依リマスルナラバ、政府ハ如何ニ御考ニナルカ分リマセヌガ、今日小作爭議ガ頻發ヲ致ス、小作爭議ガ激甚ヲ致シテ參リマスコトノ抑〻ノ理由ハ二ツアルト思フノデアル、一ツハ卽チ小作料ガ依然トシテ尙ホ不當ニ高率デアルト云フコトデアル、私ハ敢テサウ申上ゲルノデアリマスルガ、詳シイ引例ハ省略致シマスルケレドモ、是ハ公正ナル學者ガ色々ト研究致シマシタ結果、日本全國ノ小作料ニ付テハ、尙ホ二割乃至三割位引下ゲ得ベキ餘地ガアルト云フコトヲ明ニ致シテ居ルノデアリマス、又是ハ吾々自身始終當面シテ居ル所ノ事柄デアルノデアリマシテ、此小作料ガ尙ホ依然トシテ不當ニ高率デアルト云フコト、今一ツハ耕作權ト云フモノガ十分ニ確立セラレテ居ナイ、卽チ小作料ノ高率デアルト云フコト、耕作權ガ十分ニ確立ヲシテ居ラナイコト、此二ツノ事ガ所謂小作爭議頻發ノ恐ラクハ最大ニシテ絕對ノ原因デアルト考ヘザルヲ得ナイノデアリマス(拍手)是ガ故ニドウシテモ茲ニ小作立法ヲ急ガナケレバナラナイノデアル、小作立法ヲ完成スルコトニ依テ、地主對小作ノ關係ヲ公正ニ處理シ、耕作條件ヲ調整シ之ヲ公正ニスルト云フコトハ、小作爭議對策ノ根本的條件デアルト私ハ確信スルノデアリマス、此問題ヲ先ヅ解決致シマスルナラバ、或ハ本法案ノ如キヲ御出シニナル所ノ理由モ、或ハ薄ラグカモ知レナイ、或ハ三千万云々ノ問題モ起ラズニ濟ンダカトモ思フノデアル、併シ此根本ノ問題ニ付テハ、過日モ農林大臣ノ御答辯ニ依リマスレバ、目下デ尙ホ調査審議ヲ進メテ居ルト云フコトデアリマシタケレドモ、如何ニシテ何時頃此小作立法ノ問題ニ付テ纏ッタ御考ヲ御持チニナッテ、立法ノ形ニセラレル御積リデアルカト云フコトニ付テハ、御伺スルコトガ出來ナカッタノデアリマスガ、私ハ是ガ卽チ根本ノ問題デアルト思フノデアリマス、私ハ少クトモ此小作立法ノ問題ガ先ニ出テ、或ハ少クトモ一緒ニ出ナケレバナラナイモノト思フノデアリマシテ、此小作立法ノ問題ト、只今ノ所謂此自作農創設ノ問題ト、相乖離スルモノデハアリマセヌ、寧ロ相進ンデ行クベキモノダト思フノデアリマシテ、サウスルノデナケレバ、私ハ小作爭議ノ對策ト云フモノハ當ヲ得タル途ヲ講ズルコトハ出來ナイモノダト信ズルノデアリマス、政府ハ小作爭議ノ問題ニ對シテ、小作立法主義ト云フモノヲ、自作農創定主義ト云フモノヨリモ輕シト云フ御考ヲ御持ニナッテ居ルノデアルカ、果シテ然リト致シマスナラバ、小作爭議ノ解決ノ如キハ、前途益〻困難ヲ來スモノト考ヘザルヲ得ナイト思フノデアリマス、此點ニ對スル政府ノ御所見ヲ御伺致シタイノデアリマス、ソレカラ第二點ハ、是ハ先刻來段々質疑應答ガ繰返サレテ居ルコトデゴザイマスケレドモ念ノ爲ニ重ネテ唯簡單ニ御伺致シタイノデアリマスルガ、本法案ヲ解釋致シテ見マスルト、是ハ國家及小作人ノ負擔ニ依テ、結局ニ於テ地主ヲ保護スル結果ニナリハスマイカト云フ疑ヲ、依然トシテ私ハ懷カザルヲ得ナイノデアリマス、何故カト申シマスルト、耕地ノ價格ト云フモノハ御承知ノ通リ近年段々下ッテ參ッテ居リマス、大正八年ノ頃迄ハ騰貴ノ一方デアリマシタガ、大正八年頃ヨリ以後ハ段々下ッテ參ルノデアリマス、然ルニ茲ニ政府ガ每年三千万圓ト云フ巨額ノ費用ヲ出シマシテ、自作農ノ維持創定ニ當ラウト云フコトニナリマスルナラバ、所謂耕地ノ下ッテ來ル傾向ト云フモノハ止マルノデアリマス、止マリマスルノミナラズ、寧ロ將來ニ於テハ、耕地ノ價格ハ上ッテ行クノデハナイカト思フノデアル、是ハ私共ノ素人流ノ考デアルカモ知レマセヌケレドモ、經濟ノ原則デナカラウカト考ヘルノデアリマス、サウ致シマスナラバ　將來ハ段々價格ガ下ッテ來ルニ隨ッテ、小作料ト云フモノガ漸減ノ傾向ガアリ、段々小作料ガ下ッテ參リマシテ、小作人ノ負擔ガ減ッテ行クニ拘ラズ、茲ニ政府ガ年々三千万圓ノ金ヲ支出セラレテ、前後三十五箇年ニ亙ッテ御支出ニナルノデアルト致シマスナラバ、私ハ結局ニ於テ小作人ガ將來ニ於テ得ベキ所ノ耕地ノ低下ニ依テ、小作人ハ不當ノ損害ヲ受ケルモノデハナイカト私ハ思フノデアリマス、此點ニ付テ疑ヲ質スノデアリマス、間違ガナケレバ結構ナノデアリマス、隨テ先刻來モ屢〻質問應答セラレタノデアリマスガ、斯ウナッテ參リマスト、結局所謂地主ノ土地賣逃ゲ云々ノ問題ニ迄及バザルヲ得ナイコトニナルノデアリマス、今日御承知ノ通リ、小作爭議ノ刺戟ノ然ラシムル所デアルカドウカ知レマセヌケレドモ、地主ハ所謂土地ヲ持餘シテ居ル者ガ多クナッテ來タノデアリマス、又地主ノ土地ノ價値ニ對スル觀念モ段々變ッテ參リマシテ、國家的ノ觀念、歷史的ノ觀念カラ土地ヲ所有シテ居ラウト云フノデハナク、土地ヲ所有シテ居ルコトヲ一種ノ收益ノ客體トシテ考ヘテ居ルヤウナ傾向ガ段々多クナッテ來タト云フコトハ、明瞭ナル事實デアラウト私ハ

信ズルノデアリマス、斯ウ云フヤウナ傾向ガアルノデアリマスカラ、斯ノ如キ傾向ガアル際ニ、卽チ三千万圓カラノ金ヲ年々出シテ、所謂自作農ヲ創定スルコトニナリマスナラバ、結局所謂小作人ノ將來耕地ノ低下ニ依テ得ベキ利益ヲ奪フコトニナリハシナイカト云フコトヲ思ハザルヲ得ナイノデアリマス、是レ卽チ此法案ト云フモノニ付テ政府ハ其點ヲ御考デアルカドウカ知レマセヌケレドモ、結局ニ於テ地主ノ土地賣逃ゲト云フモノヲ保護スル結果ニナリハシナイカト云フ疑ヲ持タザルヲ得ナイノデアリマス、第二ニハ、本法案ニ依リマシテ、小作人ノ負擔ト云フモノガ却テ益〻殖エテ參リマシテ、小作人ヲ窮地ニ陷レル結果ニナリハシナイカト云フコトヲ憂フルノデアリマス本法案ニ依リマス所ノ年賦償還金ノ割出方法ハ、何ヲ標準トシテ御決メニナッタノカ知レマセヌケレドモ、世間傳フル所ニ依リマスナラバ、現行法ノ大體ノ小作料、是ハ先刻農林大臣ノ御答辯ノ中ニモアッタヤウデアリマスガ、現行ノ小作料ト云フモノヲ標準トシテ土地ヲ所有スルコトニナッタナラバ、小作人ガ地租其他ノ公課及地方ノ諸費用ト云フモノヲ負擔シテモ、現在ノ小作料ト云フモノヲ納メテ行クナラバ、結局三十五年ノ後ニ確實ニ土地ノ所有權ヲ獲得スルコトガ出來ルヤウニスルノダト云フ御說明ノヤウニ伺ッタノデアリマスガ、然ラバ是ハ先刻ノ話ト關聯スルヤウニナルノデアリマスガ、而モ今日ニ於テハ低落ノ傾向ニ向ッテ居ル、小作料モ低落ノ傾向ニ向ッテ居ル、又學者ノ說ヲ聽キマシテモ、小作料ニ於テハ尙ホ遞減ノ餘地ガアルヤウニ聞イテ居ルノデアリマス、然ルニ本法案ニ依リマスト、三十五年ノ將來ニ亙ル所ノ小作料ノ問題ヲ、今日ノ程度ニ於テ決メテシマウノデアル、サウ致シマスト地價ノ低落ニ依ル所ノ土地ヲ獲得セントスル所ノ小作人ノ利益、小作料ノ低落ニ依ル所ノ小作人ノ將來ノ利益ト云フモノガ、全然本法案ニ依テ犧牲ニ供セラレル結果ニナリハシナイカト思フノデアリマス、斯ウ云フ風ニナル上ニ、小作人ト云フモノハ從來ハ小作人トシテ田モ畑モ持タナイモノデアリマスカラ、所謂水吞百姓ト云フ立場カラ致シマシテ、所謂色々ノ費用、交際費ト云フモノモ掛ラズニ濟ンデ居ッタモノガ、土地ヲ所有致シマスレバ土地ノ所有者トシテノ立場カラ、色々ナ負擔ヲシナケレバナラヌコトニナル、只今迄ノ小作料デモ之ヲ納メルコトガ困難デアリマスガ故ニ、小作爭議ト云フモノガ頻發致シマシテ、國家社會全體ノ大問題トナッテ居ルコトハ申上ゲル迄モナイノデアル、而モ此上ニ尙ホ小作人ノ負擔ガ――金額ハ大シタモノデハナイカモ知レマセヌガ、小作人階級ノ負擔トシテハ可ナリ重イ負擔ガ將來土地ヲ所有スル爲ニ殖エテ參リマス、ナラバ、今日スラ窮狀ニ陷ッテ居ル小作人ト云フモノハ、將來益〻窮地ニ陷リハシナイカト云フコトヲ思ハザルヲ得ナイノデアリマス、斯ウ致シマス上ニ、又所謂定期ニ於テ年賦償還金ヲ支拂フコトガ出來ナイ、色々ナサウ云フ風ニ故障ガ起リマシタ場合ニ於テハ、或ハ土地ヲ取上ゲラレルトカ、外ニ賣渡サレルト云フヤウナコトニナッテ參リマスト、折角小作人ガ土地ヲ欲シイ爲ニ色々ノ算段ヲ致シマシテモ、本法案ニ依テ土地ヲ求メヤウト致シマシテモ、確實ニ土地ノ所有權ヲ獲得スルコトガ出來ナイヤウニナリマスナラバ、從來地主對小作人ノ間ニ起リツ、アル所ノ階級的反感、憎惡ト云フモノガ、驅テハ是ガ國家ニ轉嫁サレル結果ニナリハシナイカト云フコトヲ虞レルノデアリマス、斯ウ云フ風ニナリマスナラバ、是ハ農村ノ實情ヲ御承知ノ御方ハドナタデモ御考ニナッテ居ルコトダト私ハ思ヒマスガ、今日ノ農村ノ疲弊困憊ノ狀態ト云フモノハ、サラデダニ農民ノ心理ヲシテ惡化セシメントスル傾向ガアル、斯ウ云フ實狀ニ在ルノデアリマスカラ、若シ將來杞憂デアルナラバ結構デアリマスケレドモ、サウ云フ風ニナリマシタナラバ、國家ノ爲ニ非常ニ由々敷大事デアルト信ズルノデアリマスガ、此點ニ對シテ政府ハ如何ナル御考ヲ持ッテ居ルノデアリマスカ、御伺致シタイノデアリマス、以上三點ニ付テ政府ノ御答辯ヲ求ムル次第デアリマス

○副議長（清瀨一郞君） 山本農林大臣

〔國務大臣山本悌二郞君登壇〕

○國務大臣（山本悌二郞君） 鈴木君ノ御尋ニ對シテ御答ヲ致シマス、本案立案ノ趣意ハ元來何レニ在ルノデアルカ、農村振興ト云フコトデアルカ、或ハ小作爭議解決ノ爲デアルカト云フヤウナ御尋デゴザイマシタガ、大體ニ於キマシテ小作爭議ノ解決ト云フガ如キコトハ、鈴木君モ再三御話ノアル通リ、是ハ小作立法ニ俟タナケレバナラヌト思ッテ居リマス、小作立法ヲ政府ガ今ヤ鋭意研究中デアルト云フコトハ、前回鈴木君ノ御尋ニ對シテ申上ゲテ置イタヤウナ次第デアリマスルガ、之ヲ何時提出スルカト申セバ、今回ノ議會ニハ間ニ合ヒマセヌケレドモ、近キ機會ニ於テ之ヲ提出スルマデノ運ビニ致シタイト云フ誠意ヲ持ッテ居リマス、而シテ本案ノ目的ハ、大體ニ於テ無論生產狀態ヨリ見タル農村振興ニ在ルコトハ、申スマデモナイノデアリマスルガ、其結果ト致シテ、小作爭議ニモ相當良好ナル結果ヲ齎スト云フコトヲ、當局ハ信ジテ居ルノデアリマス、ソレカラ地價ハ將來下落スベキモノデアリ、又下落スベキ傾向ヲ持ッテ居ルノデアルガ、ソレヲ今日ノ地價ヲ以テ、之ヲ小作人ニ取得セシムルト云フコトニナッタナラバ、是ハ卽チ地主ヲ得シテ小作人ヲ損セシムルモノデハナイカト云フヤウナ御尋ガゴザイマシタガ、地價ハ大正八年ノ非常ナル暴騰ノ後ヲ受ケテ、大正九年ニ非常ニ下落ヲ致シタ、其以降ハズット今日ニ至ルマデ、大體平衡ヲ保ッテ居リマスルノデ、之ガ將來大ニ下落シヤウト云フガ如キコトハ、當局トシテハ未ダ考ヘテ居ラナイノデアリマス、第三ニハ、小作料モ同ジタ將來下落スル、低下スル傾向ヲ持ッテ居ルガ、ソレヲ今日ノ小作料ヲ以テ直ニ賣買ノ契約ヲ結バセルト云フコトデアッタナラバ、是亦小作人ヲ苦メルモノデハナイカト云フ御尋デアリマシタガ、小作料ガ低下シテ行タト云フコトニ付テハ、當局ニ於テハ未ダ確タル根據ヲ以テ小作料ガ低下シテ行タノデアルカラト云フ豫定ノ下ニ、茲ニ法制ノ考ヲ定メルト云フ譯ニハ參ラヌノデアリマス、私共ト致シマシテハ、大體小作料ノ問題ハ、小作爭議ノ解決如何ト云フコトニ係ル問題ト思ヒマスカラ、小作立法ト相伴ウテ是ガ適當ノ程度ニ落著クモノト信ジテ居リマス

○鈴木文治君 尙ホ不滿ノ點ハゴザイマスルケレドモ、巨細ノ點ニ亙リマシテハ、委員會ニ於テ御尋申上ゲタイト思ヒマス、是ニテ私ノ質問ハ打切ト致シマス

○副議長（清瀨一郞君） 栗原彥三郞君

〔栗原彥三郞君登壇〕

○栗原彥三郞君 只今上程セラレテ居リマスル自作農創設維持助成基金特別會計法案ト云フ非常ニ長イ案ニ付テ、詳細ナル質問ヲ試ミタイト考ヘテ居ッタノデアリマスルガ、先輩小山先生、田中先生、其他鈴木君ノ質問等モアリマシテ、大體私ノ問ハント欲スル所ヲ御問ニナッテ居リマスルガ故ニ、私ハ極ク簡單ニ三四點ダケ御質問申上ゲタイト思フノデアリマス、此機會ニ於テ特ニ諸君ニ一言申シテ置キタイ事ハ、白魚ノヤウナ手ヲシテ勞働問題、或ハ農村問題ヲ說ク者ヨリ、私ノヤウニ胼胝ダラケノ手ヲシテ、長イ間農業勞働ニ從事致シ、粒々辛苦ノ體驗ヲ持チ、農民ノ利福ノ爲ニ戰ハントスル者ノ痛切ナル叫ヲ、御聽キ願ヒタイト云フコトデアリマス（拍手）自作農ガ年々小作農ニナリ、或ハ農業勞働者トナッテ行ク者ノ數ガ、非常ニ多イコトハ、一面ニ於テ何等ノ目的モナク、都會ニ集ッテ來ル勞働者ガ多クナル結果トナリマシテ、或ハ失業問題ノ上カラ、都市政策ノ上カラ、總テノ點カラ考ヘマシテ、國家ノ爲ニ憂慮ニ堪ヘナイ事デアリマス、併ナガラ此自作農ガ年々減少シテ行クト云フ此事實ニ對シテ、如何ナル方法ヲ以テ之ヲ保護シテ行クカト云フ事ニ付テハ、私ハ農業保險ノ制度ヲ實施スルヨリ外ニ途ガナイト云フコトヲ確信致シテ居ル者デアリマス（「ソレハ質問デアリマスカ」ト呼フ者アリ） 立派ナ質問デアリマスカラ

御聽キ下サイ、私ハ農村ニ生レ、長イ間農業勞働ニ從事致シテ居リマシタ關係カラ、自作農ガ自作農タルノ地位ヲ維持スル爲ニ拂フ所ノ苦心ト、努力ニ對シテハ、自カラ經驗ヲ致シテ居ル所ノ一人デアリマス、而シテ農村ニ於テ自作農ガ滅ビテ行ク所ノ狀態ヲ研究致シマシテ、又歐羅巴ニ於ケル農業保險發達ノ徑路ニ照シマシテ、我國ニ於テモ農業保險ヲ是非實施シナケレバナラナイト云フコトヲ痛感致シテ居ル者デアリマス(「質問デアリマスカ」ト呼フ者アリ)質問デアリマス、農業保險ヲ一度實施セラレマシタナラバ、自作農ガ滅ビテ小作農ニナリ、農業勞働者トナルト云フ憂ガ、全ク除カレルバカリデナク、只今上程セラレテアリマス所ノ、自作農創設案ガ實施セラルヽヤウニナルガ爲カハ分リマセヌガ、假ニ實施セラレタト致シマシテモ、小作農カラ自作農ニ漸ク引上ゲタモノガ、再ビ田畑ヲ失フテ小作農ニナルト云フ心配ガナイノデアリマスルガ、若シ農業保險ノ制度ガ實施セラルルト云フコトデナケレバ、萬ガ一ニモ此法案ガ通ッテ、此法案ノ實施ニ依テ、自作農ガ澤山出來マシテモ、農業上ノ不慮ノ災害、或ハ病氣或ハ火災、或ハ兵役ニ服シテ農業ヲ爲スコトガ出來ナクナッタト云フヤウナコトデ、忽チ田畑ヲ失ヒ、家ヲ失ヒ、小作人トナル、更ニ零落シテ農業ノ日傭人トナル、已ムヲ得ズ故郷ヲ離レテ勞働生活ヲシナケレバナラナイト云フヤウニナルノデアリマス、政府ハ既ニ農業保險ノ一部デアリマス所ノ家畜保險法ヲ提案シ、又林業保險ヲ提案スルト云フ御考ヲ以テ、現ニ各府縣ニ對シテ、林業保險實施ノ考ヲ以テ、林業保險ニ對スル豫備的知識ヲ命ジテアルノデアリマス、自作農維持ノ上ニ唯一無二ノ有效ナル制度デアル所ノ、又本案ト姉妹關係ヲ持タナケレバナラヌ所ノ、保險制度ヲ御提案ニナラナイト云フノハ、抑、如何ナル理由デアルカ、是ガ私ガ政府ニ問ハントスル所ノ第一ノ質問デアリマス(「早クヤレ早クヤレ」ト呼フ者アリ)……農業保險ナドニ付テ御知識ヲ持ッテ居ラナイ所ノ方ゝガ、餘リ大キナコトヲ言ハナイヤウニ御願致シマス――今ヤ世界ヲ通ジテ失業問題ニ惱マサレナイ國ハナイノデアリマスルガ、列國ノ植民政策モ亦甚シク行詰リマシタ結果、何レモ內地植民ニ腐心シツヽアル所ノ狀態デアリマスガ、我國ニ於テモ、外ニ適當ナル植民地ヲ得ルコトガ出來ナイ以上ハ、失業問題ニ關シマシテハ、世界ノ現勢ニ顧慮致シマシテ、內地植民ニ付テ相當ノ考慮ヲシナケレバナラナイノデアリマス、ソレヨリ更ニ大切ナルコトハ、農村ヨリ失業者ヲ出サナイト云フコトデナケレバナラナイト考ヘルノデアリマスガ、政府ハ開墾助成法ニ依テ耕作地ノ擴張ヲ圖リ、機械農業獎勵ニ依テ、農村經濟ノ改善ヲ圖ラントヤラレテ居ルノデアリマスガ、食糧問題ヤ農產物ノ生產費等ノ點カラスレバ、是亦無理ナラヌコトデハアルガ、今日ノ農村ニモット適切ナル所ノ問題ハ、現在ノ農民ヲシテ其生活ヲ安定セシムルト云フコト、即チ細ゝナガラモ、現在ノ農民ヲシテ安心ヲシテ、現在ノ農村生活ヲ繼續シテ行クコトノ出來ルヤウナ、方策ヲ講ズルト云フコトデナケレバナラナイノデアリマス、是ハ我國現下ノ農村社會問題ニ對スル最モ緊要ナル施設デアリマスルガ、農家ノ經濟ヲ安定シ、農民ヲシテ安心シテ農村生活ヲ繼續セシメ得ルノハ、實ニ農業保險制度ノ實施ノ外ハナイト信ズルノデアリマス、政府ハ農業保險ヲ實施スルノ御考ハナイカ、是レ私ノ質問ノ第二點デアル、政府ハ本法ノ施行ニ依テ三千万圓迄ノ資金ヲ投ジテ、多數ノ自作農ヲ創設セントスルノデアルガ……

(此時發言スル者多シ)

○副議長(清瀨一郎君)　靜肅ニ願ヒマス

○栗原彥三郎君(續)　本法ノ御陰ニ依テ(「原稿ヲ讀ムナ」ト呼フ者アリ)――讀マナクテモ出來ルノデアルガ、便宜上讀ムノデアルカラ、諸君ガ長クヤレト言ヘバ、聊カ研究シテ居ル所ガアルカラ、何時間デモヤレマスカラ御安心ヲ願ヒマス――政府ハ年年三千万圓或ハソレ以上ノ金ヲ掛ケテ、多數ノ自作農ヲ作ラントセラルヽノデアリマスルガ、然ラバ如何ナル方法ニ依テ此自作農ヲ保護シテ行カウト云フノデアリマスカ、農業ハ皆様モ御承知ノ通リ、他ノ商業ヤ工業トハ違ッテ、家ノ中デ作業スルコトノ出來ナイ仕事デアリマス、廣イ野原ニ於テ作業シナケレバナラナイモノデアリマスカテ、或ハ風ノ害、或ハ水害、或ハ旱害、或ハ蟲ノ害、或ハ雹ノ害、或ハ霜ノ害、或ハ雪ノ害等、色ゝノ害、即チ氣象上ノ不慮ノ災害ニ依テ非常ナル禍ヲ被ムルモノデアル、又是バカリデナク働イテ居ル所ノ其主人公ガ病氣ニ罹リ、或ハ入營ヲスルト、斯樣ナコトニ依テ農業ヲ爲スコトガ出來ナイト云フヤウナ場合ガ澤山ニ生ズルノデアリマス、此場合ニ於テ折角拵ヘマシタ所ノ自作農ガ其生活ヲ維持シテ居ルコトガ出來ナイ爲ニ、再ビ小作農トナリ、或ハ農業勞働者トナリ、更ニ零落致シマスレバ流浪勞働者トナラナケレバナラナイノデアリマスルガ、折角多クノ小作農ヲ拵ヘマシテモ、之ヲ保護シ之ヲ維持スル所ノ方法ガ講ゼラレナケレバ、佛造ッテ魂ガ入ラナイト云フ結果ニナルノデハナイカ

(此時發言スル者多シ)

○副議長(清瀨一郎君)　靜肅ニ願ヒマス

○栗原彥三郎君(續)　是レ私ガ政府ニ問ハントスル所ノ第三點デアリマス、モウ一點政府ニ御伺シナケレバナラナイコトハ、彼ノ足尾銅山ニ於ケル鑛毒ノ爲ニ、其損害ヲ被リツヽアリ、或ハ又近キ將來ニ於テ非常ナル禍ヲ被ラナケレバナラナイ所ノ利根川、渡良瀨川沿岸ニ於ケル栃木、群馬、埼玉、茨城、千葉、東京、一府五縣十五郡ニ於ケル七八万町步ニ涉ルアノ土地ニ對シテモ政府ハ自作農ヲ拵ヘヤウトスルカ否カト云フコトヲ御伺シタイノデアリマス

(此時發言スル者多シ)

○副議長(清瀨一郎君)　靜ニ

○栗原彥三郎君(續)　諸君、足尾銅山ニ於ケル鑛毒ノ狀態ガ如何ナル狀態ニアルカト云フコトヲ簡單ニ申上ゲマシテ、諸君ノ御參考ニ供シマセウ(「參考トハ何ダ」ト呼フ者アリ)今足尾銅山ニ於ケル所ノ鑛毒ノ狀態ハ、煙毒ト鑛毒トノ二ニ因ッテ非常ナル災ヲ受ケテ居ルノデアリマスルガ(「ソレガ質問カ」ト呼ヒ此時發言スル者多シ)諸君靜ニ聽キ給ヘ――足尾銅山ニ於ケル所ノ鑛毒ノ現狀ヲ申上ゲマスルナラバ……

(「ソンナ事ヲ申上ゲナクテモ宜イ」ト呼ヒ其他發言スル者多シ)

○副議長(清瀨一郎君)　靜肅ニ願ヒマス

○栗原彥三郎君(續)　足尾ニ於テ毎日其鑛業ニ依テ非常ニ猛烈ナル毒ガ少クトモ一日ニ七八百坪若クハ千坪內外宛、非常ニ猛烈ナル毒泥、或ハ毒砂礫ガ出ルノデアリマシテ、是ガ明治三十年七月二十五日時ノ鑛山監督局長南挺三カラ鑛業主古河市兵衞ニ對シテ指令ヲ發シタ所ノ豫防命令ニ依テ……(此時發言スルモノ多シ)鑛毒――堆積場ニ溜ッテ居リマスル所ノ毒ノ數量ハ、其當時ニ於テ三百五十万立方坪ニ達シテ居ルノデアリマス、其毒ガドノ位猛烈ナ毒デアルカト言ヘバ、明治三十年ニ堆積シテアッタ所ノ毒ハ、既ニ二十年三十年ノ間、雨ニ曝サレタリ風ニ曝サレテ居ルニ拘ラズ、今日ノ……(此時發言スル者多シ)非常ニ猛烈ナル所ノ毒デアリマス、此毒ガ足尾銅山ノ中段デアル所ノ即チ渡良瀨川ノ水源地デアル所ニ、少クトモ三百五十万立方坪以上ノモノガ積重ッテアルノデアルガ、是ガ一朝流レ出シテ來マスレバ、栃木、群馬、埼玉、茨城、千葉、東京、一府五縣十五郡ハ悉ク毒砂漠トナッテシマウノデアリマス、如何ニ政府ガ努力ヲ致シマシテ自作農ヲ創設致シマシテモ、其方面ニ創設致シマスコトハ此雨雪、山津浪或ハ大洪水等ニ依テ二年、三年、五年、十年ノ後ニ當然受ケナケレバナラヌ、此非常ナル被害ヲ受ケマシタナラバ、何モナラナクナッテシマウデハアリマセヌカ、政府ハ其目前ニ非常ナル被害ヲ見ツヽ、アル所ニ、曾テ發シタル鑛毒被害地トシテ豫定サレル其方面ニ對シテ、自作農ヲ創設スル御考ガアルカドウカト云フコトヲ御聞致シタイノデアリマス、尚ホ最後ニモウ一ツ御尋致シタイコトハ、自作農ト云フモノハ永年ノ間新聞紙上ヲ賑ハシタ所ノ重大ナル問題デ

アリマスガ故ニ、私ハ政府ノ提案サレル所ハ少クトモ人ヲ驚カスニ足ル位ノ、非常ニ立派ナ案デナケレバナラヌト考ヘテ居ッタノデアリマス、然ルニ其提案スル所ヲ見マスルト、僅ニ八箇條、昔ヘ法三章ト云フコトガアリマシタガ、此僅ニ八箇條ニ於テ農村社會政策ヲ實行シ、之ニ依テ農村ヲ安定シ、農民ヲシテ安心セシムルヤウナ大抱負ノ實行ガ出來ルト農林大臣ハ御考ニナッテ居ルノデアリマスカ、年々三千万圓以上ノ金ヲ使ッテ行クト云フ大キナ説明ハアルガ、ドウ云フ風ニ使フノカト云フ細カイコトハ一ツモ御示ニナッテ居ラナイ、卽チオ前達議員ハ、俺ガ借金ヲスルカラ連帶保證人ニナレ、併シ其金ハ吾々ガ勝手ニ使フノデアルト、斯ウ云フ法案デアリマス、斯樣ナ亂暴狼藉ナ法案、卽チ昔ハ由ラシムベシ知ラシムベカラズト云フコトガアッタガ、今日其筆法ヲ應用シテ言ヘバ、細カイコトハ皆勅令ニ由ルノデアル、卽チ議員ハ借金ノ保證人ニナレ、金ハ此方デ使フノデアルト、斯樣ナ案ヲ御出シニナルコトハ、御無理デハナイカ如何カト云フコトヲ御聞キスルノデアル、吾々ハ地方ヘ參リマシテ何ガ故ニアノ案ニ贊成シタカト云フコトヲ問ハレマシテモ、コンナモノニ贊成シタト云フコトハ出來ナイノデアルカラ、寧ロ政府ハ斯樣ナ案ハ引込マセテ、モット綿密詳細ナル案ヲ出シテ、本當ニ吾々ガ喜ンデ協贊シ得ルヤウナモノヲ出ス御考ガ有ルカ無イカト云フコトヲ御尋致スノデアリマス、以上私ノ質問シタ四點ニ付キマシテ、十分ナル御答辯ヲ下サルヤウ御願致シマス

（國務大臣山本悌二郎君登壇）

○國務大臣（山本悌二郎君）　只今ノ御尋ニ御答致シマス、第一ノ御尋ハ、農業保險ノ方ガモット大切デハナイカ、自作農法案ヲ出スニ先ッテ、若クハ之ト同時ニ、農業保險法ヲ制定スル必要ガアルデハナイカト云フ御尋デアリマスガ、既ニ畜産保險法ヲ本年提案致シテ居リマス、森林保險ニ付キマシテハ今殆ド成案ヲ得テ居リマスケレドモ、此議會ニ提出ヲスル迄ニハナルマイト思ヒマス、一般農業保險ニ對シテハ頗ル困難ノ問題デアリマスカラ、是ハ今研究中デアリマス、農業保險ノ必要ナルコトニ於テハ、當局ハ決シテ否認ヲ致シマセヌ、其次ニハ農村ノ農民ノ生活ノ安定ヲ期スルコトガ先決問題デハナイカ、自作農案ヲ出スニ先ッテ、農村ノ生活安定ニ關スル方法ヲシナケレバナラヌト云フ御質問デアリマシタガ、農村ノ農民ノ生活ノ安定ヲ圖ルト云フ計畫ニ對シマシテハ、當局ハ現ニ議會ニ提出致シマシタル豫算ノ中ニモ各種ノ計畫ガ現ハレテ居リマスカラ、ソレヲ御覽下サルヤウニ願ヒタイ、ソレカラ鑛毒地ニ自作農ヲ設定スルノ意思ガアルカドウカト云フ御尋デアリマシタガ、是ハ鑛毒地ノ中デモ、自作農ヲ設定スルニ適當ナル所ハ之ヲ設定致シマス、適セザル所ハ設定ヲ致シマセヌ、ソレカラ案ノ綱領ガ確ト能ク分ラナイ、箇條ガ少イカラ分ラナイト申サレマスガ、此立法ノ組立ハ此法案ニ悉ク具備シテ居ルノデアリマス、是ガ運用ノ綱領ニ付キマシテハ、詳シイコトハ委員會ニ於テ申述ベルコトニ致シマス

○副議長（清瀨一郎君）　以上ヲ以テ質疑ヲ終了致シマシタ――日程第十五、右議案ノ審査ヲ付託スベキ委員ノ選擧ヲ議題ト致シマス

第十五　右議案ノ審査ヲ付託スヘキ委員ノ選擧

○原惣兵衞君　本案ハ政府提出肥料管理法案外一件ノ委員ニ併セ付託セラレムコトヲ望ミマス

○副議長（清瀨一郎君）　御異議アリマセヌカ

（「異議ナシ」ト呼フ者アリ）

○副議長（清瀨一郎君）　御異議ナシト認メマス、仍テ原君ノ動議ノ如ク決シマシタ

○原惣兵衞君　議事日程變更ノ緊急動議ヲ提出致シマス、卽チ此際、日程第二十八、昭和三年勅令第百二十九號、治安維持法中改正ノ件、承諾ヲ求ムル件ヲ繰上ゲ議題ト爲シ、委員長ノ報告ヲ求メ、其審議ヲ進メラレンコトヲ望ミマス

○副議長（清瀨一郎君）　御異議アリマセヌカ

（「異議ナシ」ト呼フ者アリ）

○副議長（清瀨一郎君）　御異議ナシト認メマス、仍テ原君ノ動議ノ如ク決シマシタ、日程ハ變更サレマシタ――日程第二十八、昭和三年勅令第百二十九號、卽チ治安維持法中改正、緊急勅令ニ付キ承諾ヲ求メルノ件ヲ議題ト致シマス、委員長ノ報告ヲ求メマス――委員長井坂豐光君

第二十八　昭和三年勅令第百二十九號(治安維持法中改正ノ件)(承諾ヲ求ムル件)　委員長報告

報告書

一昭和三年勅令第百二十九號(治安維持法中改正ノ件)(承諾ヲ求ムル件)

右ハ本院ニ於テ承諾ヲ與フヘキモノト議決致候此段及報告候也

昭和四年二月二十八日　委員長　井坂豊光

衆議院議長元田肇殿

〔井坂豊光君登壇〕

○井坂豊光君　昭和三年勅令第百二十九號、治安維持法中改正ノ件、承諾ヲ求ムル件ノ委員會ノ經過ヲ御報告致シマス、本委員會ハ先月十九日ヨリ二十八日迄ノ間ニ於テ六回、此時間數十七時間ト二十分、速記錄ノ頁數百五十頁ニ達シテ居ルノデアリマス、委員中ニ於テ、齋藤君、勝田君、横山勝太郎君、比佐君、内ケ崎君、斯波君、原夫次郎君、水谷君、宮古君、中谷君等ノ熱心ナル質疑ガアリマシテ、政府ハ一々之ニ對シ應答ヲ致サレマシタ、今本案ニ付キマシテ、各委員諸君ノ質疑ヲ御紹介スルコトハ到底長時間ヲ要シマスガ故ニ、本問題ニ付テ最モ緊要ナル所ノ質疑應答ヲ御報告致スコトニ致シマス、齋藤委員ヨリ本案ノ審議ヲ進メマスニ付キマシテ、政府ニ向ッテ參考材料ノ提出ヲ要求サレマシタ、其一ハ明治二十三年以來、屢々緊急勅令ガ發布セラレテ居リマス、此緊急勅令ノ書類ト、ソレカラ議會ニ於テ承諾シタモノモアリ、又不承諾ニ終ッタモノモアリマス、又審議未了ニ終ッタモノモアル、ソレヲ區別シテ提出ヲ願ヒタイ、其次ハ外國ニ於ケル國體變革ニ關スル犯罪取締法規、是ハ既ニ政府ヨリ吾々委員ニ提出サレテ居リマシタ所ノ治安維持法立法比較ヲ見マシテ、其不足ノ點ハ更ニ提出ヲ願フト云フコト、第三項ハ、昨年檢擧サレマシタ、所謂共産黨事件、此事件ハ今ヤ全國ノ裁判所ニ於テ審理中デアリマス、既ニ第一審ノ判決ヲ受ケタル者モアリ、又受ケナイ者モアル、此緊急勅令ハ共産黨事件ヲ本トシテ現ハレタモノデアルト信ジテ居リマスカラシテ、共産黨ノ内容ハ如何ナモノデアルカト云フコトヲ知ルニ付テ、是非之ヲ見タイモノデアル、故ニ共産黨事件ノ一件記錄、ソレカラ此一件記錄ニ含マレテ居リマス所ノ判決書ノ寫シ、被告人ノ住所、年齢、職業、判決書ニアリマスガ、判決書以外ニ、分リ易ク御記載ノ上提出ヲ願ヒタイト云フ三ツノ材料ノ提出ノ要求ガアリマシタ、之ニ對シマシテ、政府ハ共産黨事件ノ記錄ハ現在大部分ハ控訴中デアル、事件未濟デアルカラシテ、記錄全部ヲ提出スルト云フコトハ寔ニ困ル、併シ特ニ必要ナル判決ノ寫シ、ソレカラ被告人ノ住所、職業年齢調デアリマスガ、是ハ既ニ公判ニ附セラレマシタル所ノモノニ付テハ提出致シマスガ、公判ニ付セナイモノニ付テハ提出スルコトハ御免ヲ蒙リタイ、ソレカラ豫審終結決定書ヲ提出サレルコトニ相成マシタ、ソコデ齋藤委員ハ政府ニ對シテ本案ニ對スル質疑ヲ開始サレタノデアリマス、同委員ハ本案ハ政府ハ治安維持法ノ改正ハ、昨年三月十五日ニ全國ニ亙ッテ一齊ニ檢擧サレタル所ノ共産黨事件ニ鑑ミテ改正ヲ思付カレタモノデアルカ、又該事件ト何等ノ關係ナクシテ此改正ヲ思付カレタモノデアルカト云フ質疑ガアリマシタ、之ニ對シテ政府ハ、共産黨事件ニ付テ現レタル事態ニ鑑ミテ、改正ノ必要ヲ認メマシタト云フ答ガアリマシタ、ソコデ齋藤委員ハ、共産黨事件ニ鑑ミテ治安維持法ノ改正ヲ發議セラレタト云フモノナラバ、此共産黨事件ハ治安維持法中ノ刑罰ガ輕イカラ起ッタモノデアルト云フ、實際上ノ根據ガナクテハナラナイ、現在ノ治安維持法ダケデハ不備デアル、此不備ニ乘ジテ共産黨ノ如キガ斯ル不逞ノ行爲ヲ起スモノデアルト云フ、何カ據ルベキ事實ガナクテハナラヌト云フコトノ質疑ヲ致サレマシタ、政府ハ、刑罰法規ハ適當ニ制定サレテ居リマシテモ、ソレガ爲ニ總テノ犯罪ヲ防グコトハ出來ヌト云フコトハ申ス迄モナイ、又如何ニ刑罰法規ヲ設ケテ居リマシテモ、絶對ニソレニ依テ犯罪ノ防止ガ出來ルト云フマデハ確信スルコトハ出來ナイ、少クトモ犯罪ヲ爲ス人ガ少クナルデアラウト云フコトハ豫期セラルヽモノデアル、國體ノ變革ヲ目的トスル結社ニ對シテハ、從來ノヤウナ治安維持法ノ如キ輕イ刑罰ヲ以テ之ニ臨ムト云フコトハ甚ダ面白クナイ、日本共産黨ノ如キ事態ガ發生シタノモ、治安維持法ノ科刑ガ其宜シキヲ得ナイノモ、確ニ其一部分ヲ爲シテ居ルト考ヘルト云フ答辯デアリマス、其上ニ刑罰法規ヲ設ケ、ソレニ依ッテ總テノ犯罪ガ絶對ニ無クナルトハ考ヘテ居ラナイ、隨テ治安維持法ノ科刑ガ現在政府ガ考ヘテ居ル通リノモノガ初メカラ出來テ居リマシテモ、ソレニ依テ此法律ノ違反者ガ絶對ニ生ジナカッタモノデアラウトハ毛頭考ヘテ居ラヌ、併ナガラ少クトモ日本共産黨ノ事件ノ如キ重大ナル事態ノ發生ハ、或ル程度迄ハ之ヲ減少シ得ルデアラウト云フヤウニ考ヘルノデアリマス(「簡單々々」ト呼フ者アリ)又將來ニ於テモ此刑罰法規ヲ以テ臨ンダナラバ、此法律ノ違反ノ者ガ絶對ニ出來ヌト考ヘテ居ル譯デハ無論ナイノデアリマス(「簡單」ト呼フ者アリ)少クトモ國民ヲシテ警戒スル所アラシメテ、其事態ノ重イノヲ輕イ程度ニ止メルト云フコトダケハ出來ルノデアリマスト云フ答辯デアリマス、(「簡單々々」ト呼フ者アリ)重要法案デアリマスカラドウカ御靜聽ヲ願ヒマス、ソコデ齋藤委員ハ政府ノ方デ緊急ノ必要ヲ認メマシタ事由トシテ、二ツノ事實ヲ擧ゲテ居ラレマス、其第一ハ、共産黨事件ノ檢擧ニ漏レタル所ノ殘黨ガ、尚ホ活動ヲ繼續シテ居ルト云フコトガ一ツノ事實デアル、第二ノ事實トシテ擧ゲラレテ居ルノハ、露國ノ第三「インターナショナル」ガ、東洋勤勞者共産大學ノ日本留學生ヲ續々歸朝セシメ、共産黨組織準備擴大ニ從ハシメル所ノ情報ガ到達シタト云フコトデアリマス、是等ノ事實ニ付テ詳シキ所ノ説明ヲ求メラレマシタ、ソコデ政府ハ第一ノ質疑ニ對シマシテ、檢擧ニ漏レタル所ノ首魁ガ凡ソ十人位デアリマス、是ハ祕密結社デアリマスカラシテ、政府ニ分ッテ居ル事實以外ニ分ラナイコトガ幾ラデモアルノデアリマスルガ、其後ノ檢擧ニ依リマシテ、其當時ノ分ラナカッタ事實モ澤山分ッテ居ルノデアリマス、正確ニ申ス譯ニハ無論行カヌノデアリマスガ、兎ニ角政府ノ方デ之ガ確ニ關係ガアルト認メタ者デ、尚ホ檢擧シ得ザル者ガ其當時ニ於テ相當アッタノデアリマスガ、隨テ是等ガ果シテ檢擧ニ依テ全然屏息シテシマフトカ、或ハ活動ヲ續ケテ居ルト云フ、具體的ノ事實ハ擧ラナカッタノデアリマス、ケレドモ先ヅ活動シテ居ルデアラウト推測シテ、サウ云フ者ガアル以上ハ、急イデ治安維持法ヲ改正スルノ必要ガアルノデアラウト云フノデ、特別議會ニ改正案ヲ提出致シタノデアル、然ルニ議會閉會後ニ至リマシテ、活動シテ居ルト云フ事實ガ段々擧ッテ參リマシテ、緊急勅令制定ノ奏請ヲ致シタ六月十二日ニ突然分ッタノデハナイ、其後ニ段々分ッテ來マシテ、其事實ガ相重ッテ參リマシタカラ、六月十二日ニ愈ゝ緊急勅令ヲ制定スル外ハアルマイト云フコトニナッタノデアリマス、日本共産黨ノ殘黨ガ如何ナルコトヲ致シタカト云フ概略ヲ申シマスト、彼等ハ我ガ皇室ノ帝國議會全部ニ對スル特別ノ御優遇ニ對シテ非議致シ、我ガ國民擧ッテ感激スル最大盛儀ノ擧行ニ對シテ絶對ニ反對ヲ唱道致シマシタ、尚ホ國體ノ變革ヲ盛ニ主張致シマシテ、彼等ハ彼等ノ所謂大衆行動ニ依テ、帝國議會、府縣會ヲ破壞スベキコトヲ主張シ、彼等ハ彼等ノ檢擧ニ對シ、虚構ノ事實ヲ流布シテ、暴力對抗ヲ宣傳シタノデアリマス、彼等ハ共産黨檢擧ヲ暴力ニ依テ奪回センコトヲ煽動シタノデアリマス、彼等ハ軍隊殊ニ支那派遣軍ノ撹亂ヲ煽動致シタノデアリマス、彼等ハ支那ニ於ケル本邦人ノ虐殺ヲ當然ノ事デアルト致シマシテ、支那出兵ニ對スル勞働者、農民ノ反抗ヲ煽動致シタノデアリマス、彼等ハ有ユル爭議ノ大衆行動ヲ煽動致シタノデアリマス、彼等ハ暴力ニ依ル世界革命ヲ煽動シタノデアリマス、彼等ハ第三「インターナショナル」ノ指揮ヲ受ケマシテ、我國ニ於テ勞働者、農民ノ獨裁ニ依ル民衆的革命ノ政府樹立ヲ唱道シタノデアリマス、サウシテ實行手段トシテ彼等ノ組織ノ再興ニモ著手致シマシタ、概括的ニ申シマスト、斯樣ナ事實ガ現レテ參リマシタノデ、彼等ガ愈〻活動シテ居ルト云フ事實ガ確メラレタ次第デアリマス、第二ノ事實情報ノ到著シタ所ハ內務省、外務省デアリマス、情報ノ出所ハ國家ノ爲ニ絕對ニ祕密ニスベキコトデ、共産黨ノ行動ニ對スル情報ガ何處カラ來ルト云フコトガ分レバ、將來情報ガ來ナクナリマスカラ、此際申上ゲナイ方ガ宜カラウト信ジマス、第三「インターナショナル」ガ留學生ヲ前後シテ日本ニ歸ラシテ、黨ノ組織擴大ニ著手セシメル模樣ガアルト云フ情報ガ參ッタノデアリマスト云フ答デアリマス

〔「簡單々々」「ユックリヤリ給ヘ」ト呼ヒ其他發言スル者多シ〕

○副議長（清瀨一郎君） 靜肅ニ願ヒマス

○井坂豐光君（續） ソレカラ齋藤委員ハ更ニ問ヲ發シマシタ、其問ハ昨年三月十五日ニ一齊ニ檢擧セラレマシテ、特別議會ガ閉會致シタノハ五月六日デアリマス、此間ニ於テ五十日餘アルノデ、政府ノ方デ治安維持法改正ノ必要ヲ認メラレテ特別議會ニ改正案ヲ提出セラレタ、其當時ノ政府ノ考デハ、改正案ハ必要デアルケレドモ、緊急ノ必要ハナイト云フコトノ見込デアッタヤウニ思ハレマスガ、是ハドウモ吾々常識上カラ判斷シテ、斯ノ如キ大事件ガ檢擧セラレテカラ、五十日餘ノ間ニ於テ政府ガ治安維持法ノ改正ノ必要ヲ感ゼラレタケレドモ、緊急ニ改正スル必要ハナカッタト云フヤウナコトハ、常識上受取レヌノデアリマス、此點ハ如何デスト云フ質問デアリマス、之ニ對シ政府ハ、治安維持法案ハ成ベク早ク改正シナケレバナラヌト考ヘテ特別議會ニ提出致シマシタ、其當時委員會ニ於テ、何故ニ此短期議會ニ提出シテマデ改正ヲシナケレバナラナイカト云フ質問ガ屢〻アリマシタ、ソレニ對シテ政府ハ、共産黨ノ殘黨ガ尙ホ活動シテ居ルモノト思ハレル、隨テ速ニ之ヲ改正シテ置クコトガ必要デアルト思フト申シマシタ、其當時ニ於テハ、緊急勅令ヲ出ス程度マデ緊急デアルトハ考ヘテ居ラナカッタノデアリマス、是ハ申ス迄モナク、憲法第八條ニ依ル緊急ノ場合ト云フ、極メテ切迫シテ次ノ議會ヲ待タレヌト云フ緊急デアルコトハ申ス迄モナイコトデアリマス、ソコデ政府ハ前議會ニ於キマシテハ、成ベク急ガナケレバナラヌト云フコトハ、無論考ヘナカッタノデ、特別議會ニ此案ヲ提出致サナケレバナラヌ、次ノ議會マデ絕對ニ待テヌト云フコトマデハ其當時ノ狀態デハ考ヘ及バナカッタノデアリマス、然ルニ前刻中上ゲタ事實ガ擧ッテ參ッタノデ、是デハ到底次ノ議會迄待ツコトハ出來ヌ、一日モ早ク法律ノ改正ヲ必要トスルト云フコトニ考ヘマシテ、緊急勅令ノ發布ヲ奏請スルヤウニナリマシタ次第デアリマス、ソコデ齋藤委員ハ更ニ質疑ヲ續ケマシテ、緊急勅令ノ根柢トナルベキ事實ガ前議會閉會後デナケレバナラヌト云フ理窟ニ囚レテ、斯ノ如キ說明ヲセラルヽノデハナイカト思フ、故ニ政府ハ治安維持法改正ノ必要ヲバ認メラレタト云フ眞情ヲ、本委員會ニ於テ赤裸々ニ說明ヲ願ヒタイト云フ質疑デアリマス、此處デ政府ハ之ニ答ヘテ、齋藤君ノ御意見ハ洵ニ親切ナコトデアル、自分ハ此處ニ赤裸々ニ事實ヲ申上ゲテ居リマス、議會ノ開會中ニ於キマシテハ、成ベク早ク此法律ヲ制定シナケレバナラヌト云フコトデ、政府ハ短期議會ニ拘ラズ法律ノ改正案ヲ提出致シマシタ、マダソレガドノ位ノ程度デアルト云フコトハ政府ハ分ッテ居ラヌ、共産黨ノ殘黨ガマダ遺憾デアルガ殘ッテ居ル、彼等ハ活動ヲ停止シナイノデアラウケレドモ、唯ドウ云フ風ナ事ヲスルノデアルカト云フコトハ、マダ確實ニ事實ヲ握ッテ居ラヌノデアリマス、故ニ政府ニ於テ次ノ議會迄待タスト云フコトマデノ覺悟ヲ決メルダケノ材料ヲ持ッテ居ラナカッタノデス、所ガ議會閉會後ニ到リマシテ、共産黨ノ殘黨ノ活動ガ中〻熾デアルト云フコトノ證據ガ現レテ參リマシタ、ソコデ是ハ事態容易ナラズト考ヘテ居リマス中ニ、更ニ又露西亞ノ東洋勤勞者共産大學ノ留學生ヲ續々歸朝セシメルト云フ情報ニ接シタ次第デアリマス、是デハドウシテモ次ノ議會迄待ツコトハ出來ヌト云フコトデ、已ムヲ得ズ此緊急勅令ノ發布ヲ奏請シタノデアリマス、ソコデ齋藤委員ハ更ニ質疑ヲ續ケラレマシテ言ハルヽノニハ、特別議會閉會後ニ於テ事實ガ漸次具體的ニ分明ニナリ、此治安維持法ノ改正ヲシナケレバナラヌ必要ヲ生ジ、緊急勅令ヲ發布セラレタト云フ說明デアリマスガ、議會閉會後樞密院ニ諮詢セラルヽ間デモ四十日餘アル、樞密院ニ諮詢セラレテカラ樞密院ノ議決スル迄十八日間アルノデアリマス、六月十二日ニ提出サレマシテ、樞密院ノ議事ハ二十九日ニ終ッタノデアリマスカラ、其間十八日間アル、隨分長イ間デアリマシテ議會閉會後樞密院ガ議決シテ、緊急勅令ヲ以テ發布セラルヽ迄ニ五十餘日間、約六十日ノ時日ガアルノデアリマス、斯樣ニ緩慢ナル經路ヲ辿ッテ制定セラレテモ差支ナイ程度ノモノデアルナラバ、私ハ臨時議會ヲ何故ニ召集セラレナカッタノデアルカ、國民ノ權利義務ニ重大ナル關係ヲ持ッテ居リマス刑罰法デアリマスカラ、臨時議會ヲ召集シテ國民代表者ノ承諾ヲ得テ、所謂普通立法ニ依テ此案件ヲ解決セラルヽト云フコトハ、政府トシテ執ルベキ立憲ノ常道デアルヤウニ思ハルヽ、之ニ對スル政府ノ所見如何ト云フコトデアリマス、ソコデ政府ハ答ヘテ言ハレルノニ、樞密院ニ緊急勅令ノ御諮詢ニナリマス迄ノコトハ、先刻中上ゲタ通リ、ソレ迄ニ事實ガ段々明確ニナッテ來テ、ドウシテモ緊急勅令ノ發布ヲ奏請シナケレバナラヌト云フ必要ヲ感ジタノデアリマス、其間事柄ガ分ッテ居ルノニ、何モ延シテ居ッタト云フヤウナ譯デハナイノデアリマス、又樞密院ノ議事ノ經過ハ、是ハ樞密院ノ議事ノ進行如何ニ依ルコトデ、政府ノ力ニ依テ如何トモスルコトガ出來ナイノデアリマス、幾日掛リマシテモ已ムヲ得ナイコトヽ思ヒマス、其外ニ緊急勅令ノ發布ノ途ハナイノデアリマス、其點ハ御了解ヲ願ヒタイ、而シテ帝國議會ヲ召集スルノ遑アルノニ、何故召集ヲシナカッタカトノ御尋ニ對シテハ、憲法第八條ノ場合ハ憲法第七十條ノ場合ト異ナリマシテ、臨時議會ヲ召集スルノ遑ナキトキト云フ場合デナイノデ、詰リ次ノ議會迄ドウシテモ待テヌ、今早ク制定シタ方ガ宜イト云フ場合ガ定メテアルモノト考ヘル、臨時議會ヲ召集シナケレバナラヌ場合デナイト認メテ居リマスト云フ答辯デアリマス、ソコデ齋藤君ハ憲法第八條ノ場合ニ於テ帝國議會ヲ召集スルコトガ出來ナイ場合ニ於テ、始メテ此緊急勅令ヲバ制定スベキモノデアッテ、苟モ召集スル餘裕ノアルトキハ、之ヲ召集セズシテ緊急勅令ヲ發布スルコトハ違憲デアル、憲法法規ノ上カラ見テ違憲デアルト云フ強イ議論ガアリマシタ、又憲法第七十條、卽チ他ノ一方ニ於テハ議會ヲ召集スルコト能ハザルトキト云フ文字ガアル、憲法第八條ニハ閉會ノ場合ト云フ文句ガアル、此文句ニ拘泥シ一方ニ於テハ召集スルコト能ハザル場合、一方ニ於テハ召集スルコトガ出來ルノニ召集スル必要ナシト云フ解釋ヲスルノハ間違デアルト云フ強イ議論ガアル、我國憲法學者淸水博士ノ憲法論ノ一節ヲ朗讀サレマシテ、左樣ニ結論サレマシテ、政府ハ議會ヲ召集スル遑ガアッテモ議會ヲ召集スル必要ガナイ、唯次ノ議會ヲ待ツ遑ガナイ場合ニハ、其間ニ於テ緊急勅令ヲバ發布シテ差支ナイト云フ解釋ノヤウニ思ハレルガ、此解釋ハ立憲政治ノ大精神ヲ前提トシテ憲法第八條ヲ解釋致シマスト云フト、憲法ガ立法權ヲ行フニ付テハ、議會ノ協贊ヲ求ムベシ

ト云フ規定ノ趣旨ト相容レヌヤウニ思フ、此解釋ニ付キ政府ハ如何ナル所見ヲ有セラレルカト云フ質疑デアリマス、之ニ對シ政府ハ答ヘラレテ曰ク、憲法第八條ノ解釋ニ付テハ仰セノ通リ色々ト學者ノ意見ガアリマス、而シテ其意見ハ齋藤君ノ意見ト共ニ頗ル有力ナルモノトシテ、敬意ヲ表ズルニ吝カナラヌモノデアリマスガ、御承知ノ通リ憲法第八條ト、憲法第七十條トハ異ナルノデアッテ、憲法八條ハ議會閉會セザルトキハ臨時議會ノ召集ヲ要セズシテ、緊急勅令ノ發布ガ出來ルノデアルト云フ解釋モ、亦有力ナル解釋トシテ存在シテ居ルノデアル、政府ハ此後ノ方ノ解釋ヲ採用シテ居ル次第デアリマスト云フ答辯デアリマス、次ニ勝田委員カラ政府委員ニ對スル質問ノ一部ヲ紹介致シマス、同委員ハ日本共産黨ニ屬シテ居ル者、卽チ昨年ノ三月十五日ノ檢擧ノ當時ト、ソレカラ特別議會ノ當時ト、緊急勅令制定ノ當時ト、並ニ現在ノ此時期ニ分ッテ共産黨ノ數ヲ質問サレマシタ、之ニ對シ政府ハ答ヘラレテ曰ク、檢擧當時ニ於キマシテハ、約ソ四百乃至五百人位ノ見當デアリマシタ、ソレカラ特別議會ノ當時ハ五百カ六百人位アルデアラウト云フ見當ガ付イテ居リマシタ、今日ノ所デハ起訴サレテ居ル令ガ約五百人位デ、合セテ七百人程度ノモノデアルト考ヘテ居リマス、ソレカラ緊急勅令制定ノ當時ニ於キマシテハ、「露國カラ大分留學生ガ入ッテ來ルト云フ情報ガ續々アッタノデ、相當ニ其活動ノ爲ニ增加スルノデアラウト云フ見當ガ付イテ居ッタノデアリマス、更ニ勝田委員ハ彼等ノ不穩ナル行爲ノ分明セシ時期ニ付キマシテ質問サレマシタ、ソレニ對シ政府ハ文書ヲ以テ答ヘラレタノデアリマス、是ヘ本案ニ對シ「緊急勅令必要ノ理由」トシテ諸君ニ御報告致サナケレバナラヌノデアリマス、是ハ第十項ニ分レテ居リマス「一、彼等ハ我ガ皇室ノ殊遇ヲ誹議シ、我ガ國民ガ擧ッテ敬激スル最大ノ盛儀ノ擧行ニ絶對反對ヲ唱道シ、國體ノ變革ヲ主張セルコト、右ノ事實アルヲ知リタル月日左ノ如シ、五月十九日及六月二日入手シタル文書、二、彼等ハ彼等ノ所謂大衆行動ニ依テ、帝國議會府縣會ヲ破壞スベキコトヲ主張セルコト、右ノ事實アルヲ知リタル月日左ノ如シ、五月十九日及六月五日入手シタル文書、三、彼等ハ彼等ノ檢擧ニ對シ、虛構ノ事實ヲ流布シ、暴力對抗ヲ煽動セルコト、右ノ事實アルヲ知リタル月日左ノ如シ、五月十九日及六月二日並同月四日入手シタル文書、四、彼等ハ共産黨被檢擧者ヲ暴力ニ依リ奪還スベキコトヲ煽動セルコト、右事實アルヲ知リタル月日左ノ如シ、六月二日入手シタル文書、五、彼等ハ軍隊、特ニ支那派遣軍ノ攪亂ヲ煽動セルコト、右ノ事實アルヲ知リタル月日左ノ如シ、五月十九日及同月二十五日並六月二日入手シタル文書及被疑者ノ逮捕、六、彼等ハ支那ニ於ケル本邦人ノ虐殺ヲ當然ナリトシ、支那出兵ニ對スル勞働者農民ノ反抗ヲ煽動セルコト、右ノ事實アルヲ知リタル月日左ノ如シ、五月二十六日、同月三十一日、六月一日、同月二日及同月七日、入手シタル文書、七、彼等ハアラユル爭議ノ大衆行動ヲ煽動セルコト、右ノ事實アルヲ知リタル月日左ノ如シ、六月二日同月五日及同月六日、入手シタル文書、八、彼等ハ暴力ニ依ル世界革命ヲ煽動セルコト、右ノ事實アルヲ知リタル月日左ノ如シ、五月十九日、六月二日及同月六日入手シタル文書、九、彼等ハ第三「インターナショナル」ノ指揮ヲ受ケ、我ガ邦ニ於テ勞働者農民ノ獨裁ニ依ル民主的革命政府ノ樹立ヲ唱道セルコト、右ノ事實アルヲ知リタル月日左ノ如シ、五月十九日、六月二日、同月五日及同月六日入手シタル文書、十、彼等ハ細胞組織ノ再興ニ著手シタルコト、右ノ事實アルヲ知リタル月日左ノ如シ、六月十一日付某地方長官報告文書」以上デアリマス、其他各委員ヨリ有益ナル質疑ガ多々アッタノデアリマス、之ヲ一々御紹介致シタイノデアリマスガ、先刻來繁雜々々ノ聲ガ頻ニ聞エマスガ故ニ、是ハ速記錄ニ依テ御熟讀ヲ願ヒタイノデアリマス、最後ニ宮古委員ヨリ質問打切ノ動議ガアリマシテ、質問ヲ打切リマシテ、而シテ討論ニ移リマシテ、討論終結ノ結果、本案ニ承諾ヲ與フベシト云フ方ガ九名、否トスル方ガ八名、一票ノ差ヲ以テ可決サレタコトヲ玆ニ報告致シマス(拍手)

○副議長(清瀨一郎君) 質疑ノ通告ガアリマス、之ヲ許シマス――原夫次郎君

〔原夫次郎君登壇〕

○原夫次郎君 私ガ玆ニ質問致サナケレバナラナイコトハ、一昨日委員會ノ場合ニ、ドウシテモ委員會ニ於テ此質疑ヲ爲サナケレバナラナイ關係ニ在ッタノデアリマスルガ、然ル所政友會側ニ於テ是非共一昨日質問ノ打切ヲシナケレバナラヌト云フ動議ガ出マシタ爲ニ、私ハ此質問ヲ本會議ニ留保シテ、其質問打切ガ一名ノ多數ヲ以テ可決サレタノデアリマシタ、私ガ玆ニ質問致サントスル所ノモノハ、ドウシテモ是ハ委員會ノ繼續トシテモ、之ヲ明ニシテ置カナケレバナラナイ點ガ二ツアルノデアリマス、其第一ノ點ト致シマシテハ、委員會デハ極メテ此案ノ重大ナルノニ鑑ミテ、愼重審議致シタノデアリマス、然ル所此委員會ニ於テ唯司法當局ダケガ最モ熱心ニ其答辯ニ當ラレ、內閣總理大臣兼外務大臣並ニ內務大臣等ハ、此委員會ニハ餘リニ顏出ガ出來ナイ、ソコデ審議ガ進マナカッタノデアル、就中先程來此委員長ガ御報告ニモナッテ居ルノデアリマスルガ、委員長初メ吾々委員ニ於テモ、ドウシテモ了解ガ付カナイ點ガアルノデアリマス、ソレデ此浩瀚ナル速記錄ヲ見マシテモ、ドウシテモ分ラナイ點ガアル、此點ハ先ヅ此緊急勅令ガ發セラレルニ至リタル根源ノ問題デアル、此根源ノ問題ニ付テ、原國務大臣並ニ司法當局ノ答辯ニ依リマスルト云フト、昨年三月十五日以來檢擧セラレタル共産黨事件ノ經路ハ、日本共産黨ト云フモノガ第三「インターナショナル」ノ日本支部デアルト云フコトニナッテ居ルノデアリマス、大正五年三、四月ノ頃デアリマスガ、第三「インターナショナル」ノ幹部カラ致シマシテ、此日本ニ於ケル共産主義ヲ主張シテ居ル連中ニ對シマシテ、日本ニ於テモ速ニ黨ヲ結ブベキ旨ノ指令ヲ受ケマシテ、ソレデ其指令ニ基イテ、結局五色溫泉ノ會合ガ行ハレテ、結黨ヲスルト云フコトニナッタノデアリマス、其後莫斯科ニ於ケル共産大學ニ行ッテ居ル連中、是モ矢張第三「インターナショナル」トノ關係ニ於テ、此方カラ派遣ヲシテ居ルノデアリマス、サウシテ日本ニ於ケル去年ノ三月十五日ノ檢擧ガアッタト云フコトガ、向フニ分リマシタカラ、將ニ共産黨ガ消滅スルカモ知レヌカラ、オ前達ハ歸ッテ速ニ再擧ノ運動ヲスルヤウニト云フ命ヲ受ケテ、此方ニ來タト云フコトニナッテ居ルノデアリマス、兎ニ角第三「インターナショナル」ハ本部デアリ、日本ノ共産黨ハ其支部デアル、斯ウ云フ關係ヲ持ッテ居ルヤウデアリマス、斯ウ云フ說明ガ、司法當局カラアッテ居ルノデアリマス、而シテ是ト同時ニ尚ホ原司法大臣ハ國務大臣トシテ、日本共産黨トシテ今回檢擧シタル者ハ、主義ハ前カラ奉ジテ居ッタノデアリマセウ、或ハ彼等ノ仲間ノ中デ第三「インターナショナル」ノ日本支部ト云フ考ハ、無論持ッテ居ッタニ相違アリマセヌガ、念、日本共産黨トシテ、第三「インターナショナル」ノ何ト申シマセウカ、公認ヲ受ケルトカ、何トカ云フノデアリマセウガ、サウ云フ手續ヲ致シマスル前提トシテ、此黨ノ組織及綱領等ヲ發表シタノガ一昨年ノ十二月四日、山形ノ五色溫泉デ祕密裡ニヤリマシタ、ソレカラ先程警保局長ガ申シマシタ通リ、彼等ハ翌年露西亞へ參リマシテ、サウシテ第三「インターナショナル」ノ本部ニ於キマシテ、彼等ノ決メタ綱領政策等ニ付テ批判ヲ受ケ、サウシテ指令ヲ受ケテ歸ッテ來マシテ、初メテ活動ニ這入ッタノデアリマス、其活動ニ這入ッタノハ、丁度其後ノ調査ノ結果ニ依リマスト、主トシテ衆議院議員ノ選擧ノ時ニ、最モ活動ヲ開始スルト云フ方針デアッタト云フコトガ、事實ノ眞相ニナッテ居ルノデアリマス、又共産黨大學ニ留學シテ居ル者ハ、政府ノ今迄ノ調ベタ所ニ依リマスト、前後ヲ通ジテ四十四名アリマス、此外ニアルカモ知レマセヌガ、政府デ今迄知ッタノガ四十四名ア

ルノデアリマス、サウシテ此人ガ何ト云フ氏名ノ人カト云フコトハ、今日マダ公ノ席ニ於テ申上グベキ時期ニ達シマセヌ、ソレカラ費用ハ何處カラ出テ居ルカト云フコトハ、是ヘ今迄調ベタ所ニ依リマスト、第三「インターナショナル」カラ出テ居ル、又初カラ何名ト云フコトハ無論申シテ參リマセヌ、一度ニ皆歸ッテ來ル譯デハナイノデアリマス、祕密行動デ所謂潛入スルノデアリマスカラ、初カラ何名ト云フコトハ申シテ居リマセヌ、第三「インターナショナル」ガ留學生ヲ前後シテ日本ニ歸ラシテ、黨ノ組織擴大ニ著手セシメタモノガアルト云フ情報ガ參ッテ居ルノデアリマス、此情報ノ到着シタル所ハ內務省、外務省デアリマス、情報ノ出所ハ御承知ノ通リ、是ハ國家ノ爲ニ祕密ニシテ居リマスガ、留學生ヲ日本ニ歸ラシテ、黨ノ組織擴大ニ著手セシメタル模樣ガアルト云フ情報ガ參ッテ居ルノデアリマスト云フ、司法當局ノ答辯デアルノデアリマス、此點ニ付テ吾々ハ同僚ト共ニ內務省ニ對シテ是ガ質疑ヲ致シタノデアル、然ル所內務大臣ハ出席ヲセナイデ、横山警保局長ノ答辯ニ依リマスト、サウ云フヤウナ風ナハッキリシタル情報ハ得テ居ナイノデアル、斯ウ云フヤウナ答辯ヲ好イ加減ニ致シテアルノデアリマス、又外務當局ニ此點ヲ尋ネマスルト云フト、外務大臣ハ出席ナクシテ、森政府委員ノ答辯ニ依リマスト云フト、外務省デハサウ云フヤウナ情報ガアルヤウデアルケレドモ、確タルコトハ分ラナイ、斯ウ云フ答辯ニナッテ居ルノデアリマス、是ニ於テカ司法當局ノ答ヘル所ト、內務省並ニ外務省ノ答ヘル所トハ、其間ニ大ナル相違ガアルノデアリマス、一體吾々ハ此重大ナル法案ヲ控ヘテ、若シ露西亞ノ莫斯科ノ共產大學ニ於テ日本人ガ養成セラレテ、其養成セラレタル人間ガ隙間ヲ見テ我ガ國ニ歸ッテ來ルト云ウテ、歸ッテ來テカラ我國デ共產黨ノ旗揚ヲ致スト云フコトデアリマスナラバ、其根本ハ何處ニアルカト云フト、露西亞ノ國デ是等ノ仕事ガ爲サレルノデアリマス、ドウシテモ是ハ根本義ニ相盛ルノデアリマスカラシテ、昨年ノ臨時議會當時ニ於キマシテハ、田中總理大臣ガ聲明サレタル如ク、又司法省、內務省等ガ當時ニ於テ如何ナル事ヲ聲明シマシタカト申シマスレバ、少クモ田中總理大臣ハ、此共產黨事件ガ起ッタガ爲ニハ、自分ハ、拔本塞源ノ途ヲ講ズルコトヲ考ヘテ居ルノデアル、又上御一人ニ對シテ奏上ヲ致ス場合ニ於テハ、九腸寸斷ノ思ガアルナゾト云フコトヲ申サレテ居ルノデアリマス、何ガ拔本塞源デアルカ、露西亞ノ莫斯科大學——共產黨大學デ日本留學生ヲ、ソレヲ其儘ニ養成セシメテ置イテ、ドウシテ我ガ日本ノ共產黨ヲ撲滅スルコトガ出來ルノデアリマセウカ、私共ハサウ云フヤウナ根本問題ガ現內閣ニ必ズ存在致シテ居ルコト、確信ヲ致シテ居ッタノデアリマス、然ル所委員會ニ於テ一昨日田中總理大臣ハ、午前中僅ニ三十分ノ時間ヲ以テ委員會ニ臨マレテ、而シテ其答辯セラレタノガ、僅ニ十五分バカリ答辯ヲセラレテ、其答辯ニハ矢張對露關係ニ於テハ多少思ヲ及ボシテ居ルノデアルケレドモ、併ナガラ司法省ガ發明ヲ致シテ居ルガ如キ事實ハ、未ダ自分ハシッカリ之ヲ是認スルニ至ラナイト云フヤウナ風ナ答辯ガアッタノデアリマス、何タル事デアリマセウカ、此緊急勅令ヲ發布スル當時ニ於テノ現內閣ノ勢ト云フモノハ、實ニ凄マシイ勢デアッタノデアル、殆ド我ガ國家ガ引繰返ルヤウニ大袈裟ニ宣傳セラレタノデアリマス、而シテ其後今日迄約一年ノ間、隣リノ露西亞デ此共產黨ノ分子ヲ製造ヲ致シテ居ル其根本ニ向ッテ、斧鉞ヲ加ヘナイト云フ現內閣ノ遣方デアル、ソコデ考ヘルト云フト、私共ハドウモ現內閣ノ此緊急勅令ト云フモノハ、所謂世間デ噂致スガ如ク、是ハ一種ノ宣傳デアッテ、或ル政略ノ下ニ斯ウ云フ緊急勅令ヲ出シタモノヂヤナイカト云フコトヲ非常ニ疑フノミナラズ、委員會ニ於テノ結論ト致シテハ、此露國ノ問題ガ最モ必要ナル問題デアルノニ拘ラズ、一度此點ニ向ッテ吾々ガ追究ヲ致スト云フト、忽チ政友會ノ委員諸君カラ質問打切リノ動議ヲ提出致サレマシテ、餘儀ナク此處デ質問シナケレバナラヌト云フ破目ニ立至ッタノデアリマス、一體我國ト露西亞トノ間ニ於テハ、既ニ大正十四年ニ修交條約ガ結バレテ居ルノデアリマス、斯ウ云フ日本ノ國家ニ關スル破壞行動ヲ目論ムガ如キ事柄ハ、露西亞トシテハ必ズ爲シテハナラヌト云フコトハ言フ迄モナイ、又政府當局ニ於テハ、人ニ依テ第三「インターナショナル」ト露國政府トノ關係ガ、如何ナル關係ニ結バレテ居ルカト云フコトニ付テモ、洵ニ內務省ト司法省ト外務省トノ間ニ答ガ區々ニ相成ッテ居ルノデアリマス、ソコデ私ハ先ヅ田中外務大臣兼總理大臣ニ伺フノハ此點デアリマス、全體是ダケノ大キナ重要ナル非常立法ヲ敢テ爲シテ置イテ、而シテ露西亞ト日本トノ此言語道斷ナル關係ヲ、何故ニ今日迄此儘ニ打棄ッテ置クノデアル、未來永劫恐ラクハ今日ノ儘ニヤッテ居ッタナラバ、日本人ダケハ非常ニ重イ刑罰ヲ以テ虐メラレテ、而シテ御隣リノ露西亞ヘ行ケバ、莫斯科デ以テ日本國家ヲ倒スヤウナ者ヲ養成ヲ致ス、何タル不都合ナ事デアリマセウカ、是デ我ガ國家ノ進運ヲ期スルコトガ出來マセウカ、又是デ以テ此緊急勅令ヲ維持シテ、ドウシテ我ガ國家ガ保チ行ケマセウカ、之ニ關スル田中外務大臣兼總理大臣ノ御意見ヲ伺フノデアリマス、第二ト致シマシテハ、內務大臣ニ對シテデアル、是ハ極メテ簡單デアリマス、內務大臣ハ委員會ニ顏ヲ出サレルコトガ少カッタノデ、吾々ハ能ク御尋スルコトガ出來ナカッタノデアルガ、一體昨年此事件ガ起ッタ場合ニ於テ、先程申上ゲル如ク、現內閣ハ擧ッテ當時ノ鈴木內務大臣ノ指圖ノ下ニ、非常ナル世間ニ宣傳ヲ致シ、非常ナル大事件ガ勃發シテ、ドウシテモ之ヲ何トカシナケレバナラヌト云フ所デ、此治安維持法ノ改正案ヲ提出致シタノデアル、又當時ニ於テ我國ニ於ケル勞農黨ノ解散ヲ斷行シタコトモ事實デアルノデアリマス、然ル所昨年ノ十二月二十二日、彼ノ本所公會堂ニ於テ開カレタル所ノ勞農新黨ノ結黨式ニ際シテ、十二月二十二日、三日共ニ準備會ヲ開キ、其處デ綱領、宣言等ヲ總テ委員ニ付託ヲ致シテ、色々世間ニ宣傳ヲ致シタノデアル、然ル所現內閣ガ昨年此共產黨ノ事件ガ起ッタ場合ニ於テハ、忽チニシテアノ勞農黨ナルモノヲ解散ヲ命ジタノデアル、而シテ現內閣ノ方針ト致シテハ、今後如何ナル準備行爲ノ名義デアラウガ、何シヤウガ、少シデモ此共產黨ノ臭ヒノスル新黨ノ組織ニ對シテハ、斷然解散ヲ命ズルモノデアルト云フコトヲ天下ニ聲明ヲ致シテ置キナガラ、昨年ノ十二月ノ二十二日、三日ノアノ本所公會堂ニ於ケル所ノ結黨準備式ニ當ッテハ、極メテ此新黨準備會ノ爲ニ議事ヲセラレテ、而シテ二日ノ間モ天下ニ色々ノ宣傳ヲ致シテ置キナガラ、途ニ三日目ニ漸ク逡巡躊躇シテ是ガ解散ヲ命ズルニ至ッタト云フ、非常ナル手温イ遣方ヲ爲シテ居ル、ソレ等ヲ以テ見マスルト云フト、ドウモ此只今議題ニナッテ居ル緊急勅令ナルモノハ、現內閣ガ政略ノ爲ニ斯ノ如キ勅令ヲ發セラレタモノデアルト云フコトハ、今日稍明ニナッテ居ルコト、思フノデアリマス(拍手)以上ノ二點ニ對シテ田中總理大臣兼外務大臣並望月內務大臣ノ詳細ナル御答辯ヲ願ッテ降壇スル次第デアリマス

○副議長(清瀨一郎君) 田中總理大臣

〔國務大臣男爵田中義一君登壇〕

○國務大臣(男爵田中義一君) 只今ノ原君ノ御尋ニ對シマシテハ、委員會ニ於テ齋藤君ヨリモ同樣ナ御尋ガアリマシタ、私ハ此處デ繰返シテ申スノデアリマス、此露國ノ宣傳ニ付キマシテハ、甚大ナル注意ヲ拂ッテ居ルノデアリマス、殊ニ共產黨事件ノ發生後ハ、一層其點ニハ注意ヲ拂ヒ、地方的ニモ、又直接私ガ露國ノ代表者ニモ、亦日本ノ代表者ニモ注意ヲ與ヘ、或ハ抗議ヲシ、種々ナ手段ヲ執ッテ居ルノデアリマス、此事ハ此處デ申シテ置タノデアリマス、將又將來ノ事付ニキマシテハ、今後ノ事ニ屬スルコトデアリマスルカラ、此處デ諸君ニ申上ゲル譯ニハ參ラヌノデアリマス、殊ニ只今御尋ノ中ニ、私ガ司法大臣ノ說明サレタコトヲ否認シタカノ如キ御言葉モアッタヤウ

デアリマスルガ、サウ云フコトハ決シテ無イノデアリマス、私ハ絕對ニ否認ハ致シマセヌ(拍手)

○副議長(清瀨一郎君) 望月內務大臣

〔國務大臣望月圭介君登壇〕

○國務大臣(望月圭介君) 昨年十二月ニ新黨準備會ノ解散ヲ致シマシタノハ、是ハ治安ヲ害スルト認メマシタカラ、此解散ヲ命ジタノデアリマス、之ニ付キマシテハ本會議ニ於テモ、亦委員會ニ於テモ、政府當局ヨリ詳細申上ゲテ居ル筈デアリマス、ソレト少シモ其理由ハ變ラヌノデアリマス、左樣御承知ヲ願ヒマス

○原夫次郎君 簡單デアリマスカラ此席カラ……

○副議長(清瀨一郎君) 宜シウゴザイマス

○原夫次郎君 只今田中外務大臣兼總理大臣カラノ最後ノ御言葉ニ依リマスト、自分ハ司法當局殊ニ原司法大臣ノ言ハレタ事柄ヲ自分ハ是認ハシナイ――是認ハシナイト云フコトヲ承ッタノデアリマス、サウ云フコトデアリマスト云フト、一體原司法大臣ガ委員會ニ於テ國務大臣トシマシテ答辯ヲ致シマシタルコトハ、總理大臣ノ是認シナイト云フコトハ、ドウ云フコトデアリマスカ(「否認ダ――」ト呼フ者アリ)若シ彼ノ邊ノ人達ガ聞イテ居ル如ク、否認ハシナイト云フ言葉ハ何ノコトデアリマスカ、ソレヲ原司法大臣ガ言ウタ事柄ト同樣ニ考ヘテ居ラルルト云フコトヲ、明ニ認メラレルカドウカ、是ハ我國ニ取ッテノ一大重大問題デアリマス、此點ヲ伺ヒタイノデアリマス、尙ホ私ノ先程申上ゲタノハ、昨年ノ事件ガ勃發致シタノハ三月十五日デアッテ、ソレカラ今日迄露西亞ニドウ云フ抗議ノ申込ヲセラレ、若クハ今日迄ドウ云フ解決ニナッテ居ルノデアルカ、若シ露西亞ガ何時迄モアノ條交條約ヲ破壞スルヤウナ行爲ガアリ、我ガ國家ニ取ッテ、又重大ナル問題ガ時々刻々露西亞ノ爲ニ脅カサレルト云フコトデアリマスルナラバ、遂ニ吾々ハ我國ノ立場トシテ此日露修交條約マデモ破毀セネバナラヌト云フ立場ニ至ルベキ、重大ナル問題デアルト思フノデアリマス、其點ニ向ッテ更ニ田中總理大臣ノ御答辯ヲ明確ニ拜聽致シテ置キタイノデアリマス、恐ラク再ビ出ラレルカドウカ、甚ダ疑問デアリマスガ、若シ立タレナケレバ私ノ言フコトヲ御承認相成ッタコトヽ認メマス

〔國務大臣男爵田中義一君登壇〕

○國務大臣(男爵田中義一君) 原君ハ只今私ガ司法大臣ノ言ハレタコトヲ是認シナイト仰セニナッタノデアリマスガ、私ハサウ申シタノデハナイ、否認ヲシタコトハナイト斯ウ申シタ、卽チ大體ニ於テ原君ノ言ハレルコトヲ認メルノデアル、ソレカラ尙ホ如何ナル抗議ヲシ、又如何ナル手續ヲシ、而シテ其結果ガドウナッタカト云フコトニ付キマシテハ、此處デ諸君ニ御話ヲスルコトヲ遠慮スベキダト心得テ居リマス(拍手)

○副議長(清瀨一郎君) 小俣政一君

〔小俣政一君登壇〕

〔此時發言スル者多シ〕

○副議長(清瀨一郎君) 靜肅ニ願ヒマス

○小俣政一君 只今委員長ノ報告ヲ詳細ニ承リマシテ、其委員長ノ報告ニ關聯ヲ致ジマシテ政府ニ質問ヲ致シタイノデアリマスルガ、私ノ御尋スルコトハ、主トシテ司法大臣ノ所管ニ付テ御尋申シ、又內務大臣カラ御答ヲ願ハナケレバナラヌコトモアルノデアリマス、政府ハ　陛下ノ臣民ヲ死刑ニ處スル嚴罰ヲ制定ヲシテ、共產主義者ヲ絕滅セントセラレルノデアリマスルガ、苟モ世界ニ比類無キ國體ヲ擁護シ、皇國ノ基礎ヲ微動ダモセシメザルト云フ其根本的精神ニ於テハ、異存ハナイノデアリマス、但シ其峻嚴ナル勅令ノ制定ニ依テ、共產主義者ニ彈壓ヲ加ヘ、仍テ以テ國家ノ治安ヲ維持セントスルハ、之ノミニ依テ治安ガ維持セラルヽト思ヘバ、ソレハ大ナル誤リト謂ハナケレバナラヌノデアリマス、思フニ共產主義者ト云ハズ、總テ過激ナル思想ノ蔓延ヲ防ガントスルノニハ、其由テ來ル根本ニ遡ッテソレヲ極メ、而シテソレニ對シテ對策ヲ講ズルト云フコトガ、眞ニ國家ニ忠ナル所以デアラウト思フノデアリマス(拍手)徒ニ枝葉末節ニ囚ハレ、其源ヲ極メザルニ至ッテハ、天下ノ迂愚ニ極レリト謂ハナケレバナラヌノデアリマス、要スルニ施政其宜シキヲ得ザル爲、見渡ス處我國ノ現狀ニ於キマシテハ、中產階級以下ノ國民ノ生活ト云フモノガ著シク脅威サレテ居ル、隨テ思想界ハ益〻濁亂ヲシツヽアル時ニ當リ、本案ノ制定唯其モノニ依テ危險思想ヲ取締ラントスル如キハ、痴人夢ヲ語ルモノデアルト謂ハナケレバナラヌノデアル(拍手)今ヤ帝都ノ治安ハ……

〔此時發言スル者多シ〕

○副議長(清瀨一郎君) 靜肅ニ願ヒマス

○小俣政一君(續) 亂レテ居リ、輦轂ノ下帝國ノ首都タル治安ノ維持サヘ保クレナイ有樣デアル、金力ト權力ト暴力ハ跋扈跳梁ヲシテ、議員ハ誘拐サレ、或ハ其身邊ヲ脅カサレテ居ルノデアル、大體帝都治安ノ衝ニ當ル所ノ警視總監ハ言フ迄モナク親任待遇ヲ辱フシテ居ル、隨テ其人選ハ特ニ細心ノ注意ヲ拂ッテ任命ヲシナケレバナラヌト云フコトハ、言フヲ俟タザル所デアル、然ルニ現總監宮田光雄君ノ福島縣知事タリシ當時ノ行動ハドウデアッタカ、彼ガ福島縣知事デアッタ時、卽チ大正八年ニ行ハレタル全國府縣會議員選擧ノ行ハレタ時ニ當ッテ、彼ハ只見川水利權ノ問題ニ付テ二十万圓ノ賄賂ヲ收受シタノデアル、而シテ其收受シタル賄賂ヲ以テ候補者ヲ買收……

〔「賄賂トハ何ダ」ト呼ヒ其他發言スル者多シ〕

○副議長(清瀨一郎君) 靜肅ニ願ヒマス

○小俣政一君(續) 其收受シタル二十万圓ノ金ヲ以テ候補者及議員ヲ買收ヲシタ事實歷然トシテ居ルノデアル、御承知ノ通リ福島縣ハ河野磐州翁ノ開拓ニ依テ、縣會ノ分野ハ常ニ舊憲政系ガ絕對多數ヲ占メテ居ッタノデアル、然ルニ宮田光雄君ガ久保田金四郎ヲ警察部長トシテ、此宮田知事ト久保田警察部長ガ共謀ヲシテ、議員ノ買收切崩シヲ爲シテ、一擧ニシテ福島縣會ハ政友會絕對多數黨タラシメタル事實ガアルノデアル、斯ル人物ヲシテ帝都治安ノ衝ニ當ラシムルト云フノハ、帝都ノ治安ガ維持サレナイ所以デアルト思フノデアル……

○副議長(清瀨一郎君) 小俣君――小俣君――議長ハ質疑者ノ質疑ヲ制限スル意思ハアリマセヌケレドモ、此議題ニ卽シテ質問アランコトヲ望ミマス、今暫ク聽イテ居リマスガ、併ナガラ餘リ議題ト離レマスト制限スルコトアルベキコトヲ豫告シテ置キマス

○小俣政一君(續) 惟フニ國家ノ治安ヲ維持シ、皇國ノ基礎ヲ危フカラシメザル最モ重大ナ問題ハ、捜查機關ノ公正ナル發動ニ俟タナケレバナラヌト思フノデアル(拍手)然ルニ捜查機關ノ第一線ニ立ツ所ノ警察機關ハ警視總監ヲ初トシテ、全國ノ警察機關悉ク賴ムニ足ラズトセバ、國家ノ治安ハ何レニ依テカ求メラレルデアリマセウカ(拍手)捜查機關ノ中デ憲兵ト云フ機關ハ、姑ク茲ニ措クトスルモ、此場合ニ於キマシテハ、國民ハ單リ司法權ヲ賴ミトスルノデアル、然ルニ其司法權ノ威信ガ疑ハレ、檢事局ノ政黨化ガ叫バレル ニ至ッテハ、國民ノ自由ト權利ハ何レニ依テ保障サレルデアラウカ(拍手)斯ノ如キ狀勢ニモ拘ラズ、政府ハ唯本法ノ制定ニ依テ治安ヲ維持シ得ルト思ハレルデアラウカ、原法相ハ司法權ノ獨立、檢察制度ノ改善ニ御熱心デアルト承知シテ居ルガ、檢事局ノ政黨化ト云フ非難ニ對シ如何ナル考ヲ有セラレルノデアルカ、本員ハ檢事局ノ政黨化ヲ疑フモノデアル、原法相ハ本員竝ニ世ノ疑惑ヲ一掃スル爲ニ、誠意アル御答辯ヲ願ヒタイ、然ラバ何故ニ檢事局ノ政黨化ヲ疑フニ至レルカ、本員ハ具體的事實ニ付テ 法相ニ 御尋ヲスル ノデアル、唯議論バカリデハ原法相ハ御納得ニナラヌデアラウト思ヒマスカラ、我輩ハ具體的ノ事實ヲ指摘致シマシテ、檢事局ガ政黨化シテ居ルカ居ラヌカト云フコトヲ御尋スルノデアル、昨年ノ二月行ハレタル衆議院議員ノ選擧ニ方ッテ、此選擧取締、選擧違反ニ對スル司法權ノ發動ガ公正デアッタカドウカヲ御尋スルノデアル、先ツ其事實ヲ一二例ヲ引イテ申上ゲマスナラバ、世間デハ

斯ウ云フコトヲ言フテ居ル、鈴木喜三郎君ト關係ノアル鳩山一郎君ノ系統ニ屬スル者ニ對シテハ、司法權ノ發動ガ及バナイト世間ハ言フテ居ルノデアル(拍手)卽チ其例ヲ申スナラバ、東京府第一區カラ立候補シタ所ノ鳩山君ノ直系デアル所ノ本田義成ト云フ候補者ガアッタノデアルガ、是ガ選擧違反ノ事實ガ歷然タルノデアル、東京地方裁判所ニ於テハ宮里ト云フ檢事ガ主任トナッテ違反事實ニ付テ、的確ナル調査ヲ進メタル所、鳩山君ノ系統デアルガ爲ニ、本田君ノ選擧違反ノ衝ニ當ッタ宮里檢事ハ、突如トシテ濱松區裁判所ヘ逐ハレタノハドウデアルカ、又山梨縣ヨリ立候補シタル大崎清作君ノ買收事實ニ付キマシテ、甲府地方裁判所ノ檢事正ハ、的確ナル事實ヲ握ッテ居ル、而シテ之ヲ起訴スベキ意見ヲ持ッテ居ッタニモ拘ラズ、此甲府地方裁判所ノ檢事正ハ、突如トシテ轉所ヲ命ゼラレタノハ如何ナル理由デアルカ

〔「治安維持法ト何ノ關係ガアルカ」ト呼ヒ其他發言スル者多シ〕

○副議長(淸瀨一郎君) 靜肅ニ願ヒマス

○小俣政一君(續) 本員ノ質問スル所ハ、治安維持ト最モ重大ナル關係ヲ有スル所ノ具體的問題ニ付テ、御尋ヲスルノデアル――先日政府不信任案問題ガ提出セラレタル場合、鳩山一郎君ハ政府委員席ニ居ラレテ、本員ニ對シ暴言ヲ吐イタノデアル――又目下展開シテ居ル所ノ東京市ノ疑獄事件ニ對スル所ノ檢事局ノ行動ハ、政略的ニ行ハレテ居ハシナイカ、本員ハ究罪ニ依テ過般奇怪千萬ニモ、刑務所ニ八十一日間收容ヲセラレタノデアルガ、究罪ニ依テ斯樣ナル取扱ヲ受ケタコトガアル――其際東京地方裁判所ノ渡邊檢事ナルモノガアルガ、此渡邊檢事ハ鈴木喜三郎君ノ御聲掛リデ、田舍カラ東京地方裁判所ヘ昇格ヲシタ人デアルガ、此渡邊檢事ガ言明シタ洵ニ奇怪千萬ナ言ガアル

〔「何モ關係ガ無イヂヤナイカ」ト呼ヒ其他發言スル者多シ〕

○小俣政一君(續) 大關係ガアル――此渡邊檢事ト云フモノガ、本員ニ向ッテ言明シタコトガアルガ、其言葉ガ頗ル奇怪千萬デアリマスカラ、原法相ノ御答ヲ願フノデアルガ、ドウ云フコトヲ言ハレタカト云フト其渡邊檢事ノ言フノニハ

〔淸瀨副議長議長席ヲ退キ元田議長復席〕

近藤達兒君、國枝捨次郎、伊藤仁太郎等ハ、金錢收受ノ關係ヲ明白ニ自白シテ居ルノデアルガ、何故オ前ダケハ强情ヲ張ルノデアルカ、オ前モ必ズ近藤ヤ國枝、或ハ伊藤ト同ジヤウニ、金ヲ取ッタノデアラウト云フコトヲ、獨斷デ責メタノデアル――

〔「治安維持ト關係ガ無イ」ト呼ヒ其他發言者多シ〕

○小俣政一君(續) 治安維持ト大關係ガアル――又江東青物市場ノ疑獄ノ中心人物ハ增田由太郎ト云フ者デアルガ、此增田由太郎ガ召喚ヲセラレル前日、司法省參與官磯部尚君ガ增田由太郎ヲ訪問ヲシテ、長時間ノ打合ヲシタル事實ガアルノデアル、而モ磯部君ハ檢事局ヲ屢〻訪問ヲシテ、自分ハ取調ヲ受ケタコトハナイ、火ヲ放ケニ來ルノデアルト、或人ニ言明ヲシタノデハナイカ(拍手)果シテ然ラバ此市ノ疑獄ノ裏面ニハ、政府竝ニ與黨ガ策動シタコトハ爭フベカラザル事實デアル――尙ホ原法相ニ御尋スルコトガアルガ、所謂刑事訴訟法ノ手續ニ付テ御尋ヲスルノデアル、江東青物市場疑獄ノ中心人物デアル所ノ增田由太郎ガ、保釋中自殺ヲ企テタルコトガ新聞紙上ニ報道セラレテ居ル、斯ノ如キ場合ニハ、刑事訴訟法ノ手續トシテ、罪證湮滅ノ虞アルモノトシテ、當然保釋ヲ取消サナケレバナラヌノデアルガ、是ハ如何樣ナル手續ニナッテ居ルノデアルカ、其當時ノ新聞ヲ私ハ此處ニ朗讀ヲ致シマス「增田由太郎氏自殺ヲ企ツ、小俣代議士豐浦理事ニ申譯ナイト書置シテ」卽チ增田由太郎ハ……

○議長(元田肇君) 小俣君――小俣君――小俣君……

○小俣政一君(續) ……「市疑獄事件ノ發展カラ、遂ニ江東青物市場問題ニマデ及ビ、前頭取增田由太郎氏ノ收容カラ、代議士小俣政一、豐浦市場理事ノ收容ヲ見ルニ至リ、增田氏ハ先キニ保釋出獄シタガ、二氏ハ引續キ收容中デ、增田氏ハ事件發生以來、自己ノ不德カラ二氏ニ迷惑ヲ掛ケタノガ良心ノ苛責ニ耐ヘ兼ネ、出獄後ハ只管本所區橫網町二ノ七ノ自宅ニ引籠ッテ謹愼シテ居タガ、二三日前家人ノ隙ニ日本刀デ割腹自殺ヲ圖ッタガ、家人ニ發見サレテ果サナカッタ」ト云フ事件ガアル……

○議長(元田肇君) 議長ヨリ一言致シマス、只今小俣君ハ緊急勅令ニ關係アリトシテ質問サレテ居ルサウデアリマス、議長ハ只今出マシタモノデスカラ――然ルニ緊急勅令ニ關係ノ遠イ選擧違反ト云フヤウナ事ニ付テノ御話ガ多イヤウデアリマスノデ、諸君モ靜肅ニ御聽キヲ願ヒマスト同時ニ、小俣君モ十分ニ用語ヲ御愼ミニナリ、且ツ緊急勅令ニ關係ノ無イコトデアレバ、議長ハ許ス譯ニ行キマセヌ(拍手)

○小俣政一君(續) 其增田由太郎ノ書置ト云フモノハ、小俣竝豐浦ヲ究罪ニ陷レテ申譯ガナイト書イテアッタ、斯ノ如キ次第デアルカラ、本員ハ治安維持法ト云フモノヲ制定スル根本精神ナルモノハ、共產主義者ヲ絕滅ヲシヤウ、國體ノ基礎ヲ安固ナラシメヤウトスルノデアルト信ズルガ爲ニ、唯此治安維持法ノ制定、ソレノミニ依テ治安ガ維持セラレルカドウデアルカト云フコトヲ御尋スルノデアル(拍手)此治安維持法ノ精神ヲ徹底ヲセシムルノニハ、少クトモ搜查機關ト云フモノガ、政黨政派ヲ超越シテ活動ヲシナケレバナラヌト思フノデアル(拍手) 然ルニ此搜査機關デアル所ノ……

〔此時發言スル者多シ〕

○議長(元田肇君) 靜肅ニ願ヒマス

○小俣政一君(續) 檢事局ガ今ヤ政黨化シテ居ルト云フコトガ、天下非難ノ的トナッテ居ルノデアリマス、何故檢事局ガ政黨化ヲシテ居ルカト云フ事實ニ付テ御尋ヲスルナラバ、先達モ遠藤正次ト云フ者カラシテ、要路ノ五大官ヲ告訴シタノニ拘ラズ、要路ノ五大官ニ向ッテハ、何故ニ搜查ノ手ヲ染メナイノデアルカ(拍手)之ヲシモ尙ホ檢事局ノ政黨化デナイト言ヒ得ルノ勇氣ガ原法相ハアルノデアルカドウカ、此點ヲ伺ヒタイノデアル(拍手)而モ與黨ノ者ハ、大泥棒ガアッテモ、如何ナル犯罪者ガアッテモ、之ヲ檢擧シナイ、野黨ノ者デアルナラバ、究罪ニ陷レテモ苦マセヤウト云フヤウナ態度ヲ執ルニ至ッテハ、甚ダ奇怪千萬デアルト謂ハナケレバナラヌ

○議長(元田肇君) 小俣君、緊急勅令ニ關係ガアルダケヲ御述ベ下サイ

○小俣政一君(續) 關係ガアリマス

○議長(元田肇君) 緊急勅令ニ關係ノナイ質問ハ許シマセヌ、一寸議長ヨリ注意致シマス、小俣君ノ發言中ニ或ハ不穩當ノ言葉ガアリハセヌカト云フコトニ付キマシテハ、速記錄ヲ調ベナケレバ議長ハ分リマセヌカラ、速記錄ヲ調ベテ相當ノ處置ヲ取リマス、而シテ小俣君ハ關係アリト申シマスケレドモ、治安維持法ニ直接ノ關係ガナク、又間接ニシテモ甚ダ乏シイヤウニ思ヒマスカラシテ、小俣君ニ更ニ御注意申上ゲマス、治安維持法ニ關係ノアル點ニ付テ御質問ヲ進メラレンコトヲ注意シテ置キマス

○小俣政一君(續) 先ヅ以上ノ諸點ニ亙リマシテ、原司法大臣ノ御答辯ヲ煩ハシ、其御答辯ヲ俟ッテ更ニ私ハ質問ヲ繼續致スノデアリマス

〔此時發言スル者多シ〕

○議長(元田肇君) 靜肅ニ願ヒマス、原司法大臣

〔國務大臣原嘉道君登壇〕

○國務大臣(原嘉道君) 只今ノ小俣君ノ質問ハ、總テ緊急勅令ニ關係ナイコト、思ヒマスカラ、本日ハ答辯致シマセヌ(拍手)

〔小俣政一君登壇〕

○小俣政一君 原司法大臣ハ只今本員ノ質問ニ對シテ、治安維持法ニ關係ガナイカラト云フ御言葉デアルガ、治安維持法ト直接密接ノ關係ノアル問題ニ付テ、本員ハ而モ具體的ノ事實ヲ基礎トシテ御尋ヲシタノデアルガ、以上ノ質問ニ對シテ御答辯ガナイ時ニ於テハ、本員ハ天下民衆ト共ニ、檢事

局ノ政黨化ト云フコトヲ大臣ガ肯定ヲシタト云フコトヲ思フノデアル(拍手)若シ答辯ヲスレバ宜シ、答辯ガ出來ナケレバ、本員ノ所謂檢事局ハ政黨化セリト云フコトニ對シテ、司法大臣答フル所ヲ知ラズト云フコトニナルノデアル(拍手)若シ司法大臣答フル所ヲ知ラズトスレバ、即チ檢事局ノ政黨化ヲ司法大臣自ラ認メテ居ルノデアル、斯ノ如クニシテ暗黑政治ガ布カレ、此暗黑政治ノ下ニ於テ、此勅令ガ幸ニ議會ヲ通過シタ所ガ、共產主義者ヲ絕滅スルナドハ愚カノ事、過激思想ノ取締ナドハ、現內閣ノ下ニ於テハ斷ジテ不可能デアルト云フコトヲ斷言スル者デアル(拍手)原法相ハ日頃司法權ノ獨立、檢察制度ノ改善ト云フコトヲ口ニ叫バレテ居ルノデアルガ、所謂羊頭ヲ掲ゲテ狗肉ヲ售ルモノデアル、斯樣ナ者ガ私ハ大臣ノ椅子ニ居ラレルト云フコトハ、天下民衆ト共ニ大ニ悲シム者デアルト云フコトヲ茲ニ聲明シテ壇ヲ降リマス(拍手)

(此時發言スル者多シ)

○議長(元田肇君)　討論ニ入リマス、齋藤隆夫君

(齋藤隆夫君登壇)

(此時發言スル者多シ)

○議長(元田肇君)　靜ニ願ヒマス――各方面トモ靜粛ニ願ヒマス

○齋藤隆夫君　諸君、政府ハ昨年ノ六月二十九日緊急勅令ヲ發布シテ治安維持法ヲ改正シ、憲法第八條ニ基イテ議會ノ承諾ヲ求メテ來タノデアリマス、議會ハ之ニ承諾ヲ與フベキヤ否ヤ、之ガ只今吾々ノ前ニ提供セラレテ居ル所ノ問題デアリマス、先程委員長ガ報告セラレマシタ如ク、委員會ニ於キマシテハ一票ノ多數ヲ以テ承諾ヲ與フベシト決定致シマシタケレドモ、本員ハ委員會ノ決議ニ反對シ、承諾ヲ與フベカラズト主張スル者デアリマス(拍手)吾々ガ本案ノ審議ヲ爲スニ方リマシテ、主トシテ攻究スベキ問題ハ憲法上ノ觀察デアリマス、勅令ノ內容ニ付キマシテモ意見ハゴザイマスケレドモ、是ハ今日論ズルノ必要ハ認メマセヌ、ソレ故ニ本員ハ是ヨリ專ラ此見地ニ立チマシテ、大要卑見ノアル所ヲ述ベテ吾吾ノ主張ヲ明ニシタイ、固ヨリ本案ハ政黨政派ニ關係ヲ有スルモノデハアリマセヌ、憲法ヲ中心トシテ帝國議會ノ權能ニ及ビ、國民ノ自由權利ニ大關係ヲ有スルモノデアリマスルニ依テ、吾々ハ此考ヲ以テ本案ノ討議ニ向ヒタイノデアリマス、尙又本案ハ我ガ國體ノ變革ヲ目的トスル犯罪者處罰ニ關スルモノデアリマス、今日何人ト雖モ此種類ノ犯罪者ヲ處罰スルコトニ付テ反對ヲスル者ハアリマセヌ、既ニ吾々ハ三年以前ニ治安維持法ニ協贊ヲ與ヘマシテ、斯ノ如キ犯罪者ニ對シテハ相當嚴刑ヲ以テ之ニ臨ンデ居ルノデアリマス、故ニ問題ハ此種類ノ犯罪者ヲ罰スルカ罰セナイカト云フコトデハナイ、如何ナル立法手續ニ依ッテ、又如何ナル程度ニ於テ之ヲ罰スルノガ、國家社會ノ大局ヨリ見テ適當デアルカ、之ガ意見ノ岐ルヽ所デアリマス(拍手)然ルニ世ノ中ニハ此道理ヲ辨ヘズシテ、唯無條件ニテ緊急勅令ヲ鵜呑ニスル者ヲ以テ愛國者ノ如クニ思ヒ、之ヲ難責スル者ヲ以テ非愛國者ノ如クニ思フガ如キ、「無智無識ノ輩ハ此議場ニ於テハ一人モ居ラレナイデゴザイマセウガ、廣キ世ノ中ニ於テハ、斯ウ云フ没分曉漢モ居ルノデアリマスカラシテ(拍手)本員ハ此機會ニ於テ彼等ニ向ッテ強キ意味ノ警告ヲ發シテ置キタイノデアリマス、憲法上ヨリ見レバ、此緊急勅令ハ確ニ憲法違反デアリマス(拍手「ノウ〳〵」)緊急勅令ノ性質ニ付キマシテハ、本員ガ申ス迄モナク諸君ハ十分ニ御承知デアル、又本員ハ一月二十二日國務大臣ノ演說ニ對スル質疑ノ際ニ當ッテ、此問題ニハ論及致シテ置キマシタニ依テ、本日ハ一切繰返ヘスコトハ致シマセヌ、(「簡單」「簡單」ト呼フ者アリ)政府ガ緊急勅令ヲ發布スルニ付テ、第一ニ考ヘネバナラヌコトハ、所謂緊急ノ必要ト云フコトデアリマス、即チ公共ノ安全ヲ保持スルガ爲ニ、緊急ノ必要ガ目前ニ迫ッテ居ルヤ否ヤ之ヲ第一ニ考ヘネバナラヌコトハ申ス迄モナイコトデアル、此要件ヲ充シテ居レバ宜シ、若シ是ニ反シテ此要件ニ缺タル所アリマシタナラバ、其勅令ハ違憲ノ勅令ト言ハザルヲ得ナイノデアル、是ニ於テ吾々ハ委員會ニ於テ、先ヅ此點ニ付テ政府ノ說明ヲ求メタ所ガ、之ニ對スル原司法大臣ノ答辯ハ、知名ノ法律家ニ似合シカラザル、極メテ誤謬タルモノデアリマシテ、吾々ヲ承服セシムルニ足ルベキ何等ノ根據ハナイノデアル、先ヅ第一ニ政府ハ何時頃緊急ノ必要ヲ認メタノデアルカ、即チ昨年開レタル所ノ特別議會ノ開會前デアルカ、又開會中デアルカ、或ハ閉會後デアルカト尋ネマシタ所ガ、之ニ答ヘテ曰ク、特別議會閉會後、六月十二日即チ緊急勅令案ヲ樞密院ニ提出シタル其日ニ於テ、初メテ緊急ノ必要ヲ認メタノデアルト答ヘラレタ、然ラバ其日ニ於テ突如トシテ緊急ノ必要ト認ムベキ事實ガ起ッタノデアルカト云フト、サウデハナイ、特別議會閉會後ニ於テ、色々ノ事實ガ起ッタニ依テ、ソレ等ノ事實ヲ綜合シテ最後ノ六月十二日ニ於テ、初メテ緊急ノ必要ヲ認メタノデアルト答ヘラレル、然ラバ其事實トハ何デアルカト云ヘバ、大體ニツアルノデアリマス、第一ハ昨年檢擧セラレタ所ノ共產黨ノ殘類等ガ、マダ捕縛ニ就カナイ者ガアリマシテ、ソレ等ノ者ガ依然トシテ活動ヲ繼續シテ居ルト云フ事實ガ分ッテ來タト云フノデアル、是ガ何デ緊急勅令發布ノ理由ニナリマスカ、政府ノ說明ニ依レバ、大正十五年十二月四日、彼ノ共產黨ノ一類ハ山形縣五色溫泉ニ會合シテ、初メテ共產黨ノ組織ヲシタノデアル、ソレカラシテ一年ト三箇月ノ後、即チ昨年ノ三月十五日ニ全國ニ亙ッテ一齊ニ檢擧ヲ致シタノデアル、併シ其當時ニ於テ一人モ殘ラズ檢擧セラレタノデハナイ、其中ノ或者等ハ檢擧ニ漏レテ逃亡シテ活動ヲ繼續シテ居ッタト云フコトハ、其當時カラシテ政府ニハ分ッテ居タノデアル、現ニ昨年ノ特別議會中ニ開カレタル治安維持法改正ノ委員會ニ於テ、原司法大臣ハドウ云フコトヲ言ウテ居ルカト云フト、共產黨ノ首腦者等ガ全部收監セラレテ居ルカト云フニ、決シテサウデハナイ、是等ノ者ハ益々其目的ノ遂行ニ進ミツヽアルト云フノガ現在ノ有樣デアル、昨年ノ特別議會開會中ニ於テ、既ニ原司法大臣ハ斯ノ如キ言明ヲ爲シテ居ル、之ヲ以テ見テモ其當時カラシテ、其首腦者ノ或者等ガ檢擧ニ漏レテ、其目的ノ達成ニ向ッテ進行シテ居ル、即チ活動ヲ續ケテ居ッタト云フコトハ、政府ニ於テハ分ッテ居タノデアリマス、又是ガ分ッタ以上ハ、之ヲ檢擧スルニ於テ、決シテ政府ハ怠ッテハ居ラナイ、既ニ是等ノモノハ檢擧セラレテ今ハ收監サレテ居ルノデアリマス、然ルニ斯ノ如キ事實ガ因ニナッテ、公共ノ安全ガ危殆ニ迫リ、緊急勅令ヲ發布セネバナラヌ所ノ事態ガ起ッテ來タトハ、天下何人ト雖モ想像スルコトハ出來ナイノデアル、第二ハ何デアルカト云フト、露西亞ニ在ル所ノ共產黨大學、此共產黨大學ニ居ル所ノ日本ノ留學生ヲ第三「インターナショナル」ガ續々日本ニ歸朝セシメテ、我國ニ於ケル共產黨組織擴大ニ從ハシムルト云フ、此情報ガ政府ニ達シタト云フノデアル、一體サウ云フ情報ハ何時何處カラ來テ政府ニ達シタノデアルカ、又其內容ハ如何ナルモノデアルカト問ヘバ、政府ハソレハ答ヘルコトガ出來ナイト云フノデアル、ソコデ其共產大學ニハ日本ノ留學生ガ幾名位居ルノデアルカト云ヘバ確カニハ分ラヌガ約四十名バカリ居ル、其中ノ二十名バカリガ昨年ノ五月ヨリ七月ニ亙ッテ日本ニ歸ッテ來タト云フ、唯是ダケノコトデアリマス、諸君ハ之ヲ聞イテ如何ニ考ヘラレルノデアリマスカ、僅カニ二十名バカリノ共產主義ニカブレテ居ル所ノ書生等ガ、日本ニ歸ッテ來ルト云フ、是ガドレダケノ大事件デアルカ、又斯ノ如キコトガ分ッタ以上ハ、日本ノ警察機關ハ之ニ對シテ相當ノ準備ヲ爲シタニ相違ナイ、國境ニ於テ彼等ヲ捕縛スルコトニ付テ手落ノアル譯ハナイ、又現ニ彼等ノ多數ハ既ニ捕縛セラレテ今ハ收監サレテ居ルノデアリマス、此位ナ事情ガ因ニナッテ公共ノ安全ガ危殆ニ陷リ、緊急勅令ヲ發布シテ十年ノ體刑ヲ一躍シテ死刑ト改ムルニアラザレバ、之ヲ豫防スルコトガ出來ナイト云フコトハ、是

亦何人ト雖モ想像スルコトノ出來ルコトデハナイノデアリマス（拍手）更ニ政府ハ委員會ノ最後ノ日ニ於テ「緊急勅令必要ノ理由」ト題スル文書ヲ吾々ニ示シタ、是ハ最前委員長ガ御朗讀ニナリマシタニ依テ、本員ハ之ヲ省キマス、此文書ヲ見マスト、昨年ノ五月十九日ヨリ六月ノ十一日ニ至ル此間ニ於テ、地方長官ヨリノ報告、一派ノ共產主義者等ガ我國ニ於テ爲シタル行動ガ列記シテアルノデアリマス、併シ是ハ何モ昨年ノ五月カラシテ六月ニ掛ケテ初メテ現レタ所ノ事實デハナイ、現ニソレヨリ先ニ吾々ノ手許ニ配付セラレマシタ所ノ政府ノ參考書類第一ハ、露西亞ノ第三「インターナショナル」ノ日本ニ對シテ活動スル概況ト題スル文書及共產黨事件ノ第一審判決ノ概要デアリマス、此二ツノ文書ヲ見マスルト云フト、茲ニ記載セラレテ居ルガ如キ事實ハ、是等ノ文書ノ中ニ現レテ居ルノデアル、別ニ是等ノ事實ガ五月カラ六月ニ掛ケテ初メテ現ハレタモノト思料スルコトハ出來ナイノデアリマス、又最後ニ於テ原司法大臣ハ昨年ノ御大典ヲ引用シテ緊急勅令發布ノ理由ニ供サレテ居ルノデアリマスルガ、是ハ政府トシテモ非常ナ考違ヒデアルノミナラズ、何方カト言ヘバ不謹愼ノ甚シキモノデアル、昨年ノ御大典ニ當リマシテハ

〔此時發言スル者多シ〕

○議長（元田肇君） 靜肅ニ願ヒマス

○齋藤隆夫君（續） 昨年ノ御大典ニ當リマシテハ、我ガ國民ハ最モ忠誠ノ意ヲ表シ、極メテ厳肅ニ御大典ヲ迎ヘタコトハ諸君御承知ノ通リデアル、現ニ田中首相モ一月二十二日此ノ所ニ於テ施政ノ方針ヲ述ベラレタル劈頭ニ於テ此事ニ言及セラレテ居ル、即チ「我皇室及國家ノ盛儀ニ際シテ遺憾ナク我全國民ヲシテ尊皇愛國ノ精神ヲ發揮セシメ、國體ノ精華ヲ顯揚シマシタコトハ諸君ト共ニ慶賀措ク能ハザル所デアル」ト、斯ノ如ク我ガ國民ハ擧ッテ此御大典ニ對シテハ最モ誠意ヲ披瀝シテ之ヲ迎ヘテ居ッタノデアル、然ルニ緊急勅令ヲ發布シテ、所謂武裝ヲシテ此御大典ヲ擧行シタト云フニ至ッテハ、實ニ國民ヲ侮辱スルモ亦甚シイモノデアリマス

〔此時發言スル者多シ〕

○議長（元田肇君） 靜肅ニ願ヒマス

○齋藤隆夫君（續） 故ニ今後政府ガ此緊急勅令ヲ說明スルニ當リマシテモ、斯ノ如キ理由ハ斷ジテ述ベテハナラヌ、又今後此壇上ニ立タル、所ノ贊成論者モ斯ノ如キ理由ヲ以テ緊急勅令ヲ維持セラル、コトハ控ヘラレルガ宜カラウト思ヒマス、要スルニ斯ノ如キ次第デゴザイマシテ、政府ガ緊急勅令ヲ發布シタル理由トシテ述ブル所ノ根據ハ極メテ薄弱デアリマシテ、吾々ヲ承服セシムルニ足ルモノハ一ツモ無イノデアリマス、殊ニ昨年ノ特別議會以前ニ於テハ其必要ガ無カッタ、特別議會閉會後ニ於テ初メテ其必要ヲ感ジタト云フニ至ッテハ、益以テ怪シカラヌ所ノ言草デアルト思フ、先程申シマシタル如ク、昨年ノ三月十五日ニ彼ノ共產黨ヲ檢擧シ、之ガ本トナッテ治安維持法ノ改正ヲ特別議會ニ提出シ、其委員會ニ於テ原司法大臣ハ何ト申シテ居ルカト云フト、治安維持法ノ改正ハ日本國家ノ爲ニ一日モ捨置キ難キ緊急事デアルト云フコトヲ言ウテ居ル、然ルニ今日ニナルト全然其言ヲ翻シテ、昨年ノ特別議會閉會中ニ於テハ治安維持法改正ノ必要ハ認メテ居ッタケレドモ、緊急ノ必要ハ認メナカッタノデアル、緊急ノ必要ヲ認メタノハ特別議會閉會後約四十日ヲ過ギタル六月ノ十二日ニ於テ初メテ之ヲ認メタト云フニ至ッテハ、其虛妄ナルコト三歳ノ童子ト雖モ欺クコトハ出來ナイノデアル、一體政府ハ何故ニ斯ノ如キ無理ナル理窟ヲ附ケテ居ルカ、何故ニ斯ノ如キ虛妄ノ理由ヲ述ブルノデアルカト云フト、其心底ハ明ニ讀メテ居ルノデアリマス、ソレハ何デアルカト云フト、御承知ノ如ク緊急勅令ノ根本トナルベキ事實ハ、少クトモ前議會閉會後ニハ現レタノデナクテハナラヌ、前議會開會前若クハ開會中ニ現レタモノナラバ、其議會ニ於テ通常ノ立法手續ニ依テ此目的ヲ達セネバナラヌ、「又會期ガ足ラナカッタナラバ之ヲ延長シテ以テ其議案ノ運命ヲ決セネバナラヌノデアル、然ルニ政府ハ其手續ヲ誤ッタモノデアリマスルカラ、今日ニ至ッテ緊急勅令ノ根本トナルベキ事實ハ、前議會ノ閉會前ニ起ッタト云フコトハ言ヘナイヤウニナッテ來タ、次ニ閉會後ニ直ニ起ッタノデアルカト言ヘバ、然ラバ何故ニ閉會後四十日間モ之ヲ放任シテ置イタノデアルカト責メラレルモノデアルカラ、是モ言ヘナイヤウニナッタ、此處デ最後ノ窮策トシテ、特別議會閉會前デハナク、又閉會直後デモナク、閉會後四十日ヲ過ギタ六月十二日ニ於テ初メテ緊急ノ必要ヲ認メタト云フガ、實ニ荒肘無稽ノ妄說ヲ作ッテ此衆議院ヲ欺カントスルノデアル、斯ノ如キコトニ欺カル、モノガ一人デモアッタナラバ、衆議院ノ一大恥辱デアリマス（拍手）更ニ此點ニ付キマシテ樞密院ニ現レタル意見ニ付テ一言述ベテ置キタイコトガアリマス、御承知ノ如ク樞密院ノ議事ハ是迄祕密ニ附セラレテ吾々ハ之ヲ知ルコトガ出來ナカッタノデアリマス、然ル所ガ此緊急勅令ノ審議ニ當リマシテハ

〔此時發言スル者多シ〕

○議長（元田肇君） 靜ニナサイ

○齋藤隆夫君（續） 如何ナル方法ニ依リタルモノカハ知リマセヌガ、樞密院ニ於ケル緊急勅令案審議ノ模樣ハ、新聞紙ヲ通シテ大體吾々ノ前ニ現レテ來タノデアル、之ニ依テ吾々ハ樞密院諸公ガ緊急勅令案審議ニ當ッテ抱カレテ居ル所ノ憲法及政治上ニ於ケル其態度ヲ知ルコトガ出來タノハ非常ニ愉快ニ思フノデアリマス、御承知ノ如ク緊急勅令案ハ樞密院ニ於キマシテハ、贊否兩論者ガ實ニ十八日間審議ヲ凝シテ、最後ニ於テ國務大臣ガ總動員ヲ爲シテ、採決ニ加ハリ、以テ之ヲ通過セシメタコトハ諸君御承知ノ通リデアリマス、而シテ樞密院ニ於キマシテ議論ノ焦點トナリマシタモノハ、矢張リ緊急ノ必要ト云フコトデアッタノデアル、然ルニ此點ニ關スル政府ノ說明ハ、反對論者ヲ承服セシムルコトガ出來ナカッタノミナラズ、贊成論者ト雖モ、一人トシテ之ニ滿足スルモノガナカッタト云フコトハ、實ニ奇怪千萬ノ至リデアリマス（拍手）贊成論者トシテ最モ有力ナル顧問官ノ意見ヲ見マスト、斯ウ云フコトガアル、今日斯ノ如キ勅令ヲ發布スベキ緊急ノ必要ハ絕對ニ認メルコトガ出來ナイ、出來ナイノミナラズ、之ヲ次ノ通常議會ヲ待ッテモ決シテ遲クハナイノデアル、併ナガラ政府ガ既ニ高等政策トシテ提出ヲシタ以上ハ、若シ之ニ反對ヲスルト云フコトニナルト、外部ニ對シテ責任ヲ負ハナイ所ノ樞密院ガ、政府ノ施設ニ關與スルコト、ナルカラ、已ムヲ得ズ之ニ贊成スルモノデアルト云フコトヲ言ッテ居ル（拍手）是ハ何タル不合理千萬ナルコトデアルカ、本員ハ斯ノ如キ意見ヲ有セラレル樞密顧問官ニ對シテ、緊急勅令案審議ニ先ッテ先以テ樞密院ノ權能ヲバ研究セラレタイト言ヒタイノデアリマス、樞密院ハ善クモ惡クモ憲法上ノ機關デアリマス、憲法上獨立ノ機關デアリマス、而シテ此權能ハ憲法及官制ニ於テ認メラレテ居ル、政府ノ左右シ得ベキモノデハナイ、又此權能ヲ發揮スルコトガ……

〔此時發言スル者多シ〕

○議長（元田肇君） 靜肅ニ願ヒマス

○齋藤隆夫君（續） 樞密院本來ノ使命デアッテ、此權能ヲ拋棄シタナラバ、樞密院存在ノ理由ハナタナッテシマフノデアル、而シテ此權能ノ上ニ立ッテ眺メマシタナラバ、樞密院ガ緊急勅令案ヲ審議スルニ當ッテ、何ヨリ先ニ考ヘネバナラヌコトハ憲法上ノ要件デアル、是ガ最モ大切デアル、其外ノ何モノヨリモ大切デアリマス、之ヲ外ニシテ其事ガ政府ノ高等政策ニ屬スルヤ否ヤ、或ハ之ニ反對ヲシタナラバ、政府ノ政策ヲ阻止スルコトニナルヤ否ヤ、斯ノ如キコトハ、第二、第三ニ考フベキコトデアッテ、決シテ第一ニ考フベキコトデハナイノデアル（拍手）若シ之ニ因ハレテ、政府ノ政策ヲ妨ゲルコトヲ恐レテ、憲法上ノ要件ヲ捨テ、顧ミナイト云フコトデアッタナラバ、樞密院ハ政府ノ從屬機關トナッテ、憲法上ノ獨立機關タル權能ヲ失ッテシマフノデアル、又樞密院ハ外部ニ對シテ責任ヲ負ハナイト云フ、是ハ當然ノ事デアリマス、併ナガラ是ハ樞密院自

體ノ責デハナイ、制度其モノヽ罪デアッテ、樞密院ノ罪デハナイ、故ニ是ガ惡イト云フナラバ、樞密院ノ制度ヲ改革スル理由ニハナルガ、樞密院自體ノ權能ヲ制限スル理由ニハナラナイノデアリマス、或ハ緊急勅令案ニ反對スルノハ施政ニ關與スルコトヽナルト云フガ、緊急勅令案ノ反對ハ決シテ政府ノ施設ニ關與スルノデハナイ、若シ反對ヲスレバ政府ノ施政ニ關與スルコトヽナルト云ッテ、反對ヲスルコトガ出來ナイトスルナラバ、樞密院ハ緊急勅令ノ審議ニ當ッテ、抑、何ヲ爲サントスルノデアルカ、樞密院ノスル事ハナクナッテシマフノデアリマス、更ニ憲法ノ起草ニ深キ關係ヲ有シテ居ラレル所ノ或顧問官ノ意見ヲ見マスト、斯ウ云フ事ガ書イテアル、緊急ノ必要ガアルカ、ナイカト云フコトハ、是ハ政府ノ所見ニ一任スベキモノデアッテ、樞密院ガ自ラ進ンデ審査スベキモノデハナイ、既ニ政府ガ高等政策ノ必要カラシテ、緊急ノ必要アリト認メテ之ヲ提案シタ以上ハ、樞密院ハ之ニ向ッテ進ンデ贊成ヲシナケレバナラヌ、是ガ憲法第八條ノ精神デアルト共ニ、憲法ヲ起草セラレタル處ノ伊藤公ノ見解デアルト、斯様ニ述ベテ居ラレルノデアリマス、是ハ非常ナル間違デアリマス、伊藤公ハ彼ノ權威アル所ノ憲法義解ニ於テ、左様ナ見解ハ少シモ述ベテ居ラレナイ、ノミナラズ切々トシテ緊急勅令ノ濫用ヲ戒メラレテ居ラルヽノデアル、若シ緊急ノ必要ハ政府ノ所見ニ一任シテ、樞密院ハ之ニ容喙スベキモノデナイトスルナラバ、緊急勅令案ノ審議ニ方ッテ、樞密院ハ、抑、何ヲ爲サントスルノデアルカ、緊急必要ノ有無ヲ外ニシテ、樞密院ノ爲スベキ仕事ハナクナッテシマフノデアリマス、又斯ノ如ク緊急ノ必要ノ有無ヲバ政府ノ所見ニ一任シテ　樞密院ガ容喙スベキ

〔此時發言スル者アリ〕

○議長(元田肇君)　靜ニ

○齋藤隆夫君(續)　モノデナイトスルナラバ、樞密院ハ何ガ故ニ一昨年前内閣ガ提出シタル、彼ノ財界救濟ノ緊急勅令案ニ反對ヲシタノデアルカ、曩ニハ財界ノ救濟ハ緊急ノ必要ナシトシテ反對ヲ致シテ置キナガラ、後ニハ緊急必要ノ有無ハ政府ノ所見ニ一任スルト言ウテ之ニ贊成ヲスル、斯ノ如ク最モ重要ナル論點ニ付テ、前後矛盾ノ意見ヲ立ツルニ至ッテハ、樞密院ガ國民疑惑ノ焦點トナルノモ亦已ムヲ得ヌノデアリマス(拍手)斯ノ如ク次第デアリマシテ、憲法上ノ要件デアリマスル所ノ緊急ノ必要ト云フ事ニ付テハ、政府ノ說明ハ樞密院全體ヲ滿足セシムルコトガ出來ナカッタト同ジク、衆議院ニ於ケル吾々ヲモ承服セシムルコトハ出來ナイノデアル、斯ノ如キ次第デアリマシテ、此勅令案ハ憲法上ノ最大要件ヲ缺イテ居ルモノデアッテ、全然違憲ノ勅令デアルト云フコトヲ、先以テ茲ニ言明致シテ置キマス(拍手)次ニ論ゼネバナラヌ事ハ、政府ガ此問題ノ爲ニ臨時議會ヲ召集シナカッタコトデアリマス、先程申シマシタ通リニ、政府ハ昨年ノ特別議會ニ治安維持法ノ改正案ヲ提出シマシタケレドモ、議會ハ之ヲ審議スルノ時日ガナクシテ終了致シタノデアリマス、斯ノ如キ場合ニ於キマシテハ、政府ハ議會ノ延長ヲ奏請シナクテハナラヌニ拘ラズ、政府ハ此手續ヲ誤ッタト云フコトハ、何ト言フテモ政府ノ過チデアリマス(拍手)既ニ第一ノ過チヲ爲シタル以上ハ、第二ノ過チヲ爲サナイコトニ注意シナクテハナラナイ、然ルニ政府ハ第一ノ過チニ懲リズシテ、更ニ第二ノ過チヲ爲シテ居ル、ソレハ何デアルカト言ヘバ、卽チ此問題ノ爲ニ

〔此時發言スル者アリ〕

○議長(元田肇君)　靜ニ

○齋藤隆夫君(續)　臨時議會ヲ召集シナカッタ事デアリマス、先程申シマシタル如ク、昨年ノ特別議會ニ治安維持法ノ改正案ヲ提出シテ、特別議會閉會後樞密院ニ提出スル迄ノ間ニ於テ約四十日アル、又樞密院ニ於テ十八日ノ時日ヲ費シテ居ル、前後合シテ五十有餘日、斯ノ如キ緩漫ナル態度ヲ執ッテモ差支ナイ性質ノモノデアルナラバ、何ガ故ニ臨時議會ヲ開イテ立法ノ常道ヲ踏マナイノデアルカ、斯ノ如キ場合ニ處スルガ爲ニ、憲法ハ臨時議會召集ノ途ヲ開イテ居ルノデアリマス、憲法第四十三條ニ於キマシテハ「臨時緊急ノ必要アル場合ニ於テ常會ノ外臨時會ヲ召集スヘシ」斯ノ如ク規定致シテゴザイマシテ、臨時議會ヲ開クコトハ政府ノ義務デアル、憲法ハ政府ニ向ッテ臨時議會ヲ開クベシト命令シテ居ル、臨時緊急ノ必要アル場合ニ於テ臨時議會ヲ開クコトハ、憲法ニ對スル政府ノ義務デアルニ拘ラズ、政府ハ臨時議會ヲ開カナカッタト云フコトハ、何トシテモ政府ノ手落デアル、之ニ關シテ政府ヲ代表シタル原司法大臣ハ、非常ニ誤ッタ意見ヲ持ッテ居ラルヽノデアル、ソレハ何デアルカト云フト、詰リ憲法第七十條ト第八條ノ關係デアリマス、憲法第七十條ニ於テ所謂財政上ノ必要處分ヲ爲ス場合ニ於キマシテ「議會ヲ召集スルコト能ハサルトキ」ト云フ文字ガアル、故ニ財政上ノ必要處分ヲ爲ス場合ニ於テハ、議會ヲ召集スルコトガ出來ナイ場合ハ勿論、假令召集スルコトガ出來ル場合ニ於テモ、之ヲ召集スルノ時日ナキ場合ニ限ラレルケレドモ、憲法第八條ニ於テハ斯ウ云フ規定ハナイ、卽チ「議會ヲ召集スルコト能ハサルトキ」ト云フ文字ハナクシテ、之ニ代ユルニ「議會閉會ノ場合」トアル、故ニ議會閉會ノ場合デアルナラバ、臨時緊急ノ必要ガ起ッテモ、別ニ臨時會ヲ召集スル必要ガナイト云フノガ原司法大臣ノ見解デアルノデアリマス、併ナガラ是ハ非常ニ誤ッテ居ル所ノ解釋デアリマス、原司法大臣ハ民法學者デアルカラ、民法ヤ商法ナラバ斯ノ如キ解釋ヲ許スカハ知ラナイガ、憲法ハ斯ノ如キ機械的ナ、斯ノ如キ皮相ノ見解ハ許サナイノデアル、憲法ノ裏ニハ立憲政治ノ大精神ガ流レテ居ルノデアリマス、故ニ此ノ大精神ヲ看破セズシテ、唯條文ノ字句ニ拘泥シテ、憲法ノ正解ヲ求メントスルガ如キハ、誤リノ大ナルモノデアル、立憲政治ノ精神トハ何デアルカ、國民代表者ノ承諾ヲ得ズシテ國民ノ自由權利ヲ拘束スベカラズ、是ガ立憲政治ノ精神デゴザリマシテ、此精神ハ憲法第五條ニ明記セラレテ居ルノデアル、卽チ「天皇ハ帝國議會ノ協贊ヲ以テ立法權ヲ行フ」

〔此時發言スル者アリ〕

○議長(元田肇君)　靜粛ニ願ヒマス

○齋藤隆夫君(續)　故ニ苟モ國民ノ自由權利ヲ拘束スル所ノ立法事項ヲ采スニ付キマシテハ、帝國議會ノ協贊ヲ經ネバナラヌノデアル、唯已ムヲ得ナイ場合ノミニ限ッテ緊急勅令ヲ發スルコトガ出來ルノデアル、絕對ニ議會ヲ召集スルコトガ出來ナイ、若クハ議會ヲ召集スルコトハ出來テモ、若シソレヲ待ッテ居ッタナラバ、公共ノ安全ヲ保ツコトガ出來ナイト云フ、此場合ニ限ッテ緊急勅令ガ許サレルモノデアッテ、苟モ議會召集ノ餘裕アル場合ニ於テハ、議會ヲ召集シテ通常ノ立法手續ヲ踏ムベク、緊急勅令ノ權道ヲ踏ムベキモノデナイト云フノガ憲法第八條ノ精神デアッテ、又最モ正當ナル解釋デアルト本員ハ確信シテ居ルノデアリマス、假ニ原司法大臣ノ解釋ガ正當デアルトシテモ、臨時議會ヲ開イテ惡イト云フコトハナイノデアル、憲法ハ臨時議會ノ召集ヲ禁止シテ居ルノデハナイ、故ニ憲法ヲ運用スルニ當リマシテハ、時日ノ許ス限リ之ヲ召集シテ以テ、國民代表者ノ協贊ヲ求メテ以テ立法事項ヲ行フベキデアル、然ルニ之ヲ爲サズシテ臨時議會ヲ召集スル餘裕アルニ拘ラズ之ヲ召集セズ、而モ日本ニ立憲政治始ッテ以來未ダ曾テナイ所ノ、緊急勅令ヲ發布シテ日本臣民ヲ死刑ニ處スル法律ヲ作ルニ至ッテハ、何ト言ッテモ誠意ヲ以テ憲法政治ヲ運用シ、國民ノ自由權利ヲ尊重スルモノトハ思ヘナイノデアリマス(拍手)斯ノ如キ次第デアリマスニ依テ、此勅令ハ何レノ點ヨリ見テモ、憲法違反デアリマス、卽チ第一ハ公共ノ安全ヲ保持スルト云フ要件ヲ缺イテ居ル、第二ニハ緊急ノ必要ト云フ要件ヲ缺イテ居ル、第三ニハ臨時緊急ノ必要アル場合ニ於テハ臨時會ヲ召集スベシト云フ憲法第四十三條ノ規定ヲ蹂躙シテ居ル、斯ノ如ク此勅令ハ徹頭徹尾憲法違反ノモノデアリマスニ依テ、吾々ハ之ニ向ッテ承諾ヲ與フベキモノデナイト思フノデアリマス、次ニ吾々ハ斯ノ如キ緊急勅令ガ國家社會ノ上ニ、又一般國民ノ上ニ如何ナル影響ヲ及ボスモノデアルカ、之ヲ考ヘテ見ナクテハナラナイノデアリマス、御承知ノ如ク十年以前ニ終リヲ告ゲマシタル歐羅巴戰爭、是ハ世界國民ノ思想界ニ大ナル變動ヲ與ヘタノデアリマス、而シテ此等ノ思想ノ中ニハ善イ思想モアレバ、又惡イ思想モアリマス、今日露西亞ニ行ハレテ居ル所ノ過激思想卽チ共產主義ノ如キモノハ、彼ノ國ニ於テハ善イ思想デアルカハ知レマセヌガ、露西亞ヲ取除イタ其他ノ諸國ニ於テハ、極メテ危險ナル所ノ思想デアルコトハ申ス迄モナイ、然ルニ御承知ノ如ク露西亞內ニハ所謂第三「インターナショナル」ナルモノガアリマシテ、之ガ世界ニ向ッテ共產主義ヲ宣傳シ、世界革命ヲ目的トシテ、或ル種類ノ活動ヲシテ居ルコトハ事實デアリマス、併ナガラ彼等ノ目的ハ大體ニ於テ失敗シテ

居リマス　彼等ハ初メニハ之ヲ西洋諸國ニ試ミマシタケレドモ、全然失敗ニ終ッタモノデアリマスカラシテ、次ニハ東洋諸國ニ向ッテ魔ノ手ヲ延バサントシテ居ル、他國ノ事ハ申ス必要モアリマセヌガ、之ガ我ガ日本ニ如何ナル關係ヲ持ッテ居ルカト云フコトハ、一應檢討スル必要ガアルノデアリマス、玆ニ政府ヨリ參考書類トシテ吾々ニ配布セラレタ所ノモノガアリマスガ、之ヲ見マシテモ第三「インターナショナル」ハ我ガ日本ニ向ッテ或ル種類ノ活動ヲ爲シテ居ル、卽チ我國ノ共產黨ハ第三「インターナショナル」ノ一ツノ支部デアル、而シテ其綱領ヤ宣傳方法ハ一ニ本部ノ指揮命令ヲ仰イデ居ルノデアリマス、又先程申シマシタ如ク、露西亞ノ莫斯科ニハ共產黨大學ガゴザイマシテ、此大學中ニモ日本ノ留學生ヲ收容シテ居ルコトモ事實デアル、此事實ヲ根據ト致シマシテ、本員ハ露西亞ニ對スル日本ノ外交關係ニ付テ言及セザルヲ得ナイノデアリマス、御承知ノ如ク日露ノ間ニハ、大正十四年ニ國交回復ノ條約ガ締結セラレタノデアル、此條約ニハ如何ナルコトガ規定シテアルカト云フト、其第五條デアリマス、是ハ朗讀スルコトハ省キマスガ、極メテ簡明ニ申スナラバ、兩締盟國ハ相手國ノ安寧秩序ヲ妨害スルガ如キ一切ノ行動ヲ爲スベカラズ、分リ易ク申セバ是ダケノコトデアリマス、是ハ當然ノコトデアリマス、今日世界列國何レノ國ニ於キマシテモ、國家ソレ自體ノ政治組織ヲバ決定スルコトハ自國ノ權利デアル、故ニ他國ノ之ニ干涉スベキモノデハナイノデアリマス、故ニ何レノ國家モ國家トシテ、他國ノ政治組織ヲ變革スルガ如キ一切ノ行動ヲ爲スベカラズ、又自國ノ人民ニシテ斯ノ如キ行動ヲ爲ス者ガアレバ、之ヲ嚴禁セザルベカラズ、是ハ國際法上ニ於テモ認メラレテ居ル原則デゴザイマスガ、此原則ガ、日露條約ノ第五條トナッテ現ハレテ來タノデアリマス、故ニ我國ハ露國ノ政治組織ニ干涉シ、露國ノ安寧秩序ヲ害スルガ如キ、所謂白化宣傳ヲ爲スコトガ出來ナイト共ニ、露西亞モ亦日本ノ國體ヲ變革スルガ如キ一切ノ行動ヲ爲スベカラズ、國家トシテ爲スコトガ出來ナイコトハ勿論、若シ露國人民ニシテ、斯ノ如キ行動ヲ爲ス者ガアルナラバ、露國ノ國內法規ヲ以テ嚴ニ之ヲ取締ラネバナラヌ、是ハ露西亞ガ國際公法上ニ於テ、又條約上ニ於テ

〔此時發言スル者アリ〕

○議長（元田肇君）　靜肅ニ

○齋藤隆夫君（續）　我ガ日本ニ對シテ負ウテ居ル所ノ重大ナル義務デアリマス、然ルニ今日ノ露西亞ハ果シテ完全ニ此義務ヲ履行シテ居ルノデアルヤ否ヤ、是ハ吾々ニ於テ考ヘネバナラヌ所ノ一ツノ問題デアリマス、先程申シマシタ如ク、露西亞ノ第三「インターナショナル」ハ日本ニ向ッテ赤化宣傳ヲ爲シテ居ル、又是ガ基トナッテ我國ニ於テハ緊急勅令マデモ發布セネバナラヌコトニ相成ッタノデアル、而シテ原司法大臣ノ意見ニ依レバ、彼ノ日本共產黨ノ行動ト云フモノハ、所謂思想的內亂罪デアル、思想的外患罪デアル、卽チ思想的ニ我ガ國體ヲ變革シ、思想的ニ我ガ國家ヲ亡サントスルモノデアッテ、其罪ノ程度ハ刑法上ノ內亂罪、外患罪ト少シモ異ナル所ハナイ、軍器彈藥ヲ用ヒ、暴力ヲ振ヒ戰鬪行爲ヲ開始シテ、以テ日本ノ國體ヲ變革シ、日本ノ國家ヲ亡サントスルモノト其罪ノ程度ハ全然同一デアルトマデ極論サレテ居ルノデアル、本員ハ此見解ガ正當デアルカ否ヤニ付テハ別ニ意見ハアリマスガ、是ハ今日述ブベキ限リデハナイ、兎ニ角政府ハ斯ノ如キ考ヲ以テ緊急勅令マデモ發布スルニ至ッタノデアリマス、然ルニ第三「インターナショナル」ナルモノハ原司法大臣ノ論法ヲ以テ言フナラバ、思想的ニ我ガ國體ヲ變革シ、思想的ニ我ガ國家ヲ亡ス所ノ目的ヲ以テ、我國ニ向ッテ砲門ヲ向ケテ戰鬪行爲ヲ開始シテ居ルノデハナイカ此點ニ於テ今日ノ露西亞政府ハ確ニ

〔「政府ヂヤナイヨ」ト呼ヒ其他發言スル者多シ〕

○議長（元田肇君）　御靜ニ

○齋藤隆夫君（續）　國際法上ノ義務ヲ蹂躪シ、條約上ノ義務ヲ破棄シテ居ルノデアル、或ハ彼等ハ露西亞政府ト第三「インターナショナル」トハ全ク別ノモノデアル、第三「インターナショナル」ナルモノハ個人ノ團體デアッテ、露西亞政府ノ關係スルモノデハナイト云フカモ知ラナイガ、是ハ全然許サルベキモノデハナイノデアリマス、露西亞政府ト第三「インターナショナル」トノ關係ニ付キマシテハ、世界ニ於テ色々ノ觀察ハゴザイマスケレドモ、吾々ノ見ル所ニ依リマスト、其實際ハ全ク共通シテ居ルノデアリマス、卽チ今日ノ露西亞政府ハ露西亞共產黨ニ依テ組織セラレ、露西亞共產黨ニ依テ支持セラレテ居ルノデアル、然ルニ其露西亞共產黨ナルモノハ第三「インターナショナル」ノ一ツノ支部デアル、ノミナラズ本部ガ露西亞ニ在ルモノデアリマスカラ、此本部ノ實權ハ支部デアル所ノ露西亞共產黨ガ握ッテ居ルノデアリマス、故ニ此關係ニ於テ露西亞ノ政府ト第三「インターナショナル」トハ形ハ違フガ、事實ニ於テハ同ジモノデアル、恰モ政府ト其與黨トノ關係ト少シモ變ル所ガナイノデアリマス、縱シ一歩ヲ讓ッテ假ニ此兩者ノ間ニ於テ何等ノ關係ガナイト致シマシテモ、露西亞國內ニ於テ斯ノ如キ團體ガアッテ、締盟國ノ國體ヲ變革スルガ如キ行動ヲ爲ス場合ニ於テ、露西亞政府ハ嚴ニ之ヲ禁止スベキ義務ヲ擔ウテ居ルニ拘ラズ、今日ノ露西亞政府ハ此義務ヲ棄テ、顧ミナイト云フコトハ、爭フコトノ出來ナイ公然ノ事實デアルノデアリマス、然ルニ之ニ對シテ我國ノ政府ハ何ヲ爲シテ居ルカト云フニ、何モ爲シテ居ラナイノデアリマス、委員會ニ於キマシテ外務省ノ政府委員ヲ呼出シテ之ヲ尋ネマシタ所ガ、政府委員ハ答ヘテ曰ク、サウ云フヤウナ事實ガアルカナイカト云フコトハ、確ニ判ラヌト言フ、何タル不都合千萬デアル、露西亞ノ赤化宣傳ガ基トナッテ緊急勅令ヲ發布シ、而モ此緊急勅令ハ總理大臣ヲ首メトシテ各大臣ガ連署シテ以テ、政府ハ全責任ヲ以テ之ニ當ッテ居ルノデアル、然ルニ其政府ノ中ノ外務省ダケハ、此勅令ノ根本トナルベキ事實ヲ知ラナイ、締盟國ガ公然條約ヲバ破棄シテ、我ガ國體ノ變革ヲ企テ、居ルニ拘ラズ、是モ知ラナイ、一言半句ノ抗議ヲモ申スコトガ出來ナイニ至ッテハ、我國ノ外務省コソ實ニ日本國家ノ存立ヲ危クスルモノデアル（拍手）元來日露ノ條約ニ依テ、我國ガドレダケノ利益ヲ受ケテ居ルノデアルカ、是ハ本員ノ知ラナイ所デアリマスガ、併シ假令ドンナ利益ヲ受ケテ居ルニシタ所ガ、我ガ國體ノ破壞ヲ默認セネバナラヌ程、ソレダケ大ナル利益ガアルトハ、吾々日本國民トシテ絕對ニ想像スルコトガ出來ナイノデアル（拍手）諸君モ御承知ノ如ク、數年以前英吉利ノ政府ハ、露西亞政府ノ或ル大官ガ赤化宣傳ノ文書ヲ英國ニ送ッタト云フ、其一ツノ事實ヲ以テ英露國交ヲ斷絕シテ居ルノデアリマス、又支那ノ政府デスラ、北京駐在ノ露國大使館內ニ於テ赤化宣傳ノ證據ヲ發見シタト云フ、此事實ヲ以テ露西亞大使ヲ放逐シタノデアリマス、英國ニ於テ然リ、支那ニ於テ然リ、單リ我國ハ露西亞政府若クハ露西亞人民ガ、我ガ國體變革ノ行動ヲ爲シテ居ルコトヲ知リツ、、今日ニ至ル迄之ヲ默認スルトハ何事デアルカ、原司法大臣ガ曩ニハ治安維持法ヲ改正スルニ當リ、又今回ハ此緊急勅令ヲ維持スルニ當ッテ、屢〻繰返サレル所謂三千年ノ歷史、金甌無缺ノ國體ヲ變革スル目的ヲ以テ、露西亞ノ政府又ハ露西亞ノ人民ガ襲擊ヲ加ヘテ居ルニ拘ラズ、之ニ向ッテ抗議ヲ申込ムコトモ出來ナイ、問フベキ權利ガアルニ拘ラズ之ヲ問ハズ、單リ我ガ國民ノミニ對シテ極刑ヲ課セントスルガ如キハ、全ク本末ヲ顚倒シテ居ル遣方デアル、斯ノ如キコトヲヤッテ、日本ノ國民ガ承服スルト思フノハ大ナル誤リデアル、故ニ政府ハ此點ニ付テハ退イテ大ニ考ヘルガ宜シイト思ヒマス、原司法大臣ハ此處ニ居ラレマセヌガ、此處ニ「公民」ト題スル新聞紙ノ如キモノガアリマス「人ヲ愛スルノ政治」ト題シ、司法大臣原嘉道氏ノ名ヲ以テ、昨年ノ九月十三日東京中央放送局ニ於テ講演セラレタル所ノ、刑罰ニ關スル原司法大臣ノ意見ガ載セラレテ居リマス、是ハ長イモノデアルカラ朗讀ハ致シマセヌガ、其論旨ヲ簡單ニ申シマスト云フト、斯ウ云フコトデアル、詰リ凡ソ此社會ニ於テ犯罪ガ起ルノハ、如何ナル原因ニ依ルカト云フト、大體二ツアル、一ツハ先天的ノ素質、卽チ生レツキガ惡イカラデアル、又一ツハ社會ノ境遇ガ惡イカラ起ルモノデアル、此二ツノ原因ニ依テ犯罪ハ世ノ中ニ現ハレテ來ルノデアルガ、此犯罪者ニ向ッテ國家ハ如何ナル處置ヲ爲スベキモノデアルカト云フニ、昔ハ犯罪人ヲ苦メル目的ヲ以テ刑罰ヲ科シタノデアリマスガ、今日ノ刑罰ハ決シテ犯罪者ヲ苦メル目的デハナイ、刑罰ノ目的ハ犯罪者ヲ苦メルニアラズシテ、犯罪者ノ身體ヲ保護シ、犯罪者ノ精神ヲ教養シ、犯罪者ノ人格ヲ向上セシメテ、以テ一般ノ國民ト共同ノ生活ガ出來ルヤウニスル、是ガ刑罰ノ目的デアルト、斯樣ニ原司法大臣ハ說カレテ居ルノデアリマス、是ハ決シテ原司法大臣獨特ノ說デハナイガ、本員ハ固ヨリ之ニ贊成スルノデアリ、

マス、然ルニ犯罪者ニ向ッテ死刑ヲ科スル、一度人ヲ殺シタナラバ、刑罰ノ目的ト云フモノハ、全然達スルコトガ出來ナイノデアル、人ヲ死刑ニ處シタ後ニ於テ、其人ノ身體ヲ保護スルコトハ出來ナイ、其人ノ精神ヲ教育スルコトハ出來ナイ、其人ノ人格ヲ向上セシムルコトハ出來ナイ、其人ヲシテ一般ノ民衆ト共同生活ヲ爲サシムルコトハ出來ナイノデアル、故ニ立法ハ濫ニ人ヲ殺ス所ノ法律ヲ作ルベカラズ、況ヤ立憲政治ノ下ニ於キマシテ、國民ノ代表者ノ承諾ヲ得ズシテ殺人法ヲ制定スルガ如キハ、政府トシテハ大ニ慎メナケレバナラヌノデアリマス、原司法大臣ハ此紙上ニ於テ（此時發言スル者多シ）能ク御聽キナサイ、此紙上ニ於テ明治大帝ノ御詔勅ヲ引用シテ居リマス、又明治大帝ノ御製ヲ引用シテ居ラレマス、本員モ之ヲ引用致シテ置キマセウ、明治大帝ノ御詔勅ノ中ニ斯ノ如キモノガアル「天下億兆一人トシテ其ノ處ヲ得ザル者アレハ是朕カ罪ナリ」又明治大帝ノ御製ノ中ニ於テ斯ノ如キモノガアル「罪アラバ我ヲ咎メヨ天津神民ハ我身ノ生ミシ子ナレバ」

（此時發言スル者多シ）

○議長（元田肇君） 靜肅ニ願ヒマス

○齋藤隆夫君（續） 今日ノ政府當局者ハ、此御聖旨ニ對シテ何ノ面目ガアルカ、明治大帝ガ下シ給ウタ所ノ憲法ヲ蹂躙シテ緊急勅令ヲ發布シ、明治大帝ノ御聖旨ニ反イテ日本臣民ヲ殺ス所ノ法律ヲ作ル、政府ノ爲ス所實ニ言フニ堪ヘナイノデアリマス、若シ政府ニシテ何處迄モ治安維持法改正ノ必要ヲ認ムルナラバ、斯ノ如キ緊急勅令ハ速ニ廢シテ、以テ普通立法ノ手續ニ依テ此議會ノ協贊ヲ求メルガ宜シイノデアル（拍手）然ルニ此手續ヲ取ラズシテ、斯ノ如キ違憲ノ勅令ヲ何處迄モ維持セントスルノハ甚ダ不都合デアル、吾々ハ斯ノ如キ違憲ノ勅令ハ、一日モ速ニ之ヲ廢止スルコトガ憲法ヲ擁護シ、明治大帝ノ御遺訓ニ副ヒ奉リ、延テハ日本國民ノ思想ノ惡化ヲ防ギ國家ノ安寧ヲ維持スル所以ナリト思料シ、茲ニ本案ニ對シテハ最モ明白ニ不承諾ノ意思ヲ表示スルモノデアリマス（拍手）

○議長（元田肇君） 宮古啓三郎君

〔宮古啓三郎君登壇〕

○宮古啓三郎君 私ハ委員長ノ報告ニ贊成ヲ致ス者デアリマス、只今ノ齋藤君ノ御議論ハ謹ンデ拜聽ヲ致シマシタ、然ル所驚クベシ、憲法違反ナリト言フモ、唯自分ノ邪推臆測ヨリシテ割出シタ所ノ議論デアルト云フコトハ、如何ナル事ヲ申スノデアルカト云フコトヲ聽イテ居リマシタ所ガ、同君ノ議論ニ於テハ、去ル特別議會ノ後ニ於テ緊急ノ必要ナキニ拘ラズ、緊急勅令ヲ發シタト云フコトガ、卽チ憲法違反デアルト云フノデアリマス、諸君、御承知ノ通リ、去ル特別議會ニ於キマシテ、治安維持法ナルモノガ提出ニ相成リマシタ、其治安維持法ハ途ニ議了ニ至ラナカッタト云フコトハ、諸君ノ御承知ノ通リデアリマス、サリナガラ其當時ニ於テ政府ニ於テハ、此必要ガアルガ爲ニ提出ハ致シタノデアリマスルケレドモ、議會ヲ延長シテマデ之ヲ成立サセナケレバナラヌト云フ必要ハ感ジナカッタノデアリマス、然ル所其後ニ於テ色々ナル事情ガ生ジタノデアリマス、其色々ナル事情ハ如何ナルモノデアルカト云フコトニ付キマシテハ、先刻委員長ニ於テ政府ガ必要トシタト云フ箇條書ヲ讀上ゲラレテ居ルノデアリマス、其箇條書ハ委員長ガ讀上ゲタノデアリマスルカラシテ、私カラ再ビ是ガ朗讀ハ致シマセヌケレドモ、其中ニ於テ第三、第四、第五ノ如キモノハ、極メテ明白ニ其特別議會ノ後ニ於テ發シタル所ノ事柄デアルト云フコトガ明瞭デアルノデアリマス、其第三ハ何デアルカト言フト「彼等日本共產黨員ハ彼等ノ檢擧ニ對シ虛構ノ事實ヲ流布シ、暴力對抗ヲ煽動セルコト」、其第四ハ「彼等日本共產黨員ハ共產黨檢擧者ヲ暴力ニ依リ奪還スベキコトヲ煽動セルコト」其第五ニハ「彼等日本共產黨員ハ軍隊、殊ニ支那派遣軍ノ撹亂ヲ煽動セルコト」、其又第八ニハ「彼等日本共產黨員ハ暴力ニ依ル世界革命ノ煽動セルコト」、其第十二ハ「彼等日本共產黨員ハ細胞組織ノ再興ニ著手セルコト」斯樣ナモノガアルノデアリマス、卽チ三月十五日ノ大檢擧ガアッタノデアリマスルガ、其檢擧ニ漏レタル所ノ殘黨、此殘黨ガ何時迄モ自分等ノ目的ヲ達セントシテ活動ヲ致シテ居ッタ事柄ト、又ソレニ加フルニ只今讀上ゲマシタヤウナ事柄ヲ盛ニヤリツヽアルト云フコトガ十分ニ明ニ分ッタノデアリマス、其分リマシタ日ノ事ニ付キマシテハ、今齋藤君カラモ申サレタノデアリマスルガ、五月ノ十九日ヨリ六月ノ十一日迄ノ間ノ事柄デアルノデアリマス、御承知ノ通リ特別議會ハ五月ノ六日ヲ以テ閉會ニ相成リマシタ、五月六日ニ閉會ニ相成リマシタ以後ニ於テ、五月十九日ヨリ六月十一日ノ間ニ於テ斯ノ如キ事柄ガアッタト云フコトガ「赤旗」ト云フ雜誌、其他報告書及ビ逮捕サレタ所ノ者ノ口述、是等ノ事柄ニ依リマシテ極メテ明白ニ相成ッタノデアリマス、而シテ又一方ニ於キマシテハ、露國ノ第三「インターナショナル」ガ此三月十五日ノ日本ノ大檢擧ヲ知リマシタ爲ニ、是デハイカヌカラシテ、是ガ再興ヲ圖ラナケレバナラヌト云フコトデ、所謂東洋勤勞者共產黨大學ニ入學ヲシテ居リマシタ所ノ日本人、此日本人ヲ續々ト日本ニ歸シマシテ、サウシテ日本共產黨ノ今迄爲シタ事柄ヲ再興シ、更ニ又擴大シ、而シテ其目的ヲ達セントシテ居ッタト云フ情報ガ傳ッテ參ッタノデアリマス、時恰モ御承知ノ通リ、昨年ノ御大典ノ將ニアラントスル所ノ時ニ際シテ居リマスル、斯ノ如キ場合ニ於キマシテ、政府當局トシテ之ヲ其儘ニ打捨テ置クト云フコトガ、果シテ政府ノ適當ナル遣方ト申スコトガ出來ルノデアリマセウカ（拍手）萬ガ一ニモ此嚴肅ナル御大典ニ何等カノ騷ギデモアリマシタナラバ、諸君何ト致スノデアリマセウ（拍手）其當時ノ政府當局ノ苦心ト云フモノハ如何バカリデアッタカト云フコトハ、實ニ察スルニ餘リアルノデアリマス（拍手）幸ニシテ何事モ無ク過去ッテ參ッタノデアリマスガ、是ガ爲ニハ此緊急勅令ガ餘程ノ效力ガアッタモノト私共ハ信ジテ疑ハヌノデアリマス（拍手）斯ノ如キ次第デアリマシテ、此事柄タルヤ全ク特別議會ノ後ニ於テ起リマシタ所ノ事實ニ對シテ棄テ置クコトノ出來ナイト云フ關係ヨリシテ、此緊急勅令ヲ發布シナケレバナラヌト云フ決意ヲ致シタノガ六月十二日デアルノデアリマス（拍手）是ニ於テ樞密院ニ御諮詢ニ相成リ、而シテ六月二十九日ヲ以テ此緊急勅令ガ發布セラレルコトニ相成ッタノデアリマス、諸君、斯ク申上ゲマシタナラバ、齋藤君ハ卽チ唯單ニ邪推ヲサレ、臆斷ヲサレルノデアリマシテ、事實ハ只今申シマシタ通リノ關係デアリマスカラ、此關係ニ依テ此緊急勅令ヲ發布スルト云フコトハ何處ニ惡イコトガアルノデアリマセウ（拍手）是ニ於テ尚ホ樞密院ノ關係ニ付テ一言ヲ致シマス、齋藤君ハ頻ニ樞密院ガ云々ト云フコトヲ申サレマシタ、恐ラク新聞紙ニ依テ申サレルノデアリマセウガ、樞密院ノ議事ナルモノハ極メテ祕密デアルノデアリマシテ、新聞紙上ニ記載シテ居ル事必シモ是ガ眞ノ事實ナリトハ申スコトガ出來マセヌ（拍手）成程新聞ノ上ニ於キマシテハ、齋藤君ノ言ハレタヤウニ、一二ノ樞密顧問官ガ色々ナ議論ヲサレタト云フコトガ書イテアリマシタ、併ナガラ是ハ民政黨側ノ樞密顧問官デアッタト云フコトハ極メテ明瞭デアリマス（拍手）而シテ・・・

（此時發言スル者多シ）

○議長（元田肇君） 靜ニナサイ――靜ニナサイ

○宮古啓三郎君（續） 其樞密院ニ對シマシテ齋藤君ハ色々ナ攻撃ヲサレタヤウニ存ジマス、樞密院ヲ攻撃致シマスニ付テハ、齋藤君ハ何カ之ニ私怨デモアルカノ如キ感ヲ懷クノデアリマス、併ナガラ樞密院ガ若シ齋藤君ノ申サレル通リデアルトシタナラバ、樞密院ガ憲法違反ヲ爲シタト云フコトニ歸著スルノデアリマス（拍手）齋藤君ハ樞密院ハ憲法違反ノ決議ヲ爲シタリト迄斷言スルコトガ出來ルノデアリマスカ（拍手）旣ニ樞密院ニ於テ大多數ヲ以テ可決ニナリマシテ、而シテ之ガ緊急勅令トシテ發布ニ相成リマシタノデアリマスカラ、其一二ノ樞密顧問官ガ述ベラレタ所ノ事柄ハ、樞密院ノ大多數ニハ容レラレナカッタモノデアルト云フコトハ極メテ明瞭デアリマス（拍手）故ニ樞密院ノ決議ニ對シ攻撃ヲ加ヘルガ如キハ、以テノ外ナリト論斷セザルヲ得ヌノデアリマス（拍手）諸君、次ニ齋藤君ハ憲法違反ナリトシテ一ツノ議論ヲサレマシタ、其一ツノ議論ハ何デアルカト云フト、臨時議會ヲ召集シ得ルニ拘ラズ、臨時議會ヲ召集シナカッタノガ憲法違反デアル、斯樣ナ議論デアリマス、諸君、今日マデ日本ノ政府ニ於テ執リ來ッタ實例ヲ御覽ナサイ、今日マデ緊急勅令ヲ發スル場合ニ於テハ臨時議會ヲ召集スル餘裕ガアッタト云フノデ、臨時議會ヲ召集シタト云フコトガゴザイマスカ、憲法第八條ト第七十條トヲ較ベタナラバ、斯ノ如キコトハ極メテ明白デハアリマセヌカ、成程憲法第七十條ノ方ニ於キマシテハ、財政上ノ處分ヲ致シマスルニ付テ議會ガ開カレルナラバ議會ヲ開クベキモノトシテ居リマス、併ナガラ内外ノ情形ガ到底議會ヲ開クコトガ出來ナイ場合デアリマスルナラバ、議會ヲ開カズシテ臨時緊急ノ處分ヲ爲スコトガ出來ルコトニナッテ居リマス、然ルニ憲法第八條ニハドウ書イテアルノデアルカ、第八條ニハ「天皇ハ公共ノ安全ヲ保持シ又ハ其ノ災厄ヲ避クル爲緊急ノ必要ニ由リ帝國議會閉會ノ場合ニ於テ法律ニ代ルヘキ勅令ヲ發ス」トアリマス、何處ニ臨時議會ヲ開カナケレバナラヌト云フコトガ書イテアリマスカ、此二ツノ條文ヲ較ベテ見タナラバ、第八條ノ場合ニ於テ緊急勅令ヲ發スル際ニ當ッテハ、議會ヲ開ク必要ガナイト云フコトハ、此明文ノ上ニ於テ明々白々、一點モ疑ヲ容レナイノデアリマス、是ハ決シテ臨時議會ヲ召集スル餘裕ガアリト否トニ關係ガナイノデアリマス、如何ニ臨時議會ヲ召集スル餘裕ガアリト致シマシテモ、決シテ其場合ニ於テ臨時議會ヲ召集スル必要ガナイノデアリマス、是ハ學者ノ說ト致シマシタ所ガ、大多數ノ學說ハ斯ノ通リデアルノデアリマス、斯樣ナ次第デアリマスカラ、齋藤君ノ所謂憲法違反ナルモノハ三文ノ値打モナイト云フコトハ、極メテ明白デアルト存ジマス、次ニ齋藤君ハ頻ニ露國トノ外交問題ニ付テ彼此レ述ベラレテ居リマシタ、成程露國ノ第三「インターナショナル」ト露國政府ト云フモノガ密切ナ關係ガアルト云フコトハ、私共モ其通リニ考ヘテ居リマス、又日露條約ノ第五條ニ於テ、齋藤君ノ述ベラレタ所ト大體變ラナイ所ノ條約ガ結バレテ居ルト云フコトモ承知致シテ居リマス、ソレ故露國ノ政府ト致シマシテハ、何處迄モ此條約ハ守ラナケレバナラヌト云フコトハ、是ハ洵ニ當然ノ筋合デアリマス、ソレ故ニ明ニ先刻總理大臣兼外務大臣ヨリ此處デ述ベラレタデハアリマセヌカ、卽チ此事實アルガ爲ニ、露國ノ政府ニ對シテ日本政府ハ直接又ハ日本ノ駐露大使ヲ通ジテ、露國ニ對シテ抗議ヲ爲シ、注意ヲ喚起シテ居ルト云フ事柄ニ付テハ、是ハ一再ナラズヤッテ居ルノデアルト云フコトガ、明ニ此處デ述ベラレタデハアリマセヌカ、齋藤君ハ此事實ヲ全然否定シテ居ル、何モシナイトハ何事デアルカト言フ、斯ノ如ク露國ガ條約ニ違反シテ居ルニ拘ラズ、日本ノ政府ハ何モシナイノハ怪シカラヌト云フ齋藤君ノ議論デアリマス、然ルニ何モシナイノデハナイト云フコトハ、先刻明ニ總理大臣兼外務大臣ニ於テ此處ニ申シテ居ルデハアリマセヌカ、斯ノ如ク實際ノ事實ヲ曲ゲテ、而シテ何等ノ事モシテ居ラヌト云フノハ何事デアリマセウ(「曲ゲテトハ何事ダ」ト呼フ者アリ)曲ゲテト云フノガ氣ニ入ラヌト云フノデアリマスカ、明ニ此處ニ於テ交渉ヲシタ事柄ヲ申シテ居ルノニ、其事ガ無イト云フノハ曲ゲテイハゴザイマセヌカ、ソレ故ニ實際ノ事實ニ基カズシテ、自分ガ臆測斷定致シテ、而シテ攻擊スルガ如キハ、實ニ當ラザルノ甚シキモノナリト斷ゼザルヲ得ナイノデアリマス、且又斯ノ如キ外交關係ハ、是ハ最モ愼重ニシナケレバナラヌト云フコトハ、申ス迄モアリマセヌ、將來ノコトニ付テハ荅ヘルコトガ出來ナイト云フ先刻總理大臣ノ御言葉デアリマシタ、是ハ外交ノコトノデアリマスルカラ、申スコトガ出來ナイ筈デアリマス、之ヲ徹底的ニ致スコトニ相成リマスレバ、英露ノ關係ノ如ク國交斷絕ニナッテシマウコトモナイトハ限ラヌノデアリマス、諸君、此國交斷絕ト云フガ如キコトハ言易イ言葉デハアリマスルケレドモ、之ヲ實行スルト云フ際ニナレバ、是ハ愼重ニ考ヘナケレバナラヌト云フコトハ、當然ノ筋合デハゴザイマセヌカ、斯ノ如キコトデアリマスカラ、此事柄ニ付テ齋藤君ノ述ベラレタコトハ全ク間違ッテ居ルノミナラズ、此事柄ガ如何ニシテ此緊急勅令ヲ否認スルノ理由ト相成リマスカ、齋藤君ハ露西亞ノ第三「インターナショナル」ガ日本ニ人ヲ送ルト云フヤウナコトデアルカラ、寧ロ國交ヲ斷絕スルガ宜カラウト云フ樣ナ意見ノヤウニ考ヘラレマシタガ、若シモ左樣ナコトガアリトスルナラバ、益々此緊急勅令ハ必要デハアリマセヌカ、如何ニモ其前後矛盾ニハ驚カザルヲ得ヌノデアリマス、諸君、尚ホ齋藤君ノ御意見ナルモノハ餘リニ明白デハアリマセヌデシタガ、此緊急勅令ニ死刑ト云フ極刑ヲ科シテ居ルト云フコトハ、嚴罰ニ過グルト云フコトヲ申サレタヤウニ考ヘマス、若シ齋藤君ガ述ベラレタ所ハ其處マデ行カヌト云フナラバ、委員會ニ於テ民政黨ヲ代表サレテ原夫次郎君ノ述ベラレタ所ハ、殆ド其通リノヤウニ考ヘマシタ、又殊ニ無産黨側ノ水谷君ノ御意見ト致シマシテハ、斯ノ如キ極刑ハ甚ダ不都合ト云フ議論デアリマシタカラ、恐ラク此後ニ於テ立タレル所ノ諸君ニ於キマシテ、齋藤君ヨリモ一層此點ニ於テ明ニ述ベラレルコト、存ジマスカラ、茲ニ私ハ一言致シマス、諸君此緊急勅令ト云フモノハ、如何ナルモノデアルカト云フコトヲ先ヅ考ヘテ戴カナケレバナラヌノデアリマス、此緊急勅令ナルモノハ、主トシテ万世一系ノ天皇之ヲ統治スト云フ我カ國體ヲ破壞セントシテ、結社ヲ爲ス者ヲ罰セントスル所ノモノデアリマス、三千年來金甌無缺ノ我ガ國體ヲ變革セントシテ、結社ヲ爲ス者ヲ罰セントスルモノデアリマス、我ガ帝國ヲ露國ノ第三「インターナショナル」ノ支配ノ下ニ置カントシテ、結社スル所ノ賣國奴ヲ罰セントスル所ノモノデアリマス、(拍手)皇室、寺院、其他ノ所有ノ土地ヲ沒收セントシテ結社ヲセントスル者ヲ罰セントスルモノデアリマス、我國ヲ以テ無産階級獨裁ノ國體ト爲サントシテ結社スル者ヲ罰セントスル所ノモノデアリマス、斯ノ如キ次第デアリマス、試ミニ此日本共産黨ガ第三「インターナショナル」ノ指圖ノ下ニ綱領トスル所ノモノヲ見タイト思ヒマス、彼等ハ勞働者農民政府ヲ樹立致シマシテ、無産階級獨裁ノ國體ヲ打立テントスル所ノ方針ノ下ニ於テ十三ノ項目ヲ擧ゲテ居リマス、其中ノ三、四ヲ申上ゲテ見マセウナラバ、一ニハ我ガ立憲君主制ノ撤廢、二ニハ「ソヴエット」露西亞ノ防衞、三ニハ宮廷、寺院ノ土地ノ沒收、四ニハ支那革命ノ不干渉、五ニハ植民地ノ完全ナル獨立、六ニハ議會ノ解散、七ニハ帝國主義戰爭ノ反對、是等合セテ十三項目ヲ擧ゲテ居ルノデアリマス、諸君、彼等ハ工場細胞ト云フモノヲ基礎單位ト致シマシテ、地方委員會ナルモノヲ置キ、又中央委員會ト云フモノヲ設ケマシテ、中央地方ノ機關紙ヲ發行致シマシテ、サウシテ其綱領ヲ天下ニ宣傳ヲ致シ、勢力ノ擴張ヲ圖リマシテ、サウシテ其綱領ヲ帝國ノ國民ノ腦中ニ浸潤サセテシマハウト云フノデアリマス、恰モ毒瓦斯ヲ國中ニ撒布スルガ如キコトヲヤルノデアリマシテ、而シテ一擧ニ我ガ帝國ヲ亡ボサントスルノデアリマス、諸君、斯樣ナ人間ニ對シマシテ嚴罰ヲ以テ科スルト云フコトガ、何デ惡イノデアリマセウ、是ガ刑法ニアリマスル所ノ内亂罪、外患罪、是等ニ劣ル所ハ少シモ無イデハアリマセヌカ、又皇室ニ對スル所ノ罪トモ比ベキモノデハゴザイマセヌカ、斯ノ如キモノデアリマスカラシテ、此者ニ死刑ヲ以テ極刑トシテ科スルト云フコトガ、何デ惡イコトデアリマセウカ、是ハ寔ニ當然ナル筋合デアル、斯ノ如キ賣國奴ニ對シテハ、斯ノ如キ制裁ヲ當嵌メナケレバナラヌト云フコトハ、何人ト雖モ之ヲ否認スルコトハ出來ナイモノデアウト存ジマス、而シテ尚ホ此死刑ヲ科シマスルノハ、一番極惡ナル者ニ對シテ致スノデアリマシテ、其情狀ニ依リマシテハ死刑ニハ處セナイ、輕キ刑ニモ處シ得ルト云フコトハ、條文ノ上ニ極メテ明デアリマス、我々ハ其元兇ニ對シテ死刑ヲ科スルト云フコトハ、最モ當然ナル筋合デアルト存ズルノデアリマスカラ、是ガ極刑ヲ科シテ惡イト云フヤウナ考ヲ起シテ居リマスルノハ、思フニ吾々ト――モノデアラウト思ヒマス、以上ノ次第デアリマスルカラシテ、此嚴罰ニ處スルト云フコトハ、少シモ惡イコトデナイト云フコトハ、極メテ明々白々デアルト思フノデアリマス

〔此時發言スル者多ク議場騷然〕

○議長(元田肇君) 御靜ニ願ヒマス

○宮古啓三郎君(續) 諸君終リニ一言申上ゲタイコトガアリマス、ソレハ先刻ノ齋藤君ノ演說ニ於テハゴザイマセヌデアッタガ、過般委員會ニ於キマシテ、原夫次郎君ノ述ベラレル所ニ依リマスト云フト

〔此時發言スル者多ク議場騷然〕

○議長(元田肇君) 御靜ニ願ヒマス、只今宮古君ノ演說中ニ不穩ノ言葉ガゴザイマスレバ、議長ハ總テ速記錄ヲ調ベマシテ、不都合ノコトガアレバ相當ノ處置ヲ執リマス

〔此時離席者、發言者多ク議場騷然〕

○議長(元田肇君) 靜ニナサイ――靜ニナサイ――靜ニナサイ――靜ニナサイ――靜ニナサイ――降壇ナサイ――降壇ナサイ――降壇ナサイ――靜ニナサイ――只今宮古啓三郎君ヨリ、改メテ釋明ヲスルト云フコトデアリマスカラ、御着席ヲ願ヒマス――御着席ヲ願ヒマス

〔此時離席者、發言者多ク議場騷然〕

○議長(元田肇君) 休憩ヲ致シマス

午後八時五十五分休憩

――――◇――――

午後十時九分開議

○議長(元田肇君) 休憩前ニ引續イテ會議ヲ開キマス、申スコトガゴザイマス、休憩前傍聽席ヨリ紙片ヲ撒布シタ者ガアリマシタガ、犯人ハ直ニ取押ヘ、只今警務課ニ於テ取調中デアリマス──宮古啓三郎君

〔宮古啓三郎君登壇〕

○宮古啓三郎君 諸君、先刻本議場ニ於キマシテハ、私ハ死刑ニ處スルノガ當然デアルト考ヘルノニ、最モ輕キ刑デナケレバイカヌト云フコトヲ申サルヽノハ──デハナイカト思ハレル、斯樣ニ申シタノデアリマスルガ(拍手起リ「違フゾ」ト呼ブ者アリ)ソレニ對シマシテ……

〔「違フゾ」ト呼ビ其他發言スル者多シ〕

○議長(元田肇君) 靜ニ御聽キナサイ

○宮古啓三郎君(續) 靜ニ御聽キナサイ、ソレニ對シマシテ、ソレハ不穩當デアルト云フコトヲ申サル、諸君ガ多イトノコトデアリマスルカラシテ、左樣ナ譯デアリマスルナラバ、ソレヲ取消スコトニ私ハ少シモ躊躇致ス者デハアリマセヌ、ソレ故ニ是ガ不穩當ナリト云フコトデアリマスナラバ、茲ニ取消シマシテ、些トモ差支ハナイノデアリマス(「取消セ〳〵」「明瞭ニ取消セ」ト呼ブ者アリ)只今取消シタノデアリマス

〔此時發言スル者多シ〕

○議長(元田肇君) 只今取消シマシタ──取消シマシタ、御靜カニ願ヒマス、モウ一應宮古啓三郎君ハ申サレルサウデアリマス

○宮古啓三郎君(續) 若シ明瞭デナイト云フコトデアルナラバ、モウ一度申上ゲマス、取消シタノデアリマス、更ニ議論ヲ進メテ申上ゲマスガ、時ガ深更ニ相成リマシタカラシテ、極メテ簡單ニ一言ヲスルニ止メルコトニ致シマス、ソレハ……

〔「明瞭ニ取消セ」ト呼ビ其他發言スル者多シ〕

○議長(元田肇君) 取消シマシタ、靜ニ

○宮古啓三郎君(續) 委員會ニ於キマシテ民政黨ノ原君ヤ、又無產黨側ノ水谷君ノ御意見ニ依リマスレバ

〔此時發言スル者多シ〕

○議長(元田肇君) 宮古君ハ既ニ取消シマシタ、明白ニ取消シマシタ──議長ヨリ一言致シマス、只今宮古君ハ重ネテ明白ニ取消シマシタ、此段報告致シマス──靜ニ願ヒマス

○宮古啓三郎君(續) 只今申シマシタ通リ、色々ノ御議論ガゴザイマシタ中ノ一箇條ダケ茲ニ申述ベマシテ、降壇ヲ致サウト思ヒマス、ソレハ何デアルカト申シマスト、斯ノ如キ嚴罰ヲ科シテ置キナガラ、社會ノ施設、教育制度等ニ於テ十分デナイト云フコトハイケナイカラシテ、其理由ニ依ッテモ本緊急勅令ハ承諾スベキモノデナイト云フ御議論ヲナサレタノデゴザイマス、惟フニ是カラ後ニ演說ヲナサル方ハ左樣ナコトヲ矢張申サレルノデアラウト存ジマス、餘リ多クハ申シマセヌガ、此點ニ付キマシテハ、既ニ政府ニ於キマシテ色々ト社會施設ハヤッテ居ルノデアリマス、其事柄ハ豫算ノ上ニ於テモ現ハレテ居リマスシ、又提出シタル所ノ法律案ニ於テモ現ハレテ居ルノデアリマス、ソレカラ又教育卽チ思想ノ善導ト云フコトニ付キマシテハ、文部當局ニ於テ色々ト努メテ居ルノデアリマシテ、是モ豫算ノ上ニ色々ト現ハレテ居ルノデアリマス、卽チ教育制度調査ノ計畫其他色々トアリマシテ、尚又昭和四年度ノ豫算案ニ於キマシテモ、色々ノ課目ニ於テ八十一万八千圓ト云フモノヲ計上致シテ居ルノデアリマス、斯ノ如ク社會施設ノ點ニ於キマシテモ、思想善導ノ點ニ於キマシテモ、政府ニ於テハ出來ルダケ努メテ居ルノデアリマス、唯財政ノ關係ガゴザイマセヌケレドモ、今日爲シテ居ルコトガ滿足シ得ル程度デアルカト云フコトハ申スコトハ出來マセヌ、滿足シ得ル所デハゴザイマセヌケレドモ、併ナガラ斯ノ如キ施設ハヤレルダケヤッテ居ルト云フコトハ、之ヲ認メナケレバナラヌノデアリマス、尚ホ又斯ノ如キ社會施設及思想ノ善導ニ對スル事柄ガ、十分デナイト致シマシテモ、ソレガ爲ニ此緊急勅令ヲ發スルコトハイケナイト云フコトノ理由ニハ相成ラヌノデアリマス、又今日ニ於テ、之ニ承諾ヲ與ヘナイト云フ理由ニハ相成ラヌノデアリマス、以上申シマシタ所ニ依テ見マシテ、此緊急勅令ヲ發シマスル當時ノ事情ニ於テモ相當デアリ、今日ニ於テ之ヲ繼續スルコトモ、亦極メテ必要ナルコトデアルノデアリマスカラ、之ニ對シテ承諾ヲ與ヘルト云フコトハ洵ニ相當デアルト云フコトヲ申上ゲルノデアリマス(拍手)

○議長(元田肇君) 內ケ崎作三郎君

〔內ケ崎作三郎君登壇〕

○內ケ崎作三郎君 私ハ本案ニ對スル委員會ノ決議ニ反對ノ理由ヲ述ベント致シテ居ルノデアリマス、一體本案ハ我ガ國民ニ取リマシテ、甚ダ重要ナル問題デゴザイマス、殊ニ國體變革ヲ志ス所ノ犯罪ヲ罰スル所ノ法規デゴザイマスルカラ、吾々ハ此法案ハ愼重ニ審議ヲ致シタノデアリマス、委員會ノ經過ニ付キマシテハ、先程委員長ヨリ詳シク御說明ニナッタノデゴザイマシテ、私共モ可ナリ詳シク司法大臣及內務當局、文部當局ト質問應答ヲ致シタノデアリマス、不幸ニシテ田中總理大臣兼外務大臣ハ僅ニ二十五分間位ダケ委員室ニ御見エニナリマシタルガ爲ニ、吾々外務大臣ニ對シテ御伺シタカッタ所ノ多クノ問題ヲ殘シタコトヲ、甚ダ遺憾トスルノデアリマス

〔此時發言スル者多シ〕

○議長(元田肇君) 靜肅ニ

○內ケ崎作三郎君(續) 私ハ時間モ進ンデ居リマスカラ、相成ベク簡單明瞭ニヤリタイト思ウテ居リマシタケレドモ、先程宮古君ヨリ、此本案ニ反對スル者ハ──意見ヲ持ッテ居ルノデハアルマイカト云フヤウナ御話ガアリマシタ、無論此事ニ付テハ、御取消ニナリマシタカラ別ニ追究スル必要ハアリマセヌ、併ナガラソレト關聯致シマスカラ、私ハ私ノ意見ヲ進ムルニ從ヒマシテ、私一個人トシテ國體ニ關スル信念ヲ披瀝シテ、諸君ノ御批判ニ訴ヘタイト思フノデアリマス(拍手)國體ニ對シテハ民政黨モ政友會モ違フ筈ハゴザイマセヌ、日本國民ハ誰モ等シク萬世一系ノ皇室ヲ奉戴致シテ居ルノデアリマスカラシテ(拍手)私ハ個人トシテノ信念ヲ披瀝スルト云フ場合ニハ、取リモ直サズ、國民トシテノ信念ヲ披瀝スルト云フコトデアリマス(拍手)苟モ國體ヲ論議スルニ政黨政派ノ區別ハ無イ筈デアルト私ハ思フノデアル

〔此時發言スル者多シ〕

○議長(元田肇君) 靜肅ニ願ヒマス

○內ケ崎作三郎君(續) 宮古君ハ憲法第八條ノ解釋ニ關スル御意見ヲ述ベラレマシタカラシテ、私ハソレニ對スル意見ヲ述ベテ見ヤウト思フノデアリマス、憲法第八條ニハ公共ノ安全ヲ維持シ、又ハ其災厄ヲ避クル爲ニ、緊急ノ必要ガアル場合ニハ此緊急勅令ヲ發シテモ宜イト云フコトヲ規定シテアリマス、一體憲法ノ條文ハ單ニ文字ノ上カラ解釋スルニ止マラズシテ、其精神ヲ讀マナケレバナラナイカト思フノデアリマス(拍手)殊ニ現內閣ハ政黨內閣デアル、昨年二月普通選擧ニ依テ選バレタル所ノ最初ノ衆議院ニ於ケル多數ヲ基礎トスル所ノ政黨內閣デアリマスルガ故ニ、憲法第八條ノ解釋モ、之ヲ政治的ニ最モ意義ノアルヤウニ、精神的ニ充實スルコトノ出來ルヤウニ、解釋シナケレバナラナイト思フノデアリマス(拍手)一體憲法ヲ解釋致シマスニ付テ、殊ニ臣民ノ權利及生命ニ關係アル法規ハ、宜シク衆議院ノ協贊ヲ得ナケレバナラヌト云フヤウニ解釋スルノガ、至當デアルト思フノデアリマス(拍手)憲法第八條ニハ、其規定ハ無イト解釋セラルヽノハ、其精神ヲ見ナイデ、文字ヲ解釋スル所ノ意見デアルト思フノデアリマス、勿論私ハ憲法第八條ト、憲法第七十條トノ相違ノアルコトハ、承知致シテ居ルノデアリマス、然ルニ茲ニ憲法第四十三條ノ規定ガゴザイマシテ、「臨時緊急ノ必要アル場合ニ於テ常會ノ外臨時會ヲ召集スヘシ」トアリマス、ソコデ憲法第八條ヲ解釋スルニハ、第四十三條ヲ參考トシテ、參照トシテ之ヲ考察スルコトガ必要デアルト思フノデアリマス(拍手)ソコデ憲法第八條ト憲法四十三條ヲ竝ベテ考ヘマスル時ニハ、是ハ臨時議會ヲ召集シテ、帝國議會ノ協贊ヲ經ルト云フコトガ憲法ノ精神ニ適フモノデアルト見ナケレバナラナイノデアリマス(拍手)私ハ專門ノ法律家デハゴザイマセヌケレドモ、私ノ常識ニ基イテ、憲法第八條ヲ解釋スレバ、斯ウナルノデアリマス、又憲法第八條ヲ實際上ノ運用ヨリ考察致シマスルナラバ、斯ウ云フ理窟ガ立ツカト思フノデアリマス、例ヘバ犯罪者ガ此緊急勅令ニ觸レマシテ、死刑ノ宣告ヲ受ケタト假定致シマス、而シテ此緊急勅令ハ、若シ次ノ議會ニ於テ承諾ヲ得ルコトガ出來ナケレバ、其效力ヲ失スルト云フノデアリマス、ソコデ法律ノ運用カラ申シマスルナラバ、一旦死刑ノ宣告ヲ受ケタル者ハ、次ノ通常議會ニ於テ承諾ヲ得ルカ得ナイカ分ヲナイ所ノ法律ノ爲ニ、或ハ場合ニ依テハ其生命ヲ失フト云フヤウナコトニナルカモ知レナイノデアリマス(拍手)ソコデ死刑ヲ含ミマスル所ノ法規ハ、緊急勅令ニ依ラズシテ、矢張臨時議會ヲ召集致シマシテ、帝國議會ノ協贊ヲ得ルコトニ致ス方ガ萬善ノ

領ナリト考フルノデアリマス

〔此時發言者多シ〕

○議長(元田肇君) 靜肅ニ願ヒマス

○内ケ崎作三郎君(續) 宮古君ハ昨年ノ五月、六月頃ノ色々ノ事件ノ經緯ヲ御述ベニナリマシテ、緊急勅令ヲ以テ本法ヲ發布スルコトガ、絶對的ニ必要デアルト云フコトヲ御説明ニナッタノデアリマス、一應御尤デアルト傾聽致シタノデゴザイマスケレドモ、昨年三月十五日、現内閣ガ日本共産黨ヲ檢擧致シマシテカラ、六月ノ末ニナリマシテ、緊急勅令ヲ公布スルニ至リマシタルマデノ間ノ、政府當局ノ執リマシタル態度ヲ、一應取調ベル必要ガアルダラウト思フノデアリマス(拍手)人ノ噂モ七十五日ト云フコトガゴザイマシテ、現代ハ誠ニ多事多忙ノ時デアリマスカラシテ、吾々ハ動モスルト半年モ前ニ起リマシタルコト、或ハ一年足ラズ前ニ起リマシタル事ハ、忘レ易イノデアリマス、ソコデ諸君ノ記憶ヲ喚起スル爲ニ、五六ノ事實ヲ述ベマシテ諸君ノ御參考ニ供シテ見タイト思フノデアリマス、(拍手)三月十五日ニ現内閣ハ日本共産黨ヲ檢擧致シタノデアリマス、其後或ハ左傾派ノ勞働團體ノ組織ヲ禁ジタリ、或ハ官立學校ノ社會科學研究會ヲ解散シタリ、或ハ又官立大學ノ左傾派ノ教授ヲ免職致シマシタリ、色色ナコトヲヤッタノデゴザリマス、而シテ第五十五議會トナリマシテ、四月二十七日ニ治安維持法ノ改正案ヲ衆議院ニ上程致シタノデアリマス、二十八日ハ山東出兵ト、思想宣傳費五百餘万圓ノ追加豫算案ヲ提出致シタノデアリマス、五月四日ニハ總理大臣ガ内務大臣ヲ兼任セラレマシテ、五月五日ニハ追加豫算案ガ通過致シタノデアリマス、而シテ五月六日、衆議院ノ議事ガ終リマシタルガ爲ニ、治安維持法改正案ト云フモノガ握潰シニナリマシテ、其儘五月七日閉院式ヲ行フニ至ッタノデアリマス、越エテ十五日ニナリマシテ

〔此時發言スル者多シ〕

○議長(元田肇君) 靜肅ニ願ヒマス

○内ケ崎作三郎君(續) 政府ハ緊急勅令ヲ以テ治安維持法改正ヲ行フ根本方針ヲ決定致シマシテ、十八日ニ閣議ニ於テ之ヲ承諾致シタノデアリマス、ソコデ緊急勅令ヲ以テ此法律改正案ヲ行ハナケレバナラナイト云フ決心ヲ致シマシタナラバ、早速之ヲ樞密院ノ議ニ掛ケルノガ當リ前デアルト思フノデゴザイマス(拍手)若シ政府當局ガ申シマスヤウニ、事態ガ斯ノ如クニ急迫致シテ居リマスルナラバ、何故ニ直ニ之ヲ樞密院ニ付議シナカッタノデゴザイマスカ、然ルニ其後色々ナ事ガ起ッテ參リマシタ、即チ久原遞信大臣ガ入閣スルト云フコト、ナリマシテ、甚ダ御氣ノ毒デアリマスガ、政府ノ中ニ御家騷動ガ起ッタノデアリマス

〔「オ氣ノ毒デアリマシタカ」ト呼ヒ其他發言スル者多シ〕

○議長(元田肇君) 靜肅ニ願ヒマス

○内ケ崎作三郎君(續) サウシテ暫クノ間ゴターヲ致シマシテ、サウシテ遂ニ二十四日ニナッテ、所謂優諚問題ナルモノガ重大化シマシテ、水野文部大臣ハ自決ヲシテ、辭職ヲシタノデアリマス、二十八日ニ前田法制局長官ハ原司法大臣ヲ訪問致シマシテ、此緊急勅令ニ反對ヲ表明シタト云フコトハ、其當時ノ新聞ニ載ッタノデアル、若シ事態ガ非常ニ迫ッテ居リマシテ、ドウシテモ之ヲ緊急勅令トシテ公布シナケレバナラナイト云フナラバ、此政府ノ最モ重要ナル位地ヲ占メテ居ル所ノ法制局長官ガ、之ニ反對スル理由ハナイト思フノデアリマス(拍手)六月一日ニ革新黨ヲ初メ民政黨ガ之ニ反對ノ意見ヲ公ニ致シマシタ、六月三日ニナリマシテ東京府ノ府會議員ノ候補者ガ漸ク出揃フヤウニナッタノデアリマス、ソレガ大ニ關係ノアル點デアルト思フノデアル、四日ニナリマスト、政友會ハ幹部會ヲ開キマシテ、治安維持法改正法律案ヲ緊急勅令ニシテ公布スルト云フコトニ承諾ヲスルコトニ決定ヲシタノデアリマスガ、中々政友會ノ諸君ノ中ニハ之ニ反對ノ人ガアル、中々強硬ノ人ガゴザリマシテ、越エテ六日政友會有志代議士會ヲ政友會本部デ開キマシテ、此問題ニ對スル態度ヲ決メヤウト致シタノデアリマスガ、一部ノ諸君ハ泣寢入リニナッテ、幹部一任ト云フコトニナリマシタ、又一部ノ諸君ハマア仕方ガナイカラシテ、是ハ六月十日ノ後ニ延バシテ貰ヒタイト云フコトヲ主張シタト、新聞紙ニ報道サレタノデアル(拍手)シテ見ルト六月十日ガ過ギレバ之ヲ緊急勅令ニ出シテモ宜シイケレドモ、六月十日マデハ出サナイデ呉レロト言ヒ、而シテ政府ハ之ニ同意シタモノデアルト思フノデアル、即チ斯ノ如クニシテ半月程モ延バス餘地ガアリマスルナラバ、吾々ハ左程是ハ緊急ナル所ノ日本國家ノ存在ヲ非常ニ危ウスルヤウナ風ニ、差迫ッテ居ッタモノトハ考ヘルコトハ出來ナイノデアリマス(拍手)丁度其頃東京府下及神奈川縣ニ於テ府縣會議員ノ選擧ガ行ハレツヽアッタノデゴザリマシテ、到ル處ニ非常ニ盛ナル言論戰ガ行ハレタノデアリマス、政友會ハ我黨内閣ヲ光ラカセマシテ、隨分猛烈ナル運動ヲオヤリニナッタコトハ、私カラ申上ゲルマデモナイノデアリマス、民政黨及野黨ハ大分壓迫干渉ノ下ニ苦シメラレタノデアリマス、而シテ此選擧ノ言論戰ノ題目トナリマシタル所ハ優諚問題モアレバ、或ハ鈴木前内務大臣ノ態度ニ對スル批判モアリマシタラウシ、色々ナコトガアッタノデアリマス、或ハ支那問題モアリマシタラウ、多クノ問題ノ中ニ此緊急勅令ノ問題ガ當然取扱ハレタノデアリマス、ソレデアルカラ六月十日ノ東京府及神奈川縣ニ於ケル所ノ府縣會議員選擧ノ結果ト云フモノハ、國民ノ或ル部分ガ緊急勅令ニ對シテ如何ナル考ヲ持ッテ居ルカト云フコトヲ窺知ル所ノ一ツノ標準デアルト思フノデアリマス(拍手)而シテ其結果ハ如何デアルカ、東京府ノ府會議員八十五名ノ中、民政黨ハ四十六名、絶對過半數デアリマス、政友會ハ三十四名、革新黨ハ一名、無産黨ハ一名、中立三名デゴザイマシテ、革新黨、無産黨ノ二名ヲ加ヘマシテ、民政黨側ハ合セテ四十八名トナルノデゴザイマシテ、東京府民ハ兎ニ角其府會議員ノ選擧ヲ通シテ緊急勅令ヲ發布シテマデヤッテ退ケナケレバナラヌト云フ所ノ、國民ノ意思ヲ反映シタルモノデアルト思フノデアリマス、神奈川縣下ノ結果ハ如何デアルカト言ヘバ、四十一名ノ中、民政黨十八名、政友會十八名、無産黨四名、中立一名デゴザイマシテ、詰リ政府反對ノ縣會議員ノ頭數ハ二十二名トナリマシテ、是亦絶對過半數ヲ有スルコトニナッタノデアリマスルガ故ニ、是ガ衆議院議員デハナイケレドモ、我國ニ於テ最モ政治知識ノ進歩シタル東京府及神奈川縣ニ於テ、其縣ノ多數ノ有權者ガ緊急勅令ニ對シテ其樣ナ態度ヲ示シタト云フコトハ、認メテモ差支ナイト思フノデアリマス、(拍手)六月十日ノ選擧ヲ終リマシタカラシテ、十一日ハ開票、ソコデ政府ガ安心シテ六月十二日ニ治安維持法改正勅令案ヲ閣議デ決定致シタノデアリマス、此時貴族院ノ有志ノ中デハ、之ニ反對ノ意見ヲ發表シタ人々モアッタノデアリマスガ、愈、本案ハ六月十三日樞密院ニ提出セラレマシテ、樞密院ハ樞府精査委員會ヲ十四日ヨリ開キマシテ、サウシテ本案ヲ精査シタノデアリマス

〔此時發言スル者多シ〕

○議長(元田肇君) 靜ニ

○内ケ崎作三郎君(續) 而シテ樞密院ハ本案ニ對シテ如何ナル態度ヲ執ッタカト言ヘバ、是亦既ニ新聞ニ報道セラレタ通リデアリマス、政府當局ハ樞密院ノ議事ガ世間ニ漏レル筈ハナイト仰セラレテ居ルノデアリマスケレドモ、天下ニ信用アル所ノ新聞ガ、殆ド悉ク之ヲ掲載シテ居ルノヲ以テ見ルナラバ、是亦信用スルニ足ル所ノ材料ト認メナケレバナラヌノデアリマス、一體樞密院ニハ我國ノ國體ニ付テ考慮セラレテ居ル所ノ人々ガ多イノデゴザイマスカラ、若シ此緊急勅令ガ必要ナモノト致スナラバ、樞密院ハ直ニ之ニ同意ヲ表スルニ違ヒナイト思フノデアリマス、然ルニ樞密院ハ、中中容易ニ之ニ同意ヲ表サナイノデアリマシテ、色々ナ質問ガ提出サレタノデアル

〔此時發言スル者多シ〕

○議長(元田肇君) 靜ニ願ヒマス――靜ニ願ヒマス――靜ニナサラナケレバ議事ノ進行ガ遲レルノミデアリマス

○内ケ崎作三郎君(續) 其主ナル質問ヲ茲ニ御紹介致シマスガ、第一ノ質問ハ新シイ事實ニ就テ政府ノ説明ガ足ラナイト云フノデアリマス、第二ノ質問ハ憲法八條ノ精神カラスレバ、斯ル法令ノ制定ハ臨時議會ヲ開イテ帝國議會ノ協賛ヲ要スルト云フノデアリマス、第三ノ質問ハ、根本對策ノ方ガ却テ緊要デアル、法律ヲ改正スルヨリモ根本對策ノ方ガ却テ必要デアルト云フノデアリマス、第四ノ質問ハ緊急ノ意味ガ徹底シナイト云フノデアリマス、即チ緊急ト云フコトノ意味ガ不徹底デアルト云フノデアリマス、第五ノ質問ハ政府ハ特ニ人權ニ關スル法律命令ノ制定ニ當ッテハ、憲法ノ精神ヲ害スルコトガアッテハナラヌト云フノデアリマス、第六ノ質問ハ教育問題並ニ社會施設ノ完備ヲ期シ、思想界ノ急激ナル變化ヲ惹起サナイヤウニ注意ヲシナケレバナラナイデハナイカト云フノデアリマス、斯ウ云フ

ヤウナ質疑ガアリマシテ、政府當局モ之ニ對シテハ相當ノ答辯ヲセラレタコトヽ思フノデアリマス、兎ニ角精査委員會ニ於テモ十分ニ精査ヲ遂ゲラレマシテ、又本會議ヲ開キマシテ長時間ニ亙ッテ質問應答、討論ヲ經マシテ、到頭是ハ樞密院ガ政府ニ贊成ヲ致シタノデアルケレドモ、ソレハ御承知ノ通リ樞密院ハ條件附デ承諾ヲ與ヘタノデアリマス、條件附デ承諾ヲ與ヘタト云フコトハ、政府ニ對スル體ノ好イ不信任案デハナカッタカト思フノデアリマス(拍手)ソコデ是等ノ事情ヲ取集メヤシテ考察致シマスナラバ、若シ日本共産黨ノ運動ガ非常ニ急激ナル所ノ進展ヲ致シマシテ、我國家國體ヲ危クスルヤウナコトガアッタト致シマスナラバ、何故ニ政府ハ五月十五日ニ決メタ所ノ此法律改正案ヲ、六月十二日迄延バサレタカ、サウ云フ普ハナイト思フノデアリマス

〔此時發言者、離席者多ク議場騒然〕

○議長(元田肇君) 靜ニナサイ、議席ニ御着キナサイ――議席ニ御着キナサイ

○内ケ崎作三郎君(續) ソコデ若シ樞密院ノ諸公ガ政府當局ガ主張セラル、ヤウニ、時局ノ急激ナル進展ヲシテ、一瞬一刻モ之ヲ忽セニシテハナラヌト云フ考デアリマスナラバ、精査委員會ニ於テモサウ長ク延バスコトモナイ、或ハ本會議ニ於テモサウ長ク審議ヲ費スコトモナクシテ、直ニ之ニ贊成ノ意ヲ表セラレタニ違ヒナイト思フノデアリマス、ソコデ斯ル事情ヲ綜合シテ考ヘテ見マスト云フト、政府當局ハ事態ガ非常ニ急迫致シテ居ルト主張シテ居ルケレドモ、實際ハ餘リ事態ハ急迫シテ居ラナイノデアッテ、或ハ鬼面人ヲ嚇カスヤウナコトヲヤッテ居ルニ過ギナイト思フノデアリマス、私ハ是等ノ三ツノ點カラシテ、即チ憲法ノ解釋及運用、第三ノ理由ト致シマシテハ此緊急勅令案ガ公布セラル、ニ至ルマデノ間ニ、政府當局ガ執リマシタル緩慢ナル怠慢ナル態度ニ徴シテ、是ハ必シモ緊急勅令ニ依ルノ必要ハナクシテ、臨時議會ヲ召集シテ、帝國議會ノ協贊ヲ仰グ餘裕ハ十分ニアッタノデアリマスト考ヘザルヲ得ナイノデゴザイマス、然ルニ政府ガ、敢テ之ヲナサナカッタト云フノハ、過般武富議君ガ、此壇上ヨリ政府ニ質問ヲセラレタルガ如ク、政府當局者ハ衆議院ヲ恐ル、コト虎ノ子ノ如シデゴザイマシテ、成ダケ恐ロシイ虎ニハ出會シタクナイト云フノデ、ソコデ政府ハ正正堂々トシテ臨時議會ヲ召集スルコトヲセズシテ、卑怯未練ニモ緊急勅令ヲ以テ之ヲ公布シタノデハナイカト思フノデアリマス、尚ホ本案ハ關係スル所極メテ廣汎デゴザリマシテ、或ハ外交ノ問題ト關係シ、或ハ社會政策、思想問題、教育問題ト關係致シ、最後ニ國體ト關係致シマスルガ故ニ、私ハ是等ノ諸點ヲ述ベマシテ、本案ノ反對ノ理由ヲ述ベタイト思フノデアリマス、千九百十七年ノ十月ニ露西亞ニ革命ガ突發致シマシテカラ、勞農政府ガ成立致シタト云フコトハ言フマデモゴザリマセヌガ、勞農政府ハ歐羅巴各國ヲ資本主義ノ國デアルカラシテ、吹ケバ一吹キデアルト云フヤウナ考ヲ以テ、赤化宣傳ヲヤリ始メタノデゴザイマス、其當時費用ハ相當ニ持ッテ居ッタラシイノデゴザリマシテ、露西亞ノ王室、貴族、富豪ヨリ分取リタル所ノ寶物、或ハ金銀寶玉ト云フヤウナモノヲ、紐育邊ニ賣リマシテ、其豊富ナ金ヲ以テ宣傳ヲ致シタイノデアリマス、最初ハ獨逸ニ於テモ、佛蘭西ニ於テモ、伊太利ニ於テモ、英國ニ於テモ、幾分カ成功シタヤウデゴザイマシタガ、間モナク極端ナル右傾政策ガ歡迎セラレルヤウニナリマシテ、伊太利ニ於テハ「ファシスト」黨ノ國粹政體ガ現出スルヤウニナッタノデアリマシテ、サウシテ却テ歐羅巴各國ガ露西亞ニ對シテ共同戰線ヲ張ッテ反抗スルヤウニナッタノデアリマス、併シ勞農政府ノ歐羅巴諸國ニ對スル所ノ第一段ノ運動ガ、略々失敗ニ終リマシタガ爲ニ、ソコデ今度ハ第二段ノ運動ニ入リマシテ、或ハ運動遊戯ヲ通ジ、或ハ藝術、文學、音樂ナドヲ中心ト致シマシテ、歐羅巴各國ト國際關係ヲ付ケヤウト致シタノデゴザイマス、トニ角歐羅巴ニ對スル赤化運動ハ、其事ニ失敗ヲ致シタノデアリマスカラシテ、ソコデ其鋒先ヲ亞細亞ノ方ニ向ケテ參ッタノデアリマス、亞細亞ニ對シテハ如何ナル態度ヲ執ッタカト申セバ、民族ノ自由解放ヲ標榜致シタノデゴザイマシテ、最初ノ中ハ、其鋒先中々侮ルコトノ出來ナイヤウニ思ハレタノデゴザイマス、其結果トシテ、土耳古、波斯、阿富汗斯坦ナドヨリ英吉利ノ勢力ヲ驅逐シタノデアリマス(拍手)併ナガラ肝心要メノ印度ノ赤化運動ニハ成功ヲシナイノデゴザリマス、又勞農政府ハ支那ノ赤化運動ニ著手致シタノデアリマスケレドモ(「止メ給ヘ」ト呼ビ其他發言スル者多ク議場騒然)要スルニ南方政府ガ北伐ニ成功スルマデノ間、應援シタニ過ギナイヤウナ結果ニナッタノデアリマス……

〔「止メロ〜〜」其他發言者多ク議場騒然〕

○議長(元田肇君) 靜ニナサイ――靜ニナサイ

〔「止メロ〜〜」「明日一時カラヤルゾ」其他發言者多ク議場騒然〕

○内ケ崎作三郎君(續) ソコデ……(發言者多ク議場騒然) ソコデ亞細亞ノ赤化運動モ、要スルニ莫大ナル宣傳費ヲ民族獨立ノ運動ニ利用サレタ形トナッテシマッタノデアリマス

〔拍手起リ發言者多ク議場騒然〕

○議長(元田肇君) 御靜ニナサイ

〔「議長々々」「ドウシタンダ」「議長議長」其他發言者多ク議場騒然〕

○議長(元田肇君) 御靜ニナサイ

○内ケ崎作三郎君(續) 而シテ露西亞ノ國内ニ於テハ共産主義ハ三年目カラ段々ニ變說スルヤウニナッタノデゴザイマシテ……

〔發言者多ク議場騒然〕

○議長(元田肇君) 御靜ニナサイ

〔議場ノ靜肅ニナルマデ待ッテ居給ヘ「止メロ〜〜」「騒イダラ默ッテ立ッテ居ロ」「内ケ崎教授ハ……」其他發言者多ク議場騒然〕

○議長(元田肇君) 御靜ニナサイ――諸君ニ改メテ申上ゲマスガ……(「散會ヲ命ジマス」ト呼ブ者アリ)今日ハ洵ニ大事ナ議事デゴザイマスルカラシテ、靜肅ニ且ツ深更マデ續ケテ……(議場騒然聽取スル能ハズ)ヲ致シマス(發言者多ク議場騒然)御靜ニナサラナケレバ、演說者ガ何ヲ言ヒ居ルカ議長ニモ分リマセヌ――皆様ニ申上ゲマス……〔議場騒然聽取スル能ハズ〕……バカリデアリマセヌ、御靜ニナサラナケレバ已ムヲ得ズ散會スルヨリ仕方ガナイノデアリマス――靜ニナサイ

〔「散會々々」「妨害ヲ恐レルナ」其他發言者多ク議場騒然〕

○内ケ崎作三郎君(續) 卽チ千九百二十一年以來新經濟主義ヲ行フヤウニナッタノデアリマス

〔此時發言者多ク議場騒然〕

○議長(元田肇君) 靜肅ニ願ヒマス――靜肅ニ願ヒマス

○内ケ崎作三郎君(續) 卽チ國家資本主義ヲ行フヤウニナッタノデアリマス……

〔議場騒然「靜ニナルマデ默ッテ居給ヘ」ト呼フ者アリ〕

○議長(元田肇君) 御靜ニ願ヒマス

〔議場騒然〕

○内ケ崎作三郎君(續) ソコデ……

〔議場騒然〕

○議長(元田肇君) 御靜ニ願ヒマス――御靜ニ願ヒマス――御靜ニ願ヒマス

〔十二時マデ立ッテ居ロ」ト呼ビ其他發言者多シ〕

○内ケ崎作三郎君(續) ソコデ……

〔議場騒然〕

○議長(元田肇君) 御靜ニ願ヒマス

〔「退場シロ」「靜ニシロ」其他發言者多ク議場騒然〕

○内ケ崎作三郎君(續) ソコデ露西亞ハ……

〔議場騒然〕

○議長(元田肇君) 御靜ニナサイ……(議場騒然)議場騒擾シテ議長ハ一度、二度、三度立ッタカラニ、議場ノ靜肅ヲ望ミマシタケレドモ……(議場騒然聽取スル能ハズ)已ムヲ得ズ散會致シマス

午後十一時七分散會

昭和四年三月六日

昭和三年勅令第百二十九號

(治安維持法中改正ノ件)

(承諾ヲ求ムル件) (前會ノ續)

第一 昭和三年勅令第百二十九號(治安維持法中改正ノ件)(承諾ヲ求ムル件) (前會ノ續)

〔内ケ崎作三郎君登壇〕

○内ケ崎作三郎君 去ル二日ノ夜ノ討論ニ讀キマシテ、本案ニ對スル私ノ意見ヲ述ベヤウト思フノデアリマス、相成ベク簡潔ニ申シタイト思フノデアリマスカラシテ、何卒御清聽ヲ願ヒタイト思ヒマス(拍手)私ノ議論ノ前半ハ、憲法ノ解釋及其間ニ處シタル政府當局ノ態度ニ對スル批評ヲ試ミタノデゴザイマスルガ、私ノ意見ノ後半ハ、第一外交問題ト關係シテ、第二社會問題ノ立場ヨリ、第三ハ國體觀ト關聯致シマシテ、意見ヲ述ベヤウト思フノデゴザイマス、第一外交ニ關スル意見デゴザイマスルガ、是ハ詳シク申上ゲヤウト思ヘバ、限リノナイ問題デゴザイマスルカラシテ、極メテ簡潔ニ端折ッテ意見ヲ述ベテ見タイト思フノデアリマス、大正十四年ノ一月二日露基本條約ガ成立致シマシテ、兩國ノ國交ガ恢復致シマシテ、我國ハ相當ノ利權ヲ獲得スルコトガ出來タノデアリマス、然ルニ其後現内閣ガ成立致シタノデアリマスガ、私共第三者トシテ觀察致シテ居リマスルト、勞農政府ハ田中外務大臣ノ外交方針ニ對シテ好マシカラザル思ヲ致シテ居ルヤウニモ考ヘラレルノデアリマス、ソレハ西伯利出兵以來色々ナル關係ガゴザイマシテ、田中内閣ニ對シテハ幾ラカ感情ヲ好クシテ居ラナイト云フヤウニ私共ガ見ルノハ、必シモ僻目デハナイト思フノデゴザイマス、ソコデ第三「インターナショナル」ガ、我國ニ對シテ赤化宣傳ヲ開始シタカトモ思ハレルノデゴザイマス、又政府ノ立場ト致シマシテハ、我國ノ利權中最モ大切ナル所ノ漁業ニ關スル協約ノ交渉ガ捗々シク參ラナイモノデアリマスカラシテ、一昨年ノ暮ニ或ハ後藤伯ヲ莫斯科ニ派遣シ、或ハソレニ先ジテ久原房之助君ヲ現内閣ノ特使トシテ、勞農政府ニ派遣シタヤウナコトガアッタノデアリマス、然ルニ現内閣ハ斯ル親善的態度ヲ勞農政府ニ示シタモノデアリマスカラシテ、勞農政府――トハ申上ゲマセヌケレドモ、第三「インターナショナル」ハ此間ニ乘ジテ、又我國ニ對スル赤化運動ヲ開始シタカトモ想像サレルノデアリマス、ソレハ單ナル想像ニ止マラナイノデゴザリマシテ、昨年ノ四月十一日ノ倫敦「タイムス」ニ「勞農露西亞ト日本」ト題シマシテ短イ記事ガ載ッタノデアリマス、ソレニハ斯ウ記シテアルノデアリマス、「勞農露西亞ノ極東ニ於ケル位置ハ極メテ薄弱ナルニ反シテ、日本ノ立場ハ鞏固ニシテ有利デアル、隨テ日本ハ極東露領ニ於ケル各種ノ利權ヲ獲得スベク奔走シタ、其結果ガ所謂日露ノ接近ト親善ナルモノガ濃厚トナリ、後藤子爵其他ノ莫斯科訪問トナッタ、同時ニ日本官憲ノ取締モ緩漫トナッタ、露西亞ハ之ヲ機會トシテ、窃ニ日本赤化ノ陰謀ヲ進メ、遂ニ今回ノ結果トナッテ現レタノデアル」今回ノ結果トナッテ現レタト云フコトハ、言フ迄モナク昨年三月十五日、日本共産黨ノ大檢擧ヲ行ヒマシタルコトヲ申シテ居ルノデゴザリマス、サウ云フ譯デアリマスカラシテ、田中内閣ニ對シテハ、勞農政府トハ申上ゲマセヌガ、第三「インターナショナル」ハ、何トカシテ少シ之ヲ苦シメテヤラウト云フヤウナ態度ヲ執ッテ居ルヤウニ考ヘラレルノデアリマス、要スルニ田中内閣ノ續ク限リハ、中々此感情ト云フモノハ容易ニ緩和サレサウニモ見エナイノデアリマス、而シテ現政府ハ一方ニ於テハ赤化宣傳ヲ防止シテ居リマスケレドモ、他方ニ於テハ却テ之ヲ刺戟スルガ如キ立場ニ立ッテ居ルト云フモノデアリマスルガ故ニ、單ナル治安維持法ノ改正ニ依テノミ赤化宣傳ヲ根本的ニ絶滅スルト云フコトハ、不可能ノ事デハアルマイカト思フノデアリマス(拍手)尚ホ此問題ニ付キマシテハ、色々詳シイ事ヲ申上ゲタイノデアリマスケレドモ、事外交ニ關スル問題デゴザリマスルカラシテ、私ハ相成ベク遠慮ヲ致シマシテ、斯ノ如ク手短ク申上ゲタノデゴザリマスルカラシテ、ドウカ私ノ言外ノ意ヲ想像セラレンコトヲ希望スルノデアリマス(拍手)次ニ第五十五議會ニ於テ院議トナリマシタ所ノ思想國難ニ關スル決議案ニ對シマシテ、現政府ハ果シテ誠意ヲ示シテ居ルヤ否ヤト云フコトヲ調ベテ見タイノデアリマス、其思想國難ニ關スル決議案ノ中ニハ、ドウ云フコトガ述ベテアッタカト申セバ、繰返シテ申上ゲル必要ハナイノデゴザリマスルケレドモ、話ノ順序トシテ之ヲ繰返スノデゴザリマスルガ、單ニ刑罰ノミニ依テ思想ヲ撲滅セント欲スルモ、到底其目的ヲ達スル能ハザルコトハ、古今内外事跡ノ證明スル所デアル、ソコデ共産黨事件ニ對シ政府ガ刑罰ノミヲ以テ之ニ臨ムハ不可ナリ、宜シク其環境ヲ改善スルノ途ヲ講ゼザルベカラズト、神聖ナル院議ヲ以テ決定シテ居ルノデゴザリマス、而モ是ハ殆ド全院一致ノ決議デゴザリマス、又坊間傳ヘラレテ居ル所ノ樞密院ノ決議ト稱スルモノ、中ニモ、各般ノ社會施設ヲ完備シテ、國民生活ノ安定ヲ圖ルベシト云フ警告ガアルノデゴザリマス、然ルニ是等ノ決議ニ對スル政府ノ態度ハ、果シテ忠實デアッタト言ヘルデアリマセウカ、政友會ト實業同志會トノ政策協定ニ基ク所ノ所謂救護法案ナルモノモ、未ダ此議會ニハ提出サレテ居ラナイノデアリマス、又現内閣唯一ツノ社會政策立法デアル所ノ勞働者災害扶助法案モ、目下特別委員會ニ於テ審査サレテ居ルノデゴザリマスケレドモ、果シテ是ガ何時ニナッテ本會議ニ廻ッテ參ルモノデアリマスルカ、心細イ次第デゴザイマス、是デハ政府ノ社會政策的施設ト云フモノハ、全ク皆無ト言ハザルヲ得ヌノデアリマス、苟モ思想惡化ノ根本原因ヲ除カズシテ、單ニ嚴罰ノミヲ以テ之ニ對セントスル程、恐ルベキ行動ハナイト思フノデアリマス(拍手)院議ヲ無視シ、樞密院ノ決議ヲ蔑視スル、是以上ノモノハアルマイカト考ヘラレルノデアリマス、成程政府當局者ハ社會政策的施設ヲ施シタクアルケレドモ、其財源ハナイ、無イ袖ハ振ラレナイト申サレルカモ知レヌノデアリマス、然ラバ何ヲ好ンデ此際兩税委讓ヲ敢テ斷行シナケレバナラヌノデアルカ、又政府ニ金ガナイト云フナラバ、富豪ヲ勸誘シテ多額ナル所ノ寄附金ヲ募ッテ、サウシテ何等カノ社會政策的施設ヲ行フコトガ出來ルノデアルト思フノデアリマス

〔此時發言スル者多シ〕

○議長(元田肇君) 靜ニ願ヒマス

○内ケ崎作三郎君(續) 今日ハ富豪階級ノ中ニモ相當進歩的ノ考ヲ抱イテ居ル人ガ多イノデゴザリマシテ、悦ンデ社會政策ノ爲ニハ多額ノ金ヲ寄附スル人ガ少クナイト思フノデアリマス、要スルニ政府當局者ハ熱心ヲ示セバ少ナカラザル所ノ效果ヲ奏スルコトガ出來ルト思フノデアリマス、彼ノ鐵血宰相ト謳ハレタル普魯西ノ「ビスマルク」ハ如何デアリマシタカ、最初ハ社會主義ヲ壓迫シタノデアルガ、却テ其擡頭ヲ援ケタノデアル、故ニ後ニハ社會政策ヲ實行スルコトヽナリマシテ、サウシテ思想ノ惡化ヲ豫防シタノデアリマス、千八百八十四年ニハ勞働者疾病保險法並工場負傷保險法ヲ制定致シマシタ、千八百八十九年ニ勞働者養老保險法ヲ設ケタノデアリマス、又現在ノ英國ニ於キマシテハ、議會ハ依然トシテ國民多數ノ信頼ヲ博シテ居リマシテ、彼ノ勞働黨ヲ以テシテモ、一歩タリトモ合法的改革手段以外ノ方法ニ出デシメナイノデ

アリマスガ、是ハ要スルニ英國歷代ノ內閣ガ時勢ノ推移ヲ洞察シ、絕エズ適當ナル社會政策ヲ行ッテ居ルカラデゴザリマス、卽チ千九百十一年及千九百二十年ニ制定セラレタル失業保險法、又昔カラ存在シ來ッテ度々改正セラレタル救貧法、千九百八年初メテ制定セラレテ、其後度々改正ヲ見タル養老保險法、千九百二十五年ノ寡婦及孤兒年金保險法、千九百二十二年ノ健康保險法等ハ卽チ之ヲ語ルモノデアリマス、英國ニ於ケル議會政治ガ搖ガズ基礎ヲ有スルノハ、他ニ種々ナル原因ガアルノデアリマスガ、主トシテ此時勢ニ應ジタル徹底的社會政策ガ行ハレテ居ル事ニ原因ヲ有シテ居ルノデアリマス、然ルニ田中內閣ノ此方面ニ於ケル施設ハ、旣ニ述ベタルガ如ク、全ク何等見ルベキモノハナイノデアリマス(拍手)院議ヲ無視シタル點ニ於テ責ムベキハ當然デゴザリマスガ、思想惡化ノ根本的原因ヲ除去スル諸種ノ具體的方法ヲ講ゼズシテ、單ニ嚴罰ノミヲ以テ思想國難ニ對セントスル政府ノ時代錯誤的頭腦ニ憫マサルヲ得ナイノデアリマス(拍手)私ハ現內閣ガ果シテ複雜紛糾セル新時代ノ諸事象ヲ處理スル能力アリヤ否ヤヲ衷心ヨリ疑ハザルヲ得ナイノデアリマス、尙ホ之ニ關聯致シマシテ、政府當局ノ注意ヲ喚起セネバナラナイ事ハ、就職難及失業問題デアリマス、我國ノ產業ハ歐洲大戰爭中極度ニ膨脹發達シタノデアリマス、學校ノ卒業生ハ羽ガ生エテ飛ブヤウニ賣レタノデアリマス、然ルニ大正九年ノ經濟界ノ反動以來不景氣時代ガ繼續シテ、今日ハ供給過剩ノ狀態ヲ呈シテ居リマス、全國ノ大學及專門學校ノ卒業生ハ、每年二万人ニ達シテ居ルノデアリマスルガ、其殆ド半數ハ職業ヲ見出スコトガ出來ナイ、誠ニ氣ノ毒ナル境遇ニ置カレテ居ルノデアリマス、勤勞ヲ欲シテ尙ホ職業ヲ得ル能ハザルコトハ、國家及政府ノ責任ナリト謂ハナケレバナラナイノデアリマス、而シテ此問題ヲ解決スルニアラザレバ、青年學徒ノ思想ハ益惡化スルバカリデアルト思フノデアリマス、而シテ政府ハ之ニ對シテ何等ノ對策アリヤヲ聽カナイノデアリマス、如何ニシタナラバ此問題ヲ解決スルコトガ出來ルカト言ヘバ、今上陛下ノ朝見式ニ賜ハリタル御勅語ノ御精神ニ基キ、卽チ模擬ヲ戒メ、創造ヲ勗メテ、新ラシキ產業ヲ創始スルヨリ外ニ方法ハナイト思フノデアリマス、私ハ不幸ニシテ未ダ商工當局者ガ此方面ニ向ッテ顯著ナル努力ヲ爲シツヽアルコトヲ聽カナイノデアリマス、サレバ斯ル無爲無能ノ政府ニ依テ爲サレタル所ノ治安維持法ノ過重的改更ハ、徒ニ窮鼠ヲ驅ッテ猫ヲ嚙マシムルガ如キ危險ナル結果ヲ惹起スノデハナイカト思ハレルノデアリマス(拍手)最後ニ國體ノ根本義ト治安維持法改正案トノ關係ニ付テ意見ヲ述ベタイト思フノデアリマス、今更申上ゲル迄モナク、我ガ國體ハ萬世一系ノ皇室ヲ奉戴シテ、上下心ヲ合セ、其建國ノ理想ヲ實現シ、倂セテ其道德的、人道的使命ヲ達成スル事デアルト思フノデアリマス、國體ノ尊嚴ハ種々ナル原因ニ依テ、三千年ノ傳統ヲ背景トシテ、我ガ民族ノ鞏固ナル信念ノ對象トナッテ居ルノデゴザリマス、併ナガラ、其原因ノ一ツニハ、國家民族ニ取ッテ大問題ノ發生シタル場合ニハ、皇室ハ常ニ其指導的解決者ノ位地ニ立タレマシテ、國家民人ヲシテ其恩福ニ浴スルコトヲ得セシメ給ハリタル點デアルト考フルノデアリマス、例ヘバ大化ノ革新、明治維新ノ如キ、其顯著ナル例デアリマス、大化ノ改新ハ如何ニシテ生ジタノデアリマスカ、家長制度、氏族制度ノ弊ガ極端ニ達シマシテ、豪族ガ各土地ヲ所有シ、及人民ヲ使役致シマシテ、國家ノ節度ニ服セナイ者ガアリマシテ、動モスレバ無政府ノ狀態ニ陷ラントシタノデアリマス、而シテ天下ノ百姓ハ豪族ノ爲ニ奴隷ノ如ク虐使セラレタノデアリマス、此時ニ當ッテ孝德天皇ハ中大兄皇子ノ輔弼ニ依テ、中央集權ノ郡縣制度ヲ確立シ、土地國有ヲ斷行シ、天下蒼生ヲ公民トシテ愛撫シ給フタノデアリマス、又武家專制ノ封建制度ガ病膏肓ニ入ッテ、殆ド濟度スルコトガ不可能ノ狀態ニナリマシタル時、天下勤王ノ士ハ明治大帝ヲ奉戴シテ、王政復古ノ偉業ヲ完成シ、明治新文化ノ根柢ヲ築イタノデアリマス、其他儒敎及佛敎ノ傳來シタル時、之ヲ攝取シテ國民文化ノ內容ヲ豐富ニセラレタルハ、偏ニ皇祖皇宗ノ遺德ニ倚ッタノデアリマス、元寇ノ役、日淸、日露ノ戰役ノ如キ、國家ノ運命ヲ賭シタル國難ニ際シテハ、皇室ハ常ニ其中心ノ位地ニアッテ國民ノ爲ニ勝利ノ鍵ヲ與ヘ給フタノデアリマス、明治ノ初年自由民權、議會政治ノ要望甚ダ盛ニナリマシタル時ニ之ニ憲法ヲ與ヘ、帝國議會ヲ設ケ、更ニ進ンデ普通選擧法ヲ御裁可ニナリマシタハ、明治天皇及大正天皇ノ大ナル御事業デアリマス、然ルニ之ニ反シテ露西亞ノ「ニコラス」二世ノ如キ、獨逸ノ「ウィルヘルム」二世ノ如キハ、民意ヲ無視シ、議會ノ要望ヲ斥ケテ、遂ニ沒落ノ運命ヲ辿ッテ居ルコトハ私ヨリ申上ゲル必要モナイノデアリマス、然ルニ我ガ皇室ハ隆々トシテ益、御繁榮遊バサレマシテ、旭日冲天ノ勢ヲ示サレテアルコトハ、寔ニ故アル哉ト申上ゲナケレバナラナイノデアリマス、(拍手)

〔「朗讀ヲ止メ給ヘ」其他發言スル者多シ〕

○議長(元田肇君)　靜肅ニ

○內ケ崎作三郎君(續)　而シテ現代ノ國家民族ノ大問題ハ何デアリマスカ、卽チ現代文化ノ基調ハ社會維新ト云フ言葉ヲ以テ表現スルコトガ出來ルノデアリマス、此文化ノ特色ノ一ツハ法制ノ社會化デアリマス、普通選擧法ノ成立ト、陪審法ノ實施ガ之ヲ證明シテ餘リアルノデアリマス、第二ノ特色ハ產業ヲ中心トシ、勞働ヲ本位トスル社會ノ進化デアリマス、第三ノ特色ハ各國家ヲ貫通シ浸透シ、之ヲ包圍スル大社會ノ出現デアリマス、要スルニ產業ト資本ト勞働トガ國際化スルニ至ッタノデアリマス、世界大戰以來各國家ハ政治的ニハ獨立スルコトガ出來ルケレドモ、經濟的ニハ互ニ相倚リ相助ケテ、世界ヲ擧ゲテ一國家トナル觀ガアルノデアリマス、換言スレバ將來世界各國ハ共同シテ互ニ國民ノ自由ト權利トヲ尊重シ、組織的ニ共存共榮ノ原則ヲ適用シナケレバナラナイ時勢トナッタノデアリマス、斯ル時代ニ善處スル爲ニハ、一面ニハ忠勇義烈ナル愛國的良心ガ必要デアリマスルト共ニ、他方ニ於テハ公明正大ナル人道的良心ガ必要デアルノデアリマシテ、近頃最モ進步シタル、又最モ信賴スルニ足ル所ノ學者ノ間ニ於テ、此意見ガ行ハレテ居ルト云フコトハ、私ヨリ申上ゲル必要モナイコトデアルト思フノデアリマス(拍手)然ラバ近時最モ重大ナル國家民人ノ大問題デアル所ノ社會問題ヲ解決シ、國民生活ノ安定ヲ圖ルト云フ爲ニハ、八千万同胞ハ茲ニ又我ガ皇室ヲ奉戴シテ、此目的ノ解決ヲ爲サナケレバナラナイノデゴザリマス、我ガ皇室ハ過去三千年ノ間常ニ國民ニ率先シ給ウテ幾多ノ大問題ヲ解決セラレタノデアリマスカラシテ、此劃時代的ノ社會思想ノ問題、社會問題ヲ解決シテ、八千万同胞ノ生活ノ安定ヲ圖ル爲ニハ、皇室ハ必ズ國民ノ中心トナッテ、吾々ヲ指導シ給フコトヲ信ジテ疑ハナイノデアリマス(拍手)サレバ所謂思想國難ノ今日ニ於キマシテハ、皇室ヲ奉戴シテ國體ノ精華ヲ發揮スルコトニ、御互ニ力メナケレバナラナイノデアリマス、然ルニ田中內閣ハ、消極的方法以外ニ何等積極方法ヲ講ジナイノデゴザリマシテ、社會思想ノ狂瀾怒濤東海ノ天ヲ浸サントスル今日ニ於キマシテハ、國民ヲ指導スル能力ナキモノト判斷セザルヲ得ナイノデアリマス(拍手)殊ニ昨年ハ　今上陛下ノ御卽位式ヲ控ヘテ居ッタノデアリマスルガ故ニ、治安維持法改正ヲ緊急勅令ニ於テ御裁可ヲ願ッタモノデアルト云フヤウニ、政府當局者ガ仄メカシテ居ルノデアリマス、此事ニ付テモ意見ヲ述ベタイノデゴザリマス、成程御大典ヲ中心トシテ、政府當局者ガ日夜心膽ヲ碎カレマシテ、御警衞ノ上ニ於テ萬般遺漏ナク行ハレタト云フ功績ニ對シテハ、吾々國民トシテ感謝ノ意ヲ表スルニ吝ナラザルモノデアリマス、然レドモ幸カ不幸カ現內閣ハ緊急勅令ヲ發布シテシマッタノデゴザリマス、故ニ中外ヲシテ政府ハ餘リニ心配ヲシ過シタノデハナイカト疑ハシメタノデゴザイマス、苟モ八千万同胞ノ仰ギ奉ル　今上陛下ノ曠古ノ御大禮ヲ前ニシテハ、如何ニ深キ雲霧ガ閉罩メマシテモ、忽ニシテ霽渡リマシテ、朗ラカナ天日ヲ仰ギ奉ル歳ヲ抱カシムルコトハ確信致スノデゴザイマス、勿論不逞ノ輩ニ對シテハ宜シク嚴罰ヲ以テ處斷スベキデアリマス、併ナガラ態〻之ヲ仰々シク、表向キニ取沙汰ヲ致スト云フコトハ、却ッテ或ハ御遠慮申上グル方ガ宜イノデハナイカト考ヘラレルノデゴザイマス、明治天皇ノ御製ノ中ニハ「罪アラバ我ヲ咎メヨ天津神民ハ我身ノ生ミシ子ナレバ」ト云フ御製ガアルノデゴザイマス、聖恩ハ廣大ニシテ無邊、山ヨリモ高ク海ヨリモ深ク一切ノ民草ヲ其慈愛溢ルル御胸ノ裡ニ抱カレ給フノデアリマス、皇室ノ尊嚴ト國體ノ精華ハ玆ニ其源泉ヲ有スルノデゴザリマス、抑〻共産黨ハ特權階級ノ轉覆ヲ目的トスルノデゴザリマス、然ルニ我ガ皇室ハ或ル特殊階級ノミヲ慈ミ給フト云フコトハナイノデゴザリマシテ、有ユル階級ニ對シテ一視同仁ノ大御心ヲ持タセラレルノデアリマス、即チ一君萬民ノ理想ヲ實現シ給フタノデゴザリマス、斯ル神聖ナル抱擁力ニ對シテハ、共産黨ト雖モ結局ヒレ伏シテ仕ヘ奉ルヨリ外ハアルマイト思フノデアリマス、繰返シテ申上ゲマス、國體ノ變革ヲ、宣傳及陰謀ニ依テ之ヲ遂行セントスル者ニ對シテハ、素ヨリ重刑ヲ以テ之ニ臨マナケレバナラナイ、併ナガラ我ガ國體ハ力ト共ニ德ヲ重ンジサセ給フノデゴザリマシテ、寛嚴宜シキヲ得、恩威竝ビ行ハル、ノデアリマス、而シテ不幸ニシテ田中内閣ハ國體ノ精華ヲ中外ニ發揚スベキ空前ノ好機會ヲ逸シタルコトハ、私ハ遺憾千萬ナリト思フノデアリマス、私ハ去ル二日ノ夜ノ討論ニ於キマシテ、憲法論ニ基イテ私ノ意見ヲ述ベタノデゴザリマスルガ、今日ハ只今述ベマシタルガ如キ外交關係ノ紛糾、本院決議ノ無視、竝ニ國體ノ精華ノ發揮ニ積極的方法ヲ講ズル能ハザリシコトヲ指摘シテ政府ノ反省ヲ求メ、盛決ヲ促ス意味ニ於テ本案ニ反對スルコトヲ重ネテ聲明スル者デアリマス

○議長（元田肇君）　眞鍋勝君

〔眞鍋勝君登壇〕

○眞鍋勝君　私ハ只今問題ト相成ッテ居リマスル所謂緊急勅令其モノ、内容自體ニ對シテハ異論ハアリマセヌ、サリナガラ政府ノ執リタル其手續、其見解ニ對シテハ聊カ賛成シ兼ネル所ノ點ガアルノデアリマス、仍テ警告ヲ付シ、而シテ此案ニ承諾ヲ與ヘントスルノデアリマス、抑〻議會政治ヲ認メタル憲法政治ニ於キマシテハ、國民ノ權利義務ニ關スル重要事項ハ、必ズ議會ノ決議ヲ經ナケレバナラヌコトハ明ナルコトデアリマシテ、殊ニ徴罰法規ノ制度改廢ニ付キマシテハ、憲法制度ノ發達ト、罪刑法定主義ノ沿革ヨリ致シマシテ、當然議會ノ決議ヲ經ナケレバナラヌコトハ、是亦明ナコトデアリマス、而シテ是ガ例外ハ所謂緊急勅令デアリマス、即チ本議會ヲ經ベキコトヲ經ズニヤルノデアリマスカラシテ、正ニ一大例外デアルノデアリマス、而シテ此根據デアリマス所ノ憲法第八條ニハ「緊急ノ必要ニ由リ帝國議會閉會ノ場合ニ於テ」トアルバカリデアリマスカラシテ、政府ガ緊急ノ必要ト認メタナレバ、議會閉會ノ場合ニハ何時デモ勝手次第ニ發令スルコトガ出來ルヤウニモ見エルノデアリマス、而シテ又學者ノ中ニモ此見解ヲ執ッテ居ル者モアリマシテ、此點ヨリ申シマスレバ私モ亦異論ハナイノデアル、サリナガラ無論同條ニハ議會開會ヲ待ツ能ハズナドト云フ、所謂憲法第七十條ニアルヤウナ字句ガアル譯デハアリマセヌ、サリナガラ元來緊急ノ必要アリ、議會ノ議決ヲ要スル法律ニ代ル勅令デアリマスル點カラ見マシテ、斯樣ナ字句ノ明記ハアリマセヌニ致シマシテモ、事態ノ切迫、議會ヲ待ツコトガ出來ナイ場合ニ限リマシテ、許サレルモノト解釋スルノガ當然デアルト信ズルノデアリマス、之ヲ議會開會ヲ待テルノニ、ソレニ頓着ナクヤルト云フコトニナリマシタナラバ假令同條第二項ニ依リマシテ、次ノ議會ニ提出シテ其承諾ヲ求メル條件ハアリマシテモ、議會ノ不承諾ト云フコトハ將來ニ向ッテノミ效力ヲ失フバカリデアリマスルガ、發令後議會ノ不承諾ノ間ハ立派ニ效力ガアルノデアリマスカラシテ、萬一亂暴ナル所ノ爲政者ガ現ハレマシテ、此緊急勅令ヲ濫用スルニ於キマシテハ、事甚ダ大ニナル虞ガアルノデアリマス、一體憲法第八條ノ所謂緊急ノ必要ト云フノコトハ、事態ノ切迫、一日ヲ緩ウセバ公共ノ安全危殆ニ陷リ、國民ノ災厄避クルコトヲ得ザル場合ヲ謂フノデアリマス、然ルニ是ガ昨年四月議會ニ提出致サレマシテ、政府ハソレ程其通過ニ努力セズ、審議未了ノ儘閉會ヲ致シマシタ、其後内部ニ反對ガアリ、或ハ其他ノ種々ノ政府ノ都合デ勝手ニ延ビ〳〵致シマシテ、四十日ヲ經過シテ漸ク樞府ニ提出ニナリ、六十日ニシテ初メテ緊急勅令ノ發布ト相成ッタノデアリマス、而シテ世論ハ政府ハ議會恐怖病ニ罹ッタノデアルト爲シ、輿論ハ明ニ緊急勅令ニ對シマシテ反對ヲシテ居ッタヤウニ考ヘマス、尤モ大丈夫天下ノ國策ヲ爲サントスルニ當リマシテハ、世論ヲ顧ミル必要ハナイカモ知レマセヌ、サリナガラ政府ハ此世論ヲ恐レタカノ如キ觀ガアルノデアリマス、即チ議會ヲ恐怖シ、世論ヲ恐レタヤウナ觀ガアッタノデアリマスルガ、吾人モ亦所謂政府ノ説明ヲ以テ致シマシテハ、如何ニモ尤デアルトシテ滿足ガ出來ヌモノガアルノデアリマス、否如何ニ考ヘマシテモ、此緊急勅令ナクシテハ此半年ノ間ニ國體變革ノ烽火揚リ、我ガ國體ノ危ウカルベキ事態ガ起ラントスル兆候ガ迫リ來リツ、アルト云フコトハ、考ヘ得ラレナカッタノデアリマス、否正直ニ申シマスレバ、共産黨事件ヲ取扱フニ際シマシテ政府ノ執リマシタ見解、即チ政府自ラ之ヲ吹聽セシコトハ、爲政者トシテ當ヲ得タモノデアルカ如何、私ハ此點ニ付テ深ク之ヲ疑ヒ、竊ニ政府ニ經國ノ見識ヲ懷ク人ナキヲ惜ミ、殊ニ本員ハ母校出身ノ俊才トシテ、且ツハ法曹界ノ鬼才トシテ現内閣ノ閣僚中最モ尊敬スル原法相ノ爲ニ惜ムノデアリマス、斯ク觀察スル所以ノモノハ、我國ハ建國三千年皇統連綿トシテ萬國無比ノ國體デアリ、古來我國ハ儒教來ラバ之ヲ採リ、佛教渡レバ之ヲ容レ、之ヲ同化シ、其長ヲ採リ其短ヲ補ヒ、神儒佛ノ融合ハ日本固有ノ精神ト爲リ、斯ノ如クニシテ東洋三千年ノ精神文化ハ元ト支那ニ發達致シマシタモノヲ、我國ガ之ヲ繼承スルコトニ相成リマシタ、即チ西洋ニ於キマシテ物質文明ヲ誇ル者ガアレバ、我ハ燦タル東洋三千年來ノ精神文化ガアルノデアル、我ガ萬國無比ノ國體ト、此東洋三千年來ノ精神文化ヲ有スル所ノ我國ニ於キマシテハ、健全ナラザル思想ガアリマシタト致シマシテモ、私ハ斯ク政府當局者ノ如ク憂ヘルコトハナカッタノデアリマス、否我ガ七千万國民ト共ニ、我ガ此世界ニ誇ルベキ所ノ此万國無比ノ國體ヲ有シ、此國民精神ヲ提ゲテ、我國體ニハ微動ダモナシト信ジテ居ルノデアリマス、サリナガラ今日ノ世態ヲ見マスト、憂國ノ士ノ言フガ如ク、人心ハ浮薄輕佻ニ陷リ、世道日ニ危ク、人心月ニ微ナリト云フ狀態ナキニシモアラズ、現在我國ニ於テ共産黨運動ノ相當ニ擴ッテ居ルコトハ事實デアリマス、苟モ我ガ金甌無缺ノ大日本帝國ニ於キマシテ、千古不易ノ尊嚴ナル所ノ國體ノ變革ヲ企テントスルガ如キ者ハ、一人アッテモ國史上ノ一大汚點デアリマス、空前ノ大事變デアリマス、朝野ヲ擧ゲテ其撲滅ニ力ヲ盡サナケレバナラヌノデアリマス、殊ニ大戰以來破壞思想ノ浸潤シ來リマシテ、或ハ大逆事件トナリ、或ハ各種祕密結社ノ計畫トナリ、遂ニ昨年ノ共産黨事件トナッタノハ、寔ニ設想ニ堪ヘザルモノガアルノデアリマス、事此ニ至リタル以上ハ速ニ是ガ善後ノ處置ヲ講ジ、之ヲ一掃スルニハ政府ト云ハズ、國民ト云ハズ、一致協力餘ス所ナキヲ努メナケレバナラヌノデアリマス、是レ恐クハ忠誠ナル全國民ノ意思デアルト信ズルノデアリマス、即チ是ガ吾人ノ内容自體ニ異論ナキ所以デアルノデアリマス、併ナガラ之ニ對シテ執ルベキ處置方策ト云フモノハ、決シテ啻ニ之ヲ以テ滿足スルコトハ出來ナイノデアリマス、恐クハ政府ト雖モ死刑法ヲ制定致シマ

シタナラバ、危險思想ハ立ロニ絶滅スルトハ考ヘテ居ナイノデアリマセウ、要スルニ問題ノ眼目點トスル所ハ國民ノ弛緩セル所ノ精神ヲ緊張シ、汚濁セル思想ヲ其源ニ歸ラシメ、以テ益〻國民ノ國家的信念ヲ確實ニシ、之ヲ作興シ、將來永遠ノ基礎ヲ固定スルニ在リ、此事タル洵ニ言フニ易ク行フニ容易ナラザル所デアルノデアリマス、要スルニ此三千年來ノ我ガ國體ヲ――益〻國家ヲ泰山ノ安キニ置クト云フコトガ大眼目デアルノデアリマス、然ルニ是ガ對策トシテ如何ナル嚴法ヲ制定致シマシテモ、爾ク權威ガアルモノトハ思ハヌノデアリマス、殊ニ人心思想ニ關スル刑罰ハ、國民全體ガ之ヲ無理モナキコト、スルニ非ザレバ、其威力ヲ發揮スルコトハ出來ナイノデアリマス、法律サヘアレバ行ハル、ト云フガ如キハ、東洋思想ニ於キマシテ殊ニ之ヲ排斥シテ居ルノデアル、所謂古ノ名君名臣ノ爲サイル所デアリマス、卽チ王者ノ政治ハ至誠ヲ以テ仁義ヲ行ヒ、覇道的ノ權力主義ヲ斥ケ、德化禮治ヲ主トシテ威壓法治ヲ卑ミ、天地自然ノ大法ニ基キ、上下和合、天地一致ノ政治ヲ行フト云フコトガ、卽チ王道的政治ノ理想デアルノデアリマス、尤モ絶對ニ權力ヲ排スル譯ニハ參ラヌノデアリマスルガ、先ヅ事アル時ニハ之ヲ叱リ付ケルト云フヨリモ、之ヲ敎ヘ之ヲ指導シ、威嚇ヨリモ寧ロ之ヲ憫ミ、之ヲ善導スルト云フコトヲ忘レテハナラヌノデアリマス、樞密院ノ警告モ之ヲ要スルニ刑ノ重キガ政治ノ要諦デナイコトヲ明ニシタモノデアラウト思フノデアリマス

（此時發言スル者多シ）

○議長（元田肇君） 靜肅ニ願ヒマス

○眞鍋勝君（續） 前ニ申上ゲマシタ如ク、刑罰ハ重キガ故ニ威力ガアルモノデハアリマセヌ、檢擧ノ周到嚴正ガ第一デアルベキコトハ論ヲ俟タヌ所デアリマス

（此時發言スル者多シ）

○議長（元田肇君） 靜肅ニ願ヒマス

○眞鍋勝君（續） 要スルニ人ニ在リト信ズル、法律ハ死物デアリマス、之ヲ活用スルト否トハ其人ヲ得ルト否トニ依テ較レルノデアル、檢擧ヲ補フニ嚴刑ヲ以テスルト云フコトハ、大ニ考慮ヲ要スルモノデアルト思フノデアリマス、凡ソ世界ノ革命ハ之ヲ歷史ニ徵シマスルニ、革命ノ起ルノハ常ニ其國民ノ間ニ政治上又ハ社會上ニ於ケル所ノ不平不滿、是ガ勃發シ、潮發シタルコトニ其原因ヲ持ツコトハ、歷史ニ徵シテ明ナノデアリマス、若シ斯ノ如キ原因ガ强大デアレバアル程、如何ナル嚴刑ヲ以テ之ヲ彈壓セントシテモ、其氣運ヲ防止スルコトハ甚ダムツカシイノデアリマス、却テ其刑罰ヲ嚴重ニスレバスル程、一層反抗ノ氣運ヲ激成スルノ虞ガアル、サレバ政府ノ執ルベキ方法トシテハ、嚴刑ヲ制定ヲ致シマシテ國民ヲ威嚇スルト云フヨリハ、政治ヲ公明正大ニシ、徒ニ言論ヲ抑制セズ、國民ノ不平若クハ社會ノ不滿ヲ除去スルト云フ方法ヲ講ジナケレバナラヌ、卽チ上ニ立ツ者ハ實踐躬行範ヲ國民ニ垂レル所ノ行ヒガナケレバナラヌト私ハ考ヘルノデアリマス、而シテ從來緊急勅令ノ出タコトモ甚ダ少クナイノデアリマスルガ、今度ノヤウニ刑罰法規、殊ニ極刑ハ死刑マデモ含ム刑罰法規ヲ緊急勅令デヤッタ例ハ、極メテ少ナイデアラウト存ジマス、他ノ事項デサヘ憲法第八條ノ適用ハ最モ愼重ニシナケレバナラヌニモ拘ラズ、死刑マデ含ム所ノ此刑罰法規ヲ殊ニ現內閣ハ昨年組閣前後、前內閣ガ財政上ノ緊急處分ヲ爲サントスルコトヲ非難致シマシテ、アノ場合ニモ實質上ノ損害ヲ顧ミズ、議會召集ヲ力說高調致シマシテ、憲法ノ正道ヲ踏ンダコトヲ誇リトスル同一內閣ガ、一年ヲ經ルヤ經ズシテ同樣ノコトヲ行ハントスルコトハ、人ヲ責ムルニ急ニシテ自ラ緩ナルノ憾ナキニシモアラズト私ハ信ズル、尤モ憲法第八章ト第七章ハ其規定ニ於テ多少異ナル所ガアリマスケレドモ、憲法ノ運用ニ於テハ私ハ同一デアルト信ズルノデアリマス、去リナガラ勅令ノ內容其モノニ對シテハ先刻申上ゲマシタ如ク、何等異論ハナイノデアリマス、故ニ私ハ之ニ對シテ警告ヲ付ケマシテ本案ニ對シテ承諾ヲ爲サントスルモノデアリマス、警告ハ「治安維持法改正ニ就キ非常立法ノ手續ヲ採リタルハ立憲ノ本義ニ鑑ミ頗ル遺憾トス、今後斯ノ如キ重要法律ノ制定ニ關シテハ立法部ノ權限ヲ尊重センコトヲ望ム」（拍手）

○議長（元田肇君） 水谷長三郎君

（水谷長三郎君登壇）

○水谷長三郎君 私等ハ無產階級選出ノ代議士ト致シマシテ、斯ノ如ク暴虐飽ク所ヲ知ラザル階級的惡法、治安維持法緊急勅令ニ對シテハ斷乎トシテ反對スル者デアリマス、論者或ハ曰ク、本案ヲ以テ憲法違反ナリトシ、其上ニ立ッテ反對スル人ガ多イノデアリマスガ、吾々ハ本案ニ反對スルノハ、憲法違反デアルト云フ形式論ノ上ニ立ッテ本案ニ反對スル者デハアリマセヌ、今日無產階級ノ立場カラ考ヘマスレバ、憲法違反ナリノ疑ヲ懷ク者ハ獨リ緊急勅令ノミニハ止ッテ居ラナイ、憲法第二章ニ謳ハレタ所ノ臣民ノ權利、卽チ言論集會、結社ノ自由、或ハ信書ノ祕密、或ハ住居ノ保障、斯ウ云フモノハ今日ノ反動政府ノ下ニ於テハ――木葉微塵ニ碎細サレテ、動トモスレバ無產階級ノ立場カラ見レバ、憲法第二章ノ臣民ノ權利ハ一種ノ空文ノ如キ感ヲ懷カシムルノデアル、隨テ吾々ハ所謂此緊急勅令ノミヲ以テ憲法違反デアルト云フ形式論ニ立ッテ居ル者デハアリマセヌ、吾々ハモット深イ所ノ實質論、モット深イ所ノ本質論ノ上ニ立ッテ本案ニ反對スル者デアル、卽チ治安維持法緊急勅令ハ愚カ、治安維持法其モノサヘモ廢止シナケレバナラナイト云フ立場ニ立ッテ居ルノデアリマス、一部ノ經濟學者、一部ノ社會學者ノ說ク所ニ依リマスレバ、今日ノ經濟組織ハ資本主義的經濟組織ノ最後ノ段階デアルト言ハレテ居ル、サウシテ其最モ特長的ナ表現ハ外、國際關係ニ關シテハ列强ノ弱小民族ニ對スル壓迫、本國ノ殖民地ニ對スル苛斂誅求トシテ現ハレ、內、國內關係ニ於キマシテハ、眼覺メントスル所ノ無產階級ニ對スル飽クナキ彈壓政治トナッテ現ハレテ居ル、斯ウ云フ反動政治ノ下ニ於キマシテハ、卽チ「ブルヂョアー」ノ政治權力ヲ代表スル所ノ反動政治ノ尖銳化ニ對シマシテハ、無產階級ノ陣營內ニ於キマシテモ、左翼、中間、右翼ト云フ、サウ云フ合法的政黨ノ外ニ、動トモスレバ斯ウ云フ合法的政黨ノ埒ヲ超エタル所ノ一種ノ思想、一種ノ思想團體ガ起ルト云フコトヲ、一部ノ人々ハ說イテ居リマス、吾々ハ必シモ其說ニ全部ノ信賴ヲ持チ、或ハ其說ヲ全部贊成スル者デハアリマセヌ、吾々ハソレニ對シテ或ハ多クノ反對論ヲ持ッテ居リマスガ、兎ニモ角ニモサウ云フ說ヲ立テ、居ル所ノ一部ノ經濟學者、一部ノ社會學者ガ存シテ居ルノデアル、而モ吾々ハ斯ウ云フ說明ヲ聽クト共ニ、廣ク世界ノ情勢ヲ考ヘテ見マスト、英吉利ト云ハズ、佛蘭西ト云ハズ或ハ獨逸ト云ハズ、所謂文明國ト名ノ附イテ居ル所ノ國々ニ於キマシテハ、一種ノ共產思想、一種ノ共產團體ガ存在シテ居ルノヲ吾々ハ見セ付ケラレテ居ル、例ヘバ彼ノ「ファッシスト」全盛ノ伊太利ニ於テモ、可ナリ多クノ共產黨々員ガ活躍シテ居ル、世界ニ於テ波蘭、伊太利ヲ除イテハ、總テノ國ニ於テ公認團體トシテ、彼等ノ團體ガ活躍シテ居ル、斯ウ云フ事實ヲ吾々ガ見セ付ケラレマシタ時ニ於テ、吾々トシテ考ヘナクテハナラナイノハ、斯ウ云フ共產思想ガ惡イ、或ハ斯ウ云フ共產團體ガ惡イト云フコト、或ハ其他ノ價値判斷ヲ下ス前ニ、吾々ガ考ヘナクテハナラナイノハ、何故今日世界各國ニ於テハ斯ウ云フ思想ガ起リ、斯ウ云フ團體ガ起ルカト云フ所ノ根本義ニ遡ッテ考ヘナクテハ、吾々ハ問題ヲ根本的ニ把握スルコトガ出來ナイト云フコトヲ、ハッキリ知ラナクテハナラヌノデアリマス「存在スルモノハ合理的デアリ、合理的ナルモノハ又存在スル」トハ、單リ「ヘーゲル」學徒ノミノ言草デハアリマセヌ、吾々ハ此今日存在シタ所ノ思想、此今日存在シタ所ノ團體ニ對シテ、何故斯ウ云フ思想ガ存在シ、何故斯ウ云フ團體ガ存在スルカト云フ根本義ニ遡ラナクテハナラヌノデアル、是ハ單リ吾々ガ今日抽象的ニ何等ノ證據モ示サズニ言フノデハ

アリマセヌ、既ニ特別議會ニ於テ尾崎行雄氏ノ思想國難決議案ノ説明ニ於テモ、此點ハ明ニ謳ハレテ居ル、又田中總理大臣ノ特別議會ノ施政方針ノ演説ニ於テモ、此點ガ明ニ謳ハレテ居ルノデアル、吾々ハ今日此斷然ト横ッテ居ル所ノ思想、此斷然ト横ッテ居ル所ノ國體ニ對シ、學者ハ學者ノ立場カラ、思想家ハ思想家ノ立場カラ考ヘナクテハナラナイ、就中政治家ハ――少クトモ現在政權ヲ握ッテ居ル所ノ政治家ハ、過去自分等ガヤッテ來タ所ノ政治形態ト云フモノガ、斯ウ云フ思想ノ發生、斯ウ云フ國體ノ發生ニ、何等カノ影響ヲ與ヘナカッタカドウカト云フコトヲ、ハッキリ反省シナクテハナラナイト思フノデアリマス(拍手)然ラバ吾ガ謂フ所ノ根本的原因トハ何デアルカト云ヘバ、ソレハ今日澎湃トシテ横ッテ居ル所ノ民衆ノ生活不安デアル、民衆ノ生活不安定デアル、彼ノ有名ナ石川啄木ノ歌ニ「我ガ懷タ思想ハ總テ金無キニ因スル如シ秋ノ風吹ク」ト云フ歌ガアリマスガ、正ニ其歌ハ今日ノ所謂民衆ノ生活不安、隨テソレカラ發生スル所ノ思想ヲバ、簡單ナル文字デハアルケレドモ、十分ニ説明シテ居ルノデアル、卽チ吾々ハ斯ウ云フ立脚點ニ立ッテ居ルガ故ニ、先ヅ勞働者ノ爲ニハ徹底的勞働組合法ヲ作ラナクテハナラナイ、罷業權ヲ認メナクテハナラナイ、團結權ヲ認メナクテハナラナイ、小作人ノ爲ニハ耕作權ヲ確立シナクテハナラナイ、彼等ノ罷業權ヲ認メナクテハナラナイ、或ハ安月給取、或ハ小商人、其他被壓迫民衆ノ生活不安ヲ取除ク爲ニ、吾々ハ思切ッタ徹底シタ所ノ生活安定ノ政治ヲ行ハナクテハナラナイト云フコトヲ、吾々ハハッキリ知ラナクテハナラナイノデアル、而モ今日政友會内閣ガ十七億何千万ト云フ豫算ヲバ吾々ノ前ニ押付ケテ、而モ其内ニ無産階級ノ生活安定ニ關シタ所ノ豫算ガ幾何アリヤト云フコトヲ考ヘルナラバ、吾々ハ轉タ感慨ニ堪ヘナイ、少クトモ緊急勅令ヲ出サントスル所ノ政府ハ、此數字ノ上ニ現ハレタ所ノ無産階級生活安定策ニ對シテ、十分反省シナクテハナラナイト云フコトヲ、吾々ハ斷言シテ憚ラナイノデアリマス、總テノ物ハ流動シ、萬物ハ流轉スルトハ、單リ希臘ノ哲人ノミノ言葉デハナイ、吾々ガ棲ンデ居ル所ノ社會組織モ絶エズ動キ、絶エズ進化シテ居ル、而モ此進化ニ付テ吾々人類ノ立場カラ考ヘナクテハナラナイノハ、此必然ニ流レテ居ル所ノ社會組織ノ進化ヲバ極メテ安ラカニ、極メテ滑カニ進化サセナクテハナラナイト云フノガ、吾々人類ノ上ニ課セラレタ大キナ義務デアル、社會進化ニハ血ヲ見ル所ノ進化ト、血ヲ伴ハナイ所ノ進化トガアル、而モ其社會進化ヲシテ血ヲ伴ハシムルカ、或ハ血ヲ伴ハズニ滑カニ進化セシムルカ如何ト云フコトハ、單リ其時代ノ支配階級ノ出方如何ニ懸ッテ居ルト云フコトヲ、經濟學者ハ説イテ居ルノデアル、例ヘバ單リ基督ノ死、或ハ「ソクラテス」ノ死、或ハ「ビスマルク」ノ彈壓政策、サウ云フヤウナ外國ノ例ヲ引イテ吾々ハ考ヘル必要ハナイ、少クトモ吾々ハ明治維新ノ一ツノ例ヲ引イテモ能ク分ルノデアル、今日芝居デ觀タナラバ、彼ノ荒レ狂フ所ノ近藤勇ノ僴勇ハ、或ハ芝居デ觀タナラバソレハ面白イカモ知レナイ、或ハ芝居デ見タナラバソレハ痛快デアルカモ知レナイ、併ナガラ社會進化ノ立場カラ見タナラバ、アノ近藤勇ノヤウナ振舞ハ何等ノ益ガナイ、寧ロ害アルノミデアルト云フコトヲ、吾々ハ知ラナクテハナラナイ、ソレヨリモ彼ノ刀ニ訴ズシテ江戸城ヲ引渡シタ所ノ勝海舟ノ立場コソハ、社會進化ノ上カラ見テ、吾々ハ十分認メナクテハナラナイ所ノ點デアラウト思フノデアル、斯ウ云フ點ニ關シマシテ、斯ウ云フ立場ニ立ッテ、吾々ハ治安維持法緊急勅令ニ反對スル者デアル、今日治安維持法緊急勅令ニ關シテ色々ノ説ヲ爲ス者ガアル、併ナガラ此治安維持法緊急勅令ガ本當ニ正シイカ、本當ニ間違ッテ居ルカト云フ批判ヲスル資格アル者ハ、今日我國ノ「ブルヂョアジー」デハナイ、又其「ブルヂョアジー」ノ政治的代辯者デアル所ノ既成政黨デハナイ、治安維持法緊急勅令ガ本當ニ正シイカ、本當ニ間違ッテ居ルカト云フ事ヲ批判スル資格ノアル者ハ、我國ノ無産大衆唯一ツデアルト云フコトヲ知ラナクテハナラヌノデアル(拍手、發言スル者多シ)斯ウ云フ意味ニ於キマシテ、吾々ハ此治安維持法緊急勅令ガ正シイカ、或ハ間違ッテ居ルカト云フコトヲ判斷スル爲ニ、吾々ハ卽座ニ議會ヲ解散シ、サウシテ不徹底デアルケレドモ、與ヘラレタ普通選擧ノ下ニ、アノ特別議會ノ總選擧ト異ッテ、言論ノ自由ヲ保障セシメテ、今日我國ノ無産大衆ガ此治安維持法緊急勅令ニ對シテ、如何ナル憎ト、如何ナル憤激ヲ持ッテ居ルカト云フコトヲ、議會解散ニ依テ驗サナクテハナラナイト私ハ思フノデアル(拍手)斯ウ云フ意味ニ於キマシテ吾々ハ卽座ニ議會ヲ解散シ、無産大衆ノ意思ヲ以テ、此治安維持法緊急勅令ヲ判斷シナケレバナラナイト思フ、最後ニ吾々ガ特ニ既成政黨ノ人々ニ對シテ言フベキ所ノ問題ハ、此治安維持法緊急勅令ノ採決ニ當リマシテ、記名投票ニ依ラズニ、無記名投票ニ依テ、簡單ニ片付ケヤウトスル策動ガ行ハレテ居ルト云フコトヲ知ッテ居ル、併ナガラ吾々ハソレニ對シテ、斷乎トシテ反對シナケレバナラナイ、少クモ無産階級ノ利害ヲ代表スル吾々無産政黨ノ立場カラ言ヘバ、此大切ナル、此影響多キ所ノ治安維持法緊急勅令ヲバ、單ニ起立ニ依テ、或ハ多數或ハ少數ト云フ簡單ナル態度ヲ以テ採決スルト云フコトニハ、吾々ハ絶對ニ反對デアル、吾々ハサウ云フ簡單ナ採決ニ依ッテ、我國ノ無産大衆ヲシテ死刑ノ斷罪ニ、死刑ノ犧牲ニ送ルト云フコトハ、絶對ニ反對デアルト云フコトヲ一言シテ、此壇ヲ降ラントスルノデアル

(此時發言スル者多シ)

○議長(元田肇君) 靜肅ニ願ヒマス――名川侃市君

(名川侃市君登壇)

○名川侃市君 私ハ本案ニ付キマシテ、承諾ヲ與フルコトニ贊成スル者デアリマス、我國ハ　天皇ガ統治權者デアルト云フコトハ、建國ト共ニ定ッテ居ル所デアリマス、皇統ハ連綿ト致シマシテ天壤ト共ニ永遠無窮デゴザイマス、卽チ我國ハ　天皇ガアッテ大日本帝國ハ存在シテ居ルノデアル(拍手)吾吾日本民族ハ　天皇ノ下ニ統一セラレマシテ、天皇ハ臣民ヲ我子ノ如ク可愛ガッテ下サル、眞ニ君民一致デアル、其國體ノ精華ト云フモノハ宇内ニ冠絶シテ居ルノデアリマス、然ルニ第三「インターナショナル」ハ絶對ニ君主制、立憲制其モノヲ否認スルモノデアリマシテ、勞農獨裁ノ世界革命ヲ企テ、居ルモノデアリマス、既ニ御承知ノ通リ我國ニ於キマシテモ結社ヲ組織致シマシテ、我ガ金甌無缺ノ國體ヲ、根柢ヨリ覆サントシテ居ルノデアリマス、本案ノ委員會ニ於キマシテ、民政黨ノ横山君ヨリ、斯ウ云フ過激思想ガ我國ニ起ッタト云フコトハ、日清及日露ノ戰爭以上ニ、我國ニ於テハ重大ナルコトデアルト云フコトヲ言ハレタノデアリマスガ、吾々モ其樣ニ思ウテ居ルノデアリマス、隨テ我ガ國民ト致シマシテハ、擧國一致自衞ノ手段ヲ講ゼナケレバナラヌ、又政府ト致シマシテモ、力ノ及ブ限リ必要ノ處分ヲセナケレバナラヌノデアリマス、緊急勅令ノ條件ハ憲法八條ニ書イテアル所デアリマシテ「天皇ハ公共ノ安全ヲ保持シ又ハ其ノ災厄ヲ避クル爲緊急ノ必要ニ由リ帝國議會閉會ノ場合ニ於テ法律ニ代ルヘキ勅令ヲ發ス」斯ウ云フコトガ書イテアルノデアリマス、政府ガ此憲法ノ條章ニ基キマシテ、共産主義ヲ撲滅スル爲ニ、本緊急勅令ヲ發シマシタコトハ、洵ニ適當ナコトデアリマシテ、私ハ政府ノ勞ヲ多トスル者デアリマス、而シテ本案ガ極メテ適法ノモノデアルト云フコトハ、之ヲ形式的ニ及實質的ニ之ヲ觀察スベキモノデアリマス、本案ノ緊急勅令ガ、發布ノ前ニ於テ之ヲ發布スベキ緊急ノ事情ノアッタト云フコトハ、委員會ニ於テ政府ノ言明シテ居ル所デアリマス、是ハ委員長ヨリ先刻本會議ニ於テ報告シテ居ル所デアリマス、殊ニ彼等ガ我ガ皇室ノ殊遇ヲ非議致シマシテ、我ガ國民ガ感激シテ居リマスル所ノ最大ノ御盛儀ノ擧行ニ絶對反對デアルト唱道致シ、露國ニ於キマスル所ノ東洋勤勞者共產

主義大學、ソレニ在學シテ居ル所ノ邦人二十數人ノ者ニ對シマシテ、爲遙我國ニ歸ッテ、サウシテ日本共產主義ノ組織擴張、擴大ニ努力スベキ旨ヲ命ジテ、續々我國ニ歸ッテ來タト云フ事實ガアルノデアリマス、此時ニ方リマシテ政府ガ安寧秩序維持ノ爲ニ、治安維持法ヲ改正スルト云フコトハ、洵ニ緊要ナ事デアリマシテ、政府ガ之ヲ緊急ノ要アリト認メテ之ヲ發シタト云フコトハ、極メテ適當ナコトデアリマス(拍手)而シテ緊急勅令ノ要件デアル緊急ノ必要ガアルカナイカト云フコトハ、何人ガ之ヲ決メルカト云ヘバ、是ハ政府ガ決メルノデアル、政府ガ其時ノ狀態ニ於テ、是ハ緊急ノ必要ガアルト認メレバ之ヲ發スル、卽チ憲法ニ依ル緊急ノ必要アル所以デアル、其緊急ノ狀況ノ有ル無シノ判定ト云フコトハ議會ニ在ルノデハナイ、政府ニ在ルノデアル、卽チ政府ガ緊急ノ必要アリト認メテ、此緊急勅令ヲ出シテ居ルノデゴザリマスカラ、其緊急勅令ニ於テ憲法違反ナドト云フ問題ノ起ルベキ筈ハ絕對ニナイノデアリマス(拍手)民政黨ヲ代表セラレマシテ齋藤隆夫君ハ、緊急勅令ノ規定ノ罰則ト云フコトニ付テハ吾々ハ反對セヌ、斯ル過激思想ガ起ルト云フコトニ付テハ、嚴重ニ取締ラナケレバナラヌ、斯ウ云フコトヲ言ウテ居ラレル、卽チ實質ニ付テハ御反對ハナイノデアル、形式ニ付テ反對シテ居ラレルノデアリマス、共產主義ノ如ク大逆無道ノ行爲ヲ爲ス者ニ對シテ之ヲ嚴罰スルト云フコトハ、是ハ當然デアリマス、之ニ又反對ノアルベキ筈ハナイノデアリマス、而モ斯ル大逆無道ノ者ガ、我國ニ起リマシテ、天壤無窮ノ國體ヲ根柢ヨリ覆サントシテ居ルノデゴザイマスカラシテ、之ヲ取締ルト云フコトハ、一日モ忽セニスルコトハ出來ナイノデアリマス、我國ニ於キマシテ最モ緊急ナコトハナイト私ハ考ヘルノデアリマス、然ラバ之ニ對シテ緊急勅令ヲ發シタ所ガ何處ガ惡イカ、何處ガ憲法ニ違反シテ居ルカ、民政黨ノ方々ハ憲法ノ所謂緊急ノ必要アリト云フコトハ言ヘヌ、斯ウ云フコトヲ言ハレル、然ラバ民政黨ノ方々ハ何時ニ於テ緊急ノ必要ガアッタカト見テ居ルノデアリマスカ、何時此法律ヲ改正スレバ宜イト言フノデアリマスカ、前回ノ齋藤君ノ議論デ見マスト、昨年ノ臨時議會ニ於テ宜シク議件ヲ延長シテ之ヲ決議スルヤウニシナケレバナラヌ、ソレヲセナカッタノガ惡イト言ハレル、而シテ其時ニ民政黨ハ緊急ノ必要アリト認メテ居ラレル、此法律ヲ制定スル必要ガアルト認メテ居ラレル、ソレナラバ其議會ガ閉會ニナッタ後ニ於テ此法律ヲ制定スルコトハ適當デアル、緊急ノ理由ガアルノデアリマス、議會ガ閉會シテ居ッテモ緊急ノ狀態ガ續イテ居ルナラバ、緊急勅令ヲ出スコトガ何處ガ惡イカ、學者ノ言フ所ニ依リマスレバ、議會ニ法律ヲ出シテ其議會ガ解散ニナッタ場合、尙同ジ狀態デアルナラバ、直ニ緊急勅令ヲ出スコトハ些モ差支ナイト言フコトニ學者ノ說ガ一致シテ居ルノデアリマス、然ラバ議會ノ閉會ニナッタ時デアッテモ、民政黨ガ其時ニ出シテ解決シナケレバナラヌト云フ緊急ノ必要ヲ認メテ居ルナラバ、其後ニ緊急勅令ヲ出シタコトニ就テハ寧ロ感謝スベキデアッテ、之ニ對シテ非議スベキ所ハナイ、議會ヲ延長シテ此法律ノ通過ニ努メナカッタト云フコトヲ責メルナラバ、責メル方法ガアリマセウ、此方法ヲ以テ此緊急勅令ヲ非難スル理由ニハナラヌ、又齋藤君ハ臨時議會ヲ召集シテヤレバ宜カッタ、何故ニ臨時議會ヲ召集シナカッタカト言フ、是亦緊急ノ必要ヲ認メテ居ルカラコソ臨時議會ヲ召集セヨト云フノデアリマス、然ラバ緊急ノ必要ガアルデハナイカ、アルノヲ緊急ノ必要ガナイト言フノハドウ云フ譯デアルカ、又齋藤君ハ次期議會卽チ本通常議會迄待タレヌコトハナイト言フ、一體齋藤君ノ意見ハ何處ニアリマスカ、昨年ノ臨時議會ニ於テ必ズ延長シテヤルベキデアッテ、ヤラナカッタノガ不都合デアル、臨時議會ヲ召集シテ必ズヤラナケレバナラヌト言フ、今度ハ通常議會迄待テルモノヲヤッタデハナイカト言フ、論旨ハ何處ニアリマスカ、甚ダ理窟ガ分ラヌト思ヒマス、ソレカラ又本件ニ於キマシテ緊急ノ必要アリトシテ政府ガ說明シタコトニ就テ、齋藤君ハ荒唐無稽ノ妄說デアル、斯ウ云フコトヲ言ハレタ、齋藤君ハ辯護士デ在ラセラレマスカラ、此議會ノ說明ヲ民事訴訟ニ於キマスル所ノ當事者ノ主張ト同ジヤウニ考ヘテ居ラレルモノト思ヒマス、民事ノ訴訟ニ於キマスル當事者ノ主張デアルナラバ、證據ガナケレバ其事實ヲ認ムルコトガ出來ナイ、併ナガラ議會ニ於キマスル政府ノ事實ノ說明又ハ答辯ハ、決シテ證據ヲ擧ゲテ之ヲ證スル必要ハナイ、政府ガ責任ヲ負ウテ是ダケノ事實ガアルト云フコトヲ說明シテ居ル以上ハ、其事實ガ嘘デアルト云フ反對ノ證據ガアレバ格別、其證據ガナケレバ其事實ヲ事實ト認ムルノガ當然デアル、ソレヲ荒唐無稽ト言ハレルノハ何處ニ荒唐無稽デアルト云フ證據ガアルカ、齋藤君ノ言ハレル所、內ケ崎君ノ言ハレル所ヲ聞イテ見テモ、ソンナ理窟ハナイト思フ、甚ダ失禮ナガラ是ハ家デ坐ッテ居ッテ考ヘテ居ルダケノコトデアル、ソレハ屁理窟デアル、政府ハソレダケノ責任ヲ以テ事實ガアルト言フ、其事實ガ虛僞デアルト云フ反對ノ事實ガナイニ拘ラズ、此事實ヲ荒唐無稽デアルトシテ緊急ノ必要ガナイト言フノハ、徒ニ反對センガ爲ニ反對スルト言ハレテモ辯解ノ餘地ハナカラウト思ヒマス(拍手)ソレカラ齋藤君ハ露西亞カラ東洋勤勞者共產大學ノ生徒ガ二十人ヤ三十人歸ッテ來タノガ何ダ、ソンナコトハ恐レル必要ハナイト言ハレマスガ、私等ハ是ガ恐ロシイ、金甌無缺ノ我國ニ於テ露西亞マデ行ッテ共產主義ヲ修得シテ來テ大ニ宣傳セントスル者ガアル時分ニ、之ヲ取締ルノハ國ヲ愛スル者トシテ當然デアル、之ヲ放任シテ置クコソ國ニ不忠ナルモノデアル、而シテ齋藤君ハ斯ウ云フ共產主義ノ者ハ嚴刑ヲ以テ取締ル必要ガアルト言ッテ贊成シテ居ルノデアリマスカラ、此緊急勅令ヲ出スコトニ反對セラレル理由ハ私ハナイト思ヒマス、ソレカラ又民政黨ノ方トハ形式上ノ攻擊ヲナサイマスケレドモ、憲法ノ條樣カラ言ヘバ、形式上ノ攻擊ヲスルコトハ出來ヌモノデアル、全ク是ハ憲法ニ違反シタ謬ッタ主張ヲシテ居ラルルト思ヒマス、前ニモ申上ゲマス通リ、緊急勅令ニ於キマスル所ノ緊急ノ必要ガアルカドウカト云フコトニ付テハ、是ハ政府ガ解釋スベキモノデアル、政府ニ於テ緊急ノ必要アリトシテ之ヲ發布シテ居リマスカラ、隨テ此緊急勅令ハ有效ナルモノデアル、若シ民政黨ノ諸君ノ言ハレルガ如ク、憲法違反デアルナラバ、此緊急勅令ハ憲法ノ要件ヲ缺イタモノトシテ根本的ニ無效デナケレバナラヌ、併ナガラ憲法ノ條章カラ言ッテモ、根本的ニ無效ナモノデハナイ、唯將來ニ向ッテ其效力ヲ失フ旨ヲ公布スベシト書イテアリマス、之ニ依リマシテモ緊急勅令ハ根本的ニ無效ト云フコトハナイ、卽チ緊急デアルカ否カヲ政府ガ判斷シテヤルノデアルカラ、是ハ適當ノ行爲デアル、憲法ニ適シタ行爲デアル、憲法違反ノ行爲デハナイ、隨テ緊急勅令ヲ議會ニ提出致シマシテ、政府ノ承諾ヲ求ムルト云フコトハ、此法令ヲ將來ニ向ッテ、卽チ議會後ニ於テ尙ホ繼續スル必要ガアルカドウカニ付テ議會ノ意見ヲ求メルノデアル、ソレ以外ニハ何モナイノデアリマス、決シテ政府ノ責任解除ヲ求メル爲ニ出スモノデモ何デモナイ、隨テ緊急勅令ヲ出シテ、而シテ議會ノ開會マデニ其緊急勅令ガ廢止セラレタ場合ニ於テハ、決シテ此議會ノ承諾ヲ求メル必要ハナイ、是ハ諸君御承知ノ通リデアル、屢、先例ガアリマス、明治二十三年、明治二十九年、明治三十九年、明治四十三年ニ其先例ガアリマシテ、議會ノ質問ニ對シテ政府ハ明ニ緊急勅令ハ議會後ニ於テ尙ホ存續スル必要アル場合ニノミ議會ノ承諾ヲ求ムベキモノデアル、ソレ以外ニ於テ議會ノ承諾ヲ求メル必要ハナイト云フコトヲ政府ニ於テ言明致シマシテ、議會ハ之ヲ承認シテ居ル、卽チ先例ニ依テ明ニナッテ居ル、サウ云フ次第デアリマスカラ、此勅令ガ將來ニ存續スル必要ガアルカドウカニ付テハ、議論ヲ進メル必要ガアリマスケレドモ、既往ニ遡ッテ、此緊急勅令ヲ發スル當時、緊急ノ必要ガアッタカドウカト云フヤウナ議論ハ憲法ニ於テハ許サヌノデアル、其許サヌコトヲ民政黨ノ方ヽガヤッテ居ラレルノデアッテ、全ク民政黨ノ諸君ハ憲法ノ解釋ヲ誤ッテ居ラレルモノデアラウト私ハ思フノデアリマス、而シテ民政黨ハ盛ニ申ス通リニ、此緊急勅令ニ依ル刑罰ハ適當デアルト云フコトヲ認メテ居ラレルノデアリマス、即チ緊急勅令ニ賛成シテ居ラレルモノデアル、唯、何カ辭柄ヲ設ケテ之ニケチヲ付ケラレヤウトスルノデアッテ、實質ニ於テハ賛成シテ居ラレルモノデアルト吾々ハ斷定スルノデアリマス、若シ民政黨ノ諸君ノ言ハレルガ如キ方法ニ依リマスト、甚ダシキ不利不便ヲ生ズルト思フノデアリマス、ソレハドウ云フ譯デアルカト申スト、若シ此緊急勅令ヲ議會ニ於キマシテ不承諾ヲ致シマシタ時ニハ、緊急勅令ニ依リテ變更セラレタル前ノ治安維持法其モノガ復活スルカドウカト云フコトハ大變ニ議論ノアル所デアル、モウ絶對ニ復活スルモノデナイト云フ説ガ中ヽ有力デアル、又復活スルト云フ議論モアリマス、若シ復活シナイト云フ議論ガ立ツコトニナリマシタナラバ、今實ニ大ソレタ大逆無道ノ被告人ガ澤山捉ッテ居ル、此緊急勅令發布ノ後ニ於テモ捉ヘタ者ガアル、所ガ是ガ不承諾ニナッテ前ノ維持法モ復活セヌト云フコトニナッタナラバ、此被告人ハ無罪トシテ放スヨリ外ニ方法ガナイ、民政黨ハ之ニ不承諾ヲ主張セラレルト云フナラバ、ソレニ對シテドウ云フ對策ヲ考ヘテ居ラレルカ、如何ナル方法ニ依リテ此不逞ナル者ヲ取締リ處罰セントシテ居ラレルノデアリマスカ、其對策ノ方法モ考ヘズ徒ニ理論ニ囚ハレテ、之ニ不承諾ヲ唱ヘラレルト云フコトハ、決シテ國ニ忠ナル所以デハナイト私ハ信ズルノデアル、ソレカラ齋藤君ハ樞密院ニ於テ一部ノ反對ガアッタト言ハレルガ、ソンナコトハ議論ニナラナイ、議決ニナッタト云フコトハ當然デアル、又吾々モ滿足シナカッタト云フコトヲ齋藤君ハ言ハレテ居ル、如何ニモサウデアリマセウ、一昨年民政黨内閣ガ倒レテカラ今日マデ、民政黨ノ御方デ御滿足ナル御方ハ一人モアルマイ、今議會始ッテ以來今日ニ至ルマデ、毎日御不滿ナコトバカリデアラウ、如何ニモ御同情申上ゲマス、併ナガラ貴方ノ御不滿ヲ以テ直ニ此緊急勅令ガ違法デアルトカ不當デアルトカ云フコトハ、理由ニハナリマセヌ、齋藤君ノ御不滿ヲ以テ此緊急勅令攻撃ノ事情ニハナラヌト思ヒマス、又内ケ崎君ハ色ヽト御議論ナサレマシタガ、其言ハレルコトハ何ヲ言ハレルノカ些トモ私ニハ分ラヌ、倫理ノ講義ミタヤウナモノデアル、何ノ事カ分ラヌ、何カ寛嚴宜シキヲ得テ善處シナケレバナラヌト言ハレルガ、其寛嚴宜シキヲ得テ善處シナケレバナラヌト云フコトハ何ノコトカ些トモ分ラヌ、又何カ社會施設ヲシナイカライケヌト云フコトヲ言ハレル、地租營業税ノ委讓ヲスルダケノ財源ガアルナラバ、社會施設ヲセイト言ハレルガ、地租營業税ノ地方委讓ト云フコトガ社會施設デアルト云フコトガ御分リニナラヌノデアル、是ガ御分リニナラヌデ此處デ御議論ナサルト云フコトハ洵ニ不都合デアル、又英吉利ニ於テハ斯ウ云フ立法ヲヤッテ居ル、斯ウ云フ施設ヲシテ居ルト云フコトヲ色ヽト御讀上ゲニナリマシタガ、ソレハ財政ノ問題デアル、英吉利ノ財政ト日本ノ財政ト比較シテ御考ニナラナケレバナラヌ、三井ガ多大ノ資產ヲ持ッテ居ッテ慈善病院ヲ拵ヘタカラ、吾々貧乏人ニオ前モ慈善病院ヲ拵ヘロト言ッテモ出來ナイ相談デアル、是ハ國ノ財政ニ依テ決マルモノデアル、英吉利デ斯ウ云フコトヲヤッテ居ルカラ、日本デモヤラナケレバナラヌト云フコトハナイ、所謂學者ガ世事ニ迂イト云フノハ是ヲ言フノデアル、政治ト云フモノハサウ云フモノデハナイ、實際ノ財政ニ重キヲ置イテ、ドレダケノ施設ガ出來ルカト云フコトヲ以テシナケレバナラヌノデアリマス、要スルニ内ケ崎君ノ議論ハ學者ノ空理空論デアッテ、其結果ニ於テハ何ヲ言ッテ居ルカ分ラヌ、反對ノ根據ハ一ツモナイト思フノデアリマス、又本會議ニ於キマシテハ餘リ議論ガナカッタノデアリマスガ、無產黨ノ方ヽニ於テハ此刑ガ重イトカ、此法律ヲ廢止シナケレバナラヌト云フヤウナ質問ガアリ、議論ガアッタノデアリマスルケレドモ、是ハ吾々トハ全然根本觀念ガ違フ、治安維持法ガ要ラヌト云フ御説デアル、本件ハ要ル要ラヌ、ト云フノデハナクシテ、既ニ出來テ居ルモノニ改正ヲシタコトニ對シテ、承諾ヲ與ヘルカ與ヘナイカト云フノデアルカラ、根本ガ違フノデアルカラ、之ニ付テハ深ク論ズル必要ハナカラウト思フノデアリマス、併シ此死刑其モノヲ緊急勅令デ出スノガ正當デアルカドウカト云フコトハ、委員會ニ於テ色ヽ論議セラレタモノデアリマシテ、武富君ノ質問ニ於キマシテモ、刑法ノ内亂罪ノ規定ニ比シテ刑罰ガ重過ギルト云フヤウナ議論モアッタノデアリマス、併シ此内亂罪ト、國體變革ニ關スル結社ヲ罰スル罪ト云フモノハ、全然内容ガ違フ、内亂罪ト云フモノハ極メテ發覺容易デアッテ、其檢擧モ樂デアル、然ルニ祕密結社ハ容易ニ發覺出來ズ、犯スニ極メテ易イモノデアル、而モ内亂罪ト云フガ如キモノハ多クハ國體ニ關スルモノニアラズシテ、政治上ノ意見ニ依テヤルモノデアル、所謂西南戰爭ナドモソレデアル、國體變革ニ關スル罪ハ全甌無缺ノ我國ヲ根柢的ニ覆サントスル大逆無道ノモノデアルカラ、此事ニ對シテ重キ刑ヲ課スルト云フコトハ當然デアラウト私ハ思フ、之ヲ内亂罪ノ規定ト比較シテ彼此レ言ハレルノハ、的ヲ外レタル議論デアルト思フ、刑罰ノ沿革ヲ考ヘマスルト云フト、昔ハ所謂復讐主義トカ、報復主義トカ、色ヽトムヅカシイ嚴罰ガ行ハレテ來タノデゴザイマスケレドモ、其後「カント」「ヘーゲル」ノ精神派哲學ガ出テ來、「ルソー」ノ自由民權説ガ盛ニナルニ從ヒマシテ「ベッカリア」ナドハ刑罰ト言フモノハ自由、正義、平等、博愛ノ觀念ニ基カナケレバナラヌト云フコトニ於キマシテ、其刑ヲ成ベク博愛主義、自由主義ニシナケレバナラ負、刑ノ範圍ヲ極メテ狹ク、卽チ罪ヲ憎ンデ人ヲ憎マヌト云フ、罪ニ對シテ刑ヲ課スルト云フコトニナッタ、佛蘭西刑法ガ之ニ則ッタモノデアッテ、我舊刑法モ亦之ニ則ッタモノデアル、然ルニ其後「ロンブロソー」ナドガ出テ來テ、斯ウ云フ刑ノ範圍ノ狹イコトハ極メテイカヌト云フ説ガ有力ニナッタ、卽チ「ロンブロソー」ノ言フ所ニ依レバ、國ヲ刑罰其モノニ依テ治メルト云フコトハ、醫者ガ病人ヲ診ルヤウナモノデアッテ、一律ニ輕イ刑罰デ國ヲ治メントスルノハ、反魂丹ヤ千金丹デ總テノ病氣ヲ治サントスルノト同ジデアル、是デハイケナイ、總テノ病氣ハ醫者ガ診テ適應スル藥ヲヤッテ始メテ病氣ガ治ルノデアル、從テ刑罰ニ於テハ刑ハ餘程廣クシナケレバナラヌ、或ル意味ニ於テ刑法ノ刑ト云フモノハ惡イコトヲシタカラ罰スル位ニシテ置イテ、其以上ハ裁判官ノ自由裁量ニスベキモノデアルト云フノガ卽チ「ロンブロソー」ノ説デアル、其後「リスト」ナドノ中庸ノ説ガ出マシテ、刑ノ範圍ハ成ベク廣クセヨト云フコトニナッテ、今日ノ立法政策ハ「リスト」ナドノ中庸説ガ主ニ活用サレテ居ル、卽チ緊急勅令ニ於キマシテハ重キハ死刑ヨリ無期、五年以上ノ懲役ト云フコトニナッテ居ッテ、五年ノ懲役カラ死刑ト云フ極メテ廣キ範圍ニ於テ、其人ノ悔悛ノ狀況、濟度スベカラザルモノデアル、感情ノ如何等總テヲ見テ適當ノ刑ヲ定メルト云フ、極メテ便宜ナル所ノ活殺自在ノ刑法ヲ設ケテアルノデアル、ソレヲ死刑ト云フ最極刑バカリ見テ、此罪ハ重イナド、言ハレルノハ、全ク刑事政策其モノヲ知ラヌ所ノ愚論デアルト私ハ思フ(拍手)サウ云フヤウナ次第デゴザイマスルカラシテ、要スルニ本緊急勅令ニ於キマシテ、斯ウ云フ廣キ刑ノ範圍ヲ決メマシテ、大逆無道ノ犯罪ヲ鎭壓セントシテ、政府ガ緊急必要アリトシテ之ヲ設定シタト云フコトハ、極メテ適當ナル事デアリマシテ、深ク議會トシテハ感謝シナケレバナラヌモノデアラウト思フ、反對ナド、云フコトハ以ノ外ノコトデアルト私ハ思フノデアリマス、徒ニ刑事政策ニノミ奔ッテハイカナイ、拔本塞源ノ途ヲ講ジテ社會政策ヲ實行シナケレバナラヌ、敎育ノ改善、諸設備ノ充實、種々ナル方法ヲ講ジナケレバナラヌ、是ハ當然デアル、是等ノモノヲ一面ニスルト同時ニ、一面ニ刑罰ヲ以テ之ヲ治メルト云フコトハ適當ナル事デアル、昔ヨリ自分ノ子供ヲ育テルノニモ、片方ニ鞭ヲ持チ、片方ニ「パン」ヲ持タナケレバ、子供ハ育テラレヌト言ウテアルノデアル、國ヲ治メルノデモ同ジ事デアル、一面ニ於テ厳罰ナル刑罰ヲ加味シタル法律ヲ以テ國民ヲ律シ、一面ニ於テ社會施設ヲシテ國民ヲ救フ、兩々相俟ッテ即チ國ト云フモノハ治ッテ行ク、其刑罰法規ヲ設ケタコトニ對シテ徒ニ議論ヲ唱ヘテ、是ガ不當デアルト云フガ如キハ、全ク刑事政策ト云フモノヲ知ラヌ所ノ愚論デアルト私ハ思フノデアル、サウ云フ次第デゴザイマスルカラシテ、私ハ原案ニ對シテ贊成ノ意ヲ表スル者デアリマス、無産黨ノ方々ハ斯ウ云フ立法ハ無産大衆ノ意思ニ反スルモノデアル、斯ウ云フ立法ヲ作ルト云フト、無産大衆ハ澎湃トシテ必ズ之ニ反抗スルト云フガ如キ意味ノコトヲ、水谷君ハ委員會ニ於テ言ハレタノデアル、併シ一體常ニ無産黨ノ方々ハ何カト云フト、吾々ハ無産者代表、吾々ハ無産者ノ代表ト仰シヤルケレドモ、吾々ハ甚ダソレニ不贊成デアル、日本全國ノ無産者ト云フモノガ、決シテ諸君ニノミ代表ヲ依頼シテハ居ナイノデアル、吾々ハ殆ド大部分ノ無産大衆ヲ代表シテ、有ラユル社會施設ヲシテ無産者救濟ニ當ッテ居ル、決シテ無産黨諸君ダケノ一手販賣デハナイノデアル（拍手）諸君ハ斯ウ云フ治安維持法ヲ拵ヘルト無産大衆ガ反抗スルト言ハレルガ、是ハ甚ダ無産者其者ヲ虐ゲテ詰リ陥レル議論デアル、我ガ忠良ナル國民ハ金甌無缺ノ國體ヲ維持スル爲ニ、何處迄モ厳重ナル法律ヲ拵ヘテ之ヲ設ルト云フコトハ、何人モ希望シテ居ルノデアル、此法律ニ反對スル忠良ノ國民ハ極メテ少ナイノデアル、ソレヲ何カ無産者大衆ノ全部ガ之ニ反對スルガ如ク言ハレルノハ、無産者其者ヲ陥レル議論デアル、甚ダ無産黨ノ爲ニ惜ムモノデアリマス

（此時發言スル者多ク議場騷然）

○議長（元田肇君） 靜粛ニ願ヒマス

○名川侃市君（續） 民政黨ノ方々ハ現内閣ハ社會政策ヲ行ハヌト云フコトヲ以テ攻撃シテ居ラレルノデアル、併ナガラ此共産主義其モノガ我國ニ抑、兆シテ來タト云フコトハ餘程前カラデアル、故ニ民政黨内閣ニ於テハ、治安維持法ト云フモノヲ拵ヘテ之ヲ取締ラントシテ居ラレル、ソレ程ナ民政黨内閣ニ於テ社會施設ノ何物ヲシテ居ルカ、酒ノ税金ト煙草ノ値上ハヤッテ居ルケレドモ、何モノモ社會施設ヲシテハ居ナイデハナイカ、其人間ガ現内閣ハ社會施設ヲシナイナド、言ッテ攻撃スル資格ガ何處ニアル、私ハ一々列擧致シマセヌガ、本年ノ豫算ニ於テ多クノ社會施設ヲ致シ、一面ニ社會政策ヲ行ヒ、一面ニ刑事政策トシテ此緊急勅令ヲ出シテ居ル、極メテ適當ナル方法デアリマスカラ、要スルニ民政黨及無産黨ノ方々ノ攻撃ハ一ツモ當ラヌモノデアル、原案ニ承諾ヲ與ヘルノハ極メテ當然ノ事デアルト思ヒマシテ、之ニ贊成ノ意ヲ表スル者デアリマス（拍手）

○原惣兵衛君 本案ニ對スル討論ハ之ヲ以テ終結セラレンコトヲ望ミマス

（「贊成」「贊成」ト呼フ者アリ）

○議長（元田肇君） 原惣兵衛君ヨリ討論終結ノ動議ガ出マシタ、御異議ハゴザイマセヌカ

（「異議ナシ」ト呼フ者アリ）

○議長（元田肇君） 討論ハ多數ニ依テ終局シタモノト看做シマス、是ヨリ採決ヲ致スノデアリマスルガ、本案ノ採決ニ對シ淺原健三君外三十名ヨリ記名投票ヲ以テスベシトノ要求ガアリマス、仍テ本案ノ採決ハ之ヲ記名投票ヲ以テ致シマス

（「異議ナシ」ト呼フ者アリ）

○議長（元田肇君） 是ヨリ記名投票ヲ行ヒマスガ、念ノ爲ニ申上ゲテ置キマス、緊急勅令ニ承諾ヲ與フベシトスル贊成ノ諸君ハ白票、反對ノ諸君ハ青票ヲ御持參セラレンコトヲ望ミマス閉鎖――氏名點呼ヲ命ジマス

（書記官氏名ヲ點呼ス）

○議長（元田肇君） 投票漏ハアリマセヌカ

（「アリマス」ト呼フ者アリ）

○議長（元田肇君） 投票漏ハアリマセヌカ――投票漏ハナイト認メマス、投票函閉鎖――開匣――開鎖

（書記官投票ノ數ヲ計算ス）

○議長（元田肇君） 投票ノ結果ヲ書記官長ヨリ報告セシメマス

（中村書記官長朗讀）

投票總數四百十九

可トスル者 白票 二百四十九

否トスル者 青票 百七十

○議長（元田肇君） 本案ハ承諾ヲ與フルコトニ決定致シマシタ（拍手）

（参照）

承諾ヲ與フヘシトスル議員ノ氏名左ノ如シ

# 米穀需給調節特別會計法中改正法律案 第一讀會

第十四 米穀需給調節特別會計法中改正法律案(政府提出) 第一讀會

米穀需給調節特別會計法中改正法律案

米穀需給調節特別會計法中左ノ通改正ス

第二條中「二億圓」ヲ「二億七千萬圓」ニ改ム

附 則

本法ハ昭和四年度ヨリ之ヲ施行ス

〔國務大臣三土忠造君登壇〕

○國務大臣(三土忠造君) 只今議題ニ供セラレマシタル米穀需給調節特別會計法ノ改正ニ關スル法律案ノ御説明ヲ致シマス、米穀法ハ大正十年四月初メテ制定實施セラレマシテ、大正十四年三月改正ヲ加ヘラレタノデアリマスルガ、政府ハ此法律ノ運用ニ依リ米穀ノ需給、及米價ノ調節ニ鋭意努力致シテ參ッタ結果、我國ノ米價ハ其施行前ニ比ベマスルト、著シク平準ヲ得ルニ至リ、相當顯著ナル效果ヲ擧ゲ得タノデアリマスルケレドモ、一方米穀法ノ運用ニ付キマシテハ、相當多額ノ資金ヲ要シマスル爲ニ、現在ニ於キマシテハ、米穀需給調節特別會計ノ資金ニ餘裕ガ少クナリマシテ、到底十分ニ米穀法ヲ運用シ、其實力ヲ發揮スルコトガ出來ナイヤウニナッテ居ルノデアリマス、我ガ農村ノ現狀ニ鑑ミ、右特別會計ノ資力ヲ此儘ニ致シテ置キマスルコトハ出來ナイノデアリマスルカラ、此際取敢ズ米穀需給調節特別會計法ヲ改正致シマシテ、借入金ノ限度ヲ七千万圓增加シ、米穀法ノ運用ニ支障ナカラシメントスル次第デアリマス、米穀法ニ付キマシテハ、其制定以來我國ノ米穀ノ實狀ニ幾多ノ變遷ヲ來シテ居リマスルガ故ニ、今日ニ於テハ米穀政策ノ根本ニ遡リ、更ニ十分ナル調査研究ノ必要ガアルノデアリマス、尚ホ米穀需給調節事業ノ經費ニ關シマシテモ、現在ノ特別會計ノ制度ニ付テ、根本的ニ調査研究ヲ致ス必要ガアリマスルノデ、ソレ等ノ點ニ付キマシテ別ニ調査會ヲ設置シ、審議ヲ遂ゲル計畫デアリマシテ、其所要經費ハ追加豫算トシテ不日提案スル積リデアリマス、故ニ今回提案シタル七千万圓ノ運用資金增額ハ、其根本方針ヲ確定スル迄ノ應急手段デアリマシテ、政府ハ十分ニ根本方策ヲ研究致ス積リデアリマス、右ノ次第デアリマスカラ、本案ニ對シ御協贊ヲ與ヘラレンコトヲ希望致シマス(拍手)

○副議長(清瀨一郎君) 本案ニ關シ質疑ノ通告ガアリマス、之ヲ許シマス、田中隆三君

〔田中隆三君登壇〕

○田中隆三君 成ベク簡單ニ私ノ御尋致シマス要領ヲ申上ゲマス、皆様モ御承知ノ通リ此米穀法ト云フモノハ、大正十年ニ米ノ需要供給ヲ調節スル、而モ米ノ數量ノ調節ヲ圖ルト云フ目的デ制定ニナッタノデアリマス、而シテ其法律ノ由ッテ起リマシタ源ハ、此處ニコンナ大部ノ書冊ガゴザイマスガ、大正八年ニ臨時財政經濟調査會ト云フモノヲ政府デ御設ケニナッタ、其會長ハ原總理大臣ガ會長デ在ラセラレテ、當時副會長ニハ高橋大藏大臣ト、山本農商務大臣ガナラレテ、政友會ノ御方モ多數其委員ニナラレテ居ル方ガアッタノデアリマス、只今御説明ノ任ニ當ラレマシタ三土君モ其委員ノ一人デ在ラセラレマシタ、其時ノ諮問案ニ、既ニ我國ノ米ガ是迄國產トシテ現レマシタモノト、國民ガ之ヲ實際ニ費消スルモノト比ベテ見ルト云フト、始終五六百万石ノ不足ガ年々生ジタ、不足額ガアルニモ拘ラズ、偶〻三年目カ、四年目ニハ豐作ガアリマスト云フト非常ナ暴落ヲ來シ、全體ヲ通ジテ平均スルト、只今申上ゲマス通リ四百万石、五百万石、或ハ場合ニ依テハ六百万石ノ不足ガアリマスガ、或ル年、或ル時期ニハ剩ルコトガアル、剩ルト云フト忽チ其價格ガ暴落ヲスル、他ノ品物デアリマスレバ、品物ガ多ク出來レバ之ヲ世界中何處ヘデモ持ッテ行ッテ賣捌ク途ガアリマスケレドモ、米ニ限ッテ日本内地ニ於テ日本人ガ使フ外、世界ニ用ノ無イモノナンデアル、幾ラカアリマスケレドモ、ソレハ外國ニ出掛ケテ居リマス日本人ガ矢張使フノデ、兎ニモ角ニモ日本人以外ハ此米ト云フモノニハ寄リ附カナイノデス、ソコデ洵ニ困ッタ關係ニアル、併ナガラ全體ヲ通ジテ、只今申上ゲマス如ク不足デアルト云フコトハ、數字上明瞭デアリマスカラ、其偶〻剩ッタ時ニ政府ガ之ヲ買上ゲテ積ンデ置イテ、直グ翌年カラ不足ガアルノデアリマスカラ、其方ニ補充スレバ農家全般モソレガ爲ニ非常ニ恩澤ヲ受クルノデアリマスシ、國民モ暴騰スルト云フヤウナ災難ニ遭ハズニ濟ムト云フ、洵ニ結構ヅクメノコトデ、此法案ガ出來タ、而モ剩ッタ時ニハ安クナリ、足ラナイ時ニハ高クナルト云フノガ自然ノ原則デアリマスカラ、政府モ此法案ニ依テ儲ケルノガ目的デアリマセヌケレドモ、確ニ儲ケナクトモ損スルコトガナイト云フ保證附デ、朝野ノ經驗ノアル方々ヲ集メラレマシテ、非常ナル綿密ナル調査ヲシタ、其綿密ナル調査ノ結果ハ、矢張總理大臣ノ諮問案ニ當イテアルコト、大體ニ於テ一致致シマシテ、日本ノ人ガ是迄使ッテ居リマスル米ハ一人當リ一石八升バカリニナリ、一斗ニナリマセヌ、無論是ハ食ベルバカリデハアリマセヌ、御菓子ノ爲ニモ使ヒマスルシ、酒ノ爲ニモ潰ス、ソレ等ヲ皆合セマシテ一石八升バカリニナル、其一石八升ト云フモノヲ、是カラ先キ段々日本ノ人口モ殖エテ參リマスノト、ソレカラ生活ガ段々向上シテ參リマスル爲ニ、今マデ米ヲ食ベナイ人、米ヲ食ベル人モアリマセウ、ソレヤ是ヤデ、多少一人當リノ費消額ガ殖エテ來ルト云フヤウナ傾ガアルト云フコトヲモ計算ニ入レマシテ、調査會デ決メマシタ高ハ一石一斗九升、少々多イト思ヒマスケレドモ、一石一斗九升位ヲ見込ンデ、將來ノ人口ノ增殖、生活ノ向上等ニ充テルヤウニシテ、一體ノ政治ノ方向ヲ定メテ行キマスト安心ダト云フコトデ、結局サウ云フ結論ニナッタノデアリマス、之ヲ縮メテ申シマスレバ、是マデノ現在ニ於ケル不足額ガ只今申上ゲマスル通リ、大體六百万石、五百八十万石バカリハ其當時ニ於テ不足デアリマシタ、其不足ノ米ヲ生產スル爲ニハ、ドウシテモ今日ノ耕地ヲ三十餘万町步增サナケレバ、現在ノ不足ヲ補フコトガ出來ナイ、ソレカラ只今申上ゲマスル通リ、將來ノ問題ニナリマスルト、中々ソンナ譯ニ行カヌ、年々人口ノ殖エルダケデモ六十万、七十万ト云フ風ニ殖エテ參リマス、ソレカラ生活ノ向上ト云フヤウナコトハ中々容易ニ捉ヘルコトハ出來マセヌケレドモ、全體ノ國民ノ消費スル數量カラ割出シテ見マスルト、中々是モ馬鹿ニ出來ヌ、ドウシテモ是等ノ不足ヲ十分ニ、安心ガ行クダケニ供給ヲスルノニハ、種々ノ施設ヲ要スル、一面ニ於テハ盛ニ開墾ノ獎勵ヲシナケレバナラヌ、殊ニ北海道ノ如キ未開墾地ノ多イ所ニ向ッテハ、十分ノ力ヲ注ガナケレバナラズ、又朝鮮、臺灣ノ如キニ於テハ、大ニ有望ナル情勢ニアルカラシテ、是等ノ地方ニ向ッテ大ニ力ヲ盡シテ、何處マデモ此米產額ト云フモノヲ增サナケレバナラヌト云フ、

其時ノ結論ニ到着シタノデアリマス、サウシテ中〻其時ノ調査ガ綿密デ、將來三十年間ノ先ツ茲ニ計畫ヲ立テ、見ヤウト云フノデ、三十年間ニドレダケ要ルカト云フト、九千五百五十六万石ヲ要スルト云フコトニナッタノデアリマス、九千五百万石カラノ米ヲ生産スルヤウニ、我國ノ農地ヲ開發シナケレバナラヌト云フノガ結論デアッタ、其目的デ此米穀法案ガ議會ニ提出サレテ、諸君ノ御協賛ニ依テ通ッタノデアル、是ガ前段デアッタノデアリマス、ソコデ私ハ御當局ノ方ニ、農林省ノ御方ノ所管デアラウト思ヒマスガ、私ハ御尋シタイ、サウ云フ趣意デ此米穀法ト云フモノハ生レタ、所ガ其後ノ實勢ハドウデアッタカト申シマスト、米ガ不足ダト云フヤウナコトハ頓ト起ラズ、何時デモダブツイテ、價格ガ安クテ困ルカラ買上ゲテ呉レト云フヤウナ苦情ガ度〻出テ參リマスケレドモ、米ガ足リナイト云フ問題ハ殆ド起ラナカッタノデアリマス、私ガ大體ドウ云フ譯デ起ラナカッタノカト色〻書類ニ當ッテ見マスト、一番目立ッテ違ッテ居リマスコトハ、朝鮮カラ入ル米デアリマス、米穀法ヲ拵ヘマス時ニハ、是ハ精々百五十万石乃至二百万石ト云フ豫定デアリマシタガ、今日ニ於テハ三百万石ニナリ、五百万石ニナリ、七百万石ニナッテ、間モナク是ハ千万石ニナリマセウ、全ク豫想ヲ裏切ッタノデアリマス、善イコトカ惡イコトカハ別ト致シマシテ、米穀法ヲ作ッタ時ノ算盤ハ之ニ依テ根本的ニ覆サレテ居ルノデアリマス、ソレカラ臺灣モ同ジコトデ、臺灣カラハ七八十万石ト豫想シテ居ッタモノガ、二百万石、二百六十万石ト云フ風ニ數倍ノモノガドン〱入込ンデ來ルヤウニナッタ、政府當局ニ於テハ、是ハ何時ノ政府ト云フ譯デアリマセヌ、皆米穀法ヲ拵ヘテ以來、農商務省――農林省ノ方針トシテハ、矢張前ノ通リ米穀ノ産額ヲ增サナケレバナラヌト云フ最初ノ方針ニ基イテ、開墾ヲ奬勵スル、干拓ヲシナケレバナラヌ、埋立ヲシナケレバナラヌ、而モ開墾奬勵ノ如キハ補助金ヲ與ヘテ奬勵サレテ居ル、此事ヲ惡イト云フノデハアリマセヌケレドモ、今日ノ如ク米ガ多クナッテ、米ノ洪水ガ起ッテ安クナルト云フノデ、農民諸君ガ騷イデ居ル時ニ、他ノ一方ニハ米ヲ益〻多クシナケレバナラヌト云フ施設ヲ、補助金マデモ出シテ奬勵シ、益〻農家ヲ困ラセルヤウナコトヲシテ居ルノハ、ドウモ政策ノ矛盾ニナリハシマイカト云フ懸念ヲ私ハ持ッテ居リマス、只今ハ米穀法ノコトニ付キマシテ、大々的ノ調査會ヲ御設ケニナッテ、根本的ニ何等カノ方法ヲ立テヤウト云フ御趣旨ノヤウデアリマスカラ、私ガ只今申上ゲマシタコトノ如キハ、十分ニ御承知ノコト、思ヒマスケレドモ、念ノ爲ニ只今私ノ申上ゲマシタヤウナ、所謂現在ニ於ケル狀況カラ我ガ國民ノ必需品デアル此米穀ハ、寧ロ米穀法ヲ作ッタ時ニ騷イダヤウナ不足ヲ感ズルコトナク、一生懸命デ費用ヲ使ッテ奬勵シナケレバナラヌ程ノモノデナイト云フコトハ、御認メニナッテ居ルカドウカヲ第一點ニ伺ヒタイ（「簡單々々」ト呼フ者アリ）モウ少シデス――只今ハ米穀法ノ初メテ出來マシタ數量調節ト云フコトニ付テノ御尋デアリマスガ、此米穀法ヲ大正十四年ニ至ッテ更ニ改メラレタル其時ニハ、數量ダケノ調節デハイケナイカラシテ、所謂價格ノ調節、相場ノコトモ數量ノ有ル無イノ問題ヲ離レテ、尙ホ如何ナル原因カラ來ルニシテモ、米ガ高過ギルトカ、安過ギルト云フ時ニハ、政府ノ力ヲ以テ其安イ米ヲ上ゲ、高イ値段ノ米ヲ下ゲルト云フコトニマデ進マナケレバ、米穀法ノ目的ヲ完全ニ貫クコトガ出來ナイト云フ意味デ、更ニ數量ノ外ニ價格ノ調節ト云フコトニ御改正ニナッタノデアリマス、ソコデ御改正ニナッタ後、其目的ニ向ッテ實際此法律ヲ運用セラレタ結果ハドウカ、私伺ッテ見タイ、私ノ戴イタ書類ニ依テ見マスルト、本當ニ此價格ノ調節ノ爲ニ米ヲ買上ゲラレタノハ、昭和二年ノ九月ト十一月ト十二月、而モ同ジ年ノ間近イ間ニ三度モ續ケテ其調節ヲ圖ラレタト云フコトガ、此法律ノ實際ノ適用デアッタノデアリマス、而シテ其九月ニ於テ此調節ニ掛ケラレタ時ノ樣子ヲ私ガ調ベテ見マスルト、愈〻此米ヲ九月ニ百万石買入レルト云フコトヲ定メラレテ、愈〻之ヲ買ウソト言ッテ發表セラレタ時ハ、石三十五圓デアッタノデアリマス、而モ何月何日カラ買ウソト言ッテ發表セラレテ公ニナッタ時ハ三十五圓デアッタ、ソレヲ愈〻今日カラ買出スト云フ時ニハ、三十五圓五十錢デ五十錢上リマシタ、ケレドモ買ッテ居ッテ今日デ締切ルト云フ日カラ三十四圓八十錢ニ下リマシテ、最初發表シタ時ヨリモ値段ガ二十錢モ下リマシテ、ソレカラ後モ段々ニ下ッテ居ル、而モ其時ニ百万石ヲ買フト云フ觸出シヲシタケレドモ、遂ニ買ウコトモ出來ナイデ、僅ニ二十一万石シカ買ハナカッタ、其失敗ニ懲リタカ、不成績ニ恐レタカ、モウ一遍出直シタノハ其次ノ次ノ十一月デアル、十一月ニハ今度ハ更ニ五十万石買ハウ、斯ウ云フコトデ發表シタ時ハ三十一圓三十錢、實行ノ日ハ三十一圓四十錢、十錢バカリ違ッテ居リマスガ、締切ノ日カラ三十一圓十錢ニ下ッテ、其後三十圓九十錢、三十圓六十錢、如何ニモ皮肉ナヤウニ段々下ッテ居リマス、ソレカラ更ニ十二月ニナッテ百万石買ウト云フコトノ御評議ガ出來テ御買入ニナッタノデアリマス、此時之ヲ最初御發表ノ時ハ三十一圓二十錢、ソレヲ實行ノ日ハ三十一圓、矢張下ッテ居リマスガ、締切ノ日ハ三十二圓三十錢、ソレカラ其後ハ幾分ヅヽ上ッテ居リマス、ソレデ成功ト言ヘバ此三回目ノ百万石ト云フ時ニ、聊カ效力ハ現レタヤウデアリマスケレドモ、只今申上ゲマシタ通リ、第一回、第二回、ソレハ引續イテドウモ思ッタヤウナ成績ガ茲ニ現レヌヤウニ私ハ思フノデアリマス、而モ段々玄人筋ノ話ニ依レバ、政府ガ米ヲ買入レルト云フ時ニハ、多少當業者ノ頭ニ何等カノ響ハ與ヘルヤウナコトハ出來マセウケレドモ、買ッタモノハ矢張眼ノ前ニブラ付イテ居ルノデアリマスルカラ、何時デモ此米ハ出シテ矢張市場ニ來テ値段ヲ下ゲル、斯ウ云フコトヲ明瞭ニ茲ニ示シテ居ルノデアリマスカラシテ、此買ッタ米ヲ眼ノ前ニ積ンデ居ルト云フコトハ、價格ヲ高ク上ゲル方ニ調節スル效力ノ無イモノデハナイカト云フヤウナコトヲ言フ論者ガアルノデアル、私ハ一向其途ニ暗ウゴザイマスカラ分リマセヌガ、兎モ角モ事實ニ於テハ、只今申上ゲマシタヤウナ風ニ、第一回モ第二回モ餘リ功績ガナカッタ、第三回目ニ至ッテ僅ニ效果ガアッタヤウニ思ハレマスガ、ドウモ此法律ヲ作ッタ時ニ御互ガ期待シテ居ッタヤウナ成績ハ擧ラヌヤウナ氣ガスル、サウシテ見マスルト云フト、此米穀法ノ生命トモ申スベキ數量ノ調節ニ付テ、根本的事實ノ相違ヲ來シタ、今度ハ價格ノ調節ト云フコトニ付テ――尤モ三回位ノ試ミデアリマスカラ、是カラ度々ヤッテ見ナケレバ分ラヌカモ知レマセヌガ、兎ニモ角ニモ餘リ成績ガ擧ラナイヤウナ感ジガ致シマス、ソコデ今度果シテ此調節ニ向ッテ、政府ガ出動セラレルノカドウカ分リマセヌガ、假ニ出動セラレルモノトシテ、私ハ出動セラレルモノト思フ、出動セラレルモノトシテ、茲ニ御尋シテ置キタイコトハ、之ニ依テ現在ノ米價ガ安イカラ、之ヲモット高クスルト云フノガ目的デアリマセウカ、是ヨリハ下ゲナイヤウニ、此處デ堤防デ抑ヘテ行カウト云フノガ目的デアリマセウカ、其何方デアルカト云フコトヲ、此際承ッテ置キタイ、ト云フノハ別ニ責任ヲ問フ譯デハアリマセヌケレドモ、若モ之ヲ上ゲル爲デアルト云フコトデアルナラバ、之ヲ實行シテ上ラナカッタ時ニハ、多少責任ヲ取ッテ戴カナケレバナラヌ、若モ喰止メルト云フ目的デアッタナラバ、喰止ッテ初メテ鼻ヲ高クシテ宜シイ、兎モ角モ此事ヲ明ニ伺フコトガ出來マスレバ、吾々モ安心スルコトガ出來、政府當局モ其責任ヲ正シウスルコトガ出來ヤウト私ハ思フ、（「簡單々々」ト呼フ者アリ）モウ一ツデアリマス、第三ニ御尋シタイコトハ、此米穀法實施以來、是ハ委員會ニ於テ御配リニナッタ書類デアリマスガ、既ニ缺損トシテ五千六百何十万圓、約五千七百万圓ト云フモノハ既ニ缺損勘定ニナッテ居リマス、ソレカラ其缺損勘定ハ唯政府ノ帳面ニ載セタヾケノ缺損デ、ソレ以上明瞭ニ缺損シテ居ルコトハ明デアリマス、ソレハ追書ニモ書イテアリマスガ、昨年末ニ米ノ買換ヲ爲サレタ、確カ四十七万石カ八万石、五十万石近イト思ヒマスガ、其御買換ニナッタ時ノ缺損額ガ餘程アルノデアリマス、ソレカラ又昨年中倉ヘ仕舞ッテ居ラレル間ニ、色ヽ品「ガスレ」ガアル、取ッテ置キマスト蟲モ附キマシタラウシ、數量モ自然ニ減ルノデアリマス、兎ニモ角ニモ一番大キナコトハ買入レタ時ヨリモ今日ノ價格ハ遙ニ下ッテ居リマス、ソレデスカラ其差額モ非常ナ數字ニ上ッテ來ヤウト思フ、少クトモ私ノ想像スル所デハ、七千万圓以上ノ缺損ト云フモノガ既ニ生ジテ居ルノデアリマス、今迄ニ七千万圓以上ノ缺損ト云フモノハ確ニアルト思ヒマスガ、政府ノ御勘定デハ幾ラニナリマスカ、之ヲ一ツ伺ッテ置キタイ(「簡單々々」「謹聽」ト呼フ者アリ)而モ私ノ懸念ニ堪ヘマセヌコトハ、既ニ米穀法ノ運用上、政府ガ借入レテ居リマスル金ハ一億四千万圓アル、其利息ダケデモ八百万圓以上年々拂ハナケレバナラヌ、毎日二万千圓以上ノ金ヲ、吾々ハ此法律ノ爲ニ損ヲシツヽアルノデアリマス、只今申上ゲマシタ七千万圓ノ缺損ハ別ニ致シマシテ、斯ウ云フコトハ詰ラヌコトデハアリマセウガ、簡單ナド、云フ言葉モアリマセウケレドモ、其事ヲ御話申上ゲテ居リマス間ニ、今日只今利息ダケデ何千万、何百万、何十万圓ヅヽ損ヲシテ居ル、誰ガ何ト言ハウト、一億四千万圓ニ對シテ五分五厘ノ利率ヲ乘ジテ割出スト、小學校ノ生徒ニモ分ル、兎ニモ角ニモ此缺損額ト云フモノハ莫大ナモノデアリマス、前カラ繰返シテ申上ゲマシタ通リ、是ハ別ニ只今ノ當局ガドウトカ斯ウトカ言フ意味デハアリマセヌ、遡ッテ申シマスルト、私共モ當局ノ片ッ端デアッタ、故ニ其責任ヲ感ズル ノデアリマス、諸君モ之ニ協賛ヲ與ヘタノデアリマスルカラ、諸君ト共ニ矢張責任ヲ分擔シナケレバナラヌト私ハ思フ、決シテ責任ヲ問フトカ何トカ云フ、ソンナケチナ考デ私ハ申上ゲルノデハナイ、政府モ此法律ヲ根本的ニ、改メタイト仰シヤルノデアリマスカラ、至極私モ同感デアリマスルケレドモ、ソレニ付キマシテモ

（此時發言スル者多シ）

○副議長(清瀬一郎君) 靜肅ニ願ヒマス

○田中隆三君(續) 吾々ノ考ヘテ居リマスルコトヲ忌憚ナク申上ゲマシテ、御互ニ此問題ヲ十分ニ研究シテ、國家國民ノ爲ニ幸福アレカシト思フカラ申上ゲルノデアル、只今大藏大臣ノ御説明中ニモ、運用額ガ少クナッタカラシテ、此實力ヲ發揮スルニ足ラナイト云フヤウナ御言葉ガアリ、又取敢ズ七千万圓ヲ增加シテ應急ノ手段ヲ執ルト云フヤウナ御言葉モアリ、私ノ心配スルコト、總テ一致シテ居ルヤウニ思ハレマスルケレドモ、玆ニ念ノ爲ニ、最後ニ當局ノ御考ヲ伺ッテ置キタイコトガアル、ソレハ所謂大藏大臣モ言ハレル通リ、只今デハ五千万圓內外ノ餘力ガアルノデゴザイマセウ、併ナガラ一億四千何百万圓ト云フモノガアリマズカラシテ、ソレヲ差引キマシタ二億圓カラノ餘裕ガ五千何百万圓ハゴザイマセウ、ゴザイマセウケレドモ、只今モ申上ゲル通リ、モウ實際今日只今時々刻々拂フベキ利子モアリマスレバ、役人ニ拂ハナケレバナラヌ所ノ俸給モアリマセウ、費用モアリマセウ、迚モ此五千万圓ト云フモノハ、本當ノ實際ニ此法律ヲ運用スル運用資金ニナリ得ナイ、ソレ等ノ點等ヲ見マスルト、約三千万圓位ノモノハ、現在ノ金デモ、所謂此出動シ得ベキ餘力ト見ルコトガ出來ヤウト思フ、ソレニ只今ノ七千万圓ヲ加ヘマスルト云フト、一億圓ニ達スル金ハ是ハ出動シ得ベキ金、或ハ此米穀法ノ運用ニ向ッテ、働キヲ現ハスコトノ出來ル金ニナラウト思フ、ソレデアリマスルカラシテ、今日ノ此改正案ト云フモノハ、法律的ニ言ヘバ、法文第何條ノ二億圓ト云フ文字ヲ二億七千万圓トスルト云フコトデアリマスルケレドモ、之ヲ政治的ニ、又實際的ニ申シマスレバ、玆ニ一億圓ノ働キヲ現ハスコトノ出來ル資金ヲ備ヘテ、此米穀法ノ運用ヲ試ミヤウ、斯ウ云フコトニアラウト思フ、法文ハドウデアラウガ、法文ニ何億ト書イテアッテモ、其何億ハ損シテ飛ンデシマッテ居レバ、ソレハ空ノモノデアリマス、兎ニモ角ニモ實際ニ玆ニ一億ト云フ金ヲ備ヘテ、一時應急的ノ手段ヲシヤウ、一億圓ヲ見セビラカシテ、ソレデ以テ米穀市場ヲ睨付ケルダケデモ、或ハ目的ヲ達スルカモ知レヌ(拍手)更ニ進ンデ、所謂米ヲ買入レラレマシテ、サウシテ値段ヲ引上ゲトル云フヤウナコトモ其方法デアルカモ知レマセヌ、當局ハ責任ヲ以テ爲サレルノデアリマスルカラ、ソンナ所マデ私ハ彼此レ申上ゲルノデハアリマセヌケレドモ、此目的ハ資金ガ二億何千万ナケレバナラヌト云フコトガ目的ニハアラズシテ、此七千万圓ト三千万圓ト合シテ一億圓ヲ以テ、玆ニ何等カノ應急施設ヲシヤウト云フノガ、結局現在ニ於ケル此法案提出ノ御趣旨デアラウト私ハ思フノデアリマスルケレドモ、其點ヲモウ少シ明ニシテ置イテ戴キタイト云フノガ、私ノ最後ノ質問デアリマス、是限リデ止メマスカラ何卒、甚ダ失禮致シマシタ(拍手)

（國務大臣山本悌二郎君登壇）

○國務大臣(山本悌二郎君) 田中君ノ御尋ニ御答致シマス、第一ノ御尋ハ米ヲ一面ニ於テハ大ニ奬勵ヲ致シテ其產出ヲ增加セシムルト云フ方針ヲ執ッテ居ルガ是ハ米穀法ノ精神ト矛盾スルモノデハナイカト云フ御尋デアッタヤウデアリマス、現在ノ狀況ヲ申シマスルト、マダ〳〵米ハ決シテ有リ餘ルトコロデハナイノデアリマシテ、內地ノ產額、朝鮮臺灣ヨリノ移入等ヲ合算致シマシテモ、需要額ニ對シテ尚ホ若干ノ不足ヲ生ジテ居ルト云フ狀態デアリマス、二百万石位ハ矢張外國米ニ不足ヲ補ハナケレバナラヌト云フヤウナ狀態ニ在ルノデアリマシテ、決シテダブツイテハ居ラヌノデアリマス、然ラバ價格ハドウシテ時ニ依テ下落スルカト申シマスレバ、ソレハ季節關係デ、主トシテ季節關係ニ依テ斯樣ナ變調ノ事ガ起ルト私共ハ見テ居ルノデアリマスルカラ、ソレヲ調節スル方法ヲ講ジナケレバナラヌト思ウテ居ルノデアリマス、此後ノ國家ノ政策トシテハ、多々益、產米ノ增加ヲ奬勵致サナケレバナラヌト思ウテ居リマスルノデ、現ニソレガ今日人口食糧問題委員會ノ議題ニモナッテ居ルノハ、田中君モ御承知ノ通リデアリマス、私共ハ、國ト致シテハ益、人口ノ增加ニ伴ウテ產米ノ增殖モ圖ラナケレバナラナイ、併ナガラ季節的ニ、一時ニ米ガ市場ニ現レテ、之ガ爲ニ價格ノ低落ヲ來スト云フ其點ニ對シテハ、米穀法並ニ其他ノ方法ヲ以テ之ヲ救濟スル途ヲ開カナケレバナラヌト思ウテ居ル ノデアリマス、ソレカラ次ニハ調節ノ效果ガ全カラナカッタデハナイカト云フ御尋ガアリマシタ、卽チ昭和二年九月、十一月、並昭和三年ノ三回ニ亙ル所ノ買上ガ效果ガナカッタデハナイカト云フ御尋デアリマシタガ、當局ト致シテハ、是ハ相當ニ效果ガアッタモノト信ジテ居リマス、段々ト數字ノ御話モアリマシタガ、之ニ付キマシテハ委員會等ニ於テ尚ホ詳シク申述ベル機會モアラウト思ヒマスルガ、大體カラ申シマスレバ、二年ノ豐作ノ後ヲ承ケテ、米價ガ非常ナ暴落ヲ來スベキ形勢ニアッタノヲ、此調節ニ依テ之ヲ喰止メルコトガ出來テ、少クトモ、激落デナクテ、漸落ノ形勢ニ導イテ、行クコトガ出來タト云フコトハ、此卽チ買上調節ノ效果ナリト當局ハ信ジテ居ル ノデアリマス(拍手)固ヨリ米ヲ買上ゲル場合ニ於キマシテ、時價ヲ以テ買ゲルト云フコトガ、米穀法ノ命ズル所デアリマスカラシテ、遙ニ其時ノ時價ト相違シタ高イ値段デ以テ買上ゲルト云フコトハ、是ハ出來ナイノデアリマス、隨テ御期待ノ如クニ、安イ其當時ノ米ヲ、三圓モ五圓モ遙ニ米穀法ノ買上ノ力ニ依テ引上ゲルト云フコトハ出來モシナケレバ、又期待スベカラザルコトデアルト云フコトヲ御承知願ヒタイ、ソレカラ次ノ御尋ハ、今回若シ此法案ガ通過シテ、此增加資金ヲ運用スル場合ニ於テ、買上ヲヤルノデアラウガ、其買上ハ、現在ノ米ノ價ノ低落ヲ防グト云フ程度ノモノデアルカ、或ハ之ヲ引上ゲルト云フ積リデアルカ、斯樣ナ御尋デアリマシタガ、固ヨリ米穀法ニ依ル買上ハ、米價ノ調節デアリマシテ、安イト見

レバ、之ヲ高クシタイト云フノガ精神デアリマス、併ナガラソレガ思フヤウニ米穀法ノ力並ニ時ノ經濟狀態カラ致シテ、其通リノ目的ヲ達スルコトガ出來ヌカモ知レマセヌガ、併ナガラ低落ヲ防グト云フ消極的ノ效果位ハ期待スルコトガ出來ルダラウ、更ニ進ンデ之ガ相當ノ衝動ヲ市場ニ與ヘテ、刺戟ガ相當ニ大キイコトデアリマシタナラバ、單リ此消極的ノ、卽チ米價ノ低落ヲ防グト云フノミデナクシテ、或ハ米價ノ騰貴ヲ來ス目的ヲ達シ得ルカモ知レヌト思フノデアリマス、ソレ等ガ卽チ其時ノ經濟事情ニ依テ支配サレルノデアリマシテ、今カラシテ之ヲ彼此レト豫斷スルト云フコトハ遠慮シタイト思ヒマス、ソレカラ次ニハ損失勘定ノ御話ガゴザイマシタガ、此損失ハ今一寸數字デ申上ゲマセウ、何レ詳シイコトハ委員會デ申シマスケレドモ、――二月末日ノ勘定デアリマスルガ、損失金ノ總額ハ五千六百三十万三千三百二十二圓二十五錢三厘ト云フモノニナッテ居リマス、此損失ト云フモノ、內譯ハ、事務費、事業費、營繕費、借入金ノ利子、震災ノ損失金、ソレカラ持米ノ累年評價損、斯樣ナモノガ皆此內ニ籠ッテ居ルノデアリマシテ、是等ヲ綜合致シマシテ、大體五千六百万圓餘ニナッテ居ルノデアリマス、ソレカラ次ニハ今回ノ改正法ノ趣意ハ暫定的ノモノデアルト思フガ、サウデアルカト云フ意味ノ御尋ト承知シマスガ、其通リデアルノデス、此米穀法ノ改正ノミナラズ、更ニ進ンデ全體ニ亙ッテ、米價ノ調節ト云フモノヲ如何ニスベキヤト云フ問題ハ、非常ニ重要ナ問題デアルト共ニ、又非常ニ困難ナ問題デアリマスカラ、根本的ノ調査ヲ致シテ、速ニ其方法ヲ樹テナケレバナラヌト考ヘテ居リマスノデ、ソレハ追加豫算ヲ請求致シマシテ、委員會ヲ設ケテ、着々其調査ニ掛リタイ、而シテ速ニ成案ヲ得タイト考ヘテ居ル次第デアリマスガ、ソレマデノ間ノ暫定的ノ方法トシテ、是ダケノ資金ヲ增加シテ此米價ノ調節ヲ致シタイ、之ガ卽チ本案提出ノ理由デアルノデアリマシテ、要スルニ暫定的ノ方法ニ過ギナイト云フコトハ田中君ノ御述ニナリマシタ通リデアリマス(拍手)

○田中隆三君 一寸簡單デスカラ――强イテ伺ハナケレバナラヌ事デモアリマセヌガ、念ノ爲ニ私ノ申上ゲタコトガ徹底シナイヤウデアリマスカラ申上ゲタイ、只今ノ御說明ノ損失勘定ノ五千六百万何ボト云フコトハ分ッテ居リマスガ、唯現在持ッテ居ラレマス米ノ値下リノ損、ソレト昨年十二月末ニ五十万石近イ米ヲ處分サレタ、其買替ノ時ニ缺損ガ相當出タラウト思フノデアリマスガ、其缺損ハ洵ニ失禮ナコトカモ知レマセヌガ、買フトカ賣ルトカ云フコトハ、所謂政府ノ一種ノ御商賣デアル、然ルニ昨年十二月ニ損シタカ、得シタカ、五十万石ノ米ヲ賣ッタダケデ、今日只今マデ損ガ幾テアルカト云フヤウナ事ノ分ラヌヤウナノガ、私ニ言ハシムレバ、兎角屬僚根性ト云フモノデアル、ソレデ今日コンナコトヲ伺ハヌデ濟ムヤウニト思ッテ、政府委員室ニ再々出マシテ、大凡デモ宜イカラ調ベテ頂キタイト言ッテモ、調ベテ見ヤウト言ッテ、到頭最後ニドウモ三月三十一日デナケレバ分ラヌカラト言ッテ刎付ケラレタ、ソレハ大臣ハ御承知ナイカモ知レマセヌカラ、私ハ決シテ責メマセヌ、私モ屬官ノ辨當ヲ喰ッテ居リマシタガ……

〔此時發言スル者アリ〕

○副議長(淸瀨一郎君) 靜肅ニ願ヒマス

○田中隆三君(續) 自分ノ商賣ニ何モ關係ガナイノデアルカラ……去年ノ十二月ニ何百万圓損シテ居ルカ、今以テ分ラヌヤウナ屬官達ニ、此米ノ調節、價格ノ調節ヲ圖ルト云フヤウナコトハ、決シテ是ハ出來得ルコトデナイト思ヒマス(拍手)故ニ私ノ御尋致シタノハ、只今ノ御答以外ノ損失デアルト云フコトト、將來斯ウ云フコトニ向ッテハ、ドウゾ部下屬僚ニ十分ノ御注意アラレルヤウニ、賢明ナル大臣ニ向ッテ御願申上ゲマス(拍手)

○副議長(淸瀨一郎君) 之ヲ以テ質疑ハ終リマシタ、日程第十五、右議案ノ審査ヲ付託スベキ委員ノ選擧ヲ議題ト致シマス

第十五 右議案ノ審査ヲ付託スヘキ委員ノ選擧

○原惣兵衞君 本案ハ三輪市太郎君外六十三名提出、米穀需給調節特別會計法中改正法律案ノ委員ニ併セ付託セラレンコトヲ望ミマス

○副議長(淸瀨一郎君) 原君ノ動議ニ御異議アリマセヌカ

〔「異議ナシ」ト呼フ者アリ〕

○副議長(淸瀨一郎君) 御異議ナシト認メマス、仍テ動議ノ如ク決シマシタ

○原惣兵衞君 議事日程變更ノ緊急動議ヲ提出致シマス、卽チ此際政府ノ同意ヲ得テ日程ヲ變更シ、小泉又次郎君提出ノ不戰條約批准ニ關スル緊急質問ノ主旨辯明ヲ許サレンコトヲ望ミマス

○副議長(淸瀨一郎君) 原君ノ動議ニ御異議アリマセヌカ

〔「異議ナシ」ト呼フ者アリ〕

○副議長(淸瀨一郎君) 御異議ナシト認メマス、而シテ政府ハ此日程變更ニハ同意セラレテ居リマス、仍テ日程ハ變更セラレマシタ、不戰條約批准ニ關スル緊急質問ノ主旨辯明ヲ許シマス――小泉又次郎君

昭和四年三月十五日

關稅定率法中改正法律案外一件

第一讀會ノ續

第二十一 關稅定率法中改正法律案 (政府提出) 第一讀會ノ續(委員長報告)

報告書

一關稅定率法中改正法律案(政府提出)

右ハ本院ニ於テ可決スヘキモノト議決致候此段及報告候也

昭和四年三月八日

委員長 岸本康通

衆議院議長元田肇殿

附帶決議

關稅定率法中改正法律案中木材關稅ニ關スル點ハ其ノ細目ニ渉リ均衡ヲ失スルモノナシトセズ依テ政府ハ速ニ調査ヲ遂ゲ之ガ改正案ヲ次期ノ通常議會ニ提出スベシ

第二十二 大正九年法律第五十三號中改正法律案 (關稅法等ノ朝鮮ニ於ケル特例ニ關スル件)(政府提出) 第一讀會ノ續(委員長報告)

報告書

一大正九年法律第五十三號中改正法律案(關稅法等ノ朝鮮ニ於ケル特例ニ關スル件)(政府提出)

右ハ本院ニ於テ可決スヘキモノト議決致候此段及報告候也

昭和四年三月八日

委員長 岸本康通

衆議院議長元田肇殿

〔岸本康通君登壇〕

○岸本康通君 諸君、私ハ只今議題ニ供セラレマシタル關稅定率法中改正法律案外一件ニ付キマシテ、特別委員會ノ經過又結果ヲ御報告申上ゲマス、本案ハ直接國民生活ニ重大ナル關係ヲ持ッテ居リマスカラ、委員諸君ニ於カレマシテハ、極メテ熱心ナル質疑ガアリ、政府當局ニ於テモ懇切ナル御答辯ガアッタノデアリマス、而シテ本案ノ大要ハ、木材外四品ノ關稅率ヲ改正セントスルモノデアリマスガ、就中木材ニ關スル關稅問題ガ最モ重要ナルモノデアリマスカラ、此點ニ付キマシテ、先ヅ御報告致シマス、政府ノ說明ニ依リマスレバ、外國ヨリ我國ニ輸入スル木材ニ對シテ關稅ヲ賦課セントスルハ、我ガ林業界ノ現狀竝ニ外材輸入ノ情勢ニ鑑ミ、此儘ニ推移スル時ハ國土保安上、水源涵養上、又治水上ニモ惡影響ヲ招來スルノミナラズ、我國木材ノ供給力ヲモ減退セシムル虞ガアルカラ、茲ニ林業保護ノ政策ヲ確立スルコトハ、國家百年ノ長計トシテ最モ必要ナルモノト認メ、政府ハ此際林業ノ保護助長ニ一段ノ力ヲ致シ、造林ノ奬勵竝ニ森林利用ノ增進等ニ關スル諸方策ヲ講ズルト同時ニ、關稅政策上、木材ノ關稅率ヲ改正シテ、適當ニ之ヲ保護スルノ必要ヲ認メタリト云フノデアリマス、而シテ關稅ノ引上ハ木材ノ價格ヲ騰貴セシメテ、國民生活上ニ影響スル虞ガアリマスカラ、引上ノ率ハ外材ノ輸入ヲ調節シ、材價ヲ適當ニ維持安定セシメ、內地木材ニ對スル壓迫ヲ緩和シ、以テ林業ノ伸展ヲ促ス程度ニ止メタノデアリマス、故ニ其稅率ニハ深ク意ヲ用ヒ、鉛筆用材、或ハ「パルプ」ノ用材、包裝用ノ函板等ニ用ヒル原料材ハ無稅トシ、我國材業上ニ及ボス影響ノ最モ重大ナルモノ、卽チ針葉樹ニ屬スル杉、檜、樅等ノ優秀材ニ對スルモノニ關シ、其製材ニハ從價二割、原料トナル資材ニハ從價一割二分五厘ニ相當スル從量稅ヲ課スルコト、シ、其他我國林業上ニ及ボス影響ノ少イ木材ニハ、ソレニ準ジテ低率トナッテ居ルノデアリマス、要スルニ今日我林業ハ無制限ナル外國材ノ輸入ニ依リ價格暴落シ、山林地帶ニ住居スル民衆ハ非常ナル窮境ニ陷ッテ居リマス、延イテ森林ノ荒廢ヲ來ス虞ガアルカラ、助成政策ニ依テ林業ノ發達ヲ促スト同時ニ、關稅政策ニ依テ、之ヲ保護スル所ノ必要ヲ認メタル次第デアルト云フノデアリマス、之ニ對シ委員諸君ハ交ミ立ッテ質疑サレタノデアリマス、其詳細ハ速記錄ニ依テ御覽ヲ願ヒマスルガ、其中デ重要ナル二三ノ點ダケヲ御紹介致シマス、第一原料材、卽チ資材ト認メテ居ル丸太材、及割材ハ其價格ニ於キマシテ、非常ナル相違ガアル、其使途モ異ッテ居ル、故ニ全ク區別スベキモノデアルニモ拘ラズ、之ヲ同一ニ取扱ヒ、同樣ノ稅率トナシタルコトハ不公平デアル、故ニ丸太材ト割材トハ區別シテ課稅スベキモノデアルトノ質問ガアリマシタ、之ニ對シ政府ノ答辯ハ、從來ノ定率法ニ於テモ、丸太材ト割材トハ純粹ノ資材ト同樣ニ取扱ッテ居ルノデアルカラ、今回ノ改正案ニ於キマシテモ、板材、小角材、大角材、資材ノ四ツニ區別シ、丸太材ト割材トハ同一ノ下ニ取扱ッタモノデアルト云フ答辯デアリマシタ、第二ハ關稅ニ依テ林業ヲ保護スルコトハ一時的ノコトデ、根本的ノ林業上ニ對スル政策ハドウデアルカ、特ニ森林金融ノ問題、或ハ森林火災保險等ノ政策ハドウデアルカト云フ質問ニ對シ、政府ノ答辯ハ林政ニ關スル根本方針ハ、最モ重大ナル國策ニ屬シ、全國六割以上ノ面積ヲ有スル森林アルニ拘ラズ、年々一億万圓ノ外材ヲ輸入シ、正貨ノ流出ヲ見テ居ル如キハ、我國ノ林業ガ經濟的ニ觀察致シテ、合理的ニ組織サレテ居ラナイ結果デアリ、洵ニ遺憾ノコトデアルト考ヘテ居ル、故ニ政府ニ於キマシテハ、森林助成策ヲ執リ、森林金融、森林火災保險等ノ實現ニモ鋭意努力スルノ決心デアルトノコトデアリマス、第三、本案ノ實施ニ依テ內地木材ノ騰貴ニ伴ヒ、却テ濫伐ノ弊ヲ惹起セズヤトノ質問ニ對シ、政府ノ答辯ハ價格暴騰ノ際ニモ其傾向アリタルガ、此場合ニ於テハ其跡地ニ適當ノ植林、植樹ヲ爲スガ故ニ其弊害ハ少イケレドモ、價格ノ暴落ノ際ニ伐採スルモノハ、跡地ニ適當ナル植林ヲ爲サヾル傾向アリ、延イテ森林荒廢ヲ來ス虞アリトノ答辯デアリマス、其他國際貿易上ノ關係、金解禁問題、社會政策及木材ノ鐵道輸送關係等ニ亙リ精密ナル質問ガアリ、當局ヨリソレ〲答辯ガアリマシタ、之ニ依テ討論ニ入リマシタガ、委員ノ太田信治郎君ヨリ丸太材ト割材トヲ區別シ、割材ニ對シテハ每立方「メートル」五圓五十錢、丸太材ニ對シテハ每立方「メートル」二圓五十五錢ニ修正スベシトノ意見ヲ述ベラレマシタガ、採決ノ結果少數デアリマシタ、又委員前田房之助君ヨリ、本案中ノ木材關稅ニ關スル部分ヲ削除スベシトノ修正意見ガ提出サレマシタガ、是モ少數デアリマシタ、岩本委員ヨリ原案贊成說ガアリ、又岸本委員ヨリ「關稅定率法改正法律案中木材關稅ニ關スル點ハ其細目ニ亙リ均衡ヲ失スルモノナシトセズ、仍テ政府ハ速ニ調査ヲ遂ゲ之ガ改正案ヲ次ノ通常議會ニ提出スベシ」トノ附帶決議ヲ附シテ原案ヲ贊成スルトノ意見ヲ述ベ、政府ノ所見ヲ質シタルニ、政府委員大口大藏政務次官ハ、御希望ニ付テハ篤ト諒承致シマシタ、政府ハ更ニ調査ヲ遂ゲマシテ御趣旨ニ副フヤウニ努メマストノ答ガアリマシタ、仍テ原案ニ付テ採決ノ結果、四對四デ可否同數デアリマシタカラ、委員長ニ於テ原案ニ可決致シマシタ、次デ附帶決議モ右同樣デ可決シタル次第デアリマス、大正九年法律第五十三號中改正法律案、關稅法等ノ朝鮮ニ於ケル特例ニ關スル件ハ、全員一致ヲ以テ可決致シマシタ次第デアリマス、大要右樣ナ次第デアリマスガ、特ニ此際委員長ト致シマシテ、原案ニ贊成シタル理由ヲ一言致シマス、前申上ゲタ通リ、本案ハ直接國民ノ實際生活ニ關スル問題デアル、委員諸君ニ於カレマシテモ、林業保護ガ最モ緊要デアルト云フ根本趣旨ニ至ッテハ異論ノナキ所デ、又多數諸君ノ中ニハ山農村ノ出身者ガ多ク、森林ノ現狀ハ十分御承知ノ事ト信ズルノデアリマスルガ、全ク森林ノ荒廢如何ト云フコトハ直ニ國土保安ニ影響シ、氣候風土人情ノ上ニ最モ重大ナル關係ヲ有シ、國民ノ堅忍持久、勤勉努力 國土愛ト云フヤウナ我國固有ノ醇風美俗ハ、多ク此鬱蒼タル森林ニ依テ培養助長サレテ居ルト云フコトハ申ス迄モナイコトデアリマス、其他水源涵養上、或ハ治水上、森林ノ各方面ニ及ボス影響ハ洵ニ甚大ナルモノデアリマス、古ノ明君或ハ宰相ハ、深ク意ヲ林政ニ致シマシテ、水ヲ治ムルハ山ヲ治ムルニ如カズト言ハレタコトハ、歷史ノ說明スル所デアリマス、吾人ハ朝鮮ヲ旅行致シマシテ、鐵道沿線ノ山ガ一木一草モ止メズ、荒廢セル山相ヲ呈シテ居リ、河川ハ涸渇シ、田園ハ荒廢シテ居ル、此事實ヲ眺メマシテ森林保護ノ必要ヲ痛感シテ居ル次第デアリマス、仍テ林業ノ保護發達ト云フコトハ、國家トシテ深ク留意セザルベカラザル政策ノ一ツデアルト信ジマス、然ルニ近年外國木材ガ殆ド無制限ニ我國内ニ輸入サレ、内地ノ木材ハ非常ナル壓迫ヲ受ケマシテ、價格暴落ノ爲、當業者ノ疲弊困憊ハ勿論、全國領土ノ六割ヲ占ムル所ノ此山林ヲ中心トシテ生活スル所ノ山農村一帶ノ住民ハ、直接生活ノ上ニ非常ナル脅威ヲ感ジテ居ルノデゴザイマス、此現況ニ鑑ミマシテ、此際適當ナル關稅ヲ賦課スルコトハ、極メテ必要ナル事デアルト深ク信ジ原案ヲ賛成スル次第デアリマス、併ナガラ關稅政策ハ極メテ複雜デアリマス、國民生活ニ密接ナル關係ガアリ、常ニ注意ヲ要スルモノデアリマスルカラ、此改正案デハ、尚ホ未ダ十分目的ヲ達シナイ點ガアルカモ分ラナイ、故ニ其細目ニ渉ッテハ、權衡ヲ失スルモノガアルカモ分ラナイ、故ニ政府ハ調査ヲ遂ゲマシテ、次ノ議會ニ改正案ヲ提出セラレンコトノ附帶決議ヲ付シタル所以デアリマス、ドウカ滿場ノ諸君ニ於カレマシテハ、此趣旨ノ下ニ御賛成アランコトヲ特ニ希望スル次第デアリマス(拍手)

○副議長(清瀨一郎君) 本案ニ關シテハ討論ノ通告ガアリマスガ、是ハ便宜上第二讀會ニ於テ許スコト、致シタイノデアリマス、兩案ノ第二讀會ヲ開クニ御異議アリマセヌカ

〔「異議ナシ」ト呼フ者アリ〕

○副議長(清瀨一郎君) 異議ナシト認メマス、兩案ハ第二讀會ヲ開クニ決シマシタ

○原惣兵衛君 直ニ兩案ノ第二讀會ヲ開カレンコトヲ望ミマス

○副議長(清瀨一郎君) 御異議アリマセヌカ

〔「異議ナシ」ト呼フ者アリ〕

○副議長(清瀨一郎君) 御異議ナシト認メマス、仍テ直ニ兩案ノ第二讀會ヲ開キ、議案全部ヲ議題ト致シマス

大正九年法律第五十三號中改正法律案 第二讀會

關稅定率法中改正法律案 第二讀會

(關稅法等ノ朝鮮ニ於ケル特例ニ關スル件)

○副議長(清瀨一郎君) 勝正憲君外二名ヨリ兩案ニ對スル修正案ガ提出サレテ居リマス、此際其趣旨辯明ヲ許シマス――前田房之助君

關稅定率法中改正法律案ニ對スル修正案

右成規ニ據リ提出候也

昭和四年三月九日

提出者 勝 正憲

外二名

〔別紙〕

關稅定率法中改正法律案中左ノ通修正ス

「第六百十二號第一項己ヲ左ノ如ク改ム」以下ヲ削ル

大正九年法律第五十三號中改正法律案ニ對スル修正案

右成規ニ據リ提出候也

昭和四年三月九日

提出者 勝 正憲

外二名

〔別紙〕

大正九年法律第五十三號中改正法律案中左ノ通修正ス「第一條削除」及「別表ヲ削ル」ヲ削ル

附則第二項、第三項及別表ヲ削ル

〔前田房之助君登壇〕

○前田房之助君 本案ニ對シマシテ修正案ヲ提出致シマス、卽チ關稅定率法中改正法律案中左ノ通リ修正致シマス「第六百十二號第一項己ヲ左ノ如ク改ム」以下ヲ削ル、大正九年法律第五十三號中改正法律案中左ノ通リ修正ス、附則第二項第三項及別表ヲ削ル、修正案提出ノ趣旨ヲ辯明致シマス、吾吾ハ我國林業ノ現狀ヲ鑑ミマシテ、之ニ對シテ保護獎勵ヲ與フル必要ハ切ニ認メテ居ルノデアリマス、併ナガラ今回ノ木材關稅改正ノミニ依リマシテハ、啻ニ其目的ヲ達成スルコトガ頗ル困難デアル許リデハナク、財界不況ノ今日ニ於キマシテ、木材關稅ヲ引上ゲマスルコトハ、一方ニ於キマシテ消費者デアリマスル全國民、殊ニ庶民階級ノ負擔ヲ過重スル虞ガアリマスルガ故ニ、吾々ハ斯樣ナ修正案ヲ提出致シタノデアリマス、少シク其理由ヲ申述ベテ見タイト存ジマス、山林ノ保護獎勵ノ對策ヲ講ジマスルニハ、先以テ何ガ故ニ現在我國ノ林業者ガ今日疲弊困憊ヲ致シテ居リマスルカト云フ原因ヲ、少シク研究シナケレバナラヌト思フノデアリマス、今日ノ林業者ガ疲弊困憊ヲ致シテ居ル原因ハ、固ヨリ多々アリマスルガ、其主ナル原因ハ歐洲大戰爭ノ當時ニ、我ガ財界ガ未曾有ノ好況ヲ呈シテ、森林熱ガ非常ニ盛デアッタノデアリマス、其際ニ於キマシテ、森林熱ガ盛デアリマスルカラ、非常ニ高ク山林ヲ賣買致シタノデアリマス、其後戰後財界ノ不況ニ際シマシテ、農村ニ於テ小作爭議ガ頻發ヲ致シタ、ソコデ地主ガ小作爭議ノ頻發ニ會ヘマシテ、田地ヲ棄テマシテ森林ヲ買入レ、或ハ森林業ヲ副業トスル者ガ續出致シタノデアリマス、然ルニ段々ト財界ガ不況ニナリマシタ結果ト致シマシテ、木材ノ價格モ低落致シマシタ、又一方ニ於キマシテ森林ニ對シマスル金融ノ途ガ殆ド杜絕ヲ致シタノデアリマス、此事柄ガ今日山林業者ガ疲弊困憊ヲ致シテ居リマスル主ナル原因デハナカラウカト思フノデアリマスルガ、而モ政府當局ハ一定ノ林業政策ヲ樹テマシテ、今日林業者ガ困ッテ居ル所ノ窮狀ヲ救濟スル所ノ途ヲ講ジテ居ラヌノミナラズ、却テ林業者ヲ壓迫スルガ如キ方針ガ見エルノデアリマス、卽チ昭和二年度ニ於キマスル內地材ノ伐採量ハ四千六百七十二万餘石デアリマス、其中ニ於キマシテ國有林並ニ宮內省管理地ノ伐採總量ハ千七百万石デアリマシテ、內地材伐採量ノ三割六分九厘ニ該當致シテ居ルノデアリマス、斯ノ如ク國有林ヲ多ク伐採サレマシテ、民有林ニ壓迫ヲ加ヘテ居リマスルノミナラズ、樺太方面ノ山林ヲバ利權者ニ賣渡シマシタ結果ト致シマシテ、樺太方面カラ澤山ニ木ガ內地ニ參ルノデアリマス、最近ニ於テ此弊害ニ鑑ミマシテ、政府ハ一定ノ制限ヲ拵ヘラレタヤウデアリマスルガ、兎ニ角モ國有林ノ此伐採ト樺太材ノ伐採ハ、內地ニ於キマスル所ノ林業者ヲ非常ニ壓迫ヲ致シテ居ルノデアリマス、然ルニ動モスレバ米材ガ澤山這入ッテ來ルカラ、內地材ノ價格ガ低廉ヲ來シテ、內地ノ林業者ヲ壓迫致シタヤウナ說ヲ爲サル、方ガアリマスルケレドモ、今日內地材ノ價格ト申シマスルモノハ、米材ヲ基礎ト致シテ、其上ニ何割ト云フヤウナ價格ヲ付ケテ、內地材ノ價格ガ決定ヲ致シテ居ルノデアリマスカラ、米材ノ輸入ニ依テ內地材ノ價格ガ變動シタヤウニハ、吾々ハ認ムルコトガ出來ナイノデアリマス、殊ニ米材ハ多ク參ッテ居ルカノ如クデアリマスルガ、大正十五年ニ於キマシテハ八千六十五万石、昭和二年ニ於キマシテハ八千十四万石デアリマシテ、內地ノ國有林ノ伐採量ヨリモ少イノデアリマス、斯樣ナ點カラ申シマスト、今日內地材ガ下落ヲ致シテ林業者ガ困ッテ居リマスル原因ハ、米材ノ輸入ニアラズシテ、政府ニ統一シタル所ノ林業政策ガ無イト云フコトガ、寧ロ大ナル原因デハナカラウカト思フノデアリマス(拍手)更ニ其上ニ於キマシテ、財界ノ不況ト云フコトガ一大原因ヲ作ッテ居リマス、私ハ敢テ今日財界ノ不況ヲバ政友會諸君ニ責アリトハ申シマセヌ、併ナガラ戰後ヲ通ジテ放漫ナル積極政策ガ今日財界不況ノ一大原因ヲ爲シテ居ルト云フコトダケハ、吾々ハ認メザルヲ得ナイノデアリマス(拍手)卽チ財界不況ノ原因ガ今日山林業者ノ疲弊困憊ヲ致シテ居ル原因デアリト認メマスルナラバ、今日林業者ノ疲弊困憊ニ對シマシテハ、政府當局自カラ責任ヲ持タナケレバナラヌト思フノデアリマス(拍手)更ニ一言致シタイノハ、今日林業ノ保護獎勵ト申シマスルモノハ、單ニ木材ノ自給自足ト云フ經濟上ノ事柄バカリデハナイノデアリマス、只今モ委員長ガ說明致シマシタ如ク、水害ノ防止トカ、或ハ水源地ノ涵養、或ハ國土保安ノ上カラ必要デアルノデアリマスルカラ、成ベク濫伐ヲ防グト云フコトニシナケレバナラヌト思フノデアリマス、其濫伐ヲ防ガナケレバナラヌニ拘ラズ、動モスレバ

濫伐ノ弊ヲ助成スルト云フヤウナ遣方ハ吾吾ハ戒心ガ出來ナイノデアリマス、今日山林ハ一度伐採ヲ致シマスルト云フト、數十年間掛ラナケレバ一人前ノ木材ニハナリ得ナイノデアリマス、然ルニ木材ノ世界的飢饉ト云フモノハ、三四十年ノ間ニ迫ッテ居ルノデアリマス

〔此時發言スル者多シ〕

○副議長（清瀨一郎君）　矢野君靜肅ニ願ヒマス

○前田房之助君（續）　木材ノ世界的飢饉ト申シマスルモノハ三四十年間ニ迫ッテ居ルノデアリマスカラ、我國ト致シマシテハ出來得ル限リ安價ノ木材ヲバ外國カラ輸入致シマシテ、內地ノ山林ヲ伐採スルコトヲ當分止メテ、之ヲ休養スル所ノ時機デハナカラウカト思フノデアリマス、殊ニ關稅政策ト致シマシテハ、有ユル產業ニ對シテハ、幼稚ノ時分ニハ國家ノ力ヲ以テ之ヲ保護獎勵スルノガ當然デアリマシテ、是ガ一人前ニ發達ヲ致シタ時ニ於テ、初メテ保護關稅――他ノ產業竝ニ國民生活ニ影響シナイ所ノ範圍ニ於テ、極メテ輕微ノ保護政策ヲヤルト云フコトガ、關稅政策ノ根本方針デアリマシテ、政府當局モ此主義ハ御認ニナッテ居ルノデアリマス、然ルニ何等林業政策モ確定シナイニ拘ラズ、茲ニ國民生活ノ上ニ相當影響ヲ及ボスガ如キ、高率ナル所ノ保護關稅ヲ課セラレルト云フコトハ、洵ニ前後轉倒致シタ遣方ト申サナケレバ相成ラヌノデアリマス（拍手）以上私ハ大體ノ事ヲ申上ゲタノデアリマスガ、此際政府當局トサレマシテハ、斯樣ナ保護關稅ニ依テ庶民階級ヲ苦メルヨリモ、寧ロ林業政策ヲ確定セラレナケレバナラヌ、林業政策ニ何ガ必要カト申セバ、先刻モ申上ゲマシタ如ク、我ガ林業者ガ最モ困ッテ居ルノハ、金融ノ途ガ殆ド杜絕致シテ居ルカラデアリマス、大部分ハ殆ド金ヲ借入レルコトガ出來ナイ、今日勸業銀行ハ此森林ニ對シテ金ヲ融通スル役目ヲ取ルベキデアリマスケレドモ、其實際ヲ見マスト云フト、僅ニ抵當森林ニ時價三分ノ一以內ヨリ貸サナイノデアリマス、ソレモ抵當物件ハ火災ナドノ起ル危險ガアリマスカラ、非常ニ貸惜ミヲ致シマシテ、今日勸業銀行デハ僅ニ百五十万圓シカ全國ニ向ッテ融通ヲ致シテ居ラヌト云フヤウナ狀態デアルノデアリマス、是ニ於テカ此森林ヲ抵當ニ致シマスニ付キマシテハ、抵當物ヲ確實ニ致シマス意味カラ致シマシテ、森林保險ヲ創定スル必要ガアルノデアリマス、勿論株式會社ニ於テ、一二三ノ會社ガ森林保險ヲヤッテ居リマスケレドモ、是ニハ制限ガアリマシテ、率ガ非常ニ高クテ、殆ド有名無實デアルノデアリマス、隨テ政府ト致シテ森林保險ヲ創定サレマシテ、擔保物ヲ確實ニシテ、サウシテ長期ニ亙ル所ノ低利資金ヲドシ〳〵山林方面ニ御貸シニナルト云フコトガ、今日林業者ヲ救フ上ニ於テ最モ必要ナル遣方ト思フノデアリマス（拍手）斯ノ如ク山林保險ヲ創定シ、更ニ進ンデ林道ヲ開鑿サレ、更ニ運搬設備ヲ整備サレ、更ニ造林助成法ヲ講ゼラレテ、此合理的林業政策ニ依テ今日ノ窮狀ヲ御救ヒニナルト云フコトガ、最モ必要デアラウト思フノデアリマス、吾々ハ保護關稅ニ依ルヨリモ、先ヅ政府當局ニ向ッテ、統一セル所ノ林業政策ヲ確立セラレンコトヲ望ンデ已マザル者デアリマス、以上私ハ大體本論ヲ申述ベタノデアリマスガ、少シク本質的ノ缺陷ヲ指摘致シテ見タイト思フノデアリマス、此問題ハ國民ノ生活ニ非常ニ影響スル問題デアリマスカラ、甚ダ御迷惑デアリマスケレドモ、暫クノ間御淸聽ノ榮ヲ得タイト思ヒマス、第一ハ木材關稅ノ引上ニ伴テ……

〔此時發言スル者アリ〕

○副議長（清瀨一郎君）　森保君靜肅ニ願ヒマス

○前田房之助君（續）　木材ノ關稅ノ引上ニ依テ、森林ガ濫伐サレル所ノ弊ヲ助長サレル虞ガアラウト思フノデアリマス、政友會ノ御方ハ、關稅ヲ引上ゲタナラバ却テ濫伐シナイト云フコトヲ委員會ニ於テ說カレタノデアリマス、併ナガラ統計ハサウナッテ居ラヌ、統計ニ就テ見マスルト、價格ガ安イ時ニ必シモ濫伐致シテ居ラヌノデアリマス、卽チ大正四年ノ木材ノ價格指數ヲ一〇〇トシテ申シマスト、大正八年ノ木材ノ價格ノ指數ガ二五七デアリマシテ、其時ニ伐採致シタ所ノ町步ハ二十四万八百七町步、又大正九年ハ、指數ガ三八八デ、其時ノ伐採ハ二十一万千六百四十九町步、十年ニハ指數ガ三三三デアリマシテ、其伐採町步ガ二十二万五千八百六十九町步、十一年ニハ指數ガ三〇四デ、二十万三千七百十二町步ヲ伐採シテ居リマス、十二年ニハ……

〔此時發言スル者アリ〕

○副議長（清瀨一郎君）　矢野君、ドウカ議席ヘ歸ッテ下サイ、サウシテ成ベク靜肅ニ願ヒマス、森保君モ靜肅ニ願ヒマス

○前田房之助君（續）　大正十二年ニハ指數ガ三〇〇デ、十九万六百三町步、十三年ニハ指數ガ二七一デ、是ガ十八万二千五十六町步、十四年ニハ二二七デ、是ガ十八万九千八百三十七町步、昭和元年ニハ二〇三デ、十九万三千二百十八町步、統計ガ明ニ示シテ居ルノデアリマス、價格ガ安イカラト云ッテ、必シモ濫伐ニ相成ッテ居ラヌ、ノミナラズ此統計カラ見マスト云フト、價格ガ上ルト云フト却テ濫伐ノ弊ヲ助長致シテ居ルノデアリマス、更ニ又木材ノ關稅ヲ引上ゲタナラバ、濫伐ハスルカモ知レヌケレドモ、植林ガ殖エルト云フコトノ說ヲ爲ス者モアルノデアリマス、先般モ委員會ニ於テ三土大藏大臣ハ、自分モ濫伐スル所ノ弊ハ認メヌデハナイ、濫伐ハスルケレドモ、後カラ直グ植林ヲスルカラシテ、森林ニハ好イ結果ヲ來スト云フコトヲ申シタノデアリマス、併ナガラ是亦統計ノ上カラ見マスルト、左樣ニハ相成ッテ居ラヌノデアリマス、ソレヲ申上ゲマスト云フト、木材ノ價格ノ騰貴ハ必シモ植林ヲ促シテ居ラヌト云フコトガ、明瞭ニナルノデアリマス、卽チ大正四年ノ木材ノ價格指數ヲ一〇〇ト致シ、植林モ同ジク一〇〇ト致シマスト、大正五年ニハ指數ガ一一〇、ソレニ植林ガ八一、大正六年ニハ指數ガ一四八デ、植林ガ七一、大正七年ニハ指數ガ一九七デ、植林ガ六八、大正八年ニハ指數ガ二五七デ、植林ガ六一、大正九年ニハ指數ガ三八八デ、植林ガ五二、大正十年ハ指數ガ三三三デ、植林ガ五九、十一年ニハ指數ガ三〇四デ植林ガ六一、大正十二年ニハ指數ガ三〇〇デ、植林ガ六八、大正十三年ニハ指數ガ二七一デ、植林ガ六四、大正十四年ニハ指數ガ二二七デ、植林ガ五九、昭和元年ニハ指數ガ二〇三デ、植林ガ六二、斯樣ナ統計ニ相成ッテ居ルノデアリマシテ、價格ガ上ッタカラト言ッテ植林ハ少シモ殖エテ居ラヌノデアリマス、更ニ私ガ申上ゲタイノハ、第三ノ理由トシテ、今日林業ニ從事致シテ居ル者ガ非常ニ多イ、隨テ多少木材ノ價格ハ上ルカモ知レヌケレドモ、林業者ヲ救濟スルト云フコトニナレバ、此多數ノ從業員ヲ救濟スルコトニナルカラ、社會政策ト合致スルト云フコトヲ政府ハ說明サレテ居ルノデアリマス、併ナガラ今日林業者ノ數ガ何ボアルカト申セバ、四百六十一万二千百八十二人アリマス、此四百六十一万餘人ノ中デ小林業者ガ何ボアルカト申セバ、四百三十五万二千五百八十二人、殆ド林業者ノ中デ九十四「パーセント」三十七マデガ小サナ林業者、其林業者ハドウデアルカト申セバ、平均スルト僅ニ九段二步シカ持ッテ居ラヌノデアリマス、一町以下ノ林業者デアル、一町以下ノ林業者ガ九四・三七「パーセント」ノ山林ヲ持ッテ居ル、然ルニ大林業者ハ何ボアルカト言ヘバ、數ニ於テ僅ニ一万四千百六十七人デアリマス（「簡單簡單」ト呼フ者アリ）ソレ等ノ人ハ平均シテ百五十一町五十三ヲ持ッテ居ル、卽チ林業者ハ四百六十一万人以上モアリマスルケレドモ、其中ノ大部分、九割五分――九割五分モ一町以下ノ山林ノ所有者デアッテ、大山林ノ所有者ハ一万四千百六十七人デアルノデアリマス、而モ此小サナ林業者ハ雜林カ若クハ幼稚林ヲ持ッテ居ルノデアル、隨テ是等ノ人ニ對シマシテハ、假令木材關稅ヲ引上ゲマシテモ、此大多數ノ小林業者ヲ益スルコトナクシテ、僅ニ一万四千百六十七人ノ大林業者ヲ益スルコトニ相成ルノデアリマス、決シテ是ハ社會政策ノ見地ニ合致ヲ致シテ居ラヌノデアリマス、更ニ私ハ申上ゲタイノハ、今回ノ木材關稅ノ引上ニ依リマシテ、我ガ海運界ニ相當ナ影響ガアラウト思フノデアリマス、政府當局ノ說明ニ依リマスト云フト、木材關稅ノ改正ニ依リマシテ二割五分減ルト稱シテ居ル、今日我國ノ海運業ハ非常ニ不況デアリマスルケレドモ、漸ク其餘喘ヲ保チ得ル所以ノモノハ、全ク此太平洋ニ於キマシテ大型船八艘ガ、此木材ノ運搬ニ從事シテ居リマスルカラ、今日ノ餘喘ヲ保チ得ルコトガ出來ルノデアリマス、而シテ一億圓ノ價格ノ輸入材ノ中デ運賃ハ約四割ヲ占メテ居リマス、四千万圓ガ此木材ヲ運ブ運賃デアル、其中デ日本ノ船舶デ運ンデ居リマスモノハ何ボアルカト申セバ、十分ノ六デアリマスルカラ、二千五百万圓程運賃ヲ取ッテ居ルノデアリマス、此二千五百万圓ガ二割五分減ルト云フコトニナリマスト云フト、六、七百万圓我ガ船舶ノ得ル所ノ運賃ガ減少スルコトニナ

リマシテ、ソレダケ國際貸借ノ上ニ惡イ影響ガ來ルノデアリマス、斯ノ如ク木材關稅ノ引上ハ、我ガ海運業ニモ相當ノ影響ヲ及ボスモノデアリマス、ノミナラズ今回ノ木材關稅ノ引上ハ、外交ノ方面ニモ相當ナ影響ガアルノデナカラウカト云フコトヲ心配致シテ居ル者デアリマス、今日ノ東洋並亞米利加ノ關稅政策ヲ見マスト云フト、口實ガアレバ――機會ガアレバ保護政策ヲヤラウト致シテ居ル、現ニ佛領印度ニ於キマシテモ、先般發明致シタ如ク保護關稅ヲ課ケルト云フコトニ致シテ居ル、又支那ノ如キモ機會ガアレバ保護關稅ヲヤラウト致シテ居ル、ノミナラズ亞米利加ニ於キマシテハ、先日モ申上ゲタ如ク、千九百二十二年ノ九月ニ於キマシテ、新關稅法ヲ發布致シタ際ニ、或ル國ガ亞米利加ノ商業ニ對シテ直接、間接差別的待遇ヲ加フル時ニ於テハ、亞米利加大統領ハ布告ヲ發布致シテ、サウ致シテ從價五割若クハ其範圍内ニ於ケル所ノ新稅及附加稅ヲ課ケルト云フコトヲ聲明致シテ居ルノデアリマスルガ、今日之ヲ對岸ノ火災視スル譯ニハ參ラヌト思フノデアリマス、何トナレバ此木材、米材ノ產出致シテ居リマスル方面ハ、多年我國ト――所謂排日運動ヲヤッテ、國交上非常ニ惡イ所ノ思想ヲ懷イテ居リマスル所ノ人々ノ住ンデ居ル方面デアルノデアリマス、此方面ニ生ズル生產物ノ木材ニ對シテ重稅ヲ課スルト云フコトニナリマスト云フト、勢ヒ是等ノ地方ノ人心ヲ刺戟スルト云フコトニ相成ルノデアリマス、現ニ先年木材關稅ノ引上ヲヤラウト致シタコトガ亞米利加ニ傳ハリマスルヤ、太平洋沿岸ニ於キマスル所ノ、此亞米利加ノ木材輸出ニ關係ヲ致シテ居ル者ガ一團トナッテ、サウシテ對策ヲ講ジマシテ、排日運動ノ巨頭デアル「ジヨンソン」ヲ動カシマシテ、華盛頓ニ於テ非常ニ長イ所ノ聲明書ヲ發表致シタ、其聲明書ヲ直ニ日本ニ電報ヲ打ッテ來マシタガ、直ニ國交上非常ナ問題ガ起リ掛ケタト云フコトハ、皆樣ノ御記憶ニ新タナ所デアラウト思ヒマス、斯樣ニ非常ニ是等太平洋沿岸ノ木材輸出ニ從事致シテ居ル者ハ、日本ノ木材ノ此保護關稅ニ對シテ神經ヲ惱マシテ居ルノデアリマスカラ、決シテ此報復關稅ト申シマスルモノハ、對岸ノ火災視スル譯ニハ參ラヌト思フノデアリマス、ノミナラズ機會ガアレバ亞米利加ニ於テハ、日本人ノ漁業權、所有權ニ向ッテモ、何カ問題ヲ起サウトシテ居ル際デアリマスカラ、今日此亞米利加ノ木材關稅ヲ引上ゲルト云フコトニ付テハ、政府ハ非常ニ愼重ナル態度ヲ執ルノ必要ガアラウト思フノデアリマス、斯ノ如ク外交ノ上ニ於テモ、吾々ハ將來ヲ憂慮致シテ居ルノミナラズ、輸出ニ於キマシテモ、今日原料材ヲ高ク致シマスカラ、日本カラ一箇年ニ千五百万圓程海外ニ出テ居リマスガ、其輸出ノ上ニ於キマシテモ、多大ノ影響ヲ及スデアラウト思フノデアリマス、以上ハ輸出貿易ノ點ニ付テ申上ゲタノデアリマスガ、先日モ三土大藏大臣ハ、國際貸借ノ上カラ言ヘテモ輸入ガ減レバ洵ニ結構デハナイカ、斯樣ナ事ヲ申サレテ居リマスケレドモ、關稅政策ト云フモノハ、一ツノ品物ノ輸入ガ多イカ少イカニ依テ、其良否ヲ判斷スルコトハ出來ナイノデアリマス、今日ノ如ク木材ガ上リマスト云フト、他ノ物價モ上ッテ來ル、他ノ物價ガ上ッテ來マスト云フコトニナルト、輸出貿易全體ノ上ニモ影響ヲスルノデアリマシテ、茲ニ二千万圓位ノ輸入ガ減リマシテモ、他ニ惡影響ガ非常ニ多イノデアリマス、隨テ此間申サレタ三土サンノ御議論ト云フモノハ、其意味ニ於テ吾々ハ承服スルコトガ出來ナイノデアリマス、更ニ今申上ゲタ如ク一般ノ物價ガ上ル、今日金解禁ヲ爲スト云フコトガ必要デアリマスル際ニ、木材ノ價格ヲ上ゲラレテ、國民生活ノ必需品ヲ上ゲラレタナラバ、他ノ物價ニモ相當影響ヲ致シテ、物價モ亦上ル虞ガアルノデアリマス、斯樣ナ事ハ金解禁ヲ斷行サレル上ニ於キマシテモ、私ハ相當ノ支障ヲ來スモノト認メテ居ル者デアリマス、更ニ私ハ一言最後ニ申上ゲマスルガ、政友會ノ諸君並ニ政府當局ハ、民政黨ノ者ガ之ニ反對スルト云フコトハドウモ理窟ガ分ラヌ、關稅調査委員會ニ於テモ是ハ決議ニナッテ居ル、又屢々議會ニ建議案ヲ出シテ、是ガ通過ヲ致シテ居ルノデアル、然ルニ今日反對サレルト云フコトハ理窟ガ立タヌト云フコトヲ申シテ居ラレマスルケレドモ、吾々ハ衆議院議員ト致シマシテ、關稅調査委員會ノ決議ニ何等ノ束縛ヲ受ケル義務ハナイノデアリマス、又建議案ガ今日通過ヲ致シテ居リマシテモ、議會ニ於テ……

〔此時發言スル者多シ〕

○副議長（清瀨一郎君） 靜肅ニ願ヒマス――靜肅ニ願ヒマス

○前田房之助君（續） 縱令議會ニ建議案ガ出テ、ソレガ通過ヲ致シテ居リマシテモ、制定サレタ法律デモ時勢ノ推移ニ從ッテハ改廢ヲシナケレバナラヌ必要モアルノデアリマシテ、過去ニ於ケル所ノ建議案ナルモノニ對シテハ、吾々ハ束縛ヲ受ケル必要ガナイト云フコトヲ茲ニ申上ゲテ置キマス（拍手）更ニ私ハ最後ニ申上ゲタイノハ……

〔此時發言スル者多シ〕

○副議長（清瀨一郎君） 靜肅ニ願ヒマス

○前田房之助君（續） 新黨倶樂部カラ只今委員長報告ノ如キ希望決議ガ出タノデアル、其希望決議ナルモノハ木材ノ關稅改正ニ限ッテハ、其細目ニ渉ッテ之ヲ見ルト不均衡ノ點ガ少クナイ、故ニ政府ハ調査致シテ次期議會ニ適當ナル案ヲ出セヨト云フ附帶決議ガ通過ヲ致シテ、政友會ノ諸君モ之ニ贊成ヲサレタノデアリマス、此附帶決議ノ意味ナルモノハ、本案ガ杜撰デアル、不完全デアルト云フコトヲ決議ノ上ニ立證シタモノト申サナケレバナラヌノデアリマス（拍手）政府自ラ不完全デアル、不均衡デアルト云フコトヲ認メナガラ、本案ノ通過ヲ圖ラレルト云フコトハ、全ク國民ニ對シテ私ハ不忠實ノ話デアラウト思フノデアリマス（拍手）自ラ不均衡デアルト認ムルナラバ、何ガ故ニ一時之ヲ撤回致シテ、完全ナル案ヲ次期議會ニ御出シニ相成ラヌノデアリマスカ、斯ノ如ク委員會ニ於テ不均衡デアルト云フ決議ヲサレテ置キナガラ、本案ノ成立ヲ期セラレル所以ノモノハ、斯樣ニ無理ヲセラレル所以ノモノハ、私ハ是ハ本案ノ提出ヲナサッタ動機ハ、山林ヲ保護スルニ非ズシテ、兩稅委讓ノ爲ニ財源ヲ捻出スル必要カラ御出シニナッタモノト思フノデアリマス（拍手）現ニ今回追加豫算ト致シマシテ千六七百万圓ノ金ガ要ル、ソレガ此案ガ成立スルカ、セヌカ分リマセヌカラ、追加豫算六七百万圓ヲ出スコトガ出來ナイト云フ狀態ニ置カレテ居ルデハアリマセヌカ（拍手）此點カラ考ヘマスト云フト、委員會ニ於テ不均衡杜撰ナルモノトノ決議ヲ附セラレタニ拘ラズ、尚且ツ本案ノ通過ヲ圖ラレル所以ノモノハ、全ク森林保護ノ目的デナクシテ、兩稅委讓ノ財源ヲ捻出スルガ爲ニ御出シニナッタモノト吾々ハ認メザルヲ得ナイノデアリマス、左樣ナ不純ナ動機カラ御出シニナッテ、庶民階級ニ非常ニ迷惑ヲ掛ケ、庶民階級ノ負擔ヲ加重スルガ如キ、社會政策ニ反スル所ノ惡影響ガアル所ノ本案ニ對シテハ、吾々ハ反對スルト同時ニ木材關稅ニ關シマスル所ノ部分ヲ削除致シタイト思フノデアリマス、同時ニ此朝鮮ノ特例ニ關シマスル分ハ、此木材關稅ガ改正サルヽト云フコトヲ前提ト致シテ御出シニナッタノデアリマスルカラ、ソレニ關聯ヲ致シテ居リマスル部分ダケヲ削除致シタイト思フノデアリマス、願クハ修正案ニ對シマシテ、國家ノ爲メ國民ノ爲ニ、御贊同アランコトヲ希フ次第デアリマス（拍手）

○副議長（清瀨一郎君） 是ヨリ討論ニ入リマス、此討論ハ便宜、委員長報告贊成側ヨリ之ヲ許シマス――岩本武助君

〔岩本武助君登壇〕

○岩本武助君 私ハ本案ニ對シ贊成ノ意見ヲ有シテ居リマス、又只今民政黨ヨリ提出サレマシタ修正案ニ付テハ、反對ヲ致ス者デアリマス（拍手）諸君モ御承知ノ如ク、先ヅ此木材關稅案ヲ論議致シマスルニハ、我國ノ森林ガ如何ナル狀態ニアルカト云フコトヲ先ヅ斷定致シマシテ、サウシテ、此木材定率案ガ必要デアルカ否ヤト云フコトニ進ムコトガ必要デアルト信ズルノデアリマス（拍手）何レノ國ニ於キマシテモ、其國ノ森林ト云フモノハ國土ノ保全、水源涵養、或ハ國民保健ノ上ニ於キマシテ最モ肝要ナルコトハ、申上ゲル迄モアリマセヌ、我國ノ如キハ面積ノ六割以上ハ森野デアリマスルカラ、此意味カラ申シマシテモ、我國ノ森林ハ最モ大切ナルモノデアルト思フノデアリマス（拍手）然ルニ近來此我國ノ山林ガ年々濫伐ヲ致サレマシテ、段々荒廢ニ傾キツヽアルコトハ明ナル事實デアリマス（拍手）此山林ノ荒廢致シマスルコトハ種々ノ原因モアリマスルケレドモ、此第一ノ原因ハ、目下我國ニ無制限ニ輸入サレツヽアリマスル所ノ外國材ガ大ナル影響ヲ及ボシテ居ルノデアリマス（拍手）諸君モ御承知ノ如ク、大正九年ニ木材關稅ノ大部分ガ廢止サレマスルト共ニ、偶々世界第一ノ伐木中心ガ我國ノ對岸北米太平洋沿岸ニ現レマシテ、而モ一錢モ造林費ヲ費シテナイ大森林、其上ニ木材ノ運賃等ニ付テモ最モ便利ナル海岸ニ密接致シテ居リマスルカラ、亞米利加ノ此伐木事業ト云フモノハ、此處ニ集リマ

シテ空前ノ大生產ヲ現シ、安イ木材ヲ無制限ニ我國ニ輸入サレマシテ、今日ハ如何ナル山間僻地ト雖モ此亞米利加材ヲ見ナイ處ガナイヤウニ相成ッタノデアリマス(拍手)是ガ爲ニ内地木材ノ山元價格ガ非常ニ下落致シマシテ、大正六七年ノ好況時代ニ較ベマスルト、其材價ガ半額以下ニ大下落ヲ來シタノデアリマス、ノミナラズ又一面ニ於キマシテ、此外材輸入商人ガ種々ノ思惑等ニ依リマシテ、木材ノ價格ガ非常ニ低落致シマシテ、其上ニ相場ノ變動ガ非常ニ甚シク相成リマシタカラ、數百年來我ガ林業家ガ苦心慘憺ヲ致シマシタ森林モ、其場所ト樹齡ニ依リマシテハ殆ド無價値ノ物ニ相成ッタノデアリマス、ソレ故ニ我ガ山村今日ノ疲弊困憊ハ其極ニ達シマシテ、動トモ致シマスレバ自暴自棄ニ陷リ、父祖傳來ノ山林ヲ所謂食ハンガ爲ニ濫伐ヲ爲スノ已ムヲ得ザルニ立到ッタノデアリマス、而モ此伐木ハ收支相償ヒマセヌカラ、造林ヲ怠リ、間伐又ハ其他ノ必要ナル手入ヲ中止スルト云フ狀態ニ立到ッタノデアリマス、而シテ此疲弊セル山村ノ經濟狀態ヲ救濟致シマスニハ、ドウ致シマシテモ先ヅ第一ニ木材關稅ノ引上ヲ要スルノデアリマス、ト共ニ又内地ノ森林ノ助成政策ヲ採ルト云フコトガ、是ト相俟ッテ必要ナコトニ相成ルノデアリマス、今回此木材關稅ヲ引上ゲルト共ニ、一面又政府ハ内地山林ノ助成政策ヲ行フ上ニ於キマシテ、本年度ノ事業費ト致シマシテ約七百二十万圓ノ新規事業ヲ計上致シタコトハ、是ハ我國ノ林業界ヲ救濟スルニ、稍々人意ヲ强クスルト思フノデアリマス(拍手)然ルニ民政黨ノ諸君ガ今回ノ關稅引上ニ依ル增收ノ六百五十万圓ハ兩稅委讓ノ財源デアルトカ、若クハ追加豫算ハ是ガ通過シナケレバ出セナイノデアルト云フヤウナ御議論ハ、誣ユルノ甚シキモノト信ズルノデアリマス、前刻モ申シマシタ通リ今回ノ木材關稅引上案ハ、我ガ山村ノ疲弊ヲ救濟致シマス上ニ最モ緊急ヲ要スルモノト認メマスル第一ノ理由ト致シマシテ、外材ガ如何ナル狀態ニ依テ輸入サレテ居ルカト云フコトヲ、先ヅ簡單ニ申述ベテ見ナケレバナリマセヌ、卽チ此亞米利加材ハ大正八年迄ハ輸入總計ガ年々二、三十万石デアリマシタガ、大正九年ニナッテ丸太、角材、割材ガ無稅トナリマシタ結果、同年ハ一躍八千万石價額千六百万圓ニ達シ、以來累進的ニ增加致シマシテ、大正十三年ニハ千百万石、價額一億二千万圓、昭和元年ニハ千六十万石、價價額九千六百万圓、昭和二年上半期ニハ五百十万石、價額四千万圓ト云フヤウナ狀況ヲ呈シテ居ルノデアリマス、此恐ルベキ壓倒的ノ外材ノ輸入ニ依リマシテ、年々我國ノ正貨ヲ一億圓内外失ヒツヽアリマスコトハ非常ナ大問題デアリマス、ト申シマスノハ、此一億圓ノ木材ハ例ヘバ棉花ヲ輸入シテ、之ヲ織物ニシテ外國ニ輸出スルトカ、或ハ機械ヲ輸入シマシテ、之ニ依テ種々ノ工業的ノ物品ヲ作ッテ、之ヲ輸出スルトカ云フ風ナモノデナクシテ、唯間接的ニハ國民ノ生活ニ利益ガアルカハ分リマセヌガ、結局年々一億圓以上輸入致シマス木材ハ、其シマヒハ腐敗致シマスカ、若クハ消失スルヨリ外何ニモナイノデアリマス、ソレデ斯ノ如ク米材ノ無制限ノ輸入ノ爲ニ、段々我ガ國際貸借ノ不良ニナル一原因ヲ成シマスコトハ、是ハ爭フコトノ出來ナイ事實デアリマス、然ルニ反對論者ハ此關稅引上ニ依テ内地材ガ値上リスレバ、我國ノ山林ハ濫伐サレルト云フコトヲ論議サレテ居リマスケレドモ、本當ノ山村ニ於キマス林業者ト云フモノハ、年々輪伐トカ皆伐、若クハ間伐ニ依リマシテ、造林補植ヲ爲シ、ソノ生計ヲ立テヽ居ルノデアリマスカラ、山元相場ガ今日ノ如ク暴落シテコソ濫伐ハ致シマスケレドモ、相當ニ採算ノ取レルヤウニナリマシタ以上ハ、其伐採シタル跡ヲ其儘放任セナイト云フコトハ、卽チ我ガ山村ノ美風デアルト謂ハナケレバナラヌノデアリマス(拍手)又大正六、七年ノ財界ノ好況時代ニ於キマシテ、伐採面積ヨリ造林面積ガ少イカラ、卽チソレハ濫伐ノ證據ダト申ス人ガアリマスケレドモ、是ハ所謂林業ニ經驗ノナイ方ノ言フコトデ、卽チ植林ノ實際ト申シマスモノハ三箇年經チマシテ初メテ山ガ出來ルノデアリマス、故ニ大正九年後ニ於キマシテ我國ノ木材界ノ相場ハ非常ニ下落ヲ致シマシタケレドモ、其造林ノ面積ノ增加致シテ居リマスコトハ、卽チ價格ガ少シ上ッテ尙ホ之ニ對シテ補植ヲスルノ餘力ガアルト云フコトヲ、此表ガ示シテ居ルノデアリマスカラ、木材ガ相當上リマスレバ必ズ眞面目ナル林業家ハ造林補植ヲ爲スコトハ火ヲ睹ルヨリ明ナ事實デアリマス、又關稅引上ヲ止メテ第一ニ山林ノ助長政策ヲ行ヘト云フ議論モアリマスケレドモ、是モ前申上ゲタ通リノ理由ニ依テ、今日我國ノ山林ノ狀態カラ申シマスナラバ、今年一年關稅ノ引上ヲ行ハナケレバ我國ノ山林ノ增植ノ後レルコトハ、卽チ三年後レルト云フ理由ニ相成ルノデアリマス、又反對論者ハ木材關稅ノ引上ハ國民生活ヲ脅威スルモノダト云フ議論ヲサレマスガ、是ハ卽チ家賃ノ騰貴デアラウト思ヒマス、併ナガラ家賃ノ騰貴ト云フコトハ、必シモ木材ノ原料ト何等關係ガアリマセヌ、卽チ木材ハ總建築費ノ十分ノ三シカアリマセヌガ、若シモ今回ノ增率ガ約一割ト致シマスナラバ、卽チ建築費ニ及ボシマスモノハ木材十分ノ三ニ對シマスル百分ノ一シカ上ラナイノデアリマス、故ニ之ヲ以テ國民ノ負擔過重デアルト云フコトハ、論議スルノ根柢ガナイト思フノデアリマス(拍手)又此關稅引上ハ我ガ少數ノ山林家ヲ益スルモノデアッテ、社會政策ニハ反スルモノデアルト云フ御議論モアリマスガ、併シ現在我國ノ山林ノ所有者ヲ調ベテ見マスルト、前刻前田君ガ表示サレマシタケレドモ、是ハ不幸ニシテ私ノ調査致シマシタ表ト相反シマスルガ、政府ノ表ニ依テ見マスレバ、山林五反未滿五町歩マデノ所有者數ガ四百三十五万戸アリマス、前田君ハ之ヲ「人」ト言ッテ居リマス、又五町歩以上五十町歩ノ所有者ハ二十四万五千戸デアリマス(拍手)五十町歩以上三百町歩ノ山林家ハ僅ニ一万四千戸デアリマス、故ニ概計致シマシテ四百六十万戸デアリマス、此統計ニ依テ見マスレバ、決シテ少數ナル者ノ利得デハアリマセヌ、一戸平均三人ト計算致シマシテモ、約一千五百万人、之ニ造林、製材等ニ從事致シマスル勞働者百五十万人ヲ加ヘマスルナレバ、一千六百万人ノ國民ヲ救濟シ、一面ニ於テハ國家百年ノ大計ヲ確立スル立派ナ社會問題ヲ解決スルノデアリマスルカラ、此意味ニ於テ此事ニ反對スル諸君ハ、卽チ反對センガ爲ノ反對デアリマス(拍手)又前田君ハ歐羅巴大戰當時ニ非常ニ山林家ガ思惑ヲシテ、サウシテ其跡ガ今ニナッタノダト云フ御議論デアリマスケレドモ、成程歐羅巴戰爭ノ時ニ於テハ、所謂我國ノ眞ノ森林業家ト云フ者ニアラズシテ、他ノ人モガ資力ノ餘分ヲ以テ、山ガ値ガ高イカラト云フヤウナ漫然タル考デ、山林ノ賣買ガ行ハレマシタケレドモ、眞面目ナ林業家ハ決シテ斯樣ナ事ハ致シテ居ラヌコトハ、事實デアリマス(拍手)又我國ノ國有林ノ伐採ガ亞米利加ノ材木ノ輸入ヨリモ其量ガ多イカラ、詰リ國家自ラガ今日ノ此材價ヲ崩シテ居ルト云フ御議論デアリマシタケレドモ、是モ當ラザルモノデアリマス、ト申シマスルコトハ、國有林ニ致シマシテモ、民有林ニ致シマシテモ、悉ク是ハ我ガ國家ノ山林デアリマス、併ナガラ唯茲ニ所謂此關稅ノ引上ヲ要スルコトハ、同ジ木材デモ亞米利加カラ入リマスルモノハ、山林ノアリマスル地帶ノ關係カラ言ヒマシテモ、運材ノ關係カラ言ヒマシテモ、我ガ内地材ニ比シテ廉ク入ル爲ニ、此國有林ニ限ラズ、民有林モ同ジク此安イ材價ノ爲ニ押サレテ行クノデアリマスカラ、國家トシテモ相當ナ輪伐計畫ヲ樹テ、居リマス以上ハ、之ニ對シテ一定ノ收入ヲ計算致シテ居リマス、此上カラ言ウテモ多少木材ノ伐出ノ增加致スト云フコトハ致方ノナイコトデアリマスカラ、今回此米材ノ關稅引上ニ依テ、亞米利加材ノ輸入ヲ制限致シマスルナラバ、此我ガ國有林ノ伐出ト云フコトニ付テモ、多大ノ效果ガアルト信ズルノデアリマス(拍手)又林業家ノ疲弊ハ山林ノ荒廢デナクシテ、金融ノ途ノ杜絕シタカラデアルト云フ御議論モアリマシタケレドモ、是モ成程今日私共ノ要望致シテ居リマスル山林火災制度ノ實現致シテ居リマセヌ今日ハ、徹底的ニハ此金融ノ實際行ハレルト云フコトハ望マレマセヌケレドモ、今此林業地帶ニ於キマスル所ノ銀行、殊ニ農工銀行ノ如キ、勸業銀行ノ如キハ、相當ニ山林ニ對シテハ又相當ノ貸出ヲ致シテ居リマスルカラ、金融ノ杜絕シテ居ルト云フコトモ亦是ハ否認ヲシナケレバナラナイノデアリマス(拍手)又今回ノ木材關稅引上ハ、國交ノ上ニ於テ外國トノ關係ニ於テ、惡影響ガアルト云フ御議論デアリマスケレドモ、併ナガラ是ハ木材ニ限ラズ、各種ノ物品ガ各國各、相當ノ輸入品ニ對シテハ課稅ヲ爲シテ居ル ノデアリマス、故ニ吾々ハ今日徒ニ外觀ノミヲ論ジテ居リマシタナレバ、此國家ニ最モ大切ナル山林ガ禿山ニナッテシマッテ非常ナ大問題ヲ惹起スノデアリマス、故ニ今回ノ如キ正當ナル引上率ハ絕對ニ贊成シナケレバナラヌノデアリマス(拍手)又新黨倶樂部ノ岸本君カラ此案ニ付テ希望條件ノ決議ノコトヲ申サレタノデアリマスルガ、此案ハ前田君ガ此希望附帶決議ガアル以上ハ、此原案ニ何カ故障ノアルモノデアルト云フ御議論モアリマシタケレドモ、是ハ先年關稅ノ改正ヲ行ッタ時ニモ、斯ウ云フ附帶決議案ガ附イタ例モアリマス、ノミナラズ何事デモ各種ノ色色ナ木材ノ種類ヲ取扱ヒマスル此關稅率デアリマスルカラ、神ナラヌ以上ハ必シモ完全無缺ナリト言ヒ得ナイト思ヒマスルケレドモ、今日之ヲ實行スルニ於テハ、先ヅ吾吾ハ完全ナルモノト認メテ贊成ヲ致スノデアリマス(拍手)故ニ此新黨倶樂部カラ出サレマシタ附帶決議案ニ於テモ、其意味ニ於テ贊成ヲ表シテ置クノデアリマス、デ要シマスルニ、今日我山村ヲ此儘ノ狀態ニ据置キマシタナラバ、如何ナル慘澹タル結果ヲ來スカ、洵ニ前途寒心ニ堪ヘナイノデアリマス、卽チ我國ノ正貨ハ年々一億圓以上亞米利加ニ取ラレ、國民――國土面積ノ六割以上ヲ占メマスル山村ノ人々ハ、祖先傳來ノ家業ヲ棄テ、他ニ職業ヲ求メテ、全部都會ヘ都會ヘト集中ヲ致スノデアリマスカラ、其結果來ルベキモノハ卽チ森林ノ荒廢デアリマス、森林ノ荒廢ハ卽チ木材生產ノ不能ヲ來タスノデアリマス、又一面カラ考ヘテ見マスルト、山林ガ荒廢致シマスルナラバ其土砂ノ流出ニ依リマシテ、水害ガ各地ニ頻發致シ、又一面ニハ水源ガ枯渇致シマシテ、農地ノ灌漑、水力發電、都市水道ノ給水等ニ大ナル支障ヲ來シマスルコトハ、是ハ火ヲ睹ルヨリモ明ナル所デアリマス、今日我國ノ工業ノ中樞トモ見ルベキ電氣ハ、現在三百四十万餘基デアリマスガ、其中水力電氣ガ二百十万餘基デアリマシテ、又國家ガ年々治水費トシテ出シテ居リマスルモノハ二千万圓以上ヲ算シ、之ニ各府縣ノ治水費ヲ加算致シマスレバ、莫大ナル金額トナルノデアリマス、併ナガラ將來我國ノ森林政策ヲ確立致シマシテ、適當ナル此林業家ノ指導救濟ヲ爲サナカッタナラバ、年々ノ治水費ノ如キ、恰モ破レタ所ニ一寸膏藥ヲ貼ルト云フコトニ相成ルノデアリマス、此大切ナル國土保安ノ完成ハ、ドウシテモ今回ノ此先ヅ第一ニ木材關稅ノ引上ヲ實行スルト云フコトヲシナケレバ、此大切ナ問題ノ完成ハ望メナイト思ヒマス、願クハ諸君、此國土ノ保存ノ大問題ヲ解決致シマスル上カラ言ヒマシテ、本案ニ御贊成アランコトヲ御願シテ此壇ヲ降ルノデアリマス

○副議長(清瀨一郎君) 太田信治郎君

〔太田信治郎君登壇〕

〔「議長、議事ノ進行ニ就テ」ト呼フ者アリ〕

○副議長(清瀨一郎君) 太田君ニ許シマシタ

○太田信治郎君 私ハ木材關稅ニ關シテ極メテ簡單ニ一言申述ベタイト存ジマス、森林事業ガ不振ノ爲ニ困難ノ狀態ニ在ル、是ガ救濟方法ヲ講ズルト云フコトハ、國策トシテ最モ必要ナリト信ズル者デアリマス、故ニ森林事業保護獎勵ニ對シテ相當ノ方法ヲ講ズルト云フコトハ、私ハ雙手ヲ擧ゲテ贊成スル者デアリマス、併ナガラ木材關稅ノ引上ニ依テノミ森林事業ノ振興ヲ來スベキモノト斷ズルコトハ、失當デアルト思フノデアリマス、森林事業ノ保護ノ目的ヲ以テ關稅ヲ引上ゲルト致シマスレバ、ソレニ伴フ各種ノ施設ヲ必要トスルノデアリマス、關稅ノ引上ノミニ依テ、多少需要家ニ於テ値段ガ騰貴シテ迷惑ヲ致シマセウトモ、ソレハ將來ニ於テ對策ヲ講ジテ、將來得ル所ノ利益ガ今失フ所ノ損失ヨリハ國家ノ爲ニ利益ナリト信ジタル場合ニハ、之ヲ斷行スルコトニ躊躇ヲ致ス者デアリマセヌ、併ナガラ森林政策ニ關シマシテ相當ノ政策ノ確立ヲ期スルコトハ勿論デアリマス、先ヅ第一ニ帝國內ノ森林ノ事業ニ關シ、統一シタル機關ヲ設ケテ、是ガ統一シタル政策ノ下ニ政策ヲ行フト云フコトハ、私ハ目下ノ急務中ノ急務ト思ッテ居リマス、又林業金融ノ話ガ出マシタガ、植林事業ニ付テハ金融ノ途ガ甚ダ狹小デハアリマスケレドモ開ケテ居リマスガ、林產物ヲ取扱フ上ニ於テハ金融ノ便利ガ缺ケテ居ルノデアリマス、是ガ森林業者ヲ救濟スル上ニ於テ最モ必要ナ金融ノ利便ヲ與ヘルノ一ツデアリマス、更ニ材木ノ値ガ上ルト、山ヲ餘計伐ルトカ、或ハ値ガ下ルト山ヲ伐ルトカ云フ話ガ出マシタガ、是ハ何レモ當リマセヌ、材木ノ需要ガ起ラナケレバ林業ハ起ラナイノデアリマス、林業ノ起ルノハ需要ト供給ト相俟タナケレバナラヌ、若シ需要ガ起ラナイニ拘ラズ、森林ヲ伐採致シマシタナラバ、其荷物ハ堆積シテ却テ林業家ノ損ト云フコトニ相成ルノデアリマス、ソレガ爲ニハ寧ロ生產費ヲ引下ゲテ需要ノ大ニ振興スルト云フ策ヲ講ジナケレバナラヌ、申ス迄モナク材木ニ代ルベキ代用品ガ幾ラモアリマス、若シ材木ノ價格ガ單リ上リマシタナラバ、其代用品ニ壓倒サレルト云フコトハ申ス迄モナイノデアリマス、之ヲ要スルニ一例ヲ申シテ見レバ「サワラ」ノ手桶ニ代ユルニ「トタン」ノ「バケツ」ヲ以テシ、或ハ杉ノ板ニ代ユルニ「トタン」板ヲ以テ利用スルガ如キモノハ其一例デアリマス、更ニ此關稅案ノ中ニハ濶葉樹ニ關スルコトハ何モアリマセヌ、內地ニ於テ針葉樹ヲ保護スル上ニ於テ、此關稅ノ效果ガ多少アリマセウトモ、國內ニ於ケル所ノ森林ヲ扱フ森林業者トスレバ、最モ必要ナルモノハ濶葉樹デアリマス、濶葉樹ガ十四億六千万石アルト云フノデアリマス、ソコデ針葉樹ハ七億六千万石、然ラバ三分ノ二ヲ持ッテ居ル所ノ濶葉樹ニ對シテ相當ノ保護獎勵、是ガ振興ヲ期シ、是ガ販路ヲ求メルト云フコトノ施設ヲ爲サナケレバナラヌ、其他ニモ種々ナル施設ガアリマセウガ、大要以上ノ如キ最モ重要ナル問題ニ對シテ、何等ノ方法ヲ講ジテナイノデアリマス、之ヲ政府ニ質シマスト、政府ノ言フニハ、何レモ考慮中デアルト云フ旨ヲ申サレマシタガ、何等積極的ニ之ニ對スル方法ヲ確立シテ居ラナイト云フコトハ明デアリマス、左樣ニ致シマスト、一面ニ關稅ヲ引上ゲマシテモ、一面ニ於テ內地ニ於テ是等ノ森林業者保護ノ施設ガナケレバ、要スルニ車ノ兩輪ノ一輪ヲ缺イタガ如キ感ジガアリマスカラ、之ヲ要スルニ此案ハ不備ナ點ガアルト云フコトハ、已ムヲ得ナイノデアリマス、併ナガラ只今之ヲ暫定的ニ贊成ヲ致シマスルト致シマシテモ、其內容ニ於テハ不公平ナル所アレバ、之ヲ匡正スルコトハ當然デアリマス、何處ガ不公平デアルト申シマスナラバ、此中ニ原料材ト製材トノ區別ニ付テ、其課稅ニ公平ヲ失シテ居ルノデアリマス、ソレハ何デアルカト申シマスレバ、御承知ノ通リ日本ハ原料ノ乏シイ國デアリマスカラ、海外ヨリ原料ヲ輸入シテ、ソレニ加工致シテ、之ヲ職工勞役者ノ生活ノ資料ニ致スト云フコトハ當然ノ事デアリマス、然ルニ本案ニ依リマスレバ、其職工勞役者ノ生活ノ資料トナルベキ所ノ原料ニ限リ、重稅ガ課セラレテアル、サウシテ製材シタルモノニ比較的輕イ課稅ガ課シテアル、此所以ヲ尋ネマシタ所ガ、是ハ要スルニ昭和二年度ノ輸入總數量ニ對シテ輸入總金額ヲ以テ除シタルモノヲ以テ平均價格トシ、ソレヲ從價ト致シテ從量稅ヲ加算シタルモノデアルト云フコトデアリマヌ、而シテ是ガ分類ヲ致スコトハ頗ル困難ナルコト、ナルト云フコトデアリマシタ、之ニ對シテ若シ之ヲ分類致シマセヌケレバ、高イ物ハ五十八弗、安イ物ハ十八弗、此間開キノ四十弗モアル物ヲ之ヲ平均スルト云フコトハ如何ニモ不當デアル、此點ニ付テ色色取調ベマシタル結果、其分類ヲスルノニ最モ安キ物ニ止メタラドウデアルカ、是ニ於テ吾々ハ修正案ヲ提案致シタノデアリマス、卽チ此稅番ノ六百十二號、己ノ三ノ「二」政府案ノ毎立方「メートル」三圓三十錢ヲ二ツニ分類ヲ致シマシテ、「二」ノ一、割材毎立方「メートル」五圓三十錢、「二」ノ二、丸材毎立方「メートル」二圓二十五錢、以上ノ二ツニ分類ヲ致シマシタノハ、丸材ハ圓イモノ、割材ハ三角ナモノデアリマスカラ、此位ナ分類ハ何人ニ於テモ出來ルデアラウ、而モ丸材ノ方ハ平均二十二弗、割材ハ平均四十六弗、斯樣ニ平均率ヲ見マシテ、同ジク一割二分五厘ノ基礎ト致シマシタ所ノ從價稅ヲ課スルト致シマスレバ、以上ノ通リニ相成ルノデアリマス、左樣致シマスレバ、工場ノ原料タル所謂勞働者ノ生活ノ資料トナル所ノ原料材ニ安クシテ、高級品ニ高クナルト云フコトデアリマスルカラ、聊カ此案ノ面目ヲ直シテ、公平ヲ保ツコトヲ得ルト信ジタノデアリマスルケレドモ、是ガ遂ニ贊成ヲ得ルコトガ少數デアリマシタ爲ニ、否決トナリマシタコトハ遺憾デアリマスケレドモ、已ムヲ得マセヌ、然ラバ如何致スカト申シマスレバ、已ムヲ得マセヌ、今日斯ノ如キ不公平ナル案ヲ致シ、而モ且ツ車ノ兩輪ノ一輪ヲ缺キタルモノヲ通過致サセマスヨリハ、寧ロ前田君ノ修正提案ニ贊成ヲ表シテ、反對ヲ致シタル方ガ却テ利益ナリ、而シテ更ニ政府ハ調査ノ上デ、完全ナル提案ヲ求ムルコトガ至當ナリト信ジタ次第デアリマス、而シテ申上ゲル迄モアリマセヌガ、木材ノミナラズ總テ物品ハ高イカラ必ズ儲カル、高イカラ賣レルト云フヤウナコトニ御考ニナルコトハ、大ナル

問違デアリマス、水ノ低キニ向ッテ流レルガ如ク、安キ國ノ物貨ガ高イ國ニ入リ、物價ノ高イ國ノ金ガ安イ國ニ向ッテ流出スルコトハ當然ノコトデアリマス、然ラバ斯ノ如キ物價引上ニ依ッテ一時ノ利益ヲ圖ル政策ヲ御執リニナリマシタナラバ、何時ニナッテ國際貸借ノ改善ヲ得ルコトガ出來マセウカ、又斯様ナ政策ヲ御執リニナルナラバ、益、物價ノ高キ國民ハ生活難ニ苦シムノデアリマス、寧ロ物價ハ引下ゲテ、需要ヲ振興シテ、産業ヲ振興セシメテ、之ニ依テ初メテ國民ノ生活安定ヲ得ルノデアリマス、然ルニ政府ガ財政ノ緊縮ヲセズ、金利ノ引上ヲ爲サズ、金輸出ノ解禁ヲ爲サズ、國際貸借ノ改善ニ意ヲ用ヒズ、唯一時ヲ糊塗シテ、國民大衆ノ利益ヲ思ハズシテ、一部少數者ノ利益ヲ圖ルコトハ、私ニ於テハ決シテ國策トシテ執ルベカラザルモノデアルト信ズルノデアリマス、此關税引上ニ依テ、既ニ新聞紙上傳ヘル所ニ依レバ秋田林產會社ハ四十万圓ノ利益ガアルト云フコトデアリマス、斯様ナ一部ノ者ニ利益ヲ與ヘルト云フコトハ、斷ジテ私ハ反對ヲセザルヲ得ナイノデアリマスカラ、此事ヲ申上ゲテ降壇スル次第デアリマス

○副議長（清瀨一郎君） 討論ハ之ヲ以テ終結致シマシタ、玆ニ森保祐昌君ヨリ議事進行ニ付キ發言ノ要求ガ提出サレテ居リマス、議長ハ之ヲ許サナケレバナリマセヌ――森保君

○森保祐昌君 只今議場ハ定足數ヲ缺イデ居リマスカラ、之ヲ以テ散會セラレンコトヲ望ミマス

〔「缺イテ居ナイ」「アル」「アル」ト呼ヒ其他發言スル者多シ〕

○副議長（清瀨一郎君） 議長ニ於テ計算ヲサセテ居リマス

○森保祐昌君 只今定足數ヲ缺イテ居リマス

〔「アル」「アル」ト呼ヒ其他發言スル者多シ〕

○副議長（清瀨一郎君） 計算中デアリマス――只今計算中デアリマス

〔此時發言スル者多シ〕

○副議長（清瀨一郎君） 靜肅ニ願ヒマス――靜肅ニ願ヒマス――今書記官長ヲシテ正式ニ計算セシメマシタ、定足數ハアリマス（拍手）是ヨリ採決ニ入リマス、兩案ノ中先ヅ關税定率法中改正法律案ニ付キ採決スルノデアリマス、而シテ此案ニ關スル勝君外二名提出ノ修正案ニ付キ先ヅ採決ヲ致シ、至イデ本案ノ採決ヲ致シマス、勝君外二名提出ノ修正案ニ贊成ノ諸君ノ起立ヲ求メマス

〔贊成者 起立〕

○副議長（清瀨一郎君） 起立少數ト認メマス、仍テ修正案ハ否決サレマシタ、次ニ本案ノ委員長報告ニ贊成ノ諸君ノ起立ヲ求メマス

〔贊成者 起立〕

○副議長（清瀨一郎君） 起立多數（拍手）本案ハ委員長報告ノ通リ可決致シマシタ、是ヨリ大正九年法律第五十三號中改正法律案ニ付キ採決スルノデアリマス、而シテ勝君外二名提出ノ修正案ニ付キ先ヅ採決ヲ致シ、次ニ本案ニ付キ採決ヲ致シマス、勝君外二名提出ノ修正案ニ贊成ノ諸君ノ起立ヲ求メマス

〔贊成者 起立〕

○副議長（清瀨一郎君） 起立少數ト認メマス、仍テ修正案ハ否決サレマシタ、次ニ本案ノ委員長報告ニ贊成ノ諸君ノ起立ヲ求メマス

〔贊成者 起立〕

○副議長（清瀨一郎君） 起立多數、本案ハ委員長報告ノ通リ可決致シマシタ（拍手）是ニテ兩案ノ第二讀會ハ終了ヲ致シタノデアリマス

○原惣兵衛君 直ニ兩案ノ第三讀會ヲ開カレンコトヲ望ミマス

〔「贊成」「贊成」「異議ナシ」ト呼フ者アリ〕

○副議長（清瀨一郎君） 別ニ御異議ナイト認メマス、仍テ兩案ノ第三讀會ヲ開キ、議案全部ヲ議題ト致シマス

關税定率法中改正法律案 第三讀會

大正九年法律第五十三號中改正法律案（關税法等ノ朝鮮ニ於ケル特例ニ關スル件） 第三讀會

〔「異議ナシ」ト呼フ者アリ〕

○副議長（清瀨一郎君） 別ニ御發議モアリマセヌ、兩案ノ委員長報告ニ贊成ノ諸君ハ起立

〔贊成者 起立〕

○副議長（清瀨一郎君） 起立多數ト認メマス（拍手）仍テ兩案ハ可決確定ヲ致シマシタ

○原惣兵衛君 會期切迫議案堆積ノ折柄デアリマスカラ、明日ハ特ニ本會ヲ開カレ審議ヲ進メラレンコトヲ望ミマス

〔「異議ナシ」「異議ナシ」ト呼フ者アリ〕

○副議長（清瀨一郎君） 原君ノ動議ニ御異議アリマセヌカ

〔「異議ナシ」「異議アリ」ト呼フ者アリ〕

○副議長（清瀨一郎君） 御異議ガアルヤウデアリマス、仍テ採決ヲ致シマス、原君ノ動議ニ贊成ノ諸君ノ起立ヲ求メマス

〔贊成者 起立〕

○副議長（清瀨一郎君） 起立多數ト認メマス、仍テ明日ハ定刻ヨリ本會議ヲ開キマス

○原惣兵衛君 殘餘ノ日程ハ延期シ、本日ハ是ニテ散會セラレンコトヲ望ミマス

〔「贊成」「異議ナシ」ト呼フ者アリ〕

○副議長（清瀨一郎君） 御異議ナシト認メマス、仍テ本日ハ是ニテ散會致シマス、次回ノ日程ハ公報ヲ以テ御通知致シマス

午後八時一分散會

米穀需給調節特別會計法中改正法律案（政府提出）

第一讀會ノ續（委員長報告）

報告書

一米穀需給調節特別會計法中改正法律案（政府提出）

右ハ本院ニ於テ可決スヘキモノト議決致候此段及報告候也

昭和四年三月十五日

委員長　高山　長幸

衆議院議長川原茂輔殿

〔高山長幸君登壇〕

○高山長幸君　只今議題ニ上リマシタ米穀需給調節特別會計法中改正法律案ノ委員會ノ經過竝結果ニ付テ簡單ニ御報告申上ゲマス、御承知ノ通リ此問題ニ付キマシテハ、議員提出ノ法律案ト政府提出ノ法律案ト二法律案ガアルノデアリマスルガ、先ヅ最初ニ委員會ニ付託サレマシタ三輪市太郎君外六十三名ノ提出ニ係ル改正法律案ニ付テ御報告申上ゲマス、委員會ヲ開クコト四回、委員諸君ノ中カラ朝鮮、臺灣ニ於ケル產米ノ事項、或ハ米穀法運用ノ結果ニ付テノ色色ノ御質問ガアリマシタガ、之ニ對シテ國務大臣及政府委員カラ答辯ガアリマシタガ、要スルニ法律案ハ米價低落ノ現狀ニ鑑ミ、地方農民ノ休戚ニ關スル極メテ重要ナル法案デアリマスルガ、其精神目的ハ極メテ簡單デアルノデアリマス、即チ運用資金ノ限度ヲ增加シ擴張スルト云フコトニ外ナラヌノデアリマス（拍手）本月四日ノ委員會ニ於キマシテ、川崎安之助君ノ御發議ニ依テ、特別委員ヲ三名選定致シマシタ、即チ三輪市太郎君、福井甚三君、池田龜治君ノ三君ガ此委員トナリマシテ、私委員長トシテ此三名ノ委員諸君ト內閣總理大臣竝大藏大臣ニ交渉ヲシテ、政府ヨリ速ニ提案ヲスルヤウニ督促ヲ致シタノデアリマス、今日地方農民ノ狀態ニ於テハ、一日モ早ク此問題ヲ解決シテ、此農民ノ窮狀ヲ救フト云フコトハ、一日ヲ緩ウスルコトノ出來ナイ必要デアッタト考ヘルノデアリマス（拍手）然ルニ偶、選擧法中改正案ノ議決ガ數日ニ亙ッテ結了致シマセナカッタ結果、此問題ハ空シク數日ヲ遷延サレテ、漸ク昨日ノ本會議ニ於テ委員付託トナッタ次第デアルノハ、甚ダ遺憾トスル所デアリマス、本日委員會ニ於キマシテ、此政府提出ノ改正法律案ハ滿場一致ヲ以テ可決致シタノデアリマス、隨ヒマシテ嚢ニ提出ナリマシタ三輪市太郎君外六十三名ノ改正法律案ハ、提出者カラ撤回セラルル筈デアリマス、速ニ議決アラレンコトヲ希望致シマス（拍手）

○副議長（清瀬一郎君）　質疑ノ通告ハアリマセヌ、是ヨリ討論ニ移リマス——三輪市太郎君

○三輪市太郎君　質疑デアリマスカ

○副議長（清瀬一郎君）　討論デス——質疑ノ通告ハアリマセヌカラ、直ニ討論ニ入リマス、貴方ガ第一順位ノ討論者デアリマス

〔三輪市太郎君登壇〕

○三輪市太郎君　只今議題トナリマシタ政府案ニ對シテハ賛成ヲスル者デアリマス、御承知ノ通リ此政府案ノ提案サレル以前ニ、吾々同志ハ同様ノ案ヲ多數ヲ以テ提出致シマシテ、其數字ハ二億万圓ノ增額ヲ求メルノデアリマシタガ、政府案ハ七千万圓デアッテ、此數字ハ滿足トハ言ヘナイノデアル、又吾々ノ提出致シタル案ニ付テモ、實ハ衆議院ハ多數ヲ以テ通過スルモノト思考致シテ居リマシタガ、一面ニハ衆議院ガ假ニ通過致シマシテモ、貴族院トノ關係ヲモ考慮シ、又政府モ進ンデ茲ニ金額ハ少イト雖モ提案サレタ以上ハ、假令吾々ノ案ガ通リマシテモ、政府當局ガ此運用上ニ吾々ノ望ムガ如キ態度ニ出ラレヌトモ見ルト、其效果ハドウデアルカト云フコトノ疑モ生ズルノデアリマシテ、寧ロ政府案ハ金額ガ少クテモ、豫テ聲明サレタ通リニ、來ルベキ五十七議會迄ニハ根本的ノ政策ヲ樹テテ、ソレデ米穀法ノ運用方針ヲ完全ニ樹立スルト云フコトノ御方針モ承ッテ居ルノデアルカラシテ、一年間ノ調節トシテハ、茲ニ七千万圓ヲ增加サレテ見レバ、其運用宜シキヲ得ルニ於テハ差支アルマイカト思ヒマシテ、アソコマデ進ンダ吾々ノ提案ヲ撤回スルノハ、涙ヲ吞ンデ撤回スルノデアル、此上ハ政府ノ誠意アル所ニ信頼シマス、殊ニ現今ハ御承知ノ通リ、中農以下即チ小農ノ米ヲ賣ルベキ時期デアルカラシテ、速ニ此政府案ヲ通過サシメテ、政府ニ宜シク運用ヲシテ戴キ、即チ政府ヲ信頼シテ吾々ノ案ハ撤回スルノデアリマス、併セテ此政府案ニ賛成スルノデアリマス（拍手）

○副議長（清瀬一郎君）　只今三輪君ガ撤回サル、ト言ハレタノハ、本院ニ於テハ三輪市太郎君外六十三名提出、米穀需給調節特別會計法中改正法律案ト名付ケタモノヲ指スノデアリマス、此撤回ハ他ノ提案者全部ヨリモ望マレテ居ルノデアリマス、之ヲ許スニ御異議アリマセヌカ

〔「異議ナシ」ノ聲起ル〕

○副議長（清瀬一郎君）　御異議ナシト認メマス、仍テ前記ノ案ハ撤回ニナリマシタ——田中隆三君

〔田中隆三君登壇〕

○田中隆三君　私モ同志ヲ代表致シマシテ、本案ニ對スル賛成ノ趣旨ヲ一應申上ゲタイト存ジマス（拍手）昨日本會議ニ於テモ申上ゲマシタ、又今朝委員會ニ於テモ政府ノ御趣旨ノアル所ヲ能ク承リマシタ、シテ見マスルト、此法案ハ暫定的ノモノデアル、一時的ノモノデアル、應急的ノモノデアルト云フコトデアリマス（拍手）其暫定的、應急的、一時的ト云フコトハ、ドウ云フコトデアルカト申シマスレバ、米穀法ノ運用資金ガ二億七千万圓ナケレバナラナイト云フ意味デハナイ、二億七千万圓トカ、三億万圓トカ云フ、其數字ダケノ運用資金ガナケレバナラヌト云フ意味デハナイ、現在ニ於ケル運用資金ト云フモノハ、段々固定シタモノモアリ、缺損シタモノモアッテ、殘リ少ナニナッテ居リマス、運用シ得ベキ金ハ昨日モ申上ゲマシタ通リ三千万圓位シカナイ、ソコデ其三千万圓ニ七千万圓ヲ加ヘテ、一億圓ノ實力ヲ以テ、米價調節ニ關スル何等カノ施設ヲスルノ實力ヲ茲ニ備ヘヤウト云フノガ、此本案ヲ政府ガ提出セラレタ御趣旨デアルノデアリマス、サウ致シマスレバ、之ヲ條理ヨリ論ズレバ、茲ニ既ニ

缺損ニナッテ、所謂其實力ヲ缺イテ居ル所ノ七千万圓ヲ缺損塡補ニスレバ、ソレデ矢張同ジ目的ヲ達スルコトモ出來、又條理ニ適フタコト、私共ハ思フノデアリマス（拍手）併ナガラ缺損塡補ト致シマシテモ、私ノ勘定トハ違ヒマシテ、矢張政府ノ會計ニ關スル重大ナル事項デアルトシテ、矢張是ハ法律案ヲ提出シテ、法律改正或ハ法律ヲ新設スル手續ニ依ラナケレバナラヌノデアリマス、デ會期モ切迫シテ居リマスルシ、重要ナル案モ山ト積ンデ居ル此際デゴザイマスカラ道理ノ上ニ於テ吾々ハ缺損塡補ノ法案ヲ出サウトシテモ、ソレハ今日ノ場合ニ於テ無理ナコト、思フノデス、甚ダ遺憾ニ存ジマスルシ、政府モ只今申上ゲマシタヤウナ風ニ、是ハ暫定的デアリ、便宜的デアリ、一時的デアル、法律ノ全般ニ付テハ色々ナ說モアリ、根本的ニ遡ッテ篤ト其事情ヲ調査研究シテ、改ムベキモノハ之ヲ改メ、場合ニ依テハ此法案ヲ廢止スルト云フコトマデモ進ンデ、根本的ノ調査ニ直ニ取掛ルト云フ御趣旨デアリマスカラ、其御趣旨ト、只今申上ゲマシタ暫定的、便宜的ト云フ所ノ趣意ト兩方合セ、又私共ノ心持カラ言ヒマスルト云フト、七千万圓ト云フ缺損ヲ塡補シテ、現在持ッテ居ル餘力ト合セテ一億圓ノ實力ニ依テ政府ハ然ルベキ方法ヲ立テヤウ、但シ其一億圓ト云フモノモ、政府當局モ流石ニ御用心モアリ、又御考モアッテ、之ヲ使ッテ米ヲ買上ゲルトハ仰シヤイマセヌ、或ハ是ハ傳家ノ寶刀トナッテ、此一億圓ノ力デ市場ヲ睨ンデ、睨ンダダケデ調節ノ目的ヲ達スルカモ知レマセヌ、併ナガラ何時其寶刀ガ拔カレテ、所謂之ヲ實際ニ用キラレルト云フヤウナコトガアルカモ知レマセヌ、是等ハ責任アル政府當局ノ爲サルコトデアリマスルカラ、私共ハ靜ニ其成行ヲ見テ居リマシテ、次ノ議會ニ於テ又其方策ニ誤リアルナラバ、遠慮ナク攻撃シヤウト思ヒマス、今日ハ已ムヲ得ズシテ之ニ賛成スルト云フ趣旨ダケヲ申上ゲテ置キマス（拍手）

○副議長（清瀨一郞君）　討論ハ終局致シマシタ、採決致シマス、本案ノ第二讀會ヲ開クニ御異議アリマセヌカ

〔「異議ナシ」ノ聲起ル〕

○副議長（清瀨一郞君）　御異議ナシト認メマス、本案ノ第二讀會ヲ開クニ決シマシタ

○原惣兵衞君　直ニ本案ノ第二讀會ヲ開キ、第三讀會ヲ省略シテ、委員長報告ノ通リ可決確定セラレンコトヲ望ミマス

〔「贊成」「贊成」ノ聲起ル〕

○副議長（清瀨一郞君）　御異議ナシト認メマス、仍テ直ニ第二讀會ヲ開キ、議案全部ヲ議題ト致シマス

米穀需給調節特別會計法中改正法律案

第二讀會（確定議）

〔「異議ナシ」「異議ナシ」ト呼フ者アリ〕

○副議長（清瀨一郞君）　別ニ御發議モアリマセヌ、仍テ第三讀會ヲ省略シテ委員長報告通リ可決確定致シマシタ（拍手）

○原惣兵衞君　議事日程變更ノ緊急動議ヲ提出致シマス、卽チ日程第十八乃至二十二ハ之ヲ繰上ゲ、順次其審議ヲ進メラレンコトヲ望ミマス

○副議長（清瀨一郞君）　原君ノ動議ニ御異議アリマセヌカ

〔「異議ナシ」「異議ナシ」ト呼フ者アリ〕

○副議長（清瀨一郞君）　御異議ナシト認メマス、仍テ日程ハ變更セラレマシタ——日程第十八乃至二十一ハ同一委員ニ付託セラレタル議案デアリマス、且又牽聯ノ議案デアリマス、仍テ一括議題ト爲スニ御異議アリマセヌカ

〔「異議ナシ」「異議ナシ」ト呼フ者アリ〕

○副議長（清瀨一郞君）　御異議ナシト認メマス、日程第十八、特許法中改正法律案、日程第十九、實用新案法中改正法律案、日程第二十、意匠法中改正法律案、日程第二十一、商標法中改正法律案、右四案ヲ一括シテ其第一讀會ノ續ヲ開キマス、委員長ノ報告ヲ求メマス——委員長鈴木英雄君

昭和四年三月二十三日

國際汽船株式會社ノ整理ニ關スル法律案　第一讀會ノ續

一　國際汽船株式會社ノ整理ニ關スル法律案（政府提出）　第一讀會ノ續（委員長報告）

報告書

一國際汽船株式會社ノ整理ニ關スル法律案（政府提出）

右ハ本院ニ於テ可決スヘキモノト議決致候此段及報告候也

昭和四年三月二十二日

委員長　吉木　陽

衆議院議長川原茂輔殿

〔吉木陽君登壇〕

○吉木陽君　國際汽船株式會社整理ニ關スル法律案ノ委員會ノ經過竝結果ヲ御報告致シマス、會期切迫ノ折柄デアリマスカラ、極メテ簡單ニ御説明申上ゲタイト思フノデアリマス、委員會ハ連日午前十時ヨリ數回ニ亙ッテ開キマシテ、頗ル微ニ入リ細ニ亙ッテ質問應答ガアッタノデアリマスガ、私ハ唯要領ノミヲ申述ベルニ止メマシテ、詳細ノ事ハ速記錄ニ依テ御覽ヲ願フ次第デアリマス、國際汽船株式會社ハ大正八年ニ、當時ノ船會社或ハ造船會社等ノ持船ヲ集メテ出來タ會社デアリマス、資本金ガ一億圓ノ會社デ、船ガ一噸三百五十圓ノ割合デ、約一億七千万圓ノ船ヲ持ッテ居ッタノデアリマス、斯樣ナ状態デアリマシテ、一億万圓ノ會社ニ於テ一億七千万圓ノ船ヲ持ッテ居ルト云フ状態デアリマスカラ、最初カラ茲ニ六七千万圓ノ金ガ不足デアッタノデアリマス、是等ノ金ノ一部ハ社債ニ依リ、他ハ政府ヨリ二千九百万圓、第一銀行、興業銀行、十五銀行ヨリ三千百万圓ノ金ヲ借入レテ、事業ヲ創立致シタモノデアルノデアリマス、併ナガラ是等ノ船ハ歐洲方面ノ航路ニ當ッテ、大正八九年ノ頃極メテ有利ナ經營状態デアッタノデアリマス、サウシテ國家ノ爲ニモ非常ニ貢獻スルコトガ多カッタノデアリマスガ、其後財界ノ不況、海運界ノ不況ニ伴ヒマシテ、事業ノ經營ガ宜シク參リマセヌデ、最近ニ至リマシテハ、利益ハ更ニ擧ラナクテ、ソレ等ノ借入金等ニ對スル利拂サヘモ出來ヌヤウナ状態ニナッタノデアリマス、併ナガラ海運政策ノ上カラ見マシテ、其船ヲ解クト云フコトハ、國家ノ爲ニ極メテ損失ガ多イト云フコトデ、何トカ之ヲ整理シヤウト云フノデ、此整理案ガ生レタノデアリマス、現在ニ於テハ、其後會社ハ減資サレマシテ、八千万圓ノ會社ト相成タノデアリマス、サウシテ其持船ハ一噸二百八十三圓ト見マシテ、一億四千万圓ノ船ヲ持ッテ居ルノデアリマス、其他繰越缺損ガ千四百万圓アルノデアリマス、而シテ八千万圓ノ資本デアリマスカラ、茲ニ資本金ノ不足ガアリマスノデ、其不足金ハ政府ヨリノ借入金ガ二千九百二十万圓アルノデアリマス、是ノ利子ガ積ッテ百三十万圓程ニナッテ居リマス、興業銀行其他二銀行ノ借入金額ハ三千百万圓、其利子ガ百四十万圓、更ニ社債ガ九百万圓アル、斯ウ云フヤウナ會社ノ状態ニナッテ居ルノデアリマス、ソコデ實際ニ現在ニ於ケル船價ノ見積ガ、一噸六十五圓位ニ見積リマス時ニハ、考課状面ニアリマス所ノ一億四千万圓ノ船ガ三千數百万圓ノ價値シカナイト云フ状態デアルノデアリマス、隨テ此方面ニ於キマシテモ、約一億万圓見當ノ缺損ガ生ズルコトデアリマスルガ、ソレニ缺損ガ一千數百万圓アリマスカラ、一億一二千万圓ノ缺損状態ニ今日ナッテ居ルノデアリマス、是ニ於テ會社及銀行方面ニ於テハ、色々ノ研究ヲ致シテ見マシタ結果、整理案トシテ第一回ニ於テ此八千万圓ノ會社ヲ減資ヲ致シテ、社債ノ程度マデ減資ヲ致シテ、卽チ九百万圓ニ減資ヲ致スト云フコトニ相成ッタノデアリマス、是ガ爲ニ七千百万圓ノ金ハ資本金ガ減少シテ浮クコトニナルノデアリマス、之ニ積立金四百万圓ダケヲ切落スト云フコトニナレバ合セテ七千五百万圓ダケ切拂フノデアリマス、ソレダケノ金額ハ船價ノ價格ヲ下ゲルト云フコトニナリマシテ、船ハ一億四千万圓ニ見積ッテ居ッタ船ヲ、八千万圓位ニ見積ルニハ、一噸當リ百六十圓位ノ船ト相成ルノデアリマス、斯ウ云フコトニ致スニ付キマシテ――ソコデ九百万圓ニ切下ゲタモノヲ、尚ホ負債ハ社債ガ九百万圓、政府及銀行ノ借入金ガ六千二三百万圓餘ニナルノデアリマスガ、是等ヲ株式ニ換ヘマシテ、七千三百万圓ノ會社ニ致サウト云フコトニナッタノデアリマス、是ニテモ會社ノ資産状態ハ、餘リニモ船ヲ高價ニ見積ッテ居リマスカラ、其船價ヲ引下ゲルコトニ依ッテ、四五千万圓ノ整理ヲ第二次整理トシテ致サウ、斯ウ云フ大體ノ案ガ出來タノデアリマス、是ニ於テカ、政府ノ貸シテ居リマスル所ノ約二千九百万圓ノ元金、及其利子百二三十万圓ノ金ハ、現在ニ於キマシテハ興業銀行外二銀行ノ保證ガ付イテ居ルノデアリマスガ、是ダケ株式ニ引換ヘテ政府ガ持ツト云フコトニナリマスレバ、現在ノ預金部ニ於テ之ヲ持タスト云フコトハ、預金部ノ性質上面白クナイト云フコトデ、政府ノ一般會計ニ於テ之ヲ引受ケルト云フ必要上、此法律案ガ出タノデアリマス、斯ノ如クシテ經營致シテ參リマスレバ、其漸シク出來タ會社ハ現在ノ「スチーム・エンヂン」ノ船ヲ、卽チ「ディーゼル・エンヂン」ニ取換ヘルコトニ依リマシテ經營ヲ致シテ參リマスト、五年目ニハ一箇年ニ七十五万圓位ノ利益ガアルノデアリマス、順次利益ガ向上致シテ參リマシテ、十二年目ニハ二百九十万圓位ノ利益ガ上ルダラウ、サウスレバ之ヲ政府ガ持ッテ居ル持株ニ對シテ四分餘ノ配當ヲ爲スコトガ出來、三分ノ利子トシテ見テ尚ホ一分ノ利益ニナルカラ、之ヲ減債基金ニ引當テルナラバ、數十年ノ後ニハ政府ノ貸金ガ戻ッテ來ルダラウト云フガ政府ノ案デアリマス、委員會ニ於テハ愼重審議ヲ致シタ結果採決ヲ致シマシテ、政友會及堤濟六君ノ贊成ガアリマシテ、民政黨ノ諸君ガ不贊成デアッタノデアリマス、是ニ於テカ贊否ガ同數デアリマシタカラ、委員長ノ決定ニ依リマシテ原案ヲ可決確定致シタ次第デアリマス（拍手）ドウカ委員會ノ決定通リ皆樣ニ於テモ御決定アランコトヲ切望致ス次第デアリマス（拍手）

○議長（川原茂輔君）　討論ニ移リマス――堤康次郎君

〔堤康次郎君登壇〕

○堤康次郎君　本案ニ對シテ反對ノ意見ヲ申上ゲマス、先ヅ第一ニ此案ハ政府ガ保證ヲシテ居ル、所謂三銀行ニ對シテ其保證債務ヲ要求シタナラバ、何等此案ヲ出ス必要ガナイデハナイカ、何故之ヲ要求シナイノデアルカト云フノガ其一點デアリマス、長イ間大藏省ノ預金部ト云フモノハ、政界ノ伏魔殿トシテ世人カラ疑惑ノ眼ヲ以テ見ラレテ居ッタノデアリマスルガ、大正十四年ニ濱口雄幸氏ガ大藏大臣トナッテ、斯ウ云フコトデハイカヌト云フノデ、預金部ノ運用資金ト云フモノハ、有利且ツ確實ナモノデナケレバ貸出スコトガ出來ナイト云フ法律ヲ設ケ、同時ニ今日迄ノ不良貸金ニ對シテノ整理ヲセラレタ、其整理ノ時ニ、此貸金ニ對シテハ日本興業銀行ト十五銀行ト第一銀行トノ保證ヲチヤント取ッテ整理ヲシタ、然ルニ此案ガ成立ヲ致シマスト云フト、此三銀行ト云フモノガ全部晃レテシマフト云フコトニナルノデアリマシテ、折角當時ノ濱口大藏大臣ノヤラレタ整理ト云フモノガ無ニナッテシマフ、能ク世間デ謂フ權兵衛ガ種ヲ蒔ク、烏ガホジクルト云フノガ此案デアル、洵ニ怪シカラヌト申サナケレバナラヌ、私ハ此案ニ對シテ、何故政府ハ三銀行ノ保證債務ヲ要求シナイノカト云ウテ、委員會ニ於キマシテ大藏大臣ニ對シテ追窮ヲ致シタノデアリマス、所ガ大藏大臣ハ三銀行ニ對シテ交渉ハシナカッタト斯ウ言フ、何故シナイノデアルカト言ウタ所ガ、交渉ヲシテモ拂ハヌト思フカラ、無駄デアルカラシナカッタト斯ウ言フノデアル、洵ニ何ト云フ無責任ナコトデアリマセウヤ、今國民ハ僅ニ五十圓カ百圓ノ税金ノ爲ニ差押ヲ受ケル、競賣ヲ受ケルト云フ者ガ澤山アル、併ナガラ國民自ラモ國家ニ對シテノ債務ト云フモノハ非常ニ重大ナルモノデアル、國家ト云フモノヲ組成スル根デアルカラ、ドウシテモ拂ハナケレバナラヌト云フ觀念デ以テ、國家ニ對シテノ債務ハ一番先ニ拂ウト云フ考ヲ持ッテ居ルノデアル、併シソレデモ拂フコトノ出來ナイ者ニ對シテハ、國家ノ債權ト云フモノハ嚴肅ニ行使セラレテ居ルノデアルノニ、何故此三銀行ニ對シテ其要求ヲシナイノデアルカ、洵ニ是ハ無責任ナ事デアルト申サンケレバナラヌノデアリマス、又之ニ對シテ債權ヲ要求ヲスルト云フト、直ニ三銀行ハ此國際汽船會社ノ破産ヲ申請スル、サウスルト云フト海運市場ヲ壓迫スルカラ、サウ云フコトハ出來ナイト、斯ウ云フノガ政府ノ説明デアリマス、併シ決シテ左樣ナコトハ私ハ斷ジテナイト信ズル、大體今日日本興業銀行デモ、第一銀行デモ、立派ナ銀行デアッテ、日本興業銀行ノ如キハ二千万圓カラノ積立金ヲ持ッテ居ル、第一銀行ハ六千万圓カラノ積立金ヲ持ッテ居ル、決シテ此位ノ債務ヲ支拂ッタ所デビクトモスルモノデハナイノデアル、銀行ト云フモノハ公ノ機關デアルカラ、此銀行ヲ追窮シテ、其銀行ガ潰レルト云フコトデアルナラバ、又是ハ等モノデアリマスルガ、此位ノ保證債務ヲ要求シタ所ガ、決シテ銀行ハ驚クモノデハナイノデアル、寧ロ斯ウ云フコトハドン〳〵要求ヲシテ、銀行カラ支拂ヲサシタ方ガ、却テ私ハ銀行ノ爲ニナルト思フノデアル、安田銀行ノ如キハ日本紙器會社ノ爲ニ、チヤント政府ニ對シテノ責任ヲ六百万圓架シテ居ル、ソコデ國民ハ流石ニ安田銀行ハ偉イモノデアルト言ッテ大ニ尊敬スル、隨テ信用ガ增シテ居ルト云フ事實ガアル、今日本興業銀行ダトカ、或ハ第一銀行ダトカ云フモノガ、國家ニ拂フベキモノヲ拂ハナイ、拂ハセナイト云フコトハ、却テ私ハソレ等ノ銀行ニ對シテ、誤ッタル所謂親切過ギルモノデアルト思フノデアル、是ト同時ニ政府ハ甚ダ無責任デアルト謂ハナケレバナラヌ、何度モ〳〵請求ヲシテ、ドウシテモ取ルコトハ出來ヌカラ、斯ウ云フ整理案ヲ已ムヲ得ズ立テタト云フナラバ、又何ヲカ言ハン、只一回モ交渉ヲセヌト云フニ至ッテハ、甚ダ無責任デアルト謂ハナケレバナラヌノデアル（「簡單」ト呼フ者アリ）是ハ重大問題デアルカラ靜ニ御聽キナサイ――又政府ハ此債權ヲ行使シタナラバ、直ニ銀行ガ船ヲ賣出スト申シマスルケレドモ、決シテ左樣ナコトハナイノデアル、是等ノ銀行ト云フモノハ、是ダケノモノヲ代ッテ辨濟ヲ致シマシテモ、適當ナル船ノ賣レル期間迄抱イテ居ルト云フダケノ實力ト云フモノヲ十分ニ持ッテ居ルノデアル、現在金ニ困ッテ居ルカト云フト、決シテ困ッテ居ナイ、日本興業銀行ハ日本銀行ニ對シテノ預金ト「コール・ローン」トデ、二千五百万圓カラノ金ヲ現ニ遊バセテ居ル、第一銀行ノ如キモ日本銀行ニ對シテノ預金ト「コール・ローン」トヲ合計スルト、一億万圓バカリノ金ヲ遊バセテ居ル、是等ノ銀行ハ確實ナル投資口ヲ寧ロ今探シテ居ル位ナノデアル、大藏大臣ハ恐慌以前ト違ッテ、今日ハ銀行ガ非常ニ苦シクナッテ居ルト言ハレマスルケレドモ、恐慌以後ニ手許ノ資金ガ過迫ヲシテ苦シクナッタノハ、日本興業銀行ダトカ或ハ第一銀行ダトカ云フ大銀行デハナイ、小サイ銀行ガ困ッテ居ル、寧ロ大キイ銀行ハ金ガ有リ餘ッテ困ッテ居ル、私ハ大藏大臣ハ、是ハ大銀行ト小銀行ト思違ヒヲシテ居ルノダラウト思フ、決シテ大銀行ハ困ッテ居ナイ、且又此船ト云フモノハ相當ノ利廻ニナル、相當利廻ニナルモノヲ、急イデ投賣スルト云フ氣遣ハ斷ジテナイノデアル、ドノ位ノ利廻ニナルカト言ヒマスルト、今ノ相場ニ見積ッテ見マシテ噸七十圓位ト見積ッテ、ドノ位ニ廻ルカト云フト、約七分位ニ廻ル、私ハ七分ニ廻ルト云フノハ、自分勝手ニ想像スルノデハナイ、政府ガ此案ニ對シテノ十年計畫ノ表ヲ吾々委員ニ提出セラレタ、其表ニ依テモ七分ニ廻ルト云フ計算ニナッテ居ル、サウシテ見ルト云フト、是ハ政府自ラ今此債權ヲ要求スルト云フト、直ニ船ヲ賣出スカラ海運市場ヲ壓迫スルト言ハレル理由ト云フモノハ、政府自ラノ提出セラレタル材料ニ依テ、悉ク之ヲ破壞シテ居ルノデアル、之ニ依テ見テモ、此案ヲ通過シタラ銀行ガ此債權ヲ行使スル、而シテ我ガ日本ノ海運市場ヲ壓迫スルト云フヤウナコトハ斷ジテナイノデアル、又今日迄澤山其例ガアル、現ニ第一銀行ノ如キハ、新田汽船會社ト云フモノニ金ヲ貸シテ、ソレガ貸倒レニナッテ、三万噸カラノ船ヲ擔保流レニ受取ッタ、其擔保流レニ受取ッタ船ヲ基礎トシテ、共立汽船會社ト云フモノヲ拵ヘテ運用ヲシテ居ッタ、暫クシテ之ヲ有利ニ北海道炭鑛汽船會社ニ賣渡シテシマッテ、完全ニ肩替リヲシタノデアル、又日本興業銀行デモ現ニヤッテ居ル、勝田銀次郎氏ニ對シテ貸金ガ取レナクテ、五万噸カラノ船ヲ引受ケタ、併ナガラ其船ハ決シテ海運市場ニ投賣シテ居ナイ、共同汽船會社ト云フモノヲ拵ヘテ現ニ之ヲ運用シテ居ル、而モ之ヲ全部「チャーター」ヲシテ、相當ノ利益ヲ得テ居ルノデアリマスカラ、國際汽船デモ此儘放ッテ置イタナラバ銀行ハ代ッテ引受ケル、代ッテ引受ケルト、是等ト同ジヤウニチヤント一時抱イテ居ッテ、徐々ニ有利ニ之ヲ賣ッテ處分スルト云フコトハ、火ヲ睹ルヨリモ明ナノデアル、現ニサウ云フ實例ガ興業銀行ニモ第一銀行ニモアルニモ拘ラズ、海運市場ヲ壓迫スルト云フ理由ニ依テ、此救濟案ヲ出サレルト云フコトハ、全ク私ハ意味ヲナサヌコトデアルト思フ、且又日本ノ財界ニ惡影響ヲ及ボスト云フコトモ、一ツノ救濟案ニ對シテノ理由ニナッテ居ッタノデアリマスルガ、此會社ガ一ツ位潰レタ位デ、決シテ日本ノ財界ニハ何ノ動搖モアリマセヌ、而モ此會社ガ潰レルト云フコトハ大シタ事デハナイ、船ガ潰レルト云フノナラバ、ソレダケ日本ノ産業ニ影響スルケレドモ、船ガ沈沒スルノデモ何デモナイ、唯船ノ所有者ガ代ルニ過ギナイ、卽チ此會社ノ株券ガ債權者ヘ渡ル、卽チ株券ノ名義書換ヲスルト云フコトノ事實ニ過ギナイ、決シテ心配スルヤウナ事デモ何デモナイ、鈴木商店ガ潰レタナラバ、日本ノ財界ハ暗闇ノヤウニナル、卽チ澤山ノ關係會社ガ皆潰レルデアラウト云ウテ世間ハ心配シタケレドモ、決シテ潰レテ居ナイ、鈴木ハ其當時直營會社ト云フモノヲ澤山持ッテ居ッタ、卽チ帝國汽船ダトカ、神戸製鋼所ダトカ、或ハ帝國人造絹絲ダトカ云フヤウナモノヲ、二十三會社モ持ッテ居ッタ、又投資會社トシテ東京毛織トカ、或ハ帝國麥酒トカ、大正生命トカ云フモノヲ澤山持ッテ居リマシテ、吾々ノ知ラヌノガ五ツモ六ツモアルサウデアリマスルカラ、全部デ六十位ノ會社ヲ持ッテ居ッタサウダガ、鈴木ガ潰レテシマッテモ、是等ノ會社ト云フモノハ些トモ速威ヲセズシテ、チヤント立派ニ成立ッテ居ル、寧ロ鈴木ガ關係シテ居ルヨリ以上ニ健實ニ發展ヲシテ居ルト云フ例ガアルノデアル、決シテ心配シタモノデハナイ、現ニ又川崎造船所ノ整理ノ時デモ、川崎造船所ガ潰レタナラバ（「手前味噌ヲ言フナ」ト呼フ者アリ）決シテ手前味噌デハナイ、川崎造船會社ガ潰レタナラバ、日本ノ造船界ハ暗闇ニナルト云フヤウニ騷イデ、大藏省ノ預金部ノ金ヲ三千万圓モ貸サウト云フ案ヲ大藏大臣ハ立テラレタ、併ナガラ是ハ其當時大倉カラ差押ヲセラレルトカ、或ハ閣僚ノ中ニモ異論者ガ出テ、是ハ遂ニ出來ナッカタケレドモ、現ニ川崎造船ト云フモノハ潰レテ居ナイ、建造中ノ軍艦ト云フモノハ、チヤント海軍ノ手デ出來上ッテ、又アトノ工場ハ、後繼者ノ手デ立派ニ整理ガ出來テ居ルノデアル、恐ラクアノ當時三千万圓ト云フモノヲ國家ガ貸シテ居ッタナラバ、全ク是ハ無意味ナ救濟ニ終ッタノデアッテ、今ニナッテハ貸サヌデモ宜カッタト思フテ、大藏大臣ハホットシテ居ラレルデアラウト私ハ思フ、國際汽船デモ矢張其通リデアル、今國民ノ負擔デ三千万圓モノ國費ヲ以テ救濟シテヤルト云フ必要ハチットモナイト私ハ信ズルノデアル、且又此會社デ經營ヲスルト相當ノ利益ガアルケレドモ、銀行デヤッタナラバ十分ノ成績ガ擧ゲ得ラレナイト云フ説明ガアリマシタガ、是モ矢張間違ッテ居ル、却テ是ハ銀行デヤルナラバ餘計成績ガ擧ルノデアル、此救濟案ガ成立スルト云フト、其會社ノ重役ト云フモノハ、政府ニ任命權ガアルノデアルカラ、官選重役ガ出來ル、官選重役ノ成績ノ惡イト云フコトハ、諸君ガ能ク御承知ノ通リデアル、過去ノ朝鮮銀行モ其通リ、過去ノ臺灣銀行デモ其通リ、官選重役ノ成績ト云フモノハ孰レモ惡イノデアッテ、當時ノ政府トカ或ハ黨人ノ爲ニ強制セラレテ、意思ガ薄弱デ、引摺ラレテ行クモノデアリマスカラ、決シテ良イ成績ハ擧ゲラレナイ、寧ロ是ハ銀行其モノニ委セテ置イタ方ガ宜イノデアル、且又此官選重役ノ手デ世界ノ海運市場ニ立ッテ儲ケテ行クト云フコトハ、私ハ是ハ痴人ノ夢デアルト思フ、中々世界ノ海運市場ニ立ッテ配船ヲシテ儲ケテ行クト云フコトハ、非常ニ困難ナルモノデアッテ、現ニ興業銀行デ取ッタ船デモ全部「チヤーター」ニ出シテ居ル、又第一銀行デ擔保流レデ取ッタ船モ「チヤーター」ニ出シテ居ル、殊ニ東洋汽船會社ノ貨物船デモ全部「チヤーター」ニ出シテ居ル、東洋汽船會社ト云フモノハ、諸君モ御承知ノ通リ淺野總一郎氏ノヤッテ居ルモノデ、淺野總一郎ト云フ人ハ、海運界ニ於キマシテハ百戰往來ノ强者デアル、海ニ千年ノ甲羅ヲ經タ彼ノ淺野總一郎デモ、是ハ到底遣切レナイカラト云フノデ「チヤーター」ニ出シテ居ルノデアル、決シテ此官選重役ノ手デ以テ世界ノ海運市場ヘ雄飛シテ利益ヲ擧ゲテ行クト云フコトハ、私ハ全ク空想ニ終ルモノデアルト思フノデアル、且又之ヲ一纏メニシテ置カナケレバ、日本ノ海運事業ノ爲ニ宜クナイト云フ御意見モアリマシタ、併ナガラ是ハ一ツノ「フリート」トシテ保存シテ置クノデハナイ、政府ノ計畫ニ依テモ、段々之ヲ賣ッテ「ディーゼル」船ト換ヘテ行クノデアル、サウシテ見ルト此案ガ成立スルト、國民ガ三千万圓ノ株ヲ持ッテモ、其船ト云フモノハ實體ガ變ッテシマフノデアッテ、國民ガ三千万圓ノ金ヲ出シテ、サウシテ新ニ船ヲ建造シテ、船會社ヲ經營スルト云フコトニナルノデアッテ、全ク是ハ意味ヲ爲サナイモノデアル、私ハ決シテ是等ノ事實ヲ想像デ申シテ居ルノデハナイ、政府カラ提出セラレタル材料ヲ經トシ、世ノ中ニ在ル所ノ現實ヲ緯トシテ、此議論ヲ進メテ居ルノデアリマシテ、此救濟案ト云フコトハ、全ク私ハ意味ヲ成サナイモノデアルト信ジテ疑ハナイノデアリマス(拍手)私ハ此案ニ付テハ確ニ信念ヲ持ッテ居ル、而シテ前ノ此本會議ニ於テモ私ハ可ナリ熱心ニ質疑ヲ致シタ、恐ラク此眞相ガ分ッタナラバ、其邊デ妨害ヲシテ居ル陸山君デモ、大抵賛成シタコト、思フノデアル、併ナガラ眞相ガ分ラナイ、私ハ熱誠ヲ籠メテ申シテ居ルケレドモ、此眞相ヲ諸君ニ了解サスコトガ出來ナイト云フコトニ對シテハ、私ハ國民ニ對シテ洵ニ相濟マヌト云フヤウナ感ジヲ持ツ、併ナガラ斯ル案ヲ十分研究モセズシテ、盲目的ニ服從シテ、斯ル案ニ對シテ禮讃ノ言葉ヲ以テ鵜呑ニスルト云フ與黨ノ諸君ハ、國民ニ對シテモット重大ナ責任ガアルト私ハ思フノデアル、間モナク此案ハ本院ヲ多數ノ力ヲ以テ押通シテ貴族院ニ行クデアラウ、併ナガラ斯ウ云フ惡イ案ハ決シテ無條件デ行クモノデハナイ、必ズ與黨ノ諸君ヲ葬ル挽歌ニ送ラレテ、此案ガ貴族院ニ行クノデアルト云フコトハ信ジテ疑ハナイ、政府ハ貴族院デハ必ズ十五銀行ニ關係ガアルカラ、一瀉千里デ通過スルト思ウテ居ラレルサウデアリマスルガ、決シテ左樣ナモノデハナイ、貴族院ニモ中々公明正大ナ人モアルカラ、サウ無條件デ簡單ニ通過スルモノデハナイト吾々ハ信ズル、吾々ハ此壇上カラ貴族院ニ於テ否決セラレンコトヲ願フト云フコトハ、洵ニ心外デアルケレドモ已ムヲ得ヌ、私ハ貴族院ノ健全ナランコトヲ希ッテ此壇ヲ降ルノデアル(拍手)

○議長(川原茂輔君) 宮脇長吉君

〔宮脇長吉君登壇〕

○宮脇長吉君 私ハ本案ニ對シ委員長報告ニ贊成スル者デアリマス、私ノ贊成ノ理由ヲ極メテ簡單ニ申シマス、私ノ贊成ノ根本ノ理由ハ、海運政策上ノ見地カラ申シマシテモ、亦國防上ノ見地カラ申シマシテモ、私ハ本案ノ通過ヲ圖ラネバナラヌト思フノデアリマス、海運ノ政策上カラノコトハ、私ハ申ス必要ハアリマスマイガ、國防上ノ見地ト云フコトヲ私ハ見タイト思ヒマス、從來一國ガ海外作戰ヲ執ル場合ニ於キマシテハ、海上ノ輸送ハ制海權ヲ獲得スレバ、ソレデ宜カッタ、所ガ今日ニ於キマシテハ、假令制海權ヲ握ッテ居リマシテモ、若シ航空界ニ於テ制空權ヲ得ヌケレバ、實際海上ノ仕事ガ出來ナイ、卽チ如何ニ制海權ヲ得テ居ッテ、立派ナ海軍ガ威張ッテ居リマシテモ、若シ航空勢力ガ不十分デアッタ場合ニ於キマシテハ、決シテ海上輸送ハ出來マセヌ、日露戰爭ニ於キマシテ、我ガ海軍ガ立派デアッタ爲ニ、我國ノ海上輸送ガ旨ク行キマシタガ、ソレデモ偶ニ御承知ノ通リニ金州丸、常陸丸、若クハ佐渡丸ノ沈沒ト云フヤウナ、國民ガ非常ニ憤慨シタ事件ガアリマシタ、所ガ制空權ト云フモノハ、制海權見タヤウナ絶對的ノモノデハアリマセヌ、如何ニ優秀ナル制空權ヲ得テ居リマシテモ、如何ニ多數ノ航空機ガアリマシテモ、制空權ガ絶對デナイ關係上、將來戰ニ於キマシテハ、海上輸送ノ上ニ於テ屢ゝ空中カラ爆彈ノ見舞ヲ受ケル、從來百杯ノ船デ宜カッタモノガ、二百杯、三百杯ヲ要ルト云フ狀況デアリマス、要スルニ將來戰ニ於キマシテ、私ハ多數ノ船舶ヲ持タヌケレバ、海外ノ作戰ハ出來ヌト思ヒマス、此見地ヨリシマスルナラバ、吾々ハ將來ハ十分ナル船舶ヲ持ツコトガ、我國ノ國情ヨリ特ニ必要ダト思ヒマス、而シテ此……

〔此時發言スル者多シ〕

○議長(川原茂輔君) 靜肅ニ願ヒマス――靜肅ニ願ヒマス

○宮脇長吉君(續) 是ニ於テ私ハ船舶ノ問題ヲ考ヘテ見マスレバ、我國ハ御承知ノヤウニ海運政策ヲ立派ニ行フ、サウシテ海運的ニ發展スルコトガ、併セテ一朝事ガ有ッタ場合ニ於ケル戰ニ勝ツ所以デアリマス、而シテ此國際汽船會社ト云フモノハ、歐洲戰後ニ於キマシテ餘ッタ船ガ澤山アル、此船ノ調節ヲ圖ル爲ニ、此餘ッタ船ヲ海外ニ働カサセル爲ニ出來タ會社デアリマス、此會社ハ私ハ海外デ大ニ發展スルノデアルカラ、大ニ獎勵ヲシテ、サウシテ一朝事ガ有ッタ場合ニ於ケル我國ノ國策遂行ニ努メナケレバナラヌ、斯ウ云フ大所高處ヨリ見マスレバ(此時發言スル者アリ)ヤカマシイ、何ヲ言フカ

〔此時發言スル者アリ〕

○議長(川原茂輔君) 靜肅ニ願ヒマス

○宮脇長吉君(續) 以上ノ如キ關係カラ此會社ガ出來タモノデアリマシテ、今日迄此會社ハ隨分國家ニ對シテ貢獻ヲ致シテ居リマス、而シテ吾々ハ此會社ガ何トシテモ立チ行カヌナラヌナラバ、止ムヲ得ヌト致シマシテ、ドウカシテ立行クモノナラバ助ケナケレバナラヌ、而シテ現在ハ悲況ニナッテ居ルガ、之ニ相當ナ方法ヲ以テスレバ之ヲ救濟シ得ル、先程堤君ノ御議論ヲ拜承致シマシタ、其反對ノ理由ハ唯一ツデアル、卽チ預金部カラ貸シテアル二千九百二十万圓、此金ハ其債務ノ保證ニ任ジテ居ル三銀行ニ之ヲ賠償サスト云フコトガ困難デアル、併シ若シ政府ガ債務ヲ履行サスナラバ、吾々ハ堤君ノ意見ニハ反對デアリマシテ、其場合ニ於キマシテハ、銀行ハ必ズ其船ヲ處分スル、若シ船ヲ處分スルナラバ、今迄

海外ニ於テ發展シテ來マシタ卽チ此會社ハ、現在ニ於キマシテモ二千二三百万圓ノ金ヲ儲ケテ居ル、而モ其中ノ大部分ハ外國カラ儲ケル金デアル（拍手）而シテ之ヲ……

〔此時發言スル者多シ〕

○議長（川原茂輔君） 靜肅ニ願ヒマス

○宮脇長吉君（續） 故ニ此會社ハ海運界ノ爲ニ必要ナルノミナラズ、國際上ノ關係ニ於テモ救フコトガ必要デアル、又之ヲ若シ銀行ノ手ニ委セテ勝手ニ處分サレテシマッタ場合ニ於キマシテハ、此船ヲ大部分引上ゲテ――近海航路ヲ壓迫スルナラバ、海運界ノ爲ニ由々敷ノミナラズ、將來ニ於キマシテ、若シ一朝事ガ有ッタ場合ニ於テモ憂ヲ來ス、又委員會ニ於キマシテモ、民政黨諸君ノ反對ノ中ニ、何故預金部カラヤラサヌカ、何故一般會計カラ出スカト云フコトデアルガ、之ニ關シマシテ直接私ハ聽キマセヌガ、吉木委員長ニ向ッテ民政黨ノ幹部カラ、民政黨ノ理事ヲ經テ、此法案ト云フモノハ一般會計ニ肩替ヲセズニ、預金部ガ其儘ニ持ッテヤルナラバ、本案ニ賛成シヤウト云フコトヲ民政黨ガ言ウタ、斯ノ如ク本案ニ對シマシテハ、民政黨ハ一般會計ニ肩替ヲシナイト云フナラバ之ヲ認メルト言フ、所ガ諸君、是ハ民政黨ノ幹部カラ民政黨ノ理事ヲ經テ我ガ吉木委員長ニ言ウテ居ルノデス、此問題ニ付キマシテハ、斯ノ如ク預金部カラ出スガ至當デアルカ、若クハ一般會計ニ肩替ヘルガ至當デアルカ、私ハ考ヘマスルニ、民政黨ノ總裁ノ濱口氏ハ大藏大臣中ニ多數ノ功績モアリマセウ、濱口氏ガ大藏大臣ノ時代ニ於テ、預金部ノ貸出ニ付テ嚴重ナ規定ヲ設ケタコトハ、濱口氏ノ大臣トシテノ一功績デゴザイマセウ、然ルニ今日國策遂行上ノ犧牲ヲ拂ハナケレバナラヌト云フ、多少曖昧ナ金ヲ預金部ニ持タシテ置クト云フコトハ、是ハ濱口氏ノ功績ヲ傷ツクルモノデアルト思フ、私ハ之ニ對シテ民政黨ハ反對シナイト思フ、吾々ハ何處迄モ國策遂行上犧牲ヲ拂フベキモノハ、是ハ一般會計ニ置クガ至當デアルト、斯樣ナ見地カラ本案ニ賛成デアリマス

○議長（川原茂輔君） 最早討論ノ通告ガアリマセヌカラ、是デ討論ハ終結致シマシタ、本案ノ第二讀會ヲ開クニ賛成ノ諸君ノ起立ヲ求メマス

〔賛成者 起立〕

○議長（川原茂輔君） 起立多數――本案ノ第二讀會ヲ開クニ決シマシタ

○青木精一君 直ニ本案ノ第二讀會ヲ開カレンコトヲ望ミマス

〔「賛成」、「賛成」ト呼フ者アリ〕

○議長（川原茂輔君） 青木君ノ動議ニ御異議ナシト認メマス

〔「異議アリ」ト呼フ者アリ〕

○議長（川原茂輔君） 直ニ第二讀會ヲ開キ、議案全部ヲ議題ト致シマス

〔「異議アリ」「反對」ト呼ヒ其他發言スル者多シ〕

○議長（川原茂輔君） 靜肅ニ願ヒマス――モウ一遍宣告シマス、直ニ二讀會ヲ開クニ尙ホ反對ナサルナラバ、採決致シマス、青木君ノ動議ノ如ク直ニ第二讀會ヲ開クニ同意ノ諸君ノ起立ヲ求メマス

〔賛成者 起立〕

○議長（川原茂輔君） 起立多數――直ニ第二讀會ヲ開クニ決シマシタ仍テ直ニ第二讀會ヲ開キ、議案全部ヲ議題ト致シマス

――――

國際汽船株式會社ノ整理ニ關スル法律案 第二讀會

〔「異議ナシ」ノ聲起ル〕

○議長（川原茂輔君） 別ニ御發議アリマセヌカラ、第二讀會ニ於テハ委員長報告ノ通リ決シマシタ（拍手）

○青木精一君 直ニ本案ノ第三讀會ヲ開カレンコトヲ望ミマス

〔「賛成々々」ト呼フ者アリ〕

○議長（川原茂輔君） 青木君ノ動議ニ御異議アリマセヌカ

〔「異議ナシ」「反對」「異議アリ」ト呼フ者アリ〕

○議長（川原茂輔君） 御異議ガアレバ起立ニ問ヒマセウ――直ニ第三讀會ヲ開クニ同意ノ諸君ノ起立ヲ求メマス

〔賛成者 起立〕

○議長（川原茂輔君） 多數デアリマス、直ニ第三讀會ヲ開キ、議案全部ヲ議題ト致シマス

――――

國際汽船株式會社ノ整理ニ關スル法律案 第三讀會

〔「異議ナシ」ノ聲起ル〕

○議長（川原茂輔君） 本案ニ賛成ノ諸君ノ起立ヲ求メマス

〔賛成者 起立〕

○議長（川原茂輔君） 起立多數デアリマス、仍テ本案ハ可決確定セラレマシタ

〔此時發言スル者アリ〕

○議長（川原茂輔君） 靜肅ニ願ヒマス――第二號、昭和四年度歲入歲出總豫算追加案、特第二號、昭和四年度各特別會計歲入歲出豫算追加案、第一號、豫算外國庫ノ負擔トナルベキ契約ヲ爲スヲ要スル件、第三號、昭和四年度歲入歲出總豫算追加案、特第三號、昭和四年度各特別會計歲入歲出豫算追加案、追第二號、豫算外國庫ノ負擔トナルベキ契約ヲ爲スヲ要スル件ヲ一括シテ議題ト致シマス、委員長ノ報告ヲ求メマス――豫算委員長堀切善兵衛君

昭和四年三月二十四日

大正十五、昭和元年度歳入歳出總決算、同各特別會計歳入歳出決算外四件

特別會計

朝鮮總督府

歳出臨時部

第七款 鐵道建設及改良費

第一項 建設費

（五） 朝鮮總督府鐵道局ノ支出ニ係ル（會計檢査院報告三）

一、〇三七、一三七・六〇〇円

ハ大正十四年九月隨意契約ニ依リ株式會社松本組ニ請負ハシメタル咸鏡線北部第十四工區古站溫水坪間土工其他新設工事費百拾八萬七千貳百貳拾壹圓六拾錢ノ内ニシテ外ニ官給材料價格拾七萬八千四百八拾四圓參拾錢ヲ使用セリ本工區中ノ主要工事タル古站隧道工事費ハ九拾九萬九千餘圓ニ及ヘルニ之カ豫定價格ノ作製ニ際シ工事ノ難易ニ關スル判定宜シキヲ得サリシモノニシテ本件隧道掘鑿地點ハ軟岩ニ屬スル頁岩及砂岩其ノ八割餘ヲ占ムルニ拘ラス之カ豫定單價算出ノ内譯ハ導坑掘鑿一立坪當勞力費七拾四圓貳拾五錢切擴參拾七圓五十八錢火藥類八圓七拾錢支保工八圓七拾六錢ヲ見込ミ之ニ企業利益二割ヲ加算シアリテ其ノ導坑掘鑿ニ從事スル坑夫數ニ就キテ見ルニ一立坪當二十二人五分ニシテ之ヲ掘鑿量ノ約六割カ硬岩ニ屬スル第十五區龍岩隧道ノ二十人ナルニ比スルニ本隧道ノ豫定坑夫數ハ著シク多數ニ上リ又火藥類一立坪當八圓七拾錢ヲ見積リタルカ如キ孰モ過大ニ失シタルモノト認メラレ又之カ實績ニ就キテモ地質ノ工事難易ニ關スル判定ヲ誤リ豫定價格ノ調査杜撰ニ失シタルモノナリ要スルニ本件ハ豫定價格ノ作製ニ當リ調査宜シキヲ得ス國庫ニ損失ヲ及ホシタルモノトシテ警告ス

鐵道省所管

帝國鐵道

資本勘定

歳出

第二款 鐵道建設費及改良費

第二項 改良費

（六） 鐵道省ノ支出ニ係ル（會計檢査院報告四） 一四二、六四八・六〇二円

ハ貨車取附用空氣制動機装置用品トシテ購入シタル中軟鋼丸外十四點ノ代價ニシテ右ハ地方鐵道會社七十九社ニ對シ其ノ所屬貨車四千九百四十四輛ノ取附用トシテ無償交付シタルモノナリ而シテ無償交付ノ必要アリトセハ別途ニ其ノ豫算ヲ要求シ支辨スヘキモノニシテ曩ニ自働連結器取附ニ就キテハ本件ト同樣ノ事情ニ基キ補助費トシテ其ノ豫算ヲ要求シタル所ナルニ本件ハ總テ省用品ナリトシ購入受入ノ上使用拂ノ形式ヲ以テ無償交付セシモノニ屬シ右ハ畢竟空氣制動機ノ装置ニ當リ各會社ニ對シ其ノ經費ヲ補助シタルモノト謂ハサルヲ得ス依テ本件ハ本項豫算ノ目的外ニ屬スル支出トシテ警告ス

收益勘定

歳出

第一款 鐵道作業費

第一項 事業費

（七） 鐵道省ノ支出ニ係ル（會計檢査院報告十） 七〇、〇八〇・〇〇〇円

ハ日本旅行協會ヨリ大正十五年八月以降購入シタル汽車時間表十二萬部ノ代金ナリ從來時間表ハ凸版印刷株式會社ニ單價五拾錢ヲ以テ請負ニ付シ一箇月一萬二千部ヲ納付セシメ其ノ餘ノ增刷ハ同協會ヲシテ同價ヲ以テ民間ニ販賣セシメタルモ十五年八月中全國ニ亙リ時刻改正ヲ爲シタルヲ機會トシ其ノ示標形式ヲ變更スルヲ理由トシテ同協會ヲシテ直接之カ印刷製本ヲ請負ハシメ一箇月納本一萬五千部ヲ單價五拾八錢四厘トシ其ノ餘ノ增刷ハ同協會ヲシテ單價參拾錢ヲ以テ民間ニ販賣セシムルコトト爲シタルモノナリ而シテ省納入品ハ時間表ハ其ノ性質上當初組版後ハ時間改正ノ都度僅少ノ補正ヲ以テ足ルヘキモノト認メラルルニ拘ラス毎月改版ヲ要スルモノトシテ此ノ製版代及紙型鉛版鍍金代ヲ見積リアルカ如キ又表紙及地圖ニ在リテモ前者ハ毎月製版料及凸版料後者ハ毎月銅版料、製版料ヲ計上シアルカ如キ孰モ請負價格ヲ不當ニ高價ナラシムルモノニシテ失當ノ措置ト謂ハサルヲ得ス增刷ニ對シテハ別ニ製版代ノ要ナク單ニ印刷製本代ノミヲ以テ足リ之カ見積代價ハ一部貳拾五錢ナルヲ以テ同協會ニ於テ參拾錢ニ販賣スルニ於テハ毫モ損失ヲ來スヘキモノトハ認メ難ク要スルニ本件ハ物件ノ購入ニ當リ措置其ノ宜シキヲ得ス國庫ニ損失ヲ及ホシタルモノトシテ警告ス

既往年度

大正十四年度

一般會計

大藏省所管

歳出臨時部

第十款 震災復舊諸費

第四項 印刷局廳舍及工場其他復舊費

（八） 營繕管財局及内閣印刷局ノ支出ニ係ル（會計檢査院報告十四）

一五六、三八八・九五〇円

ハ震災復舊ノ爲營繕管財局ニ於テ施行シタル内閣印刷局抄紙部汽罐室裁斷場各一棟煙突一基ノ工事費及内閣印刷局ニ於テ購入シタル紙料調製機四臺ノ代金並汽罐四箇ノ据附工事費ニシテ此等工事施行後復舊工事ヲ中止シ裁斷場、汽罐室ハ之ヲ使用セス又紙料調製機ハ据附未了ニ屬セルハ當ヲ得ス而シテ汽罐室ハ配管ノ設備ヲ爲サス裁斷場ハ檻截斷機ノ購入ナキヲ以テ共ニ物置ニ供シ又紙料調製機ハ購入當時ノ儘存置シアルハ失當ナリ要スルニ本件ハ注意ノ周到ヲ缺キ不要ノ工事ヲ施行シ又ハ不急ノ機械ヲ購入シ國庫ニ損失ヲ及ホシタルモノトシテ警告ス

遞信省所管

歳出臨時部

第五款 電話交換擴張費

第二項 事業費

（九） 熊本遞信局ノ支出ニ係ル（會計檢査院報告十五）

七六、九〇九・四四〇円

ハ佐賀長崎間、飫肥福島間、八代人吉間、福岡西戸崎間、福岡唐津間、江迎平戸間及福岡後藤寺間各電話一回線增設並柿坂、三郷、下郷三局各電話通話事務開始工事費拾萬千百五拾貳圓參拾八錢ノ内ニシテ外ニ本省交付物品五萬貳千五百拾四圓ヲ使用スルモノナリ右ハ孰モ電話擴張工事ヲ施行スルノ外佐賀長崎間三里四町餘八代人吉間四里十一町餘其ノ他ノ區間ニ於テモ二里内外ニ亙リ線路ノ改良並變更ヲ爲シタルモノナリ此等改良工事ニ要シタル經費ノ全部ヲ本費ノ支辨ト爲スカ如キハ妥當ノ措置ト認ムルヲ得ス要スルニ本件ハ豫算ノ使用其ノ宜シキヲ得サルモノトシテ警告ス

第十四款 震災復舊及新營費

第一項 電信電話施設費

（一〇） 遞信省ノ支出ニ係ル（會計檢査院報告十六）

二七、八八四・六二〇円

ハ大正十四年六月東京市麹町區戸田某ニ請負ハシメタル横濱中央電話局假局舍修繕工事費貳拾壹萬五千六百圓ノ内ニシテ同年十一月之カ契約ヲ解除シ其ノ出來高及諸假設物損料並持込材料等ニ對シ支拂ヒタル代價ナリ右局舍ノ敷地ハ同年四月區劃整理地區ニ編入セラレタルモノニシテ將來建物ノ後退取毀等ノ餘儀ナキニ至ルヘキハ之ヲ豫想シ得

ヲレタルモノト認メラルルニ本件工事ヲ施行シタルモノナリ區劃整理施行地區ニ追加編入セラレ復興局ヨリ之ニ關スル照會アリタルニ拘ラス建物及敷地一部切取等ノ問題ヲ生スルコトナカルヘク假ニ之アリトスルモ之ニ應スル意思ナシトシ且本費繼續費ハ尙二箇年ノ日子ヲ有スルニ拘ラス遷延ヲ許ササルモノトシテ修繕工事ニ著手シ爾後約二箇月ヲ經過スル迄工事ノ中止ヲ爲ササリシカ如キハ其ノ措置妥當ヲ缺クモノト謂ハサルヲ得ス本件ハ工事ノ施行ニ當リ措置其ノ宜シキヲ得ス國庫ニ損失ヲ及ホシタルモノトシテ警告ス

注意事項

大正十五年度
昭和元年度

一般會計

内務省所管

歲出臨時部

第二款 治水事業費

第二項 河川費

(一) 内務省東京土木出張所ノ支出ニ係ル(會計檢査院報告一)

四〇、〇〇〇・〇〇〇円

ハ渡良瀨川改修附帶工事トシテ施行セル栃木縣安蘇郡植野村字船津川地先湛水排除設備工事ニ對シ同村ニ交付シタル補助金ナリ右ハ同村船津川一帶低濕不毛地百三十町步ヲ新ニ耕地ト爲シ又ハ從來ノ耕地二十町步ヲ改良セムトスル施設ニ屬シ幹川改修ノ附帶工事ニ非ス本件ノ如ク湛水ヲ排除スルハ固ヨリ必要ナル設備ナリトスルモ幹川改修ニ直接附帶セル工事ト認メ難ク畢竟船津川一帶ニ於ケル在來ノ低濕不毛地等ノ開發又ハ改良ヲ企圖セルモノト認メサルヲ得ス隨テ補助ノ必要アリトセハ土地改良ニ關スル別途豫算ノ要求ニ俟ツヘク本費ト爲スヘキモノニ非ス要スルニ本件ハ本項豫算ノ目的外ニ屬スル支出トシテ注意ヲ促ス

第五項 道路橋梁費

(二) 北海道廳ノ支出ニ係ル(會計檢査院報告三)

三、四四一・一一〇円

ハ道廳附屬官舍一棟ノ新營工事費六千七百六拾九圓拾壹錢ノ內ニシテ右ハ本款第十項調査費ノ支辨ニ屬スル長官官房調査課長官舍トシテ新營セルモノニシテ本項豫算ノ目的ニ反スルモノナリ本件ハ道路課長官舍ノ名義ヲ以テ調査費所屬ノ調査課長官舍ヲ新築シタルモノト認メサルヲ得ス依テ本件ハ本項豫算ノ目的外ニ屬スル支出トシテ注意ヲ促ス

陸軍省所管

歲出臨時部

第一款 營繕費

第八項 朝鮮國境守備隊兵舍病室等改築費

(三) 朝鮮軍經理部ノ支出ニ係ル(會計檢査院報告二)

一三、六〇〇・〇〇〇円

ハ惠山鎭憲兵分隊廳舍移增築其ノ他工事費ナリ而シテ本費ハ朝鮮國境守備隊ノ兵舍病室等カ木造平家急造「バラック」建ニシテ煖房其ノ他ノ設備不完全ナルノミナラス既ニ衰損甚シキモノアルヲ理由トシテ本年度ニ於テ特ニ新規要求ヲ爲シタルモノニ係リ憲兵隊ニ關スル經費ハ之ヲ積算セサルモノナリ而シテ憲兵隊建物改增築ニ就キテハ別ニ第十一項新營費中朝鮮憲兵隊建物新改築費トシテ積算セルモノアルヲ以テ本件工事費ハ之ヲ同費ノ支辨ト爲スヘク本費ノ支辨ト爲スヘキモノニ非ス依テ本件ハ本項豫算ノ目的外ニ屬スル支出トシテ注意ヲ促ス

遞信省所管

歲出臨時部

第六款 電信擴張及改良費

第二項 事業費

(四) 大阪遞信局ノ支出ニ係ル(會計檢査院報告三)

一四、三八七・一七〇円

ハ名古屋、大阪間電信線增設工事費ニシテ外ニ材料價格壹萬八千四百五拾圓拾七錢ヲ使用セリ右工事ノ內大阪、奈良間ニ於テハ電信線路ヘ架渉シアル電話線二條ヲ電信用ニ切替ヘ使用シ之ニ代ルニ他ノ位置ニ存在スル電話線路ヘ電話線二條ヲ添架シタルモノナルモ該電話線ノ添架ニ當リ某畑附近一里五町餘ニ亙リ柱間距離三十間ナリシヲ二十六間ニ短縮整理シ電柱百本ノ增、移植竝之ニ伴フ支線腕木等ノ施設ヲ爲シタルモノナリ而シテ電信線ノ增設ヲ機トシ電話線路ノ改築ヲ爲シタルモノト認メラレ隨テ之カ經費ノ全部ヲ本費ト支辨ト爲スカ如キハ失當ノ措置ト認メサルヲ得ス要スルニ本件ハ豫算ノ使用其ノ宜シキヲ得サルモノニシテ注意ヲ促ス

特別會計

大藏省所管

專賣局

歲出

第一款 專賣局作業費

第二項 事業費

(五) 大阪地方專賣局外十三地方專賣局ノ支出ニ係ル(會計檢査院報告一)

三七六、二一三・五二〇円

ハ專賣局ト內國通運株式會社ト締結シタル運送契約ニ依リ大阪地方專賣局管內ヨリ他局ニ又東京外十二地方專賣局管內ヨリ大阪地方局管內ニ廻送シタル葉煙草三百十三萬三千餘貫ニ對スル運賃ナリ大阪地方專賣局ノ契約ニ係ル同管內運賃ニ比シ著シク高價ナルモノニシテ即チ同一區ニ於ケル倉庫驛間ノ引取配達及貨車積卸等ノ經費ニ就キテ之ヲ觀ルニ葉煙草十貫當五錢餘乃至拾貳錢餘樽詰一個當拾壹錢乃至貳圓ノ差アルノミナラス之ヲ地方局ノ豫定價格ニ比スルモ相違アリテ一割乃至十五割ノ高價ニ當レリ同局豫定價格ノ基礎ト爲セル勞銀ハ其ノ地方一般勞銀ニ比シ相當ナルモノニシテ其ノ功程ニ在リテモ實情ニ鑑ミ大體適當ナルモノト認メラルルヲ以テ畢竟專賣局契約ノ協定其ノ宜シキヲ得サルモノト謂ハサルヲ得ス要スルニ本件ハ運賃ノ協定宜シキヲ得ス國庫ニ損失ヲ及ホシタルモノニシテ注意ヲ促ス

(六) 東京地方專賣局ノ支出ニ係ル(會計檢査院報告二)

二七、六四〇・四五〇円

ハ大日本鹽業株式會社ノ請負ニ係ル同局橫濱出張所取扱鹽包裝費ノ內人夫賃ニ屬スルモノナリ右包裝ニ關スル契約單價ハ百斤入橫繩一箇所掛四拾貳錢九厘同二箇所掛四拾五錢四厘トシ內荷造記號竝斤量印押捺及積替ノ人夫賃トシテ前者八錢貳厘後者九錢ト決定シタルモノニシテ右積替ハ之ヲ一人當功程百二十包一包當貳錢九厘ト爲セルモ之カ見積方適實ナラサルモノアリ而シテ他ノ官署ニ廻送ノ分ニ在リテハ倉庫間ノ移替及同一倉庫內ノ積替ヲ併セ三割乃至五割ニ過キス直接販賣ノ分ハ之ヲ要セサルモノナルニ全部積替ヲ要スルモノトシテ契約單價ノ決定ヲ爲スカ如キハ失當ノ措置ト謂ハサルヲ得ス要スルニ本件ハ契約單價ノ協定宜シキヲ得ス國庫ニ損失ヲ及ホシタルモノニシテ注意ヲ促ス

國債整理基金

歲出

第一款 國債整理基金支出

第一項 國債整理基金支出

(七) 大藏省ノ支出ニ係ル(會計檢査院報告一)

七、四一二・六一〇円

ハ大正十五年五月以降永 某外三名ニ對シ支給シタル囑託手當及計算器ノ購入其ノ他ニ要シタル經費ナリ本項豫算

ハ國債ノ發行償還ニ關スル直接ノ經費ヲ目的トスルモノニシテ之カ事務的經費ノ如キハ一般會計大藏省所管大藏省本省豫算ノ支辨ト爲スヘク本費ノ支辨ト爲スヘキモノニ非ス隨テ本件囑託手當ノ如キ事務的經費ヲ本項中國債雜費ノ目ニ於ケル慰勞手當及諸謝金ノ支辨ト爲スカ如キハ失當ノ措置ト謂ハサルヲ得ス又計算器等物件ノ購入費ニ在リテモ全然本項豫算ニ積算ナカリシモノニ係リ國債ノ發行償還ニ關スル費途ナルノ故ヲ以テ本費ノ負擔ト爲スニ於テハ國債事務ニ係ル經費ハ擧ケテ本會計ノ負擔ニ歸シ一般會計トノ間限界ナキニ至ルヘク豫算ノ制ヲ紊ルモノト謂ハサルヲ得ス要スルニ本件ハ本項豫算ノ目的外ニ屬スル支出トシテ注意ヲ促ス

朝鮮總督府

歳出經常部

第五款　刑務所

第四項　收容費

（八）　朝鮮總督府及西大門刑務所ノ支出ニ係ル（會計檢査院報告一）

二、六三五・〇〇〇円

ハ耕作用地トシテ購入シタル開城少年刑務所用開城郡松都面元町百九十八番外二筆千九百六十二坪及西大門刑務所用京城府峴底洞三十五番外一筆百三十三坪ノ代價ナリ耕作用地ノ購入費ハ本費ニ積算ナキヲ以テ之カ購入ノ要アリトセハ別途豫算ノ要求ニ竢ツヘキモノトス殊ニ西大門刑務所ニ於テ購入セル土地ニ在リテハ購入ト同時ニ官舍敷地ニ充當セシモノナルニ該土地ハ刑務所官舍敷地ト隣接シ附近ハ人家稠密ナルヲ以テ畢竟官舍敷地ト隣接民家トノ接近ヲ避クルノ目的ニ出テタルモノト認メサルヲ得ス要スルニ本件ハ本項豫算ノ目的外ニ屬スル支出トシテ注意ヲ促ス

第十二款　耕地改良及擴張費

第三項　助成費

（九）　朝鮮總督府ノ支出ニ係ル（會計檢査院報告四）

三二七、九九四・〇〇〇円

ハ大正十四年七月乃至九月ノ水害ニ對スル土地改良工事水害復舊費補助トシテ臨津面外二十水利組合及長興、南海兩拓殖株式會社並平春某ニ支給シタル參拾八萬貳千貳百六拾八圓ノ内ニシテ而シテ土地改良工事ハ朝鮮產米增殖計畫ニ基キ十五年度以降十二箇年間ニ三十五萬町步ノ灌漑改善、地目變換、開墾干拓ヲ施行シ之ニ要スル資金總額參億參百貳拾五萬圓ニ對シ六千五百萬圓ヲ補助セムトシ其ノ支給方法ハ土地改良事業補助規則ノ定ムル所ニ依リ工事種類毎ニ一定ノ割合ヲ以テ事業遂行者ニ補助金ヲ交付スルモノニシテ本件ノ如ク一旦事業完成後ニ於ケル災害復舊工事費補助ノ如キハ本規則ノ豫想セサル所ナルノミナラス本費豫算ニ積算ナキモノナルヲ以テ本費ノ支辨ト爲スヘキモノニ非ス依テ本件ハ本項豫算ノ目的外ニ屬スル支出トシテ注意ヲ促ス

朝鮮總督府

（三四）（會計檢査院報告一）

歳出經常部第六款地方廳第二項事務費ニ於テ各道ノ支出ニ係ル

一、四五〇・〇〇〇円

第七款學校及圖書館第一項俸給ニ於テ京城帝國大學ノ支出ニ係ル

七、五〇〇・〇〇〇

第十五款專賣局第一項俸給ニ於テ朝鮮總督府專賣局ノ支出ニ係ル

一、三〇〇・〇〇〇

第十六款鐵道作業費第二項事業費ニ於テ朝鮮總督府鐵道局ノ支出ニ係ル

一〇五・〇〇〇

第十七款林務費第一項俸給ニ於テ朝鮮總督府ノ支出ニ係ル

六、八九〇・〇〇〇

歳出臨時部第三款調査及試驗費第三項燃料選鑛研究費ニ於テ同府ノ支出ニ係ル

一、〇〇〇・〇〇〇

第五款營繕費第八項新營及設備費ニ於テ同府ノ支出ニ係ル

二、六八〇・〇〇〇

第六款土木費第一項道路修築改良費ニ於テ同府ノ支出ニ係ル

五二〇・〇〇〇

第二項海關工事費ニ於テ同府ノ支出ニ係ル

三、四八〇・〇〇〇

第三項治水事業費ニ於テ同府及二道ノ支出ニ係ル

一八、九〇〇・〇〇〇

第七款鐵道建設及改良費第一項建設費ニ於テ朝鮮總督府鐵道局ノ支出ニ係ル

一、〇五五・〇〇〇

第八款砂防事業費第一項砂防事業費ニ於テ朝鮮總督府ノ支出ニ係ル

九〇〇・〇〇〇

第九款地籍整理及國有地處分費第一項地籍整理及國有地處分費ニ於テ江原道ノ支出ニ係ル

二六、六五〇・〇〇〇

第十二款耕地改良及擴張費第二項監督奬勵費ニ於テ朝鮮總督府ノ支出ニ係ル

二六、八六五・〇〇〇

第十三款國有林調査處分費第一項國有林調査處分費ニ於テ同府ノ支出ニ係ル

五、三一〇・〇〇〇

第十六款朝鮮史編纂第一項朝鮮史編纂費ニ於テ同府ノ支出ニ係ル

三八〇・〇〇〇

第十七款臨時取締費第一項臨時取締費ニ於テ慶尚南道ノ支出ニ係ル

八五五・〇〇〇

第十八款租稅制度改正準備費第一項租稅制度改正準備費ニ於テ朝鮮總督府及各道ノ支出ニ係ル

一二、九三八・〇〇〇

第二十款災害費第二項咸興附近浸水地帶防水工事費ニ於テ咸鏡南道ノ支出ニ係ル

一三九・〇〇〇

昭和四年三月二十四日

大正十五、昭和元年度歳入歳出總決算、同各特別會計歳入歳出決算外四件

朝鮮總督府

歳入經常部

第一款　租稅

第二項　所得稅

(四七)　京城府ニ於テ徴收不足ニ屬スルモノ(會計檢査院報告二)

一五、六六五・三一〇円

(四八)　仁川府ニ於テ徴收不足ニ屬スルモノ(會計檢査院報告一)

一、五〇六・八六〇円

右ハ孰モ取扱ノ過誤ニ因リ徴收不足ヲ生セシメタルモノニシテ不當ナリトス

朝鮮鐵道用品資金

歳出

第一款　朝鮮鐵道用品費

第二項　用品及工作費

(四九)　朝鮮總督府鐵道局ニ於テ本年度本項豫算額ニ超過シ契約ヲ爲シタルモノ(會計檢査院報告一)

一、六三五、八八〇・四七〇円

アリ抑本特別會計ニ於ケル本年度用品購入契約ヲ見ルニ新規契約高八千五百九拾貳萬七千九拾參圓九拾錢ニシテ豫算外國庫負擔ノ契約ヲ許サレタルモノヲ除キ別ニ前年度ニ於テ豫算外國庫負擔ノ契約ニ依リ本年度ノ負擔トセルモノヲ加算スレハ差引本年度負擔ノ契約高ハ千六百八拾五萬參拾六圓六拾錢ト爲リ用品購入費豫算現額ニ對シ百六拾參萬五千八百八拾圓四拾七錢ヲ超過スルノ計算ヲ示セリ之ヲ以テ當局者ハ年度末ニ至リ契約件數二十五口此ノ金額六拾六萬七千百壹圓貳拾參錢ヲ朝鮮總督府特別會計歳出臨時部第七款鐵道建設及改良費外二款ノ負擔契約ニ變更シ又契約件數二百十六口此ノ金額九拾九萬七千百九拾貳圓八拾參錢ヲ本會計翌年度豫算外國庫負擔ノ契約ニ變更シ漸ク決算ヲ整理シタルモノナリ而シテ豫算外國庫負擔ノ契約ヲ爲スヘキ物品ハ購入ニ多クノ日子ヲ要シ又ハ前年度ニ於テ註文ヲ爲スニ非サレハ年度初頭ノ需要ニ支障ヲ生スヘキ場合ニ限ルヘキモノニシテ本件物品ノ如ク年度半以降現ニ持込ヲ了セル物品ニ對シ故ラ之カ經費ヲ翌年度ノ負擔ト爲スハ經費ノ年度區分ヲ紊ルモノニシテ妥當ノ措置ト認ムルヲ得ス又貯藏品購入計畫ニ基キ本費支辨ノ契約ニ依リ之カ購入ヲ爲シ既ニ年度檢收セル物品ヲ年度末ニ至リ俄ニ直決算ニ變更スルカ如キハ本費ニ於ケル豫算超過ノ契約ヲ整理スル一手段ニ外ナラスシテ畢竟用品購入ニ際シ豫算ヲ無視シ漫然豫算超過ノ契約ヲ締結シタルニ因ルモノト認メサルヲ得ス依テ本件ハ不當ナリトス

朝鮮總督府

歳出經常部

第三款　官業及官有財産收入

第三項　森林收入

(七)　朝鮮總督府ノ徴收ニ係ル(會計檢査院報告二)

一六八、三九四・五七〇円

ハ王子製紙株式會社カ大正十四年七月乃至十五年十一月ノ間平安北道厚昌郡厚昌面東新面所在霧中峯國有林及同郡東興面南社面水國有林内ニ於テ買受木以外ニ多數ノ立木ヲ伐採セルニ對シ杉松及紅松ノ損害賠償トシテ徴收シタル金額ナリ抑本件ハ同會社ニ對シ十四年以降十箇年ニ亙リ紅松、杉松類二百十萬尺締ノ年期賣却ヲ爲シタルモノニ係リ十四、十五兩年度引渡ヲ爲シタル杉松、紅松ニ對シ會社ノ伐採搬出セル立木ハ有極印及無極印木ヲ通シ十八萬四千百八十五本材積七十三萬八千四百七尺締ニ及ヒ內引渡濟有極印未伐採立木一萬二百五十三本材積二萬二千七百五十七尺締ヲ存セル狀況ナルニ三十一萬六千餘尺締ニ對シ賠償金ヲ徴收セルニ過キサルノミナラス之カ賠償價格ノ算定著シク低廉ナリト認メラルルモノアリ而シテ有極印木伐採及同未伐採高ハ十一萬四千八百餘本材積三十一萬四千餘尺締ト爲リ之ノミヲ以テスルモ其ノ材積ハ正當契約高ニ超過スルモノニシテ搬下物件引渡ノ杜撰ナルハ明ナル所ナリ然ルニ當局者ハ此ノ事實ヲ度外視シ本數ニ依リ搬下數量ニ不足アルヲ理由トシ其ノ不足本數二萬九千餘本ニ對シ之カ材積ヲ見積リ以テ無極印木伐採數量ヨリ控除シ其ノ賠償額ヲ決定スルカ如キハ失當ノ措置ト謂ハサルヲ得ス要スルニ本件ハ過誤伐材積並之カ賠償金ノ算定其ノ宜シキヲ得ス國庫ニ損失ヲ及ホシタルモノニシテ注意ヲ促ス

(八)　咸鏡南道新興郡ノ徴收ニ係ル(會計檢査院報告四)

九〇、四七九・三四〇

ハ朝鮮水電株式會社ニ對シ火田民整理ノ用ニ供スル目的ヲ以テ賣渡シタル咸鏡南道新興郡東上面所在國有林野一萬六千百六十五町步餘及同地上立木十二萬九千餘本材積二十二萬千七百四十三尺締竝同所國有林野貸付面積千四百五十八町步餘ノ內百五十八町步餘ノ地上立木一萬二千九百餘本材積一萬三千三百五尺締ノ代價ナリ右ハ朝鮮國有森林未墾地及森林產物特別處分令第一條及第四條ニ依リ隨意契約ヲ以テ賣却シタルモノニシテ而シテ火田民ノ整理ハ國土保安上緊要ノコトナリト雖頗ル至難ノ業ニ屬シ總督府ニ於テハ多年積極的ニ之カ指導監督ヲ怠ラス火田耕作者ニ對シテハ移轉耕作地ヲ選擇シ國有未墾地利用法ニ依リ無料貸付ヲ行ヒ事業成功後ハ之ヲ付與スルコトトシ永住ノ途ヲ講セルモ元來火田民ハ定住性ニ乏シク寧ロ奥地國有林ニ於テ無制限ニ侵墾ヲ爲スヲ容易トシ漸次再ヒ火田耕作ヲ行ヒ遂ニ豫期ノ整理ヲ見ル能ハサリシナリ然ルニ本件ハ會社ニ於テ其ノ事業地帶及國有林ノ火田民竝現住民三千戶ヲ三箇年間ヲ期シ整理收容スルモノトシ之カ用地トシテ多大ノ林野竝立木ノ特賣ヲ出願セルニ對シ直ニ其ノ事業遂行ノ見込確實ナリトシ之ヲ許容セルカ如キハ失當ノ措置ト謂ハサルヲ得ス要スルニ本件ハ隨意契約ヲ以テ過當ノ國有林野ヲ拂下ケタルモノニシテ注意ヲ促ス

歳出經常部

第十五款　專賣局

第二項　事業費

(九)　大邱專賣支局ノ支出ニ係ル(會計檢査院報告五)

四二、〇八九・六〇〇円

ハ大倉商事株式會社外五名ヨリ購入シタル「ユーナイテット」煙草截刻機外七點ノ代價ナリ此等物品ハ新築工場ノ設備ニ屬スルヲ以テ之カ購入費ハ臨時部新營費豫算中ヨリ支辨スルヲ相當トシ

實施ノ結果纔ヒ其ノ豫算不足ト爲リタリトスルモ本件ノ如ク經常部事業費豫算ノ負擔ト爲スヘキモノニ非ス依テ本件ハ本項豫算ノ目的外ニ屬スル支出トシテ注意ヲ促ス

歳出臨時部

第四款　補助費

第四項　土木費補助

（一〇）　朝鮮總督府ノ支出ニ係ル（會計檢査院報告六）

二五二、〇〇〇円・〇〇〇

ハ新義州府市街整理及防水工事ニ要スル同府本年度豫算額四拾八萬參千百六拾六圓餘ニ對シ交付シタル補助金ナリ抑本件工事ハ大正十二年度ヨリ昭和三年度ニ亙リ豫算總額百貳拾六萬參千圓之ニ對スル國庫補助總額七拾五萬千圓ヲ以テ施行ノ計畫ニシテ前年度迄ノ豫算額七拾貳萬九千八百參拾參圓餘ニ對シ四拾四萬九千圓ヲ補助セルモ工事決算額ハ僅ニ參拾七萬參千九拾六圓餘ニシテ參拾五萬六千七百參拾七圓餘ヲ翌年度ニ繰越セルノ状況ナルニ本年度ニ於テ補助豫算全額ヲ支給セルモノニシテ前年度ヨリ多額ノ豫算ヲ繰越シタル實績ニ徴シ本年度ニ於テ年割豫算額ノ如ク工事ノ進捗ヲ爲ス能ハサルハ補助指令ノ際之ヲ豫測シ得ヘキ所ナルニ拘ラス之ヲ考慮セス漫然豫算全額ヲ交付セルハ失當ノ措置ト認メサルヲ得ス其ノ他釜山第二期水道擴張工事、鎭南浦市區改正竝橋梁下水修築工事、馬山水道工事及裡里下水工事ニ對スル補助金支給方亦同一状態ニシテ其ノ決算額ハ殆ト補助額ニ止ルノ状況ナリ要スルニ本件ハ補助金ノ交付ニ關シ豫算ノ使用其ノ宜シキヲ得サルモノニシテ注意ヲ促ス

第十二款　耕地改良及擴張費

第三項　助成費

（一一）　朝鮮總督府ノ支出ニ係ル（會計檢査院報告七）

五八、一一六円・〇〇〇

ハ大正十二年及同十四年以降昭和二年ニ至ル間ノ水害ニ對スル土地改良工事水害復舊費補助トシテ博川外十二水利組合ニ支給シタル金額ナリ右ハ一旦事業完成後ニ於ケル災害復舊工事補助ハ本費豫算ニ積算ナキモノナルヲ以テ本費ノ支辨ト爲スヘキモノニ非ス而シテ本件組合中鶴東、松旨ノ兩組合以外ハ大正十四年以前ニ其ノ事業竣功シ又博川、同仁、龜泰、鶴東、安鶴以外ノモノハ十二年、十四年又ハ十五年中災害ヲ被リタルモノニ係リ元來本費豫算ハ朝鮮産米增殖計畫ニ基キ編成計上セラレタルモノニシテ一定町歩ノ新規土地改良ヲ目途トシタルモノナルヲ以テ此等各組合ニ對スル災害復舊費補助ノ如キハ本費ニ包含セサルモノト謂ハサルヲ得ス依テ本件ハ本項豫算ノ目的外ニ屬スル支出トシテ注意ヲ促ス

昭和四年三月二十四日

大正十五、昭和元年度歳入歳出總決算、
同各特別會計歳入歳出決算外四件

官有物

(三九) 官有物(會計檢査院報告三)

朝鮮總督府ニ於テ同府カ鑛業權ヲ有スル平安南道所在平壤炭田ノ中重要部分千二百七十五萬千三百九十坪ニ就キ昭和二年九月一日鑛業權ノ減區登錄ヲ了スルト同時ニ朝鮮無煙炭株式會社ノ爲ニ同一地域ニ對シ鑛業權ヲ設定セルモノアリ

抑本炭田ハ炭田開發ノ必要アリトシ朝鮮無煙炭統一計畫ヲ決定シ昭和二年二月朝鮮無煙炭株式會社ヲ創立セシメ之ニ對シ總督府所有石炭鑛區中ノ重要部分ニ屬スル三十餘區ヲ付與スルコトト爲シタルモノナルモ當局者ノ調査スル所ニ依レハ其ノ餘ノ鑛區ハ殆ト石炭ヲ存セサルカ或ハ極メテ少量ニシテ到底有利ニ稼行シ得サル部分ニ屬シ有利ニ稼行シ得ヘキ部分ハ全部之ヲ會社ニ無償讓渡シタルモノニシテ縱ヒ炭田ノ開發上統一經營ノ必要アリトスルモ本件ノ如ク既ニ鑛業權ヲ設定シ朝鮮鑛業令ニ基キ物權トシ保持シ其ノ炭量豐裕ニシテ經濟上價値大ナル鑛區ニ就キテハ有償讓渡其ノ他適當ノ方法ヲ講スヘキモノナルニ當局者ノ任意ニ依リ之ヲ無償讓渡シタルカ如キハ失當ノ措置ト謂ハサルヲ得ス依テ本件ハ注意ヲ促スヘキモノトス

昭和四年三月二十八日

建議案

第十八　朝鮮及臺灣施政調査會設置ニ關スル建議案（神田正雄君外二名提出）

朝鮮及臺灣施政調査會設置ニ關スル建議案

朝鮮及臺灣施政調査會設置ニ關スル建議

朝鮮及臺灣カ我カ帝國ノ一部ニ歸シテ以來朝鮮ハ十九年臺灣ハ三十四年ノ歲月ヲ經テ是等新領土ニ對スル我カ國ノ統治ハ銳意熱心ニ行ハレツツアリト雖今ヤ世界大勢ノ變遷ト朝鮮及臺灣ニ於ケル文化ノ進步民人ノ覺醒トハ動モスレハ施設上ノ不平ヲ抱クモノヲ生シ其ノ間圓滑融合ヲ缺クノ憾ナキニ非ス而モ朝鮮及臺灣ハ我カ國カ東洋ノ平和ト經濟的調節トヲ確保スル上ニ最重要ナル關係ニアリ其ノ統治ノ良否ハ懸テ我カ帝國ノ運命ヲ決スヘキ要件タルヲ信スルモノナリ從テ是等地方ノ統治ヲ完全ニスル上ニ過去ニ於ケル施政ノ狀況ヲ稽ヘ將來ノ方針ヲ確立スル爲是カ統治上ノ組織及利害得失ヲ審議スル調査會ヲ設立スルコトハ目下ノ急務ト思惟ス現政府ハ速ニ朝鮮及臺灣ノ施政ニ關スル調査會ヲ設置セムコトヲ望ム

右建議ス

朝鮮及臺灣施政調査會設置ニ關スル建議案理由書

本案提出ノ理由ハ本文ニ明ナルヲ以テ茲ニ之ヲ贅セス

第十九　朝鮮ニ於ケル鑛業助長ニ關スル建議案（横堀治三郎君提出）

朝鮮ニ於ケル鑛業助長ニ關スル建議案

朝鮮ニ於ケル鑛業助長ニ關スル建議

朝鮮ニ於ケル鑛業ノ發達ヲ圖ル爲政府ハ官民合同ノ鑛業調査機關ヲ設ケ其ノ審議ニ基キ資金ノ融通及事業ノ保護ニ關シ最適切ナル助長方法ヲ講シ以テ新業ノ振興ヲ圖ルヘシ

右建議ス

朝鮮ニ於ケル鑛業助長ニ關スル建議案

理由書

朝鮮ノ鑛業ハ累年進步ノ趨勢ヲ示シ昭和二年度ノ鑛產額ハ約二千五百萬圓ニ達スルコトヲ得タリト雖之ヲ內地鑛業ニ比スレハ僅ニ十五分ノ一ニ過キサルヲ以テ斯界資源ノ開發ハ未タ其ノ宜シキヲ得タルモノト認ムルコト能ハス由來朝鮮ハ內地ニ超越シテ各地ニ豐富ナル金鑛ヲ有シ其ノ埋藏鑛量ハ極メテ大ナルモノアルト同時ニ內地ニ見サル特種ノ鑛物ヲ包有シ無煙炭、褐炭、重晶石、重石、雲母並鐵鑛ノ如キハ朝鮮ノ特有物トシテ大ニ誇稱スルニ足ルヘキモノアルヲ以テ此ノ種鑛產物ノ增進ヲ計ルハ蓋邦家ノ利源ヲ豐富ナラシムルモノト謂ツヘキナリ

抑鮮國鑛業カ今日ニ迨ヘル經過ヲ顧ミルニ內地大資本家ノ投資ニ依ル所決シテ少カラスト雖多數ノ鑛業者ハ鮮國在住ノ事業家ニシテ其ノ熱誠ナルコトハ感激ニ堪ヘサルモノアリ今後モ亦鮮國ニ精通セル是等企業者ノ手ニ依リテ鑛業ノ開發ヲ實現セラルヘキコトヲ期セサルヘカラス唯憾ムラクハ資金ニ乏シク加フルニ諸般ノ事情ハ內地ノ如ク多大ノ便宜ヲ望ムコト能ハサルカ故ニ遂ニ圓滿ナル事業ノ經營ヲ持續スルコト能ハスシテ往往中途ニ挫折セルノ悲運ニ遭遇セル者少シトセス是レ鮮國鑛業カ未タ著シキ發展ヲ見ルニ至ラサル最大原因タルヘシ彼ノ東洋拓殖株式會社ノ如キハ鮮國產業發達ノ爲先ムシテ資金融通ノ便ヲ講シ既ニ鑛業上ニ貸出シタル金額ハ數百萬圓ヲ超エタルモノアリ其ノ他ノ有力ナル銀行等ニ於テモ亦融資ノ途ヲ開キ鑛業上ニ容易ナラサル援助ヲ與ヘラレタルコトハ大ニ多トスヘキ所ナリト雖貸付者ニ於テハ鑛業ニ關スル十分ノ知識ヲ有セス借受人トシテモ亦得タル資金ヲ善用スルノ途ヲ誤チ彼我共ニ何等徹底ノ方途ニ出ツルコトヲ得スシテ遂ニ有耶無耶ノ間ニ時期ヲ經過シ今ヤ融資者ハ鑛業投資ノ不安定ヲ嘆シ鑛業者ハ徒ニ負債ヲ荷ウテ窮地ニ苦シムノ狀態ニアリ從テ鮮國鑛業ノ前途ヲ暗迷タラシムルノ嫌ナキ能ハサルニ至リタルハ斯界ノ爲極メテ遺憾トスル所ナリ

鮮國鑛業ノ形勢ヲ一轉スルコトハ實ニ國家產業上ノ急務ニシテ之ニ對スル方策ハ內地大資本家ノ健全ナル投資ニ待ツヘキモノ少カラサルハ勿論ナリト雖一方ニ於テ在鮮鑛業家ヲシテ其ノ方途ヲ誤ラサラシムルコトニ付適當ノ方法ヲ設定スルコトハ蓋鮮國產業ノ發達上最考慮ヲ要スヘキモノタルヤ明ナルヘシ此ノ目的ヲ達成セムカ爲政府ハ官民合同ノ鑛業調査機關ヲ設ケ資金ノ融通及事業ノ保護ニ關シ最適切ナル助長方法ヲ講セラレムコトヲ望ム是レ本案ヲ提出スル所以ナリ

## 第二十　臺灣總督府鑛業行政機關ニ關スル建議案（横堀治三郎君提出）

### 臺灣總督府鑛業行政機關ニ關スル建議案

臺灣總督府鑛業行政機關ニ關スル建議

政府ハ臺灣ニ於ケル鑛業發達ノ爲須ラク鑛業行政機關ヲ擴張シ以テ將來ノ隆昌ヲ期セラレムコトヲ望ム

右建議ス

臺灣總督府鑛業行政機關ニ關スル建議案理由書

臺灣ニ於ケル鑛業ハ累年多少ノ進歩ヲ示スト雖未タ十分ナル發達ノ域ニ達セス而モ鑛物ノ分布ハ全島ニ洽ク就中油田ノ存在ハ特ニ世人ノ注目ヲ惹ケル所ナルノミナラス東部臺灣ニ在リテハ幾多有望ナル鑛物ヲ埋藏セルモノトシテ斯界識者ノ屬望スル所ナルト同時ニ中央山脈ニ連續セル山林地帶ニ於テハ組織立チタル調査探險ヲ待チ豫想以上ニ豐富ナル鑛物所在地ヲ確認シ得ルニ至ルヘキハ疑ハス然ルニ現今總督府ニ於ケル鑛業行政機關ハ殖産局商工課内ノ一分區タル鑛業係ナルモノニシテ其ノ機能ハ臺灣現時ノ鑛業ニ適應スルコト能ハサルノ憾アルノミナラス今後ノ發達ヲ企圖スルニ當リテハ到底斯ル行政機關ヲ以テ克ク其ノ實績ヲ擧クルコト能ハサルヤ明ナルヘシ

抑鑛業ハ國家天然資源ノ開發ヲ目的トシ其ノ産物ハ諸般產業ノ基礎ヲ爲スノミナラス邦家ノ安寧福利ニ最重要ノ關係ヲ有スルモノナルカ故ニ歐米各國ニ在リテハ夫レ夫レ特種ノ權威アル行政機關ヲ設ケ我カ邦モ亦商工省ニ鑛山局ヲ置キ更ニ五箇所ニ鑛山監督局ヲ設置シタルハ蓋當然ノ措置タルヘシ又朝鮮總督府ニ在リテハ殖産局内ノ一獨立課トシテ鑛務課ヲ置キ加フルニ地質調査所並燃料選鑛研究所ヲ以テシタルカ如キハ殖民地ニ於ケル資源開發上最當ヲ得タルモノナルヘシ最近樺太廳ニ於テモ亦特ニ鑛業課ノ獨立ヲ斷行スルニ至リタルハ進ンテ鑛業行政機關ヲ發揮シタルモノト謂ツヘキナリ斯ノ如キ趨勢ナルニ拘ラス臺灣ニ於ケル鑛業行政機關ハ依然トシテ一小官區ニ止マルヲ以テ鑛業促進上極メテ遺憾トスル所少カラス是レ本案ヲ提出スル所以ナリ

第二百四十九　米價恢復維持ニ關スル建議案（加藤知正君提出）

米價恢復維持ニ關スル建議案

米價恢復維持ニ關スル建議

近年米價ノ低落ハ以テ其ノ生產費ヲ償フニ足ラスシテ農村ノ荒廢農家ノ困憊益甚シキヲ加ヘムトスルノ狀態ニアルハ國家ノ爲由由敷大問題ト謂ハサルヘカラス仍テ政府ハ速ニ左記ノ方法ニ依リ之カ對策ヲ講シ米價ノ恢復維持ニ努メラレムコトヲ望ム

一 速ニ米穀法ヲ改正シテ緊急米穀ノ大量買上ヲ斷行スルコト

一 朝鮮及臺灣ニ米穀法ヲ施行スルコト

一 外米輸入制限ヲ朝鮮及臺灣ニ於テモ勵行スルコト

一 外米輸入ノ關稅率ヲ高ムルコト

右建議ス

米價恢復維持ニ關スル建議案理由書

本案提出ノ理由ハ本文ニ詳ナルヲ以テ玆ニ之ヲ贅セス

---

第二百五十　米價政策ニ關スル建議案（三輪市太郎君外六十名提出）

米價政策ニ關スル建議案

米價政策ニ關スル建議

米穀法ノ施行區域ヲ朝鮮臺灣ニ擴張シ外國米ノ輸入制限ヲ徹底的ニ實行シ米穀倉庫ノ建設費ヲ一般會計ニ移シ米穀特別會計ノ損失ヲ整理スル等米穀法ニ對スル根本的ノ改正及財政上ノ必要ナル處分ニ關シテハ政府ハ速ニ案ヲ具シテ議會ニ提出スヘシ

右建議ス

米價政策ニ關スル建議案理由書

本案提出ノ理由ハ本文ニ詳ナルヲ以テ玆ニ之ヲ贅セス

---

第二百五十一　米穀價格政策ニ關スル建議案（胎中楠右衞門君外一名提出）

米穀價格政策ニ關スル建議案

米穀價格政策ニ關スル建議

農村經濟作興ノ途多多アリト雖其ノ主要ナル中心政策ハ蓋三アリ其ノ一ハ農家支出ノ輕減策ナリ其ノ二ハ農家收入ノ增加策是ナリ其ノ三ハ農家經濟ノ確立策是ナリ就中農家收入增加ノ如キハ農村經濟作興上最緊急ナル政策トス殊ニ米價ノ維持ニ至リテハ近時最必要ナル政策ニシテ朝野ヲ通スル大問題トス惟フニ米價ノ安定セサル原因ハ需給ノ統制其ノ宜シキヲ得サルト配給機關ノ不完全ニアリト謂ハサルヘカラス仍テ此ノ際此ノ弊ヲ矯正スル方法トシテ米穀專賣ノ精神ヲ經トシ米價公定ノ主旨ヲ緯トシテ左記方策ヲ實現スレハ蓋需給ノ統制ト配給ノ圓滑ヲ期シ以テ米價ノ維持ヲ圖ルコトヲ得ヘシ

一 各府縣ニ米穀同業組合ヲ設立セシムルコト

二 各府縣米穀同業組合會ノ聯合會ヲ中央ニ設立セシムルコト

三 米穀同業組合ノ事業槪ネ左ノ如シ

イ 米穀檢查ヲ施行スルコト

ロ 或一定ノ時期ヲ限リ均賣的共同販賣ノ斡旋事業ヲ行フコト

ハ 米穀擔保金融ノ途ヲ講スルコト

ニ 米穀ノ需給統制ヲ施行スルコト

ホ 米價ノ公定ヲ爲シ公定價以外ニ於テ米穀ノ販賣ヲ爲サシメサルコト
其ノ公定方法ハ每月一ノ日ニ於テ向フ約十日間ノ價格ヲ公定スルモノトス

ヘ 各消費地ニハ販賣店ヲ指定スルコト其ノ販賣店ハ現金取引ヲ原則トシ購買原價ニ約一割ノ口錢ヲ以テ購買米價ノ販賣ヲ爲サシムルモノトス但シ掛賣ノ場合ハ三割迄ノ口錢ヲ徵セシムルコトヲ得

四 臺鮮米ニ對シテモ以上各項ヲ適用スルコト

五 外米ハ凡テ政府ニ於テ管理シ政府以外ハ一切其ノ買入ヲ爲サルモノトス

六 要ハ米穀同業組合ヲ組織セシメ其ノ組合ヲシテ各種ノ「カルテル」ヲ實行セシメルコト

政府ハ以上各項ヲ參考トシテ此ノ際速ニ米穀價格政策ヲ樹立セラルヘシ

右建議ス

米穀價格政策ニ關スル建議案理由書

本案提出ノ理由ハ本文ニ詳ナルヲ以テ玆ニ之ヲ贅セス

請願特別報告第四號

意見書

請願文書表第七八號

舊韓國將校竝相當官及准士官ニ扶助金下賜ノ請願　朝鮮慶尚北道大邱府龍岡町四十九番地李圭彰外四百十五名呈出（紹介議員神田正雄君外三名）

右請願ノ要旨ハ舊韓國ノ法令ニ依リ終身官職ヲ保有シ俸祿ヲ享クヘク保障ヲ與ヘラレタル舊韓國陸軍將校カ隆熙元年（明治四十年）軍隊解散ニ依リ官職ヲ失ヒ其ノ後日韓併合トナリタルモ何等ノ保護恩澤ニ浴スルヲ得ス爲ニ數十年間軍務ニ服シ一般世事ニ疎キ舊韓國軍人ハ容易ニ就職ノ途ヲ得難ク生活ニ困憊シツツアリ斯ノ如キハ個人ノ事情若ハ罪責ニ因リタルモノニ非スシテ當時國政ノ運用上必要ニ出テタル措置ノ結果ナルヲ以テ右失職舊韓國時代ノ陸軍將校竝相當官及准士官ニ對シ其ノ生活ニ相當スル扶助金ヲ一時若クハ年金ヲ以テ支給セラレタシト謂フニ在リ

衆議院ハ其ノ趣旨ヲ至當ナリト認メ之ヲ採擇スヘキモノト議決セリ依テ議院法第五十六條ニ依リ別册及御送付候也

請願特別報告第五號

意見書

請願文書表第八一號

東亞保民會設立ニ關シ國家的援助ノ請願　東京市赤坂區青山南町五丁目七十九番地金健中外十四名呈出（紹介議員志波安一郎君外四名）

右請願ノ要旨ハ在滿朝鮮人ハ其數既ニ二百萬ヲ越エ理想ノ樂園ヲ組織セムトシテ新天地ヲ開拓シツツアルモ彼等ニハ何等國體的大支柱ナク爲ニ微力ナル彼等ハ愈經濟的壓迫ヲ受ケ加之異域ニ在リテ人情言語ノ相違ハ誤解ヲ生シ易ク今ヤ悲況ニ沈淪シツツアリ而シテ之カ救濟策トシテハ產業開發ノ綜合的機關ヲ設置シ彼等ニ職業ヲ與ヘ生活ノ安定ヲ得セシムルヲ以テ最適當ナリト信ス依テ前記ノ目的ノ爲ニ設立スル「東亞保民會」ニ對シ相當ノ國家的援助ヲ與ヘラレタシト謂フニ在リ

衆議院ハ其ノ趣旨ヲ至當ナリト認メ之ヲ採擇スヘキモノト議決セリ依テ議院法第六十五條ニ依リ別册及御送付候也

朝鮮ノ統治ニ關スル質問主意書

右成規ニ據リ提出候也

昭和四年三月六日

提出者　加藤鯛一

朝鮮ノ統治ニ關スル質問主意書

一　朝鮮統治ノ根本方針如何

即チ朝鮮ニ内地延長主義ヲ認メテ同化政策ヲ採リ或程度ノ參政權ヲ與ヘテ代表者ヲ帝國議會ニ送ラシメムトスル意思ヲ以テ進ミツツアルカ或ハ又自治制度ヲ確立セムトスルカ所見如何

二　現在統治ノ目標如何

曩ニ齋藤總督ハ任地ニ臨ムヤ産業ノ開發ト治安ノ維持ニ大眼目ヲ置キ又一方ニハ言論ノ取締ヲ緩和シ新聞紙ノ發行ヲ許可スル等文化政策ヲ行フコトヲ統治ノ目標トシタリ

然ルニ山梨總督ハ著任早早朝鮮人敎育第一主義ヲ標榜シタルモ後其ノ内容ニ變改ヲ加ヘタリト謂フ又極端ナル言論ノ壓迫ヲ爲シ近今思想運動及社會運動ヲ爲ス者多數逮捕セラレ爲ニ警察政治ヲ行フニ非サルカヲ疑ハシメツツアリ果シテ何ヲ統治ノ目標ト致シツツアリヤ

三　池上政務總監ハ本年一月八日最初ノ定例局部長會議ニ於テ現在府ノ諮問機關タル協議會ヲ決議機關タラシムヘシトノ意味ヲ宣言シタリトノコトナルカ其ノ程度及内容如何

又同時ニ兩班階級ノ保護ヲ力說シタル由ナルカ今日ニ至リテ其ノ必要何レニアリヤ又斯ノ如キ主張ハ山梨總督ノ意見ト相違セサルヤ如何

四　敎育問題ニ付テ

山梨總督ハ著任早早朝鮮人敎育第一主義ヲ標榜シテ一面一校主義ニ依リテ普通學校ノ增設ヲ計畫シタリト謂フカ其ノ理據ハ何レニアリヤ思フニ敎育ノ大眼目ハ單ナル面ノ數ヤ兒童ノ數ニノミ基キテ漠然タル常識的判斷ノ下ニ校數ヲ增加スルコトニ非スシテ卽チ形式的ナル學校ノ數ノ問題ニ非スシテ實質的ナル卒業者ノ質ノ問題ニシテ被敎育者ノ數ノ增加ヨリモ其ノ質ノ改善ヲ緊急ナリト信スルカ所見如何

五　共學主義ニ付テ

普通學校ニ迄内鮮人共學主義ヲ採用スル方針ナリト聞クカ果シテ然リヤ

六　京城帝國大學卒業生ノ就職ニ付テ何等カノ對策アリヤ

植民地ニ於テ產業敎育ヲ施スヘキカ思想敎育ヲ施スヘキカハ餘程熟考スヘキコトナリ然ルニ京城ニハ既ニ帝國大學アリテ法文科ハ第一回ノ卒業生ヲ本年初テ出スト謂フ

又内地ノ官公私立ノ大學及專門學校ヲ卒業シテ歸鮮スル者年年二百名内外アリトノコトナルカ之等ハ殆ト就職ノ途ナク爲ニ思想惡化シ相率キテ左傾團體ニ投リ詭激ナル言動ヲ以テ我カ國ノ政策ニ反抗シツツアリ右ニ對シテ何等カ善導ノ方法ヲ考究シ居レリヤ如何

七　產米增殖ノ既定計畫ハ豫定通進捗シツツアリヤ如何

本事業ハ大正十四年度以降十四箇年ノ繼續ヲ以テ六千五百萬圓ヲ補助シ而シテ之ヲ獎勵促進セムトスルモノナルカ山梨總督ハ此ノ補助金殘額五千萬圓中ヨリ一千萬圓ヲ削減シテ之ヲ朝鮮人ノ敎育費ニ流用セムトシタルモ輿論ノ反對ニ逢ヒテ中止シタリトノコトナルカ如何

本事業ハ我カ國ノ人口食糧問題ニ至大ノ關係アリ又鮮人ノ生活安定上ニモ至大ノ關聯ヲ有スル重大ナル國策ナルカ故ニ一時的ノ財源關係ニ依リテ變更スヘキモノニ非スト信スルカ如何

又既定計畫カ遂行サレツツアルトスレハ增收ノ產米ニ對スル處置ハ如何ニスルカ之カ對策アリヤ如何

八　農村疲弊ノ對策如何

卽チ朝鮮ハ如何ナル方面ヨリ視ルモ農業本位國ナルヘシ然ルニ近今農村ノ疲弊ハ寧ロ悲慘ニシテ言語ニ絕スルノ狀勢ナリ從テ小作爭議モ增加シ自殺者モ非常ニ增加シツツアリ

自作農ノ創定、小作法ノ制定等ヲ爲ス意思ナキヤ又齋藤前總督時代ニ當時ノ下岡政務總監カ發案シテ未タ實現ヲ見ルニ至ラサリシ農民ノ勞力ヲ生產化スル方法ハ如何ナリシヤ

九　恩賜基金貸出シノ内容如何

山梨總督ハ府郡ノ恩賜基金一千七百三十九萬八千圓中ヨリ五箇年間ニ五百萬圓ヲ細民ニ貸與スルノ案ヲ立テ既ニ昭和三年度ニ百二十萬圓ヲ支出セリト謂フ果シテ然ルヤ此ノ貸金ハ事實ニ於テ回收困難ナリトノコトナルカ若回收出來サルトキハ何人ノ責任ナリヤ如何

十　朝鮮人内地渡航ノ狀勢及之カ對策如何

朝鮮人ノ内地渡航ハ年年增加シツツアリト謂フ然ルニ内地ニ於テハ中央ニ李起東及朴春琴氏等ノ相愛會アルノミ斯クテハ將來大ナル勞働問題ヲ起シ社會問題ト爲リ延テハ政治問題ト爲リ由由シキ結果ヲ招來スヘシト思フカ之ニ對シテ何等カノ對策アリヤ所見如何

十一　在滿鮮人ノ保護方針如何

今ヤ滿洲一帶ハ靑天白日旗ノ揭揚ト共ニ時局モ亦變動ヲ免レス從テ在滿鮮人ノ生活上ニモ多大ノ影響アリト信ス之等ニ對シテ如何ナル保護ヲ與ヘツツアリヤ

又其ノ人數及今後ノ保護方針如何

十二　國境鐵道ノ進行程度如何

國境鐵道ハ十二年計畫ニテ本年度ヨリ着手シタリト謂フカ鴨綠江岸ノ俗ニ拓殖鐵道ト謂フハ輕便鐵道ナリト聞クカ何故四呎八吋半ノ標準軌道制ヲ採用セサリシヤ如何

十三　吉會線ノ反對ニ關スル對策如何

日本ノ資金ニ依テ敷設セラルルヲ好マサル鮮支人ハ聲息相通シテ反對行動ニ出テ吉林ノ學生ノ如キハ示威行列ヲ爲シ省長ヲ詰責セル等不穩ノ氣一帶ニ漲ルト謂フ現況竝今後ノ對策如何

十四　取引所政策ニ付テ

曩ニ當局ハ取引所ノ設置ヲ許可スルカ如キコトヲ暗示シテ甚シキ利權運動ヲ挑發シテ醜聞ヲ流セリ今後ノ方針如何

十五　總督府現在ノ囑託ハ何人アリヤ

十六　京城光熙門外土地拂下ニ付テ

京城光熙門外新堂里府、墓地、火葬場敷地竝京城學校組合所有林合計十四萬五千八百七十九坪ヲ一坪當リ三圓二十錢ニテ大阪ノ島德藏氏ニ賣却シタリ之ニ對シテ時價六七圓以上ノモノヲ三圓二十錢ニテ賣却スルモ不當ナリトテ府ノ協議會員間ニ反對アリシニ拘ラス遂ニ正式ニ手續ヲ了セル爲其ノ非ヲ鳴ラス者多シ當局ハ京城府尹ノ措置ヲ適當ト認ムルヤ如何

然シテ池上政務總監ハ此ノ地ヲ博覽會ノ敷地ト爲サムトシタルモ山梨總督カ急遽他ニ決定シタル爲已ムナク現在ノ新町遊廓ヲ此ノ地ニ移轉セシメムトスル下心アリトノ世評高シ其ノ意思アリヤ如何

十七　咸境北道沿岸ニハ從來トロール船ハ十隻ト制限サレアルヲ十五隻ニ爲サムトシ既ニ一隻ハ下關市ノ某氏ニ許可ノ内諾ヲ與ヘタリトノコトナルカ眞疑如何

十八　賣位賣官ノ風說ニ付テ

近今朝鮮人中ニハ賣位賣官昔日ノ朝鮮モ尙及ハス郡守ハ何百圓參與官ハ何千圓ナリト謂ヒ觸ラス者アリ斯ノ如キ風說盛ムニ行ハレテ如何ニシテ帝國ノ公明ナル政治ノ威信ヲ新附ノ民ニ保ツコトヲ得ルヤ故ニ總督政治ノ威嚴ヲ保ツ爲ニ風紀紊亂ノ風說ニ鑑ミ官紀肅正ノ必要アリト認ム所見如何

十九　機密費削減ノ意思ナキヤ如何

從來ノ機密費二十七萬圓ハ多キニ失スルノ嫌ミアリ削減ノ意思ナキヤ

二十　山梨總督ノ言動ハ果シテ内鮮人ヲ心服セシメツツアリヤ如何

右及質問候也

昭和四年三月二十四日

内閣總理大臣男爵　田中義一

衆議院議長川原茂輔殿

衆議院議員加藤鯛一君提出朝鮮ノ統治ニ關スル質問ニ對シ別紙答辯書差進候

〔別紙〕

衆議院議員加藤鯛一君提出朝鮮ノ統治ニ關スル質問ニ對スル答辯書

一、朝鮮在住者ニ對スル參政權ノ問題ニ付テハ從來議會ニ於テ屢政府當局ヨリ答辯アリタル通リ民度ヲ考慮シ漸進的ニ施設畫策シツヽアリ

二、朝鮮統治ノ目標ハ新附同胞ノ康福ヲ增進シ以テ併合ノ本旨ヲ實現スルニアリ產業、教育、交通ハ勿論其ノ他各般ノ施設モ畢竟此ノ目標ノ外ニ出ルモノニアラズ

三、京城、釜山、平壤、大邱等ノ府ニ對シテハ其ノ協議會ヲ決議機關タラシメントスル趣旨ヲ以テ目下折角調查中ナリ

廣ク兩班階級ノ職ヲ失ヘルモノニ對シテハ適當ノ方策ヲ講ジ所謂朝鮮貴族中非常ノ困憊ニ陷レル者ニ對シテハ保護ノ途ヲ講ズルノ必要ヲ認メ居レリ

四、朝鮮現時ノ初等教育普及狀態ハ學齡兒童ノ就學率甚タ低シ唯急激ナル擴張ハ民力ニ副ヘザルヲ以テ昭和四年度以降漸ヲ逐テ初等教育ノ普及ヲ畫シ又質ノ改善內容ノ充實ニ付テハ初等教育以外ニ對シテモ考慮セリ

五、朝鮮ノ教育ハ內鮮人共學ヲ以テ理想トセザルベカラザルモ初等教育ニ迄之ヲ及ボスコトハ各般ノ事項ニ影響スル所甚大ナルヲ以テ目下調查研究中ナルモ師範學校、實業學校及專門學校以上ハ凡テ共學ノ制度ヲ實施シツツアリ

六、京城帝國大學卒業生ハ本年三月其ノ第一回法科四十人文科三十七人ヲ出スコトトナリ居ルガ大部分ハ就職內定シ未定ノ分ニ對シテモ極力斡旋中ナリ內地ヨリ歸鮮スル各學校卒業生ノ年々多數ニ上ルハ事實ナリ之等ノ大部分ハ各自求職ノ途ヲ講ジ居ル狀況ナルモ總督府ニ其ノ就職ヲ依賴シ來ル者ニ對シテハ出來得ル限リ同府ニ於テ援助シ居レリ

七、產米增殖計畫ハ略豫定ノ通著々實行シツツアリ完成年限事業面積國庫補助金等當初ノ計畫ニ對シ何等變更ヲ加ヘズ之カ補助金ヲ創設シ他ニ流用セントスルガ如キハ斷ジテ考慮シタルコトナシ

買收產米ノ處置ニ付テハ米穀法ノ適用農業倉庫ノ設置等ヲ必要ト認メ後者ニ付テハ既ニ之カ實行ヲ計畫シ前者ニ付テハ攻究中ナリ

八、自作農ノ創定、小作法ノ制定等農村問題解決ノ必要ハ夙ニ之ヲ認メ目下委員會ヲ設ケ調查中ナリ

九、臨時恩賜公債中ノ償還金百二十萬圓ヲ小農救濟資金トシテ勤農共濟組合ニ對シ貸付タルハ事實ナリ之ガ回收ニ就テハ懸念ナキモノト認ム

十、內地渡航ノ朝鮮人勞働者ニ對シテハ內鮮協和會其ノ他各地ニ支部ヲ有スル相愛會等ヲ介シ幾分ノ補助ヲ與ヘ相當保護ノ途ヲ講ジツツアリ

十一、在滿鮮人ハ其ノ正確ナル數字ヲ知ル能ハザルモ約八十萬ト稱セラレ政府ハ既定ノ方針ニ依リ保護撫育ニ當リツツアリ

東三省易幟ノ問題ハ別ニ在滿鮮人ノ生活ニ影響アリト認メ居ラズ

十二、國境拓殖鐵道ニ付テハ一應計畫ヲ樹テタルコトアルモ未ダ具體化スルニ至ラズ尚考究中ニ屬ス

十三、現在ニ於テハ表面差シタル反對行爲無シ

十四、取引所問題ニ付テハ目下各般ノ事項ニ亙リ調查中ニシテ精查研究ノ上其ノ結果ニ基キ適當ノ制度ヲ確立スルニ至ル迄ハ個々ノ設立出願ニ付テハ一切之カ詮議ヲ爲サザルコトニ取扱ヒツツアリ

十五、總督府囑託ノ現在數ハ七十八名ナリ

十六、光熙門外土地拂下ニ付テハ其拂下單價ハ時價相當ニシテ京城府尹ノ採リタル措置ハ適當ト認ム

博覽會又ハ遊廓敷地トシテ考慮シタルコトナシ

十七、朝鮮沿岸ニ於ケルトロール漁業ハ朝鮮總督ノ許可ヲ受クルヲ要スル規定ナルモ現在一隻モ許可シタルコトナシ

十八、賣位賣官等ノ風說ハ全然事實無根ナリ

十九、機密費ハ曩ニ大正十四年度財政整理ノ際減額セラレタル所ニシテ更ニ之ヲ減額スル意思ナシ

二十、山梨總督ノ言動ハ內鮮人ヲ心服セシメツツアリト信ズ

右及答辯候也

昭和四年三月二十四日

内閣總理大臣男爵　田中　義一

外務大臣男爵　田中　義一

昭和四年三月二十六日

議長ノ報告

朝鮮ニ於ケル司法官ノ待遇ニ關スル質問主意書

右成規ニ據リ提出候也

昭和四年三月十六日

提出者 牧山耕藏

外四名

## 朝鮮ニ於ケル司法官ノ待遇ニ關スル質問主意書

近時司法部ニ於ケル諸般ノ施設稍改善ノ途ニ就キ舊來ノ面目ヲ一新シタリト雖司法官ノ待遇尚行政官ニ比シ甚タ劣レルモノアリ高材逸足ノ士動モスレハ司法部ヲ去ラムトスルノ傾アリ而モ朝鮮ニ於ケル司法官ノ待遇ハ内地ノ司法官ニ比シ一段ノ低位ニ在リ今ニシテ之カ向上ヲ圖リ優奬ノ途ヲ講スルニ非スムハ人材地ヲ拂ヒ朝鮮ニ於ケル裁判所ニ對スル新附國民ノ信頼ハ將ニ稀薄ナラムトスルノ虞アリ洵ニ國家心腹ノ大患タリ朝鮮ニ於ケル判事檢事及書記何レモ此ノ所十數年來ノ定員ニ對シ事件ハ逐年増加スルノミニシテ左記第一號表ハ如實ニ其ノ眞相ヲ物語レリ

### 第一號表

（一） 明治四十三年ト昭和元年及昭和二年トノ新受件數並判檢事一人ノ負擔件數

| 年別 | 判事定員 | 民刑訴訟及豫審事件 | 判事一人負擔 件數 | 判事一人負擔 歩合 | 檢事定員 | 檢事公訴及共助事件 | 檢事一人ノ負擔 件數 | 檢事一人ノ負擔 歩合 |
|---|---|---|---|---|---|---|---|---|
| 明治四十三年 | 二六一 | 二四、二三四 | 九三 | 一 | 六三 | 一四、二五〇 | 二二六 | 一 |
| 昭和元年 | 一八三 | 九七、二〇四 | 五三一 | 五・七 | 七七 | 一〇一、〇五四 | 一、三一三 | 五・八 |
| 昭和二年 | 一八六 | 一〇二、三九五 | 五五一 | 五・九 | 八二 | 一〇八、七五二 | 一、三二五 | 五・九 |

（二） 同上書記一人ノ負擔件數

| 年別 | 書記定員 | 件數 | 一人ノ負擔 件數 | 一人ノ負擔 歩合 | 件數増加歩合 |
|---|---|---|---|---|---|
| 明治四十三年 | 四二九 | 五九、二三七 | 一三八 | 一 | 一 |
| 昭和元年 | 六七九 | 三、九六〇、六六〇 | 五、八三三 | 四二・三 | 六六・九 |
| 昭和二年 | 六九〇 | 四、三一六、二〇三 | 六、二五五 | 四五・三 | 七二・九 |

備考 件數ハ民事々件、刑事々件、豫審事件、民事雜事件（登記、公證及戸籍事件ヲ含ム）刑事雜事件、檢事公訴及共助事件ノ總數ナリ

今試ニ此ノ第一號表ニ就テ概要ヲ指示スレハ明治四十三年ニ於ケル民刑訴訟並豫審事件數二萬四千二百三十四件ニ對シ昭和元年ニハ九萬七千二百四件ニ翌二年ニハ十萬二千三百九十五件ニ激増シ判事及檢事各一人ノ負擔件數ノ歩合ハ明治四十三年ニ比シ昭和元年ニ於テハ五倍八分翌二年ニ於テハ五倍九分ニ激増セリ特ニ驚クヘキハ書記一人ノ負擔件數ナリ卽チ明治四十三年ニ比シ昭和元年ニ於テハ六十六倍九分翌二年ニ於テハ七十二倍九分ト謂フ突飛ナル歩合ノ増加ヲ示セリ更ニ之ヲ内地ニ於ケル司法官ノ各一人ノ負擔件數ト比較セムニ左記第二號表ハ其ノ間ノ實狀ヲ審ニセリ

### 第二號表

（一） 内地（大正十五年度）朝鮮（昭和元年度）民刑訴訟豫審及檢事新受事件並判檢事一人ノ負擔件數 △印ハ歩合

| | 判事 定員 | 判事 訴訟及豫審 民事 | 刑事 | 豫審 | 計 | 一人負擔 件數 | 一人負擔 歩合 | 檢事 定員 | 檢事 公訴 | 共助 | 計 | 一人負擔 件數 | 一人負擔 歩合 |
|---|---|---|---|---|---|---|---|---|---|---|---|---|---|
| 大審院 | 四七 | 一、五八〇 | 三、一〇四 | — | 四、六八四 | 七四 | △一〇〇 | 一四 | 三、一四一 | — | 三、一四一 | 二二四 | △一〇〇 |
| 高等法院 | 一〇 | 六四六 | 一五九 | — | 八〇五 | 八一 | △一〇九 | 五 | 一五九 | — | 一五九 | 三二 | △一四 |
| 控訴院 | 九〇 | 五、五七四 | 一、四七二 | — | 七、〇四六 | 七八 | △一〇〇 | 五七 | 一、六六八 | 三二七 | 一、九九五 | 三五 | △一〇〇 |
| 覆審法院 | 三二 | 三、九五五 | 一、五四一 | — | 五、四九六 | 一七二 | △二二一 | 一〇 | 一、五四一 | — | 一、五四一 | 一五四 | △四四〇 |
| 地方裁判所 | 一、〇〇四 | 三六四、五五九 | 一〇一、三七五 | 五、九五九 | 四六九、五七五 | 四六八 | △一〇〇 | 五一五 | 三七九、四一八 | 七九、三〇四 | 四五八、七二二 | 八九〇 | △一〇〇 |
| 地方法院及支廳 | 一四四 | 五八、七五八 | 三一、二九七 | 八五〇 | 九〇、九〇五 | 六三一 | △一七一 | 六九 | 九六、一九八 | 三、一六六 | 九九、三六四 | 一、四四〇 | △一六一 |
| 計 内地 | 一、一四二 | 三七一、〇九四 | 一〇五、〇四二 | 五、九五九 | 四八〇、一〇五 | 三三八 | △一〇〇 | 五六四 | 三八五、二二七 | 七九、六三二 | 四六四、八五九 | 八二一 | △一〇〇 |
| 計 朝鮮 | 一八三 | 六四、五六九 | 三二、九八五 | 八五〇 | 九七、二〇四 | 五三一 | △一五七 | 七七 | 九七、八八八 | 三、一六六 | 一〇一、〇五四 | 一、三一三 | △一五〇 |

備考
一、本表中ニハ故障及再審事件ヲ含ム
二、内地定員ハ昭和二年七月一日現在、朝鮮ハ同年末現在ニヨル
三、内地ニ於テハ本表定員ノ外豫備判事九十九名、豫備檢事四十六名アリ

（二） 内地（大正十五年度）朝鮮（昭和元年度）裁判所及檢事局取扱事件新受並書記一人ノ負擔件數

| | 書記定員 | 民事 | 刑事 | 豫審 | 民雜 | 刑雜 | 檢事公訴 | 檢事共助 | 計 | 書記一人ノ負擔 件數 | 書記一人ノ負擔 歩合 |
|---|---|---|---|---|---|---|---|---|---|---|---|
| 内地 | 五、五〇〇 | 三七一、〇九四 | 一〇五、〇四二 | 五、九五九 | 七、二九四、七七三 | 一五、四四〇 | 三八五、二二七 | 七九、六三二 | 八、一五一、一七四 | 一、五三八 | 一〇〇 |
| 朝鮮 | 六九〇 | 六四、五六九 | 三二、九八五 | 八五〇 | 一、八八一、四五〇 | 七五八 | 九七、八八八 | 三、一六六 | 二、〇八〇、五六六 | 三、〇一五 | 一九六 |

備考 民事雜件中ニハ登記事件ヲ含ム

今第二號表ニ就テ其ノ概要ヲ摘示スレハ假リニ内地ニ於ケル司法官ノ各一人ノ負擔件數ヲ一〇〇トシ之ヲ朝鮮ノ司法官ト比較スルニ

| | 判事 | 檢事 | 書記 |
|---|---|---|---|
| 内地 | 一〇〇 | 一〇〇 | 一〇〇 |
| 朝鮮 | 一五七 | 一五〇 | 一九六 |

ノ割合ニシテ朝鮮ノ司法官ノ負擔件數ハ内地ノ司法官ノ五割乃至五割以上ノ負擔ナリ若此ノ一人ノ負擔件數ヲ内地同樣ニ引下クルトスレハ幾何ノ増員ト爲ルヘキカ左記第三號表ハ明ニ其ノ解答ヲ與フルニ十分ナリ

第三號表　（△印ハ減）

| | 判事 定員 | 判事 所要人員 | 判事 増減 | 検事 定員 | 検事 所要人員 | 検事 増減 | 書記 定員 | 書記 所要人員 | 書記 増減 |
|---|---|---|---|---|---|---|---|---|---|
| 高等法院 | 一〇 | 一〇、九 | 〇、九 | 三 | 一、〇 | △二、〇 | | | |
| 覆審法院 | 三一 | 七〇、五 | 三八、五 | 一〇 | 二八、四 | 一八、四 | | | |
| 地方法院及支廳 | 一四四 | 二四七、〇 | 一〇三、〇 | 六九 | 一一一、一 | 四二、一 | | | |
| 計 | 一八六 | 三二八、四 | 一四二、四 | 八二 | 一四〇、五 | 五八、五 | 六九〇 | 一、三五二、六 | 六六二、六 |

今第三號表ニ就テ其ノ概要ヲ摘示スレハ

| | 定員 | 所要人員 | 増員 |
|---|---|---|---|
| 判事 | 一八六 | 三二八、四 | 一四二、四 |
| 検事 | 八二 | 一四〇、五 | 五八、五 |
| 書記 | 六九〇 | 一、三五二、六 | 六六二、六 |

卽チ判事ニ於テ七割六分検事ニ於テ七割一分書記ニ於テ實ニ九割二分ノ増員ヲ必要トスルナリ斯ノ如ク兩兩相對照シ來レハ朝鮮ニ於ケル司法官ノ負擔能率ハ内地ノ一人半分乃至二人分ニ相當スヘク酷待虐遇茲ニ至テ極マレリト謂フヘシ或ハ恐ル審理ノ粗延テハ法ノ適用ヲ誤ルナキカヲ聽テハ朝鮮ニ於ケル司法部ノ威信失墜ノ端ヲ披クナキカヲ又更ニ左記第四號表及第五號表ヲ閲スルニ於テ内地及朝鮮ニ於ケル勅任判事人員ノ比較考察ヲ爲シ將又朝鮮ニ於ケル奏任判検事ト普通行政官トノ比較考察ヲ爲スコトヲ得テ自ラ朝鮮ニ於ケル裁判所職員卽チ司法官ノ待遇改善ノ急ナルヲ感得首肯スルニ足ラム

第四號表

内地及朝鮮ニ於ケル勅任判検事人員比較表　（昭和三年九月調）

内地

| | 職名 | 本俸豫算標準額 | 人員 |
|---|---|---|---|
| 親任 | 大審院長 | 七、五〇〇 | 一 |
| 勅任 | 同部長 | 五、七〇〇 | 八 |
| 勅任 | 同判事 | 五、二〇〇<br>四、八〇〇 | 一三<br>一二 |
| 親任 | 大審院検事總長 | 七、五〇〇 | 一 |
| 勅任 | 同検事 | 五、七〇〇<br>五、二〇〇<br>四、八〇〇 | 四<br>二<br>二 |
| 勅任 | 控訴院長 | 六、五〇〇<br>五、七〇〇 | 二<br>五 |
| 勅任 | 同部長 | 五、二〇〇<br>四、八〇〇 | 三<br>三 |
| 勅任 | 同検事長 | 六、一〇〇<br>五、七〇〇 | 二<br>五 |
| 勅任 | 同検事 | 五、二〇〇<br>四、八〇〇 | 二<br>二 |
| 勅任 | 地方裁判所長 | 五、二〇〇<br>四、八〇〇 | 二六<br>二八 |
| 勅任 | 同検事正 | 五、二〇〇<br>四、八〇〇 | 二六<br>二五 |

朝鮮

| | 職名 | 本俸豫算標準額 | 人員 |
|---|---|---|---|
| 勅任 | 高等法院長 | 六、五〇〇 | 一 |
| 勅任 | 同部長 | 五、七〇〇 | 一 |
| 勅任 | 同判事 | 五、二〇〇 | 一 |
| 勅任 | 高等法院検事長 | 六、五〇〇 | 一 |
| 勅任 | 同検事 | 五、二〇〇 | 一 |
| 勅任 | 覆審法院長 | 五、七〇〇 | 三 |
| 勅任 | 同部長 | 四、八〇〇 | 一 |
| 勅任 | 同検事長 | 五、七〇〇 | 三 |
| 勅任 | 同検事 | 四、八〇〇 | 一 |
| 勅任 | 地方法院長 | 五、二〇〇 | 一 |
| 勅任 | 同検事正 | 五、二〇〇 | 一 |

| | 内地 | 朝鮮 |
|---|---|---|
| 以上親任勅任計 | 一六九 | 一五 |
| 判検事總數 | 一、七〇五 | 二七三 |
| 判事検事總數ニ對スル勅任歩合 | %<br>九、九一 | %<br>五、五〇 |

備考
一、内地判検事總數ハ昭和二年七月一日現在定員ナリ
一、朝鮮判検事總數ハ昭和三年九月一日現在定員ナリ
一、高等法院長同検事長ハ東京及大阪ノ控訴院長同検事長ト本俸豫算標準額同額ナリ

第五號表

| | | 昭和三年十一月現在定員 | 豫算上ノ標準俸給一人當定額 本俸 | 加俸（本俸ノ十分ノ四） | 本加俸計 | 備考 |
|---|---|---|---|---|---|---|
| 司法官 | 内地人奏任判検事 | 二一八 | 三、一〇〇 | 一、二四〇 | 四、三四〇 | 本俸ハ高等官俸給令別表第二表第一號ノ五級俸ニ當ル |
| 司法官 | 朝鮮人奏任判検事 | 四二 | 一、八〇〇 | — | 一、八〇〇 | 同　九級俸ニ當ル |
| 司法官 | 計 | 二六〇 | 内地人計 六七五、八〇〇<br>朝鮮人計 七五、六〇〇<br>合計 七五一、四〇〇 | — | 内地人計 九四六、一二〇<br>朝鮮人計 七五、六〇〇<br>合計 一、〇二一、七二〇 | |
| 司法官 | 内鮮人合計一人平均 | | 二、八九〇 | — | 三、九二九七 | |
| 普通行政官 | 内地人奏任官 | | 三、四六〇 | 一、三八四 | 四、八四四 | 同　四級俸ヨリ六〇圓多シ |
| 普通行政官 | 朝鮮人奏任官 | | 一、八〇〇 | — | 一、八〇〇 | 同　九級俸ニ當ル |

備考　朝鮮人ノ定額少キハ其大部分カ特別任用者ナル爲メナルヘシ

尚朝鮮ニ於ケル地方法院長及同検事正ニシテ勅任ト爲シ得ルモノ現在ハ豫算上各一名宛ナルモ之ヲ内地ノ如ク全部ト爲スニハ各十名宛ノ増加ト爲リ假リニ京城、平壤、大邱、釜山、新義州ノ五法院在職者ニ對スル標準額ヲ五千二百圓其ノ他ノ六法院在職者ニ對スル標準額ヲ四千八百圓ト爲ストキハ奏任標準給トノ差ハ本俸ニ於テ三萬七千二百圓加俸ニ於テ一萬四千八百八十圓計五萬二千八十圓ノ増額ヲ要シ外ニ事務費ニ於テ奏勅任官旅費差額一萬四百七十九圓ノ増額ヲ要スヘシ

右各項ニ付職員ノ増加、待遇ノ改善、法院長検事正全部ノ勅任等ニ關シ政府ノ所見如何之ニ對シ文書ヲ以テ詳細ナル答辯ヲ求ム

右及質問候也

昭和四年三月二十四日

内閣總理大臣　男爵田中　義一

衆議院議長川原茂輔殿

衆議院議員牧山耕藏君外四名提出朝鮮ニ於ケル司法官ノ待遇ニ關スル質問ニ對シ別紙答辯書差進候

〔別紙〕

衆議院議員牧山耕藏君外四名提出朝鮮ニ於ケル司法官ノ待遇ニ關スル質問ニ對スル答辯書

朝鮮ニ於ケル司法關係職員ハ大正十三年末行政整理ノ際他ノ部門同樣相當減員セラレタルガ其ノ以後ニ於ケル取扱件數ノ増加ニ對シテハ關係職員ノ負擔輕減ニ付毎年考慮スル所アリ行財政整理後昭和四年度迄ノ増員ハ判検事勅任六人奏任一八人書記三一人ヲ算ス朝鮮ニ於テ職員ノ事務負擔割合ガ内地ヨリ大ナルハ獨リ司法關係ノミニアラズ殆ンド凡テノ部門ニ亙ル情況ナレバ今日直チニ司法職員ノミ内

地ヲ標準トシテ増員スルガ如キハ困難ナリ朝鮮ニ於ケル内地人奏任判檢事ノ平均俸給ハ三、一〇〇圓（加俸ヲ含メ四、三四〇圓）ニシテ内地ニ於ケル奏任判檢事平均俸給ハ三、一二〇圓ナレバ今日俸給定率ノ増額ハ其ノ必要ナキモノト認ム但シ判任官等比較的下級吏員ノ待遇改善ハ漸ヲ追テ實現ヲ期スル方針ノ下ニ之ガ所要經費ノ一部ハ昭和四年度豫算ニ計上セリ
地方法院長及檢事正ノ勅任昇格ニ付テハ法院所在地取扱件數等各般ノ事情ヲ勘案シ必要ト認ムル範圍ニ於テ之ガ實現ヲ期スルコトヽシ所要經費ハ昭和四年度豫算ニ計上セリ

右及答辯候也

昭和四年三月二十四日

内閣總理大臣　男爵田中　義一

昭和四年三月二十六日

議長ノ報告

朝鮮國民協會ノ參政權付與ニ關スル建白書ニ關スル質問主意書

右成規ニ據リ提出候也

昭和四年三月二十日

提出者 牧山耕藏
外二名

朝鮮國民協會ノ參政權付與ニ關スル建白書ニ關スル質問主意書

朝鮮ニ於ケル國民協會ニ於テハ朝鮮ニ衆議院議員選擧法施行ニ關シ別紙ノ如キ建白書ヲ政府ニ提出シタルカ之ニ對スル田中內閣總理大臣ノ所見如何

右及質問候也

〔別紙〕

建白書

政府ハ朝鮮ニ衆議院議員選擧法ヲ施行セラレムコトヲ望ム

右建白ス

理由

一般國民ノ國政ニ參與スルハ立憲國民トシテ公權ノ行使タルト共ニ責務ノ遂行ニ外ナラス我國ハ昨年普通選擧法ノ實施ニ伴ヒ數萬ヲ以テ算スル內地在住ノ朝鮮人臣民ニハ衆議院議員ノ選擧權並ニ被選擧權ヲ賦與セラレ內地人臣民ト全ク對等ノ地位ヲ獲得スルニ至レリ然レトモ朝鮮在住ノ帝國臣民ハ憲法有效區域外ニ置カレタルタメ參政權ノ分配ニ與ルコト能ハス國民タルノ榮譽ヲ去勢セラレ二千萬大衆ノ不幸之レヨリ甚シキハナシ下名等ハ帝國百年ノ長計ト朝鮮民衆ノ永久ノ幸福トニ思ヲ致シ茲ニ身ヲ挺シテ朝鮮ニ衆議院議員選擧法ヲ施行セラレムコトヲ帝國議會ニ請願スルコト三度被後ニ血ノ犧牲ヲ拂ヒ漸ク第四十四回帝國議會ノ採擇スルトコロトナリ爾來十有星霜ノ長キニ亙リ理ヲ盡シ情ヲ陳ヘテ政府ニ建白スルコト前後八回ニ及ヒ就中閣下ニ建白ヲ繰返スコト茲ニ二回今ヤ戚憔マサテ更ニ白スモ辭ナシ

要スルニ朝鮮在住ノ民衆ニ參政權ノ賦與ヲ躊躇スル所以ノモノハ朝鮮ノ文化程度未タ內地ノソレニ及ハサルノ一事ニアルカ如シ然リト雖內鮮ノ文化程度ニ徑庭アルカ故ニ國政參與ノ權利ヲ與ヘナハ反テ朝鮮ノ文化水準ヲシテ內地ト同一程度ニ向上セシムルノ結果ヲ招來スルヤ必セリ

凡ソ事物ニ適ノ眞理アルコトヲ考慮セサルヘカラス冀クハ閣下ノ賢明ヲ以テ朝鮮ノ時局ヲ洞察セラレ下名等ノ建言ヲ直ニ採納アラムコトヲ

昭和四年二月十八日

國民協會長 金明濬
外會員一同

昭和四年三月二十四日

內閣總理大臣 男爵田中義一

衆議院議長川原茂輔殿

衆議院議員牧山耕藏君外二名提出朝鮮國民協會ノ參政權付與ニ關スル建白書ニ關スル質問ニ對シ別紙答辯書差進候

〔別紙〕

衆議院議員牧山耕藏君外二名提出朝鮮國民協會ノ參政權付與ニ關スル建白書ニ關スル質問ニ對スル答辯書

朝鮮ニ於テハ今尚完全ナル地方自治制ノ確立ヲ見ルニ至ラス自治的訓練ニ於テモ缺クル所少カラザル等諸般ノ實情ニ鑑ミ今直チニ衆議院議員選擧法ヲ施行スルノ時期ニ達セザルモノト認ム

右及答辯候也

昭和四年三月二十四日

內閣總理大臣 男爵田中義一

昭和四年三月二十六日

府縣制中改正法律案外四件

亞細亞政策ト裏日本啓發ニ關スル再質問主意書

右成規ニ據リ提出候也

昭和四年三月二十一日

提出者　山田毅一

外七名

亞細亞政策ト裏日本啓發ニ關スル再質問主意書

嚢ニ亞細亞政策ト裏日本啓發ニ關スル質問主意書ヲ提出セルニ對シ政府ハ外務大臣田中義一氏ノ名ヲ以テ答辯セラレタルカ今之ヲ見ルニ我カ對西比利亞政策ト對滿蒙政策ノ一部ニ就テ答辯セラレタルノミニシテ裏日本卽チ日本海ヲ圍ル内地各地方ノ啓發ニ就テハ一語ノ答辯セラルル所ナキハ本員等ノ頗ル遺憾トスル所ナルヲ以テ今改メテ本問題ニ對スル再質問ヲ提出スルモノナリ

惟フニ帝國カ開港シテ海外ト交通ヲ初メ次テ維新ノ鴻業成ルヤ我カ開國ニ緊密ノ關係ヲ有セル下關長崎鹿兒島兵庫等ノ關西各地及下田横濱函館等或ハ東京大阪京都ヲ中心トスル各地ニ關係ヲ有スル人士ノ蹶起ト爲リ就中薩長土ノ諸先輩ハ此等各地ヲ舞臺トシテ奮闘セルヲ以テ維新以來約半世紀ニ亙リテ帝國興隆ニ要スル施設ノ多クハ此等政治ノ要路ニ當レル人士ノ郷土タル地方ニ傾注セラレ太平洋ニ面セル所謂表日本ノ要津ハ啓發施設セラレ港灣ニ於テ交通ニ於テ通信事業ニ於テ文化ノ恩惠ニ洽スルコト該シク以テ今日ニ至レルハ維新以來諸先輩ノ努力ニ依ル所甚大ナルモノアリト雖思フニ是レ全ク地理的關係ノ然ラシムルコトナリトス

翻テ之ヲ歴史的ニ觀察スレハ數千年以來我カ民族發展ノ經過ヲ見タルハ謂フ迄モナク太平洋ヲ舞臺トシテ帝國發展ノ跡歴然タルモノアリ爲ニ開化ノ道程ハ表日本ニ面スル各地西南部地方ヨリ北陸東北各地方ニ及ヒタルニ因ミ今日ノ文化的施設モ亦之ニ準シ特ニ維新以來ノ施設ハ表日本ヲ主トシ裏日本各地ハ常ニ之ニ從タルノ觀アリキ而シテ我カ明治時代ハ英米獨露佛ノ各國カ亞細亞大陸ヲ生存競爭ノ好舞臺ト爲シ互ニ其ノ努力ノ扶植ニ努力セルヲ以テ第一ニ國防上ノ施設ト是ニ伴フ交通通信産業上ノ施設ハ專ラ表日本ノ要津ヲ主トシ我カ各殖民地ノ啓發施設モ亦是ニ伴ヒタリ卽チ露國ノ東漸南下ノ政策ト獨逸ノ南洋施設ト亞細亞大陸横斷政策ニ對シテ我カ滿蒙政策ト朝鮮啓發ニ關スル施設ハ官民共ニ萬全ノ努力ヲ傾注セルモノニシテ南滿洲ノ特權ヲ獲得セルモノ十萬ノ生靈ト二十億ノ犧牲ヲ拂ヒテ尚且其ノ後巨額ノ投資ヲ爲セル其ノ經過ヲ見レハ是レ悉ク對露對獨政策ニ對スル施設ニ外ナラス

然ルニ歐洲大戰後露獨兩國カ東南洋ニ於ケル失脚以來我カ大陸政策ハ一變シ其ノ國防的施設ハ反テ南太平洋上ニ或ハ北方樺太北海道ノ啓發ト共ニ北太平洋上ニ集中スルノ必要アルハ英國ノ新嘉坡軍港ノ擴築ト米國海軍ノ大擴張ノ跡ヲ見ルモ明白ナル所ナリトス

果シテ然ラハ我カ國防的施設ノ完成ト共ニ一旦緩急アル場合ハ自給自足ノ立場ヨリ内地ノ産業的施設ハ勿論西比利亞滿蒙及支那大陸各地ヨリ軍需品及其ノ他食料物資ノ提供ヲ求メ以テ往年獨逸カ北海及國境ヨリ食料物資ヲ封鎖セラレタルニ鑑ミテ我カ需要供給ヲ十分ナラシムルニハ此等亞細亞大陸ニ對スル産業的啓發ニ努力スルト共ニ是ニ面スル裏日本トノ聯絡ニ就テ各地ノ文化的施設ヲ完備スルノ必要アリ今ヤ日露戰役當時ノ我カ國防狀態ト比較スルニ對馬水道ハ十分ノ海防施設ヲ見津輕海峽又嚴重ナル防備アリ若夫レ宗谷海峽ニ至リテハ日露ポーツマウス條約ニ依リテ防備ヲ施ササルコトニ決定セルモ一朝事アルトキハ直ニ其ノ施備ヲ爲ス用意アリト聞ク而シテ間宮海峽ニ、至リテハ人モ知ル如ク海底淺クシテ艦船ノ通行自由ナラサルノミナラス而モ年中ノ大半ハ結氷シテ是レ又艦船ノ航行自由ナラス故ニ日本海ノ今日ハ恰モ我カ湖水ノ如ク曾テハ狂瀾怒濤セル此ノ大海モ平靜ナル湖上ニ異ナラス以テ航行ノ自由ヲ得ルカ爲ニ舞鶴軍港ノ必要ヲ認メサルニ至リ今ヤ要港トシテ其ノ設備ヲ整フルノミ之カ爲ニハ我カ亞細亞大陸ニ對スル政策ハ往年ノ軍國主義ヲ棄テテ專ラ産業的ニ之ヲ啓發スヘキノミ隨テ之ニ對スル我カ日本海ニ面スル裏日本沿岸ノ設備ハ專ラ産業的ニ啓發ニ資セムカ爲諸般ノ設備ヲ完成セサルヘカラス然ルニ歷代ノ我カ内閣ハ此ノ點ニ留意セス表日本ニ對比スルニ頗ル冷淡ノ感アルハ遺憾至極ナリトス今試ニ其ノ施設ノ諸點ヲ列擧シテ質問スレハ左ノ如シ

内國關係

一　既ニ對露政策ニ一大變遷ヲ見タル今日我カ國防計畫ハ對米政策ヲ考慮シテ之ヲ確立セサルヘカラス是カ爲ニハ樺太及千島北海道ニ對シテ國防上ノ一大施設ヲ爲ササルヘカラサル現狀ナルニ拘ラス本員等ノ觀ル所ニ依レハ政府ハ之ヲ閑却シツツアルヲ遺憾トス卽チ樺太ノ在住邦人ハ大正十四年度末ニ於テハ十八萬三千七百四十二人其ノ他朝鮮人外國人合セテ三千五百有餘人土著人千七百有餘人アルノミ卽チ其ノ後ノ増加ヲ見越シテモ二十萬人弱ノ人口ヲ有シ之ニ對スル政府ノ補給ハ年年多少ノ差アリト雖明治四十年ニ於テ六十二萬九千四百六圓大正元年ニ於テ五十九萬一千八百十九圓大正十五年ニ於テ百五十七萬七千三百四十三圓程度ニ過キス而シテ其ノ財政ハ僅ニ繰入金及公債ヲ發行シ又ハ特別會計ヲ以テ漸ク自給自足ヲ圖ルノミ而シテ其ノ自治制度ニ於テハ未タ半官半民ノ制度ヲ以テ之ニ臨ミ住民ノ約九割ヲ占ムル同島ヲ目スル植民地扱ヲ爲シ漸ク今期議會ニ於テ島民ニ選擧權ヲ付與スヘシトノ法律案ヲ提出セラレタルニ過キサルノ狀況ヲ見テハ如何ニ同島ノ啓發ニ對シ不熱心且怠慢ヲ極メツツアルカヲ想像スルニ足ラム而モ其ノ産業的施設ニ對シテハ動モスレハ黨利黨略ヲ以テシ其ノ施政ヲ紊亂シ鐵道問題港灣ノ設備ハ國防産業ノ見地ヲ離レテ曾ニ政黨的觀念ヨリ其ノ施設ヲ誤レルカ如キハ豐眞鐵道ノ敷設問題ニ絡マル兎角ノ批評ノ如キ眞岡港本斗港ノ修築ノ如キ今ニ識者ヨリ一大非難アルハ全ク國家的見地ヲ離レテ政黨的地方的觀念ニ左右セラレタル跡歴然タルモノアルヲ奈何セム政府ハ北海道トノ連絡ニ付テ「モルジー」灣築港ノ考ヲ有スルカ如何又眞岡ノ開港ハ左ノミ之ニ經費ヲ投スルノ必要ナク寧ロ不凍港タル本斗港ノ一大修築ニ全力ヲ傾倒シ以テ大泊ノ缺陷ヲ補ヒ樺太唯一ノ關門トスヘク而シテ同港ニ因テ國防及産業上ノ使命ヲ果タササルヘカラス又同島ノ産業的啓發ト共ニ國防上ヨリ同地ニ守備隊ノ設置及航空的設備ヲ必要トスルカ政府ハ果シテ之等ニ對スル對策ニ付テ如何ナル考慮アリヤ將又近ク内地一停車場ノ改築ニ付テ數千萬圓ヲ投セムトシツツアルカ其ノ啓發ニ對スル樺太補給金ニ付テ今一層增額スルノ考ナキヤ將又其ノ植民計畫産業的啓發ニ伴フ道路鐵道ノ計畫ニ付テ如何ナル對策ヲ

有スルカ例令ハ榮濱ヨリ東海岸數番ニ到リ幌内川ヲ遡リ日高合辨シテ亞港ニ通スル鐵道敷設ノ計畫アリヤ如何將又林業政策竝水產及採炭增收計畫ニ關スル對策如何

二北海道拓殖計畫ハ既ニ黑田長官時代以來第一期ノ十年計畫ヲ終リ以テ第二期ノ十年及十五年計畫モ終了シ今ヤ第三期ノ計畫ニ當リ財政緊縮ヲ標榜セル若槻內閣ニ於テ其ノ啓發ノ必要上九億數千萬圓ノ國費ヲ投シテ二十箇年計畫ヲ確立シタルハ既ニ公知ノ事實ナルモ現內閣ニ於テ不安定ナル自然增收ヲ見込ミ公債政策ヲ以テ其ノ補給ヲ爲サムトシツツアルモ其ノ內容ニ付テハ明確ナル施設ノ方針ヲ知ル能ハス拓殖事業交通道路網ノ計畫港灣ノ修築其ノ他產業的施設及國防施設ニ伴フ陸海航空ノ設備ニ付テ十分ナル對策ヲ有スルヤ如何

昭和四年度ノ拓殖計畫增加額三百二十九萬七千七百九十二圓ヲ計上セルモ政府ハ之ヲ以テ果シテ十分ナリト信スルヤ而シテ其ノ使途內容ニ付詳細ナル說明ヲ求ム將又前述ノ如クムハ宗谷海峽ノ海防ニ對スル詳細ナル說明ヲ乞フ

三1津輕海峽ノ防備ニ付テハ既ニ完成セルモノト信スルモ更ニ其ノ目的ヲ完ウスル爲ニ產業的啓發ヲ伴フ津輕半島循環鐵道ノ計畫ヲ有スルヤ奈何又同地方ノ津輕岩木山ノ造林計畫ヲシテ之ヲ民衆ニ移スノ意圖アリヤ如何更ニ又岩館鰺ケ澤三厩深浦ノ漁港設備ニ付テ如何ノ對策ヲ有スルカ而シテ同地方ノ產業啓發ノ爲ニ岩木川ノ改修十三潟ノ浚渫ニ對スル方策如何將又岩館鰺ケ澤間ニ通スル鐵道速成ニ付テ其ノ線上對策如何

2從來八郞潟ノ埋立問題ニ付テハ官民共ニ多年考究セル地方產業啓發ノ重大問題ナルカ之カ埋立ニ對スル政府當局ノ所見奈何又船川港土崎漁港羽後平澤港酒田港加茂港ノ改築ニ對スル速成ノ程度如何

3中央本州連絡ノ爲新潟縣湯澤ヨリ群馬縣水上ニ通スル鐵道工事ノ現狀如何同シク中央本州連絡ノ爲急務ヲ要スル富山縣八尾ヨリ岐阜縣高山ヲ經テ美濃太田ニ通スル鐵道速成ノ現狀如何更ニ又福井ヨリ大野ヲ經テ深戶美濃町ニ通スル鐵道速成ノ現狀如何

4富山縣新湊漁港及魚津漁港修築ニ關スル計畫奈何更ニ裏日本唯一ノ貿易港タル伏木修築工事ノ現狀ト將來表日本トノ交通連絡ノ爲同港ヲ起點トシ城端ヨリ岐阜白川ヲ經テ美濃町ニ通スル鐵道計畫竝ニ氷見七尾間氷見羽咋間鐵道施設計畫ニ對スル方針如何更ニ新湊驛ヨリ放生津ニ至ル引込線ニ對スル計畫如何伏木港ハ既ニ大正十三年度ヨリ昭和十年度迄ノ繼續費總額五百萬圓ナリシカ本年度以降三百十八萬六千六百五十四圓トシ六萬三千三百四十六圓ヲ節減シタル理由如何而シテ將來對岸貿易港トシテ百萬噸以上ノ輸出貿易額ヲ有スル同港ヲシテ北陸ノ商業中心地タル高岡市ニ運河ヲ以テ通スル計畫ヲ有スルヤ否ヤ又能登半島ノ中島輪島間鐵道速成ノ現狀如何七尾港ノ修築ニ對シテハ十年計畫三百五十萬圓ヲ計上セルモ眞ニ同港ノ發展ヲ期セムトセハ外海ニ通スル暗礁破碎ノ完成ヲ期セサルヘカラス今期計畫ニ於テハ此ノ點ニ關シ如何ナル計畫アリヤ更ニ地形上裏日本ノ中部ニ位スル富山縣立野ケ原ニ大陸ニ對スル產業竝國防上ノ對策トシテ航空設備ヲ爲スノ考ナキヤ如何

5敦賀港ノ修築ニ對シテハ大正十三年度ヨリ昭和十年度迄ノ繼續費五百萬圓中本年度以降三百十八萬六千六百五十四圓ヲ計上シ六萬三千三百四十六圓ヲ節約シタル理由如何而シテ城崎四ケ浦漁港修築ニ對スル對策如何

6舞鶴港ノ修築費ニ對シテ昭和四年度ヨリ同十三年度迄ノ繼續費トシ總額二百三十萬圓ヲ計上セルカ同港ヲシテ貿易專門ノ開港場トスル方策ナリヤ海防的設備ヲ將來無用トスル考ナリヤ如何又舞鶴ヨリ網野ヲ經テ豐岡城崎ニ通スル海岸線速成ノ現狀如何

7賀露網代漁港出雲大社港小伊津港濱田港ニ對スル施設如何鳥取縣倉吉町ヨリ伯州津山ニ至ル鐵道計畫ノ現況如何又鳥取縣智頭ヨリ加茂ヲ經テ津山ニ至ル鐵道中國勝山ヨリ石鎚ヲ經テ廣島縣落合ニ至ル鐵道石見江津ヨリ廣島縣三次ニ至ル鐵道計畫山口縣仙崎ヨリ奈古ヲ經テ東萩ニ通スル鐵道同正明市ヨリ阿川ニ通スル鐵道計畫竝其ノ速成對策如何

更ニ又境港修築ニ關シテ大正十一年度ヨリ昭和四年度迄繼續費百九十四萬圓ヲ計上シ本年度ヲ以テ其ノ工事ヲ完了スル豫定ナルモ政府ハ之ヲ以テ十分ト認メルヤ否ヤ

8更ニ中西部ノ表日本ヨリ裏日本ニ通スル最短距離ニシテ物資運輸上國防產業上肝要ナル三重縣四日市港ヨリ三重郡海藏、羽津、大矢知、八郷、下野、員辨郡大長、治部、大泉、大泉原、笠田、山郷、阿下喜、東藤原、白瀨、立田、岐阜縣時村、多良、一之瀨、牧田、關ケ原、滋賀縣長濱ヲ經テ福井縣敦賀港ニ連スル道路ヲ國道ニ編入シ之ヲ自動車道路トスルニ對スル考アリヤ右對策奈何

四本年度ノ豫算ニ付テ鐵道ノ建築改良費ノ使途ヲ見ルニ現內閣ハ兎角ノ批評アル黨略的新線增設及ヒ私設鐵道買收ニ全力ヲ傾注シ建設費ニ八千萬圓ノ公債ヲ發行シテ八十一線ノ建設經常費ニ投シ改良費ヲ減シテ建設費ヲ增加シ之カ爲ニ國債償還金ノ減少ヲ來シ我カ對外信用ヲ失墜シタルノミナラス內ニ此ノ黨略的施設ヲ以テ改良費ノ不足ヲ來サシムル結果屢鐵道事故ヲ生シツツアルハ最近ノ列車顚覆事件ニ徵スルモ顯著ナル事實ナリ殊ニ貴族院ニ於テ佐竹三吾氏及靑木周三氏ノ質問ニ仍リテ暴露サレタル黨略的建設ニ伴フ不當買收或ハ不急鐵道建設ヲ企圖シタルコト歷然タルモノアリ之ヲ全國的ニ鳥瞰スレハ政府ノ本年度ニ計畫セル新線ノ增加ハ大局ヨリ觀テ殆ト急務ヲ要セサルモノアリ我カ國鐵道ノ現狀ヲ見レハ新線ヲ急務トセスシテ却テ改良ニ重キヲ置クヘキコトハ識者ノ等シク認ムル所ナリト信ス

試ニ裏日本ト表日本ヲ通スル各線ノ運轉系統竝其ノ現狀ヲ見レハ此ノ所說必シモ不當ニ非サルヲ發見スヘシ即中部日本ヲ橫斷スル信越線及北陸線ヲ見ムカ普通列車ハ兎モ角裏日本ニ往復スル乘客ノ特ニ利用スル其ノ急行列車ニ於テ食堂車ノ設備ナク其ノ客車ノ如キハ最舊式ナルモノヲ併用シ其ノ多クハ製造後二十年以上ヲ經過セルモノ大半ニシテ乘客ノ不便ト危險ヲ感スルコト甚シキモノアリ往年鐵道當局ニ付テ何故ニ食堂車ヲ連結セサルヤト詰問セルニ此ハ全ク碓井澤隧道ノ通過ニ當リテ電力不足牽引力ノ少キカ爲トノコトナリシカ現在ニ於テ本線ノ一列車編成ハ六輛連結ヲ以テスルヲ常トセルカ往往ニシテ七輛八輛ヲ連結スルコトヲ目擊ス此ノ事實ヲ以テシテ一食堂車ヲ連結セラレサルノ理由何處ニ在リヤ

殊ニ某運輸局長ノ如キハ食堂車ノ連結ハ二等以上ノ客ノミニ利用セラレ一般普通客ニ取リテハ贅澤車タルノ觀ナキ能ハス故ニ一部少數ノ人ノ便利ヲ計ルヨリモ寧ロ客車ヲ增結シテ普通客ノ使用ニ便セムトストス謂ヘルカ如キハ一般乘客ヲ侮辱セルモノニシテ今日食堂車ノ連結ヲ以テ贅澤ナリト思惟スルカ如キハ僻見モ甚シク況ヤ滿員立錐ノ餘地ナキ時機ナル時ニ當リ一般乘客ニ取リテハ食堂車コソ一種ノ休憩所タリ又必需食糧品ノ補充所タルニ於テハ何等此ノ增結ニ反對スルノ理由ナキニ非スヤ況ヤ牽引力ヲ有セストノ如キハ全ク事實ニ相違セリ卽チ現ニ本員等ノ如キハ同線往復ノ途上「ボギー」二等車ヲ增結シ

テ七輛乃至八輛運轉ヲ爲セルコトヲ屡目撃ス殊ニ昨昭和三年七月頃ニ於テ橫川驛火力發電所ノ電力增設ヲ見又矢ケ崎發電所丸山發電所ノ新設ヲ見從來ノ千九百「キロワット」ニ對シ三千「キロ」ヲ增加セル事實アリ更ニ東電ノ輕井澤開閉所ノ買入ヲ爲シタル筈ナリ之ニ依リテ輕井澤隧道ノ牽引力ヲ增加セシニ見ルモ一二車輛增結ニ何等ノ支障ナキニ非スヤ

政府ハ何故ニ今以テ食堂車一輛位ノ增結ヲ爲シ長途旅客ノ便宜ニ資セサルヤ列車增結ニ件フ「プラットホーム」延長ノ經費ヲ增大視スルハ抑末節ノミ之レコソ眞ニ不急ノ建設費ヲ節シ以テ改良費ニ充當スヘキ緊要ナル問題ニ非スヤ

以上ノ意味ニ於テ信越線及北陸線ノ急行列車ヲ更ニ增發セシムルノ考アリヤ奈何將又青森ヨリ裏日本ヲ通シ山口縣ニ至ル急行列車ノ運轉ヲ爲サシムルノ計畫アリヤ如何更ニ又信越北陸兩線ヲ中心トシ裏日本一帶ノ復線計畫ニ就テ如何ノ考慮ヲ有スルヤ惟フニ裏日本ノ地ハ地勢山嶽海ニ迫リ鐵道ハ隨所ニ隧道ヲ有シ之カ通過ニ際シテハ車窓ヲ密閉セルモ前述ノ如ク二十年以上ヲ經過セル車輛ヲ常用セルヲ以テ窓ノ隙間ヨリ煤煙カ豚豚トシテ闖入シ來リ其ノ不愉快謂フヘカラス殊ニ盛夏ニ際シテハ此ノ煤煙ト密閉セル車内ノ暑氣ニ往往ニシテ急病者ヲ出スコト少カラス實ニ乘客虐待モ亦甚シト謂フヘシ政府ハ須ラク之等多ク隧道ヲ有スル地方ノ電化ヲ實現スヘキナリ卽チ山陰本線ノ電化米原今庄間糸魚川泊間或ハ倶利加羅隧道ノ如キ其ノ他同樣ノ箇所ニ對スル電化施設ニ付テ如何ノ方針ヲ有スルヤ

若果シテ以上ノ裏日本一帶ノ鐵道關係ニ對スル改良ヲ最近ニ於テ具體化スルコト能ハストセハ卽チ表日本ニ對スル施設ヲ先ニシ裏日本ニ對スル總テノ計畫ヲ後廻シトスル考ナリトセハ同地方ノ乘客ニ對シ公平ノ見地ヨリ其ノ運賃ヲ遞減スルノ考ナキヤ否ヤ殊ニ裏日本運轉ノ列車ニ對シ何故ニ最惡ノ煤炭ヲ使用スルヤ

更ニ裏日本中部ニ位シ乘客貨物ノ集散最殷盛ナル高岡市ニ鐵道局設置ノ意思ナキヤ而シテ本員等ノ不可解トスル所ハ鐵道特別會計法ノ規定スル所ニ依レハ鐵道ノ建設改良費ハ鐵道益金ヲ以テ之ニ充當スルヲ原則トスルト明文アルニ拘ラス殊更ニ不良ノ新線建設ノ爲ニ厖大ナル公債ノ發行ヲ敢テシ啻ニ民間經濟ヲ壓迫スルノミナラス之ヲ以テ兩税委讓ノ補塡財源ニ充當スルニ非スヤトノ非難ノ聲ラナルニ對シ政府當局者竝鐵道當路者ノ之ニ對スル所見如何

現ニ釜石花卷間ノ新線計畫ノ如キ普通一哩當リ建設費約二十萬圓ナルニ拘ラス一哩百萬圓以上ノ建設費ヲ計上シテ之カ施設ニ着手セムトスルカ如キハ何人ヲ以テシテモ其ノ不生産的ニシテ不急鐵道タルコトハ否ミ難キ所ナリ況ヤ此ノ新線計畫ニ投スル費用ヲ以テ裏日本鐵道ノ改良ノ幾分ヲ速成スルコトヲ得ヘシト信スルニ於テヲヤ

尚又裏日本ニ面スル適當ナル數箇所ノ地點ニ於テ交通産業國防ノ見地ヨリ無線電信局設置ノ意思ナキヤ奈何

五、元來我カ國ノ交通網トシテ鐵道汽船ノ發達ハ過去ノ半世紀ニ於テ偉大ナルモノアリキ卽チ明治五年九月新橋橫濱間ノ鐵道十八哩ノ創設セラレテヨリ以來昭和ノ現代ニ至ル迄既ニ内地ノ鐵道ハ一萬哩以上ヲ突破シ沿海ノ航路又日本郵船大阪商船其ノ他ノ社外船カ内外航路ヲ擴張シ以テ世界的距離ノ短縮ヲ實現セルハ頗ル脅威ニ値スル所ナルモ之ヲ諸外國ニ比スレハ未タ甚ツキ遜色アルヲ免レス而シテ其ノ自動車ニ依ル交通網ハ不完全ナルハ言外ニ絕スル所ニシテ我カ國ノ自動車ヲ利用シ得ル道路ハ殆ト從來ノ國道線ニ依ルノ外ナク其ノ國道線モ多クハ往年ノ徒歩駕籠牛馬車ニ適用セラレタル儘ニシテ今ヤ吾人ハ將來國防産業ノ點ヨリ全國中肝要ノ地點ヲ結ヒ付クル道路ノミニテモ汽車汽船ノ交通機關ヲ補充スル意味ニ於テ是非共國道ヲ自動車道路ニ改造スルコトノ急務ヲ痛感セルカ幸ニシテ大正十年頃ヨリ内務省ハ此ノ點ニ著眼シ先ツ東京ヨリ下關ニ至ル東海山陽兩道ノ國道線ヲ四十四米幅ノ混凝土「アスフアルト」道路ト爲スヘク各府縣協議シ既ニ東京府ハ其ノ工事ヲ完成シ神奈川縣ト共ニ京濱國道ヲ開通シ阪神間ノ道路モ同シク完成セルハ既ニ世人ノ知ル如シ從テ之ニ通スル橋梁ノ如キモ耐震耐水火頗ル牢固ナル架設ヲ爲シツツアルコトハ川崎鐵橋ニ付テ見ルモ明ナリ又他府縣ニ於テモ豫算ノ關係上未タ起エセルモノアリト雖モ聞ク所ニ依レハ目下鐵道省ニ於テ計畫中ノ下關門司間ノ海底隧道ノ如キハ相俟テ九州ニ通スル大道路タルヘシ兎ニ角表日本ニ於ケル大道路網ノ近キ將來ニ於ケル完成ハ慶賀ニ堪ヘサル所ナルカ偶將來ノ世界的交通關係ヲ顧慮セハ現下是非共東京ヲ中心トシタル表日本ト裏日本ト相通スル自動車道路網ノ完成コソ急務中ノ急務ナリト信ス政府ノ對策果シテ奈何

此ノ意味ニ於ケル道路ハ東京府ヨリ埼玉群馬長野新潟富山ニ通スル本州中部ヲ橫斷スル自動車道路網ヲ必要トシ將來歐洲西比利亞滿蒙日本米國等ヲ結付ケル世界的交通路ニシテ「ロンドン」「パリ」「ベルリン」「モスコー」浦鹽、伏木、橫濱、桑港ヲ連絡スル汽車汽船ト竝ヒ完成シ其連絡設備ヲ十分ナラシムヘキモノト信ス

1試ニ本州ヲ橫斷スル道路ノ現狀ヲ見ルニ東京市ヨリ小石川ヲ經テ板橋ニ通スル道路ハ所所狹小ナル道ハ尠カラサルモ板橋ヨリ蕨浦和大宮上尾桶川ヨリ鴻巢町ニ至ル道路ハ稍見ルヘキモノアリ熊谷深谷本庄ヲ過キテ群馬縣ニ入レハ道路狹小所所自動車ノ來往ニ不便ナル所アルモ新町倉賀野高崎附近ニ至ル迄ハ稍來往ニ不便ナク板鼻安中原市松井田町碓氷町ニ至ル間モ稍良好唯碓氷峠ニ掛リテハ「カーブ」何レモ危險ノ箇所少カラス以テ之ヲ見レハ埼玉群馬兩縣下ノ道路ハ概シテ良好且橋梁モ修繕セラレツツアル兩縣下ノ努力亦見ルヘキモノアリ併シナカラ其ノ道路標ノ不明確ト不十分ナルハ遺憾ニ堪ヘス

輕井澤、追分間ハ良好ニ小諸附近ニ至リテハ稍危險上田屋代附近千曲川ノ架橋又危險千萬篠ノ井川中島長野間ハ比較的良好斯クテ東京ヨリ長野ニ至ル間ハ自動車ヲ以テ平均二十五哩速度ニテ疾走シ不休ニテ尚八時間ヲ要スルノ行程ニアリ上野長野間ノ汽車約八時間ヲ要スルニ比スレハ若歐米ニ於ケル自動車道路網ノ如ク完成ノ曉ニ於テハ更ニ約二時間ヲ減スルヲ得ヘシ

若夫レ長野新潟國境ニ至テハ危險謂フヘカラス吉田町ヨリ中郷村ヲ過キ牟禮村ノ邊リハ國道ト謂フモ名ノミニテ馬車スラ容易ニ通セス野尻湖畔ヨリ田口、關山村ニ至ルモ又危險新井町ヲ過キ高田市ニ向フ間ハ稍良好ニ直江津ヨリ柏崎及糸魚川ニ通スル海岸線ハ稍平坦ナルモ自動車道路網タルニハ未タ前途遼遠ナリ若夫レ新潟富山ノ國境ナル親不知ノ嶮ニ至リテハ名ハ國道ト謂フモ車馬ノ往來スラ杜絕シテ路上尚雜草繁茂ヲ見ル現狀既ニ然リ之ヲ以テ見ルニ表日本ト裏日本トヲ通スル唯一ノ交通ハ僅ニ單線ノ鐵道アルノミ一朝事アル場合此ノ鐵道ニ故障アリトセムカ國防ノ急事平時ノ産業何ヲ以テ之ニ代ヘムトスルカ況ヤ裏日本一帶ノ沿岸國道ノ現狀推シテ知ルヘキノミ而モ表日本ニ比シテ山嶽海ニ迫リ多大ノ危險ヲ感シツツアルニ於テオヤ是ヲ聞ク大正八年政府ハ全國ノ道路網ヲ完成セムカ爲ニ一大計畫ヲ立テ向フ三十箇年ノ計畫ヲ以

テ二億八千二百八十萬圓ノ公債ヲ發行シ國道二千里其ノ他ノ道路四百里（六大都市計畫ニ關聯スルモノヲ含ム）ノ完成ヲ期セムトスル計畫ナリシカ爾來緊縮政策ニ禍セラレ非募債主義ヲ嚴守セル結果從來僅ニ每年三百五十萬圓ヲ內務省ハ各府縣ニ對スル道路橋梁費ノ補助トシテ計上シ來レルカ昭和四年度ヨリ之ヲ六百五十萬圓トシタルモ而モ未タ全國ノ道路網完成上九牛ノ一毛タニ値セス此ノ目的遂行ノ爲ニ特ニ裏日本ハ表日本ト連絡スル敍上ノ自動車道路網並裏日本沿岸道路ノ完成ニ對スル國防產業的見地ヨリ內務陸軍當局ノ方針如何

六大陸ノ產業啓發ニ伴フ裏日本トノ連絡航路ニ付テハ現在實ニ幼稚ノ域ヲ脫セス即チ沿岸各地ノ連絡ヲ圖ル內海航路ハ伏木港ヲ起點トシテ北方北海道樺太ノ定期航路ニ從事セル船舶ハ日本郵船大阪商船ノ外僅少ノ社外船アルノミニシテ近沂僅ニ二三千噸級ノ船舶アルノミ若夫レ對外貿易ニ至リテハ浦鹽敦賀間ノ直通航路アルノ外浦鹽及北鮮地方ニ航行スル船舶ハ伏木敦賀ノ兩港ヲ起點トシ新潟、伏木、七尾、敦賀、元山、清津、浦鹽ノ各港巡回ヲ定期トスル二、三社外船アルノミニシテ是等諸會社ノ經營ニ就テハ遞信省朝鮮總督府及各縣ノ補助ヲ得テ僅ニ經營ニ當レルノ現狀ナリ而モ之等ノ會社ハ補助金ヲ目的トセルヲ以テ各地ニ寄港シ眞ニ對岸貿易ノ實績ヲ擧クルコト能ハサルノ憾アリ

政府ハ吉會鐵道ノ開通ニ伴ヒ大陸各地及裏日本トノ交通貿易ノ益頻繁ナラムトスルニ鑑ミ將又西比利亞內地ノ產業的啓發ニ伴ヒ今日ヨリ彼我交通機關ノ完備ニ努力スルノ必要アリト認ム政府ハ果シテ元山、清津、浦鹽各地ト境港、舞鶴、敦賀、七尾、伏木、新潟、函館、小樽、大泊諸港ト此等各地ト適當ニ直通航路ノ開始計畫ヲ有スルヤ否ヤ

七裏日本各地ハ概ネ天候險惡特ニ冬期十一月頃ヨリ翌年四月頃ニ至ル迄積雪ニ閉ササレ農業ハ固ヨリ商工業ニ從事スルモノノ業績ハ表日本ノ各地ニ比スレハ風雪ノ爲其ノ成績ノ擧ラサルコト夥シキモノアリ加之敎育衛生土木建築交通等ノ點ニ於テ其ノ恩惠到底表日本ノ住民ニ比スヘクモアラス思フニ此ハ地勢ノ然ラシムル所已ムナキモ政府トシテハ國民生活安定ノ公平ナル見地ヨリ負擔ノ輕減ヲ爲サシムルカ將又國家的施設ニ依リテ其ノ間ノ方策ヲ講スルノ考慮アリヤ近ク本院ニ於テモ有志議員ノ要望ニ基キ雪害調査機關設置ニ關スル意見モアリ益輿論ノ隆起ヲ見ムトセルカ此等ニ對シ政府ハ調査セルコトアリヤ若アリトセハ其ノ內容如何

元來裏日本ノ啓發ニ關シテハ都會地ノ施設ハ別トシテ農村漁村山村ニ區別シテ各其ノ啓發ニ關スル施設ヲ要ス敢テ政府ノ所見ヲ問フ

對西比利亞關係

對西比利亞關係ニ付テハ曩ニ貿易關係漁業關係利權關係等ニ就テ詳細ナル答辯ヲ得タルヲ滿足トスルモ左ノ數點ニ付テ更ニ答辯ヲ求ム

一水產業ニ從事シ「カムチヤツカ」「オホーツク」海沿海州等ニ出漁スル者ノ大部分ハ裏日本ノ住民ナリ而シテ彼等ハ漁區ヲ選定シ之カ權利料手數料ヲ支拂フニ當テ「ソヴエート」政府側ハ日本ノ貨幣ヲ以テスルコトヲ强要シ其ノ額數百萬圓ニ上レリト聞ク政府ノ調査セル所ニテハ其ノ總額如何ノ程度ニ上レリヤ最近十年間ノ年度別額ヲ提出セラレタシ

二聞ク所ニ依レハ日本貨幣ノ行方ニ付テ重大ナル問題ヲ生シツツアル如シ即チ日本內地ニアリテ近年我カ國體ノ基礎ヲ危フセムトシ我カ國ニ取リテハ最危險ナル結社其ノ實行方法ヲ講セムトスル者アルニ當リ彼等ノ運動費ニシテ其ノ出所ハ殆ト不明ナリト認ム時ニ露國政府ヨリ浦鹽斯徳及哈爾賓ニ支店ヲ有スル朝鮮銀行或ハ露國極東銀行ヲ經テ送金アリタルヤノ風聞アルモ一モ其ノ證據ノ發見セラレサルヲ常トス若シ普通銀行ヲ經テ彼等ノ手ニ收受セラレムトスルカ即チ銀行ニ依テ其ノ貨幣ハ交換セラレサルヘカラス然ルニ內地銀行ト謂ヒ世界ノ各銀行ト謂ヒ未タ之等ノ事實ヲ發見セラレサル所以ノモノハ露國內ニ運ハレタル日本貨幣ニ就テ大ナル疑ヲ挿マサルヲ得ス

是等ノ點ニ就テハ國體上思想上重大ナル關係ヲ有スルヲ以テ特ニ政府ノ答辯ヲ求ム

三更ニ日露通商條約締結以前西比利亞ニ於テ日本人ノ所有シタル凡ユル方面ノ權利ハ今ニシテ繼承セラレサルモノ多シ是等ノ權利ハ今猶ホ如何ノ狀況ニアルカ

四露國革命擾亂當時ニ際シ西比利亞及沿海州ニ於テ商業農業其ノ他ニ從事セル邦人ノ損害賠償要求ノ交涉顛末ニ就テ詳細ナル說明ヲ求ム又賠償セラレタル金額ヲ示サレムコトヲ求ム更ニ又將來ノ方針如何

對朝鮮關係

一朝鮮カ我カ統治ノ恩惠ニ浴シテヨリ二十年韓國時代ヨリ帝國ハ支那ノ勢力ニ拮抗シ露國ノ南下政策ニ對抗シ國運ヲ賭シテ其ノ獨立ヲ援ケ延テ我カ統治ノ下ニ之カ併合ヲ實現スルヤ對支對露ノ關係上交通產業上ノ啓發ハ釜山ヨリ京城ヲ經テ新義州ニ至ル朝鮮半島ノ西南部ノ開發ニノミ努力シ遼東半島ノ我カ手中ニ歸スルヤ旅順大連ヲ起點トシテ奉天長春ニ通スル南滿鐵道ヲ我カ特殊權益ノ中心トシテ滿洲ノ啓發ニ努力シ來レルハ又勢ノ已ムヘカラサリシ所ニシテ戰時中犧牲ニ供シタル十萬ノ生靈ト二十億ノ國帑ハ勿論爾來數十億ノ巨費ヲ投シテ其ノ啓發ニ努力シ我カ大陸政策ノ起點ハ專ラ同地方ニ集中セラレタルノ感アリキ然ルニ今ヤ露國ノ勢力カ舊時ニ非サル今日同地方ノミニ資本ヲ集中シ努力ヲ挿タルコトハ果シテ策ノ得タルモノナリヤ如何

二惟フニ朝鮮半島ハ大陸ノ殖產興業並政治外交的ニ其ノ生命ヲ掌握スル所ナリト信ス是レ恰モ中古伊太利半島カ歐洲ニ號令シ羅馬カ政治ノ中心地タリシト髣髴タルモノアリ然ルニ今日ニ於ケル伊太利半島ト朝鮮半島トヲ對比セムカ彼ハ一世ノ英傑「ムッソリーニ」ノ奮起ニ依リ正ニ內政ヲ整ヘ轉テハ歐洲大陸ニ政令セムトスルノ勢ヲ示シツツアリ而モ大陸ニ對スル交通產業ノ現狀ヲ見ルニ世界ノ嶮タル「アルプス」ノ高峰ヲ貫キテ既ニ十三條ノ鐵道ヲ歐洲大陸ニ放射シ以テ產業交通ニ便シ將來ノ活躍ニ資シツツアリ

翻テ我カ朝鮮半島ヲ見ヨ現在ニ於テハ滿洲ニ通スル鐵道僅ニ一線ノミ昨年十月一日僅ニ京城ヨリ元山ヲ經テ會寧ニ通スル北鮮鐵道ノ完成ヲ見タルモ今ヤ吉會線ノ成ルヘクシテ成ラサルハ是レ果シテ如何

政府ハ先ノ答辯ニ於テ吉會線開通ノ交涉ニ努力シツツアル旨言明セルモ近時對支交涉ノ不振ト共ニ吉會鐵路ノ案件ハ既ニ奉天省ノ諒解ヲ得タルモ地元官憲タル吉林省ノ反對ニ會ヒテ未タニ交涉停頓ヲ見ツツアルハ頗ル遺憾トスル所ナリ

朝鮮當局ハ曰ハク「南北咸鏡道ノ北境ハ九千尺ノ白頭山脈聳エテ附近人跡未踏ノ森林岩石アリ到底鐵道道路ノ開通ニ便ナラス目下森林鐵道ノ計畫アルモ仲々容易ノ事業ニ非ス」ト

惟フニ是等ノ計畫ハ多少ノ經費ヲ必要トスルモ人力ヲ以テ自然ヲ征服シツツアル今日ニ於テハ到底不可能ノコトニ非ス要スルニ今日迄ノ政府當局ハ前述ノ如ク西南朝鮮及滿鐵沿線ノミニ全力ヲ傾注シ北鮮地方並東南滿洲地方ノ產業的啓發ニ就テハ更ニ考慮セス從テ朝鮮半島ヲ起點トスル我カ大陸政策ニ付

テ根孔頗ル狹小ナリシコトヲ憾マサルヘカラス

今後政府ノ朝鮮ヲ基礎トスル大陸ノ產業啓發ニ付テ果シテ如何ノ對策ヲ有スルヤ交通、拓殖、警備、教育、衛生等諸般ノ答辯ヲ乞フ

三以上朝鮮ニ於ケル交通通信產業ノ啓發ニ努力スルト共ニ兎角ノ批評アル教育方針ヲ確定シ眞ニ内鮮融和ノ實ヲ擧クヘシ政府ハ今後五十年百年以後ニ於ケル内鮮融和ノ實績ヲ擧クル爲内鮮人結婚ヲ奬勵スル政策ヲ樹テ之ヲ助成スルノ方針ヲ執リ居ルヤ聞ク所ニ依レハ朝鮮合併以來僅ニ四百餘名ノ結婚アルニ過キスト果シテ然ルヤ其ノ經過並ニ眞相ヲ問フ

四又歐洲大戰以來當局ハ民族自決ノ提唱ト獨立運動並共產的過激思想ノ傳播ニ對シテ近時奈何ノ態度ヲ執リツツアリヤ彼ノ萬歲擾キ以來治安警察上ノ所見ヲ問フ特ニ昨年三月十五日内地ニ於ケル彼ノ共產的暴擧ニ連座セル者ノ檢擧ヲ見タル外朝鮮人ニシテ鮮内ニ於テ檢擧セラレタル者數千名アリト聞ク其ノ人數及其ノ過程奈何

五更ニ朝鮮警備ニ就テ世人ハ多ク國境ニ於ケル警備方針ヲ論議シツツアルモ本員等ノ見ル所ニ依レハ反テ右ノ如ク思想ノ變遷ニ伴テ南部朝鮮ニ於テ勞働問題(多クハ小作爭議)反動運動及共產的運動ノ激烈ナルヲ認ム東學黨ノ反亂中心地タリシ晋州、光州、全州ノ如キ地方ニ駐屯軍ノ增加ヲ計ルノ必要アリト認ム當局ノ方針奈何

六又北鮮啓發及大陸ト内地トノ聯絡ヲ圓滑ナラシムル爲ニハ淸津港ノ修築擴張及雄基築港ノ必要アリ當局是ニ對スル方針奈何其ノ他具體的ニ提示ヲ乞フ

對滿洲關係

一滿洲ニ於ケル邦人ノ事業ハ滿鐵ノ事業以外ニ殆ト見ルヘキモノナク大小會社及個人ノ事業トシテハ今ヤ支那人ニ壓倒セラレテ將來發展ノ見込全然皆無ト認ム其ノ理由ハ茲ニ省略スルモ恐ラク在留同胞及當局ト亦認識スル所ナルヘシ我カ人口增加ニ伴フ移殖民ノ關係ヨリ果シテ奈何ノ對策ヲ有スルヤ

二商租權問題ノ解決モ右對策中ノ重大ナル懸案ナルヘシト思フ政府ハ之ニ就テ如何ナル交渉ヲ爲シツツアリヤ其ノ經過ヲ問ヒ且將來ノ方針ヲ答辯セラルヘシ

三吉會線ハ吉林及敦化間ノ數十哩ヲ連聯シ且現在ノ會寧ニ至ル私設線ヲ買收セハ南滿洲ノ貨物ハ遠ニ日本海ヲ經テ我カ國及諸外國ニ輸出セラルヘキカ該線開通ニ關シテ政府ハ奉天省ト交渉セル顚末及其ノ結果如何ナル程度ニ進行シツツアリヤ

又之ニ伴フ西原借款ノ交渉經過ニ就テ御提示ヲ希フ

四地理的關係ヨリ政府ハ關東廳ヲ大連ニ移轉セシムルノ考ナキヤ又南滿洲鐵道株式會社ノ本社ヲ長春或ハ奉天ニ移轉セシムル考ナキヤ這ハ將來奥地ニ對スル產業啓發ニ對シテ必要ナル條件ト認ム所見奈何

對支關係

抑中華民國新政府カ建設セラレテ其ノ軍政時代ヨリ訓政時代ニ入レル今日迄彼等ノ如何ニ困難辛苦ト戰ヒツツ現在南北支那ノ統一ニ努力シ來レルカハ深甚ノ同情ヲ以テ彼等ニ對セサルヘカラス從來支那ハ日清戰爭以前迄ハ眠レル老大國トシテ全世界ヨリ恐怖ノ念ヲ以テ迎ヘラレタルカ日清日露ノ戰役ヲ經テ漸ク支那政府ノ實力ハ疑問トサレ列國ヨリ侵略横暴ノ態度ヲ以テ對セラレタリ是ニ於テカ古來ノ支那國民性及政治的ニ覺醒セル孫逸仙等カ從來ノ個人主義ヲ捨テテ國家主義國民主義ノ下ニ全支那ヲ統一セムトシ範ヲ歐米及日本ニ執テ其ノ政體ヲ變革シ諸制度文物ヲ現代世界ノ大勢ニ順應スルカ如ク彼ノ三民主義、五權憲法ヲ確立シテ茲ニ新ラシキ中華民國ヲ建設セムトシテ革命ノ呱呱タル聲ヲ廣東ノ地ニ擧ケタルヨリ茲ニ十有八年爾來四方ノ同志ヲ糾合シ北伐ニ向ヒ革命ノ軍ヲ進メタルカ此ノ間淸朝ハ倒壞シ或ハ黎元洪ノ大總統タルアリ幾多ノ波瀾ヲ經テ遂ニ張作霖カ北京ニ據テ天下ニ號令セムトスル時代ト爲レリ然ルニ彼カ勢威失墜ノ結果奉天ニ走リ將ニ到着セムトスルニ當リテ彼ノ列車爆發事件ノ珍事ヲ惹起ス本員等ハ昨年衆議院ヨリ支那視察團ニ加ハリ親シク其ノ當時ノ狀況ト其ノ死因等ニ就テ調査スル所アルモ今茲ニハ國際間ノ重大問題トシテ敢テ是カ眞相ヲ詰問セサルヘシ

現ニ今期議會ノ貴衆兩院ニ於テ滿洲ニ於ケル某重大事件ニ就テ繰リ返シ質問應答アリタルモ政府ハ遂ニ其ノ眞相ヲ明白ニセサリシ彼ノ奇怪ナル事件ナリ思フニ恐ラクハ現政府ノ下ニ於テハ其ノ眞相ヲ公表スルノ期ハ永遠ニ非サルヘシト雖日支ノ國交上是レ誠ニ遺憾トスル所ナリ

而シテ今ヤ東三省又青天白日旗ヲ揭揚シテ南方國民黨政府ト共鳴シ和平統一ノ事ヲ擧ク此ノ間我カ政府ノ統一阻止事件アリ露國過激派ノ誘懸跳梁スルアリ又最近革命軍カ北伐中或ハ南京、漢口事件又ハ濟南事件ノ如キ諸問題ヲ惹起シテ彼等新政府ハ内外ニ非常ナル困難ト努力トヲ經テ漸ク今日ニ至リ全國統一ノ形ヲ不完全ナカラモ實顯スルニ至レリ

然ルニ彼等新政府ノ要人並有識階級ノ多數ハ將來亞細亞ノ平和ヲ確立スル爲ニモ日支ノ提携ヲ計リ有無相通シ物資ノ供給ヲ圓滑ナラシメ兩國カ政治的ニ產業的ニ深ク締盟スルコトハ實ニ世界ノ平和ヲ確立スル所以ナリト、異口同音ニ提唱セルノ事實ト彼等ノ唱フル所ノモノハ「支那ハ嘗テ日本ニ文物制度ヲ移入シテ其興國ノ爲ニ微力ヲ致シタル時代アリキ然ルニ今日ノ日本ハ明治維新以來一躍シテ世界ノ一等國ト爲リ文物諸制度日本ニ學フヘキ點多多アリ故ニ吾人ハ日本ヲ師トシ兄トシテ其ノ指導ヲ受ケ以テ兩國提携ノ實ヲ擧ケムトスルモノナリ故ニ日本國民ハ時代ニ覺醒セル中華民國ヲシテ一日モ速ニ建國ノ方略ヲ定メシメ新國家建設ニ對スル吾人ノ努力ヲ助成指導シ以テ其ノ目的ノ貫徹ニ大ナル援助ヲ與ヘラレムコトヲ」ト謂ヘルハ彼等大多數ノ希望ナリシコト支那各地ニ於ケル官民トノ會談ニ於テ本員等ノ親シク聽收セル所ナリキ果シテ然ラハ支那現在ノ政府ハ完全ニ南北ノ和平統一ヲ圖リ獨立國家トシテ活動スルコトヲ得ルヤ否ヤハ未タ多少ノ疑問ナシトセサルモ少クトモ本員等ノ所見ヲ以テセハ孫逸仙ノ遺訓タル彼ノ三民主義五權憲法ヲ以テ建國ノ方針ト爲シ今ヤ和平統一ニ全國民協力シテ最大ノ努力ヲ爲シツツアルハ疑フヘクモ非ス斯クテ彼等カ個人主義ヲ排シテ國家主義民族主義ノ下ニ群雄各裁兵ヲ斷行シ關稅政策ヲ改正シ稅制ヲ確立シ國立銀行ヲ設置シテ國民經濟ノ圓滑ヲ計リ教育衛生交通產業ノ諸制度ヲ制定實施シツツアルノ現狀ヲ見レハ實ニ彼等ハ眞劍味ヲ帶ヒテ活動シツツアルモノト認ム

此ノ秋ニ當リ彼等カ謂ヘル如ク眞ニ日支ノ提携ヲ計ラムト欲セハ現在支那國民間ニ燃エツツアル此ノ國家的氣運ヲ究メ徒ニ外部ヨリ壓迫ヲ以テ彼等ニ臨マムトスルカ如キハ大戰後ノ世界的國際關係ノ趨勢ト國交關係ヲ知ラサル時代逆行ノ態度ト謂ハサルヘカラス而シテ又日支ノ將來ヨリ東亞政策ニ甚大ナル惡影響ヲ及ホシ延テハ世界ノ平和ニ重大ナル結果ヲ來サシムヘキモノト信ス

卽チ我カ對亞細亞政策上將來我カ自給自足ヲ計ラムトスル點ヨリ又對世界政策ヲ實施スルニ當リ以上ノ對支關係ニ就テハ深甚ノ考慮ヲ以テ其ノ外交方針ヲ確立シ以テ彼我國民ノ提携ヲ計ラサ

ルヘカラス從テ從來ノ我カ政府特ニ加藤若槻內閣時代ニ於テハ此ノ點ニ深キ注意ヲ拂ヒ而シテ彼ノ若キ支那國家ノ成立ニ援助ヲ與ヘムトスルノ方針ニ出テタルハ爭フヘカラサル事實ナリトス然ルニ現內閣ニ至リテハ組閣早早對支出兵ヲ斷行シテ徒ニ支那國民ノ反感ヲ誘發シ爲ニ對支貿易ニ大ナル支障ヲ來シタルハ如何ニモ對支關係及對亞細亞政策上遺憾ニ堪ヘス更ニ又前述ノ如ク滿洲ニ對スル諸懸案ニ就テハ或ハ東方會議或ハ大連會議ノ開催ニ依リテ彼等ノ反感ヲ買ヒ爲ニ排日ノ一大示威運動ヲ惹起シタルヲ見ルモ我カ對支外交及貿易產業ノ關係ニ甚大ノ惡影響ヲ來シタルモノト信ス政府ハ果シテ將來ノ對亞細亞政策ニ就テ斯ル見地ヨリ對支政策從來ノ方針ヲ捨テテ速ニ撤兵ヲ斷行シ通商條約ノ改正ヲ急キ其ノ獨立ヲ承認スルノ考ナキヤ以上ノ諸問題ニ聯關シタル對亞細亞政策果シテ奈何徒ニ米國其ノ他諸外國ニ漁夫ノ利ヲ獲得セラルルカ如キハ本員等ノ敢テ執ラサル所ナリトス

本員等ハ今第五十六回帝國議會開會中未タ一回ノ質問日ヲ與ヘラレサルニ依リ茲ニ文書ヲ以テ再質問ヲ爲スノ已ムナキニ至レリ政府ハ此ノ會期中ニ於テ速ニ右ニ對スル答辯アラムコトヲ望ム

右及再質問候也

昭和四年三月二十五日

內閣總理大臣　男爵田中　義一

衆議院議長川原茂輔殿

衆議院議員山田毅一君外七名提出亞細亞政策ト裏日本啓發ニ關スル再質問ニ對シ別紙答辯書差進候

〔別紙〕

衆議院議員山田毅一君外七名提出亞細亞政策ト裏日本啓發ニ關スル再質問ニ對スル答辯書

內國關係

モルジー灣築港ニ付テ未ダ考慮シタルコトナシ

樺太ニ對スル補給金ニ付テハ一般財政ノ關係ト樺太開發ノ必要トヲ考慮シ適當ニ補助ヲ爲サムトス

榮濱ヨリ敷香迄ノ鐵道ハ樺太鐵道株式會社ニ於テ近ク敷設開通ヲ見ル可ク亞港迄ノ日露合辦ニ付テハ考慮シタルコトナシ

樺太ノ道路、鐵道、林業政策及採炭增收計畫ニ付テハ夫々愼重ノ考慮ヲ重ネ計畫ヲ樹テ其ノ一端ニ付テハ既ニ着手ヲ見タルモノアリ

對朝鮮關係

一　朝鮮半島ノ開發ハ西南部ノミニ偏倚シ居ラズ全鮮ニ渉リ努力シツヽアリ

二　鮮內ノ鐵道敷設ハ昭和二年度帝國議會ノ協贊ヲ經タル計畫ノミニテモ國境ニ亙ルモノ三線ヲ數フル狀況ニシテ吉會線ヘノ聯絡等ニ付テハ深慮ヲ致シ居ルモノナリ

三　教育ニ關シテハ其ノ方針夙ニ確定シ居レリ內鮮人ノ結婚ニ就キテハ法規上障害ナク實行シ得ルコトトナリ居レリ

四　思想犯ノ取締竝赤化思想ノ防遏ニ付テハ常ニ最善ノ努力ヲ致シツヽアリ昭和三年度中朝鮮ニ於ケル共產黨事件ニ關スル檢擧人員ハ四八五名ナリ

五　所謂過激思想防遏ノ手段トシテ特ニ南朝鮮ニ駐屯軍ヲ增加スルガ如キハ其ノ必要ヲ認メズ

六　清津及雄基港ノ修築ニ就テハ既ニ繼續費トシテ其ノ計畫ニ對スル協贊ヲ仰キ目下着々工事進行中ニシテ尙雄基港ニ對シテハ更ニ其ノ擴張計畫ヲ樹テ昭和四年度豫算ニ計上シテ議會ノ協贊ヲ經タリ

對滿洲關係

關東廳及南滿洲鐵道株式會社ノ移轉ニ關シテハ目下ノ所何等考慮シ居ラズ

右及答辯候也

昭和四年三月二十五日

內閣總理大臣　男爵田中　義一

衆議院議員山田毅一君外七名提出亞細亞政策ト裏日本啓發ニ關スル再質問ニ對スル答辯書

對西比利亞關係

一　本邦漁業者カ露國側ニ納付スル金額ハ漁區貸付料以外諸種ノ稅金公課及手數料ナル處最近十年間支拂ヒタル右金額ハ大約左表ノ通ニシテ日本貨ヲ以テ支拂ヒタルハ大正十年及十一年ノ二年ニ止マル尤モ昨年漁場ニ於テ稅金手數料ノ一部ニ對シテ日本貨ニテ納付方ヲ强要シタル事實アルモ其ノ金額ハ前記貸付料ニ比シ極メテ少額ナリ

|  |  |
|---|---|
| 大正八年 | 七、二〇〇、〇〇〇留 |
| 九年 | 九、〇〇〇、〇〇〇留 |
| 十年 | 一、二五〇、〇〇〇圓 |
| 十一年 | 一、五〇〇、〇〇〇圓 |
| 十二年 | 一、三〇〇、〇〇〇金留 |
| 十三年 | 一、四七〇、〇〇〇金留 |
| 十四年 | 一、四六〇、〇〇〇留 |
| 十五年 | 一、五〇〇、〇〇〇留 |
| 昭和二年 | 一、七七〇、〇〇〇留 |
| 三年 | 二、一五〇、〇〇〇留 |

備考　前表中大正八年及九年ニ於ケル金額ノ多大ナルハ露貨暴落ニ因ルモノニシテ十年及十一年ハ所謂自治出漁時代ニシテ往年常時ノ未納額ノ合計二百七拾五萬圓ト算出シテ決濟シ又十二年及十三年ハ單位ヲ金留ト定メ納付ノ場合時價相場ニ依ルコトトセリ而シテ十四年以降ハ實際ニ於ケル露貨相場ノ動搖ニ拘ハラズ露貨ニ依ルコトトナレリ

二　露國側ニ於テ其有スル日本貨幣ヲ如何ナル使途ニ充當シツヽアリヤハ判明セズ

三　日露基本條約締結以前西比利亞ニ於テ日本人ノ有シタル權利ニシテ原狀回復又ハ損害賠償ヲ要求スベキモノハ帝國臣民ノ露國政府ニ對スル請求權問題トシテ同條約附屬議定書(甲)第二條第三項ノ豫見スル日露兩國政府間ノ將來ノ商議ニ於テ調整セラルベキモノトス

四　露國政變及西比利亞事變ノ爲被リタル本邦人ノ損害賠償要求問題ハ日露基本條約附屬議定書(甲)第二條第三項ニ依リ日露兩國政府間ノ將來ノ商議ニ於テ調整セラルルコトトナリ居ル次第ニシテ政府ハ將來適當ナル時機ニ本問題ノ滿足ナル解決ヲ遂ゲンコトヲ期シツツアリ

對滿洲關係

一　政府ハ滿洲ニ對スル我國ノ關係ノ重要ナルニ鑑ミ同地方ニ於ケル我同胞ノ平和的發展ノ障害タル治安ノ紊亂ヲ來サザル樣特ニ細心ノ注意ヲ拂ヒ來レリ其ノ結果過般支那本部ノ動亂モ遂ニ滿洲地方ニ波及スルコトナカリシハ同慶ノ次第ナリ此ノ情況ノ下ニ政府ハ將來ト雖從來通滿洲ニ對スル支那ノ主權及列國民ノ商工業上ノ機會均等主義ヲ尊重スルト共ニ同地方ニ對スル邦人ノ經濟的發展ノ爲最善ノ努力ヲ拂フ所存ナリ

二　商租權問題ハ從來久シキニ亙ル懸案ニシテ政府ハ引續キ之ガ解決ニ努力中ナルモ右解決ノ方針ニ付テハ茲ニ言明ノ限ニアラズ

三　吉會線開通ニ關シテハ政府ニ於テハ折角努力中ナルモ交渉ノ內容ニ付テハ未ダ說明ノ時期ニ至ラズ

對支關係

現內閣ノ對支方針ハ從來屢〻議會其ノ他ニ於テ說明シタルガ如ク支那ノ國民的要望ニ對シテハ之ニ同情シ可及的之ニ應ズルノ覺悟ヲ有スルモノニシテ何等支那ニ對シ徒ラニ外部ヨリ壓迫ヲ加ヘムトスルガ如キ考ヲ有セザルノミナラズ又之ヲ敢テシタルコトナシ曩ニ濟南方面ニ出兵シタルハ多數ノ我居留民保護ノ爲止ムヲ得ザル措置ニ出テタルモノニシテ近ク濟南事件モ解決スベキニ付同方面ニ在ル日本軍モ撤去セシメラルベク如斯ニシテ日支間諸懸案モ漸次解決ノ上ハ固ヨリ及ブ限リ支那國民ノ建設的努力ニ援助ヲ與ヘムコトヲ期ス

右及答辯候也

昭和四年三月二十九日　外務大臣　男爵田中　義一

衆議院議員山田毅一君外七名提出亞細亞政策ト裏日本啓發ニ關スル再質問ニ對スル答辯書

内國關係ノ部

二　昭和二年ニ於テ前内閣ノ樹立セル現行北海道第二期拓殖計畫ハ施行尚僅ニ二年ニ過キサルモ其ノ財源ハ甚シク豫期ト反シ更ニ適切ノ方途ヲ講ズルニアラザレバ計畫ノ遂行ヲ期スル能ハズ依テ政府ハ北海道拓殖計畫調査會ヲ設ケ之カ促進ニ關シ考究審査ヲ爲サントス

昭和四年度拓殖費ハ増加額三百二十餘万圓ハ政府ニ於テモ固ヨリ十分ナリトハ認メザルモ財源其ノ他ノ關係上已ムヲ得ズ此ノ程度ニ止メタリ其ノ増加内容ノ重大ナルモノハ移住奬勵、開墾助成民有未墾地ノ開發等ニ要スル殖民費八十四万圓造田及客土補助等ニ要スル土地改良費四十四万圓殖民道路新設ニ要スル道路橋梁費二十三万圓港灣ノ繰上修築等ニ要スル港灣費七十六万圓鐵道軌道助成ニ要スル經費四十七万圓等トス

三　1、岩木川本川筋及支川十、川山田川沿岸湛水地ハ二万町歩ニ達スヘク之カ除去ノ方法トシテ岩木川河口十三潟ヲ四万八千立坪ヲ浚渫シテ洪水ノ快疏ヲ圖リ一面同潟ノ水戸口ヲ堀割シ突堤ヲ設ケテ同口ノ閉塞ヲ根絶セントスルニアリ之カ浚渫土量一万四千立坪トス

2、船川港修築工事ハ明治四十四年度ヨリ縣ニ於テ施行中ニシテ昭和五年度ヲ以テ完了ノ豫定ニシテ今ヤ其ノ大部ノ工事ヲ竣ヘタリ

土崎港修築工事ハ曩ニ河川工事ノ一部トシテ河口ノ改良ヲ施行シタルモ昭和三年度ヨリ二百五十万圓ヲ以テ港灣修築ヲ企畫シ目下工事中ニ屬ス

酒田港ハ河川工事ノ一部トシテ河港改修工事ヲ施行シツツアリ

加茂、平澤兩港ノ修築ハ地方ノ獨力經營スル所ニシテ詳ナラズ

4、新湊漁港及魚津漁港修築計畫ニ付テハ目下富山縣ニ於テ考究中ナリト聞クモ其内容詳ナラズ

伏木港既定工費五百萬圓中六萬三千三百四十六圓節減シタルハ工事ノ關係ト政府財政ノ都合ヲ考慮シ整理セリ

伏木港ヨリ高岡市ニ通スル運河計畫ノ有無ニ付テハ政府ニ於テ考慮シタルコトナシ

現七尾港修築計畫ニ於テハ工費ノ關係上暗礁除却ヲ施行セザルモ將來財政ノ許ス限リ之ヲ施行ノ方針ナリ

5、敦賀港修築費ニ節約ヲ加ヘタルハ國庫財政ノ都合ト工事施行ノ狀況トニ由ル

6、明年度ヨリ實施セムトスル舞鶴港修築工事ハ地方産業開發ノ見地ヨリ極メテ必要ニシテ港灣トシテノ施設ヲ有スルモ同港ノ海防的使命ヲ沒却シタルモノニアラズ

7、濱田港ハ漁港トシテ縣ニ於テ相當設備ヲ爲スベク目下施行中ナルモ網代大社、小伊津港ニ付テハ其ノ内容詳ナラズ

境港修築ニ關シテハ目下本港ノ港勢ヨリ見ルトキハ現計畫ヲ以テ足レリト認ム

8、三重縣四日市市ヨリ關ケ原村及滋賀縣下長濱町ヲ經テ福井縣敦賀港ニ達スル道路ハ其ノ一部關ケ原村敦賀町間ハ既ニ十二號國道ニ屬シ、殘部タル四日市市ヨリ關ケ原村間ハ府縣道トシテ規律スルモ敢テ支障ナシト認ム

五　産業開發ノ爲メ道路ヲ改良シテ自動車ノ機能ヲ國民生活ニ利用スルノ必要ナルハ言ヲ俟タザル所ニシテ政府ハ夙ニ道路改良事業ノ助成ニ力ムル所アリ昭和四年度ニ於テモ道路改良費豫算ヲ増額シテ國道ノ改良ヲ助成スルノ外新ニ産業ノ開發ニ必要ナル府縣道ノ改良ヲ期スル所アリ昭和五年度以降ニ於テモ財政ノ許ス範圍ニ於テ叙上ノ目的ヲ遂行セムトスル方針ナルヲ以テ之カ完成ノ曉ニ於テハ自動車ノ利用ニ適スル道路ハ全國ニ普及シ獨リ裏日本ト表日本トヲ連絡スル道路ニ限ラズ重要ナル道路ハ漸次改良セラルルニ至ルベシ

右及答辯候也

昭和四年三月二十五日　内務大臣　望月　圭介

衆議院議員山田毅一君外七名提出亞細亞政策ト裏日本啓發ニ關スル再質問ニ對スル答辯書

一　帝國國防方針ト北邊ノ防備ニ就テ

帝國ノ國防方針ニ就テハ之ヲ具體的ニ述ブルコトハ避ケタキモ交通機關ノ發達ニ伴ヒ列國間ノ距離ハ益、短縮シ國際關係一層錯綜複雜ヲ來スヘキ將來ニ於テハ限定セル某一國ニ對スル政策ヲ基調トシテ國防方針ヲ定ムルガ如キハ危險ナリ而シテ帝國北邊ノ防備ニ關シテハ關係當局モ亦從來ヨリ其ノ必要ヲ認メ萬遺算ナキヲ期シツツアリ

二　樺太ニ常備部隊並航空的施設ノ要否ニ就テ

外敵ノ侵襲ニ對シ之ニ對抗スル爲樺太ニ常備部隊ヲ設置スルコトニ就テハ交通機關ノ發達セル今日臨機適當ノ措置ヲ講シ得ヘク政府ハ差シ當リ之カ常置ノ必要ヲ認メアラズ又同島ニ於ケル航空的施設ニ就テハ將來其ノ要度ヲ加フヘク目下研究中ナリ

三　宗谷海峽ノ海防ニ就テ

軍事ノ機密ニ屬シ答辯スルヲ得ズ

四　津輕半島循環鐵道ノ要否ニ就テ

津輕半島循環鐵道ハ津輕海峽防備上ノ見地ヨリセバ差シ當リ其ノ必要ヲ痛感スル程度ニアラズ

五　富山縣立野ケ原ニ航空設備ヲ爲スニ就テ

軍部トシテハ目下ノ處其ノ意思ナシ

六　裏日本ニ無線電信局設置ニ就テ

國防ノ見地ヨリ平時施設トシテハ現有無線局ノ外差シ當リ増設ノ意思ナシ

七　裏日本ト表日本トヲ連絡スル自動車道路網並裏日本沿岸道路完成ニ就テ

軍部トシテハ希望スル所ナルヲ以テ國防上必要ナル道路ニ就テハ内務當局ト協議ヲ重ネ逐次實施中ナリ

八　南鮮ニ常備部隊増加ノ要否ニ就テ

南鮮ノ統治上該方面ニ常備部隊ノ増加ニ就テハ政府モ亦十分其ノ必要ヲ認メアルモ國家財政上ノ見地ヨリ今直ニ之ヲ實現シ得ザルヲ遺憾トス之カ爲軍部ニ於テハ所要ニ應シ該方面ニ行軍、演習ヲ實施スル等ノ手段ヲ講ジ兵備ヲ補フコトニ配慮シアリ

九　淸津港ノ修築擴張及雄基築港ニ就テ

軍部トシテハ其ノ實現ヲ希望シアリ

右及答辯候也

昭和四年三月二十五日　陸軍大臣　白川　義則

衆議院議員山田毅一君外七名提出亞細亞政策ト裏日本啓發ニ關スル再質問ニ對スル答辯書

内國關係ノ部

一　千島及北海道ニ於ケル水産業ニ關スル件

千島ニ於ケル水産業ハ中部千島ニ於ケル漁業上ノ價値不明ニシテ毎年調査ヲ行ヒツツアルノ外一般ニ相當ノ漁利ヲ收メツツアリ尚將來同地方ニ於ケル水産ノ發達上十分ノ考慮ヲ拂ハムトス北海道ニ於ケル水産業ニ關シテハ拓殖計畫ニ於テ考慮セラレツツアル外農林省ニ於テモ其ノ發展ニ付十分ノ努力ヲナサムトス

三　津輕岩木山造林計畫ニ關スル件

津輕岩木山國有林ノ造林計畫ハ附近國有林ト共ニ施業ノ計畫ヲ樹テ岩木山ノ風致ヲ考慮シ水源ヲ涵養シ一面地方ノ用薪材ノ供給ニ資スル方針ヲ以テ植伐ノ計畫ヲ着々實行シツツアル狀況ナルヲ以テ民業ニ移スコト能ハズ

漁港設備ニ關スル件

本省ニ於テ實施セル漁港修築奬勵ハ地

方公共團體ヨリ補助ノ申請アリタル場合財政ノ許ス範圍ニ於テ之ヲ詮議スル方針ニシテ政府ニ於テ積極的ニ自ラ修築スル方針ニアラザルニ付第三項掲記ノ漁港ニ付テモ縣ニ於テ其ノ築工事計畫及豫算ヲ定メ補助申請アリタル場合ハ之ヲ考慮スルモノトス

八郎潟ノ埋立ニ關スル件

八郎潟ハ政府ニ於テ一應調査ヲ遂ゲタルモノニシテ適當ノ設計ニ依リ干拓ヲ爲シ耕地トシテ利用シ得ル見込ナルモ甚シク大規模ノ事業ナルヲ以テ主要工事國營ノ方法ニ依ルニ非レバ實行シ難シト認メラレ研究中ナルモ未ダ實行ノ運ニ至ラズ

七　裏日本啓發ニ關シ農村漁村山村ニ區別シテ施設ヲ爲スノ件

政府ハ從來農村、漁村、山村ノ振興ニ關シテハ夫々其ノ實情ニ應ジ必要ナル施設ニ努メ來リシ處ニシテ尙夫等ノ施設ヲ爲スニ當リ裏日本ニ對シテハ其ノ特有ノ事情ヲ考慮シ施設ヲ怠ラザル所ナリ

右及答辯候也

昭和四年三月二十五日

農林大臣　山本悌二郎

---

衆議院議員山田毅一君外七名提出亞細亞政策ト裏日本啓發ニ關スル再質問ニ對スル答辯書

裏日本各地ト浦鹽及北鮮方面トノ間ニ於ケル定期航路トシテハ現在敦賀浦鹽間(遞信省命令航路大阪商船會社經營)小樽、浦鹽、七尾、伏木、新潟、船川、青森、函館間(遞信省命令航路、川崎汽船會社經營)伏木、七尾、浦鹽、淸津其他北鮮諸港、新舞鶴間(國庫補助富山及石川兩縣命令航路、北陸汽船會社經營)淸津其他北鮮諸港ト宮津、舞鶴又ハ新舞鶴、敦賀間(朝鮮總督府命令航路、朝鮮郵船會社經營)等ノ補助的施設アルノ外敦賀淸津間(北日本汽船會社經營)其他ノ自由航路アリ已ニ相當ノ連絡設備ヲ存スルモ將來吉會鐵道ノ完通、西比利亞內地ノ產業的開發等ニ因リ彼我相互間ニ於ケル交通貿易ノ進展スルニ伴ヒ更ニ必要ニ應シ時勢ニ適應シタル海上連絡機關ノ整備ヲ圖ルコトニ努ムベシ

右及答辯候也

昭和四年三月二十五日

遞信大臣　久原房之助

---

衆議院議員山田毅一君外七名提出亞細亞政策ト裏日本啓發ニ關スル再質問ニ對スル答辯書

鐵道省所管事項ニ關シテハ篤ト考慮スベシ

右及答辯候也

昭和四年三月二十五日

鐵道大臣　小川平吉

昭和四年三月三十日

建議案及請願

請願特別報告第四三七號

意見書

請願文書表第九四五號

朝鮮人訴訟代理業者ニ辯護士資格付與ノ請願　朝鮮慶尚北道慶州郡慶州面路東里百五十六番地訴訟代理業呉坤洙呈出（紹介議員 牧山耕藏君）

右請願ノ要旨ハ朝鮮ニ司法制度實施ト共ニ訴訟代理業者ヲ公認セラレタリシカ大正八年朝鮮總督府制令ニ依リ辯理事務ノ許可ヲ得タル訴訟代理業者ノミ辯護士トシテ昇格ノ恩典ニ浴シタルモ其ノ許可ヲ得サリシ者ハ此ノ恩典ニ均霑スルコト能ハサリシノミナラス却テ訴訟代理業ナルモノヲ認メラレス僅ニ其ノ都度判事ノ許可ヲ得テ業務ニ從事スルノ現狀ニ在リテ業務上及生活上ノ不安尠カラス依テ朝鮮人訴訟代理業者ヲ公認セラレタシト謂フニ在リ

衆議院ハ其ノ趣旨ヲ至當ナリト認メ之ヲ採擇スヘキモノト議決セリ依テ議院法第六十五條ニ依リ別冊及御送付候也

昭和五年一月二十二日

井上國務大臣ノ演說

國務大臣ノ演說ニ對スル質疑

濱口國務大臣ノ答辯

◉國務大臣(井上準之助君) 玆ニ昭和五年度歲入歲出總豫算及財政計畫ノ大要ヲ述ベ、併セテ我國經濟界ノ現狀ニ付テ說明致シマスコトハ、私ノ最モ光榮トスル所デアリマス

我國ノ財政ハ世界戰爭ニ因ル我ガ經濟界ノ膨脹ニ連レマシテ、非常ニ膨脹シタノデアリマス、然ルニ戰後間モナク經濟界ハ變動ヲ來シテ收縮シタノデアリマスガ、財政ハ曾ニ整理緊縮セラレザルノミナラズ、却テ年々膨脹ヲ重ネル狀況デアリマシタ、又一般國民ハ戰時好景氣時代ニ馴致セラレタル風習ヲ、戰後ニ於テモ改メルコトガ出來ズ、從ッテ經濟界ニ於テモ十分ナル整理ガ行ハレズニ居リマシタ、此結果外國貿易ハ連年巨額ノ輸入超過デアリマシテ、在外正貨ハ減少シ、爲替相場ハ漸次ニ低落シテ、止マル所ヲ知ラヌ情勢ニ在ッタノデアリマス、斯ル狀態デアリマシタカラ、我ガ經濟界ハ之ヲ根本的ニ建直ス必要ニ迫ラレテ居ッタノデアリマス、之ガ爲ニハ政府ハ財政ヲ整理緊縮シ、國債ヲ整理シ、國民ハ消費ヲ節約致サネバナリマセヌ、又此經濟界ノ整理ノ出來テ居ラヌコトハ、一方カラ見マスルト云フト、我國ハ大正六年以來金ノ輸出ヲ禁止シテ居リマシテ之ガ爲ニ通貨及ビ物價ノ適當ナル調節ガ行ハレテ居ナイコトニ原因スルノデアリマスカラ、財界ノ建直シノ爲ニハ金解禁ヲ決行スルコトノ急務デアルト云フコトハ明カデアリマス(拍手)而シテ金解禁ハ國際貸借ノ改善ガ出來、輸入超過モ減少シ、爲替相場モ回復シテ始メテ出來ルノデアリマス、故ニ政府ハ此準備ト致シマシテ、財政ヲ整理緊縮シ、國債ヲ整理シ、國民ニ對シ消費節約ヲ奬メ、以テ金解禁ヲ決行シテ、財界ノ建直シヲナサントシタノデアリマス(拍手)

是ニ於テ政府ハ先ヅ昭和四年度ノ豫算ノ實行ニ當リ、極力經費ノ節約及ビ事業ノ繰延ヲ行フコトヽ致シマシテ、既ニ同年度ノ四分ノ一ヲ經過致シテ居ッタノニ拘ラズ、一般會計及ビ特別會計ヲ通ジテ一億四千七百餘万圓ノ整理節約ヲ實行致シマシテ、公債ノ新規發行額ヲ豫定額ヨリ五千九百餘万圓ヲ減ジマシテ、一億三千八百餘万圓ト致シタノデアリマス(拍手)

昭和五年度豫算ノ編成ニ當リマシテモ、極力緊縮ノ方針ヲ採リマシテ、既定ノ經費ニ對シテハ出來ル限リ節約ヲ加ヘ、新規ノ事項ハ努メテ之ガ計上ヲ見合ハセテ、一般會計ニ於テハ、歲出豫算ノ財源トシテハ全然公債ヲ發行セザルコトヽ致シタノデアリマス(拍手)我國ノ財政計畫ニ於キマシテハ、大正四年度以來、毎年度借入金又ハ公債ヲ計上シテ、歲入歲出ノ均衡ガ得ラレテ居リ、殊ニ近年ハ公債額ガ增加シ、昭和五年度ニ於テハ八千五百万圓、爾後ハ毎年七八千万圓ノ公債ガ豫定セラレテ居ッタノデアリマスガ、玆ニ始メテ公債ヲ計上セザル豫算ヲ編成スルコトガ出來タノデアリマス(拍手)

斯ノ如クシテ編成セラレマシタ昭和五年度ノ總豫算ハ、歲入歲出各十六億二百六十餘万圓デアリマシテ、之ヲ前年度ノ豫算ニ比較致シマスルト、一億七千八十餘万圓ノ減少デアリマス(拍手)

先ヅ歲入ニ付テ說明致シマスルト、歲入經常部ハ十五億二千五百四十餘万圓、歲入臨時部ハ七千七百二十餘万圓デアリマシテ、之ヲ前年度ノ豫算ニ比較致シマスルト、經常部ニ於テハ八千八百八十万餘圓ヲ增加シ、臨時部ニ於テハ一億八千九百六十餘万圓ヲ減少シテ、經常部臨時部ヲ通ジテ一億七千八十餘万圓ノ減少トナッテ居ルノデアリマス(拍手)

歲入豫算ニ付キマシテ主要ナル事項ヲ前年度豫算ニ比較シテ申述ベマスルト、經常部中ノ租稅收入ノ豫算總額ハ九億五百九十餘万圓デアリマシテ、之ヲ前年度豫算ニ比較致シマスルト八百三十餘万圓ノ增加デアリマス、併ナガラ前年度歲入豫算ニハ、兩稅委讓ニ伴ヒマスル經過的減稅ノ金額ヲ加ヘテ計算センケレバナリマセヌノデアリマス、卽チ第五十六議會ニ提案セラレマシタ兩稅委讓ノ法律案ハ、昭和六年ヨリ施行セラル、コトニ豫定セラレテ居リマシテ、昭和四年分及同五年分ニ付キマシテハ、經過的ノ方策トシテ、地租及ビ營業收益稅ヲ減稅スルコトヽナッテ居ッタノデアリマス、然ルニ此兩稅委讓ノ法律案及ビ之ニ伴ヒマスル經過的ノ減稅案ハ、共ニ議會ニ於テ審議未了トナッタ爲ニ、昭和四年度分ニ於キマシテハ、其減稅額ニ相當スル金額ダケ、歲入豫算ガ增加スル譯デアリマスカラ、從ッテ此增加ヲ見込ミマシタ昭和四年度ノ歲入ノ實行豫算ニ、昭和五年度豫算ヲ比較シテ見ナケレバナリマセヌ、然ルトキハ昭和五年度ニ於キマシテハ、租稅收入ハ三百四十餘万圓ノ減收トナッテ居ル計算ニナルノデアリマス、尙ホ地租改正ニ伴ヒマシテ、納期ノ關係上、昭和五年度限リノ百七十餘万圓ノ一時的增收ガアリマスカラ、之ヲ通算シテ見マスト云フト、昭和五年度ノ租稅收入ノ豫算額ハ、前年度ノ實行豫算ニ比シマシテ、五百二十餘万圓ノ減少トナッテ居ルノデアリマス、尙ホ昭和四年度ノ豫算審議ニ際シマシテ示サレタル、昭和五年度ノ假計額ヲ基トシテ計算スルト云フト、丁度六百六十餘万圓ノ減收トナッテ居ルノデアリマス

斯ノ如ク減收トナリマスノハ、財界ノ不況ニ伴ヒマシテ第一種所得稅、營業收益稅、酒稅、砂糖消費稅、織物消費稅、取引所稅、關稅等ノ諸稅ニ於テ、相當ノ減收ヲ見込ンダ爲メデアリマス

又官業及ビ官有財產收入ハ、前年度豫算ニ比較致シマシテ千二百五十餘万圓ヲ增加シ、雜收入ニ於キマシテ百四十餘万圓ヲ減少シテ居リマス、其中デ專賣局ノ益金ニ於キマシテ五百九十餘万圓ノ增加ニナッテ居リマスガ、是ハ大部分經費ノ節約デアリマス

次ニ歲入ノ臨時部ノ中デ官有物拂下代金ニ於テ千六百三十万餘圓、公共團體工事費納付金及ビ同分擔金ニ於キマシテ五百四十餘万圓、特別會計資金繰入ニ於キマシテ二千二十餘万圓、前年度剩餘金繰入ニ於キマシテ五千七百五十餘万圓ヲ、前年度豫算ニ比較シテ減少トナッテ居リマス、尙ホ公債ヲ一般會計ニ計上致シマセヌコトハ、前ニ說明シタ通リデアリマス

次ニ歲出ニ付テ說明致シマスト、歲出ノ經常部ハ十二億二千七百三十万餘圓、臨時部ハ三億七千五百三十餘万圓デアリマシテ、之ヲ前年度豫算ニ比較致シマスト云フト、經常部デ五百餘万圓、臨時部ニ於テ一億六千五百八十餘万圓、合計一億七千八十餘万圓ノ減少デアリマス、御承知ノ如ク昭和四年度ノ豫算ハ十七億七千三百五十餘万圓デアリマシタガ、之ニ對シテ既定ノ計畫ニ依リ、又ハ法律ノ結果ト致シマシテ、當然減少スル額ガ一億九千五百九十餘万圓、當然ニ增加スル額ガ八千二百八十餘万圓デアリマシテ、之ヲ差引致シマスト云フト、一億千三百十万餘圓ノ減少デアリマス、

其外ニ現內閣ハ前ニ說明致シマシタヤウナ理由デ、出來ル限リ既定經費ノ整理節約ニ努メマシタガ、其整理額ハ節減額ガ六千八百餘万圓、繰延額ガ五千七百四十餘万圓、合計致シマシテ一億二千五百四十餘万圓ニ達シタノデアリマス、尙ホ右ノ外各省ノ要求減額ニ係ルモノガ六百八十餘万圓程アリマス

又新規增加ニ係ルモノハ極力之ガ要求ヲ

見合ハセマシテ、眞ニ緊急已ムヲ得ザルモノニ付テノミ新タニ經費ヲ計上シ、又ハ前年度ノ豫算ヲ增加シタノデアリマスガ、其金額ハ七千四百五十餘万圓デアリマス

以上ノ增減ヲ差引致シマスト、昭和五年度豫算ハ同四年度豫算ニ比較致シマシテ、前ニ述ベマシタ如ク一億七千八十餘万圓ノ減少デアリマス

右ノ一般會計ノ節約額一億二千五百四十餘万圓ニ、特別會計ノ節約額一億三千四百六十餘万圓ヲ加ヘマスルト、昭和五年度ニ於キマシテ、既定豫算ヲ節約シタ總額ハ二億六千餘万圓ニ上ルノデアリマス

昭和五年度ニ於キマシテ施設致シマスル重要事項ニ付テ説明致シマス、地方負擔ノ現狀ニ顧ミマシテ、財政緊縮ノ際デアリマシタガ、特ニ市町村立尋常小學校敎員俸給國庫負擔額ノ七千五百万圓ニ對シマシテ、千万圓程增額致シマシテ八千五百万圓トシタノデアリマス、千万圓ノ增加ヲ致シタ爲ニ、之ニ依リマシテ地方財政ニ餘裕ガ出來マスガ、ソレヲ以テ地方稅ノ輕減ニ充當スルノデアリマス、今日地方稅ノ負擔ハ頗ル重クナッテ居リマスカラ、政府ハ一方ニ地方財政ノ整理緊縮ヲ致シマシテ、之ガ緩和ヲ圖ッテ居ルノデアリマスガ、其義務敎育費國庫負擔ノ增額ニ依リマス方法ト併セマシテ、今後地方ノ負擔ヲ相當輕減スルコトガ出來ルト考ヘテ居リマス（拍手）

地租ノ課稅標準ヲ賃貸價格ニ改メマシテ地租負擔ノ公正ヲ期スル計畫ハ、既ニ大正十五年ノ稅制整理ノ一トシテ決定セラレテ居リマシテ、第五十一議會ニ於キマシテ、土地賃貸價格調査法ノ協賛ヲ得マシテ、昭和二年末迄ニ全國ノ土地ノ賃貸價格ノ調査ヲ終了シタノデアリマシテ、最初ノ計畫デハ昭和三年カラ實行スル筈デアリマシタガ、內閣ノ更迭等ニ依リマシテ、今日マデ實行ヲ見ズニ居リマスガ、政府ハ之ガ實施ノ急務デアルト云フコトヲ認メマシテ、昭和五年分ヨリ地租改正ヲ行フコトニ致シマシテ、之ガ改正法律案ヲ此議會ニ提案致シマス、尙ホ必要ナル經費ヲ豫算ニ計上シテ居ルノデアリマス

貿易ノ振興ニ關シマス施設ハ、金解禁後ノ我國ニ於テ最モ緊切ナル施設デアリマスカラ、政府ハ新タニ輸出補償制度ヲ實施シテ、本邦ノ商品ガ其海外ニ於ケル、市場未ダ開拓セラレズ、取引上特ニ支障アリト認メラレル地方ニ、本邦商品ヲ送リマシテ、サウシテ振出サレタ手形ガ銀行ニ買取ラレテ、サウシテ其手形ノ支拂ヲ受ケルコトガ出來ナカッタ場合、其損失ノ幾分ヲ國庫ニ於テ補償ジテヤル、斯ウ云フ制度デアリマシテ、サウ致シマスト、銀行ハ是等ノ地方ニ向ッテ手形ヲ安心シテ買フコトガ出來ルデアラウ、斯ウ云フ趣意デアリマシテ、ソレニ依ッテ輸出貿易ノ增進ヲ圖ルコトガ目下最モ急務ト考ヘテ居ルノデアリマス

我國ノ國債ノ現在額ハ昭和四年度末ニ於テ約六十億圓ニ達スルノデアラウト思ッテ居リマス、從來ノ計畫ニ依リマスト、今後每年度約二億圓ノ新規公債ヲ發行スルコトニナッテ居リマシテ、國債ノ增加ハ底止スル所ヲ知ラヌ趨勢デアリマス、依ッテ昭和五年度豫算ノ編成ニ當リマシテハ、從來ノ計畫ヲ改メマシテ、一般會計ニ於テハ全然公債ヲ發行シナイ、特別會計ニ於キマシテハ、其發行ノ豫定額ヲ半減スルコト、シタノデアリマス、從ッテ昭和五年度ニ於キマシテハ、國債ノ新規發行額ハ五千五百五十万圓トナルノデアリマス

斯ノ如ク政府ハ國債ノ新規發行額ヲ減少シタルニ止ラズ、進ンデ國債ノ整理計畫ヲ樹テタノデアリマス、卽チ昭和五年度ニ於キマシテ國債ノ償還額ハ、從來ノ法律ニ依リマスト八千四百餘万圓デアリマスガ、今後獨逸カラ參リマス賠償金年額六百三十餘万圓ヲ償還資金ニ繰入レルコトニシタノデアリマス、サウ致シマスト此償還金ノ總額ハ昭和五年度ニ於キマシテハ九千五十餘万圓トナルノデアリマシテ、同年度ニ新ニ發行スル國債ヲ五千五百五十万圓ト致シマスト、差引三千五百餘万圓ダケハ總體ノ國債ノ額カラ減少スルコトガ出來ルノデアリマス、私ガ茲ニ申シテ居リマスコトハ、法律ノ義務カラ生ズル既定ノ交付公債或ハ借換ノ結果カラ生ズル差增ノ如キ國債ノ增加ハ此計算ノ外デアリマス、尙ホ國債元金ノ償還ハ從來一般會計デ全部負擔シテ居リマシタガ、昭和五年度以降ハ各特別會計ニ於テモソレゾレ償還金ヲ負擔セシムルコト、致シタノデアリマス

大ニ地方自治團體ノ財政ハ、其膨脹ノ程度ガ中央財政ヨリモヨリ甚シイノデアリマシテ、其結果ハ地方債ノ急激ナル增加トナッテ、昭和三年度末ニ於テハ二十億圓ニ達シタノデアリマス、故ニ地方財政ノ整理緊縮ト、地方債ノ整理ハ、共ニ大ニ必要デアリマスノデ、昭和四年度ノ府縣及市町村ノ實行豫算ニ於キマシテハ、二億三千九百餘万圓ノ節約ヲ行ヒ、昭和五年度ニ於キマシテハ府縣ノ豫算ノ上ニ既ニ七千五百万圓ノ整理節約ヲ行ッタノデアリマス、市町村ノ豫算ニ對シテモ同樣ナ緊縮方針ヲ以テ進ミツ、アルノデアリマス、又地方債ノ整理ニ付キマシテハ、緊急已ムヲ得ザルモノニ限ッテ之ヲ許可スル方針ヲ採リマシテ、極力地方債ノ增加ヲ抑制シテ居ルノデアリマス

國及地方自治團體ノ財政ノ整理緊縮、國債及ビ地方債ノ整理ハ前述ノ如ク之ヲ決行シタノデアリマスガ、併ナガラ日本ノ經濟ヲ立直シ、國際貸借ノ改善ヲ圖リ、爲替相場ノ低落ヲ防ギ金ノ輸出解禁ヲ決行スルノニハ、政府及ビ地方自治團體ノ財政緊縮ノミデハ到底其目的ヲ達シ得ルモノデハアリマセヌ、國民全體ヲシテ我國經濟ノ現狀ニ付キマシテ十分ノ理解ヲセシメテ、之ニ對シテ國民自體ノ自覺ヲ喚起シ得マシタナラバ、初メテソコデ國民ノ消費ハ或ル程度マデ節約セラレマス、斯樣ニシテ冗費ガ節セラレ、無駄ガ省カレルト言フコトガ出來テ、吾々ノ豫期ノ效果ガ收メラレルノデアリマス（拍手）故ニ政府ハ此方針ニ向ヒマシテ極力努力シタノデアリマスガ、吾々ノ考デハ、此中ハ能ク國民ニ徹底シテ實行セラレタト考ヘテ居リマス、是ハ全ク國民全體ガ此事柄ニ付テ考ヘル必要ヲ深ク感ジテ居ッタカラデアラウト考ヘルノデアリマス（拍手）

國及地方自治團體ノ財政ノ緊縮、國債及地方債ノ整理、國民ノ消費節約ハ相俟チマシテ對外貿易ノ上ニ良好ナル結果ヲ齎ラシタノデアリマシテ、昨年ノ上半期ニ於テハ內地ノ輸入超過額ハ二億八千二百餘万圓デアリマシタガ、段々改善セラレテ行キマシテ、十一月ノ二十日現在ニ於テハ輸入超過額ハ七千餘万圓ニナッタノデアリマス（拍手）十一月二十日ノ此狀態カラ見マスト云フト、年末迄ノ輸入超過額ハ、臺灣及ビ朝鮮ノ分ヲ合算致シマシテモ、凡ソ一億六七千万圓ニ止マルコトト豫想ガ付イタノデアリマス、我國ノ貿易外ノ受取勘定ハ例年約一億六七千万圓アリマスカラ、然ラバ昨年ノ國際貸借關係ニ於キマシテハ、收支ノ均衡ヲ得ルト云フコトノ見込ハ十一月二十日ニ付イタノデアリマス（拍手）

貿易狀態ガ改善致シマシタコトハ、政府ノ政策ニ對スル海外ノ信用ト相俟ッテ、共ニ爲替相場ノ回復ヲ來シタノデアリマス、卽チ昨年ノ六月末ニハ對米爲替相場ハ四十三弗四分ノ三マデ下落シテ居リマシタ、此下落ノ程度ハ金解禁後ノ推定相場ニ比シテ約一割一分ノ下落デアリマスガ、昨年下半期ニ於キマシテハ漸次ニ且ツ堅實ナル歩調ヲ以テ騰貴致シマシテ、十一月十八日ニハ遂ニ四十八弗八分ノ五ニ達スルニ至ッタノデアリマス

一方金解禁ニ必要デアリマス在外資金ノ狀況ヲ見マスルト、昨年ノ六月末ニハ政府及ビ日本銀行ノ保有正貨ノ高ハ十一億七千万圓デアリマシタガ、其內在外ノ分ハ八千三百万圓ニ過ギザル狀況デアリマシタカラ、政府ハ金解禁ノ實行上ニ、在外資金ノ補充ガ急務デアルト云フコトヲ認メマシテ、日本銀行ト協力シテ、爲替相場ノ頗ル調强デアル機ニ乘ジマシテ、七月以來段々在外資金ヲ買上ゲマシテ、從來保有ノ分ト合セテ十一月二十日ニハ三億四百万圓ニ上ルニ至ッタノデアリマス（拍手）

解禁直後ニ生ズベキ正貨流出ニ付テ見マスルニ、右ノ如キ貿易ノ狀況ヨリ見マスレバ、國際貸借決濟ノ爲ニスル正貨ノ流出ハ、巨額ニ上ルガ如キコトハナカルベク、又資金ノ移動關係ニ付キマシテハ、金解禁ニ對スル相當大ナル障碍ト見ラレテ居リマシタ所ノ英米市場ニ於ケル金利高モ、段々低下ノ傾向ヲ示シテ來マシタシ、又我ガ民間ノ大銀行ハ、金解禁問題ノ解決ニ當リマシテハ、政府及ビ日本銀行ノ方針ニ協力ヲ與ヘルト云フ決意ヲ持ッテ居リマスカラ（拍手）巨額ノ資金ガ流出致シマシテ、之ガ爲ニ內地金利ガ急激ニ昂騰シ、財界ニ惡影響ヲ與フルガ如キ惧ハナカッタノデアリマス、斯ノ如ク我國正貨ノ地位ハ極メテ安固デアリマシタガ、更ニ海外金融中心市場トノ連絡諒解ヲ密接ニスルト共ニ、他面我國民ニ十分ノ安心ヲ與フル趣旨ヲ以チマシテ、橫濱正金銀行ヲシテ、政府及ビ日本銀行援助ノ下ニ、英米銀行團トノ間ニ一億圓ノ信用設定ノ契約ヲ締結セシメタノデアリマス、斯ノ如ク在外資金ノ準備ノ萬全ヲ期シタルノミナラズ、英蘭銀行及ビ紐育聯邦準備銀行ハ何レモ本邦ノ金解禁ニ對シ、十分ノ精神的協力ヲ與フベキ旨ノ好意的態度ヲ日本銀行ニ對シテ表明シタノデアリマス

右ノ如ク各方面ノ準備ガ整ヒ、茲ニ金解

禁ヲ決行スルモ、財界一般ニ對シ急激ナル影響ナキコトノ確信ヲ得ルニ至リマシタカラ、政府ハ昨年十一月二十一日ニ、本年一月十一日ヲ期シテ金解禁ヲ決行スル旨ヲ發明シ、昭和四年大藏省令第二十七號ヲ公布シテ、金輸出取締ニ關スル大藏省令ヲ廢止スルコトヲ定メ、之ヲ本年一月十一日ヨリ施行スルコトト致シタノデアリマス、銀ニ付キマシテハ當時既ニ一般ニ輸出ヲ許可シテ居リマシタガ、一括シテ、其取締令ヲ廢止スルコト、致シマシタ、當時ニ於テ短期期限付ニ金解禁ヲ決行致シマシタコトハ、一ハ歳末ニ際シテ財界ノ安定ヲ圖ル上ヨリ、金解禁實行ノ時期ヲ確定シ置クノ必要ヲ認メタノデアリマス、又當時ノ爲替相場ヲ基ト致シマシテ計算ヲ致シマスト、本月十日後ニ金ノ輸出入ヲ自由ニスルコトガ最モ妥當デアルト考ヘテ、一月十一日ニ其日ヲ決メタノデアリマス(拍手)

右ノ如ク短期期限付金解禁ヲ決行致シマシタル後ノ經濟狀況ヲ見マスルニ、貿易ハ昨年十二月中ノ成績モ輸出超過デアリマシテ、結局昭和四年ノ內地輸入超過ノ金額ハ六千七百餘万圓ニ止マリ、之ニ臺灣朝鮮ノ分ヲ加フルモ、一億七千餘万圓デアリマス、斯ル輸入超過ノ金額ノ少額ナリシコトハ、大正九年以降十年間未ダ曾テ見ザル所デアリマス、一方貿易外ノ受取勘定ガ大體年額一億六七千万圓アリマスカラ、昨年ニ於テハ貿易ノ輸入超過額ハ貿易外ノ受取勘定ヲ以テ決濟シ得ルコト、ナッタノデアリマス、爲替相場モ豫想セラレタルガ如ク、堅實ナル歩調ヲ以テ漸騰シ、金解禁當日ニハ四十九弗四分ノ一トナッタノデアリマス、金解禁後日尚ホ淺キ今日ニ於テ、其後ノ一般狀況ニ付テ未ダ十分ナル報告ヲ爲シ得ルニ至ラナイノデアリマスガ、經濟界各方面ノ……

〔發言スル者多シ〕

◎議長(堀切善兵衛君)　靜肅ニ――

◎國務大臣(井上準之助君)(續)　事情ヲ見マスルノニ、頗ル順調ニ進行シツ、アルノデアリマシテ、將來ニ對シテ何等危惧スベキ事柄ガ存ジナイト申スコトガ出來ルコトハ、私ノ最モ愉快トスル所デアリマス(拍手)

以上述ベマシタヤウニ政府ノ歲出ハ歲入ノ範圍ニ止ムルコトガ出來、國民ノ消費ヲ適當ノ程度マデ節約セラレ、輸入超過モ減ジ、爲替相場モ騰貴シ、之ニ依ッテ金解禁ヲ決行シタノデアリマシテ、此財政ノ緊縮、國民ノ消費節約ガ持續シ、金解禁ニ依ッテ通貨ノ自然ノ調節ガ行ハレマスレバ、我ガ經濟界ハ玆ニ始メテ正當ニシテ且堅實ナル基礎ガ確立セラレルノデアリマス、而シテ今後ハ此堅實ナル基礎ノ上ニ立ッテ……

〔發言スル者多シ〕

◎議長(堀切善兵衛君)　靜肅ニ

◎國務大臣(井上準之助君)(續)　而シテ今後ハ此堅實ナル基礎ノ上ニ立ッテ、我國產業ノ振興、貿易ノ發達ヲ圖ルコトニ絕大ノ努力ヲ爲サネバナリマセヌ、斯ノ如クシテ我國ノ國際貸借モ根本的ニ改善セラレ、金本位制度ノ確設モ完全ニ出來ルノデアリマス、我國民ハ過去ニ於テ贏チ得タル經驗ト確信トヲ以テ、將來ニ於テモ所期ノ目的ヲ完全ニ遂行シ得ルコトヲ、私ハ確ク信ジテ疑ハナイノデアリマス、尚ホ終リニ臨ミマシテ、本議會ニ提出致シマシタ昭和五年度ノ豫算ニ付テハ、御審議ノ上御協贊アランコトヲ切望致シマス(拍手)

◎議長(堀切善兵衛君)　是ヨリ先程宣告ノ通リ、通告順ニ依ッテ國務大臣ノ演說ニ對スル質疑ヲ許シマス――犬養毅君

〔犬養毅君登壇〕

◎犬養毅君　總理大臣竝ニ他ノ二大臣ノ御演說ニ對シマシテ、疑ヲ質スベキ事柄ガアリマスノデ、私ハ總理大臣ニ對シテ御尋ヲ致シマス、極メテ簡單ナモノデアリマス、ソレカラ大藏大臣、外務大臣ニ對シテハ、同僚山本悌二郎君カラ通告致シテ居リマスカラ、山本君ヨリ御尋致シマス、是ハ御互ニ極ク冷靜ニ研究スベキ事柄デアリマスカラ、暫ク御清聽ヲ願ヒタイ、第一ニ御尋致シタイノハ、海軍ノ軍縮問題デアリマス、是ハ我ガ全權ガ亞米利加ニ行ク直グ新聞記者ニ話サレタ、ソレカラ倫敦ニ到着サレルト直グ話サレタ、我ガ海軍大臣ガ地方官會議ニ臨マレタ時ニモ述ベラレテ居ル、此三度述ベラレタ主要ナル點ヲ申シマスルト、此度ノ海軍々縮ノ比率デアリマス、之ハドウシテモ七割ト云フモノヲ缺クコトハ出來ナイ、此七割ト云フノハ明瞭ニ述ベラレテ居ルノデアリマス、處デ此七割ナルモノハ如何ナル性質ノモノデアルカ、此度ノ軍縮會議ハ華府會議ノ延長デハナイノデアリマス、不戰條約ニ基礎ヲ置イテ而シテ其主タルモノハ補助艦ノ問題デアル、卽チ主要ナルモノハ八吋砲巡洋艦、此問題デアリマス、ソコデ七割缺クベカラズト唱ヘラレタノハ、卽チ此補助艦ノ問題デアリマス、主タルモノハ八吋砲巡洋艦ノ問題デアリマス、ソレデ之ハ何故ニ我帝國ハ主張スルカ、總理大臣ハ、外務大臣ガ述ベラレタ通リニ吾々ハ外ニ對シテハ世界ノ平和ヲ確保スル、內ニ對シテハ此軍備ヨリ生ズル負擔ヲ年々減ジテ行キタイ、是ハ獨リ現內閣ノ人ノミナラズ、又吾々ノミナラズ(拍手)併ナガラ此希望ハ永久ノ平和ヲ確保スルト云フ全國民ガ希望シテ居ル、之ガ爲ニ防禦力、之ハ一點缺クコトハ出來ナイノデアリマス、卽チ七割ナルモノハ防禦ノ最小限度デアル(拍手)之ヲ一步退ケバ他國カラ脅威サレル、缺クベカラザルモノデアル、ソレデ總理大臣ノ御演說ヲ承ルト、甚ダ廣汎デ漠然トシテ居リマスガ、主要ノ點ハマダ伺フコトガ出來ナイノデアリマス(「何ヲ漠然ダ」ト呼ブ者アリ)暫ク御待チナサイ、御互ニ此問題ハ超黨派ノ問題デアリマス、黨派問題デハナイノデアリマス、冷靜ニ御聽キナサイ(拍手)宜シイカ、超黨派ノ問題デアル(發言スル者アリ)騷グ者ハ勝手ニ御騷ギナサイ(拍手、發言スル者多シ)

◎議長(堀切善兵衛君)　靜肅ニ

◎犬養毅君(續)　之ハ黨派ノ問題デハアリマセヌ、國防上ノ問題デアリマスヨ(拍手)ソコデ此處ニ私ノ疑ガ起ル、民政黨ノ內閣ハ

〔發言スル者多シ〕

◎議長(堀切善兵衛君)　靜肅ニ願ヒマス

◎犬養毅君(續)　民政黨ノ內閣ガ出來マシタ時ニ十大政綱ノ一ツトシテ、國際關係ニ於テハ協調妥協ノ精神ヲ以テ進マネバナラヌ、之ハ無論廣汎ナ意味デ述ベラレタノデアラウト考ヘル、又外務大臣ノ御演說ノ中ニモ妥協協調、之ハ述ベラレタ、併ナガラ此妥協協調ナルモノハ、七割ノ限度ヲ讓歩スルト云フ意味デハナイデアラウト私ハ考ヘルノデアリマス(拍手)ソレデ萬一ノ場合ニハ妥協協調ナルモノハ、他ノ事柄デハ出來ルノデス、國ノ防衛ノ最小限度ヲ破ッテ妥協協調ノ出來ルモノデハナイ、ソレダカラ此主張ハ七割、日本ノ國防ノ限度ト云フモノハ七割、全權ガ述ベラレテ居ル通リ七割デアル、之ハ讓ルベカラザルモノデアル、而モ其七割ハ補助艦問題デアル、主タルモノハ八吋砲巡洋艦デアルヤ否ヤ、之ヲ明瞭ニ御答ヲ願フコトガ一ツデアル(拍手)ソレカラモウ一ツ御尋シタイノハ、民政黨ノ政綱ノ一ツデアリ、又總理大臣ノ演說中ニモアリマシタガ、所謂綱紀粛正デアル、綱紀粛正、現在ノ風紀ノ廢頹ト云フコトヲ憂ヘラレタノハ、私共ハ如何ニモ御同感デアリマス、極メテ同感デアル、ソコデ之ハ民政黨ノ政綱中ノ最モ大切ナルモノトシテ居ラレ、又總理大臣ノ演說中ニモ此綱紀問題ガ總テノモノニ、根本デアルト說カレテ居ルノデアル、之ニ對スル總理大臣ノ感發ハ如何ナルモノヲ持ッテ居ラレルカト言フコトガ、私ノ御尋スル主要ナル點デアル(「政友會ノ感覺ハドウダ」ト呼ブ者アリ)此處デ述ベマス、御聽キナサイ、大ニ述ベマス

(發言スル者アリ)靜カニナサイ、綱紀粛正ヲ最モ大切ナル政綱トシテ掲ゲラレタ內閣ニ、甚ダ不幸ナルコトデアルガ、前文相小橋君、此問題ガ起リマシタ、形式ハ小橋君ハ如何ナル形ヲ以テ辭職サレタカ、或ハ文會ノ上ノ形式ハ病氣デ堪ヘラレヌトカ、或ハ種々ナル形式ハ添ヘラレテ居ラウガ、事實ハ此疑獄ノ爲ニ辭職サレタト云フコトハ誰モ否マヌノデアル、其關係ノ中ニ疑獄問題デ辭職サレタ、其犯罪事實ハ、此內閣ノ組織サレル前デアラウトモ、或ハ其後デアラウトモ、小橋文相其人ハ違ハヌノデアル、然ラバ斯ノ如キ嫌疑ヲ受ケラルベキ資質ノ人ヲ――此性質ノ人ヲ薦奏サレタト云フ責任ハ、總理大臣ハ如何ニ感ジラレルノデアルカ、ドウ御感ジニナッテ居ルカ、綱紀粛正ヲ唯一ノ大事件トシテ掲ゲラレテ居ル內閣ガ、此人ヲ薦奏サレタト云フ責任ハ如何ニ感ジラレテ居ルカ(拍手)ソレカラ斯ウ御考ニナルノデアルカ、裁判ノ結果確定スルマデハ何ノ責モ感ジナイト云フ御考デアルカ、果シテサウデアルナラバ一關係タル

〔發言スル者アリ〕

◎議長(堀切善兵衛君)　靜肅ニ

◎犬養毅君(續)　關係タル小橋君ガ之ガ爲ニ責ヲ引カレ、之ガ爲ニ責ヲ引イテ辭職サレタト云フニ、之ヲ薦奏サレタル總理大臣ハ恬然トシテ顧ミナイト云フコトガ出來ルモノデアルカドウカ(發言スル者多シ)之ガ一番大切ナ問題デアル(拍手)一番大切ナ問題デアル(發言スル者アリ)綱紀粛正ノ問題ハ自分ハ之ヲ言フベキ權利ヲ持ッテ居ルノデアル(拍手)如何ナル責任感ヲ持ッテ居ラレルカ、是ハ總理大臣ニ御尋致シタイ、ソレカラモウ一ツ大體ニ付テ御尋致シタイ、現在ノ狀態ハ黨派ノ如何ヲ問ハズ、諸君モ矢張非常ニ憂ヘラレテ居ルダラウト考ヘル、此憂ヘラレテ居ルト云フノハ、現在ノ有樣ハドウデアルカ、總理大臣竝ニ大藏大臣モ演說中ニ挿入致サレテ居ルガ、失業者、段々失業問題ハ殖エテ來ル、失業者ガ到ル處ニ殖エル、失業者ノミデハナイノデアル、業ヲ失ハナイ、業ニ引掛ッテ居ッテ、其衰退ノ爲ニ、困難ノ爲ニ、非常ニ苦ンデ居ルト云フ、失業ト名ノ付カヌモノデ非常ニ苦ンデ居ルト云フノハ農民、中產以下ノ商工業者ガ苦ンデ居ルト云フコトハ、總理大臣、大藏大臣モ無論眼中ニ置カレテ居ルニ相違ハナイノデアル、ソレデ之ニ對スル救濟策トシテ如何ナルモノガアルカ、總理大臣ノ

演說中ニ非常ニ私共待チ設ケテ希望シテ居タ箇條ハ、大概ナモノハ考究中デアル、研究中デアル、調査シツヽアル、委員ニ掛ケテ審議中デアル、是デハ詰リガ左樣ナ善キ意圖ヲ持タレテ居ル、善キ企ヲ持タレテ居ル企ナルモノハ繪デアリマス、企ハ繪デアリマス(「政友會ハ何ヲシタカ」ト呼フ者アリ)政友會ハ犬養ガ其衝ニ當レバヤッテ見セルノデアル(拍手)是ハ繪デアル、調査中デアル、研究中デアル、考慮中デアルト云フノハ繪ニ描イタモノナノデアル、繪ニ描イタ食物デハ今日ノ困難、今日ノ饑餓ハ救ハレナイノデアル(拍手)ソコデ斯樣ナ繪――モウ少シ大藏大臣總理大臣ハ、實際手ヲ取早イ仕事ヲ爲サレルコトヲ私等ハ望ンデ居ッタノデアル、色々ナ改革ハ致サレマシタ、確ニ金高ハ減ッテ居リマス、併ナガラ數字ノ減ッタト云フノハ大部分ハ繰延ベナノデアル、後年度ニ送リ込ンダト云フダケノ話デアル、多年問題ニナッテ居ル――大藏大臣ナドハ私同ジ內閣ニ居ッタコトガアリマシテ、其時分ノ御意見モ多少斯ウデアッタラウト考ヘル、凡ソ合理化、能率ヲ進メル、斯ウ云フ問題ガアルガ、行政組織ノ上ニ一番不合理ナモノガアリハシナイカ、是ハ誰モ認メテ居ルノデアルガ、之ニ何故手ヲ著ケラレナイノデアルカ、之ニ十分ニ手ヲ著ケラレタナラバ、減税ノ餘地ハ出テ來ル譯デアル、是ハ官僚出身ノ人々ハ年來ノ因襲ガアルカラ、サウハ感ゼラレヌカモ知レヌ、大藏大臣ハ確ニ感ゼラレル筈デアル、誰ガ見テモ一見シテ不合理ト云フノハ此行政、民間ノ仕事ドコロデハナイ、是ガ一番デアラウト思フ、何故之ヲ改革ナサラヌカ、之ヲ改革ナサレテ、此上カラ得ラレタ財源ナラバ、減税ハ早ク出來ル筈デアリマセヌカ、今日ノ不景氣ニ色々ナモノヲ列ベラレテ居ルノハ、各、ソレハ救濟ハアリマセウ、中ニハ中々細カク、職業紹介所、極メテ宜シイ、ガ其位ノモノデ全般ノ不景氣ハ救ヘルモノデハナイノデアリマス(拍手)英明ナル諸君ニ取ッテハ極メテ不似合ナ細カイ仕事デハナイカ、ソレヨリカ思ヒ切ッテ行政ノ大整理ヲ爲サル御考ハナイカ、又更ニ減税、減税ハ獨リ中産階級以下ノ減税デハアリマセヌ、今日ノ事業ハ如何ニシテ興スカト云フコトハ、私ヨリハ井上大藏大臣ハ能ク御承知ノ筈デアル、之ヲ爲サレル意思ハ無イカ、是ダケヲ御答下サレバ更ニ又御尋致シマス、是ダケヲ簡單ニ御尋致シマス、是ハ大體ニ亙ッタ質問デアリマスカラ、成ベク總理大臣ニ御答ヲ願ヒタイ、其外ハ更ニ大藏、外務ノ御方ニモ御尋ヲ致シテ置キマス、大體ハ總理大臣カラ御答ヲ願ヒタイ(拍手)

〔國務大臣濱口雄幸君登壇〕

◉國務大臣(濱口雄幸君) 只今犬養君ヨリ數箇條ニ亙ル御質問ガアリマシタ、私ヨリ其要點ヲ答辯致シマス、第一ノ御質問ハ海軍ノ比率ノ問題デアリマス、海軍ノ比率ガ補助艦ニ付テハ七割ト云フコトヲ全權ガ言ッテ居ルヤウデアルガ、此七割ハドウ云フ艦種ニ適用サレルカト云フコトモアッタヤウデアリマス、又最後迄ソレヲ固執スルカト云フコトモアッタヤウデアリマス、私ハ玆ニ特ニ御答申上ゲマスガ、倫敦ノ海軍會議ニ臨ミマスル帝國政府ノ態度ハ、先刻私ノ演說ノ中ニモ、又外務大臣ノ演說中ニモ申シマシタ通リ、帝國ノ保持スベキ海軍力ハ、國防ノ安固ヲ期スルニアル、國防ノ安固トハ卽チ他國ヨリ脅威ヲ受ケナイ、ソレト同時ニ如何ナル場合ニ於テモ、他國ニ脅威ヲ與ヘナイ、卽チ無脅威デアリマス、脅威ヲ受ケナイ最少限度ノ力ヲ要スルト言フコトヲ明瞭ニ申シテアリマス、而シテ其詳細ノ內容、此內容ニ付キマシテハ全權ニソレ只今ノ方針ニ依ッテ適當ナル訓令ヲ與ヘテアリマスルガ、其訓令ノ內容ヲ此席ニ於テ申述ブルコトハ、國家ノ爲メ不利益ト考ヘマス

〔拍手起リ又「卑怯々々」ト呼フ者アリ〕

◉議長(堀切善兵衞君) 靜肅ニ

◉國務大臣(濱口雄幸君)(續) 仍テ折角ノ御質問デアリマスケレドモ、其數字ニ付テハ私ハ申シマセヌ(拍手)唯、此御答ニ付テ一言附加ヘテ置キタイ事柄ハ、政府ハ只今ノ方針ニ依ッテ必要ナル訓令ヲ全權ニ授ケテアリマス、是ニ於テ帝國ノ全權ハ倫敦ノ海軍會議ニ臨ンデ、政府ノ訓令ノ趣旨ニ從ッテ熱心ニ其主張ヲスルデアラウト信ジマス(拍手)其主張ヲ達成スベク最善ノ努力ヲスルト云フコトヲ確信ヲ致シテ居リマス(拍手)是ト同時ニ、世界ノ列國モ亦帝國ノ合理的ノ要求ニ對シテハ、等シク之ヲ諒トスルニ至ルベキヲ私ハ信ズル者デアリマス(拍手)

第二ハ、綱紀肅正ニ對スル私ノ感想ヲ御聽キニナッタ、其內容ハ小橋前文相ノ辭職ニ關聯シテ、私總理大臣トシテ奏薦ノ責任ニ付テ如何ナル考ヲ持ッテ居ルカト云フ御趣旨デアッタヤウデアリマス、小橋君ノ辭職セラレタコトハ、其理由ハ病氣デアリマス病氣ノ理由ヲ以テ辭表ヲ捧呈サレマシタガ、小橋君ガ辭意ヲ早ムルニ至リマシタ其心事ハ、私ハ知ッテ居リマス、併シ其事ハ此處デ申述ブル必要ハナイ(拍手)其後小橋君ハ司法部ノ取調ヲ受ケテ居ルト云フコトヲ承ッテ居リマスガ、其事柄タルヤ內閣組織前ノ事デアリマス(拍手起ル又發言スル者アリ)而シテ其事件タルヤ今日ハマダ何トモ決マリノ付カナイ事柄デアリマス、內閣組織ノ前ノ出來事デアッテ、而シテ其問題ガマダ何トモ決マリガ付イテ居ナイコトニ對シテ、私ハ未ダ責任ヲ感ジマセヌ(拍手)

第三ニハ、失業ノ問題デアリマス、失業ノ問題ニ付テハ先刻ノ演說中ニ相當申上ゲタ積リデアリマス、マダ調査中、考究中ト云フコトノミデアッタト仰セラレマシタガ、サウデハアリマセヌ、調査考究中ノモノモアリマスケレドモ、旣ニ前年度ヨリ實行シテ居ルモノモアリマス、又五年度ノ豫算ニ於テ要求シテアルモノモアリマス、是ハ詳シク申述ベマシタカラ、後カラ速記錄ニ依ッテ能ク御覽ヲ願ヒタイト思フ(拍手)失業問題ハ犬養君ノ御質問マデモナク、是ハ極メテ重大ナル問題デアリマシテ、而モ洵ニ困難ナ問題デアリマス、其困難ナル所以ハ、主トシテ財政上ニ關係ヲ持ッテ來ル爲デアリマス、內閣ガ出來マシテ先ニ申シマシタ通リ、社會政策ノ審議會ヲ設ケ、其答申ヲ旣ニ私ハ受理致シテ居ル、其答申ノ中ニハ、基本對策、應急ノ對策、其二ツニ分ッテ相當具體的ノ答申ヲ受ケテ居リマス、今ヤ其答申ニ基イテ施行スベキモノハ之ヲ施行シ、豫算ニ要求スベキモノハ之ヲ要求シ、尙ホ調查研究中ノモノハ是ハ考究中デアリマス、而シテ問題ガ不幸ニ致シマシテ假ニ救濟ヲ要スル如キ事件ガ出來マシタナラバ、萬難ヲ排シテ臨機應變ノ處置ヲ執ルト云フ決心ヲ有ッテ居リマス(拍手)

第四番ハ、行政ノ大整理ヲヤル決心ガアルカト云フコトデアリマス、行政組織ノ大整理ト云フ御質問ハ、其質問ヲサレマスル犬養君ガ、行政組織ノ大整理トハドウ云フコトヲ意味スルカト云フコトヲ御示シニナラナイカラ、答辯ガ極メテ不便デアリマス(拍手)今少シ詳細ニ御示シ下サレバ――具體的ノ質問ガアリマスレバ、ソレニ依ッテ又答辯ノ致シヤウモアリマス(拍手)唯、政友會ノ宣言ニアリマシタ通リ、官吏ノ能率ノ增進、事務ノ簡捷、冗費ノ節約、無論是マデモ努メテ居リマスルガ、將來ニ亙ッテモ十分ニ努力スル考デアリマス、第五ハ、減税ヲヤルト云フ考ガナイカト云フコトデアリマス、是ハ財源ニ關スル問題デアリマス、五年度ノ政府ノ豫算案ニ於キマシテモ、減税ヲ實行シテ居ルコトハ、是ハ御承知ノ通リデアリマス、繰返シテ申シマス、事ガ重大ナルガ爲ニ、繰返シテ申シマスルガ、第一ニハ敎育費ノ增額一千万圓、是ハ地方税ノ負擔ノ輕減ニ充テル、卽チ減税ノ目的ヲ以テシタノデアリマス(拍手)第二ニハ、前ニ申シマシタ各種ノ重要貨物ニ對スル所ノ鐵道運賃ノ引下ゲデアリマス、是レ亦國民ノ負擔輕減デアリマス(拍手)第三ニハ、演說中ニモ申シマシタ通リ、中央ノ財政ヲ整理シタノミナラズ、地方財政ニ向ッテモ相當ノ整理緊縮ヲ加ヘマシタニ依ッテ、地方ニ於テモ五年度ニ於テハ、恐ラクハ相當ニ財政ノ餘裕ガ出來ルデアラウト想像致シマス(拍手)其餘裕ガ出來マスレバ、之ヲ以テ急ヲ要スル所ノ主要ノ租税ノ輕減ニ充ツル方針デアリマス(拍手)而シテ其他ノ國民ノ負擔ノ輕減ニ付キマシテハ、六年度ノ豫算編成ノ時ニ能ク考慮致シマシテ、財政ノ都合ノ付ク限リ之ヲ實行シタイト云フ希望ヲ持ッテ居リマス、是ダケヲ申上ゲマス

〔犬養毅君登壇〕

◉犬養毅君 御答ハ承リマシタガ、總理大臣ハ何カ御考違ヒガアリマス、此前ニ私モ申シタ通リ、國防ノ問題ハ超黨派的ノ問題デアル、モウ少シ大膽ニ御答ガ出來ハシナイカ、サウビク〳〵ナサレテ御心配ナサラナクテモ、

〔「ソンナコト、言ハレルカ」ト呼ヒ其他發言スル者多シ〕

◉議長(堀切善兵衞君) 靜肅ニ願ヒマス

◉犬養毅君(續) 言ハレルノデアル、言ハレヌコトナラバ若槻全權ハ何故亞米利加デ之ヲ發表シ、英吉利デ發表シタカ(拍手)全權ハ發表シテ居ルノデアル――全權ハ發表シテ居ル、ソレカラ單リ外國デハナイ、地方官會議ニ於テ財部海軍大臣モ此比率ヲ發表シテ居ルノデアリマス、左樣ナ祕密ナモノデハナイノデアリマス、祕密ナモノデハナイバカリデハナイ、御考ガ違ヒハセヌカト云フノハ、此內閣トシテハ、國民全體ノ後援ヲ得テ之ヲ主張スル、力强クスルト云フヤウニ爲サレル方ガ當リ前デアル(拍手)吾々ガ何處マデモ超黨派的――黨派問題デナクシテ、國民全體デ後援ヲ與ヘルト云フノデアルカラ、普通ノ總理大臣デアレバ、此機會ヲ捉ヘテ比率問題ヲ出サレルガ當然ナノデアル、何ヲビク〳〵怖ガッテ居ラレルカ、何ニ恐レルカ、比率ハ全權ハ到ル處デ發表シテ居ル、海軍大臣ハ國內デモ發表シテ居ル、何ヲ間違ヘテソンナコトヲビク〳〵セラレルカ、餘程見當ヲ間違ヘラレテ居リハシナイカ(發言スル者アリ)御靜ニ――君達ハモウ少シ御研究ナサイ、ソンナ黨派心デ吾々ハ言ッテ居ルノデハナイ、是ハ黨派心デハアリマセヌ、全權ニ成功サセル――黨派ノ問題デハナイ、日本國ノ要求ヲ全權ニ成功サセルト云フノミナラズ、日本國民全體ノ後援ヲ得ルト云フコトハ餘程必要ナノデアル、何レノ國デモヤッテ居ルコトナノデアル、黨派モ何モアリマセヌ、

普通ノ總理大臣デアレバ是ガ出ナクテモ、自分カラ是ハ發表サレル筈デアル、何ヲ恐レラレルカ、是ハ少シ御考違ヒデハアリマセヌカ、能ク御考ヘナサッテハドウデス(拍手)モウ一ツハ小橋前文相ノ問題デアリマス、御答ハ私ハ待設ケタカラ先ニ申シテ居ル、形式ハ閣員ノ……(發言スル者多シ)

◎議長(堀切善兵衛君) 御靜ニ願ヒマス

◎犬養毅君(拍手) 辭職ハ大概病氣ト云フコトガ昔ハ決マッテ居ッタノデアリマス、病氣以外ニ書クノハ近代式デアリマス、前ニハソレドコロデハナカッタ、病氣以外ノ理由ヲ書クコトガ出來ナカッタ、皆病氣トシテ出シタノデアリマス、ソレデアルカラ私ハ形式ノ如何ニ拘ラズ――病氣ト言ハウガ、何ト言ハウガ、形式如何ニ拘ラズ、小橋君ハ責ヲ引イテ退カレタノデアル、是モ私ハ御答ヲ得ナクテモ先ニ言ッテ居ル、其犯罪事實ガ內閣組織前ニアラウトモ、或ハ其後ニアラウトモ、小橋ト云フ人ハ變ラナイノデアリマス(拍手)其人ハ變ラナイノデアリマス、內閣組織前、內閣組織後、同ジ人間デアリマスゾ(拍手)此人間ヲ奏薦シテ置イテ、左樣ニ此忌ハシキ疑獄問題ニ觸レテ、自分ハ責任ハナイ、何タル是ハ總理大臣デアル(拍手)是ノ彌縫ノ大責任デアリマスゾ(拍手)大藏省ノ數字ノ計算バカリヂヤアリマセヌゾ、是ハ大切ナ問題デアリマスゾ、御考ナサイ(拍手)熟考ナサレタナラバ、責任ノ在ル所ハ確ニ御感ジナサル譯デアル、ソレ故ニ私ハ御熟考ナサレテ――海軍問題ニ付テハ何カ誤解ガアリハシナイカ、恐ルニ足ラザルコトヲ恐レテ居ナイカト云フコトヲ申上ゲテ置キマス

(國務大臣濱口雄幸君登壇)

◎議長(堀切善兵衛君) 靜肅ニ

(發言スル者多シ)

◎國務大臣(濱口雄幸君) 犬養君ノ再度ノ御質問デアリマス――再應ノ御質問デアリマス、第一ハ海軍ノ比率ノ問題、第二ハ小橋前文相ノ問題、ドウ云フ譯デアリマスカ、能ク熟考シタ上デ答ヘルヤウニト云フコトデアリマス、私ハ第一回ノ答辯ノ時ニ能ク熟考ノ上デ答辯シテ居リマス、此上熟考スル必要ハアリマセヌ、繰返シテ申スヤウデアリマスケレドモ、折角ノ御質問デアリマスカラ一言御答致シマス、海軍ノ問題ハ如何ニモ御說ノ通リ超黨派的ノ問題デアリマス、ソレ故ニ國家的ノ問題デアッテ政黨政派ヲ超越シタル問題デアルガ故ニ、尚更此程度ニ止メテ置キタイト思ヒマス(拍手、其他發言スル者アリ)假令其比率ノ數字ヲ私ガ申サヌデモ、先刻ノ演說ニ依ッテアレダケデ既ニ國民一般ガ支援ヲスルニ十分デアリマス、此程度ニ止メテ置キタイト思ヒマス

第二ハ小橋前文相ノコトニ付テ再應ノ御質問デアリマスガ、是ハ繰返シテ申スヤウデアリマスケレドモ、先刻ノ答辯以上ニ御答スル必要ハアリマセヌ、犬養君ノ御說ニ依レバ、小橋君ハ內閣組織前デアラウトモ組織後デアラウトモ、同ジ小橋君デアル以上ハ、總理大臣トシテ私ガ同一ノ責任ガアルベキデアルト云フ意味デアリマス、私ハ左樣ニハ考ヘマセヌ(拍手)其事實ガ內閣組織前デアル場合ト、此內閣組織後總理大臣ノ監督ノ下ニ屬シタ場合トニ依ッテ非常ナ相違ガアルト云フコトヲ、御承知置キヲ願ヒタイノデアリマス、ノミナラズ今日ハ事件ハ何トモ分リマセヌ、其分ラナイ事件ニ對シテ內閣總理大臣ガ輕々ニ責任問題ヲ云々スベキモノデナイト信ジマス

◎議長(堀切善兵衛君) 山本悌二郎君――島田君何デスカ――山本悌二郎君

(山本悌二郎君登壇)

◎山本悌二郎君 私ハ……

◎議長(堀切善兵衛君) 諸君、只今詔勅ガ降下致シマシタ、諸君ノ起立ヲ望ミマス

(總員起立)

◎議長(堀切善兵衛君) 詔勅ヲ捧讀致シマス

朕帝國憲法第七條ニ依リ衆議院ノ解散ヲ命ス

(「萬歲」「萬歲」ト呼フ者アリ)

◎議長(堀切善兵衛君) 本日ハ是ニテ散會

午後四時四十一分散會

## 昭和五年四月二十六日

## 井上國務大臣ノ演說

◉國務大臣(井上準之助君) 諸君、玆ニ昭和五年度追加豫算ニ付キマシテ說明ヲ致シ、併セテ我國經濟界ノ情勢ヲ述ベマスコトハ私ノ光榮トスル所デアリマス

昭和五年度歲入歲出總豫算ハ、衆議院ガ解散トナリマシタ爲メ不成立トナリマシタノデ、憲法第七十一條ニ依リマシテ、本年三月十日公布ノ勅令第三十七號ヲ以チマシテ、前年度ノ豫算ヲ施行スルコト、ナリマシタ、依テ政府ハ此施行豫算ノ範圍內ニ於キマシテ、實行豫算ヲ編成シテ、嚮ニ第五十七議會ニ提案サレマシタ昭和五年度ノ豫算ニ計上シテアリマシタ事項ニ付キマシテハ、施行豫算ノ範圍內ニ於テ實行シ得ベキモノハ、成ベク之ヲ實行スルコト、致シタノデアリマス

右ノ方針ニ依リマシテ作製セラレマシタ昭和五年度ノ實行豫算ノ總額ハ、歲入歲出共ニ十五億六千三百三十四万餘圓デアリマス、而シテ施行豫算ノ範圍內ニ於テ實行スルコトノ出來ヌ事項ハ、玆ニ昭和五年度追加豫算トシテ、帝國議會ノ協贊ヲ求ムルコト、致シマシタ

昭和五年度歲入歲出總豫算追加第一號ノ金額ハ、歲入歲出共ニ三千八百九十餘万圓デアリマス、此追加豫算ガ成立シマスレバ、實行豫算ノ增加ヲ、必要トスルモノガアリマシテ、其金額ハ歲入歲出共ニ四百四十餘万圓デアリマス、此三者ヲ通計シマシタ昭和五年度實行豫算ノ總額ハ、歲入歲出共ニ十六億六百七十餘万圓トナリマス

歲入豫算ハ經常部十五億千四百五十餘万圓、臨時部九千二百十餘万圓デアリマシテ、歲出豫算ハ經常部十二億二千四百餘万圓、臨時部三億八千二百六十餘万圓デアリマス、此金額ヲ嚮ニ第五十七回帝國議會ニ提出致シマシタ豫算ニ比較シマスレバ、歲入ニ於テハ經常部ニ於テ一千九十餘万圓ノ減少デアリマス、臨時部ニ於テハ一千四百九十餘万圓ノ增加デアリマス、之ヲ差引計算シマスレバ、歲入全體ニ於テ四百餘万圓ノ增加トナリマス

又歲出ニ於キマシテハ經常部ニ於テ三百二十餘万圓ノ減少デアリマシテ、臨時部ニ於キマシテハ七百三十餘万圓ノ增加デアリマス、之ヲ差引計算致シマスルト、四百餘万圓ノ增加トナリマス

昭和五年度ノ實行豫算ヲ編成スルニ付キマシテハ、歲入ニ付テハ原則トシテ不成立豫算ノ計數ニ依ルコト、致シタノデアリマスルガ、租稅收入ノ中、酒稅ニ付テハ本年度ニ於テ課稅セラルベキ造石高ノ實績ガ略、明カトナッテ來タノデアリマスカラ、之ニ依ッテ計算スルコト、致シマシタ、又關稅ニ付キマシテハ、昨年下半期以來ノ輸入減少ノ趨勢ニ鑑ミマシテ、昨年ノ實績ニ依ッテ之ヲ改訂スルコト、致シマシタ、又官業及官有財產收入中ノ森林收入ニ付キマシテハ、木材價格ノ下落ヲ參酌致シマシテ、相當ノ改訂ヲ致シタノデアリマス、是等改訂ノ結果、經常歲入ニ於テ九百六十餘万圓ノ減少トナリマス

不成立豫算ニ於テハ、地租法ノ改正ニ伴フ地租ノ一時的ノ增加額百七十餘万圓、及ビ營業收益稅ノ減少額十五万餘圓ヲ見込ンダノデアリマスガ、地租法ノ改正ハ本議會ニ於テハ之ガ提出ヲ見合スコト、致シマシタノデ、其結果歲入經常部ニ於テハ、百六十餘万圓ノ減少トナリマシタ、以上ヲ通計致シマスルト、歲入經常部ニ於テハ不成立豫算ニ比ベテ、一千百二十餘万圓ノ減少トナルノデアリマスルガ、尙ホ此外ニ其他ノ增減差引增加額三十餘万圓ヲ通算致シマスルト、前述ノ通リニ千九十餘万圓ノ減少トナルノデアリマス

歲入臨時部ニ於テ、不成立豫算ニ比ベテ千四百餘万圓ヲ增加シテ居リマスルノハ、大部分ハ剩餘金繰入ノ增加デアリマス、歲出豫算ニ付テ不成立豫算ト比較シテ異動ノ主ナルモノヲ擧ゲマスルト云フト、大藏省所管ニ於テハ、今議會ニ地租法ヲ提出セザル結果、土地臺帳、其他整理費百八十餘万圓ハ之ヲ實行豫算ニ計上シナイコト、致シマシタ、陸軍省所管ニ於テ精米、精麥馬糧等ニ要スル經費ハ、最近ノ購買價格ヨリ計算シテ、之ヲ減少シ得ルモノト認メマシタノデ、不成立豫算ノ金額ニ較ベテ二百五十万餘圓ヲ減少致シタノデアリマス、海軍省所管ニ於テ艦船經費ノ中、最近ニ於ケル物價下落ノ關係カラ減少スルコトガ出來ルト認メマシタモノガアリマスノデ、九十餘万圓ヲ減額致シタノデアリマス

不成立豫算ニ計上致サナカッタ事項デアリマシテ、新ニ實行豫算又ハ追加豫算ニ計上致シマシタモノ、金額ハ、合計千五十餘万圓デアリマシテ、其主ナル事項ハ、在支獨墺人送還費用分擔ニ要スル經費、失業救濟事業費補助、特別議會開會ニ要スル經費、衆議院議員改選ニ伴フ經費、國際統計會議費補助、支那事件費、肥料配給改善ニ關スル經費、災害費等デアリマス

以上說明致シマシタ通リ、昭和五年度ノ實行豫算ハ大體ニ於テ嚮ニ第五十七議會ニ提出致シマシタ不成立豫算ト同樣デアリマス、不成立豫算編成ノ方針ハ、整理緊縮ヲ旨トシ、既定ノ經費ニ對シテハ出來得ル限リ節約ヲ加ヘ、節約額ハ六千八百餘万圓、繰延額ハ五千七百四十餘万圓、計一億二千五百四十餘万圓ニ達シマス、又新規ノ事項ハ努メテ之ガ計上ヲ見合セ、一般會計ニ於テハ歲出豫算ノ財源トシテハ、全然公債ヲ發行セザルコト、致シタノデアリマス、昭和五年度ノ實行豫算ニ付キマシテモ、是等ノ點ニ付テハ何等變ルコトハナイノデアリマス

昭和五年度ニ施設スベキ重要ナル事項ニ付キマシテ說明致シマスト、市町村義務敎育費國庫負擔額七千五百万圓ニ對シマシテハ、更ニ千万圓ヲ增額致シテ、八千五百万圓トシタノデアリマス、此國庫負擔額增加ノ結果トシテ、地方財政ニソレダケノ餘裕ヲ生ズルノデアリマスカラ、之ヲ以テ今日最モ緊急ヲ要スルモノト認メラレテ居リマス地方負擔ノ輕減ニ充テシムル方針デアリマス

國際貸借ノ改善ニ關スル施設ハ、今日最モ必要ナル事項デアリマスカラ、政府ハ新ニ輸出補償制度ヲ實施シ、特ニ本邦商品ノ市場ヲ開拓スル必要アル地方ニ對スル輸出手形ノ買取ニ因リ損失ヲ受ケタル銀行ニ對シテハ、政府ニ於テ或ル限度ノ補償ヲ爲シ、輸出貿易ノ增進ニ資シタイト考ヘテ居リマス、又船舶金融ニ付キマシテハ一定ノ補給制度ヲ設ケテ、低利資金ヲ供給シ、造船ノ獎勵ニ依リ、海運ノ發展ヲ期シ、我國貿易外受取勘定ノ增加ヲ圖リタイト考ヘテ居リマス

我國現行ノ關稅ハ產業保護ノ政策ニ基イテ設ケラレテ居ルモノガ相當アルノデアリマスガ、其中ニハ徒ラニ過當ナ保護ヲ持續シ、又ハ既ニ其必要ヲ失ヒタルニ拘ラズ、

尚ホ之ヲ改訂セザルモノモアリマスノデ、之ヲ改廢スル目的ヲ以テ、曩ニ關稅審議會ニ諮問致シマシタ所ガ、其答申ガアリマシタノデ、綿絲其他數品ニ對シテ關稅率ノ改正ヲ行フコトヽシ、是ガ改正案ヲ本議會ニ提出スルコトヽ致シマシタ、尙ホ此改正ニ依リマシテ生ズル關稅收入ノ減少額約三十万圓ヲ、歲入ノ實行豫算ニ見込ンダノデアリマス

國債整理ノ計畫ハ政府ガ從來屢〻聲明致シタ通リデアリマシテ、前述ノ如ク昭和五年度以降一般會計ニ於キマシテハ全然公債ヲ發行致シマセヌ、又特別會計ニ於テハ、昭和五年度ノ發行豫定額ヲ半減スルコトヽ致シマシタ、隨ッテ本年度ノ國債ノ新規發行額ハ五千五百五十万圓トナルノデアリマス、而シテ政府ハ國債新規發行額ヲ減少シタルニ止マラズ、進ンデ國債整理ノ計畫ヲ樹テタノデアリマシテ、昭和五年度ニ於ケル國債ノ償還額ニ付キマシテハ、從來ノ法律ノ規定ニ依ル分、八千四百餘万圓ノ外ニ、獨逸ヨリ受取ルベキ賠償金年額約六百三十万圓ヲ、昭和五年度ヨリ償還資金ニ繰入レルコトヽ致シマシタカラ、是等償還金ノ總額ハ九千五十餘万圓トナリマシテ、本年度ノ新規公債ノ發行額ヲ差引キマシテ、三千五百餘万圓ダケハ國債ノ總額カラ減少スル計算デアリマス、但シ法律上ノ義務ニ屬スル既定ノ交付公債及借換差增ヨリ來ル國債ノ增加ハ此計算以外デアリマス、尚ホ國債元金ノ償還金ハ從來全部一般會計ニ於テ負擔シテ居リマシタガ、本年度以降ハ各特別會計ニ於テモ、ソレ〳〵其償還金ヲ負擔スルコトヽ致シタノデアリマス

政府ハ地方財政ノ整理緊縮及地方債ノ整理ニ付キマシテモ、大ニ努力致シタノデアリマシテ、府縣及市町村ヲ合セマシテ、昭和四年度ノ實行豫算ニ於テハ二億七千餘万圓ノ緊縮ヲ行ヒ、昭和五年度ノ當初豫算ニ於テ、昭和四年度ノ當初豫算ニ比シテ二億五千餘万圓ノ緊縮ヲ行ッタノデアリマス、又地方債ノ整理ニ付キマシテハ、緊急避クベカラザルモノニ限ッテ之ヲ許可スル方針ヲ採ッタノデアリマシテ、昭和四年度ノ新規地方債ノ許可額ハ一億六千万圓ニ止マッテ居リ、昭和三年度ノ許可額ノ約半額ニ過ギマセヌ、而シテ之ニ對シテ相當多額ノ償還ガアリマスカラ、地方債增加ノ趨勢ハ大ニ抑止セラルヽコトヽナッタノデアリマス

右ノ如ク國及地方自治團體ノ財政ノ整理緊縮、公債ノ整理及國民ノ冗費ノ節約ニ努メタ結果、昨年ニ於キマスル輸入超過ノ額ハ、臺灣及朝鮮ノ分ヲ合算致シマシテモ一億七千餘万圓ニ止マリマシテ、大正九年以降曾テ見ザル好成績ヲ示シ(拍手)大體貿易外ノ受取勘定ヲ以テ、之ヲ決濟シ得ルノ狀況デアッタノデアリマス、又本年ニ入リマシテモ、三月末マデノ內地ノ輸入超過額ハ一億二千四百餘万圓デアリマシテ、昨年ノ同期ニ比シマスト六千七百餘万圓ノ減少デアリマス(拍手)

金解禁後ニ於ケル爲替相場ハ全ク安定致シマシテ、從來ノ爲替相場ノ騰落ヨリ來ル物價ノ變動ハ無クナッタノデアリマス、尙ホ去ル一月十一日金解禁後ノ正貨ノ積出額ハ一億九千五百餘万圓ニ達シタノデアリマスガ、此金額中ニハ、解禁前ニ投機思惑等ニ因リマシテ、我國ニ流入シタル資金ヲ以テ、解禁後ニ正貨ヲ積出シタモノガ相當額アルコトハ明白デアリマシテ、其他ノ金ハ主ニ對外債務ノ支拂資金カ、又ハ輸入ノ決濟資金ト見テ差支ナイモノデアリマス、是等ノ目的ノ爲ニ金ノ積出ガ一巡濟ミマシタノト、其後英米ニ於テ金利ガ低下シマシタノト相俟ッテ、正貨ノ積出ハ段々減ジテ、最近ニ於キマシテハ、時々少額ノ積出ガアル位ニ止マッテ居リマス、我國ノ外國貿易ハ御承知ノ如ク上半期ニ於テハ輸入超過デアリマス、下半期ニ於テハ輸出超過デアリマスカラ、上半期ニ於テ正貨積出ノアルコトハ、是ハ已ムヲ得ザル所デアリマシテ、下半期ノ輸出時期ニ於キマシテ正貨ガ積戾サルヽカ、或ハ爲替銀行ノ海外ニ保持スル資金ガ增加スレバ、何モ敢テ憂フル必要ハナイノデアリマス(拍手)而シテ此正貨ノ出入ノ關係ハ、全ク我國ノ貿易狀態及貿易外ノ受取勘定ノ狀況ニ依ッテ定マルノデアリマスカラ、今後ニ於キマシテモ、益〻貿易ノ改善ヲ圖リ、又貿易外ノ受取勘定ヲ增加スル爲ニ努力ヲ必要トスルコトハ勿論デアリマス、而シテ現下ノ輸入超過ガ減少シタ狀態カラ判斷シテ見マスト、我國ノ財界ガ金輸出禁止ノ爲ニ十數年間不自然ノ狀態ニ置カレタ後ニ、金ノ解禁ヲ決行シタ、其金解禁後ノ狀況ハ、私ハ寧ロ順調ニ進行シツヽアルモノト謂フコトガ出來ルト思ヒマス、右ノヤウニ今日迄正貨ノ積出ハアリマシタガ、內地ノ金利ハ是ガ爲ニ騰貴スルコトナク、金融界ハ別ニ異狀ヲ呈シマセズ、平靜ヲ持續致シテ居ルノデアリマス

終リニ目下ノ財界ノ情勢ニ付テ一言致シマスルト云フト、我國ノ財界ハ、大正九年ノ反動以來、時ニ依リマシテハ多少ノ消長ハアリマシタガ、年所ヲ經ルニ從ッテ、不況ハ段々增シテ參リマシテ、久シキ間根本的ノ整理改善ハ出來ナカッタノデアリマス、又金ノ輸出禁止ガ致シテアル爲ニ、通貨ノ調節モ出來ズ、從ッテ物價ハ適當ノ下落ヲ見マセヌ、輸出ハ振ハナイ、輸入ハ減ジマセヌ、國際貸借ノ關係ハ益〻不利トナッテ、在外正貨ノ減少、爲替相場ノ低落ヲ來スニ至ッタノデアリマス、今ニ於テ此財界ノ根本的立直シヲ行ハナケレバ、我ガ國民經濟ノ更生ハ到底望ミ難イ狀態ニ在ルト思フノデアリマス、此財界立直シノ爲ニハ、前述ノ如ク中央地方ノ財政ノ整理緊縮ヲ第一ノ必要ト考ヘタノデアリマス、而シテ中央地方ヲ通ジマシテ緊縮シタル金額ハ、昭和四年度デハ約四億圓デアリマス、昭和五年度デハ約五億圓ニ上ッテ居リマスガ、是ガ國民ノ消費節約ト相俟ッテ、一般ノ需要ノ減退トナリ、物價ノ下落ヲ來シタノデアリマス、物價ガ適當ニ下落スレバ、之ニ依ッテ輸入ハ當然減リマス、又物價ガ下落スレバ生產費ガ低下致シマス、生產費ガ下レバ輸出ヲ增進スルコトガ出來ルノデアリマス、斯クスルヨリ外ニハ、我國財界ノ根本的立直シノ途ハナイノデアリマス(拍手)唯〻此際ニ世界ノ一般的不景氣ハ、日本ノ財界ニ相當大ナル影響ヲ與ヘテ居ルコトハ確カデアリマス、昨年十月以來ノ米國證券市場ノ反動、棉花、小麥、砂糖、珈琲等世界主要農產物ノ價格低落ヨリ來ル各國ノ不況、銀塊相場ノ暴落ヨリ來ル對支貿易ノ減退、護謨相場ノ低落ヨリ來ル南洋貿易ノ不振等ニ加フルニ、印度ニ於ケル綿布關稅ノ引上ハ、我ガ輸出貿易ニ多大ノ打擊ヲ與ヘ、延イテ我國ノ財界ヲ一層不況ニ陷レテ居ルノデアリマス

而シテ現下ノ財界ニ處スルノ對策ト致シマシテハ、或ハ或事業ハ不當ノ競爭ヲ止メテ生產ノ調節ヲ爲シ、以テ製品市價ノ安定ヲ圖ルコトヲ必要トシマス、又或事業ハ內部ノ整理、又ハ立直シヲ爲シテ不當ノ配當ヲ止メ、以テ內容ノ充實ヲ圖ルコトヲ必要トスルノデアリマス、是等ノ事柄ガ實行サレマシテ、製品市價ガ安定シ、經營ノ改善ガ出來マスレバ、茲ニ始メテ證券界ト云フモノハ不安ガ除カレルコトニナルノデアリマス(拍手)之ヲ要スルニ此時期ニ於テ、各事業ニ付テ合理化ヲ圖リ、財界全般ノ整理ヲ行フコトヲ最モ急務トスルノデアリマス

右ノヤウニ財界ノ整理ニ努ムルト共ニ、他面ニハ海外ニ於ケル輸出市場ノ開拓ニ努力シ、低廉ニシテ優良ナル製品ヲ供給シテ世界ノ市場ニ躍進シ、又內ニ於テハ國產ヲ獎勵スルト共ニ、國民一般ニ國產品ノ愛用ヲ弘メネバナラヌノデアリマス、是ガ卽チ國內產業ヲ振興シ、國民全體ノ繁榮ヲ齎ス所以デアルト考ヘマス(拍手)而シテ國民一般モ各自ノ事業ノ整理ニ付キマシテハ、以

前ト比較致シマシテ餘程眞面目ニナッテ居リマス、又其整理ニハ大ニ努力シツヽアルコトヲ認ムルノデアリマス、政府モ亦産業ノ合理化、輸出ノ振興、國産品ノ愛用奬勵等ニ付キマシテ、各般ノ施設ヲ講ジテ居ルノデアリマスカラ、必ズ今日ノ難局ヲ切リ抜ケテ、財界ノ根本的立直シノ目的ヲ達シ得テ、更ニ進ンデ我ガ國民經濟ノ大ナル發展ヲ所期スルコトガ出來ルト考ヘマス

尚ホ政府ノ提案致シマシタ追加豫算案ニ付キマシテハ御審議ノ上御協贊アランコトヲ切望スル次第デアリマス(拍手)

昭和五年四月二十六日

國務大臣ノ演説ニ對スル質疑

◎砂田重政君　只今井上大藏大臣ハ、此預金部ノ金ヲ以テ横濱正金銀行ノ外國貨幣ヲ買入レタノハ、今マデ當然ヤッテ居ルコトヲ其儘ヤッタノダカラ、惡イコトハナイト仰セニナル、是ハ實ニ驚キ入ッタ御答辯ダト思フ、今日マデ我國ノ預金部ノ金ヲ以テ、而モ爲替相場ノ回復スルト云フコトガ目前ニ現レテ、數百万圓ノ損ヲスルト云フコトガ明ニナッテ居ル時ニ當ッテ、一億數千万圓ノ金ヲ賭ケテ、預金部ノ金ヲ使ッタト云フ事例ガ何處ニアリマスカ、餘リニ白々シイ御答辯デアリマス、預金部ノ運用委員會ニ諮ッタト云フノハ、買ッテ後ニ事後承諾ヲ得ラレタノデハナイカ、本年ノ一月ニナッテ、事後承諾ヲ得ラレタノデハゴザイマセヌカ、其以前ニハ、短期運用ナリト云フ名目ノ下ニ、昨年ノ九月、十月、十一月、十二月、此四箇月ニ亙ッテ一億數千万圓ノ外國貨幣ヲ買込ンデ、卽チ當時ノ相場カラ見マスルト、米貨デ四十六弗乃至四十七弗邊デ買込ンデ、サウシテ是デ在外正貨ガ有ル形ヲ御作リニナッタノデゴザイマセヌカ(拍手)之ヲ横濱正金銀行ノ外國支店ニ預ケタ形ヲ作ッテ、是デ在外正貨ガ殖エタヤウナ形ヲ御作リニナッタノデハゴザイマセヌカ(拍手)而モ此預金部ノ金、實ニ其總高一億五千万圓ト云フ金ヲ注ギ込ンデ、其爲ニ私ノ算盤ニ依ルト平價ニ復スルトシテ、此預金部ノ金ダケデ七百二十万圓ノ缺損ヲ與ヘテ居ルノデアリマス、此預金部ニ對スル缺損ト云フノハ、國民全體ニ對スル缺損デゴザイマス(拍手)斯樣ナコトガ今日マデ預金部ノ金ニ於テ公然行ハレタリト主張サレルナラバ、其根據ヲ明ニ御說明ガ出來マスカ(拍手)此預金部預金法ハ、濱口サンガ前ニ大藏大臣ノ時代ニ於テ、最モ公正ニ委員會ノ審議ニ掛ケ、多數ノ衆議ニ依ッテ、正確ニシテ而モ有利ナルモノデナケレバ絕對ニ貸サナイト云フ爲ニ出來タ法律デアリマス、此事ハ濱口サン固ヨリ御承知ノ筈デアリマス、井上サンハ預金部資金運用委員會ノ委員トシテ、今日マデ十數年ノ間御經驗ヲ御持チニナッテ居ル筈デアリマス、然ルニ國民全體ニ對シ、此莫大ナ損失ヲ掛ケ、形ノ上ノ、藁人形ノ如キ在外正貨ヲ拵ヘテ、是デ金解禁ヲヤッテ、我國ノ經濟界ハ金解禁ノ爲ニ何等ノ支障ヲ受ケテ居ラヌトハ何タルコトヲ仰セニナルノデアリマスカ、此位亂暴ナコトヲ爲サッテ、之ニ責任ガナイ、初メカラ損ヲスルニ決ッテ居ルモノニ預金部ノ金ヲ注ギ込ンダト云フコトハ、明確ナル背任デゴザイマス(拍手)刑法上ニ於ケル犯罪デアルト吾々ハ信ズル、是デモ損ヲスルカ、儲カルカ分ラナイ外國ノ公債ヲ買ウタノト同樣ナリト仰セニナルナラバ、大藏大臣ハ實ニ無責任ニシテ、國民ニ不忠實ナルモノト謂ハナケレバナラヌ(拍手)斯樣ナコトヲ總理大臣ガ御考ニナルカ、是ハ總理大臣カラ私ハ御答辯ヲ得タイト思フ、總理大臣ハ此預金部預金法ヲ御制定ニナッタ方デゴザイマスカラ、斯樣ナ明確ナ損ヲスルモノニ金ヲ使フコトスラ、此ノ法規ニ違反スルモノニアラズト御考ニナルナレバ、私ハ其根據ヲ總理大臣カラ承ッテ置キタイト思フノデアリマス(拍手)思フニ吾々ハ、斯樣ナ國民全體ニ損害ヲ及ボサナケレバ、金解禁ノ始末ノ出來ナイヤウナコトヲ爲サルナレバ、何故ニ其當時ニ於テ臨時議會ヲ召集サレナカッタノデゴザイマス、何故ニ次ノ議會ヲ待ッテ、全國ニ於ケル財界ノ總テノ人々ノ要望シタル四月、五月ノ交ヲ以テ金解禁ヲシナカッタノデゴザイマス、之ヲ強テ一月ノ十一日ニ持ッテ行ッテ、サウシテ而モ議會ニ諮ラズシテ、法規ニ違反シテ、國民ニ損害ヲ及ボスヤウナ、斯樣ナコトヲ爲サッテ、其一月ノ十一日ニ解禁ヲシナケレバナラヌト云フ所以ノモノハ、經濟界ノ問題ノ外ニ、何物カヲ考ヘテ居ナサッタト謂ハナケレバナラヌ(拍手)卽チ議會ニ遭遇スルコトヲ恐レタカ、然ラザレバ選擧ニ對スル費用ヲ造ルト云フ陰謀ガアッタト謂ハナケレバナラヌ(拍手)斯樣ニ吾々ガ解釋ヲシテモ辯解ノ辭ハナカラウト思フ、政府ガ七百万圓ノ損ヲスルト云フ上ニハ、何人カ之ニ賣向ウテ金儲ヲシタ者ガアルノデゴザイマス、此政府ノ損失ヲ何者カガ贏チ得タト云フ中ニハ、井上サンノ直系ノ「ブローカー」モ這入ッテ居ルト云フコトヲ斷定スル者デアリマス(拍手)是ハ單リ外國銀行バカシガ買手デハゴザイマセヌ、日本ニ於ケル屈指ノ財閥ガ此中ニ居リマス、同時ニ井上系直系ノ「ブローカー」ノ人々ノ金儲ニナッテ居ルコトハ、爭フベカラザル事實デアル、卽チ吾々ハ此今回ノ總選擧ガ、斯樣ナ全國民ニ對シテ非常ナル苦痛ヲ與ヘ、不景氣ノドン底ニ陷レ、サウシテ全國民ノ上ニ大キナ負擔ヲ及ボシ、損害ヲ與ヘ、而シテ尙ホ金解禁ヲスルト云フコトハ、其間ニ一種ノ不純ナ考ガアルト云フコトヲ斷定スルヨリ外ニナイノデアリマス(拍手)此財閥ノ力ト、之ニ對スル政府ノ權力、選擧干涉ノ二ツノ力ヲ以テ、今度ノ戰ニ勝ッタノデアル(拍手)

吾々ハ少シ是カラ進ンデ內務大臣ニ伺ッテ置キタイト思フノデアリマス、內務大臣ハ今回ノ選擧ニ臨マルヽニ當ッテ、最モ公正ニ、而モ從來ト全ク其趣ヲ異ニシ、一切ノ報告ヲ徵サナイト云フコトヲ地方長官會議デ御聲明ニナリマシタガ、何ゾ知ラン其以前ニ當ッテ、解散ヲ見越シテ、總テノ候補者トナルベキ資格者竝ニ其者ノ金ノ借リ先、事業ノ取引先ニ至ルマデ、悉ク御報告ヲ徵サレタデハアリマセヌカ(拍手)取ルダケノモノハ取ッテシマッテ、總テノ因緣情實、金ノ借リ先マデ調ベ上ゲル位、スッカリノモノヲ調ベ上ゲテ置イテ、地方長官ヲ集メテ、公正ナル選擧ヲ行フトハ何タルコトデゴザイマス(拍手)此大要ヲ細別致シマスレバ、其第一ハ地方ノ官憲ニ對スル斯樣ナ機密ノ命令デアリマス、第二ハ官憲ノ地方問題利用、其他官權濫用ニ依ル入黨ノ勸誘デゴザイマス、第三ハ官權利用ノ與黨候補擁立、辭退誘導、安達内相及ビ府縣知事ガ共ニ是等ノコトニ干與シタル事實ガアル、第四ハ與黨ノ違反、違反事實ニ對スル不問、警察官ノ職務懈怠、選擧干渉ノ事實、第五ハ野黨ノ候補者、運動者、事務所ニ對スル尾行、張込、臨檢、不法喚問、拷問、傷害、死傷、第六ハ警察官ノ積極的與黨援助運動ノ事實デアリマス、第七ハ此處ニ御在デノ八木君ト田中君ノ選擧違反ニ關スル問題デアリマス、第八ハ與黨ノ官憲ガ通謀ニ依ッテ與黨ヲ援助シ、野黨ノ演說妨害ノ事實デアリマス、第九ハ計畫的ニ解散ヲ見越シテ、官吏ガ事前ノ選擧運動ヲ爲シタル事實デアリマス、更ニ第十トシテハ、安達内相ガ最モ老獪ナル選擧干渉ヲサレタ事實デアリマス、私ハ先ヅ此問題ヲ說明スル前ニ當ッテ、安達内相ニ伺ヒタイコトガアル、ソレハ即チ今期ノ選擧運動ノ眞最中ノ二月十五日頃ヨリ十九日頃マデノ間、京都府、大阪府、和歌山縣、兵庫縣及ビ九州一帶ニ亙ッテ、共產黨ノ連日配布シタル此惡宣傳ノ問題ハ、如何ニ御取扱ニナッタカト云フコトヲ承リタイ、即チ日本共產黨ハ此衆議院議員ノ總選擧ニ當ッテ、總テノ機關ヲ最モ共產黨ニ對スル嚴重ナル取締ヲナスベキ特高課ノ人々ガ、悉ク選擧問題ニ沒頭シテ、此問題ニ對スル視察ヲシナイ處ニ乘ジテ、實ニ恐ルベキ宣傳文書ヲ配布シタノデゴザイマス、此昭和五年ノ二月十五日カラ十九日マデノ間ニ配布シタモノハ、實ニ其内容ヲ讀上ゲルコトスラ畏レ多イヤウナ文書デアル、斯ウ云フモノガ數日間ニ亙ッテ配布セラルヽニ拘ラズ、兵庫縣ノ如キハ、其一人ノ檢擧スラ出來ナカッタノデアリマス、私ノ知ル範圍ニ於テハ、僅ニ和歌山縣ニ於テ一人ヲ檢擧シタルノミ、其他ノ場所ニ於テハ悉ク選擧ニ沒頭シテ、是等ノ問題ヲ閑却シタト云フ事實ハ爭フコトノ出來ナイ問題デアリマス、現ニ吾々ノ選擧事務所ニモ、特高課ノ者ヲ寄越シテ、歸レト言フト、歸ルト首ニナルカラ置イテ下サイト言フテ、事務所ニ居ル、連日居ル間ニ、是ガ配布サレルカラ、歸ッテ警察部長ニ言ヘ、何ヲシテ居ル、實ニ是ガ國民全體共同ノ敵デアルベキ、恐ルベキ惡宣傳ヲ爲シタ、日本ノ全勞働者、農民、兵士及水兵諸君ニ告グト云フ、此惡宣傳ヲ毎日シテ居ル者ヲ檢擧シナイデ、選擧事務所ニヘタバッテ居ルト云フコトハ、實ニ職務曠廢ノ甚シキモノデアルト吾々ハ考ヘル、斯樣ニ總テノ機關ヲ通ジ、有ユル警察機關ハ、一切ノ犯罪ノ檢擧ヲ打捨テヽ、選擧問題ニ沒頭シテ居ル、殊ニ今回ノ選擧ニ當ッテ、政府ガ此細目命令ヲ出シテ報告ヲ徵シタモノハ、實ニ其内容ハ細カイモノデ、第一ニ現代議士及次期選擧ニ對シ立候補ノ見込アル者、其本籍、住所、姓名、年齡、信用、略歷、政黨關係、地盤及勢力範圍、崇拜人物、交際人物及擧下目スベキ者、後援團體及後援者關係、若クハ出資事業會社又ハ計畫中ノ事業等、政治的ノ有力者ニ對シテハ、其政派關係ト勢力範圍、政治的ノ行動、是等ノ一切ノモノヲ徵シテ、全部集メテシマッテカラ、選擧ハ公正ニヤッテ、報告ハ徵サナイト云フニ至ッテハ、實ニ尻ヲ隱シテ頭ヲ出スト申シマスカ、頭ヲ隱シテ尻ヲ出スト云フカ、實ニ驚キ入ッタ遣方デアル、殊ニ此解散ヲ見越シテ以來、地方長官ノ更迭ヲ行ヒ、殊ニ甚シキハ熊本縣ノ如キ、巡査ノ末ニ至ルマデ首ヲ馘ッテ自己ノ政黨ニ對スル者ヲ以テ悉ク之ヲ網羅シ、當時地方長官ガ地方問題ヲ利用シ、有ユル方面ニ入黨ノ勸告ヲ爲シタル事實ハ、殆ド枚擧ニ遑ガナイノデゴザイマス、殊ニ其中ノ最モ甚シキモノハ、信濃川ノ堤外地占用認可ノ如キ、私ハ之ヲ悉ク讀ムコトヲ省キマスガ――簡略ニスル爲ニ省キマス、最モ甚シキモノハ是デアル、地元村民ニ對スル占用權ヲ認可シナイデ置イテ、他村ノ民政黨員、殊ニ最モ知事ト關係深キ其妻姿ニ緣故ノ有ル人々ニ此權利ヲ與ヘテ、政治運動ヲ爲サシメタト云フ事實ガ明カデアル、殊ニ福岡縣、大阪府等ニ於テ、共有シテ居ル自動車ノ營業權マデ取消シテ、民政黨ノ人々ニ之ヲ與ヘルカ、然ラザレバ民政黨ニ入黨スルコトヲ强要シテ此權利ヲ與ヘタデハアリマセヌカ、最モ甚シキ安達サンノ選擧區ニ於テハ、駐在所ノ巡査ニ入黨書ヲ取集メニ廻ラシタト云フ事實ガアル(拍手)此事ハ今裁判上ノ告訴問題ニナッテ居リマスルカラ、安達サンハ御存知ナイトハ言ヘマイト吾々ハ考ヘマス(「鈴木内務大臣ト違フゾ」ト呼フ者アリ)其次ノ最モ大キナ問題ハ、岡田某ト云フ人ガ、大阪府ノ山口義一君ヲ落選サス目的ヲ以テ、半面ニ立候補致シテ居ル革新黨ノ南某ト云フ者ヲ止メサス爲ニ、一万圓ノ金ヲ提供シ、其生活ノ保障ヲシテヤルト云フテ、其中ニ這入ラレタノハ安達サンデアリマス(拍手)是ハ當時民政黨員デアル岡田某ノ供述ニ依ッテ明ニナッテ居ルノデゴザイマス、吾々ハ架空ノ事實ヲ揭ゲテ論議スルノデハナイ、大體吾々ハ斯樣ナコトヲ考ヘル、所謂今日ノ選擧法ト云フモノハ、總テノ法律ノ中ニ於テ一番是ハ實行サレテ居ラヌモノダト思フ(「政友會ガサウヤッタノダ」ト呼フ者アリ)政友會ダケデハナイ、總テノモノガ悉クサウデアル(拍手)此中ニハ數名ノ選擧違反ニ掛ッテ居ル方々ガゴザイマスガ、事實ヲ率直ニ白狀スルナレバ、總テノ人々悉ク違反ニ掛ッテ居ルト吾々ハ考ヘル(拍手)唯正直ニシテ、下手ナ人々ガ違反ニ掛ッテ、不正直ニシテ誤魔化シタ人々ガ助カッテ居ルト云フニ過ギナイ(「其通リ」ト呼フ者アリ)現ニ閣僚ノ諸君ノ中デモ、總理大臣ヲ始メトシテ、多數ノ買收ノ選擧違反ヲ出シテ居ル事實ガアルノデハナイカ(拍手)是ハ要スルニ政府ノ手加減ニ依ッテ――政府ノ遣方ト手加減ニ依ッテ――違反ノ檢擧不檢擧ト云フコトノ手加減ニ依ッテ起訴ヲ爲シタカラ、結局サウナッタノデアリマス、即チ今回ノ選擧違反ノ中ニ於キマシテ戶別訪問、個々ノ面接ト云フコトニ依ッテ檢擧サレタ者ハ、殆ド政友會バカリデアル、所謂民政黨ノ諸君ハ、悉ク個々ノ面接ヲシナカッタカト云フト、大部分悉クヤッテ居ル、官憲ノ手加減ニ依ッテ偶、是ガ助カッタト云フニ過ギナイ、買收ヲシタ人數カラ行ケバ民政黨ガ多數デアル(拍手)是ハ即チ檢擧ヲサレタ結果、已ムヲ得ズ此處ニ發表サレタ、私ハ此野黨ノ候補者ニ對スル、又運動員ニ對スル今回ノ遣方位奸惡ナ遣方ハナイト吾々ハ思フ、有ユル反對黨ノ事務所ニハ、數名ノ刑事ニ張番ヲサシテ、候補者ニ尾行ヲ附ケ、運動員ニ尾行ヲ附ケル、マダ其上ニ御爲ゴカシニ、ドウ云フコトヲヤルカ、甚シキニ至ッテハ今日戶別訪問ノ檢擧ヲシマスカラ御注意ヲナサイト言ッテ、總テノ人々ニ警戒ヲ與ヘテ置イテ、其間ニ民政黨ノ人々ニ戸別訪問ヲヤラシタデハナイカ(拍手)之ガ爲ニ全ク無辜ノ運動員ヲ拘引シテ、有ユル壓迫威壓ヲ加ヘ、爲ニ警察ニ於テ憤死シタル者ガ三名ノ多キニ達シテ居ルデハゴザイマセヌカ(拍手)斯ノ如キハ未ダ曾テナイ奸惡ナル選擧干渉デアルト謂ハナケレバナラヌノデアル(拍手)安達サンハ御承知デゴザリマセウ、大阪府ニ於テハ警察官ガ某候補者ノ運動員トナッテ買收ヲシテ廻ッタト云フ事實ガアルコトヲ御忘レニナリマスマイ(拍手)偶、此警部ハ政友會ノ運動員ナリトシテ檢擧ヲサレ、檢事ノ手許デ調べタ結果ハ、何ゾ知ラン、民政黨ノ候補者ノ運動員トナッテ、警部ガ先ニ立ッテ買收ヲシテ廻ッタト云フ事實ガアルノデアリマス(拍手)殊ニ此處ニ御列席ノ江木鐵道大臣ハ、兵庫縣ノ多紀郡ニ於ケル候補者ノ應援演說ニ行カレテ、當時園部カラ篠山ニ通ズル鐵道ヲ削ラレタ爲ニ、非常ニ反對デ援助ヲスル者ガナカッタ、其席ニ行ッテ、某候補者ヲ援助ヲシテ呉レルナレバ、恰モ此鐵道ヲ架ケテヤルゾト云フガ如キ言辭ヲ弄サレタノデアル(拍手)之ガ爲ニ遂ニ告訴ヲ受ケテ、今ヤ檢事局ノ審理中デゴザリマス、最モ甚シキ問題ハ文部大臣ノ田中君――田中君ハ新潟ニ行ッテ、山本悌二郎君ハ日本ノ公債償還ノ爲ニ朝鮮ヲ賣レ、樺太ヲ賣レ、本土ヲ賣ッテ佐渡ダケ殘セバ宜イデアラウト云フ演說ヲナサッテ、告訴ヲ受ケテゴザルデハナイカ(拍手)是ハ單リ田中君ダケデハナイ、總テノ民政黨全體ノ是ハ陰謀デヤッタ仕事デアル、現ニ堀切君ノ選擧區ニ於テハ、堀切君ガ此演說ヲシタト稱シテ國賊呼バリヲシテ選擧妨害ヲヤッタノデアル(拍手)又私ノ選擧區ニ於テハ、私ガ斯樣ナ演說ヲシタト惡宣傳ヲシテ選擧妨害ヲ爲ヤッテ居ル、即チ此事ハ堀切君ガ此宣傳ヲ爲シタル者ニ對シテ告發ヲ提起シテ、是ハ有罪ノ判決ヲ受ケテ居ルノダカラ、是ト同樣ノ內容ヲ持ツ田中君ハ近日ノ中ニ有罪ノ判決ヲ受ケラルヽト吾々ハ信ズル(拍手、議場騷然)何ヲ根據ニ斯樣ナコトヲ言ハル、ノデゴザイマセウ、何ヲ根據ニ苟モ一國ノ有力ナル政治家ガ、此國土全體ヲ賣ッテ、而シテ國債ノ償還ニ充テルト云フヤウナ馬鹿氣タコトヲ言フ者ガ何處ニ在ルト考ヘルカ、己ガ只、自派ノ人々ノ投票ヲ得ンガ爲ニ、惡辣讒誣ヲ事トシテ人ヲ陷レントスルガ如キコトガ、一國文相ノ責任ノアル人ノヤルベキコトデゴザイマスカ(拍手、議場騷然)惡イト思ヘバ率直ニ謝マルガ宜イ(議場騷然)殊ニ政府トシテハ、政府樞要ノ地位ニ在ルベキ人々ガ、選擧運動ニ加盟シテ居ル、即チ拓務次官ノ小村君ハ最モ明瞭ニ、小村次官トシテ推薦狀ヲ出シテ居ルコトハ、閣僚諸公モ御承知ノコトデアリマス、又內閣總理大臣ヲ初メ各大臣ノ名前ヲ列擧シテ、陸海軍大臣、宮內大臣マデヲ推薦者トシテ、全ク承諾ヲ得ザル官名ヲ詐稱シテ推薦狀ヲ出シタ人ノアルコトハ、閣僚諸公モ御承知ノ筈デアル、然ルニ此官名ヲ冒用シ、內閣總理大臣ヲ初メ宮內大臣マデノ官名ヲ冒用シタル者ニ對シテ、選擧違反ノ手續ヲスラシナイト云フノハ何クルコトデゴザイマスカ、若シ候補者自身ガ知ラナイト云フナラバ、其責任者ニ對シテ官文書僞造ノ起訴ヲ何故ニシナイカト吾々ハ聞クノデアル(議場騷然)私ハ最後ニ申上ゲマスルガ、最モ甚シキモノハ新潟縣ニ於ケル山本悌二郎君ニ對スル干渉壓迫デアリマス、是ハ殆ド戒嚴令ニ等シキ遣リ方ヲ以テ、彼ノ小サナ島ノ中、佐渡全體ニ三百數十名ノ巡査ヲ派遣シ、有ユル干渉、壓迫ヲ加ヘ、尾行ヲ附ケテ、有ユル惡宣傳ヲ行フタノミナラズ、警察部長自ラ警察署ニ各管內ノ署長ヲ集メテ、山本悌三郎ヲ落選セシメヨト訓示ヲ與ヘタコトハ、今ヤ明瞭ナル事實トナッテ居ルノデゴザイマス、私ハ斯樣ナ亂暴ナ、殆ド後援者ノ一人スラ政友會ノ人々ガ佐渡ノ土ヲ踏ムコトノ出來ナイヤウナ亂暴ナコトヲシテ、サウシテ山本君ヲ落選セシムルト云フガ如キハ、實ニ驚入ッタル遣方ト謂ハナケレバナラヌ、斯ノ如キ殆ド其事實ハ之ヲ述べテ參リマスルナレバ、其數ハ何百何千ヲ以テ算ヘナケレバナラヌ程アルノデアル、斯ノ如キ官憲ノ力ト、而シテ所謂財閥ヲ背景トシタル金ヲ以テ二百七十ノ衆ヲ贏チ得タノデアル、私ハ此處ニ寫眞版ヲ持ッテ居ル、是ハ即チ民政黨ノ諸君ガ運動ニ行ク時ニハ、濱口總裁ノ名ヲ以テ選擧監視員ト云フ札ヲ造ッテ、之ヲ見セタ者ハ戸別訪問勝手次第(拍手、議場騷然)而シテ之ヲ有セザル者ハ悉ク檢擧スルト云フ遣方ヲ獎勵縣デヤッタ、其證據ガ此處ニ在ル、愛知縣ニ於テモ同樣ノモノヲ造ッテ、之ヲ見セタ者ハ戸別訪問勝手次第デ、政友會ノ者ヲ檢擧シ盡シタノデハナイカ、斯ノ如クニシテ贏チ得タ二百七十、是ハ何デアリマスカ、即チ要スルニ選擧ニハ勝チ得タガ、普通選擧ト云フモノ、精神ハ根抵ヨリ破壞シテシマッタノデアル、(拍手、發言スル者多シ)民政黨ノ爲ニハ選擧ノ神樣カ知ラナイガ、選擧法ノ爲ニハ所謂選擧法ヲ葬リ盡シタ死ノ神デアルト謂ハナケレバナラヌノデアリマス、(拍手、發言スル者多シ)斯ノ如キ亂暴狼籍ヲ極メタ此事實、之ヲ安達內相ハ何ト心得ラルヽノデアリマスカ、先刻來述べ來リマシタ大藏大臣、總理大臣ト共ニ內務大臣ヨリ是等ニ對シテ明確ナル御答辯ヲ要求スルモノデゴザイマス

昭和五年四月二十六日

## 國務大臣ノ演說ニ對スル質疑
## 濱口國務大臣ノ答辯
## 松田國務大臣ノ答辯

◎多木久米次郎君　私ハ總理大臣ニ御質問ヲ申上ゲタイ、私ハ善意ノ質問ヲスル積リデアリマス、唯党爭ヲ事トシテ、政府ヲ泣カス演說デハアリマセヌ、國家ノ大缺點ヲ補ヒタイ爲ニ演說ヲスル積リデアリマス、豫メ御承知ヲ願ヒタイノデアリマス、政府ハ七千五百万圓ノ教育補助費ヲ、更ニ千万圓増加シテ、八千五百万圓ニショウト云フコトデアリマス、洵ニ結構ナルコトデアリマス、併ナガラ千万圓ト云フ金ハ、洵ニ大ナル金ノヤウデアリマスケレドモ、全國八百万ノ生徒ニ割當テ、見マスレバ、一人ニ付僅ニ一圓二十五錢デアリマス、而シテ又一箇月ニ割當テルナラバ、僅ニ十錢四厘内外ニ當ル次第デアル、是ダケ町村ノ負擔ヲ輕メル爲ニ國家ガ補助ヲサレルト云フコトハ結構ナ話デアルケレドモ、更ニモウ一ツ大ナル所ニ御注目ヲ願ヘナケレバナラヌモノデナカラウカト云フコトニ付テ、私ハ質問ヲシタイト思フノデアリマス、今日ノ教育ハ御承知ノ通リニドウシテモ世界對立的ノ教育デナケレバナラヌト思フノニ拘リマセズ、全ク實社會トハ幾万里隔ッタ所ノ距離ノ教育ヲシテ居ル次第デゴザイマス、御承知ノ通リ大學ヲ卒業シマシテモ、帝國最高ノ免狀ヲ持ッテ居リマシテモ、就職難ニ在ル狀態デアリマス、身ハ最高教育ヲ受ケテ、却テ生活ニ苦シムト云フ狀態デアリマス、是ニ於テカ政府ハ又就職ノ世話ヲスル所ノ局ヲ御置キニナルト云フコトモ承ル、私ハ總テ教育ヲ受ケレバ生活ダケハ出來ル人間ヲ造ッテ戴キタイト思フノデアリマス、都會ハ兎モ角モ、地方ト致シマシテハ全ク地方ニ相容レナイ所ノ教育令ニ相成ッテ居ル次第デアリマス、第一番ニ餘リ休ミガ多イコトデアリマス、殊ニ夏休ニ三十日間モ休ムト云フコトハ大ナル弊害デアリマス、國家ノ相續人トシテ惰民ヲ養成スルト同樣デアリマス、御承知ノ通リニ一億二千万圓内外デ六千万内外ノ者ノ教育ヲスルト云フコトハ、今日此費用ガ増加シテ居ル際ニ於テ、實ニ負擔ニ堪ヘナイ次第デアリマス、而モ夏ハ暑イノデ、暑イカラ休ム、町村ノ農家ノ子弟ニ、暑イカラ休メト云フヤウナ習慣ヲ付ケサセテ、サウシテ此農業ノ食物ヲ作ル責任ガ盡セルカドウカ、斯樣ナコトヲ習慣ニシタナラバ、遂ニ國家ノ生產ノ上ニ大ナル缺陷ヲ生ジマシテ、實ニ生產亡國ノ結果ヲ產ム次第デアリマス、農村ガ暑イ盛リニ一箇月モ休ムト云フコトハ、六千万石取ッテ居ル米ガ、四千万石モ取レナイト云フコトニナル、金ノ上カラ勘定ヲ致シマシテモ、卽チ一箇月ニ少クモ二千万圓損ヲシテ居ル狀態デアリマス、然ラバ一箇月休ンダ爲ニ、體育モ德育モ非常ナ墮落ヲ致シマシテ、而モ就學ノ精神ヲ失ッテ、何箇月間モ退學同樣ナ狀態ヲ來スコトハ事實デアリマス、教育ノ方面ニ少シク目ヲ注イダ人ハ、之ヲ見ナケレバナラヌ、農村ノ實情ヲ考ヘル場合ニ、三十日モ休ンデ、而シテ一方ニ二重三重ノ補助ヲシテ、以テ教育ノ發達ヲ期スルト云フコトハ、所謂木ニ緣ッテ魚ヲ求メル次第ト考ヘマス、幸ニシテ賢明ナル此民政黨内閣トシテハ、今少シ此點ニ對シテ御考慮ヲ願ヒタイ次第デアリマス、全國小學校ニ於テ更ニ手工ト云フモノヲ盛ニ致シマスト共ニ、又更ニ理學、化學ノ發達ヲ致サナケレバナラヌ、日本ノ今日ノ狀態ハ如何デアリマス、自動車ノ一輛スラモ出來ナイ、發明工夫ガ何處ニアル、全ク死ンダ教育ヲスル爲デハアリマセヌカ、此千万圓——此困難ナル場合ニ於テ、之ヲ割愛シテ保護スルト云フ所ノ大精神ハ、洵ニ感謝ニ堪ヘマセヌケレドモ、更ニ實情ニ照シテ大ニ御考慮ヲ願フコトヲ私ハ希望スル次第デアリマス、一言ニ申シマスレバ何デモナイヤウデアリマスガ、是ハ實際ニ於テ間接直接ニ、物質ニ精神ニ及ブ所ト云フモノハ容易ナラヌ次第デアリマス

〔此時發言スル者多シ〕

◎議長（藤澤幾之輔君）　ドウカ靜ニ御聽キ下サイ

◎多木久米次郎君（續）　ドウシテモ此手工ト云フモノヲ盛ニシナケレバナラヌ、國中皆職工ニシナケレバナラヌ、職工ニスルガ如キ御考ハ如何デアリマスカ、何カ國民ノ品性ヲ低メルヤウナ感ジヲ持ツ人ガアルカモ知レマセヌガ、今日日本ハ鐵モナク、石油モナク、著ルモノモ足ラナケレバ、食フモノモ足ラナイト云フ、此憐レナ狀態ニ於テ、此教育ガ比較的健全デアルト承ッテ居ル、殊ニ手工ハ御承知ノ通リニ指先ノ仕事デアリマス、紡績ニシテモ、生絲ニシテモ、其他工藝ハ何レモ指先ノ仕事デ維持サレテ居ルノデアリマス、私ハモウ少シ實際的ニ手工ヲヤリマスナラバ、學校ノ補助ハ餘リシナクテモ宜イ位ニ考ヘマス、卽チ生產的デナケレバナラヌト考ヘテ居ル、子供ノ指先ト云フモノハ、定ニ指先ニ精神ガ在ルガ如キモノデアル、最モ子供ノ指先ハ機敏デアリマス、少シク手藝ヲ教ヘマスレバ、一時間カ二時間ニ、五錢ナリ十錢ナリノ加工賃ヲ取ッテ、物質ニ加工シテ、賣リ得ルコトハ寔ニ易々タル次第デアリマス、假ニ十錢デ賣ルトスレバ、御承知ノ通リニ千人アル所ノ生徒ハ、一日ニ百圓ヲ得ル次第デアリマス、一日百圓ナラバ、一箇月ニ三千圓、一年ニハ三万六千圓ニナル、之ヲ半減致シマシテ一日五錢宛ニ致シマシテモ、一万八千圓ノ金ヲ產出スノデアリマス、而モ自給自足、自ラ働イテ自ラ活キル、卽チ勞働ヲ神聖トシテ、國家ノ繁昌ヲ爲ス生產的ノ國民ヲ造ル次第デアリマス、或人ハ國家ノ人口ノ增殖ガ、何カ黴菌デモ湧クヤウニ心配サレル馬鹿者モアリマスケレドモ、國家ノ人口ガ增殖セズシテ、何ヲ以テ世界ニ對立スルコトガ出來ルカト私ハ考ヘル次第デアリマス、實ニ天惠カ、法律ノ保護カ、衞生ノ進步カ、此人口ガ增殖スルト云フコトハ定ニ結構ナコトデアリマス、然ルニモ拘ラズ教育ノ手段ヲ全ク誤ッタル爲ニ、人間ヲ造ルノニ虎ヤ狼ヲ拵ヘル、生キテ行カレナイ虎ヤ狼ヲ拵ヘテ、居ル次第デアリマス、況ヤ思想ノ動搖ハ、何タル次第デアル、私ハ遺憾千萬ニ感ジテ居ル思想ガ惡化シタト云フコトヲ歎ジテ居ルノ進步性ノ國ニ於テハ動搖シナイ所ハナイ、日本モ古來種種物質的ナ文明ノ輸入ニ依ッテカラニ、幾多ノ大變化ヲ致シテ居リマス、衣食住、國防、教育ト云ハズ、大變化ヲ來シテ居ル、併ナガラ此外來ノ思想ニ依ッテ、日本ノ思想ヲ傷ケズシテ、日本ノ大ヲ成シタコト、私ハ考ヘル、是ハ唯、教育ノ一ツニ在ルコトト感ジマスカラ、此邊ニ付キマシテ更ニ法律上ニ實際的ノ改良ヲ爲サル御意思ハナカラ

ウカト云フコトヲ一ツ伺ッテ置キタイ次第デアリマス——私ハ話ハ下手デアリマスガ、併ナガラ私ノ話ハ餘程慣ガアルト信ジテ居リマス——而テ實際ハ現モ角モ、濱口總理大臣ノ御話ヲ聽キマシテモ、段々國家ノ隆盛ト、人民ノ幸福ヲ增進セントスル、所謂善政ヲ圖ラウト云フ所ノ御趣意デアリマスガ、然ルニ今日ハ如何デアル、全ク中央集權デアリマス、地方ト云フモノハ自治ヲ破壞サレテシマッテ居リマス、地方ハ全ク暗黒ノ狀態デアルト云フコトハ、大ニ御考慮ヲ仰ギタイノデアリマス、何トナリマスレバ、今日ノ町村自治ト云フモノハ、吾々代議士ヲ選擧スルト同様ニ、全ク普選ニ等シキコトヲシタ爲ニ、之ヲ例ヘテ見マスレバ、所謂會社ニ一株持ッテ居ル者モ、十株、百株、千株持ッテ居ル者モ同ジ權利ヲ與ヘテ、其一株カ二株シカ持タナイ者ガ社長ヲシタリシテ居ル、是ハ多ク申上ゲナクテモ代議士諸君ハ能ク御承知ノ通リニ、町村ト云フモノガ財源ヲ失ッテシマッテカラニ益々涸渇スルヨリ仕方ガナイ次第デアリマス

殊ニ満場一致デ可決シタ問題トハ云ヒナガラ、郡制ヲ廢シ、郡長ヲ罷メタ、是ガ爲ニ地方ハ大ナル打撃デアリマス、全ク暗黒デゴザイマス、決シテ國家ノ保障ヲ直接ニ受ケズシテ、自治ニ依ッテ、自給自足ヲヤッテ居ル、此郡制ヲ廢メテシマッタ、是ガ爲ニ勸業ノ上ニモ、道路ノ上ニモ運輸交通ノ上ニモ、大ナル打撃ヲ受ケテ居ル次第デアリマス、地方ノ二間ニ足ラヌ道ハ、東京ノ十五間、二十間ノ道ヨリ大切デアル、鐵道ヨリモ電車ヨリモ大事ナ道デアリマス、然ルニニ拘ラズ、ソレガ全ク破壞サレテ、新設スルコトモナク、洵ニ憫レ至極ノ狀態デアル、面シテ一例ヲ申上ゲマスルト、一郡ノ車ト云フモノガ、馬車、荷車ト云フモノガ、相當ナ郡ニハ少クモ五千臺、七千臺ト云フモノガゴザイマス、五千臺アルト致シマシテ、一日一人ノ者ガ二圓宛儲ケルト致シマシテモ一万圓、一年ニ三百六十五万圓、然ルニモ拘ラズ、今ヤ道路ガ破壞サレテ、車モ動カナイヤウナ狀態デアリマス、是ハ現政府ノミノ御責任デハアリマセヌガ、併ナガラ此誤ッタ政策ハ、所謂過ヲ改ムルニ憚ルコト勿レデ、是非共之ヲ改メテ、サウシテ郡制ヲ復スルト共ニ、郡長モ是ハ復シテ戴キタイコトヲ希望致シマス、希望デナイ、ヤラレル所ノ御意思ガアルカドウカヲ伺ッテ見タイ次第デアリマス、成ベク郡長ハ地方ノ自治ヲ重ンジ、輿論ヲ重ンジテ、サウシテ以テ郡長、知事ノ如キハ是非公選デヤッテ戴キタイ、內閣ガ更ル每ニ知事ガ更ル、知事ガ更ル每ニ警察官ガ更ル、又事務官ガ更ル、是ハ全ク　陛下ノ善良ナル官員サンガ御政府ノ御都合ニ依ッテ配置サレル譯デモアリマセウケレドモ、今日ノヤウナ狀態ニナリマスレバ選擧ノ爲ノ警察デアル、選擧ノ爲ノ地方官ト云フコトニナッテ居ル、是ガ爲ニ地方ハ間接ニ、精神的ニ物質的ニ、大ナル犠牲ヲ拂ヒツヽアル次第デアリマス、(「正面ヲ向ケ」ト呼フ者アリ)而モ御承知ノ通リニ郡制ヲ廢サレテ、又一尺ノ道モ二尺ノ道モ、內務省、大藏省ノ御諒解ヲ得ナケレバ變更スルコトガ出來ナイ、手モ足モ出ナイコトニナッテ居ル次第デアリマス、而シテ今ヤ選擧權ヲ擴張シテ、婦人ニ迄モ權利ヲ與ヘラレル、是ハ洵ニ適切ナコトカ分リマセヌガ、併ナガラ府縣制ノ如キハ如何デゴザイマセウ、今ニ原案執行ト云フ狀態デ、全ク輿論ヲ無視シ、憲法ノ大精神ヲ破壞シテ、サウシテ以テ唯一ツノ事務官ノ意思ニ依ッテ原案ヲ執行スルト云フヤウナ狀態デアル、是ハ現政府ノ如キ公明ヲ尊バレル政府ニ於キマシテ、大ナル英斷ヲ爲サレルノ御考ハナカラウカドウカ、之ヲ一ツ私ハ伺ッテ見タイ次第デゴザイマス

ソレカラ又金解禁ノ英斷ハ洵ニ立派デアリマシテ、隨分準備ノ爲ニ不都合ノコトモアル、見樣ニ依レバ人民ノ生活モ頗著ナシニヤル所ノ勇氣ニハ私ハ洵ニ敬服致シマス、併ナガラ農林省ト云フモノガアリマシテ、サウシテ以テカラニ、農業ト云フ大ナル生產者ハ同時ニ大ナル消費者デアリマス、少クモ農業ハ一年ニ四五十億万圓ハ生產スル、同時ニ又四五十億万ノ大ナル消費者デアリマス、然ルニ此農業ガ求メル所ノモノハ三割、五割關税ヲ高クシテ、而シテ賣却スル所ノモノハ關税ノ保護モナクシテ、只同樣ニ出來ル所ノ、外國ノ米ヤ、外國ノ小麥ヤ、外國ノ砂糖ト戰ハザルヲ得ナイヤウナ狀態デアリマス、而シテ米ガ足ラヌト云フト、增收スル所ノ手段ヲ講ゼズシテ外米ヲ買フコトノミヲ事トシテ居ル、而シテ十一月カラ今日迄ニ、早ヤ百三十万石、更ニ又八十万石ノ米ヲ御買ヒニナルト云フコトニ聞キマス、既ニ買入レテ居ル樣子デアリマス、伊太利ノ如キ世界ノ二等國、三等國デモ「ムッソリニー」ガ少シク活動シタ爲ニ、米ダケデモ今日既ニ六斗五升平均日本ヨリモ增收シテ居ル、六斗五升ト云フト何デモナイガ、日本ノ三百十五万町歩ニ對シマシテハ、二千万石以上ノ增收ニ當ル次第デアリマス、日本ニ於テモ米作增收ノ研究ガ非常ニ進歩ヲ致シマシテ、試驗場ノ經驗アル人ノ作ッタヨリモ、無學文盲ノ人ガ作ッテ八石取ッタ例モアル、而シテ御保護ガアレバ自給自足ハ十分出來ル、況ヤ日本ノ小麥ハ反當リ一石內外デ、獨逸ノ半分ヨリ取レテ居ラナイ、是モ農林省ガ責任ヲ御盡シニナッテ居ルカドウカ、私ハ是ハ、現政府ノミノ責任ヲ問フ譯デアリマセヌ、金解禁ト共ニ食糧ノ問題デ、當局ハ考ヲ致サナケレバナラヌ問題デアラウト思ヒマス、然ルニ拘ラズ農業獎勵ハ全ク殆ド無視セラレテ居ルノデ、是ハ洵ニ遺憾千萬デアリマス、國家ノ爲ニ惜ム次第デアリマス

殊ニ私ハ考ヘマス、現政府ハ減稅ヲ斷行ナサル御考、是ハ洵ニ時宜適切ノ御考ト思ヒマスガ、併ナガラ大惡稅中ノ大惡稅ハ田畑地租デアルト思ヒマス、何トナレバ農業十分保護ヲ致シマシテモ、迚モ文化的ノ生活ガ出來ヌ、收支相償ハナイ狀態デアリマス、而モ此田畑ノ負擔ト云フモノハ驚クベキ負擔デアリマス、容易ナラヌ負擔ヲシテ居リマス、是ニ於テカ減稅ノ一ツノ手段トシテ、御承知ノ自作農ト云フモノヲ御獎勵ニナッテ、是ハ大惡稅ト云フ一部ヲ御承知ニナッテ、漸次地租ヲ負ケテヤラウト云フ所ノ一部ニ出タコト、モ伺ヒマシタガ、併ナガラ御承知ノ通リ自作農ト云フモノハ二百圓ト云フ、地價ノ高イ安イニ依ッテ非常ニ不同ガアリマス、收稅ノ上ニ於テハ減稅以上ニ費用ガ要ルコトハ御承知ノ通リデアル、依テ田畑租ハ全廢シテ而シテ小作料ニ制限ヲ置イテ、一ニハ地主ト小作ト和氣藹藹ノ裡ニ國家國民ノ食糧ノ供給、自給自足ニ向ケルヤウナ對策ヲ御考ヲ願ヒマス、一時ニ六千万圓ノ金ヲ減ズルト云フコト、隨分歲計ノ上ニ大影響ヲ致シマスカラ、一年一千万圓宛減ズレバ六年デアリマス、漸次行政ノ整理ヲナサレツ、アルガ、日本ノヤウナ官員サンノ多イ國ハ、他ニ世界ニハナカラウト

思ヒマス、デアルカラ官員様ノ月給ヲ増シテ其數ヲ減ス手段ヲ採ラレルコトハ最モ必要デアッテ、是非共是ガ出來ルカドウデアルカ、一ツ私ハ伺ヒタイ次第デアリマス、

次ニハ朝鮮問題ニ付テ伺ヒマスガ、朝鮮ノ總督如何ガ帝國ノ運命ニ大關係ガアルト云フコトヲ申スノデアリマス、然ルニ拘ラズ歷代ノ政府ハ滅多ニ大臣トシテ來ラレタコトハナイ、幸ニシテ松田大臣ガ朝鮮ニ態々御出下スッタコトハ實ニ空谷ノ跫音デアリマシテ、私大ニ多トシテ居ル、加之又綱紀肅正ノ御演說ガ出來マシテ、大ナル影響ヲ及ボシテ居ルガ、併ナガラ實際ニ於キマシテ朝鮮ハ御承知ノ通リ合併ノ時ニ、一視同仁ヲ以テ發フト云フ所ノ、實ニ廣大無邊ナル御詔勅ガ御發布ニナッテ居リマスコトヲ、朝鮮人士ハ之ニ大ナル感激ヲ持ッテ居ル次第デアル、而シテ朝鮮人士ハ御承知ノ通リニ二千年來、文化ノ上ニモ產業ノ上ニモ、美術ノ上ニモ成功致シマセナンダケレドモ、政治問題ニ付キマシテハ重大ナル趣味ヲ持ッテ居ル、而モ其鬪爭ノ甚シイコトハ、所謂日本ノ源平以上デ、族滅スルマデモ鬪フ所ノ氣象ヲ持ッテ居ル國民デゴザイマス、而シテ內地ニ於テハ御承知ノ通リ衆議院議員ノ三百万ノ投票ヲ、千三百万ニ擴張スル場合ニ於テハ、朝鮮ノ人々ガ內地ヘ參リマスレバ、一年居レバ選擧權ヲ得ル、既ニ町村制ノ如キ、又市制ノ如キモ變リマシテ、議員ニモ朝鮮人ヲ出スト云フ形勢ニモナリツヽアル狀態デアル、而シテ內地ノ人モ御承知ノ通リニ四十万內外朝鮮ヘ行ッテ居ルヤウデゴザイマスガ、內地ニ於キマシテハ相當立派ナ人デアルケレドモ、全ク政治ニ於テハ無頓着ナ立場ニ置カレテアル爲ニ、其ダ尻ノ据リガ惡イ、ドウシテモ私ハ朝鮮ニ參政權ヲ附與スルコトガ當然デアルト思フ、內地ニ於テハ三百万ノ投票ヲ千三百万ニモスルニ拘ラズ、朝鮮ニ對シテハ選擧權モ何モナイ、又貴族院ノ改革ヲ呼ヘテ居ルニモ拘ラズ、朝鮮ニモ公侯伯子男ガアルノニ之ニ一席モ與ヘヌト云フコトハ、朝鮮人士トシテ如何ニ不平デアラウカト私ハ考ヘル次第デアリマス、地方ノ自治トシテハ漸ク此頃一部ダケ決議權ヲ附與スルト云フコトニナッテ居ル、併ナガラマダ府縣制モ行ハレナイト云フヤウナコトデアリマス爲ニ、全ク官吏ハ官權ヲ濫用シマシテ、民利ヲ掠奪スルヤウナコトモアリマス、卽チ山梨總督ノ時代ニ於キマシテ、千万圓モ要ッタ所ノ事業ニ非常ナル妨害ヲ加ヘタヤウナ狀態デアリマス、而シテ其禍害ヲ加ヘタ者ガ恬然トシテ高位高官ニ坐ッテ居ルト云フコトハ如何デアリマスカ、是ガ綱紀ノ振肅デアラウカドウカ、品物ヲ獎勵シテ集メテ置イテ、相場以下ニ買フヤウナ手段サヘ行ハレテ居ルト云フヤウナ事デアリマス、一言スレバ何デモナイケレドモ、事實ニ於キマシテハ容易ナラヌ所ノ綱紀ノ上ニ於テ大關係ガアラウカト存ジマス(拍手)而シテ又朝鮮總督ガ內閣官制第十條ノ規定ニ依ッテ之ガ閣員ニ列セラレルヤウナコトニナレバ、朝鮮人士モ大ニ安心スルコトヽ存ジマス、御承知ノ通リ英國ノ大ヲ以テスラ、愛蘭ノ如キト云フモノハ外交ト國防トヲ除イテハ全ク獨立シテ居ルト云フヤウナ例モアリマシテ、少シク東洋ニ波風ガアレバ中々是ハ容易ナラヌ事デアラウト思ヒマス、況ンヤ御承知ノ通リニ憲法ガ、既ニ帝國臣民トシテ此憲法ノ恩澤ヲ享クベキコトヲ命令シテ居ルニモ拘ラズ、之ヲ實行セナイト云フコトハ、憲法ノ違反者ト言ハレテモ仕方ガナイデハナイカト云フヤウニモ私ハ考ヘル次第デアリマス(拍手「簡單々々」ト呼フ者アリ)以上ヲ伺フ次第デアリマス

〔國務大臣濱口雄幸君登壇〕

◉國務大臣(濱口雄幸君)　大分注意シテ承ッテ居リマシタガ、所々不明ノ點ガアリマス、能ク速記錄ヲ見マシテ篤ト考慮スルコトニシマス、而シテ答辯ヲ要スルト考ヘマシタ點ハ、私ナリ他ノ大臣カラ適當ノ機會ニ於テ御答スルコトニ致シマス、唯、其中、郡制ヲ復舊シ又郡役所ヲ復舊スルト云フ考ハ今日持ッテ居リマセヌ、是ダケハハッキリ申シテ置キマス(拍手)

〔國務大臣松田源治君登壇〕

◉國務大臣(松田源治君)　多木君ノ御質問デアリマスガ、能ク分リマセヌ、事ハ餘程重大ナコトラシイ、地方自治制度ノ問題、參政權ノ問題デアリマス、若モ間違ッタラ大變デアリマスカラ、能ク速記錄ヲ見マシテ、適當ノ機會ニ御答辯ヲ申上ゲマス(拍手)

◉議長(藤澤幾之輔君)　安藤正純君

〔安藤正純君登壇〕

◉安藤正純君　私ハ失業問題ニ付テ政府ノ施政方針ニ對シマスル質疑ヲ試ミタイト思フノデアリマス、先程濱口總理大臣ハ我黨ノ犬養總裁ノ質問ニ對シテ、失業對策ニ關シテハ第一事業ノ調節ヲヤッテ居ル、或ハ土木事業ヲ新ニ起サセテ居ル、已ムヲ得ザル場合ニハ之ニ對シテ起債ヲ許シテ居ル、更ニ知識階級ノ爲ニハ少額給料者ノ救濟事業ヲ起シテ居ル、更ニ又職業紹介所ノ機關ノ改善ヲ圖ルト云フヤウナコトヲヤッテ、此失業者ヲ着々トシテ救濟ヲシテ居ルト云フ御答辯デアッタノデアリマス、併ナガラ事實ノ實際ヲ能ク調査ヲ致シマシテ、種々ノ統計ニ就テ之ヲ見マスルト、事實ハ總理大臣ノ御答辯ト全ク反對ノ傾向ヲ呈シテ居ル(拍手)一體總理大臣ガ事業ノ調節ト云フコトヲ御答辯ニナッテ、是ハ新シキ試ミデアルト言ハレタノデアリマスガ、新シキ試ミカ舊キ試ミカハ寧ロ問題デハナイノデアッテ、事業ノ無イ所、寧ロ事業ヲ少タシテ何ノ調節カアラント私ハ言ヒタイノデアリマス(拍手)是等ノ仕事ヲ政府ガナスッテカラ既ニ半年餘ニナルノデアリマスカラ、若モ眞ニ我國同胞ノ澤山ノ失業者ヲ救濟ヲショウト言フ眞劍ノ考ガアルナラバ、モット本當ノ仕事ヲシテ、其成績ヲ擧ゲナケレバナラナイノデアリマスルノニ、實際是カラ出テ參リマスル統計ヲ實際ニ當ッテ調査ヲ致シマスト、全タ反對デアリマス、統計ニ亙リマシテ頗シイノデアリマスルカラ、極メテ簡單ニ申上ゲマスガ……(「省略々々」ト呼フ者アリ)省略ハ致シマセヌ、私ハ言ウダケノコトヲ言ウノダカラ嫌ナ人ハ引込ンデ退場シテ居タラ宜イノダ――一體此政府ガ失業者ノ統計ヲ致シマシタノハ、大正十四年ニ初メテヤッタノデアリマス、ソレカラ以後今日迄ハ放ッテ置キマシテ、最近ニ失業問題ガ喧シクナルニ隨ヒマシテ、失業調査ト云フコトヲヤリ出シタ、ソレハ昨年ノ九月デアリマシタ、昭和四年九月ノ時ニ、全國ノ失業者ノ數ハ幾ラデアルカト云フト、內務省ノ發表スル所ニ依レバ、二十六万八千五百九十人デアル、而シテ十月、十一月、十二月、一月、二月ト、段々失業者ノ數ガ殖エテ參リマシテ、本年ノ二月ニ參リマスト、三十五万三百七十二人ニ達シマシテ、昨年ノ九月ヨリハ今年ノ二月ノ一日ノ方ガ八万千七百八十二

人殖エテ居ル、若シ政府ガ眞劍ニ此救濟事業ニ從事ヲシテ、本當ニ失業者ヲ救フト云フノナラバ、數ハ減ラナイマデモ、現在數ヲ喰止メル位ノコトハアリサウナモノデハナカラウカト思フ(拍手)而モ内務省デ發表ヲシテ居リマス所ノ其統計ト云フモノハ、極メテ不正確ナモノデ、敢テ信憑スルニハ足リナイノデアリマス、是ハドウ云フ標準ニ依ッテ此統計ヲ取ッテ居ルカト云フト、大正十四年ノ人口ト其年ノ失業者トノ比率ヲ出シマシテ、其後ハ年々人口ノ増加シタ部分ニ對シテ、此失業率ヲ乘ジタモノヲ失業者ノ増加數ト看做シテ、各地方廳――警察署デアルトカ知事デアルトカ云フヤウナ方面カラノ報告ヲ取ッテ、玆ニ昨年ノ九月以來失業統計ト云フモノヲヤッタノデアリマスカラ、斯樣ナ元々信憑スルニ足ラナイ基準ヲ以テ失業統計ヲヤッテ居ルノデアルカラ、内務省デ發表スル失業統計等ト云フモノハ、洵ニ信ヲ置クニ足ラナイ、實數ヨリハ遙ニ少イ／＼數ヲ出シテ居ルト云フコトハ確カデアルノデアリマス、尙ホソレバカリデハナイ、現在現内閣ノ産業ヲ振興サセナイデ、産業ヲ沈衰セシメル所ノ政策ノ結果ト致シマシテ、世ノ中ノ製絲業ト云フモノガ非常ナ打擊ヲ喰ヒマシテ、操業短縮ヲヤッテ居ル、紡績工場デモ操業短縮ヲヤッテ居ル、鐵工業ト云フモノモ、大キナ工場ハソレ程デモ先ヅ表面ハアリマセヌガ、小サイ工場ヤ中位ノ工場ト云フモノハ、日ニ月ニ是ハ廢業ヲシテ居リマス、斯ウ云フヤウナモノガ皆男女ノ勞働者ト云フモノヲ解雇致シマシテ、ソレガ皆失業者トナッテ居ル、更ニ歸農者デス、都會デ仕事ヲ失ヒマシテ、農村へ歸ッテ行ク者ノ數ト云フモノハ非常ニ多イノデアリマスガ、是モ亦内務省ノ調査ニ依リマスト、昭和四年中ノ工場ノ解雇者ガ六十七万人、其六十七万人ノ中デ農村へ歸ッテ居ルモノガ幾ラアルカト言フト、二十六万人ニ及ンデ居ル、所ガ内務省ハ歸農者ハ皆頭カラ有職者ト見テ居ル、此頃ノ不景氣ニ於テ農村ガ疲弊ヲシテ居リマスルカラ、歸ッタ者ハ皆是ハ農村ノ事業ニ從事ヲシテ居ルノデハナイ、職ニ離レテフラ／＼ト遊ンデ、親類緣者ヲ辿ッテ厄介ニナッテ居ルノミデアリマスカラ、寧ロ歸農者ハ殆ド失業者ト言ッテ宜イノデアルガ、内務省ノ統計ニハ這入ッテ居ラナイ(拍手「出鱈目ダ」ト呼ブ者アリ)出鱈目ハ申シマセヌ、又政府ハ此勞働救濟ノ一策ト致シマシテ勞働者ヲ登錄サセテ居ル、此登錄勞働者ニ勞働手帳ト云フモノヲ交付シテ、ソレニ此勞働救濟事業ノ仕事ヲサシテ居ルノデアリマスガ、是ハ昨年ノ十月、六大都市其他二三ノ重要都市デ登錄ヲ致シマシタ勞働者ニ對シテ勞働手帳ヲ交付シタ數ガ三万七千八百二十四人アルノデアリマス、所ガ其中先ヅ一番數ノ多イ東京ガ幾ラアルカト言フト、一万二千三百人――一万二千三百人シカナイヤウデハ餘リ勞働者ハ少ナイヤウニ見エルガ、實際ノ事情ヲ能ク探ッテ見マスルト、勞働手帳ヲ渡シタノハ昨年十月二十七日デアル、所ガ二十五日ト二十六日ノ二日ハ非常ナ大雨ダッタノデス、東京バカリデハナイ、殆ド全國ニ是ハ非常ノ豪雨ガ二日間連續シテアッタノデアリマス、ソレデアリマスカラ勞働者ハ困リキッテ、二日モ職ニアブレテ居リマスカラ、其翌々日ガ二十七日デアル、卽チ勞働手帳ヲ渡ス日ニ共處へ出テ行クヨリハ、早ク何デモ仕事ニ有リ付キタイト云フノデ、目前ノ「パン」ヲ貰フガ爲ニ勞働手帳ヲ取リニ行カナカッタカラ、斯フ云フ少數ガ出テ居ル、是ガ獨リ東京バカリデハナイ、全國ノ都市皆然リデアリマスカラシテ、此登錄勞働者ト云フモノハ三万七千人ト政府ガ發表シテ居ルガ、之ニ依ッテ實數ヲ勘定スルコトハ出來ナイ、實際ヲ言フト、其三倍ト致シマスレバ十一万人、四倍ト致シマスレバ十五万人ニナルノデアリマシテ、是ガ寧ロ實數ニ近イノデアル、斯ノ如キ諸種ノ事情ヲ綜合致シマシテ、且ツ内務省ノ調査ノ杜撰ニシテ根據ノ乏シイ所カラ考ヘテ見マスルト、是等ヲ綜合スルト、實際今ノ勞働者失職者ト云フモノハ、内務省ハ三十五万人ト發表ヲシテ居ルガ、其上ニ少クトモ四十万人ハアル、全國デ少クトモ七十五万人ノ失職者ガアルト云フ事ハ間違ヒナイ(拍手)併シ私ハ尙ホ之ヲ比較的少數ニ勘定ヲシテ居ル、世間一般ノ常識デハ今現在日本ノ失業者ハ八十万人乃至百万人ト云フノガ、是ガ普通ノ見方ナノデアル、ソコデ政府ハ之ニ對シマシテ、主要都市其他全國ノ失業者ノ多イ所へ持ッテ行ッテ救濟事業ヲ起シテ居ル、ソレデ政府ノ考デハ土木救濟事業ヲ起シテ失業者ヲ救ッテ居ルカラシテ、段々失業者ガ少ナクナルダラウト云フ事ヲ期待ヲシテ始メタノデアルガ、實際ノ統計――其統計ハ内務省ノ發表シテ居ル統計デス、其統計ニ依ッテ之ヲ見テモ、皮肉ニモ玆ニ反對ノ數字ガ現ハレタト云フ事ハ、政府ノ仕事ガ徹底ヲシテ居ラナイ、眞面目ニ失業者ノ救濟ヲシテ居ラナイト云フ事ヲ物語ルモノデハナカラウカト思フ(拍手)簡單ニ數字ヲ申シマスルト、昨年ノ九月ニハ十二万九千ノ失業者ガアリ、十月ニハ十三万五千、十一月ニハ十三万九千、十二月ニハ十四万三千、今年ノ一月ニハ十四万九千、二月ニハ十五万四千デス、斯ウ云フ主要都市ニ失業者ガアル、此失業者ト云フモノハ、一體今ノ政府ガ早ク實施ヲシナケレバナラナイ責任ト義務トヲ持チナガラ、マダ實施ヲシナイ所ノ此救護法、救護法ニ係ル人デハナイ、サウ云フ救ハレル方ノ人デハナクシテ、是ハ働クベキ所ノ意思ト、働クベキ所ノ能力トヲ持ッテ居リマシテ、朝カラ晩マデ血眼ニナッテ仕事ニ有付クト云フコトヲ探シテ居ル所ノ同胞デアル、諸君ガ人ノ演說ヲ彼此レ言ッテ居ル暇ニ、先ヅ近イ所デ東京市ノ本所ダノ、深川及淺草、是等ノ所及ビ大阪ノ今宮邊リニ行ッテ、此ノ失業者ノ狀態ヲ一度視察ヲシテ御覽ナサイ、實ニ朝起キヲシテ職業紹介所ノ門頭ニ立ッテ見テ居ルト、マルデ餓鬼ノヤウニ職ヲ求メル所ノ失業者ガ蝟集シテ來テ、而モ其内十分ノ一、二十分ノ一モ其ノ日ノ職ニ有付ケナイト云フ狀態ヲ觀察スルコトガ出來ルト思フノデアル(拍手)新聞ニ出テ居ッタカラシテ皆サンモ御覽ニナッタコト、思フノデアルガ、大阪府ノ知事ガ大阪ノ今宮ノ職業紹介所ニ視察ニ行ッテ、群ガル所ノ失業者ガ知事ヲ見テ、其日何トカシテ職ニ有付キタイト思フケレドモ、有付ケナイノデ歸ル人ガ多イ、知事ヲ見テ嘲ッテ曰ク、知事ナンゾト云フ大キナ顏ヲシテ何故仕事ヲ一ツモ與ヘテ吳レナイカト言ッテ罵聲ヲ浴セ掛ケラレテ、這々ノ體デ逃歸ッタト云フコトガ新聞ニ現ハレテ居ル、政府ハ是等ニ對シマシテ昨年ノ七月社會政策審議會ト云フモノヲ設テ、澤山ノ委員ヲ集メテ是ガ研究ヲサレテ、而シテ種々ノ答案ヲ得タノデアリマス、即チ先程總理大臣ガ御話ニナリマシタ所ノ調節事業及土木事業ト致シマシテハ、今マデハ冬季ダケニ限ッテ居ッタノヲ、冬季ニ限定ヲシナイト云フコト、今マデ六大都市ニ許シテ居ッタノヲ、何處デモ事情ニ依ッテハ之ヲ許スト云フコト、及ビ其事業ノ三分ノ一ガ勞働賃銀ニ當テラレルモノナラバ、其勞働賃銀ノ半額ダケハ國庫ガ補助ヲスルト云フコト、及ビ是等ノ起債ニ對シテハ低利資金ヲ融通スルト云フコト、是ダケガ政府ガヤッテ居ル所ノ失業救濟ノ全體ナノデアル、洵ニ內容空疎ナモノト謂ハナケレバナラナイ(拍手)而モ此頃政府ハ失業防止委員會ト云フヤウナモノヲ設ケマシテ、サウシテ失業防止救濟ノ調査ヲ試ミテ、施設ヲサレルト云フコトヲ發表ヲシテ居リマスガ、今頃調査研究ガオカシイ話デアル、失業救濟ト云フモノハ目前ノ食フカ食ハナイ問題デアル、一日モ二日モ、一月モ半月モ掛ッテ調査シテ、何カヤルナンソト言ッテ居ル間ニ、死ンデシマフ失業者モ出テ來ルノデアル、現ニ此頃新聞ニ出テ來テ居ル所ヲ見マスト、一家六人ガ食フコトガ出來ナイデ、一家ノ家族心中ヲシタ、或ハ夫婦心中ヲシタト云フヤウナ事ガ澤山アル、私ハ此頃試ニ昨年ノ六月七月頃カラ今日ニ至ルマデ新聞ニ出テ居ル所ノ此家族心中——家族心中ト云フノハ可ナリアルガ、失業ノ爲ニ、生活苦ノ爲ニ食ヘナイデ家族心中ヲシタ者ノ統計ヲ取ッテ見タガ、生活苦ノ爲ニ家族心中ヲシタ者ガ四十六件アルト云フコトヲ發見ヲ致シタ、是ハ朝日新聞ノ縮刷版ニ依ッテヤッタノデアルカラ、間違ガナイノデアリマス、所ガ斯樣ナ失業防止委員會ヲ拵ヘテドウ云フコトヲヤルノカ知ラヌガ、或ハ失業保險デアルトカ、或ハ解雇手當ノ法律ヲ拵ヘルト云フヤウナ事ヲ御考ニナルノカモ知レマセヌガ、失業保險ノ如キ、或ハ斯ウ云フ施設ノ如キハ恆久的ニハ必要デアリマス、併ナガラ今現ニ苦ンデ居ル所ノ百万ノ失業者ヲ救フ途ニハナラナイノデアリマシテ、問題ハ——焦眉ノ急ハ澤山ノ失業者ヲ政府ガ如何ニシテ救フカト云フコトガ問題ノ焦點デハナカラウカト思フ(拍手)ソコデ政府ガ——今迄總理大臣ガ御自慢ニ話ヲサレル失業救濟事業ノ成績ガ、ドレダケ擧ッテ居ルカト云フコトヲ茲ニ一寸考ヘテ見マスルト、政府ノ救濟事業、地方ニ對シテ失業救濟事業、土木事業ヲ起シタモノニ二ツアル、一ツハ既定事業ニ對シテ特ニ起債ヲ許シタモノ、又一ツハ失業救濟ノ爲ニ特ニ新ラシク事業ヲ起工サセタモノト、此二ツニ別レルノデアルガ、既定事業デ特ニ起債ヲ許可シタモノガ、ドレダケノ人ヲ救ッテ居ルカト云フト、昨年度ニ於キマシテハ九千三百五十一人、是ハ一日デハアリマセヌ、昨年度ノ人口、ソレカラ昭和五年度ニ於テハ三千四百九人、之ヲ合算致シマシテモ一万二千七百人ニシカナラナイ、又國庫ガ補助シテ居リマス新ラシク事業ヲ起シタモノ、此事業ニ對シテハ四年度ニ於テ一万二千二百人五年度ニ於テ千四百人、合計一万三千人、詰リ新起業ノ事業ト及ビ既定事業デ起債ヲ許シタ此二ツノ——詰リ政府ノ失業救濟ノ其全體ヲ合シテモ、ドレダケノ人ヲ救ヒ得タカト云フト、今日迄ニ僅ニ二万六千四百人シカ救ッテ居ラナイ、政府ノ發表ニ依ル三十五万人ノ失業者ノ中デ僅ニ二万六千人ヲ救ヒ得タノデハ、餘リ大キナ額ヲシテ失業救濟ヲヤッテ居ルトハ言ヘナカラウト思フ(拍手)而シテ少額給料者ニ對シテハドウカト云フト、東京府、東京市、大阪市、横濱市、神戸市是ダケニ於テ一日ノ平均ニ於テ職ヲ與ヘテ居ル者ハ、僅ニ千百四十八人シカナイデアリマス、此新事業ニ對スル國庫ノ補助ヲドレダケシテ居ルカト云フト、昨年度ト本年度ニ於キマシテ、僅ニ百六十一万六千圓、是シカ國庫ガ補助ヲシテ居ラナイ、一體何故ニ政府ハ此憐レナ同胞ヲ救フガ爲ニ、國庫ノ補助デハナク、國庫自ラガ——國ガ仕事ヲ起シテ失業對策ヲ講ズルノガ當リ前デハナイカ、政府ノ政策ニ依ッテ失業者ヲ澤山出シナガラ、而シテソレヲ救ハセル爲ニ地方ニ其責任ヲ轉嫁シテ、僅ナル國庫補助デ誤魔化シテ行カントスル如キハ、餘リニ責任ヲ解セザルモノト謂ハナケレバナルマイト思フ(拍手)何故一體此樣ニ、又此失業救濟ニ對シマシテ、人間ガ少シシカ集ラヌノカト云フト、是ハ極端ナル例デハアリマセウガ、現ニ大阪ノ新聞ニ出テ居リマシタ、大阪市ノ高速度ノ電鐵工事ヲ失業救濟對策トシテヤラウトシタ、所ガ是ハ一日ニ三千九百人ノ失業者ヲ使フ豫定ニナッテ居ッタノデアルガ、失業者ト云フモノガ僅ニ八人シカ集ッテ來ナイト云フ、是ハドウ云フ譯デアルカト云フト、此失業救濟事業ト云フモノガ工事費ヲ極ク切詰メマシテ請負師ニ委託シテシマフ、請負師ハ失業者ノヤウナ不熟練ナ者ヲ使ッテ居ッテハ金ガ掛ッテ堪ラナイカラシテ熟練職工ヲ使ッテシマフ、請負師ノ頭ニハ失業救濟モ何モアリハシナイ、ダカラ三千九百人ヲ政府ガ地方ニ命ジテ救ハセルト云フ事業ニ對シテモ、僅ニ十人位シカノ失業者シカ救ッテ居ラナイト云フコトハ、寧ロ政府ガ計畫シテ居ル失業對策ノ破綻ヲ示スモノデアッテ、洵ニ是ハ醜體ト謂ハナクテハナルマイト思フノデアリマス、又政府ハ今後一億五千万圓ノ金ヲ此失業救濟ノ爲ニ地方ニ使ハセルト云フコトヲ聲明ヲシテ居ルノデアリマス、所ガ是ハ私ハ書生ノ所謂机上ノ空論デハナイカト思フ、一億五千万圓ノ金デモ無論少イノデス、少イガ本當ニ一億五千万圓使ヘルナラマダ宜イガ、是ハマダ新シク地方ニ對シテ一億五千万圓ノ起債ヲ許スノデハナイノデス、本年各地方ニ於テ償還期ニ達シテ居ル所ノ借金ガ積リ積ッテ一億五千万圓ニナル、ソレヲ借金ヲシテ居ル所ニ返サナイデ置イテ、其一億五千万圓モ各地方ニ於テ使ヘト云フノデアリマスカラ、名ハ一億五千万圓デアルガ、中ハ空ッポデアルカラ、此一億五千万圓ト云フ金ガ新ニ救濟事業ノ爲ニ出ルト、若シ內務大臣ヤ總理大臣ガ思ッテ居ルナラバ、餘リニ是ハ迂濶ナル所ノ御考デアルト謂ハナクテハナルマイト思フ、斯ノ如ク政府ノ失業救濟策ト云フモノハ聲バカリ大キクテ中味ハ殆ド空ッポデアルト云フ結論ニ到著ヲ致スノデアリマス

更ニ私ガ此際ドウシテモ質問ヲシナケレバナラヌコトハ、朝鮮人ト內地人トノ關係ヲドウシテ居ルカト云フコトデアル、失業者ノ中ノ內地人ト朝鮮人トノ關係ハ如何ニナッテ居リマスカ、朝鮮人ノ現在內地ニ居ル者ハ約五十万人デアリマス、是ハ失業者バカリデハナイ、色々ナ者ガ這入ッテ居ル、所ガ其朝鮮ノ失業者ト云フモノハ、其五十万人ノ中デ中々日本ノ內地ニ於テ多イノデアル、此土木救濟事業ニ對シマシテモ、朝鮮人ノ失業者ヲ中々餘計使ッテ居ル、朝鮮人モ今日日本ノ國民デアリマスカラ、勿論之ヲ

故ハナケレバナリマセヌガデス、併ナガラ朝鮮ハ朝鮮ノ本土デ茲ニ仕事ヲ新シク是ガ爲ニ起シテ居ル、所謂千二百三十餘万圓ノ起債ヲ致シマシテ、土木事業ヲ今度ハ朝鮮デ起スコトニナッタノデアル、サウ致シマスレバ其朝鮮人ハ朝鮮ニ留メテ置イテ、朝鮮デ失業救濟ヲシタラバ內地人ノ失業救濟ハナイカト思フノデアルガ、政府ガ此點ニ付テ殆ド考ヘテ居ナイヤウデアル、考ヘテ居ルカハ知ラヌガ、實際ニ於テハ何等表ニ現ハレテ居ナイノデアリマス、政府ハ之ニ對シテモ現在及將來ニ渉ッテ此朝鮮ノ失業者ニ對シテ如何ナル御考ヲ持ッテ居ルノデアルカ、之ヲ朝鮮ノ內地ニ留メテ失業者救濟ヲサシタ方ガ宜イノデアルガ、事實向フカラドン〳〵這入ッテ來ルノヲ、ソレヲドウ云フ風ニシテ止メタラ宜イノデアルカ、其邊ノ御考ヲ御伺ヒシタイノデアリマス

尙ホ更ニ申上ゲタイコトハ、先程總理大臣ハ職業紹介所ノ擴張デアルトカ改善デアルト云フコトヲ御說明ニナリマシタガ、今日ノ職業紹介所ト云フモノハ、所ニ依ッテハ殆ド成ッテ居リマセヌ、一例ヲ申シマスト、近縣ニ於ケル所ノ職業紹介所ニ於テハ職業紹介所長モ、事務員モ、小使モ唯、一人デヤッテ居ルト云フヤウナ所モアル、何等ノ調査モ出來ナケレバ何等事業モ著々トシテ擧ゲルコトハ出來ナイノデアルト私ハ斯ウ考ヘル、一體失業救濟ト云フコトハ、ソンナニ府縣ヤ市町村ニバカリ責任ヲ轉嫁シナイデ、國自身ガヤルノガ當然デハナイカ、先ヅ其一端トシテ職業紹介所ノ如キハ之ヲ國營ニスル御考ハナイカドウカ、國營ニ致シマシテモ一年ニ九十万圓アレバ出來ルノデアリマスカラ、之ヲ國立ニスル考ハナイノデアルカ、ドウデアルカ、總理大臣ノ言フガ如ク唯、職業紹介所ノ改善ヲシ、擴張ヲシテ居ルト言ッテモ、ソレハ唯、抽象的ノ御言葉デアッテ、實際ニ當ッテ居ナイノデアリマスカラ、今後如何ニナサル御考デアルカト云フコトヲ御問ヒ申シタイノデアリマス、私ハ言ヒ方ハ拙イガ嘘ハ斷ジテ言ヒマセヌ、失業問題ハ敢テ日本バカリデハナイト云フコトハ先程總理大臣モ言ハレテ居ルガ、是ハ當然デアル、亞米利加ニモ今失業問題ガ起ッテ居ッテ四百五十万人乃至五百万人ノ失業者ガアル、併シ之ニ對シテ米國政府ハ如何ナル方策ヲ執ッテ居ルカト云フト、大統領ノ「フーバー」氏ノ聲明シテ居ル所ニ依レバ、今後六十日間ヲ以テ此四百五十万人ノ失業者ヲ悉ク平ゲテシマウト云フコトヲ聲明ヲシテ居ルノデハナイカ、又英國ニ於キマシテモ今日約百五十万人ノ失業者ガアル、併ナガラ英國ハ之ガ爲ニ唯、失業救濟ダケデハイケナイト云フノデ、今ノ勞働黨內閣ハ初ニ失業救濟ダケヤッタノデアルケレドモ、ソンナコトデハ本當ノ失業救濟ノ實ガ擧ラナイ、本當ニ根本的ニ失業救濟、失業防止ヲ爲サントセバ、國家ノ產業ヲ振興シナケレバナラナイ、之ニ依ッテ勞資ガ共ニナッテ資本家モ勞働者モ一ツニナッテ產業振興ヲ圖ラナケレバナラヌト云フ、此勞働黨ノ傳統ノ政策ヲ少シ變ヘマシテ、サウシテ全體ヲ以テ產業ノ振興ヲ圖ルト云フコトヲ、今ノ內閣ガ聲明ヲ致シテ居ルノデアル、今現ニ我國ノ政府ハ失業者ヲ出スヤウニヤリツヽアル、財政問題、經濟問題ニ於テ既ニソレ〳〵ノ先輩ガ話ヲセラレタノデアリマスケレドモ、其政策ハ失業者ヲ出ス政策デアル、失業問題ヲ本當ニ解決シヤウト云フナラバ、國家ノ產業ヲ振興シナケレバナラヌ、國家ノ產業ヲ振興スルニハ現內閣ノ政策ヲ根本的ニ變更シナケレバ失業政策ハ立タナイノデアル、私ハ最後ニ於キマシテ此問題ハ是ハ無論眞劍ニ研究シナケレバナラヌ問題デアッテ、是ハ敢テ黨派問題ノヤウナモノデハナク、眞劍ニ攻究シナケレバナラヌノダカラ、一ツ最後ニ總理大臣及內務大臣ニモ御話ヲ致シテ置クノデアリマスガ、英國ノ皇太子ガ昨年十二月下旬「ウエルス」ヲ御視察ニナッタ所ガ、非常ニ失業者ガ多クテ生活苦ニ惱マサレテ居ル者ガ多イ、百哩ノ間視察ヲシタ所ガ、何處ヘ行ッテモ幽靈ノ集會所ノ樣ナ有樣ダ、餓死者ガ非常ニ多イ、ソコデ英國ノ皇太子ハ自ラ此窮狀ヲ放送ヲ致シテ、更ニ昨年ノ二月ニ於キマシテハ、英國皇帝ハ此失業問題ニ對シテハ斯ウ云フ勅語ヲ發セラレテ居ル、私ハ此勅語ハ外國ノ皇帝ノ勅語デアルガ、引イテ現內閣ノ諸公ガ頭ノ中ニ刻ミ込ンデ置カレル必要ガアルノデハナイカト思フ(拍手)簡單ダカラ一寸聽イテ戴キタイ、「例ヘバ總テノ起ッタ事ガドノ樣デアラウトモ尙ホ富裕デアル、尙ホ多クノ方面ニ繁榮デアル國ニ住ミナガラ、何ノ不善ヲモナサヌ無辜ノ英國勞働者數千、數万人ガ、斯ル幽靈ノ如キ慘狀ニ陷ッテモ、尙ホ之ヲ救ハントセザルハ、是レ誰ノ罪ゾ、此國辱ヲ雪ガンガ爲ニ、何等誠意ヲ以テ眞劍ノ努力ヲ爲サズ、安閑トシテ居ル責任ハ總理大臣ノ上ニアルノデアル」ト云フ勅語デアル(拍手)國ハ違ヒマスルガ、是ハ延テ私ハ總理大臣ノ責任問題デハナイカト思フノデアリマス、更ニ我皇室ハ同胞ノ失業者、貧困者ニ對シテハ深ク宸襟ヲ惱マサセラレマシテ、高松宮殿下ガ御渡歐ノ忙シイ前ニモ拘ラズ、此間ハ東京ノ貧民窟ヲ御視察ニナッタト云フコトモゴザイマス、更ニ遡ッテ明治天皇陛下ノ、明治ノ初メニ於テ「億兆安撫ノ御宸翰」ト云フモノガアルガ、私ハ之ヲ實ニ今日ノ狀態ニ對シテ一層敬讀シナケレバナラヌト思ッテ居ル、「今般朝政一新ノ時ニ膺リ天下億兆一人モ其處ヲ得サル時ハ皆朕ガ罪ナレバ今日ノ事朕自身骨ヲ勞シ心志ヲ苦メ艱難ノ先ニ立古列祖ノ盡サセ給ヒシ蹤ヲ履ミ治蹟ヲ勤メテコソ始テ天職ヲ奉シテ億兆ノ君タル所ニ背カザルベシ」

明治天皇陛下ガ億兆ノ民一人モ其處ヲ得ザル者ガナイ樣ニ致シタイト云フ所ノ此御思召ハ延テ今日ノ皇室ノ上ニ在ルノデアリマシテ、苟モ大命ヲ奉ジテ內閣ヲ組織シテ居ル所ノ總理大臣以下一般閣僚ノ諸公ニ至ッテハ、年ガ遠クナッタカラト云ッテ 明治天皇ノ此有難イ御思召ヲ忘レテハナルマイト思フノデアリマスルガ、今ノ政府ノ遣方ニ致シマシテハ、是ガ半年經チ、一年經ッテシマヘバ、是ハ失業者ガ街頭ニ溢レテ、失業ノ爲ニ國ガ衰ヘルト云フ結果ニ遭遇スルコトハ間違ハナイノデアリマス、總理大臣、內務大臣其他ノ諸公ガ果シテ此點ニ付テ如何ナル御考ト責任感トヲ御持チニナッテ居ルカト云フコトヲ最後ニ御伺ヲ致シタイノデアリマス

昭和五年四月二十八日

## 國務大臣ノ演說ニ對スル質疑

●**大山郁夫君** 諸君、私ハ全國ノ勞働者、農民、無產市民其他一切ノ被壓迫民衆ノ立場カラ、濱口首相ノ施政方針演說ニ對シテ質問戰ヲ展開ショウトシテ居ルモノデアリマス、此質問ハ勿論濱口內閣ニ對シテ糺彈的意味ヲ含ンデ居ルコトハ言フマデモナイコトデアリマス、併ナガラ濱口首相ノアノ施政方針演說ニ糺彈ヲ投ゲ掛ケテ居ル者ハ、唯、吾々ダケデハナイ、政友會ノ諸君モシテ居ラレルノデアルガ、併ナガラ――併ナガラ政友會諸君ト吾々トハ全然立場ヲ異ニシテ居ルノデアリマス

〔「當リ前ダ」其他發言スル者多シ〕

●**議長(藤澤幾之輔君)** 靜肅ニ願ヒマス

●**大山郁夫君(續)** 諸君、吾々ハ今濱口內閣ノ下ニ於テ鬪ッテ居ルガ、嘗テ田中政友會內閣ノ時ニモ田中反動內閣ノ下ニ於テモ血ミドロノ戰ヲ鬪ッテ來タモノデアリマス(拍手) ソレ故ニ此濱口內閣ニ對スル糺彈ト云フモノハ、一切ノ資本家、地主ト政府、政黨ニ對スル糺彈ヲ含ンデ居ルモノデアルト云フコトヲ御承知置キ願ヒタイノデアリマス、諸君ハ今此演說ニ對シテ非常ナル嘲笑ヲ投ゲ掛ケラレテ居ルノデアリマスルガ、何時迄諸君ガ笑ッテ居ルコトガ出來ルカ、諸君ハ軈テ諸君ガ今此無產階級ノ聲ニ對シテ投ゲタ笑ニ對シテ悔恨ヲシナケレバナラナイ日ガ軈テ來ルデアラウコトヲ私ハ此壇上カラ叫ブモノデアリマス、吾々ハ今此第五十八議會ニ臨ンデ濱口首相ノ演說ヲ聽イタ時ニ、民政黨ノ政策ノ破綻ト云フモノガ意外ニ大キイコトヲ見タノデアリマス(「何處ニ破綻ガアルカ」ト呼フ者アリ)何處ニモアリマス、今カラ言フ、民政黨ハアノ十大政綱ヲ示シテ、之ヲ民衆ノ前ニ振翳シタ、ダガ濱口首相ノ演說ヲ聽イテ居リマスルト、如何ニモ民政黨ガ資本家、地主ニ對シテ爲シタ約束ヲ忠實ニ行ッテ居ルコトヲ吾々ハ見ルコトガ出來タ、其點ハ恐ラク資本家、地主ガ濱口內閣ニ對シテ心カラ感謝シテ居ルデアリマセウ、併ナガラ濱口內閣ガ勞働者・農民・無產市民ニ對シテ爲シタ約束ト云フモノハ少シモ實行サレテ居ナイバカリデハナクテ、ソレニ反對ノ政策ガ行ハレヤウトサヘシテ居ルコトヲ吾々見ルコトガ出來タノデアリマス、例ヘバ民政黨ハ總選擧ニ際シテ、勿論資本家地主ニ對シテハ樣々ナ約束ヲシタ、產業合理化ヲ行フ、又金本位制ノ制度ヲ擁護スル、其他樣々ノ約束ヲシタガ、サウ云フ約束ハ行ハレテ居ルケレドモ、勞働者・農民・無產市民ニ對シテシタ約束ト云フモノハ行ハレテ居ラナイ、例ヘバ民政黨ハアノ生活ノ必需品ニ對スル消費稅ノ整理輕減ト云フヤウナコトヲ聲ヲ揚ゲテ叫ンダノデアリマスルガ、濱口首相ノ施政方針ノ演說ノ中ニハ、サウ云フコトハ此處カラ先モ言ハレナカッタコトハ諸君モ聞カレタ通リデアリマス、實行ハ勿論出來テ居ラナイ、實行ガ出來テ居ラナイノミナラズ、更ニ今後保護關稅ヲ大ニ上ゲヤウトサヘシテ居ルヤウナ反對ノコトマデモ實行シヤウトシテ居ルノデアリマス、又嘗テ濱口內閣ハ此議會ニハ勞働組合法案ヲ提出スルト云フコトヲ約束シテ居ッタ、私達ハ勿論アノ濱口內閣ノ勞働組合法案ヲ見タ時ニハ、ソレニ絕對ニ反對ノ意思ヲ表示シタ、今デモ其反動性ヲ十分ニ信ジテ居ルノデアリマスガ、併ナガラ此勞働組合法案ガ茲ニ提出サレタ機會ニ、吾々ハ其反動性ヲ暴露ショウト考ヘテ居ッタノデアリマス、而モ新聞紙ニ依ルト、濱口內閣ハ一部少數ノ資本家ノ反對ニ遇ウテ、其反動的ナ勞働組合法案スラモ其反動性ガ尙ホ足リナイト云フヤウナ意味デアリマセウガ、兎モ角此議會ニハ提案サレナカッタノデアル

斯ウ云フコトヲ言ッテ居レバ限リガナイ、或ハ又失業豫防救濟トカ、住宅ノ改善トカ、救貧トカ、防貧ノ施設トカ、社會保險ノ整備トカ、斯ウ云フコト、或ハ小作問題ノ解決ト云フヤウナコトヲ盛ニ叫ンデ居ッタノデアリマスルガ、併ナガラ濱口首相ノアノ施政方針演說ヲ聽イテ吾々ガ如何ニ斯ル問題ガ解決爲シ得ラレルモノデアルカト云フコトヲ疑フノデアリマス、疑フノデハナイ、疑フ以上デアリマス

更ニ又此民政黨ノ政策ト云フモノハ、ソレガ口デ述ベラレテ居タ間ハ、如何ニモ一部民衆ニ對シテ一種ノ魅惑力ヲ持ッタ、其結果トシテ民政黨ハ最近ノ總選擧ニ於テ絕對多數ヲ得タノデアルガ、今ヤ其政策ガ實行期ノ第一段階ニ這入ッタ時ニ、既ニ大ナル破綻ヲ勞働者・農民・無產市民ノ前ニ暴露シテ居ルノデアリマス、殊ニ此民政黨ノ政策ノ破綻ノ最モ大ナルモノハ、失業救濟問題ニ於テ現レテ居ルノデアリマス、此失業救濟問題ニ關シテハ、旣ニ多方面カラモ質問ガアッタヤウデアリマスルガ、私ハ全然勞働者・農民・無產市民ノ立場カラ質問ショウトシテ居ルノデアリマスルカラ、其要旨ガ違フ、私ハ先ヅ此失業對策ニ關スル首相ノ施政方針演說カラ私ノ質問ヲ始メヤウトシテ居ルノデアリマス、ダガ此政府ノ失業問題ノ對策ニ對スル私ノ質問ヲ開始スル前ニ、先ヅ此失業救濟ト云フ此言葉其モノニ對スル勞働者ノ抗議ヲ此處デ叫バナケレバナラナイノデアリマス(「早ク質問ニ移レ」ト呼フ者アリ) 私ハ此私ノ意見ニ對スル政府ノ答辯ヲ求メヨウトシテ、今私ノ質問ノ內容

ヲ述ベテ居ルノデアリマス

政府ハ失業救濟々々々々ト言ハレルガ、失業者ト云フモノハ一體何デアルカ、失業者ト云フモノハ勞働スル意志モアレバ、能力モアル者デアリマス、勞働ヲシタクナイト云フヤウナ氣持ヲ持ッテ居ルノデハナイ、而モ其勞働スル意志モアリ能力モアルノニ、今工場カラ街頭ニ投ゲ出サレテ居ルノハ果シテ誰ノ責任デアルカト言ヘバ、勿論是ハ資本家ノ責任デアル、ソレ故ニ國家及資本家ハ失業者ノ生活ヲ保障スル義務コソアレ、失業者ヲ救濟スルト云フヤウナ、斯ウ云フ温情主義的ナ言葉ヲ用フル權利ハ全然ナイノデアリマス、是ハ農村救濟ト云フコトニ關シテモ同ジコトデアリマスルガ、而モ政府ガ斯ウ云フ言葉ヲ盛ニ用ヒテ居ル、ソレニ對シテ勞働者ノ憤激ガドレ程デアルカト云フコトハ、諸君ハ恐ラク知ラナイカモ知レナイガ、吾々ハ常ニ勞働者農民ニ接シテ居ルノデアッテ、其點ニ於テ勞働者農民ノ心持ヲ今申上ゲサケレバナラナイ、ソレデ其點ヲ先ヅ第一ニ抗議的意味ヲ以テ申上ゲルノデアリマス

ソレデ濱口首相ノアノ施政方針演説ノ方ニ移リマスガ、首相ハ去ル一月二十一日即チ第五十七議會解散ノ日ニモ矢張施政方針ノ演説ノ中ニ失業問題ノ事ヲ述ベラレタ、其時ニハ政府ノ所謂失業救濟策ニ付テ様々ノ效能ヲ述ベラレテ居ッタノデアリマス、民政黨コソ此失業ヲ救濟スル能力ヲ持ッテ居ル唯一ノ政府デアルガ如ク言ッテ居ラレタ、失業調節委員會ヲ通ジテノ失業問題ノ緩和トカ、或ハ六大都市ノ土木事業ヲ通ジテノ失業者救濟トカ、様々ナコトヲ言ッテ居ラレタ、更ニ最後ニハ社會政策審議會ノ方カラ有益適切ナ答申ガ來テ居ルカラ、ソレヲ參考ニシテ益々失業救濟ノ施設ヲ進メテ行カウト言フヤウナコトヲモ大ニ傲然タル態度ヲ以テ言ッテ居ラレタノデアリマス、然ルニ一昨日即チ四月二十五日ノ濱口首相ノ演説ヲ聽イテ居ルト言フト、失業問題ニ對シテ其言ハレル所ノ内容ガ甚ダ貧弱デアッタト云フコトハ、恐ラク誰モ認メナイモノハナイト思フノデアリマス、濱口首相ハ一月二十一日ハ脱兎ノ如ク、四月二十五日ハ處女ノ如キ姿態ヲ示サレタノデアリマス、是ハ民政黨内閣ガ此失業問題ト云フ大問題ノ前ニ直面シテ其無能力ヲ發揮シタト云フコトノ證明以外ノ何モノデモアリ得ナイコトヲ吾々ハ確信シテ居ルノデアリマス(拍手)政府ハ――濱口首相ハアノ施政方針ノ演説ノ中ニ於テ失業救濟ニ關スル根本策ト、ソレカラ其應急策トヲ示サレタノデアリマスガ、私ハ先ヅ第一ニ此根本策ト應急策トヲ批評シタ上デ、私ノ質問ヲ申述ベテ見タイト思フノデアリマス、順序トシテハ應急策ノ方カラ言ハウトシテ居ル、首相ハ應急策トシテ政府ガ執ッテ居ルノハ、又執ラウトシテ居ルノハ、職業紹介事業ヲ益々擴張シテ行クト云フ事ト、ソレカラ又地方ノ公共團體ヲシテ、所謂公益事業ヲ益々振ヒ興サシメルト云フコト、ヲ言ッテ居ラレタノデアリマス、ダガ第一ノ職業紹介事業ト云フモノガ、今如何ナル成績ヲ擧ゲテ居ルカト云フコトハ、最早世間ノ人ガ知リ盡シテ居ル通リデアル、例ヘバ東京市ニ於ケル各職業紹介所ノ門前ニハ何時モ黑山ノヤウニ人ガ集ルケレドモ、併シ本當ニ職業ヲ求メ得ル者、職業ニ有リ就キ得ル者ハ極メテ少數ニ過ギナイ、斯ウ云フヤウナコトヲ長々ト申上ゲマスマイ、ソレヨリモ最近社會局カラ發表サレタアノ失業統計ニ依ルト云フト、現在失業者ハ三十五万千五百八十九人アルトノコトデアルガ、一月二十一日ニ大ニ此失業救濟ノ施設ヲシテ見セルト言ハレタ、ソレカラ三箇月經ツカ經タナイカノ今日ニ於テ、失業者ハ減ルドコロカ益々殖エテ行ッテ、既ニ三十五万人ヲ超過シテ居ルト云フ、此事實コソハ政府ノ職業紹介事業ガ如何ニ無力デアリ、又其效果ガ無イカト云フコトノ證明デアルト吾々ハ斷言スルコトガ出來ルノデアリマス、又政府ハ公益事業ヲ益々振ヒ興サシメルト言ッテ居ラレルガ、併ナガラ此方面ニ於テモ過去ノ成績並ニ政府ノ現在ノ用意カラ申シマシテモ、吾々ハ其效果ト云フモノガ底ガ知レテ居ルノデアルト云フコトヲ十分ニ知ルコトガ出來ル、首相ハ施政演説ノ中ニ地方ノ公共團體ニ公營事業ヲ起サシメ、其財源確保ノ爲ニハ從來ノ起債方針ヲ緩和シテ、更ニ其經費ノ一部ヲ國庫カラ補助スルト言ハレタ、サウシテソレガ追加豫算ニ計上サレテ居ルト言ハレテ居ッタカラ、一體何億圓程ガ計上サレテ居ルノカト思ッテ、サウシテ政府ノ方カラ渡サレタ此昭和五年度ノ歳入歳出總豫算追加ヲ見マスト、失業救濟事業費補助ト云フノガ僅ニ六十一万九千二百九十八圓シカナイノデアリマス、政府ハ果シテ是ダケノ費用ヲ以テ現下ノ失業問題ヲ或程度ニ緩和シ得ルト云フ自信ヲ持ッテ居ラレルカト云フコト ヲ私ハ伺ヒタイノデアリマス、斯ル費用ハ曾テ政府ガ資本家ヲ、今ノ政府デナクテモ曾テ昭和二年ノ金融恐慌ニ際シテ、若槻内 閣及田中内閣ガ一部資本家ヲ救濟スル爲ニ、十億ニ近イ國庫負擔ヲ計上シタ様々ノ補償法ヲ制定シタノデアル、其十億ニ近イ所ノ金額ト、今失業救濟事業費補助ノ爲ニ計上サレテ居ル所ノ六十一万九千二百九十八圓トヲ較ベルト云フト、勞働者ハドウ云フ感ジヲ懷クカ、斯ウ云フコトハ諸君ノ推察ニ御任セスルコトニシヨウト思フノデアリマス、而モ地方ニ於ケル公益事業ガ如何ニ其效果ヲ擧ゲテ居ラナイカト云フコトニ付テ、私ハ私ノ知ッテ居ル事實ノ中カラ一二申上ゲタイト思フノデアリマス、私ハ、殊ニ我勞農黨ノ支持團體デアル所ノ自由勞働自治會ノ人々ト常

ニ接觸シテ居ルノデアリマスガ、サウ云フ人々ノロカラ、此公共團體ニ於ケル公營事業ガ如何ニ失業問題ヲ緩和スル能力ガナイモノカト云フコトヲ聞カサレテ居リマスガ、其一例トシテ申上ゲテ見タイ、今日東京市或ハ東京府ノ土木事業ノ方面ニ於テ職ヲ與ヘラレテ居ル勞働者ハ、失業登錄ヲ受ケテ居ル勞働者デモ、一箇月間ニ於テ十日間モ働クコトガ出來ル者ハ、是ハ最上ノ部分デアッテ、大抵ハ一月ノ中ニ六日カ七日程シカ職業ガ得ラレナイノデアリマス、其後ハ遊ンデ居ナケレバナラヌ、サウシテ其賃金、所謂出面カラ申シマシテモ、最上ノ所デ單價ガ一圓六十錢、是ガ一番良イ所デアルト云フコトヲ吾々ハ常ニ聞カサレテ居ルノデアリマス、單價ガ僅ニ一圓六十錢デアルガ、併ナガラソレ等ノ勞働者ハ、タッタソレダケノ賃銀ヲ得ル爲ニ、自分ノ家カラ職場迄通ハナケレバナラヌ、其爲ニハ往復ノ電車賃ガ三十錢掛ルノデアル、又其外中間搾取ガ二割乃至三割アッテ、サウシテ本當ニ手ニ入ル賃銀ト云フモノハ僅ニ一圓以上ヲ出デナイノデアリマス、一圓ト云フノハ餘程良イ所デアルノデアリマスガ、縱シ假ニ良イ所ヲ取ッテ一圓トシテモ、月ニ六日カ七日シカ働ケナカッタナラバ、六七圓シカ手ニ入ラナイ、能ク働ケテモ、十日働ケテモ尙ホ十圓シカ自分ノ手ニ入ラナイ、ソレデ自分ト又自分ノ家族ノ衣食住ノ費用ヲ出サナケレバナラヌト云フコトニナッテ居ルノデアリマスルガ、斯ウ云フコトデ、ドウシテ彼等ガ生活シテ居ルカト云フコトガ、吾々ニハ實ニ不思議ニ思ヘテナラナイ位デアリマス、今日吾々ハ新聞紙ヲ讀ンデモ、失業者ノ生活ノ悲慘ナル事ガ澤山載セラレテ居ル、一家心中トカ、或ハ又其外ノ慘劇トカヾ新聞紙上ニ語ラレテ居ルノデアル、サウ云フ失業者ガ、唯、政府ノ發表ヲ信ジテモ三十五万人アルト云フコトヲ知ル時ニ、吾々ハ此現在ノ失業問題ト云フモノガ如何ニ深刻デアルカト云フコトヲ知ルト同時ニ、政府ノ失業救濟事業ト云フモノガ如何ニ效果ノナイモノデアルカト云フコトヲ明ニ知ルコトガ出來ルノデアリマス、ソレカラ又公共團體ニ對シテ、サウ云フ失業救濟事業ヲ起サシメルト云フコトヲ政府ハ言ッテ居ラレルガ、此所謂失業救濟事業ト云フノハ一體ドウ云フ事業ヲ云フノデアルカ、是ハ新聞紙ヲ見テ私ノ知ッテ居ル所ニ依ルト云フト、各事業デ共勞働者ノ賃銀ニナルモノガ、三割以上ニ及ブモノハ、是ハ失業救濟事業ト認メルト云フコトニナッテ居ルト云フコトデアリマスルガ、サウスルト尙更、政府ガ此方面ニ於テ支出シテ居ル所ノ全額ハ、失業問題ヲ救濟スルニハ燒石ニ水以上ノ效果ガナイノデアリマス、斯ウ云フヤウナコトガ本當ダトスルナラバ、斯ル失業救濟事業ト云フモノハ、本當ハ失業者ヲ救濟スルモノデナクテ、寧ロ失業者救濟ト云フコトヲ名ニシテ、サウシテ資本家、地主及ビ銀行業者、土木請負業者ノ其喰物ニ、此失業救濟資金ヲ充テ、居ルモノデアルト云フコトモ明カデアルト思フノデアリマス（「明カデナイ」ト呼フ者アリ）明カデアリマス、斯ウ云フヤウナ點ヲ見テモ、吾々ハ政府ガ一體ドウ考ヘテ居ラレルカ、即チ政府ガ此所謂失業救濟政策ト云フモノニ、本當ニ自信ヲ持ッテ居ラレルカ否カト云フコトヲ承リタイノデアリマス、恐ラクハ自信ヲ持ッテ居ラレルノデハナクシテ、唯、行キ當リバッタリニ勞働者ノ一ツノ餌トシテ、或ハ勞働者ノ一ツノ見榮トシテ斯ウ云フコトヲ揭ゲラレテ居ラレルノデアルト云フコトヲ吾々ハ信ジテ居ル者デアリマス

ソレカラ又今度ハ政府ノ所謂根本政策ト云フモノ、方ニ移リタイト思フノデアリマスルガ、濱口首相ハ失業救濟ノ根本策ト云フモノハ、結局ハ産業ノ振興ニ在ルト云フコトヲ言ッテ居ラレマスルガ、産業ノ振興ト云フコトヲ抽象的ニサウ云フ言葉ヲ述ベラレテモ、共内容ガ一體何デアルカト云フコトハ、到底吾々ニハ分ラナイノデアリマス、産業ノ振興ト言ヘバ寧ロ資本家ノ利潤、資本家ノ儲ケヲ增大スルト云フ意味ナラバ、吾々ノ頭ニシックリ來ルガ、是ガドウシテ失業救濟ニナルカト云フコトハ、恐ラク如何ナル智者ヲ以テシテモ之ヲ明ニスルコトハ出來ナイデアラウ、而モ此産業ノ振興ト云フ言葉ニ結ビ付ケテ、濱口首相ハ或ハ國産品ノ愛用トカ、或ハ輸出ノ獎勵ト云フコトヲ言ッテ居ラレルガ、矢張同ジコトデアル、即チ資本家ノ儲ケヲ增ス許リデアッテ、直接ニハ勞働者ノ失業救濟、或ハ賃金値下ゲニ對スル政策トシテハ何等ノ效果ヲ持ッテ居ラナイモノデアル、ダガ勿論此産業振興ト云フ言葉ハ極メテ抽象的ノ言葉デアルカラ、ソレダケデハ內容ガ分ラナイケレドモ、併ナガラ吾々ハ又濱口首相ガ、他ノ方面デ即チ産業合理化ノ善後處置トシテ、一方ニ於テハ産業合理化ノ運動ノ徹底化ト言ッテ居ラレルガ、此産業振興ト云フ言葉ニ、此産業合理化運動ノ徹底化ト云フ言葉ヲ結ビ付ケル時ニハ、吾々ハ政府ノ眞意ハ果シテ何處ニアルカト云フコトヲ明ニスルコトガ出來ルノデアリマス、産業ノ合理化ト言ハレルガ、産業ノ合理化ト云フノハ一體何デアルカ、一體此産業ノ合理化ハ、殊ニ此政府ノ言ハレルノハ、資本家的産業合理化デアル、産業ノ振興ト云フヤウナモノハ結局ハ資本主義ヲ益、發達セシメルト云フコトヲ意味スルモノニ外ナラナイノデアリマスル、現在ノ失業問題ノ眞ノ原因ガ何處ニ在ルカト言ヘバ、是ハ言フ迄モナク資本主義ノ內的矛盾其モノ、中ニ、失業ト云フ問題ガ含マレテ居ルノデアリマス、ソレコソ本當ニ失業問題ノ原因デアルガ、而モ

其資本主義ヲ益〻發達セシムルコトニ依ッテ失業問題ヲ解決シヨウト云フコトハ、是コソ木ニ縁ッテ魚ヲ求メルモノニ外ナラヌト云フコトヲ吾々ハ斷言スル、更ニ此資本主義ノ發達ノ現段階ニ於テハ、資本家ハ今資本家的產業合理化ト云フモノヲ要求シテ居ルノデアル、勿論產業合理化ト云フ名前ハ非常ニ美シイ、デアルカラシテ產業合理化ト云フ名前ヲ、何等ノ說明モナク民衆ニ投ゲ付ケルト云フト、民衆ハソレニ魅惑サレルト云フコトガアルカモ知レナイ、併ナガラ產業ノ合理化ト云フコトヲ、政府ノ說明ナリ、資本家ノ說明ニ照シテ見ル時ニハ、是コソ現在ノ失業問題ヲ生產シテ居ルモノデアルコトガ分ルノデアリマス、例ヘバ產業合理化ト云フコトニ對シテ、政府ハ樣々ノ說明ヲ與ヘテ居ラレル、勿論吾々ハ纏マッタ說明ヲ聽イタコトハナイ、ケレドモ不斷カラ新聞紙ヲ讀ンデ居ル、新聞紙ノ中ニハ屢〻政府ノ說明ガ現ハレテ來ルノデアルガ、サウ云フモノヲ綜合スルト、產業合理化ト云フ言葉ニ依ッテ政府ガ意味シテ居ルモノガ、例ヘバ全國ノ重要產業ニ對シテ統制ヲ行フトカ、中小資本ヲ大資本ニ結付ケテシマウトカ、斯ウ云フヤウナ方面ノコトガ强調サレテ居ルノデアル、生產事業ノ統制、殊ニ全國重要產業ノ統制、企業ノ合同集中、若クハ、更ニソレニ科學的經營法トカ、或ハ「テーラー・システム」ト云フヤウナ言葉ニ結付ケラレテ居ル、卽チ規格統一トカ、或ハ製品ノ單純化ト云フ、斯ウ云フ言葉ヲ盛ニ示サレテ居ル、勿論斯ウ云フ言葉ヲ勞働者ガ聞カサレルト、如何ニモ其言葉ガ美シイカラ、勞働者ハ或時ニハ魅惑サレルコトガアルカモ知レナイガ、彼等ハ斯ウ云フ言葉ヲ理解スルコトガ出來ナイ、彼等ガ之ヲ理解シナイノハ當然デアル、斯ウ云フ言葉ハ勞働者ノ言葉デハナクテ、實ニ金融資本家ノ言葉ニナッテ居ルノデアルカラ、勞働者ハ之ヲ理解スルコトガ出來ナイノデアリマスガ、一旦其內容ヲ敎ヘラレル時ニハ、勞働者ハ此產業合理化ニ對シテハ斷乎トシテ反對スルモノデアリマス、斯ウ云フ產業合理化運動ガ行ハレテ、現在ノ失業問題ガドン〳〵進ンデ來テ居ルノデアル、而モ此產業合理化ノ下ニ於ケル今日ノ勞働者ノ生活、其點カラ吾々ハ現在ノ樣々ノ社會ノ狀態ヲ見ル時ニハ、產業合理化ノ結果ノ特徵ハ斯ウ云フモノトシテ要約サレルコトガ出來ルト思ヒマス、卽チ產業合理化ハ、事業ノ整理ト云フコトヲ要求シテ居ル、事業ノ整理、ソレニ工場閉鎖ガ續イテ起ルトカ、或ハ又操業ノ短縮、斯ウ云フコトガ此產業合理化ニ附帶シテ各方面ニ起ッテ來ルノデアリマシテ、其結果ハドウ云フモノデアルカト云フト、勿論賃銀ノ値下ゲ、今日アノ鐘紡ニ起ッテ居ル問題、交通勞働組合、東京市電ノ罷業ノ問題ハソレニ外ナラナイガ、卽チ此賃銀値下ゲ、ソレカラ又勞働時間ノ延長、是等ハ各方面ニ及ンデ起ッテ來ルノデアリマス、又賃銀値下ゲ、勞働時間ノ延長ノナイ所デハ、勞働ノ强化、卽チ所謂工場ノ設備ノ改善トカ、新機械ノ据付トカ、樣々ノコトガ行ハレテ、其結果ハ此勞働者ノ勞働力ヲ益〻大キク搾リ取リ、勞働ノ强度ヲ增シテ行キ、勞働ノ强化ト云フ、斯ウ云フ結果ヲ生ンデ居ルノデアル、サウシテ其結果ガ所謂失業者ノ大量生產デアル、今日到ル所、都市ニ、農村ニ、失業者ハ巷ニ充チ滿チテ居ル、「吾等ニ食ト仕事ヲ與ヘヨ」ト云フ痛烈ナル言葉ヲ放ッテ居ルノデアリマスガ、其叫ビガ諸君ノ耳ニ入ラナカッタラ、吾々ハ實ニ不思議ト思ハナケレバナラヌ、更ニ又此產業合理化ノ下ニ於テ行ハレル失業ハ、不斷ノ失業トハ非常ニ性質ガ違フ、卽チ失業ハ段々ト永久性ヲ帶ビテ來タノデアル、一遍失業スレバ再ビ復職スルト云フコトハ非常ニムツカシイ、今日各方面ニ於テ勞働爭議ガ起ッテ居ルガ、其勞働爭議ニ於テ勞働者ガ割合ニ早ク敗ケルト云フコトハ、吾々ハ資本ノ攻勢ガ益〻强クナッタ結果デアルト云フコトヲ見テ居リマス、モウ一ツハ一遍仕事ヲ失ヘバ、再ビ仕事ヲ得ルコトガ出來ナイト云フ氣持ガ、是等ノ勞働者ヲシテ早ク慘敗ヲセシメルヤウニナッテ居ル ノ效果ヲ生ンデ居ルト云フコトモ忘レテハナラナイノデアリマス、勞働者ガ本當ニ正當ナル生活上ノ要求ヲ提ゲテ鬪ッテ居ル時デモ、尙ホ一度仕事ヲ失ヘバ、又再ビ職ニ有リ付ケナイト言フ、斯ウ云フ心配カラ、當然勝ツベキ爭議モ敗ケルト云フヤウナコトガ澤山アル、斯クテ勞働者ノ生活ハ益〻慘メトナリツ、アルガ、併ナガラサウ云フヤウニ、今日ニ於テ勞働者ガ、爭議ニ想ハナイ慘敗ヲ取ルト云フコトガ續ケバ續ク程、失業者ハドン〳〵ドン〳〵後カラ出來テ來ル、其等ノ失業者ノ氣持ガドウナルカト云フト、言フ迄モナク失業者ハ益〻戰鬪的ニナリ、其影響ガ社會ニドウ云フヤウニ及ボスカト云フト、是ハ寧ロ產業合理化ニ贊成シテ居ル諸君ノ方ガ豫メ御覺悟ノ上デアラウト云フコトヲ吾々ハ信ジテ居リマス、今日ノ全國ノ失業狀態ノ事ハ、最早之ヲ申上ゲナクテモ、昨今ノ新聞ニハ十分書イテアリマス、政府ガ產業合理化運動ヲ徹底化シテモ、決シテ失業者ヲ出サナイト云フコトヲ言ハレルカモ知レマセヌガ、今失業者ガ巷ニ滿チテ居ル、此現實ヲ無視シテ、尙ホサウ云フ强辯ヲ弄サレルカ知レマセヌ、ダガ世界ニ產業合理化ノ模範ヲ示シタ獨逸ニ於テハ、果シテ失業者ガ減ッテ居ルカト云フト、決シテ減ッテ居リマセヌ、是ハ最近ノ新聞ニ依ッテ證明スルコトガ出來ル、日々新聞ノ四月十七日ノ夕刊ニ、世界ノ失業者ノ數ガ詳シク載ッテ居リマシタガ、此產業合理化ノ運動ノ本場デアル獨逸ノ失業者ノ數ヲ見ルト、實ニ昨年末ニ於テハ三百五万二百八十五人ヲ算シテ居テ、獨逸ノ現政府ハソレガ爲ニ六億ノ救濟基金ヲ支出シテ居ルト書イテアルノデアリマス、勿論私ハ何處マデ新聞記事ガ正シイトカ正シクナイト云フコトヲ問題ニシテ居ラナイガ、併シ獨逸ノ狀況ヲ大體傳ヘテ居ルモノデアルト確信シテ居リマス、斯タテ產業合理化ノ本場ノ獨逸ニハ、斯クモ失業者ノ數ガ澤山ニナッテ居ル、三百万以上ニナッテ居リマス、日本モ軈テサウナルデアラウガ、唯、違フ所ハ獨逸ニ於テハ新聞紙ニ依ルト、政府ガ六億ノ失業救濟基金ヲ設ケテ居ルト云フコトガ書イテアルケレドモ、日本ノ濱口内閣ハ、失業救濟失業救濟ト云フ聲ヲ非常ニ大キク叫バレルガ、其大キナ聲ニ逆比例シテ、本當ニ失業救濟ノ爲ニ支出シテ居ル費用ハ實ニ耳ノ垢ホドニモナラナイト云フコトヲ此處デ斷言スルコトガ出來ルノデアリマス、サウ云フヤウナコトヲ考ヘル時ニハ所謂濱口首相ガ失業救濟ノ根本政策根本政策ト言ッテ、之ヲ鼻高々ト示サレタ其案モ、實ハ何等ノ效果ヲ產マナイモノデアルト云フコトガ吾々ニハッキリ分ルノデアリマス、寧ロソレハ燒石ニ水ト云フ方ガ適當デアルデアラウ、ソレ以上ノ效能ハ決シテ無イト思ヒマス、濱口内閣ハ、何時迄モ斯ル姑息ノ手段ヲ續ケテ、本當ニ積極的ニ失業救濟トシテ、イヤ失業救濟策デナイ、失業者ノ生活保障ノ一策トシテ、サウシテ幾億圓ノ金ヲ出シテ、失業者生活手當ノ制度ヲ確立ショウト云フ意思ト決心トヲ持ッテ……

〔議長退席副議長著席〕

居ラレルカ否ヤト云フコトヲ私ハ伺ヒタイノデアリマス

ソレデ此點ニ關シテ我ガ勞農黨ノ對策ヲ申上ゲタイノデアリマス、我ガ勞農黨ノ對策ハ、何處迄モ勞働者、農民、無產市民ノ立場カラ立テラレテ居リマスガ、勞農黨ノ對策ノ内容ヲ述ベテ、濱口首相ノソレニ對スル見解ヲ承リタイノデアリマス、我ガ勞農黨ノ對策ハ失業者ノ生活保障ト云フモノハ、是ハ最早資本家、地主ノ負擔ニ於テスルノデナケレバ到底出來ナイコトデアル、資本家、地主ノ負擔ニ於テ爲スコトノミガ唯一可能ノ方法デアルト云フ根本趣旨ノ上ニ打立テラレテ居ルモノデアリマス、ソレ以外ニハ絕對ニ其方法ガナイ、ソレデ此失業者生活保障法案ト云フモノヲ提出ショウト云フ考ヲ持ッテ居ルガ、其内容ノ詳シイコトハ其時述ベルコトニ致シマスガ、其骨子ヲ申上ゲレバ、第一ニ内務省ノ管下ニ失業局ヲ設ケルコト、第二ニ此失業局ト云フモノハ、全國ノ各市町村ニ職業紹介所ヲ設ケ、職業ノ紹介竝ニ失業者ノ生活保障ノ爲ノ一切ノ事務ヲ取扱フ、第三ニ十五歲以上ノ男女ニシテ、職業能力ヲ有スルニ拘ラズ、現ニ職業ヲ有セザル者ハ、失業局ニ對シテ職業ノ紹介ヲ求ムルコトヲ得、第四ニハ、失業局ハ求職者ヲ失業者トシテ登錄スルモノトス、第五ハ失業局ハ全失業者ニ對シテ失業期間中一日金一圓五十錢ヲ支給シロト云フノデアリマス、即チ失業者ガ仕事ヲ持ッテ居ラナイノハ失業者自身ノ責任デハナクシテ、國家及資本家ノ責任デアルカラ、其失業者ニハ國家及資本家ハ當然仕事ガナクテモ、一日一圓五十錢ノ手當ヲ支給シナケレバナラナイト云フコトヲ吾々ハ信ジテ居ルノデアリマス（「懶ケ者製造ダ」「百万人アッタラ百五十万圓デハナイカ」ト呼フ者アリ）百五十万圓デハナイ、ソレ以上デアリマス、苟モ失業者ノ生活保障ト云フヤウナコトヲ言フ以上ハ、少クトモ百万人ノ失業者ニ對シテ吾々ハ準備ヲシナケレバナラナイノデアル、サウシテ百万人ノ失業者ニ對シテ一人々々日當ヲ一圓五十錢宛ヤル時ニハ、勿論一箇年ニ五億ノ金ガ要ルト云フコトハ言フマデモナイ、ダガ此五億ノ金ト云フモノハ、諸君ニ取ッテハ實ニ非常ニ大キナ金ニ見エルデアリマセウガ、無產階級ノ眼カラ見レバ、ソレハ大キナモノデモ何デモナイ、實ニ僅ナモノニ過ギナイ、少ナタトモ此額ハ今政府ガ資本家、地主ノ爲ニ出シテ居ル費用ニ較ベル時ハ、九牛ノ一毛ニモ過ギナイノデアルト云フコトヲ吾々ハ斷言スルコトガ出來ルノデアリマス、諸君ハ尙ホ記憶シテ居ラレルデアリマセウ、アノ昭和二年ノ金融恐慌ノ際ニハ、或ハ震災手形法デアルトカ、日銀補償法デアルトカ、或ハ臺灣銀行救濟法或ハ補償法ガ出サレテ、其爲ニ十億ニ近イ負擔ト云フモノガ民衆ノ背中ノ上ニ載セラレタノデアリマス、アノ僅ノ間ニ十億ノ金ヲ以テ金融資本家ヲ救濟サレタ、即チ金融資本家ノ爲ニハ極タ僅ノ間ニ或ハ「モラトリアム」ヲ施行シタリ、或ハ斯ノ如キ補償法ヲ制定シタリスル、是程資本家ニ親切ナル政府ガ、其費用ノ何分ノ一ニモ足リナイ五億圓ヲ出セバ、此失業者ノ救濟ト云フコトハ少クトモ應急策トシテハ直ニ出來ルノデアル、吾々モ之ヲ應急策ト言ッテ居ルノデアルガ、吾々ノ應急策ト云フモノハ、政府ノ應急策トハ少シ譯ガ違フ、其費用五億圓ト云フモノハ、今モ申シマス通リニ、實ニ資本家、地主ヲ救濟シタ金ニ較ベレバ極ク僅ノモノニ過ギナイト云フコトヲ吾吾ハ玆ニ一言言ッテ置キマス、更ニ又ソレバカリデハナクシテ、現在昭和五年度ノ豫算ニ於テ各種ノ補助金、補助費ノ總額ヲ言ヘバ一億三千五百万圓、斯ウ云フモノヲ計上シテ居リマス、是カラ利益ヲ得ル者ハ勞働者デハ斷ジテナクシテ、資本家デアルト云フコトハ諸君ノ知ッテ居ラレル通リデアリマス、又更ニ吾々ノ眼前ニハ、例ノ絲價安定融資補償法ガ發動サレテ、一部ノ資本家デアル所ノ製絲業者、或ハ其製絲業者ト取引シテ居ル銀行家ヲ救濟ショウトシテ居ルノデアリマス、更ニ又輸出補償法案ト云フモノヲ此議會ニ提出サレヤウトシテ居ル、斯ウ云フコトハ皆資本家ヲ補助スルノデアルガ、ソレニ較ベレバ五億位ノ金ハ何デモナイモノデアリマス

ソレデ吾々ハ此失業者手當法ノ財源ニ付テ申上ゲタイ、五億圓ノ財源ヲ捻出スルニハ、資本家、地主ト妥協サヘシナケレバ決シテ困難ナ事ハナイノデアリマス、吾々ハ先ヅ第一ニ月額四十五圓以上ノ恩給年金ノ廢止ヲ叫ビタイノデアル、現在此恩給年金ノ總額ハ、恩給ノ方ハ一億三千四百万圓、年金ノ方ハ千百万圓、合計一億四千五百万圓ニナッテ居ルノデアリマス、勿論此恩給デ生活シテ居ル者モアルデアラウガ、サウ云フ人ノ爲ニハ吾々ハ考ヘナケレバナラナイ、ソレ故ニ四十五圓以下ノ恩給ト云フモノハ、是ハ廢シテハナラナイ、四十五圓ノ計算ハ何處カラ出タカト言ヘバ、勞働者ノ失業者ニ日當一圓五十錢ヲ與ヘル、其日當ノ一箇月分ハ四十五圓デアリマス、失業者ト同ジ樣ナ生活ノ水準ニ置クト云フコトハ、決シテ不公平デモ何デモナイ、是ハ當然ノコトデアルト云フコトヲ吾々ハ絶叫スルノデアリマス、此四十五圓以上ノ恩給年金ト云フモノヲ廢スルトキニハ、一億圓位ノ金ハ容易ニ浮クノデアル、而モ今日勞働者、農民ハ或ハ飢ニ泣キ、寒ニ凍エルト言フ時季ハ過ギタケレドモ、併ナガラ非常ナ苦シイ生活ヲシテ居ル時ニ、四十五圓以上ノ恩給ヲ貰ッテ居ル人ガ、ソレ以上ノ恩給ヲ削ラレル位ノ事ヲ我慢スルト云フコトハ、是ハ何デモナイ事デアリマス、殊ニ又國家ノ所謂高位高官ノ人ノ中ニ、非常ニ多額ノ恩給ヲ取ッテ居ル人モアル、其一例ヲ擧ゲレバ、例ヘバ吾々ガ彼ノ「シーメンス」事件以來其名ヲ親シク知ッテ居ル所ノ山本權兵衛大將、斯ウ云フ人ハ其恩給ヲ六千圓貰ッテ居ルノデアルシ、又曾テ憲政擁護運動ヲ捲キ起シタ彼ノ清浦内閣ヲ作ッタ、其時ノ總理大臣ノ清浦奎吾氏ハ、矢張同ジク六千圓ノ恩給ヲ貰ッテ居ルシ、又今日朝鮮ノ疑獄事件デ吾吾ガ毎日新聞デ御目ニ懸ル所ノ山梨半造大將デモ、四千圓ノ恩給ヲ貰ッテ居ルノデアリマス、斯ウ云フ人々ガ四十五圓以上ノ恩給ヲ削ラレテモ生活ニ困ル心配ハ斷ジテナイト云フコトヲ吾々ハ知ッテ居ルノデアル〔「ソレハ間違ナイ」ト呼フ者アリ〕知ッテ居ルノミデハナイ、サウ云フヤウナ人ノ恩給ヲ撤廢スルト云フコトハ、政府ノ言葉デ云ヘバ國家風敎ノ上ニモ大ニ益ガアル事デアルト云フコトヲ吾々ハ確信シテ居ルノデアリマス、而モ諸君、是ダケノ三人ノ恩給ヲ合セテモ一万六千圓ニナルノデアルガ、此一万六千圓ダケデドレダケノ失業者ガ救ハレルカト云フコトヲ考ヘテ貰ヒタイ、卽チ此失業手當法ニ依ッテ三十人ノ失業者及ビ其失業者ノ家族ガ、一年間其三人ノ恩給デ生活ガ出來ルノデアル、斯ウ云フコトヲ考ヘル時ニハ、此恩給制度ト云フモノハ、今日ノ現段階ニ於テ、如何ニ不公正ナモノトナッテ居ルカト云フコトハ、益〻明ニ分ルト思フノデアリマス、斯ウ云フ方面ニ於テモ尙ホ言ヒタイ事ガアリマスガ、長クナルカラ此處ニハ申上ゲマセヌ

其次ニ吾々ハ陸海軍費ノ半減ト云フコトヲ此處デ叫ビタイノデアル、陸軍費ノ半減ト云フコトハ、是ハ清瀨一郎君ガ嘗テ此議會ノ演壇ニ於テ叫バレルデアラウトノコトデスカラ、其方ニ讓リタイノデアルガ、兎ニ角現在ノ日本ノ周圍ノ情勢ヲ見ルトキニハ、常備軍ト云フモノガ十九万五千人トカ云フ、是程ノ大軍ガ必要デアルト云フコトハ吾々ハ信ジナイノデアル、又民政黨内閣ガ出來タ時カラ、軍費ヲ削減スル、削減スルト云フコトハ屢〻約束シテ居ル、其約束ハ實現出來テ居ラナイケレドモ、吾々ハ今日ノ情勢カラ見テ、陸軍費ト云フモノハ是ハ半減ニシテモ、毫モ吾々ノ生活ノ安寧ト云フモノハ脅カサレナイモノデアルト云フコトヲ確信ヲ持ッテ居ルノデアリマス、又海軍ノ費用ニ付テモサウデアル、吾々ハ彼ノ軍縮會議ガ行ハレル時ニ、濱口内閣ハ全權ヲ旗、倫敦三界ニ送ラレテ、サウシテ此軍縮會議ヲ完全ニ行フコトニ依ッテ、國民ノ負擔ノ輕減ト、世界平和ノ確保ト云フコトヲ、之ヲ成シ遂ゲルト云フコトヲ言ッテ居ラレルノデアリマスガ、アノ軍縮會議ニ於ケル所ノ樣々ノ議事ノ進行、及ビ其結果ヲ見ルト、此軍縮會議ハ結局帝國主義戰爭準備ノ合理化以外ノ何物デモナカッタト云フコトガ今明ニナッテ居ルノデアリマス、又國民負擔ノ輕減ト云フコトモ言ヘレルガ、併ナガラ國民負擔ノ輕減ト云フコトハ、殆ド絶望ニナッテシマッテ居ル、此海軍々縮會議ノ協定ノ結果、幾ラカノ財源ガ餘ルト云フコト、其剩餘財源ト云フモノガ社會政策的ニ使ハレルトカ、或ハ減稅ニ使ヘレルト云フコトヲ始終新聞デ見テ居タノデアルガ、最近ノ新聞デ見ルト、全然サウデナイ、空軍ノ擴張ノ爲ニ使ハレルト云フコトニナッテ居ルノデアリマス、而モ其剩餘財源ハ、一體ドノ位ニナルカト云フコトガ分ラナイト云フコトヲ首相ガ言ヘレタヤウニ聽イタノデアリマス、要スルニ濱口内閣ガ謂フ所ノ國際平和ノ確保、國民負擔ノ輕減ハ、帝國主義戰爭ノ準備ト云フモノヲ全廢シナケレバ到底期待シ得ラレナイト云フコトヲ私ハ此壇上カラ叫ブ者デアリマス、斯ウ云フ意味ニ於テ吾々ハ現在約四億圓ニモ上ル陸海軍費ノ半減ヲ主張スル、陸海軍費ヲ半減シタ所デ、日本ガ帝國主義政策ヲ抛棄サヘスレバ、國民ノ安全ト云フモノハ決シテ脅カサレルモノデナイト云フコトヲ吾々ハ同時ニ斷言スル者デアリマス

又第三ノ財源トシテハ、吾々ハ資本利子稅

ヲ増徴セヨト叫ブノデアル、此資本利子税、即チ大資本家ノ搾ッテ居ル資本利子税ガ一體何億圓アルカト思ッテ、吾々ガ豫算ヲ調ベテ見ルト、其資本利子税ノ總額ハ僅ニ一千六百万圓ニ過ギナイ、日本ノ民衆ハ皆貧シイ、益々飢エヤウトシテ居ル、而モ其民衆ヲ踏臺ニシテ、日本ニハ大キナ資本家ガアル、三井、三菱、安田、住友其他ノ財閥ガ巨億ノ富ヲ積ンデ居ルノデアリマスガ、サウ言フ財閥ガ大キナ儲ケノ中カラ出シテ居ル税金デアルカラ、嘸澤山アルデアラウト思ッテ豫算ヲ繰擴ゲテ見ルト、僅カ一千六百万圓シカナイノデアリマス、日本ノ民衆ガ此事實ヲ見テ一體何ト感ズルデアラウカ、即チ所謂日本ノ民衆ハ此事實ヲ見テ、日本ノ政治ガ如何ニ金融財閥ノ支配ノ下ニ在ルト云フコトノ外何モノヲモ看ルコトガ出來ナイノデアリマス、此資本利子税ヲ増徴スレバ宜イ、現在ノ資本利子税ハ、資本ノ利子ニ對スル百分ノ二ノ比例税デアル、人ヲ馬鹿ニシタヤウナ低イ税率デアリマス、之ヲモット高率累進賦課ニスル時ニハ、此方面カラ一億圓以上ノ税金ヲ捻出スルコトハ實ニ容易ナコト、思フノデアリマス

ソレカラ又吾々ハ一切ノ機密費ノ廢止ヲモ叫ビタイ、現在日本ノ豫算ノ上ニ、機密費ト云フモノガアルト云フコトハ、實ニ民衆ノ恥辱デアル、此機密費ト云フモノハ、是ガ三百二十一万圓、額ハ少イガ、之ヲ除クト云フコトハ、日本ノ政治ヲ公明ナラシメル上ニ非常ニ大切デアル、機密費ガ公然ト掲ゲラレテ居ルト云フコトハ、餘リニモ露骨ニ民衆ヲ愚弄シタモノデアル、曾テ第五十二議會ノ時ニ、田中大將ノ機密費三百万圓費消事件ト云フノガアッテ、吾々ハ其時ニ驚イタ、日本ノ政治ト云フモノハ腐敗墮落シテ居ルト云フコトヲ聞イテ居ルノデスガ、是程暗イ影ガ射シテ居ルノカト驚イタ、濱口内閣ハ頻ニ明ルイ政治、明ルイ政治ト云フコトヲ言ッテ居ルノデアルガ、本當ニ濱口内閣ガ明ルイ政治ヲ行ハウト云フコトヲ考ヘテ居ルノナラバ、何ヨリモ先ヅ暗イ影ノ翳シテ居ル機密費ヲコソ撤廢シナケレバナラヌト吾々ハ信ジテ居ルノデアリマス、而モ濱口内閣ハ此機密費ヲ少シモ減額シテ居ラナイ(「減ラシテ居ルヂヤナイカ」ト呼フ者アリ)少クトモ撤廢シテ居ナイ、吾々ハ嘗テ政友會内閣ニ向ッテ多大ノ利益ヲ與ヘタ機密費ハ、今ヤ濱口内閣ニ利益ヲ與ヘル機密費ニ轉化シテ居ルト結論セザルヲ得ナイノデアリマス(「虚構ノ事ヲ言フナ」ト呼フ者アリ)ソレハ機密費ガ豫算面ノ上ニアルト云フコトハ事實ナノデアリマス

ソレカラ其ノ次ニハ補助金、奬勵金ノ廢止デアリマス、勿論是ハ資本家ノ利益ノ爲ニ爲サレテ居ルノデアリマス、昭和五年度ノ豫算ニハ、補助金ガ一億三千四百万圓、是ダケ計上サレテ居ルノデアリマス、即チ資本家ノミガ救濟サレテ居ルノデアルガ、之ヲ撤廢シテシマッタナラバ、今言ッタ一億三千四百万圓以上ノ財源ガ直ニ浮クノデアリマス、ソレカラ其次ニ吾々ハ又國債利子ノ支拂延期、之ヲ主張シタイノデアリマス、此國債利子ノ支拂延期ト云フノハ、失業狀態ガ現在ノヤウニ激烈ナ期間ダケ國債利子ノ支拂ヲ停止セヨト云フノデアリマス、極メテ公正ナ要求デアルト云フコトハ、諸君モ認メラレルコトデアラウト信ズルノデアリマス、此利子ノ支拂ヲ延期スルト、一年ニ二億九千五百万圓ガ直ニ浮イテ來ルノデアリマス、斯ウ云フモノヲ合算スレバ九億圓内外ノ金ガ直ニ浮クノデアル、吾々ハ此失業者ノ生活保障制度ト云フモノハ五億圓ノ金ガアッタナラバ出來ル、併ナガラ斯ウ云フ資本家ヲ利益スル所ノ樣々ナ經費ヲ暫クノ間停止スレバ、結局九億圓ノ財源ガ直ニ浮ンデ來ル、此財源ヲ以テスレバ、失業者ノ救濟ヲ圖ル位ノコトハ實ニ易々タルコトデアルト云フコトヲ申上ゲタイノデアリマス、斯ル失業者ノ生活保障ノ制度ヲ確立シテ、サウシテ財源ヲ今申シタヤウナ方面ニ求メル時ニハ、全國ノ九割六分ヲ占メテ居ル所ノ無産大衆ニハ何等ノ負擔ヲ課サナイデ、失業救濟ガ非常ニ效果的ニ出來ルモノデアリマス、而シテ此制度ヲ行ヘバ、勿論一部少數ノ資本家ハ不滿ヲ言フカモ知レナイ、地主ハ不滿ヲ言フカモ知レナイ、ケレドモ併ナガラ現在百万人以上ノ勞働者ハ、餓死線上ニ立ッテ、非常ニ悲慘ナ生活ヲシテ居ルト云フコトヲ考フルトキニハ、暫クノ不便ヲ忍ビ、暫クノ不滿ヲ抑ヘラレル位ノコトハ何デモナイ筈デアルト思フノデアリマス、而モ政府ガ是等ノ少數ノ資本家、地主ノ利益ノミニ媚ル間ト云フモノハ、勿論此制度ハ行ハレナイ、併ナガラ吾々ハ確信シテ居ル、資本家、地主トハ絶對的ニ妥協シナイデ、唯、勞働者、農民、無産市民ノ利益ノミ代表スル所ノ無産政黨ガ政治ヲ執レバ、斯ノ如キ制度ヲ設ケテ、本當ノ失業者生活保障ヲ斷行シ、又其問題ヲ解決スルト云フコトハ、朝飯前ノ仕事デアルト云フコトヲ言フノデアリマス(「ソンナ意見デハ政治ハ執レナイヨ」ト呼フ者アリ)是ガムヅカシイト云フノハ、是ハ何處マデモ、資本家、地主ト妥協シナケレバ政治ガ出來ナイト云フコトヲ自白スルモノデアル、諸君、考ヘテ戴キタイ、數百人ノ資本家、地主ノ不便ヲ暫ク忍バレルノト、百万人以上ノ勞働者ヲ餓死セシメ、更ニ此勞働者ト共通ノ利害關係ヲ持ッテ居ル今日ノヤウナ悲慘ナ生活狀態ニ在ル所ノ幾千万人ノ農民、無産市民ノ不平不滿ヲ抑ヘ付ケルノト何方ガ容易デ、何方ガ困難デアルカト云フコトヲ序デニ考ヘテ戴キタイノデアリマス、私ハ政府ハ本當ニ斯ウ云フ失業者ノ生活ヲ保障スル積極的施設ヲ行フ所ノ意思ト決心ガアルカト云フコ

トヲ伺ヒタイト申上ゲル次第デアリマス

其次ニハ又吾々ハ農民ノ生活ノコトモ申上ゲタイ、濱口首相ノ施政方針演說ハ、農民ノ問題ニハ殆ド觸レテ居ラナカッタ、民政黨ハ常ニ農民ノ利益ヲ圖ルノダト言ッテ居タガ、濱口首相ノ施政方針演說ハ、農民ノ問題ノコトヲ少シモ述ベテ居ラナイ、强テ言ヘバアノ肥料ノ運賃値下、或ハ共配給改善、是ヲ以テ農民ノ問題ニ觸レタト言ハレルデアラウガ、日本ノ農村ハ苦シミ喘イデ居ル、農民ノ苦ミト云フモノハ是シキノコト、肥料ノ運賃値下、配給改善ト云フ位ノコトデハ到底之ヲ救濟スルコトガ出來ナイノデアリマス、又現在ノ農民ト云フモノハ、サウ云フコトヲ問題ニシテ居ラナイ、毎日ノ農民運動ヲ十分見テ居ラレル時ニハ、農民ガ非常ナ困難ノ下ニ土地立入禁止デアルトカ、立入差押デアルトカ、或ハ又土地返還ノ要求ニ對シテ、血ミドロノ闘争ヲシテ居ルト云フコトハ、十分ニ知ッテ居ラレルデアラウ、斯ル狀態ノ下ニ農民ハ常ニ耕作權ヲ脅カサレテ居ルノデアリマス、更ニ農民ハ土地ヲ要求シテ居ル、我ガ勞農黨ハ、全國農民組合ト共ニ「土地ヲ農民ヘ」ト云フ「スローガン」ヲ掲ゲテ闘ッテ居ルノデアリマスガ、日本全國ノ幾千万ノ農民ガ此「スローガン」ニ對シテ、熱烈ナル共鳴ヲ送ッテ居ルノデアリマス、卽チ土地ヲ心カラ欲シテ居ルト云フコトハ、是ハ今日ノ農民ノ心情デアル、農民ハ本當ニ土地ヲ熱烈ニ要求シテ居ル、此農民ノ要求ヲ叶ヘルノデナケレバ、農村問題ト云フモノハ決シテ解決ノ出來ルモノデナイ、ソレ故ニ我勞農黨ハ全國農民組合ノ如キ闘争的農民組合ト手ヲ携ヘテ、從、此「土地ヲ農民ヘ」ノ「スローガン」ノ下ニ、闘争ヲ展開シヨウトシテ居ルモノデアルト云フコトモ、序ニ一言シテ置ク次第デアリマス、(「ソレガ質問演說カ」ト呼フ者アリ)又更ニ吾々ハ現在極度ニ窮迫シテ居ル所ノ農村ヲ救濟シヤウト思フナラバ、農民ノ借金問題ト云フモノヲ解決シナケレバナラナイト云フコトヲ言ヒタイ、今日ノ農民ノ借金ハ六十億圓ニ上ッテ居ルト言ハレテ居ル、其利子スラモ十億圓ヲ算シテ居ルト言ハレテ居リマス、細カナ統計ハ私達ハ持ッテ居リマセヌケレドモ、併ナガラ少シ前ノ事デアルガ、杉山元治郎君ガ「農村貧窮論」ト云フモノヲ書イテ居ル、其中ニ昭和元年迄ノ統計ヲ舉ゲテ居ルノデアリマス、ソレヲ讀ムト斯ウ書イテ居ル「大正元年大藏省理財局ノ調査ニ依レバ、農家ノ負債總額ハ七億四千六百万圓アッテ、其内不動產擔保付ノモノガ三億七千八百万圓約五〇・七パーセント、ソレカラ動產擔保付負債ガ七千九百万圓、是ガ全額ノ約一〇・六パーセント、無擔保負債ガ二億八千九百万圓是ガ全額ノ約三八・七パーセント、サウシテ一戸當リノ負債額ハ約百三十五圓ヲ示シテ居ルノデアル、然ルニソレカラ十五年後ノ昭和元年ニハ、農家ノ不動產擔保付負債總額ハ約二十四億卽チ約六倍以上ニ增加シテ居ル、十五箇年ニ農民ノ借金ガ六倍以上增加シテ居ルノデアル、然ラバ不動產以外ノ負債ハドウデアルカト云フト、是ハ正確ナ數字ヲ言フコトハ出來ナイガ、大藏省理財局ノ調査ニ依リテ推論スルニ、約二十五億五千万圓ニナルノデアル、此兩者ヲ合スルト云フト、實ニ五十億圓近クニナルノデアル」斯ウ云フコトヲ言ハレテ居ルノデアリマスガ、是ハ恐ラク正確ニ近イモノデアラウガ、昭和元年ニ農民ノ借金ハ約五十億圓ニ近カッタノデアリマスガ、ソレカラ四五箇年ヲ經ッタ今日ニ於テハ、六十億圓ノ農民ノ借金ガアルト云フコトヲ推論スルト云フコトハ、決シテ過大ニ失スルモノデナイト信ズルノデアリマス、吾々ガ最近農村ニ行クト、農民ガ何ヲ一番痛切ナル問題トシテ居ルカト言ヘバ、此借金ノ問題ト云フコトニ頭ヲ惱シテ居ルノデアリマス、農民ハ吾々ニ向ッテ何時モ借金ノ問題ノ爲ニ何トカ運動シテ吳レト、痛切ナル希望ヲ吾々ニ述ベルコトヲ常トシテ居ル、吾々ハ常ニソレヲ聞イテ居ルノデアリマス(發言スル者アリ)農民ノ生活ト非常ニ遠イ諸君ハ、ドウ見テ居ラレルカ知リマセヌケレドモ、常ニ農民ノ間ニ、農民ト手ヲ握リ農民ノ心臟ノ鼓動ヲ何時モ聞イテ居ル所ノ吾々ハ、農民カラ常ニ斯ル要求ヲ投與ヘラレテ居ルノデアリマス、ソコデ我ガ勞農黨ハ農民等ヲ苦メテ居ル所ノ借金問題ニ對スル應急策ヲ立テタノデアリマス、濱口首相ニ倣ッテ應急策ト申シマスガ、此應急策トシテ借金支拂猶豫法案ト云フモノヲ、此議會ニ提出ショウトシテ居ルノデアリマス、其内容ハ斯ウデアリマス、借金支拂猶豫ニ關スル法律案、月收百五十圓以下ノ者ニシテ、現ニ債務ヲ有スル者ハ其債務ノ支拂ヲ昭和十年五月一日迄延期スルコトヲ得、斯ウ云フノデアリマス、又無論其延期中ノ利息ハ之ヲ請求スルコトヲ得ズ、卽チ農民ハ今借金ニ苦ンデ身動キモナラナイヤウニナッテ居ル、(笑聲)諸君ハ此話ヲスル時ニ笑聲ヲ以テ迎ヘラレルガ、農民ニ此話ヲスル時ハ、彼等ハ涙ヲ流シテソレヲ聽クノデアリマス、ソレ故ニ吾々ハ農民ノ爲ニ此支拂猶豫ニ關スル法律案ヲ出シタイ、是デナケレバ農民問題ノ手近ナ解決ハ出來ナイ、斯ウ云フ確信ヲ持ッテ居ルノデアル、サウシテ此農民ノ爲ニ此支拂猶豫ノ法律案ヲ出シタイト思ッテ居リマスガ、今日借金ニ苦ンデ居ルノハ唯、農民ダケデハナイ、農民ト共ニ幾多ノ勞働者竝ニ小賣商人及俸給生活者モ同ジ苦ミヲ受ケテ居ルノデアルカラ、斯ウ云フヤウナ制度ガ設ケラレヽバ、斯ウ云フ人ヲ救濟――救濟デハナイ、斯ウ云フ人々ノ生活ヲ保障スルコトハ容易ナ事デアル、而シテ此制度ヲ確立シタ所デ僅バカリノ手數料ハ要ルカモ知リマセヌケレドモ、併ナガラ國庫カラハ其手數料以外ニ一文モ金ヲ出サナクテ濟ムノデアルト云フ點モ考慮シテ戴キタイノデアリマスガ、一文ノ金モ要ラナイデ、債権者ニ對シテハ暫クノ間不便ヲ忍べ、即チ農民或ハ小資商人、俸給生活者ガ經濟ヲ立直ス間、五年ダケハ其不便ヲ忍ベ、之ヲ言フダケデアル、此不便ダケヲ忍バレ、バ、此重大ナル問題ガ直ニ解決サレル、有ユル問題ノ解決ハ、資本家地主ニサヘ妥協シテ戴ケバ極メテ容易デアル、容易ナル問題ノ解決ガ困難デアルト云フコトハ、是ハ今ノ政府ガ資本家地主ノ利益ニ媚ビテ、資本家地主ト妥協シテ、勞働者農民、無產市民ノ聲モ毫モ聞カナイカラデアルト吾々ハ考ヘテ居ルノデアリマス、ソレデ此失業者及農民ノ生活保障ニ對シテ吾々ハ斯ウ云フ法案ヲ出シタ、是ハ現在ノ制度ヲ改メルコトナシニ實行ガ可能デアル、實行ガ可能デアルノミナラズ容易デアル、否ナ實行ニ可能デアリ、容易デアルノミナラズ、現在ノ制度ノ下ニ實行シ得ラレル唯一可能ノ制度デアルト云フコトモ、是モ附加ヘテ言ハナケレバナラナイノデアリマス、斯様ナ吾々ノ對策ニ對シテ、政府ハ如何ナル見解ヲ持ッテ居ルノデアルカ、ソレハ單ニ一片ノ空想デアルトシテソレラ斥ケラレルカ、サウデハナクシテ是コソ現在ノ勞働者農民ノ生活問題ヲ解決スル所ノ唯一可能ノ方法トシテ参考ニ供セラレルノデアルカ、其點ヲ私ハ政府ニ向ッテ伺ヒタイノデアリマス

　更ニ吾々ハ勞働者農民ノ政的自由ニ關スルコトニ對シテ政府ニ質問シタイノデアル、我ガ勞農黨ハ其綱領ニ「勞働者、農民、無產市民其他一切ノ被壓迫民衆ノ日常ノ利益ヲ伸張スル」ト云フコトヲ言ッテ居ルト同時ニ、又ソレ等ノ被壓民衆ノ政治的自由獲得ノ爲ニ闘フコトヲ誓ッテ居ルノデアリマス、ソレデ此壇上カラ私ハ當然政的自由獲得ニ關聯シテ、一言政府ニ質問致サナケレバナラナイ義務ヲ感ジテ居ル、ソレハ此事コソ吾々ガ日常闘爭ヲ通ジ、或ハ選擧闘爭ヲ通ジテ、吾々ガ接觸シテ居ル所ノ幾百万ノ被壓迫大衆ガ吾々ニ課シテ居ル任務デアルト云フコトヲ信ズルガ故デアリマス、

　吾々ハ田中反動内閣以來絶間ナキ彈壓ノ下ニ闘ッテ來テ居ッタ、サウシテ政府ノ人々トカ、或ハ既成政黨ノ人々トハ彈壓ノ砲火ヲ越エテノミ途ニ相臨ンデ居ッタノデアリマスルガ、今ヤ時代ガ變ッテ、私ハ此壇上ニ立ッテ、ソレ等ノ人々ニ直接ニ面觸スルコトガ出來ルヤウニナッタ、是ハ確ニ民衆ノ勞力ガ、ソレダケ伸ビク結果デアル、ソコデ斯ウ云フ機會ニ吾々ハ、政治的自由獲得ノ爲ニ闘ハナケレバナラナイノデアリマス、現在各所ニ勞働爭議ガ起ッテ居ル、所ガ勞働爭議ニ對スル所ノ政府ノ彈壓ト云フモノハ、吾々ガ日常見テ居ル所デアルノミナラズ、新聞紙ニモ報ゼラレテ居ル所デアリマス、私ハ吾々ガ本當ニ自分ノ經驗カラ知ッテ居ルモノヲ擧ゲルヨリモ、寧ロ新聞紙ニサヘモ載ッテ居ル所ノ事實ヲ此處デ申述ベタイ、第一ノ事實ハ、是ハ最近川口町ニ起ッタ警官拔劍問題デアル、是ハ社會民衆黨ノ片山哲君ガ、此壇上カラ質問サレルサウデアリマスルカラ、其際ニ政府ノ答辯ヲ承リタイト思フノデアリマスガ、併ナガラ又市電ノ爭議ノ時ニ於テモ、矢張此樣々ノ彈壓事件ガ起ッテ居ル、或ハ干渉ガ起ッテ居ル、此彈壓干渉ト云フモノガ起ッテ居ルノデアリマス、例ヘバ報知新聞ノ四月二十三日朝刊ニハ、丸山警視總監ノ大芝居デ罷業ガ急轉直下シタト云フコトガ書カレテ居ル、サウシテ其後トニ、丸山警視總監ノ談話ガ載ッテ居ルノデアリマスガ、其談話ニ依ッテモ矢張サウ云フ干渉ヲサレタト云フコトガ明ニナッテ居ルノデアリマスガ、此事實ハ果シテアッタコトデアルカ否カヲ承リタイノデアル、若シ此事實ガ無カッタモノトスレバ、新聞紙ガ虛報ヲ傳ヘルト云フコトニナルノデアリマスガ、政府ハドウ考ヘテ居ラレルカ、ソレカラ又市電ノ合宿所ガ襲ハレタト云フコトモアル、合宿所ガ警官ニ依ッテ解散ヲ命ゼラレタ、四月二十四日ノ朝日新聞ニハ神奈川縣下伊勢ケ原、高津、稻田、向ケ岡各所ニ分宿シテ居ッタ、其爭議團員ガ解散ヲ命ゼラレタ、而モ賭博犯ダト云ッテ解散ヲ命ゼラレタト云フ事實ガ載ッテ居ルノデアリマス、新聞ニサヘ斯ウ云フ事實ガ載ッテ居ルノデアリマスガ、實際ノ事實ハ更ニ澤山アルノデアリマス、併ナガラ斯ウ云フコトハ皆申サナクテモ、東京ニ於テ起ッタコトデアルカラ、一般ニ知レ渡ッテ居ル、勞働者――勞働者ガ自分ノ生活ヲ擁護スル爲ニ、正當ナ要求ヲ提ゲテ闘ッテ居ル時ニ、官憲ガ斯クモ彈壓干渉ヲ行ッテ居ルノデアリマスルガ、政府ハ一體此勞働者ノ罷業權ト云フコトニ對シテ、ドウ云フ考ヲ持ッテ居ルノデアルカ、現在ノ狀態ノ下ニ於テハ、勞働者ノ罷業權ト云フモノハ、少シモ認メラレテ居ナイ、「ピケッチング」ト云フヤウナモノモ、スッカリ犯罪視サレテ居ル、ソレカラ爭議團員ガ僅バカリデモ集合スルト蹴散ラサレル、合宿スルト直ダニ解散サレルト云フノガ現實ノ事實デアリマス、斯ウ云フ點ニ於テ政府ハ今如何ナル方針ヲ執ッテ居ラレルカ、更ニ將來ドウ云フ方針ヲ執ラウトシテ居ラレルカト云フコトヲ承リタイノデアリマスガ、此點ハ片山君ノ質問ニモット詳シク述ベラレルト思ヒマスカラ、私ハ其方ニ讓リタイノルデアル

　ソレカラ言論、集會、結社、出版ノ自由ニ闘スルコトデアリマスルガ、之ガ如何ニ田中反動内閣ノ下ニ於テ蹂躪サレタカト云フコトハ、是ハ天下周知ノ事實デアリマスガ、併ナガラ濱口内閣ノ下ニ於テモ吾々ハ當ニ同樣ノ運命ニ遭遇シテ居ルノデアリマス、私

自身ノ經驗カラ云ッテモ幾ラデモ言フコトガ出來ルガ、併ナガラ個人的ノ經驗ヲ述ベテモ仕方ガナイ話デアル、最近數日前ノコトダケヲ考ヘテモ、私ハ自分ノ實驗カラ例ヲ擧ゲルコトガ出來ルガ、併ナガラ個人的ノ例ナンカハ申シマセヌガ一般的ニ言ッテモ言論、集會、結社、出版ノ自由ガドウ云フ風ニナッテ居ルカト云フコトハ、是ハ勞働運動ニ從事シテ居ル人ハ皆知ッテ居ル、又淺原代議士ニシテモ矢張去ル二月ノ選擧中ニ於テ非常ニ痛烈ナ、血ミドロナ經驗ヲ有ッテ居ラルルノデアリマスガ、若シ淺原君ガ發言サレル時ニハ其事ヲ申上ゲテ諸君ヲ驚カサレルコト、思フノデアリマス、勞働運動以外ノ仕事ヲシテ居ル人ハ、サウ云フコトヲ別ノ世界ノコトノヤウニ考ヘテ居ルガ、併ナガラ吾々ハ常ニ日常サウ云フヤウナ狀況ノ上ニ置カレテ居ルノデアリマス、演說會ニ於ケル所ノ注意、中止、是ハモウ尋常茶飯事デアル、又中止ト同時ニ檢束サレテ行ク、是モ非常ニ多イ、斯ル暴壓ノ法理的解釋ヲモ政府カラ承リタイノデアリマス、吾々モ幾ラカ知ッテ居ルガ、併ナガラ專門家デナイカラ、現在ノ中止、注意竝ニ、中止ト同時ニ檢束スルト云フヤウナ、斯ウ云フ事實ノ法理的基礎ヲ政府カラ聞キタイノデアル、又演壇ノ上カラ不當ナ中止ニ對シテ抗議ヲスル時ハ忽チ檢束サレル、是ハ例外ナク檢束サレテ居ルヤウデアリマス、私自身モ此方面ニ於テハ度々經驗ヲ有ッテ居リマス、ソレカラ又出版物ノ發禁ト云フコトニ對シテモ同ジコトガ言ヘル、資本家地主ノ利益ノ爲ニ爲サル、所ノ出版物ハ、有ユルコトガ自由ニ書カレルガ、勞働者、農民、無產市民ノ利益ニ關スル出版物ハ或ハ發禁ノ運命ニ遭ハナケレバナラヌ、發禁ヲサレルトカ、又發禁ヲ免レタモノデモ到ル處ニ伏字ガアッテ、其出版物ヲ出ス者ガ其目的ヲ達スルコトガ出來ナイノハ言フマデモナイガ、其出版物ニ對シテ關心ヲ有ッテ讀ム者モ忽チ其伏字デ意味ガ分ラナクナッテ來ル、現在ニ於テハ斯ウ云フ有ユル自由ノ束縛ト云フモノガ無產階級ダケノ上ニ科セラレテ居ルト云フコトガ吾々ノ當面ノ問題ナノデアリマス、支配階級ハ如何ナルコトモ爲シ得ル、而モ今日ノ支配階級或ハ既成政黨ハ、曾テハ國會開設前後ニ於テハ政治的自由ノ爲ニ鬪ッテ居ッタノデアル、サウシテ民衆ノ生活ヲ安固ニスルト同時ニ、政治的自由ヲ增進シテ新シイ時代ヲ造ルトカ、或ハ憲政有終ノ美ヲ濟スト云フヤウナコトヲ言ッテ、盛ニソレ以前ノ支配階級ト鬪ッテ來タノデアリマスガ、自ラ政權ヲ得ルヤ忽チ民衆ノ政治的自由ノ剝奪ト云フコトニ力ヲ入レテ居ル、其犧牲者トナッテ居ルモノハ勞働者デアリ、農民、無產市民デアル、而モ其等ノ無產大衆ノ苦ミガドウ云フモノデアルカト云フコトヲ諸君ニ知ッテ戴キタイノデアリマス

ソレカラ集會ノ自由デアルガ、私ハ斯ウ云フコトニ對シテモ無論實例ヲ澤山有ッテ居リマスガ、私ノ質問演說ヲ長クスルダケノ效果シカ生マナイノデ、又大抵ノコトハ知レ渡ッテ居ルコトモアルノデアリマスカラ、一々ノ實例ヲ省キマス、恐ラク其方ガ時間ノ節約上都合ノ好イコトデアリマセウ、此集會ニ對シテモ現在樣々ノ制限束縛ガ置カレテ居ル、本當ニ勞働者、農民ガ自分ノ心ノ底カラ、自分ノ要求ヲ語リ合ハウト云フヤウナ集會ト云フモノハ、殆ド絕對的ニ出來ナイ狀態ニナッテ來テ居ルノデアリマス、我ガ勞農黨ハ各種ノ集會ヲ開クガ何時モ其時ハ矢張警視廳ノ方カラ特高係ガ來ルコトニナッテ居ルシ、又勞農黨ノ常任執行委員會ヲ開ク時デモ同ジヤウニ刑事ヲ臨席セシメテ居ル、臨監ガ附イテ居ル、各政黨デハ色々ノ政策ヲ作ラナケレバナラナイ、是ハ既成政黨ノ諸君デモ十分知ッテ居ラレルノデアルガ、其政策ト云フモノハ、結局公開スルモノデモ、一時的ニハ公開出來ナイモノガ多々アル、否其方ガ寧ロ多イノデアリマス、唯、既成政黨ノ方ハ、如何ナル秘密會合デモ持ツコトガ勝手ニ出來ルノデアルガ、無產階級ヲ代表シテ居ル無產政黨ト云フモノハ、唯、勞働者、農民、無產市民ヲ代表シテ居ルト云フ、此理由ダケヲ以テ本當ニ秘密ノ集會ヲ持ツ自由ヲ奪ハレテ居ルノデアリマス、秘密ノ集會ト云フコトガ、黨ノ生活ニドレ程必要デアルト云フコトハ最早申上ゲナイガ、兎ニ角本當ニ吾々ノ運動ヲ有力ニ展開シヤウト思ッタナラバ、吾々ノ爲サウトスルコトヲ何時デモ公衆ニ公開スルト云フヤウナコトガ出來ルモノデハナイ、無產黨ニ向ッテ何時デモ議事ヲ公開セヨト要求スルノハ無產黨ノ一切ノ活動ヲ封ジヤウト云フノト同ジ意味ヲ持ツモノデアリ、又サウスルコトニ依ッテ幾千万ノ無產大衆ニ大彈壓ヲ加ヘヤウト云フノト少シモ變リハナイノデアリマス

更ニ又植民地ニ於テハ、此言論、集會、結社ニ對スル制限ト云フモノガ一層激シイ、植民地ノ民衆ハ、其下ニ於テ殆ド人間ラシイ生活ヲ持ッテ居ラナイノデアル、血ノ出ルヤウナ生活ヲシテ居ルノデアル、支配階級ニ於テハ朝鮮ノ同胞、臺灣ノ同胞ヲ、矢張吾々ノ兄弟ト云フヤウニ言ッテ居ルガ、言論、集會結社、出版ノ自由ヲスラ極度ニ剝奪シテ居ルノデアリマス、私ハソレ等ノ植民地ノ諸君ノ自由ノ爲ニ諸君ノ前ニ大ニ叫バナケレバナラナイノデアル、更ニ以上ノ如キ諸般ノ政治的自由ヲ奪ハレテ居ルベカリデハナク、無產政黨ハ通信ノ自由スラ完全ニ持ッテ居ラナイ、勞農黨ノ本部ノ方カラ地方ノ支部ニ送ル郵便物ハ常ニ開封サレテ居ル、地方ノ官憲ニ依ッテ開封サレテ居ルノデアリマス、最近群馬ニ於テサウ言フ事

實ガ起ッタノデアリマス、必要ナラバ此處デ述ベルガ、日本大衆黨モ鳥取縣ニ於テ郵便物開封ノ事實ヲ持ッテ居ルト云フコトヲ聞イタノデアリマス、淺原君ガ十分言ハレルカモ知レマセヌガ、無產黨及無產階級ハ、通信ノ自由スラ完全ニ持ッテ居ラナイ、資本家、地主諸君ハ、ソレヲ完全ニ持ッテ居ルガ、無產階級ノ人々ハ、當リ前ノ通信スラ開封セラレルノデアル、又吾々ノ運動ノ上ニハ、斯ウ云フ自由ガ總テ奪ハレテ居ルガ、ソレハ吾々ノ生キテ居ル中ノ話ダケデハナイ、死ンデカラモ同ジコトデアル、諸君モ御承知デアリマセウ、吾々ノ同志山宣ハ此議會デモ吾々勞働者農民ノ爲ニ共ニ鬪ッタノデアリマスガ、山宣ガ死ンデ告別會ヲ行ッタ、或ハ勞農葬ヲ行ッタリシタ、其山宣ハドウデアルカ、吾々ノ幾多ノ同志、無產運動ヲシテ居ル者ノ手デ葬式ヲ行ッタノデアリマスガ、其葬式サヘ官憲ノ爲ニ蹴散ラサレタノデアリマス、昨年ノ告別會ニハ、議會カラ列席サレタ方ガ多數アッタ様デアルガ、アノ光景ヲ見ラレタ者ハ、今日ノ支配階級ガ無產大衆ニ對シテ如何ナル彈壓手段ヲ執ッテ居ルカト云フコトヲマザ／＼ト見ラレタコトヽ思ヒマス、葬式ノ時ニサウ云フ彈壓ヲ受ケ、更ニ、墓場ニ這入ッテシマフト、其墓場サヘ彈壓ヲ受ケテ居ル、今宇治ニ山宣ノ墓ガ立ッテ居ルガ、其墓ノ上ニ私自身ノ筆ヲ以テ山宣ノ言葉ヲ書連ネタノデアリマス、其山宣ノ言葉ハ「山本宣治唯一人孤壘ヲ守ル、ダガ私ハ一人デモ寂シクナイ、背後ニ大衆ガ支持シテ居ルカラ」ト云フノデアリマス、此文句ガ刻ンデアル、而モソレハ勞働者、農民、無產市民ガ今日デモ心ノ底カラ感謝ノ淚ヲ以テ繰返シテ居ル文字デアル、ソレガ其石碑ノ裏ニ彫リ付ケラレタ、所ガ其彫リ付ケラレタ文字ガ宇治町官憲カラ或ル塗料ヲ以テ塗リ潰サレタノデアリマス、山宣ハ天下ニ信望ヲ持ッテ居ッテ、其背後ニハ幾千万ノ同志ガ今モ尙ホ無限ノ敬愛ト追慕トヲ寄セテ居ルガ、唯、獨リ支配階級ハ其兇手ニ依ッテ墓ノ文字ヲ削ル、其勞働者農民ガ熱愛シテ居ル文字ヲ削ル、斯ノ如ク無產階級解放運動ノ鬪士ハ、死ンデモ、其枯骨ガ蹂躪サレルト云フヤウナ狀態ニナッテ居ル

ソレカラ結社ノ自由ノコトヲ、モウ一言シナケレバナラヌ、本當ニ勞働者、農民、無產市民ノ苦痛ハ結社ノ自由ガ恐ハレテ居ルコトデアル、殊ニ治安維持法ガ出來テカラ、以前ハ犯罪デナカッタモノガ今日ハ犯罪ニナッテ來テ居ル、共產黨ノ檢擧モソレニ外ナラナイ、サウシテ共產黨員ハ地下ニ追ヒ込メラレタ、併シ今日世界ニ於テ共產黨ト云フモノガ公認サレテ居ラナイ所ハナイ、唯、日本ダケガ許シテ居ナイ、ソレガ許サレナイ爲ニ、無產階級ハ其解放ノ運動ヲ蹂躪サレテ居ルノミナラズ、合法政黨マデガ矢張其爲ニ壓迫サレテ居ル、政府ハ共產黨ハ彈壓スルガ、合法政黨ハ彈壓シナイト言ハレルガ、併ナガラ合法政黨ガ其影響ヲ受ケテ居ル、一昨年ノ四月十日ニ舊勞働農民黨ガ解散サレタガ、其解散ノ理由トシテ、アノ時ノ鈴木內相ガ述ベタコトハ、共產黨ト一脈ノ血ガ通ッテ居ルカラ解散ヲ命ジタト云フ、斯ウ云フ漠然タル理由デ說明サレマシタ、而モ合法的ノ運動ヲシテ居ル、サウ云フ政黨マデ餘波ヲ食ッテ解散ヲ命ゼラレルト云フヤウナコトガアルノデアリマス、斯ウ云フコトヲ考ヘルト云フト、今後合法的政黨ガ有力ナル活動ヲスルヤウニナッテ來ルト、矢張政府ハ共產黨ト一脈ノ血ガ通ッテ居ルト云フコトデ、之ニ解散ヲ命ズルト云フコトガアリ得ルノデアル、而モ共產黨ガ起ルト云フコトハ、善惡ノ問題デハナク、必然ノ問題デアリ、今後共產黨ノ起ル時ニハ、無產政黨ノミナラズ既成政黨ノ中ニモ入ッテ行クカモ知レマセヌガ、斯ウ云フ風ニ一脈ノ血ガ通ッテ居ルカラト云フノデ、直グニ解散ヲ强制サレテ居テハ、有ユル政治的活動ガ禁止サレルヤウナ危機ガ到來シテ、サウシテ民衆ノ自由ガ根本的ニ地ヲ拂ッテ無クナルト云フコトガ豫想サレルノデアリマス、サウ云フヤウナ意味ニ於テ吾々ハ治安維持法ニ對シテ絕體的ニ反對ヲ唱ヘル者デアリマス、襲ノ言論中止、或ハ解散、或ハ不當檢束、斯ウ云フヤウナ點カラ治安警察法、其他暴力取締法トカ、有ユル取締法ニ對シテ絕對反對ヲ唱ヘルト同時ニ、結社ノ自由ノ點カラ治安維持法ニモ反對スル、而モ今日吾々ガ勞働者、農民ノ中ニ入ッテ行クト、彼等ハ共產黨檢擧ニ對シテ非常ニ悲痛ナ感ジヲ懷イテ居ルノデアル、サウシテ共產黨ノ被告ヲ卽時釋放シロト叫ブノデアリマス、而モ共產黨ノ組織ト活動ヲ自由ニシロト云フコトヲ叫ブノデアル、斯ル農民ノ叫ビト勞働者ノ叫ビヲ、私ハ此壇上デ申上ゲルノデアルガ、政府ハ之ニ對シテ如何ナル見解ヲ持ッテ居ラレルノデアルカト云フコトヲ御尋ネスルノデアリマス

資本家、地主ノ利益シカ、他ニ何モノモ考ヘニ居ラレナイ所ノ人々ハ、私ガ此處デ現在ノ世界ト何ダカ違ッタ世界ヲ展開シテ居ルヤウニ考ヘテ居ラレルカモ知レマセヌガ、勞働者、農民、無產市民ハ今言ッタヤウナ世界ニ住ミ、其世界デ呼吸シテ居ルノデアル、ソレ故ニ吾吾ハ斯ノ如キ被壓迫大衆ノ利益擁護伸張ノ爲ニ戰ヒ、又其政治的自由ノ爲ニ戰ハナケレバナラヌノデアリマス、曾テ田中反動內閣ノ彈壓政策ニ向ッテ戰ッタ如ク、今ヤ濱口反動內閣ニ向ッテ、其反動政策ニ向ッテ徹底的ニ戰ハウト云フ決心ヲ持ッテ居ルト云フコトヲ一言シ、更ニ治安維持法、治安警察法及其外無產階級ノ抑壓法令ニ對シテ、政府ガ如何ナル見解ヲ持ッテ居ラレルカ、又彈壓方針ヲ今後ドウ云フ風ニ進メテ行カウトシテ居ラレルカ、斯ウ云フコトヲ全國ノ勞働者、

農民、無産市民ニ代ッテ聞キタイノデアリマス、濱口首相ハ願クハ確信ヲ以テ勞働者、農民、無産市民ガ得心スルヤウナ誠意アル答辯ヲ與ヘラレルコトヲ切ニ希望シテ此壇ヲ降ル者デアリマス

◉國務大臣(井上準之助君)(續) ソレカラ今日ノ財界ハイツ何時安定スルカ、斯ウ云フ御尋ガアリマス、又其同ジ御問ノ前段ニハ、玉石倶ニ焚カレルヤウナ狀態ハナイカト云フコトデアリマス、私ハ武藤サンノヤウニ左樣ニ今日ノ財界ヲ悲觀シテ居リマセヌ(拍手「ソレハ無責任ダ」ト呼フ者アリ)何故カト申シマスト、物ガ段々下ッテ行キマス時ニハ、何時デモ反動的ニ餘計下ル、物ガ上ル時ニハ反動デ正シイ所ヨリカ餘計ニ上ルモノデアリマス、私ニ說明サセレバ、今日ノ財界ハ物價ノ下ル道程ニ在ルカラ左樣ニ感ゼラレマスケレドモ、是ガ吾々ノヤラントスル政策ガ徹底致シマスレバ、遠カラズ安定致シテ參ルト思ヒマス(拍手)

ソレナラバ如何ナル事ヲスルカ、斯ウ申サレルナラバ、先日私ノ財政方針ノ演說ノ時ニ申シテ置キマシタ如ク、今日世界ノ不況、內地ノ吾々ノ政策ノ影響トシテ、需要ガ減退シテ居ル、其需要ノ減退ニ應ジテ生產ヲ調節スルト云フコトガ、今日經濟界ノ唯一ノ務デアルヤウニ見エマス(拍手「失業者ガ殖エルゾ」「生產ノ制限デスカ」ト呼フ者アリ)サウ致シマスレバ商品ノ値段ガ安定シマス、其結果株ガ安定スルノデアリマスガ、今日ノ狀態ハ私ニ說明サセルト、ドウシテモ實業界ノコトハ從來ノ行懸リヲ繹ネテ、需要ト供給ノ一致シナイモノガ澤山アリマス、ソレヲ矯メテ行カナケレバ今日ノ財界ハ安定致シマセヌト思ヒマス(拍手)其事柄ニ付キマシテハ政府ハ極力財界ノ、廣イ意味ノ整理ト云フコトニ非常ナ努力ヲシテ居ルノデアリマス(拍手)例ヘバ申ス迄モナク、スベカラザル高イ配當ヲシテ(拍手)ソレハ會社ノ內部カラ補ッテ居ル、ソレヲ減シタナラバ、正シイ收益ニ於テ、不當ノ配當ヲ減配ヲシテ行キマスレバ、ソレニ依ッテ株ノ値段ハ今日ヨリ以上ニ私ハ安定スルト思ヒマス(拍手)所謂今日ハ物價ノ下ッテ行ク道程ニ在ッテ、不安定ナノデアリマス

ソレカラ私ガ先日、金解禁ハ今日ノ事情デハ先ヅ順調ニ行ッテ居リマスト言ッタ言葉ヲ捉ヘテ御批評ガアリマシタガ、一應申シマス、今金解禁ヲ致シマシテカラ後ニ金ガ二億圓バカリ出マシタ、二億圓バカリ出テ居リマスガ、諸君ニ御尋ネシマスガ、今日朝鮮臺灣ヲ通ジテ一億五千四百万圓ノ輸入超過ガアリマス、輸入超過ノ時代ニ金無シニ何ガ買ッテ來ラレマスカ、輸入超過ガアルナラバ、前ノ下半期ニ金ガ外國ニ置イテアルカシナケレバ、上半期ノ今殖民地ヲ通ジテ一億五千四百万圓ト云フ輸入超過ノ金ガドウシテ調達ガ出來マスカ、外國デ借ルカ內地カラ持ッテ行クカヨリ外アリマセヌ、何モ其事柄ガ日本ノ輸入超過ノ時代ニ左程咎メル必要モ何モナイノデアリマス、唯、吾吾ガ一番心配シマシタ事ハ、外國ト內地ノ金利ノ差デ、日本カラ金ガ外國ニ放資サレマスノハ、是ハ無限ニ出ル虞ガアルノデアリマス、然ルニ是ハ銀行者ト吾々ノ協定デ左樣ナ形ハナイ、ソレナラバ外國カラ物ヲ買フ金ハ拂ハナケレバナラヌ、豫テ借リテ居ル金ハ拂ハナケレバナラヌ、其問題ニ付テハ何モ左樣ナ心配ハナイノデアリマス(拍手)

ソレカラ大正九年カラノ此財界ノ不況、大正六年カラ金ノ輸出禁止ヲシテ不自然ニ置イテアル此財界ヲ立直サウト云フノデアリマスカラ、金ノ解禁ヲスルノニシテモ餘程ナ注意ヲ要シマスガ、只今說明スルヤウナ狀態デ押シ進ンデ居ルコトハ、十三年間不自然ノ狀態ニアッタ財界後ノ金解禁トシテハ、私ハ順調ニ行ッテ居ルト思フノデアリマス(拍手)ソレカラ舊平價解禁ヲシタ爲ニ又再ビ銀行ニ癌ガ出來テハ居ナイカト云フ御尋デアリマスガ、私ハ斷ジテ左樣ナコトハナイ、御安心下サッテ宜シイト思ヒマス(拍手)

又其次ニハ特別融通ノ取立ノ事デアリマスガ、是ハ私ガ日本銀行總裁、卽チ其時ノ大藏大臣――三土忠造大藏大臣ノ指揮監督ノ下デ貸出シタ金デアリマス(拍手)私ハアノ法案ノ目的トシテ居ル事ハ十分達セラレテ、サウシテ貴方ノヤウニ悲觀サレテ、取立ガ斷然出來ヌト云フヤウナコトハ、今日ハ毛頭考ヘテ居リマセヌ(拍手)ソレカラ預金部デ買ヒマシタ在外正貨、一般會計ガ買ヒマシタ在外正貨ノコトヲ今御尋ガアリマシタガ、是ハ砂田君カラモ質問ヲ受ケマシタガ、私ハ重複致シマスケレドモ、玆ニ少シ詳シク御話申上ゲテ見ヤウト思ヒマス(拍手)

政府ガ七月以來預金部デ買ヒマシタ金ガ一億五千二百万圓デアリマス、ソレカラ一般會計デ買ヒマシタ金ガ、六千四百万圓デアリマス、其餘ハ日本銀行ノ勝手ニ買ッタ金デアリマス、一般會計デ何故ニ六千四百万圓ノ金ヲ買ッタカト斯ウ申シマスルト、一般會計ノ方デ申シマスルト、政府ノ一年ノ大凡ノ所要額ガ九千万圓アリマス、ソレデ七月ニハ二千万圓位ニ其金ガ減ッテ居リマスカラ、大凡豫定ヲ立テ、六千四百万圓程一般會計デ買入レタノデアリマス、御承知ノ如ク豫算ニハドウ載ッテ居ルカト言ヘバ、平價デチャント豫算ガ載ッテ居ルノデアリマス、公債ノ利拂モソレカラ政府ノ支拂ノ金モ皆載ッテ居リマス、隨ッテ圓ガ安ク爲替ガ下ッテ居レバ下ッテ居ルダケ一般會計ハ損ヲ致シマス、恐ラクハ昨年ノ豫算デハ或ハ千万圓以上ノ損ガ豫想サレタカモ知レマセヌ、然ルニ段々爲替ガ上ッテ行キマシタノデアリマスカラ、結局ノ所ハ六百四十三万七千六百八十二圓程一般會計ハ損ヲシテ居ルノデアリマス、是ハ一般會計ノ方デアリマス、是ハ爲替相場ガ金解禁ノ爲ニ上ッタカラ非常ニ損ガ少ナクナッタノデアリマシテ、若シ是ガ爲替相場ガ四十三弗トカ四十五弗ト云フナラバ、マダ〱ウント損ヲスルノデアル(拍手)ノミナラズ此六百四十万ノ中ニハ以前買ッテ持ッテ居ッタ一般會計ノ金デ損シタモノガアリマスノデ、七月以降ニ買ッタダケノ損デ申シマスルト、三百四十四万五千圓デアリマス、是ハ既ニ剩餘金ノ支出ヲ致シマシテ、去ル五十七議會ニ提出シテ協贊ヲ求メル筈デアリマシタガ、解散ニナリマシタカラ、此次ノ通常議會ニ出スコトニナッテ居リマス、預金部デ買ヒマシタ金ガ一億五千二百五十五万七千八百十三圓デアリマス、此中デ日本銀行ノ持ッテ居リマシタ外貨債券ヲ買ヒマシタノガ五千五百万圓買ヒマシタ、サウシテ今日ハ其殘リノ九千七百万圓ハ正金銀行ニ預金ニナッテ居リマス

ソレデ此結果デ預金部ニドウ云フ事ガ出タカト言フト、預金部ノ年度末ノ三月三十一日ノ所デ――數十日前ニ官報ニチャント發表シテアリマスルガ、預金部デハ總體ノ損ガ八百三十七万圓程アリマス、其中デ日本ノ公債ヲ持ッテ居ッテ、値下リヲシタモノモアリマス、ソレカラ從來數千万圓ノ外貨公債ヲ持ッテ居リマスルガ、是ガ公債其モノハ時價デアリマスガ、公債ヲ買フ時ノ爲替

ガズット低イノデアリマスカラ、ソレモ損ヲシテ居ルノデアリマス、サウシテ今七月以降ニ買入レタモノガ五百二十万圓ノ損失デアリマス、併ナガラ是ハ損失ト申シマスガ、三月三十一日ニ年度ヲ限ッテ居リマスルカラ損ノヤウニ見エマスガ、斯ウナリマス、此頃預金部ノ金ガ非常ニ殖エマシテ、サウシテ日本ニ於キマシテハ、日本銀行ニ二分ノ利息デ預ケザルヲ得ナイノデアリマス、ソレデアリマスカラ從來ノ預金部ノ習慣トシテ、ソレデハ預金部ノ四分八厘デ預カル金ニ償ハナイカラ、ソレデ長ク餘裕ヲ求メラレル金デ外貨公債ヲ買ハウト云フコトデアリマシテ、是ガ外貨公債ニ放資サレマス、サウスレバ、假ニ二分ト四分ノ利廻リニナルトシテモ、年二分違ヒマス、五分ニ廻レバ三分違ヒマス、假ニ言ヘバ紐育ノ六分五厘ノ公債ヲ買ッタナラバ、一年或ハ一年半デ直グニ其損耗ヲ取返シマス(拍手)ソレデ此在外資金ヲ――申シテ置キマスガ、之ヲ買拂ッテ損ガ出テシマッタト言ハレルト、是ハ非常ニ違ヒマスノデ、一文モ此金ハ手放シテ居ラヌノデアリマシテ、之ヲ有價證券ニズン〱換ヘテ行キマシタナラバ、一年或ハ一年半ノ後ニハ、ソレノ利鞘デ此損ハ取返スノデアリマス(拍手)

最後ニ武藤サンハ言ハレナカッタガ、此財界ノ立直シニ付テ、大藏大臣ハ吾々ト憂ヲ共ニスルカト云フコトニ付キマシテハ、是ハ私謹ンデ申シマス、吾々財界ノ立直シニ付テ努力スル點ニ於テハ、決シテ人後ニ落チナイ積リデアリマスカラ、其點ハドウゾ御承知ヲ願ヒマス

〔武藤山治君登壇〕

◎武藤山治君 只今井上藏相ハ非常ニ御懇切ナル答辯ヲ御與ヘ下サイマシタ、併ナガラ其御答辯ニ付テ尚ホ私ハ了解シ兼ル點ガ少シアリマス、第一ニ私ガ井上藏相ニ、何故御急ギニナッタカト、斯ウ御尋ヲシマシタラ、是ハ準備ガ出來タ、緊縮シタカラダト仰シヤル、所ガソレナラバ私ハ井上藏相ニ御尋シタイ、一體貴方ガ監督シテ御出デニナル日本銀行ノ有様ハドウデアルカ、統制力ヲ全ク失ッテ居ルデハナイカ、今日日本銀行ガ貸出シテ居ル所ノ六億五千万圓ノ内、六億圓ハ固定シテ居ル、金ノ解禁ヲヤルト云フノニ、中央銀行ニ六億圓ノ滯リガアル、兌換ヲ收縮スル機能ヲ失ッテ居ル、財界ノ統制力ヲ失ッテ居ルノニ、金解禁ノ機ガ熟シタ、ソンナ事ガアルモノカ(拍手)ソレカラ今一ツハ、在外正貨ガ無クナッタト言フ、是ハ一寸聽クト尤モラシク聽エル、併シ在外正貨ガ無クナッタラ、金解禁ハ一層急ゲナイ、病人ノ容態ガ惡イ時ニ手術ヲスル醫者ガアリマスガ、井上藏相ノ金ノ解禁ヲ急ガナケレバナラヌ理由トシテ述ベラレタコトハ、急イデナラヌト云フコトデアル(拍手)井上藏相ハ自分ノ……

〔此時發言スル者多シ〕

◎議長(藤澤幾之輔君) 靜肅ニ願ヒマス

◎武藤山治君(續) 自分ノ監督シテ居ル中央銀行ガ、財界ノ統制力ヲ失ッテ居ル、金ノ解禁ヲスル爲ニ、已ムヲ得ズ消費節約ト言フ、コンナ徳川時代ノ政策ヲ執ッテ居ル……

〔此時發言スル者多シ〕

◎議長(藤澤幾之輔君) 靜肅ニ願ヒマス

◎武藤山治君(續) 是ハ徳川時代ナラバ率ザ知ラズ、昭和ノ今日、消費節約トハ何事デアルカ、全ク自分ノ監督シテ居ル日本銀行ガ統制力ヲ失ッテ居ル、金ノ解禁ヲスルノニ、消費節約ナドト云フ、ソンナ變則ナ政策ヲ採用シナケレバナラヌト云フ事ハ何事デアルカ、此消費節約ト云フコトハ、井上藏相ノヤウナ考ヘ方ヲスレバ大變好イ事ヅクメデス、併シ物ヲ買ハヌト云フ半面ニ於テハ、物ヲ商ッテ居ル者ガ賣レナクテ困ッテ居ル、唯物ヲ買ハヌヤウニナレバ、ソレデ國ノ富ガ増スト云フヤウナ、其樣ナ誤ッタコトヲ御考ニナルト云フコトハ何事デアル(拍手)自分ノ監督ヲシテ居ル日本銀行ガ統制力ヲ失ッテ居ル、斯ウ云フ變則ナ政策ヲ執ッテ、全國ノ經濟界ニ貴方ハ非常ナ苦シミヲ御與ヘニナッテ居ルト思フ(拍手)

ソレカラ井上藏相ハ、金ノ解禁ノ準備トシテ――對策トシテ政府ガ財政ノ緊縮ヲシタ、四億モ五億モ金ヲ少ナク使ウヤウニナッタト言フ、是ハ政府ト云フモノガ、金ヲ只捨テ、居ッタナラバサウカモ知レマセヌ、金ヲ使ハナクナッタト云フコトハ、詰リソレダケ仕事ガ無クナッタト云フコトダ、何モソレダケ金ガ餘計浮イテ來タ譯デハナイ(拍手)詰リ貴方ガ急激ナ財政ノ緊縮ヲナサッタカヲ、政府事業ガ無クナッテ、其所ニ失業者ガ起ッテ、其所ニ政府事業ニ依ッテ生存シテ居ル商工業者ガ非常ナ迷惑ヲ被ッタ、現ニ貴方ハ四億モ五億モ倹約シテ、財界ニ金ガダブ付イテ居ルヤウニ仰シヤルガ、貴方ノ監督シテ居ル日本銀行ハ、八千万圓ノ制限外ヲ出シテ居ルデハナイカ(拍手)八千万圓モ日本銀行ガ制限外ヲ出スト云フコトハ、是ハ恐慌狀態ダ、恐慌狀態ト云フコトハ、貴方ハ銀行ガ取付ケニ遇ハナケレバ恐慌デハナイト思ッテ居ル、恐慌ト云フコトハ事實言ヘナイカモ知レヌガ、今日日本ノ經濟界ハ恐慌ニ陷ッテ居ル、八千万圓ノ制限外ヲ出スト云フコトハ、事態重大デアルト御考ヲ願ヒタイ、貴方ハ金利ガ非常ニ安イト言フガ、是ハ詰リ瀕死ノ病人ノ所ニ滋養物ヲ持ッテ行ッテモ喰ベラレマセヌ、金ヲ幾ラ持ッテ行ッテモ、金ヲ借ルカガ無イカラ金利ガ安イノダ(拍手)ソレカラ貴方ハ若シ之ヲ抛ッテ置イタナラバ――若シ現内閣ガ金ノ解禁ヲ斷行シナカッタラ大變デハナイカト云フガ、是ハ貴方ノ非常ナ考ヘ違ヒダ、政府ガ金ノ解禁ヲ斷行シナカッタ方ガ――今日金ノ輸出ヲ禁止サレテ居ル方ガ遙ニ宜イ、金ノ解禁ヲヤルト云フヤウナコトガ、ソレ程國家ノ富ニ對シテ重大ナモノデハナイ、若シ是ガデス、金ノ解禁ヲシテ居ラナカッタ場合ヲ考ヘルト能ク分ル、金ノ解禁ヲヤラズニ金ノ輸出ヲ禁止シテ居ルト、井上藏相ノ仰シヤル通リ、米國ガ不景氣デアルトカ、銀ガ暴落シタトカ、色々ナ外國ノ事情ガアッテ、日本ガ不景氣ニナル、日本ガ不景氣ニ陷ル時ニハ日本ノ物價ガ下ッテ來ルカラ、生絲ハ矢張今度ノヤウナ値段ニナラナイ、金ノ解禁ト云フヤウナコトハ經濟的ニ非常ニエライモノダト、斯ウ思ッタ所ニ誤謬ガアル、若シ貴方ガ金ノ解禁ヲソレ程重大ト思ッテヤリタカッタラ、此舊平價ノ解禁ヲ(發言スル者多シ)之ヲ其時ニ四十三弗四分ノ三デ定メテ解決スレバ宜イ、サウスレバ物價ハ斯ウ下リハシナイ、貴方ガ物價ヲ下ゲタノハ宜イケレドモ、吾々カラ云フトサウデハナイ、貴方ノ力デ物價ヲ下ゲタノデハナイ、貴方ノ亂暴ナル遣方デ金ノ位ヲ上ゲタノデアル、ソレカラ貴族院ニ於テモ、亦衆議院ニ於テモ、井上藏相ハ此物價ノ下ルト云フコトヲ、金ノ解禁ノ結果カラ非常ニ重大視サレテ居ルガ、是ハ井上サンノ考ヘルヤウニ下レバ非常ニ宜イ、井上藏相ハ金ノ歩合ガ一割四五歩上レバ、物價ガ翌日下ルト思ッテ居ル、下ル物モアレバ下ラヌ物モアル、ソコニ非常ナ不平均ガ起ル、茲ニ立直シガ困難ニナルカラシテ、決シテ物價ガ下ルカラ良イ影響ヲ與ヘルトノミ考ヘルノハ、苟モ經濟界ニ仕事ヲシテ居ル者ナラバ一笑ニ付スル値モナイ、大體物價ガ下ルノガ宜イト云フナラバ、何故鐵道ノ運賃ヲ下ゲナイ、煙草ノ値段モ下ゲナイ、(「下ッテ居ルデハナイカ」ト呼フ者アリ)煙草ハ下ッテ居ナイデハナイカ

〔發言スル者多シ〕

◎議長(藤澤幾之輔君) 靜肅ニ願ヒマス

◎武藤山治君(續) ソレカラ棉ハドウデアルカ

〔發言スル者多シ〕

◎議長(藤澤幾之輔君) 靜肅ニ願ヒマス、質問ガハッキリ致シマセヌト、完全ナル答

辯ガ出來マセヌ、故ニドウカ靜聽ニ願ヒマス

◉武藤山治君（續） 井上藏相ハ金ノ解禁ヲシタト云フ好影響ノ一例トシテ、棉花ガ非常ニ安クナッタト言ッテ居ル、成程棉花ハ安クナッテ居リマシタ、棉花ハ二割九分下ッテ居リマス、併シ日本ノ國內ノ綿絲ハ三割四分下リマシタヨ、原料ハ二割九分下ッテ、製品ハ三割四分下ッタ、是ハドウデスカ（發言スル者多シ）貴方ハ唯物ノ半面バカリヲ見テ御出デニナル、苦シムカモ考ヘナケレバナラヌ、金解禁ノ爲ニ棉花ガ二割九分下ッテ居ル、併シナガラ綿絲モ三割四分下ッテ居ル、原料ガ二割九分下ッテ、製品ガ三割四分下ッタト云フコトハ、貴方ノ緊縮政策、消費節約政策、金解禁政策ガ皆祟ッテ居ルノデアル、是程ハッキリシタ證據ハナカラウト思フ、ソレカラ（發言スル者多シ）井上藏相ハ爲替ガ戾ッテモ生絲ノ値段ガ上ッテ來タト言ハレタ、昨年ノ七月頃生絲ガ千三百二十圓シテ居ル、所ガ其後金解禁ノ準備ヲシテ爲替ガ上ッテ來タノニ、生絲ガ千三百五十圓ニナッテ居ル、ダカラ金解禁ガ生絲ノ價ト關係ガナイヤウニ言ッテ居ラレルガ、貴方ガ商賣デモナサッタラ、ソンナコトヲ仰シャラナイ筈デアル、詰リ貴方ガ金ノ解禁ヲナサッテ、日本ノ圓ヲ御上ゲニナルト、向フハ買ヒ急ギマス、日本ノ圓ヲ買急グ時ニ、向フガ買フカラ生絲ノ値ガ却テ高クナル、ソレカラ輸出商人ガ、マダ安イ有利ナ爲替ヲ持ッテ居ル、ソレデ買フカラ千三百二十圓ノ生絲ガ千三百五十圓ニナルコトガアル、ケレドモソンナコトハ貴方ガ金解禁ヲヤッテ、生絲ノ値段ガ下ラナカッタ辯解ニ御使ヒニナルノハ大間違デアリマス、金ノ位ヲ上ゲテ、物ノ値打ガ下ラヌト云フ理窟ハ何處ニアリマスカ、ソレハ一箇月カ二箇月ハ後レマス、私ガ貴方ニ申上ゲタノハ、千三百五十圓ノ生絲ハ、金解禁ノ爲ニ百七十圓下ッタ、後ノ百圓ハ矢張亞米利加ノ景氣ガ惡イト云フ色々ノ國際的事情ガアリ、而モ其百圓モ日本ノ財界ガ動搖シテ、貴方ノ爲ニ日本人ガ外國ニ物ヲ投賣シナケレバナラヌ窮境ニ陷ッタ、ダカラ貴方ガ舊平價ノ金解禁ヲ爲サナケレバ、生絲業者ハ今日ノヤウニ苦ミマセヌ、貴方ハ御考ニナラナケレバナラヌト云フノハ、日本デ何ガ一番大切デアリマスカ、日本デ一箇月ニ十億圓拵ヘル生絲業、六億圓ノ繭ヲ拵ヘル農村ノ繭ノ生產費、是程日本ニ大切ナモノハアリマセヌ、所ガ此生絲業者ハ貴方ガ金解禁ノ準備ニ著手サレテ居ル時ニハ、今年ノ六月迄ノ一箇年分ノ繭ヲ買ッテシマッタ、ソコニ貴方ガ急激ナ舊平價解禁ヲシタ、ソレガ爲ニ殆ド八千万圓カ一億圓ノ損害ヲシタ、今農村ノ繭ヲ作ッテ居ル人ハ、生絲業者ニ高イ繭ヲ賣付ケタカラ、マダ惱ンデ居ナイ、所ガ今年六月カラ農村デ繭ヲ拵ヘテ居ル人ハ、昨年ヨリモ二割安ク繭ヲ賣ラナケレバナラヌ、一箇年六億圓農村ニ於テ收入ノアル繭ガ、一億二千万圓モ安ク賣ラナケレバナラヌト云フコトヲ百姓ガ悟ッタナラ、定メテ貴方ノ所ニ澤山百姓ガ押掛ケテ來ルダラウト思フ（「百姓ガドウシタ」ト呼フ者アリ）同情シテ居ルノデス、ソレカラ貴方ハ銀行界ニ斷ジテ癌ガ出來ナイト仰シャッタガ、私ハ癌ノ出來テ居ル證據ヲ申上ゲマス、貴方ハ生絲絲價安定補償法案ヲ御使ヒニナッタ、此生絲絲價安定補償法案ハ、生絲業者ヲ助ケルト云フコトナラ、農林大臣ガ奔走シナケレバナラヌ、所ガ大藏大臣ガ眞先キニ飛廻ッテ此法案ヲ利用シタト云フノハ、銀行救濟、詰リ千二百五十圓位デ銀行ニ金ヲ借リタノヲ、生絲補償法案ノ發動ヲ見ナケレバ銀行ガ保タナイ、若シ假ニ此發動ヲ貴方ガ爲サラナカッタラドウデス、癌ノ一角ハ破レテ居ッタカモ知レマセヌ、兎ニ角今日ノ財界ガ眞ニ私ハ窮迫ヲ告ゲテ居ルト思フノデス、貴方ハドウモ此財界ニ對スル對策トシテ、貴方ノ財政ノ御方針ノ御演說中ニ、或事業會社ハ競爭ヲ止メテ、サウシテ成ベク値段ヲ一定シロ、或會社ハ成ベク內容ヲ充實ニシテ、高イ配當ヲスルナト仰シャッタ、所ガ貴方ノ御考ニナルコトハ一面好イコトデスケレデモ、配當ヲ急ニ減ラシタラドウナリマス、株ノ値段ガ下ッテ非常ナ迷惑ヲ受ケル、ソレカラ貴方ノ對策トシテオイデニナル中ニモ貴方ガ銀行ノ中ニ既ニ癌ガ出來テ居ルト云フコトハ幾ラカ御認メニナッテ居リハセヌカト云フ伏線ガアリマス、ソレハ何カト言ヘバ船舶ノ低利資金ト云フノデス、船舶ニ低利資金ヲ貸スト云フコトハドウ云フ譯デス、船舶ニハ澤山銀行ガ金融ヲシテ居リマスヨ、是ガ又ドウモ銀行ニ癌ガ出來テ來ルコトヲ豫期シテ救濟ノ法案トシテ出シタノデハナイカ、若シ貴方ガ仰シャルヤウニ、船舶ニモット資金ヲ貸シテ、サウシテ造船業ヲ奬勵シ、或ハ高イ配當ヲ減シタリ、競爭ヲ廢シタリスル、サウシタラバ今日ノ財界ハ是ガ救濟サレル、ソンナヤウナコトヲ仰シャルノハ瀕死ノ病人ヲ前ニシテ悠長ニモ養生法ヲ說ク、斯ウ云フノト同ジデアル、私ハ貴方ニ切實ニ御反省ヲ求メル、何モ是ガ經濟政策ヲ昨日言ッタコトヲ改メテ差支ナイ、貴方ハ朗カニ貴方ノ財政經濟政策ノ誤リヲ御認メニナッテ、サウシテ此處ニ御改メニナッタラドウデス、私ハ切ニ貴方ニ之ヲ御勸メシタイト思ヒマス

ソレカラ最後ニ預金部ノ御話ガアッタ、是ハ吾々ガ貴方ノ御答辯ヲ尤モト思フト御考ニナッタラ間違デスヨ、吾々ノ御尋ネシテ居ルノハ、預金部デ買フ在外正貨トカ在外公債ニ損得ガアルト云フ問題デハナイ、金ノ解禁ノ準備トシテ日本ノ爲替ヲ上ゲル時ニ、外國爲替ヲ買ヘバ、是ハ損ヲスルコトヲ覺悟シテ掛ラネバナラヌ、何モ將來ニ起ルノデハナイ、其時ニ損ガ出來ルコトハ分ッテ居ル、ダカラ貴方ハコンナ損ヲ預金部ニ持ッテ行ク必要ハナイ、預金部ノ資金ヲ使ッテモ損ダケハ追加豫算ヲ出シテ、サウシテ綺麗ニ金解禁ノ準備ノ爲ニ政府ハ斯ウ云フコトヲヤッタ、ソレガ爲ニ政府ガ是ダケノ損ガ出來タ、斯ウ仰シャルノガ私ハ本筋デハナイカト思フ、今貴方ガ仰シャッタヤウナコトハ、ソレハ人ガ迷フカモ知レヌガ、少シ考ヘテ見レバドウシテモ貴方ノ仰シャルコトハ間違ッテ居ル、ドウカ私ハ貴方ガモウ少シ眞面目ニ御考ヲ願ヒタイ、貴方ノ財政方針演說ノ中ニ六千八百万圓節約シタト仰シャル、五千七百二十万圓繰延ベテ、政府ハ不成立豫算カラ一億二千三百万圓減ラシタ、是ダケ聽クト皆感服シタデセウ、併シ少シ考ヘテ御覽ナサイ、六千八百万圓ト云フノハ、關東震災復舊資金ヲ打切ッタ、丁度昭和八年迄繼續ニナル六千八百万圓ガ其處ヘ餘ッテ來タ、ソレガ何ノ節約デス、ソンナモノヲ節約ナド、言ハズシテ、矢張是ハ事業ノ打切繰延ノ中ニ入レテ、貴方ノ節約ナント云フ手柄ニ爲サラヌガ宜イ、要スルニ政府ノ財政ハ節約ハ一ツモシテ居ラヌ、唯繰延、事業ヲ打切ッタ、斯ウ云フコトガ本當ダラウト思フ、ドウカ若シ御答辯ガアルナラバ私ハ御答辯ヲ伺ヒタイト思フ

〔國務大臣井上準之助君登壇〕

◉國務大臣（井上準之助君） 大部分ハ御意見デアリマスカラ答ヘル必要モナイノデアリマスガ、武藤サンガ思違ヒヲサレテ居ル一二點ヲ申上ゲテ置キマス、日本銀行ガ八千万圓ノ制限外發行ヲシテ居ルノヲ、之ヲ恐慌時代ト言ハレタコトヲ、私ハ世間ニサウ響カヌヤウニ取消シテ置キマスガ、一ツ私ハ數字ヲ讀上ゲマスト、昭和四年ノ一月カラ十一月迄ニ一億三千万圓、一億六千万圓二億圓ト云フヤウナ制限外發行ヲ殆ド常ニ致シテ居ルノデアリマシテ、八千万圓ト云フモノヲ日本ノ經濟界デ恐慌トカ云フヤウナ御言葉ヲ用ヒラレルコトハ、私ハ不當デアラウト考ヘテ居ルノデアリマス（拍手）

ソレカラ船舶金融ノコトハ未ダ法案ヲ提出致シマセヌカラ、誤解モアラレルダラウ

ト思ヒマスガ、是ハ從來アル船ニ金ヲ貸スト云フ意味ハ毛頭ナイノデアリマス、日本ノ「ドック」デ日本ノ人ノ船ヲ拵ヘル新造船ニ對シテバカリ金ヲ御貸サウ、斯ウ云フノデアリマス、是ハ武藤サンノ御シャルコト、遊ッテ居リマス、又生絲補償法ノコトハ、是ハ農林大臣ノ管轄デアリマシテ、大藏大臣ガ先ニ奔走シタナンカト云フコトハ、何處ニ事實ガアリマスカ、斯様ナ自分ノ頭ニ描イタ無稽ノ言ヲ以テ人ヲ責メルコトハ當リマセヌ、是ダケ御斷リシテ置キマス（拍手）

◉議長（藤澤幾之輔君） 太口喜六君

〔太口喜六君登壇〕

◉太口喜六君 私ハ此場合政府ニ向ヒマシテ二三ノ質疑ヲ致シテ置カウト考ヘル者デアリマス、先ヅ第一ニ私ガ伺ヒタイト存ジマスルノハ減税ニ關スル事柄デアリマス、今日ノ時代ニ於キマシテ此時局ヲ救フノニハ色々ナ方法モアラウト存ジマスガ、其中ノ一ツノ方法ト致シマシテハ、中産階級以下ノ者ノ租税ヲ減ズルコトガ極メテ適切ナル一ツノ方法デアルト考ヘテ居ル者デアリマス、政府ニ於カレマシテモ、矢張此處ニ見ル所ガアラレマスルモノト見エマシテ、總理大臣並大藏大臣ノ御名前ヲ以テ屢、減税ヲ致サレルヤウナ事ガ言明サレテ居ル様子デアリマス、其處ニ心ガ付イテ居ラレルナラバ誠ニ結構デアリマスガ、然ラバ實行ハ如何ニシテ之ヲ爲サレルカト云フコトガ、私ハ一ツノ疑問デアリマス、先ヅ此點ニ對シテ私ハ政府ノ意見ヲ確メタイト考ヘルノデアリマスガ、先ヅ政府ガ出サレマシタ所ノ昭和五年度ノ成立豫算ニ依リマシテ歳入ノ見積ヲ見マスト、租税收入ハ實ニ九億五百九十三万六千餘圓ト相成ッテ居リマシテ、前年度ノ實收豫算ニ比較致シマスト、僅ニ三百四十六万九千餘圓ノ減額ニ過ギナイノデアリマス、其後實行豫算ヲ編成致サレマシテ多少ノ減額ヲ致サレマシタヤニ新聞紙上ニハ出テ居リマスガ、新聞ノ報ズル所ニ依ッテ見マスト、是モ洵ニ太シタ金額デハナイノデアリマス、今日ノ如キ我國ノ産業界、實業界ノ不況ノ時ニ當リマシテ、果シテ斯ル收入ガアリ得ルモノデアルカト云フコトヲ、先ヅ吾々ハ疑フ者デアリマス（拍手）ソレデ斯ノ如キ豫算ヲ計上シ、歳出ヲ多ク見積ラレマシタ所ノ結果ハドウナルカト言ヘバ、結局中小商工業者ト云フモノガ勘カラザル壓迫ヲ受ケマスコトハ是ハ當然デアリマス、私共常ニ左様ニ考ヘテ居ルノデアリマスガ、丁度只今ノ現内閣ノ諸公ガ曾テ若槻内閣ヲ組織シテ居ラレマシタ頃ニ、此税法ノ改正ハアリマシタ、其時吾々ハ此遣方デ行ケバ上ノ方ノ階級ノ人ハ比較的有益ニナルガ、中小商工業者ト云フモノハ勘カラザル壓迫ヲ受ケルモノデアルト云フコトヲ、吾々ハ屢、此席ニ於テ論ジマシタ、果セル哉現狀如何デアルカト云ヘバ、我國ノ租税ノ取リ方ニ於テ中小商工業者ト云フモノハ、大商工業者ニ對シマシテ勘カラザル稀成壓迫ヲ感ジテ居ルノハ事實デアリマス（拍手）ソレハドウ云フ所カラ來ルカト云フト、所得税ニ致シマシテモ、營業收益税ニ致シマシテモ、是ハ言フ迄モナク今日ハ收益課税主義ニ相成ッテ居リマス、以前ハ營業税ノ如キハ外形標準ニ依ッテ租税ヲ取ッテ居ッタノデアリマス、所ガ今日ハ收益課税主義デアル、如何ニモ表面カラ見マスト云フト、收益課税ハ理窟ニ合ッテ居ルヤウデアルガ、實際ノ調ハドウシテ致スカド云ヘバ、帳簿ニ依ッテ其所得ヲ調ベナケレバナラヌ、所ガ帳簿ノ完全ナ物ヲ持ッテ居ルノハ誰デアルカト云ヘバ、大會社、大資本者デアッテ、中以下ノ大多數ノ人ト云フモノハ、完全ナ帳簿ヲ所有シテ居ナイノデアリマス、何故所有シテ居ナイカト云ッタ所デ、僅ニ一千二百圓ヤ一千五百圓ノ一年ノ所得ヲ持ッテ居ル人ガ、今日ノ商法ニ合ッテ居ルヤウナ帳簿ヲ備ヘテ居ル暇ハアリマセヌ、ソレデアルカラ比較的帳簿ガ完全デナイノガ大多數デアル、ソコデ税務ノ人ハドウ云フ所ニ依ッテ此所得ヲ見ルカト云ヘバ、結局見立ヲ以テ其人ノ所得ヲ定メル、サウシテ愈、是ガ妥協ト云フコトニ相成ル、役人ノ方ハドウデアルカト云ヘバ、人民ト妥協シテ居ル間デモ月給ハ貰ッテ居リマス、ソレダカラ一日ノ仕事トシテボツ〳〵ト妥協ヲ致シテ居レバ宜イノデアルガ、人民ノ方ハ政府ノ役人ト樽俎折衝シテ居ル間デモ、矢張金ヲ儲ケテ居ラナケレバナラヌ（拍手）ソコデ非常ナ苦痛ヲ國民ハ感ジマスカラ、已ムヲ得ズ政府ノ妥協ニ應ズルヤウニナルノデアリマス、ソレデアルカラ大會社、大資本家ト云フモノハ割合ニ確實ナ物ニ依ッテ所得ヲ認メラレマスガ、中以下ノ人ト云フモノハ政府ノ役人ノ見立ニ依ッテ、所得ト云フモノヲ決定サレルノデアルカラ、非常ナ不利益ヲ見テ居ルモノデアルト云フコトヲ考ヘルノデアリマス（拍手）ソコデ段々段々政府ト云フモノハ歳入ノ見積ト云フモノヲ殖シテ參リマスレバドウナルカト云ヘバ、結局苛斂誅求ニ相成ルコトハ言フ迄モナイ、ソコデ大キイ所ノ人ニハ帳簿ガアッテ斯ル事ガ出來ナイカラ、中産者小産者ニ向ッテ其所得ト云フモノヲ多ク決定ヲスル嫌ヒヲ持チマスカラシテ次第々々ニ是ハ苛斂誅求ニナルモノデアルト云フコトハ言フ迄モナイ事實デアリマス

ソレカラ又政府ニ於キマシテハ印紙收入ヲドウ見積ッテ居ルカト云フト、前年度ニ比シマシテ僅ニ六十五万九千餘圓ノ減ヲ見テ居ルニ過ギナイノデアル、是ハ今日ノ如キ不景氣ニ當ッテ果シテ是バカリノ減額デ濟ムカ、果セル哉政府ハ今日苛斂誅求ヲ始メテ居ル、苛斂誅求ト言ッテハ語弊ガアルト御咎メガアルカモ知レマセヌガ、頗ル苛酷ナル手段ヲ以テ印紙收入ヲ殖ヤサウトシテ居ル事實ガアル（拍手）ソレデ此事實ハ、私ハ先日事實ヲ擧ゲテ大藏當局ノ人ニモ御注意ヲ申上ゲテ置イタノデアルガ、私ハ實際ニ知ッテ居ル證據ガ幾ツデモアル、今日ノ政府ニナッテカラ如何様ナルコトヲ始メタカト云フト、先ヅ一例ヲ言フト斯ウ云フコトニナル、銀行ノ通帳ト云フモノヲ、其預金ヲシテ居ル家ニ行ッテ收税官吏ガ調ベル、所ガ始終銀行ヘ出入スル人ノ帳簿デアルナラバ、銀行デ見マシテ最早印紙ヲ貼ッテ一年ノ期限ガ來テ居ルト云フコトガ分リマスカラ、印紙ヲ貼用スルカ、新シイ帳簿ヲ與ヘマス、所ガ田舎ノ人ノ、所謂貯蓄金ニシテ居ルヤウナ、一年カ、一年半モ預金ヲ握ッテ居ッテ、銀行ニ持ッテ行カナイ者ガアル、斯ウ云フモノヲ押ヘレバ印紙税ト云フモノハ數ニ不足ヲ來シテ居ル事實ガアル、是デモ直ニ之ヲ捉ヘテ、之ニ對シテ税ヲ課スルト云フ事實ガ近頃頻々ト現レテ居ルノデアリマス、是ハ事實デアル、ソレハ成程法律ト云フモノヲ正シク行フノデアルカラ差支ナイト云フ議論ガアラウガ、ソレ迄ニ漁ラナクテハ此印紙收入ガ政府ノ收入ト合ハナイト云フ事實ニ相成ッテ來タ、誠ニ此遣方ト云フモノハ極メテ苛酷ナモノデアッテ、サウシテ實ニ此結果ト云フモノハ中小商工業者ト云フモノヲ少カラズ壓迫スルノデアルト云フコトハ是ハ明瞭ノ事實デアル（拍手）

ソレカラ又政府ガ積ラシタ所ノ歳入ノ中ニ於テ、官業收入ト云フモノヲドウ見テ居ルカト云フト、官業收入ハ專ロ千二百五十五万六千餘圓ノ增額ヲ今ノ政府ハ見テ居ルノデアル、是ハドウ云フ所カラ積リ出シテアルカト云ヘバ、郵便電信、電話ノ收入ヲ三百四十三万圓多ク見積リ、政府ノ森林收入ヲ三百四十万圓多ク見積リ、專賣局ノ益金ヲ五百九十二万餘圓多ク見積ッテ居ル、此中デ私ハ最モ注意ヲ拂ッテ見タイノハ專賣局ノ益金デアリマス、約六百万圓ニ近キ增收ヲ見積ッテ居ルガ、今日ノ如キ不景氣ノ時代ニ於テ、政府ノ專賣ダケガ六百万圓モ多ク儲カルト云フノハ如何様ナ理由デアリマスカ、之ヲ段々調ベテ見ルト政府ノ人ハ斯

ウ言ヒマス、此六百万圓ノ中ニ於テ――ドウ云フコトデ此益金ヲ殖シタカト云フト、約百三十万圓許リハ鹽ノ利益ガ殖エタ結果デアルト答ヘテ居リマス、其餘ハ政府ノ製造所ノ經費ト云フモノヲ極端ニ減ラシタ結果デアルト答辯ヲ致シテ居ル、所ガ事實ニ於テ一方ドウデアルカト云ヘバ、煙草ノ葉ノ買上ト云フモノヲ昨年カラ安ク致シテ居ル、卽チ煙草ノ葉ヲ作ル農民ニ對シテハ少カラザル苦痛ヲ與ヘテ、煙草ノ葉ノ買上ヲ安クシテ居ル、此安ク買上ゲタ所ノ煙草ノ葉ト云フモノハ、此利益ハ直ニ此葉ヲ使ヘナイノデアルカラ來年ニ廻ルモノデアッテ、今年ノ利益ノ中ニハ計上シテナイト云フコトヲ申シテ居ルガ、兎ニ角煙草ノ葉ヲ安ク買フコトニ致シタコトハ、是ハ事實デアルニ相違ナイ、兎ニ角專賣局ノ益金ニ六百万圓ト云フ多イ利益ヲ見ルコトガ出來ルナラバ、何故現內閣ハソレダケ煙草ト鹽ノ値下ヲシナイノデアリマスカ(拍手)全體私ハ此處デ政府ニ問ヒタイコトガ一ツアル、一體我國ノ鹽ト云フモノハドウ云フ遣方ニ相成ッテ居ッタノデアリマスカ、我國ノ鹽ト云フモノハ全體世界的ニ高イモノデアル、日本ノヤウニコンナ高イ鹽ヲ使ハシテ居ル所ハナイ、現ニ我國ニ於テハ、臺灣ニ於テモ、關東州ニ於テモ、安イ鹽ハ幾ラデモ出來ル、現ニ臺灣ニ行ッテ諸君ガ御承知ニナルコトガ出來ルデアラウト思フ、臺灣ノ安平ナント云フ所デハ非常ニ鹽ノ製造ヲシテ、鹽ガ過剩ニナッテ困ッテ居ル、所ガ內地デ割合ニ鹽ヲ防イデ居ッテ入レナイ爲ニ、臺灣ノ製鹽業者ト云フモノハ少カラザル困難ヲ來シテ居ル、然ルニ我國ガ斯ノ如キ高イ鹽ヲ使ハシテ國民ノ日常生活ニ必要デアル所ノ鹽ノ値段ヲ釣上ゲテ居ルノハ何故デアルカト云ヘバ、一面ニ於テ國防ノコトモ考ヘラレテ居ル、若シ我國ガ四面海ノ國デアッテ、一朝封鎖デモ――是ハ不幸ナコトデ吾々ハ想像モ致シテハ居ラヌガ、萬ガ一ニデモ封鎖デモセラレタ時ハ、是ハ餘程考ヘナクテハナラヌ、殊ニ長イ間我國ノ鹽ト云フモノハ發達シテ今日ニ至ッタモノデアルガ故ニ、之ヲ一朝ニシテ打破ッテシマフト云フコトハ甚ダ宜シクナイ、殊ニ山間僻地ナドハ所謂鹽攻メニ遭フト云フガ如キ事ガアッテハ、甚ダ宜シクナイコトデアルカラ、兎ニ角高イ鹽ヲ使ハセルト云フコトハ宜シクナイコトデハアルガ、暫ク或ル程度ハ忍ンデ、我國ノ製鹽業ヲ保護シテ行カネバナラナイト云フノガ、今日政府ノ鹽專賣ノ趣意ニ相成ッテ居ル、所ガ此鹽ト云フモノ、値段ガ――今日鹽ト云フモノ、利益ガ殖エテ來タノハ何故デアルカト云ヘバ、前內閣ニ於テ定メタ所ノ鹽田整理ヲ致シタ結果デアルト云フコトハ明瞭デアリマス(拍手)卽チ前內閣ニ於テ鹽田整理ヲ致シテ、之ニ依ッテ鹽ノ利益ガ百何十万圓殖エタノデアリマスガ故ニ、是ダケノモノハ今ノ內閣ニナレバドウシテモ鹽ノ値下ゲヲ致サナクテハナラナイ所ノ理屈ガアルノデアル、殊ニ今日化學工業ノ上カラ申シテドウデアルカト云ヘバ、我國ノ如ク鹽ノ値ガ高クテハ到底「アルカリ」工業、曹達工業ハ起ルモノデハナイ、所ガ是ハ大量生產ヲスル會社デアルナラバ、成程原料ニ對シテ政府ハ原價ヲ以テ鹽ヲ拂下ゲテ居ルニ相違ナイ、併ナガラ是ハ船デモ持ッテ居ル恐ロシイ大キイ會社カ、製造工場デナケレバ、此恩典ニ事實上浴スルコトガ出來ヌ、中以下ノ「アルカリ」工業、化學工業ト云フモノハ、實際ヤッテ見ルト云フト、今日ノ我國ノ制度ニ於テハ容易ニ是ハ成立ツベキモノデナイコトハ明瞭デアリマス

〔議長退席副議長着席〕

ソレ故ニドウシテモ玆ニ鹽ノ値ト云フモノガ、儲ケガ殖エレバ下ゲテ掛ラネバナラナイノニ、鹽ノ値段ヲ下ゲズシテ、サウシテ玆ニ其金ヲ其儘益金ニ入レ、煙草ノ値段ヲ下ゲズシテ玆ニ之ヲ益金ニ入レタノハドウ云フ譯デアルカ、歲入ガ欲シイカラデアル、恐ラクハ是ハ義務教育費國庫支辨ヲヤラウトシテ、減稅ヲ圖ッテ、之ガ所謂輿論ニ顧ミラレタノカドウデアルカ、四圍ノ壓迫ノ爲ニ引込マシタノデアル(拍手)財源ニ困ッテ斯ウ云フ算盤ヲ作ラレタト云フコトハ明瞭デアル、コンナ遣方ヲ致シテ居ッテ減稅ヲ考ヘルノハ、一體聞イテ呆レル(拍手)減稅ナント云フモノガ此頭デドウシテ出來マスカ、減稅ヲヤリ得ルト云フナラバ、果シテ如何ナルコトニ依ッテ、減稅ヲヤラレルノデアルカ、私ハ明瞭ニ其減稅ノ由ッテ來ル所、並ニ減稅ニ對スル所ノ御決心ヲ私ハ伺ヒタイト考ヘルモノデアリマス

次ニ私ハ軍備縮小ト減稅ニ對シマシテ一言承ッテ見タイノデアリマス、濱口首相ハ先般來世間ニ聲明セラレマシテ、如何ニモ今回ノ軍備縮小ノ會議ノ結果、大分剩餘金ガ出ルヤウナ有樣ヲ世ノ中ニ表シテ居ラレマス、又井上藏相モ左樣ナ御言葉ガアリマシテ、此剩餘金ガ出レバ、或ハ減稅ニ振向ケルトカ、或ハ社會政策ニ向ケルト云フヤウナコトヲ言ッテ居ラレマス、總理大臣並ニ井上大藏大臣ガ左樣ナル御言葉ヲ少シデモ用ヒラレマスレバ、世間ハ之ヲ相當ニ信用致シマス、果セル哉日本ノ新聞紙、雜誌等ハ如何デアリマスカ、ドノ新聞デモ雜誌デモ、先日迄ハ殆ド此軍縮ノ結果ニ於テ中々多額ノ剩餘金ガ出ルヤウニ考ヘテ居ッタノデアリマス、サウシテ此剩餘金ノ使ヒ途ヲ如何ニスルカト云フヤウナ、諸方デ意見ヲ取ッテ居ルヤウナ狀勢ニ相成ッテ居ル、然ルニ先日犬養政友會總裁ガ此席ニ於カレマシテ濱口總理大臣ニ質問致サレテ、其御答辯ヲ承リマスルト云フト、大分其答辯ト云フモノハ是ハ怪シイモノデアル、モウ少シ進ンデ見ナイト云フト海軍ノ方ノ軍艦ノ製造ノ步合ガドウナルカ分ラナイ、ドウ繰上ゲラレルカ、繰延ベラレルカ分ラナイ、ソレガ分ラナイト云フトマダ本當ニ此海軍ノ剩餘金ト云フモノハ分ルモノデハナイ、斯ウ云フ御答ニナッテ居ル、私ハソコニ於テ非常ナル疑問ヲ起ス者デアリマス、此大體ガ分ラナクテ以テ、ドウシテ此海軍ノ協定ト云フモノガ出來タデアリマセウ、凡ソ此國家大切ノ國防ヲ決定致シマスルニ付キマシテハ、相當ニ經費ノコトモ考ヘラレ、ドウ云フ風ニ此將來ガナッテ來ルモノデアルカト云フコトヲ十分ニ研究サレテ、大概ハ或ハ百万圓、二百万圓ノ違ヒハ是ハアリマセウ、大體ニ於キマシテハ此位ノ經費ハ餘ルモノデアル、是ダケ要ルモノデアルト云フコトガ分ラズシテ、此協定ガ出來ル道理ハ私ハナイト考ヘル(拍手)私共全體此國防軍備ニ對シマシテハ、濫リニ擴張スレバ宜イナント云フ議論ヲ持ッテハ居リマセヌ、出來ルダケ是ハ經濟的ニ致サネバナラナイト云フ私共確信ヲ持ッテ居ル、併ナガラ國防ノ最小限度ダケハドウシテモ是ハ我國ニ保有シテ置クベキモノデアルト云フコトヲ、私共信ジテ疑ハヌ者デアル(拍手)ソコデ先日幣原外相ハ御演說ニ相成リマシテ、我國ノ補助艦ニ於テハ千九百三十五年ノ會議ノ際ニハ、我國ノ現實ニ保有スベキ兵力量ト云フモノハ、八吋砲巡洋艦ニ於テモ亦補助艦ノ總括的噸數ニ於テモ、我ガ本來ノ要求ト殆ド差違ガナイ、斯ウ云フコトヲ御演說ニナッテ居ル、私ハ之ニ對シテ玆ニ考ヘテ見タイノデアリマス

全體先年亞米利加デ行ハレマシタ華府會議ニ依リマシテ、其後ニ於ケル我ガ日本國ノ海軍ノ計畫ト云フモノハ、果シテドウナッテ居ルノデアリマセウ、之ヲ私此席デ申シマスコトハ國防ノ大切ナルコトデ、少少憚リマスカラ言葉ヲ愼ミマスガ、濱口總理大臣ニ致シマシテモ、幣原外務大臣ニ致シマシテモ、此內容ハ十分御承知ノ筈デナクテハナラヌノデアリマス、ソコデ此計畫ト云フモノ、根柢ハドウナッテ居ッタカト云ヘバ、補助艦ニ於キマシテハ總括的ニ見マシテ亞米利加ニ對スル日本ノ七割ト云フモノ

ハ、之ヲ切ルコトガ出來ナイト云フノガ、我國ノ海軍ノ樹テ、居ッタ所ノ方針デアル、殊ニ之ヲ一ツ細カク分ケテ見タイ、殊ニ大巡洋艦ト潜航艇ト云フモノハ最モ必要ナルモノデアル、私ハ財政上カラ之ヲ取ッテ見タイノデアル、我國ニ於テハドウシテモ一面ニ於テ四面海ノ國デアル、朝鮮ヲ持ッテ居ル、其上ニ臺灣ヲ持ッテ居ル、南洋諸島ヲ持ッテ居ル、此海防上カラ申シテモ、大巡洋艦ト云フモノハ極メテ必要デアル、所謂輕巡洋艦デハ殆ド是ハ役ニ立タナイ、其上ニ潜航艇ト云フモノハ極メテ必要デアリ、大切ナルモノデアルト云フコトハ、常ニ海軍ガ主張シテ居ル所ノ事柄デアルノデアリマス、所ガ然ラバソレニ依ッテ出來テ居ル所ノ日本ノ現有勢力、是ハドウナッテ居ルカト云ヘバ、私ハ四種類ニ分ケテ申述ベタイト思フ、大巡洋艦ト云フモノハ日本ガ亞米利加ニ對シマシテ只今迄ノ現有勢力ハ八〇・六「パーセント」ニ相成ッテ居ルノデアル、輕巡洋艦ハ寧ロ日本ガ多イ、一三九「パーセント」ニ相成ッテ居ル、巡洋艦、驅逐艦ハドウナッテ居ルカト云ヘバ、是ハ洵ニ日本ハ少ナイ、四三・六「パーセント」、潜航艇ハ如何デアルカト云ヘバ一〇三・一「パーセント」ト云フヤウナコトニ相成ッテ居ルノガ現在ノ有様デアル、之ヲ平均致スト丁度總括的ニ於テ七〇・九「パーセント」トナッテ居ルノガ現有勢力デアルノデアリマス、然ルニ今回倫敦ニ於テ協定サレタ結果ハ如何デアルカ、寧ロ大巡洋艦ト輕巡洋艦ニ於テハ軍縮ドコロデハナイ、却テ亞米利加ハ多クスルノデアル、寧ロ軍縮ニ非ズシテ明カナル軍擴ニナッテ居ル、軍擴ヲヤル

ソコデ亞米利加ハ此倫敦會議ノ結果大巡洋艦ヲドウスルカト云ヘバ、五万噸新シイモノヲ造リマス、輕巡洋艦ハ、亞米利加ニ於テハ七万三千噸新ニ造リマス、然ルニ日本ニ於テハ、大巡洋艦ハ一隻モ造ラナイ、輕巡洋艦ハ僅ニ二千三十五噸造ルダケ、斯ウナッテ居ル、ソコデ亞米利加ト日本トノ比率ト云フモノハ非常ニ狂ッテ參ッテ、大巡洋艦ニ於テ今日ノ現在ニ於テハ我國ハ八〇・六「パーセント」デアルモノガ、倫敦會議ノ結果ハ僅ニ六〇「パーセント」ニ減ラサレテシマッテ居ルノデアリマス(拍手)輕巡洋艦ハドウナルカト言ヘバ、今日迄一三九「パーセント」デアッタモノガ、亞米利加ガ多ク自ラ輕巡洋艦ヲ造リマス爲ニ、七〇「パーセント」ニ減ッテシマフ狀態デアリマス(拍手)

ソコデ巡洋艦ハドウデアルカト言ヘバ、今日迄亞米利加ガ非常ニ多ク持ッテ居ッタ、是ハ先日内田君モ言ハレマシタ通リ、亞米利加ハ世界ノ大戰ニ於テ大分驅逐艦ヲ造ッテ、是ガ古クナッテ困ッテ居ルノデアル、何時是ハ減ラシテモ差支ナイモノデアル、ソコデ亞米利加ハ之ヲウント減ラシマス、減ラシマスカラ是ダケハ我國トノ比較ガ、割合ニ日本ガ多クナッテ、七〇「パーセント」ニナリマスケレドモ、大切ナル潜航艇ハ如何デアルカト言ヘバ、今日迄一〇三・一「パーセント」以上デアッタモノガ、是ガ一〇〇「パーセント」ニ減ラサレルト云フ現狀ニ相成ッテ居ルノガ、今日ノ會議ノ狀態デアリマス

斯ウ云フコトニナッテ居ルノデアルカラ、結局我國ノ勢力ト云フモノガ、全體カラ申セバ成程六九・七「パーセント」ト相成ッテ、七割ニ近イモノデアルガ、之ヲ細カニ解剖シテ見ルト、餘リ我國ノ海軍ガ要求シテ居ナイ所ノ此輕巡洋艦ガ、却テ二千三十五噸新ニ製造サレルコトニナリ、大切ナル大巡洋艦ト潜水艇ト云フモノハ、海軍ノ望ム所ヲ達スルコトガ出來ナイ、寧ロ大巡洋艦竝ニ潜水艇ハ、現有勢力ヨリモ非常ニ減ゼラレテシマフト云フノガ、今日ノ狀態デアルノデアリマス(拍手)サウシテ新ニ造ルモノハ、サウ云フ遣リ方デアルガ、然ラバ玆ニ代換ヲドウ云フ風ニ造ルカ、是ガ一ツノ問題ニ相成ッテ居ル、全體今モ申シマス通リ、我國ノ海軍ト云フモノハ、ソレ程ニ輕巡洋艦ト云フモノヲ要求シテ居ナイ、居ナイノニ、ソレヲ今度ノ倫敦會議ニ於テハ、殊ニ我國ノ全權ハ、此輕巡洋艦ト云フモノヲ却テ擴張セシムルコトヲ協定セラレタ、ノミナラズ却テ我國ノ、今日在ル所ノ輕巡洋艦ガ、球磨級ニ屬スル所ノモノ十一隻ニ對シテハ、此軍艦ノ艦齡ト云フモノヲ却テ縮メルヤウナ協定ヲ致シテ、サウシテ他ノ軍艦ハ二十年ヲ以テ艦齡ト致スト云フニモ拘ラズ、我國ノ輕巡洋艦十一隻ニ對シテハ、十六年ト云フ艦齡ヲ適用致シテ、一口ニ言ヘバソレ程ニ致サナクテモ宜イモノヲ、玆ニ製造ヲ致スコトニ相成ルノデアリマス、ソコデ我國ニ於テソレダケ造ラナクテモ宜イ輕巡洋艦ヲ、寧ロ十一隻早ク造ラセルノハ何故デアルカト言ヘバ、我國ノ製艦能力ト云フモノガ衰ヘテシマフ、我國ハ今度ノ倫敦會議ノ結果ニ於テ、軍艦ノ製造力ヲ非常ニ弱ラセラレル、隨ッテ此儘ニ置ケバ、我國ノ軍艦ノ製造能力ト云フモノガ非常ニ低クナリ、危イモノニナル、ソレ故ニ我國デハソレ程ニ要求シテ居ナイ所ノ軍艦デアッテモ、此輕巡洋艦ト云フモノヲ製造スルコトニ致サナクテハ、製艦能力ト云フモノ、維持ガ出來ナイ、此意味ニ於テ今回之ヲ承諾サレタト云フコトハ(ノー〳〵)ノー〳〵デハナイ明瞭デアル(ノー〳〵)政府自ラ言ッテ居ル所ノ實力デアル、ソレデ此位經濟上カラ言ッテ不經濟ナ協定ト云フモノハアルモノデハナイ、海軍ガ要求シテ居ナイ所ノ軍艦ヲ、態々造致ス、之ヲ新造致サナケレバ、我國ノ製艦能力ガ衰ヘル、是位馬鹿氣タ協定ト云フモノハアルモノデハナイ(拍手)即チ我ガ海軍ガ要求シテ居ル所ノ大巡洋艦、之ヲ日本デ造ルコトガ出來ナケレバ、亞米利加デ五万噸モ造ラウト云フノヲ、之ヲ抑ヘテ、モット少ク造ラセルカ、然ラザレバ我國ノ潜航艇ヲ減スノヲ減サセナイヤウニ致シテ置ケバ、斯ウ云フ馬鹿氣タ不經濟ナ協定ヲ致サナイデモ宜イノデアル(拍手)若シ之ガサウデナイト言フナラバ、吾々ハ海軍ノ人ヲモ要求致シテ、豫算會議ニ於テ十分ニ、私共ハ之ニ對シテ御質問ヲ申シタイト考ヘル所ノモノデアル、ソコデ(「潜航艇ハ何ダ」ト呼ブ者アリ)潜航艇デモ潜水艇デモ同ジコトデアル(「潜航艇ナンテ十年前ノコトダ」ト呼ブ者アリ)潜航艇デモ潜水艦デモ何方デモ同ジコトデアル(「ソンナコト分ラヌデ質問出來ルカ」ト呼ブ者アリ)ソンナコトガ分ラヌモノガアルカ、ソコデ日本ノ得タ所ノ新建造ノ權利――我國ハ今申シタ所ノ新ニ得ラレマシタ所ノ權利ノ外ニ、代換ト云フモノ、建造ト云フモノヲ致スコトガ出來ルコトニ相成ッテ居ル、ソコデ代換ノ建造ト、新ニ我國ニ於テ得マシタ所ノ權利ト、此兩方ヲ一緒ニ致シテ見ルト、ドレダケニナルカト云フト、輕巡洋艦、驅逐艦、潜水艇ニ於テ合計九万三千七百五十噸ト云フモノデアル、ソレデ此經費ト云フモノヲ幾ラバカリ掛ルカト云フト、此九万三千七百五十噸ト云フ代換ノ製造竝ニ新ニ現出スル所ノ噸數、此集メタモノヲ、經費ハ幾ラ掛ルト積ッテ見ルト、假ニ一噸當リ輕巡洋艦二千八百圓、驅逐艦四千圓、潜水艇四千八百圓ト見積リマシテモ、之ガ約三億二三千万圓ニナルノデアリマス、之ヲ一年ノ平均ニ致スト約六千四百餘万圓トナルコトハ明瞭デアリマス、ソレデ此金額カラ行ケバ、一體此政府ト云フモノハ、何處カラ此處ニ餘分ノ金ガ出ル剰餘金ガ出ルト云フコトガ言ヘルデアリマセウカ、我國ガ今持ッテ居ル所ノ――軍艦ニ充テ、居ル所ノ金ハ幾ラアリマス、政府ハ能ク承知シテ居ラレル筈デアリマス、此金ト、只今ノ新ニ建造スル所ノ金トヲ比較對照シテ、何處ニ一體剰餘金ガ出ルト云フコトガ言ヘマスカ(拍手)ソレヲ私ハ承リタイ、ソンナ剰餘金ガ出ル筈ハナイ、斯ウ

言ッタナラバ、或ハ政府ハ斯ウ言ハレルカモ知レナイ、ソレハ得タ所ノ權利デアル、必ズシモ造ヲネバナラナイト云フ筈ノモノデハナイ、ソレデアルカラ次第々々ニ建造スルコトニ致シテ、此製造ノ年限ヲ延シテ行クコトニスレバ、多少其處ニ餘裕ガ出ルト答ヘラレルカモ知レナイ、所ガ果シテサウヤレバドウナルカト言ヘバ、亞米利加ガ製造シテ呉レナケレバ宜イ、所ガ亞米利加ガ豫定通リニ製造スルコトニナッテ參レバ、日本ノ比率ト云フモノハ今ハ七割近イノデアルガ、ソレガ遂ニハ低下シテ六トナリ、五トナルト云フコトガ明瞭ナル事實デアル、ソレデアルカラドウシテモ亞米利加ガ製造シテ行ケバ、我國モ製造ヲ致シテ行カナケレバナラヌ、製造ヲ致シテ行ケバ、今言フ通リ三億何千万圓ト云フ金ガ要ルコトハ明瞭デアル、ドウシタ所デ玆ニ此軍艦ノ製造費ト云フモノカラ剩餘金ヲ見出スト云フコトガ出來ル道理ハ斷ジテナイノデアリマス（拍手）何處デサウ云フ剩餘金ガ出來ルカト云フコトヲ私ハ承ラネバナラヌ、全體今回ノ條約位私ガ今申ス通リ不經濟極マル所ノ條約ハナイ

（副議長退席議長復席）

今モ申シマス通リ、ソレ程ニ必要デモナイ所ノ軍艦ト云フモノヲ、強ヒテ年限ヲ繰上ゲテ之ヲ製造シ、而シテ我ガ海軍ノ必要デアル所ノ潛水艦竝ニ大巡洋艦ニ對シテ亞米利加トノ比率ヲ引下ゲル、此位私ハ我國ニ對シテ不親切デアリ、財政上カラ申シテ宜シカラザル條約ト云フモノハナイト信ズル、何處カラ是デ財源ガ出ルモノデアルカト云フコトヲ私ハ承リタイノデアリマス、殊ニ海軍ニ於キマシテハ、斯樣ナル協定ニ相成ッタ以上ハ、ドウシテモ私共ハ此缺陷ヲ補フコトノ方案ガ立ッテ參ラナクデハナラヌデアラウト思フ、此處デ若シモ航空隊ト云フモノガ必要デアルト云フコトヲ、海軍カラ要求サレタラ如何デアリマスカ、現ニ亞米利加ガ持ッテ居ル所ノ航空隊ハ御承知ノ通リ五十六隊アル、我國ガ持ッテ居ル海軍ノ飛行隊ト云フモノハ僅ニ十七分隊デアルガ、其中演習ノ爲ニ使ッテ居ルモノガ九隊半アル、之ヲ差引クト云フト、眞ノ常備兵力ト云フモノハ僅ニ七隊半ニ過ギナイノガ今日ノ狀況デアリマス、亞米利加ノ五十六隊ニ對シテ、我國ノ飛行隊ハ常備兵力僅ニ七隊半、ドウシテ是デ亞米利加トノ競爭ガ出來ルデアラウカ、ソレデ此點ヲ能ク考ヘテ參ッタナラバ、海軍ハ必ズヤ此缺陷ヲ補フ爲ニ航空隊ノ補充ヲ要求スルデアラウト吾吾ハ思フ、又要求サレテモ已ムヲ得ザル所ノ現狀ニ在ル、然ルニ此航空隊ニハ金ノ要ルコトハ大藏大臣ガ能ク御承知デアラウト思フ、其設備費ト云フモノハ一隊ニ對シテ約三百万圓デアルト稱サレテ居ルノデアリマス、是等ノ金ヲ考ヘテ見タナラバ、今度ノ軍縮ノ結果ニ於テ剩餘金ナドガドウシテ出ルカ（拍手）是ガ出ルト言ハレルナラバ、吾々ハ總理大臣、大藏大臣カラ明瞭ナル御答ヲ承リタイモノデアリマス（拍手）

次ニ私ハ先刻武藤君カラ御尋ニ相成リマシタ此預金部ノ外貨買入ニ付テ今一點井上藏相ニ御尋ヲ致シタイノデアリマス（拍手）先刻武藤君ニ大分詳シイ御答辯ガアリマシタ、併ナガラ大切ナ點ガ一點落チテ居ルノデアリマス、全體此預金部ニ於テ外貨ヲ今政府ガ買入レラレタノハドウデアルカト云フト、諸君モ御承知ノ如ク、昨年ノ九月カラ十二月ニ掛ケテ、横濱正金銀行支店ヨリ外國爲替ヲ買入レラレタ、其高ガ約一億五千万圓以上ト言ハレテ居ルノデアリマス、之ヲ買入レラレタ時ハ、ドウ云フ遣方デアッタカト云フト、預金部ノ規則ノ上カラ言フト、是ハ短期運用ト云フコトニ依ッテ、大藏大臣一人ノ職權ニ依ッテ、是ハヤラレタ一時的ノ便法デアルノデアリマス、此事ヲ一寸モ此席ニ於テ大藏大臣ハ御話ニ相成ッテ居ナイノデアリマス、大藏大臣ハ一了簡デ以テ、幸ニ預金部ノ委員會ガ決議ヲ致シテ短期運用ガ委セテアル、ソレヲ利用サレテ己レノ一了簡デ、一億五千三百万圓ト云フ金ヲ買入レラレタコトニ相成ッテ居ル、所ガ預金部ノ預金法、是ハ何時出來タモノデアルカト言ヘバ、大正十四年三月法律第二十五號ヲ以テ出來テ居ルモノデアル、是ハ誰ガ作ラレタモノデアルカト言ヘバ、只今ノ總理大臣デアラレル所ノ濱口雄幸君ガ、恰度大藏大臣ヲシテ居ラレル時ニ、議會ニ提出サレテ出來タ所ノ法律デアルノデアリマス、此法律ノ中ニドウ云フコトガ書イテアルカト言ヘバ、其第四條ニ於キマシテ、「有利且確實ナル方法ヲ以テ國家公共ノ利益ノ爲ニ之ヲ運用スヘシ」ト相成ッテ居ルノデアリマス、唯國家公共ノ利益ノ爲ダケデハイケナイ、有利デアッテ、而シテ確實デナケレバナラナイコトニ相成ッテ居ルノデアル、所ガ先刻カラ度々御話ガアリマス通リ、我國ガ此處デ金解禁ヲ致セバ、爲替相場ハドウナルモノデアルカト言ヘバ、是ハ私モ上ルニ定ッテ居ルト考ヘルノデアリマス、斯ウ言ヘバ井上藏相ハ、先刻モ言ハレル通リ、準備ガ確實デアルカラ上ッタノダト言ハレルノデアリマセウ、ソレハ私假ニソレヲ認メマセウ、認メルトシテ、結局爲替相場ト云フモノハ上ルモノデアルト云フコトハ、井上大藏大臣ハ明瞭ニ認メテ居ラレルコトデアル、即チ爲替相場ガ上ル所ノ原因ノ如何ハ別問題トシテ――議論ノ問題トシテ、金解禁ノ曉ニ爲替相場ガ騰貴スルモノデアル、是ハ井上大臣明ニ認メテ居ラレル所ノ事柄デアル、ソレデ爲替相場ガ上ルト云フコトヲ、大藏大臣自ラ認メテ居ッテ、サウシテ金解禁前ニ當ッテ、外國ノ金ヲ買入レルトハ如何デアリマスカ（拍手）此位不利益ナコトハナイヂャナイカ、是ハ損ヲスルニ極リ切ッテ居ルコトデアル、是ハ子供デモ分ッタコト、損ヲスルニ極ッテ居ル、之ヲ有利確實ニショウト云フナラバ、ナゼ金解禁ヲシタ後ニ買ハレヌノデアルカ、此位安全ナコトハナイ、金解禁ヲスレバ、日本ノ爲替相場ガ上ル、日本ノ金ノ値打ガ出來ル、ソレカラ外國ノ證券デモ、爲替デモ御買ヒニナッタラ宜イ、此位確カナコトガアルニモ拘ラズ――爲替相場ガ上ルニ定ッテ居ルニモ拘ラズ、之ヲ知リ切ッテ居ッテ、之ヲ買入レルトハ何事デアルカ、是ハ言フマデモナク、正金銀行ニ損ヲサセヌト云フコトカラ之ヲヤッタノデアル、正金銀行ノスルベキ損ヲ政府ノ預金部ガ背負ッテヤッタト云フコトニ外ナラヌノデアリマス、ナゼサウ云フコトヲ政府ガセネバナラナカッタカト言フニ、大藏大臣ハ金解禁ヲスル前ニ在外正貨ヲ殖シテ國民ニ見セタイ、濱口總理大臣ハ此席ニ於テ御自慢ニナリ、今迄少カッタ在外正貨ハ三億四百万圓ニ殖エタ、之ヲ言ヒタイ爲ニ、正金銀行ヲシテ旺ニ外國爲替ヲ買ヘセタ、外國爲替ヲ頻ニ正金銀行ニ買ハセテ、在外正貨ヲ殖シテ見セタ、所ガ玆ニ愈、金解禁ヲシタ結果ハドウデアルカト云ヘバ、此處デ我國ノ爲替相場ト云フモノハドン／＼上ル、ドン／＼是ハ損ニナル、正金銀行ニ損ヲサシテハナラナイカラ、政府ハ此處デ據所ナク損ヲ背負ッテヤル、其損ヲ何處ニ背負ヘセタカト云ヘバ、大藏大臣ノ一了簡ヲ以テ、此規則ト云

フモノヲ全ク無視シテ、法律ヲ無視シテ、サウシテ斯ノ如ク、預金部ガ損害ヲ受ケルニ決リ切ッテ居ルモノヲ買入レタト云フコトニナッテ居ルノデス(拍手)ソレデ大藏大臣ハ唯此席ヘ出ラレテ、ソレ等ノ跡始末ノ話バカリサレル、大藏大臣ガ先刻此處デ詳シク述ベラレタコトハ、ソレ等ノ跡仕末ノ話デアル、此四箇月間ニ於テマス、大藏大臣一了簡デ我ガ國家ニ尠カラザル損害ヲ掛ケテ、其損害ヲ預金部ガドウシテモ之ヲ背負ッテ立タネバナラヌヤウナコトニサレタコトハ、此責任ト云フモノハ何處迄モ是ハ大藏大臣ニ問ハナクテハナラヌ、質サナケレバナラヌノデアル、是ハ單リ吾々ハ大藏大臣ノミトハ言ハヌ、總理大臣亦尠カラザル私ハ責任ヲ持タネバナラヌト思フ、是ハ大藏大臣ノ責任バカリデハナイ、總理大臣亦之ニ對シテハ責任ヲ持タネバナラヌ(拍手)金解禁ヲ致スガ爲ニ、假ニ在外正貨ヲ殖シテ見セテ、此在外正貨ハ先日三土君ガ言ハレタ如ク、金解金ノ曉ハ皆出テ行クニ決ッタモノデアル、無クナルニ決ッタモノデアル、ソンナコトガ分ラナイヤウナ大藏大臣ヤ總理大臣デハ大變デアル(拍手)ソレニモ拘ラズ此在外正貨ト云フモノヲ假ニ形ヲ造ルタメニ容易ナラザル損害ヲ國家ニ與ヘ、預金部ノ法律ヲ無視シテ、大藏大臣一了簡ヲ以テ斯ノ如キ國家ニ害ヲ與ヘルト云フコトハ、是ガ現内閣ノ背任行爲ニ非ズシテ何デアリマスカ、背任行爲ニ決ッテ居ル(拍手)之ニ對シテ總理大臣並ニ大藏大臣ノ明瞭ナル御答辯ヲ求メマス

〔國務大臣濱口雄幸君登壇〕

**◉國務大臣(濱口雄幸君)** 只今ノ大口君ノ御質問ノ中、軍縮ト減税トノ關係ニ付キ、私ヨリ答辯ヲ致シマス、軍縮協定ノ結果ト致シマシテ、相當ノ餘剩金ヲ生ズルト云フコトハ、吾々ノ確信シテ疑ハザル所デアリマス、然ラバ餘剩金ヲ生ズル其程度如何ト云フコトニ付テハ、是ハ只今大口君ノ御指摘ニナリマシタ通リ、此度ノ協定ニ依ッテ、帝國ガ得マシタ所ノ代換繰上建造ノ權利ヲ如何ナル程度ニ行使スルカト云フコトニ依ッテ決マリマス、而シテ其權利ヲ行使スル程度ハ、大口君ガ如何ニ憤慨セラレテモ、未ダ決ッテ居リマセヌ(發言スル者多シ、拍手)而シテ假令其程度ガ如何樣ニナリマシテモ、其程度如何ニ拘ラズ、相當ノ餘剩金ガ生ズルト云フコトヲ確信シテ居リマス、而シテ其餘剩金ヲ得マシタナラバ、其餘剩金ハ主トシテ之ヲ國民負擔ノ輕減ニ充ツルト云フコトハ、是亦當然デアリマス(拍手)御承知ノ通リ帝國ガ此度ノ海軍協定ニ參加シタル所以ノモノハ、第一ニ世界平和ノ增進ト、各國國民負擔ノ輕減ニ在ルコトハ勿論デアリマス

〔發言スル者多シ、拍手〕

## 昭和五年五月一日
## 松田國務大臣ノ答辯

◎國務大臣（松田源治君） 先達ノ多木君ノ質問ガ議場ガ喧騒デアリマシタカラ私ニ能ク分リマセヌ、仍テ速記錄ヲ調ベマシタカラ――速記錄デ能ク拜承致シマシタ、三ツ程重要ナ點ガアリマス

第一ハ朝鮮ノ地方制度、此事ニ付テ御質問ナリマシタガ、政府ハ朝鮮ノ文化ノ發達ニ鑑ミマシテ、地方自治制度ノ改正ヲ必要トスルト認メマシタ、ソレハ今迄朝鮮ノ道、府、指定面共ニ決議機關デアリマセヌデ、諮問機關デアッタノヲ、之ヲ決議機關ニ變更シテ、自治制度ノ擴張ヲ致シタノデアリマス

第二ハ朝鮮ノ參政權ニ付テハドウ云フ考ヲ持ッテ居ルカ、是ガ最モ重大ナル問題デアリマス、今申シマシタル此地方自治制度ノ改善ノ模樣ヲ見マシテ、篤ト是ハ考慮シタイト思ッテ居リマス、今此席ニ於テ朝鮮ノ參政權ヲ如何ニスルカト云フコトニ付テ、具體的ニ意見ヲ申上ゲル必要モナケレバ、又此場合ニ申上ゲルコトハ宜クナイコト、私ハ考ヘルノデアリマス

第三ハ朝鮮總督ヲ內閣官制ノ第十條ニ依ッテ閣議ニ列セシメテハドウカト云フコトデアリマス、是ハ私ガ主管ノ拓務大臣ト致シマシテ、朝鮮ノ利害ヲ代表シテ居リマスカラ、朝鮮總督ヲ閣議ニ列セシムル必要ハナイト認メマス

朝鮮私設鐵道補助法中改正法律案　第一讀會　右議案ノ審査ヲ付託スヘキ委員ノ選擧

第一　朝鮮私設鐵道補助法中改正法律案（政府提出）　第一讀會

朝鮮私設鐵道補助法中改正法律案

朝鮮私設鐵道補助法中左ノ通改正ス

第五條中「四百五拾萬圓」ヲ「五百萬圓」ニ改ム

附　則

本法ハ公布ノ日ヨリ之ヲ施行ス

〔國務大臣松田源治君登壇〕

◎國務大臣（松田源治君）　只今議題ニナリマシタル所ノ朝鮮私設鐵道補助法中改正法律案ノ提案ノ理由ヲ説明致シマス、朝鮮ノ私設鐵道ノ補助金ノ最高年額ハ大正十四年ニ三百万圓ヲ四百五十万圓ニ改メテ以來、五箇年ニナリマス、此金額ニ於テハ現在ノ既設線及現在工事ニ著手中以外ノ線ハ、補助スルコトガ出來ナイヤウナ狀態ニナッタノデアリマス、仍テ今回四百五十万圓ヲ五百万圓ト致シマシテ、引續キ線路ノ建設ヲ致シタイノデアリマス、仍テ本案ヲ提出シ、諸君ノ御協贊ヲ求ムル次第デアリマス（拍手）

◎議長（藤澤幾之輔君）　日程第二、右議案ノ審査ヲ付託スベキ委員ノ選擧ヲ議題ト致シマス

第二　右議案ノ審査ヲ付託スヘキ委員ノ選擧

◎岡本實太郎君　本案ハ議長指名九名ノ委員ニ付託セラレンコトヲ望ミマス

◎議長（藤澤幾之輔君）　岡本君ノ動議ニ御異議アリマセヌカ

〔「異議ナシ」ト呼フ者アリ〕

◎議長（藤澤幾之輔君）　御異議ナシト認メマス、仍テ動議ノ如ク決シマシタ――日程第三、昭和三年度第一豫備金支出ノ件外六件ヲ議題ト致シマス、小川政府委員

第三
- 昭和三年度第一豫備金支出ノ件
- 昭和三年度特別會計第一豫備金支出ノ件
- 昭和三年度特別會計豫備費支出ノ件
- 昭和四年度第二豫備金支出ノ件
- 昭和四年度豫備金外ニ於テ豫算外支出ノ件
- 昭和四年度特別會計第二豫備金支出ノ件
- 昭和四年度特別會計豫備金外ニ於テ豫算超過支出ノ件

（承諾ヲ求ムル件）

〔政府委員小川郷太郎君登壇〕

◎政府委員（小川郷太郎君）　昭和三年度第一豫備金支出ノ件外六件ニ關スル事後承諾ヲ求ムル爲、玆ニ議案ヲ提出致シマシタニ付キ、其大體ノ說明ヲ致サウト存ジマス、昭和三年度第一豫備金ノ豫算額ハ六百万圓デアリマスガ、昭和三年勅令第百號及同第二百四十六號ニ依リ第一豫備金ヨリ補充致シマシタ主ナル事項ハ、健康保險組合交付金、軍事救護費、褒賞費、大禮記念章調製諸費及家畜傳染病豫防費等デアリマシテ、其總額ハ五百九十一万四千七百五十七圓デアリマス、各特別會計ニ於キマシテモ、其第一豫備金ヨリ豫算超過ノ支出ヲ爲シタルモノガアリマス

次ニ昭和四年度第二豫備金支出ニ付テ申上ゲマス、昭和四年度一般會計第二豫備金ノ豫算額ハ八百万圓デアリマシテ、其支出ノ主ナル事項ヲ擧ゲマスレバ、倫敦海軍會議參列費、支那事件費補足、驅逐艦損傷復舊費、北海道駒ケ嶽爆發罹災地產業復舊助成金等デアリマシテ、豫算金額ヲ支出致シマシタ、昭和四年度一般會計第二豫備金豫算拂ヒ切リトナリマシタニ付キ、緊急已ムヲ得ザル費途ニ對シ、歲計剩餘金ヲ以テ豫算外ノ支出ヲ爲シタモノガアリマス、其事項ノ主ナルモノハ支那事件費補足、各省所管ニ亙ル、火害、風水害其他ニ因ル復舊及新營費等デアリマス、尙ホ各特別會計ニ於キマシテモ、第二豫備金及豫備金外ニ於テ豫算超過及豫算外ノ支出ヲ爲シタルモノガアリマス、何卒御審議ノ上承諾ヲ與ヘラレンコトヲ望ミマス

◎議長（藤澤幾之輔君）　日程第四、右議案ノ審査ヲ付託スベキ委員ノ選擧ヲ議題ト致シマス

第四　右議案ノ審査ヲ付託スベキ委員ノ選擧

◎岡本實太郎君　本案ハ議長指名十八名ノ委員ニ付託セラレンコトヲ望ミマス

◎議長（藤澤幾之輔君）　岡本君ノ動議ニ御異議アリマセヌカ

〔「異議ナシ」ト呼フ者アリ〕

◎議長（藤澤幾之輔君）　御異議ナシト認メマス、仍テ動議ノ如ク決シマス

◎岡本實太郎君　殘餘ノ日程ヲ延期シ、本日ハ是ニテ散會セラレンコトヲ望ミマス

〔「異議ナシ」ト呼フ者アリ〕

◎議長（藤澤幾之輔君）　岡本君ノ動議ニ御異議アリマセヌカ

〔「異議ナシ」ト呼フ者アリ〕

◎議長（藤澤幾之輔君）　御異議ナシト認メマス、仍テ動議ハ可決サレマシタ、次回ノ日程ハ公報ヲ以テ御通知致シマス、本日ハ是ニテ散會致シマス

午後一時二十三分散會

昭和五年五月四日

朝鮮私設鐵道補助法中改正法律案

第二讀會(確定議)

朝鮮私設鐵道補助法中改正法律案（政府提出） 第一讀會ノ續(委員長報告)

報告書

一朝鮮私設鐵道補助法中改正法律案（政府提出）

右ハ本院ニ於テ可決スヘキモノト議決致候此段及報告候也

昭和五年五月三日

委員長 大島要三

衆議院議長藤澤幾之輔殿

〔大島要三君登壇〕

◎**大島要三君** 朝鮮私設鐵道補助法中改正法律案ハ特別委員會ヲ三回ニ續キマシテ開キマシテ、質問應答ヲ重ネマシタ結果ハ特別委員一致致シマシテ之ヲ原案ノ通リ贊成致シマシタ次第デアリマス、右報告致シマス(拍手)

◎**議長(藤澤幾之輔君)** 本案ノ第二讀會ヲ開クニ御異議アリマセヌカ

〔「異議ナシ」ト呼フ者アリ〕

◎**議長(藤澤幾之輔君)** 御異議ナシト認メマス、本案ノ第二讀會ヲ開クニ決シマシタ

◎**岡本實太郎君** 直ニ本案ノ第二讀會ヲ開キ、第三讀會ヲ省略シテ、委員長報告ノ通リ可決セラレンコトヲ望ミマス

〔「贊成」「贊成」ト呼フ者アリ〕

◎**議長(藤澤幾之輔君)** 御異議ナシト認メマス、仍テ直ニ第二讀會ヲ開キマス

朝鮮私設鐵道補助法中改正法律案

第二讀會(確定議)

〔「異議ナシ」ト呼フ者アリ〕

◎**議長(藤澤幾之輔君)** 御異議ナシト認メマス、仍テ第三讀會ヲ省略シテ委員長報告通リ可決確定致シマシタ(拍手)是ニテ暫時休憩致シマス

午後一時四十一分休憩

午後四時三十六分開議

◎**議長(藤澤幾之輔君)** 休憩前ニ引續キ會議ヲ開キマス、御諮リスルコトガアリマス、第二部選出豫算委員平野光雄君、第五部選出豫算委員藤田若水君、第八部選出豫算委員堤康次郎君、右各常任委員辭任ノ申出ガアリマス、許可スルニ御異議アリマセヌカ

〔「異議ナシ」ト呼フ者アリ〕

◎政府委員（中野正剛君） 只今御提案ノ船舶業組合法案ニ對シマシテハ、前田君ノ御說明並ニ勝田君ノ御說明ヲ能ク承リマシタガ、法案ノ出マシタ時ニ關係各省ノ方トモ打合セマシタガ、御承知ノ通リニ此法バカリデナク、此種ノ海事法ニ付キマシテハ、法ノ施行區域ヲ異ニシテ居ル臺灣、朝鮮、關東州等ニ付テ特例ヲ設ケナケレバ少シエ合ガ惡カラウト云フコト、極メテ末節ノ字句ニ於テ、政府トシテハ此案通過ノ上之ヲ施行スルノニハ、多少ノ字句ノ修正ヲ御願シタイト云フコトダケデ、大體ニ於テ只今ノ御趣旨ノ通リ、早ク通過スレバ有效デアルノミナラズ、全ク無害ノモノト私ハ斯樣ニ思ッテ居リマス

◎岡本實太郎君 日程第二十二及ビ第二十三ノ兩案ヲ一括シテ議長指名十八名ノ委員ニ付託セラレンコトヲ望ミマス

昭和五年五月十四日

**臺灣ノ施政ニ關スル質問主意書**

右成規ニ據リ提出候也

昭和五年四月二十七日

提出者　田川大吉郎

**臺灣ノ施政ニ關スル質問主意書**

一阿片問題ニ關シテ

甲　臺灣總督府ハ昨年十二月中旬ヲ以テ阿片吸食者ニ關スル追認可方針ヲ發表シタ其ノ出願者ハ幾何ニ達シタデアラウカ

乙　總督府ハ共ノ出願者ヲ悉ク認可スル方針デアラルルカ若シ然ラズトセバ其ノ認可セザル者ニ對スル方針ハ如何デアラウ

丙　政府ハ臺灣總督府ノ以上ノ方針ヲ以テ一九二四年ノ國際阿片會議ニ聲明シタ政府ノ方針ニ背馳シナイモノト認メラルルデアラウカ

丁　政府ハ醫藥治療等ノ方法ニ依リ三年若クハ五年ノ短日月ヲ限リ阿片吸食ヲ斷禁スルノ意向ヲ有サレナイカ

一地方自治ニ關シテ朝鮮總督ハ近ク朝鮮ノ自治擴張案ヲ提案セラルルサウデアルガ臺灣總督ハ如何デアラウ臺灣ノ自治ヲ擴張スルコトハ時期尙早デアラウカ臺灣ノ文化ノ程度ハ寧ロ朝鮮以上デハアルマイカ

一日刊新聞ニ關シテ

日刊新聞紙ノ發行ヲ希望スルノ情臺灣島民中ニ極メテ切ナルモノガアルソレニ拘ラズ總督ハ之ヲ拒否シ來ツテ居ラレルソレハ如何ナル理由ニ基クノデアラウカ

一「ローマ」字普及ノ運動ニ關シテ

總督ハ「ローマ」字普反ノ運動ヲモ拒否シテ居ラレルラシイ其ノ理由如何

一官吏採用ノ方針ニ關シテ

總督府及ビ共ノ地方行政部ニモツト多クノ臺灣島民ヲ採用スルコトハ不可能デアラウカ現狀ハソレガ餘リニ寡少デナカラウカ知事ヤ裁判官ニナレル位ノ人物ハ三百六十萬餘ノ島民中一人モナイコトハアルマイ

一臺灣議會ノ請願ニ關シテ

臺灣議會ノ請願運動ヲ憲法違反ナリトスルヤ否ヤハ獨リ本院ノ決スベキ所デアルソレニ拘ラズ總督府ガ共ノ理由ヲ以テ該運動ヲ阻止シツツアルトノ理由及ビ責任如何

右及質問候也

昭和五年五月十二日

内閣總理大臣　濱口　雄幸

衆議院議長𢌞澤幾之輔殿

衆議院議員田川大吉郎君提出臺灣ノ施政ニ關スル質問ニ對シ別紙答辯書送進候

〔別紙〕

衆議院議員田川大吉郎君提出臺灣ノ施政ニ關スル質問ニ對スル答辯書

甲、阿片吸食特許出願者數ハ二萬五千五百二十七人ナリ

乙、右出願者中特許ヲ與フルハ嚴正ナル醫學的檢診ノ結果ニ基キ治療困難ト認メタル者ニ限ル大部分ノ者ニ對シテハ矯正施設ヲ整ヘ逐次治療ヲ行ヒ禁斷症狀ナキ者ニ對シテハ戒告ノ上將來ヲ取締ラントス

丙、以上ノ處置方針ハ千九百二十四年十一月ノ國際阿片會議ニ於テ聲明シタル政府ノ方針ニ背馳セザルモノト認ム

丁、政府ハ阿片癮者ニ對シテ矯正治療ニ努力シ成ル可ク速ニ此ノ惡習ヲ根絶セン事ヲ期ス

一、臺灣ノ地方自治制度ハ民度ノ向上ニ適應シ漸次共ノ完成ヲ圖ルベキ事ハ言ヲ俟タザル所ニシテ當局ニ於テ目下鋭意調査研究中ナリ

一、日刊新聞紙ノ發行ハ之ヲ拒否スルノ意思ニ非ザルモ諸般ノ影響甚大ナルモノアルヲ以テ之ガ許可ニ關シテハ愼重ニ取扱フ方針ナリ

一、所謂ローマ字普及ノ運動ハ國語普及ノ奬勵ト錯綜シ共ノ障碍トナルノ惧アルヲ以テ當局ノ希望セザル所ナリ

一、官吏採用ニ就テハ内臺人間ニ差別ナシ而シテ官吏トシテ適當ナル資格竝ニ教養ヲ有スル者ノ增加スルト共ニ漸次本島人官吏モ增加スルコトト思料ス

一、臺灣議會設置ノ請願運動ニ關シテハ之ヲ阻止シタル事ナシ

右及答辯候

昭和五年五月十二日

拓務大臣　松田　源治

昭和五年五月十四日

農村救濟ニ關スル質問主意書

右成規ニ據リ提出候也

昭和五年四月二十八日

提出者　八田宗吉

農村救濟ニ關スル質問主意書

農村ノ疲弊ハ既ニ其ノ極ニ達シ其ノ救濟ハ方ニ焦眉ノ急ヲ要ス左ノ諸件ニ對スル政府ノ所見如何

一　米穀法ノ運用

二　養蠶業ヲ基礎トセル絲價ノ維持

三　輸入農産物ノ對策

四　地方産業資金ノ運用及農家負擔ノ輕減

五　地方財源ノ涵養

六　地方交通機關ノ施設

右及質問候也

昭和五年五月十二日

内閣總理大臣　濱口雄幸

衆議院議長藤澤幾之輔殿

衆議院議員八田宗吉君提出農村救濟ニ關スル質問ニ對シ別紙答辯書差進候

〔別紙〕

衆議院議員八田宗吉君提出農村救濟ニ關スル質問ニ對スル答辯書

一、米穀法ノ運用ニ付テハ從來米穀事情ノ推移ヲ考察シテ常ニ深甚ノ注意ヲ拂ヒ米穀ノ買入、賣渡、貯藏、加工其ノ他米穀ノ輸入税ノ免除、外米輸入制限等ニ依リ其ノ目的ノ貫徹ニ努力シツ、アル所ナルガ米穀法制定以來既ニ十年ヲ經其ノ間農事改良、耕地ノ改良擴張等ニ基ク生産額ノ增加、人口增加ニ因ル消費ノ變遷等ニ依リ近時内地及朝鮮臺灣ニ於ケル米穀事情ハ著シク其ノ趣ヲ異ニスルニ至リタルヲ以テ昨年五月設置セラレタル米穀調査會ニ諮問セラレタル米穀ノ需給及價格ノ調節ニ關シ執ルベキ方策ニ付同會ニ於テ審議中ノ所本年三月其ノ答申アリタルヲ以テ之ニ基キ更ニ諸般ノ改善方ニ付愼重攻究中ナリ

二、本邦蠶絲業ノ消長ニ關シテハ養蠶業及製絲業ハ密接ノ關係ニ在リ故ニ政府カ絲價ノ安定ニ努ムルハ固ヨリ製絲業ノミナラス養蠶業ノ基礎ノ維持ニ資スルノ目的ヲ有スルコト勿論ニシテ今回融資補償法ノ發動ニ依リ絲價ノ安定ニ努メツ、アルモ此趣旨ニ外ナラザルモノトス

三、輸入農産物中其ノ主要ナルモノハ綿、米、小麥、豆類、菜種、苧麻等ニシテ右ノ内將來國内生産增加ノ見込確實ナルモノニ付テハ之カ國内生産ヲ有利ニ導クガ爲ニ生産技術ノ改良、生産費遞減其ノ他ニ付改善上ノ指導ヲ爲シ以テ輸入防止ノ實ヲ擧クルニ努メツ、アリ

米及小麥ニ付テハ從來相當ノ施設ヲ講シ效果逐年顯著ニ進ミツ、アリ更ニ菜種及苧麻ニ付テハ國内自給ヲ期スル爲特ニ經費ヲ計上シ其ノ生産增加ヲ計ル計畫ニシテ之カ輸入ノ防遏ヲ爲シ得ルノ見込十分ナリ豆類ニ付テハ北海道ニ對シテ拓殖計畫上相當ノ施設ヲ講セル外他ノ府縣ニ對シテハ未ダ見ルベキ特殊ノ施設ナキモ本作物ハ地力維持增進ノ上ヨリスルモ相當重要視スベク殊ニ開墾事業ノ進捗ニ伴ヒ之カ栽培ノ奬勵ヲ爲スノ要アルヲ以テ將來其ノ改良增殖上適當ノ方策ヲ講セムトス

其ノ他ノモノニ付テモ國内生産增加見込アルモノニ對シテハ適切ナル施設ヲ講シ增殖ノ實ヲ擧クルコトニ努ムル方針ナリ

尚輸入農産物ニ對スル關税ニ付テハ今差當リ改正ノ必要ヲ認メスト雖推移ヲ見テ相當考慮スル所アルベシ

四、地方産業資金ノ供給ヲ圓滑ナラシムル爲政府ハ毎年産業組合、耕地整理組合、森林組合、畜産組合、漁業組合等ヲ通シテ低利資金ヲ融通スルノ外必要ニ應シ米作應急資金、養蠶應急資金ノ如キ臨時的資金ヲモ融通シタルガ今回ハ更ニ中小産業者ニ低利資金ヲ融通スルコト、セリ而シテ從來政府カ地方産業資金トシテ預金部資金ヨリ融通セル金額ハ五億四百三十五萬圓、其ノ内現在貸付額二億四千四百十二萬圓、簡易生命保險積立金ヨリ融通セル金額ハ五千四百六十五萬圓、其ノ内現在貸付額四千九百萬圓ニシテ兩者ノ合計ハ供給額ニ於テ五億五千九百萬圓、現在貸付額ニ於テ二億九千三百十二萬圓ニ達ス

右ノ外自作農創設維持資金トシテ簡易生命保險積立金ヨリ道府縣及町村ニ融通セル額ハ補助施設ニ依ラスシテ貸付タルモノ大正十一年ヨリ大正十四年迄ノ間ニ於テ一千四百七十九萬六千圓、補助施設ニ依リテ貸付タルモノ大正十五年ヨリ現在迄ノ間ニ於テ四千七百九十一萬圓ニシテ右兩者ヲ合算スレバ六千二百七十萬六千圓ニ達スルノ狀況ナリ然レドモ資金ノ供給ハ需要ヲ充スニ足ラザルヲ以テ將來之カ供給額增加ニ付考慮セムトス

又農家負擔ノ輕減ニ付テハ近年異常ノ膨脹ヲ爲シタル地方財政ノ整理緊縮ヲ爲スノ必要ヲ認メ昨年七月地方債抑制竝一般地方財政ノ整理緊縮ニ關スル訓令ヲ發シ其ノ徹底ヲ期シタル結果昭和四年度ノ歳出ニ於テハ既定豫算額ニ比シ道府縣ニ於テ六千八百餘萬圓町村ニ於テ三千九百餘萬圓合計一億七百餘萬圓ノ節約ヲ爲シ其ノ結果生シタル餘裕金ヲ以テ起債額ノ減少竝舊債償還ニ七百餘萬圓ヲ充當スルノ外負擔輕減ニ三百餘萬圓ヲ充當シ尚起債額モ前年度ニ比シ道府縣ニ於テ五千九百餘萬圓町村ニ於テ三百餘萬圓合計六千三百餘萬圓ヲ減スルコトヲ得昭和五年度ノ歳出ニ於テハ前年度當初豫算ニ比シ道府縣ニ於テ七千八百餘萬圓町村ニ於テ五千四百餘萬圓合計一億三千二百餘萬圓ノ整理ヲ斷行シ其ノ結果地方負擔ニ於テ道府縣九百餘萬圓町村二千五百餘萬圓合計三千四百餘萬圓ヲ輕減スルコトヲ得タリ目下提案中ニ係ル義務教育費國庫負擔金一千萬圓ヲ增額スルトキハ更ニ地方負擔ノ緩和ヲ見ルコトヲ得ベシ

五、農村ニ於ケル各種産業ノ改善發達竝公有財産ノ造成ヲ計ルハ啻ニ農村振興ヲ期スル爲ナルノミナラズ又一面ニ於テ地方財源ノ涵養ニ資スル所以ナリ而シテ從來政府ハ之等ノ施設ニ極力努メツツアル所ニシテ今後ト雖十分ナル努力ヲ拂ハムトス

六、地方交通機關タル道路ノ施設ヲ改良整備スルコトハ農村ノ振興産業ノ開發上極メテ緊要トスル所ナルモ元來道路ニ關スル費用ハ地方費ノ負擔ニ屬シ當該地方ニ於テ夫々考慮セラレツ、アル所ナリ而シテ政府ニ於テハ右ノ内重要

ナル道路ノ改良ニ對シテハ國庫補助ヲ爲シ事業ヲ助成シツヽアリ

地方交通機關トシテノ鐵道ノ地位ハ地方交通ヲ開發助長シ地方都市農村ノ振興ニ寄與スルニ在ルヲ以テ先ツ監督官廳トシテハ地方鐵道、軌道及自動車ニ關シ從來トモ其ノ普及發達ヲ奬勵シ殊ニ地方鐵道ニ對シテハ本年度豫算ニ於テ其ノ補助金五十萬圓ヲ增額セムトシ尙既設ノ地方鐵道及軌道ニ在リテモ其ノ動力ヲ電化シ又ハ其ノ他ノ設備ニ改善ヲ加ヘ以テ時勢ノ進運ニ伴ハムコトヲ期セルノミナラズ又國有鐵道ニ就テモ從來鐵道財政ノ許ス範圍ニ於テ鋭意對策ヲ怠ラザル所以ナリトス卽チ年々四五百粁ニ當ル新線ヲ敷設延長シテ産業ノ開發ニ資シ既設線ニ於テハ年々一億ヲ超ル金額ヲ支出シテ改良ヲ加ヘ以テ地方ノ利便ヲ圖リ專ラ地方交通ノ發達ヲ期シツヽアリ就中地方農村ニ對シ交通路開發ノ急務ナルヲ認メ近代進出機關タル自動車運送ノ適應スルモノアルニ鑑ミ鐵道利用ノ不便ナル地域ニ對シ之カ運送路線ヲ實現セムトシ目下鋭意調査中ナリ

右及答辯候

昭和五年五月十二日

鐵道大臣　江木　翼
大藏大臣　井上準之助
內務大臣　安達　謙藏
農林大臣　町田　忠治

昭和五年五月十四日

## 農業救濟ニ關スル質問主意書

右成規ニ據リ提出候也

昭和五年五月八日

提出者 多木久米次郎

### 農業救濟ニ關スル質問主意書

今ヤ農村ノ疲弊困憊ハ其ノ極ニ達ス今ニシテ之ヲ救濟スルノ積極的方策ヲ講スルニ非サレハ國家ノ根柢タル農村ハ遂ニ滅亡シ國民衣食ノ泉源ハ全ク枯渇セムトス農業者ハ大ナル生産者ナルト同時ニ又大ナル消費者タリ然ルヲ爲政者思ヲ此處ニ致サス事毎ニ中央集權ニシテ兎角都會アルヲ知リテ地方アルヲ忘レ商工アルヲ知リテ農業アルヲ知ラサル如キ施政ヲ爲シ此ノ重要産業タル農業ヲ無視シタル政策ヲ遂行シ恬トシテ顧ル所ナクムハ將來如何ニシテ國家ヲ支持シ又何ニ依リテ國民ヲ養ハムトスルヤ實ニ國家百年ノ大計ノ爲寒心ニ堪ヘサルナリ蓋今日農業不振ノ依テ來ル所以ノモノハ一ツニ農業夫レ自體ノ經營方法ノ時勢ニ伴ヘサルト一ツハ以テ當局ノ保護奬勵常ニ其ノ當ヲ得サルトニ歸著セスムハアラス我カ國ハ土地狹少ニシテ而モ人口ハ年年激增ノ趨勢ニアリ從テ我カ國ノ農業ハ最集約ニシテ合理的ナラサルヘカラス即チ一定面積ヨリ最多ノ收穫ヲ擧クルト共ニ土地ノ利用ニ勞力ノ分配ニ之ヲ合理化シテ能率的經營方法ニ展開シ益農業收益ノ向上ヲ圖リ以テ農村振興ノ實ヲ擧クルト共ニ國民食糧ノ安定ヲ期セサルヘカラス

然ルニ工業生産品ニ對シテハ三割五割ハ愚カ十割ノ關稅即チ殆ト輸入禁止的ノ關稅ヲ課シテ之ヲ保護シ其ノ他造船ニ航海ニ或ハ鐵道ニ之ヲ保護セサルハナク又富豪ノ事業タル製鐵ニ對シテモ原料一噸ニ付七圓以上ノ保護ヲ爲シ或ハ八億噸ノ石炭鑛モ無代ニテ之ヲ富豪ニ與ヘ或ハ戰時中ニアリテ世界的富豪カ露國ニ七千萬圓ノ商品ヲ販賣シタルニ偶露國ノ政變ニ依リテ露國カ之ヲ支拂ヒ能ハサルトキニ當リテハ忽チ國家ノ公債トシテ其ノ損害ヲ國家ニ於テ負擔シ而シテ未タ以テ露國カ之ヲ支拂ヒシヲ聞カス又十二億圓以上ノ戰費ヲ費シテ西比利亞ニ出征シ尼港問題ノ如キ實ニ空前ノ慘狀ヲ極メ而シテ得タル北樺太ノ石油鑛ノ利益モ之ハ國家ノ利益ニ非スシテ限リアル一部富豪ノ腹ヲ肥スニ非スヤ堂堂タル銀行家カ人ノ生命ニモ代フヘキ幾億萬圓ノ財貨ヲ預リ而シテ之ヲ支辨シ能ハサル場合ハ國庫窮乏ノ折柄ニモ拘ラス國家ハ五億七億以上ノ大金ヲ惜マスシテ之ヲ支拂ヒ詐僞橫領ニモ等シキ之等銀行ノ行爲ニ何ノ誅戮ヲモ加ヘス又東京ノ震火災誠ニ慘ナリト雖直間接ニ東京ニ財貨ヲ吸收シタルモノ四五十億圓ヲ下ラス而シテ以テ東京ヲ回復セルモ之レ全ク勞働者ト農民ノ膏血ヲ以テ東京ヲ飾リタルニ等シキナリ而シテ金解禁可ナリ之ニ依リテ商工業モ相當ナル影響ヲ受ケタルニハ相違ナキモ農村ノ如キハ銀行以外ノ借錢總テヲ通算セハ其ノ額六十億圓ヲ下ラス而シテ金解禁ニ依ル正貨ノ騰貴ニ依リ即チ一割七分ノ騰貴トスルモ十億圓以上利子ノ外更ニ借錢ヲ增シタルト同樣ニシテ而シテ又一石ノ生産費三十五圓ヲ要シタル米ハ安キハ二十三四圓高キモ二十七八圓ヲ出テサル有樣ニシテ平均二十五圓トシテ六千萬石ニ對シテ六億圓ノ損害ヲ招キ又生絲ノ如キモ一梱二百圓ノ損害トセハ五十五萬梱ニ對シテ一億千萬圓ノ大損害ナリ而シテ生絲ノ價格保護ニ對スル政府ノ深厚ナル同情ハ大ニ多トスル所ナルモ然シナカラ農家ノ手ヲ離レテ商品化シタル場合ノミノ保護ナル故農家ニ取リテハ隔靴搔痒ノ感ナキ能ハス其ノ他麥類價格ノ下落之レ亦幾億ヲ以テ算スヘク殊ニ農家餘業ノ物品ニ至リテハ啻ニ莫大ナル價格ノ下落ヲ來シタルノミナラス甚シキハ其ノ生産物ノ賣レサルヲ如何セム、而シテ農家ノ負擔ハ益重加シテ克ク堪フル所ニ非ス而モ關稅ノ保護ハ米價一石四五圓ノ時ニ十六貫ニ對シ一圓ニ定メタルハ桂内閣ノ大ナル英斷ナリシカ爾來星霜ヲ經ルコト既ニ三十餘年勞力ノ騰貴負擔ノ重加肥料及農具ノ騰貴又昔日ノ比ニ非ス而モ外來ノ米及小麥ノ如キハ滔滔乎トシテ輸入シ之等外米即チ西貢「シヤム」ノ如キ地方ノ米作ハ一年五、六回ノ收穫ヲ爲スモノニシテ全ク天惠ニ依リテ以テ殆ト無代同樣ニテ收穫シ得又米國及濠洲ノ小麥ハ全ク機械力ニ依リ石油及電氣ニ依リテ收穫シツツアルモノナリ之ニ反シ我カ國ノ農産ハ膏血ヲ絞リ汗血ヲ流シタル其ノ分量ト比例スルノ收穫ニシテ迚モ保護ナクシテ存立スヘキモノニ非サルコト明ナリ而モ田畑租ハ六千五百萬圓ニシテ地方及町村ノ附加稅ハ之ニ六倍スルヲ以テ即チ三億六千萬圓ニシテ合計四億二千萬圓ヲ超過ス依テ米六千萬石ヲ得タリトシテ一石七圓宛稅金ヲ課セラルルニ等シク之レ農家トシテ堪ヘ得ヘキヤ否ヤ即チ一石二十五圓ニ販賣スルトスルモ此ノ稅金七圓ヲ差引セハ一石十八圓ニシテ外米ヨリモ低廉ナルヲ知ラサルヘカラス而モ其ノ地租ヲ標準トシテ之ニ所得稅ヲ課シ又戸數割ヲ附加スルニ至リテハ米一石ニ對シ殆ト十圓ノ稅金ヲ課スルニ等シク農業ノ如キ利益ナキ彈力ナキ全ク消極的ノ仕事トシテ其ノ稅額ノ如何ニ重課ナルヤ誠ニ寒心ニ堪ヘス而モ米ヲ持テ酒ヲ釀スヲ得ス畑ヲ有シテ煙草ヲ耕作シ能ハス耕作スルモ三十割以上ノ重課ヲ課セラルル有樣ニシテ即チ酒煙草ノミニテモ殆ト六億圓ノ重課ナリ尚且食鹽ノ如キ人生必須ノ生活品ナルニ拘ラス僅ニ六千町歩ノ鹽田保護ノ爲ニ社會政策ニ背戾シテ百斤ニ付五十五錢ト外ニ少シノ勞力ヲ附加スレハ生産シ得ル鹽ヲ二圓五十七錢ヨリ四圓五十錢ノ高價ニ賣ルハ何事ナルヤ斯ノ如クニシテ農家生ムトスルモ生キ能ハス農家ハ全ク國家ノ奴隸的ニ生レテ奴隸ニ死スト謂フモ敢テ過言ニ非ス茲ニ於テカ美風美德ノ原素ニシテ溫情主義ナル農村狀態ハ全ク破壞セラレテ以テ世ハ腐リ人ハ赤ク地主小作間ハ互ニ相反目相敵視シテ平和ナルヘキ農村ハ修羅ノ巷ト化シ時ニ血ヲ流シ甚シキハ殺傷ノ悲慘事サヘモ見ルニ至ルハ實ニ寒心ノ至リニシテ田畑租ノ如キハ眞ニ惡稅中ノ大惡稅ト謂ハサルヘカラス而モ斯ル狀態ニ呻吟スル我カ國産米ニ對シ政府ハ之ヲ保護セサルノミカ却テ此ノ重要ナル米作ヲ亡サムトスルノ政策ヲ行ヒツツアルハ大ニ反省考慮セサルヘカラス何トナレハ米穀調節局ハ一局トシテ二億四千萬圓ノ債券發行權ヲ有シ更ニ又六千萬圓ノ增資ヲ爲シテ殆ト三億圓ノ債券發行ノ實力ヲ有シ此ノ資力ニ依リテ米價ヲ調節セムトスルモノナルモ米價調節委員會ノ如キ二十名内外ノ委員中農業ヲ代表スヘキ委員ハ僅ニ五、六名ニシテ生産者タル農家ニ眞ニ同情ヲ有シ理解アル者少ク而シテ米百萬石ヲ買上ムトスル場合ハ米ヲ所有スル者ノ賣付ニ非スシテ米ヲ所有セサル者カ其ノ倫鞘ヲ收得セムカ爲ニスル賣米ニシテ政府ノ求ムル數量以上ニ賣ラムトスルカ故ニ米ノ買上ハ却テ米價ノ下落ヲ招ク場合擧ケテ數フヘカラス斯ノ如クニシテ米價ノ調節ナル言葉ハ價格ノ平準ヲ計ルニ非スシテ全ク價格ヲ下落セシムルノ異名タリ

我カ農業カ常ニ政策ノ犧牲トナリ政治上ノ奴隸タル虐待ヲ受ケ氣息奄奄タル中ニ於テ尚且今日我カ米作ノ現存スルハ誠ニ以テ二十世紀ノ奇蹟ニシテ不思議ナル現象ト謂ハサルヘカラス之ヲ要スルニ我カ國ノ産米ハ世界無比ノ美味ヲ有シ此ノ美

味ノ爲ニ外米ノ米ニ對抗シテ僅ニ存立シ得ルコトハ全ク不幸中ノ幸ト謂フヘキニシテ若我カ國ノ米ニシテ彼ノ絲ノ如クナリトセハ即チ八萬八百町歩ノ繭作五百萬所ノ產繭ハ全然亡滅スルニ至リタルカ之レ紡績ノ發達進歩ニモ依ルト雖又以テ外來繭ノ爲ニシテ米モ又等シク同一ノ運命ニ遭著セルヤ論ヲ待タス

如何ニ文化進ムモ農業ハ天變地變ト戰ハサルヘカラサルヲ如何セム如何ニ發明工夫起ルモ農業ニ風害アリ水害アリ旱害アルヲ如何セム而シテ偶豐穰セハ米ヲ抱テ價格ノ安キ凶作ニ泣キ凶作セハ食糧ナキヲ如何セム而モ政策ハ何レノ政府モ只農業ヲ無意義ナル犠牲ニ陷ラシム若夫レ農業ニ對シ今日ノ儘ノ政策ヲ遂行セハ英國ノ如ク農業ハ遂ニ亡滅セサルヲ得ス農業亡滅セハ四五十億圓ノ國產ヲ如何ニスヘキカ貿易ノ不均衡ハ忽チ硬貨ヲ流出セシメテ從テ幾百千萬人ノ失業者又簇出スヘシ政府此ノ重大問題ニ對シ對策アリヤ如何喋嚕ヲ要セス世界ノ二、三等國タル伊太利スラモ「ムツソリーニ」ノ力ニ依リテ以テ我カ國ノ米作平均ヨリモ反當六斗五升ノ增收ヲ得タリ彼カ行勵誠ニ賞スヘキニシテ欽慕ニ堪ヘス六斗五升ノ增收ハ我カ三百十五萬町歩ニ對シテ二千万石ノ增收ナリ農林省以テ如何ニ見ラルルヤ「ムツソリーニ」ハ尚更ニ小麥並生絲ノ增產ニ今ヤ奮勵努力中ナリト聞ク誠ニ時務ヲ知ルモノト謂フヘシ我カ國四十八萬町歩ノ小麥作田畑ハ其ノ收穫五百萬石ニ過キスシテ獨逸ノ夫レニ比シテ殆ト半分ノ收穫ニモ上ラス農林省之ヲ如何トセラルルヤ此ノ減收ハ氣候ノ惡シキニ非ス農家ノ怠慢ニモ非スシテ全ク農業虐待ノ結果ニ外ナラスト信ス獨逸ハ又地租ヲ課セスシテ而モ關稅ニ依ル保護ハ從價稅トシテ三割五分ナリト聞ク又米國ハ小麥ノ產出年年三十億圓ヨリ三十五億圓ノ巨額ニ達シ而シテ僅ニ地租ヲ徴セサルノミナラス關稅ニ於テモ獨逸同様從價稅トシテ三割以上ヲ課シ加之ニ灌漑排水ニ土地ノ改良及開拓ノ爲ニ年年十數億圓ヲ支出シ而シテ耕作者ニ對シテハ九十「エーカー」ノ土地ヲ無代ニテ付與シ以テ國本タル農業ノ奬勵ニ鋭意シツツアリ又英國モ地租全廢ナルニ拘ラス尚且一億數千萬圓ヲ投シテ小麥ニ馬鈴薯ニ其ノ他家畜ノ奬勵ニ全力ヲ注キツツアルコトハ政府當局モ知テル所ナリ

我カ國ノ農業ノ如ク其ノ生產費ハ全ク政策ノ犠牲トナリ而シテ農家四千萬ノ買フヘキモノハ三割五割ハ愚カ十割モ高價ニ買ハサルヲ得サル如キハ誠ニ沙汰ノ限リニシテ大ニ政府ノ考慮ヲ仰キ度所以ナリ

而シテ政府眞ニ國家ノ爲產業合理化ノ實行ヲ望マルルナラハ農業奬勵法トシテ左記方法ヲ實行セラルヘシ

一 田畑租ノ全廢ヲ行フコト

右ニ對スル政府ノ所見如何

二 農具ノ發明工夫ヲ懸賞ヲ以テ募集シ其ノ改良發達ヲ計ルコト

我カ國ノ農業ニハ機械ナク筋骨之レ機械ノ有樣ニシテ從テ其ノ收穫ハ汗血ノ流出ニ其ノ分量ハ比例ス依テ農具ノ改良發明工夫ヲ廣ク世界ニ求メテ生產ノ冗費ヲ省クヘシ

而シテ其ノ方法ハ

イ除草機　ロ脫穀機　ハ耕耘機　ニ叙播機

右四類ニ分チ一類ニ付

一等　一萬圓ヨリ五萬圓迄
二等　五千圓ヨリ一萬圓迄
三等　二千圓ヨリ五千圓迄

斯ノ如ク懸賞金ヲ附シ年年農具大博覽會ヲ開催シテ其ノ優劣ヲ撰別シ以テ需要供給ノ關係ヲ圓滑ニシ以テ農事ノ發展ニ資スルコト

右ニ對スル政府ノ御所見如何

三 多收穫競進會ヲ全國的ニ奬勵スルコト

稻作ニ於テモ又麥作ニ於テモ全國ヲ通シテ多收穫立毛競進會ヲ開催セラルヘシ而シテ各町村ノ場合ノ賞與ハ

一等　一點　金三十圓
二等　二點　金十圓
三等　五點　金五圓
四等　二十點　金一圓

而シテ各町村ニ於ケル最優等ノモノヲ郡ニテ選拔シ

郡一等　一點　金百圓
郡二等　二點　金五十圓

而シテ郡入賞者ニシテ

反當玄米六石以上ノ場合　金三百圓
同　七石以上ノ場合　金五百圓
同　八石以上ノ場合　金千圓

右ノ如ク授賞シ名譽ト利益トニ依リテ之ヲ競爭セシムルトキハ驚クヘキ效果アルヘシ即チ小生嘗テ兵庫縣農會長トシテ此ノ方法ニ依リテ奬勵セシニ今ヨリ七八年以前ニ於テ既ニ反當玄米六石八斗ヲ得タリシ例モアリキ而シテ現今兵庫縣加古、印南、明石、美嚢、多可、加西、加東ノ七郡ヲ一區トシテ右ノ方法ニ依リ一箇年一萬圓ヨリ一萬五千圓ノ私費ヲ投シテ稻ニ奬勵シツツアリ昨年ハ氣候甚タ不順ニシテ時ニ雨量多キニ過キ又旱魃ニ水害ニ天候甚タ不良ナリシニ拘ラス五石二三斗ノ增收ヲ得タル者十數名ヲ算シタル有樣ニシテ此ノ方法ヲ以テセハ我カ國三百十五萬町歩ニ對シ一億數千萬石ノ增收ヲ見ルコト決シテ難事ニ非ス況ヤ朝鮮アリ臺灣アリ何ヲ苦ムテ此ノ財政困難ノ時ニ當リ農產ノ輸入ヲ計ル必要アリヤ此ノ貿易逆轉ノ時ニ當リ現ニ農林省ハ昨年十一月ヨリ本年四月中ニ至ル迄ニ百三十一萬石ノ外米ヲ輸入シ更ニ又百萬石ノ輸入ヲ計畫中ナリト聞ク宜ナル哉四月中ニ於ケル米及小麥ノ輸入ニテモ幾千萬圓ノ數字ヲ示ス此ノ增收ノ餘地綽綽タル國土ニアリテ此ノ自給自足ノ方法ヲ講セサルハ誠ニ以テ不合理且寒心ノ至リト謂ハサルヘカラス米ノ如キ小麥ノ如キ不足アリトセハ宜シク右ノ方法其ノ他ノ手段ニ依リテ以テ少シク農家ノ注意ト活動ヲ促セハ自給自足ハ易易タルノミ政府ノ御所見如何

四 農產加工ノ研究奬勵ヲ盛ニスルコト

今ヤ科學進ミ文化開ケ發明工夫ハ實ニ驚クヘキモノアリ今ヤ科學ノ眼中物質ノ如何ヲ問ハス空ヲ飛ヒ水中ヲ潜リ土用ノ炎天ニ氷ヲ生產スルノミナラス「ゴム」ニ樟腦ニ人爲ヲ以テ克ク天然ヲ凌駕シ空氣モ尚之ヲ價化シテ食糧ノ原料トナリ生產ノ母トシテ數十億圓ノ生產ヲ生ムニ至レリ我カ盆栽的ノ農業ハ時勢ニ遲ルルコト極メテ大ニシテ而モ負擔ハ此ノ如ク百般ノ政策皆農業ニ不利ナラサルハナク今ヤ農家ノ窮狀其ノ極ニ達シ未墾ノ土地ヲ開墾シテ田畑ト爲スノ勇氣ナキノミナラス甚シキハ既墾ノ田畑スラモ荒廢ニ委セ徒ニ松林トシテ其ノ負擔ヨリ免レムトスルカ如キ有様ニシテ之等田畑ノ面積全國ヲ通シ幾十萬町歩ヲ以テ數フル狀態ナリ產業合理化ノ提唱可ナルモ壯言空語ハ實際的ニ何等益スル所ナシ產業合理化ノ稱導ト相待テ政府ハ此ノ際農業收益ヲ增進シ一面輸入防壓國產奬勵ノ主旨ニ則リ農產加工研究會ヲ國費ヲ以テ設立シ之ヲ經營シテ以テ差當リ輸入多キ「ベルモット」、「ブドー」酒或ハ「ウヰスキー」等ノ國產ヲ奬勵スヘシ其ノ他「シヤンパン」可ナリ罐詰可ナリ砂糖漬、鹽漬又可ナリ宜シク懸賞ノ方法ニ依リテ以テ農產加工ヲ盛ニシ農產物ノ價格ヲ向上シテ以テ內ハ其ノ需要ヲ充スト共ニ外ハ大ニ海外市場ヘノ輸出ヲ計ルヘキナリ斯クスルハ正ニ農村ノ基礎ト興國ノ基ヲ樹ツル所以ナルヲ信ス政府ノ御所見如何

五 肥料ヲ國營事業トスルコト

農業ニ於ケル肥料ハ卽チ紡績ニ於ケル綿ノ如シ綿ノ分量ヨリ製絲ノ增加スル途アラサルヘシ農産ハ卽チ肥料ナル原料ニ依リテ得ラルルモノニシテ肥料ノ良否其ノ價格ノ廉不廉ハ農家ノ利害ニ重大關係ヲ有スルコト多言ヲ要セス茲ニ於テカ政府ハ肥料ノ配給ニ意ヲ用ヰルト共ニ組合或ハ共同ノ配合ヲ奬勵セラルルモ實際ノ經濟ヨリセハ寧ロ各個人ニ於テ之ヲ配合スルヲ可トス共同ノ配合ヲ爲スカ爲ニ自己ノ勞力ヲ持チナカラ人ノ勞力ニ賃金ヲ拂フノ愚ヲ演スルニ至ル之レ全ク實際ノ經濟ヲ顧サルニ等シク斯ノ如クシテ肥料ノ配給ヲ計ラムトスルナラハ更ニ一歩ヲ進メテ國營ヲ以テセラレテハ如何

現ニ我カ政府ハ炭鑛ニ汽車電車ニ郵便ニ製鐵ニ鹽ニ煙草ニ或ハ米屋ニ種種ナル營業ヲセラレ而モ之等總テ利益ノ爲ノ國營ナラムモ肥料ノ如キハ其ノ性質上十圓ノモノヲ八圓ニ八圓ノモノヲ六圓ニ多少國庫ヨリ補助ヲ與ヘテ以テ低廉ニ拂下ケラレムコトヲ希望ス斯クシテ鐵道ノ運賃ヲ低下シテ以テ西ノ肥料ヲ東ニ東ノ肥料ヲ西ニ運搬シテ國費ヲ徒費スルノ憂ナク國家經濟上ニ將又鐵道政策上ニ大ナル利益ナルヘク又硫酸「アンモニア」ノ如キ硫酸加里ノ如キ其ノ他燐礦石等モ大ナル産地ヨリ政府カ之カ一手販賣權ヲ得テ利益ヲ一部商人ニ壟斷セシメサルコトモ大ニ政府ノ考慮ヲ必要トスル問題ナリト信ス政府ノ御所見如何

六　米ノ調節局ヲ全廢スルカ又ハ組織ヲ改善シテ農産增收ニ資スヘキ政策ヲ實現セラレムコトヲ望ム

現在ノ調節ハ見樣ニ依レハ米ヲ貯藏シテ以テ米ノ價値ヲ低落セシメテ二足三文ニ投賣捨賣ヲ爲スヲ以テ却テ市場ヲ攪亂シ農家ヲ泣カシムル結果ヲ招來ス依テ貯藏セル米ハ時價相當新米一石ニ對シ貯藏米一石二斗若ハ一石三斗ト調フ如キ數量ヲ增シテ以テ而モ商業家ノ手ヲ經スシテ直接地方ノ信用組合又ハ農會ノ如キモノニ數量ト數量ノ交換ヲ行フコト最良策ナリト信ス尙更ニ進ムテハ朝鮮ノ如キ如何ナル惡米ニテモ歡迎セラルル向ニ對シテ官吏ヲシテ貯藏米ヲ直賣セシムルコトモ可ナリ何レニシテモ買フ時ニハ損失ヲ招キ而モ生産者ヲ利スルコトナク而シテ貯藏シテ整理ヲ行ハムトスルニ當リ又再ヒ奸商ノ腹ヲ肥シテ農家ヲ泣カシメ而シテ甚シキハ一億數千萬圓ノ國庫ノ損失ヲ招キ而モ農産增收ニ何等效果ヲ見サル如キハ誠ニ愚策之ヨリ甚シキハナシト信ス大ニ政府ノ御考慮ト反省ヲ促シ適當ノ御處置アラムコトヲ望ム政府ノ御所見如何

七　地方道路ノ大改修ヲ行フコト

東京ハ段段政府ノ御盡力ニ依リ誠ニ目醒シク立派ニナリ慶賀ニ堪ヘス然シナカラ吾吾農民側ヨリ見レハ全ク農民ノ膏血ニ依リテ東京ヲ飾ラレタルモノニシテ東京ノ爲ニハ慶賀スヘキモ地方農民ノ爲ニハ東京ノ立派サト反比例シテ東京復興ノ爲ニ農村ハ泣カムトスルモ泣キ得サル有樣ナリ而シテ地方自治ノ機關タル郡制ハ全廢セラレテ爲ニ地方ノ道路ハ全ク破壞スルニ委サレ十俵ノ米ヲ運搬シ得タル道路モ今ヤ三俵五俵モ運搬シ能ハサル狀態トナリ農村ハ賣ルモノハ總テ安ク買フモノハ總テ高價ニシテ金融上ニモ商工業ノ上ニモ大ナル惡影響ヲ招キ誠ニ悲慘且遺憾千萬ノ狀態ナリ郡ニハ大小アリト雖大抵ノ郡ハ荷車少クモ五七千臺ヨリ一萬臺ヲ有ス而シテ假リニ一萬臺トシテ一日一臺五圓ノ賃金ヲ稼クトセハ一日五百圓一箇月百五十萬圓一箇年千八百萬圓若之ヲ半分ト見ルモ九百萬圓ノ多キニ上リ而シテ其ノ三割五割ノ收入減收ハ數百倍ヲ以テ數フルニ至ル而シテ其ノ間接ノ損害ニ至リテハ又計リ知ルヘカラサルモノアリテ其ノ惡影響ハ不動産ノ價格ニモ及ホシ以テ金融ノ梗塞ヲモ招來セリ地方ノ幅員二間ニモ足ラサル道ハ中央ノ十五間二十四間ノ道路ヨリモ又汽車電車ヨリモ大切ナルモノナリ眞ニ産業合理化ヲ實行セラルルニハ國縣道ト謂ハス里道ト謂ハス大改修ヲ行フテ以テ而シテ一面失業者ヲ救濟シ社會政策ニ資スルト共ニ國家百年ノ大計ニ資セラルヘシ政府ノ御所見如何

八　水利費全部國庫支辨ノコト

水田經營ニ排水ノ必要トスルト共ニ又灌漑ノ必要ナルコト喋喋ヲ要セス而モ灌漑設備ニ對スル費用ハ莫大ナルヲ常トシ而シテ政府當局及地方官憲ハ之カ設備ニ對シ勸誘奬勵至ラサルナク遺サルナク時ニハ灌漑ノ美名ノ許ニ勸誘ノ度ヲ超越シテ脅迫ニモ陷ル樣ノ場合モ相生シテ漸ク擧リタル水利ノ設備モ之ナシトセス而シテ假良好ナル結果ヲ得サルニ非サルモ多クハ杜撰ナル設計又ハ天變地變ノ豫期シ能ハサル結果トシテ全ク當初ノ見積リニ正反對ノ結果ヲ招來シテ負擔ノミ增加シデ水乏シク而モ凶歉ニ遭遇シテ苦シムモノ多多ナルハ誠ニ悲慘ト謂ハサルヘカラス其ノ殷鑑遠カラスシテ今其ノ一例ヲ擧クレハ兵庫縣神崎郡西光寺野ノ水利事業ノ如キ又近クハ兵庫縣淺河川山田川水利事業ノ如キ豐凶ヲ論セス負擔勿驚一反歩當リ二十八圓以上ヲ要シ而シテ一昨年ノ如キハ半作ノ植付モ爲サス尙昨年ノ如キハ二百町歩ノ面積ニ對シ一粒一穗モ收穫シ得ス而シテ折角借錢シテ以テ勞力ヲ費シ肥料ヲ施用シテ尙且一粒一穗モ收穫セサルノミナラス藁スラモ得サルニ至リ而シテ五萬六千圓ノ巨大ナル負擔ヲ負ハサルヘカラス卽チ此ノ如ク悲慘中ニモ拘ラス其ノ負擔ヲ米ニ換算セハ五千俵ノ米ヲ支拂ヒセサルヲ得サルト同樣ナリ原始的ノ生活シテ尙且斯ル慘狀ニ瀕セリ血アリ涙アル當局之ヲ如何ニ見ラルルヤ米國ノ美風ヲ學ヒ國家カ此ノ負擔ノ責ヲ擔フテ以テ農村水利ノ窮狀ヲ救濟セラレムコトヲ希望ス政府ノ御所見如何

右及質問候也

書面ヲ以テ政府ノ明快ナル答辯ヲ希望ス

昭和五年五月十三日

内閣總理大臣　濱口　雄幸

衆議院議長藤澤幾之輔殿

衆議院議員多木久米次郎君提出農業救濟ニ關スル質問ニ對シ別紙答辯書進達候

〔別紙〕

衆議院議員多木久米次郎君提出農業救濟ニ關スル質問ニ對スル答辯書

第一、農民負擔輕減ノ爲ニハ政府ハ充分ノ考慮ヲ拂ヒツヽアリ地方財政ノ緊縮ヲ圖リテ昭和五年度ニ於テ地方稅ノ負擔總額三千百餘萬圓ヲ輕減スルコトヲ得タルモ右ハ農民負擔輕減ノ爲最モ有效ナルモノト認ム尙本議會ニ提案シタル義務教育費國庫負擔金增加モ亦其ノ效果ノ大ナルモノアルヲ疑ハズ然レドモ田畑ノ地租ヲ全廢スルカ如キハ國民負擔ノ衡平ヲ計ル上ヨリモ財政ノ見地ヨリスルモ政府ハ之ニ贊成スルコトヲ得ズ

第二、農具ノ發明工夫ヲ懸賞ヲ以テ募集シ其ノ改良發達ヲ計ルコトハ政府ニ於テ既ニ之ガ實行ヲ爲シツツアリ尙其ノ施設ヲ擴張スルコトニ付テハ相當考慮スベシ

第三、多收穫競進會ヲ全國的ニ奬勵スル趣旨ニ付テハ相當考慮スベシ又農林省ニ於テ昨年來外米ヲ輸入シ又ハ輸入ノ計畫ヲナシ居ル事實ハ之ナシ

第四、農産加工ノ研究奬勵ヲ盛ニスルコトハ必要ト認ム、政府ハ中央地方ノ試驗場、副業奬勵施設等ニ依リ之ヲ行ヒツ、アルガ尙將來一層之カ奬勵ニ力ムヘシ

第五、政府ニ於テハ肥料ノ配給改善ヲ行フ爲必要ナル豫算ヲ計上セルヲ以テ豫

算成立ノ上ハ右ニ依リ其ノ改善ヲ計ラムトス

第六、政府ハ米穀調査會ノ答申ニ基キ能フ限リ適當ナル方策ヲ講セムトス

第七、政府ニ於テハ耕地整理法ノ運用ニ依リ農村道路ニ付テモ既ニ相當施設ヲ行ヒツヽアルモ今後此ノ施設ノ擴張ニ付テハ相當考慮スヘシ

第八、政府ニ於テハ農業水利ニ關シテ既ニ用排水幹線改良、開墾助成、開墾主要工事國營等ノ施設ヲ起シ奬勵ニ力メツヽアリ將來一層之ガ徹底ニ力メムトス

右及答辯候

昭和五年五月十三日

大藏大臣　井上準之助

內務大臣　安達　謙藏

農林大臣　町田　忠治

特別報告第九號

請願文書表第一一號　東亞保民會設立ニ關シ國家的援助ノ請願　東京市赤坂區青山南町四丁目二十二番地金健中外十二名呈出（紹介議員高瀨梅吉君外一名）

右請願ハ院議ニ付スヘキモノト議決致候依テ別紙意見書案相添此段及報告候也

（別紙）

意見書

右請願ノ要旨ハ在滿朝鮮人ハ其數既ニ二百萬ヲ超エ理想ノ樂園ヲ組織セムトシテ新天地ヲ開拓シツツアルモ彼等ニハ何等團體的大支柱ナク爲ニ微力ナル彼等ハ愈經濟的壓迫ヲ受ケ加之異域ニ在リテ人情、言語ノ相違ハ誤解ヲ生シ易ク今ヤ悲況ニ沈淪シツツアリ而シテ之カ救濟策トシテハ產業開發ノ綜合的機關ヲ設置シ彼等ニ職業ヲ與ヘ生活ノ安定ヲ得セシムルヲ以テ最適當ナリト信ス依テ前記目的ノ爲ニ設立スル「東亞保民會」ニ對シ相當ノ國家的援助ヲ與ヘラレタシト謂フニ在リ

特別報告第六十號

請願文書表第一二七號　舊韓國將校竝相當官及准士官ニ扶助金下賜ノ請願　朝鮮京城府蓬萊町三丁目二百二十七番地李賢至外百八十二名呈出（紹介議員杉浦武雄君）

右請願ハ院議ニ付スヘキモノト議決致候依テ別紙意見書案相添此段及報告候也

（別紙）

意見書

右請願ノ要旨ハ舊韓國ノ法令ニ依リ終身官職ヲ保有シ俸祿ヲ享クヘク保障ヲ與ヘラレタル舊韓國陸軍將校カ隆熙元年（明治四十年）軍隊解散ニ依リ官職ヲ失ヒ其ノ後日韓併合トナリタルモ何等ノ保護惠澤ニ浴スルヲ得ス爲ニ數十年間軍務ニ服シ一般世事ニ疎キ舊韓國軍人ハ容易ニ就職ノ途ヲ得難ク生活ニ困憊シツツアリ斯ノ如キハ個人ノ事情若ハ罪責ニ困リタルモノニ非スシテ當時國政ノ運用上必要ニ出テタル措置ノ結果ナルヲ以テ右失職舊韓國時代ノ陸軍將校竝相當官及准士官ニ對シ其ノ生活ニ相當スル扶助金ヲ一時若ハ年金ヲ以テ支給セラレタシト謂フニ在リ

特別報告第百五十一號

請願文書表第一六三號　鳥致院、全州間鐵道敷設ノ請願　朝鮮忠清南道論山郡江景面中町六十七番地公東坂上富藏外九名呈出（紹介議員多木久米次郎君）

右請願ハ院議ニ付スヘキモノト議決致候依テ別紙意見書案相添此段及報告候也

（別紙）

意見書

右請願ノ要旨ハ朝鮮忠清南道及全羅北道ハ古來朝鮮ノ寶庫ト稱セラレ全鮮第一ノ米產地ニシテ人口亦稠密產業ノ發達見ルヘキモノアルモ交通機關ニ惠マレス又忠清南道公州ハ道廳ノ所在地ナルニ拘ラス交通甚タ不便ニシテ管內ニ對スル行政上ノ運用ヲ全フスル能ハサル狀態ニ在リ依テ京釜線鳥致院ヨリ公州ヲ經テ全州ニ達スル鐵道ヲ敷設シ地方產業ノ開發及物資輸出入ノ便ニ資セラレタシト謂フニ在リ

特別報告第二百十七號

請願文書表第四〇〇號　鳥致院、全州間鐵道敷設ノ請願　朝鮮忠清南道論山郡江景面錦町四百三十一番地農西嶋寅吉外八名呈出（紹介議員多木久米次郎君）

右請願ハ院議ニ付スヘキモノト議決致候依テ別紙意見書案相添此段及報告候也

（別紙）

意見書

右請願ノ要旨ハ朝鮮忠清南道及全羅北道ハ古來朝鮮ノ寶庫ト稱セラレ全鮮第一ノ米產地ニシテ人口亦稠密產業ノ發達見ルヘキモノアルモ交通機關ニ惠マレス又忠清南道公州ハ道廳ノ所在地ナルニ拘ラス交通甚タ不便ニシテ管內ニ對スル行政上ノ運用ヲ全フスル能ハサル狀態ニ在リ依テ京釜線鳥致院ヨリ公州ヲ經テ全州ニ達スル鐵道ヲ敷設シ地方產業ノ開發及物資輸出入ノ便ニ資セラレタシト謂フニ在リ

（左ノ報告ハ朗讀ヲ經サルモ參照ノ爲玆ニ掲載ス）

一大正十五年二月十八日ノ議決ニ依リ同種議案通過ノ結果採擇シタルモノト看做シ去十三日政府ニ送付シタル請願書左ノ如シ

婦人ニ公民權付與ニ關スル請願書　二九通

一去十三日參考トシテ政府ニ送付シタル請願書左ノ如シ

元屯田兵恩給受領者ニ對シ恩給法改正實施ニ至ル迄ノ恩給支給ノ請願　二通
田畑地租全廢ノ請願　一四通
日蓮上人ノ傳記ヲ國定教科書中ニ登載ノ請願　一通
朝鮮ニ參政權實施其ノ他經綸ニ關スル請願　九通
農村救濟ニ關スル請願　一通
准教員ニ對スル恩給支給ニ關スル請願　一通
皇太神宮祭制定ノ請願　一通
市長村長選擧ニ關スル請願　一通
村財政救濟ニ關スル請願　一通
義務教育費國庫負擔法改正竝小學校校舍造改築費國庫補助法制定ノ請願　一通
ラヂオ中繼線架設損害ニ對スル賠償ノ請願　一通
二見港、三田驛間鐵道敷設ノ請願　二通
朝鮮自治制施行竝産業開發ニ關スル請願　一通
家島町避病舍ニ國庫補助金交付ノ請願　一通
鹽田整理ニ基ク失業救濟ノ請願　一通
妻ノ權利擁護ニ關スル請願　一通
伊勢電鐵宇治山田市乘入反對ノ請願　一通
天照皇太神宮大麻御下賜ニ關スル請願　一通
齒科技工師營業公認ノ請願　一通
煙草耕作段別維持、專賣法中改正竝賠償價格制定ノ請願　一通
震災復興資金借入金免除ノ請願　一通
舊藩負債償還處分未濟ノ分ニ對シ補償金交付ノ請願　一通
狩獵法中一部改正ノ請願　一通
傷痍軍人優遇其ノ他ニ關スル請願　一通
新聞雜誌ニ掲載シタル御尊影取締ニ關スル請願　一通

○國務大臣（男爵幣原喜重郎君）（續）　又斯ル企ガ容易ニ實現シ得ラレルモノデハアリマセヌ、尚ホ朝鮮ニ隣接セル間島地方ハ、從來屢、不逞ノ徒ノ巣窟トナリ、而モ民國ノ地方官憲ニハ、豫テ我國ノ眞意ニ誤解ガアリ、是ガ爲ニ同地方ノ治安維持上頗ル憂慮スベキ情態ヲ呈シ、在留鮮人中ニモ被害續出致シタノデアリマスガ、吾々ハ胸襟ヲ披イテ民國官憲ト折衝シタル結果、相互ノ意思疏通シ、今ヤ民國官憲自ラ吾々ト同ジク匪賊取締ノ必要ヲ切實ニ感ズルニ至リマシテ、同地方ノ情勢ハ著シク改善セラレ、在留鮮人モ漸次其堵ニ安ンズルコト、ナッタノデアリマス（拍手）

帝國ト「ソヴイエット」聯邦トノ關係ニ於テハ、貿易額モ近年急激ナル增加ノ勢ヲ示シマシテ、既ニ國交回復當時ノ三倍ニ達スルニ至リマシタコトハ悅ブベキ傾向デアリマス（拍手）目下兩國政府間ニ交涉中ノ若干懸案ガアリマスガ、吾々ハ「ソヴイエット」政府ガ吾々ト等シク兩國ノ親交ニ重キヲ置キ、此大局上ノ見地ヨリ各般ノ問題ヲ解決セントスル用意アルモノト信ジマス（拍手）固ヨリ是等ノ問題ヲ解決スルニハ、等シク雙方ノ立場ヲ考量シテ、其間ニ公正ナル一致點ヲ見出サナケレバナリマセヌ、極東露領方面ノ漁業問題ニ至ッテハ、本邦人ノ漁業權ハ……

〔發言スル者多シ〕

○國務大臣（井上準之助君）　玆ニ昭和六年度歳入歳出總豫算及財政計畫ノ大要ヲ述ベ、併セテ我國經濟界ノ現狀ヲ說明致シマスルコトハ、私ノ最モ光榮トスル所デアリマス（拍手）

昭和五年度ニ於テハ、財界ノ不況ニ因リ政府ノ歳入ハ著シク減少スルモノト豫想セラレマスノデ、政府ハ之ニ應ジテ行政ノ經濟化ヲ圖リ歳出ヲ節減シテ收支ノ均衡ヲ保タセテ居ルノデアリマスガ、昭和六年度ノ歳入モ亦同樣、減少スルモノト豫測セラレマス、隨ッテ昭和六年度ノ歳入ノ見積リヲ爲スニ當ッテハ、大體昭和五年度ノ實數ヨリ推シテ計算ヲ立テタノデアリマス、其結果ハ昭和六年度ノ租稅其他ノ經常收入ニ於テハ昭和五年度ノ實行豫算ニ比較シテ多額ノ自然減收ヲ示シ、其見積額ハ一億五千五百餘万圓ニ上リマス、今其主要ナルモノニ付キ減少額ヲ擧ゲマスレバ租稅收入ニ於テ一億一千五百餘万圓ノ減收デアリ、其內所得稅ニ於テ四千餘万圓、營業收益稅ニ於テ一千三百餘万圓、酒稅ニ於テ一千八百餘万圓、砂糖消費稅ニ於テ五百餘万圓、織物消費稅ニ於テ五百餘万圓、關稅ニ於テハ三千二百餘万圓ノ減少デアリマス、又印紙收入ニ於テ一千三百餘万圓、郵便、電信、電話收入ニ於テ一千四百餘万圓、森林收入ニ於テ七百餘万圓ノ減收デアリマス、併ナガラ專賣收入ニ於テ二千餘万圓、特別會計恩給負擔金ニ於テ一千百餘万圓、大藏省預金部繰入ニ於テ二百七十万圓、其他收入ノ增加スルモノガアリマスカラ、是等ヲ差引シ、更ニ減稅ノ金額ヲ減ジマスト、昭和六年度歳入經常部ニ於テハ、昭和五年度實行豫算ニ較ベマスレバ一億二千餘万圓ノ減少トナリマス、尚ホ臨時部ニ於テハ、昭和六年度ノ歳入ハ昭和五年度ノ實行豫算ニ比シ差引二千九百餘万圓ノ減少デアリマシテ、其增減ノ主ナルモノハ、來年度豫算ニ於テハ、前年度剩餘金繰入ハ全クアリマセヌカラ、此關係ニ於テ四千八百餘万圓ノ歳入ノ減少デアリ、又賠償金特別會計資金殘金繰入ハ千二百餘万圓ノ增加デアリマス

以上經常部、臨時部ヲ合計致シマスト、昭和六年度ノ歳入豫算ハ、昭和五年度實行豫算ニ較ベテ一億四千九百餘万圓ノ減少トナリマス、右ノ如キ歳入狀況デアリ、加フルニ昭和四年度ノ決算ニ於テハ殆ド剩餘金ヲ生ゼズ、隨ッテ從前ノ如ク前年度剩餘金ヲ以テ昭和六年度ノ歳出ノ財源ニ充當スルコトガ出來ナイノデアリマスカラ、來年度豫算ノ編成ニ付テハ、多大ノ困難ヲ來タシタノデアリマス、而シテ此歳入ノ減少ニ對シテハ歳出ヲ節減シ、又新規事項ニ付テモ極力其計上ヲ見合セ、之ニ依ッテ歳入歳出ノ均衡ヲ保タシムルコトガ財政計畫ノ堅實ヲ圖ル上ニ於テ唯一ノ途デアルト考ヘ、此方針ニ據ッタノデアリマス（拍手）

一方倫敦海軍條約ニ依ッテ、軍備ノ制限ガ出來タノデアリマスガ、元來此條約ハ、軍備制限ニ依ル世界平和ノ確保ヲ目的トスルト共ニ、國民ノ負擔輕減ヲ目的トシテ居ルノデアリマス、從來政府ノ財政計畫上、海軍補充計畫ノ爲ニ留保シテアリマシタ財源ハ、昭和六年度ヨリ同十一年度ニ至ル六年間ニ於テ五億八百餘万圓トナッテ居ルノデアリマスガ、此財源ハ之ヲ倫敦海軍條約ニ基ク軍備ノ補充確立ト、國民ノ負擔輕減トニ充當致サナケレバナリマセヌ、而シテ國民ノ負擔輕減ハ、今日ノ財界ニ處スル對策トシテモ亦最モ緊要ナル事柄デアリマシテ、來年度ヨリ是非トモ之ヲ實行スルノ必要ガアリマス、依テ今後ノ財政計畫ヲ樹ツルニ當リ此兩者ヲ適當ニ按配シテ、右ノ六年間ニ於テ海軍補充計畫ニ充當スベキ金額ヲ三億七千四百万圓ト定メ、又國民負擔ノ輕減ニ充當スベキ金額ヲ一億三千四百餘万圓ト定メタノデアリマス（拍手）

斯ノ如ク一方ニ於テ、歳入ハ減少シ、他方ニ於テ軍備ノ補充確立ト減稅トヲ實行シナケレバナラヌノデアリマスカラ、來年度ニ於ケル一般ノ經費ノ節約ハ多額ニ上リマシテ、各省ヲ通ジテノ節減額六千三百餘万圓、繰延額六千五百餘万圓、合計一億二千九百餘万圓トナリ、之ニ依ッテ初メテ歳入歳出ノ均衡ヲ保タシムルコトガ出來タノデアリマス（拍手）

斯クシテ昭和六年度歳出ノ豫算額ハ十四億四千八百餘万圓トナリ、之ヲ昭和五年度ノ實行豫算ニ比スレバ、經常部ニ於テ四千四百餘万圓、臨時部ニ於テ一億一千五百餘万圓、合計一億六千餘万圓ヲ減少シテ居リマス（拍手）尚ホ昭和四年度ノ豫算總額十七億七千餘万圓ニ比較シマスレバ、實ニ三億二千餘万圓ノ減少トナッテ居リマス（拍手）而シテ昭和六年度ノ歳入ト歳出トヲ對照シマスルニ、千餘万圓ノ歳入超過トナッテ居リマスガ、此超過額ハ、昭和六年度追加豫算ノ財源等ニ充當スル考デアリマス、尚ホ獨逸國ヨリ受取ルベキ賠償金年額平均六百三十万圓ニ付キマシテハ、之ヲ一般ノ經費ニ使用セズ、國債ノ償還ニ充ツル方針ヲ立テマシテ、今年度ニ於テハ之ヲ實行シタノデアリマスガ、此際ノ歳入激減ノ場合ニ一般經費ノ節約ノミヲ以テ之ニ應ズルコトハ、行政ノ上ニ無理ヲ生ジマスノデ、已ムヲ得ズ來年度ヨリ當分ノ間此賠償金ヲ一般ノ財源ニ充當スルコトニ變更致シタノデアリマス

右ニ述ベタルガ如キ歳入減少ノ際デアリマスカラ、財政ノ縮少ハ眞ニ已ムヲ得ザル所デアリマス、併ナガラ極メテ急激ニ國費ガ減少シタノデアリマスカラ、國務ノ執行ニ付キマシテハ、常ニ國費ノ減少ト調和ヲ圖ルコトニ努メ、更ニ進ンデ今日ノ行政組織ノ改革、行政ノ刷新ヲ圖リ、國民經濟ノ現狀ニ適應スルコトガ刻下ノ急務デアルト

信ジマス、又現行ノ租税制度ニ付キマシテ考ヘマスルノニ、國民負擔ノ實際ニ相應セザル點ガ少クアリマセヌノデ、此改正ヲ行フ必要ガアルノデアリマス

右ノ趣旨ヨリ致シマシテ、政府ニ於テハ行政、財政、及税制ノ整理ヲ實行スルコトヲ決定シ、之ニ依ッテ行政ノ合理化ヲ圖ルト共ニ、國民ノ負擔ヲ公正ナラシメ、且ツ將來ニ於ケル財政ノ基礎ヲ鞏固ナラシメンコトヲ期シテ居ル次第デアリマシテ、來年度ノ豫算ニ於テ行政及財政整理調査會ニ關スル經費ヲ計上致シテ居ルノデアリマス

昭和六年度ノ豫算ニ付キマシテ特ニ說明ヲ要スル點ハ、地租法ノ改正、減税ノ計畫及海軍補充計畫デアリマス

地租ノ課税標準ヲ賃貸價格ニ改メ、地租負擔ノ公正ヲ期スル計畫ハ、大正十五年ノ税制整理ノ一ツトシテ決定セラレテ居リマシテ、第五十一議會ニ於テ、土地賃貸價格調査法ノ協贊ヲ得マシテ、昭和二年末迄ニ全國土地ノ賃貸價格ノ調査ヲ完了シタノデアリマス、當初ノ計畫デハ昭和三年度カラ賃貸價格ヲ基礎トシテ、地租ノ改正ヲ行フ筈デアリマシタガ、內閣ノ更迭等ノ事情ニ因リ、今日迄其實行ヲ見ズニ居リマスガ、今回昭和六年分ヨリ是ガ改正ヲ實施スルコトヽシ、是ガ改正法律案ヲ今期議會ニ提出スルコトヽ致シ、必要ナル經費ヲ豫算ニ計上致シタノデアリマス(拍手)

倫敦海軍條約ノ成立ノ結果生ジタル財源ヲ以テスル減税ハ、地租、營業收益税、砂糖消費税及織物消費税ノ四種ノ税目ニ付テ、之ヲ行フコトヽ致シタノデアリマス、此減税計畫ニ依リマシテ、平年度ニ於キマシテハ地租ニ於テ千八十餘万圓、營業收益税ニ於テハ四百六十餘万圓、砂糖消費税ニ於テハ六百餘万圓、織物消費税ニ於テハ四百十餘万圓、合計二千五百六十餘万圓ノ減税トナルノデアリマスガ、昭和六年度ニ於テハ地租ニ於テ六百七十餘万圓、營業收益税ニ於テ百二十餘万圓、砂糖消費税ニ於テ二十餘万圓、織物消費税ニ於テ九十餘万圓、合計九百十餘万圓ノ減税ヲ致スノデアリマス(拍手)尙ホ地租法ノ改正及減税計畫ノ詳細ニ付キマシテハ、法律案提出ノ際ニ說明致ス考デアリマス

海軍補充計畫ノ總額ハ、昭和六年度ヨリ昭和十一年度迄、六箇年度ノ間ニ於キマシテ、經常部ニ於テ三千八百餘万圓、臨時部ニ於テ三億三千五百餘万圓、合計三億七千四百万圓ニ上ルノデアリマシテ、之ニ依ッテ海軍主要兵力整備及內容充實ノ計畫ヲ立テタノデアリマス、其內容ハ艦船建造補充ニ關スル經費、航空兵力充實增勢ニ關スル經費、其他內容充實ニ關スル經費デアリマシテ、昭和六年度ノ豫算ニ計上セル金額ハ、九百五十四万圓デアリマス

國債ニ付テ申述ベマスレバ、昭和六年度ニ於テ特別會計歲出豫算ノ財源トシテ發行スベキ公債ノ總額ハ、五千六百六十万圓デアリマシテ、卽チ帝國鐵道建設及改良費ノ分四千二百万圓、朝鮮總督府特別會計ノ分千三百五十万圓、臺灣總督府特別會計ノ分五十万圓、關東廳特別會計ノ分六十万圓デアリマスガ、是ハ總テ既定ノ分デアリマス、而シテ昨年來ノ財界不況ノ結果、增加スル失業者ノ救濟ニ付キマシテハ、從來主トシテ地方公共團體ヲシテ土木事業ヲ起サシメテ、之ニ當ラシメテ居ッタノデアリマスガ、目下ノ情勢ニ於キマシテハ、失業救濟ノ爲ニ政府自ラモ事業ヲ施行シ、又地方團體ノ事業ニ對スル補助ノ範圍ヲ擴張スル必要ヲ認メルノデアリマスガ、今日ノ財政狀態ニ於キマシテハ、之ニ要スル金額ヲ一般財源ニ求ムルコトハ不可能デアリマス、且ツ失業救濟ハ一時的應急ノ手段デアリマスカラ、之ガ財源ヲ公債ニ求ムルコトハ眞ニ已ムヲ得ザルコト、考ヘマス(拍手)依テ政府ハ失業救濟ノ趣旨ヲ以テ、帝國鐵道改良費ノ財源トシテ、千二百万圓ノ公債ヲ發行スルコトヽシ、尙ホ追加豫算ニ於テ、失業救濟事業費ノ財源ニ充當スル爲ニ、一般會計ニ於テ二千二百万圓、樺太廳特別會計ニ於テ百五十万圓ノ公債ヲ發行スル計畫ヲ樹テ、居ルノデアリマスガ、政府ノ從來執リ來リタル方針ニ基キマシテ、其計畫ニ付テハ苟モ放漫ニ流ルヽガ如キコトノナキヤウ、十分ノ注意ヲ拂ッテ居ル次第デアリマス(拍手)

○國務大臣(男爵幣原喜重郎君)(續) 何レニ致シマシテモ松岡君ハ、唯我國ノ立場カラ見テ不滿足デアルト云フ點ヲ、ソレヲ例トシテ此問題ヲ御擧ゲニナッタノデアリマス、隨テ此處ニハ一々其複雜ナル關係ヲ申上ゲル必要ハナイト考ヘマス、唯一言附加ヘテ置クコトガアリマス、即チ日本移民ノ排斥ノ問題ニ付キマシテハ、南阿弗利加ニ於ケル日本移民ノ排斥ノ問題ハ永イ間ノ懸案ニナッテ居リマシタガ、昨年ノ十月ニ愈〻解決ノ緒ニ就キマシタ、日本人ヲ南阿ニ於ケル禁止移民ノ範圍内ヨリ除キ、一定ノ條件ヲ備ヘタル日本人ハ入國ノ自由ヲ得ルニ至ッタノデアリマス

第三ニ日露國交ノ問題ニ關シテハ露領漁業ノ問題デアルトカ、或ハ朝鮮銀行ノ浦鹽支店ノ問題ニ付テ御指摘ニ相成ッタノデアリマスガ、此二ツノ問題ハ御承知ノ如ク目下兩國デ交涉中ノ問題デアリマス、其交渉ノ結果ヲ此際此處デ言明致シマスコトハ、其交渉ニ不利ナル影響ヲ及ボスモノト考ヘマスカラ、此際ハ之ヲ申上ゲルコトハ出來マセヌ(拍手)松岡君ハ今日ノ狀態ニ於テ日露ノ國交ヲ繼續スルノ價値アリヤ否ヤト云フヤウナ問題ヲ出サレマシテ、詰問的ニ申サレタノデアリマスルガ、松岡君御自身デハ繼續スルノ價値ナシト斷定サレタノデハアリマセヌ、又斯ル御意見ヲ持ッテ居ラレルモノデハナイト信ジマス

其次ニ日華ノ國交ニ關係致シマシテハ、或ハ南京事件或ハ小幡公使ノ「アグレマン」問題ニ御言及相成ッタノデアリマス、而シテ之ヲ外交ノ失敗ナルガ如ク申サレタノデアリマス、此中ニ南京事件ニ關係致シマシテハ……

〔發言スル者多シ〕

○議長(藤澤幾之輔君) 靜肅ニ願ヒマス

○東武君(續) 故ニ私ハ政府當局者ニ御伺ヲ致スノデアリマスルガ、政府當局者ニ御伺スルノハ、政府ハ地方ノ休業銀行ニ對シマシテ、今日マデ如何ナル監督ヲ致シテ居ッタカ、政府ハ地方銀行ニ對シテ、今日マデ如何ナル監督行政ヲ行ッテ居ッタカ、同時ニ今後此ノ如キ事情ニアルニ對シテハ、此對策ヲ如何ニ致スノデアルカト云フコトヲ御聞キ致スノデアリマス(ヒヤヽ、拍手)

更ニ井上大藏大臣ニ御伺致シマスルガ、私ハ我國ノ景氣ガ底ヲ突イテ好轉ヲスルト云フコトヲ屢〻昨日モ此壇上デ御伺致シタノデアリマスルガ、一國ノ經濟界ハ――一國ノ經濟ノ好景氣ト云フモノハ、總テ購買力ニ依ッテ起ルモノト私ハ考ヘテ居ル、購買力ガナカッタナラバ、好景氣ハ決シテ回轉ハシナイ、此事ヲ私ハ考ヘテ居ル(拍手)若モ好景氣ガ來ルト云フナラバ、我國ノ經濟界ノ此購買力ガ旺盛ニナラナカッタナラバ、決シテ好景氣ハ回復シナイト云フコトヲ私ハ考ヘテ居ル者デアル(拍手)而シテ此購買力ハ何處カラ來ルカト云フコトヲ考ヘマスルト、外國カラ來ル場合モアル、是ハ外國カラ來ル場合ハ、外國ガ好景氣デアッテ、輸出ガ旺盛ニナルト云フ場合ニハ、直接ニ此好景氣ガ來ル場合ガアル、之ヲ大藏大臣ハ一ニ外國ノ影響、外國ノ影響ト言ヒマスガ、之ヲ私ハ否認致シマセヌ、外國ノ好景氣ニ依ッテ刺戟ヲ受ケテ好クナルト云フコトハ當然デアリマス、併ナガラ外國カラ來ル場合ガ絶對的デハナイ、極メテ是ハ部分的デアル、外國カラ來ル所ノ購買力ハ、我國デハ生絲ガ賣レルノミデアル、其他ニ外國ニ輸出スルモノハ澤山ハナイ、支那ノ銀價ガ暴落シ、支那ノ輸出ガ止ッタト云フコトハアリマスガ、大體我國ノ生産額ハ、農工業ヲ通ジテ百二三十億ト稱シテ差支ナイ其中デ外國ニ輸出スルモノハ二割ハナイノデアル、即チ二十億ト稱シテモ僅ニ一割何分シカナイ、外國ヲ目安ニシテ――此外國ノ景氣ニ依ッテ、外國ノ刺戟ヲ受ケテ、外國ガ好クナレバ、我國ノ景氣ガ好クナル、外國ノミニ追隨スル此景氣ノ回復ト云フコトハ、全ク間違デアルト云フコトヲ申上ゲルノデアル(拍手)然ラバ此景氣ノ回復ヲ待ツト云フナラバ、眞ニ井上大藏大臣ガ景氣ガ好クナルト云フナラバ、我國ノ購買力――我國全體ノ購買力ヲ旺盛ナラシムルヨリ外ニ方法ハナイト考ヘマスルガ、此我國ノ八割五分以上、若クハ九割マデモ我國ノ購買力ト云フモノハ何處カラ起ッテ居ルカト言ヒマスレバ、是ハ申スマデモナク全國ノ農村ガ即チ一大根本デアルト云フコトヲ御承知ナケレバナラヌ(拍手)即チ日本ノ購買力ハ農村ガ大部分デアッテ、サウシテ日本ノ生産力ニ對シテハ、農村ガ大部分デアルト云フコトヲ考ヘナケレバ、私ハ決シテ我國ノ景氣ト云フモノハ回復スルト云フコトハナイト思フ、然ルニ井上大藏大臣ハ唯消費節約サヘシテ、サウシテ生産「コスト」ヲ切下ゲテ、物價ガ下リ、勞銀ガ下レバ、輸出ガ旺盛ニナルト斯樣ニ考ヘテ、唯外國ダケヲ目安ニシテ、輸出貿易ノ改善ヲ考ヘテ居ルガ、是ガ非常ニ間違ッテ居ルト云フコトヲ私ハ申上ゲルノデアル(拍手)此購買力ヲ増スト云フコトガ好景氣ノ前提デアルトスレバ、日本ノ事業ヲ起シテ生産ヲ開發シ、我黨ノ如キ積極政策、産業立國主義デ農村ヲ潤サナカッタナラバ、決シテ我國ノ景氣ハ回復シナイ(拍手)

サウシテ政府ニ井上大藏大臣ニ更ニ御伺スルノデアリマスルガ、井上大藏大臣ハ、生産費ノ低下、所謂低物價政策デ生産費ヲ安クシ、サウシテ或ハ商工業ニ對シテハ成ベク物價ヲ安クシ、勞銀ヲ安クシ、賃銀ヲ安クシテ、サウシテ生産費ヲ安クシテ輸出ヲ增進スルト云フコトニ付テノミ御考ニナッテ居ルヤウデアリマスガ、日本ノ農業――農業生産物ニ對シテハ、ドノヤウナ御考ヲ持ッテ居ルカ、矢張生産費ヲ切下ゲルト云フ考デアルカ、農家ノ生産スル所ノ穀物ノ價格ヲ維持スルト云フノデアルカ、生産費ヲ切下ゲテサウシテ好景氣ヲ招來シ、外國輸出ヲ獎勵スルト云フ所ニ重點ヲ置クノデアルカ、生産費ヲ下ゲルト云フノデアルカ、或ハ農家ノ生産スル所ノ物ノ價格ヲ推持スルト云フ政策ガアルカ、何方デアルカト云フコトヲ御伺シタイ(拍手)是ハ井上大藏大臣ナリ、町田農相デモ宜シイガ、其政策ヲ聽カナカッタナラバ、更ニ私ノ論鋒ヲ進メル譯ニ行カナイ、即チ米穀法其他ニ付テ私ハ更ニ御伺ヲスルノデアル

次ニ私ハ進ンデ米價問題ニ付テ質問ヲ致シタイノデアリマス、餘リ時間ガ長クナッテ恐縮デアリマスガ、モウ少シ私ニ時間ヲ御與ヘ願ヒタイ、ソレデ成ベク簡單ニ申上ゲマスガ、町田農相ハ昨年十月ニ地方長官會

議ニ於キマシテ、又帝國農會ノ席上ニ於キマシテ、政府ノ米價對策ニ付テハ市場調節ヲ專ラトスルノデアル、所謂量ノ調節ヲ專ラト致スノデアル、價格ノ調節ニ付テハ一言モ申サナイ、屢〻農會其他ノ者ガ參リマシタ時ニ於テモ量ノ調節ヲ主義ト致スガ、價格ノ調節ト云フコトニ對シテハ一言モ言及シテ居ナイカラ、之ヲヤルト云フ御考デナイト云フコトニ私ハ伺ッテ居ル、政府ノ其後ノ處置ハ、成程量ノ調節ヲ目的トスル爲ニ、外米ノ輸入ノ制限、或ハ鮮米ノ貯藏、或ハ內地ノ籾貯藏ト云フコトニ專ラ力ヲ御盡シニナッタト云フコトモ陰ナガラ承ッテ居ルノデアリマスガ、今尙ホ町田農相ハ、米價對策ニ付テハ數量調節主義ヲ執ッテ居ルノデアルカドウデアルカ、此點ニ付テ御伺シタイ、價格ノ調節主義ヲ採ルノデアルカ、採ラナイノデアルカ、ドウデアルカト云フコトヲ此點ハッキリ御伺致シタイ、其後二百万石ノ買上ヲ實行致シタノデアリマスガ、此二百万石ノ買上ハ何ノ意味ト、何ノ方針デ御買上ニナッタノデアルカ、量ノ調節ヲ目的トシタノデアルカ、價格ノ調節ヲ目的トシテ二百万石ノ買上ヲシタノデアルカ、或ハ輿論ガヤカマシイカラ、已ムヲ得ズ買上ヲシタノデアルカ、何方デアルカ御伺シタイ(拍手)

第三ニ量ノ調節デアルト云フナラバ、本年ハ七百万石ノ過剩米ガアルト承知シテ居ル、七百万石ニ、最近更ニ百万石殖エテ居ルカラ、或ハ八百万石ニナルカモ知レヌ、此市場カラ切離シテ買上ヲスルト云フ、量ノ調節ガ目的デアルナラバ、七百万石ニ對シテ二百万石買上ゲテモ、何ノ效果モナイト云フコトハ極メテ明瞭デアル、政府ノ方針ハ、量ノ調節ヲ目的トスルカ、價格ノ調節ヲ目的トスルカ、此點ヲハッキリ御伺致シタイ(拍手)

ソレカラ第四デスカ、民間ノ農會ヤ町村長會議ナドデハ更ニ最近二百万ノ買上ヲ政府ニ要求致シテ居リマス、此二百万石ノ追加買上ヲ要求シテ居リマスガ、政府ハ第二次ノ買上ヲ卽時斷行スル方針デアルカドウカト云フコトヲ御伺シタイ、是ハドウ云フ意味カト云ヘバ、前提ニ於テ價格ノ調節ガ、量ノ調節カ、若シ假ニ量ノ調節デアルト云フナラバ、七百万石買上ノ決心ヲシナケレバ何ノ效果モナイ譯デアリマス、此點ヲ明確ニ承リタイ

又第五ニ五十七議會ノ當時ニ於キマシテ、衆議院ハ全會一致ノ建議ヲ以テ、米穀ノ特別會計資金增加四億万圓ト云フコトヲ、政友會モ民政黨ノ諸君モ一致シテ可決致シマシタ、是ガ委員會ニ於キマシテ現在ノ町田農相、現在ノ安達內相、此御方ガ民政黨ヲ代表シテ、一躍二億万圓ノ資金ヲ增加スルト云フコトハ、是ハ餘リ馳セ過ギル、故ニ差當リ七千万圓ヲ增加シヨウト云フコトデ、現在ノ特別會計ハ二億七千万圓ト云フコトデ協定ガ成立シタ、其時ノ條件ト致シマシテ、此米穀法ハ時代ニ適應シナイ、幾ラヤッテモ是ハ幾ラモ效果ガナイ、デスカラ其根本的改革ヲスルト云フコトガ、民政黨ノ諸君ノ意見デアル、今ノ米穀法ヲ運用シテヘ、到底米價對策ガ行ハレヌ、米穀ノ根本政策ヲ樹立スル爲ニ、內閣總理大臣ノ下ニ特別調査會ヲ置イテ、米穀法ノ根本精神ヲ改革スルト云フ條件ニ依ッテ、今ノ米穀調査會ガ出來テ居ルノデアリマスガ、此條件ガ卽チ二ツアルノデアリマス、之ニ對シテ政府ハ數次米穀調査會ヲ開イテ、色々ノ事ヲ御研究ニナッテ居ルト云フコトデアリマスガ、承レバ此基準價格ト云フモノヲ定メテ、米穀法ノ精神其儘ニ於テ、此精神ノ下ニ於テ、米穀法ヲ運用スルト云フ御考ニナリツ、アルヤウデアリマスル、是レナラバ、民政黨ノ數年來唱ヘテ來タ議論ト、今日ノ米穀調査會ノ米價基準案ナント云フ枝葉末節ナ議論ニ囚ハレテ、斯樣ナコトヲ爲シテ居ルト云フコト、ハ、甚ダ矛盾デハナイカト云フコトヲ御問聞キシタイ(拍手)此點ニ付テ明確ナル御答辯ヲ煩シタイ、率勢米價ナント云フモノハ、是ハ殆ド學者ノ空論デ、若シ率勢米價基準價格ヲ標準トスルナラバ、我國ノ米價ニ於テ上ガ二割、下ガ二割ト云フヤウナ基準價格ヲ置イテヤルト云フコトニナレバ――私ノ調査ニ依レバ明治元年カラ大正三年マデ、四十六年間ニ於テ米價ノ値幅ト云フモノヲ調ベテ見ルト、五分以內ガ十三回、一割以上ガ三十三回、四割以上ガ三回デアル、故ニ今日ノ二十四圓デモ、十八圓デモ、米價ノ基準ヲ定メテ、之ニ依ッテ率勢米價ヲ標準ニ米穀法ヲ運用スルト云フナラバ、恐ラク十年ニ一回位シカ米穀法ヲ運用スルト云フコトハナイ、卽チ米穀法ト云フモノハ死物デ葬ムルト云フコトニナル、然ラバ米穀法ヲ此場合全然廢止スルト云フコトガ當然ノ行途デハナイカト斯樣ニ考ヘテ居ル

ソレカラ更ニ松田拓務大臣、朝鮮總督府當局ニ御伺シタイ、若シ居ラナカッタラ何方デモ宜シイノデアリマス、米穀法ノ最大缺陷ハ何デアルカト申シマスルト、米穀法ノ最大缺陷ハ、朝鮮ト臺灣ノ米穀ガ我國ノ米價ヲ壓迫スルト云フコトガ一番根本デアル、米穀法ガ大正九年、十年ニ亙ッテ成立シタ時分ニハ、朝鮮ノ米ト云フモノハ殆ド我國ニ入ッテ來ナカッタ、其後朝鮮產米計畫ナルモノガ着々進行シテ、今日ハ一千万圓以上內地ニ流入スル、而モ其朝鮮開發ノ資金ハ何處ニ據ッテ居ルカト云ヘバ、我國ノ公債充當金、或ハ預金部ノ金等、皆我國ノ農村民ノ血液ヲ搾ッタ金デ朝鮮ヲ開發シテ居ル、而シテ此產米計畫ニ依ッテ出來タ米ガ、是ガ大部分我國ニ入ッテ來テ、我國ノ農村ヲ壓迫シテ米價ヲ激落スル、是ガ最大原因デアル、之ニ對シテハ米穀法ヲ朝鮮ニ施行スルコトガ極メテ急務デアルト云フコトハ、朝鮮一致ノ意見デアリマスガ、之ニ對シテ現政府ハ此米穀法ヲ朝鮮ニ施行スルヤ否ヤト云フ問題ト同時ニ、本年ノ應急對策トシテ籾貯藏ヲ獎勵致シ、總督府ト拓務省トニ於テ朝鮮ニ農業倉庫ヲ設立シ、籾調査ノ爲ニ一千七百万圓ノ低利資金マデモ出シテ、サウシテ此朝鮮米ノ內地流入ヲ防止シテ、月別平均移入ノ方策ヲ執ルト云フコトヲ、天下ニ堂々ト聲明ヲシテ居ルノデアル、然ルニ現在ノ事實ハドウデアルカト云ヘバ、昨年十二月ノ統計ヲ見マスルト、前年度來ヨリ尙ホ朝鮮カラシテ我國ニ米ガ流入シテ、其數百万石以上ニ達シテ居ル、昨年一昨年ニ較ベテ五万何千石餘計ニ日本ニ入ルト云フヤウナ事實ガ現ハレテ居ルノデアルガ、此對策ハ如何ニ致シテ居ルノデアルカ、此際拓務省、農林當局者カラ的確ノ說明ヲ聽キタイ、是モ月別平均移入ト云フコトガ行ハレテ居ルノデアルカ、行ハレテ居ルナレバ百万石百二十万石ト、內地ニ滔々移入スルト云フコトハナイ、又朝鮮總督府、或ハ拓務大臣ニ御伺シタイノハ、朝鮮ノ產米計畫ヲ今後中止スルコトガ出來ナイカ、此點ヲ伺ヒタイ、朝鮮ハ御承知ノ如ク一箇年ニ一億万圓以上ノ移入超過ヲ爲シテ、米ヲ作ッテ、其爲ニ內地ノ農村ヲ壓迫シテ、米ノ發落ヲ我國ニ促スト云フ、斯樣ナ政策ハ大ナル矛盾デアル、我國ノ資金ヲ以テ、有リモシナイ金ヲ以テ朝鮮ヲ開發シ、而モ米ダケナラバ宜シイガ、人間マデモ――植民政策ハ海外ニ人ヲ出スノガ目的デアルニ拘ラズ、朝鮮カラハ人ガドン〳〵入ッテ來ル、二十万、三十万、今日ハ四十万ニモ達スルト云フ人口ノ逆輸入ヲスルナド、云フ、斯樣ナル不自然ナコトハ、是ハドウシテモ政治ノ罪デアルト考ヘテ居ルガ、是等ニ對シテドノヤウナ所見ヲ持ッテ居ルカ、之ヲ伺ヒタイノデアリマス(拍手)

私ノ演說ハ非常ニ長ク――質問ハ長クナリマシタガ、最後ニ一言致シマスルガ、建國以來我國ノ農村ハ、今日商工業ガ發達シ、資本主義ガ發達シ、機械工業ガ發達シテモ、

矢張我國ハ農業立國本位デアル、即チ我國ノ對外輸出貿易品二十億万圓ノ中ニ於テ、共二十億万圓ノ中、農業ニ關係ヲシナイモノハ、僅ニ海外カラ輸入スル所ノ棉花、或ハ羊毛、之ヲ合セテ五億万圓、是ハ全ク我國ノ農業ニ關係ノナイモノガ輸入ヲサレテ居ルノデアリマス、又輸出ニ於キマシテモ、我國ノ農業ニ關係シナイモノハ僅ニ三億万圓シカナイ、二十億万圓ノ中デ僅ニ三億万圓、是ハ金屬製品、或ハ陶器デアルトカト云フモノヲ除クノミデアル、此二十億万圓ノ海外輸出品ヲ調ベテ見ルト、十五億万圓マデハ、是ハ農業生產ニ依ッテ我國ハ輸出ヲシテ居ルノデアル、此農業ト云フモノガ衰ヘ、農業ノ原力ガ衰ヘ、農村ノ購買力ガ衰ヘテ來レバ、我國ノ商工業ト云フモノハ決シテ發達シナイト云フコトハ、此輸出貿易ノ此數字ダケヲ見テモ、極メテ明白デアルト考ヘテ居ル(拍手)故ニ我國ハ如何ニシテモ、今日ハ尙ホ農業立國主義デナケレバナラヌ、而シテ同時ニ我國ノ此建國以來ノ國體ノ精神ハ何デアルカト云ヘバ、農村ハ思想ノ源泉デアル、又文化ノ源泉デアリ、藝術ノ源泉デアル、又一朝事有ル時ハ農村ノ子弟ノ十万ガ起ッテ、詰リ國家ノ爲ニ奉公ノ誠ヲ致スコトモ、此農村精神ニ培養サレル我ガ國體ト民族精神デアル、此意味ニ於キマシテ、我國ガ此資本主義ニ依ッテ、都市金融ト、資本主義一部ノ特權階級ト、中央都市ニ於ケル所ノ僅カナル金融業者ノミヲ救濟スルト云フヤウナ現內閣ノ政策ハ、全ク我ガ國情ニ對シテ反對ノ政策ト私ハ考ヘテ居ル者デアリマス(拍手)故ニ此政策ヲ改メテ、我國ノ此政策ハドウシテモ普遍的ニ、農村ノ國力ヲ培養スルト云フ所ニ力ヲ致スト云フコトデナカッタナラバ、我國ノ繁榮ト、我ガ民族ノ幸福ヲ增進スルコトハ斷ジテ出來ナイト云フコトヲ玆ニ申上ゲテ、此壇ヲ降ル次第デアリマス(拍手)

町田國務大臣ノ答辯

○國務大臣(町田忠治君)(続) 此資金ハ産業組合若クハ勸業銀行ヲ通ジテ支出致スモノデハアリマセヌ、途中ニ於ケル金利等ヲ出來ルダケ制限スル爲ニ、政府自ラ府縣ヲ通ジテ、何等ノ利稍ナクシテ農家ニ與ヘルト云フ、應急手段ヲ執ッタノハ是デアリマス(拍手)即チ此金ノ借リル主體ハ府縣デアリマス、府縣ヲ通ジテ町村デアリマス、其府縣ガ此借入ヲ縣會ニ於テ決議シタノハ多ク十二月ノ末デアリマス、而シテ今日既ニ内務省ニ向ッテ起債ノ認可申請ヲ致シテ居ルモノハ約四十縣ニ達シテ居リマス、内務省ヲ經テ大藏省ニ其認可ノ申請ヲ請テ居ルモノハ既ニ二十ニ近イト信ジマス、恐ラクハ、今後數旬ノ間ニ此七千万圓ハ何レモ地方ニ融通セラレルコトヲ私ハ固ク信ジテ居リマス、恐ラクハ東君ガ前内閣時代ニ於テ農林省ニ於テモ種々ナル低利資金ヲ出サレタデアリマセウ、其經過ニ付キマシテ、或ハ半年或ハ一年ノ久シキニ亙ッテ初メテ完結シタ實例ハ御承知ノコト、思ヒマス、吾々ハ東君時代ニ斯樣ナモノアルガ故ヲ以テ私自身ヲ辯護スルノデアリマセヌ、唯從來ノ仕來リカラ申シマスレバ、地方ヲ經、縣廳ヲ經、町村ヲ經テ組合ニ參ルニハ相當ノ時間ハ掛ルコトハ已ムヲ得ヌ、故ニ出來ルダケ之ヲ短縮スルコトニ向ッテ努力シテ居ルト云フコトノ御諒解ヲ得タイト思ヒマス(拍手)

最後ニ東君ノ最モ熱心ニ御尋ニナッタノハ今日ノ米價問題デアリマス、私ハ現内閣ガ近ク議會ニ提出セントスル米穀法ノ改正ハ根本問題デアルガ、枝葉末節ト云フヤウナ言葉ヲ遣ヘレタヤウタガ、根本問題ヲ解決セザルト云フ如キ意味ヲ以テ御尋ガアッタヤウデアリマスガ、御話ノ如ク是ハ當時在野黨タリシ吾々カラ前内閣ニ進言シテ出來タ調査會デアリマス、此調査會ニ於ケル當時ノ會長タリシ田中總理大臣ノ開會ノ趣意ト、吾々ガ今日之ヲ改正スル趣意ニ於テハ何等相違ハアリマセヌ、何カ吾々ハ根本的改正ヲセザルカノ如ク言ハレ、當時政友會内閣ノ執リシ米穀法改正ノ目的ト、吾々ノ改正スル目的ニ相違アルカノ如ク唱ヘラルヽノハ、是ハ何等カノ誤解デアリマセウ(拍手)

ソレカラ最モ力ヲ入レラレタノハ、今ノ農林大臣ハ米價ヲ調節スルノカ――市價ヲ調節スルノカ、或ハ數量ヲ調節スルノカト云フ御尋デアリマス、是ハ不思議ナル御尋ト私ハ考ヘル、勿論昨年末ニ於キマシテ、農會等ニ對シテハ私ハ出來ルダケ數量調節ニ重キヲ置クト申シタノハ其通リデアリマス(拍手)併シ米穀法ノ目的ハ何デアリマスカ、米穀法ノ目的ハ私カラ申上ゲル迄モナク米價ノ暴騰暴落ヲ防イデ、生産者ト消費者ノ利害ヲ出來ルダケ調和スルノガ米穀法ノ目的デアリマス(拍手)故ニ初メノ米穀法ハ數量ノ調節ヲ法文ノ上ニ掲ゲタノデアリマス、御承知ノ通リ數年ノ後ニハ更ニ數量及市價ノ調節ヲ致シテ、此米穀法ハ或ハ數量ヲ調節シ、或ハ價格ヲ調節スルカノ如キ形ニナッタノデアリマスガ、衆議院ニ於テノ修正ガ貴族院ヲ通ル時ノ事情ヲ御承知下サレバ、米穀法ノ眞ノ目的ハ暴騰暴落ヲ防グト云フ、市價ノ調節ニアルコトハ勿論デアリマス、唯市價ヲ調節スル手段方法トシテ、數量ノ調節ニ依ッテ進ムコトハ當然デアルガ故ニ、私ハ主トシテ數量ノ調節ヲ米價調節ノ手段方法ノ殆ド唯一ナル方法トシテ之ヲ唱ヘテ居ルノデアリマス(拍手)

更ニ第二次ノ米穀二百万石ヲ買入レルコトヲ農會ガ要求シテ居ルガ、農林大臣ハ直チニ第二次ノ買入ヲ爲スカト云フ御質問デアリマス、若シ他ノ方ガ斯樣ナ質問ヲセラレタナラバ、私ハ之ニ直チニ此席ニ於テ答辯ヲ致サヌ理由ヲ申上ゲルコトハ或ハ必要カモ知レマセヌ、併ナガラ東君ガ、數年米穀法ノ運用ニ從事セラレテ、其責任ヲ執ラレタ御經驗カラ見マシテ、私ガ此席ニ於テ只今第二次ニ百萬石ヲ買フカ否ヤヲ言明シ得ラルヽト思ハレマスカ(「ヒヤ〳〵」拍手)唯私ハ是ダケハ言明シマス、今ノ米穀法ガ現存スル限リ、其責任者トシテ其目的ニ背イタ手段ハ執ラズ、必ズ其目的ヲ貫徹スル方法ヲ執ルト云フコトノ斷言ヲ致シテ置キマス(拍手)

最後ニ、大事ナ問題デアリマシテ、場合ニ依レバ朝鮮統治ノ上ニモ影響アル問題デアリマス、拓務大臣カラモ定メシ當局トシテ御答辯ガアルコト、存ジマスガ、米穀問題ニ關スル限リ私モ關係致シテ居リマスルガ故ニ、私カラ一言致シマス

東君ノ御話ノ如ク朝鮮ノ米穀ガ年々其數量ヲ加ヘテ、是ガ爲ニ内地ノ米價ヲ壓迫シツヽアル事情ハ事實ニ於テアリマス、或ハ是ガ爲ニ農會等ニ於テハ朝鮮カラ移入スル米數ニ制限ヲ置ケナド、云フ議論ハ農會等ニアリマス、併シ現内閣ニ於テハ朝鮮統治ノ上カラ見テ、朝鮮カラ移入スル米穀ヲ制限スルト云フ考ハ斷ジテアリマセヌ(拍手)唯朝鮮ヨリ内地ニ移入シテ來ル狀態ガ、一時ニ殺到シマシテハ、是ガ爲ニ内地ノ米價ヲ故ナク下落セシムル所ノ原因ト相成ルコトハ事實デアリマスルガ故ニ、朝鮮ニ千五百万圓ノ低利資金並ニ農業倉庫等建設ノ爲ニ數百万圓ヲ供給シマシテ、朝鮮ヨリ内地ニ入ル所ノ米ノ月々ノ數量ヲ調節シテ、内地米壓迫ノ原因ヲ輕減スル手段方法ヲ執ッテ居ルノデアリマス(拍手)東君ハ何ノ統計ニ據ラレマシタカ、昨年來政府ガ朝鮮米ノ内地ニ移入スルコトニ調節ヲ加ヘテ居ルニ拘ラズ、殆ド百万石位多ク移入シタト申サレマシタ、恐ラク是ハ何等カノ調査ノ、失禮ナガラ誤謬デアルト私ハ思フノデアリマス、(拍手)私共ノ調査シタ所ニ依リマスレバ、昭和六年ノ米穀年、即チ昨年十一月ヲ初メトシテ朝鮮ヨリ内地ニ入リマシタ米穀數量ハ、朝鮮ノ作合ハ一昨年ニ比シテ昨年ハ五百万石ノ増收アリシニ拘ラズ、内地ニ移入シタル分量ハ、一昨年ニ比シテ十數万石少ナイト云フ事實ダケヲ申上ゲテ、現ニ朝鮮ガ低利資金ニ依ッテ内地ニ殺到スル所ノ米穀ヲ調節シ、之ニ依ッテ朝鮮及内地ノ米價ノ變動ノ差ヲ出來ルダケ少クスルト云フ政策ガ、稍、效ヲ奏シツヽ、アルト私共ハ信ジテ居リマス、中落シタコトハ御注意ニ依ッテ又申シマスガ大體此邊デ……

○議長(藤澤幾之輔君) 松田國務大臣

〔國務大臣松田源治君登壇〕

○國務大臣(松田源治君) 東君ノ質疑ニ向ッテ答辯ヲ致シマス、第一ハ米穀法ヲ朝鮮ニ施行スル意思アリヤ否ヤ、是ハ内地ノ米ノ價格及數量ハ朝鮮ニ影響致シマス、朝鮮ノ米ノ價格數量モ内地ニ影響スルノデアリマシテ、關聯シテ居ルノデアリマスカラ、米穀法ヲ朝鮮ニ施行スルト云フコトハ理想デアリマセウ、併シ目下日本ノ經濟、財政ノ狀態ニ依リマシテ、即チ財政ノ狀態ニ依ッテ米穀法ヲ朝鮮ニ直チニ施行スルヤ否ヤニ付テハ、目下政府ニ於テ考慮中デアリマス(拍手)

ソレカラ第二ハ朝鮮ノ米ヲ内地ニ移入スルコトニ付テ、何等カ調節ノ方法ヲ考ヘテ

居ルカト云フコトデアリマスガ、是ハ今農林大臣ガ答辯シタル通リニ、昭和五年度カラ五箇年間ニ、農業倉庫、商業倉庫ニ依リマシテ百万石ノ調節ヲ致シ、ソレカラ又繼續致シマシテ、十箇年間ニ農業倉庫ニ依ッテ百五十万石ヲ調節スルト云フコトニ、昨年計畫ヲ樹テタノデアリマス、併シ本年ハ内地モ豊作デアル、朝鮮モ豊作デアル、併シ朝鮮ニ於テハ直チニ倉庫等ニ依ッテ之ヲ制限スル設備モ十分デアリマセヌノデ、預金部カラ千五百八十万圓ノ低利資金ヲ融通シテ貰ヒマシテ、又朝鮮ノ金融組合ニ融通シテアル低利資金ノ内ヲ、二百七十万圓融通シテ貰ヒマシテ、合セテ千八百五十万圓ヲ以テ倉庫等ヲ借リマシテ、又野ニ積ンダ籾ニ向ッテ低利資金ヲ融通シマシテ、合セテ三百万石ノ籾ニ向ッテ此低利資金ヲ融通シテ調節ショウト云フ計畫ヲ樹テ、居リマス、此結果今農林大臣ガ申シタヤウニ、日本ノ内地ニ朝鮮カラ來ル米ハ、幾分カ制限ガ出來テ居ルト私ハ確信致シテ居ルノデアリマス(拍手)何分本年ノ豊作デ、事ガ突發デアリマスカラ、十分ナル調節ハ出來マセヌケレドモ、政府ハ鋭意努力ヲ致シテ居ルノデアリマス(拍手)

第三ハ朝鮮ノ産米増殖計畫ヲ中止スルノ意思アリヤ否ヤ、此事ニ付キマシテハ、數年前日本ニ於テ米ガ不足シテ居ル、人口モ増殖スルノデ、諸君ノ同意ヲ得マシテ豫算ヲ提出シテ、大正十五年カラ十二箇年間ノ計畫デ、八百二十万石ノ増殖計畫ヲ致シタノデアリマス、是ハ帝國議會ノ協贊ヲ受ケテ居ルノデアリマス、本年ハ内地モ豊作デアル、朝鮮モ豊作デアル、併シ是ハ變態デアルノデアリマス、此一時ノ變態ニ驚イテ、國家ノ根本方針ヲ變更スル意思ハ私ハ持ッテ居ラヌノデアリマス(拍手)卽チ日本ノ人口ハ増殖スル、又凶年モアルデアリマセウ、仍テ根本方針ヲ變更セズシテ、朝鮮ノ産米増殖計畫ハ中止スルノ意思ハ絶對ニアリマセヌ(拍手)

○淺原健三君(續)　ソレハ少數ナル資本家階級ニ利益ヲ獲得セシメタニ過ギナイ、戰爭コソハ無産階級ハ犧牲ノ血ヲ流スガ、一將功成リ萬骨枯レ果テルモノガ戰爭デアルコトヲ忘レテハナラナイ、故ニ私ハ更ニモウ一應海軍大臣ニ質問ヲ追加シテ置キマス、海軍大臣ハ今日ノ世界ノ戰爭反對ノ基調ニ基キ、今回ノ海軍補充計畫ヲ卽時抛棄セラル、ノ意思ハナイカ、第二ニ總理大臣ニ付テ御尋ヲ申上ゲテ置ク、總理大臣ハ主力艦、潜水艦、空軍ノ廢止ヲ主眼トスル所ノ海軍軍縮會議ヲ世界各國ニ提唱シテ、平和ノ使徒タルノ範ヲ世界各國ニ御示シニナル意思ハナイカ、更ニ陸軍大臣ニ具體的ナ質問追加ヲ申上ゲテ置キマス、陸軍大臣ハ師團――兵役年限ノ徹底的短縮ヲ實行シテ、軍縮ノ實ヲ擧ゲラレルノ意思ハナイカ、第二ニ陸軍大臣ハ陸軍關係ノ學校官衙ヲ整理シ、憲兵隊ヲ廢止セラレルノ意思ハナイカ

軍縮ニ關シテ大藏大臣ニ御尋致シテ置キマス、大藏大臣ノ五十八議會ニ於ケル軍縮剩餘金使途ニ關スル國民負擔輕減ノ爲ノ減税ノ御約束ハ、ソレハ全部嘘デアッタカ、僅ニ三分ノ一ニ依ッテ欺瞞セラレタルモノデアル、少クトモ其當時ニ於ケル大藏大臣ノ聲明ハ、軍縮剩餘金中ノ過半數ヲ以テ臨マルベキカノ如キ態度ヲ以テ之ガ承認ヲ求メ、而モ實行ハ僅ニ三分ノ一ニ御止メニナッタ、是ハ大藏大臣ノ五十八議會ニ於ケルペテン的政策デアッタト解シテ差支ナイカドウカ、更ニ又第二ハ國民負擔ノ輕減ハ大衆負擔ノ輕減デアル、然ラバ何ガ故ニ間接税ニ重キヲ置イテ直接税ヲ第二トナサラナカッタカ、第三ニ直接税ノ減税ニ當ッテハ當然免税點引上ゲヲ考慮セラルベキニモ拘ラズ、地租、營業收益税共ニ免税點ニ一顧ノ考慮モナサズシテ、全體的ナ同率ノ減税ヲ御行ヒニナッタガ、何ガ故ニ累進賦課的ナ減税ヲオヤリニナラナカッタカ、此三ツデアリマス

各論ノ第五ト致シマシテ、拓務大臣、陸軍大臣、總理大臣ニ對シテ臺灣霧社事件ニ付テ御尋ヲ致シタイノデアリマス、吾々ノ同志河上丈太郎、河野密ヲ派シタ今回ノ霧社事件ニ於ケル調査ヲ基礎ト致シマスレバ、今回ノ霧社事件ノ原因ハ六ツニ分レテ居ル、第一ハ木材運搬ニ關スル苛酷ガ蕃人ノ反感ヲ招イタコト、第二ハ蕃人ニ對スル勞働賃銀ノ不拂ガ反感ヲ激化シタコト、第三ハ蕃人取締警察官ノ不公正ガ今回ノ事件ノ動機トナッタコト、第四ハ警察官ノ蕃人ノ手ニ生産セラレタル蕃産物ノ掠奪ガ今回ノ霧社事件ノ動機デアッタト云フコト、聞ク所ニ依レバ彼等蕃人ハ近代資本主義經濟ニ慣レザル必然トシテ、物々交換ヲ最モ愛スルト云フ故ニ蕃人ニ取ッテ蕃産物ハ全生命デアル、其蕃産物ヲ警察官ガ己レノ役得ト心得テ、安イ値段デ掠奪的ニ買上ゲテ行ッタ、ソレニ對スル蕃人ノ反抗ガ霧社事件ノ一ノ動機ヲ成シテ居ルト云フコトデアル、第五ハ蕃人ニ對スル總督府ノ強制貯金ノ制度ガ此騒動ヲ誘發シタト云フコトデアル、而モ強制貯金ノ不能ナル者ニハ、蕃産物ヲ強制的ニ廉價ニ賣却サセテ強制貯金ヲヤラシメク、第六ハ蕃人ヲ高地カラ平地へ移動セシメル爲メ、蕃人ノ耕地主要生産物デアル所ノ藷又ハ粟ノ生産ヲ禁止シタ結果、蕃人ノ間ニ極度ナル生活難ヲ招來シテ、今回ノ騒動ノ一因ヲ成シタト云フコトデアル、此總督政治ノ行詰リ、此總督政治ノ不行屆ガ、今回ノ霧社事件ヲ起シタルコトニ依ッテ、臺灣總督ハ辭職ニナラレタ、併ナガラ是ハ總督政治、臺灣ト云フ植民政治ノ行詰リデアッテ、本質的ナ行詰リガ今回ノ霧社事件デアルトスルナラバ、單ナル石塚總督一人ノミノ責任ニ終ルベキデハナイ、之ヲ指揮監督スル所ノ松田拓務大臣ガ、石塚總督ノ辭職ノ前ニ敢然引責辭職スベキガ當然デハナイカ(拍手)而モ松田拓務大臣ハ今日濱口内閣ノ閣僚中、野黨ニ居ル時ニハ一番憲法責任政治ヲ高唱ナサレタ御方デアルトスルナラバ、松田拓務大臣ハ憲法責任論ノ本質ニ則ッテ、石塚總督ニ詰腹ヲ切ラセルヤウナ汚イコトヲナサル前ニ、松田拓相自身勇敢ニ辭職ナサルコトガ當然デハナイカ

最後ニ陸軍大臣ニ御尋致シタイコトハ、今

回ノ霧社事件ニ對スル陸軍當局ノ討伐方法ニ付テデアル、千數百ノ軍隊ヲ派遣シ、機關銃ヲ亂射シ、飛行機ヲ飛バシ、最後ニハ毒瓦斯マデ放散サレテ居ルガ、何故ニ斯ノ如キ慘酷ナル討伐方法ヲ御用ヒニナッタカト云フコトデアル、更ニ陸軍大臣ニ御尋スベキコトハ、今回ノ霧社事件ニ對スル陸軍當局ノ討伐方法ハ、歐羅巴大戰ニ於ケル經驗ヲ基礎トシタ、演習デ爲サレナイ經驗ヲ今回ノ討伐ニ御用ヒニナッタト云フコトデアルガ、此點ニ對スル陸軍大臣ノ明快ナル御答辯ヲ求ムル更ニ拓務大臣ニ御尋致シマスルコトハ、討伐ニ當ッテ味方蕃ナルモノヲ招集セラレタ、而モ味方蕃ヲ招集スルニ當ッテハ、必ズ討伐後ニ於ケル所ノ代償契約、報償契約ヲ爲シタ結果味方蕃ヲ招集セラレテ居ル、然ルニ今回ノ事件ニ付テ味方蕃ヲ招集セラレタケレドモ、事件終了後、味方蕃ニ對スル所ノ報償ノ約束ハ實行ナサラナイト云フノデアル、是ハ臺灣ニ於ケル植民地政治ノ上ニ幾多是ト同ジ實例ヲ見ル、例ヘバ今回ノ霧社事件ノ最モ近キ動機ヲナシタルモノハ賃銀不拂ト云フカ、僅カ四十錢ノ賃銀、其四十錢ノ賃銀サヘモ不拂ヲシナケレバナラナイ程、臺灣總督府ハ金ガ無イノデアルカ、而モ罷メラレタ人見長官ハ小學校寄宿舍建築費八百圓ノ中ノ三百圓ハ前拂シテ居リマス、斯ウ言ハレテ居ルガ、現場ニ於ケル警察官ノ吾々ノ調査委員ニ對スル答辯ニ依レバ、判ダケハ取ッテ居リマスガ、手續面倒ナル爲ニマダ一文モ賃銀ハ拂ッテ居リマセヌト言明シテ居ル、味方蕃ニ對スル報償ヲ實行セラレナイ所カラ之ヲ觀測シテ見ルナラバ、斯ノ如キ賃銀不拂ノ事實アッタデアラウコトハ容易ク之ヲ想像スルコトガ出來ル、拓務大臣ハ之ニ付テ如何ニ考ヘラレルカ

更ニ總理大臣ニ就テ御尋申上ゲタイコトハ、今回ノ霧社事件ニ付テ臺灣總督府ト軍部トノ間ニ意見ノ對立ガアルト云フコトデアル、ソレハ臺灣總督府ハ今回ノ事件ヲ成タケ小サクショウトスル、軍部ハ之ヲ成タケ大キクショウトスル、此見解ノ對立ガ現レテ居ルト云フコトデアルガ、總理大臣ハ此事實ニ對シテ何ト思ハレルカ、而モ何ガ故ニ總督府ガ事件ヲ小サク取扱ハウトスルカト云フト、ソレハ責任ノ範圍ヲ縮メンガ爲デアル、然ルニ陸軍當局ハ今回ノ霧社事件ヲ何ガ故ニ大キク取扱ハウトスルノデアルカ、此一點ヲ陸軍大臣ニ御尋致シタイノデアリマスガ、金谷參謀總長ガ一月十九日門司ニ上陸セラレタ時ノ新聞談ニモ書イテアル、其一節ニ依ッテモ想像セラレルガ、今回ノ霧社事件ヲ楔機トシテ臺灣增兵ノ計畫アリト噂サレテ居ルガ、陸軍大臣ハ如何ニ御考ニナルカ、而モ其增兵ハ具體的ニ二箇師團增設ノ計畫ガアル、其二箇師團增設ノ計畫ハ何故デアルカ、霧社事件ヲ楔機トシテ、「フイリッピン」ト對立スル將來ノ日米戰爭準備ノ爲ニ、此問題ヲ楔機トシテ二箇師團ヲ增設サレルト云フ噂ガアル、若シ左樣ナ事實ナシトスルナラバ之ニ對スル明確ナル御答辯ヲ求ムルノデアル

更ニ拓務大臣ニ對シテ一般臺灣ニ於ケル行政ノ點ニ付テ御尋申上ゲマスナラバ、今回ノ霧社事件ノ起リマシタ楔機トシテ、特ニ松田拓務大臣ハ臺灣全體ニ互リ言論、集會、結社ノ自由ヲ御與ヘニナル御意思ハナイカ、言論、集會、結社ノ自由ヲ束縛スレバコソ、壓迫スル所其處ニハ豫期セザル深刻ナル爆發ガ來タルモノナリト言ハザルヲ得ナイ

私ハ此霧社事件ト共ニ吾々ガ考フベキ朝鮮問題ニ付テ同ジク拓務大臣ニ御尋致シタイ、霧社事件ガ蕃人ノ生活窮乏カラ來タ暴動デアッタトスルナラバ、同ジ植民地デアル朝鮮民族ノ生活難モ亦斯ノ如キ暴動ノ危機ヲ招來スルモノナリトシテ、拓務大臣ハ十分ニ考慮セラレナケレバナラナイ、然ルニ朝鮮ニ於ケル現狀ハドウデアルカ、私ハ同ジク朝鮮民族ノ今日ノ悲慘ナル生活狀態ヲ拓務大臣ニ申上ゲテ御答辯ヲ求メル、朝鮮ノ耕地面積ハ四百六十万町歩デアル、然ルニ東洋拓殖、興業、或ハ近衛等ノ土地會社ニ依ッテ占有セラレテ居ル耕地面積ハ驚クベシ、三百五十八万町歩ニ及ンデ居ル、サウスレバ剩ス所僅ニ二割強ノ程度デアル、如何ニ朝鮮民族ガ朝鮮内地ニ於テ、已ノ先祖ヨリノ土地ヲ日本ノ資本家階級ノ爲ニグン〳〵奪取サレツヽアルカト云フコトヲ此數字ガ明瞭ニ物語ッテ居ル、其處ニ朝鮮農民ノ間ニ例ヘ難キ窮乏ガ起ル、私ハ朝鮮ノ農民ガ如何ニ悲慘ナル生活ヲシテ居ルカト云フコトヲ、朝鮮小學校兒童ノ數字統計ニ依ッテ拓務大臣ニ御答辯ヲ要求スル、朝鮮ニ於キマスル公立普通學校ノ數ハ千五百四十四校、兒童ノ總數ハ四十三万一千四百六十五人、然ルニ此中ニ昨年ノ四月カラ十月マデノ間ニ極度ナル生活窮乏ノ結果、中途退學ヲナシタル小學兒童ノ數ハ十八万五千ト云フ數字ガ出テ居ル、更ニ此小學校ニ於ケル一箇月僅カ五十錢ノ月謝ヲ支拂ヒ得ザル所ノ、月謝滯納兒童ノ數ハ三十六万人ト云ハレテ居ル、而モ朝鮮ノ醫師ノ言フ所ニ依レバ、朝鮮小學兒童ハ生活難ノ爲ニ八割乃至九割二分ハ榮養不良ニ陷ッテシマッテ居ルト云フコトデアル、諸君、松田拓務大臣——生活難ノアル所ニハ必ズ解放運動ガ起ル、諸君ハ此解放運動ヲ阻止セラレントスルナラバ、生活難ヲ緩和スベキガ當然デアル、然ルニ昭和四年ノ十一月三日全羅南道光州ニ於ケル所ノ日鮮學生ノ衝突事件ヲ楔機トシテ、全鮮ニ互ッタ所ノ學生ノ學校「ストライキ」ニ對シ、朝鮮當局者ハ如何ナル態度ヲ以テ臨ンダカ、日本ノ内地ト同ジク辛辣ナル彈壓ノ鞭ヲ揮ッタノデアル、私ハソレヲ數字デ擧ゲル、公私中等學校、專門學校ニ互ッタ反抗運動ノ參加人員ハ約一万四千人ト云ハレテ居ル、而モ此一万四千ノ學校「ストライキ」參加人員ニ對シ、朝鮮當局ガ放校又ハ退校其他牢屋ニ投ジタル數ハ六千人ノ多キニ上ッテ居ル、斯ノ如キ學校騷動ニ對スル積極的ナ朝鮮總督ノ彈壓方針ハ、朝鮮民族ヲシテ益、反抗セシムル楔機トナルノ

デハナイカ、之ニ對スル松田拓務大臣ノ明確ナル御答辯ヲ承リタイ

更ニ昭和五年ノ七月二十日咸鏡南道端川郡ノ何多面ニ起ッタ事件、ソレハ武裝セル警察官ガ群集ニ發砲シ、二十三名ノ朝鮮人ヲ銃殺シテ居ル、更ニ二百名ノ朝鮮人ニ重輕傷ヲ負ハシメ、三百名ヲ檢擧シ、現在尙ホ監獄ノ中ニ七十名ノ朝鮮人ヲ禁錮シテ居ルガ、此事件ニ對スル朝鮮總督ノ執ッタ不當ナル彈壓ニ對シテ、松田拓務大臣ハ如何ナル御考ヲ御持チニナルカ、更ニ朝鮮ニ於ケル言論、集會、結社ニ對スル彈壓振リハ、到底內地ノ豫想スル所デハナイ、拓務大臣ハ今回ノ霧社事件ノ如キコトヲ考慮シテ、將來朝鮮ニ對シテ徹底的ナ言論、集會、結社ノ自由ヲ許スノ意思ハナイカ、私ハ斯ノ如キ朝鮮民族ニ對スル現內閣ノ取締態度ヲ觀テ見ル時ニ、又霧社事件ト同ジヤウナ事ガ朝鮮ノ內地ニ起ラズト松田拓務大臣ハ確信セラレルカ(拍手)而モ民族獨立運動ハ單リ霧社事件ノミデハナイ、朝鮮事件ノミデハナイ、英國ニ於ケル印度ハドウデアルカ、此事實ヲ見ルナラバ拓務大臣ハ十分ナル御考ヲ御持チニナルベキデアル

私ハ最後ニ總理大臣ニ一言御答スル、世界平和ノ爲ニ、人類愛護ノ爲ニ、今回ノ霧社事件ニ斷然トシテ日本植民地ノ解放ヲ即時ナサル御考ハナイカ(拍手)

〔國務大臣男爵幣原喜重郎君登壇〕

○國務大臣(男爵幣原喜重郎君)　只今淺原君ガ質問トシテ御述ニナリマシタコトハ多クハ御意見ノ陳述デアリマス、御意見ト致シマシテ極メテ熱心ニ御陳述ニナリマシタ、私ハ能ク注意シテ拜聽致シマシタガ、之ニ對シテ御答辯ハ申上ゲル限リデハナイト考ヘマス

〔國務大臣安達謙藏君登壇〕

○國務大臣(安達謙藏君)　淺原君ノ質問ノ中言論ヲ糺彈スルト云フ御話ガアリマシタガ、之ニ對シテハ御答スル必要ハナイト考ヘマスケレドモ、熱心ニ御述ニナリマシタカラ、ソレニ關スル所ヲ簡單ニ一言致シテ置キマス、失業問題ニ付キマシテハ、淺原君ハ露國ノ今日ノ社會組織ヨリ、是ト我國ト對照比較シテ、露西亞ヲ羨ムヤウナ御話デアリマスガ、ソレデハ根本カラ意見ガ違ッテ居リマス、其考カラ日本ノ失業問題ヲ御話ニナルト云フコトハ根本カラ違ヒマス、此失業問題ニ付キマシテハ他日御話ヲスル機會ガアルダラウト考ヘマスカラ、私ハ此程度ニシテ置カウト考ヘマス、ソレカラ言論ノ壓迫ト云フコトヲ頻ニ御話ニナリマシタガ、政府ハ組閣以來言論ノ自由ハ十分尊重致シテ居リマス、サリナガラ濫リニ大衆ニ向ッテ不穩ノ行動ヲ煽動スルヤウナコトハ、卽チ國家秩序ノ破壞ヲスルヤウナ行動ニ對シマシテハ、相當ノ取締ヲ爲スコトガ當然ト考ヘテ居リマス、例ヘバ淺原君方ノ演說會場ニ於キマシテ、或ハ議會頼ムニ足ラズ、憲法頼ムニ足ラズ、或ハ小作爭議ヲ煽動スル、農民ノ暴動ヲ煽動スル、財界攪亂ノ言動ヲ爲ス、是等ハ取締上其言論ヲ中止スルコトハ當然デアリマス、又大阪ニ於テ勞働會議ナドヲ開カレマシテ、其處ニ代議員ガ臨監ノ警官ニ對シテ椅子ヲ投付ケテ警官ヲ負傷セシメルトカ、或ハ京都ニ於キマシテハ、大衆ニ向ッテ五條警察ニ行ケ、行ケ、ト云フヤウナコトヲ煽動スル、斯フ云フヤウナコトハ中止ヲシ、又サウ云フヤウナコトヲシタ人ヲ檢束スルコトハ當然ナコト、考ヘテ居リマス、ソレカラ「ストライキ」ニ對シマシテハ、決シテ合法的ノ「ストライキ」ニハ無理ナ制裁ハ加ヘマセヌ、サリナガラ「ストライキ」ノ下ニ一種ノ暴行ヲ爲ス、ソレニハ裏面ニハ共產主義者モ居リマス、非常ニ惡化セル思想ヲ持ッタ人ナドガ入込ミマシテ「ストライキ」ヲ利用シテ、一種ノ政治上宥スベカラザル陰謀ヲ以テ行動ヲ爲ス者ガアリマスカラ、ソレデ取締ヲスルノデアリマス、若シ「ストライヤ」ガ純然タル經濟的ノ爭議デアッタナラバ、何處マデモソレハ自由ニ委セテ置ク積リデアリマス

〔國務大臣松田源治君登壇〕

○國務大臣(松田源治君)　霧社事件ヲ惹起シタコトニ付テハ洵ニ私ハ遺憾ノ意ヲ表スルノデアリマス、今淺原君ノ御質問ニナリマシタル材木運搬ノ方法ニ付テ、番人ノ肩ニ擔ガセテ運搬サセタ事實ハアリマス、是ガヤハリ今度ノ暴動ノ一原因ニハナッテ居リマスコトハ認メマス、ソレカラ賃銀ノ不拂デアリマスガ、霧社小學校ノ寄宿舍工事ノ勞力賃銀ハ、一部ハ拂ッテ居リマスケレドモ、一部ハマダ未拂ニナッテ居リマス、是モ賃銀ノ支拂ガ延滯シタト云フコトガ、今回ノ暴動ノ一原因ニナッテ居ルコトハ認メマス、ソレカラ理蕃警察ノ不公正、蕃產物ノ搾取、斯ウ云フ事實ハアリマセヌ、強制貯蓄ヲサセタコトハアリマセヌ、貯金ハ奬勵致シマスケレドモ、強制シタルコトハアリマセヌ、ソレカラ蕃地ニ於ケル粟トカ藷トカ云フ耕作ヲ禁ジタルコトハアリマセヌ、ソレカラ私ノ責任ヲ御問ヒニナリマシタガ、今回ノ事件ハ官憲ガ事務ヲ遂行スルニ付テ不注意ノ點ガアッタノデアリマス、故ニ臺灣ヲ直接ニ管轄シテ居ル總督以下ガ辭職ヲスレバ、責任ハ明カニナッタモノト考ヘルノデアリマス(拍手)私ハ責任ヲ解スルガ故ニ辭職致サヌノデアリマス(拍手)ソレカラ味方蕃ヲ招集シテ賃銀ヲ與ヘタカト云フ、是ハ人夫トシテ必要デアリマスカラ使ヒマシテ、相當ノ賃銀ヲ與ヘテ居リマス

ソレカラ朝鮮ノ事ニ付テ御質問ガアリマシタガ、朝鮮統治ノ根本方針ハ、內閣ガ迭ラウガ、政變ガアラウガ、變リハシマセヌ、卽チ日韓併合ノ　明治大帝ノ詔書、大正八年ニ、官制改革ノ時分ニ發布サレタル、大正天皇ノ詔書、卽チ內鮮人一視同仁秋毫モ區別ヲ置カズシテ各、其生ニ聊ジ其所ヲ得休明ノ澤ヲ享ケシムルコトガ、是レ朝鮮統治ノ根本方針デアリマス(拍手)此具體的ノ適用ニ於テハ時勢ノ進步、文化ノ發達ニ於テ違ヒハアリマスケレドモ、此根本方針ハ歷代ノ內閣ガ變リハナイノデアリマス、卽チ此

一視同仁ノ聖旨ヲ奉體シテ歴代ノ總督ガ能ク朝鮮ヲ治メマシテ、朝鮮ノ統治ハ非常ナル功績ガ擧ッテ居ルト私ハ確信致スノデアリマス(拍手)故ニ土地ヲ奪取スルトカ、或ハ資本家主義デアルトカ云フヤウナ事ハ絶對ニアリマセヌ、本年ノ豫算ノ如キ、朝鮮ニ窮民ガ澤山アリマスカラ、共窮民ヲ救濟スル爲ニ豫算ヲ提出シテ、窮民救濟ノ爲ニ、三箇年ノ繼續事業ヲ、各道ニ於テ總計六千五百万圓ノ豫算ヲ今期議會ニ提出シテ、窮民ノ救濟ノ政策ヲ樹テ、居ルノデアリマス、決シテ窮民共モノ、救濟ヲ現政府ハ爲サヌコトハアリマセヌ、又學校ノ事件デ、言論ノ壓迫トカ、色々ナル大衆ノ壓迫ヲ淺原君ハ質問致シテ居ルノデアリマスケレドモ、朝鮮ハ未ダ獨立ヲ鼓吹スル團體モアル、共産主義者モアリマス、故ニ國家ハ治安ヲ維持スル爲ニ斯カル者ノ自由ヲ制限スルト云フコトハ、當然ナコトデアルト私ハ思フノデアリマス(拍手)

昭和六年一月二十七日

## 國務大臣ノ演說ニ對スル質疑（前會ノ續）

一　國務大臣ノ演說ニ對スル質疑（前會ノ續）

〔濱田國松君登壇〕

○濱田國松君　私ハ臺灣霧社事件ニ付キマシテ內閣諸公、特ニ松田拓相ニ質疑ヲ致シタイト存ジマス、私ノ質疑ノ大趣意ハ臺灣霧社事件ハ、松田拓相ガ淺原代議士ニ御答ニナツタルガ如キ、左樣ニ政治上輕微ナルモノデハナイ、少クトモ拓務大臣、一步ヲ進メテ輔弼ノ大任ヲ負ヘル、內閣諸公全部ノ責任デアルト云フ意味ニ於テ御尋ヲ申上ゲルノデアリマス（拍手）ドウカ共趣意ヲ以テ十分ニ御考慮御答辯ヲ願ヒタイノデアリマス

尼港事件ノ當時ニ於テ民政黨ノ前身憲政會ハ、內閣不信任案ヲ御提出ニナツテ居ル、更ニ先年教科書事件ノ當時ニ於テ、教科書收賄事件ニ付テ……

〔發言スル者多シ〕

○議長（藤澤幾之輔君）　靜肅ニ願ヒマス

○濱田國松君（續）　事務官ノ責任ニ止メズシテ、內閣不信任案ヲ御提出ニナツタ前例ガアリマシタ、故ニ私ハ本件霧社事件ハ、松田拓務大臣ノ極力責任ヲ回避スルニ拘ラズ、重大ナル政治問題トシテ御尋申上ゲル次第デアリマス

質疑ノ要點ハ、第一ハ霧社事件ノ動亂ノ性質上、政治上ノ責任ガ內閣ニアルト云フ論デアル、第二ハ拓務省官制並ニ臺灣總督府官制ノ規定上、拓相並ニ內閣ニ責任ガアルト云フ論デアル、ソレカラ第三ハ、政治ノ前例上、我國ニ於テ斯ル動亂ノ起リシ際ニ於テ、確ニ內閣少クモ總理大臣ガ、政治上ノ責任ヲ御執リニ相成ルベキ政治上ノ前例ガ顯著デアル、此點ヨリ御論ジ申上ゲマス

事件ノ內容ハ淺原代議士ニ依ツテ一部ガ表明サレタヤウデアリマスルケレドモ、遺憾ナガラ事件ノ內容ニ付テハ徹底ヲ缺イタヤウデアリマス、而モ此霧社事件ハ帝國ノ版圖內ニ於テ帝國臣民ノ一部ガ內亂ヲ起シタト云フ重大ナル問題デアリマスルニモ拘ラズ、此事ガ今日マデ政治上ノ責任トシテ、比較的輕ク取扱ハレタト云フノハ、ドウ云フ譯デアルカト申シマスト云フト、臺灣總督府ハ新聞通信機關ニ對シテ極力通信ノ壓迫、軟化ヲ圖ツタル事實ガアル、吾々ハ臺灣總督府ノ機密費ガ、何万何千圓、是ガ爲ニ支出セラレタリヤヲ知ラザルモノデハアリマセヌ、然レドモ之ヲ言フコトヲ差控ヘルノデアリマスガ、一面ニ於テ斯樣ナル言論ノ壓迫ガアリシト同時ニ、本件霧社事件ノ動亂ハ十月二十六日ヨリ起ツタモノデアリマシテ、十一月末ニ及ンデ始メテ鎭定ヲ見タモノデアリマスガ、共中程十一月十四日ニ於テ濱口首相遭難ト云フ政界ニ一變事ガ起リマシテ、世間ノ通信機關ト云ヒ、國民ノ視聽ト云ヒ、總テガ此點ニ集中サレマシタガ爲ニ、一面國內ニ於ケル重大ナル政治問題デアルニ拘ラズ、此問題ハ國民ノ視聽ヨリ逃レテ居ツタノデアリマス、故ニ大ナル政治問題トシテハ論及ヲ致サナカツタガ、茲ニ議會ガ開ケマシタ以上ハ、吾々國民ノ代表ノ責任上、共內容ヲ明カニ致シマシテ、政治ノ責任ヲ追究スベキ責任ヲ持ツテ居ルモノデアルト信ズルモノデアリマス、質疑ノ內容ハ、事實ノ大要ヲ述ブル必要ガアリマス、然ラズンバ事柄ノ性質上、總理大臣、內閣ニ責任アリトノ質疑ノ趣意ヲ全ウスルヲ得ザルガ故ニ、御迷惑デアラウト存ジマスガ、又一部ハ公表サレタル事實デハアリマスガ、少シク事實ノ內容ヲ述ブルコトヲ御許シヲ願ヒタイト思ヒマス

事柄ハ昨年ノ十月二十六日夜半ニ起リマシタモノデ、臺灣蕃人ノ中最モ文化ノ恩澤ヲ受ケタル模範的蕃地デアルト云フ所ノ「マヘボ」蕃社、此蕃社ノ頭目デアル「モーナルダオ」ト云フ者ガ首腦トナツテ、此者ノ指揮ノ下ニ蕃人九社、人員千數百餘名ガ悲壯ナル決心ヲ以テ、帝國國憲ノ破壞ヲ企テタト云フノガ此事件ノ出發點デアル、而シテ是ハ一地方ニ於ケル所ノ單純ナル擾亂デハ決シテナイノデアル、何故カナレバ臺灣總督府ハ警察力ヲ以テ之ヲ鎭壓セント欲シマシタケレドモ、遂ニ警察力ヲ以テ鎭定スルコト不能ナルガ爲ニ、駐屯軍司令官ニ要求ヲ致シマシテ、所謂臺灣總督府官制第三條ニ基キマシテ、領地內ノ安寧秩序ヲ保持スル必要ニ基イテ、軍隊ノ出動ヲ要求致シタモノデアリマス、警察ガ第二線ニ退イテ、軍隊ガ第一線ニ立ツタト云フ以上、此一ノ事柄カラ見テモ、單純ナル騷擾ニ非ズシテ、新領土ニ於ケル一ノ內亂デアルコトハ明カナルモノデアル、吾々ハ故意ニ事柄ヲ擴大誇張セント欲スルモノデナイ、一昨日ノ議會ニ於テ宇垣陸軍大臣ガ明カニ戰爭ナリト答ヘラレテ居ル、淺原代議士ノ質問、餘リ取扱ガ冷酷デアツタデハナイカ、殘酷デアツタデハナカツタカト云フ軍隊ノ行動ニ對シテ、宇垣陸相ハ何ト御答ニナツタ、軍事行動ヲ致ス場合ニ大砲ヲ使ヒ、機關銃ヲ使ヒ、飛行機ヲ使フト云フコトハ、是ハ戰鬪行爲トシテ當然ノコトデアルト言ツテ居ル、宇垣大臣ハ臺灣軍司令官ノ働ハ、官制第三條ノ規定ヲ超エテ、消極的ノ安寧秩序ヲ維持スル出兵ニ非ズシテ、蕃人ト戰鬪シタノダト自ラ答ヘテ居ルデナイカ、帝國軍隊ガ戰鬪スル以上ハ、一ノ叛亂デハナイカ、暴動デハナイカ、之ヲ捉ヘテ一ノ單純ナル騷擾罪ト云フコトニ縮小シテ、政治上ノ責任ヲ遁レルナゾト云フコトハ、卑怯千萬ナル行動デアルト思ヒマス、且又此鎭壓ノ方法ハドウ云フモノデアツタカ、渡邊司令官ノ下ニ步兵二大隊、山砲一中隊、飛行機三臺、之ヲ使ツテ一箇月ノ長キニ亙ツテ漸ク鎭定ノ效ヲ奏シタト言ツテ居ル、是ガ單調ナル地方的ノ騷擾罪デアリマセウカ、之ヲ內亂、動亂ト言ハズシテ何ヲ內亂ト言フノデアルカ（拍手）況ヤ蕃人ノ破壞目的トシタル所ハ官廳、公署、學校教員デアリ、公ノ建造物ヲ破壞シ、公人、公職者ヲ斃スコトヲ目的トシテ居ツタ以上ハ、少クモ國權ノ行使ヲ破壞スルト云フ目的ニ出デタル事ハ明カデアル（拍手）國權ノ行使ヲ破壞スル行動ヲ叛亂ト言ハズシテ何ゾヤ、地方的ノ騷擾罪ト內亂ト異ル所ノ法制上ノ見解ハ、此點ヨリ出發スルノデアリマス（拍手）況ヤ陸軍大臣ハ戰鬪ヲシタト言ツテ居ル、斯樣ナ譯デアリマスカラ、本件ヲ以テ一地方、新領土ニ起リタル單調ナル騷擾罪ト見ルノハ、事實ニ當ラナイ所ノ事柄デアルト私ハ信ズル（拍手）

而シテ斯ル動亂ガ何故ニ起リシヤト云フ問題デアリマス、此點ニ付テハ淺原君ハ五六ノ直接間接ノ原因ヲ御擧ゲニナツテ居リマスガ、私ノ調査研究ニ依レバ、同代議士ノ列擧セラレタル以外ニ、尚ホ理蕃政策上、理蕃事務上、多數ナル廢頽不振ノ事實ガ包含サレテ居ルノデアリマス（拍手）之ヲ一々申述ベマスルコトハ煩雜デアリマスルカラ、簡單ニ項目ノミヲ申上ゲテ置キマス、淺原代議士ノ御引用ニナリマシタ蜂動ノ原因ハ、賦役ノ增加、賦役賃銀ノ減少、交易物品代金ノ不拂、材木運搬方法ノ虐使ト云フモノ、外、二三ノ原因モ擧ゲラレタノデアリマスガ、是ハ所謂淺原代議士ノ御立場トシテ、被壓迫的ノ事實カラ御觀察ニナツタモノデアラウト思フノデアリマス、併ナガラ私共ガ有ユル見地ヨリ此原因ヲ檢討シマスル時、茲ニ尙ホ幾多ノ原因ヲ見ルコトガ出來ルノデアリマス、第一ハ警察官ノ蕃婦關係、第二ハ收監者ノ待遇問題、第三ハ蕃通官吏ノ罷免、第四ハ郡守、警察分離問題、

第五八日月潭工事、第六ハ臺灣總督府撫育費ノ削減――昭和六年度豫算ニ於テモ、撫育費ハ相當削減ヲセラレテ居ル、其他劃一敎育ノ强制、風俗習慣ノ打破、是等ノ直接間接、一般局部ノ理蕃上ノ政務ト事務トノ上ニ、全般ニ亙ッテ恩威竝ビ行ハルベキ植民政策ノ根抵ニ、陵頽不振ガアッタト云フコトガ、今日ノ事件ノ原因トナッテ居ル(拍手)

以上總括シマスルト、動亂ノ原因、動亂ノ內容、鎭定ノ方法、被害ノ實況、安寧秩序破壞ノ程度、有ユルモノヲ綜合シテ、是ガ單調ノ騷擾デアルカ、內亂デアルカト云フコトヲ判定スルコトガ、公平ナル見地デアラウト思フノデアリマス、以上擧ゲマシタ事柄ヲ綜合致シマシテモ、單調ノ騷擾ニアラズシテ內亂ナルコトガ明カデアルノデアリマス

既ニ事實ノ內容ガ內亂デアルト云フ以上ハ、茲ニ政治上ノ責任ガ無イト云フ譯ハ決シテナイノデアリマス(拍手)此點ニ對シテ松田拓相ハ、淺原代議士ノ質問ガ一部民族ノ壓迫問題ニ關係スルト云フ、階級思想ノ發問デアリマシタカラ、單調ニ御答ニナッタノデ、法制上ノ關係ハ淺原君モ徹底的ニ御詰問ニナラヌ、松田拓相機ニ免レテ耻ナキヲ得タモノデアリマス(拍手)併ナガラ私ハ松田拓相ニ御尋ヲ申ス、アナタハ一昨日ノ議場ニ於テ、斯ウ云フ奇矯ナ辯ヲ御吐キニナッテ居ル「私ハ今回ノ事件ニ付テ遺憾ノ意ヲ表スルノデアル、併ナガラ今回ノ事件ハ官憲ガ事務ヲ遂行スルニ付テ不注意ノ點ガアッタノデアリマスガ、臺灣ヲ直接ニ管轄シテ居ル總督以下ガ職務ヲ辭スレバ、責任ハ明カニナッタモノト考ヘルノデ、私ハ責任ヲ解スルガ故ニ辭職ヲ致サヌノデアル」ト云フ奇矯ナ答辯ヲセラレタノデアル(拍手)松田君ハ少壯ヨリ憲法學者ヲ以テ自ラ誇稱セラレル政治家デアル(拍手)他ノ閣僚ナラバイザ知ラズ、憲法通ノ松田君ニ依ッテ、責任ヲ解スルガ故ニ辭職シナイノダト云フ、堅白異同ノ辯ヲ(拍手)此議場ニ御吐キニナルト云フコトハ、餘リ不眞面目デアリ、餘リ不謹愼デアル(ヒヤヒヤ、拍手)君ハ今回ノ事件ニ付テ遺憾至極デアルト言ッテ居ルガ、陛下ノ信任ヲ辱ウスル輔弼ノ大臣トシテ、無辜ノ帝國臣民ガ數百「同ジ帝國臣民ニ依ッテ慘殺ヲセラレタル事件ヲ捉ヘテ、辭令一片ノ遺憾デ濟ムト思ッテ居ルカ(拍手)拓務省ハ君ガ第一ノ大臣デアルゾ、拓務省ハ何ノ爲ニ設ケタノデアルカ、內閣輔弼ノ責任ハ、政治上ノ進歩ニ依ッテ、拓務大臣ト云フモノガ新ニ設ケラレタル趣意ヲ君ハ了解シテ居ルカ(ヒヤヒヤ、拍手)新領土ノ政務事務ニ付テ一般國務大臣ノ責任ヲ離レテ、直接ノ責任者ヲ置クト云フコトガ、拓務省ヲ新設シタ理由デアル(拍手)ソレデモ君ハ責任ガ無イト言フカ(「眞面目ニヤレ」其他發言スル者多シ)私ハ拓務大臣ニ御尋ヲ申上ゲル、私ハ無理ナ議論ハ致シマセヌ、拓務省官制ト臺灣總督府ノ官制上ヨリ御尋ヲ申上ゲル(發言スル者多シ)靜ニシテ御聽キヲ願ヒマス、拓務省官制ノ第一條ニ依レバ「拓務大臣ハ朝鮮總督府、臺灣總督府、關東廳、樺太廳及南洋廳ニ關スル事務ヲ統理ス」ト書イテアル、「事務ヲ統理ス」ト書イテアル、臺灣總督府ノ事務ハ君ノ統理スル所ノ政務事務デアルゾ、臺灣總督一人ノモノデハナイノデアル(ヒヤヒヤ、拍手)君ノ由ッテ逃ベント欲スル辯解ハ、重大ナル高等政策ニ付テハ監督ノ責任ヲ負フガ、事務ニ付テハ責任ヲ負ヘヌナドト云フ詭辯ヲ述ベヨウトスルノデアラウガ「事務ヲ統理ス」ト書イテアル(ヒヤヒヤ、拍手)更ニ臺灣總督府ノ官制ニ依レバ、其第三條ニハ「總督ハ拓務大臣ノ監督ヲ承ケ諸般ノ政務ヲ統理ス」ト書イテアル、監督ニハ消極ト積極トアル、此位ノ事ハ申上ゲズトモ御了解デアラウ、斯ル場合ニ於テ、新領土ノ一部ニ內亂ガ起ッタ事ニ付テ、監督ノ責任ガ無イト斷言シ得ルカ(拍手「內亂デハナイ」「遺憾ノ意ヲ表シテ居ルデヤナイカ」其他發言スル者多シ)市井ノ無賴ガヤッタ事デハナイ、帝國臣民ノ一部ガ戰鬪行爲ヲ以テ帝國ノ軍隊ニ反抗シ、帝國ノ國權ヲ行使スル官廳ヲ毀リ、公職者ヲ殺シ、國家意識ヲ無視スル上ニ叛亂ヲ起シタ所ノ事柄デアル、之ヲ監督ノ責任ナシト云フナラ、拓務大臣ハ何ニ依ッテ監督ノ責任ヲ負フノデアルカ、此點ハ拓務省新設セラレテヨリ未ダ年新シ、拓務大臣ノ政治的ノ責任ニ付テハ未ダ問題ガ起ッタ前例ハナイノデアル、今回ガ初メテデアル、吾等ハ責任內閣ノ本義ニ基イテ、此機會ニ於テ拓務大臣ノ責任ヲ政治上ニ確立センコトヲ希望スルモノデアリマス(拍手「刑法七十七條ヲ研究シテ見給ヘ」ト呼フ者アリ)刑法七十七條ナドト云フコトハ、匪徒刑罰令ト云フ特殊ノ法律ガ臺灣ニアル關係ニ於テ、刑法施行法ニ特殊ノ法令ガ施行サレテ居ルコトニ依ッテ、私共ノ言ッタ所ノ問題トハ違ッテ居ル(拍手)ソンナ問題ハモウ疾クニ通リ越シテ居ル問題デアル、吾々ハ高等政治上ノ責任ヲ論ジテ居ル(拍手)法律者ガ裁判所ニ行ッテ細カイ第何條ヲ捻ネクル問題トハ違ッテ居ル ノデアル(拍手)

ソレデ官制ヨリ論ズレバ、以上ノ如キ立論ニナルノデアリマスルガ、私ハ官制ヲ離レテ、此責任內閣ノ國務大臣ト云フモノハ、政治上ノ常識論ヨリ致シテモ、內地ニ起ッタル動亂ニ對シテ內閣諸公ガ御責任ヲ御負ヒニナラヌト云フ理窟ハナイト思フ、之ニ付テハ前例ヲ申上ゲマス、前例ハ前年西伯利ノ一部ニ起ッタル所謂尼港「パルチザン」ノ慘虐事件デアル、是ト彼レトハ違フト言ハル、カ知ラヌガ、(「大違ヒ」ト呼フ者アリ)決シテ違ヒマセヌ、アレ以上ノ責任ノ重イ問題デアル、諸君、何故ニアレヨリ責任ガ重イカト申セバ「パルチザン」ノ事件ハ外國人ガ帝國臣民ヲ慘殺シタ事件デアル(拍手)此事件ハ日本ノ臣民タル蕃人ガ、日本人ヲ慘殺シタル事件デアル、政府ガ政務的ニ、事務的ニ此危害ノ發生ヲ豫防スルニ於テ、ドチラガ難易デアルカト云フコトヲ考ヘナケレバナラヌ(拍手)外國ニ於テ兇暴ナル外國人ガ日本人ヲ殺シタ所デ、是ハ外國人ガスルコトデアルカラ、政府ノ責任トシテ防禦スルノニ困難デアル、然ルニ內地ノ帝國臣民ガ互ニ相居リ、相殺戮ヲスルト云フコトハ、政治上ノ責任ニ於テ重大ナル意味ヲ加ヘテ居ルモノト私ハ思フノデアル(拍手)

斯樣ナ譯デアリマシテ、尼港事件ニ付テハ大正九年四十三議會ニ於テ、民政黨ノ前身タル憲政會ガ、尼港事件ヲ原因トシテ內閣不信任案ヲ御提出ニナッテ居ル、其時ノ演說者ハ今日ノ總理大臣濱口雄幸君デアリマス、濱口雄幸君ハ尼港事件ニ付テ質疑ヲ發シテ曰ク「單ニ一人ノ人ガ殺サレタト云フヤウナコトカラ、內閣ガ更ッタヤウナ例モ餘所ノ國ニハアリマスルノデアリマス」中略「參謀本部ガ惡イノカ、外務省ガ惡イノカ、總理大臣ガ惡イノカ、誰ガ惡イノカ共責任ノ徑路ヲ明カニスベキ必要ガアル」ト明カニ演說ヲサレテ居ル、決シテ出先ノ軍憲ノ一部ノ責任ニ止マッテ居ルトハ論ジテ居ラヌノデアリマス、更ニ此演說ヲ望月小太郎君ガ補充ヲサレマシテ、此不祥事件ハ、獨リ一陸軍大臣ノ責任ナルノミナラズ、外務大臣ハ當然、海軍大臣モ當然、否內閣全體ノ責任ナルベキコトヲ確信スルト御演說ニナッテ居ルノデアリマス(拍手)

更ニ同議會中七月十日憲政會ハ、尼港事件ヲ理由ノ一ニ數ヘテ、內閣不信任決議案ヲ提出サレテ居リマス、其時ニ提案者ノ筆頭武富時敏君ガ如何ナル演說ヲセラレタカト云フコトヲ此處ニ申述ブルコトハ、民政黨內閣ノ政治上ノ責任、主義方針ヲ決定スル上ニ於テ必要ナル事柄ト存ジマスルカラ、諸君ガ御迷惑デアルカモ存ゼヌガ、靜ニ御聽キヲ願ヒタイ(拍手)

憲政會ノ代表者武富時敏君ハ演說シテ曰ク「西伯利ニ對スル共處置宜シキヲ失ッタガ爲ニ大虐殺事件ヲ惹起シタノデアル、之ヲ惹起シタニ付テハ、陸軍若クハ海軍ニ於テ作戰上共計畫ニ齟齬アリヤ否ヤ、或ハ外務當局ノ居留民ニ對スル共處置ノ當ヲ失スルモノアリヤ否ヤト云フガ如キ事ハ、是ハ自ラ別ノ問題デアル」此處ガ大事ナ處デアル「又此古今未曾有ノ大慘虐事件ヲ惹起シタ、之ニ對スル善後ノ處置ニ至ッテモ之モ別問題」要スルニ唯一大慘虐事件ヲ惹起シタモノハ何レノ內閣デアルカト云フコトガ問題ノ中心デアル、故ニ今回ノ霧社事件ガ、政務的失態デアルカ、事務的失態デアルカト云フガ如キハ、抑、事案ノ原因ニ對スル檢討デアッテ、政治上ノ責任トシテハ、此名譽アル新領土ノ一部ニ於テ、帝國臣民ノ一部ガ帝國臣民ノ一部ヲ虐殺シタト云フ、植民地ニ於ケル一大不祥事ヲ起シタモノハ濱口內閣デアルト云フ論結ニ歸著スルノデアリマス(拍手)諸君ハ四十三議會ニ於テ用ヒタル內閣不信任ノ筆法ヲ、私ハ今日拜借シテ、松田君竝ニ國務大臣諸公ニ御尋スルノデアリマス、私ハ敢テ牽强附會ノ自說ヲ主張スル者デハナイ、諸君ノ先輩ガ教ヘタル所ヲ其儘適用シテ申上ゲテ居ルノデアル(拍手)

尙ホ其以前ニ於テ、第十八議會ニ於テハ、單純ナル事務上ノ問題カラ、時ノ文部大臣ガ辭職ヲセラレテ居ル、是モ時ノ民政黨ノ前身憲政本黨ノ發議ニ依ッテ之ヲヤッタノデアル、前ノ第十八議會ニ於テ敎科書審査收賄事件ガ行ハレタ、其時ニ政府ハ周章狼狽ヲ致シテ、收賄官吏ヲ自ラ告發シ、且ツ行政上罷免ノ處分ヲ爲シタルニモ拘ラズ、衆議院ハ之ヲ以テ政治責任ノ段落トハ看做サナカッタ、事務官ガ教科書審査ニ付テ收賄シテ刑法ヲ犯シタト云フ事スラ、衆議院ハ監督ノ責任ヲ停止スルコトヲ得ナイト云フノデ、高田早苗君ガ發頭ニナッテ、諸君ノ先輩ガ內閣不信任案ヲ提出致シタコトガアル、其結果ハ如何ニナッタカ、時ノ憲政本黨モ、政友會モ、院內ノ二大政黨相一致シテ、監督者タル文部大臣ノ政治上ノ責任決シテ許スベカラズト云フノデ、衆議院ハ可決致シタ、可決ヲ致シテ文部大臣菊池大麓君ハ潔ク辭職セラレタト云フ經過ヲ持ッテ居ル、故ニ議會開會以來、我ガ帝國衆議院內ニ於ケル政務事務監督ノ主務大臣ノ責任ト云フモノハ、松岡君ノ言ハレル通リ、臺灣ニ動亂內亂ガ起ッテモ、直接執務者タル總督ガ辭職ヲ致シ、二三ノ事務官ガ辭職ヲ致シタカラ內閣ニ責任ナク、主務拓相ニ全然責任ガ無イナド、云フコトハ、既往ノ議會ニ於テ、數十年間御同樣ノ先輩ガ、責任政治確立ニ對シテ心血ヲ拂ッタト云フ歷史ヲ無視スルモノデアル(拍手)吾等ハ國民ノ代表者トシテ、出來得ル限リ責任政治ノ確立ヲ圖ラナケレバナラヌ、時代ガ變ッタ、カラト云ッテ、段々責任ヲ輕クスルト云フ憲政ノ進步ガ何處ノ國ニアリマスカ(拍手)段々責任ヲ重クシテ行クノガ憲政ノ進步デハナイカ、諸君ハ人ヲ責ムルニ急ニシテ、自ラヲ守ルノ甚ダ輕キ、得手勝手ノ暴論ト謂ハナケレバナラヌ、松田君ト雖モ、內閣ノ諸公ト雖モ、既往ノ議會內ニ於ケル政治責任ノ程度、性質ガ、如何樣ナモノデアルカト云フコトヲ御了解ニナッテ居ルデアラウ、今回ノ霧社事件ニ付テハ、少クトモ主務ノ拓相、前例ニ之ヲ鑑ミレバ、國務大臣全部ニ必ズ責任ガアルモノト私ハ思料致シマスカラ、此點ニ付テ官制ノ規定上、責任內閣ノ道德上、此二點ヨリ致シマシテ、明確、眞面目ナル御答辯ヲ幣原首相代理竝ニ主務大臣デアラセラル、松田拓相ヨリ承リタイト存ジマス(拍手)議論ノ多岐ニ亙ルモノハ、御答辯ヲ得タ上デ、モウ一回詳シク質問致シタイト思ヒマス(拍手)

第四　織物消費税法中改正法律案（政府提出）　第一讀會

織物消費税法中改正法律案

織物消費税法中左ノ通改正ス

第一條但書ヲ左ノ如ク改ム

但シ左ノ各號ノ一ニ該當スル織物ニ付テハ此ノ限ニ在ラス

一　綿織物

二　麻又ハ麻ト綿トヲ以テ組成シ其ノ麻ノ單絲カ英式番手四十二番ヲ超エサル織物

三　經絲ニ綿絲ノミヲ用ヰ緯絲ニ左ニ掲クル絲ノミヲ用ヰタル織物但シ「パイル」組織ノ織物ヲ除ク

イ　紡毛絲

ロ　命令ヲ以テ紡毛然ト看做シタル絲

ハ　紡毛絲及命令ヲ以テ紡毛絲ト看做シタル絲

ニ　綿絲及イ、ロ又ハハニ掲クル絲

第一條ノ二　前條ニ於テ綿織物ト稱スルハ全重量百分中九十五以上ノ綿、絹紡紬絲、芭蕉絲其ノ他命令ヲ以テ定ムル原料ヲ以テ組成スル織物ヲ謂フ

第二條中「百分ノ十」ヲ「百分ノ九」ニ改ム

第二十三條中「綿織物」ヲ「第一條但書ノ織物」ニ改ム

附　則

本法ハ昭和六年十二月一日ヨリ之ヲ施行ス

左ニ掲クル織物又ハ之ヲ以テ製造シタル物品ニ付テハ仍從前ノ例ニ依ル

一　本法施行前消費税ヲ課スヘカリシモノ

二　本法施行前外國輸出若ハ朝鮮移出ノ目的ヲ以テ又ハ第七條ノ規定ニ依リテ消費税ヲ納付セスシテ製造場又ハ保税地域ヨリ引取リタルモノ

三　本法施行前消費税ノ徴收ヲ猶豫シタルモノ

四　本法施行前消費税ヲ納付シテ外國ニ輸出シ又ハ朝鮮ニ移出シタルモノ

本法施行前消費税ヲ納付シタル織物又ハ之ヲ以テ製造シタル物品ヲ本法施行後外國ニ輸出シ又ハ朝鮮ニ移出シタル場合ニ於テ第三條第二項ノ規定ニ依リ交付スル金額ハ消費税額ノ十分ノ九ニ相當スル金額トス但シ第一條但書ノ改正規定ニ依リ消費税ヲ課セサルコトト爲リタル織物又ハ之ヲ以テ製造シタル物品ニ付テハ第三條第二項ノ規定ヲ適用セス

## 震災被害者ニ對スル租税ノ減免猶豫等ニ關スル法律案外一件

第二 國際決濟銀行ニ租税等ヲ課セザルコトニ關スル法律案（政府提出） 第一讀會

國際決濟銀行ニ租税等ヲ課セザルコトニ關スル法律案

昭和五年一月二十日ノ獨逸國トノ「ヘーグ」協定ニ基キ獨逸國ノ支拂フ年金ヨリ成ル國際決濟銀行ノ資金及投資竝ニ之ヨリ生ズル收入ニハ一切ノ租税其ノ他ノ公課ヲ課セズ

附 則

本法ハ公布ノ日ヨリ之ヲ施行ス

〔政府委員小川鄕太郎君登壇〕

○政府委員(小川鄕太郎君) 玆ニ議題トナリマシタ震災被害者ニ對スル租税ノ減免猶豫等ニ關スル法律案ノ説明ヲ致シマス、昨年十一月二十六日ノ伊豆地方ニ於ケル震災ノ被害ハ相當ニ激甚デアリマシテ、被害者ニ對シテハ洵ニ同情ニ堪ヘナイ次第デアリマス、幸ニシテ火災ガ少カッタノデ、全體トシマシテハ其被害ハ比較的輕微デアリマシタガ、國税納税者等ニシテ損害ヲ受ケタル者モ少クナイノデアリマス、卽チ家屋ノ倒潰、火災、其他營業用ノ用品、原料品ノ毀損シタル等ノ爲ニ租税ノ負擔力ノ減殺セラレタルモノ、アルコトハ、申スマデモナイコトデアリマス、納税者ノ負擔力ノ減殺セラレタル場合ノ救濟方法ニ關シテハ、現行法中ニモ全然其規定ガナイ譯デハアリマセヌガ、震災ノ如キ非常災害ニ對應スル方法ト致シマシテハ十分デナイ憾ガアリマシテ、從來モ租税ノ減免及ビ徴收ノ猶豫等ニ付テ、特ニ救濟ノ方法ヲ講ジタルコトガアルノデアリマスガ、今回モ亦特別ニ是ガ救濟ノ方法ヲ講ズルノ必要ヲ認メマシタノデ、本案ヲ提出シタ次第デアリマス、何卒御審議ノ上速ニ御協贊ヲ與ヘラレンコトヲ希望致シマス(拍手)

次ニ議題トナッテ居リマスル國際決濟銀行ニ租税等ヲ課セザルコトニ關スル法律案ニ付テ説明致シマス、世界大戰後「ヴェルサイユ」平和條約ニ基キ、獨逸國ハ舊聯合國ニ對シ、賠償金ヲ支拂フテ居ルノデアリマスガ、其支拂ノ額及ビ支拂方法ニ付キマシテハ、種々問題ヲ生ジテ居リマシタノデ、之ヲ解決スル爲メ關係各國ハ昭和四年二月ニ財政專門家委員會、卽チ「ヤング」委員會ヲ設置シマシテ、其對策ヲ攻究セシメ、其報告ニ依ッテ同年八月以來、和蘭海牙ニ於テ會議ヲ開キ、昨昭和五年一月二十日ニ至リ、海牙協定ナル條約ヲ締結致シマシタ、同條約ノ重要ナル一項目ハ、國際決濟銀行ナル銀行ヲ設立シ、同行ニ於テ獨逸國ノ支拂フ賠償金ヲ受入レマシテ、之ヲ各債權國ニ分配スルト云フコトデアリマシテ、從來關係債權國ノ機關タル賠償委員會デ取扱ッテ居リマシタ事務ヲ同行ニ移シタノデアリマス、此國際決濟銀行ノ獨逸國ノ支拂ヨリ生ズル資金及ビ投資ニ關シテハ、海牙協定ノ條約國ハ一切ノ租税其他公課ヲ課セザルコトニ付テ、必要ナル措置ヲ執ルト云フコトニナッテ居リマスノデ、我國ニ於キマシテモ法律ヲ制定致シマシテ、同協定ノ趣旨ニ副ヒタイト考ヘマス、何卒速ニ御協贊アランコトヲ御願致シマス(拍手)

○議長(藤澤幾之輔君) 質疑ヲ許シマス――深澤豐太郎君

〔深澤豐太郎君登壇〕

○深澤豐太郎君 簡單ニ御質問ヲ申上ゲマス、昨年十一月二十六日ノ北伊豆ニ於ケル大震災ハ、其激甚ナルコトニ於テ關東及ビ奥丹後ノ震災以上デアッタト私共ハ思フノデアリマス、其免租及ビ輕減、猶豫ニ關スル法律案ガ提案セラレマシタニ付テ、此事ニ關聯シテ政府當局ニ質問ヲ致シタイノデアリマス、此質問ハ梆部君、岸君等ヨリ致サルベキデアリマスケレドモ、兩君ハ與黨ノ地位ニ在リマシテ、當局トノ接觸モ頻繁デアルガ爲ニ、御質問ニ及バナイト考ヘマス、小泉及ビ庄司兩代議士ハ共ニ御缺席デアリマシテ、質問ノ機會ヲ得マセヌノデ、私ヨリ代ッテ御質問致ス次第デアリマス

大震災直後ニ於キマシテ賜ハラレマシタル聖恩ノ優渥ナルコトニ付テハ、震災地一同感泣致シテ居ル所デアリマス、同時ニ又上下各方面ヨリノ救恤、殊ニ本院各位ノ厚キ御見舞ニ對シテハ、震災地地元一同深厚ノ謝意ヲ表シテ居ル所デアリマス、私ハ此法案ヲ見マシテ、是ハ只今政府委員ヨリ説明ノアリマシタ通リ、當然爲サルベキコトヲ政府ガ爲サレテ居ルモノデアルト思フノデアリマス、地元民ハ此法案ノ決定セラルベキコトヲ勿論望ンデ居ルコトハ言フマデモアリマセヌケレドモ、地元民ノ要望致シテ居ル所ハ此法案ノ決定其モノデハナイノデアリマス、ヨリ以上進ンデ、政府ハ果シテ關東大震災及ビ奥丹後ノ震災ニ心配シタ通リノ心配ヲ、今度ノ北伊豆ノ震災ニ當ッテモ爲シテ與レルモノデアルカドウカト云フコトニ付テ、地元民ハ多大ノ關心ヲ持ッテ居ルノデアリマス、如何ニ政府ノ國庫窮乏ノ場合デアリマシテモ、所謂非常ノ場合デアリマスカラ、斯ノ如キ際ニハ最モ迅速機敏ナル處置ヲ執ラレテ然ルベキモノデアッタト思フノデアリマス、然ルニ地元民ヨリ幾多ノ請願ヲ致シテ居リマス、其請願ハ關東大震災ニ於ケル、殊ニ奥丹後ニ於ケル政府ノ處置ヲ前例トシテ請願ヲ致シテ居ルノデアリマスケレドモ、未ダ其一ツモ解決ヲ致スコトガ出來ナイデ居ルノデアリマス、其地元民ノ前例ニ依ル斯ノ如キ天災ニ對スル政府ノ處置トシテ、地元民ノ要望致シテ居ル所ヲ列擧致シマシテ、政府當局ニ於テハ果シテ斯ノ如キコトヲ爲シテ與レルノデアルカ否カノ明答ヲ煩ハシタイト思フノデアリマス、ソレハ町村ノ營造物ノ復舊ニ對シテ、果シテ補助ヲ致ス御考ガアルカドウカ、神社及ビ寺院ノ復舊ニ對シテモ是亦政府ニ於テ補助ノ考ガアルカドウカ、土木工事、卽チ道路ノ破壞セラレタモノ、橋梁ノ破壞セラレタモノヲ復舊スルニ當ッテモ、政府ガ補助ヲ致スコトガ出來ルカドウカ、震災ニ依リ破壞セラレタル耕地、荒地ノ復舊ニ付テモ政府ノ方針ハドウデアルカ、衞生設備ノ復舊等ニ付テノ補助ハドウ致スノデアリマスカ、是等ハ多クハ公ノ事デアリ

マスガ、ヨリ以上ニ個人ニ關シマシテハ、奥丹後ノ際ニハ恰モ同様温泉地域ノ事デアリマシタ爲ニ、温泉旅館ノ復舊等ニモ多大ノ便宜ヲ與ヘラレタモノト、前例ニ見エルノデアリマス、即チ特別ノ低利資金ノ融通等ヲ致シテ、温泉地域ノ復舊ヲ圖ラセラレタ、今回ハ此取計モ見受ケマセヌ、又個人ノ住宅資金ニ付テモ未ダ御決定ヲ見テ居リマセヌ、生業資金ニ付テハ勿論何等施サレテ居リマセヌ、斯ノ如キコトハ今日私共ガ要望申サナイデモ、政府ハ其前例ニ依ッテ當然行ハルベキ筈デアッタノデアル、何故之ヲ今日マデ遷延シテ居ルノカ、地元民ハ免租ニ關スル法律ノ御決定ヲ見、或ハ震災直後ノ深甚ナル各方面ノ御厚意ニ付テハ、多大ノ謝意ヲ表シテ居リマスケレドモ、其謝意モ、感謝ノ辭モ、斯ノ如キ前例アル國家ノ施設ヲ抛擲セラレテ居リマシタ曉ニ於キマシテハ、總テ怨ミノ聲ト變ルノデハナイカト云フコトヲ恐レルノデアリマス、勿論之ヲ爲サラナイトハ私ハ申シマセヌガ、若シ爲サレマスルモノナラバ、一日モ早ク此震災ニ苦ンデ居ル者ニ安心ヲ與ヘテ戴キタイ、殊ニ御承知ノ通リ、今日ハ關東震災及ビ奥丹後當時トハ違ッテ、非常ナル不況ノドン底ニ在ッテ、罹災民ハ全ク一圓ノ現金ニモ窮シテ居ルト云フ狀態デアッテ、相當ノ資金ノ融通ヲ見ナケレバ、其復興ハ到底期スルコトガ出來ナイ今日ノ狀態ニアルノデアリマス、故ニ此苦シキ事情ヲ御諒察ニナリマシタナラバ、當議場ニ於テ明答ヲ與ヘテ、今直チニ之ヲ行ハナイデモ、行フ意思ヲ明カニスレバ、地元民ハ安心ヲ致シテ復舊復興ニ手ヲ染メルコトガ出來ルノデアリマスカラ、政府當局者ハ安心ヲ與ヘル爲ニ於テモ、明カナル御答辯ヲ御願致シタイト思フデアリマス

尚ホ御伺致シタイコトハ、此震災ノ爲ニ大破壞ヲ見マシタ靜岡縣淸水港ノ築港破壞ノ復舊デアリマス、此復舊ニハ震災直後百万圓ヲ要スルト傳ヘラレマシタガ、内務省ノ計算スル所ニ依ルト、六十二万圓ヲ要スルト云フコトデアッタ、六十二万圓カ、六十五万圓カ存ジマセヌガ、此復舊ノ如キモ、一日早ク行ハナケレバ、一日ダケ災害ガ多クナルノデス、折角造リ上ゲタ岸壁ガ崩壞致シテ居ルノデアリマスカラ、崩壞致シタ儘ニ放任致シテ置ケバ、海水ノ出入ノ爲ニ日々其被害ハ甚シクナッテ行キマス、一日モ早ク此岸壁ヲ元ノ通リニシナケレバ、折角造リ上ゲテアル岸壁内ノ築港ノ埋立工事ハ、日々破壞セラレテ行クノデアリマス、其他破壞セザル岸壁ニマデモ、岸壁ノ破壞サレタ部分ヲ抛擲シテ置キマス爲ニ、多大ナ影響ヲ及ボシテ、震災直後直チニ手ヲ染メラルベキモノデアルト考ヘテ居リマスノニ、未ダ此工事ニ取掛ッテ居ラレナイヤウデアリマス、此事モ序ニ政府ヨリ御明答ヲ煩ハシタイト思ヒマス、斯ノ如キコトハ此議場デ申上ゲルノハ最早迂遠ナノデアル、疾ニ政府ハ豫備金ノ支出デアルトカ、或ハ責任支出ヲ以テ處分セラルベキモノデアル、吾々ガ陳情ニ參リマシテモ、不幸ニシテ政府ニハ一錢ノ豫備金モ使ヒ果シテ無クナッテ居ル、責任支出ヲシタクモ國庫ハ窮乏シテ居ル、財政上ノ緊急處分ヲ願ヒタクトモ、其方法ヲ執ッテ下サラナイ、遂ニ此議會ニ臨ンダノデアリマスカラ、此議會中ニ於テ相當ノ處置ヲ執ラレンコトヲ御願スルト共ニ、是等ノ點ニ付テノ御明答ヲ煩ハシタイト思フノデアリマス

〔政府委員小川郷太郎君登壇〕

○政府委員(小川郷太郎君) 深澤君ニ御答致シマス、只今ノ御質問ハ震災被害者ニ對スル租税ノ減免猶豫等ニ關スル法律案、其物ニハ觸レテ居ラレマセヌデ、寧ロ此震災ニ關聯シタ救濟、低利資金、サウ云フコトニ付テ御尋デアッタヤウデアリマス、問題ガ外レテ居ルヤウデアリマスケレドモ、此際一寸簡單ニ御答シテ置キマス、低利資金ノ事ニ付キマシテハ、既ニ一月二十八日ニ大藏省預金部資金運用委員會デ決定シテ居リマス、ソレ〲融通スルコトニナルト思ヒマスカラ、左樣御安心ヲ願ヒタイノデアリマス、ソレカラ其他ノ色々ノ補助等ニ關シマシテ御話ガアリマシタガ、是ハ追加豫算ヲ出シマス積リデアリマシテ、何レ追加豫算ヲ出シマシタ時分ニ、詳細ニ御話ヲ申上ゲルコトニナルダラウト思ヒマス、大體ノ方針ハサウ云フコトニナッテ居リマスカラ、是モ左樣御諒承ヲ願ヒタイノデアリマス

○議長(藤澤幾之輔君) 中村嘉壽君

〔中村嘉壽君登壇〕

○中村嘉壽君 私ハ大藏當局ニ國際決濟銀行ニ租税等ヲ課セザルコトニ關スル法律案ニ付テ御伺シタイノデアリマス、先ヅ此銀行ニ參加スルコトニ政府ハ御決定ナサッタノデゴザイマセウカ、其結果今急イデ斯樣ナコトヲ決メテ置カナケレバナラヌ必要ガアルノカドウカ、既ニ各國ハ此問題ニ付テ決定ヲシタ國々ガアルノデアラウカト云フコトヲ、一ツ御伺シタイノデアリマス

其次ニハ此銀行ノ資本額ハ幾ラニ相成ルノデアルカ、資本ノ額ハ各國如何ナル割合ニ依ッテ出スノデアルカ、ソレカラ此銀行ヲ設立スルニ至ッタ歴史ヲ伺ッテ見タイノデアリマス、何處ガ一體「ムーチング・パワー」デアルカ、何處ノ國ガ一番率先シテ斯樣ナコトヲヤッタノデアルガ、極メテ公平ナ議論ノミニ依ッタノカ、或ハ「セルフ・インテレスト」ト云フコトヲ考ヘテヤルヤウナ國々ガチョイ〲アル、左樣ナモノニ捲込マレルト云フコトハ、餘程考ヘナケレバナラヌコトデアリマスカラ、斯樣ナコトヲ伺フノデアリマス

ソレカラ此銀行ガ建チマシタナラバ、銀行ノ本社ハ何處ニ出來ル積リデアルカ、支店ハ何レノ國々ニ出來ルノデアルカ、ソレカラ先程政府委員ノ説明ニモアリマシタノデゴザイマスガ、各國ハ悉ク此租税公課ト云フモノヲ免除スルコトニ實際ナッテ居ルノカドウカ、其進ミ方ガドウ云フ工合ニナッテ居ルカ、前ノ説明ト重複スルヤウデアリマスガ、之ヲ御伺シテ置キタイノデアリマス

今一ツハ此銀行ト、今日マデ斯樣ナ國際的ノ取引ヲシテ居ッタ銀行トノ關係ト云フモノハ、如何ナル風ニナリ行クモノデアルカト云フコトヲ御伺シタイノデアリマス

私ガ更ニ御伺致シマスコトハ、斯樣ナ機關ガ出來マシタ後ニハ、今ノ世界ノ不景氣ト云フノハ、恐ラク金ノ偏在ニ存スルコトデアルト云フコトハ、各人悉ク之ヲ認メル所デアリマスガ、近頃歐米ノ學者ノ間ニ於キマシテモ、實業家ノ間ニ於キマシテモ、金ノ偏在ヲ防禦スル何等カノ方法ヲ究ムル必要ガアルト云フコトヲ言ッテ居リマス、斯樣ナ機關ガ出來マシタナラバ左樣ナコトニマデ及ンデ、例ヘバ北米合衆國ニハ世界ノ金ノ四割ガ偏在シテ居ル、此偏在ヲバ何トカシテ他ニ「ヂストリビュート」スル考ガアルカ、左樣ナコトニマデ仕事ヲスル考ガアルカト云フコトヲ御伺シタイノデアリマス

要スルニ此銀行ノ出來マシタ結果、動モ致シマスト今日ノ世界政治ノ上ニ現ハレマスヤウニ亞米利加ガ多ク之ヲ「ロンツコール」スルヤウナ結果ニナッテ、サウシテ我ガ日本ノ如キハ詰ラナイ目ニ遭ヒハシナイカト云フコトノ虞ガアルノデアリマス、大藏當局ニ御伺シマスコトハソレダケデアリマスガ、是ト關聯致シマシテ外務當局ニ御伺致シタイト思ヒマス、動モ致シマスト我ガ日本ノ政府ハ、色々ナコトニ歐米各國ノ言フコトデアルナラバ之ニ參加シヨウト云フ樣ナコトガアル、何デモ其效果ガ如何樣デアラウトモ、御附合ヲシテ居レバ宜シイト云フヤウナ考ヲ以チマシテ、色々ナ國際關係ノ會議ナンカニ付テ左樣ナ好イ加減ニ參加ヲシテ居ルコトガアル、此參加ヲシテ居ル

コトニ於テ日本ノ國策ヲ賛スト云フヤウナコトハ勿論ノコト、其以外ニ於テ頗ル迷惑ナ「エンタングルメント」其絡合ヒニ引ッ懸ッテ行クコトガアルノデアリマス、米國ノ如キハ常ニ左樣ナコトニ氣ヲ付ケテ居リマシテ、術モ何カノ問題ガアリマシタナラバ、左樣ナ關係ニ付テハ自分ノ利益ニナル間ダケハ參加スルケレドモ、不利益ニナル場合ニ於キマシテハ、例ヘバ自分ガ提議シタ國際聯盟ト云フヤウナモノニデモ參加ヲシナイト、斯ウ云フ考デ居ル、日本ハ左樣ナ考デナシニ、官ヘレルト聽イテ居ル、何デモ御附合スルガ宜シイト云フヤウナコトガ總テ現レテ居ル、色々ナ國際關係ノ會議ガアリマス、勞働會議ヲ始メト致シマシテ、其他色々ナ會議ガアリマスガ、是等ノ會議ニ參加シテ果シテ其效果ヲ擧ゲテ居ルカドウカ、又此效果ヲ擧ゲヨウト云フコトニ努力ヲシテ居ルカドウカト云フコトヲ、私ハ疑ッテ居ルノデアリマス、殊ニ外務當局ニ更ニ其一ツノ例トシテ御伺致シタイト思ヒマスコトハ、先年カラ屢々私ハ議會ニ於テ御伺シタコトデアリマスルガ、歐羅巴ニ小サナ一ツノ國ガアル、「ルーマニヤ」ト云フ國ガアリマスルガ、世界戰爭ノ後ニ「ベッサラビヤ」問題ト云フノガアッタ、此「ベッサラビヤ」ト云フ問題ニ付キマシテ、英吉利ト佛蘭西ト日本ト伊太利ト、ソレカラ何處デシタカ、五箇國ガ參加ヲシテ居ッテ、ソコデ私ガ三四年前ニ議會デ幣原大臣ニ御伺シマシタ時ニハ、伊太利ダケガマダ之ニ參加シテ居ナイ、伊太利ト日本ガ參加シテ居ナイダケデアルガ、伊太利ガ參加ヲスルナラバ日本モ「ベッサラビヤ」ヲバ「ルーマニヤ」ノ領土ニ許スト云フコトヲ承認スルト云フ御返事ガアッタノデアリマス、然ルニ既ニ伊太利ガ之ニ承認ヲ與ヘテ、唯獨リ日本ダケガ此大キナ問題ヲ背負ッテ、サウシテ拔キモ差シモナラヌ關係ニナッテ居ルノデアリマス、伊太利ガ之ニ承認ヲ與ヘマシテカラ既ニ年月ガ經ッテ居リマスケレドモ、其處ニ斯樣ナ羽目ニナッテ居ルコトハ、日本ノ政府ニ取リマシテハ頗ル迷惑千万ナコトデアラウト私ハ思フ「ルーマニヤ」ノ人々ガ之ヲ頗ル怨ンデ居ルコトハ當然ノコトデアリマスガ、一面ニ於キマシテハ之ヲ遠慮ヲシテ居ルト云フコトハ、露西亞ノ方面カラニ對シテノ遠慮ガアルノデアリマセウガ、斯樣ナ遠慮ヲ唯其儘ニシテ置イテ、日本ノ國際信義ヲバ失フト云フヤウナコトハ、餘程考ヘナケレバナラヌコトヂヤナイカト思フノデアリマス、之ニ付テ私ハ政府ハドウ云フコトヲ爲サルノカ、是モ御伺致シテ見タイ

ソレカラモウ一ツハヤハリ歐羅巴ノ關係ニ付キマシテ、我ガ日本ハ歐羅巴ノ主ナル國々トハ當然色々ナ關係モアルノデアリマセウケレドモ、多クハ關係ノ薄イ所ガアル、其關係ノ薄イ所ニ大使館ガアリ公使館ガアリマシテ、而モ此機關ガ適當ニ働イテ居ナイノデアリマス、「適當ニ働クヤウナ「スタッフ」ガ置イテナイ、斯樣ナコトデハ甚ダ遺憾千萬デアルカラ働カセルト云フノデアルナラバ、適當ナ人ヲ置クガ宜シイ、必要デナイガ唯御附合デアルト云フナラ、是ハ廢メルガ宜イト常ニ私ハ考ヘテ居ルノデアリマス、之ニ付テ政府ハドウ云フヤウナ御考ヲ御持デアルカ

ソレカラヤハリ是モ露西亞トノ關係デアリマスルガ、日本ト「ソビエット」政府トノ間ニ色々ナ紛擾ガアリマス中ニ、特ニ漁業問題ト云フノガ中々面倒ナ問題ニナッテ參リマシテ、今現ニ此問題デ當局ハ惱ンデ居ルノデアリマセウ、實業家モ非常ナ惱ミヲシテ居ルノデアリマス、此問題ニ付テハ私共ハ甚ダ遺憾ト思ッテ居リマシタコトハ、往年我ガ日本ノ國家ガ莫大ナル金ヲ投ジタノミナラズ、精鋭ナル我ガ日本ノ軍人ノ鮮血ヲ流シテ取リ得タ所ノ、南樺太ト露領沿海州ノ漁業權ト云フモノハ、相竝行シテ行カナケレバナラヌモノデアッタ、所ガ其後ノ協約ニ依リマシテ樺太ノ南半分ト云フコトニ付テハ勿論爭ヲ省ケルコトガ出來ナカッタガ、漁業條約ニ於キマシテハ餘程日本ガ讓歩シタ形跡ガアル、此讓歩シタト云フコトガ實ニ今日ノ累ヲ爲ス原因ヲ成シテ居ルノデアリマスガ、斯樣ナコトハドウ云フヤウナ御考デ爲サレタノデアルカ、是モ御伺シタイノデアリマス、今日ハ朝鮮銀行ノ問題ガ世ノ中ニ叫バレテ居リマシテ、朝鮮銀行ノ當局ノミナラズ實業家ハ非常ナ苦ミヲシテ居リマス、年々幾々朝鮮銀行ヲ經テ二千万圓ノ金ヲ融通ヲシテ居ッタ漁業家ガ、此朝鮮銀行ノ支店ガ撤廢ヲサレタリ、或ハ茲ニ何等ノ解決ヲ見ナイト云フヤウニ相成リマシテハ、漁期ヲ目ノ前ニ致シマシテ非常ナ迷惑千萬ナコトデゴザイマスルガ、之ニ付テハ何等カノ解決ノ曙光ガ認メラレテ居ルカドウカト云フコトヲ御伺シタイ

モウ一ツ是ハ小サナ問題ノヤウデハアリマスケレドモ、私ガ此頃露西亞ニ廻リマシタ時ニ氣ノ付イタコトデアリマスカラ御伺シテ置キマス、ガ莫斯科ノ大使館ニ朝鮮人デ朴ト云フ人ガ居ッタ、此朴ト云フ人ガ日本人ノ案内ヲシタリ、通譯ヲシタリシテ非常ナ便利ヲシテ居ッタノデアリマス、勿論朝鮮人デアリマスカラ日本臣民デアリマスガ、此人ガ昨年私ガ行ク二三日前ニ逮捕サレテ殺サレタノカ、「ハービン」ニ送ラレタノカ、ドウナッタカサッパリ分ラナクナッテ居リマス、此事件ニ付テハドウ云フヤウナ處置ガ取ラレテアルカト云フコト、此朴ト云フ朝鮮人ガ捕ハレタト云フコトニ憤慨致シマシテ、日本ノ大使館ノ給仕ヲシテ居ッタカ、小使ヲシテ居ッタカノ金某ト云フ者ガ憤慨シテ、遺書ヲ殘シテ自殺ヲシテ居リマス、此事件ハドウナッテ居ルカト云フコトモ御伺シタイト思フノデアリマス、今一ツハ露西亞ガ近頃色々ナ物資ニ關シマシテ「ダンピング」ヲ行ッテ居ル、殆ド木材ト……

○議長（藤澤幾之輔君） 餘談ニ渉ラナイヤウニ……

○中村嘉壽君（續） 是ハ關係ガアル、大ニ關係ガアリマス、此「ダンピング」ニ付キマシテハ、色々ナ物ヲバ「ダンピング」ヲ致シマシテ、各國ガ皆困ッテ居ルノデアリマス、今度ノ議員商事會議ニ於キマシテモ、露西亞ノ「ダンピング」ニ對シテ如何ナル方法ヲ取ルベキカト云フコトガ言ハレテ居ルノデアリマスガ、我ガ日本ノ政府ニ於キマシテハ、左樣ナコトニ付テハ何カ適當ノ手段ヲ講ジテ居ラレルカドウカ、斯ウ云フコトデアリマス

ソレカラ私ハ今是ハ餘議ニ渉ッタト云フヤウナ御話ノヤウデモアリマスケレドモ、決シテ餘議ニ渉ッタノデハアリマセヌ、私ハ日本ノ外交ノ根本的ノ問題ニ付テ茲ニ御話ヲシタイト思フ、凡ソ今日ノ外交ニ於キマシテハ日本デハ日本ガ中心デアルナラバ、東ノ方ニハ支那ト云フ大キナ國ヲ持ッテ居ル、西ノ方ニハ亞米利加ガアル、北ノ方ニハ露西亞ガアル、此三ツノ問題ニ付テ最モ努力スベキデアルニモ拘ラズ、歐羅巴ノ極メテ關係ノ少イ所ノ國々ニ付テ非常ナ努力ヲシテ居ラレル、而モ其效果タルヤ頗ル稀薄ナモノデアル、斯樣ナコトガ根本的ニ誤ッテ居ルノデアリマスカラ、其誤ッタ所ガ根源ニナッテ、今日ノ此法律案ナンカニ付テ色々ガ論議シナケレバナラヌヤウナ風ニナッテ居ルノデアル、餘計ナコトニ關係ヲスルコトハ必要ハナイト云フコトデアル、而モ餘計ナコトニ相當ナ餘裕ガアッテヤルナラバ宜シイノデアリマスケレドモ、餘裕ナクシテ而シテ自分ノ爲スベキ所ヲ爲サナイ、茲ニ私ハ爲スベキ所ヲ爲サナイト云フ一ツノ例ヲ申上ゲテ見タイ

最近私ハ米國ニ寄ッテ來タノデアリマスガ、日米新聞ト云フノガアリマス、此日米新聞ノ熊野御堂ト云フ人ガ自ラ諸君ヲ運レテ米國ニ上陸ヲシタ、良人ハ上陸スルコト

ガ出來タケレドモ、細君ハ上陸ヲスルコトガ出來ナイヤウニナッテ來タ、ソレハ日米條約ノ解釋ニ付テ、米國政府ハ狹義ニ解釋ヲシテ居ル、又吾々ハ之ヲ廣義ニ解釋シテ「ツレード」ニ從事シテ居ルト云フコトハ、日本ノ新聞ニ從事シテ居ヨウト亞米利加ノ新聞ニ從事シテ居ヨウト、同ジク「ツレード」ニ從事シテ居ルノデアルカラ、之ニ從事シテ居ル者ハ自ラ自由ニ渡航スルコトガ出來、自由ニ自ラノ細君ヲ呼ビ寄セルコトガ出來ルヤウニナッテ居ナケレバナラヌ筈デアリマス、然ルニモ拘ラズ米國ノ移民局デハ之ヲ拒絶シテ、非常ナ悲慘ナ問題ガ起ッタ、此問題ニ付テ我ガ在留同胞ノ人々ハ非常ニ憤慨致シマシテ、日米新聞社ガ訴訟ヲ起シテ「サンフランシスコ」ノ地方裁判所デハ之ヲ拒否サレタケレドモ、「サーキット・コート」ニ於テハ遂ニ勝訴シタノデアリマス、勝訴シタノデアリマスカラ、此勝訴ヲ楯ニシテ、日本ノ新聞ナリ或ハ商業ニ從事シテ居ル人人ノ細君ヲ亞米利加ヘドシ／＼呼ビ寄セルヤウナ交渉ヲ政府ガシテ然ルベキデアルト云フコトヲ、當事者達ガ頻ニ大使館ニ訴ヘテ居ルノデアリマスケレドモ、之ヲ少シモ顧ミテ居ナイ、其爲ニ在留同胞ハ頗ル憤慨シテ居ルノデアリマスルガ、一面ニ於キマシテ、若シ斯様ナコトガ圓滿ニ行クト云フコトニナリマシタナラバ、北米合衆國中ニ居ル我ガ日本人デアッテ、サウシテ色々ナ「ツレード」ニ從事シテ居ル人々ガアル、此「ツレード」ニ從事シテ居ル人々ノ細君ヲ自由ニ來サセルコトガ出來ルノデアリマス、若シソレガ出來ルトスルナラバ、「クオーター」ナンカニ入ッテ百三十名ヤ百四十名ノ者ヲ入レルヨリモ、ヨリ多クノ人々ガハイレルノデアリマス、斯様ナ事柄ガアルニモ拘ラズ、我ガ日本ノ政府ハ何等之ニ關シテ努力ヲシヨウトシタ形跡ガナイ、其一方ニ於テハ斯様ナコトガアル、支那ノ人々モ無論東洋人トシテ排斥ヲ受ケテ居ル、所ガ支那ノ方ハ中々氣ガ利イテ居ル、當事者モサウデアリマスガ、當局者モ米國政府ニ喰入ッテ居リマスガ爲ニ、支那ノ人々ハ毎年五百名位ヅツ亞米利加ニハイッテ居ルノデアリマス、是ハ外交官ノ腕ノアル結果デアル、支那人ヲ絶對ニ禁止シテ居ルト云フコトガアルニモ拘ラズ、支那ノ人々ハ實業ニ從事シテ居ルト云フ證明ガアルナラバ、ドンナ人デモハイルコトガ出來ルト云フノデ、五百名ノ人々ガ毎年ハイッテ居ル、日本人ハ一人モハイッテ居ナイノデアリマス、此問題ナンカハ在留同胞ノ人々カラ見マスト云フト、非常ニ重大ナ問題デアル、此重大ナ問題ニ對シテ日本ノ當局ガ一向冷然トシテ之ヲ顧ミテ呉レナイ、是ハ諸君ハ遂ニ日本ニ居ッテ御承知ナイノデアリマセウ、或ハ又外務當局ノ人々モ左様ナ報告ガナイトスルナラバ、又役人達ガソレ／＼冷淡デアルトスルナラバ、斯様ナ報告ハナイノデアリマセウケレドモ、多年ノ間血ト涙ニ依ッテ相當ノ財産ヲ築キ上ゲ、相當ノ地歩ヲ占メ、而シテ彼等ハ一家ヲ成シテ居ルニモ拘ラズ、自ラノ夫人ヲ呼ブコトモ出來ナイト云フヤウナ、人道上カラ見マシテモ、迚モ吾々ガ許スコトガ出來ナイヤウナ氣ノ毒ナ状態ニ在ル、斯様ナ状態ヲ顧ミナイデドウスルノカト云フコトヲ私ハ伺ヒタイノデアリマス

ソレカラ又私ハ更ニ根本ニ遡ッテノコトデアリマスガ、一體外交官ノ養成ト云フヤウナコトニ付キマシテ、是モ曾テ幣原外務大臣ニ私ハ御尋シタノデアリマスガ、幣原外務大臣ハ、君ト同意見デアルト言ハレテ居ル、外交官ト云フノハ恐ラク帝國大學ノ優秀ナル者ガハイッテ來ルノデアリマセウガ、室育チニナル結果、或ハ唯儀禮ヲ學ブトカ、事務ヲ學ブト云フコトガ外交ノ總テデアルカノ如ク心得テ居リマシテ、本當ニ外國ノ人々ト交渉ヲスルヤウナ語學ノ力、交際ノ力、或ハ膽力ヲ持タナイト云フヤウナ爲ニ、頗ル在留邦人達ト云フモノハ迷惑ヲ蒙ッテ居ル、到ル處ニ於テ――私ハ總テトハ申シマセヌケレドモ、大方ノ在留同胞ト云フモノハソレ等ノ領事トカ公使トカ大使トカ云フモノニ對シテ、大抵反感ヲ持ッテ居ル、彼等ハ在留同胞ノ人々ガ言葉ヲ同ジクシ、頭ノ働キヲ同ジクシ、色々ノ風俗習慣ヲ同ジクシテ居ル所ノ少數ノ同胞ヲスラモ手ナヅケルコトガ出來ズシテ、言葉ニモ通ゼズ、歴史モ通ゼズ、或ハ其國々ニ友達ヲ澤山持タズシテ、何ノ外交ガ出來ルカト私ハ思フ、此外交ノ刷新ト云フコトニ付テハ、人ヲ養成スルト云フコトガ最モ主ナ事柄デアル、唯霞ケ關ニ居ッテ段上リ、心太突出シニ、何デモカデモ外交官試驗ヲ通ラナケレバ外交官ニナレナイト云フヤウナ風ナコトデハ、遂ニ外交ヲ刷新スルコトハ出來ナイ、而モ何處カ一ト處ニ二年カ三年居ルト云フト、幾ラカ物心モ附イテ來ル、言葉モ分ッテ來ル、友達モ出來テ來ル、何カ是カラ働イテ見ヨウト云フ時ニナルト、直グ他ニ轉任スルカラ、本當ノ效果ト云フモノハ少シモ擧ッテ來ナイノデアリマス、斯様ナ事ヲ改ムルノ御考ガアルカドウカ、往年幣原外務大臣ハ、君ト同ジヤウナ考ガアルガ、文官任用令ガアルモノデアルカラドウニモ出來ナイト云フ御話デアッタノデアリマス、文官任用令ガアルナラバ、之ヲ改正スルナリ何トカ途ガアリサウナモノデアル、幣原外務大臣ガ若シ私ト同ジヤウナ考ヲ持ッテ居ラルヽナラバ、今日デハ總理ノ臨時代理ヲ勤メテ居ラレルシ、而モ自分ノ思フ事ハ何デモカンデモヤッテ除ケル立場ニ在ルノデアリマス、本當ニ良イト考ヘラレルナラバ之ヲ改正シテ戴キタイ、政府ハ左様ナ事ニ向ッテ突進スル考ハナイカドウカ

更ニ私ノ御伺シタイコトハ、先程モ申上ゲマスヤウニ、日本ハ力ヲ入レナクテモ宜イ所ニ色々力ヲ入レテ居ルガ、力ヲ入レナケレバナラヌ所ニ力ヲ入レテ居ナイ事ガアル、其最モ甚シイノハ南米デアル、私ハ此間南米ノ各國ヲ廻ッテ來タノデアリマスガ、南米ノ各國ハ御承知ノ通リ「ブラジル」ヲ始メ吾々ト同ジヤウナ色ノ人ガ澤山居ル、同ジヤウナ色ノ人々ガ居リマシテ、サウシテ彼等ハ吾々ヲバ迎ヘテ居ル、迎ヘテ居ルノミナラズ、例ヘバ「ボリヴイア」ナント云フ所ハ近頃聞キマスルト、白人入ル可ラズ、是カラ「ボリヴイア」ニ入ルモノハ色ノ著イタ者デナケレバナラヌ、其目的ハ日本人ヲ澤山入レル考ラシイ、「ブラジル」ノ如キモ是亦盛ニ日本人ヲ迎ヘタイト云フヤウナ考ヲ持ッテ居ル、或ハ智利ニ致シマシテモ、其他「パラグワイ」ニ致シマシテモ、盛ニ日本人ヲ入レヤウトスル所ガアリマスガ、左様ナ所ニ政府ハ力ヲ盡シテ居ナイ、左様ナ所ニ力ヲ盡シテ居ナイト云フコトハ大使ヲ任命スル、公使ヲ任命スル、其他書記生デモ何デモ南米ニ行クノハ、首前ノ人ガ行クト云フ氣持ヲ政府ハシテ居ル、當人モ左様ナ考ヲ持ッテ居ル、世間ノ人モ亦左様ナ風ナ事ヲ考ヘテ居ルカラ、本當ニ立派ナ人ガ行カナイ、行カナイノミナラズ、行ッテモ左様ナ氣持デ本當ノ働ガ出來ナイト云フヤウナ状態ニナッテ居ル、斯様ナ状態ハ私ハ大イニ改メナケレバナラヌト思フ、是カラ先キ歐羅巴並ニ北亞米利加諸國ハ學ビニ行ク所デアッテ、吾々ノ得ル事ハ極メテ少ナイノデアリマス、此得ル所ノ最モ多イ「ブラジル」一國ヲ以テ致シマシテモ、尚且ツ日本ノ領土ノ二十二倍ヲ有シ、耕作反別カラ申シマスルナラバ六十六倍ノ面積ヲ有シテ居ッテ、吾々ノ行クノヲ手ヲ擴ゲテ待ッテ居ルノデアリマス、斯様ナ所ニ任命スル所ノ大使ナリ公使ナリ、其他ノ外交官ヲバ優遇スル考ガアルカナイカヲ御伺シタイノデアリマス

尚ホ後ニ質問スル事ガアルカモ知レマセヌガ、先ヅ是ダケヲ御伺致シマス（拍手）

〔政府委員小川郷太郎君登壇〕

○**政府委員（小川郷太郎君）**　中村君ニ御答致シマス、第一ニ斯ノ如キ法律ハ急イデ出

サナクテモ宜カラウ、他ノ國ハドウナッテ居ルカト云フコトヲ御尋ニナリマシタガ、他ノ國ハ斯ノ如キ法律ガ段々出來テ居リマス、第一ニ瑞西ハ千九百三十年二月二十六日國際決濟銀行設立條例ヲ發布シマシテ、廣汎ナル免稅規定ヲ設ケテ居リマス、英吉利ハ千九百三十年ノ財政法ニ依リマシテ、ヤハリ免稅規定ヲ設ケテ居リマス、佛蘭西白耳義、獨逸等ハ海牙協定ヲ法律ヲ以テ施行シテ居リマスカラ、別段免稅法律ヲ制定スル必要ガナイノデアリマス、伊太利ハ必要アルニ於テハ、海牙協定實施ニ關スル五月五日附緊急勅令ニ基キマシテ、大藏大臣ノ命令ヲ以テ免稅處置ヲ執ルト云フコトニナッテ居リマス、大體外國ノ方ハ既ニ斯ウ云フヤウナ法律ガ出來テ居ルノデアリマス

第二ニ國際決濟銀行ノ資本額ハ幾ラデアルカト云フ御尋デアリマシタ、是ハ五億瑞西金法――一億弗ナンデアリマス

ソレカラ第三ニハ、株ヲドウ云フヤウニ割當テタカト云フコトデアリマスガ、是ハ二十万株ニ分チマシテ、英吉利・佛蘭西・獨逸・伊太利・白耳義ノ各中央銀行、日本デハ日本銀行ノ爲ニ行動スル日本興業銀行及ビ米國銀行團、ソレガ均分ニ引受ケルト云フコトニナッテ居リマス、其他ニ小サイ國デハ、和蘭・瑞西・瑞典・墺地利・匈牙利・「チェック」・「ダンチッヒ」・丁抹・芬蘭・葡牙利・波蘭・羅馬尼等ノ中央銀行デ、四千株程引受ケルト云フコトニナッテ居リマス

ソレカラ第四ニ、何處ノ國ガ主トナッタカト云フコトデアリマスルガ、是ハ日・英・佛・獨・白・米ト云フヤウナ國ガ主ニナッテ居リマス、是等ハ條約ヲ拵ヘルコトニ關係シタ主ナルコトニナルノデアリマスカラ、外交問題デアルト思ヒマス

ソレカラ沿革デアリマスガ、沿革ハ「ドーズ」案トカ「ヤング」案トカ、賠償金ニ泥ミ入ッタ沿革ガアリマスカラ、委員會デ能ク御話ヲ致シタイト思ヒマス

本社ハ何處ニ在ルカト云フコトデアリマスガ、是ハ瑞西デアリマシテ、所在地ハ「バーゼル」デアリマス、ソレカラ支店ハドウカト云フコトデアリマシタガ、支店ノ計畫ハ今アリマセヌ、ソレカラ國際決濟銀行ト金ノ偏在ニ關聯シテ御尋ガアリマシタガ、是ハ國際決濟銀行デアリマスカラシテ、金ノ偏在ヲ直スト云フヤウナ使命ヲ持ッテ居ルモノデハアリマセヌ、御尋ノコトハ關係ナイモノト考ヘマス

〔政府委員永井柳太郎君登壇〕

**○政府委員(永井柳太郎君)** 中村君カラ外交ニ關シテ數箇條ノ御質問ガアリマシタカラ、簡單ニ御答致シタイト存ジマス

第一ニ、日本ハ從來日本ニ直接ノ利害關係ノ少ナイ問題ニ對シテモ、歐米諸國ノ計畫スル事業デアレバ、直チニソレニ追隨スル弊風ガアッタ、國際決濟銀行ノ決定ニ參與シタコトモ、亦サウ云フ精神カラ出タノデハナイカト云フ御質問デアッタト存ジマス、御承知ノ通リニ今日ノ國際關係ハ非常ニ複雜デアリマシテ、巴爾幹半島ニ起ッタ一小事件デモ、世界ノ騷亂ニナルコトガゴザイマス、又佛蘭西ガ「ルール」ニ兵ヲ入レルト云フヤウナコトカラ、世界各國ノ經濟界ニ重大ナル影響ヲ與フルト云フヤウナ結果ガ起リマス程、國際關係ハ密接デアリマス、日本ト致シテハ、今日世界各國ニ於ケル大小ノ出來事ニ對シマシテ、出來ルダケ注意ヲ拂フノミナラズ、出來ルダケ列國ト協調致シマシテ、世界平和ノ確保、世界經濟ノ進步ノ爲ニ貢獻スルト云フコトハ、是ハ當然ノコトデアルト存ジマス(拍手)外國ノ中ニハ自分ノ國ニ直接ノ利益ガアルコトデナケレバ、決シテ關係ヲシナイ國モアルト云フ御話デゴザイマシタガ、自分ノ國ニ利益ガナケレバ、何事ニモ關係ヲシナイト云フ國ガアルカモ知レマセヌ、併シ日本ハ自分ノ國家ノ存立利益ノ爲ニハ、萬全ノ努力ヲ致シマスト同時ニ更ニ世界文化ノ進展ニ對シマシテモ、人類ノ生活安定ノ爲ニモ貢獻スルト云フ、大イナル抱負ガナケレバナラナイト存ジマス(拍手)此精神ニ依ッテ吾々ハ外交ノ方針ヲ樹テ、居ルノデアリマシテ、此度ノ國際決濟銀行ノ如キハ、是ハ世界金融ノ爲ニモ有意義ナ事業デアリ、又當然獨逸カラ賠償金ヲ取ルベキ權利ヲ有シテ居ル日本ノ利益ノ爲ニモ必要ナ事業デゴザイマシテ、此國際決濟銀行ガ設立サレルコトニナリマシテ、此度ノ海牙ノ協定ガ實現スルコトニナリマスト、日本ハ來ルベキ三十七箇年ニ亙リマシテ、年々一千三百二十万「ライヒスマルク」ノ金ヲ受取ルト云フコトガ出來ルノデアリマシテ、日本ノ國家ノ利益カラ考ヘマシテモ、亦世界ノ國際金融ノ成長ノ爲メニモ、重大ナル意義ヲ持ッテ居ルト存ジマス

ソレカラ第二ニ、是ハ國際決濟銀行ニ直接ノ關係ハナイヤウニ存ジマシタガ、日本ガ列國ニ兎角追隨スルト云フコトノ例示トシテ、伊太利デサヘ羅馬尼ガ「ベッサラビヤ」ヲ併合スルコトニ承認ヲ與ヘタノニ、日本ダケガマダ「ベッサラビヤ」問題ニ對シテ列國ト步調ヲ一ニセナイト言ハレタガ、例ヘバ歐羅巴諸國ガ全部「ベッサラビヤ」問題ニ對シテ同一ノ步調ヲ取リマシテモ、日本ハ日本獨自ノ立場ガアリマス、ソコヲ考慮シテ、列國ニ追隨シテ居ラヌト云フコトノ、是ハ一ツノ例ニナルノデアリマス、此質問ヲ御出シニナッタコトソレ自體ガ、今日ノ政府ノ外交方針ハ、出來ルダケ世界ノ各國ト協調ノ精神ヲ持ッテ居ルケレドモ、日本獨自ノ存立ニ對シテハ忠實デアルト云フコトヲ明示シテ居ルト存ジマス

ソレカラ第三ニ、政府ガ大使館ヤ公使館ヲ色々ナ場所ニ設置シテ居ルガ、其多クハ御付合ヒデハナイカト云フ意味デアッタカト存ジマス、政府ノ方針ト致シマシテハ、現在經濟的關係ガ密接デアリ、又文化的交涉ノ親密デアル土地ニ大使館、公使館ヲ設立致シマスルダケデナク、將來經濟的關係ヲ密接ナラシメ、國際的關係ヲ親密ニスル必要ノアル所ニモ、出來ルダケハ在外公館ヲ設ケタイト云フ方針デゴザイマス、例ヘバ先年露西亞ト國交ヲ回復致シマシタ當時ノ如キハ、其國交回復ノ基本條約ヲ締結シタ當時ハ、貿易關係モ極メテ微々タルモノデアリマシタガ、其國交回復ノ條約ヲ締結シテ大使館ヲ相互ニ開イタ結果、今日マデ數箇年ノ間ニ於テ、既ニ日露ノ貿易額ハ三倍ノ多キニモ達シテ居ル、日本ノ露西亞ニ對スル輸出額ダケデ申シマスレバ、實ニ十倍ニ增加シテ居ルノデアリマス、又土耳古ノ如キ國トモ初メテ全權大使ノ交換ヲ致シマシタガ、其全權大使ヲ交換致シマシテ、相互ノ關係ヲ密接ニ致シタ結果ハ、今日日本ノ土耳古ニ對スル輸出ハ著シク增加シテ居ルノデアリマス(拍手)現政府ガ大使館、公使館ヲ各所ニ開キマスルノハ、決シテ外國ニ對スル追隨デハナク、日本國民ノ生活權ヲ全世界ニ確立シタイト云フ、其精神カラ出テ居ルノデアリマス(拍手)

ソレカラ第四ハ、北洋漁業ニ關シテ政府ガ露西亞ニ讓步ヲシタト云フヤウナ御話ガアリマシタガ、北洋漁業ニ關シテ政府ガ露西亞ニ讓步ヲシタト云フコトハ、ドウ云フ意味デアリマスカ、其意味ガ明瞭デアリマセヌ、或ハ別ノ機會ニ御諒下サッタ方ガ能ク御說明スルコトガ出來ルカト存ジマス

ソレカラ第五ニ、莫斯科ノ大使館ニ於テ朝鮮人ガ自殺ヲシタト云フコトノ御話デアリマシタガ、此事實ハ私ハ今詳細ニ記憶シテ居リマセヌ、是ハ取調ベタ後ニ御答ヲシタイト思ヒマス

ソレカラ第六ニ、露西亞ノ「ダンピング」ニ對シテ、政府ハ之ヲ放任シテ居ルト云フヤウナ意味ノ御話ガゴザイマシタガ、今日ハ戰後經濟ノ建直シノ必要カラ、各國ニ「ダンピング」ノ危險ガアルノデアリマス、此

「ダンピング」ニ對シテ、日本ノ產業ヲ防禦シテ行クト云フコトハ、極メテ大切ナル仕事デアリマスカラ、政府ト致シマシテハ、四省會議ト云フモノヲ設ケマシテ、海外貿易ニ關係ノアル四省ノ首腦部ガ集リマシテ、早クカラ此日本ノ產業ヲ確立シテ、殊ニ國際上ニ於ケル競爭ニ對シテ、如何ニ日本ノ產業ヲ防禦スルカト云フコトノ協議ハ致シ、且ツ方針ヲ樹テ、居ルノデアリマスガ、外國ノ「ダンピング」ニ對シテ日本ガ如何ナル方針ヲ執リ、如何ナル手段ニ出ルカト云フヤウナコトハ、此席上デ御報告申上ゲナイコトガ適當デアラウト思ヒマス、唯決シテ之ヲ等閑ニ付シテ居ナイト云フコトハ御諒承ヲ願ヒタイト存ジマス(拍手)

ソレカラ第七ニ、米國ノ熊野御堂ノ夫人ノ入國ニ關スル問題ニ付キマシテ御質問ガアリマシタガ、御承知ノ通リニ政府ノ努力ニ依リマシテ、曩ニ日本ノ移民ノ中、商業ニ從事スル者ハ其妻ヲ本國カラ米國ニ迎ヘルコトガ出來ルヤウニナッテ居リマス、併シ其「ツレード」即チ商業ノ意味ニ付テノ意見ノ相違ガ長ク存在シテ居リマス、其爲ニ日本ノ婦人ガ希望スル如ク多數米國ニ行キ得ナカッタノデアリマス、ソレハ吾々トシテモ頗ル遺憾ニ存ジテ居ッタノデアリマスガ、只今中村君ノ御話ノ通リ、最近此日本人ノ試訴ハ裁判所ニ於テモ、控訴院ニ於テモ勝訴トナリマシタノデ、其解釋ニ新タナ基礎ヲ與ヘタ譯デゴザイマス、此裁判ノ結果ガ更ニ大審院ニ於テ如何ニナルカト云フコトハ明瞭デアリマセヌケレドモ、兎ニ角今日マデノ判決ハ、日本ノ婦人ガ米國ニ移住ヲスルコトノ上ニ、有利ナル基礎ヲ與ヘテ居ルモノデアリマスノデ、政府ハ此判決ヲ出來ルダケ有效ニ利用スルト云フコトニ付テノ考慮ハ致シテ居リマス

ソレカラ第八ニ、外交官ノ養成ニ對シテ御質問ガゴザイマシタ、外交官ヲ出來ルダケ國民生活ト密接ナ關係ヲ保タセルヤウニスルト同時ニ、外國ニ出マシテモ亦其國ノ政府ノ役人ダケデナク、一般ノ大衆ニ接觸サセテ、サウシテ內外ノ實生活ニ精通シタモノトシナケレバナラナイト云フ、此御精神ハ政府ニ於テモ全然同感ニ存ジテ居リマス、現ニ今ノ幣原外務大臣ガ前々內閣ノ當時ニ、財政整理ノ上カラ商務官ニ對シテ節減ノ必要ヲ唱ヘタ者ガアリマシタニ拘ラズ、新タニ商務參事官ヲ設ケ、商務書記官ヲ設ケテ、民間カラ經濟界ノ實情ニ通ジテ居ル人間ヲ擢用シテ、今日現ニ各地ニ駐在セシメテ居リマス、ノモ、人材拔擢ノ精神ト、出來ルダケ國民生活ニ精通シタ者ヲ外交ノ衝ニ當ラシメタイト云フ精神カラ出テ居ルノデゴザイマス、又最近歐米諸國ニ於テハ、或ハ萬國議員會議デアルトカ、國際聯盟會議デアルトカ、色々ナ此列國會議ガゴザイマスガ、是ハ中村君ハ直接日本ニ利害關係ノ少イ所カラ、或ハ御賛成デナイカモ知リマセヌガ、サウ云フ列國會議ナドニ對シマシテモ、出來ルダケ日本ハ代表者ヲ派遣スル方針デアリマス、萬國議員會議ナドニ對シマシテモ、國際聯盟會議ニ對シマシテモ、出來ルダケ國民ノ生活ニ精通シテ居ル人々ヲ派遣シテ、サウシテ日本ノ國民生活、國民理想ノ存スル所ヲ世界ニ知ラシメルト云フヤウナコトニモ努力シ、又列國ノ狀態ニ適應シテ、日本ノ外交方針ヲ樹ツベキ基礎知識ヲ得ルト云フコトニモ努力シテ居ルノデアリマスガ、是モ現政府ガ出來ルダケ外交ヲ國民外交ノ基礎ニ置キタイト云フ精神ノ發露ニ外ナラナイノデアリマス(拍手)

ソレカラ第九ニ、南米ノ事情ヲ御話ニナリマシテ、現政府ガ移民ニ對シテ十分努力シナイト云フ御話ガゴザイマシタ、併シ政府ハ出來ルダケ海外移民ニ對シテハ努力致シテ居リマシテ、現ニ米國ノ如キモ、先程色々御話ガゴザイマシタケレドモ、米國ノ勞働長官ハ數年前マデハ大統領ニ對スル年年ノ報告書ノ中ニ、依然トシテ日本ノ移民ハ、之ヲ差別待遇スベキモノデアルト云フコトヲ論ジテ居リマシタニ拘ラズ、勞働長官ノ昨年度ノ大統領ニ對スル年報ノ中ニハ、日本ノ移民ニ對スル差別待遇ハ撤廢シテ、日本移民ヲ平等ニ待遇スベキモノデアルト云フコトヲ主張スルニ至ッタダケデモ、米國ノ日本ニ對スル移民ノ取扱ノ精神ガ、如何ニ變化シツヽアルカト云フコトハ明瞭デアリマス(拍手)又南米ニ對シテモ政府ハ出來ルダケ日本ノ移民ヲ移スコトニ努力致シマシテ、一昨年度ニ於キマシテハ、日本ノ移民ノ海外ニ出タモノガ合計二万五千人ニ達シマス、一昨々年ノ當時ニ較ブレバ、實ニ數千人ノ增加デゴザイマス、大正九年ノ頃ニ較ブレバ二倍スルニ至ッテ居リマス(拍手)政府ハ出來ルダケ此移民ヲ多ク海外ニ出スコトニ努力シテ居リマシテ、今日マデデモ內閣組織以來短期間デアリマスガ、相當ノ成績ヲ擧ゲテ居リマスルノデゴザイマス、尙ホ今後益々此海外發展ノ事ニ對シマシテモ努力致シマシテ、中村君ノ御話ニナッタヤウナ精神ハ十分徹底致シタイト存ジテ居ルノデアリマス、是ダケデアッタト思ヒマス(拍手)

第四　郵便法中改正法律案（政府提出、貴族院送付）　第一讀會

郵便法中改正法律案

郵便法中左ノ通改正ス

第十八條中「重量四匁」ヲ「重量十五グラム」ニ、「重量二十匁」ヲ「重量七十五グラム」ニ、「重量三十匁」ヲ「重量百十グラム」ニ改ム

附　則

本法施行ノ期日ハ勅令ヲ以テ之ヲ定ム

第五　鐵道船舶郵便法中改正法律案（政府提出、貴族院送付）　第一讀會

鐵道船舶郵便法中改正法律案

鐵道船舶郵便法中左ノ通改正ス

第十條第一項ヲ左ノ如ク改ム

郵便車ノ使用料金ハ其ノ供給スル容積ニ應シ當該鐵道運送業者ノ定メタル最低等級旅客一キロメートル運賃ノ左ノ割合ニ依ル

八立方メートル迄
一キロメートル毎ニ　十割以内
十四立方メートル迄
一キロメートル毎ニ　二十割以内
二十立方メートル迄
一キロメートル毎ニ　三十割以内
二十八立方メートル迄
一キロメートル毎ニ　五十割以内

二十八立方メートルヲ超過シタルトキハ全容積ニ對シ三立方メートル迄ニ付一キロメートル毎ニ六割以内

附　則

本法施行ノ期日ハ勅令ヲ以テ之ヲ定ム

〔國務大臣小泉又次郎君登壇〕

○國務大臣（小泉又次郎君）　只今議題トナリマシタ郵便法中改正法律案提出ノ理由ヲ簡單ニ說明致シマス、大正十年四月法律第七十一號ハ、從來ノ尺貫法ニ變ヘマスルノニ「メートル」法度量衡ヲ以テスルコト、相成ッタノデアリマス、其法律ハ同十三年七月一日ヨリ既ニ實施セラレテ居ルノデアリマス、御承知ノ通リ此法律ハ一般ニ對シマシテハ施行後二十年間、官公署ニ對シマシテハ施行後十年間、即チ昭和九年六月マデ猶豫期間ガ認メラレテ居ルノデアリマスガ、成ベク速ニ之ヲ實施致シマシテ、改正度量衡法ノ趣旨ヲ明カニ貫徹セネバナラヌト云フコトハ申スマデモナイノデアリマス、而シテ之ガ爲ニハ國民全般ニ廣ク利用セラレテ居リマスル郵便ノ「メートル」法ヲ實施スルコトガ、一般社會ニ向ッテ「メートル」法ニ關スル知識ヲ普及セシムル上ニ於テ非常ニ效果アルコト、考ヘマシテ、我ガ遞信省ト致シマシテハ郵便物受付用ノ秤量其他ノ準備モ既ニ完了致シタコトデモアリ、此際之ヲ實行致シタイト考ヘマシテ、本案ヲ提出シタ次第デアリマス

尙ホ附加ヘテ申上ゲテ置キマス、本案ノ內容ハ在來ノ重量ノ匁單位ヲ「メートル」法ノ「グラム」單位ニ換算シタノニ過ギナイ、極メテ簡單ナルモノデアリマシテ、郵便料金等公衆ニ及ボス影響ノ如キハ殆ド皆無ト申シテ宜シイト存ズルノデアリマスル、仍テ何卒御審議ノ上速ニ御協贊アランコトヲ切望致シマス（拍手）

次ニ鐵道船舶郵便法中改正法律案ニ付テ提案ノ理由ヲ說明致シマス、大正十三年七月現行度量衡法ガ實施セラレタノデアリマスルガ、鐵道船舶郵便法ノ適用ヲ受クベキ地方鐵道ハ、既ニ昨年ノ四月國有鐵道ト同時ニ此「メートル」法ヲ採用致シテ、距離ニ付テハ從來ノ哩計算ヲ「キロ」計算ト致シ、又容積ニ付テハ從來ノ立方呎ヲ立方「メートル」ニ改メタノデアリマス、隨テ郵便車使用料ノ計算上、哩及ビ立方呎ヲ基礎ト致シマシテ規定シテアリマスル現行鐵道船舶郵便法ハ、鐵道營業ノ實狀ニ副ハザルコトナリマスルカラ、之ヲ「メートル」法ニ準據シテ改訂スルノ必要ヲ生ジ來ッタノデアリマス、之ガ本改正案ヲ提出スル理由デアルノデアリマス

更ニ附加ヘテ申上ゲテ置キマス、本改正案ハ單ニ從來ノ運賃ノ哩單位ヲ「キロ」單位ト致シ、又從來ノ容積ノ立方呎ヲ立方「メートル」ニ換算致シタノニ過ギナイノデアリマシテ、鐵道業者ニ對シ不利ヲ與フルトカ、又ハ現在ノ郵便車使用料金ヲ增加セシムルト云フヤウナ結果ヲ生ジナイヤウニ立案致シタモノデアリマス、仍テ是亦何卒御審議ノ上速ニ御協贊アランコトヲ望ミマス（拍手）

○議長（藤澤幾之輔君）　質疑ヲ許シマス――松山常次郎君

〔松山常次郎君登壇〕

○松山常次郎君　從來遞信省ニ於テ爲セルコトニ對シ、國民ノ間ニ大ナル疑惑ノ存スルモノガゴザイマス、今度郵便ニ關スル法律改正案ヲ政府ガ出サレマシタニ付テ、其審議ニ入ル前提ト致シマシテ、此疑惑ヲ解イテ貰フ必要ガアルノデゴザイマス、故ニ私ハ之ニ付テ今カラ質問ヲ致シタイト思ヒマスルガ、ドウカ政府ニ於テハ明瞭率直ニ御答下サランコトヲ希望致シテ置キマス

初メニ御尋致シタイコトハ、所謂電信電話ノ民營案ニ付テヾゴザイマス、官營事業ノ或ルモノヲ民營ニ移スト云フコトニ付テハ、私共モ同感デゴザイマス、所ガ傳ヘ聞ク所ニ依レバ、今度政府ガ爲サレントスル所謂民營案ナルモノハ、電信電話ノ民營デハナクテ、ソレニ關スル工事ノ――架設及ビ敷設ヲ民營ニスルト云フコトデアル、或ハ特命ノ株式會社ヲ拵ヘテ、一般ノ競爭ニ付スベキ請負工事ヲ或ル特殊ノ會社ニ獨占サセルト云フ案デアル（「議長問題外デス」ト呼フ者アリ）是ハ此種ノ事業ニ經驗ノアル者ニハ直チニ頭ニ來ル問題デアリマシテ、非常ナ弊害ノ生ジ來ルモノデアルト云フコトハ直チニ感ズルノデゴザイマス、果然此問題ニ付テ大ナル疑問ガ國民ノ間ニ起ッタノデゴザイマス、ソレハ此事業案ノ背後ニハ、或ル特殊ノ資本家ガ介在シテ、政府ノ大官ト協力シテ（「ヒヤ〱」）謂ハヾ結託シテ、サウシテ其株ノ配當割當マデモ政府ノ某大官ガ之ニ干與シテ、世間モ相當ニ之ニ付テハ疑惑ヲ挾ムベキモノガアルト云フコトガ世間ニ傳ハッタ、ソレデ政府ガ狼狽シテ、ソレデ此案ヲ引込メタ、其結果ガ、中野君ガ政務次官ヲ罷メタ眞ノ原因デアルト云フコトガ、國民ノ一部ニ傳ヘラレテ居ル所デアリマス、モウ一ツ露骨ニハッキリト說明スレバ、今度ノ議會デ尻ッ尾ヲ抑ヘラレル虞ガアルカラ、中野君ガ逃出シタノデアルト云フコトヲ國民ノ一部ニ信ゼラレテ居ルノデアル、此事ニ付テサウ云フ事實ガ果シテアルカ……

○議長（藤澤幾之輔君）　松山君――松山

君――問題外ニ渉ラヌヤウニ……

〔「議長干渉スルナ」「問題外ダ」ト呼ヒ共他發言スル者アリ〕

○松山常次郎君（續） 果シテ斯ノ如キ事實ガアルカナイカ、果シテ斯ノ如キ事實ガアルカナイカ、ナイトスルナラバ此事ニ付テ國民ガ納得スルヤウナ御説明ヲ願ヒタイ、特ニ御願致シテ置キマス、此民營案ヲドウスル積リデアルカ、ヤル積リデアルカ、或ハモウ引込メル積リデアルカ、或ハ變ヘタモノヲ出スカ、其事ニ付テ、ハッキリ御答ヲ願ヒタイト思フノデアリマス

次ニ質問致シタイト思ヒマスコトハ、政府ガ今度郵便葉書ヲ新ニ御出シニナッタノデアリマス、其郵便葉書ハ……

〔「ソレガドウシタ」「默ッテロ」ト呼ヒ共他發言スル者多シ〕

○議長（藤澤幾之輔君） 靜粛ニ――三井君靜粛ニナサイ、質問ガ聽エマセヌ

○松山常次郎君（續） 洵ニ粗製ナモノデゴザイマシテ、政府ガ歳入缺陷ノ爲ニ非常ニ苦ンデ居ルコトガ、即チ此ノ中ニ現ハレテ居ルノデゴザイマスガ、サウ云フコトハ……

〔「簡單」ト呼ヒ共他發言スル者多シ〕

○議長（藤澤幾之輔君） 靜粛ニ

○松山常次郎君（續） 差置キマシテ、特ニ私共ガ打棄テ置キ難イ一ツノコトガアルノデゴザイマス、ソレハ此「マーク」ノ中ニ「日本郵便」ト云フコトガ書イテアル、以前ノ葉書モ持ッテ居ルノデアリマスガ、以前ノ葉書ニハ「大日本帝國郵便」ト書イテアッタノデス、ソレガ今度「日本郵便」ト書キ改メラレテ居ルノデアリマス、是ハドウ云フ譯デアリマスカ、私共ガ古イ書物ヲ見マスルノニ、日本ノ國ノ國名ニ付キマシテハ、古來葦原中津國ダトカ、豐葦原瑞穗國ダトカ、大八洲トカ、大日本トカ云フヤウナ言葉ガアリマス、大日本ト書イテ「オオヤマト」ト云フ言葉デ讀ンデ居リマス、嚴格ナ意味デ讀メバ斯ウ云フ名前デゴザイマス、故ニ帝國憲法ニハ大日本帝國ト云フコトニ其名稱ガハッキリキメラレテ居ルノデアリマス、第一條ニ「大日本帝國ハ萬世一系ノ天皇之ヲ統治ス」ト云フコトニ其言葉ガハッキリ明瞭ニ記サレテ居ルノデゴザイマス、國民ノ思想ニ非常ニ關係ノアル所ノ此「マーク」例ヘバ外國デ申シマスルナラバ米國ノ如キモ最モ愛國者ダト謂ハレテ居ル「ワシントン」トカ、或ハ「リンコルン」ノ肖像ヲ「マーク」ニ掲ゲテ、日常國民ノ接觸スル所ノ此「マーク」ニ非常ニ注意ヲスルト云フコトハ、何處ノ國モ皆致シテ居ル所デアリマス、其「マーク」ニ「大日本帝國郵便」トアッタモノヲ、「日本郵便」ト改メタノハドウ云フ譯デアルカ、此事ニ付キマシテ政府ノハッキリシタ御答辯ヲ願ヒタイノデアリマス

次ニソレニ付テ私ハ希望ヲ申上ゲルノデアリマスガ、若シ政府ノ御都合ガ之ヲ許スナラバ、私ノ質問ニ對シテハ中村政務次官ヨリ御答ヲ願ヒタイノデアリマス、日本ト云フ言葉デゴザイマスガ、元來是ハ日本人ガ稱ヘタ言葉デハナイノデアリマス、是ハ朝鮮ニ於テ稱ヘラレタ言葉デゴザイマス、是ハ朝鮮カラ見レバ東方ノ國、日ノ出ヅル所ノ國デアルト云フ意味ニ於テ日本ト云フ言葉ガ古クカラ朝鮮ニ於テ用ヒラレテ居ル、餘程後世ニナッテ日本モ對外的ノ意味ニ於テダケ日本國ト云フ言葉ヲ使ヒ出シタノデアリマス、ソレガ段々日本國民ノ間ニ用ヒラレルコトニナリマシテ、平安朝時代ニナッテハ日本、或ハ日ノ本――其文字カラ讀ミマシテ日ノ本ト云フ言葉ハ用ヒラレマシタケレドモ、是ハ文藻上ノ用語デアル、歌ノ大和ト云フヤウナ枕言葉トシテ、文藻上ノ用語トシテ用ヒラレタノデアッテ、本當ノ國語デハナカッタノデアリマス、サウ云フ性質ヲ持ッテ居ル此日本ト云フ言葉デアル、是ハ古イ書物ヲ見マスト、例ヘバ大日本、豐秋津洲、大和、日本、斯ウ云フ言葉ハ今日普通ニ地理ニ書カレテ居リマス所ノ日本本土ダケニ元來用ヒラレタ言葉デアル、本州・九州・四國ト云フモノニ對シテ日本ト云フ言葉ガ用ヒラレタノデアル、ソレガ段々日本ノ國全體ニ對スル言葉ニナッテ來タ、是ハ其意味ニ於テモ用ヒラレルヤウニナッテ來タ、今日私共ノ言フ詰リ大日本、大大阪、大東京ト言フ意味ニ於テ此日本國全體、今日ノ新シイ意味ニ於ケル日本ト云フ言葉ハ大日本帝國ト云フコトデ、帝國憲法ニ是ガハッキリト言ヒ現ハサレテ居ルノデアリマス、是ハ英國ノ例ヲ引イテ説明ヲスルコトガ好都合デアルト考ヘルノデアリマスガ、玆ニ「ブリテイッシュ・エンパイヤ」、大英帝國ト云フ言葉ガアル、此「ブリテイッシュ・エンパイヤ」ト云フ言葉ヲ取ッタラドウナル、帝國ト云フ言葉ヲ取ッタラドウ云フ意味ニナリマス、此大英帝國ノ中ニハ南阿・加奈陀・愛蘭ガ含マレテ居ル、併シ此帝國ト云フ言葉ヲ取ッテシマヘバ、是等ノモノハ無クナッテシマフノデアリマス、是ハ英國ニ取ッテハ此帝國ト云フ一ツノ言葉ニ皆ハイリ、「エンパイヤ」ト云フ言葉ニ大ナル意義ガアルノデゴザイマス、次ニ大英帝國ノ「大」ト云フ字ノ意味デアリマス、「グレート・ブリテン」是ハ所謂「ユーナイテッド・キングドム」、愛蘭モ蘇格蘭モ英蘭モ之ヲ合セタモノガ即チ大英帝國デアル、此「大」ト云フ字ヲ取ッテシマヘバ英國ハ英蘭ダケニナッテシマフ、故ニ此「大」ト云フ字、帝國ト云フ字ニハ――大英帝國ト云フモノニハ重大ナル意義ガアルノデゴザイマシテ、之ヲ取ッテハ到底英國ニ於テハ實際ノ用ヲ爲サナイ、國民ガ又之ヲ承知スルモノデハナイト私ハ確信致スノデアリマス

借テ日本ノ場合デアリマスガ、大日本帝國ノ此「大」ト云フ字、帝國ト云フ字ヲ取ッタノハドウ云フ譯デアルカ、朝鮮ニ於キマシテハ朝鮮ト日本トノ關係上、朝鮮人ニモ成ベク内地ト云フ言葉ヲ使ハセルヤウニト云フノデ、内地ト云フ言葉ヲ日本人ハ使ヒマス、是ハ官廳始メ日本人ハ努メテ其言葉ヲ使ヒマス、併シ朝鮮人ハ我ガ日本人ヲ憚ッテ日本人ノ前デハ内地ト云フ言葉ヲ使ヒマスガ、朝鮮人ハ之ヲ承認シナイ、朝鮮人ハ内地ノコトヲ日本ト言ッテ内地ト云フ言葉ヲ使ハナイ、彼等ノ頭ニハ朝鮮ト云フモノト日本ト云フモノハ、ハッキリト區別セラレテ居ル、是ガ大日本帝國ト云フコトニナレバ其區別ハアリマセヌ、併シ朝鮮人ノ頭ニハ日本ト朝鮮ノ區別ガハッキリシテ居ル、先刻申シマシタ英國ニ於ケル場合ノ如ク、小ニシテハ日本ト云フコトハ日本本土ダケヲ意味スル、稍〻大ニシテハ舊日本ヲ意味スル、而モ通常日本帝國ノ意味ニ於テ使ヒマス、是ハ例ヘバ東洋拓殖株式會社ト云フコトヲ東拓ト言ヒ、又勸業銀行ト云フコトヲ勸銀ト言フヤウナ意味ニ於テ、通常ニ於テハ日本ト云フ言葉ヲ使ヒマスケレドモ、嚴格ナル意味ニ於ケル政府ノ出ス公文書ニ於テハ、大日本帝國ト云フ言葉ヲ使フノガ當然ノ事デアルト思フノデアリマス、ソレニ付キマシテ此日本國民ノ思想ニ非常ナ關係ノアル郵便ノ「マーク」ニ、日本ト云フ言葉ヲ如何ナル譯デ使ッタノデアルカ、曾テ中村君ハ「インザ・ネーム・オブ・ピープルス」――「國民ノ名ニ於テ」ト云フ言葉ハ日本ノ憲法ノ精神ニ違反スル、日本ノ國體ニ對シテ害ガアリ、皇室ニ對シテ敬意ヲ失スルモノデアルト云フコトヲ叫ンデ、非常ニ手柄ヲ著シタト云フコトヲ自ラモ信ジテ居ラレルト思フノデアリマス、國體ノ事ニ付テ斯ノ如キハッキリシタ考ヲ持ッテ居ラレル所ノ中村政務次官ハ、此大日本帝國ト云フ言葉カラ特ニ「大」ト云フ字ヲ取リ、「帝國」ト云フ文字ヲ取ッタ意味ハドウ云フ譯デアルカ、其文字ヲ取ッタト云フコトガ憲法ノ精神ニ違反シナイカ、日本ノ國家ニ對シテ、日本帝國ニ對シテ、皇室ニ對シテ不敬問題ヲ構成スル性質ノモノデナイト考

ヘルノデアリマスカ、若シサウデナイト言ハレルナラバ、私共國民ガハッキリト之ヲ承認スルダケノ說明ヲ能ク分ルヤウニ願ヒタイノデアリマス

○土井權大君　只今議題ト相成リマシタル米穀法ニ關スル改正法律案等ニ付テ、極メテ簡單ニ質問ヲ致シタイト思ヒマス

第一ニ御伺致シタイノハ、今回ノ米穀法改正法律案ハ、果シテ政府ハ根本的ノ改正デアルト確信サレテ居ルカドウカ、此事ニ付テ御尋ヲ致シタイト思フノデアリマス、何故左樣ナ御尋ヲ致スカト申セバ、御承知ノ通リ現在ノ米穀法ナルモノハ大正十年四月ニ初メテ實施サレタノデアリマス、其當時政府ニ於テモ、亦衆議院、貴族院ニ於テモ、ドウ云フ考ヲ持ッテ居ッタカト申スナラバ、餘リ大キナ損ハ起キマイト斯ウ考ヘテ居ッタ、詰リ安キ時ニ米ヲ買ヒ、高クナレバ米ヲ賣ル――必ズシモ政府ハ營利ヲ目的トスル譯デハアリマセヌ、商賣ヲスル譯デハナイケレドモ、米價調節ト云フノハ、下リシ場合ニハ之ヲ買フ餘リ上ッタ場合ニハ之ヲ政府ガ賣出ス故ニ左程大キナ損ハアルマイ、此事ヲ當時ノ政府モ考ヘ、當時ノ議員ニ於テモ考ヘテ居ッタノデアリマス、ソレカラモウ一ツ如何ナル事ヲ考ヘテ居ッタカト云フナラバ、丁度米ガ安イ、之ヲ買上ゲナケレバナラヌ、或ハ高イ、之ヲ賣ラナケレバナラヌ、其時ニハ先ヅ日本內地ノミノ米ノ數量ト云フモノヲ實ハ眼中ニ置イテ、此法律ヲ作ッタノデアリマス、丁度其當時ニ於テ朝鮮カラ每年幾ラ內地ヘ入ッテ居ッタカト云フナラバ、一年ニ百五十万石位ノモノデアッタノデアリマス、所ガ此頃ドウデアルカト云ヘバ、最近五箇年ノ平均ヲ取リマシテモ、年々五百六十万石ハイッテ來テ居ル、本年ナレバ幾ラ內輪ニ見積ッテモ八百万石ハ必ズ朝鮮カラハイッテ來ル、人ニ依ルト九百万石ハイルデアラウト見テ居ル、是モ其當時ノ豫想ヲ裏切ッテ居ルノデアリマス、又臺灣ノ米ガ幾ラハイルカ、其當時ニ於テハ一年ニ僅カ七十万石位ノモノデアッタノデアマス、所ガ五箇年ノ平均ヲ取リマスト二百四十万石、實ハ斯ウ云フヤウナ狀態ニ相成リ、吾々ノ豫期セザル事ガ、玆ニ只今申シタ朝鮮ノ移入米ノ件、臺灣ノ移入米ノ件、更ニ損得ナシト考ヘテ居ッタ所ガ、何ゾ圖ラン、昭和四年度ノ計算、餘リ米ガ安クナッテ居ラナイ時ノ計算ニ依リマシテモ、一億四千万圓損ヲシテ居ル、眞ニ現在ノ損失ト云フコトノ計算ヲ立テマシタナラバ、一億五千万圓或ハ一億七千万圓、ソレ位ノ大キナ損ヲシテ居ル、年々三千万圓カラノ損ヲ最近ハシナケレバナラヌト云フガ如キ、實ハ狀態ニ陷ッテ居ルノデアリマス、特ニ第四ノ點トシテ數量ノ調節、更ニ其後市價ノ調節ト云フコトノ改正ヲ致シタノデアリマスガ、是モ旨ク參ラナイ、政府ガ米ヲ買上ゲタナラバ下ルト云フガ如キ狀態デ、却テ市價ヲ下ゲルガ如キ機動ヲ作ルコトガ往々アルノデアリマス、論ヨリ證據、昨年ノ十二月中ニ二百万石ノ米ヲ買フト政府ガ發表サレタ所ガ、非常ニ莫大ナル米ガ一時ニ市場ニ殺到致シマシテ、政府ガ二十圓デ買フト云フ時ニ、買ハレル米ハ二十圓デアルガ、政府ノ買ハナイ米ハ四圓カラ五圓下ッテ十五圓、十六圓デアル、却テ調節ニナラズシテ所謂引上ゲヤウ、市價ノ維持ヲヤラウト云フ時ニ、其目的ヲ遂スルコトガ出來ズシテ、裏切ッテ却テ安クナル、斯ウ云フ實ハ弊害ガアルノデアリマス、卽チ第一ハ朝鮮ノ移入米ノ殖エタ件、第二ハ臺灣ノ移入米ノ殖エタ件、第三ハ此米穀法ノ爲ニ莫大ナ損ヲ國家ハ背負ハナケレバナラヌ、第四ハ何等市價安定或ハ維持ト云フコトニ效果ガナイ、斯ウ云フコトニ實ハ相成ッテ居ルノデアリマス、是ニ於テ御承知ノ通リ第五十六議會ニ於テハ、只今町田農林大臣ノ御話ノ通リ、政黨政派ヲ超越シテ、ドウカ此不完全ナル米穀法ト云フモノヲ、根本的ニ改正ヲシナケレバナラヌケレドモ、米穀法ノ運用資金ニ金ガナイカラ、差當リ七千万圓ノ特別會計ハ殖スガ、ケレドモ是ハ一時ノ間ニ合セデアル、此金ヲ殖スト同時ニ、一方ニ於テハ米穀法ヲ根本カラ改正ヲスル、改正ヲスルガ爲ニ米穀調査會ト云フモノヲ設ケ、色々ト審議ヲ致シテ、完全無缺ナ米穀法ヲ作ル、斯ウ云フ約束ガ出來タコトハ、只今町田農林大臣モ御話ニナッタ通リデアリマス、其結果トデモ申シマスカ、今回玆ニ米穀法改正法律案ナルモノヲ御提出ニナッタ次第デアリマスガ、果シテ政府ハ今日提案ニ相成ッテ居ル改正ヲ以テ、根本的ノ改正ト御考ヘナサッテ居ルカドウカ、此事ヲ先ヅ第一ニ御伺スルノデアリマス、言葉ヲ換ヘテ言フナラバ、此米穀對策ニ對シテハ、最早調査ト云フコトハ打切ルノデアルカ、卽チ今日出シタノハ一時ノ改正デアッテ、根本改正ハマダ〱ヤルノデアル、斯ウ御考ヘナサルカ、之ヲ以テ所謂根本改正ナリト御考ヘナサッテ居ルカ、第一ハ、根本改正ナリヤ否ヤ、斯ウ云フ意味デアリマス、此事ヲ御伺致シマス

第二ニハ、只今町田農林大臣ガ種々御說明ニナリマシタ率勢米價デアリマス、此率勢米價ニ依ッテ米ヲ買上ゲルト云フコトハ一時的デアル、是ヘ如何ニモ法律ノ條文ニモ出テ居リマス、先ヅ條文ハ讀上ゲナクテモ宜シイト思ヒマスガ、是ハ暫定的ノモノデアル、此率勢米價ニ依ル買上ト云フコトハ暫定的デアル、言葉ヲ換ヘテ言フナラバ、生計費、生產費ヲ加味シテ米穀ノ賣買ヲ實行スル時ガ來ルノデアル、丁度附則ノ第二項ニ「命令ノ定ムル所ニ依リ當分ノ內第四條ノ最低價格又ハ最高價格ハ第五條ノ規定ニ拘ラス米價指數ノ物價指數ニ對スル割合ノ趨勢ニ依リ算出シタル價格ヲ基礎トシテ之ヲ定ム」ト云フコトニ相成ッテ居リマスルガ故ニ、當分ハ此率勢米價ヲ基準トシテ買上ゲル、斯ウ云フコトニ相成ッテ居リマスルガ、然ラバ此法文ノ上ニハ明カニハ相成ッテ居リマセヌガ、率勢米價ヨリ二割高クナッタ場合ニハ賣出シ、率勢米價ヨリ二割下ッタ場合ニハ買フ、斯ウ云フ意味デアリマスカ、其何割ト云フコトハ法律ノ上ニハ定メテ居リマセヌガ、運用ノ上ニ於テ左樣ナ御考ガアルノデアルカドウカ、此事ヲ御尋致スト同時ニ、然ラバ此暫定的ノ法律デアル、所謂此率勢米價ニ依ッテ暫ク米ヲ買ヒ、或ハ米ヲ賣ルト云フノハ、抑〻何時マデ之ヲ暫定トナサル御積リデアルカ、其期間デアリマス、或ハ一年トカ、或ハ二年トカ、或ハ五年トカ、何時マデ此暫定法ト云フモノヲ實施サレル御考デアルカ、言葉ヲ換ヘテ言フナラバ、此法律ニアル附則ヲ打切ッテ、削除シテシマウテ、眞ニ生計費或ハ生產費ヲ加味シタル米價ヲ作ッテ、之ヲ基準トシテ買上ゲル、或ハ賣出スト云フ時ハ、何時頃カラ實施サレル御考デアルカ、之ヲ第二ニ承リタイノデアリマス

第三ニ御伺シタイノハ、此率勢米價ニ依ッテ二割下リシ場合ハ買入レヲ爲ス、二割上リシ場合ハ賣出スト云フヤウナコトヲ致シタナラバ、果シテ此米價ノ調節ガ出來ルモノデアルト御考ヘナサッテ居ルカドウカ、非常ニ私ハ之ニ疑ヲ持ツノデアリマス、何故

ニ左樣ナ疑ヲ持ツカト申セバ、丁度明治三十七年カラ昭和五年マデ、二十七年間ノ米價ト率勢米價ノ統計ナルモノヲ一覽致シマスルト、二十七年ノ間ニ、此率勢米價二割應用ト云フガ如キコトハ二度シカアリマセヌ、ソレハ何時デアルカト云フナラバ、大正元年度ニ於テ米ノ價ハ二十圓十五錢、ソコデ率勢米價ハ幾ラデアルカト云フナラバ十五圓十三錢八厘デアッタノデアリマス、所ガ此率勢米價ノ十五圓十三錢八厘ノ二割ト云フノハ、卽チ十八圓十六錢デ、實際ノ米ノ相場ガ少シ高クナッテ居ルノデアリマス、其年ト、ソレカラ低クナッタノハ、大正四年度、率勢米價ト致シテハ十七圓十七錢、所ガ普通ノ米價ハ幾ラデアルカト申セバ、十三圓二錢、此率勢米價ノ十七圓十七錢カラ二割下ッタト見ルナラバ、十三圓七十三錢、然ルニ其年ハ米ノ價ガ十三圓二錢デアリマシタカラ、其時コソ所謂率勢米價ニ比較致シマシタナラバ、二割以上米ノ價ガ低イノデアリマス、低イト申シテモ僅カ六十錢カ、七十錢位デアリマス、此率勢米價ノ二割論カラ行キマシタナラバ、二十七年ノ間ニ此米穀法ト云フモノヲ使フ時ガ此時シカナイ、特ニ此米穀法ガ出來マシテ、大正十五年以來今日ニ至ルマデ――此處ニハ五年度マデノ統計デアリマスルガ、五年度マデヲ眺メマスト云フト、一ツモ米穀法ヲ適用シ、出動スル年ガナイト、斯ウナッテ居ルノデアリマス、サウシテ見ルト云フト、甚ダ忌憚ナキコトヲ申上ゲテ御無禮カハ知レマセヌガ、唯徒ニ此米穀問題ガヤカマシイカラ、表面ニハ改正ヲシテ、如何ニモ農家ノ爲ニナル、或ハ消費者ノ爲ニナル、斯ウ云フ風ニ見セ掛ケテ居テ、サウシテ其實ハ米穀法ト云フモノヲ、有名無實ニシテシマフモノデアル(拍手)ドウシテモ此統計ノ上カラ眺メルト、羊頭ヲ懸ゲテ狗肉ヲ賣ルノヤリ方デハナイカト私ハ考ヘル(拍手)之ニ付テ如何デアル御考ガアルカ、是ハ私ハ統計カラ割出シタ、統計ガ違ッテ居ッタナラバ何ヲカ言ハンヤ、是ハ何モ農林省カラ出テ居ルモノデ、私ノ作ッタモノデハナイ(拍手)

ソレカラ第四ニ御伺致シタイノハ、所謂米穀法改正ノ本法ニ依ッテ米穀買入數ノ限度ハ、特別會計資金ノ範圍內ト思ッテ居ルノデアリマス、是ハ論ガナイコト、思ヒマス、果シテ然ラバ市價調節不能ノ場合ニ於ケル處置如何、段々段々下ッタ時ニドウシテモ思フダケニ値段ガ上ラヌ、其時ニハ幾ラデモ買ハナケレバナラヌ、サウ云フ場合ニハ、一方ニハ資金ノ範圍內ダカラ金ガナイ、是ハドウ云フ譯デサウ云フヤウナコトヲ尋ネルカト云フナラバ、ソレハ昨年農林大臣ニ對シ、日本ノ農會關係ノ人ガ、米ガ安クテ困ルカラ米ヲ買ッテ貰ヒタイ、斯ウ云フコトノ運動ノ爲ニ農林大臣ノ所へ行ッタ時ニ、農林大臣ハ如何ナルコトヲ農會代表ニ對シテ聲明サレタカト云フナラバ、兎ニ角米穀法ヲ改正ヲ致シテ、率勢米價ト云フモノヲ作ッテ、ソコデ率勢米價カラ二割安クナッタナラバ、幾ラデモ買上ゲテ上ゲルノデアル、故ニアナタ方ハ御安心ナサイ、斯ウ云フコトヲ農林大臣ガ聲明サレ、多クノ農民モ、成程率勢米價ト云フモノガ出來タナラバ、極樂デモ來ルヤウナ感ジヲ以テ、幾ラデモ買上ゲテ呉レルモノナリト誤解ガアルノデアリマス、故ニ世ノ中ノ誤解ヲ解カンガ爲ニ、此事ヲ御尋致スノデアリマス、絕對無限ニ買フコトハ出來ナイト思フ、然ルニ農民ハ只今言フガ如ク、絕對無限ニ政府ガ買入レラレルモノト考ヘテ居ルガ、左樣ナコトデハナイト思フ、政府ノ所見果シテ如何、此處ヲ確メテ置キタイノデアリマス

ソレカラ第五ニ御尋致シタイノハ、先程モ米穀法ノ缺陷ニ付テ、朝鮮臺灣ノコトヲ申上ゲテ置イタノデアリマスルガ、此朝鮮米、臺灣米ニ對スル所ノ方策ハ、如何ナル方策ヲ御執リニナル積リデアルカ、卽チ繰返シテ申上ゲマス、本法實施ノ時ニハ朝鮮カラハ百五十万石シカ來ナカッタ、然ルニ只今ニ於テハ九百万石モ一年ニハイルト云フ如キ狀態、臺灣ニ於テハ一年ニ七十万石ヨリ來ナカッタモノガ、過去五年間ニ平均二百五十万石、ソコデ假ニ米穀ノ數量ナリ市價ノ調節ヲ致サウトスルニ付テハ、大正十年頃ハ餘リ朝鮮臺灣カラ來ナイカラ、內地ノミニ依ッテ調節ノ方策ヲ講ズルモ可ナリ、所ガ只今言ウタ如ク、朝鮮臺灣、是ガ非常ニ澤山ハイッテ來ルガ故ニ、何等カ茲ニ方策ヲ樹テルニ非ザレバ、眞ニ米穀法ノ目的ヲ全ウスルコトハ出來ナイト考ヘルノデアリマス、ソコデ此米穀法ヲ朝鮮又ハ臺灣ニ實施スルノ意思アリヤ否ヤ、延長スルノ意思アリヤ否ヤ、ソレマデ決心ヲスルニ非ザレバ、假令不完全ナ米穀法トハ雖モ其目的ヲ達スルコトハ出來ナイト思フノデアリマス、然ラズシテ唯日本內地ダケデ米ヲ買上ゲテ、如何ニモ玆ニ五百万石持ッタ、六百万石持ッタト云ッテモ、段々朝鮮臺灣カラ來マスト、之ヲ平タイ譬デ言フナラバ、玆ニ熱イ御湯ガアル、折角此湯ヲ沸カシタ、其處へ段々朝鮮臺灣カラ冷タイ水ヲ入レテ、熱イ湯ヲ冷マスノト同ジコトニナリハセヌカ、之ニ對スル政策ハドウデアルカ

ソレカラ第六ニ硫安問題、此硫安ノ問題ニ付テハ、國際「カルテル」カ、然ラザレバ不當廉賣ニ對スル關稅ヲ取ルカ、若クハ自由放任カ、此三ツヨリ方法ハアルマイト思フノデアリマス、所ガ商工大臣ハ此三ツノ內何レヲ擇ムカト云フ御意見ヲ承ル所ニ依ルト、所謂「ダンピング・ロー」不當廉賣法ヲ適用スル考デ居ルト云フコトヲ言ハレタノデアリマス、是ニ於テ私ハ商工大臣ニ御尋ヲ致シタイ、極メテ簡單ニ申シマス、國內ノ硫安工業ヲ危クスル虞アルガ故ニ、不當廉賣法ヲ適用ショウト云フ意味デアッタノデアリマス、然ラバ國內ノ硫安工業ト云フコトハ、如何ナル點ニ標準ヲ置カレタカ、言葉ヲ換ヘテ言フナラバ、堅實ナル會社ノ工業ヲ標準ニ置カレタカ、ボロ會社ノボロ事業ヲ標準ニ置カレタカ、之ヲ承リタイ、其御返事ガアレバ直チニ分リマス、堅實ナル會社ノ工業ヲ危クスルノデアルカ、將又ボロ會社ヲ標準ニスルカ、ドチラノ標準ヲ以テ此硫安工業ヲ危クスル虞ガアルト云フノカ、何處ニ見當ヲ立テラレテ居ルカト云フコトヲ承リタイ、商工大臣ガ見エマシタカラ、モウ一遍申上ゲマス、詰リアナタハ此硫安問題ニ對シテハ、國內ノ硫安工業ヲ保護スルガ爲ニ「ダンピング・ロー」不當廉賣法ヲ適用スル考デアルト、斯ウ云フ只今ノ胎中君ノ質問ニ對シテノ御答デアリマシタ、ソコデ私ハ斯ウ云フ事ヲ尋ネテ見タイ、硫安ノ工業會社モ色々アルデアリマセウ、人間ニモ上中下アルガ如ク、會社ニモ上中下アル、堅實ナル會社モアレバ、ボロ會社モアル、ボロノ會社ヲ標準トサレタノデアルカ、堅實ナル會社ヲ標準トサレタノデアルカ、其事ヲ承リタイ

ソレカラモウ一ツ御尋致シタイノハ、是ハ第五十六議會ニ於テ肥料管理案ノ出タ際ニ、非常ニヤカマシタ民政黨ノ方ノ言ハレタ、例ノ「ハーバー」式ノ特許權ノ問題デアル、何カ政友會ガ惡イヤウニ非常ニヤカマシク言ハレタ、民政黨ノ內閣ニナレバ直チニ之ヲ解決付ケルカノ如キ口吻ヲ以テ論ゼラレタ、果シテ今日其解決ガ付イテ居ルカ居ナイカ、之ヲ御尋致シタイ

ソレカラモウ一ツ御尋致シタイノハ、兎ニ角不當廉賣法ヲ適用スル日本ノ工業會社モ、相當ノ肥料ノ價ト云フモノヲ保タシテヤルニ非ザレバ、立チ行カナイト、斯ウ言フ、ソコデ硫安ノ一噸ノ價ハ幾ラデアルカト聽ケバ、ソレハ七十五圓デアルトカ、八十圓臺デアルトカ、ハッキリトハ申サレナカッタガ、其邊ノ考デアルカノ如キ御口吻デアラセラレマシタガ、現在日本窒素株式會社ハ、香港ナゾへ持ッテ行ッテ己ノ會社デ造ッ

タ大有ト云フ印ノ硫安ヲ、斉港著六十二圓五十錢デ賣ッテ居ル、アチタガ今日不當廉賣法ヲ適用致シマシテ、會社ヲ助ケナケレバナラヌト言ヘレマスガ、ソレ程日本ノ堅實ナル硫安會社ハ窮地ニ陷ッテ居ラナイ(「ヒヤヒヤ」拍手)窮ルニ窮地ニ陷ッテ居ルカラ之ヲ助ケンナラヌト言ヘルノハ、堅實ナル會社ヲ標準トセラレズシテ、忌憚ナク言ヘバボロ會社ヲ標準トセラレタト言ヘナケレバナラヌ、ソレニ對シテ明確ナル御答辯ヲ要求スルノデアリマス、左様ナコトニスレバ、丁度胎中君ノ御說ノ通リ、一部ノ資本家ヲ助ケルガ爲ニ、多數ノ農民ノ膏血ヲ搾ルモノナリト斷ゼザルヲ得ナイ(拍手)非常ナル責任問題デアルガ、如何ニ御考ヘナサレルカ

ソレカラ第七ニ御尋ヲ致シタイノハ、兎ニ角本法ノ爲ニ莫大ナル損失ヲ致シテ居ルト云フコトハ御承知ノ通リ、又只今私ガ申述ベマシタ通リ、昭和四年度末ニ於テ一億四百万圓デアル、併シ現在損失計算ヲ立テマシタナラバ、一億五千万カラ一億六千万、或ハ一億七千万圓カラノ損ト見ルノデアリマスルガ、而モ米穀運用資金ト云フモノハ、御承知ノ通リ借入金ニ依ッテ其資金ヲ作リ、其利息モ拂ッテ行カナケレバナラヌ、而モ其利息ガ單利法ニアラズシテ、複利法ニ依ッテ利息ヲ拂フト云フガ如キコトニナッテ居ル、斯様ナモノヲ何時マデモ放ッテ置イタナラバ、ドウ云フ大キナ損ニナルカ、恰モ鼠算ノヤウナコトニナッテシマフ、殆ド此解決ヲ付ケズニ十年置キ、二十年置キシテ置イタナラバ、ドレ程大キナ損失ヲ計上シナケレバナラナイカモ知レヌト云フ虞ガアルノデアリマス、故ニ此際ニ於テ斯様ナ損ハ所謂特別會計カラ一般會計ノ方ヘ移シテシマウテ、奇麗ニ致シテ置ク必要ガアリハスマイカト思フ、即チ斯様ナモノヲ損ノアルコトヲ知ッテ、其儘放任シテ置クト云フコトハ、實ニ國家財政ニ對シテ不忠實ナルヤリ方デアルト思フノデアリマス、此點ニ付テ如何ナル御考ガアリマスカ、極メテ簡單デアリマスガ、何レ御答辯ヲ承リマシテカラ、更ニ御尋致シマス

〔國務大臣町田忠治君登壇〕

〔「簡單」ト呼フ者アリ〕

○國務大臣(町田忠治君) 土井君ノ七項ニ渉ル御尋ニ對シテ、御希望モアリマスカラ極メテ簡單ニ申上ゲマス

察スルニ米穀法ノ此改正ハ、根本的改正ヂヤナイト云フヤウナ意味カラ御尋ノヤウニ思ヒマス、土井君ハ長イ間農村問題ニ對シテ、此議會ニ於テ屡、御意見モアリマシタガ、察スルニ或ハ米ノ販賣其他ノ根本方法ヲ御考ニナッテ居ル御質問カト思ヒマス、是等モ研究シマシタガ中々案ガ出來マセヌ、故ニ私共ハ一方國家ノ力ニ依ッテ外國米ヲ管理統制スルト云フコトガ、此改正ノ一ツノ根本デアリマス、モウ一ツハ先刻ヨリ申シマスル如ク、從來ハ米ヲ國家ガ買入レルト云フ場合ニハ、米穀委員會ノ議ニ付シタモノヽ、當局者ハ唯達觀的ニ考ヘタモノデアリマシテ、何等標準ガナカッタノデアリマス、常識ニ依ッテ達觀シタニ過ギナカッタノデアリマス、此度ハ出來ルダケ米穀法ノ出動ヲ公平ニシテ、常ニ消費者ト生産者トノ利害ヲ調和セシメルト云フ趣意カラ根本的改正ヲ致シタノデアリマス、其內容ハ到底此席デハ詳シク申上ゲ兼ネマス、吾々ハ之ヲ以テ根本的改正ト見テ居ルノデアリマス

ソレカラ第二ニハ此度ノ大豐作ニ對シテ、政府ガ先ニ二百万石ヲ買入レタガ、更ニ其效果ガナカッタト云フヤウナ意味合カラ、御批評ガアッタヤウデアリマスルガ、是ハ御見解ニ私ハ御委セ致シマスルガ、此出動ヲ致サナカッタ場合ニハ、米價ガ十五圓臺ニ下リ、更ニ十四圓、十三圓ニ下ル傾ガ歴然タルモノガアッタノデアリマス、政府ガ一面外國米ノ輸入ニ對シテ嚴シク制限ヲ致スト同時ニ、農家ノ自力ニ依ッテ、此大豐穰ニ因ッテ生ジマシタ所ノ剩餘米數百万石ヲ、低利資金ニ依ッテ今年ノ端境期マデ賣出サナイト云フ、農家ノ自力ニ愬ヘタ方法ト共ニ、政府ガ二百万石ヲ買入レタ爲ニ、大體ニ於テ米價ハ今日相當ナル位置ニ安定シテ居ルコトガ事實デアリマス

ソレカラ率勢米價ノ事ニ付キマシテハ少シ私ノ說明ガ足ラナカッタカモ知レマセヌガ、今御話ノコトハ私共ノ考ト幾分カ違ッテ居リマス、私共ノ考ハ生産費、生計費ヲ調査スルニ多少ノ時日ヲ要スルガ故ニ、此正確ナル材料ガ得ラレヌ、短日月ノ間ハ已ムヲ得ズ率勢米價一ツニ依ッテ、賣出ス場合ニハ上値二割、買入ル、場合ニハ率勢米價ノ下値二割ト云フコトヲ標準トシテ出動スルト申スノデアッテ、他日生産費、生計費ノ調査ガ出來マスト、ヤハリ單リ生産費ノミニ依ッテヤラズニ、率勢米價ト生産費ヲ二ツ相對比シテ、適當ニ買入レテ價格ヲ公ニスルト云フノデアリマス、唯暫定的ニ率勢米價ヲ用ヒルト云フノハ、生産費、生計費ノ調査ガ出來タ曉ニモヤハリ率勢米價ヲ──買入レル場合ニハ生産費ト共ニ率勢米價ヲ考ヘル結果、賣出ス場合ニハ生計費ト共ニ率勢米價ト云フ二ツノ要素ヲ相參考トシテ當局ガ適當ナ標準ヲ定メルト云フ意味ハ、御尋ト少シハ違ッテ居ルヤウニ思ヒマス(土井權大君「ソレハ分ッテ居リマス」ト呼フ)

ソレカラ尚ホ從來米穀法出動以來今日マデ二割ノ上下ヲ越シタ場合ガアルト云フ數字的ノ御尋ガアリマシタ、農林省ガ提出シマシタ材料ニ依ッテノ御話デアリマシタガ、大體ニハ斯ウナッテ居リマス、三十年間ノ物價指數、米價指數ヲ本トシテ割出シタル所ノ米價率ヲ中心ト致シマスレバ、三十年ノ間ニ此大勢カラ二割上ッタ場合デアリマセヌ、又二割下ッタ場合ガアリマセヌ、大體ニ於テ此度作リマシタ所ノ率勢米價ノ大勢ニ鑑ミマスト、米價ハ一割八九分ノ間ニ止ッテ居ルノデアリマスルガ故ニ、吾々ハ率勢米價ヲ主トシテ上値二割、下値二割マデノ間ノ範圍ハ之ヲ自由ニ委シテ、ソレ以上ノ變化アッタ時ニ國家ガ初メテ出動致スト云フ大體ノ標準ヲ立テタノデアリマス

ソレカラ此度ノ八千万圓增額ヲスル特別會計ノ金デ、若シ之ニ依ッテモ足ラヌ場合ハ如何ニスルカト云フ御尋デアリマシテ、左様ナ御心配ヲセラレルノモ御尤デアリマス、併シ私共ハ一面ハ國家ガ持ッテ居リマスル米ヲ、出來ルダケ外國ニ賣出スコトヲ考ヘ、一面ニハ例年百五十万乃至二百万以上外國カラハイッテ來ル外國米ノ輸入ヲ止メ、更ニ農家ノ力ニ依ッテ二百万石乃至三百万石ヲ端境期マデ賣出サヌト云フ施設ヲ致シテ居リマスレバ、政府ガ相當ノ數量ヲ買入レヽバ、資本ノ乏シキヲ訴ヘル必要ガナイヤウニ考ヘマス、若シ強テ御尋ニナレバ、私ハ斯様ニ申ス外ハアリマセヌ、政友會內閣ノ時ニ米穀法運用ノ資金乏シイガ爲ニ七千万圓ヲ增額シテ、是デ米穀ノ調節維持ガ出來ルト云フ打算ノ上ニ、七千万圓ヲ政友會內閣デ增加セラレタノデアリマス、私共ハ此度八千万圓增額ヲ皆様ノ御協贊ヲ願ッテ居リマスル趣意モ、前內閣ガ七千万圓增額ヲスルト云フ推算ヲシタト同ジ根據デアルト御考ヘ下サレバ宜シイノデアリマス(拍手)

臺灣朝鮮ニ對スル問題ガアリマスガ、是ハ此處デ一言申シテ置キマス、當年ノヤウナ豐作ノ時ハ一切ノ外國米ガハイラヌトシテモ、朝鮮臺灣カラハイッテ來ル凡ソ一千万石以上ノ爲ニ、內地ニ於キマシテハ、米穀法ヲ運用シテ米價下落ヲ防グ、調節ヲシナケレバナラヌ事實ガ生ジタコトハ、御話ノ通リデアリマス、併シ是ハ今年ニ限ッテ生ジタル新シイ現象デアリマシテ、從來ニ於テハ朝鮮臺灣カラ數百万石ヲ常ニ移入シテモ、更ニ外國米ヲ輸入シナケレバ日本內地ノ食糧ガ足リヌト云フ實情デアリマスルガ故ニ、今年一年ノ大豐作ニ因テ生ジタル此異

例ニ依ッテ、直チニ朝鮮臺灣ニ此米穀法ヲ行フト云フ考ハ今日ハアリマセヌ、唯朝鮮臺灣ヨリハイリマスル米ヲ調節シテ、一時ニ內地ノ米穀市場ヲ壓迫セザルヤウニトシテ、數千万圓ノ低利資金ヲ朝鮮ニ與ヘテ、之ヲ調節スルト云フ施設ニ止メテ置イテアルノデアリマス、大體御尋ノコトハ……(土井權大君「モウ一ツ一億四千万圓ノ缺損ノコトヲ……」ト呼フ)是ハ大變御心配ノ點デアリマシタ、今日ノ米穀法ガ二億七千万圓ノ運轉資金ヲ有シテ居ルニ拘ラズ、凡ソ一億五千万圓、或ハ一億六千万圓ト御話ニナリマシタガ、是ハ昨年ノ十一月ノ會計年度ノ終リノ調査ニ依リマスレバ、損失ハ一億一千万圓臺デアリマス、此三月ノ會計年度ニ參リマスルト、從來前內閣時代ニモ澤山ノ米ヲ買ハレマシタ、吾々モ此度已ムヲ得ズ買ヒマシタガ、前內閣以來莫大ノ米穀ヲ買ハレタ、其計算ノ上ニ於テ、或ハ米穀ノ質ノ惡クナリマシタコト等ノ爲ニ、米穀ノ評價ヲ致ス爲ニ切下ゲタコト、或ハ從來澤山ノ借入金ヲ致シテ居リマスル、其利息ガ積リ積ッテ莫大ノ金額ニ相成ッタコト等、種々ナル原因カラ恐ラクハ此三月ノ決算ニ參リマスト、一億五千万圓位ノ缺損ト相成ルト思ヒマス、併シ土井君モ御承知ノ通リ、此一億五千万圓ノ缺損ハ、米穀ヲ買入レタ爲ニ生ズル缺損ノミデハアリマセヌ、ノミナラズ寧ロ米穀ヲ買入レタ爲ノ缺損ハ約五千万圓ニ止ッテ居リマス、主ナル缺損ノ原因ハ屢、私ガ申ス通リ、米穀特別會計法ハ有ユル特別會計法ニ於テモ一種異ッタル會計法デアリマシテ、一切ノ資金ヲ有シテ居ラヌト云フ會計デアル、事務費、事業費、總テハ借入金デ致スト云フ爲ニ、十年間ニ此借入レタ金ノ利息ガ積リ積ッテ、寧ロ米穀ヲ買入レタ爲ニ生ジタル直接ノ損失ヨリモ、資金運用ノ爲ニ借入レタ利息ノ相累計シタ其金高ガ多イ爲ニ、生ジタ缺損デアリマス、之ヲ整理スル方法ニ付キマシテハ、大藏大臣ヨリ大體ノ方針ヲ說明セラル、コト、思ヒマスルカラ、此點ハ大藏大臣ニ私ハ讓リマス(拍手)

〔國務大臣俵孫一君登壇〕

○國務大臣(俵孫一君) 硫安ノ問題ニ付テ御答致シマス、目下不當廉賣法ヲ適用スル意味ニ於キマシテ、調査シテ居ルコトハ先刻申上ゲマシタ、之ニ付テ硫安ノ値段ノ何處ヲ狙フノデアルカト云フコトデアリマシタガ、是ハ調ベテ見ナケレバ分リマセヌガ、併シ御尋ノ通リニ生產費ノ最モ低イモノヲ狙フカ、或ハ生產費ノ高イ所ヲ狙フカト云フ御尋デアリマス、詰リ私ノ考ハ餘リ生產費ノ高イ――卽チ高ク掛ル會社ヲ狙フト云フコトモ間違ッテ居ル、併ナガラ最モ生產費ノ低イ能率ノ高イ、安ク出來ルト云フ所ノミヲ狙フノモ間違ッテ居ル、兩方間違ッテ居ルト思フ、ナゼナラバ、若シ堅實ナル會社ノミヲ狙フナラバ、其他ノ會社悉クガ企業ヲ危クスルト云フ運命ニ相成ルノデアル、サウ致シマスレバ、國內ノ十數ノ肥料會社、硫安會社ノ二億カ二億何千ノ資本ヲ、全ク回收不能ニ終ラシムルト云フコトニ相成リマスルカラ、是亦重大問題デアリマス、ソレ故ニ凡ソ物ニハ中庸ガアル、其中庸ヲ採ッテ然ル後ニヤルノ外ハナイト考ヘテ居ルノデアリマス(拍手)

〔政府委員石黑忠篤君登壇〕

○政府委員(石黑忠篤君) 只今土井サンノ御質問ノ農林大臣ノ御答辯ニアリマシタ、過去ノ長イ年間ニ於キマシテ、趨勢米價ト申シマスルモノ、、上値二割又ハ下値二割ヲ割リマシタ年ガ、甚ダ僅カダト云フヤウナ話ガゴザイマシタ、私カラ事務的ニ調ベマシタ所ヲ申上ゲテ置キタイト存ジマス、是ハ私共ノ方カラ差上ゲマシタ表ノ中ノ、年別ノ平均米價ヲ或ハ御比較ニナッタノヂヤナイカト存ジマス、米穀法ガ發動致シマスルノハ、大體當該ノ月ノ米價ノ市場ガドウデアラウカト云フコトヲ見マシテ出マスノデアリマス、月別ノ平均價格ニ比較ヲ致シテ見マスルト云フト、三十七年カラ現今ニ至リマスルマデノ間ニ、二十七箇年ノ間ニ於キマシテ、上値二割ヲ割リマシタ月ノ數ガ五十八箇月ゴザイマス、年ノ數ニ之ヲ直シマスルト云フト、十箇年ゴザイマス、下値二割ヲ割リマシタ月ノ數ガ四十二箇月デゴザリマシテ、年ニ致シマスルト九箇年デゴザリマスノデアリマス、是ハ年平均ニ米價ヲ見マシテ御比較ニナリマスト、ドウシテモ平均ガ安イ所ニ落着クト云フヤウナコトニナリマスノデ、只今ノ御話ノヤウナコトノ結果ニナルノデアリマス、米穀法發動トシテ見マスト云フト、月平均ノ米價ヲ御比較ニナッタ方ガ宜カラウカト存ジマス(拍手)是ハ私ノ事務的ノ調査ヲ差上ゲマシタ結果デゴザイマスカラ、私カラ一應申上ゲテ置キマス(拍手)

〔國務大臣井上準之助君登壇〕

○國務大臣(井上準之助君) 最後ノ御質問ノ米穀需給調節特別會計ノ損失ハ、一般會計デ整理スルコトガ適當デハナイカト云フ御質問デアリマシタガ、根本方針ト致シマシテハ、一般會計デ之ヲ整理スルコトハ適當ト考ヘテ居リマス、政府モ左樣ニ考ヘテ居リマスガ、昭和六年度ヨリ之ヲ實行スルダケノ財政ノ狀態デナカッタノデアリマスガ、財政ノ狀態ノ許スダケ、成ベク早ク此方針ヲ實行シタイト考ヘテ居リマス(拍手)

〔土井權大君登壇〕

○土井權大君 極メテ簡單デアリマス、詰リ今回ノ米穀法中改正法律案ヲ以テ、根本ノ改正デアルト云フコトヲ農林大臣ガ言ハレタノデアリマスガ、眞ニ此根本ノ改正ヲヤラウトスルニ付テハ、如何ニシテ此米ノ値ヲ安定セシメルカ、數量ヲ調節スルカ、而モ國家ニ於テ成ベク此費用ヲ要セザル方法ニ依ッテヤルト云フコトガ理想デナケレバナラヌ、所カ今回ノ此改正ヲ眺メルト、從來ノ此米穀法ト殆ド五十歩百歩デアリマス、只今非常ニ功名ラシク申サレマシタ所ノ、輸出米ト輸入米ノ統一管理ト云フガ如キコトモ、現在ノ此米穀法ニ於テモ之ニ近イコトハオヤリニナッテ居ル、又出來ナイコトハナイ、唯改正ハ此趨勢米價ト云フコトダケデアリマスルケレドモ、此趨勢米價ニ致シテ見タ所ガ、前刻色々私モ申述ベマシタガ、或ハ月別或ハ年別ニ依ッテ異ナルデアリマセウガ、是トテモ決シテ完全ナル基準ト云フコトハ申サレヌノデアリマス、元來此米ヲ買上ゲルトカ、之ヲ如何ニ賣ルカ、之ニ重キヲ置カナケレバナラヌ、唯米ガ安クナッタカラ買上ゲル買上ゲルデ、段々米ノ數量ト云フモノヲ增加シ、現ニ此五百万石カラノ米モ持タナケレバナラヌ、而モ約三十圓デ買ッタモノヲ捨値打ニ賣ッテシマハナケレバナラヌ、洵ニ勿體ナイヤリ方デアル、ソレハ如何ナル點ニ缺點ガアルカト申セバ、買フト云フコトニ重キヲ置イテ、如何ニ之ヲ賣捌クカ――賣ルカ、之ニ考ガ起キテ居ラナイ、故ニ眞ニ此當面ノ解決ト致シテモ――當面的ノ根本對策ト致シテモ、米ナラ米ヲ豐年ノ年ニ買上ゲルナラバ、一時ニ過剩米ノ千万石ナラ千万石ト云フモノヲ、米ノ穫レタ時ニ買上ゲテ置ク、而シテ籾米ハ貯藏用ニ供シ、玄米ハ每月內外ニ向ッテ平均賣デ賣ルト云フコトニスレバ、市場ニ所謂一時ニ殺到スルト云フガ如キ危險ガナクシテ、米價ヲ維持スルコトガ出來ル、斯ウ云フ點ニ付テ何等ノ御考ガナイ、是デモ尙ホ根本ノ改正ナリト確信サレテ居ルト云フノハ、忌憚ナク言フナラバ、餘リ此米穀ノ實際ノ狀態ト云フモノヲ御承知ガナイト私ハ言ヒ得ルノデアリマス(拍手「ノー〱」「意見ノ相違」ト呼フ者アリ)默レ、君等ガサウ言フノハ農村ノ味方ヲセザルモノヂヤナイカ

○副議長(小山松壽君) 私語ヲシナイヤウニ願ヒマス

○土井權大君（續）所謂買上政策ノ無爲無策ト、買入米ノ販賣政策ノ無爲無策、此點ノ考慮ガ今回ノ改正ニ何等現レテ居ラナイノデアリマス、ソレト同時ニ結果ニ於テ成ベク費用ヲ要セザル範圍ニ於テ、此ヤリ方デアルナラバ、マダ〳〵金ノ掛ルモノデアル、從來ノ米穀法ト同ジ轍ヲ履ムモノナリト私ハ考ヘルノデアリマス、其點ニ付テ如何ナル御意見ガアルカト質問致シテ居ルノデアル、決シテ意見ノ相違デモ何デモアリマセヌ、疑ヲ質シテ居ルノデアル

ソレカラ其次ニ米ヲ貯藏スルト、貯藏スルガ爲ニ蟲喰デアルトカ、或ハ買換トカ、或ハ整理トカ、色々ノ事ヲヤラナケレバナラヌ、併ナガラ貯藏スルナラバ、籾米ヲ以テ貯藏スルト云フヤリ方ニスレバ、左樣ナ損失ト云フモノヲ多クシナイコトガ出來ルト私ハ考ヘル、其點ニ付テ如何ナル御考ヲ御持ニナッテ居ルカ、是ハ所謂當面的ノ根本デアリマスルガ、更ニ進ンデ、米ノ根本問題ヲ解決シヨウトスルナラバ、決シテ吾々ハ專賣ト云フコトニ囚ハル、譯デハナイ、專賣ト云フコトニ囚ハル、譯デハナイケレドモ、專賣ト同ジ效果ノアル産業合理化ト云フコトガ、此頃現内閣ニ於テハ非常ニ御好デアル、國産愛用ト云フコトガ御好デアル、此米ノ販賣販路ト云フモノハ、一ツノ系統的組合ヲ作ッテ「カルテル」應用ニ依ッテ此販賣ト云フコトヲヤレバ、卽チ米ノ價ヲ維持スルコトモ出來レバ、需要供給ノ調節モ出來ルノデアル、ソレ等ニ付テ如何ナル御研究ガアルカ

其他肥料ノ問題ニ付テデアリマスガ、只今肥料ノ問題ニ付テハ、色々ノ會社ガアル、十三モ十四モアル、其何レノ會社ニ對シテモ、倒レナイヤウニ助ケテヤラナケレバナラヌ、所ガ産業合理ト云フコトヲ言ハレルガ、産業合理ニハ色々アル、所謂生産費ヲ輕クシ、能率ヲ増進シテ、其産業合理ニ適ッタ會社ト、適ハザル會社トガアル、産業合理ト云フ上カラ言フナラバ、前者ハ現内閣ノ主張サレテ居ル産業合理ニ適ッテ、如何ニモ文化的ニ、進化的ニヤッテ居ル、之ヲ基準トシテ果シテ不當販賣ヲ撤去シ得ベキヤ否ヤ、之ヲ御考ヘナサルノガ、最モ賢明ナルヤリ方デアルト思フ、詳細ナル事ハ何レ委員會ニ於テ色々ト承リタイト考ヘテ居リマスガ、要ハドウ云フ事ヲ此頃天下ノ農民ガ言ウテ居ルカト云フナラバ、民政黨ハ兎角農村ニ味方ヲシナイ（「馬鹿ヲ言へ」ト呼フ者アリ）金融資本主義デアルト云フ憾ガ多イノデアマス、ドウカ現内閣ニ於テモ、民政黨ノ各位ニ於テモ、農村ヲ愛シ、國家ヲ愛シ、又黨ヲ愛スルト云フ意味カラ、モウ少シ農村ノ爲ニ、誠實ニ、眞心ヲ以テ改正ノ實ヲ擧ゲテ戴キタイト云フコトヲ申上ゲタイノデアリマス

（國務大臣町田忠治君登壇）

○國務大臣（町田忠治君）簡單ニ御答致シマス、土井君ハ委細ハ委員會デ御意見ヲ申サレルト云フコトデアリマシタ、土井君ノ一部專賣ニ近イ御議論ハ、公ノ新聞雜誌ニ依ッテモ大體拜見シテ居リマスガ、マダ實際ノヤリ方ハ分リマセヌ、是ハ委員會ニ於テ詳シク御話ニナルト云フコトデアリマスカラ、ソレヲ伺ッタ上デ私ノ意見ヲ申上ゲルコト、シテ、此席デハ避ケマス

最後ノ現内閣ガ農村ニ同情ガナイト云フ意味合ノ、此米穀法ニ對シテノ御批評デアリマス、私ハ茲ニ斷言シテ置キマス、米穀法ハ一面生産者ノ利害ヲ考慮スルト同時ニ、一面消費者、一般國民ノ生活ノ安定ト、農民ノ生産費ト云フモノヲ調和スルコトニ苦心致シテ居リマス

（片山哲君登壇）

○片山哲君　私ハ六點ニ分チマシテ米穀法改正ニ關スル農林大臣ノ意見ヲ伺ヒタイ—思フノデアリマス、殊ニ今日現下ノ情勢ヲ見マスルナラバ、御承知ノ通リ農村ハ窮乏其極度ニ達シテ居ルノデアリマス、之ニ對シマシテハ多クノ政策、多クノ對策ヲ其慮ニ持タナケレバナラナイノデアリマス、現レテ居リマスル米穀法ハ、果シテ今日ノ農村窮乏打破ノ對策トシテ、如何ナル效果ヲ發揮スルコトガ出來ルカ、サウ云フ點ニ付テ大イニ考慮ヲ拂ッテ行カナケレバナラナイト思フノデアリマス、從テ時間ヲ節約致シマスル爲ニ、先ヅ質疑ノ要點、題目ヲ擧ゲテ見タイト思ヒマス

第一ハ今日ノ如キ深刻ナル農村窮乏ヲ打破スル對策ト致シマシテ、其根本的改正トシテ、此米穀法ハ出サレテ居ルト云フノデアリマスガ、今日根本的農村窮乏打破ノ對策トシテ、果シテ適當ト考ヘテ居ルモノガアルカ否ヤト云フコトヲ伺ヒタイノデアリマス

第二ハ今日ノ農村窮乏ノ對策トシテ玆ニ米穀法ノ改正ヲ提出致シテ居リマスガ、之ニ付キマシテハ其對策ト致シマシテ、窮乏其極度ニ達シテ居リマス今日ノ農村經濟事情ヲ、如何ニ農林大臣ハ考ヘルカト云フ事ヲ伺ハナケレバナラナイ、資本主義ガ今日ノ如ク第三期ニハイッテ居リマス時ニ、工業資本狀態ト農村經濟狀態ヲ農林大臣ハ如何ニ考ヘテ居ルカ、農村ノ特別事情ト云フコトヲ今日考ヘルカ、日本ノ農村ノ特殊性ト云フコトヲ農林大臣ハ如何ニ考ヘテ居ルカト云フコトヲ伺ヒタイノデアリマス

更ニ第三點ト致シマシテハ、其特殊性ト申シマスルモノハ、工業産業ニ用ヒラレテ居リマス所ノ工業資本主義ト違ヒマシテ、ヤハリ今日我國ニ於ケル農村ハ封建的經濟組織ガ尙ホ深ク殘存シテ居ルト云フコトヲ考ヘナケレバナラナイノデアリマス、是ハ今日特ニ日本ノ農村ガ疲弊シ、窮乏ガ其極度ニ達シテ居ル原因デアルト云フコトヲ考ヘテ行カナケレバナラナイ、此特殊性ヲ認メテ、卽チ封建的經濟組織ガ尙ホ殘存スルモノデアルト云フ點ニ着眼致シテ行カナケレバ、是等ニ對スル對策ハ到底立テ得ルモノデナイ、又隨テ米穀法ト云フモノヲ幾ラ改正致シタ所ガ、ソレハ殆ド價値ノ無イモノニ終ッテシマフト云フコトヲ、能ク考ヘテ行カナケレバナラナイノデアリマス、之ニ對スル農林大臣ノ所見ヲ伺フ譯デアリマス、

第四點ハ今日ノ農村ノ窮迫ノ原因ト云フモノハ何デアルカト云フコトヲ考ヘテ見マスルナラバ、資本主義、經濟組織ガ農村ニ深ク及ンデ居ルト云フノデハナクテ、工業資本主義ノ經濟組織ガ農村ヲ搾取シテ居ル狀態ニナッテ居ルノデアリマス、農村ヲ踏臺ニ致シマシテ、今日工業産業——工業資本主義ガ極度ニ發展ヲ致シテ居ルト云フコトヲ考ヘテ行カナケレバナラナイ、第二ハ先程申シマシタ封建的經濟組織ノ結果、地主ノ搾取ト云フコトガ今日小作人ヲ非常ニ窮乏ニ陷レテ居ルモノデアル、卽チ資本ト地主ノ搾取ト云フコトヲ考ヘテ、之ニ對スル對策ヲ立テ、行クニ非ザレバ、到底農村ノ窮乏ヲ破打スルコトガ出來ナイト云フコトヲ考慮シナケレバナラナイ、之ニ關スル農林大臣ノ所見如何ト云フコトヲ聽キタイノデアリマス

第五ニハ此農業生産ノ生産費ト云フモノハ、工場工業ノ生産費ト違ヒマシテ、生産費固定ノ狀態ニナッテ居ル、生産費ヲ切下ゲヤウト思ッテモ、ソレハ農村生産物ニ限リマシテハ固定シテ居リマスカラ、之ヲ切下ゲルコトガ出來ナイ狀態ニナッテ居ルノデアリマス、サウ云フ特殊狀態デアリマスカラシテ、其生産費ヲ切下ゲル爲ニ特殊ナル方法ヲ其處ニ用ヒナケレバナラナイ、其特殊ナル方法ト致シマシテ、農相ハ如何ナル所見ヲ持ッテ居ルカ

第六ハ根本的對策ト致シマシテ、斯樣ナ彌縫的ナ、斯樣ナ生溫イ米穀法ノ改正ニ依ッテ、此窮迫セル農村ノ窮狀ヲ打破スルコトハ斷ジテ出來ナイ、ソレニハモット深ク、モット根本的ノ對策ヲ立ツルニアラザレバ、到底此窮乏ヲ打破スルコトガ出來ナイト云フ

コトヲ、吾々ガ考ヘルノデアリマス、是等ニ對スル所ノ根本對策ガ如何デアルカト云フコトヲ伺ヘナケレバナラナイノデアリマス

以下極メテ簡單ニ要約致シマシテ、其點ヲ說明致シタイト思ヒマス、第一點ハ農林大臣ハ米穀法ハ根本的改正デアルト言フノデアリマス、大正十年ニ之ヲ制定シ、大正十四年ニ之ヲ改正シ、其趣旨ニ於テハ變化致シテ居リマス、特別會計ノ金ノ問題ニ付キマシテモ、漸次增加致シテ居ルノデアリマス、ヂリ〳〵ボツ〳〵ト之ヲ改正致シマシテ、サウシテ今日之ヲ根本的ニ改正スルト云フ其案ガ、極メテ微溫的ナ、極メテ生溫イ案トシテ、今日玆ニ現レテ居ルノデアリマス、斯樣ナ狀態デ是ガ今日我ガ國民ノ此食糧問題、或ハ生產問題ニ重大ナル關係ヲ持ッテ居リマスル所ノ、米穀對策トシテノ根本策デアルト云フコトヲ聽キマシテ、吾吾ハ非常ナル失望ト忿懣ヲ感ゼザルヲ得ナイノデアリマス、卽チ農村窮乏打破ノ對策ト致シマシテ現レテ居リマスル所ノ米穀法改正ノ如キハ、極メテ微溫的デアリ、極メテ效果ノ無イモノデアルト云フコトヲ言ハザルヲ得ナイノデアリマス、之ヲ根本的對策デアル、根本的改正デアルト言フニ至ッテハ驚カザルヲ得ナイ、是等ニ關シマシテ之ヲ根本的改正デアルトシテ、農相ハ出サレテ居ルノデアリマスルケレドモ、其根本觀念ヲ吾々ハ質問致シタイノデアリマス

更ニ第二點ニ關聯シテ、此第一點ノ問題ハ御答辯ヲ願ハナケレバナラナイ、第二點ハ我國ノ此農村經濟事情ニ特殊性ノアルト云フコトニ著眼シテ行クニ非ザレバ、農村對策ト云フモノハ斷ジテ其處ニ立テルコトガ出來ナイノデアリマス、卽チ日本ノ農村經濟組織ト申シマスルモノハ、資本主義ノ工業勞働狀態、或ハ工業資本主義ノ狀態ハ、其儘ソックリ及ンデ居ルモノデハ決シテアリマセヌ、御承知ノ通リ農村經濟ハ極メテ小規模、小企業組織ニナッテ居リマス、或ハ又小地主ノ經營ノ下ニソレガ委ネラレテ居ルノデアリマス、又耕地組織ノ點ヲ考ヘテ見マシテモ、極メテ小耕地組織ニナッテ居ルノデアリマス、卽チ小資本經營ノ組織ニ委ネラレテ居ルノデアリマス、隨テ昔ナガラノ封建的農奴組織ノ狀態ヲ續ケテ居ル、昔ノ六公四民、五公五民デアルトカ云フヤウナ地主ト小作人ノ分配關係ガ其儘今日モ殘ッテ居ルト云フヤウナ狀態デアリマス

卽チ斯樣ニ致シマシテ舊式ナ封建的經濟組織ガ、今尚ホ儼然トシテ我國ノ農村經濟狀態ニ其儘存在致シテ居リマスル時ニ、今日ノ農村ノ不景氣ハ世界的不景氣ガ其儘農村ニソックリ及ンダト云フ風ニ考ヘデ居ルト考ヘルノハ、極メテ呑氣ナ狀態デアルト言ハナケレバナラナイ、此特殊性ヲ能ク考ヘテ、之ニ對スル對策ヲ立テ、行クニ非ザレバ、今日ノ農村窮乏ハドウシテモ打破スルコトガ出來ナイト云フ點ヲ、能ク留意シテ行カナケレバナラナイノデアリマス、隨テ窮乏打破ノ問題ニ付キマシテハ、工業資本ノ搾取ト云フコトヲ止メル方策ヲ講ジテ行カナケレバナラナイ、農村ヲ踏臺トシ、農村ヲ利用シ、農村ヲ自分達ノ利益ノ爲ニシテ、今日ノ工業資本主義ガ發達致シタト云フコトヲ考ヘテ行カナケレバナラナイノデアリマス、斯ウ云フ譯デアリマスルカラ、玆ニ此特殊性ニ對スル對策ヲ農林大臣ハ立テ、行カナケレバナラナイ、其特殊性對策ト云フモノハ如何デアルカト云フコトヲ私ハ質問致シタイノデアリマス、商工大臣ハ盛ニ產業ノ合理化ヲ唱ヘテ居リマス、機械化ヲシナケレバナラナイ、或ハ勞力ノ節約ヲシナケレバナラナイ、生產費ノ低下ヲヤッテ行カナケレバナラナイ、斯樣ニ產業ノ合理化ヲ極度ニ發展セシメテ行カナケレバナラナイト云フコトヲ、强調致シテ居ルノデアリマスルガ、果シテ今日ノ農村經濟組織ニ、今日ノ所謂產業ノ合理化ト云フコトガ、其儘ソックリ適用スルコトガ出來ルデアリマセウカ、斷ジテ今日ノ所謂產業ノ合理化ト云フモノハ、農村ニ於テハ適用サレナイ、機械化サレナイ、電氣化サレナイ、小企業ノ狀態ハ尙ホソックリ其儘殘ッテ居ルト云フヤウナ狀態デアリマス、斯ウ云フヤウナ特殊狀態ニ對スル對策ヲ、特別ニ立テテ行カナケレバナラナイノデアリマス

ソコデ我國農村ノ生產費ノ構成要素ヲ更ニ解剖シテ行カナケレバナラナイ、生產費構成要素ハ工業資本ノ狀態ト、農村經濟組織ノ狀態トハ非常ニ違ッテ居ルノデアリマス、都市工業ノ生產原價ハ主トシテ原料費ト勞働賃銀ニ依ルノデアリマス、隨テ資本主義ノ下降期ニ當面致シマシテ、漸次是ガ削減サレタリ、或ハ切下ゲラレタリ致シマシテ、所謂生產費ト勞働賃銀ノ低下ト云フコトガ其處ニ現レテ參リマス、所ガ農村ノ生產費ハ何デアルカ、是ハ細カク統計ヲ擧ゲテ申シマスレバ明瞭デアリマスケレドモ、今日其時間ヲ持チマセヌカラ、ソレヲ省略致シマスルガ、何レニ致シマシテモ、農村ノ農業狀態ノ生產原價ト申シマスルモノハ、原料費或ハ又勞銀ニ依ルノデハナクシテ、ソレハ稅金デアル、ソレハ肥料代デアル、ソレハ金ノ利息、利子デアル、此三ツガ寄ッテ今日ノ農村ノ生產費トナリマシテ、ソレガ今日固定致シテ居ルノデアリマスカラ、ドウシテモ是ハ切下ゲルコトガ出來ナイ、之ヲ下ゲルコトハ出來ナイ、デアリマスカラ生產費ノ切下ゲト云フ問題ヲ極メテ簡單ニ考ヘタ所ガ、今日ノ狀態、特殊性ト云フコトニ對スル對策ヲ立テルニ非ザレバ、此生產費ノ切下ゲハ斷ジテ出來ナイ、是卽チ今日ノ資本主義ニ當ッテ、現內閣ガヤッテ居リマス產業合理化ノ組織ヲ、其儘農村ニ適用スルコトガ出來ナイ狀態デアルト云フコトヲ言ハザルヲ得ナイノデアリマス、卽チ一般ノ景氣不景氣ハ今日ノ工業資本主義ニハ極メテ直接ニ反射、反映致シマスルケレドモ、農村ノ特殊經濟組織ニハ今日ノ不景氣ハ直射ハ致シマセヌ、自然的崩壞ニ依ッテ、世界的不景氣ハ來ラズトモ、斯樣ニ不健全ナル、斯樣ナ「バラック」的組織ニ依ッテ出來上ッテ居リマスル封建的經濟組織ハ、自ラノ發展ニ依ッテ崩壞シナケレバナラナイ狀態ニ立ッテ居ルノデアリマス、此特殊性ニ對スル認識ヲ誤ラザルヤウニ立テ、行カナケレバナラナイノデアリマス、斯ウ云フ考ヲ持ッテ行カナケレバナラナイト云フノデアリマスルガ、果シテ農林大臣ハ是等ノ日本特有ノ狀態ニ對シテ如何ナル所見ヲ持ツカト云フコトヲ質問致シタイノデアリマス、言換ヘテ見マスレバ、今日ノ農村經濟組織ハ非常ナ疾患ヲ持ッテ居ルノデアル、病疾ヲ持ッテ居ルノデアル、病根ヲ持ッテ居ルノデアリマス、此病根ヲ救フニ非ザレバ、斷ジテ玆ニ新シイ展開ヲ見出スコトガ出來ナイノデアリマス、人口ノ半分ヲ占メテ居リマスル所ノ今日ノ農民ハ、自分ノ作ッタ物ヲスラ食フコトノ出來ナイヤウナ、窮乏ノ底ニ陷ッテ居ルノデアリマス、何故デアルカト云フコトヲ考ヘテ行カナケレバナラナイ、其處ニ於テ私ハ工業資本主義ノ資本ノ壓迫ヲ排除スルト云フ方策ヲ立テ、行カナケレバヤラナイ、資本ノ壓迫ヲ排擊スルト云フ方策ヲ今日立テナケレバナラナイ、第二ハ又地主ノ壓迫ヲ今日ハ排除スル方策ヲ立テ、行カナケレバナラナイノデアリマス、斯樣ナ二ツノ方法ヲ立テ、行クニ非ザレバ、今日ノ農村ニ對スル對策トシテハ何等價値ナイモノト言ハザルヲ得ナイノデアリマス、ソコデ資本ト地主ノ搾取ヲ排除致シマスル方策トシテ、如何ナル案ガ其處ニ出テ參ルカト申シマスルナラバ、是ハ先ヅ今日問題トナッテ居ル所ノ肥料ノ問題デアリマス、先程カラモ度々不當廉賣ノ問題ガ此處ニ現レテ參リマシタガ、此點ニ付キマシテモ特ニ農林大臣ニ聽キタイノデアリマス、商工大臣ハ不當廉賣法ヲ適用シタイ意見ヲ

持ッテ居ルト云フコトヲ言ハレタノデアリマス、農林大臣ハ果シテ同一意見ヲ持ッテ居ルカ、不當廉賣法ヲ適用シテ安イ肥料ガ農村一般ニ普及サレル、之ヲ配布サレルコトヲ農林大臣ハ止メルト云フ考ヲ持ッテ居ルノデアルカ、然ラバ今日ノ肥料政策ト云フモノハ、農林大臣トシテ如何ナル對策ヲ持ッテ居ルカ、吾々ハ是ニ於キマシテ生産費固定ノ原因ヲナシテ居リマスル所ノ肥料ハ、資本家ノ事業ニ委シテ置クコトナクシテ、或ハ又之ヲ一部ノ特殊ノ營利事業トシテ之ヲ委スコトナクシテ、資本主義ノ組織カラ之ヲ排撃致シマシテ、農民ガ最モ必要デアリマスル所ノ今日ノ肥料ハ、宜シク國營、公營ニシナケレバナラヌト云フコトヲ私共ハ考ヘテ居ルノデアル、斯樣ニ致シマスルナラバ、生産費低下、生産費ヲ切下ゲルコトハ極メテ簡單ニ出來ルノデハナイカ、卽チ肥料公營ニ對スル對策ヲ立テルニ非ザレバ、農村窮乏ヲ打破スルコトガ出來ナイ、農林大臣ハ簡單ニ今ハ其時機デハナイ、或ハ今是ハ考慮中デアルト云フヤウナ、極メテ簡單ナル言葉ヲ以テ之ヲ葬去ルカモ知レマセヌケレドモ、併ナガラ最モ重大ナル問題デアル、其觀念、其知識ヲ吾々ハ十分ニ此機會ニ於テ聽カザルヲ得ナイノデアリマス

　更ニ又今日米穀ノ問題ニ付キマシテ、先程土井君カラモ專賣ノ問題ガアリマシタ、「カルテル」ノ問題モアリマシタ、吾々ハ組合ノ手ニ之ヲ移スコトナクシテ、更ニ進ンデ國家ガ之ヲ經營スル、所謂米穀ノ公營ヲシテ行カナケレバナラヌ、而シテ生産費ノ問題モ、消費者ニ對スル問題モ、總テ國家統制經濟ノ下ニ之ヲ統制シテ行クニ非ザレバ、此米穀問題ハ斷ジテ解決サレルモノデハナイト私ハ信ジテ疑ハナイノデアリマス、ソレデアルカラ私ハ單ニ一部ノ人々ニ之ヲ委スト云フヤウナ組織テハイケナイ、宜シク是ハ國家ガ統制ノ力ヲ以テ經營致シマスルナラバ、今日米穀法改正ノ改正條項トシテ現レテ參リマシタ所ノ、所謂生産費ノ問題、或ハ家計費ノ問題、或ハ趨勢米價ニ關スル極メテ面倒臭イアノ計算ナドハ、國家ハ自分ノ力ヲ以チマシテ之ヲ統制スル、而シテ生産者ニ對スル生産費モ之ヲ十分ニ考ヘテ行ク、肥料公營ノ問題、種子公營ノ問題、分配ノ方法ニ付キマシテモ、ソレゾレ國家統制ノ經濟組織ノ下ニ於テ、新シキ力ヲ其處ニ及ボスナラバ、優ニ此生産費ノ問題ヲ解決スルコトガ出來ル、而シテ又消費者ニ向ヒマシテハ、極メテ安ク消費シ得ルヤウニ、食糧問題ヲ解決スルコトガ出來ルト云フ立場ニ立ッテ行クノデアル、此兩方ノ問題ヲ解決スル爲ニハ、ドウシテモ國家經營ノ下ニ進ンデ行クニ非ザレバ、斷ジテ出來ナイト云フコトヲ私ハ考ヘテ居ルノデアリマス、斯樣ニ考ヘテ行カナケレバナラナイガ、今日ノヤウナ微溫的ナル米穀法ノ改正、農林大臣ハソレハ根本的改正デアルト言ヒマスケレドモ、此生産費計算ノ問題ニ付テ、直チニ行詰ッテ來ルト思フノデアリマス、今日帝國農會ノ調査ニ依リマシテモ、先程農林大臣ガ言ハレマシタヤウナ生産費トハ全然違ッテ居ル、生産費ヲ非常ニ食込マシテ、非常ニ之ニ損害ヲ與ヘルト云フヤウナ事ガ、其處ニ出テ來ルニ相違ナイト思フ、米穀法ノ適用ニ依ル所ノ基準米價、買上ノ基準米價ト云フモノハ、恐クハ今日ノ無産大衆ヲ泣カシメ、之ヲ壓迫スルヤウナ計算關係ガ其處ニ出テ來ルト云フコトハ當然デアリマス、斯樣ナ狀態デ果シテ今日ノ窮乏セル農民ニ對スル對策トシテノ、米穀法改正ノ價値アリヤ否ヤト云フコトヲ疑ハザルヲ得ナイノデアリマス、吾々ハ是ニ於キマシテ、此米穀法改正ヲ機會ト致シマシテ、今日ノ内閣ノ農村對策ヲ玆ニ明カニ現シテ行カナケレバナラヌ、農村對策ヲ現シテ、其基本ノ下ニ米穀法改正ト云フコトニ及ンデ來ナケレバ、米穀法ハ殆ド死物ニ等シイト云フコトヲ斷言セザルヲ得ナイノデアリマス、以上先程來申シマシタ六點ニ付テ、農林大臣ノ明快ナル御答辯ヲ促ス次第デアリマス

〔國務大臣町田忠治君登壇〕

○**國務大臣（町田忠治君）**　片山君ニ極メテ簡單ニ御答致シマス、片山君ガ此委員會ニデモ御出席下サレバ、詳シク申上ゲタイト存ジマス、唯玆ニ片山君ノ御質問ノ根本ニ對シマシテ、私共ハ今日御協贊ヲ願ヒマスル米穀法ノ根本改正ト、國家社會政策ヲ基礎トシテ立論サレタ所ノ農村問題トハ、切離シテ御考ヲ願ヒタイト思ヒマス、今日ノ農村ハ何人ガ考ヘテモ疲弊困憊ト申シテ宜シイノデアリマス、之ニ對シテ現内閣ハ、有ユル施設ヲ致シテ之ヲ緩和スルコトヲ努メテ居リマス、併シ此米穀法ハ今日ノ農村ノ窮乏ヲ救濟スルヲ目的トシタル米穀法デハアリマセヌ、此米穀法ハ國家百年ノ根本政策トシテ、生産者ト消費者ノ利害ヲ調和スルコトヲ目的トシタル米穀法デアリマシテ、片山君ガ御話ノ、平生御主張ヲサレテ居ル所ノ國家社會政策ト、此米穀法ヲ一緒ニシテ御質問ニナルノハ、甚ダ私ハ遺憾ニ考ヘマス

　ソレカラ今日ノ農村政策ニ對スル種々ナル御尋ガアリマシタガ、實ハ此處カラ簡單ニ御答スルヤウニ質問ガハッキリ分ッテハ居ラズ、唯平生御主張ナサル所ノアナタ方ノ政策、御意見ヲ承ッタニ過ギマセヌ、私ハ適當ナル時ニ……（「肥料ノ公營ハ」ト呼フ者アリ）肥料公營ノ問題並ニ米穀ヲバ國家之ヲ統理スルト云フ、國家專賣論ノ如キ御主張ガアッタヤウニ承リマシタ、米ニ對シテハ國家專賣、並ニ肥料ニ對シテモ等シク國家之ヲ經營スル、國營ニ移スト云フヤウナ御議論ノヤウニ承リマシタ、私共ハ肥料ノ國營ト云フコトモ一ツノ考方デアリマスガ、肥料ノ製造販賣ニ付テ國家ガ自ラ責任ヲ執ッタ場合ニ果シテ民間ノ自由競爭ニ委シテ居ッタ時ヨリモ、安ク一般農民ニ肥料ガ行ケルト云フ結論ニハマダ達シテ居リマセヌ、國家自ラ肥料ノ製造經營ニ當ッタ際ニハ、民間ノ自由競爭ニ委シタ場合ヨリモ、肥料ガ安ク全國ノ農民ニ配布セラル、ト云フ確信ニハマダ達シテ居リマセヌ、肥料ニ對スル私ノ考ハ左樣デアリマス

○**作田高太郎君**　本案ニ對スル質疑ハ此程度ヲ以テ終局セラレンコトヲ望ミマス

○**副議長（小山松壽君）**　作田君ノ質疑終局ノ動議ニ御異議アリマセヌカ

〔「異議ナシ」ト呼フ者アリ〕

○**副議長（小山松壽君）**　御異議ナシト認メマス、仍テ質疑ハ終局致シマシタ――日程第三、右各案ノ審査ヲ付託スベキ委員ノ選擧ヲ議題ト致シマス

第三　右各案ノ審査ヲ付託スヘキ委員ノ選擧

○**作田高太郎君**　各案ヲ一括シテ議長指名、二十七名ノ委員ニ付託セラレンコトヲ望ミマス

○**副議長（小山松壽君）**　作田君ノ動議ニ御異議アリマセヌカ

〔「異議ナシ」「異議ナシ」ト呼フ者アリ〕

○**副議長（小山松壽君）**　御異議ナシト認メマス、仍テ動議ノ如ク決シマシタ――日程第四、刑事補償法案ノ第一讀會ヲ開キマス――川崎政府委員

## 議長ノ報告

帝室ノ御安泰ト治安維持法ノ關係ニ付テノ質問主意書

右成規ニ據リ提出候也

昭和六年一月二十九日

提出者 尾崎 行雄

帝室ノ御安泰ト治安維持法ノ關係ニ付テノ質問主意書

我ガ國ニ於テ、立法行政ノ局ニ當ル者ハ、皇室ノ怨敵モ(若シ有リトスレバ)尚ホ之ヲ化シテ、忠良ナ臣民ト爲スベク努力シナケレバナラヌ。然ルニ治安維持法ハ、國體問題ト經濟問題トヲ混同シ、而モ之ニ臨ムニ嚴刑酷罰ヲ以テスルガ故、單純無思慮ノ輩ヲシテ、動モスレバ誤ッテ國體違犯ノ罪ニ陷ラシムル憂ガアル。

該法制定以來歲月尚ホ淺シト雖モ、之ニ因テ起訴セラレタ者、既ニ一千三百六十餘名ニ及ンデ居ル。而モ其ノ大多數ハ、優秀ナル青少年ニシテ、籍ヲ高等學府ニ置ク者多シト聞クニ及ンデハ、上ハ皇室ノ爲、下ハ萬民ノ爲眞ニ憂慎ニ堪ヘザル次第デアル。

現在ノ儘ニテ經過スレバ、君主國體變革ノ嫌疑ヲ以テ收監セラレル者、每年恐ラクハ數百名ノ多キニ達スベク、而モ一旦此ノ如キ忌ハシキ罪名ヲ負ヘセラルレバ、終身之ヲ拂拭スルコトガ出來ナイ。假令悔テ之ヲ改メントスルモ、世間公衆ハ、他ノ前科者ニ比スレバ、一層太ダシク之ヲ虐待スベキガ故、勢ヒ已ムヲ得ズ、決死的盲動ヲ繼續セザルヲ得ザルニ至ルデアラウ。

第一問 政府ハ皇室ノ爲此ノ恐怖スベキ事態ヲ改善スル意旨ナキ乎。

元來君主國體ト私有財產制度トハ、全然何等ノ因緣モナキ別物デアル。加之我ガ國ニ於テハ、君主國體ハ永久不變ノモノデアラネバナラヌ。故ニ其ノ變革ヲ目的トスル所ノ運動ハ、建國ノ根本ヲ覆ヘスベキ大事件デアッテ私有財產制度ノ否認ト、日ヲ同ジクシテ語ルベキ問題デハナイ。私有財產制度ハ、君主國體ト違ヒ、決シテ永久不變ノモノデハナイ。現ニ今日デモ、或ハ所得稅ノ遞增率ヲ增加スルガ如キ、或ハ多大ノ相續稅ヲ徵課スルガ如キ、或ハ次第ニ市營物國營物ヲ增加スルガ如キ、又或ハ頻リニ貨幣價値ヲ增減シテ、事實ニ於テ財產ヲ與奪スルガ如キ、何レモ皆私有財產制度ニ向ツテ加ヘラレル所ノ斧鉞ニ非ザルハナイ。將來ハ愈々此ノ傾向ヲ增加シ、相續稅ハ益々增加サレ財產稅モ亦早晚新設セラレルカモ知レナイ。此ノ如クシテ、私有財產制度ハ、年處ヲ經ル每ニ修正縮小セラレテ、假令全部否認サレナイ迄モ、段々否認ニ近イ狀態、即チ國有主義又ハ均產主義ニ進ミ行クノハ、民衆政治當然ノ結果デアラウ。然ルニ之ヲ君主國體ト同ジク神聖不可侵ナルモノノ如ク誤解シ、之ヲ同一ノ法律ニ列記シテ、國體ノ變革ヲ企ル者ト、私有財產制度ヲ否認スル者トヲ嚴罰スル以上ハ、自ラ左記二樣ノ結果ヲ生ズル。

(1) 法律執行ノ任ニ當ル警察官判檢事等ヲシテ、私有財產制度ヲ否認スル者ヲ觀テ、直チニ君主國體ノ變革ヲ企圖スル者ト想定セシムル憂ガアルコト。

(2) 我ガ國ノ富豪中ニハ、皇室ノ庇蔭ニ賴テ、其ノ私有權ヲ防衛セント欲スルガ如キ心得違ヒノ者ノナイコトハ勿論ノ次第デアルガ、尚ホ世ノ短慮淺見者流ヲシテ、彼等ニ對シテ城狐社鼠ノ憤怨ヲ懷カシムル恐アルコト。

世ノ所謂共產主義者ト雖モ、恐ク不忠不義ノ人ノミニハ非ザルベク、中ニハ皇室崇敬ノ念慮ニ富ム者モアルベケレド、勢ヒ右ノ如クナレバ一ハ他働的ニ、一ハ自働的ニ君主國體變革ノ罪名ヲ負ハザルヲ得ザルニ至ルノデアラウ禍累ヲ帝室ニ及ボスコト、實ニ是レヨリ深大ナルハナイ。又舉國富豪ノ爲ニモ是レ程迷惑ナ法律ハアルマイ。

第二問 政府ハ、此ノ事實ヲ知ラズシテ、今尚ホ該法ヲ維持スル乎。

第三問 若シ右ノ恐怖スベキ事實ハ、之ヲ熟知スルモ、他ニ已ムヲ得ザル理由アッテ、今尚ホ該法ヲ維持スルト云ハバ、其ノ理由ヲ示サレタシ。

人ノ思想ハ、法律ヲ以テ、之ヲ支配シ得ベキモノデハナイ。若シ强テ之ヲ爲サントスレバ、益々其ノ思想ヲ惡化セシメルバカリデアル。其ノ實證ハ、遠キハ、秦ノ始皇ノ焚書坑儒ニ在リ、近キハ、露獨二帝國ガ、法律ノ力ニ因テ、社會主義ヤ共產主義ヲ禁壓セントシテ、却テ此ノ兩主義者ノ爲ニ、破滅ノ災ヲ招ケルニ在ル。之ニ反シテ、右等ノ思想ノ研究ハ勿論、其ノ流布宣傳迄モ公許セル英國ニ於テハ、現ニ社會主義ノ勞働黨ガ、總選擧ニ多數ヲ得テ、內閣ヲ組織シテ居ルガ、其ノ言動穩健ニシテ、毫モ帝國ヲ破滅セシムルガ如キ憂ハナク、帝室ハ依然其ノ尊榮ヲ繼續シテ居ル。

我ガ國ハ、秦皇及ビ獨露ノ覆轍ヲ踐ムベキ乎。或ハ英國ノ事跡ヲ參酌採用スベキ乎。苟モ忠君愛國ノ至誠アル者ノ宜シク深思熟慮スベキ所デアラウ。

孔子ハ「國ヲ有チ家ヲ有ツ者ハ、寡キヲ患ヘズ、均シカラザルヲ患フ。貧シキヲ患ヘズ、安カラザルヲ患フ」ト說イテ、均產主義ヲ敎ヘタ。又我ガ帝室ハ、大化ノ新政ニ際シテハ、班田ノ制ヲ行ヒ、下民ノ困弊ヲ愍ンデハ、貧富均濟ノ大詔ヲ煥發シ給ウタ(桓武天皇御即位二十二年)即チ我ガ帝室ガ均產主義ヲ是認シ、或ル程度迄之ヲ實行シ給ヘル事蹟ハ、歷史ノ明記スル所デアル。

又共產主義ト國有主義トハ、之ヲ國家ノ範圍內ニ行フニ方ッテハ、何處ニドレダケノ相違アル主張ナルヤ、我ガ國ニハ驚クベキ多量ノ國有財產ガアルガ、國有ハ、即チ國民ノ共有デアルカラ、國有財產ニ限リ、共產制度ヲ實行シ居ル譯ニハ非ザル乎。一部ノ共產ハ之ヲ是認シナガラ、全部ノ共產ハ、之ヲ口ニスルダモ、尚ホ嚴刑酷罰ヲ以テ之ニ臨マネバナラナイト云フ理由ト根據ハ何レニ在ルヤ。

財產全部ノ共有、即チ共產主義ヲ罪惡ト爲ス以上ハ、一部ノ共有即チ鐵道、道路、橋梁、土地、山林、郵便、電信、電話等ノ國有モ、亦之ヲ罪惡ト爲サネバナラナイ道理デハアルマイ乎。

要スルニ、均產主義ト共產主義、國有主義ト共產主義等ノ差違及ビ其ノ利害得失、又帝室ト均產、共產及ビ國有主義ノ關係等ハ虛心坦懷以テ研究考慮スベキ問題デアル。未ダ何等ノ研究ヲモ積マズ、僅カニ其ノ名ヲ聞テ、直チニ之ヲ排斥スルハ宜シクナイ。

現在ノ共產主義者中ニハ、貧富ノ懸隔ト、從ッテ生ズル所ノ弊害ヲ憂ヘテ、其ノ救治策ヲ共產主義ニ、求メタ者モ少ナクハアルマイ。ソレ等ノ者ハ、均產主義ヤ國有主義ガ或ル程度迄實行セラレ、貧富ノ懸隔ガ減少スルト同時ニ生產ノ資本力ガ國有ニ爲レバ、ソレデ滿足スルノデハアルマイ乎。果シテ然ラバ、此等ノ人々ハ、皇室ヲ尊崇敬慕シ奉ルベキ理由コソアレ、決シテ之ヲ怨恨シ、之ニ反對スベキ理由ハナイ。

共產主義者ニシテ苟モ其ノ主義ニ忠ナラバ、我ガ國ニ於テハ、寧ロ皇室ヲ推戴シ、之ヲ中心勢力トシテ、其ノ主義ノ實行ニ努ムルノガ正路デアリ捷徑デアルコトヲ悟ルベキデアル。彼等ノ内ニ、若シ私有財產制度ニ反對スルト同時ニ、君主國體ニモ反對スル者ガアルナラ、ソレハ王朝時代ノ歷史ヲ知ラザル無學不研究ノ致ス所デアラウ。

露獨ノ帝室ハ、貴族富豪其ノ他特權階級ノ前衛トナツテ、之ヲ防護シタカラ、共產黨ヤ社會黨ノ爲ニ亡サレタ。若シ狐鼠ヲシテ、城社ニ隱レサセサヘシナケレバ、誰レモ好ンデ城社ヲ焚キハシナイ。

最初ノ治安維持法ハ、國體ノ變革又ハ私有財產制度ノ否認ヲ企ル者ヲ罰スルニ、十年以下ノ懲役又ハ禁錮ヲ以テシタ。然ルニ政府ハ此ノ罰則ヲ以テ輕キニ失スルモノト爲シ、國體ノ變革ヲ企ル者ヲバ、死刑又ハ無期懲役ニ處スコトニ改正シ、議會モ之ヲ承認シタ。其ノ意蓋シ刑罰ヲ嚴重ニスレバ、以テ大ニ違犯者ヲ減少スルコトガ出來ルト誤信シタカラデアラウ。

然ルニ此ノ豫想ハ全然裏切ラレ、改正以前ニ起訴セラレタ者五百七十名ニ對シ、改正以後ニ起訴セラレタ者ハ、殆ンド八百名ニ達シ、且ツ其ノ運動ハ、却テ益々危激ニ赴キ、當局者ヲシテ茫然自失セシムルニ至ツタ。警察官ノ殺傷セラレル者、意外ノ多數ニ上レルガ如キハ、其ノ一例デアル。政府ガ嚴刑酷罰ヲ以テ、之ニ臨メバ、臨ム程、彼等ノ運動ハ愈々危險性ヲ帶ブルニ至ツタ。法律ガ死刑ヲ以テ彼等ヲ待テバ、彼等モ亦決死ノ覺悟ヲ以テ、之ニ對抗スルノハ、人情ノ自然デアル。斯クテ共產運動ハ、一方ニ於テ決死的運動トナルト同時ニ、他方ニ於テハ、思慮ニ乏シキ靑少年ノ血液ヲ沸騰セシメ、逮捕監禁愈々多クシテ、其ノ信徒愈々增加シ、遂ニ宗教的色彩ヲ帶ブルニ至ルノデアル。

第四問　政府ハ眼前ニ右等ノ事實ヲ見ナガラ、尙ホ嚴刑酷罰ノ百害アツテ、一利ナキコトヲ悟ラザル乎。

第五問　苟モ之ヲ悟ル以上ハ、治安維持法ハ、君國ノ爲、速カニ之ヲ全廢スル乎、又ハ大ニ之ヲ改正シナケレバナラナイ筈デアルガ、政府ハ尙ホ未ダ之ヲ爲スノ意趣ナキ乎。

本員ハ、治安維持法ノ如キハ、全部之ヲ廢止スベキモノト思考スレド、政府若シ何等カノ事情ニ制セラレテ、其ノ決心ガ付カナイナラ、試ニ該法中ヨリ、私有財產制度ニ關スル條項ヲ削除シ、其ノ否認又ハ改良ニ對シテ自由研究及ビ結社ヲ公許セヨ。而シテ其ノ實行ヲ暴力及ビ其ノ他ノ違法手段ニ訴ヘル場合ニ限リ、一般刑法又ハ暴力取締法ヲ以テ之ヲ懲罰セヨ。

若シソウナレバ、現在ノ共產主義者ト雖モ、本來別個ノ問題タル國體ヲ私有財產制度トハ、之ヲ分割シ、二個別々ニ之ヲ取扱フ樣ニナラウ。彼等ガ之ヲ混同シ、二者同時ニ之ヲ變革セントスルハ、輕忽浮薄ニシテ、徒ラニ露人ノ敎唆宣傳ニ誤ラレル者ヲ除ケバ、其ノ他ハ多クハ治安維持法ガ、恰モ國體ヲ以テ顯貴富豪ヲ防衛スルカノ如キ形觀ヲ示スカラ、勢ヒ已ムヲ得ズシテ此ニ至ルノデアル。又該法ガ、共產主義者ヲシテ、君主國體ノ續ク限リ、財產制度ヲ改善スル能ハザルカノ如ク妄信サセル樣ニ仕向ケルカラデアル。故ニ截然此ノ兩者ヲ分離シ、一ハ之ヲ嚴禁スルモ、他ハ之ヲ公許スレバ、彼等ハ單純ナル經濟問題トシテ、財產制度ヲ取扱ヒ、之ヲ國體ニ結ビ付ケルガ如キ誤謬ハ、必ズ之ヲ改メルデアラウ。

假令然ラザル者アルモ、自由研究ヲ許サレタル結果、白晝公然之ヲ研究シテ、年處ヲ經レバ、研究ヲ積ミ、年齡ヲ重ネルニ從ツテ、次第ニ穩健ニ赴キ、一知半解時代ノ不穩ナル言行ヲ悔ユルニ至ルコトハ、之ヲ古今内外ノ事跡ニ照シテ、徵證歷々殆ンド疑ヲ容ルベキ餘地ガナイ。之ヲ禁壓スレバ、已ムヲ得ズシテ祕密結社ト暴力ニ訴ヘルコトニナルガ、之ヲ公許スレバ、社會主義者モ、共產主義者モ、其ノ大多數ハ、必ズ之ヲ言論ニ訴ヘ、立法的手段ニ由テ、其ノ所信ヲ貫徹セントスルニ至ルハ必然ノ理勢デアル。苟モソウナレバ、彼等ハ其ノ第一手段トシテ、多數ノ投票ヲ得ンガ爲ニ、選擧人ノ理解シ贊成シ得ル程度迄、其ノ主張ヲ緩和シ、之ヲ穩健ナラシムルノ必要ヲ悟ルニ相違ナイ。然ラザレバ、多數ノ投票ヲ得テ、代議士ヲ議會ニ送ルコトハ出來ナイ。故ニ多數ノ當選者ヲ得ント熱望スレバスル程、益々其ノ主張ヲ緩和シテ、多數選擧人ノ同情ヲ求メザルヲ得ナイ。是レ本員ガ、第五十五回議會ニ於テ、如何ナル危險思想ト雖モ、其ノ實行ヲ立法的手段ニ求メサセル樣ニサヘスレバ、凡テ危險性ヲ消磨シ、穩健ニ赴クト斷言シタ所以デアル。

其ノ實證トシテハ、日本ニハ自由黨ガアリ、英國ニハ勞働黨ガアル。政友會ノ前身タル自由黨ハ、創立ノ初メニ方ツテハ、「ルーソー」ノ民約論等ヲ高唱シ、加波山事件、靜岡事件、朝鮮事件等、隨分危激ナ行動ヲ逞ウシタガ、議會開ケ、立法的手段ニ由テ、其ノ所信ヲ實行セントスル樣ニナツテカラハ頗ル穩健著實ノ團體トナツタ。

英ノ勞働黨モ、初メハ共和黨ニモ爲リ兼ネ間敷キ程ノ團體デアツタガ、直接行動ニ由ラズ、議院ニ由テ其ノ目的ヲ行ハントスル樣ニナツテカラ、其ノ言行ハ漸次穩健ニ赴キ、現在デハ「ロイド、ジョージ」氏ノ率ル自由黨ニ比シテ、大差ガナイ程ニナツタ。保守黨ノ政策ニスラ共通スルモノガ尠ナカラザルニ至ツタ。

我ガ國ノ共產主義者モ、之ヲ嚴禁スレバコソ、決死的危險性ヲ帶ブルニ至ルガ、之ヲ公許スレバ、必ズ言論ヲ以テ議會ニ進出ショウト努力スルニ相違ナイ。其ノ爲ニハ、博ク一般公衆ノ贊成ヲ得ル程度迄、其ノ主張ヲ緩和シ穩健ナラシムルヨリ外ニ方法ハナイ。

其ノ主張ガ、一般公衆ノ贊同ヲ得ル程ニ緩和セラレ、穩健著實ニ赴ケバ、所謂共產主義者ガ、多數議會ニ進出シテモ、少シモ差支ハナカラウデハナイ乎。又其ノ主張ガ危激ナレバ、當選者ハ必ズ極メテ少數デアラウ。極メテ少數ノ議員ナラバ、如何ニ咆哮シテモ、怖レルニハ足ラナイ。

何レニシテモ、歐米諸國ノ如ク之ヲ公許シテ、議會ニ進出サセル方ガ、今日ノ遣リ方ニ比スレバ、ドレダケ安全デアルカ知レナイ。特ニ皇室ノ禍累ヲ豫防スル點ニ於テ、其ノ效果實ニ偉大ナルモノガアル。

第六問　其ノ理路及ビ事實ハ、此ノ如ク明白ナルニモ拘ハラズ、政府ハ尙ホ君國ノ爲之ヲ斷行スル決心ナキヤ。

所謂小戒嚴令ナルモノヲ布キ、非常ノ細心ト勇氣トヲ以テ、社會主義者ヲ撲滅セントシタ所ノ「ビスマーク」公スラ其ノ目的ヲ達シ得ナカツタノミナラズ、鎭壓セントスレバ、スル程、其ノ增加蔓延ヲ見タ。而シテ公ノ明敏ナル、翻然トシテ其ノ過チヲ改メ、之ト妥協シテ、社會政策ヲ實行スルニ至ツタ。而シテ言ツタ「三十歲以下ニシテ、社會主義ニ醉ハナイ者ハ無情漢、三十歲ヲ超エテ、尙ホ之ヲ唱フル者ハ、無腦漢ダ」ト。一時ノ戲言ノ樣ダガ、尙ホ人情ノ機微ニ透徹セル知言タルヲ失ハナイ。

頭腦尙ホ單純ナル靑少年中、比較的敏感

ニシテ、現在ノ社會的缺陷ヲ觀破シ得ル程ノ者ハ、之ニ滿足スル能ハザルハ、當然ノ次第デアル。現ニ顯貴富豪卽チ世ニ謂フ所ノ特權階級ニ屬スル者ノ子弟ニシテ、尙ホ治安維持法ニ觸レル者少ナカラザルハ、社會的缺陷ガ、如何ニ深大ニシテ、純眞ナル青年ヲ興奮セシムルカヲ察知スベキデアル。

然ルニ政府ハ、此ノ缺陷ヲ改善スル道ヲ求メズ、却テ之ニ對シテ不滿ヲ抱ク者ヲ嚴罰スル。斯クテ前途有爲ノ青少年モ、前額ニ前科者ト云フ烙印ヲ捺サレテ、終身之ヲ拂拭スル能ハズ、心ナラズモ國體變革ニ向ツテ突進シ、之ガ爲決死的努力ヲ爲サヾルヲ得ザルニ至ルノデアル。

文化ノ進歩ト共ニ、兇行手段モ亦大ニ進歩スル。今日ト雖モ、一夫死ヲ決シテ不軌ヲ圖レバ、何レノ帝王ト雖モ、其ノ安泰ヲ期スルコトハ出來ナイ。況ンヤ死刑ヲ以テ單純ナル青少年ヲ脅カシ、千人萬人ヲシテ、已ムヲ得ズ決死的覺悟ヲ爲サシムルニ於テヲヤ。又況ンヤ兇行手段ノ進歩發達ハ、底止スル所ヲ知ラザルニ於テヲヤ。一念此ニ及ベバ、苟モ忠愛ノ念慮アル者ハ、悚然トシテ戰慄セザルヲ得ナイ。而シテ帝室ヲ此ノ危險狀態ヨリ救ヒ奉ルベキ唯一ノ方法ハ差當リ治安維持法ト稱スル文明世界無類ノ法律ヲ廢止シ、又ハ大ニ之ヲ改正スルヨリ外ニハナイ。

第七問　政府ハ一方ニ於テハ、帝室ノ禍患ヲ攘フト同時ニ、他方ニ於テハ、單純ナル青少年ヲ、不慮ノ罪辟ヨリ救ヒ之ヲ忠良ナル臣民トナラシムベキ道ヲ開クノ意旨ナキ乎。

世界列國何レノ所ニモ多少存在スル事相デハアルガ、我ガ國人程、諛辭甘言ヲ以テ一時ヲ糊塗シ、以テ大禍ヲ將來ニ招クモノハ少ナイ。特ニ皇室關係ノ事物ニ於テ、ソレガ最モ多イノハ遺憾至極デアル。

例ヘバ「日本人程忠義心ニ富メル者ハナイ」トカ、又ハ「我ガ帝室程博ク深ク人民ニ崇敬愛慕セラレルモノハナイ」トカ云フガ如キハ、萬口一音、全日本ニ響キ渡ル所ノ聲デアル。若シ事實其ノ通リデアルナラバ、是程結構ナコトハナク、特ニ治安維持法ノ如キ酷法ヲ制定シ、死刑ヲ以テ國體變革者ノ言行ヲ嚴罰スルガ如キ必要ハ寸毫モナイ筈デアル。

現ニ英國ニ於テハ、苟モ暴行脅迫ニ亙ラザル限リハ、全然之ヲ放任シ、其ノ甚ダシキニ至テハ、皇居ノ門前ニ於テ、君主國體變革ノ演說ヲ爲ス者ガアツテモ、之ヲ一笑ニ付シテ置ク。而シテ皇室ノ安泰尊榮ハ、依然トシテ寸毫ノ影響モ受ケナイ。

又英國王ハ別ニ差シタル護衛ヲモ伴ハズ、悠揚自若トシテ四方ニ行幸スルガ、更ニ危害ニ遭遇シタ事例ハナイ。

君德ノ厚薄ヨリ論ズレバ、我ガ歷代ノ天皇陛下ガ萬民ヲ愛撫シ給ヘル御盛德ハ、他國ニ比シテ、寧ロ優リハスルトモ、決シテ劣ル所ハナイ。特ニ明治以後ニ於テ、然リデアル。然ルニ人ヲシテ皇室ノ安泰ハ、彼レ却テ我ニ優レルヤノ疑ヲ起サシムル所以ハ何ゾヤ。徒ラニ美辭甘言ヲ以テ、上下ヲ欺瞞スルコトヲ止メ、心ヲ鎭メテ沈思默考スベキデアラウ。

御卽位御大典ノ盛觀ハ、我ガ國人ガ口ヲ極メテ誇稱スル所デアルガ、之ヲ拜觀シタ外人中ニハ、其ノ警護ノ嚴重ナルニ喫驚シ、宛然征伏國ニ行幸シテ、式典ヲ擧ゲサセ給フノ形觀ガアルト評セル者少ナカラザリシ事實モ、亦之ヲ忘レテハナラヌ。

義ハ君臣ナレドモ、情ハ父子ナルベキ我ガ君民間ニ於テハ、鳳輦警護ノ必要ハ他ノ列國ヨリモ少ナカルベキ筈デアル。然ルニ拜觀外人ヲ喫驚サセル程ノ警護ヲ要スルハ、畢竟王政復古以來、歷代ノ輔弼者ガ、輔弼匡救其ノ道ヲ誤リ、啻ニ聖德普及ノ途ヲ拓ク能ハザルノミナラズ、却テ禍ヲ帝室ニ及ボスベキ政治ヲ施セル結果ニ外ナラナイ。誠ニ以テ恐懼ニ堪ヘザル次第、深ク將來ヲ戒愼シナケレバナラヌ。

世界ノ廣キモ、其ノ國體ヲ維持スルガ爲ニ、治安維持法ノ如キ非常法ヲ必要トスル國家ハナイ。然ルニ獨リ我ガ日本ニ於テノミ其ノ必要アルベキ筈ガナイ。政府若シ其ノ必要アリト云ハバ、是レ自ラ國體ノ尊嚴ヲ否認スルモノデアル。我ガ國體及ビ人民ノ忠義心ニ對スル平生ノ誇稱ハ、凡テ一片ノ諛辭甘言ニ過ギザルコトヲ自白スルモノデアル。

第八問　政府ハ、此ノ事實ニ對シテモ、尙ホ我ガ國體ヲ汚辱スル所ノ治安維持法ヲ固執セント欲スル乎。若シ然ラバ其ノ理由如何。

如何ナル思想ト雖モ、暴力其ノ他ノ違法手段ニ訴ヘザル限リ、之ヲ自由ニ放任スレバ、優勝劣敗ノ自然作用ニ由テ、優者ハ生存シ、劣者ハ消滅シ、別段危害ヲ生ズルモノデハナイ。

古來支那ヨリ傳來シタ諸子百家ノ思想中ニハ、虛無說ヤ無政府論ヲ始メトシテ、革命主義モアレバ、共產主義モアツテ、凡ソ今日危險思想トシテ排斥セラレル程ノモノハ、一トシテ備ハラザルハナイ。特ニ聖典ト爲シ、教課書ト爲シテ、廣ク世間ニ讀誦セラレタ所ノ孟子ノ如キハ、或ハ「一夫ノ紂ヲ誅スルヲ聞ク、未ダ君ヲ弑スルヲ聞カズ」トカ、或ハ「君ノ臣ヲ視ルコト土芥ノ如クナレバ、臣ノ君ヲ視ルコト寇讎ノ如シ」ナド、唱ヘテ、全然我ガ國體ト相ヒ容レザル思想ヲ鼓吹シテ居ルガ、千有餘年ノ久シキ、少シモ危害ヲ生ジタコトハナカツタ。老、莊、墨、翟、皆何等ノ危險ヲモ產マナカツタ。既往既ニ然リ、將來モ亦然ラザルヲ得ズ。現在ノ所謂危險思想ナルモノハ、法律ガ强テ之ヲ禁遏シテ危險性ヲ帶ビザルヲ得ザルニ至ラシメルカラ、益々危險ニ赴クノデアル。

第九問　政府ハ此ノ過去ノ實驗ヲ思ヒナガラ、尙ホ現在ノ誤謬ヲ悟ル能ハザル乎。

右及質問候也

昭和六年二月十日

內閣總理大臣臨時代理
外務大臣　男爵幣原喜重郞

衆議院議長藤澤幾之輔殿

衆議院議員尾崎行雄君提出帝室ノ御安泰ト治安維持法ノ關係ニ付テノ質問ニ對シ別紙答辯書差進候

〔別紙〕

尾崎行雄君提出ニ係ル帝室ノ御安泰ト治安維持法ノ關係ニ付テノ質問ニ對スル答辯書

帝室ノ御安泰ト治安維持法トノ關係ニ付テノ本質問ハ至誠憂國ノ精神ノ發露ニシテ眞ニ敬聽ス可キモノアリト雖モ同法ノ改廢ニ關シ政府ハ質問者ト全ク其ノ觀ル所ヲ異ニスルコトヲ遺憾トス

治安維持法ハ立法當初ヨリ國體問題ト經濟問題トヲ混同スルモノニ非ザレドモ昭和三年ノ改正ニ當リテハ特ニ此ノ點ニ留意シ國體ヲ變革スルコトヲ目的トスル場合ト私有財產制度ヲ否認スルコトヲ目的トスル場合トヲ截然區別シ其ノ法定刑ノ如キモ著シキ差異ヲ設ケ觀念上全然別個ノ事態ニ屬スルコトヲ明示シタリ從テ治安維持法ノ形式ノ爲ニ過テ國體問題ニ關スル違反者ヲ生ズルガ如キハ之ヲ想像スルコトヲ得ズ

本法第一第一項ノ違反者ヲ多數出シタルコトハ現ニ起訴セラレタル共產主義者ガモスクワニ本部ヲ存スル國際共產黨ノ指導精神ニ基キ國體變革ト私有財產制度ノ否認トヲ不可分的ニ觀念シ居レル爲

第一條第二項ニ違反スト同時ニ必然的ニ同條第一項ニモ違反スルニ由ルモノニシテ法律ガ國體問題ト經濟問題トヲ混同シ居レルガ爲ニ非ズ從テ其ノ運用者ガ私有財產制度ノ否認ヲ主張スル者ヲ目シテ直ニ國體變革ヲ企圖スル者ト斷ズルノ虞アリト爲スガ如キハ當ラズ

第一條第一項ノ違反者ノ續出シタルコトニ付テハ洵ニ恐懼ニ堪ヘザル所ナリト雖モ本法アルガ爲皇室ニ禍累ヲ及ボスト爲スガ如キハ當ラザルモノト思考ス

治安維持法改正ノ目的ハ國體變革ノ犯行ニ對シ內亂外患ノ罪ニ對スルト等シク嚴刑ヲ定メテ國體ノ重キヲ示シ以テ輕擧ヲ戒シムルト同時ニ取締ヲ嚴重ニスルニ在リタリト雖モ之ノミニ依リテ違反者ヲ根絶スルコトヲ得ルモノト認メタルニ非ザルハ固ヨリ言ヲ俟タザル所ナリ而シテ治安維持法違反者ガ減少又ハ根絶スルニ至ラザルハ複雜ナル幾多ノ原因ニ由ルモノニシテ單ニ二、三特定ノ原因ニ基クモト斷ズルヲ得ズ況ンヤ同法ノ改正ニ因リテ違反者ヲ增加シタリト爲スガ如キハ到底肯定スルヲ得ザルノミナラズ政府ハ法律ノ改正ガ其ノ目的トスル所ト相反スルノ結果ヲ生シタリト思惟セズ然レドモ有爲ノ青年ニシテ本法ニ違反スル者ヲ釀出スル事態ニ付テハ深ク之ヲ憂慮シ既ニ其ノ對策ヲ實施シタルモノアリ今猶研究考慮中ノモノモアリテ最善ノ努力ヲ拂ハンコトヲ期シツツアリ

現時ノ共產主義者ハ議會制度ヲ否認シ暴力革命ニ依リ私有財產制度ヲ其ノ根柢ヨリ覆サンコトヲ信條ト爲スモノナルヲ以テ斯ノ如キ結社ノ存在ハ假令國體變革ノ問題ト全ク獨立シテ之ヲ觀ルモ尚認容スルヲ得サルモノト謂ハザルベカラズ其ノ暴力革命其ノ他ノ違法手段ニ出ヅルニ於テ初メテ之ヲ處罰スルヲ以テ足レリト爲スガ如キハ到底國家ノ治安ヲ維持スル所以ニ非ザルナリ

昭和三年三月日本共產黨事件檢擧以來治安維持法違反ノ爲起訴セラレタル者千數百名ニ上リ內高等學府ニ學ビタル者四百數十名ヲ算スルニ至リタルハ洵ニ聖代ノ不祥事ニシテ遺憾ニ堪ヘザル所ナルガ法ノ運用ニ付テハ當局ハ深甚ノ注意ヲ拂ヒ公安保持上眞ニ已ムヲ得ザル者ノミヲ起訴シ居レルモノニシテ前途アル青年ニ對シ濫リニ必罰主義ヲ以テ臨ムガ如キコトナク反省ノ機會ヲ與ヘテ改過遷善ニ努メツツアリ

之ヲ要スルニ治安維持法ハ近時ノ新ナル現象ニ對シ國家社會ノ安寧秩序ヲ維持スル上ニ於テ從來ノ法規ヲ以テシテハ缺クル所アルニ至リタル爲制定セラレタルモノニシテ毫モ思想自體ヲ處罰ノ對象ト爲スモノニ非ズ之アルガ爲我國體ヲ汚辱スルモノニ非ズ又思想ヲ追窮シテ益危險性ヲ帶ブルニ至ラザルヲ得ザラシムルモノニモ非ズ

叙上ノ理由ニヨリ政府ハ同法ヲ廢止シ又ハ改正スルノ必要ナキモノト思惟ス

右及答辯候也

昭和六年二月十日

司法大臣　子爵渡邊　千冬
內務大臣　安達　謙藏
文部大臣　田中　隆三

鎭海大慘事ニ關スル質問主意書

右成規ニ據リ提出候也

昭和六年一月二十七日

提出者　山下谷次

鎭海大慘事ニ關スル質問主意書

昭和五年三月十日鎭海陸軍要塞司令部ニ於テ司令官陸軍少將櫻井源之助等主催ノ下ニ第二十五回陸軍記念日祝賀會ヲ催シ其ノ餘興ニ活動寫眞ヲ映寫シ擔當技手ノ失策ニ基キ火災ヲ起シ遂ニ小學兒童百七名ヲ燒死セシメタリ

一　活動寫眞映寫ノ場所

二　映寫館ノ構造竝模樣如何

三　出火ノ原因如何

四　出火ノ當時掛員ノ取リタル措置如何

五　小學兒童ノ死者百七名ノ多數ナルニ他ニ死傷者ナキ理由如何

六　遺族ニ對スル損害賠償救恤慰藉料ノ程度如何

右及質問候也

昭和六年二月十日

内閣總理大臣臨時代理
外務大臣　男爵幣原喜重郎

衆議院議長藤澤幾之輔殿

衆議院議員山下谷次君提出鎭海大慘事ニ關スル質問ニ對シ別紙答辯書送進候

〔別紙〕

衆議院議員山下谷次君提出鎭海大慘事ニ關スル質問ニ對スル答辯書

一　鎭海灣要塞司令部木工場

二　當時映寫ニ使用セル木工場（總延坪八〇坪ノ平家建鍛木工場ノ半部ニシテ平素ヨリ活動寫眞ノ撮影ニ使用シアリシモノナリ尚當日ノ觀覽席ハ約二十四坪）ハ木造板張ニシテ窓戶（格子張）ニハ遮光ノ爲臨時ニ毛布ヲ張リ又出入口二箇ノ中其ノ一方ハ椿事發生時閉鎖シアリタリ

三　不熟練ナル助手カ係主任ノ許可ナキニ拘ハラス可憐ナル兒童等ノ强請ニ絆サレ獨斷ニテ映寫中映寫機故障ノ爲「フイルム」ニ點火シ更ニ附近ニアリシ多數ノ「フイルム」ニ引火シ一時ニ爆發ノ狀態ヲ呈セルニ因ルモノナリ

四　當日ノ計畫ニ依レハ午後一時ヨリ武術競技ヲ實施シ午後二時三十分ヨリ來賓及觀典參加者ニ映寫ヲ供覽セシムル豫定ナリシヲ以テ獨斷映寫ニ從事セル映寫係助手（準備ノ爲先著シアリシ者）ノ外ハ全部映寫場ヨリ百米餘離隔セル武術競技場ニ在リ從テ映寫開始ニ關シ全然承知セサリシ係員ノ大部ハ勿論來賓參加者一同ハ出火ノ報ニ接シ取ルモノモ取リ敢ヘス映寫場ニ馳セ付ケ司令部備付ノ消火具ヲ使用シ又閉鎖シアリシ出入口ヲ破壞スル等鎭火救援ニ努メタリ而シテ映寫ニ從事中ナリシ助手ハ鋭意消火竝人命救助ニ努メタルモ遂次瓦斯濃厚トナリテ呼吸困難ヲ來シ身體ノ自由ヲ失ヒ且重傷ヲ負ヒ入口附近ニテ昏倒シ人事不省ニ陷リタルモノナリ

五　當日來賓及觀典參加者ニ映畫ヲ觀覽セシムヘキ時刻ニ先チ隨意映寫場ニ入場セル多數ノ兒童（約一七〇名）ニ强請セラレタルト一方定刻迄ニ來賓席ヲ開クル必要上一應兒童ニ觀覽セシメタル上之ヲ場外ニ出シ置クヲ便ナリト思考シ映寫係助手カ獨斷映寫ヲ開始セル爲遭難者ノ大部ハ小學兒童ナリシカ因ニ死者一〇七名中大人四名六歲以下九名ナリ

尚要塞司令部職員ニシテ負傷セルモノハ輕傷者三名重傷者一名ナリキ

六　燒死者遺族ニ對シ陸軍ハ法律上損害賠償ノ義務ヲ負フヘキモノト認メサルモ事情誠ニ同情ニ堪ヘサルモノアルヲ以テ朝鮮軍司令部ヨリ官費ヲ以テ慰藉金トシテ死者一人ニ付五百圓宛ヲ各遺族ニ交付セリ

而シテ更ニ陸軍一般高等官、在鮮官公吏及一般民間ノ同情ニ依ル弔慰金ノ醵出アリタルヲ以テ之等ヲ合スル時ハ死者一人ニ付千八百二十餘圓ニ達シ何レモ之カ交付ヲ了セリ

尚右ノ外畏クモ各遺族ニ對シ特ニ御下賜金ヲ下附セラレタリ

右及答辯候也

昭和六年二月十日

陸軍大臣　宇垣一成
拓務大臣　松田源治

昭和六年二月十三日

治安警察法中改正法律案外二件

第十　治安警察法中改正法律案（末松偕一郎君外三名提出）　第一讀會

治安警察法中改正法律案

治安警察法中左ノ通改正ス

第五條第一項第五號ヲ削リ第六號ヲ第五號ニ、第七號ヲ第六號ニ改ム

附　則

本法ハ公布ノ日ヨリ之ヲ施行ス

---

第十一　治安警察法中改正法律案（山枡儀重君外二名提出）　第一讀會

治安警察法中改正法律案

治安警察法中左ノ通改正ス

第五條第一項第三號ヲ削リ第四號ヲ左ノ如ク改メ第五號ヲ第四號ニ改メ以下順次繰上ク

三　官立公立私立學校ノ學生生徒

附　則

本法ハ公布ノ日ヨリ之ヲ施行ス

---

第十二　治安警察法中改正法律案（安藤正純君外十名提出）　第一讀會

治安警察法中改正法律案

治安警察法中左ノ通改正ス

第五條第一項第三號及第五號ヲ削リ第四號ヲ左ノ如ク改メ、第六號ヲ第四號ニ第七號ヲ第五號ニ改ム

三　學生生徒

〔山枡儀重君登壇〕

○山枡儀重君　只今議題トナッテ居リマス日程第十、治安警察法中改正法律案提出ノ趣旨ヲ御説明申上ゲマス、本案ハ治安警察法第五條第一項第五號ノ「女子」トアルヲ削リマシテ、女子ニ政治結社加入ノ自由ヲ許サントスルモノデアリマス

〔議長退席、副議長著席〕

近來女子ノ政治的自覺ガ漸次進ンデ參リマシテ、政治運動ニ參加セントスル希望ヲ有スル者ガ多クナッタノデアリマス、現ニ今日ハ市町村公民權ヲ女子ニ與フルノ提案ヲ致シテ居ル次第デアリマシテ、當然政治結社ニ加入シテ政治ニ參與スル筈デアリマス、尚ホ現ニ是等ノ政治運動ニ參加スルガ爲ニ、既ニ結社ヲ作ッテ居ル所ノ女子モアルノデアリマシテ、即チ婦選獲得同盟、或ハ婦人參政同盟或ハ日本婦人參政權協會、婦人同志會等ハ、此政治ノ目的ノ爲ニ既ニ結社ヲ組織シテ居ルモノト考ヘマスノデ、嚴密ニ申シマスナラバ今ノ治安警察法ニ觸ルルモノデアラウト思フノデアリマスガ、社會公安ニ害ナキノ故ヲ以テ是ハ不問ニ付シテアルモノト思フノデアリマス、斯樣ナ事實ガアリ、且ツ斯樣ナ時代ノ進運デアルト致シマスナラバ、此際本案ヲ改正致シテ、婦人ニ政治結社加入ノ自由ヲ認メルコトガ適當デアルト考ヘマシテ、本案ヲ提出致シタ次第デアリマス、政府ニ於キマシテモ、之ニ注意ヲ拂ハレテ、或ハ本議會ニ自ラ之ヲ提案セラル、ノ運ビニ至リツヽアルト承ッテ居ルノデアリマシテ、此際本院ニ於テ本案ニ御贊成アランコトヲ希望スル次第デアリマス（拍手）

○副議長（小山松壽君）　後藤亮一君

〔後藤亮一君登壇〕

○後藤亮一君　只今議題トナッテ居リマス治安警察法中改正法律案ニ付テ提案ノ理由ヲ説明致シマス、本案ハ既ニ第五十八議會ニ於キマシテ提案致シタモノデアリマス、當時政友會カラモ同樣ノ案ガ提出サレマシテ、委員會ニ於キマシテハ滿場一致デ議決サレタノデアリマスガ、不幸ニシテ本會議ニ上程サル、時間ガナクシテ、審議未了ノ儘終ッタコトハ、洵ニ提案者トシテ遺憾ニ堪ヘナイ次第デアリマス、乃チ今議會ニ改メテ之ヲ提案シタノデアリマスガ、舊選擧法時代ニ於キマシテハ、治安警察法ノ第五條中ニ於ケル、神官、神職、僧侶、學校教師ト云フモノハ、政治結社ニ加入スルコトガ出來ナカッタノデアリマス、現在モ左樣デアリマスガ、其當時ハ各種ノ選擧ニ對スル被選擧權ヲ有シテ居リマセヌ爲ニ、政治結社ニ加入スルコトヲ得ナカッタノデアリマス、然ルニ大正十四年デアリマシタカ、選擧法ガ改正ヲ致サレマシテ、各種ノ議員ニ對スル被選擧權ガ與ヘラレテ居ルノデアリマス、即チ是ト竝行シテ居リマス所ノ此治安警察法ハ、其當時既ニ改正サルベキモノデアッタト斯樣ニ吾々ハ信ジテ居リマス、而モ選擧法ノミガ改正サレマシテ被選擧權ガ與ヘラレテ、爾來僧侶ノミデモ今日衆議院議員、府縣會議員、市町村會議員ヲ合セマスト百餘名ノ議員ガ當選致シテ居ルノデアリマス、一面ニ於キマシテハ我國ノ憲法政治ハ政黨政治ヲ理想トシテ居リマス、然ルニ是等ノ人々ノミガ各議員ニ當選致シテモ、政黨ニ加入スルコトガ出來ナイト云フコトハ、洵ニ我國ノ政黨政治ノ理想カラ申シマシテ甚ダ矛盾シタル所ノ法律デアルト信ズルモノデアリマス、殊ニ普通選擧法ノ精神ヨリ考ヘマシテモ、甚ダ之ニ背反シタモノ

デアル、我ガ憲法政治ノ根本義ヨリ申シマシテモ、寔ニ矛盾シタル所ノ法律デアルト、斯様ニ信ズル者デアリマス、是ニ於テ是等神官、神職、各宗僧侶、諸宗教師及ビ各學校ノ教師ハ等シク是ガ撤廢ヲ望ンデ止マナイノデアリマスガ、今日マデ尚ホ其實現ヲ見ザルコトハ寔ニ遺憾トスル所デアリマス、今ヤ既ニ婦人ニモ政治結社ニ加入スベキ所ノ輿論ガ起ッテ居リマス、此時代ニ於キマシテ是等ノ人ガ政治結社ニ加入シ得ザルト云フコトハ、寔ニ時代錯誤ノ法律ノ殘存デアルト斯様ニ信ズル者デアリマス、殊ニ吾々憲法上與ヘラレテ居ル所ノ國民ノ此重大ナル權利ガ、故ナクシテ拘束サレテ居ルト云フコトハ、寔ニ遺憾ノ次第ニ堪ヘナイノデアリマス、ドウカ斯様ナ理由ノ下ニ提案致シタモノデアリマスカラ、愼重審議ノ上滿場一致ヲ以テ御賛成アランコトヲ切望シテ止マナイ次第デアリマス

○副議長（小山松壽君）　川島正次郎君

（川島正次郎君登壇）

○川島正次郎君　吾々ノ提出致シマシタル治安警察法中改正法律案ハ、其内容ハ只今山枡、後藤兩君ノ御説明ト全ク同一デアリマシテ、卽チ民政黨ノ諸君ガ案ヲ二ツニシテ御出シニナリマシタノヲ、吾々ハ一ツニ纏メテ一案トシテ、茲ニ提案シタ次第デアリマス、隨テ改正ノ理由ハ只今山枡、後藤兩君ノ中サレタ通リデアリマスカラ、ドウカ速ニ御審議ノ上御賛成アランコトヲ希望スル者デアリマス

○副議長（小山松壽君）　本案ニ對シテ質疑ガアリマス、之ヲ許可シマス――大山郁夫君

（大山郁夫君登壇）

○大山郁夫君　只今治安警察法中改正法律案ガ二ツ出マシタ（「三ツデス」ト呼フ者アリ）三ツデスカ、私二ツノヤウニ思ッテ居リマスガ、二ツヲ合セルト、治安警察法中ニ政治結社ニ加入スルコトヲ禁止セラレテ居ル幾多ノ種類ノ人々ガアルガ、其中ノ幾種カヲ政治結社加入ノ可能ナ範圍ノ中ニ入レヨウ、斯ウ云フ提案デアッタヤウニ思フノデアリマス、其一ツハ神官、神職、僧侶、其他諸宗教師トカ、斯ウ云フ者、竝ニ學校ノ教員ヲ政黨加入可能範圍ニ入レルト云フコトト、一ツハヤハリ政黨結社加入ノ自由ヲ婦人ニ與ヘルコト、此二ツデアッタト思フノデアリマス、兩方私共ハ賛成デアル、私共ハ不斷カラ斯ウ云フ事バカリデハナクテ、男女十八歳以上ノ者ニハ選擧權竝ニ被選擧權ヲ與ヘロト、斯ウ云フ要求ヲ揭ゲテ居ルノデアリマス、此要求カラ見レバ、今ノ二ツノ提案ニ現レタ要求ト云フモノハ遙ニ手前ノモノデアル、併ナガラ或意味ニ於テ同ジ方向ニ向ッテ居ルモノデアル、サウ云フ意味ニ於テ兎モ角賛成ト云フノデアリマセウカ、條件付ノ賛成ヲスルニ憚カラナイ、斯ウ云フト何等質疑ノ餘地ガナイヤウニ思フノデアリマスルガ、決シテサウデハナイ、此神官、僧侶或ハ學校教員或ハ婦人ヲ政治結社ノ中ニ入レルト云フコトハ、是ハ勿論論ノナイ所デアリマス、併ナガラ此二ツノ提案ノ何レヲ見テモ、官公私立學校ノ學生生徒ト云フ者ヲ除外シテ居ル、是ハ何故デアルカ、先達テ公民權案ガ此衆議院ニ提出サレマシタ時ニ、政友會ノ側カラ政府ノ提案ノ合理的基礎ト云フモノハドウ云フモノデアルカト云フコトヲ頻ニ質問サレテ居ッテ、ソレニ對スル安達内相ノ答辯ガ非常ニトンチンカンデアッタノデ、此議場ノ哄笑ヲ買ッタコトモアリマシタガ、兎モ角政友會ノ諸君ハアノ問題ノ合理的基礎ト云フコトヲ問題ニサレタノデアリマス、ソレ故ニ私モ亦、政友會諸君ガ此二ツノ提案ニ於テ神官、僧侶、神職、諸宗教師、學校教員及ビ婦人ヲ政黨ニ加入セシメルト云フコトヲ言ヒナガラ、學校生徒或ハ學生ト云フモノヲ政黨加入ノ自由カラ除外サレタ、其合理的基礎ト云フモノヲ私ハ聞キタイノデアリマス、恐ラク合理的基礎ハナイト思フ、寧ロソコニアルモノハ不合理的基礎ダケデアルト云フコトヲ吾々ハ考ヘテ居ルノデアリマス、併ナガラ、兎モ角此御答辯ハ政友會ノ提案者諸君ニ求メタイト思フノデアリマス、ソレカラ又提案者諸君ハモウ一ツ合理的基礎ラシイモノヲ述ベテ居ラレル、一ツノ提案ハ卽チ神官、神職、僧侶、諸宗教師及ビ學校教員、之ヲ政黨加入ノ自由ノ範圍内ニ持チ來サウト云フ、アノ提案ノ中ニハ斯ル人々、卽チ神官、僧侶、及ビ諸宗教師竝ニ學校教員ノ間ニハ政治的自覺ガ非常ニ進ンデ、政治的活動ヲ望ム者ガ澤山發出シタノデアルカラ、ソレ等ニ政黨加入ノ自由ヲ與ヘルベキダト云フコトヲ書イテ居ラレル、又婦人ニ政黨加入ノ自由ヲ認ムベキモノデアルト云フコトノ根據トシテモ、同ジヤウナコトヲ書イテ居ラレル、卽チ今日婦人ノ間ニハ政治的自覺ト云フモノガ非常ニ進ミツヽアル、斯ウ云フコトヲ書イテ居ラレルノデアリマス、卽チ斯ウ云フコトガ或ハ政友會ノ諸君ノ合理的基礎デアルカモ知レナイ、卽チ其基礎ト云フノハ斯ル人々ノ間ニハ政治的自覺ト云フモノガ非常ニ進ンデ居リ、政治的活動ニ積極的ニ參加シタイト云フ熱望ヲ持ッテ居ル、ソレ故ニ彼等ニ政黨加入ノ自由ヲ許サナケレバナラナイ、斯ウ言ッテ居ラレルノデアル、斯ノ如ク政治的ニ自覺シテ居ル者、竝ニ政黨加入ノ熱望ヲ持ッテ居ル者ニハ、政黨加入ノ自由ノ門ヲ開カナケレバナラナイト云フコトガ言ハレル以上ハ、何故ニ諸君ハ臺灣朝鮮或ハ關東州、其ノ他日本ノ植民地ノ民衆ニ政黨加入ノ自由ノ途ヲ開カナカッタノデアルカト云フコトヲ、吾吾ハ尋ネタイノデアリマス（「ソレハ一足飛ビダ」ト呼フ者アリ）今日民政黨ノ諸君ハ頻ニ漸進主義、漸進主義ト言ハレテ居リマスガ、漸進主義ト云フコトガ、アノ合理的基礎ノ問ニ對シテ非常ニ滑稽ナモノデアッタト云フコトハ、モウ此議場デ證明濟ニナッテ居ルト思フノデアリマスカラ、サウ云フヤウナ御言葉ニ私ハ答ヘナイ積リデ居リマス、兎モ角今日植民地民衆ハ勿論非常ニ政治的ニ自覺シテ居ルノデアル、先達テ此議

院ニ於テ霧社蕃事件ト云フモノガ非常ニ重大ナル問題トナッテ、玆ニ熱烈ナル討論ガ交サレタノデアリマス、其霧社蕃ノ要求ノ中ニハ、勿論日本ノ帝國主義ガ彼等生蕃ニ加ヘテ居ル所ノ資本主義的搾取ニ對スル大ナル反抗熱ヲ示シタモノガ中心ニナッテキルノデアルガ、ソレニ加ヘテ更ニ日本ノ政府ガ植民地民衆ニ對シテ與ヘテ居ル所ノアノ耐ヘル事ノ出來ナイ所ノ壓迫ニ對スル反抗熱ヲ示シタモノモアルノデアル、其反抗コソ實ニ彼等ノ政治的意識ノ大ナル眼覺メデアルト云フコトヲ吾々ハ疑ハナイノデアリマス……

〔發言スル者多シ〕

○副議長(小山松壽君) 靜肅ニ願ヒマス

○大山郁夫君(續) 諸君ハ植民地民衆ノ解放ノ問題ヲ話ヲスルト云フト、非常ニ激昂セラレルガ、併ナガラ日本ノ民衆ノ大部分ヲ占メテ居ル所ノ勞働者、農民ト云フモノハ、植民地民衆ニ對シテ非常ニ大ナル同情ヲ持ッテ、植民地民衆ガ彈壓セラレ、植民地民衆ノ骨ガ殺ガレ、肉ガ裂カレルコトハ、彼等自身ノ骨ガ殺ガレ、肉ガ裂カレルガ如クニ考ヘテ居ルノデアリマス、ソレハドウ云フ譯デアルカト云ヘバ、一體日本ノ資本主義ハ初カラ帝國主義ノ形態ヲ執ッタノデアル、是ハ日本ノ特殊事情ニ因ルノデアリマス、初カラ植民地民衆ヲ壓迫シテ、植民地民衆カラ搾取シテ居ッタノデアル、併ナガラソレバカリデハナク、日本ノ帝國主義ハ又初カラ日本ノ勞働者農民ヲモ植民地民衆扱ヒニシテ居ッタ、殊ニ濱口内閣ノ下ニ產業合理化ガ著々行ハレルヤウニナッテカラハ、日本ノ勞働者ハ失業ノ嵐ニ捲込マレ、日本ノ農民ハ立入禁止、立毛差押ノ爲ニ苦ンデ、今日ニ於キマシテハ殆ド植民地民衆ト同ジヤウナ境遇ニ陷ッテ居ル、植民地民衆モ其生活ト自由トノ爲メ金融資本ニ向ッテ鬪ッテ居ルト同時ニ、日本ノ勞働者農民モ亦此植民地民衆ニ壓迫ヲ加ヘテ居ル所ノ金融資本ノ政治的權力ニ向ッテ、正面カラ敢然トシテ鬪ッテ居ルノデアリマス、サウ云フヤウナ意味ニ於テ日本ノ……

○副議長(小山松壽君) 議題外ニ渉ラヌヤウニ、問題ノ範圍內ニ於テ御述ニナルヤウニ願ヒマス

○大山郁夫君(續) サウ云フ意味ニ於テ日本ノ勞働者農民ハ此植民地民衆ニ向ッテ非常ニ深厚ナル同情ヲ持ッテ居ルノデアル……

〔發言スル者多シ〕

○副議長(小山松壽君) 靜肅ニ願ヒマス、私語ヲ禁ジマス

○大山郁夫君(續) サウ云フ意味ニ於テ吾吾ハ政治的自覺ヲシテ居ル者ニ政黨加入ノ自由ヲ與ヘナケレバナラナイノデアルカラ、同時ニ又臺灣朝鮮ニ於ケル植民地民衆ニ向ッテモ選擧權、被選擧權ヲ與ヘナケレバナラナイ、サウシテ政黨加入ノ自由ヲ認メナケレバナラナイト云フ必要ヲ勞働者、農民ノ立場カラ此處デ叫ブ者デアリマス

〔「自己宣傳ヲスルナ」其他發言スル者多シ〕

○副議長(小山松壽君) 私語ヲ禁ジマス

――私語ヲ注意致シマス

○大山郁夫君(續) ソレカラ更ニ又吾々ガ此治安警察法中改正法律案ニ對シテ提案者ノ合理的基礎ヲ求メタ第二ノ根據ハ、ドウ云フ所カラ來テ居ルカト云ヘバ、一方ニ於テ吾々ハ婦人ノ政黨加入ノ自由ヲ認メナケレバナラナイ、學生ノ政黨加入ノ自由ヲ認メナケレバナラナイ、植民地民衆ノ政黨加入ノ自由ヲ認メナケレバナラナイト云フコトニ付テ、先ヅ吾々自身ノ合理的基礎ヲモ一言言ッテ見タイト思フノデアル

婦人ニ對シテ選擧權ヲ與ヘヨト云フコトノ動機ハ必ズシモ一ツデハナイ、今日婦人ハ政黨加入ノ自由カラ除外サレテ居ル、其思想的ノ根據ト云フモノハ、全然封建的ノ遺制ニ其基礎ヲ持ッテ居ルモノデアルト云フコトヲ考ヘテ居ルノデアリマス……

〔發言スル者アリ〕

○副議長(小山松壽君) 私語ヲシナイヤウニ願ヒマス

○大山郁夫君(續) ソレ故ニ婦人ニ政黨加入ノ自由ヲ認メ、學生ニ政黨加入ノ自由ヲ認メ、其他今日不當ニ選擧權カラ除外サレテ居ル者ニ選擧權ヲ與ヘ、政黨加入ノ自由ヲ認メヨウト云フ時ニハ、吾々ハソレト共ニ、現在ノ政治制度ノ上ニ現ハレテ居ル所ノ、一切ノ封建的遺制ト云フモノヲ撤廢セヨト云フコトヲモ、同時ニ要求シナケレバナラナイノデアリマス、殊ニ今日此封建的遺制ガ、日本ノ政治制度ノ上ニ最モ著シク現ハレテ居ルノハ、ドウ云フ所ニアルカト言ヘバ、ソレハ言論、集會、出版、結社ニ對スル自由ガ、極端ニ抑壓セラレテ居ルト云フ一事ノ上ニ現ハレテ居ルノデアル、其點ニ於テ吾々ハ此言論、集會、出版、結社ノ自由ヲ極力主張シナケレバナラナイガ、此二ツノ提案ヲサレタ方々ハ、同ジヤウニ婦人竝ニ其他ノ者ニ政黨加入ノ自由ヲ求メルト同時ニ、言論、集會、結社ノ自由ヲ特ニ主張シテ居ラレナイガ、今日言論、集會、結社ノ自由ニ對シテ大ナル抑壓ヲ加ヘテ居ル所ノ、有ユル法律ト云フモノヲ撤廢スル意思ガアルカナイカト云フコトヲ、私ハ質問シタイノデアリマス、吾々ハ婦人ニ政黨加入ノ自由ヲ求メルト同時ニ、其封建的遺制ヲ極端ニ表現シテ居ル所ノ、有ユル彈壓法令ト云フモノヲ撤廢セヨト云フ要求ヲ叫ブモノデアル、吾々ハ此會期中ニ於テ治安維持法、治安警察法、暴力取締法或ハ違警罪即決例トカ、或ハ警察犯處罰令トカ云フヤウナ、一切ノ彈壓法令ヲ撤廢セヨト云フヤウナ、法律案ヲ出サウト思ッテ居ルノデアリマス、サウ云フヤウナ方面ニ關スル吾々ノ立場ト云フモノハ、其時ニ十分ニ述ベル積リデアリマスルガ、併ナガラ此處デモソレヲ一言シナケレバナラナイ、卽チ提案者諸君ガ婦人ダトカ、或ハ又僧侶、神官、學校敎師ノ政治的活動ヲ自由ニショウト云フコトヲ、提案ノ理由書ニ書イテ居ラレル以上ハ、諸君モ亦斯ル彈壓法令ノ撤廢ニ盡力サレナケレバナラナイ筈デアル、ダ

ガ併ナガラ提案者ハ其方ニ一言モ觸レテ居ラレナイノデアル、私ハ此點ニ於テ非常ナ疑問ヲ持ツノデアリマス

〔發言スル者アリ〕

○副議長（小山松壽君） 私語ヲシナイヤウニ願ヒマス

○大山郁夫君（續） モウ暫ク御聽キニナルコトヲ希望シマス、現在封建的遺制ト云フモノガ、封建制度ト云フモノヲ再ビ確立シヨウトカ、擁護シヨウトカ云フ目的ヲ以テ生キテ居ルモノデハナイガ、併ナガラ最近ノ金融資本ノ政治的支配ガ確立サレテカラト云フモノハ、日本ノ政治ト云フモノガ非常ニ反動化シテ居ルト云フコトハ、諸君モ知ッテ居ラレル通リデアル、吾々ハ曾テ田中反動内閣ノ下ニ於テ、勞働者農民ノ生活ト自由ノ爲ニ鬪ッタ、田中反動内閣ノ彈壓政治ト云フモノハ歷史的ノモノニナッテ居ル、是ハ今言フ必要ハナイガ、濱口内閣ノ下ニ於テモ、田中内閣以上ノ反動政治ガ行ハレテ居ルト云フコトヲ斷言スルニ憚ラナイモノデアリマス、日本ノ政黨ハ曾テハ封建的殘存勢力ト封建的遺制ト鬪ッタ時代モアル、日本ニハ未ダ曾テ「ブルジョア」革命ト云フモノハ行ハレナカッタト云フコトハ、是ハ文字通リニ本當デアルケレドモ、併ナガラ曾テ日本ノ政黨ガ官僚軍閥ト鬪ヒ、或ハ又憲政擁護運動ト云フモノヲ、全國的ニ捲起シテ居ッタ時代ニハ、日本ノ政黨ト云フモノハ、或ル意味ニ於テ自由主義ノ爲メノ鬪爭ヲシテ居ッタモノデアルト云フコトガ出來ルノデアリマス、先達テ此議會ノ開會ノ劈頭ニ於テ、政友會ノ鳩山君ハ、日本ノ政黨内閣主義ト云フモノハ、是ハ血ヲ以テ獲得セラレタモノデアルト云フコトヲ言ハレタガ、勿論ソレハ非常ニ誇大ナ言辭デアル、ソレハ事實デハナイ、血ヲ以テ獲得サレタト云フ程ノ光榮ハ、斷ジテ持ッテ居ナイノデアルケレドモ、併ナガラソレニシテモ、日本ノ政黨ハ曾テハ官僚軍閥ト鬪ッタ時代モアルノデアリマス、而モ其官僚軍閥ト云フノハ封建的殘存勢力デアリ、封建的遺制ニ嚙リ付テ居ッタモノデアル、其時ニハサウ云フ封建的殘存勢力ト云フモノガ、國家ノ執行部ノ中樞ニ居タノデアッテ、サウシテ全民衆ニ專制的權力ヲ以テ臨ンデ居ッタノデアリマス、アノ時ノ日本ノ政黨ト云フモノハ、其執行部ニ向ッテ立法部ノ優越ヲ主張シテ立上ッタノデアル、サウシテ民衆ノ自由ヲ守ルト云フ、サウ云フ看板ノ下ニ立上ッタ、曾テハ幾分「ブルジョア」革命ト云フ方ニ向ッテ居ルヤウナ行動ヲシタコトガアルノデアル、所ガソレハ丁度日本ノ產業資本ト云フモノガ、尙ホ上向キノ過程ヲ辿ッテ居ッタ時代ニ止マッタノデアル、所ガアノ世界大戰後ニ於テ、日本ニ政黨内閣ト云フモノガ、大正七年ニ原内閣ノ出現ト共ニ始メテ出來上ッタ、其時カラ政黨内閣ハ、其本來ノ基礎ヲ失ッテシマッタノデアリマス、即チ其時カラ金融資本ト云フモノガ、日本ノ政治界ニ君臨スルヤウニナッテシマッタノデアル……

〔「問題外ニナル、注意セイ」ト呼フ者アリ〕

○副議長（小山松壽君） 私語ヲシナイヤウニ願ヒマス

○大山郁夫君（續） 問題ニ非常ニ關係ガアル、同時ニ政治的ニハ非常ナ彈壓ガ行ハレ始メ、金融資本ト云フモノハ、政治的ニ於テハ最早自由ト云フモノヲ要求シナクナッタノデアル、其時カラ曾ツテ自由ノ爲ニ鬪ッタ其日本ノ政黨ハ、全然專制權力ノ傀儡ニナッテシマッタノデアリマス、即チ其以前ニハ、日本ノ立法部ト云フモノハ、相當ニ鞏固ナ立場ヲ持ッテ居ッタノデアルガ、金融資本ノ制覇ガ始マッテカラ此方ト云フモノハ、執行部ト云フモノガ再ビ新ナル裝ヒヲ以テメキメキト頭ヲ擡ゲテ、サウシテ日本ノ立法部ト云フモノハ、執行部ノ前ニ耳ヲ垂レ、尾ヲ振ルヤウニナッテシマッタノデアル、同時ニ政黨ノ墮落ガ始マッタノデアリマス、アノ先年ノ三黨首妥協ト云フモノハ、其事實ヲ證明シテ居ル、議會ガ解散ニナルカナラナイカト云フ、議會生活ニ於テ最モ重大ナコトデアルベキ筈ノ問題ガ、タッタ三黨首ガ頭ヲ集メテ密室デ談合シタ、ソレニ依ッテ決セラレルト云フコトハ、如何ニ日本ノ立法部ト云フモノガ、執行部ニ對シテ頭ガ上ラナクナッタカト云フコトヲ、明瞭ニ證明シテ居ルモノデアッテ、此執行部ガ頭ヲ擡ゲタト云フコトハ、專制政治ガ再來シタト云フコトヲ物語ル以外ノ何物デモナイノデアリマス

○副議長（小山松壽君） 大山君、言論ハ尊重致シマス、併シ問題ノ範圍ヲ外レヌヤウニ御述ベヲ願ヒマス

〔發言スル者アリ〕

○副議長（小山松壽君） 靜肅ニ願ヒマス

○大山郁夫君（續） サウシテソレト同時ニ此封建的殘存勢力ガドン〳〵頭ヲ擡ゲルシ、又封建的遺制ト云フモノハ、金融資本ノ爲ニ新シイ生命ヲ吹込マレテ、非常ニ潑溂ト活躍スルヤウニナッタ、ソコデ言論ノ彈壓、或ハ集會、結社ニ對スル彈壓ト云フモノガ、非常ニ威力ヲ發揮スルヤウニナッタ、今日日本ノ憲法ニハ、日本臣民ト云フモノハ法律ニ依ルニ非スシテ逮捕監禁審問處罰セラルルコトナシト云フコトモアルシ、又日本ノ臣民ハ法律ニ定メタル所ノ裁判官ノ裁判ヲ受ケル權利ヲ拒マルルコトナシト云フコトモアル、或ハ日本ノ臣民ト云フモノハ法律ノ範圍內ニ於テ言論集會出版結社ノ自由ヲ有スト云フコトモアルノデアリマス、其憲法ニ保障サレテ居ル自由ガ破ラレテ居ルノハ何故デアルカト言ヘバ、ソレハ其憲法ニ保障サレテ居ル自由ヲ破ル法律ガアルカラデアル、其法律ハ何デアルカト言ヘバ、治安警察法デアルトカ、治安維持法ハ勿論ノコト、或ハ暴力取締法、或ハ警察犯處罰令、或ハ違警罪即決例、斯ウ云フヤウナ法律デアル、斯ウシタ法律ガ今日ドレ程ノ威力ヲ以テ無產階級ニ臨ンデ居ルカト云フコトハ、是ハ諸君ハ知ッテ居ラレナイ、今既成政黨ノ諸君ハ完全ニ自由ヲ持ッテ居ラレル、議會

ニ於テ亂調スル自由ヲモ持ッテ居ラレル、併ナガラ勞働者農民無産市民ハ自分ノ生活ヲ守ル自由サヘモ持ッテ居ラナイト云フコトヲ私ハ玆ニ述ベルノデアリマス、而モ今日勞働者農民無産市民ガ日常生活ノ利益ノ擁護ノ爲ニ鬪ッテ居リマスガ、ソレハ同時ニ政治的自由獲得ノ鬪爭ニナッテ居ルト吾々ガ常ニ言ッテ居ルノハ其事デアル、私ハ幾ラデモ其例ヲ擧ゲルコトガ出來ル、ダガ今日濱口内閣ハ自由主義ノ假面ヲ被ッテ居ルガ、併ナガラ濱口内閣ガ如何ニ自由ヲ蹂躙シテ居ルカト云フコトハ、例ヘバ演説會ニ於テ親愛ナル諸君ト言ヘバ直チニ中止スル、何故カト云ヘバ、是ハ公安ヲ害スルト言フ、何處ニ濱口内閣ガ自由ヲ擁護シテ居ルノデアリマスカ、ソレカラ又濱口内閣ハ今日勞働者農民ノ利益ヲ圖ル政策ヲ講ジテ居ルト言ヒマスガ、併ナガラ今日濱口内閣ガ講ジテ居ル所ノ有ユル政策、金解禁、或ハ産業合理化以來ノ有ユル政策ト云フモノハ、是ハ欺瞞法ニアラザレバ彈壓法デアル(拍手)嘗テハ政黨内閣ト云フモノハ、大衆ノ自由ヲ擁護スルト云フコトヲ標榜シテ起ッタノデアリマス、併ナガラ濱口内閣ハ自ラ政黨内閣主義ヲモ蹂躙シテ居ル内閣デアルト云フコトハ、諸君ノ承認シテ居ラレル通リデアル(拍手)政友會ノ諸君ニシテモ、今日政黨ト云フモノハ、全然自由ヲ尊重シテ居ラナクナッテ居ルカラ、勿論吾々ハ政友會諸君ト根本的ニ立場ヲ異ニシテ居ルノデアルガ、當面濱口内閣ガ問題デアリマスカラ之ヲ言フノデアル、嘗テハ憲政擁護運動ヲ起シ、政黨内閣ハ必ズ確立シナケレバナラヌト云フコトヲ言ッテ、大衆ニ約束セラレタノデアルガ、今ヤサウ云フヤウナ既往ノ言葉ハ悉ク蹂躙シテ、黨外ノ人ヲ拉シ來ッテ、殊ニ三菱財閥トハ姻戚關係ニアル幣原氏ヲ諸君ノ首相代理ノ席ニ据エテ居ラレルト云フコトハ、諸君自ラガ如何ニ政黨内閣ノ主義ヲ蹂躙シテ居ルカト云フコトヲ證明シテ居ル、卽チ諸君ハ今ヤ專制主義ノ思想ニ浸ルヤウニナッテ居ラレルノデアリマス、ソレ故ニ諸君ノ内閣ノ下ニ於テハ、勞働者農民ノ自由ト云フモノハ全然蹂躙サレテ居ルノデアル(「問題外」ト呼ビ其他發言スル者多シ)例ヘバ諸君ハ減税問題ヲ提ゲテ、欺瞞的ノ減税ヲヤリ、又濱口内閣ハ勝テ小作法ヲ上程シヤウトシテ居ルガ、此小作法ト云フモノハ、表面上ハ小作人ノ利益ヲ保護スル譯ニナッテ居ルガ、其條文ヲ見レバ明カニサウデハナイ……

○副議長(小山松壽君) 大山君ニ御注意申上ゲマス、アナタノ御話ハ問題ノ外ニ出テ居ルヤウデアリマス、問題ノ範圍ヲ御超エニナレバ、遺憾ナガラアナタノ言議ヲ中止シナケレバナラヌコトニナリマス、重ネテ御注意ヲ致シマス(發言スル者多シ)靜肅ニ……

○大山郁夫君(續) ソレデ今此二ツノ法律案ノ提出者ハ、婦人ナリ或ハ神官僧侶神職ナリ、學校教員ナリニ政治的活動ヲ自由ニスルト云フ理由デ、アノ法律案ヲ出サレタ以上ハ、諸君モ亦其政治的自由ヲ保障スルト云フ其保障ヲ與ヘル爲ニ、飽マデ吾々ノ言論集會結社ノ自由ノ爲ニ鬪フト云フ、主張ヲ支持シナケレバナラヌ義務ヲ持ッテ居ルモノト吾々ハ主張スルノデアリマス、而モ殊ニ今日政府ト云ッテモ――政治ト云フモノハ空中ニ浮イタ何カノ幻影ヲ追ウテ走ッテ居ルモノデハナイ、皆現實ノ利益ヲ擁護スル爲ニ政治ヲヤッテ居ル、勞働者農民ガ立上ッテ血ミドロノ鬪爭ヲ重ネ、政治的ニモ血ミドロノ鬪爭ヲ重ネテ居ル、サウシテ政黨ヲ結成シテ支配階級ト鬪ッテ居ルノハ何故デアルカト言ヘバ、先ヅ第一ニ日常生活ノ利益ヲ擁護スルト云フコトカラ來テ居ルノデアリマス、今日濱口内閣ノ下ニ於テ、勞働者農民ガ苦シンデ居ルト云フコトハ、サッキ言ッタ通リデアリマスガ、濱口内閣ハ沒落期ニアル資本主義ヲ支ヘルコトモ出來ナイ、此濱口内閣、資本家地主ノ内閣ガ續ク限リハ、今日ノ恐慌ト云フモノハ決シテ直ル時ガアリハシナイ(拍手)井上藏相ハ常ニ景氣ガ直ル、景氣ガ直ルト言ウテ居ルガ

〔發言スル者多シ〕

○副議長(小山松壽君) 靜肅ニ……

○大山郁夫君(續) 併ナガラ資本家地主ノ政府ガ政權ヲ取ル限リ景氣ハ決シテ直ルモノデナイ、ソコデ吾々ハ、例ヘバ今日勞働者農民ノ衷心カラノ要求ヲ聽イテ、アノ最低賃銀法ノ制定、或ハ失業手當ノ制定ヲ叫ンダ、而シテ第五十八議會ニハ、特ニ私ハ此演壇デ借金支拂猶豫法ヲ制定スル意思ハナイカト云フコトヲ叫ンダ、サウ云フコトハ當時ノ新聞ヲ見マスト云フト、サウ云フコトヲ言ヘバ、是ハ議會外ナラ中止ヲサレルガ、議會内ダカラ中止ガナイト云フ新聞記事ガアッタ、アレ位ノコトガ議會外デ言ヘナイト云フコトハ、濱口内閣ノ下ニ於テ如何ニ專制政治ガ行ハレテ居ルカト云フコトヲ證明シテ居ルノデアリマス(拍手)濱口内閣ハ最早勞働者農民ノ生活ヲドウスルコトモ出來ナイ、更ニ吾々ハ最近ノ例ヲ言フノデアルガ、今ヤ勞働者農民大衆ハ最早借金支拂猶豫法位ノコトデハ滿足シナクナッタ、勿論吾々ハ嘗テ借金棒引法ヲ制定セヨ、又勞働者農民ノ課税撤廢、或ハ又農作物ノ損失補償法ヲ制定セヨ、斯ウ云フコトヲ叫ンダ、或ハ又小作料全免法ヲ制定セヨト云フ要求ヲ揭ゲテ、アノ昨年ノ十二月十九、二十、二十一日、芝ノ協調會館ニ於テ大會ヲ開イタ、其時ニ警視廳ノ方デハ、此借金棒引法デアルトカ、或ハ小作料全免法ノ制定、或ハ又勞働者農民ノ課税撤廢法ノ制定トカ云フ文字ヲ消セト云フコトヲ言ッタノデアル……

〔「問題外」ト呼ビ其他發言スル者多シ〕

○副議長(小山松壽君) 靜肅ニ願ヒマス、大山君ニ申上ゲマス、アナタノ段々ノ御話ハ治安警察法中改正法律案ニ關係ナシト認メマス、アナタノ言論ノ中止ヲ望ミマス(拍手)大山君ノ降壇ヲ望ミマス――淺原君ニ注意シマス、淺原君ニ御着席ヲ望ミマス――山枡儀重君

〔山枡儀重君登壇〕

○山枡儀重君 只今大山君ガ吾々提案者ニ質疑ニナリマシタ御議論ノ中ニハ、本案ニ關係ナキ御議論モアッタヤウデアリマスルカラ、其點ニ付テハ私共御答スル義務ガナイト思ヒマス、本案ニ直接關係アル部分ニ付テノミ、私共ノ所見ヲ御答致シマス

大山君ノ第一ノ御辯ハ、婦人其他ニ政治的自覺ガ出來タカラ、其自覺ヲ基礎トシテ政治結社加入ノ自由ヲ許サウト云フノナラバ、當然ノ論理トシテ學生生徒竝植民地ノ人々ニ結社加入ノ自由ヲ許スベキデアルト云フ、御議論デアルト云フノデアリマス、若シ政治的結社加入ノ自由ヲ認メル理由ガ其一ツノ理由デアリマスルナラバ、ソレハ當然ノ論理デアリマセウケレドモ、併ナガラ國家ノ治安其他幾多ノ條件ヲ考慮シテ、結社加入ノ自由ヲ許スベキモノデアリマシテ、學生生徒ニ付キマシテハ、學生生徒ガ現ニ教育ヲ受ケツヽアル、且ツ學校ニ於テ教育ヲ爲シツヽアル所ノ管理ノ必要上、今日ノ場合政治結社加入ノ自由ヲ認メルノハ適當デナイト云フコトカラ、吾々ハ之ヲ提案致サナイノデアリマス(拍手)植民地ノ統治ノ狀況ニ付テハ、御承知ノ通リデアリマシテ、此際臺灣及ビ朝鮮ニ、何人モ政治結社加入ノ自由ヲ許スベキ法律案ヲ提出スベキ時期デナイト、吾々ハ考ヘルノデアリマス

更ニ御議論ハ政治結社加入ノ自由ヲ認メルト云フナラバ、總テノ政治的言論結社集會ノ自由ヲ認メルノガ當然ノ眞理デアルカラシテ、治安維持法或ハ治安警察法、暴力行爲取締法等ノ諸種ノ言論集會結社ニ關スル法律ノ、全部撤廢スル意思ハナイカト云フコトデアリマスルガ、憲法ニ定メラレタル所ニ依リマスルト云フト、只今大山君自身ノ御説明ノ通リ、法律ニ依ルニ非ズンバト書イテアルノデアリマシテ、法律ニ依ッテ定メラレタル範圍内ニ於テ、之ヲ制限スルコトハ當然ナンデアッテ、其法律自體ガ善イカ惡イカト云フ問題ハ、今ノ憲法論デハ當然ニハ成立致サナイノデアリマス、今日ノ時代ニ於テ治安維持法ヲ撤廢致シマスルコトハ、其第一條ノ國體ヲ否認セントスル罪ノ如キハ、憲法自體ヲ破壞スルコトニ相成ルノデアッテ、吾々ハ斷ジテ贊成スルコトハ出來マセヌ(拍手)

治安警察法及ビ暴力行爲取締法其他ノ法律ハ、或ル程度ニ於テ自由ヲ制限スルノデアリマスガ、國家公安ノ爲ニハ、何人モ思フ儘ニ勝手放題ヲ爲シテ宜イト云フノデハナイノデアリマシテ、或程度ノ制限ヲ爲スコトガ憲法ヲ守リ、法律ヲ守リ、國家ヲ守ル當然ノ處置デアルト考ヘルノデアリマス(拍手)故ニ私共ハ是等ノモノヲ撤廢スル意思ハアリマセヌ、自由々々ト云フコトヲ主張セラレマスルケレドモ、自由ハ勝手放題ト云フコトデハナイノデアッテ、觀念ノ上ニ於テ一定ノ正シキ規準ヲ踏ミ得ルト云フ、吾々ノ立場ヲ明カニスルコトガ、即チ自由ナンデアッテ、自己ノ一定ノ人間トシテノ方針ヲ踏ムト云フコトガ、自由ノ觀念デアルト致シマスナラバ、人間ノ――國民トシテノ踏ムベキ範圍ヲ規定スルト云フコトガ、本當ノ自由ヲ確保スル所以デアルト、私共ハ考ヘテ居ルノデアリマス、之ヲ以テ私ノ答辯ト致シマス(拍手)

○副議長(小山松壽君) 川島正次郎君

〔川島正次郎君登壇〕

○川島正次郎君 學校教員ノ結社加入權ヲ認メテ、何故學生生徒ノ結社加入權ヲ認メナイカ、其合理的理由ヲ示セト云フ御話デアリマシタガ、學校ノ學生生徒ガ學問上ニ於テ政治ヲ研究スルノハ、是ハ一向差支ナイノデアリマスガ、實際運動ニ携ハラセルコトハ、學生生徒自身ニ取ッテモ、亦國家全體ニ取ッテモ、必ズシモ利益デナイト考ヘマス、然ルガ故ニ之ヲ加ヘナカッタノデアリマス

又斯樣ナ法律案ヲ出ス以上ハ、ナゼ言論抑壓ノ改正案ヲ出サヌカト云フ御話デアリマスガ、御承知ノ如ク現在ノ言論抑壓ノ根據ハ新聞紙法竝治安警察法ニ於キマシテ、安寧秩序ヲ紊シ若クハ風俗ヲ害スルモノハ、新聞ナラバ發賣禁止ヲスルコトガ出來ル、演説ナラバ中止スルコトガ出來ルト相成ッテ居ルノデアリマスガ、私ハ此安寧秩序ヲ紊スト云フ内容ニ付テハ、相當ノ議論ガアルト思フ、現ニ現在ノ政府ガ行ッテ居ルガ如キ、少シデモ内閣ニ不利益ナル記事、若クハ現内閣ノ施政ヲ糺彈スル言論ハ、直チニ中止スルガ如キハ、甚ダ怪シカラヌ事ト考ヘテ居リマス(拍手)併ナガラ是ハ安寧秩序ノ範圍ヲ如何ニ解釋スルカト云フ問題デアリマシテ、法文ノ問題デハナイ、私ハ現内閣政府ノ頭ヲ改造スルコトハ贊成デアリマスケレドモ、法案ヲ改造スルコトニハ贊成致シマセヌ(拍手)

○副議長(小山松壽君) 外ニ答辯ハアリマセヌ――作田高太郎君

○作田高太郎君 日程第十、十一、十二ノ三案ハ、一括シテ政府提出市制中改正法律案外六件ノ委員ニ付託セラレンコトヲ望ミマス

○副議長(小山松壽君) 作田君ノ動議ニ御異議ハアリマセヌカ

〔「異議ナシ」ト呼フ者アリ〕

○副議長(小山松壽君) 御異議ナイト認メマス、仍テ動議ノ如ク決シマシタ

○作田高太郎君 殘餘ノ日程ハ延會スルコトヽシ、本日ハ是ニテ散會セラレンコトヲ望ミマス

○副議長(小山松壽君) 作田君ノ動議ニ御異議ハアリマセヌカ

〔「異議ナシ」ト呼フ者アリ〕

○副議長(小山松壽君) 御異議ナシト認メマス、仍テ動議ノ如ク決シマシタ――次回ノ日程ハ公報ヲ以テ通知致シマス、本日ハ是ニテ散會

午後四時五分散會

昭和六年二月十五日

樺太ニ衆議院議員選擧法施行ニ關スル法律案外一件

第三　樺太ニ衆議院議員選擧法施行ニ關スル法律案（東武君外二名提出）　第一讀會

樺太ニ衆議院議員選擧法施行ニ關スル法律案

樺太ニ衆議院議員選擧法ヲ施行ス

選擧區及選擧スヘキ議員ノ數左ノ如シ

選擧區　議員數

樺太　三人

附　則

本法施行期日竝施行ニ關スル規定ハ勅令ヲ以テ之ヲ定ム

---

第四　樺太ニ衆議院議員選擧法施行ニ關スル法律案（鵜澤宇八君外二名提出）　第一讀會

樺太ニ衆議院議員選擧法施行ニ關スル法律案

樺太ニ衆議院議員選擧法ヲ施行ス

選擧區及選擧スヘキ議員ノ數左ノ如シ

選擧區　議員數

樺太　三人

附　則

本法施行期日竝施行ニ關スル規定ハ勅令ヲ以テ之ヲ定ム

〔喜多孝治君登壇〕

○喜多孝治君　只今上程ニ相成リマシタ法案、即チ樺太ニ衆議院議員選擧法ヲ施行スル法律案ノ提案者ト致シマシテ、努メテ簡明ニ提案ノ理由ヲ御說明申上ゲタイト存ジマス

諸君ノ御承知ノ如ク、樺太ハ衆議院議員選擧法ガ實施サレナイデ、今日マデ殘サレテ居ッタノデアリマス、然ルニ現在ノ樺太ニ於キマシテハ、拓地、植民地ノ實ガ大ニ擧リマシテ、交通通信機關ノ普及、其他諸產業ノ設備ガ大ニ擧リマシテ、殆ド內地ト其處ニ遜色ガナイノデゴザイマス、現在ニ於キマシテ、我ガ邦人ガ三十万ノ多數ニ達シ、而シテ毎年二万內外ノ增加ヲ見テ居ル現狀デゴザイマス、之ヲ樺太ニ實施サレテ居ル所ノ法制關係カラ見マシテモ、內地ト何等異ル所ハナイノデアリマシテ、民法、商法、刑法、民事訴訟法、刑事訴訟法ハ勿論ノコト、裁判所構成法、或ハ陪審法スラモ實施サレテ居リマシテ、是ハ他ノ植民地ト大ニ異ッテ居ル所デゴザイマス、其他納稅ノ義務ニ服スルコトハ申スマデモナク、徵兵令ガ施行サレテ居リマシテ、兵役ノ義務ニ服シテ居ルト云フコトハ、他ノ植民地ノ臺灣、朝鮮ト全然異ル所デゴザイマス、斯ノ如ク法制上既ニ內地ト異ル所ナイ樺太ニ於キマシテ、尙ホ此選擧法ガ布カレテ居ラヌ、昭和四年ニ於キマシテ實施サレマシタ改正樺太町村制ニ依リマシテ、愈〻町村會議員ヲ選擧致シマシタ實績ニ徵シマシテモ、政治的ノ能力、或ハ自治能力ノ上ニ於キマシテ、樺太ハ內地ヨリ優秀ナル成績ヲ示シテ居ルノハ諸君ノ御承知ノ通リデゴザイマス、然ルニ此本案ガ本院ニ於キマシテ二回通過致シテ居ルニ拘ラズ、貴族院ニ於テ審議未了ニ終ッテ居ルノヲ洵ニ遺憾ト致シマスルガ、政府ニ於キマシテモ、或ル一部ノ論ト致シマシテハ、此法案ニ多少賛成ヲ御躊躇ニ相成ルヤウナコトニ漏レ承ッテ居ルノデアリマスガ、其眞僞ハ分リマセヌケレドモ、其論ズル所ハ、內務省所管デナイ、拓務省所管ニ於ケル樺太ニ於テ選擧法ヲ施行スルト云フコトハ、一方ニ於テ朝鮮或ハ臺灣ニ尙ホ選擧法ヲ施行セラレテ居ラヌカラシテ、直チニ樺太ニ於テ之ヲ施行スルト云フコトハ、困ルト云フヤウナ御論ノヤウニ承ッテ居ルノデアリマスガ、若シ果シテサウ云フ論ガアリト致シマスレバ、洵ニ形式ニ囚ハレタル、其內容實情ヲ無視シタル謬論デアリマシテ、斯ノ如キ誤ッタル所ノ議論ニ拘泥サレル必要ハナイト私共ハ信ズルノデアリマス、ナゼ臺灣或ハ朝鮮ニ於テ選擧法ヲ施行スルノガ尙早デアルカ、是ハ既ニ御承知ノ通リ、一方ニ於テ徵兵令ガ施行サレテ居ラナイ、ナゼ徵兵令ガ施行サレテ居ラヌカト云フト、國民性ヲ十分ニ得テ居ラヌ、普通國民教育ガ普及サレテ居ラナイ爲ニ、此臺灣及ビ朝鮮ニ於キマシテ、國民性ヲ十分ニ得テ居ラヌト云フ所ヨリ、徵兵令ト云フモノガ施行サレテ居ラナイ、公ノ義務、重大ナル義務ヲ課セラレテ居ラヌカラ、臺灣及ビ朝鮮ニ於テ選擧法ヲ施行スルト云フコトハ、尙早デアルト云フコトハ勿論デゴザイマスルケレドモ、樺太ノ如キ、內地ト何等異ル所ノナイ、法制關係ニ於テハ全然同一デアリ、公ノ義務トシテ最モ重大ナル徵兵ノ義務ニ服シテ居ル樺太ニ於テ、唯單ニ內務省所管デナイ、拓務省所管デアルト云フヤウナ形式論カラ、此議論ニ賛成サレナイト云フコトハ、洵ニ其內容實質ヲ無視シタル、間違ッタル議論ト私ハ考ヘルノデアリマス、今ヤ我ガ內地ニ於キマシテハ、普通選擧主義ニ基キマシテノ選擧法ガ布カレテ居ル、三十万ノ我ガ邦人ガ樺太ニ居リマシテ、此聖代ノ恩典ニ浴セナイト云フ理由ハ、毛頭ナイコト、考ヘルノデアリマス、

ドウカ皆様滿場一致御贊同ニナリマシテ、殊ニ政府ニ於テモ直チニ此議ヲ御採擇アランコトヲ切ニ希望シテ已マナイノデアリマス(拍手)

○議長(藤澤幾之助君) 鵜澤宇八君

〔鵜澤宇八君登壇〕

○鵜澤宇八君 樺太ニ選擧法施行ニ關スル法律案ニ付キマシテハ、只今前樺太長官デアッタ喜多君ガ詳シク御述ニナッタノデアリマスカラ、私ガ今此處デ重ネテ申上ゲル程ノコトモゴザイマセヌ、同一趣旨ニ外ナラヌノデアリマスルガ、併シ提案者ノ一人ト致シマシテ、極メテ簡單ニ一言申上ゲタイト思フノデアリマス

樺太ハ今日デハ既ニ三十万人ノ人口ヲ有スルノデアリマス、尙ホ年々數万ノ増加ヲ爲シツヽアル所ノ傾向ニアルノデアリマヌ、而シテ樺太ハ他ノ植民地ト違ッテ、民法、商法ヲ始メ其他ノ法律、又陪審法デスラモ既ニ實施ヲ致シテ居ルノデアリマス、電話、電信ノ如キノ普及ハ內地ヨリモ寧ロ進ンデ居ルト思フノデアリマス、極ク內地ト異ッテ居ル點ハ何デアルカト申セバ、樺太ハ極メテ寒イ、零點下三十度ニモ降ル、夏ノ中ハ日照期間ガ極メテ長イ、是ガ爲ニ草木ガ極メテ繁茂スル、斯ウ云ッタ寧ロ長所モアル、一昨年行ッタ町村會ノ選擧ノ如キニ付テモ、內地ヨリモ棄權者ガ極メテ少イ、又選擧違反ナドモナイ、極メテ好成績ヲ擧ゲテ居ルノデアリマス、何一ツ內地ト變ッタ所ハナイ、臺灣ノ如キハ六百餘万人ノ中デ日本人ハ四十餘万人ニ過ギナイ、朝鮮ノ如キハ千九百餘万人ノ中デ、日本人ハ四十餘万人ニシカ過ギナイ、未ダ同化シタトハ申サレナイノデアリマス、同ジ植民地デモ朝鮮、臺灣トハ大イニ趣ヲ異ニ致シテ居ル樺太ガ、選擧法ヲ施行シナイト云フ理窟ハ此間ニ少シモナイノデアル、デアリマスルカラ一日モ速ニ樺太ニ選擧法ヲ施行スルト云フコトハ最モ必要ナモノデアルト私ハ斯様ニ信ズルノデアル(「ヒヤ〱」拍手)殊ニ喜多君ガ言ッタ通リ、モウ此案ハ全會一致ヲ以テ二回トモ通過致シタノデアリマスルカラ、諸君ニハドウゾ滿場一致デ御贊成アランコトヲ茲ニ希望スル次第デアリマス、一言述ベテ置キマス(拍手)

昭和六年二月十八日

昭和六年度歳入歳出總豫算案竝
昭和六年度各特別會計歳入歳出
豫算案外一件

第一 昭和六年度歳入歳出總豫算案竝昭和六年度各特別會計歳入歳出豫算案

報告書

一昭和六年度歳入歳出總豫算案竝昭和六年度各特別會計歳入歳出豫算案

右ハ本院ニ於テ別紙ノ通修正スヘキモノト議決致候此段及報告候也

昭和六年二月十六日

豫算委員長 武内 作平

衆議院議長藤澤幾之輔殿

〔別紙〕 （小字及━━ハ委員會修正）

昭和六年度各特別會計歳入歳出豫算

甲號

拓務省所管

朝鮮總督府

歳入

臨時部

| | | |
|---|---|---|
| 第八款 前年度剰餘金繰入 | 一、二一五、一六五 | 一、三六五、一六五 |
| 第一項 前年度剰餘金繰入 | 一、二一五、一六五 | 一、三六五、一六五 |
| 臨時部合計 | 三、一〇一、三三六 | 三、二五一、三三六 |
| 合計 | 二三八、四二二、八七三 | 二三八、五七二、八七三 |

歳出

臨時部

| | | |
|---|---|---|
| 第五款 營繕費 | 二、七三四、八九五 | 二、八八四、八九五 |
| 第四項 忠清南道廳舍新營費 | | 一五〇、〇〇〇 |
| 第五項（四） 京城拘置監新營費 | 二二〇、〇〇〇 | |
| 第六項（五） 電信電話設備費 | 五二四、七三二 | |
| 第七項（六） 電信電話營繕費 | 二八六、五八〇 | |
| 第八項（七） 航路標識營繕費 | 七〇、一四三 | |
| 第九項（八） 新營及設備費 | 一、二二一、三七二 | |
| 第十項（九） 修繕費 | 二九、四八〇 | |
| 臨時部合計 | 五、七九四、三九〇 | 五、九四四、三九〇 |
| 合計 | 二三八、四二二、八七三 | 二三八、五七二、八七三 |

乙號

拓務省所管

朝鮮總督府

忠清南道廳舍新營費

| | | |
|---|---|---|
| 總額 | （款）營繕費 （項）忠清南道廳舍新營費 | 三五九、〇〇〇 |
| 年額 | 昭和六年度 | 一五〇、〇〇〇 |
| | 昭和七年度 | 二〇九、〇〇〇 |

說明

前記ノ費途ハ前揭ノ二箇年度ニ亙リ繼續費ト爲スヲ要ス

第二 豫算外國庫ノ負擔トナルベキ契約ヲ爲スヲ要スル件

報告書

一豫算外國庫ノ負擔トナルベキ契約ヲ爲スヲ要スル件

右ハ本院ニ於テ可決スヘキモノト議決致候此段及報告候也

昭和六年二月十六日

豫算委員長 武内 作平

衆議院議長藤澤幾之輔殿

○議長（藤澤幾之輔君） 鳩山一郎君外十五名ヨリ、成規ノ贊成ヲ得テ、豫算返付ノ動議ガ提出サレテ居リマス、是ハ委員長ノ報告ニ次デ其趣旨辯明ヲ許シマス、先ヅ委員長ノ報告ヲ求メマス、豫算委員長武内作平君

〔武内作平君登壇〕

○武内作平君 只今上程サレマシタ昭和六年度歳入歳出總豫算案竝昭和六年度各特別會計歳入歳出豫算案、豫算外國庫ノ負擔トナルベキ契約ヲ爲スヲ要スル件ニ付キ、豫算委員會ノ經過ヲ御報告致シマス

豫算委員會ハ一月ノ二十六日ニ開始、昨十六日終了致シマシタ、其間總會ヲ開クコトガ、八日、分科會ヲ開クコトガ二日デ、午前午後ヲ通ジテ熱心ニ質問應答ヲ續ケ、愼重審議ヲ盡シタノデアリマス、豫算審議期間ハ二十一日デアリマシテ、去ル十一日限リデアリマシタガ、御承知ノ事情ニ依リマシテ、期間内ニ審議ヲ完了スルニ至ラズ、五日間期間ノ延長ヲ本會議ニ要求スルニ至ッタコトハ、全ク委員長ノ職責デアル會議ノ整理秩序ヲ保持スルニ、其力ノ足ラザリシコトヲ遺憾トシテ、甚ダ恐縮ニ存ジテ居ル次第デアリマス、總會開始ノ劈頭ニ、鳥田俊雄君カラ濱口首相出席ノ出來ルマデ豫算委員會ノ休止ヲ爲シ、審議ヲ中止スベシトノ動議ガ提出サレマシタガ、贊成者少數デ否決トナリマシタ、審議中ノ質問者ハ秦豐助君、山崎達之輔君、鳩山一郎君、堀切善兵衞君、三土忠造君、大口喜六君、砂田重政君、長尾半平君、若宮貞夫君、西尾末廣君、松岡洋右君、清瀬規矩雄君、森田政義君、太田正孝君、鷲野米太郎君、片山哲君、坂本一角君、濱田國松君、岡田忠彦君、太田信治郎君、安藤正純君、宮脇長吉君、中島知久平君、其他多數ニ上リマシタ、國務大臣竝ニ政府委員ヨリ、其質問ニ對シテ懇切叮嚀ニ應答セラレタノデアリマス（拍手）質疑ハ軍政整理問題、行政財政税制調査會問題、正貨ノ減少、金ノ輸出解禁、輸出入ノ減少、新平價解禁ト平價解禁問題、昭和五年度實行豫算ニ於ケル歳入ノ缺陷、昭和五年度ノ決算ト震災善後公債、非募債主義ト道路公債、獨逸賠償金減債基金繰入中止、財政計畫ト艦船建造費及維持費ノ關係、昭和五年十一月末ノ歳入現計、鐵道政策、思想問題、社會政策、勞働立法、失業防止及失業救濟、不景氣問題、昭和六年度歳入見積過大、實行豫算變更ノ不法及歳入見積ノ失當、蠶絲補償法ノ出動、亞米利加ノ不景氣問題、森林收入見積過大、米穀買入問題、農村問題、軍事參議官奉答文内覽ノ性質、海軍補充計畫ト工業能力ノ維持、倫敦條約ト國防問題、「アグレマン」事件、滿蒙鐵道問題、滿蒙某重大事件、外交ノ經濟化、間島問題、大藏證券、輸出増進對策、救護法ノ實施、徴税手續ニ關スル問題、銀行檢査、震災善後公債、休業銀行ト開店休業銀

行、霧社事件、地方行政財政、不景氣ト減税、倫敦條約ニ基ク兵力整備計畫、北洋漁業權益問題、知識階級ノ就職難問題、軍縮餘剩金ト減税問題、斯ウ云フヤウナ風ニ、多種多樣ニ、非常ニ廣汎ニ渉ッテ居リマスガ、之ヲ從來ノ例ニ依リマシテ、一々其内容ヲ御報告致シマスルト、長時間ヲ要シマスルノミナラズ、本會議ニ於ケル質疑ト重複スルモノモ少クナイノデアリマスカラ、是ハ速記ニ讓ッテ、此處ニハ之ヲ省略スルコトニ致シタイト思ヒマス

昨日最終ノ總會ニ於キマシテ、第二分科ノ主査池田敬八君、第三分科ノ主査田邑君、第四分科ノ主査河波荒次郎君、第五分科ノ主査鵜澤宇八君、第六分科ノ主査比佐昌平君ヨリ、分科會ニ於テ愼重審議ノ上、全部原案ノ通リ可決シタル旨、第一分科ノ主査下元鹿之助君ヨリモ、忠淸南道廳舍新營費ヲ削除、其他原案ヲ可決シタル旨、分科ノ報告ガアリマシタ、討論ニ入リマシテ、工藤鐵男君ヨリ忠淸南道廳舍新營費ヲ削除シ、其他ハ原案ヲ可決スベシト云フ御意見ガアリマシタ、島田俊雄君ヨリ豫算編成替ヲ要望スル趣旨ヲ以テ、否決ノ御意見ガアリマシタ、西尾末廣君カラモ否決ノ御意見ガアリマシタガ、採決ノ結果多數ヲ以テ工藤君ノ意見ニ決定シタノデアリマス、卽チ昭和六年度歳入歳出總豫算案竝昭和六年度特別會計歳入歳出豫算案、豫算外國庫ノ負擔トナルベキ契約ヲ爲スヲ要スルノ件、二件ハ拓務省所管朝鮮總督府忠淸南道廳舍新營費ヲ削除シ、其他ハ全部原案ヲ可決致シマシタ、右御報告申上ゲマス(拍手)

昭和六年二月十九日

昭和六年度歳入歳出總豫算案並

昭和六年度各特別會計歳入歳出

豫算案外一件

○若宮貞夫君　私ハ同志山崎君ノ提出ニ係ル動議ニ贊成ノ意見ヲ有スル者デアリマス、此豫算案ガ極メテ粗濫杜撰ナモノデアッテ、一括シテ返付スルノ已ムナキ理由ハ、同志諸君ノ説明ニ依ッテ略〻盡キテ居リマス、即チ本豫算ノ如キハ財政計畫ノ根本ノ立テ方其物ガ違ッテ居ルト云フコト、非募債主義ガ破綻シタト云フコトガ、一々ノ事實ニ付テ暴露セラレテ、是ガ證據立テラレテ居ルト云フコト、倫敦條約ニ基ク海軍兵力量ノ缺陷ヲ補ハネバナラヌ所ノ補充計畫、其補充計畫ノ裏ニ、尚ホ多額ノ國費ヲ要スベキ所ノ、第二次ノ補充計畫ガ隱サレテ居ルト云フコトガ暴露シテ、政府ガ國民ニ口約シテ居ル所ノ減税財源ハ、決シテ實在スルモノデハナイ、是ハ唯架空虚構ナルモノデアルト云フコト、又歳入ノ見積ガ頗ル過大デアル、大ナル缺陷ヲ生ズルコトガ洵ニ明瞭デアルト云フコト、並ニ歳出豫算ノ全部ヲ通ジテ國民ノ今日ノ窮狀ヲ救ヒ、時勢ノ進運ニ適應スベキ何等ノ經綸モナケレバ、何等ノ施設モナイコト等ガ、同志諸君ノ説明ニ依ッテ大體明カニセラレテ居ルノデアリマス(拍手)若シ以上掲ゲタ所ノ大ナル缺陷ノ其一ツガ伏在シテ居ルト致シマシテモ

〔議長退席、副議長着席〕

豫算案ハ吾々ガ容易ニ之ヲ承認スベキモノデハナイ、況ヤ今私ガ掲ゲタダケデモ幾多ノ重大ナル缺陷ヲ具備致シテ居ル以上ハ、此豫算ヲ一括返付シテ、誠意アル編成替ヲ求メルト云フコトノ要求ハ、洵ニ已ムヲ得ザルコトデアルト謂ハナケレバナラヌ(拍手)而シテ此事ガ唯獨リ一般會計ダケデハナイ、各特別會計ヲ検討スル上ニ於テ、一般會計同樣ニヤハリ重大ナル缺陷ヲ持ッテ居ルト云フコトヲ吾々ハ發見スルモノデアル、今其一二ノ實例ヲ掲ゲテ、之ヲ立證シテ見ルト云フト、先ヅ植民地方面ニ於ケル特別會計ノ最モ大ナルモノデアル朝鮮總督府ノ豫算、此朝鮮總督府ノ豫算ニ於テ歳入ノ見積、即チ諸税又ハ政府ノ收入ニ屬スル所ノ歳入ノ見積ガ過大デアル、實際ニ於テ大ナル缺陷ヲ生ズル虞ガアルト云フコトハ、寔ニ明瞭デアル、此點ニ付テ豫算委員會ニ於テ、同志諸君ヨリ詳細ナル質問ヲ試ミルト云フト、之ニ對スル政府ノ答辯ハ、寔ニ樂觀的デアル、私ハ此場合ニ於テ多々ノ時ヲ費シテ、其問答ノ詳細ヲ御披露申上ゲル勇氣ヲ持チマセヌガ、極メテ樂觀的デアル、然ルニ其半面ノ歳出ノ側ヲ觀イテ見マスルト云フト、朝鮮内ニ多クノ窮民ガアル、窮民即チ失業者ガ澤山アル、其窮民即チ失業者ヲ救濟スルガ爲ニ、三年度ノ繼續事業トシテ六千五百万圓ノ多額ノ經費ヲ費シテ、土木事業ヲ起サナケレバナラヌト云フコトガ、歳出ノ方面ニ於テ計上セラレテ居ルノデアル(拍手)若モ歳入ノ側ニ於テ、此政府ノ樂觀的ノ見積ガ正シイノデアルト云フノナラバ、歳出ノ側ニ於テ六千五百万圓ノ巨費ヲ投ジテ、失業者ヲ救濟ヲシナケレバナラヌト云フコトガ、大間違ト謂ハナケレバナラヌノデアル(拍手)若モ歳出ノ側ニ於ケル窮民ノ救濟ガ必要ナリトスルナラバ、歳入ノ側ニ於テ政府ガ樂觀ノ考ヲ持ッテ居ルト云フコトハ、是亦大ナル間違ト謂ハナケレバナラヌ(拍手)蓋シ事ノ眞相ハ朝鮮道内各地ニ於テ、窮民即チ失業者ガ野ニ滿チテ居ッテ、之ヲ救濟シナケレバナラヌト云フコトガ、間違ノナイ事實デアルト認メラル、ガ故ニ、只今指摘シタ通リ、歳入ノ方面ニ於テ政府ガ樂觀ヲ裝ウテ、見積ヲ過大ニシテ居ルト云フコトハ、此問題ノ一事ニ依ッテモ、明カニ證明セラレテ居ルト私ハ確信ヲ致シテ居ルノデアリマス(拍手)而シテ此救濟事業ヲ起スト云フコトニ付テ、政府ハ從來前例ノナイ所ノ道ヲシテ土木事業ヲ起サシメ、之ニ依ッテ道ニ多額ノ負擔ヲ來サシメルト云フコトノ計畫ヲ致シテ居ル、此事ハ私ガ此處ニ詳細申述ベマセヌデモ、將來朝鮮ノ地方ノ財政ヲ壓迫ヲシテ、是ガ朝鮮地方即チ道ノ將來ノ財政ノ紊亂ヲ來ス基トナルト云フコトハ、少シモ疑ノナイ點デアル(拍手)

尚ホ朝鮮總督府ノ豫算ニ付テ、茲ニ寔ニ不可解極マル一ツノ奇怪ナル現象ヲ、吾々ガ發見ヲ致シタノデアル、ソレハ外デモアリマセヌ、政府ガ提出ヲシテ居ル所ノ忠淸南道ノ廳舍ヲ移轉スルニ付テノ新築ノ費用、三十五万數千圓ト云フ金額ガ、民政黨即チ政府與黨ニ依ッテ、是ガ特ニ削除セラレントシテ居ル所ノ一條ガ、寔ニ不可解極マル、奇怪千萬ナ事實デアルト私ハ考ヘル(拍手)此問題ニ付テハ道途種々ナルコトヲ傳ヘテ居ル、迂遠ナル私ノ耳ニモ是ガ入ラヌデハアリマセヌ、色々ナル事情モアラウ、或ハ不純ナ動機ニモ出發ヲシテ居ルト云フヤウナコトガ、耳カラ耳ヘト傳ヘラレテ居ルノデアル、此世間ニ耳カラ耳ヘト傳ヘラレテ居ル所ノ、裏ニ潛在スル事情、動機ト云フ

ヤウナコト、即チ人ニ對スル憎惡ノ關係デアルトカ、或ハ又特殊ノ利權デアルト云フガ如キ此裏面ノ問題ハ、斯ク申ス私ノ如キ是等ノ事柄ニ全ク緣ノナイ人間ニハサッパリ分リマセヌ(拍手)併ナガラ豫算ヲ審査スル上ニ付テ、之ヲ豫算ノ一部ナリトシテ考察ヲシテ見ルト云フト、政府ガ容喙ノ上、編成ヲシテ提出シテ居ル所ノ此新營費ノ豫算ガ、其政府ヲ支持スル與黨ノ手ニ依ッテ是ガ削除セラレテ、平然トシテ居ルト云フ、此一事ヲ以テスルモ、如何ニ朝鮮總督府ノ歲出豫算ノ中ニハ、不急ノ冗費ガ多ク含マレテ居リ、急ナルモノニ對シテ極メテ薄クシテ、不急ナル事柄ニ對シテ厚イト云フコトヲ、明ニ證據立テル一ツノ事實デアルト私ハ考ヘテ居ル(拍手)

又我國ノ特別會計ノ中ノ最モ大ナルモノデアル所ノ、帝國鐵道會計即チ鐵道省ノ豫算、此豫算ニ就テ、試ニ其内容ヲ檢討シテ見ルト云フト、此鐵道豫算ニ於テモ歲入見積ガ頗ル過大デアル、諸君モ御記憶デアリマセウガ、既ニ去ル五十八議會即チ昨年ノ特別議會ニ於テ、吾々ハ昭和五年度ノ鐵道ノ歲入ハ頗ル過大デアルコトヲ、理ヲ盡シテ之ヲ指摘シタニモ拘ラズ、政府當局ハ決シテ過大デハナイ、確實ナル見込デアルト云フコトヲ極力主張致シタガ、併ナガラ此政府ノ言明ハ全然裏切ラレテ、既ニ先日ノ豫算委員會ニ於テモ、政府當局ヨリシテ正ニ六千万圓以上ノ缺陷ガ生ズルコト明カナリト云フコトヲ、承認自白ヲセザルヲ得ザルト云フコトニ立入ッタト云フコトハ、諸君ハ御記憶ノ通リデアル(拍手)今日不景氣ガ益、深刻化スルト云フ此社會ノ現狀ニ顧ミテ、昭和六年度ノ豫算ガ再ビ繰返シテ過大ノ廢ガアルト云フコトハ、私ガ多クノ言葉ヲ費サズトモ、天下公知ノ事實デアルト私ハ考ヘテ居ル(拍手)加之非募債主義ニ唯捉ハレタ結果トシテ、公債財源ヲ無暗ニ縮小シタ其結果トシテ、既ニ豫算ガ成立シ、繼續費ガ成立ッテ居ル所ノ建設ノ計畫ヲ、基本カラシテ破壞ヲシテシマウテ、何等ノ公正的確ナル標準ニ依ラズシテ、既定計畫ニ屬スル建設線ヲ切捨テ、或ハ之ヲ繰下ゲテ、其着工年度ヲ後年度ニ繰下ゲルト云フ、亂暴ナ措置ニ出デタ其結果ハ、產業ノ開發ヲ妨ゲ、又其結果トシテ關係地方民ノ經濟ヲ破壞シ、不測ノ損害ヲ被ラシメテ居ルノデアル、加之啻ニ建設費バカリデハナイ、改良費ノ側ニ於テモ嘗テ前内閣ノ人ニ於テ、約一億四千万圓ノ改良費ヲ豫算ニ計上シタニ對シテ、民政黨ノ諸君ハ口ヲ極メテ、一億四千万圓ノ改良費ヲ以テシテハ、鐵道ノ安全改良ヲ圖ル上ニ付テ危險デアルトマデ攻擊ヲ致シタニモ拘ラズ、此度ノ豫算ニ於テハ其前内閣ニ於テ計上シタル一億四千万圓ノ約半額、即チ七千七百万圓ノ小額ニ此改良費ヲ激減ヲ致シテ、計上シテ居ルト云フコトハ、既往ノ言責ニ照シテ、許スベカラザル罪惡デアルト考ヘテ居ルノデアリマス、啻ニ改良費ヲ斯ノ如ク半額ニ致シテ居ルト云フバカリデハナシニ、運轉ノ安全ヲ期スベキ線路ノ保線費、即チ事業費ニ屬スル所ノ、安全ヲ保守スルニ必要ナル所ノ費用マデモ其多額ヲ削ッテ、改良費ヲ削リ、保線費ヲ削リ、是等ノ事柄ガ遂ニ近頃頻々トシテ起ル所ノ、悲慘ナル事故ヲ惹起ス所ノ動機原因トナッタト云フコトハ、是ハ許スベカラザル所ノ事柄デアリマス、是等ノ缺點、是等ノ世間ノ不評判ヲ蔽ヒ隱スト云フコトノ趣意デアラウカト推察ガ出來ルノデアリマスガ、一面ニ於テ建設改良等ノ工事ヲ、斯様ニ極端ニ切縮メテ居ル、其片方ニ於テハ、或ハ全國的ニ自動車網ヲ張ルトカ、或ハ大ニ外國ノ旅客ヲ誘致ヲシテ、國際貿易ノ改善ヲ助ケル、國際貸借ノ改善ヲ助ケル、斯ウ云フヤウナコトヲ頻リニ宣傳ヲ致シテ、自動車計畫ヲ世間ニ發表ヲ致シ、又省内ニ於テハ國際觀光局ト云フヤウナ一ツノ役所ヲ拵ヘタ、是ハ諸君、御承知ノ通リノ事實デアル、然ル所ガ當時世間ニ發表セラレタル所ノ宣傳ハ、頗ル大ナルモノデアッタ、然ラバ果シテ實際ニ於テドウ云フコトガ爲サレタノカ、之ヲ調査研究ヲ致シテ見ルト云フト、全國ニ自動車網ヲ開クベク宣傳シタ所ノ政府ハ、驚クベシ、唯、一ツノ路線ニ於テ、其運輸ヲ開イタト云フバカリガ、是ガ事實デアル、又國際觀光局ト云フガ如キ、大キナル名前ノ官廳ヲ製造シテ置キナガラ、其役所ニ於テ爲シテ居ル所ノ仕事ハ何デアルカト云フコトヲ調ベテ見ルト云フト、唯從來運輸局ノ一課デアッテ、而モ隅ノ所ニ片付ケラレテアッタ、最モ小サイ一課デアッタ運輸局國際課デヤッテ居ル所ノ、其仕事ノ範圍ヲ出デザル、從前通リノ詰ラナイ事ヲ、此大キナ局ニ於テヤッテ居ルト云フコトハ驚クベキ事實デアル、其宣傳ガ頗ル雄大デアッテ、其實ガ甚ダ擧ラナイト云フコトヲ、玆ニ諸君ニ御報道申上ゲルコトヲ、私ハ甚ダ深ク遺憾トスルノデアリマス、斯ル些細ナル事ハ姑ク措イテ之ヲ問ハナイトシテ、是等ノ世間ノ不評ヲ蔽ハンガ爲ニ計畫ヲセラレタ事柄ヲ實施スルト云フコトノ爲ニ、政府ハ特別會計ノ規定ニ違反シテ居ルト云フ事實ヲ發見シテ、私ハ大ニ驚イテ居ルノデアリマス、即チ自動車營業ヲ營ムト云フコトニ付テ、國道又ハ府縣道デアル所ノ公道ノ改修費ヲ、鐵道ノ會計カラ支辨ヲ致シテ居ル、又國際觀光局ノ仕事ヲ爲スト云フ上ニ於テ、鐵道ニ關係ナキ一般旅宿業者ニ對スル所ノ助長行政ヲ行ヒ、又鐵道ニ專屬セザル一般ノ案内業者ニ對スル所ノ監督行政ヲ行ッテ、是等ノ助長又ハ監督ノ行政ニ必要ナル經費ヲ、此鐵道ノ特別會計カラ支辨シテ居ルト云フコトノ事實ヲ發見致シタノデアル、諸君モ御承知ノ通リ一般會計カラ切離シテ、特別會計ヲ構成スルト云フコトハ、或ル特殊ノ必要ガアッテ、極メテ局限セラレタル目的ノ爲ニ特別會計ガ構成セラレテ居ルモノデアルガ故ニ、原則トシテ特別會計ノ支出ニ付テハ、極メテ狹義ニ、且ツ極メテ嚴正ニ解釋致サナケレバナラヌト云フコトハ、是ハ疑ノナイ事柄ナノデアリマス、然ルニモ拘ラズ、帝國特別會計法

第七條ニ、鐵道運輸ニ附帶スル所ノ事業ト云フ文字アルコトヲ奇貨居クベシトシテ、緣モ由緣モ無イ道路ノ改修費、鐵道ニ無關係デアル所ノ旅宿業、鐵道ニ無關係デアル所ノ一般案內業ノ助長監督ノ行政ノ費用マデモ、此特別會計カラ支辨ヲスルト云フコトハ、是ハ明カニ帝國鐵道會計法ノ紊亂デアルト私ハ確信ヲスル者デアリマス(拍手)若モ是等全ク緣ノ無イ、間接ニ且ツ間接ニ、廻リ廻ッテ持ッテ行ケバ何等カ緣ガ付ク、即チ外國人ガ段々日本ニヤッテ來ルヤウニサヘナレバ、多分旅行ヲスルダラウ、多分旅行ヲスレバ、鐵道ヘ乘ッテ吳レルデアラウト云フヤウナ、間接ノ間接、持廻リニ持廻ッタ緣故ヲ付ケテ、是ガ會計法第七條ニ定ムル附帶ノ事業デアルト云フコトヲ言ヒ得ルナラバ、如何ナル事柄――世ノ中ニアル總テノ事柄、外國人ニ觸レル總テノ事柄ハ、鐵道ノ特別會計カラ支辨ヲシテ差支ナイト云フコトノ結果ニ陷ルノデアッテ、斯ノ如ク致シタナラバ、是ハ脫線ドコロデハナイ、無軌道ナヤリ方ト申サナケレバナラヌノデアリマス、一面ニ於テ政府ハ先程モ申シタ通リ、安全ニ必要ナル所ノ改良費、保線費等ヲ削減ヲ致シテ、其結果重大ナル事故ヲ惹起シテ、多クノ人命ヲ損傷シテ居ル、列車ノ脫線顚覆ノ爲ニ、重大悲慘ナル所ノ事故ヲ惹起シテ居ルノデアリマスガ、他面ニ於テハ會計法ヲ紊亂ヲ致シテ、緣モ由緣モ無イコトマデ、無軌道的ニ脫線ヲ致シテ、帝國鐵道會計法ノ規定ニ背反シ、之ヲ紊亂スルト云フコトヲ致シテ居ルノハ、決シテ許スベカラザル所ノ事柄デアリマス

以上申述ベマシタ所ハ、唯單リ一般會計ノミナラズ、各特別會計ヲ通ジテ、歲入ニ於テハ見積ガ頗ル過大デアッテ、實行ガ不可能デアル、歲出ニ於テハ紊亂ヲ極メテ、必要ナル方面ニハ薄ク、不急ナル所ノ冗費ガ多ク計上セラレテアルト云フコトヲ立證スル爲ニ、一二ノ實例ヲ擧ゲタノデアリマシテ、一般會計ト云ハズ、特別會計ト云ハズ、山嵜君ガ說明セラレマシタル通リニ、本豫算案ノ全部ヲ通ジテ、決シテ實行セラルベキモノデナクシテ、政府ニ之ヲ一括返付致シテ、其誠意アル編成替ヲ求メナケレバナラヌト云フコトノ理由ハ、既ニ略明カニセラレタコトデアルト私ハ確信ヲ致シテ居リマス(拍手)玆ニ吾々同志ガ主張セントスル所ガ、略、明カニセラレテ、而シテ本案ニ對スル討論モ略、終結ニ近付カントシテ居ル此場合ニ於テ、吾々ノ主張ニ反對スル所ノ意見、即チ政府ノ豫算案ヲ支持スル所ノ意見ヲ加味考量シテ、考察ヲシテ見ルコトガ、愼重審議ヲ盡ス上ニ於テ、必ズシモ無用ナ事デナイト私ハ信ズルノデアリマス(拍手)ソレデアルガ故ニ、昨日以來與黨諸君ノ當席ニ於ケル御演說ニ付テハ、私ハ詳細漏サズ謹ンデ之ヲ拜聽シタノデアル、全部拜聽ヲ致シマシタガ、其物語ラル、所、相當多クノ時間ヲ費シ、相當多クノ言葉ヲ費サレタノニ相違ナイガ、其言ハル、所ヲ味ッテ見マスルト、多クハ或ハ公債論デアルトカ、或ハ不景氣ノ原因論デアルトカ、或ハ又金解禁ニ先ダツ所ノ經過デアルトカ、總テ過去ニ屬スル物語ニ多クノ時間ガ費サレテシマウタノデアル(拍手)社會ノ現在ノ實情ハ如何デアルカ、此社會ノ現在ノ實情ニ對シテ、如何ナル對策ガ此豫算ニ含マレテ居ルカト云フ、本案ヲ審議スル上ニ付テ、最モ肝要デアルベキ豫算ノ內容實體ニ觸レタル御議論ニ付テハ、甚ダ其言葉少ク、承ルコトノ出來ナカッタコトヲ、私ハ遺憾ニ存ズルノデアリマス(拍手)

私ハ隨分辛抱ヲ致シ、我慢ヲ致シテ、漸クニシテ是等諸君ノ御演說ノ中カラ、稍、豫算ニ觸レ來ルモノデアラウト云フ點ヲ拾ヒ出シテ見テ、之ヲ綜合シテ見マスルト、大要是ダケノ點ニ歸著スルヤウニ思ハレル、即チ其一ツハ、歲入ニ付テハ、五年度ノ豫算ハ決シテ不足ヲ告ゲルモノデモナケレバ、赤字ヲ出スモノデモナイ、是ハ政府ガ大丈夫ト言フノデアルカラ、ソレヲ信頼スレバ宜シイデハナイカ、斯ウ云フ事、竝ニ歲入ニ付テハ、歲入ノ不足ハ日本ダケデハナイ、諸外國モ皆同樣デアルノダカラ、仕方ガナイデハナイカト云フ、是ダケノ議論ヲ承ルコトガ出來タ、又第二ニハ、減稅ノ財源ト海軍補充計畫トノ關係デアリマスルガ、之ニ付テハ艦艇ノ維持費ハ、條約ノ結果、若干ノ廢艦ガ生ズル、其廢艦カラ生レ來ル所ノ維持費ヲ以テ所辨出來ルカラ宜シイデハナイカ、又次ニハ第二次補充計畫ハ、英米ノ態度ヲ見テカラ上ニ決定ヲセラレテ宜イコトデアルカラ、今日之ヲ組綜計畫ズルニハ及バナイノデアル、ソレアルガ故ニ第二次補充計畫等ノ事ヲ懸念シテ、減稅ノ財源ヲ心配スルニハ及バナイデハナイカト云フノガ、其要點デアッタヤウニ私ハ承ッタ、又其第三ハ、公債ニ付テハ決シテ增加シテ居ルモノデハナイ、政友會ノ大口君ハ增加シタト言ウテ居ルケレドモ、增加シテ居ルモノデハナイト申サレタノガ其第三點、大體是ダケデアリマス、其他强テ探シテ見マスルト、豫算ガ氣ニ入ラナケレバ、修正シ若クハ削除スレバ宜イデハナイカ、之ヲ一括シテ返付スルト云フコトハ、自ラ豫算審議權ヲ無視スルモノデアリ、拋棄スルモノデハナイカト云フ御議論ガ、是亦參考スベキ一ツノ議論デアルト私ハ承ッタ、最モ肝要デアルベキ、吾々ガ求メントシテ居ル、國民ガ聞カント欲シテ居ル所ノ歲出ニ關シ、殊ニ今日ノ國民ノ窮狀ヲ救フニ必要ナル施設ニ關シテハ、多數諸君ノ長時間ニ亙ル御演說ヲ謹ンデ承ッタガ、何等聞クコトガ出來ナカッタノヲ、私ハ深ク遺憾ニ存ズルノデアリマス(拍手)

ソコデ愼重審議ヲ盡ス上ニ付テ、私ハ只今要約シテ中述ベタ所ノ與黨諸君ノ御趣意ニ付テ、少シク批判ヲ加ヘテ見タイト思フ

〔副議長退席、議長復席〕

先ヅ其第一ノ歲入ノ點デアリマスルガ、五年度ノ歲入ハ、政府ガ言明セラレルガ如ク、僅ニ八千百万圓ノ減收ニ止マラナイデ、尙

ボ其以上ニ數千万圓ノ減收ガアルト云フコトハ、吾々同志カラ各項目ニ亙リ、詳細ニ事實ト數字ヲ示シテ之ヲ立證セラレテ居ルノデアル、又引續イテ昭和六年度ノ歲入ニ於テモ、政府ノ見積ガ過大ニ失シ、重大ナル缺陷ヲ生ズル虞ガアルト云フコト、是亦歲入豫算ノ各科目ニ付テ、條理整然タル所ノ理據ヲ示シテ證明ヲセラレテ居ルノデアル、此一々ノ科目ニ付テ數字ヲ示シ、證據ヲ示シテ論及セラレテ居ル所ノ我黨ノ主張ニ對シ、民政黨、與黨諸君ノ當局ニ於テ議論セラレル所ハ、何等ノ理據ヲ示サズ、何等ノ證據ヲ示サズ、唯政府ガ言フカラ、其通リ信頼スレバソレデ宜シイト云フ御議論ダケデハ、吾々ハドウシテモ承服スルコトガ出來ナイノデアル(拍手)殊ニ政府ガ言フカラ之ヲ信頼セヨト云フ一條ニ至テハ、實ニ――私ハ少シク穩カナラヌ言葉デアルカモ知レマセヌ、是ハ決シテ刑法ニ關シテ言フノデハアリマセヌ、極ク世俗ノ用語ニ從ウテ言ウナラバ、政府ハ歲入ノ見積過大ト云フコトニ付テハ既ニ前科者デアル(拍手)私ガ前科者ト云フ言葉ハ穩カナラヌカモ知レマセヌガ、前科者ト云フノハ、言フタ事ヲ裏切ッテ信用ヲ失ウテ居ル者ノ意味ヲ謂ウテ居ルノデアル(拍手)昭和五年度ノ豫算ニ於テ、昨日來同志ノ諸君カラ屢、繰返シ申ス通リ、第五十八回特別議會ニ於テ、歲入ノ見積過大ガ決シテ過大デハナイ、確實ナル見積デアルト云フコトヲ繰返シ繰返シ言明ヲ致シテ置キナガラ、其特別議會ヲ終了シタ後、三週間ニナルカナラヌ間ニ、八千百万圓ノ缺陷ガアルト云フコトヲ(拍手)暴露セネバナラヌト云フ事程左樣ニ、既ニ前科者デアル、信用ヲ失ウタ者デアル(拍手)此信用ヲ失ウタ所ノ政府ノ所言――若シ是ガ一々ノ科目ニ付テ、極メテ詳細ニ具體的ニ證據ヲ示サレテ說明ヲ承ルコトガ出來ルナラバ、私ハ決シテ其信用ヲ回復セヌトハ申サヌ、併ナガラ唯漫然トシテ、政府ガ左樣ニ言フノデアルカラ、之ヲ信頼シテ可ナリト云フニ至ッテハ、吾々ハ何トシテモ承服スルコトガ出來ナイノデアリマス(拍手)

又第二ニ、減稅ノ財源ト海軍補充計畫ノ關係デアリマスルガ、此點ニ付テハ同志內田君ガ極メテ詳細ニ申述ベラレマシタカラ、私ハ之ニ申漏ヘル所ノ殆ド何物ヲモ持ッテ居リマセヌ、併ナガラ確カ此事ニ付テ最モ多クノ時間ト、最モ多クノ言論ヲ費シテ說明ヲセラレマシタノハ、高橋君ト堤君デアラレタヤウニ私ハ記憶シテ居リマスルガ、此兩君ノ御論ハ、吾々ガ主張セント欲スル所ヲ根柢的、基礎的ニ考ヘ違ヲシテオ出デナサルト云フコトヲ私ハ發見シタ(拍手)吾々ガ主張シテ居ル所、吾々ガ心配シテ居ル所ハ、決シテ既略ニ潜ンデ居ル所ノ第二次補充計畫ヲ今日世ノ中ニ出シテ、外國ニ分ルヤウニ世ノ中ニ公ニシテ、事務的ニ組織的ニ之ガ豫算ヲ組マナケレバナラヌト云フ事ヲ、吾々ハ決シテ主張シテ居ルノデハナイ、是ハ少シモ問題デハナイ、サウデハナクシテ、第一次補充計畫ノ裏ニ、現在ノ倫敦條約ノ有效期間滿了前ニ、玆ニ第二次計畫ガ是非トモ出テ來ネバナラヌ運命ニ居ルノデアルト云フ事柄ガ明カニナル以上ハ、政府ガ國民ニ公約ヲセラレタ一億三千四百万圓ノ、其減稅ノ財源ハ架空デアッテ、ゴザイマセヌト云フコトヲ吾々ガ主張スルノデアリマス、ドウカ此點ハ兩君極メテ長時間ヲ費シテ御力說ニナリマシタガ、基礎ノ考ヲ間違ヘナイヤウニ、深ク御留意ヲ願ヒタイノデアリマス(拍手)又第三ノ點、即チ公債ハ増加シテ居ルモノデハナイ、是ハ確カ堤君ガ種々申述ベラレタカト記憶致シテ居リマスルガ、堤君ハ公債ハ決シテ此內閣ニナッテ増加ハシテ居ラヌト云フコトヲ力說ヲセラレマシタガ、併シ豫算委員會ニ於テノ質疑應答ハ、諸君モ能ク御聽取リノ通リデアリマシテ、同志大口君カラ、事實ト數字ニ基イテ、現ニ現內閣ニナッテ、而モ最近ニナッテ公債――政府ノ借金ガ既往ヨリモ増加シタト云フコトヲ、數字ヲ以テ之ヲ示サレテ居ル以上ハ、之ニ反對ナサルノハ、事實及ビ數字ニ反對ヲ爲サルト云フコトニナル(拍手)尙ホ假ニ堤君ノ御說ニ從ッテ、萬萬一大口君ガ間違ッテ居ラレルノデアッテ、増加ハシテ居ラヌト斯ウ見テ、其結果ハドウデアル、一體現內閣ノ非募債主義、世間ニ公約セラレタ所ニ依ルト云フト、一般會計ニ於テハ公債ヲ發行シナイ、是ハ宜シイノダ、各特別會計ニ於テハ、公債ノ發行額ヲ半分ニ減ズルノダ、其兩方ヲ合シテ、我國ノ公債發行額ヲ半分以下ニ減ズルト云フコトガ、現內閣ガ世間ニ發表セラレタ所ノ公約デアル、公債ガ増加シテ居ラヌ、即チ減少シテ居ラヌ、減ッテ居ラヌト云フコトノ堤君ノ御議論ハ、現內閣ガ國民ニ公約シタル所ノ、公債ヲ減ラスト云フコトノ言明ヲ裏切ッタト云フコトヲ、與黨ソレ自身ノ堤君ガ、此議場ニ明カニセラレタト云フコトニナルノデアリマス(拍手)

斯ノ如ク論ジ來リマスルト云フト、洵ニ遺憾千萬デアリマスルガ、國民ノ生活ニ關レ、今日ノ時運ノ趨勢ニ適合スベキ所ノ何等ノ議論ヲ與黨諸君ヨリ承ルコトヲ得ザリシコトハ、洵ニ遺憾デアルト云フ此一語ヲ以テ、私ハ此問題ヲ結ブヨリ致シ方ガナイノデアリマス(拍手)

然ラバ政府ハ之ニ對シテドウ云フコトヲ主張シテ居ルノデアルカ、少シク此點ニ觸レテ論ジテ見タイ、此點ニ關シテ政府ガ豫算委員會ヲ通ジテノ質問應答ノ場合ニ於テ、國民ノ生活ノ困難ヲ救フベキ方策ト云フコトニ付テ、政府ガ吾々ニ示サレタ所ノモノハ、大體二點シカナイ、即チ其第一點ハ、失業ノ救濟ニ付テ約三千四百万圓ノ失業公債ヲ發行致シタ、之ニ依ッテ土木事業、鐵道ニ於テ一部、道路ニ於テ一部、此土木事業ヲ起シテ失業救濟ヲ爲ス、又地方ヲシテ失業救濟ニ參加セシムルト云フコトヲ說明シテ居ルノガ其一ツ、其次ノ一ツハ、先程砂田君ガ申サレタ通リ、農漁山村ノ救濟、又ハ中小商工業者ノ救濟等ニ於テ、低利資金ヲ貸付タルト云フコトヲ主張シテ居ラレルノガ其第二デアル、此二點ノミニ止ッテ居ル、尙ホ其外ニ付テ吾々ガ頻リニ質問ヲ試ミテ見ルト、此二ツノ外ニ於テ政府ガ主張セラルヽ所ハ、整理ヲ要スル、國民ノ自覺ヲ要スル、生產費ヲ低下スルト云フコトニ依ッテ救濟スル外ハナイ、斯ウ云フコトヲ、唯言葉トシテ申添ヘラレルノニ止ッテ居ルノデアリマス、ソコデ先以テ此失業救濟ノ點カラ吾々ハ批判ヲ試ミテ見タイノデアルガ、先程砂田君モ少シク觸レラレマシタ通リニ、豫算委員會ニ於テ、同僚安藤君ノ質疑ニ對シテ、政府ガ責任ヲ以テ答辯ヲセラレタ所ニ依ルト云フト、中央並ニ地方ノ失業救濟事業ノ全部ヲ通ジテ、政府ガ救濟セントスル所ノ失業者ハ、僅ニ八万一千人デアルト云フコトヲ政府ハ公言致シテ居ル、然ルニ此八万一千人ト云フ、政府ガ救濟シヨウト云フ失業者ハ、日本全體ノ失業者ニ對シテ、ドウ云フ數字ニ當ルカト云フト、諸君ハ能ク留意ヲセラレナケレバナラヌ、元來政府ノ失業ノ調査ト云フモノハ、洵ニ私ガ考ヘル所ニ依ルト、粗漏杜撰ナルモノデアリマス、第一農村ニ歸農致シタ所ノ者ハ計算ニ入レテ居ラヌ、又自由營業ヲ營ンデ居リナガラ失業狀態ニ陷ッテ、生活困難ヲ感ジテ居ル者ハ計算ニ入ッテ居ラヌ、斯ウ云フ缺陷ダラケノ調査デアリマスカラ、今日ノ實情ニ合ハザル數字デアルコトハ洵ニ明瞭デアリマスケレドモ、姑ク政府ノ調査ヲ借用スルトシテ見テモ、今日世ノ中ニ存シテ居ル所ノ失業者ノ數ハ實ニ三十七万四千人ト稱セラレテ居ル、即チ約四十万人デアル、此四十万人ノ失業者ニ對シテ、政府ハ中央並ニ地方ノ全部ヲ通ジテ、僅ニ約八万人ノ救濟ヲスルト云フコトデアリマス、故ニ現政府ノ迫害ヲ受ケテ饑餓ニ迫ッテ居ル失業者ノ、僅ニ五分ノ一ヲ救濟スルト云フダケノ計畫ヲ樹テヽ居ルト云フノデアリマス、元來我國ニ斯ノ如ク失業者ガ激增シタ原因ハ何處ニアルノカ、是ハ言フマデモナク政府ノ誤ッタ緊縮節約ノ結果デアルト云フコトハ、是ハモウ天下公知ノ事實デアル(拍手)而シテ我國全體ニ、誤レル緊縮節約ノ結果デアルニハ相違ナイガ、其中デモ政府自身ガ失業者ヲ製造スルコトニ於テモ、最モ大キナ製造者デアルト云フコトモ、亦天下公知ノ事實デアル(拍手)此事ハ數字ヲ以テ明カニ立證スルコトガ出來ルト信ジテ居ルノデアリマシテ、政府ハ今度ノ計畫ニ於テモ、或ハ道路或ハ鐵道ト云フ如ク、割合ニ多ク勞銀ヲ含ンデ居ル所ノ土木工事ヲ起スコトニ依ッテ、八万人ノ失業者ヲ救濟スルコトガ出來ルト申サレテ居ル、吾々モ其通リデアラウト思フ、斯ノ如ク割合ニ多ク勞銀ヲ含ンデ居ル所ノ土木工事ヲ行ヘバ、失業者ノ幾分ヲ救濟スルコトガ出來ルト云フノデアルナラバ、ソレト同ジ種類、即チ割合ニ多ク勞銀ヲ含ンデ居ル所ノ工事ヲ繼續ヲシテ、政府ガ營ンデ居ッタナラバ、失業者ハソレダケ生ゼザリシト云フコトモ、亦疑フベカラザル所ノ事實デアル(拍手)然ルニ諸君モ豫算面ヲ御調ベヲ願ヒタイ、昭和五年度ニ於テ一般會計ノ中デ、只今私ガ指摘シタヤウニ、割合ニ多クノ勞銀ヲ含ンデ居ル所ノ事業デアッテ、政府ガ繰延中止ヲシタ所ノ其金額ハ、約七八千万圓ニ上ッテ居ル、昭和五年度ニ於テ、一般會計デ約七八千万圓、同ジク昭和五年度ニ於テ鐵道特別會計法ニ屬スル所ノ經費ダケニ於テモ同樣ノ事情デアッテ、政府ガ繰延中止シテ居ル所ノ金額ガ、是亦約七八千万圓、此二口ダケヲ合計シテ見テモ、昭和五年度ニ於テ政府ハ勞銀ヲ多ク含ンデ居ル所ノ土木等ノ事業ヲ中止シ、繰延ベテ居ルコトガ、合計約一億五千万圓ニ及ンデ居ル、昭和六年度ノ豫算ヲ引續イテ御覽ナサイ、此一般會計及ビ鐵道特別會計ノ二口ダケニ於テ、勞銀ヲ多分ニ含ンデ居ル諸般ノ事業デ以テ、政府ガ繰延中止ヲ行ッテ居ル所ノ其金額ハ、實ニ約二億ノ多額ニ上ッテ居ルノデアル、昭和五年度ニ於テ既ニ一億五千万圓、昭和六年度ニ於テ約二億圓、是等多額ノ國家ニ必要ナル事業、而モソレハ多クノ勞銀ヲ含ンデ居ル、失業者ヲ生ズルコト必然デアル所ノ、是等ノ多額ノ事業ノ打切リ、中止ヲシテ、失業者ヲ製造シテ置キナガラ、其四分ノ一、五分ノ一ニ過ギザル所ノ失業者ヲ、態々失業救濟ノ公債ト銘打ッテ公債ヲ發行シテ、自ラ製造シタル失業者ノ僅ニ四五分ノ一ヲ救濟シテヤテ、天下ニ申譯ガ立ツト誰ガ考ヘラレルカ(拍手)低利資金ノ貸付ニ付テハ、既ニ同志砂田君カラ詳細申述ベマシタカラ、私ハ此處ニ申述ベマセヌガ、是亦徒ニ其聲ノミ大ニシテ、其實ハ砂田君ガ指摘シタルガ如クニ、少シモ擧ッテ居ラナイ、唯宣傳倒レデアッテ、是ガ爲ニ我國ノ國民ハ少シモ助ケラレテ居ラヌト云フコトダケハ、天下公知ノ事實デアリマス

而シテ先程モ申シタ通リ、政府ガ頻ニ整理デアルトカ、國民ノ自覺デアルトカ、若クハ生產費ノ低下ト云フコトヲ申シテ居ラレルガ、是ハ如何ニモ不可解デアッテ、政府ハ一體何ヲ考ヘテ居ラレルノデアルカ、夢デモ見テ御出デニナルノデハナイカト云フコトヲ私ハ疑ハザルヲ得ヌ、(拍手)整理ト云フコトヲ私ハ決シテ不必要ナリトハ少シモ存ジテ居ラヌ、如何ナル事柄ニ付テモ、整理シ得ルモノニ付テ整理スルコトハ必要デアル、私モ贊成論者デアル、サリナガラ農村ノ現狀ヲ能ク觀察セラレルト云フト、地方ノ町村ト製造會社ノ如キハ、全然其趣ヲ異ニ致シテ居ルノデアル、製造工業ノ如

キニ於テハ、恐ラクハ國務大臣ハ整理縮小ヲ致シテ勞働者ヲ逐出シ、人間ヲ淘汰シテ、失業者ヲ造ッテ、辛ウジテモ工場ヲ維持スルコトガ出來レバ、是デ整理ガ付イタト考ヘラレテ居ルノダラウト思フ、併ナガラ服ヲ轉ジテ農村ヲ御覽ナサイ、農村ヲ整理スルトハドウスルノダ、農家ヲ廢メヨト云フコトデアルカ、農村ノ住民ヲ逐出シテ他ニ移住セシメテシマウト云フコトデアルノカ、實際ニ於テ農村ニ關スル整理ト云フコトハ、ドウシテ實現スルコトガ出來ルデアリマセウ(拍手)又自覺――砂田君モ申サレタル通リ、自覺ハドウシタラ宜イノカ、國民ノ多數ハ、國務大臣ガ考ヘテ居ルヤウニ決シテ贅澤ナ、餘裕アル所ノ生活ヲ營ンデ居ルモノデハナイ、之ニ向ッテ自覺セヨト云フコトハ、今日何トモ國民ヲ助ケテヤルコトガ出來ナイカラ、國民ノ多數ハ餓エテ死ネ、已ムヲ得ザル運命デアルト云フコトヲ自覺セヨト云フコヨリ自覺ノ仕樣ガナイノデアル、生活費ヲ減ズル、是ハ田中君モ力説セラレタノデアリマシテ、私モ或ル程度マデ同感デアリマス、有ユル事柄ニ付テ、生産費ヲ低下スルト云フコトハ極メテ必要デアル、併ナガラ是亦地方ノ町村、殊ニ農村ノ實情ニ於テ能ク御考察ヲ願ヒタイ、農村ノ今日ノ農産物ノ暴落シテ居ル所ノ現狀ニ終了シタ後、三週間ニナルカナラヌ間ニ、八千百万圓ノ缺陷ガアルト云フコトヲ(拍手)暴露セネバナラヌト云フ事程左樣ニ、既ニ前科者デアル、信用ヲ失ウタ者デアル(拍手)此信用ヲ失ウタ所ノ政府ノ所言――若シ是ガ一々ノ科目ニ付テ、極メテ詳細ニ具體的ニ證據ヲ示サレテ説明ヲ承ルコトガ出來ルナラバ、私ハ決シテ其信用ヲ回復セヌトハ申サヌ、併ナガラ唯漫然トシテ、政府ガ左樣ニ言フノデアルカラ、之ヲ信頼シテ可ナリト云フニ至ッテハ、吾々ハ何トシテモ承服スルコトガ出來ナイノデアリマス(拍手)

又第二ニ、減税ノ財源ト海軍補充計畫ノ關係デアリマスルガ、此點ニ付テハ同志內田君ガ極メテ詳細ニ申述ベラレマシタカラ、私ハ之ニ申添ヘル所ノ殆ド何物ヲモ持ッテ居リマセヌ、併ナガラ確カ此事ニ付テ最モ多クノ時間ト、最モ多クノ言辭ヲ費シテ説明ヲセラレマシタノハ、高橋君ト堀君デアラレタヤウニ私ハ記憶シテ居リマスルガ、此兩君ノ御論ハ、吾々ガ主張セント欲スル所ヲ根柢的、基礎的ニ覆ヘシテオ出デナサルト云フコトヲ私ハ發見シタ(拍手)吾々ガ主張シテ居ル所、吾々ガ心配シテ居ル所ハ、決シテ此點ニ遊ンデ居ル所ノ第二次補充計畫ヲ今日世ノ中ニ出シテ、外國ニ分ルヤウニ世ノ中ニ公ニシテ、事務的ニ組織的ニ之ガ豫算ヲ組マナケレバナラヌト云フ事ヲ、吾々ハ決シテ主張シテ居ルノデハナイ、是ハ少シモ問題デハナイ、サウデハナクシテ、第一次補充計畫ノ裏ニ、現在ノ倫條約ノ有效期間滿了前ニ、茲ニ第二次計畫ガ是非トモ出テ來ネバナラヌ運命ニ居ルノデアルト云フ事柄ガ明カニナル以上ハ、政府ガ國民ニ公約ヲセラレタ一億三千四百万圓ノ、其減税ノ財源ノ架空デアッテ、ゴザイマセヌト云フコトヲ吾々ガ主張スルノデアリマス、ドウカ此點ハ堀君極メテ長時間ヲ費シテ御力説ニナリマシタガ、基礎ノ薄ヲ間違ヘナイヤウニ、深ク御留意ヲ願ヒタイノデアリマス(拍手)又第三ノ點、即チ公債ハ増加シテ居ルモノデハナイ、是ハ確カ堤君ガ縷々申述ベラレタカト記憶致シテ居リマスルガ、堤君ハ公債ハ決シテ此內閣ニナッテ増加ハシテ居ラヌト云フコトヲ力説ヲセラレマシタガ、併シ豫算委員會ニ於テノ質疑應答ハ、諸君モ能ク御聽取リノ通リデアリマシテ、同志大口君カラ、事實ト數字ニ基キテ、現ニ現內閣ニナッテ、而モ最近ニナッテ公債――政府ノ借金ガ既往ヨリモ増加シタト云フコトヲ、數字ヲ以テ之ヲ示サレテ居ル以上ハ、之ニ反對ナサルノハ、事實及ビ數字ニ反對ヲ爲サルト云フコトニナル(拍手)尚ホ假ニ堤君ノ御説ニ從ッテ、萬萬一大口君ガ間違ッテ居ラレルノデアッテ、増加ハシテ居ラヌト斯ウ見テ、其結果ハドウデアル、一體現內閣ノ非募債主義、世間ニ公約セラレタ所ニ依ルト云フト、一般會計ニ於テハ公債ヲ發行シナイ、是ハ止メルノダ、各特別會計ニ於テハ、公債ノ發行額ヲ半分ニ減ズルノダ、其兩方ヲ合シテ、我國ノ公債發行額ヲ半分以下ニ減ズルト云フコトガ、現內閣ガ世間ニ發表セラレタ所ノ公約デアル、公債ガ増加シテ居ラヌ、即チ減少シテ居ラヌ、減ッテ居ラヌト云フコトノ堤君ノ御議論ハ、現內閣ガ國民ニ公約シタル所ノ、公債ヲ減ラスト云フコトノ言明ヲ裏切ッタト云フコトヲ、與黨ソレ自身ノ堤君ガ、此議場ニ明カニセラレタト云フコトニナルノデアリマス(拍手)

斯ノ如ク論ジ來リマスルト云フト、洵ニ遺憾千萬デアリマスルガ、國民ノ生活ニ關レ、今日ノ時運ノ趨勢ニ適合スベキ所ノ何等ノ議論ヲ與黨諸君ヨリ承ルコトヲ得ザリシコトハ、洵ニ遺憾デアルト云フ此一語ヲ以テ、私ハ此問題ヲ結ブヨリ致シ方ガナイノデアリマス(拍手)

然ラバ政府ハ之ニ對シテドウ云フコトヲ主張シテ居ルノデアルカ、少シク此點ニ關レテ論ジテ見タイ、此點ニ關シテ政府ガ豫算委員會ヲ通ジテノ質問應答ノ場合ニ於テ、國民ノ生活ノ困難ヲ救フベキ方策ト云フコトニ付テ、政府ガ吾々ニ示サレタ所ノモノハ、大體二點シカナイ、即チ其第一點ハ、失業ノ救濟ニ付テ約三千四百万圓ノ失業公債ヲ發行致シタ、之ニ依ッテ土木事業、鐵道ニ於テ一部、道路ニ於テ一部、此土木事業ヲ起シテ失業救濟ヲ爲ス、又地方ヲシテ失業救濟ニ參加セシムルト云フコトヲ説明シテ居ルノガ其一ツ、又次ノ一ツハ、先程砂田君ガ申サレタ通リ、農漁山村ノ救濟、又ハ中小商工業者ノ救濟等ニ於テ、低利資金ヲ貸付タルト云フコトヲ主張シテ居ラレルノガ其第二デアル、此二點ノミニ止ッテ居ル、尙ホ其外ニ付テ吾々ガ頻リニ質問ヲ試ミテ見ルト、此二ツノ外ニ於テ政府ガ主張セラル丶所ハ、整理ヲ要スル、國民ノ自覺ヲ要スル、生產費ヲ低下スルト云フコトニ依ッテ救濟スル外ハナイ、斯ウ云フコトヲ、唯言葉トシテ申添ヘラレルノニ止ッテ居ルノデアリマス、ソコデ先以テ此失業救濟ノ點カラ吾々ハ批判ヲ試ミテ見タイノデアルガ、先程砂田君モ少シク觸レラレマシタ通リニ、豫算委員會ニ於テ、同僚安藤君ノ質疑ニ對シテ、政府ガ責任ヲ以テ答辯ヲセラレタ所ニ依ルト云フト、中央竝ニ地方ノ失業救濟事業ノ全部ヲ通ジテ、政府ガ救濟セントスル所ノ失業者ハ、僅ニ八万一千人デアルト云フコトヲ政府ハ公言ヲ致シテ居ル、然ルニ此八万一千人ト云フ、政府ガ救濟ショウト云フ失業者ハ、日本全國ノ失業者ニ對シテ、ドウ云フ數字ニ當ルカト云フト、諸君ハ能ク留意ヲセラレナケレバナラヌ、元來政府ノ失業ノ調査ト云フモノハ、洵ニ私ガ考ヘル所ニ依ルト、粗漏杜撰ナルモノデアリマス、第一農村ニ歸農致シタ所ノ者ハ計算ニ入レテ居ラヌ、又自由營業ヲ營ンデ居リナガラ失業狀態ニ陷ッテ、生活困難ヲ感ジテ居ル者ハ計算ニ入ッテ居ラヌ、斯ウ云フ缺陷ダラケノ調査デアリマスカラ、今日ノ實情ニ合ハザル數字デアルコトハ洵ニ明瞭デアリマスケレドモ、姑ク政府ノ調査ヲ信頼スルトシテ見テモ、今日世ノ中ニ稱シテ居ル所ノ失業者ノ數ハ實ニ三十七万四千人ト稱セラレテ居ル、卽チ約四十万人デアル、此四十万人ノ失業者ニ對シテ、政府ハ中央竝ニ地方ノ全部ヲ通ジテ、僅ニ約八万人ノ救濟ヲスルト云フコトデアリマス、故ニ現政府ノ迫害ヲ受ケテ饑餓ニ迫ッテ居ル失業者ノ、僅ニ五分ノ一ヲ救濟スルト云フダケノ計畫ヲ樹テ、居ルト云フノデアリマス、元來我國ニ斯ノ如ク失業者ガ激增シタ原因ハ何處ニアルノカ、是ハ言フマデモナク政府ノ誤ッタ緊縮節約ノ結果デアルト云フコトハ、是ハモウ天下公知ノ事實デアル(拍手)而シテ我國全體ニ、誤レル緊縮節約ノ結果デアルニハ相違ナイガ、其中デモ政府自身ガ失業者ヲ製造スルコトニ於テモ、最モ大キナ製造者デアルト云フコトモ、亦天下公知ノ事實デアル(拍手)此事ハ數字ヲ以テ明カニ立證スルコトガ出來ルト信ジテ居ルノデアリマシテ、政府ハ今度ノ計畫ニ於テモ、或ハ道路或ハ鐵道ト云フ如ク、割合ニ多ク勞銀ヲ含ンデ居ル所ノ土木工事ヲ起スコトニ依ッテ、八万人ノ失業者ヲ救濟スルコトガ出來ルト申サレテ居ル、吾々モ其通リデアラウト思フ、斯ノ如ク割合ニ多ク勞銀ヲ含ンデ居ル所ノ土木工事ヲ行ヘバ、失業者ノ幾分ヲ救濟スルコトガ出來ルト云フノデアルナラバ、ソレト同ジ種類、卽チ割合ニ多ク勞銀ヲ含ンデ居ル所ノ工事ヲ繼續ヲシテ、政府ガ營ンデ居ッタナラバ、失業者ハソレダケ生ゼザリシト云フコトモ、亦疑フベカラザル所ノ事實デアル(拍手)然ルニ諸君モ豫算面ヲ御調ベヲ願ヒタイ、昭和五年度ニ於テ一般會計ノ中デ、只今私ガ指摘シタヤウニ、割合ニ多クノ勞銀ヲ含ンデ居ル所ノ事業デアッテ、政府ガ繰延中止ヲシタ所ノ其金額ハ、約七八千万圓ニ上ッテ居ル、昭和五年度ニ於テ、一般會計デ約七八千万圓、同ジク昭和五年度ニ於テ鐵道特別會計法ニ屬スル所ノ經費ダケニ於テモ同樣ノ事情デアッテ、政府ガ繰延中止シテ居ル所ノ金額ガ、是亦約七八千万圓、此二口ダケヲ合計シテ見テモ、昭和五年度ニ於テ政府ハ勞銀ヲ多ク含ンデ居ル所ノ土木等ノ事業ヲ中止シ、繰延ベテ居ルコトガ、合計約一億五千万圓ニ及ンデ居ル、昭和六年度ノ豫算ヲ引續イテ御覽ナサイ、此一般會計及ビ鐵道特別會計ノ二口ダケニ於テ、勞銀ヲ多分ニ含ンデ居ル諸般ノ事業デ以テ、政府ガ繰延中止ヲ行ッテ居ル所ノ其金額ハ、實ニ約二億ノ多額ニ上ッテ居ルノデアル、昭和五年度ニ於テ既ニ一億五千万圓、昭和六年度ニ於テ約二億圓、是等多額ノ國家ニ必要ナル事業、而モソレハ多クノ勞銀ヲ含ンデ居ル、失業者ヲ生ズルコト必然デアル所ノ、是等ノ多額ノ事業ノ打切リ、中止ヲシテ、失業者ヲ製造シテ置キナガラ、其四分ノ一、五分ノ一ニ過ギザル所ノ失業者ヲ、態々、失業救濟ノ公債ト銘打ッテ公債ヲ發行シテ、自ラ製造シタル失業者ノ僅ニ四五分ノ一ヲ救濟シテヤル、天下ニ申譯ガ立ット誰ガ考ヘラレルカ(拍手)低利資金ノ貸付ニ付テハ、既ニ同志砂田君カラ詳細申述ベマシタカラ、私ハ此處ニ申述ベヤセヌガ、是亦徒ニ其聲ノミ大ニシテ、其實ハ砂田君ガ指摘シタルガ如クニ、少シモ擧ッテ居ラナイ、唯宣傳倒レデアッテ、是ガ爲ニ我國ノ國民ハ少シモ助ケラレテ居ラヌト云フコトダケハ、天下公知ノ事實デアリマス

而シテ先程モ申シタ通リ、政府ガ頻ニ整理デアルトカ、國民ノ自覺デアルトカ、若クハ生產費ノ低下ト云フコトヲ申シテ居ラレルガ、是ハ如何ニモ不可解デアッテ、政府ハ一體何ヲ考ヘテ居ラレルノデアルカ、夢デモ見テ御出デニナルノデハナイカト云フコトヲ私ハ疑ハザルヲ得ヌ、(拍手)整理ト云フコトヲ私ハ決シテ不必要ナリトハ少シモ存ジテ居ラヌ、如何ナル事柄ニ付テモ、整理シ得ルモノニ付テ整理スルコトハ必要デアル、私モ贊成論者ダサル、サリナガラ農村ノ現狀ヲ能ク觀察セラレルト云フト、地方ノ町村ト製造會社ノ如キハ、全然其趣ヲ異ニ致シテ居ルノデアル、製造工業ノ如

キニ於テハ、恐ラクハ國務大臣ハ整理縮小ヲ致シテ勞働者ヲ逐出シ、人間ヲ淘汰シテ、失業者ヲ逐ッテ、辛ウジテヤモ工場ヲ維持スルコトガ出來レバ、是デ整理ガ付イタト考ヘラレテ居ルノダラウト思フ、併ナガラ農ヲ轉ジテ農村ヲ御覽ナサイ、農村ヲ整理スルトヘドウスルノダ、農家ヲ廢メヨト云フコトデアルカ、農村ノ住民ヲ逐出シテ他ニ移住セシメテシマウト云フコトデアルノカ、實際ニ於テ農村ニ關スル整理ト云フコトハ、ドウシテ實現スルコトガ出來ルデアリマセウ(拍手)又自覺――砂田君モ申サレタル通リ、自覺ハドウシタラ宜イノカ、國民ノ多數ハ、國務大臣ガ考ヘテ居ルヤウニ決シテ贅澤ナ、餘裕アル所ノ生活ヲ營ンデ居ルモノデハナイ、之ニ向ッテ自覺セヨト云フコトハ、今日何トモ國民ヲ助ケテヤルコトガ出來ナイカラ、國民ノ多數ハ餓エテ死ネ、已ムヲ得ザル運命デアルト云フコトヲ自覺セヨト云フコヨリ自覺ノ仕様ガナイノデアル、生活費ヲ減ズル、是ハ田中君モ力說セラレタノデアリマシテ、私モ或ル程度マデ同感デアリマス、有ユル事柄ニ付テ、生產費ヲ低下スルト云フコトハ極メテ必要デアル、併ナガラ是亦地方ノ町村、殊ニ農村ノ實情ニ於テ能ク御考察ヲ願ヒタイ、農村ノ今日ノ農產物ノ暴落シテ居ル所ノ現狀ニ照シテ見テ、農產物ノ生產費ヲ低下スルドコロデハナイ、肥料其他ノ生產費ヲ全滅セシメテ見タ所デ、農村ニ於ケル農民ガ、裕カナル生活費ヲ是ヨリ出シ得ルト云フヤウナ算法ガ立ツデアリマセウカ、如何デアリマセウカ(拍手)政府當局ハ、何時カモ本議場ニ於テ誰カガ申サレタ通リ、或ハ銀行ノ窓カラ、或ハ官邸ノ窓カラ世間ヲ見テ居ラレルノデアリマシテ、地方ノ町村、殊ニ農村、漁村、山村等ノ今日ノ疲弊困憊シテ居ル所ノ實情ハ、少シモ御承知ガナイノカ、或ハ御承知デアッテモ知ラヌ顏ヲ爲サルノカ、國民ノ生活ヲ預カル、政治ノ責任ノ衝ニ當ル人トシテハ、實ニ無責任極マル言葉デアルト謂ハナケレバナラヌノデアリマス(拍手)

諸君、吾々御互ニ國政ニ參與スル者ノ立場カラ見マスト、今日ノ社會ノ實情ヲ救ヒ、此窮狀ヲ救フベキ適當ナル施設ヲ誤ラザラシムル爲ニハ、原因ヲ探究致シ、又社會ノ實情ヲ共ニ調査致シ、是等ヲ本トシテ適當ナル政策施設ヲ樹立スルト云フコトヲヤッテ行クノガ、吾々ノ職責上ノ順序デアルト私ハ考ヘテ居リマス、併ナガラ國民ノ側ニ立ッテ、吾々ガ觀察ヲシテ見ル時ニ於テ、今日國民ガ要求ヲ致シ、今日國民ガ熱望ヲ致シテ居ル所ノモノハ何デアルノカ、彼等ノ前ニ日々ノ如ク迫リ來ッテ居ル所ノ生活ノ艱苦ヲ如何ニシテ援ケテ貰フカ、ドウシテ此深刻ナル不景氣カラ救ヒ出サレテ、生活ノ安定ヲ求ムルコトガ出來ルカト云フコトガ、國民ガ要求ヲ致シ、熱望ヲ致シテ居ル所ノ、タッタ一點デアル、此國民ニ向ッテ、豫算委員會ニ於テモ、亦本豫算ヲ討議スル此演壇ニ於テ、過去ノ物語ニノミ耽ッテ、ヤア原因ガ如何デアルカト云フ、其原因論ヲ敎ヘテ貰フタリ、既往ニ於テドウ云フコトガアッタト云フヤウナ、過去ノ夢物語ヲ聞カシテ貰フタリシテ、ドウシテ國民ハ救ハレルコトガ出來ルデアリマセウ(拍手)此豫算討議ニ當ッテ國民ガ最モ聞カント欲スル所ハ、如何ニシテ彼等ヲ救フベキカト云フ方策デアルノデアル(拍手)吾々ガ責任上玆ニ於テ大ニ研究討論ヲ致サナケレバナラヌノハ、如何ニシテ今日ノ國民ノ窮狀ヲ救フベキカト云フ方策ヲ攻究スルノガ最モ肝要デアル(拍手)此豫算案全部ヲ通ジテ、檢討査閱シテ見マスル上ニ於テ、現ニ同志諸君カラ縷々申述ベタ通リニ、本豫算案內ニ於テハ、國民ノ今日ノ急ヲ救フベキ所ノ殆ド何物ヲモ含ンデ居ラナイノデアル、斯ノ如キ豫算ガ、ドウシテ國民ノ前ニ豫算トシテ公布スルコトガ出來マセウカ、吾々國民ノ代表者トシテ之ニ贊成スルコトガドウシテ出來ルデアリマセウカ(拍手)

元來今日ノ此深刻ナル不景氣、此日々ニ激增シテ居ル所ノ失業者ト云フモノハ、私ヲシテ言ハシメレバ、是ハ現內閣ガ餘リ計畫的ニ製造シタ所ノ不景氣デアリ、計畫的ニ製造シタ所ノ失業者デアル(拍手)私ハ決シテ低物價主義ト云フコトニ反對スルモノデハナイ、併ナガラ物價ヲ低下セシムルト云フコトハ、生產費ヲ引下ゲルト云フコトニ依ッテ、比例的ニ順序ヲ逐ウテ物價ヲ下ゲルト云フコトニ運ブベキガ、是ガ順當ナル所ノ原則デアル、然ルニ政府ハ此順路ヲ經ズ、全クノ逆手ヲ用ヰテ、政府自身ガ緊縮ト號シテ事業ヲ打切リ、切詰メテシマフノミナラズ、國民全體ニ、國民ノ生活ニ必要ナル消費マデモ之ヲ節約切詰メルト云フコトヲ、强制強要致シタノデアル、其結果トシテ需要ガ激減ヲ致スカラシテ、ソコデ物價ガ暴落ヲシタ、原產價格、殊ニ農產物ノ價格ノ如キニ於テハ、實ニ其生產費ヲ償フコトガ出來ナイト云フ程度マデ、物價ヲ暴落セシメテシマッタノデアル、而モ一面ニ於テ原產價格、農產價格ガ生產費ヲ償フコトノ出來ナイ程度マデ暴落ヲシテ居ル其反面ニ於テハ、政府ガ順路ヲ經ズ、逆手ヲ取ッタト云フコトノ結果トシテ、國民全體ノ生活ヲ支フベキ日常ノ生活必需品ニ對スル小賣價格ハ、ソレ程下落ヲシテ居ラナイノデアル、ソレアルガ故ニ農漁山村ノ住民ノ如キハ、正ニ二重ノ損害ヲ被ッテ居ル、彼等ガ生産スル所ノモノハ生産費ヲ償フ能ハザル程度ニ暴落致シテ居ル、而モ彼等ノ生活ヲ支フベキ生活必需品ノ小賣相場ハ、ソレニ比例シテ下落ヲ致サヌト云フ、斯様ノ二重ノ損害ヲ國民ノ多數ハ被ッテ居ルノデアリマス(拍手)斯ウ云フヤリ方ヲ致シテ、農村ナドヲ非常ナ疲弊困憊ノ状況ニ陥レテ居ルバカリデナシニ、先刻來申ス通リ、政府ハ極メテ必要ナル所ノ國家ノ事業ヲ無暗ニ繰延べ、或ハ中止ヲ致シテ、之ニ依ッテ政府自身ガ直接ニ多クノ失業者ヲ製造シタノデアル、斯ウ云フ風ニ基礎カラノ考方ガ現内閣ハ違ッテ居ルノデアル、即チ不景氣ガ來ルコト、失業者ガ激増スルト云フコトハ、政府ガ計畫ヲシテ目論ンデヤッタコトデアッテ、此結果ハ政府ノ思フ壺ニ嵌ッタト謂ハナケレバナラヌ(拍手)サウ云フ考方ヲシテ居ル所ノ其政府ガ、失業救濟ニ付テ基礎的ナ、徹底的ナ計畫ヲ樹テルコトガ出來ナイデ、生温イ胡麻化シノヤウナ、世間ヲ唯糊塗フ程度ニ止マル失業救濟ノ方法ノミニ依ッテ、漸ク世論ヲ防イデ行カウト云フ、不誠意ナヤリ方ヲスルト云フノハ、基礎カラ此考方ガ違ッテ居ルノニ外ナラナイノデアリマス(拍手)私ガ當席ニ於テ申述ベル必要モ認メナイノデアリマスルガ、元來我國ガ國土ガ小サイ、此小サナ國ノ中ニ溢レルヤウナ人口ヲ抱イテ居ルノデアル、此狹イ國ノ中ニ溢レテ居ル所ノ多數ノ人口ヲ、全部養フテ行カウト云フコトニ付テハ、玆ニ頗ル悩ミガアルノデアル、常ニ國民ニ仕事ヲ與ヘ、職業ヲ與ヘ、國民ヲシテ遊ブコトナクシテ生産ニ從事セシメルコトガ出來ナケレバ、我國ノ實情ニ照シテ國民ノ全部ヲ養ヒ、之ヲ食ハシテ行クコトハ出來ナイノデアリマス、ソレアルガ故ニ我國デハ若モ國民ノ全部ノ生活ヲ安定セシメ、全部ヲ養フテ行クト云フコトヲ政治ノ方針目的トスル以上ハ、何處マデモ國民ニ仕事ヲ與ヘルコト、即チ我國ノ産業ヲ振興スルト云フコトニ、全部ノ力ヲ傾注スルニアラザレバ、我ガ人口ノ全部ヲ養フコトハ絶對ニ出來ナイノデアル(拍手)

斯ノ如ク産業ノ振興、國民ノ總テニ仕事ヲ與ヘ、衣食ヲ與ヘルト云フコトノ方針ニ、朝野擧ッテ力ヲ注グト云フ場合ニ於テ、而モ我國ノ國情ニ照シテ見ルト云フト、國民所得ノ均分ト云フコトニ付テハ、相當ノ程度マデ深キ注意ヲ加ヘテ置カナケレバナラヌト云フコトモ、亦私ガ玆ニ改メテ申スマデモナイコトデアリマス、然ルニ現内閣ノ如クニ萎縮方針ヲ執リ、整理收縮ノ方針ヲ執ル、此事ノ必然ノ結果トシテ、國民ノ多數ハ其職業ヲ奪ハレ、其仕事ヲ失ハナケレバナラヌノデアル、國民ノ多數ヲシテ職業ガ奪ハレ、其仕事ガ奪ハレルト云フ結果ヲ招ク以上ハ、玆ニ思想ノ惡化ヲ招クト云フコトモ、必然免レナイモノデアル、今日思想ノ險惡ナルコトヲ諸君ガ靜ニ洞察シテ見ラレタナラバ、此點ニ付テ蓋シ思ヒ半バニ過ギルモノガアルト私ハ信ズルノデアリマス、苟モ我國ノ現状ニ鑑ミ、國土ノ狹小ニシテ人口過剩ナリト云フ實情ニ鑑ミテ、全國的ニ萎縮主義ヲ執リ、整理收縮ヲシナケレバナラヌト云フノデ、若モ假ニアリトスルナラバ、其前提トシテ國民所得ノ分配ト云フコトニ付テ、正ニ基礎的ノ變革ヲ加ヘザレバ、之ヲ爲シ能フ所ノモノデハ絶對ニナイノデアリマス、若モ基礎的變革ヲ加ヘズシテ、萎縮主義ヲ執ルトスルナラバ、其必然ノ結果トシテ國民ノ多數ハ玆ニ職ヲ失ヒ、玆ニ失業者トナリ、玆ニ滅亡ヲ來サナケレバナラヌト云フコトハ、當然ノ歸結デアリマス(拍手)私ハ而モ此神聖ナル帝國議會ノ壇上ニ於テ、一度此點ニ觸ル、ニ付テ、私ハ用語ニ付テハ深ク愼ンデ、私ハ最善ノ注意ヲ加ヘテ此説明ヲ致シテ居ルノデアル、私ハ此問題ニ付テ此以上多ク觸ル、コトヲ好ミマセヌ、此以上私ガ説明ヲ致シマセヌデモ、内閣諸公ニ於テモ、衆議院多數ノ諸君ニ於テモ、今私ガ何ヲ意味シ、何ヲ物語ラントシテ居ルカト云フコトハ、此以上説明セズトモ御承知デアラウト思フノデアル、然ラバ吾々ガ考へ得ル普通ノ程度以上、即チ吾々ガ平素心ヲ用ヒネバナラヌト考へテ居ル國民ノ所得ノ均分ニ付テ按配ヲ致シ、調節ヲスルト云フ、吾々忠良ナル國民トシテ御互ニ考ヘテ居ルコトノ以上ニ、基礎的ノ變革ヲ加ヘザレバ、國民ノ思想ヲ惡化セシムルト云フ、其基礎的ノ變革ヲ加ヘルト云フコトガ、一體我國ニ於テ行フベキコトデアルカ、考フベキコトデアルカ、苟モ我國本ノ何デアルカト云フコトヲ辨ヘル御互ト致シテハ、斯ルコトハ爲シ能ハザルコトハ言フマデモナク、斯ルコトヲ考ヘルコトスラモ實ニ恐縮ニ堪ヘナイノデアリマス、此點ガ吾々ガ口ニスルコトヲ憚リ、吾々ガ考ヘルコトスラモ避ケネバナラヌ、吾々ガ一死ヲ以テ守ラナケレバナラヌ、此國本ニ關スル事柄マデモヤルヤウナ、斯ル思想ヲ導クヤウナ、萎縮主義、整理收縮主義ニ依ッテ國民多數ノ生活ヲ奪ヒ、國民多數ノ職業ヲ奪フト云フヤウナ政策ハ、是ハ如何ニモ我國トシテハ、決シテ行フベカラザル所ノモノデアルト私ハ信ズルノデアリマス、此點ハ我國ノ第一黨トシテ民政黨多數ノ諸君、共朝ニ在ラレルト共野ニ在ラレルトヲ問ハズ、我國ノ大ナル基礎ノ在ル所ノ政黨トシテ、關係諸君ハ申スニ及バズ、民政黨ニ屬セラレル諸君モ、深ク此點ニ付テ思ヲ致サレンコトヲ、私ハ此機會ニ於テ切望ヲ致シテ置ク次第デアル(拍手)斯ル世相ノ險惡ナル、思想ノ惡化スルコトニ何等ノ注意ヲ加ヘズシテ、唯徒ニ萎縮ノ主義ヲ執リ、唯徒ニ國民ノ多數ヲシテ失業セシメ、國民ヲシテ饑餓ニ迫ラシメテ、而シテ豫算面上ニ於テ之ヲ救濟スベキ何等ノ適當ナル方策ヲ持ッテ居ラヌト云フ、斯様ナル豫算ヲ、如何ニシテ國民代表タル所ノ吾々ガ之ヲ承認スルコトガ出來ルデアリマセウカ(拍手)諸君、基礎カラ考ノ違ウテ居ル所ノ内閣ニ依ッテ編成ヲセラレタ此不都合ナル所ノ豫算、歳入ニ於テハ、見積過大ニシテ實行スルコトハ斷ジテ不可能デアル、歳出ニ於テハ、今日國民ガ聽カント欲スル所、國民ガ求メント欲スル所ノ、今日ノ窮狀ヲ救フベキ琴線ニハ何等觸レテ居ナイト云フ、斯ル粗漏放漫ナル所ノ豫算ヲ、吾々ハ承認スルコトハ絶對ニ出來ナイノデアリマス(拍手)斯ル亂暴ナル豫算ハ、全國民ノ名ニ於テ之ヲ政府ニ返付シテ、國家國民ノ爲ニ誠意ヲ以テ編成替ヲシテ、再ビ之ヲ提出スベキコトヲ、吾々ハ全國民ノ名ニ於テ政府ニ要求スルモノデアリマス(拍手)

私ハ以上申述ブル所ノ趣旨ニ依ッテ、同志山崎君ノ提出ニ係ル本豫算ヲ返付シテ、其編成替ヲ求メルト云フ動議ニ、贊成ヲスル者デアリマス(拍手)

○作田高太郎君　討論終局ノ動議ヲ提出致シマス、即チ兩案共ニ豫算返付ノ動議ニ對スル討論ハ、此程度ヲ以テ終局セラレンコトヲ望ミマス

〔「贊成」「贊成」ト呼フ者アリ〕

○議長(藤澤幾之輔君)　作田君ノ動議ニ御異議ガアリマセヌカ

〔「異議ナシ」ト呼フ者アリ〕

○議長(藤澤幾之輔君)　御異議ナシト認メマス、仍テ討論ハ終局スルニ決シマシタ、是ヨリ採決ニ入リマスガ、之ニ先ッテ一言致シマス、鳩山一郎君外十五名ヨリ提出ニナリマシタ豫算返付ノ動議ハ、先決問題デアリマスカラ、先ヅ此動議ヲ採決致シマス、此採決ハ記名投票ヲ以テ決シマス、是ヨリ記名投票ヲ行ヒマス、豫算返付ノ動議ニ贊成ノ諸君ハ白票、反對ノ諸君ハ青票ヲ御持參セラレンコトヲ望ミマス――閉鎖――點呼ヲ命ジマス

〔書記官氏名ヲ點呼ス〕

○議長(藤澤幾之輔君)　投票漏ハアリマセヌカ――投票漏ハアリマセヌカ――投票漏ナシト認メマス――投票函閉鎖――開匣――閉鎖

〔書記官投票ノ數ヲ計算ス〕

○議長(藤澤幾之輔君)　投票ノ結果ヲ書記官長ヨリ報告セシメマス

〔田口書記官長朗讀〕

投票總數四百一

可トスル者　白票　百五十四

否トスル者　青票　二百四十七

〔拍手起ル〕

○議長(藤澤幾之輔君)　鳩山一郎君外十五名提出ノ豫算返付ノ動議ハ否決セラレマシタ

昭和六年二月二十五日

## 議長ノ報告

農漁山村政策ニ關スル質問主意書

右成規ニ據リ提出候也

昭和六年一月二十七日　提出者　土井權大

農漁山村政策ニ關スル質問主意書

政府ノ農漁山村ニ對スル政策如何

右及質問候也

昭和六年二月二十四日

内閣總理大臣臨時代理

外務大臣　男爵幣原喜重郎

衆議院議長藤澤幾之輔殿

衆議院議員土井權大君提出農漁山村政策ニ關スル質問ニ對シ別紙答辯書差進候

〔別紙〕

衆議院議員土井權大君提出農漁山村政策ニ關スル質問ニ對スル答辯書

政府ハ農山漁村政策トシテ常ニ農山漁村ノ經濟事情ヲ省察シ之カ振興ニ力ヲ致シ來レル所ナルガ最近一般經濟界不振ニ伴フ農山漁村ノ不況ニ際シテハ鋭意之カ應急對策ヲ講ジツツアリ其ノ主ナル事項ヲ概述スレバ政府ハ中小商工農業者等ノ爲事業資金トシテ二千五百万圓ノ低利資金ヲ融通シ更ニ失業救濟、產業振興ノ爲農山漁村ニ於テ適當ナル施設ヲ講スルノ急務ナルヲ認メ開墾及耕地ノ改良、林產物ノ運搬施設竝貯木場ノ建設、木炭倉庫ノ建設、桑園ノ改植、船溜船揚場ノ修築其ノ他漁業共同施設、牧野整備、畜產共同施設竝ニ副業農業共同施設等事業遂行ノ結果ガ直ニ收益ヲ齎シ地方產業ノ振興ニ資スル所大ナルモノニ對シ低利資金ヲ融通シテ事業ノ促進ヲ圖ルガ爲低利資金七千万圓ヲ供給スルコトトシ目下貸付中ナリ

米價低落ノ應急策ニ付テハ米穀ノ買上、米及籾ノ輸入制限期間ノ延長、米及籾ノ輸入税引上ヲ爲シ三千万圓ノ低利資金ヲ融通シ以テ玄米及籾ノ貯藏ヲ獎勵スルト共ニ朝鮮ニ於ケル米及籾ノ貯藏獎勵、朝鮮米ノ月別平均內地移出等ニ依リ米穀政策ノ協調ヲ圖リ以テ米價調節ニ努メツツアリ

又繭絲價暴落ノ對策トシテ絲價安定融資補償法ノ發動、四千万圓ノ養蠶應急低利資金ノ融通等ニ依リ繭絲價ノ安定ニ努メ來レリ

右應急策ノ外政府ハ更ニ現下農山漁村ノ實情ニ鑑ミ之ガ振興ニ關スル根本政策トシテ差當リ實施セントスル所ノ主ナルモノヲ擧グレバ產業制度ノ整備、農村生活ノ安定、林政ノ改善、生產費ノ低下、米穀法ノ改正等トス

產業制度ノ整備ニ關シテハ產業團體ノ統制、農業保險制度、農林金融制度、農產物取引標準、水產振興ニ關スル諸制度等ノ諸問題ニ付昭和六年度ニ於テ農林審議會ヲ設置シ調查研究ヲ爲シ之ガ恆久的方策ヲ樹立セントシ之ガ經費ヲ昭和六年度豫算ニ計上セリ

農村生活ノ安定ニ關シテハ自作農創設維持施設ノ外農村ニ於ケル小作事情ノ推移ニ鑑ミ農村生活ノ安定及農事ノ改良ヲ圖ルガ爲小作法案ヲ立案シ之ヲ今期議會ニ提出セントス

林政ノ改善ニ關シテハ昨年官民合同ノ林野整備調查會ヲ設ケ林野ノ整備ニ關スル方策ヲ審議シ之ガ實現ヲ期スルト共ニ森林保險制度等ニ付キテモ之ガ對策ヲ考究中ニ在リ

生產費ノ低下ニ關シテハ政府ハ曩ニ販賣肥料ノ產業組合ニ依ル配給改善策ヲ樹立シ之カ助成規則ヲ制定實施シ良質廉價ナル肥料ノ配給ヲ圓滑ナラシメ農家生產費ノ低減ヲ圖リツツアルガ更ニ自給肥料ノ施用獎勵、各種共同施設ノ利用增進等ニ努メントス

米穀法ノ改正ニ關シテハ之カ根本的調查ヲ遂ゲ確乎タル政策ヲ樹立スルノ要アルヲ認メ米穀調查會ニ諮問ノ結果米穀法發動ニ必要ナル米價基準、外米統制等重要事項ニ關スル答申ヲ得タルニ依リ之ニ基キ愼重攻究ノ上米穀法中改正法律案ヲ立案シ今期議會ニ提出セリ

以上ハ農山漁村ノ振興策トシテ政府ノ施設セントスル主ナル事項ナルガ農山漁村ノ振興ハ獨リ政府ノ施設ノミヲ以テ能ク其ノ目的ヲ達成シ得ザルハ固ヨリ言ヲ俟タザル所ニシテ農山漁村ノ自覺自奮ニ依リ之カ經濟ノ向上充實ヲ策スルヲ根本義トセザル可カラス之ガ爲農山漁村自ラモ亦政府ノ諸施設ト相俟チ極力其ノ餘剩勞力ノ生產化、各種共同施設ノ利用增進、生產物ノ配給方法ノ改善等ヲ圖リ以テ其ノ產業經濟ノ合理化及充實ニ力ヲ致スノ要アリト信ス

右及答辯候也

昭和六年二月二十四日

農林大臣　町田忠治

滿洲殊ニ間島ニ關スル質問主意書

右成規ニ據リ提出候也

昭和六年一月三十日　提出者　宮川一貫

滿洲殊ニ間島ニ關スル質問主意書

間島ニ於ケル朝鮮人ノ生活ノ脅威ト生命財產ノ不安ハ我カ國對支政策對滿蒙政策殊ニ朝鮮統治上重大ナル關係ヲ有ス政府ノ之ニ關スル政策如何

右及質問候也

趣旨辯明後口頭ニテ答辯セラレムコトヲ望ム

昭和六年二月二十四日

内閣總理大臣臨時代理

外務大臣　男爵幣原喜重郎

衆議院議長藤澤幾之輔殿

衆議院議員宮川一貫君提出滿洲殊ニ間島ニ關スル質問ニ對シ別紙答辯書差進候

〔別紙〕

衆議院議員宮川一貫君提出滿洲殊ニ間島ニ關スル質問ニ對スル答辯書

間島地方ニ居住スル朝鮮人ハ約四十万人即全人口ノ約八割ヲ占ムル實情ニシテ其ノ休戚ニ就テハ十分考慮ヲ拂ヒツツアルトコロナリ

帝國ガ間島ニ關シテ庶幾スル所ハ結局同地方ノ治安ヲ保持シテ朝鮮統治ニ對スル禍因ヲ去リ在留朝鮮人ノ安定向上ヲ期セントスルニ在リ而シテ同地方ノ治安維持ハ結局民國官憲ノ責任ニ歸スベキ所ナルニ不拘近來同地方ガ民族主義又ハ共產主義的不逞鮮人ノ巢窟トナリ內鮮人ノ居住

營業ニ脅威ヲ與フルニ至リ而モ取締ノ實擧カラザルハ畢竟民國官憲ニ於テ同地方ニ對スル我方ノ意向ニ付誤解アリシガ爲ニシテ之ニ對シ我ガ警備力ノ一大増勢ヲ行フガ如キハ益々民國側ノ誤解ヲ深カラシメ或ハ兩國官憲ノ間ニ不慮ノ衝突起ラザルヲ保セス其ノ間ニ生スヘキ間隙ハ匪賊ノ乘スル好箇ノ機會トナルヘク右ハ現地ニ於ケル我居留民ノ保護ノ實ヲ擧クル上ヨリスルモ將又對支外交ノ全般ヨリ見ルモ採ラザル所ナリ依テ政府トシテハ及フ限リ居留民保護ノ警備ヲ嚴ニスルト共ニ民國側ニ對シ間島ニ對スル帝國ノ公明ナル態度ト其ノ治安ニ對スル帝國ノ重大ナル關心トヲ充分徹底セシメ我方ニ對スル無用ノ誤解ヲ捨テ其ノ警察ノ組織及素質ヲ充實改善シ我方ト克ク連絡協調シテ治安保持ノ實績ヲ擧ゲシムル樣交渉ヲ重ヌルコトヲ刻下緊要ノ方策ナリト認メ右方針ノ下ニ出先官憲ヲシテ善處セシメツツアリ

尚朝鮮ニ於テモ事件發生當時ノ報道誇大ニ傳ハリタルヲ以テ朝鮮ノ民心ニ相當ノ衝動ヲ與ヘ間島在留朝鮮人ハ勿論朝鮮內一般ニ在留朝鮮人ノ保護ノ程度薄シトノ聲ヲ發スルモノ多キ狀態ニ在リタリ然ルニ間島ノ實狀モ次第ニ判明シ且治安モ漸次回復シツヽアルヲ以テ此ノ上民心ノ動搖ヲ見ルコトナカルヘシト思料スルモ當局トシテハ今後共其ノ歸趨ニ十分ノ注意ヲ拂ヒツヽアリ

右及答辯候也

昭和六年二月二十四日

外務大臣　男爵幣原喜重郎

拓務大臣　松田　源治

昭和六年二月二十五日

# 國立公園法案

## 第一 國立公園法案（政府提出） 第一讀會

國立公園法案

國立公園法

第一條 國立公園ハ國立公園委員會ノ意見ヲ聽キ區域ヲ定メ主務大臣之ヲ指定ス

第二條 本法ニ於テ國立公園計畫ト稱スルハ國立公園ノ保護又ハ利用ニ關スル統制及施設ノ計畫ヲ謂ヒ國立公園事業ト稱スルハ國立公園計畫ニ基キ執行スベキ事業ニシテ道路、廣場、園地、運動場、野營場、宿舍其ノ他命令ヲ以テ指定スル施設ニ關スルモノヲ謂フ

第三條 國立公園計畫及國立公園事業ハ國立公園委員會ノ意見ヲ聽キ主務大臣之ヲ決定ス

第四條 國立公園事業ハ行政官廳之ヲ執行ス

主務大臣特別ノ事由アリト認ムルトキハ公共團體ヲシテ國立公園事業ノ一部ヲ執行セシムルコトヲ得

行政官廳又ハ公共團體ニ非ザル者ハ勅令ノ定ムル所ニ依リ主務大臣ノ特許ヲ受ケ國立公園事業ノ一部ヲ執行スルコトヲ得

第五條 國立公園事業ノ執行ニ要スル費用ハ行政官廳之ヲ執行スル場合ニ在リテハ國庫、公共團體ヲシテ之ヲ執行セシムル場合ニ在リテハ其ノ公共團體、行政官廳又ハ公共團體ニ非ザル者之ヲ執行スル場合ニ在リテハ其ノ者ノ負擔トス

行政官廳國立公園事業ヲ執行スル場合ニ於テ主務大臣特別ノ事由アリト認ムルトキハ其ノ執行ニ要スル費用ノ一部ヲ公共團體ヲシテ負擔セシムルコトヲ得

行政官廳ニ非ザル者國立公園事業ヲ執行スル場合ニ於テハ國庫ハ其ノ費用ノ一部ヲ補助スルコトヲ得

第六條 國立公園事業ノ執行ニ依リ生ジタル施設ハ其ノ事業ヲ執行シタル者之ヲ管理ス

主務大臣特別ノ事由アリト認ムルトキハ公共團體ヲ指定シテ行政官廳ノ執行スル國立公園事業ニ依リ生ジタル施設ノ管理ヲ爲サシムルコトヲ得

前二項ノ規定ハ他ノ法律ニ依リ管理者ヲ定メタル場合ニハ之ヲ適用セズ

第一項及第二項ノ規定ニ依ル管理ノ費用ハ行政官廳之ヲ管理スル場合ニ在リテハ國庫、公共團體之ヲ管理スル場合ニ在リテハ其ノ公共團體、行政官廳又ハ公共團體ニ非ザル者之ヲ管理スル場合ニ在リテハ其ノ者ノ負擔トス

第七條 行政官廳又ハ公共團體ノ管理スル國立公園ノ施設ニ付占用又ハ使用ヲ許可スルトキハ其ノ管理者ハ占用料又ハ使用料ヲ徵收スルコトヲ得但シ前條第三項ノ規定ノ適用アル場合ヲ除ク

前項ノ規定ニ依ル行政官廳ノ徵收金ハ國稅徵收法ノ例ニ依リ之ヲ徵收スルコトヲ得但シ先取特權ノ順位ハ國稅ニ次グモノトス

第八條 主務大臣ハ國立公園ノ風致維持ノ爲國立公園計畫ニ基キ其ノ區域內ニ特別地域ヲ指定スルコトヲ得

特別地域內ニ於テ左ノ各號ノ一ニ該當スル行爲ヲ爲サントスル者ハ主務大臣ノ許可ヲ受クベシ但シ命令ヲ以テ許可ヲ要セズト規定シタルトキハ此ノ限ニ在ラズ

一 工作物ノ新築、改築又ハ增築
二 水面ノ埋立又ハ干拓
三 鑛物ノ試掘若ハ採掘、砂鑛ノ採取又ハ土石ノ採掘
四、木竹ノ伐採
五 廣告物、看板其ノ他之ニ關スル物件ノ設置

特別地域內ノ山林ニ對シテハ勅令ノ定ムル所ニ依リ地租其ノ他ノ公課ヲ免除スルコトヲ得

第九條 主務大臣ハ國立公園ノ保護又ハ利用ノ爲必要アリト認ムルトキハ其ノ區域內ニ於テ一定ノ行爲ヲ禁止若ハ制限シ又ハ必要ナル措置ヲ命ズルコトヲ得

前項ノ規定ニ依リ一定ノ行爲ヲ禁止セラレ又ハ措置ヲ命ゼラレタルガ爲損害ヲ被リタル私人ニ對シテハ通常生ズベキ損害ニ限リ國庫之ヲ補償ス

勅令ノ定ムル所ニ依リ國庫ハ第一項ノ規定ニ依リ一定ノ行爲ヲ著シク制限セラレタル爲損害ヲ被リタル私人ニ對シ其ノ損害ヲ補償スルコトヲ得

前二項ノ規定ニ依ル補償金額ハ主務大臣之ヲ決定ス其ノ決定ニ對シテ不服アル者ハ其ノ通知ヲ受ケタル日ヨリ三月以內ニ通常裁判所ニ出訴スルコトヲ得
此ノ場合ニ於テハ訴願シ又ハ行政裁判所ニ出訴スルコトヲ得ズ

第十條 主務大臣ハ第八條第二項ノ規定、同條同項ノ許可ニ附シタル條件又ハ前條第一項ノ命令若ハ處分ニ違反シタル者ニ對シ原狀回復ヲ命ズルコトヲ得

第十一條 國立公園ニ關シ實地調査ノ爲必要アルトキハ地方長官ノ許可ヲ得テ他人ノ土地ニ立入リ、目標ヲ設置シ又ハ障碍物ヲ除却スルコトヲ得但シ行政官廳ニ於テハ地方長官ニ通知シテ之ヲ行フコトヲ得

前項ノ場合ニ於テハ豫メ其ノ旨ヲ土地ノ所有者及占有者ニ通知スベシ

第一項ノ場合ニ於テ通常生ズベキ損害ハ同項但書ノ場合ヲ除クノ外其ノ行爲ヲ爲シタル者之ヲ補償スベシ

前項ノ規定ニ依ル補償金額ニ付協議調ハズ又ハ協議ヲ爲スコト能ハザルトキハ許可ヲ爲シタル地方長官之ヲ裁定ス
其ノ裁定ニ對シテ不服アル者ハ其ノ通知ヲ受ケタル日ヨリ三月以內ニ通常裁判所ニ出訴スルコトヲ得此ノ場合ニ於テハ訴願シ又ハ行政裁判所ニ出訴スルコトヲ得ズ

第一項但書ノ場合ニ於テ通常生ズベキ損害ハ國庫之ヲ補償ス

第九條第四項ノ規定ハ前項ノ場合ニ之ヲ準用ス

第十二條　國立公園委員會ノ組織及權限ニ關スル事項ハ勅令ヲ以テ之ヲ定ム

第十三條　本法又ハ本法ニ基キテ發スル命令ニ規定シタル事項ニ付行政官廳ノ爲シタル處分ニ不服アル者ハ訴願スルコトヲ得

本法ニ依リ行政裁判所ニ出訴スルコトヲ得ル場合ニ於テハ主務大臣ニ訴願スルコトヲ得ズ

第十四條　本法又ハ本法ニ基キテ發スル命令ニ規定シタル事項ニ付行政官廳ノ爲シタル違法處分ニ因リ權利ヲ毀損セラレタリトスル者ハ行政裁判所ニ出訴スルコトヲ得

第十五條　第八條第二項ノ規定、同條同項ノ許可ニ附シタル條件又ハ第九條第一項ノ命令若ハ處分ニ違反シタル者ハ二百圓以下ノ罰金又ハ科料ニ處ス

第十六條　主務大臣ハ命令ノ定ムル所ニ依リ本法ニ規定シタル職權ノ一部ヲ地方長官ニ委任スルコトヲ得

附　則

本法施行ノ期日ハ勅令ヲ以テ之ヲ定ム

（國務大臣安達謙藏君登壇）

○國務大臣（安達謙藏君）　只今議題トナッテ居リマスル國立公園法案ノ提案理由ヲ申述ベタイト存ジマス

抑〻國立公園ヲ設定スル目的ハ、優秀ナル自然ノ大風景地ヲ保護開發シテ、一般世人ヲシテ容易ニ之ニ親シマシムルノ方途ヲ講ジマシテ、國民ノ保健休養乃至教化ニ資セントスル爲デアリマス、我國ニハ國立公園トナルベキ天與ノ地域多ク、又一般國民ノ之ヲ利用セントスルノ風、年ト共ニ盛ニナリツヽアルニ拘ラズ、マダ此種ノ施設ノ見ルベキモノナク、一般ノ利用上遺憾尠カラザル狀況デアリマス、然ルニ國立公園ノ實現促進ニ關シマシテ、帝國議會ニ提出セラレタル建議及ビ請願ハ、第二十八議會以來今日マデニ實ニ百數十件ニ上リマシテ、國民總意ノ那邊ニ在ルカヾ窺ヒ知ラレルノデアリマス、內務省ニテハ國立公園ノ本質ト、國民ノ要望トニ鑑ミマシテ、優秀ナル自然ノ素質、土地ノ分布並所有關係等ヲ參酌シテ、全國ニ亙リ十六箇所ノ候補地ヲ選定致シマシテ、大正十年以降逐次基礎的調査ヲ施行シテ、既ニ全部其完了ヲ告ゲタノデアリマス、此調査ノ進行ニ伴ヒマシテ、數箇所ノ候補地ニテハ政府ノ統制アル對策ヲ待切レナイデ、其地元ニ於テ漫然ト種々ナル施設ノ經營ニ著手スルモノガアリマス、今ニシテ國ガ根本政策ヲ確立シテ地方ニ臨マナケレバ、他日國立公園ノ計畫事業ニ支障扞格ヲ招來スルノ虞ガアリマス、然ルニ一面ニ於テハ經濟事業ノ發達ニ伴ヒ、動モスレバ國立公園ノ生命タル、他ニ掛ケ替ヘノナイ、大勝景ノ核心ヲ破壞スルガ如キ事例モ、往々惹起スルニ至リマシタノデ、今日ニ於テ國土計畫ノ理想ニ基キ、永遠ニ天然ノ公園トシテ保護開發スベキ區域ヲ劃シテ置クノ必要ガアリマス

若シ夫レ國立公園ヲ通ジテ我國ノ獨特ナル大風景ヲ、廣ク外國人ニ享用セシメルコトハ、彼ノ觀光施設ト相俟ッテ我國ノ國情ヲ海外ニ紹介シ、國際親善上寄與スル所多キハ固ヨリ、延テ國際貸借改善上ニ資スル所必ズヤ至大ノモノアリト考ヘマス、政府ハ前述ノ如キ內外ノ情勢ニ鑑ミ、之ヲ我ガ國情ニ照シテ適切ナル國立公園政策ノ大綱ヲ決定シ、官民ヲシテ倚ル所ヲ知ラシムル必要ヲ認メ、昨年一月內務省ニ國立公園調査會ヲ設置シ、斯界ノ權威及ビ關係各廳ノ當局ヲ煩シテ、鋭意調査審議ヲ進メテ居リマス、今回提案致シマシタ所ノ國立公園法案ハ、實ニ右調査會ノ答申ニ基キテ成案ヲ得ルニ至ッタモノデアリマス、法案ノ骨子ハ

一、國立公園ノ指定、國立公園計畫及ビ國立公園事業ノ決定ハ、國立公園委員會ノ意見ヲ聽キ、主務大臣之ヲ爲スコト

一、國立公園事業ノ執行及ビ其費用ノ負擔ハ、原則トシテ國之ニ當ルモ、地方ノ利益ト一致スルガ如キ特別ノ事由アリト認メラルヽ事業ハ、公共團體ニ命ジテ、其負擔ニ於テ之ヲ執行セシムルヲ得ルコト、又營利的事業トシテ成立チ得ルモノハ、民間ニモ特許スルコトヲ得ルコト

一、國立公園ノ管掌ハ主務大臣之ヲ行フハ當然デアルガ、國立公園事業ノ執行ニ依リテ生ジタル施設ノ管理及其費用負擔ハ、原則トシテ其事業ノ執行者之ニ當ルコト

一、國立公園ニ關スル公用制限トシテハ、其風致維持ノ爲ニハ特別地域ヲ設ケテ、一定ノ行爲ニ付キ許可ヲ要スルコトヽシ、又其保護利用ノ爲ニハ、一定ノ行爲ヲ禁止若クハ制限シ、又ハ必要ナル措置ヲ命ジ得ルコトヽシ、尚ホ之ニ對シテハ相當補償等ノ途ヲ開キ、民間ノ利益ヲ保護スルコトニ力メタルコト等デアリマス

以上ハ國立公園法案ノ提案理由ノ概要デアリマス、何卒御審議ノ上御協贊アランコトヲ希望致シマス（拍手）

○議長（藤澤幾之輔君）　質疑ヲ許シマス――青木精一君

（青木精一君登壇）

○青木精一君　私ハ只今茲ニ議題ニ相成リマシタ國立公園法案ニ付テ、二三ノ質問ヲ試ミントスル者デアリマス、此問題ハ多年衆議院ト致シマシテハ、沿革ヲ持ッテ居ル所ノ問題デゴザイマス、只今モ內務大臣ノ說明中ニ、二十八回議會以來國立公園ニ關スル建議案ハ百五十數件ニ達シテ居ル、即チ明治四十四年ヨリ以來、此議場ニ於テ本問題ハ建議案或ハ請願等ニ依ッテ、相當論議審査ヲ重ネラレタル所ノ問題デアルコトハ申スマデモナイノデアリマス、而シテ尚ホ進ンデハ我黨ノ同志河上君、鈴木隆君ニ依ッテ、本院ニ數回ノ國立公園調査ニ關スル所ノ建議案、或ハ國立公園法制定ニ關スル建議案ト云フヤウナ形デ、度々提出通過ヲ致シテ居ル所ノ問題デゴザイマス、更ニ政府ノ方ニ於キマシテモ大正十年以來、即チ原內閣以來國立公園ノ候補地調査ニ著手セラレマシテ、昭和三年田中內閣ニ至リマシテ、大體十六箇所ノ調査ノ完了ヲ告ゲタノデゴザイマス、尚ホ田中內閣當時ニ於キマシテハ、經濟審議會ニ於キマシテ、國際收支ノ均衡ヲ圖ル爲ニ施設スベキ所ノ方策如何ト云フ諮問事項ニ對シテ、外國人ノ渡來ヲ多カラシムル爲ニ、名勝ノ保存「ホテル」ノ增設、其他觀光視察ノ便宜トナルベキ諸般ノ施設完備ヲ圖ルコトト云フ答申ガ出テ居ルノデゴザイマス、田中內閣モ其豫算編成ニ當リマシテハ、調査機關ノ設定ニ對シテ內議ガアッタノデゴザイマシタガ、當時財政ノ都合ニ依リマシテ、其調査機關ヲ設クルニ至ラナカッタノデゴザイマス、其趣旨ヲ現內閣ガ繼承セラレテ、即チ調査機關ヲ設置セラレタ、是ハ內務省傳統ノ一ツノ政策デアッタノデゴザイマス

ソコデ私ハ本案ニ付テ二三質問ヲ申上ゲタイノデゴザイマスガ、本案提出ノ理由ト致シマシテ「國立公園ヲ設定シ我ガ國天與ノ大風景ヲ保護開發シ一般ノ利用ニ供スルハ國民ノ保健休養上緊要ナル時務ニシテ且外客誘致ニ資スル所アリト認ム」是ガ要約セル所ノ本案提出ノ理由デゴザイマシテ、此理由ノ中ニ於キマシテ、國立公園ト云フモノヲ理解スル上ニ於テ、私共ハ二ツノ見方ガアルト思フノデアリマス、即チ大自然ヲ保護スルト云フコト、大自然ヲ開發利用スルト云フコト、此消極積極ノ二ツノ建前カラシテ、國立公園ノ計畫ガ成立ツベキモノデアルト思フノデゴザイマス、大自然ヲ保護スルト云フコトニ於キマシテハ、即チ千古斧鉞ヲ入レザル所ノ處女林、大森林、大原野、之ヲ完全ニ保存維持ヲ致シテ、其風景ヲ傷ケズ、又其處ニ棲息スル所ノ動植物ノ保存維持ヲ致ス、高山植物ノ保存維持、或ハ其土地ニ固有ナル所ノ禽獸ノ保存維持ト云フヤウナコトニ力ヲ注イデ、教育上、

研究上ニ貢献スル所ノ使命ヲ有スルモノデアル、ソレト相伴ヒマシテ積極的方面カラ申シマスレバ、所謂開發利用、相當ナル設備ヲ致シ、施設ヲ致シテ、多數ノ民衆ヲ其處ニ遊覽セシムル、ソレガ爲ニハ「ホテル」ノ設備モ要リマセウシ、賣店ノ設備モ要リマセウ、道路ノ完全ヲ期スルコトハ固ヨリデゴザイマス、或ハ簡易ナル宿泊所デアル所ノ山小屋ノヤウナモノモ、相當ノ準備ヲ致サナケレバナラヌト云フノハ通例ノコトデゴザイマス、斯様ニ文化的ノ施設ヲ致シマシテ、國民多數ヲ其處ニ誘導ヲ致スト云フコトニ相成リマスレバ、自動車ノ交通モ頻繁ニナリ、國民大衆ノ往來ガ烈シクナルト云フ結果ハ、前段申上ゲマシタ所ノ保護施設、自然ヲ保護シ、植物區域、動物區域ヲ保護維持スルト云フ方ノ事柄ニ對シテ、自然ニ民衆ノ侵入ニ依リマシテ、消極的ナル所ノ法的ノ使命ハ犯サレハシナイカ、是ト兩々相保ッテ國立公園ノ使命ヲ完ウスルノニハ、官吏當局者ガ相當ナル所ノ用意ガナクテハナラヌト思フノデゴザイマスルガ、安達内務大臣ハ此國立公園ノ消極積極ノ二大根本使命ノ調節ニ對シテ、如何ナル御覺悟ヲ有スルノデアルカ、此點ニ付テ明瞭ナル所ノ御説明ヲ願ヒタイノデアリマス

更ニ私ノ問ハントスル所ハ、此國立公園法案ニ依ッテ設ケラレル所、國立公園ノ規模企畫ト云フモノハ、如何ナル程度ニ爲サル御計畫デゴザイマスルカ、外客ノ誘致ヲ一ツノ使命ト致シテ居ル所ノ國立公園、ソレニハ相當外國ノ國立公園ノ規模ニ準ズベキ所ノ、大面積ヲ必要條件ト致サナケレバナラヌ、而シテ外國人ノ興味ヲ喚起スルニ足ルベキ所ノ相當ナル大規模、大企畫ヲ必要トスルト云フコトハ固ヨリデゴザイマス、伊太利ノ如キ小サナ國ニ於テモ、一國立公園ノ段別數万町歩ニ及ンデ居ル、國立公園ノ本家本元ト言ハレル所ノ米國等ニ於テハ、十五万町歩ノ大規模ナル所ノ國立公園ガ、盛ニ設ケラレテ居ルト云フヤウナ狀態デゴザイマスルガ、我國ニ於テ此法案ニ基イテ設定セントスル所ノ國立公園ノ規模企畫ハ、如何ナル程度ノモノデゴザイマスカ、只今安達内務大臣ノ御説明ノ演説ノ中ニ於キマシテモ、十六箇所ノ公園候補地ノ調査ヲ完了シタト云フコトデアリマスルガ、ソレハ私ノ調査シテ得タル所ノ材料ニ誤ガアルカナイカ、此壇上ニ於テ改メテ御伺ヲ致スノデゴザイマスルガ、其十六箇所ノ公園候補地ト云フモノハ、一、上高地ヲ中心トスル國立公園、二、白馬山ヲ中心トスル國立公園、三、日光ヲ中心トスル國立公園、四、溫泉ケ嶽ヲ中心トスル國立公園、五、阿蘇山ヲ中心トスル國立公園、以上ハ原内閣當時大正十年度ノ調査ニ係ルモノデアル、六、富士山ヲ中心トスル國立公園、七、大臺ケ原ヲ中心トスル國立公園、八、磐梯山ヲ中心トスル國立公園、以上ハ大正十一年度高橋内閣、加藤友三郎内閣當時ノ調査ニ係ルモノデアル、九、阿寒湖ヲ中心トスル國立公園、十、霧島山ヲ中心トスル國立公園、以上ハ大正十二年度加藤友三郎内閣、山本權兵衛内閣當時ノ調査デゴザイマス、十一、小豆島及屋島ヲ中心トスル國立公園、十二、伯耆大山ヲ中心トスル國立公園、以上ハ清浦内閣及護憲三派内閣當時、即チ大正十三年當時ノ調査デアル、十三、十和田湖ヲ中心トスル國立公園、十四、立山ヲ中心トスル國立公園、以上ハ加藤高明内閣、若槻内閣當時、即チ大正十四年度ノ調査デアル、十五、大沼公園ヲ中心トスル國立公園、十六、登別溫泉ヲ中心トスル國立公園、以上ハ田中内閣當時ノ昭和三年度ノ調査デゴザイマス、此徑路ニ依リマシテ是ダケノ國立公園候補地ガ内務省ニ於テハ最早動カスベカラザル所ノ候補地トシテ、調査ガ完了セラレテ居ルノデゴザイマスルガ、此箇所ニ誤ガアルカドウカ、之ニ付テ責任アル内務大臣ノ御答辯ヲ願ヒタイノデゴザイマス、而シテ尚ホ是レ以外ニ内務大臣ハ新ニ國立公園ノ候補地ヲ調査スル御方針デアルカ、新ニ候補地ヲ選ブ御方針デアルカドウカ、其點モ附加ヘテ御答ヲ願ッテ置キタイノデゴザイマス

以上ノ調査ニ見マスルト云フト、其面積ノ規模ハ、大ハ五万町歩ニ垂々トシ、小ハ一万町歩ト云フヤウナ程度ノモノデアルヤウニ考ヘラレルノデゴザイマスルガ、外客招致ノ計畫トシテ國立公園ヲ設定セラレル以上ハ、少クトモ外國人ヲシテ、又内地人ヲシテ、其國立公園利用ノ上ニ、相當ナル興味ト深サトヲ感ゼシメルダケノ、用意ト計畫トガナクテハナラヌト考ヘルノデゴザイマスガ、玆ニ例ヲ以テ内務大臣ノ御答ノ便宜ノ爲ニ申上ゲテ見レバ、東京近在ニ於キマシテハ、日光ノ國立公園候補地ト云フコトハ、其沿革カラ申シテ、動カスベカラザル所ノ候補地タルコトヲ失ハナイノデゴザイマスガ、此日光ヲ中心トシテ那須、鹽原ヲ包含シ、又奥日光カラ續イテ丸沼、尾瀨沼方面ニ延ビ、又渡良瀨川ヲ挾ンデ足尾ヲ經、群馬縣ノ赤城山榛名山妙義山等ヲ道路ニ依ッテ連絡スル、其位ノ大規模ノ國立公園ヲ御設定ニナルヤウナ御計畫デアルカドウカ、是ハ一例ニ過ギマセヌガ、少クトモ二ツノ縣ニ亙ッテ名勝名地大自然ヲ開拓スルト云フヤウナ、其位ノ大規模ナル所ノ國立公園ヲ御設定ニナラナカッタナラバ、外國人ノ眼ニ興味ヲ惹クヤウナ目的ガ外レルダラウト思フヤウナ次第デゴザイマス(拍手)

尚ホ國立公園ト幾多ノ產業的事業トノ衝突ニ付、一言御質問申上ゲタイノデゴザイマスルガ、殊ニ此電氣事業、電氣工事ガ段段進歩致スニ付キマシテ、電氣業者ハ段々大自然ノ懐ニ侵入ヲ致シテ、其發電工事ニ依ッテ大風景ガ損ゼラレテ居ル所ノ箇所ハ、枚擧ニ遑ナイノデアル、殊ニ其事例トシテ有名ナノハ、黑部川溪谷ノ日本電力ノ工事ニ依ッテ、彼ノ溪谷ノ自然美ガ大ニ損ゼラレテ、一時大ナル所ノ問題ヲ惹起シタコトハ、豈獨リ黑部川ノミナランヤ、到ル處ニ於テ其憾ヲ持ツモノデゴザイマスルガ、此國立公園區域トシテ指定シタル所ノ、區域内ニ於ケル所ノ電氣工事施設ニ對シテハ、如何ナル御取締ヲ今後爲サルノデアルカ、又既ニ其地域内ニ於テ水利權ヲ有スル所ノ電氣事業ニ對シテハ、其工事ヲ制限ナサルノデアルカ、或ハ禁止ナサルノデアルカ、新ニ利權ヲ求メントスル所ノ出願ニ對シテハ、其區域内ノ利權ハ不許可ニ終ラシムルノデアルカドウカ、此點ニ付ハッキリシタル所ノ方針ガナクテハナラヌ筈デアルト思フノデゴザイマス、尚ホ日光ノ國立公園地域ニ於キマシテ、先日モ他ノ趣意カラシテ、栗原君ニ依ッテ本議場ノ問題ニナリマシタガ、足尾銅山ノ煙害ニ依ッテ、日光中禪寺湖ヲ中心ト致シテ、アノ大森林地帶ガ年々其煙害ノ害ヲ被リマシテ、山及森林ガ枯果テントスルヤウナ傾向ヲ呈シテ居ルノデゴザイマス、ノミナラズ渡良瀨川沿岸ノ森林地帶モ、此煙害ノ爲ニ大ナル害ヲ被リマシテ年々森林ハ荒廢致サント致シテ居ルノデゴザイマス、政府ハ如何ニ眼ヲ掩ウテ、此悲慘ナル所ノ事實ヲ見ザラント欲スルモ、顯然タル所ノ事實ハ天下公知ノ事實デゴザイマス、諸君、國寶的ノ大風致、大森林ガ煙害ノ爲ニ侵サレテ、サウシテ今ヤ中禪寺湖ノ姿ニマデ、其煙害ノ被害ハ及ンデ、森林ノ頭ヲ掠メツヽアルヤウナ狀態デゴザイマス、足尾銅山ノ事業ノ產業的、經濟的價値ハ、簡單ニ之ヲ否認スルコトハ出來マスマイケレドモ、新ニ玆ニ國立公園法ヲ設定ヲ致シテ、國立公園地域ヲ指定セントスル所ノ現内閣ニ於キマシテハ、此慘澹タル所ノ煙害ノ處置ヲ如何ニスルノデアルカ、斯樣ナル事例ハ豈日光ノミナランヤ、各所ニ於テ大小ノ差コソアレ、其弊害ヲ認メラレテ居ルノデゴザイマスルガ、是等ニ對シテモ

如何ナル處置ヲ、今後此煙害防止ノ上ニ執ラレル御考デアルカ、之ニ付テ確ッカリシタル所ノ御答辯ヲ煩ハシタイノデゴザイマス

更ニ本法ノ施行期日ハ勅令ニ讓ラレテ居ルノデゴザイマスルガ、政府ハ本案ガ兩院ヲ通過致シタナラバ、何時之ヲ施行セラレル御方針デゴザイマスルカ、其施行期日ヲ御伺致シタイノデアリマス、而シテ又本法第一條ハ「國立公園ハ國立公園委員會ノ意見ヲ聽キ區域ヲ定メ主務大臣之ヲ指定ス」本法ノ眼心ハ第一條ノ國立公園委員會ニ置カレテアルノデゴザイマス、其國立公園委員會ト云フモノハ、組織、權限ハ如何ナルモノデゴザイマスルカ、先般通過シタル所ノ豫算ニ於テモ、一万三千有餘ノ此委員會ノ費用ガ要求セラレテ居タノデゴザイマスルカラ、其組織、權限等ノ勅令要項ニ付テ、希クハ當席上ニ於テ御説明ヲ願ヒタイノデアリマス

尙ホ本法ニ依ル國立公園ノ計畫ハ、政府、地方公共團體、或ハ之ニ利害ヲ有スル所ノ個人、或ハ民間ノ協力ニ依ッテ、經營管理セラレルト云フヤウニ見受ケラレルノデゴザイマスルガ、一體此國立公園ニ對スル所ノ政府ノ國費ハ、一公園ニ對シテ大體ドノ位御出費ニナッテ、設備ヲ完成セラレル所ノ御方針デアリマスルカ、又左樣ナ具體的ノ事ハ申上ゲラレナイト御答辯ニナルカモ知レマセヌケレドモ、此處ハ實ニ大切ナ所デゴザイマシテ、ウッカリ國立公園熱、國立公園要望ノ白熱的地方民ノ心理狀態ニ乘ジテ、地方ニノミ此國立公園ニ關スル所ノ經費ヲ、將來多ク負擔セシメルト云フコトニナッタナラバ、國立公園ノ爲ニ地方ハ大ナル苦痛ヲ永久ニ忍バナケレバナラヌト云フ結果ニナルノデアリマス、(拍手)故ニ國立公園ニ關スル國庫ノ負擔、地方負擔ノ、其大體ノ歩合位ノ約束的ノ聲明ハ、此席上ニ於テ御伺スルノガ當然デアルト心得マシテ、之ヲ以テ第一段ノ質問ヲ終了致シマス(拍手)

〔國務大臣安達謙藏君登壇〕

○國務大臣(安達謙藏君) 只今靑木君ノ御質問ノ初メニ當リマシテ、今日マデノ國立公園問題ニ關スル沿革ノ御話ガアリマシタガ、是ハ其通リト私考ヘマス、全ク歷代ノ內閣ニ於キマシテ、此問題ハ漸次調査ガ進捗致シマシテ、ヤット此處デ一通リノ調ガ付キマシテ、始メテ現內閣デ提案スルニ至リマシタカラ、大體ニ於テ歷代ノ內閣ガ調ベラレタノガ集ッテ出來マシタコトデ、是ハ黨派的ノ意味モ何ニモナクシテ、全ク事務的ニ此處マデ進行シタモノデアリマスカラ、只今靑木君ノ御述ノ通リ、私ハ玆ニソレヲ肯定シテ置キマス

而シテ此公園內ニ於ケル所ノ保護開發――此大自然ノ美ヲ保護開發スルト云フコトモ、御話ノ通リデアリマス、ソレカラ植物或ハ動物ナドノ保護ニ付テ、ドウ云フ考ヲ持ツカト云フコトデアリマスガ、其邊ノコトハ國立公園計畫――卽チ統制及施設ノコトニ付キマシテ、國立公園ノ計畫ヲ致ス積リデアリマスカラ、其折ニ動植物ノ保護等ノコトモ能ク決メル積リデアリマス

ソレカラ國立公園ノ規模如何、是ハ御尤ナ御尋デアリマシテ、政府トシテ考ヘテ居リマスル所ニ於キマシテハ、我國ヲ代表スル天然ノ大風景デ、海外ニモ十分誇ルニ足ルダケノ資格ノアル處ヲ國立公園ト致シタイ、願ハ大規模デアルト云フコトヲ申上ゲテ置キマス、其坪數トカ何トカ云フヤウナコトヲ此處デ豫メ早計ニ御答スル譯ニ行キマセヌガ、無論數万町歩ニ亙リ、或ハ數縣ニ跨ガル規模デアルト云フコトダケ申上ゲテ置キマス

ソレカラ十六箇所ノ候補地ノ御讀上ゲガアリマシタガ、是モ大體ニ於テ御讀上ゲノ通リト考ヘマス、サウシテ其決定ノ方法ハ、委員會ガ出來マスカラ、此委員會ニ於テ今後候補地ヲ決定致ス積リデアリマス

日光ノ區域ナドノ御尋ガアリマシタガ、其邊ノコトヲ豫メ此處デ私ガ申上ゲルト云フコトハ早計ト考ヘマス、是ハ委員會ノ決定ニ俟タネバナラヌト考ヘマス

ソレカラ產業ト衝突、卽チ電氣事業ト此國立公園ノ設計トノ衝突ト云フコトノ御尋デアリマシタ、是モ御尤ナコトデアリマスガ、是ハ豫メ此處デ決メマシテ御答スルト云フコトハ、至難ナコトデアリマス、其地方々々ニ依ッテ、電氣事業ノ發達ハ、是ハ無論圖ラネバナリマセヌガ、ソレデ大自然ノ美ヲ害セナイヤウナコトモ、亦十分考ヘナケレバナリマセヌ、其間ノ調和ニ付キマシテハ、實地ニ就テ決定スルヨリ外ハナイト考ヘテ居リマス

ソレカラ足尾銅山ノ煙害ノ事ニ付キマシテハ、是モ此國立公園問題ニ伴ヒマシテ、今後十分調査研究シテ善處スベキモノト考ヘテ居リマス

ソレカラ施行期日ノコトハ、是ハ勅令ヲ以テ定メマスガ、只今考ヘテ居ル所ニ依リマスルト、本法案ガ兩院ヲ通過致シマシタ後、假ニ數箇月間ヲ以テシマシテ、其間ニ諸般ノ準備ヲ致シマシテ、サウシテ實行致シタイ、先ヅ何カラ實行スルカト申シマスト、國立公園委員會ヲ作ルコトガ第一著手ト考ヘマス、其人ハドウ云フ人ヲスルカト云フト、是ハ其途ニ最モ造詣深キ人ヲ、私ハ選任シタイト考ヘテ居リマス

ソレカラ經費ノコトハ十分注意致シマシテ、今後ノ負擔ノコトモ、故ラ民間ニ之ヲ多ク負擔セシムルト云フヤウナコトハナイヤウニ注意致ス積リデアリマス

大體ニ於テ御尋ノ要旨ハ是デ盡キテ居ルト思ヒマス

〔靑木精一君登壇〕

○靑木精一君 洵ニ內務大臣ノ御答辯ハ、是ハ白イカ、ウンソレハ白イト答ヘルダケノモノデアッテ、一ツモ私ノ申上ゲタ趣意ニ對シテ、政府トシテノ保障的ノ意味ヲ與ヘテ居ナイノデアリマス、斯樣ナ所ノ答辯ヲ伺フ爲ニ、貴重ナル時間ヲ此壇上ニ費スコトヲ私ハ欲シナイノデアリマス、殊ニ施行期日ノ如キハ、明カニ玆ニ明示セラレテ、何等差支ノナイ性質ノ問題デアル、他ノ問題ト性質ハ異リマシテ、國立公園法ノ施行期日ヲ、豫メ何時ニショウカト云フヤウナコトハ、何モ惡影響ヲ被ラナイノデアル、殊ニ此國立公園委員會ノ經費ノ豫算ハ、旣ニ衆議院ニ於テ協贊ヲ得テ居ルノデアル、其國立公園委員會ノ組織權限等ニ付テ、少シモ御説明ガナイト云フコトハ、洵ニ衆議院ヲ侮辱シタル所ノヤリ方デアリマス、今少シ斯樣ナル所ノコトニ付テ、ハッキリシタル御説明ヲ爲サルガ宜シイ、安達內務大臣ハ系統的ニ御分リニナッテ居ルカ、居ナイカ分ラヌケレドモ、ドウモ新シガリノ癖ガアッテ、國立公園法案デアルトカ、或ハ婦人ノ公民權案デアルトカ、或ハ衆議院議員選擧權年齡低下デアルトカ、動モスレバ近代思想ニ觸レタカノヤウナ案ヲ、兎ノ糞ノ如タボツリ〳〵ト取扱ッテ居ルノデアル、又此國立公園ノ立案ニ付テ、アナタガ果シテ此國立公園ノ近代的ノ使命ヲ、衷心カラ御理解ニナッテ居ルカドウカ、御理解ニナッテ居ル所ノ內務大臣デアルナラバ、今少シ此問題ニ對シ、此議場ニ對シテ、具體的ナル所ノ原理カラ御證明ニナラナケレバナラヌ筈デアル、サウシテ何ダカ新シガッテ、時代カブレヲシタヤウナ案ヲ、ボツリ〳〵扱フカト思フト、一面ニハ頑冥不靈ナル所ノ警察政治「スパイ」政治ヲ行ヒ、アナタノ頭ノ中ニハ、確ニ大ナル時代的ノ矛盾ガアル(拍手)若シアナタガ國立公園其他ノ文化的ノ立法ニ、眞劍ノ御盡力ヲナサラウト云フ所ノ誠意ト理解ガアルナラバ、救護法ノ施行ナドニ付テ躊躇セラル丶筈ガナイ(拍手)アナタノヤッテ居ル所ノ議案ノ取扱方ハ、徒ニ新時代ニ迎合シ、人氣ヲ博セントスル所ノ策略

的ノモノデアル、此國立公園法案ノ如キモ、或ハ恐ル、其内務大臣ノ職權ヲ以テ民政黨ノ黨略ニ利用セラレヤセヌカ、是ガ最モ吾吾ノ恐ル、所デゴザイマス、若シサウデナイトスルナラバ、私ノ質問ニ對シテ、モウ少シ納得シ得ルダケノ御説明ヲ敢テ要求スルモノデゴザイマス

〔國務大臣安達謙藏君登壇〕

○國務大臣(安達謙藏君) 私ノ先ニ御答致シマシタ所デ、十分趣旨ハ徹底シタ積リデアリマス、施行期日ノ事モ、本案ガ兩院ヲ通過シタ後、數箇月間ノ期間ヲ置イテ、而シテ後ニ實行スルト云フコトヲ明白ニ申上ゲテ居リマスカラ、ソレダケデ明カデアリマス、最後ニ此問題ニ付テ黨略ニ利用スルト云フコトハ絶對ニアリマセヌ、左樣ナコトハアナタノ邪推デアリマスカラ、ドウゾサウ云フコトハ全然頭ニ持タズニ、本問題ヲ御審議アランコトヲ希望致シマス(拍手)

〔國務大臣小泉又次郎君登壇〕

○國務大臣(小泉又次郎君) 青木君ノ演説ニ於ケル御質問ニ對シテ簡單ニ御答致シタイト思ヒマス、青木君ノ御質問ノ要旨ハ、國立公園ノ區域内ニ於テ、電氣事業ノ工事ハ自然美ヲ損スルモノガアルカラ、現在水利權ヲ有シテ居ルモノノ處分ヲドウスルカ、又新ニ出願セントスルモノニ對シテハ、如何ナル方針ヲ執ルカ、斯樣ニ御質問ノ趣意ヲ承ッタノデアリマスガ、從來發電所ノ許可ヲ致シマスニ付キマシテハ、其地方地方ノ利害關係ハ勿論デアリマス、殊ニ自然美ヲ害セナイヤウニ、風致ヲ損セザルヤウニト注意ヲ拂ヒマシテ、地方長官ニ於テモ篤ト此點ニ重キヲ置イテ調査ヲ致シマシテ、其結果大自然ノ風致ヲ著シク損セナイト云フコトニ目途ヲ立テマシテ、許可致スト云フ方針ヲ執ッテ居ルノデアリマス、而シテ今後國立公園ノ設立ヲ見タ上ニ於キマシテハ、尚ホ一層御質問ノ趣意ニ則リマシテ、適當ノ方法ヲ講ジタイト考ヘテ居リマス

此際特ニ私カラ一言申上ゲテ置キタイコトハ、如何ニ大自然美ヲ保存致シタイト思ヒマシテモ、申スマデモナク科學ノ進歩ニ伴ヒマシテ、其科學ノ發達ニ從ヒマシテ、自然美ハドウシテモ自然ニ損セラレルト云フコトハ、數ノ免レナイ所デゴザイマス、科學ノ進歩發達ニ伴ッタル結果ガ、全然自然美ヲ共ニ保存シテ置クト云フコトハ、到底是ハ出來ナイト思ヒマス、之ニ依リマシテ進歩セル科學ノ力ニ依ッテ、サウシテ自然美ヲ害シナイヤウナ、ソコニハ人間ノ知慧ヲ以テ、適當ナル施設方法ガアルト確信シテ居ルノデアリマス、其點ダケヲ御答致シテ置キマス

○議長(藤澤幾之輔君) 岩本武助君

〔岩本武助君登壇〕

○岩本武助君 只今議題トナッテ居リマスル國立公園法案ニ付キマシテ、同僚青木君カラノ御質問モアリマシタガ、尚ホ私ハ青木君ノ御質問ニ重複致シマセヌ範圍ニ於テ、四五ノ質問ヲ致シタイト存ズルノデアリマス、我國ニ於キマシテハ、既ニ大正十年カラ國立公園ノ基礎調査ヲ始メマシテ、既ニ今日十六箇所ノ候補地ノ調査完了ヲ致シテ居リマスルコトハ、明カナ事實デアリマス、併ナガラ今日迄此國立公園ニ付テノ觀念ヲ國民ニ示サナカッタ爲ニ、今日迄議會ニ於テ請願トナリ建議案トナッテ、澤山ノ案ガ出テ居リマスケレドモ、其中ニハ例ヘバ都市公園ヲ觀念ト致シマシテ、此國立公園ヲ類推致シタモノモアリマス、或ハ地方ノ其土地々々ノ風光ヲ他ニ宣傳ヲセンガ爲ニ國立公園ノ名ヲ利用シタヤウナ請願モ、建議案モアルノデアリマス、而シテ今日最モ甚シキハ、單ニ地方的風景ヲ國立公園ナリト云フ此美名ヲ藉ッテ地方ニ宣傳致サウト云フヤウナモノマデ現レテ來タノデアリマスガ、今日此國立公園法ナルモノガ現レマシテ、之ヲ見マスト、日本ノ國立公園ナルモノハ、卽チ我國天與ノ大風景ヲ保護開發シ、又一面ニハ國民ノ保健休養、又其一面ニハ外客誘致ノ場所ニ致ス、斯樣ナコトニ限定サレタノデアリマスガ、是ニ於テ私ハ御伺ヲ致シタイ、今日此國立公園ヲ指定致シマス上ニ於テ、此三ツノ條件ガ具備致サナケレバ指定ヲ致サナイノデアルカドウカ、卽チ非常ナ大自然デアリマシテ、サウシテ國民ノ保健、或ハ教化ニ資スル點ハ若干薄イ、或ハ外人モ此處ニ遊ビニ來ルカ、來ナイカ分ラナイ、併ナガラ非常ニ絶景デアル、卓絶シタ風光デアルト云フヤウナ場所モアラウト考ヘル、デアリマスルカラ私ハ兎ニ角此三ツノ條件ガ具備シナケレバ、國立公園トシテ指定ヲシナイノデアルカ、又一ツノ大キナ條件サヘ具備シテ居レバ、國立公園トシテ指定ヲ致スノデアルカ、此點ヲ先ヅ御伺致シタイノデアリマス、而シテ尚ホ茲ニ御伺致シタイノハ、大體我國全國ノ此風光ハ、東洋ノ瑞西トシテ之ヲ見テ宜シイノデアル、卽チ瑞西ハ風景立國ヲ以テ國ヲ建テテ居リマス、斯樣ナ風ニ極東ニ於テ、我國ハ歐洲ノ瑞西ト同ジデアル、斯ウ云フヤウナ風ニ見テ、内務大臣ハ國立公園ヲ指定致シタノデアルカ、私ハ此點ヲ御伺スルノハ外デモアリマセヌ、近來現内閣ハ客引營業ヲ開始致シテ居ル、卽チ國際觀光局デアル、所ガ近來此國際觀光局アタリデハ、此大切ナル國立公園ノ問題ヲ頻ト論議致シテ居リマス、私共ハ考ヘマスト、此外客ヲ誘致致スノ如キハ、最モ末節ノ問題デアリマシテ、所謂大自然ヲ保護シ、或ハ國民ノ保健、教化ニ資スルト云フコトガ、最モ大切ナルコト、信ジテ居ルノデアリマス

次ニ此國立公園ノ指定ニ付テ御伺ヲ致シタイ、是ハ此法案ニ依テ見マスト、國立公園調査委員ノ意見ヲ聽イテ、サウシテ此地區ヲ内務大臣ハ指定ヲ致ス、斯樣ニナッテ居リマスガ、私ノ特ニ御伺致シタイコトハ、内務大臣ハ國立公園調査委員會ノ意見ヲ、ドノ程度マデ尊重ナサルカ、若シ此國立公園調査委員會ノ意見ヲ尊重シナカッタナラバ、此國立公園ノ委員會ト云フモノハ何等用ヲ爲サナイ、又權威ガナイノデアル、ト申シマスルノハ茲ニ色々ナ點ガアリマス、卽チ先刻青木君ガ申上ゲマシタ十六箇所ノ國立公園ノ候補地ニ付テモ、現ニ大正二年内務省ノ衞生局ノ編纂致シマシタ本ヲ見テモ、大正二年迄ハ阿蘇ハナカッタ、然ルニ大正二年後ニ於キマシテ、第五位ニ阿蘇國立公園ト云フモノガ現ハレテ來テ居ル、私ハ決シテ阿蘇ハ安達内務大臣ノ出身地デアルカラ、アナタガ爲スッタノデアルトハ申シマセヌ、併シ之ヲ決定シナイ今日デサヘ、斯樣ナモノガ見エテ居ル以上ハ、私ハ此委員會ノ意見ヲ、ドノ程度迄御尊重ナサルカト云フコトヲ聽イテ置ク必要ガアル

次ニ私ハ候補地ノ決定ニ付テ御伺ヲ致シタイ、十六ノ候補地ノアルコトハ申スマデモアリマセヌガ、十六ノ候補地ノ中何箇所ヲ指定シ、又指定スル上ニ於テハ之ヲ全國的ニ見テ平等ニ、所謂適當ナル分布ヲ致スノデアルカ、又ハ先程申上ゲタヤウニ、三ツノ條件ガ具備シテ居レバ、一ツ所ニ幾ツ地ッテモ宜イ、又絶對ニ無クテモ宜イ、斯樣ナ御方針デアルカドウカ、元來國立公園ノ發達ノ歴史ヲ見マシテモ、亞米利加等ニ於テハ、初メニ於テハ所謂二流、三流ノ候補地ヲ選定シタヤウナ傾向ガアリマシタガ、現在ニ於テハ其非ヲ悟ッテ、今日ハ非常ニ嚴選主義ニ相成ッテ居ル、而シテ我國ノ如キ國土ノ非常ニ狹イ所ニ於テ、十六ノ候補地ヲ作ッテ、之ヲ如何ヤウニ御取扱ニナルカ、之ヲ御伺致シタイト思ヒマス

又之ヲ決定致ス上ニ於テ、此候補地ノ多クハ國有林デアリマスカラ、卽チ國有林ヲ持ッテ居ル所ノ候補地ヲ先キニ御決メニナッテ、民有林若クハ公有林ノ澤山含マレテアルヤウナ處ヲ後ニ廻ハスモノデアルカ、又

左樣ナ事ハ考慮セズシテ決定ナサルノデアルカ、此點ヲ御伺致シタイノデアリマス、殊ニ御伺シナケレバナラヌコトハ、此十六ノ候補地ナルモノハ、北海道、本州、四國、九州ニ限ラレテ居ルノデアル、故ニ朝鮮、臺灣、樺太ニ於テハ、一箇所ノ候補地モナイノデアリマスカ、併シ臺灣ニハ新高山ガアル、朝鮮ニハ金剛山ガアル、斯樣ナ風ナ所ハドウ致ス御考デアルカ、是モ御伺致シタイノデアリマス

次ニ御伺致シタイコトハ、國立公園ト天然公園ト、而シテ國家記念物、所謂史蹟名勝天然記念物ト、此三ツノ區別ノ取扱ヲ如何ナサルノデアルカ、卽チ此國立公園ノ御取扱ハ內務省ガナサル、然ルニ史蹟名勝天然記念物ノ御取扱ハ、目下文部省ガ致シテ居リマス、或ハ又此中ニ於テ名勝地トシテ保安林ニ編入サレタヤウナ場所ハ、農林省デ之ヲ管轄ヲ致シテ居ル、斯樣ナ風ニ國立公園ト天然公園、或ハ國家記念物、斯樣ナモノヲ國立公園ヲ指定致ス上ニ於テ、ドウ御取扱ニナルカ、御伺致シタイノデアル

又次ニ御伺致シタイコトハ、國立公園トシテ指定致シマシタ結果トシテ、國有林ガ指定區域ニ這入ル、殊ニ國有林ノ區域ノ中デ、國立公園ノ特別地域ニ這入ルヤウナ場所ガ澤山アルト思ヒマスルガ、斯樣ナ場合ニ於テ、農林大臣ハ悉ク之ヲ御認メニナルカドウカ

又次ニ御伺シタイコトハ林野整理トノ關係デアリマス、現在我ガ農林省ニ於キマシテハ、十數年ニ亙ル林野整理ノ計畫ヲ樹テテ居リマス、此計畫ノ內容ヲ見マスルト、十數年間ニ亙ッテ、一定ノ地域ノ國有林ヲ拂下ゲテ、一定地域ノ保安林ヲ買上ゲルノガ卽チ林野整理ノ原案デアリマスガ、此國立公園ノ地域ノ中ニ、若シモ斯樣ナ計畫地ガ這入ッテ居リマシタ場合ニハ、如何樣ナ御取扱ヲナサルカ、又一面ニ於テハ――勿論買上ノ計畫ノ方デアリマスルガ、保安林ニ編入シタ場所ヲ買上ゲル計畫ヲ致シタ場合ニハ、ドウ御取扱ニナルカ、卽チ拂下ヲ爲シ、買上ヲ爲スト云フヤウナ場合ニ、如何ニ御取扱ニナルカ、御伺致シタイ

ソレカラ次ニ御伺致シタイノハ、農林省ノ年々行ッテ居リマスル官行伐採ノ施業案ノ中ニ、此地域ガ入ッテ居リマシタ場合ニハ、ドウ御取扱ニナリマスカ、此點ヲ御伺致シタイ

次ニ御伺致シタイノハ、公有林或ハ私有林ガ國立公園ノ地域ノ中ニ這入ッテ、而モ特別地域ニ這入ッタ場合ノ補償ノ問題デアリマス、此國立公園法ヲ見マスルト、第九條ニ規定ヲサレテ居リマスルガ、非常ニ此文言ガ漠ト致シテ居リマシテ、例ヘバ通常補償スベキ損害ニ限ッテ國庫ガ之ヲ補償スルトカ、或ハ主務大臣ガ之ヲ決定スルコトヲ得ルトカ、斯樣ナコトヲ書イテ居リマスルガ、此林業者ニ對シテ從來モ國土保存デアルトカ、或ハ魚付林ノ關係デアルトカ、或ハ砂防、土砂扞止デアルトカ云フ意味デ、個人ガ持ッテ居ル山林ニ保安林ノ制度ガ設ケラレテ居ル、又其上ニ文部省ハ天然記念物ニ關スル規定ヲ設ケテ、個人ノ原野ニ對スル所有權ヲ蹂躙致シテ居ル、然ルニ又今回其上ニ斯樣ナ規則ヲ設ケテ、結局行政訴訟ヲヤッテ、何時此代償ガ取レルカ、取レヌカ分ラナイト云フヤウナコトヲサル、コトハ、卽チ民間ノ林野ヲ有シテ居ル者ハ、三重ニ所有權ヲ侵害サル、ト言ッテ宜シイノデアリマス、故ニ若シモ內務大臣ガ本當ニ公有林若クハ私有林ヲ考ヘルノナラバ、此補償ヲ致ス規則ヲ別ニ――丁度私設鐵道ヲ買收ヲ致シマスル規則ガアリマスルガ如ク、斯樣ナモノヲ設ケナケレバ、此法デハ洵ニ横暴千萬、卽チ國立公園ナル美名ノ下ニ、吾吾ノ所有權ヲ侵害スルモノト言ッテ差支ハナイノデアリマス(拍手)故ニ此點ニ付テハ特ニ明確ナル御答辯ヲ得タイノデアリマス

又此國立公園ノ施設ニ關シテ御伺致シタイ、ドウモ此案ニ依ッテ見マスルト、或ハ國家ガ獨自デ經營ヲ致スノデアルカ、又民間ニ於テヤラスノデアルカ、全ク御都合主義ノ方針ヲ御執リニナッテ居ルヤウニ見エル、由來諸外國ノ例ニ依ッテ見マスルニ、國立公園ノ施設ニ關シテハ、國家自ラ總テノ施設ヲ爲ス方針ト、最モ必要ナル施設ノミヲ國家ガ致シテ、枝葉ノ事業ハ或ハ民間ニ之ヲ委セ、或ハ公共團體ニ委ス、斯樣ナ方針ガ執ラレテ居ルノデアリマスガ、我國ノ國立公園法ニ依ッテハ、此方針ガ確然ト分リマセヌ、故ニ此點ヲ明カニ御示シヲ願ヒタイ

次ニ私ハ國立公園施設ニ關スル豫算、卽チ財源ニ關シテ御伺致シタイ、政府ノ專門家ノ著ハシタ本ヲ見マシテモ、如何ナルコトヲ言ッテアルカト申シマスト、國家ノ費用ハ恐ラク一箇所百万圓以內、更ニ少額十數万圓デ足ルモノデアラウ、一公園ヲ完成スルニ、民間ノ資本ヲ合セテ數十万圓デモ、十分ナモノガアルデアラウト思ハレルト言ッテ居ルノデアリマス、而シテ今日昭和六年度ノ豫算ニ現レタモノヲ見マスルト、先刻青木君カラ御尋ノアッタ通リ、僅ニ一万數千圓デアリマス、御承知ノ如ク亞米利加等ニ於キマシテハ、僅ニ一哩半平方ノ「ホット・スプリング」ノ公園ヲ造ル上ニ於テモ、百万弗ノ金ヲ使ッテ居リマス、又千九百二十年一年デモ、約百万弗ノ金ヲ國立公園ニ投ジテ居ル、然ルニ今日我國ニ於キマシテハ、此法律ヲ定メテ置キナガラ、僅ニ一万數千圓ノ金シカナイ、然ラバ私ハ御伺致シタイ、此法案ガ出來タ後、將來此國立公園ノ施設ニ對シテ何處カラ金ヲ出シマスカ、卽チ此國立公園計畫ニ對スル財源ヲ御伺致シタイノデアリマス、ソレデ若シモ政府ガ消極方針ヲ採ッテ此問題ニ臨ムナラバ、結局國立公園ハ名ノミデアッテ、實ガ現レナイト云フコトニナル、積極的ニ進マウト欲スルナラバ、此處ニ明年度ヨリノ財源ヲ御示ヲ願ヒタイノデアリマス、私共ハ非常ニ之ヲ疑ッテ居リマス、昨年總選擧前ニ於テ、現內閣ハ自動車道路ナルモノヲ發表致シテ、私ノ郡ノ如キハ一郡東西二線ノ自動車道路ヲ造ルト云ウテ、サウシテ選擧眞最中ニ鐵道省ノ役人ガ行ッテ、サウシテ地方ノ人夫ヲ雇ッテ、今ニモ立派ナ道路ガ付ク如ク宣傳ヲサレタ、併ナガラ選擧ガ終ッタ今日ドウデアル、何處ニ自動車道路ガ現レテ居リマスカ、想フニ斯樣ナ財源ヲ示サズシテ、サウシテ斯樣ナ案ヲ御提出ニナルコトハ、私ハ來ル九月ノ府縣會議員ノ選擧ニ於テ、ヤハリ斯樣ナモノヲ振翳シテ、質朴ナル山村農村ノ有權者ヲ利用セント欲スルモノデアルト私ハ斷ズルノデアリマス(拍手)又今日此國民ノ生活ニ非常ニ困ッテ居ル、所謂饑死線上ヲ彷ッテ居ル今日ニ、斯樣ナ案ヲ御出シニナルコトハ、少ナクモ現內閣トシテハ御見合セニナッタラ如何デアラウカ、此前ニ、例ヘバ失業者ノ問題ニ對シテモ、或ハ救護法案ニ致シマシテモ、最モ大切ナルモノガアルデハアリマセヌカ、デ私ハ案其モノニハ反對ハ致シマセヌ、反對ハ致シマセヌガ、併ナガラ少クトモ現內閣ガ今日ノ場合ニ、斯樣ナ案ヲ出ス資格ハナイト云フコトヲ斷定致スノデアリマス(拍手)

(國務大臣安達謙藏君登壇)

○國務大臣(安達謙藏君)　只今ノ御質問ノ主ナル所ハ大體ニ於テ第一ハ、大自然ノ大風景ヲ保護開發スル、國民ノ保健ニ關スルコト、外客誘致、此三ツヲ目的トスルカ、三ツ揃ハナケレバ國立公園ニシナイカ、或ハ大自然バカリデ場所ヲ決定スルコトガアルカ、斯ウ云フ御尋ト思ヒマスガ、此國立公園候補地ノ決定ハ、本案ガ通過致シマシタ曉ニハ、委員會ニ於テ之ヲ決定致シマスカラ、豫メ私ガ此處デ此問題ニ付テ自分ノ想像ヲ以テ御答スル必要ハナイト考ヘマス、大體ハ委員會ニ於テ決定シマス、ソレ

カラ委員會ノ意見ヲドノ程度ニ尊重スルカト云フコトデアリマスガ、委員會ノ意見ヲ聽イテ區域ヲ定メ、主務大臣之ヲ指定スト云フコトハ、今度ノ法案ニ明白ニ書イテアリマスカラ、委員會ノ意見ヲ十分ニ尊重シテ、サウシテ之ヲ決定スルノデアリマス(拍手)

ソレカラ候補地ハ何箇所ニ決定スルカ、全國平等ニスルカト云フ意味ノ御尋デアリマス、或ハ一地方ニサウ云フ資格ノアル所ガ塊ッテモ差支ナイカ、斯ウ云フ御尋デアリマス、是モ委員會ニ於テ決定致シマスガ、常識ヲ以テ考ヘテ、如何ニ資格ガ定マッテモ、一地方バカリニ偏ルヤウナコトハ私ハナカラウト考ヘマス(拍手)ヤハリ全國ヲ公平ニ見渡シテ、委員會ハ其候補地ヲ決定スルモノト考ヘテ居リマス

ソレカラ此民有林、國有林ヲ含ンデ居ル所ハ後ニスルカ、先ヅ國有林ノ所ヲ先ニスルカト云フ御尋ノヤウデアリマスガ、是ハ幸ニ、何レモ國立公園ノ候補地ハ、國有林カ若シクハ御料地ガ大部分デアリマシテ、民有地ハ……

〔發言スル者アリ〕

○議長(藤澤幾之輔君) 靜粛ニ願ヒマス

○國務大臣(安達謙藏君)(續) 非常ニ何處モ少イノデアリマス、此公園ヲ指定スルニ付キマシテ、殆ド大部分ハ國有林若クハ御料地デアリマスカラ、只今御質問ノヤウナ御懸念ハ無用ト考ヘマス(拍手)

ソレカラ朝鮮、臺灣方面、植民地ハドウスルカ、是ハ調査致シテ居リマシテ、別ニ定メルコトニナッテ居リマスガ、ヤハリ此委員會ノ意見ヲ徴スルコトニナッテ居リマス、朝鮮ノ如キハ既ニ金剛山ヲ此候補地ニシテ、ソレソレ計畫ガアルヤウデアリマスガ、ヤハリ委員會ノ意見ヲ聽キマス、併シ是ハ第一ノモノハ別ニ考慮致シマス

ソレカラ史蹟名勝天然記念物等ノ文部省ノ所管、是ガ今度ノ國立公園ニ入レバドウナルカ、是ハ依然トシテ文部省ノ所管ニ致シテ置クノデアリマス

ソレカラ此國立公園ニ指定セラレタ所ノ區域内ノ國有地ニ於キマシテ、竹木等ノ補償トカ――即チ第八條第九條ニ關スルコトデアリマスガ、要スルニ森林ノ經濟的利用ハ、ヤハリ公園ノ地域内ニ指定致シマシテモ、大體ニ於テ許可スル積リデアリマス、共細カイコトハ、是ハ衞生局長ヲシテ御答セシメタ方ガ宜シイト考ヘマス、ソレカラ此國家自治團體ニ――國家バカリデセズシテ、自治體其他ニ許スノデハナイカト云フ御話デアリマスガ、是ハ第四條ニ依リマシテ明白ニ書イテアリマス「國立公園事業ハ行政官廳之ヲ執行ス」「主務大臣特別ノ事由アリト認ムルトキハ公共團體ヲシテ國立公園事業ノ一部ヲ執行セシムルコトヲ得」其他此第四條ニ明白ニアリマスカラ、之ヲ御讀ミ下サルト明瞭ニナリマス(拍手)

ソレカラ財源ノコトハ、是ハ昭和七年以後ニ於キマシテ、財政ノ緩急ヲ按配シテ、サウシテ適當ニ之ヲ要求スルコトガ私ハ當然ト考ヘマス、今日ノ財政狀態デ、無理ニ此財源ヲ捻出スルコトモ容易ヂヤアリマセヌガ、要スルニ昭和七年後ノ財政ノ都合ニ依ッテ按配スルト云フコトヲ、此處ニ御答致シテ置キマス(拍手)

勞働組合法案外一件

第三　勞働組合法案(政府提出)　第一讀會

勞働組合法案

勞働組合法

第一條　本法ニ於テ勞働組合ト稱スルハ勞働條件ノ維持改善及組合員ノ共濟、修養其ノ他共同利益ノ保護增進ヲ目的トスル同一若ハ類似ノ職業若ハ產業ノ勞働者ノ團體又ハ其ノ團體ノ同一若ハ類似ノ職業若ハ產業ニ依ル聯合團體ヲ謂フ

第二條　勞働組合ヲ設立シタルトキハ其ノ代表者ハ組合設立ノ日ヨリ二週間以內ニ規約、代表者ノ氏名及住所竝ニ主タル事務所所在ノ場所ヲ具シ之ヲ行政官廳ニ屆出ヅベシ

聯合團體タル勞働組合ニ在リテハ前項ニ揭グル事項ノ外之ヲ組織スル團體ノ名稱及其ノ主タル事務所所在ノ場所ヲ具シ屆出ヅベシ

前二項ノ規定ニ依リ屆出デタル事項ニ變更アリタルトキハ其ノ變更ノ日ヨリ一週間以內ニ之ヲ屆出ヅベシ

第三條　勞働組合ノ規約ニハ左ノ事項ヲ記載スベシ

一 名稱
二 目的
三 主タル事務所ノ所在地
四 組合ノ構成ニ關スル規定
五 組合員ノ加入及脫退ニ關スル規定
六 會議ニ關スル規定
七 代表者其ノ他ノ役員ニ關スル規定
八 組合費其ノ他會計ニ關スル規定

第四條　勞働組合ニシテ其ノ規約ニ法人タルコトヲ定ムルモノハ之ヲ法人トス

法人タル勞働組合ハ其ノ名稱中ニ法人ナル文字ヲ用フベシ

法人ニ非ザル勞働組合ハ其ノ名稱中ニ法人タルコトヲ示スベキ文字ヲ用フルコトヲ得ズ

第五條　法人タル勞働組合ハ其ノ設立ノ日ヨリ二週間以內ニ主タル事務所ノ所在地ニ於テ左ノ事項ノ登記ヲ爲スベシ

一 名稱
二 目的
三 主タル事務所所在ノ場所
四 法人タル勞働組合設立ノ年月日
五 理事ノ氏名及住所

前項ニ揭ゲタル事項ニ變更アリタルトキハ一週間以內ニ其ノ登記ヲ爲スベジ

第六條　本法ニ依リ登記スベキ事項ハ其ノ登記前ニ在リテハ之ヲ以テ他人ニ對抗スルコトヲ得ズ

本法ニ基キテ爲ス登記ニ付テハ登錄稅ヲ課セズ

本法ニ規定スルモノノ外登記ニ關シ必要ナル事項ハ勅令ヲ以テ之ヲ定ム

第七條　民法第四十四條、第五十條、第五十二條乃至第五十九條ノ規定ハ法人タル勞働組合ニ之ヲ準用ス

第八條　組合員ノ總會ノ決議スベキ事項ハ左ノ如シ

一 基金ヲ設置シ又ハ廢止スルコト
二 豫算ヲ定メ又ハ決算ヲ承認スルコト
三 規約ヲ變更スルコト
四 聯合團體タル勞働組合ヲ設立シ又ハ之ニ加入シ若ハ之ヨリ脫退スルコト
五 組合ヲ解散スルコト
六 法人タル勞働組合ノ合併又ハ分割ヲ爲スコト

聯合團體タル勞働組合ニ在リテハ其ノ規約ノ定ムル所ニ依リ之ニ屬スル組合ヨリ選出シタル者ノ會議ヲ以テ總會トス

第九條　勞働組合ハ規約ヲ以テ總會ニ代ルベキ總代會ヲ設クルコトヲ得

第十條　勞働組合ハ同一又ハ類似ノ職業又ハ產業ノ勞働者ニ非ザル者ト雖モ左ニ揭グル者ヲ組合員ト爲スコトヲ得

一 當該組合ノ役員又ハ役員タリシ者
二 同一又ハ類似ノ職業又ハ產業ノ勞働者タリシ者

第十一條　勞働組合ハ組合員ノ脫退ニ關シ不當ナル條件ヲ定ムルコトヲ得ズ

第十二條　勞働組合ハ衆議院議員又ハ北海道會、府縣會、市會、町村會其ノ他之ニ準ズベキモノノ議員ノ選擧運動ニ關シ費用ヲ支出シ又ハ其ノ費用ニ充ツル爲組合員ヨリ金錢ヲ徵收スルコトヲ得ズ

第十三條　雇傭者ハ勞働者ガ勞働組合ノ組合員タルノ故ヲ以テ之ヲ解雇スルコトヲ得ズ

雇傭者ハ勞働者ガ勞働組合ニ加入セザルコト又ハ組合ヨリ脫退スルコトヲ雇傭條件ト爲スコトヲ得ズ

前二項ノ規定ニ違反スル解雇ノ意思表示又ハ雇傭契約ノ約款ハ之ヲ無效トス

第十四條　法人タル勞働組合ガ組合員(聯合團體タル勞働組合ニ在リテハ之ニ屬スル組合ノ組合員)ノ共同利益ノ保護增進ノ目的ヲ以テ組合員ノ生活ニ必要ナル物ヲ組合員ニ供給シ若ハ利用セシメ又ハ組合員ノ生產シタル物ヲ賣却スルノ事業ヲ營ム場合ニ於テハ其ノ事業ヨリ生ズル所得及純益ニ付所得稅及營業收益稅ヲ課セズ

第十五條　行政官廳ハ勞働組合ニ對シ其ノ業務若ハ財產ノ狀況又ハ組合員ノ員數ニ關シ報告ヲ爲サシムルコトヲ得

第十六條　勞働組合ノ會議ノ決議法令ニ違反シ又ハ公益ヲ害スルトキハ行政官廳ハ之ヲ取消スコトヲ得

第十七條　勞働組合ノ規約法令ニ違反シ又ハ公益ヲ害スルトキハ行政官廳ハ其ノ變更ヲ命ズルコトヲ得

第十八條　勞働組合ノ行爲安寧秩序ヲ紊ルトキハ主務大臣ハ勞働組合ノ解散ヲ命ズルコトヲ得

第十九條　前三條ノ處分ニ不服アル者ハ訴願ヲ提起シ違法ニ權利ヲ傷害セラレタリトスルトキハ行政訴訟ヲ提起スルコトヲ得

第二十條　勞働組合ハ左ノ事由ニ因リ解散ス

一 規約ニ定メタル事由ノ發生
二 總會ノ決議
三 組合員ノ缺亡
四 組合解散ノ命令
五 法人タル勞働組合ノ合併又ハ分割
六 法人タル勞働組合ノ破產

第二十一條　法人タル勞働組合合併又ハ分割ヲ爲ス場合ニ於テハ其ノ債權者ニ對シ異議アラバ二月ヲ下ラザル一定ノ期間內ニ之ヲ述ブベキ旨ヲ公告シ且知レタル債權者ニハ各別ニ之ヲ催告スベシ

債權者前項ノ期間內ニ異議ヲ述ベタル

トキハ組合ハ之ニ辯濟ヲ爲シ又ハ相當ノ擔保ヲ供スルニ非ザレバ合併又ハ分割ヲ爲スコトヲ得ズ

前二項ノ規定ニ違反シテ合併又ハ分割ヲ爲シタル場合ニ於テハ其ノ合併又ハ分割ハ之ヲ以テ當該債權者ニ對抗スルコトヲ得ズ

第二十二條　法人タル勞働組合合併シタルトキハ合併後存續スル組合又ハ合併ニ因リ設立シタル組合ハ合併ニ因リ消滅シタル組合ノ權利義務ヲ承繼ス

法人タル勞働組合分割シタルトキハ其ノ定ムル所ニ從ヒ分割ニ因リ設立シタル組合其ノ權利義務ヲ承繼ス

第二十三條　法人タル勞働組合合併又ハ分割ヲ爲シタルトキハ二週間以內ニ合併又ハ分割後存續スル組合ニ付テハ變更ノ登記ヲ爲シ、合併又ハ分割ニ因リ消滅シタル組合ニ付テハ解散ノ登記ヲ爲シ、合併又ハ分割ニ因リ設立シタル組合ニ付テハ第五條ノ登記ヲ爲スベシ

第二十四條　勞働組合解散シタルトキハ一週間以內ニ其ノ事由及年月日ヲ行政官廳ニ屆出ヅベシ但シ第二十條第四號ノ場合ハ此ノ限ニ在ラズ

第二十五條　法人タル勞働組合解散シタルトキハ合併、分割又ハ破產ノ場合ヲ除クノ外淸算ヲ爲スベシ

前項ノ場合ニ於テ其ノ財產ノ處分ハ規約又ハ總會ノ決議ニ依ル

民法第七十二條第三項及第七十三條乃至第八十三條ノ規定ハ法人タル勞働組合ノ淸算ニ關シ之ヲ準用ス

第二十六條　非訟事件手續法第三十五條、第三十六條及第百三十六條乃至第百三十八條ノ規定ハ法人タル勞働組合ニ之ヲ準用ス

第二十七條　陸海軍軍人軍屬ニ付テハ勅令ノ定ムル所ニ依リ勞働組合ノ組合員ト爲ルコトヲ禁止シ又ハ制限スルコトヲ得

第二十八條　勞働組合法ノ代表者ハ左ノ場合ニ於テハ五十圓以下ノ過料ニ處ス

一　第二條、第二十四條若ハ附則第三項ノ屆出又ハ第十五條ノ報告ニ付之ヲ怠リ又ハ虛僞ノ屆出若ハ報告ヲ爲シタルトキ

二　第四條第三項ノ規定ニ違反シタルトキ

三　第十二條ノ規定ニ違反シテ費用ヲ支出シ又ハ金錢ヲ徵收シタルトキ

第二十九條　法人タル勞働組合ノ理事又ハ淸算人ハ左ノ場合ニ於テハ五十圓以下ノ過料ニ處ス

一　第五條、第二十三條又ハ民法第七十七條ニ定メタル登記ヲ爲スコトヲ怠リタルトキ

二　第二十一條第一項又ハ第二項ノ規定ニ違反シテ合併又ハ分割ヲ爲シタルトキ

三　民法第八十二條ノ場合ニ於テ裁判所ノ檢査ヲ妨ゲタルトキ

四　民法第八十一條ノ規定ニ違反シ破產宣告ノ請求ヲ爲スコトヲ怠リタルトキ

五　民法第七十九條又ハ第八十一條ニ定メタル公告ヲ爲スコトヲ怠リ又ハ不正ノ公告ヲ爲シタルトキ

第三十條　非訟事件手續法第二百六條乃至第二百八條ノ規定ハ前二條ノ過料ニ之ヲ準用ス

附　則

本法ハ昭和六年十一月一日ヨリ之ヲ施行ス

第一條ニ揭グル事項ヲ目的トスル勞働者ノ團體又ハ其ノ聯合團體ニシテ本法施行ノ際現ニ存スルモノハ之ヲ本法ノ勞働組合ト見做ス

本法施行ノ際現ニ存スル勞働組合ハ本法施行ノ日ヨリ一月以內ニ第二條ノ規定ニ準ジ屆出ヲ爲スベシ

## 第四　勞働爭議調停法中改正法律案

（政府提出）　第一讀會

勞働爭議調停法中改正法律案

勞働爭議調停法中左ノ通改正ス

第一條ニ左ノ一項ヲ加フ

第一項ニ揭グル以外ノ事業ニ於テ勞働爭議發生シタル場合ニ於テ著シク關係地方ノ產業又ハ公益ヲ害スル虞アリト認メタルトキハ行政官廳ハ當事者ノ請求ニ依リ調停委員會ヲ開設スルコトヲ得當事者ノ請求ナキ場合ト雖モ行政官廳ニ於テ必要アリト認メタルトキ亦同シ

第一條ノ二　前條第一項若ハ第三項ニ規定スル勞働爭議ニ付當事者ノ請求アリタルトキ若ハ行政官廳ニ於テ必要アリト認メタルトキ又ハ同條第二項ニ規定スル勞働爭議ニ付當事者雙方ノ請求アリタルトキハ行政官廳ハ當該官吏ヲシテ調停ニ關スル調査審理ヲ爲サシムルコトヲ得

第二條　行政官廳調停委員會ヲ開設セントスルトキ又ハ當該官吏ヲシテ調停ニ關スル調査審理ヲ爲サシメントスルトキハ當事者雙方ニ之ヲ通知スベシ

第三條第一項ノ次ニ左ノ一項ヲ加ヘ同條第二項中「前項」ヲ「第一項」ニ改ム

行政官廳ハ當事者雙方ノ同意アリタルトキハ前項ニ定ムル委員ノ數ヲ增減スルコトヲ得

第九條ニ左ノ二項ヲ加フ

當該官吏調停ニ關スル調査審理ヲ爲ス場合ニ於テハ第二條ノ規定ニ依ル通知アリタル日ヨリ十日以內ニ調査審理手續ヲ結了スルコトヲ要ス

前項ノ期間ハ行政官廳必要アリト認メタルトキハ之ヲ延長スルコトヲ得但シ十日ヲ超ユルコトヲ得ズ

第十條中「各二名」ヲ「各半數」ニ改ム

第十二條第二項ヲ左ノ如ク改ム

行政官廳ハ當該官吏ヲシテ調停委員會ニ出席シ意見ヲ述ベシムルコトヲ得

第十三條ニ左ノ一項ヲ加フ

前項ノ規定ハ第一條ノ二ノ規定ニ依リ當該官吏ガ調停ニ關スル調査審理ヲ爲ス場合ニ之ヲ準用ス

第十九條中「調停手續」ノ下ニ「又ハ調査審理手續」ヲ加ヘ同條ニ左ノ一項ヲ加フ

第一條第一項ニ揭グル以外ノ事業ニ於ケル勞働爭議ニ關シ行政官廳ガ著シク關係地方ノ產業又ハ公益ヲ害スル虞アリト認メタル場合ニ於テ第二條ノ規定ニ依ル通知アリタルトキ亦前項ニ同ジ

第十九條ノ二　第一條第一項ニ揭グル事業ニ於ケル勞働爭議ニ關シ作業閉鎖又ハ同盟罷業ヲ爲ス場合ニ於テハ當事者（當事者ガ團體又ハ集團ナル場合ニ於テハ其ノ主タル代表者）ハ三日前ニ行政官廳ニ對シ調停委員會開設ノ請求ヲ爲スコトヲ要ス

第二十條第一項ヲ左ノ如ク改ム

左ノ各號ノ一ニ該當スル者ハ五十圓以下ノ過料ニ處ス

一　故ナク第十三條ニ規定スル出席說明又ハ說明書類ノ提示ヲ爲サザル者

二　第十九條ノ二ノ規定ニ違反シタル者

第二十二條中「第十九條」ヲ「第十九條第一項」ニ改メ同條ニ左ノ一項ヲ加フ

第十九條第二項ノ規定ニ違反シタル者ハ拘留又ハ科料ニ處ス

附　則

本法ハ昭和六年十一月一日ヨリ之ヲ施行ス

〔國務大臣安達謙藏君登壇〕

〔「勞働者虐殺法」「絕對反對」ト呼ビ其

（他發言スル者多シ）

○議長（藤澤幾之輔君） 靜肅ニ願ヒマス――靜肅ニ願ヒマス――本案ハ重要ナル法律案デアリマスカラ、互ニ靜肅ニシテ御聽キ下サイ

○國務大臣（安達謙藏君） 只今議題トナリマシタ勞働組合法案ノ提案ノ理由ヲ說明致シマス、產業ノ發達ニ伴ヒマシテ……

（發言スル者多シ）

○議長（藤澤幾之輔君） 靜肅ニ願ヒマス

○國務大臣（安達謙藏君）（續） 勞働者ガ團結シテ其自助的手段ニ依リ、地位境遇ノ改善……

（發言スル者多シ）

○議長（藤澤幾之輔君） 靜肅ニ願ヒマス

○國務大臣（安達謙藏君）（續） 向上ヲ計ルニ至リマスコトハ、之レ自然ノ現象デアリマシテ、我國ガ近代的產業組織ヲ採用致シマシタ以上、當然ニ生ズベキ結果ト申サネバナリマセヌ、此勞働者ノ團結運動ニ對シマシテ、結社ノ自由ハ既ニ憲法ノ保障スル所ナルガ故ニ、特ニ法制ヲ設クルノ要ナシト云フ理由ノ下ニ、法律ニ觸レザル限リ、之ヲ自由ニ放任致シマシテ、勞働者ノ團結運動ニ關聯シテ起ル所ノ事業主、勞働者間ノ諸般ノ紛議ハ、兩者ノ間ノ實力ノ解決ニ委シ、之ニ基因スル所ノ產業界竝ニ社會ノ不安ヲ拱手傍觀スルガ如キハ、國家トシテ執ルベキ態度デハナイト信ジマス

近時我國ニ於キマシテモ、勞働組合ノ組織セラル、モノ漸ク多ク、昭和五年六月末ニ於テ、勞働組合ノ數六百五十、其組合員數實ニ三十四万二千餘人ニ上ッテ居リマス、且ツ年々增加ノ傾向ニアリマシテ、產業上竝ニ社會上、勞働組合ノ地位ハ頗ル重要トナッテ來タノデアリマス、此情勢ニ鑑ミ、今日勞働組合法ヲ制定致シマシテ、法律上勞働者ノ團結ヲ公認スルト共ニ、其組織及ビ行動ニ關シ、據ルベキ基準ヲ與ヘ、其運動ヲシテ秩序統制アラシムルコトハ、寔ニ喫緊ノ要務デアルト信ズルノデアリマス、蓋シ我國現在ニ於キマシテハ、勞働組合ノ組織ニ關シテ據ルベキ特別ノ法制ナク、勞働組合ハ未ダ法律上公認サレテ居リマセヌ爲メ、往々ニシテ不穩當ナルモノ、如ク考ヘラレ、之ガ爲ニ勞資間ノ關係協調諧和ヲ缺キ、不必要ニ事端ヲ醸シ、紛議ヲ生ズルコト稀デアリマセヌ、又之ガ爲メ、勞働組合ニ於テモ勢ヒ事業主ニ對シ抗爭的ノ手段ニ出デ、其行動自然ニ矯激ニ流ル、場合ガアリマス、斯ノ如キハ決シテ勞資ノ融和、產業界ノ健全ナル發展ヲ期スル所以デハナイノデアリマシテ、此意味ニ於テ第一ニ勞働組合ヲ法律上公認スルノ必要ヲ感ズルノデアリマス、勞働組合ヲ法律上公認シテ、其社會的職分ヲ認メルト云フコトハ、一面其社會的責任ヲ自覺セシメ、其自重ヲ促ス所以デアリマスシテ、之ニ依ッテ自然ニ其行動ヲ穩健中正ナラシムルコトヲ得ル次第デアルト信ズルノデアリマス

尙ホ現在我國多數ノ勞働組合ノ中ニハ、間々矯激不當ナル行動ニ出ヅル者モナイトハ言ヘマセヌガ、是ハ勞働組合ノ進ムベキ正道ニアラザルコト勿論デアリマシテ、政府モ亦之ヲ是認シ、又ハ之ヲ放任セントスルモノデハ決シテナイノデアリマス、其行動ニシテ社會ノ公安ヲ害スルガ如キモノニ對シテハ、法ニ照シテ嚴ニ處斷スベキコト勿論デアリマシテ、又現ニ左樣致シテ居ル次第デアリマスガ、本法案ニ於キマシテハ更ニ進ンデ勞働組合ノ行動ガ法規ニ違反シ、又ハ公益ヲ害スル等ノ場合ニ付、相當之ガ監督是正ノ方法ヲ規定致シマシテ、勞働組合運動ニ規律ヲ與ヘントスルモノデアリマス、決シテ漫然勞働組合ヲ保護シテ、不法不當、或ハ矯激ナル行動ヲ是認セントスルモノデハナイノデアリマス

以上ノ精神ニ基キマシテ、本法案ヲ立案致シタ次第デアリマスガ、其內容ノ大略ハ

一、勞働條件ノ維持改善ト、組合員ノ共濟、修養其他協同利益ノ保護增進トヲ併セ目的トスル同一又ハ類似ノ職業、又ハ產業ノ勞働者ノ團體ヲ勞働組合トスルコト

右勞働組合ガ同一又ハ類似ノ職業又ハ產業ニ依ル聯合ヲ組織シタル場合、其聯合團體ヲモ勞働組合トスルコト

二、勞働組合ハ法人タルコトヲ得ルコト

三、勞働組合ハ同一又ハ類似ノ職業、又ハ產業ノ勞働者ニアラザル者ト雖モ（イ）當該組合ノ役員又ハ役員タリシ者及（ロ）同一又ハ類似ノ職業又ハ產業ノ勞働者タリシ者ヲ組合員トナスコトヲ得ルコト

四、勞働組合ハ衆議院議員又ハ地方議會ノ議員ノ選擧運動ニ關シ費用ヲ支出シ、又ハ其費用ニ充ツル爲組合員ヨリ金錢ヲ徵收スルコトヲ得ザルコト

五、雇傭者ハ勞働者ガ勞働組合ノ組合員タルノ故ヲ以テ之ヲ解雇スルコトヲ得ザルコト

雇傭者ハ勞働者ガ勞働組合ニ加入セザルコト又ハ組合ヨリ脫退スルコトヲ雇傭條件ト爲スコトヲ得ザルコト

六、法人タル勞働組合ガ組合員ノ共同利益ノ保護增進ノ目的ヲ以テ組合員ノ生活ニ必要ナル物ヲ組合員ニ供給シ若ハ利用セシメ、又ハ組合員ノ生產シタル物ヲ賣却スル爲メノ事業ヲ營ム場合ニ於テハ、其事業ヨリ生ズル所得及純益ニ付所得稅及營業收益稅ヲ課セザルコト

七、勞働組合ノ監督ハ左記ニ依ルコト

（イ） 行政官廳ハ勞働組合ニ對シ其業務若クハ財產ノ狀況又ハ組合員ノ員數ニ關シ報告ヲ爲サシムルコトヲ得ルコト

（ロ） 勞働組合ノ會議ノ決議法令ニ違反シ又ハ公益ヲ害スルトキ行政官廳ハ之ヲ取消スコトヲ得ルコト

（ハ） 勞働組合ノ規約法令ニ違反シ又ハ公益ヲ害スルトキハ、行政官廳ハ其ノ變更ヲ命ズルコトヲ得ルコト

（ニ） 勞働組合ノ行爲安寧秩序ヲ紊ルトキハ主務大臣ハ其解散ヲ命ズルコトヲ得ルコト

八、本法施行ノ際現ニ存スル勞働者ノ團體又ハ其ノ聯合團體ニシテ勞働條件ノ維持改善ト組合員ノ共濟、修養其ノ他共同利益ノ保護增進トヲ併セ目的トスルモノハ之ヲ本法ノ勞働組合ト看做スコト

等デアリマス

之ヲ要スルニ勞働組合法制定ノ目的ハ勞働組合運動ヲ正シキ軌道ニ乘セテ之ヲ穩健中正ニ導キ、產業ノ健全ナル發達ト、社會ノ平和トヲ期スルニ外ナラナイノデアリマス、速ニ御審議ノ上御協贊アランコトヲ切ニ希望スル次第デアリマス

續イテ勞働爭議調停法中改正法律案提出ノ理由ヲ說明申上ゲマス、最近ニ於ケル勞働爭議ノ狀況ヲ見マスルニ、財界ノ不況ニ伴ヒ、件數、參加人員等著シキ增加ヲ示シツツアリマス、卽チ昭和四年中ニ於ケル同盟罷業怠業及ビ工場閉鎖ノ件數ハ五百七十六件、之ニ參加シタル勞働者ノ數ハ七万七千四百四十四人ニ達シ、又昭和五年中ニハ、一月乃至九月ノ九ケ月間ニ既ニ六百九十五件ノ發生ヲ見、其參加セル人員モ六万四千三百一人ニ及ンデ居ルノデアリマス、其結果トシテ、勞働爭議ノ當事者ガ蒙ル經濟上ノ損害ハ固ヨリ、其國家ノ產業及ビ經濟ニ及ボス影響ハ洵ニ容易ナラザルモノガアルノデアリマス、斯ノ如キ爭議ノ發生ヲ、出來得ル限リ未然ニ防止シ、故ニ其圓滿ナル解決ノ機會ヲ多カラシメル爲ニハ、現行勞働爭議調停制度ハ、必ズシモ適當且ツ十分ナリト謂ヒ難キモノデアルト思フノデアリマス、卽チ大正十五年現行法施行以來ノ狀況ヲ見マスルニ、法制上ニ認メラレタル調停機關ハ調停委員會デアリマスガ、之ヲ開設シ得ル場合ノ要件或ハ其組織等、實際ノ運用ニ適セズ、調停委員會ガ開設セラレタル事例ハ、既往約五箇年間僅ニ一回ニ過ギマセヌ、又現行法施行以來、各廳ニ配屬セ

ラレタル調停官吏等ノ法律ニ依ラザル調停ニ依ツテ、爭議ノ解決セラル、モノハ相當多數ニ上リマスガ、右ニ關シテハ固ヨリ法制上……

〔發言スル者アリ〕

○議長(藤澤幾之輔君)　淺原君、注意致シマス

○國務大臣(安達謙藏君)(續)　何等ノ準據スルモノガナク、事務處理上不便ヲ感ズル場合ガ極メテ多イノデアリマス

右ノ如キ事情ニ基キマシテ、今回時代ニ適應スベキ勞働爭議調停制度ヲ制定シタイト考ヘ、茲ニ法律案ヲ提出致シタ次第デアリマス

改正法律案ノ內容ハ、相當多方面ニ亙リマスガ、其要領ハ以下ノ三點デアリマス

其一點ハ、行政官廳ガ調停委員會ヲ開設シ得ル場合ノ擴張ニ關スルモノデアリマシテ、卽チ現行法ノ下ニ於テハ、所謂私益事業ニ於テハ、當事者ノ雙方ヨリ請求ガナケレバ、調停委員會ヲ開設シ得ザルコト、ナツテ居リマスガ、今度ハ私益事業ノ爭議ニ於キマシテモ、其狀況ニ依リ著シク其關係地方ノ產業又ハ公益ヲ害スル虞アルモノト認メマシタル場合ニハ、之ヲ公益事業ニ於ケル爭議ニ準ジ、當事者一方ノミノ請求ニ依リ、又ハ行政官廳ノ職權ヲ以テ、調停委員會ヲ開設シ得ルモノト改メタノデアリマス

第二ニ當該官吏ノ調停ニ關スル權限ヲ新ニ規定シ、仍テ當該官吏ガ從來事實上行ヒ來ツタ調停ニ關スル職權ヲ法認スルト同時ニ、其職權ヲ發動シ得ル場合ノ規定ヲ設ケタノデアリマス

第三點ハ、現行法第一條第一項ニ列擧セラル、公益事業ノ勞働爭議ニ於テ、當事者ガ作業閉鎖又ハ同盟罷業ノ如キ、所謂爭議手段ヲ用フル場合ハ、事前ニ調停委員會開設ノ申請ヲ爲スベキコトヲ規定致シタノデアリマス

以上述ベタルガ如キ改正ニ依ツテ、爭議ニ基ク無用ノ犧牲ヲ除キ、勞資ノ協調並ニ產業ノ平和ヲ促進スルコトハ、現時ノ產業界及勞働爭議ノ實情ニ鑑ミマシテ、眞ニ緊要デアルト存ジマス、是レ本改正法律案ヲ提出シタ所以デアリマス、何卒御協贊アランコトヲ願ヒマス

○議長(藤澤幾之輔君)　質疑ノ通告ガアリマス、之ヲ許シマス――田子一民君

〔田子一民君登壇〕

○田子一民君　私ハ勞働組合法案、勞働爭議調停法中改正法律案、此二法案ヲ審議スルニ當リマシテ、四五ノ質問ヲ試ミ、政府ノ所見ヲ質サントスルノデアリマス

第一點ハ、現內閣ハ產業平和――勞働不安ノ極、勞働問題解決ノ基礎デアル所ノ、此二點ニ付テ如何ナル計畫ヲ爲シ、如何ナル實行ヲ試ミラレタカ、去ル濱口內閣成立以來ノ實績ニ顧ミマスレバ、吾々ハ產業平和ノ確立ハ、階級鬪爭ヨリ平等觀念ニ、勞資互ニ人格ヲ尊重シ、互ニ責任ヲ分チ、共同協力以テ產業平和ノ途ヲ進メナケレバナラヌト信ジテ居リマシテ、戰後各國ニ於キマシテハ、思想ノ變遷、經濟事情ノ變化、是等ニ對應シテ、總理大臣ハ勿論、其局ニ當ル勞働大臣、社會大臣等、皆產業平和ノ確立ニ努力シテ居ルノデアリマスガ、現內閣成立以來、旣ニ相當ノ期間ヲ經テ居リマスルニ拘ラズ、具體的ノモノヲ見レバ、勞働運動ヲ鎭壓スルニ警察ノ暴力ヲ用ヒ、時ニハ警察官ノ馬ノ蹄ニ依ッテ、勞働運動ヲ解決セントスル如キ、甚ダ甚シキモノヲ見ルノデアリマス、吾々ハ勞働問題ノ解決、社會問題ノ解決、是等ハ政府ハ中正穩健、資本家ハ勞働者ヲ尊重シ、勞働者ハ資本家ヲ尊重シ、相俱ニ率ヒテ、三者鼎立シテ進マナケレバナラヌモノデアルト信ズルモノデアル、然ルニ現內閣ハ徒ニ警察力一點ヲ以テ解決スルガ如キハ、甚ダ遺憾ニ存ジマスルカラ、此機會ニ於テ內務大臣ハ、過去一年數箇月ニ於キマシテ、現內閣ノ產業平和確立ニ於テ執リタル手段、並ニ其具體的事實ヲ御示シヲ願ヒタイノデアリマス

第二點ハ、社會政策、勞働政策、此重要ナル問題ヲ解決スルニ如何ナル順序、如何ナル方法、簡單ニ申セバ社會政策、勞働政策ノ解決ノ順序ニ付テ、如何ナル所見ヲ有セラル、カ、吾々ハ議會ヲ通シテ現ハレマシタル豫算竝ニ法律案等ニ付キマシテ、一二ノ例ヲ擧ゲテ政府ノ所見ヲ確メタイト思フノデアリマス、社會問題、勞働問題ノ解決、固ヨリ多岐多樣デアリマスルカラ、一言ニシテ之ヲ盡スコトハ出來マセヌケレドモ、試ミニ一二ノ事例ヲ申スナラバ、先ヅ生存ヲ保護シナケレバナラヌ、露ノ命モ支フルコトノ出來ナイト云フ者ガアリマシタ場合ニハ、先ヅ第一番ニ何ヲ措イテモ之ニ保護シナケレバナラナイ、第二ニハ働ク能力モアリ、其意思モアッテ、社會事情、經濟事情ニ依ッテ、働ク機會ヲ得ルコトノ出來ナイ者ニ對シテ、豫メ職ヲ失フコトノ防禦手段ヲ講ジ、已ムヲ得ズシテ失職シタ者ニハ、職ヲ授クルノ方策ヲ執ラナケレバナラヌ、然ルニドウデアル、現內閣ノ下ニ於キマシテ、政府ノ調ニ依ッテモ、國、府縣、市町村ノ保護ヲ受クルニアラザレバ、其日ノ生活、其日ノ生存、露ノ命サヘモ支フルコトノ出來ナイト云フ數ハ、十万ト稱セラレテ居ル、政府ノ調ハ恐ラク數ハ少ナク見テ居ルデハアラウガ、假ニ十万トシテモ宜シイ、是等ノ十万ノ人ハ、六十五歲以上ノ老衰者、十三歲未滿ノ孤兒、重病、癈疾ニシテ勞働ノ能力ナキモノ、眞ニ其日ヲ支フルコトノ出來ナイ人々、而モ此法案ノ適用ヲ爲シ、保護スベキ所ノ法律ハ旣ニ發布サレテ、昭和四年カラ法規大全ノ中ニ入ッテ居ルノデアル、而シテ之ヲ實施スル所ノ勅令ノ發布ハ、現內閣ガ野黨タリシ時、昭和五年ヨリ實施スベシト、之ヲ攻擊シ決議シタルニ拘ラズ、今日マデ一年有半、之ヲ捨テ、顧ミナイ、而モ實行ヲ迫マレバ、昭和七年ニ至ッテ初メテ實行スルト云フガ如キ、而モ其財源モ未ダ得ラレザルガ如キ、醜體ヲ暴露致シテ居ルノデアリマス(拍手)現內閣ノ緊縮政策ノ結果ト致シマシテ、今日ニ於テハ失業者ハ群ヲ成シテ居ル、失業ノ群ハ饑ニ泣イテ居ルガ、安達內務大臣ハ昨年ノ豫算會議以來屢々政府ニ忠告スルガ、何等ノ對案ヲ持タナイ、卽チ生存シ得ザル者ノ保護ヲ怠リ、而シテ職ヲ失フ者ノ保護ヲ怠リ、斯ノ如キハ捨テ置イテ、今突如トシテ此勞働者ノ待遇ノ改善、勞働條件ノ維持改善ヲ目的トシマス所ノ、勞働組合法ヲ御出シニナルト云フコトハ、其順序緩急ヲ誤ッテ、世ニ之ヲ宣傳案ナリト稱セラレル原因ハ茲ニアルト思フノデアリマス(拍手)現內閣ハ如何ナル順序方法ニ依リ、勞働問題、社會問題ヲ解決セラレルノデアルカ、此點ヲ明瞭ニ願ヒタイト思フノデアリマス

尙ホ此場合ニ一言此點ニ附加シテ置キタイコトハ、安達君ガ在野黨デアリマシタ時ニ、失業保險ハ一日モ之ヲ緩ウスベキモノデナイト云フコトデアリマシテ、自ヲ提案者トナリ、失業保險ヲ二回提案セラレテ居ル、然ルニ今ニモ內務大臣ノ地位ヲ持タレ、是ガ法案ノ實行ニハ極メテ適當ナル機會デアルニ拘ラズ、失業者續出ノ今日ニ於テ、何等此法案ヲ提案セラル、ノ意思ナキモノノ如キ狀態デアルノハ、如何ナル理由デアル(拍手)尙ホ旣ニ長キ間成案ヲ得テ居リマス所ノ海員ノ保險法案、勞働者災害扶助法案、是等ハ相當ニ重大ナル問題デアリマスルガ、社會問題解決ノ急ナル場合ニ、忘レタルガ如クシテ居ラレルガ、此點ニ付テノ御所見如何

次ハ提案セラレタル所ノ勞働組合法案ノ實體ニ付テ御質問ヲ申シタイノデアル、勞働者ガ劣弱ナル地位ニ在リ、資本家ハ强大ナル地位ニ在ル、此二個ノ存在ヲ對等ノ地位ニ置イテ、勞資問題ヲ解決致シマスルニハ、固ヨリ勞働組合ノ如キ團結權ヲ得ナケ

レバナラナイノデアリマス、內務大臣ノ御言葉デ申セバ、勞働組合ヲ法律ヲ以テ公認スルコトモ必要デアリマス、然ルニ玆ニ提案セラレタル勞働組合法案ハ、組合法案ナル名前ヲ冒用シテ居テ、其實體ヲ點檢シ來ル時ニハ、第一ニ勞働組合ノ本質ガ極メテ不明瞭ナモノニナッテ居ル、第二ハ勞働組合ノ生命デアリマス所ノ、團體交涉權ニ付テ何等規定ヲ置カナイ、第三ハ極度ニ勞働組合ノ活動ヲ制限シテ居ル、斯樣ニ名前ガアッテ實ノナイモノヲ提案サレタ、一面ニハ勞働者ニ氣狹ヲシテ居リ、一面ニハ資本家ノ意思ヲ歡迎シテ居ル、而モ其案ハ資本家ニモ喜バレナイ、勞働者ニモ排斥サレテ居ル、學者モ之ヲ贊成シナイ、批評家モ贊成シナイ、オマケニ安達君ノ下僚デアル人人ハ全部反對、而モ本議場ニ於テ贊成セラル、方ノ數ハ、數ヘ盡サレル位ナ極メテ少數ナモノデアル(拍手)惟フニ此勞働組合法ナルモノハ、第一條ニ於キマシテ、或ハ千九百十九年ノ獨逸憲法ノ如ク、又或モノハ千九百二十七年ノ佛蘭西ノ職業組合法ノ如ク、或ル點ニ於テハ英吉利ノ「フレンドリーソサイテイー・アクト」ノ如ク、何等統一サレタモノハナイ、詰リ安達君ノ此組合法案ナルモノハ、新シイ靴デアルトシテ、今賣出サレタケレドモ、實ハ各國ノ古靴ノ革ヲ寄セ集メテ造ッタ所ノ、資本家ニモ、勞働者ニモ、學者ニモ、實際家ニモ、政黨ノ人々ノ足ニモ穿イラナイ所ノ不適當ナ、所謂安達理窟法案ト云フ如キモノヲ御提出ニナッタト謂ハナケレバナラヌノデアル(拍手)ノミナラズ先程ノ御演說ヲ承ッテ、吾々ハ極メテ、憤慨ニ堪ヘナイコトハ、最近ニナッテ勞働爭議ノ數ガ增加致シタ、私モ此處ニ其數ヲ持ッテ參ッタノデアリマシタガ、安達君ガ先ニ御話ニナッタ、吾々ハ此數ノ增加シタ、勞働爭議ノ增加致シタコトハ、現內閣ノ經濟政策ノ誤リニ因ル其結果トシテ社會不安トナッテ「ストライキ」ガ殖エタノデアルカラ(拍手)安達君ハ此事實ヲ御報告ノ場合ニハ自己ノ責任ヲ顧ミタル態度ニ於テ御演說アルベキ筈ト思フガ、其結果トシテ勞働爭議調停法ノ改正ヲ致シタト云フガ如キ、殆ド冷酷無情ナル御說明ヲ爲サレマシタコトハ、產業ヲ破壞シテ置イテ、組合運動ヲ刺戟シ、其結果ハ所謂「ストライキ」ヲ增加シテ、而シテ其結果ハ勞働爭議調停法ニ改正ヲ加フルト云フガ如キハ、自己ノ責任ヲ法律ニ轉嫁スルモノナリト斷セザルヲ得ナイノデアリマス(拍手)要スルニ大體論トシテ、安達君ハ果シテ信念ヲ持ッテ、如何ナル難關ガアッテモ、此二ツノ法律案ヲ此議會ニ通サナケレバ、日本ノ勞働問題、社會問題ノ解決ハ、到底ムヅカシイト云フ信念デ御出シニナッタノデナクシテ、濱口內閣成立以來社會政策審議會ヲ設ケ、一昨年ノ秋ニハ勞働組合法案ノ社會局案ヲ天下ニ公表シテ、之ヲ實行スルト稱シテ、今日マデ宣傳ニ宣傳ヲ重ネマシタカラ、此宣傳ノ埋合ヲ當議場ニ於テ致サントスルモノデアッテ、斯ノ如キハ議會ノ審議權ヲ冒瀆スル一大罪惡ナリト謂ハザルヲ得ナイノデアリマス(拍手)

是ヨリ法文ニ入リマシテ二三御尋ヲ致シタイ、社會局案ニ依レバ、勞働組合法ノ本質ヲ勞働條件ノ維持改善ヲ極メテ明瞭ニ規定セラレテ居ル、然ルニ提案セラレタ所ノ法案ヲ讀ミマスレバ、勞働條件ノ改善及組合員ノ共濟、修養、斯ノ如キ文字ヲ羅列シテ、更ニ法第十四條ニ依レバ、產業組合法ニ依ル販賣組合ノ如キ、購買組合ノ如キ、利用組合ノ如キ、殆ド其組合ノ本質ハ何デアルカト云フコトガ明瞭ヲ缺クニ至リマシタ、大正十五年第五十一、昭和二年第五十二、此二ツノ議會ニ於テ、濱口內閣ガ取扱ッタ所ノ勞働組合法案ニハ、本法ノ如ク此組合ノ實體ヲ不明瞭ナラシムルガ如キ、曖昧ノ態度ヲ示サレナカッタ、然ルニ本法案ニ依レバ、此點ニ付キマシテ何等統一セラレタル精神ガ現ハレズ、共濟團體ノ如ク、修養團體ノ如ク、產業組合ノ如ク、支離滅裂デアルガ、內務大臣ハ過去一年間ニ亙ッテ、勞働組合ノ本質ヲ勞働條件ノ維持改善ト明確ニ現ハシタルニ拘ラズ、玆ニ支離滅裂、曖昧模糊ノ規定ヲ改變サレタ其理由ハ如何デアルカ、其點ヲ御伺致シタイノデアリマス、第十條ニ依リマスレバ、社會局案ヲ見マルト、組合員ト爲シ得ルモノト致シマシテ、總會ノ決議ニ依ルモノハ、是ハ加入ヲ認メタノデアリマス、然ルニ本法案ニハ組合決議ニ依ル加入者ヲ削除シタ、蓋シ「ブローカー」ヲ取締ルトカ「ブローカー」ノ加入ヲ禁ズルト云フ趣旨デアリマセウガ、組合員ニアラズトモ、或ハ顧問、或ハ囑託ノ名ニ於テ組合ノ相談ニ應ゼシムル者ニ付キマシテハ、如何樣ナル取扱ヲ爲サルノデアルカ、本法ハ之ヲ禁ズルノデアルカ、之ヲ默認スルノデアルカ、此點ヲ明瞭ニシテ貰ヒタイ、第十二條ハ組合ノ費用ト徵收ニ關シマシテ制限ヲ置イテ居ル、衆議院議員、府縣會議員、市町村會議員、其他之ニ準ジマスル議員ノ選擧運動ニハ、組合ノ費用ノ支出ヲ制限ヲ致シ、尙ホ組合員ヨリ其費用ヲ徵收スルノ權限ヲ制限致シテアリマス、惟フニ組合ハ經濟團體デアリ、產業團體デアリマスルガ故ニ、政治運動ト之ヲ引離スト云フ御趣旨デアラウトハ想像致シマスルケレドモ、吾々ノ信ズル所ニ依レバ、凡ソ組合員ヲシテ中央、地方ノ政治ニ參加セシメ、其參加スルコトニ依ッテ公正ナル政治知識ヲ得マスルコトハ、寧ロ之ヲ奬勵スベキモノデアルト考ヘルノデアリマス、若シ政府ガ斯樣ナ選擧運動等ヲ禁ズルト云フ、此立法ノ趣旨ヲ貫カレルナラバ、何故ニ政治運動、社會運動、議會運動ト、一切之ヲ禁ゼザルノデアルカ、此不統一ナル本法案ノ精神ヲ明瞭ニシテ戴キタイト思フノデアリマス、尙ホ此點ニ付テ御伺致シタイコトハ、組合員ガ組合員ノ立候補ヲ喜ビ、自ラ進ンデ組合ニ選擧運動費ヲ寄附センスル場合ニ於テ此寄附ヲ受クルコトヲ禁ズル趣旨ナリヤ、是等ハ英吉利法等ヲ參考サレタト思フノデアリマスガ、此趣旨ヲ明瞭ニシテ戴キタイト思フノデアリマス、次ニハ社會局案第十三條ニ於キマシテハ、組合ノ損害賠償ノ免責ノ規定ガアリマシタガ、本法案ニ之ヲ削除サレマシタ趣旨ハ、法理上組合ノ役員、若クハ組合員ノ行爲ハ、組合ニ其責任無シト御考ニナラレタノデアルカ、若クハ賠償ノ責ニ任ゼシムルノデアルカ、此點ヲ明瞭ニ致シテ戴キタイト思フノデアリマス、第十三條、勞働者ガ勞働組合ノ組合員タルノ故ヲ以テ之ヲ解雇スルコトヲ得ザル等ノ規定ニ付キマシテハ、永ク議論ノアッタ所デアリマス、本法律案ニ依レバ、左樣ナ行爲若クハ契約ヲ無效トスルノミデアリマシテ、何等此點ニ付テノ制裁規定ハナイヤウデアルガ、若シ此立法ヲ必要トスルナラバ、此立法ノ目的ヲ達スルニハ、制裁ヲ必要トスルニアラズヤ、此點ニ關スル政府ノ所見ヲ質シタイノデアリマス

次ニ勞働組合ノ本質ニ付テハ團體協約、團體交涉權ノ問題ハ、其中心問題ト考ヘルノデアリマスガ、本法案ニ依レバ、此重要ナル點ニ付テハ何等ノ規定ヲ置カレザル形デアリマスガ、政府ハ此點ニ付テ如何ナル所見ヲ有セラルルヤ、團體交涉權ヲ組合法中ニ規定セザル理由如何、第六ハ、勞働爭議調停法ニ依リマスレバ、先程內務大臣ノ說明ノアリマシタ如ク、從來ノ調停委員會ヲ設ケ得ル場合ヲ擴張シテ、著シク關係地方ノ產業又ハ公益ヲ害スル虞アリト認メタルトキハ、其勞働爭議ニ關シ調停委員會ヲ開設シ得ルト規定シテアリマスケレドモ、凡ソ地方ノ產業ニシテ重要ナモノデアルトカ、其結果ガ地方ニ重大ナ影響ヲ及ボストト云フガ如キ、極メテ不明瞭ナ文字デ斯樣ナコトヲ現シテ、他ノ交通、郵便、電信、電話、電燈、瓦斯、水道ト云フガ如キ、其他ノ公益事業等ト之ヲ同一ニ扱フト云フコト

ハ、甚ダ當ヲ失スルト認メラレルガ、政府ノ所見如何

尙ホ此勞働爭議調停法ニ關聯シテ御尋シタイコトハ、從來勞働爭議ノアリマシタ場合ニ於テ、多クハ其結末ニ於テハ、勞働運動ニ關與シタ者ニ金一封ト云フガ如キ、所謂爭議解決御禮ト云フガ如キコトヲ、警察當局ガ世話ヲ燒イテ實行セシメラル、コトハ、吾々ノ甚ダ不思議ニ思フ所デアリマスガ、政府ハ之ヲ禁ズルガ如キ法制ヲ立ツルノ意思アリヤ否ヤ、此點ヲ明瞭ニシテ戴キタイト思フノデアリマス

只今條文ニ付テ御質問ヲ申シマシタガ、此條文ノ中ニ現ハレタ此問題ニ付テ、サヘモ、此勞働組合法案ノ實體ハ殆ド支離滅裂ナ、何等ノ統一ナキモノデアルコトハ、極メテ明瞭デアルト考ヘルノデアリマス(拍手)安達内務大臣ハ果シテ自己ノ所信カラ之ヲ出シタノデアルカ、若クハ過般此壇上ニ於テ農林大臣ガ、小作法案ヲ提出サレテ、修正サレルコトモ厭ハナイ、審議未了モ已ムヲ得ナイト御答辯ガアッタガ、安達君モ亦議會ニ責任ヲ轉嫁スルト云フ意味デ、修正撤回モ少シモ意トシナイト云フ御意思デアルカ、私ハ最後ニ斯樣ナ古靴ヲ結ビ合セタヤウナ法律案、鰻丼ト稱シテ、丼ダケデ飯モ鰻モナイヤウナ此勞働組合法案ノ如キハ、速ニ撤回セラレルコトガ、安達君ノ面目ヲ立ツル所以ナリト信ズルノデアリマスガ(拍手)撤回ノ意思アリヤ否ヤ、此點ヲ明瞭ニシテ戴キタイト思フノデアリマス(拍手)

〔國務大臣安達謙藏君登壇〕

○國務大臣(安達謙藏君) 只今御尋ノ第一ハ、産業平和確立ニ對スル考ハドウカト云フ御話デアリマシタガ、無論吾々ハ産業平和ノ確立ヲ期シテ居ルノデアリマス、故ニ勞働者、資本主、此相互ノ間ノ協和協調ト云フコト、卽チ徹底セル勞資協調ト云フコトヲ土臺ト致シテ居リマス(「何處ニ現ハレテ居ルカ」ト呼フ者アリ)此間ニ於キマシテ──有ユル方面ニ於テ、此勞資ノ協調ハ出來得ルダケ徹底ヲ期シタイト、日夜忘レズシテ總テノ割出シガソレヲ基準ト致シテ居リマス、唯、今御尋ノ勞働運動ヲバ警察ノ力ニ依ッテ解決スルト云フコト(「其通リ」ト呼フ者アリ)是ハ大變ナ間違デアリマスカラ一言申上ゲマス

今日マデ度々起リマシタ勞働爭議ハ、單純ナル經濟爭議ト認ラレヌモノガ多イノデアリマス(拍手)私ハ單純ナル經濟爭議デアッタナラバ、無論干涉致シマセヌ(「何ト認メルカ」ト呼フ者アリ)所ガ今日ノ勞働爭議ノ其裏面ニハ、實ニ忌ムベキ、恐ルベキ思想問題ナドガ錯綜致シテ居リマシテ(拍手)サウシテ一種詭激ナル思想ヲ有スル者ガ其背面ニ居ッテ、有ユル策動ヲ爲シマス、ソレニハ學生モ加ハル、恐ルベキ現象ガアリマス爲ニ、私ハ不本意ナガラ、已ムヲ得ズサウ云フ場合ハ警察權ヲ以テ取締ラザルヲ得ヌノデアリマス(拍手「ソレニ藉口シテ」ト呼フ者アリ)此點ニ付キマシテハ御互ニ冷靜ニ考ヘマシテ、今日思想問題ト勞働爭議問題ト茲ニ混合シテ居リマス、サウシテ有ユル機會ニ於テ勞働爭議ヲ利用シテ思想ヲ惡化セシメヨウト云フ、一種ノ極端ナル考ヲ持ッタ人ガ勞働爭議ノ背景トナッテ居リマスカラ、吾々ハ警察權ヲ以テ其不當ナル所ヲ取締ラザルヲ得ヌノデアリマス(拍手)勞働爭議ガ「レール」ニ乘ッテ公平嚴正ニ行ハレマシタナラバ、決シテ干涉致シマセヌケレドモ、今日ノ爭議ハ決シテ經濟爭議デハナイ、故ニ吾々ハ已ムヲ得ズ、茲ニ往々警察權ヲ用ヒテ之ヲ取締ラザルヲ得ヌコトヲ、甚ダ遺憾ト致シテ居ルノデアリマス(拍手)ソレデ政府ハ何處マデモ資本主側及ビ勞働者側ノ中間ニ居リマシテ、穩健中正ナル考デ勞働問題ノ解決ヲ致サウト考ヘテ居リマス(拍手)

ソレカラ第二ノ社會政策、勞働政策ニ何等ノ意見ガナイ……(田子一民君「サウデハナイ、順序ヲ、聽イテ居ル」ト呼フ)而シテ先任ヲ保護スル爲ノ救護法ノ實行ニ付テノ御非難ガアリマシタガ、是ハ先刻モ御答致シマシタ通リ此救護法ハ近日財源ヲ定メマシテ、而シテ追加豫算トシテ御協贊ヲ願フコトニナッテ居リマスカラ、ドウゾ其點ハ御諒承ヲ願ッテ置キマス(拍手)

ソレカラ失業ノ對策ト云フコトニ付キマシテハ、失業防止及ビ救濟ニ努ムルコトハ申スマデモアリマセヌガ、政府ト致シマシテハ、一方ニ地方ニ起債ヲ許シ、或ハ國家モ起債ヲシテ、サウシテ失業者ヲ救濟スルト云フコトガ一ツト、其他朝鮮方面カラ朝鮮ノ勞働者ガ内地ニ渡航セヌヤウナコトヲ講ズルコトモ一ツ、又農林省ガ低利資金ノ融通ヲ農村、山村、漁村ニ致シマシタコトモ一ツ、悉クノ失業對策ハ此處デ詳シク申上ゲマセヌガ、現政府トシテハ失業對策ハ澤山アリマス、ソレダカラ唯斯ル勞働組合法ヲ出スト云フコトハ、一種ノ宣傳策ニ過ギナイト云フコトハ、大變ナ誤解デアル、今日ノ場合ニ於キマシテ、私ハ此際勞働組合法案ヲ出シマシテ、サウシテ勞働運動ヲシテ公正ナル軌道ノ上ニ乘セシムルト云フコトガ、政府トシテ當然努メナケレバナラヌコト、確信致シテ居ルノデアリマス

ソレカラ失業保險法案云々ト云フコトデアリマスガ、此失業保險ト云フコトニ付テハ、或ハ失業手當ト云フヤウナコトハ、頗ル愼重ニ調査研究ヲ要セネバナラヌ問題デアリマスカラ、ソレデ現在失業防止委員會等ニ於キマシテ、此邊ノコトハ十分研究致ス積リデアリマス、而シテ海員ノ保險及ビ勞働者災害扶助法案ハ、近々提案致ス積リデ居リマス

ソレカラ此度ノ勞働組合法案ハ、元ノ社會局案ダッタナラバ明瞭デアルケレドモ、此度ノ案ハ本質ガ不明瞭デアル、斯ウ云フ意味ノ御尋デアリマスガ、是ハ一言申上ゲテ置カネバナリマセヌ、彼ノ社會局案ナルモノハ、是ハマダ内務省トシテ確定セル案デハアリマセナカッタガ、唯審議會ノ答申ヲ基礎トシテ拵ヘマシタモノデアッテ、簡單ニ御話シマスルト、彼ノ所謂社會局案ナルモノハ、現在ノ勞働組合ヲ其儘認メテアッタ、此度ハ此現在ノ勞働組合ノ狀態ヘ經過規定ニ於テ認メマス、併ナガラ現在ノ狀態ヲ以テ滿足セズ、此勞働組合ヲ指導シテ行キタイ、サウシテ是ガ向上ヲ圖リタイ、ソレハドウスルカト申シマスト産業別、職業別ト云フコトニシナケレバナラヌ、日本ノ勞働組合ノ出來マス所ノ、其種類ヲ類別致シテ見マスルト、モウ今日ハ殆ド百分ノ約五十位マデハ産業別デアル、又職業別モ之ニ附イテ居リマス、其他ノモノハ非常ニ少イ、ソレハ今日ノ趨勢ガ既ニ産業別、職業別ニナリツ、アル、故ニ此趨勢ヲ利導シ善導シテ行カネバナラヌガ爲ニ、第一條ニ産業別、職業別ト云フコトヲ第一ニシテ、サウシテソレナラ現在ノ組合ハ非常ニ困ル、迷惑ヲセラレルト云フ考カラ、現在ノ勞働組合法ハ經過規定ニ於テ、是ハ同一ノ勞働組合ト看做シテ、一方ニ現在ハ認メテ居ル、而シテ今後勞働組合ヲ作ルモノハ、産業別、職業別ニ依ッテ作ラナケレバナラヌト云フコトニシテ、第一ニ組合ニ對スル指導精神ヲ發揮シタノデアリマス

ソレカラ勞働組合ノ活動ヲ阻止スルト云フ御話デシタガ、活動ヲ阻止スルト云フヤウナコトハ決シテアリマセヌ、ソレハ勞働組合ノ活動ヲ十分ニ認メテ居リマシテ、吾々ハ此際ニ於キマシテ、適當ナル勞働組合ノ發達ヲ大ニ希望スルノデアリマス、ソレデ故ニ種々說ヲ爲ス者ガアッテ、此度ノ法案ハ資本主モ反對、勞働者側モ反對デアルト言ハレルガ、私ハ兩方ノ同意ヲ得ザル所ニ、穩健中正ノ實ガアルダラウト思フノデアリマス(拍手)ソレハ冷靜ニ此勞働組合法案ヲ御覽下サレタナラバ、必ズヤ私ハ兩方ノ中

間ニ居ッテ、サウシテ勞働者側ノ方カラ言ッタナラバ、マダ〳〵勞働爭議ガ自由ニナルヤウナコトヲ規定シテ貰ヒタイト云フノガ希望デアリマセウ、又資本家側カラ言ッタナラバ、有ユル條項、例ヘバ第十條ノ役員ノ問題、或ハ第十二條、或ハ第十三條ノ如キ所ヲ削ッテ貰ヒタイト云フ希望デアリマセウガ、吾々ハサウ云フコトハ雙方ノ意見ヲ容レズニ、故ニ最モ穩健ナル所ヲ選ンデ此法案ヲ作ッタ積リデアルノデアリマス(拍手)

勞働爭議調停法ハ頗ル冷淡無情ト云フヤウナ御言葉ガアリマシタガ、サウデハナイ、勞働爭議ヲ調停スルコトガナゼ惡イカ、私ハ出來ルダケ爭議ハ調停シテ行キタイト思フ、ソレデ著シク地方ノ產業ニ影響ヲ及ボスモノヲ調停スルコトニ付テ、是ハ當ヲ失シテ居ラヌカト云フ御尋デアリマスガ、私ハ最モ當ヲ得タモノト確信致シテ居ルノデアリマス(拍手)

ソレカラ金一封ノコトノ御尋ガアリマシタガ、警察ナドデ今御話ノヤウナコトヲスルト云フコトハ、大ニ注意シナケレバナラヌト思ヒマス、而シテ今此爲ノ法制ヲ立ツルノ意思ガアルヤ否ヤト云フ御尋デアリマスガ、現在ニ於テ其邊ハ何モ考ヘテ居リマセヌ、要シマスルニ此案ハ種々研究ノ結果、吾々ノ堅キ信念ノ下ニ提案シタノデアリマスカラ、此法案ヲ修正又ハ撤回スルト云フヤウナコトハ、萬々ナイト云フコトヲ申上ゲテ置キマス(拍手)

昭和六年三月六日

米穀法中改正法律案外一件

第一讀會ノ續

第二十一　米穀法中改正法律案（政府提出）　第一讀會ノ續（委員長報告）

報告書

一米穀法中改正法律案（政府提出）

右ハ本院ニ於テ可決スヘキモノト議決致候此段及報告候也

昭和六年三月三日

委員長　西村丹治郎

衆議院議長藤澤幾之輔殿

希望條項

本法附則第二項ノ規定ハ米穀生産費及家計費ニ關スル資料ノ整備スル迄ノ暫定方法トシテ已ムヲ得サルモノト認ムルモ政府ハ米穀生産費及家計費ノ調査ヲ一日モ速ニ完了シ之ヲ基準價格ノ決定ニ用ウルト共ニ內地ニ於ケル米穀生産保護ノ極メテ緊切ナル事實ニ鑑ミ最低基準價格ハ力メテ米穀生産費ニ近カラシムル様最善ノ考慮ヲ拂ハムコトヲ望ム

第二十二　米穀需給調節特別會計法中改正法律案（政府提出）　第一讀會ノ續（委員長報告）

報告書

一米穀需給調節特別會計法中改正法律案（政府提出）

右ハ本院ニ於テ可決スヘキモノト議決致候此段及報告候也

昭和六年三月三日

委員長　西村丹治郎

衆議院議長藤澤幾之輔殿

〔西村丹治郎君登壇〕

○西村丹治郎君　委員會ノ經過ト結果ヲ極ク簡單ニ御報告申上ゲタイト思ヒマス、本案ノ內容ニ關シマシテハ、既ニ本案提出ノ際農林大臣竝ニ大藏大臣カラ詳シキ説明ガアッタノデアリマスルカラ、總テ申上ゲマセヌ、尙又委員會ニ於ケル模様モ、既ニ皆様ガ速記錄デ御承知アラセラルルコト思ヒマスカラ、此點ニ付キマシテモ詳シキコトハ一切之ヲ略シマス、唯僅ノ點ニ付テ御報告申上ゲタイト思フノデアリマス

第一ニ米穀對策ノ根本方針ハ如何ト云フヤウナ質問ガアッタノデアリマス、之ニ對シマシテ當局者ヨリ、農村ノ經濟ヲ危機ニ瀕セシメズ、又一面ニ於テハ、消費者ノ生活ニ脅威ヲ與ヘザラシメンガ爲ニ、米價ノ暴騰暴落ヲ防止シテ、兩者ノ利害關係ヲ調和致スト云フコトガ、米價對策ノ根本方針デアル、斯ウ云フ答辯ガアッタノデアリマス、更ニ本米穀法改正ハ根本的ノモノデハナイデハナイカ、斯ウ云フ御質問モアッタノデアリマス、之ニ對シマシテ當局者ハ、田中內閣當時ニ出來マシタ米穀調査會ナルモノガ、一年有半ノ長キニ亙ッテ愼重審議致サレテ答申致サレタ、其答申ヲ基礎トシテ、此度ノ米穀法ノ改正ハ提案致シテ居ルノデアル、殊ニ米價ノ最高最低ノ基準ヲ定メテ、之ニ依ッテ米穀法ノ出動ヲ制限スルト云フガ如キハ、可ナリニ根本的ニ觸レタ、又相當重大ナル改正デアル、故ニ政府ハ此度ノ米穀法改正案ナルモノハ、根本改正ト認ムル、斯ウ云フ御答辯ガアッタノデアリマス、更ニ又此米穀法ト云フモノト、モウ一ツノ米穀需給調節特別會計法ト云フモノハ、切離シ得ルモノデアルカドウカト云フ質問ニ對シマシテハ、無論別々ノ法律デアルガ故ニ、切離シ得ルト云ヘバ左様ナモノデアル、併ナガラ目下ノ狀態ニ照シテ、兩案共ニ成立致スト云フコトガ、政治上且ツ刻下ノ米穀事情カラ言ウテ最モ必要事デアル、斯ウ云フ答辯デアッタノデアリマス、更ニ又率勢米價ト云フコトニ付キマシテ、其基準トナルベキ、其標準トナルベキ日本銀行ノ物價指數ト云フモノハ、不完全ノヤウニ考ヘルガ、政府ハドウ思フカ、斯ウ云フ質問ニ對シマシテ、成程學理的ニ言ヘバ完全無缺ト云フコトハ出來ヌカモ知ラヌ、併ナガラ日本銀行ノ物價指數ナルモノハ、明治三十三年ニ始ッテ、今日ニ至ルマデ三十餘年間繼續致シテ參ッテ居ルノデアル、元來統計ト云フモノハ、年ガ經テバ經ツ程、ソレダケ大勢ノ平均ヲ知ルト云フコトニ付テハ、次第々々ニ正確ニナッテ來ルモノデアル、ソレ故ニ今日或ハ物價ヲ論ジ、或ハ金融ヲ論ジ、或ハ財政ヲ論ジ、或ハ經濟ヲ論ズルニハ、總テ日本銀行ノ物價指數ヲ論斷ノ基礎トシテ居ルヤウナ次第デアルカラ、完全無缺ト云フコトハ言ヒ得ラレヌカモ知レヌケレドモ、最モ完全ニ近イモノデアリ、正確ニ近イモノデアル、斯ウ云フコトハ言ヒ得ラレルト云フ答辯デアッタノデアリマス

尙又附則ニ於キマシテ、當分ノ內ハ率勢米價一本デヤルト云フコトニ相成ッテ居ルノデアリマス、之ニ付テ三ツノ基準ニ基イテ價格ヲ決定致スト云フ原則ヲ定メテ置キナガラ、當分ノ內率勢米價一本デヤッテ行クト云フノハ、如何ナル理由デアルカ、斯ウ云フ質問ガアッタノデアリマス、ソレニ對シマシテ當局者ハ、今日只今家計費竝ニ生計費ト云フモノハ、完全ニ調ベ上ッタモノハナイ、統計局ニ於テ、或ハ帝國農會ニ於テ、或ハ政府ニ於テ調査シタモノハアルケレドモ、未ダ今日是ナラバ完全デアラウト云フヤウニ調ベ上ッタモノガナイカラ、其調査ガ出來上ルマデ、暫定的ニ率勢米價一本デヤッテ行クノデアル、斯ウ云フ答辯ガアッタノデアリマス、卽チ是ハホンノ僅カナ間ノ暫定的ナモノデアル、然ラバ其家計費及ビ生産費ノ調査ハ何時出來上ルノデアルカト云フ質問ニ對シテ、一年若クハ二年ノ間ニハ完成スル見込デアル、併シ是ハ的確ニ何年何月何日ト云フヤウナ答辯ハ出來ヌケレドモ、兎ニ角一二年ノ間ニハ十分完成スル見込ヲ持ッテ居ル、斯ウ云フ力強キ答辯ガアッタノデアリマス、米穀法ニ對スル質問應酬ノ大要ハ先ヅ斯様ナモノデアリマス

更ニ米穀需給特別會計法改正案ニ對スル質問ハ、八千万圓ヲ增加スルト云フ事柄ハ、是ハ洵ニ不都合デアル、現ニ米穀調査會ニ於テモ、是マデノ損失ハ一般會計ニ移シテ、之ヲ整理スベシト云フ答申ガアルニモ拘ラズ、何故斯様ナ姑息ナモノヲ出シタカト云フ質問ガアッタノデアリマス、ソレニ對シマシテ當局者ノ答辯ハ、先年田中內閣當時ニ二億圓デアッタ所ノ資金ヲ七千万圓增加シテ、二億七千万圓ト云フ改正案ガ提出サレタコトガアル、其際ニ吾ガ立憲民政黨ハ、其七千万圓ヲ增加スルコトハ、恰モ其當時特別會計ノ損失ガ約七千万圓アッタカラ、取敢ヘズ其損失ヲ補塡スル意味ニ於テ七千万圓ノ增加ニ贊成シタノデアル、此度此會計年度ノ終リ、卽チ三月三十一日迄ノ計算ヲ致シマスルト、約一億五千万圓ノ缺損ガ出來ルノデアリマス、既ニ田中內閣當時ニ於テ七千万圓ノ缺損ヲ補塡シテアリマスカラ、其不足額八千万圓ヲ持ッテ行ケバ、丁度一億五千万圓ノ缺損ガ、ソレデ補ヒ得ラレルコトニナル、ソレ故ニ田中內閣當時ニ缺損補塡ノ意味ニ於テ、七千万圓ノ增加ニ贊成シタト同ジ理由ノ下ニ、今度八千万圓ヲ增加致シタノデアル、尙ホ此一億五千万圓ノ損失ト云フモノヲ一般會計ニ移スト云フコトハ、固ヨリ本

筋デアリ、政府ハ全ク同感デアル、此本法ノ缺陷ハ此處ニアルノデアル、ソレ故ニ損ガ行ッタモノハ、一日モ速ニ一般會計ニ於テ之ヲ整理スルト云フコトガ當然ノ筋道デアル、併ナガラ目下ノ財政事情ハ、之ヲ致スト云フコトガ頗ル困難ナ狀態ニ置カレテ居ルノデアル、ソレ故已ムヲ得ズシテ應急的手段ニ出デ、八千万圓ヲ增加シタノデアル、是ハ一日モ速ニ一般會計ニ移シテ整理スルト云フコトノ誠意ハ何處マデモアルカラ、將來極力其點ニ向ッテ努メル、斯ウ云フ答辯デアッタノデアリマス、而シテ質問應酬ガ終了致シマシテ、兩案ヲ一括シテ可否ヲ諮フコトニナッタノデアリマス、所ガ民政黨ノ關矢孫一君ヨリ米穀法ニ付テ一ツノ希望條項ノ發議ヲ致サレタノデアリマス、其希望條項ヲ此處デ朗讀致シマス

本法附則第二項ノ規定ハ米穀生產費及家計費ニ關スル資料ノ整備スル迄ノ暫定方法トシテ已ムヲ得サルモノト認ムルモ政府ハ米穀生產費及家計費ノ調査ヲ一日モ速ニ完了シ之ヲ基準價格ノ決定ニ用ウルト共ニ內地ニ於ケル米穀生產保護ノ極メテ緊切ナル事實ニ鑑ミ最低基準價格ハ力メテ米穀生產費ニ近カラシムル樣最善ノ考慮ヲ拂ハムコトヲ望ム

斯ウ云フ附帶條項ノ提議ガアッタノデアリマス、又政友會ノ胎中楠右衛門君カラハ、此場合贊否ノ意見ヲ保留シテ本會ニ於テ意見ヲ發表スルト云フ、斯ウ云フコトニナリマシタ、他ニ何等ノ御發議モアリマセヌデシタカラ、兩案ヲ採決致シマシタ、但シ關矢君ノ希望條項ヲ米穀法ニ附帶致シマシテ採決致シマシタ所ガ、多數ヲ以テ兩案共政府ノ原案ヲ可決致シタノデゴザイマス、此段御報告致シマス（拍手）

○議長（藤澤幾之輔君） 質疑ガアリマセヌカラ直チニ討論ニ入リマス――胎中楠右衛門君

〔胎中楠右衛門君登壇〕

○胎中楠右衛門君 只今委員長ヨリ報告致サレマシタル二案ノ中、米穀需給調節特別會計法中改正法律案デアリマスル、八千万圓增額ノ案ニ對シテハ吾々ハ贊成ヲ致シマス（拍手）併ナガラ米穀法中改正法律案ニ對シテハ反對ヲ表明スル者デアリマス、元來我國ノ米穀ノ問題ハ頗ル重大デアリマスルト同時ニ、極メテ困難ナ問題デアリマス、此故ニ歷代ノ內閣ハ屢此問題ノ解決ニ對シテ憂慮サレテ居ルノデアリマス、又吾々ト致シマシテモ、常ニ此米穀問題ノ解決ニ苦慮、盡力致シマシテ、今議會ニ於キマシテモ、私共同志ハ此米穀問題解決ノ爲ニ米穀需給法案ヲ今提出致シテアルノデアリマス、是モ總テ諸君ノ御審議ヲ得ルコト、思フノデアリマスルガ、此場合ニ於テ私ハ單ニ今回政府ガ出サレマシタル、此米穀法改正法律ニ付テノ論議ヲ進メテ見タイト思フノデアリマス、

此改正法ニ依リマスルト、米穀法ガ如何ナル場合ニ出動スルカ、其發動ノ時期ヲ基準價格ニ依ッテ決メルト云フノデアリマス、之ニ依ッテ見マスルト云フト、米穀法ノ本來ノ使命デアリマスル所ノ數量ノ調節、並ニ價格ノ安定ト云フモノヲ、私共ハ見出スコトガ出來ナイ、譬ヘテ申シマスルナラバ、恰モ此米穀法ト云フモノハ傳家ノ寶刀デアリマスル、此寶刀デアルベキ所ノ米穀法ノ改正案ニ依ッテ見マスルト、其傳家ノ寶刀ガ正宗デアッテモ宜シイ、又双コボレノ刀デアッテモ宜シイ、更ニ又鈍刀ナマクラデアッテモ宜シイト云フノガ、此法案ノ中ニ現レテ居ル、唯其ナマクラデアッテモ宜イト云フ傳家ノ寶刀タルモノ、拔ク時ヲ、單ニ決メルト云フノガ此改正法案デアリマス、此點ニ付テハ私共ハ米穀法ノ根本ノ精神ニ立脚致シマシテ多大ノ疑ヲ持ツ、併ナガラ茲ニハ政府ガ提出致シマシタル所ノ、此米穀法ノ出動ノ時期ヲ定メルト云フ、所謂基準價格ガ如何ナル方法ニ依ッテ決メラレルカト申シマスルト、是ハ三ツノ要素ガアル、第一ハ家計費、第二ハ生產費、之ニ今回殆ド國民ノ總テニ諒解セシムルコトノ困難ナル、十數回ニ亙ッテ吾々ガ委員トシテ審議致シマシタケレドモ、今尙ホ諒解シ得ザル所ノ、ムヅカシイ高等數學ニ依ル率勢米價ナルモノヲ持チ來ッテ、此三者ヲ相對照セシメテ、茲ニ米價ノ基準ヲ決メヨウトスルノデアリマス、私ハ是ニ於テ此米價基準ヲ定メヨウト致シマスル此三要素ニ付テ、是ヨリ極メテ簡單ニ解剖致シテ見タイト思フ、本日ハ出來ルダケ議事ノ進行ヲ圖リタイト云フ申合モアルト云フコトデアリマスカラ、成ベク時間ヲ取リマセヌ意味ニ於テ、私ガ茲ニ申述ベタイト思ヒマス、數字等ニ付テモ極メテ簡略ニ致スノデアリマスルガ

第一家計費ノコトデアリマス、家計費ノ問題ト云フモノガ、未ダ當局ニ於テハ、統計局ニ於テ調査サレマシタル大正十五年ノ家計費ノ調ヨリ外ニ無イ、此統計局ニテ大正十五年ニ調ベラレマシタル家計費、此中ヨリ拔萃致シマシテ、農林省ヨリ戴キマシタル表ニ依ッテ見マスルト、現下ノ米價ノ趨勢ハ、此家計費ニ依レバ、消費者側ニ對シテハ未ダ何等ノ痛痒ヲ感ゼザル程度デアルト云フコトデアル、更ニ之ヲ具體的ニ申シマスルナラバ、此家計費ノ調査ニ依リマスルト、米價ハ四十圓ヨリ四十七八圓マデハ消費者ノ苦痛ニハナラナイト云フ數字ガ現レテ居ルノデアリマス、故ニ此家計費ノ問題ニ付テハ、多ク論議ガナカッタノデアリマス

次ニ然ラバ最モ重大ナル關係ヲ持ッテ居リマスル所ノ米ノ生產費、此生產費ガドウ云フ風ニナッテ居ルカ、農林當局ニ於テハ無論此重大ナル生產費ニ付テハ御調ガアル筈デアルカラ、之ヲ示シテ戴キタイ、之ヲ要求致シマシタ結果、農林當局ヨリ二ツノ表ヲ得タノデアリマス、但シ此表ハ農林當局ニ於テハ杜撰極マルモノデアッテ、諸君ノ參考資料トシテ出スコトハ出來ナイ、唯斯ウ云フ調モアルト云フダケノ價値ノモノデアルト承知シテ貰ヒタイ、斯ウ云フコトデアリマスルカラ、私共ハ此農林省ヨリ得マシタル所ノ生產費ノ數字ニ對シテハ、其杜撰ナルコトヲ當局ニ責メルコトハ致シマセヌ、併ナガラ當局ガ此重大ナル問題ノ生產費ヲ、未ダ調ガ出來テ居ラナカッタト云フ、其怠慢ハ私共ハ責メ得ラレルト思フ（拍手）而シテ此表ニ依リマスト、大正十一年ヨリ昭和四年ニ至ル間ノ米ノ生產費ノ調ノ表ガ出テ居リマス、之ニ依リマスト云フト、昭和四年ノ米ノ生產費ガ、平均致シマシテ一石二十九圓六十二錢トナッテ居ル、無論大正十一年ヨリ調ベラレタル數ヲ申上ゲタイノデアリマスガ議事ノ進行上之ヲ省略致シテ、昭和四年ノミヲ申上ゲタノデアリマス

ソコデ其後ノ調ガアル筈デアラウト云フノデ、更ニ昭和五年ノ生產費ノ調ヲ戴イタ、之ニ依ッテ見マスルト、昭和五年ノ米ノ生產費ガ二十一圓三十五錢トナッテ居ル、昭和四年ノ米ノ生產費ハ二十九圓六十二錢、昭和五年ノ米ノ生產費ガ二十一圓三十五錢ト云フノデアリマスカラシテ、昭和四年ヨリ五年ニ亙ル間ノ生產費ノ調ガ、八圓二十七錢ト云フ相違ガアルト云フコトハ、此處ニハッキリシテ居ル、米ノ値段ハ時々或ハ上リ、或ハ下リ致シマシテ、相當値段ノ喰違フコトハ、是ハ國々アルコトデアリマス、併ナガラ生產費ノ調ニハ、昭和四年ノ生產費ノ調ト、昭和五年ノ生產費ノ調ニ於テ、八圓二十七錢ノ相違ガアルト云フコトハ、實ニ私共ハ不可解デアル、ソコデ私共ハ農林當局ニ此意味ヲ以テ御伺致シマスルト、農林當局ガ言ヒマスルノニハ、昭和四年度迄ノ生產費ノ調ハ、是ハ單ニ聽取調デアル、然ルニ昭和五年ノ調ハ、全國十三縣ノ中カラ、二十六戶ノ農家ヲ調ベ上ゲタモノデアッテ、昭和五年ノ方ガ稍、正確ニ近イモノデ

アルト云フ御話デアッタ、併ナガラ是トテモ政府當局ニ於キマシテハ、此生産費ノ調ト云フモノニハ、責任ヲ持タナイト云フコトヲハッキリ申シテ居ルノデアリマス、之ニ依リマスルト政府當局ニ於テハ、責任ヲ持チ得ナイ米ノ生産費ノ調ヲ一通吾々ニ示シタノミデアル、是ニ於テ吾々ハ此法律改正案ヲ審議スルニ當リマシテ、非常ナル蹉跌ヲ來シタ、然ルニ偶、帝國農會ノ生産費ノ調ト云フモノガ吾々ノ手ニ入ッタ、之ニ依ッテ見マスルト、是モ省略致シマシテ、昭和二年――是ハ大正十一年ヨリ昭和二年ニ至ル六年間ノ米ノ生産費ヲ、帝國農會ガ調ベタモノデアリマス、之ニ依ッテ見マスルト、昭和二年ノ生産費ノ計數ガ、二十七圓十四錢トナッテ居ル、更ニ私共ガ引續イテ帝國農會ヨリ得マシタル材料ニ依リマスルト、帝國農會ガ昭和五年ニ、此米ノ生産費ヲ調ベマシタル表ト云フモノガ手ニ入ッタ、此表ニ依ッテ見マスルト、平均致シマシテ米ノ生産費ガ二十六圓四十錢、而モ此帝國農會ノ調ハ、農林省デ調ベタガ如ク聽取調査デモナシ、又僅ニ二十六戸ノ農家ニ就テ調ベタト云フ、ソンナ不確實ナモノデハナイノデアリマス、帝國農會ノ此昭和五年ノ生産費ノ調ハ、全國四十六府縣ニ亙リ、而モ七百七十一戸ノ農家ニ就テ調ベタル所ノ生産費ノ調デアリマス、此生産費ノ調ニ依リマスルト、昭和五年ハ一石ノ生産費ガ二十六圓四十錢ト云フコトガ、玆ニ明カニナッタノデアリマス、然ルニ玆ニ奇怪ナルコトハ、此帝國農會ノ生産費ノ調査ガ世ノ中ニ出マスルヤ、而シテ吾々ノ手ニ入リマスルヤ、各方面ニ於テ相當ノ議論ガ起ッタヤウデアル、私ハ是ガ敢テ政府當局カラ出タト云フコトハ申シマセヌガ、此帝國農會ノ生産費ノ調ト云フモノガ、極メテ杜撰不確實ナルモノデアルカノ如キ説ガ傳ハッタ、是ニ於テ帝國農會ニ於キマシテハ、其幹事デアリマスル岡田溫君ガ、此重大ナル米ノ問題、而モ此米ノ生産費ノ問題ニ付テ、帝國農會ガ調ベタル所ノ生産費ノ調ニ付テ、丁度此法律ノ改正案ノ審議サレテ居リマスル時ニ、此事ニ依ッテ誤解ヲ生ズルト云フコトハ、是ハ重大ナ問題デアルト致シマシテ、玆ニ帝國農會ノ名ヲ以テ聲明書ガ發セラレテ居ル、是モ一々讀メバ長イカラ略シマスルガ、要スルニ農林省ノ昭和五年ノ生産費ノ調、帝國農會ノ昭和五年ノ生産費ノ調ノ相違セル所以ト、而シテ帝國農會ノ調査ノ基礎ノ相當確實ナリト云フコトガ、玆ニ明記サレテアルノデアリマス、斯樣ニ致シマスルト、政府デハ未ダ生産費ノ調ガ出來テ居ラヌガ、偶、帝國農會ノ調査ニ依ッテ、吾々ハ相當程度マデ信ズル所ノ根據ヲ得タノデアル、然ルニ之ヲ一面政府ガ今回出シテ居リマスル率勢米價ニ依ル昭和六年度ノ米ノ價ヲ見マスルト、是ガ昭和六年度ニ於テハ一石二十二圓八十五錢デ、此上下二割ヲ割リマシタ時ニ、初メテ是ガ高クナレバ賣リニ出ル、安クナレバ買ヒニ出ル、之ヲ明確ニ申シマスルナラバ、率勢米價ニ依ッテ政府ガ算出サレマシタル一石二十二圓八十五錢、是ヨリ更ニ二割下ニ安クナッタト致シマスルト、米ガ十八圓二十五錢ヨリ下ラナケレバ、米穀法ノ出動ヲセヌト云フコトニナリマスト、一面米ノ生産費トシテ帝國農會ニ依ッテ調ベタル一石二十六圓四十錢ヲ、政府ガ算出シテ提案致シテ居リマスル所ノ、率勢米價ニ依ル米ノ價ト對照致シマシタナラバ、單リ其率勢米價ノ二割以下ニ割レタル場合――下ッタ場合デハナイ、其率勢米價ニ依ッテ出テ居ル所ノ二十二圓八十五錢モ、尙ホ農家ノ生産費ヲ償ヒ得ザルコトガ、玆ニ明瞭ニナッテ居ル(拍手)併ナガラ私共ハ此生産費ニ關スル檢討ヲ致シテ此處ニ達シタノデアル、政府ノ申シマスルノニハ、政府ハ追加豫算ニ六万五千圓ヲ、所謂家計費ノ調査費用トシテ提出シテ、サウシテ此六万五千圓ガ追加豫算デ手ニ入ルト、直チニ此金ハ統計局ニ渡シ、統計局ニ委託致シマシテ、本年九月ヨリ來年ノ八月マデノ家計費ノ調ベヲシテ貰フ、一年十二万圓ノ豫算ヲ取ッテ、サウシテ生産費ノ調ベヲスル、ソレガ本年四月ヨリ十一月マデノ間ニ、本年ノ生産費ヲ調ベル、サウ云フコトニシテ出來ルダケ生産費ヲ早ク調ベ得ラレルヤウニ致シタイ、但シ此的確ナ生産費ヲ調ベ得ラレルコトガ、果シテ何時デアルカト云フコトガ明言出來ナイ、二年掛ルカ、三年掛ルカ、或ハ又十年掛ルカ、ソレハ分ラナイガ、成ベク一二三年ノ中ニ調ベ上ゲタイ、斯ウ云フ話デアル、デアリマスカラシテ、生産費ノ檢討ニ付テハ、諸君ガ既ニ御諒承ガ出來タト思フ、然ラバ玆ニ最後ニ率勢米價ノ問題、政府ハ此基準額ヲ定ムルニハ三ツノ要素ニ依ッテヤル、但シ以上申述マシタ通リ、家計費竝ニ生産費ニ付テハ未ダ其調ベガ出來ナイカラ、暫定的ニ附則トシテ、今ハ率勢米價ノミニ依ッテ此法律改正ヲ致シタイ、斯ウ云フノデアリマス、デアリマスカラシテ最後ニ殘ッタ率勢米價ト云フモノハ、最モ重大ナル意義ヲ持ツト云フコトハ明瞭デアリマス

私ハ此處ニ於テ委員長ノ報告ヲ拜聽シテ居リマシタ時ニ、委員長ガ此率勢米價ニ付テ、何モ一言モ御話ニナラナカッタ、他ノ事ニ付テハ或程度マデ御報告ハアリマシタガ、率勢米價ニ付テハ西村委員長ハ一言モ觸レナカッタ、私ハ尤ダト思フ、實ハ分ラナカッタ、率勢米價ト云フノガ分ラナイ、嚴密ニ言ヘバ吾々未ダ此率勢米價ト云フノガ本當ニ腹ニ入ッテ居ナイ、唯政府ノ言フ所ニ依ルト、率勢米價トハ、米價率ノ趨勢値ヲ見出シタル米ノ値段ヲ總稱シテ率勢米價ト云フ、サウシテ米價率トハ、一般物價指數ト對照シテ、サウシテ長イ年月ノ間ニ米ノ値段ヲ見出スノデアル、然ラバ趨勢値トハ何ゾヤト言ヘバ、米ハ一上一下シテ高カッタリ安カッタリスル、其米ヲ明治三十七年カラ昭和六年ノ今日マデ之ヲ平均シ、サウシテ押シ均シテ米ノ値段ガ、他ノ一般物價指數ト、ドウ云フ風ニ進ンデ居ルカト見ルト、私共モ分ラナイ、高等數學デ申シマスル最小自乘法ニ依ッテ直線ニ行クト、米ノ趨勢値ト云フモノハ段々上ッテ行ク、段々上ッテ他ノ物價指數ヨリハ一割九分三厘上ッテ居ルカラシテ、此趨勢デ行ケバ玆ニ米ノ値段ヲ決メテ宜イト、斯ウ斷定――認定スル所ニ依ッテ、此米價率ヲ生ミ出シタノデアル、所ガ是ハ分ラナイ、私共ハ政府當局ニ向ッテ聞イタ、農林大臣モ御分リニナラナイ、石黑局長モ他ノ政府委員ノ方モ、誰モ説明ハ出來ナイ、ソコデ何人カ農林當局ニ於テモ此立案ヲスル以上ハ、此率勢米價ニ就テ、吾々ニ對スル十分ナル説明ヲ爲シ得ル方ガアルニ違ヒナイ、誰カアルカ、斯ウ御伺致シマスルト、實ハ農林省ニ新井技師ト云フノガ一人居ル、是ガ能ク分ッテ居ルケレドモ、ソレガ今病氣デ出ラレヌノデ説明ガ出來ヌ、ソコデ私共ハ更ニ誰カ分ル人ガアルデセウ、分ル人ヲ拉シ來ッテ、吾々ニ能ク説明シテ貰ヒタイ、ソコデ政府當局デハ、農事試驗場長デアリマスル所ノ安藤博士ヲ拉シ來ッテ、吾々ノ説明ノ任ニ當ッテ與レタ、所ガドウシテモ分ラヌ(拍手)ソコデ私共ハ斯ウ云フ風ニ聞イタ、一體直線ニ最小自乘法デヤレバ、是ガ正シイト仰シヤリマスガ、其外ニ何カ數學上ノ方法ハアリマセヌカ、ソレハナイコトハアリマセヌ、アリマスケレドモ、要スルニ是ハ數學上ノ根據ハアリマセヌ、所謂過去ニアッタ斯ノ如キモノヲ算出致シマスノニハ、其誤差ノ最モ少イノヲ見出スノニ、他ニモ色々方法ハアリマスルケレドモ、此最小自乘法ニ依ッテ直線デ出スト云フコトガ一番宜イト、斯樣ニ私共ハ認定シマス、併ナガラ是ハ數學上ノ根據ハアリマセヌト云フ話デス、實ハ私共ニ數學上ノ知識ガアリマシタナラバ、此時ニ私共ハ質問ガ出來タ、此時ニモット深ク切込ンデ聞クコトガ出來タノデアリマスルガ、如何ニ

セシ一人トシテ言フ者ハナイ、獨リ私共政友會ノ委員ノミデハナイ、民政黨ノ委員諸君ニモ此知識ガナカッタ、デアリマスカラシテ到頭其席デハ分ラズジマヒ、其後此審議ヲ進メマスルト、ドウシテモ此率勢米價ト云フモノハ中心デアル、最モ重大デアリマスルカラシテ、ドウシテモ此處ニ流レテ落著イテ來ル、他ノ方ノ質問ヲ致シテ居ッテモ、結局ハ此率勢米價ニ落著ク、右ノ方カラ質問ヲシテ究メテ來マシテモ、結局ハ此率勢米價ニ落著ク、ソコデドウシテモ此率勢米價ガ分ラヌカラ、是ハ委員會ノ速記デ明瞭ニナッテ居リマスルガ、私ハ説ヲ出シタ、實ハ今日ノ時代ニ於テハ法律ハ民衆化サレンケレバナラヌ問題ダ、然ルニ斯ノ如キ重大ナル法案ヲ作ルニ、斯ノ如キムヅカシイモノヲ以テ來ラレテハ迷惑ダ、無論此問題ニ付テハ、國民全體ニ之ヲ理解セシメナケレバナラヌ、先ヅ吾々委員自ラガ知ラナケレバナラヌケレドモ、私共ニハ分ラナイ、政府當局デモ、或ハ政友會、民政黨ト云ハズ、委員ノ諸君ノ中デ是ガ御分リニナッテ居ル方ガアルナラバ、ドウカ御説明ヲ願ヒタイ、教ヘテ戴キタイ、斯樣ニマデ私ガ申上ゲタ、然ルニ何人モ之ニ答ヘル人ハナカッタ(拍手) 斯ウ云フ風ニシテ更ニ話ガ段段進ンデ參リマスルトキニ、偶〻政友會ノ委員ノ一人ガ更代ニナッタ、此處デ松山常次郎君ガヒョット入ッテ來タ(拍手)松山常次郎君ハ此以前ノ話ト云フモノハ何モ知ッテ居ラナカッタケレドモ、段々來テ聞イテ居ル中ニ、率勢米價ノ話ガ出タカラ、參與官デアリマスル山田君ノ發言ニ對シテ、松山君ガ口ヲ出シタ、松山君ノ曰ク、私ハ數學ノ素養ハ相當持ッテ居ル積リデス、デアリマスルカラシテ、アナタノヤウナ分ラナイコトヲ言フノデハイカヌガ、分ッタ人ガアルナラバ、モウ一度此處ニ連レテ來テ與レヌカ、サウシテ其人ト質問應答ヲシテ、出來ルダケ分ルヤウニシタイ、斯ウ云フ要求ガ松山君カラアリマシタノデ、ソレデハト云フノデ、更ニ日ヲ改メテ安藤博士ヲ再ビ拉シ來ッテ、松山君トノ間ニ質問應答ガアッタガ、此場合ニ松山君ガ安藤博士ニ要求シタ、安藤博士ハ率勢米價ヲ以テ――米價ノ趨勢値ヲ見出スノニ最小二乘法ガ一番宜イト言ハレルガ、併シ他ノ方法モアラウ、安藤君曰ク、アリマス、第二「パラボラ」式方法ト云フノガアル、法ガアルナラバ、是デ一ツ算出シテ貰ヒタイ、サウシテ是ト比較對照シテ見レバ、凡ソノ見當ガ付カウト云フ、此要求デ政府モ遂ニ之ヲ作ルコトニナッタ、サウシテ日ヲ經テ安藤博士ガ之ヲ作ッテ來マシタノデ、所謂直線式ト「パラボラ」式ノ比較對照ヲ致シタノデアリマス、明治三十七年ヨリ昭和六年マデ茲ニ計數ガ出テ來タ、之ニ依ッテ見マスト「パラボラ」式ニ依レバ、明治三十八年、三十九年、四十年、四十三年、四十四年、大正六年、七年、八年、十一年――明治三十七年ヨリ昭和六年マデ二十八箇年アル、此中以上ノ九箇年間ガ「パラボラ」式デ計算致シマスト、直線式ヨリハ米ノ値段ガ安クナッテ、生産者ノ損デアリマス、併ナガラ殘ル十九箇年ハ「パラボラ」式ニ依ル方ガ、直線式ヨリハ生産者ニ非常ニ利益デアリマス、而モ茲ニ最モ明瞭ナモノハ、昭和六年ニ於テ直線式ト「パラボラ」式ノ比較ヲシテ見マスト、昭和六年ニ政府ガ今案出シテ居リマス米價、卽チ率勢米價ニ依リマス米價ハ、二十二圓八十五錢ト云フノガ中値デアリマス、此中値ト「パラボラ」式ニ依ル中値トヲ比較致シマスト「パラボラ」式ニ依レバ二十四圓六十七錢デアリマスカラ、是ダケデモ一圓八十二錢ト云フモノハ、現在直接ニ米ノ生産者ノ利益ニナルノデアリマス、更ニ之ヲ最高ノ場合ニ比較致シマスレバ、二圓十七錢ト云フモノハ生産者ノ利益ニナル、而シテ最低ノ場合、卽チ率勢米價二割下ニ依ル十八圓二十八錢ト「パラボラ」式ニ依ル十九圓七十四錢、此差額一圓四十六錢ト云フモノハ、生産者ノ利益ニナルノデアリマス、以上ノ數字並ニ私ガ引用致シマシタ是等ノ書類ハ、議長ノ御許シヲ得マシテ速記ニ載セテ戴クコトニ致シマス、斯ノ如クシテ見マスル時ニ「パラボラ」式又ハ直線式共何レガ正シキカ、何レガ正シカラザルカト云フコトハ、私共ニハ分リマセヌ、併ナガラ今數字ヲ以テ示シマシタ通リ、政府ガ案出致シマシタ直線式ニ據ルヨリモ、寧ロ松山君ガ指摘致シマシタ「パラボラ」式ニ據ル方ガ、吾々ノ常識ヲ以テ申シマスレバ、米ノ生産者ニ大ナル利益ガアルト云フコトヲ、私ハ茲ニ申上ゲルノデアリマス(拍手)斯樣ニ致シマシテ、此率勢米價ト云フモノハ遂ニ私共ニ分ラナイ、當時是レ以上論議ヲ進メヤウトシタノデアリマス、何レガ正シキカ、何レガ正シカラザルカ、或ハ又是レ以上ノ他ニ方法ガアルヤ否ヤニ付テモ、安藤博士ト松山氏トノ間ニ相當應答ガアリマシタガ、唯茲ニ遺憾ナ點ハ若シ之ヲ數學專門家ガ寄ッテ論議ヲ致シテ居リマスト、此會期ノ間ニハ此問題ハ解決シナイ、米穀法ノ運命ハ、ソレガ解決シテシマフマデニハ、議會ガ終ッタ後デナケレバ解決ガ出來ヌト云フコトデアリマスカラ、遂ニ此問題ハ其程度デ終ッテ居ル、此程度ニ終ッテ居ルコトニ依ッテ見マスレバ、此率勢米價、殊ニ政府ガ算出シタ此數字ニ依ッテ法律ヲ作ルノダ、之ニ依ッテ米ノ値段ノ標準ヲ決メルノダ、サウシテ之ニ依ッテ或ハ米ヲ買ヒ、或ハ米ヲ賣ルヤウニスル、斯ウ云フ風ナ唯一ノ寶刀ノ拔クベキ時ヲ決メルト致シマシタナラバ、是ハ國民全體、殊ニ國民ノ半數以上ヲ占メテ居リマスル所ノ農家、卽チ米ノ生産者ト云フモノハ、斯ノ如キ不確實不徹底ナル法律ニ依ッテ、彼等ヲ束縛スルト云フコトハ、實ニ重大ナ問題デナケレバナラヌ(拍手)

以上私ガ解剖致シマシタル、卽チ米ノ基準價格ヲ定ムル所ノ要素デアリマス三ツト云フモノハ、極メテ明瞭ニナッタ譯デアリマス、何處ニ根據ガアリマスカ、何處ニ根柢ガアリマスカ、此根柢ノナイ要素ナルモノヲ以テ、無理ニ此法律ノ改正ヲショウト云フコトガ、吾々常識ヲ以テ判斷スルコトハ出來ナイ、私ハ此場合ニ一ツ申上ゲタイ、先程委員長ヨリ御報告モアリマシタガ、此委員會ガ終リマス時ニ、民政黨ヨリ附帶決議ガ出テ居ル、是ハ私ハ多ク讀ミマセヌ、委員長ガ先程讀ミマシタカラ讀ミマセヌガ、併シ此附帶決議ヲ靜ニ能ク讀ミマスレバ、二ツノ意味ガ此間ニ現ハレテ居ル、先ヅ第一ハ何デアルカト言ヒマスト、私ガ先ニモ申シマシタ通リ、政府ハ生計費竝ニ生産費ノ調ベヲ急イデヤルト云フノデ、追加豫算デ都合十八万五千圓取ッテ、其中六万五千圓ハ家計費ノ調ニ、後ノ十二万圓ハ生產費ノ調ニ充テラレタ、而モ家計費ノ調ハ本年九月カラ來年ノ八月マデニ、サウシテ生産費ノ方ハ四月カラ十一月マデニ急イデスルト云フノニモ拘ラズ、此附帶決議デ見マスト、家計費、生産費ノ調査ヲ早クシテ、之ヲ以テ米價ノ基準ヲ定メルヤウニシテ貰ヒタイ、斯ウ云フコトデアル、本來カラ言ヘバ是ハ必要ナイ、政府ガ以上申シマスル通リ非常ニ取急イデヤッテ居ルケレドモ、茲ニ此附帶決議ニ之ヲ強ヒテ現ハシタル所以ノモノハ、民政黨ノ諸君自ラモ、此率勢米價ト云フモノガ極メテ不確實不安心デアルガ爲ニ、急イデ生產費、家計費ノ調ベヲシテ與レロト云フコトガ之ニ現ハレテ居ル(拍手)而モ亦此附帶決議ノ後半ヲ見マスルト、頗ル私ハ不思議ニ思フ、內地ニ於ケル米穀生產者保護ノ極メテ緊切ナル事實ニ鑑ミ、最低基準價格ハ努メテ米穀生産費ニ近カラシムルヤウ最善ノ考慮ヲ拂ハレンコトヲ望ム、一體私共ニハ分ラヌ、分カラヌガ、政府ノ說明スル所ニ依レバ、率勢米價ト云フモノハ一定ノ基準ヲ以テ直線的ニズット進ンデ居ルモノデアル、此基準ト云フモノハ上ゲタリ下ゲタリスルコトハ出來ヌ、此一定ノ基準ヲ以テ進ンデ居リマス所ノ所謂趨勢値、米價率、是ガ高イ時ト安イ時ニ上下二割ヲ割ッタ場合ニ出動致スノデアリマスガ、之ニ依リマスト其率勢米價ノ最低ノ場合ニ、生産費ニ近イヤウニシテ呉レロト斯ウ云フ、サウスルト其場合ニハ此率勢米價ヲ下ゲルノデアルカ、上ゲルノデアルカ、要スルニ是ハ洵ニ私ハ好マヌコトデアリマスケレドモ斷言致シマス、民政黨ノ諸君ガ今尙ホ此率勢米價ト云フモノガ分ッテ居ラヌト云フコトヲ、茲ニ證明シテ居ルノデアル(拍手)其一定ノ方式ニ依ッテ直線的ニ保ッテ居リマス此率勢米價ヲ、ドウシテ上ゲタリ下ゲタリスルコトガ出來ルカ、此點ニ付キマシテハ私ヨリ後デ民政黨ヨリ出ラレル所ノ討論者ニ依ッテ、十分ニ御說明ヲ私ハ願ッテ置キタイ

更ニ又私ガ最モ怪訝ニ堪ヘマセヌノハ、政府ハ斯ノ如キ不確實ナル基礎ニ於テ、強テ米穀法ノ改正ヲショウトセズ、寧ロ吾々ハ田中内閣ノ五十六議會ニ於テ、七千万圓ノ金ヲ增スコトニ贊成ハシタガ、其後吾々ガ内閣ヲ取ッテ米穀法ヲ運用シテ來テ、段々金ガ無クナッタ、茲ニ又八千万圓程ノ金ガナケレバ米穀法ノ運用ガ出來ナイカラシテ、ドウカ此八千万圓增額ハ五十六議會ニ於テト同樣ナ意味ニ於テ贊成シテ呉レロ、斯ウ云フノガ私ハ本筋ダト思フ、是ハ委員長モサウ云フヤウニ報告サレテ居ル、然ルニ之ヲ斯ノ如キ不確實ナモノ、若シ之ヲ一度誤ッテ法律ニシタ結果ハ、日本全國ノ農民ニ多大ナル不利益ヲ與ヘルト云フ結果ヲ生ズルニ拘ラズ、之ヲ强テ法律ニ政府ガ作ルコトニ付テハ、一ツノ疑ヲ持ッテ居ル、惟フニ是ハ五十六議會ニ於テ貴族院ニ於テ爲サレマシタル所ノ、所謂貴族院ノ附帶決議ニ思ヒ及ンデ、若シ今私ガ申シマシタル通リニ出來ルダケ早ク調査研究ヲシテ、米穀法ノ根本改正ハスル、併ナガラマダ十分デナイ、マダ十分ニ調査研究ガ出來テ居ラヌナラ、一日モ早クスルノデハアルガ、併シ一面ニ於テハ米穀法ノ運用ヲ現時ノ國情、米穀事情ニ省ミテ、此儘放ッテ置クコトハ出來ヌカラシテ、ドウカ八千万圓ノ金ヲ增シテ呉レロト云フコトハ、衆議院ハ或ハ與黨多數ヲ以テ押切ルト致シマシテモ、貴族院ニ於テハ是ガ停頓スル、斯ウ云フヤウナ所謂御考カラシテ、無理押シニ斯ル不確實ナル所ノ基礎ニ依ッテ、此法案ヲ無理ニ通サウトナサルノデハアルマイカト、私ハ考ヘルノデアリマス(拍手)

私ハ今米ノ産者デアリマスル所ノ農民ガ、活キルモ死スルモ繫ッテ此法案ノ改正案ガ今此壇上ニ上セラレテ居ル此時ニ於テ、私ハ冷靜ニ考ヘテ見タイ、御互衆議院議員ノ多數ハ農村ニ誼ミヲ持ッテ居リマス、農村ニ親ミヲ持ッテ居リマス、サウシテ農村ノ振興ヲ叫ンデ居リマス、機會アル每ニ農民ノ利益、農民ノ幸福、農民ノ向上ニ對シテハ高調ヲ致シテ居ルノデアリマス、而モ選擧ニ於テ如何ナルコトヲ言ウテ居ルカト云フト、此農民ノ利害ヲ利害トシテ、農村ノ利益ノ爲ニ、農民ノ利益ノ爲ニ、我等ハ、トモ公約シテ居ルト云フコトハ、是ハ周知ノ事實デアル、今此農民ガ、縱シソレガ理智的デアッテモ宜シイ、盲目的デアッテモ宜シイ、自分ガ選擧シタ所ノ衆議院議員ガ、吾々農民ノ爲ニ、必ズ吾々ノ幸福ノ爲ニ、吾々ノ不利益ハ圖ッテ呉レヌト、斯樣ナ全幅ノ信賴ヲ致シテ居リマスルトキニ、而シテ其問題ガ今此俎上ニ上ッテ居ルトキニ、若シモ誤ッテ是ガ或ハ政府ノ案デアルガ故ニ、與黨已ムヲ得ズト云フガ如キ情實ノ下ニ之ヲ通過セシメテ、之ヲ法律ト致シマスル場合ガアリト致シマスレバ、豫テ農民ニ公約シタ其政治道德ト云フモノハ、何ニ依ッテ之ヲ果スコトガ出來ルノデアリマス(拍手)私ハ此點ニ付テハ決シテ脈ヤタラシイ意味デナイ、脈ヤラシイ皮肉デモナイ、私ハ切ニ御願スル、民政黨ノ諸君ノ中ニモ此附帶決議ニ於テ現ハレタル如キ、此法案ガ必ズシモ正シキモノデナイ、結構ナモノデナイト考ヘテ居ル人ガアラウト思ヒマスカラシテ、此點ハ特ニ我ガ全國ノ農民ノ爲ニ再三再四ノ御考慮ヲ私ハ煩シタイ、サウシテ私共ハ翻ッテ農民ヲ見ルト、我國ノ農民ハ一體國家ニ對シテドウ云フ存在デアリマスカ、彼等農民ハ孜々トシテ吾々ノ食糧ヲ供給致シテ居リマス、彼等ハ默々トシテ原始産業ニ從事致シテ居リマス、彼等ハ國民ノ消費ノ三分ノ二ヲ負擔致シテ居リマス、彼等ハ兵役ノ義務ニ八割ノ血稅ヲ拂ッテ居ルノデアリマス、而モ更ニ我國ノ健全ナル思想ノ本源ハ、此農民ニ依ッテ支持サレテ居ルノデアリマス、然ルニ此農民ガ今ヤ生死ノ境ニ迷ウテ居リマスル時ニ、若シ此農民ヲシテ死線ヲ超エシムルコトガアリマシテ、ドウシテ國家ノ安全ヲ期スルコトガ出來ルノデアリマスカ(拍手)私ハ以上論理上ヨリ、又政治家ノ道德心ニ訴ヘテ、サウシテ國家存立ノ意義ヨリ致シマシテモ、ドウシテモ農民ヲ救フノデナケレバナラヌ、農民ヲ救フニハ斯ノ如キ惡法ニハ斷ジテ反對ヲシナケレバナラヌ、私ハ重ネテ言フ、全農民ノ名ニ於テ本案ニハ絕對ノ反對ヲ表スル者デアリマス(拍手)

○議長(藤澤幾之輔君) 田中養達君

〔田中養達君登壇〕

○田中養達君 私ハ委員長ノ報告ニ贊成スル者デアリマス、大體本案ハ非常ナル重要ナル性質ヲ持ッテ居リマス、隨テ私ハ眞面目ニ論議シテ見タイト思ヒマス、本案ノ運用ノ結果ハ申スマデモナク米價ニ直接影響シマス、隨テ是ガ生産者デアル農家ノ生活ニ直接ニ關係シテ居ル問題デアリマス、若シ又米價ガ恐シク騰騰スルト云フヤウナ結果ニナリマスルト、消費者トシテノ多數ノ國民ニモ亦直接ノ影響ガアリマス、隨テ私ハ本案ハ苟モ國民ノ生活ニ直接關係ノアル重要ナル法案ナリト斯ウ考ヘテ、特ニ愼重ニ論議シテ見タイト考ヘルノデアリマス、今回改正サレマシタ此骨子ハ何カト申シマスト、只今胎中君ガ申サレマシタヤウニ、本案ノ出動ノ基準ヲ決メタイ、卽チ率勢米價ニ依ッテ本案出動ノ基準ヲ決メヨウデハナイカト云フノガ根本精神ニナッテ居リマシテ、大體本案ハ大正十年ニ出來マシテ、大正十年カラ今日マデ十箇年ノ間ニ數回ノ買上ガアリマス、此中ノ多クノ買上ハ、本案ノ根本精神ニ反シタ買上ガ事實ニ於テアル(拍手)ホンノ一例ヲ申シテ見マシテモ、昭和二年ノ九月ノ十三日ニ、時ノ田中内閣山本農林大臣ハ百万石ノ米ヲ買上ゲテ居ルデハナイカ、其時ニ買上價額ハ幾ラカト申シマスト、三十七圓八十錢二厘デアル、私ハ此處デ靜ニ御互ガ考ヘタイガ、大體九月ニ農家ニ米ガアルデアラウカ、九月ト申セバ申スマデモナク生産者ト稱スル百姓ノ多クノ人ニハモウ米ガナイ、若シ九月ニ米ガアリト假定スルナラバ、大地主カ或ハ米商以外ニハナイノデアリマス(拍手)而モ三十七圓八十錢ト云フ高價デ事實ニ於テ買上ゲテ居ル、是ハ全體何ノ必要ガアッタノデアラウカ、私ハ九月ノ十三日ニハモウ農家ニ米ハナイ、此高イ米ヲ買上ゲタラ、全體其結果ハドウナルカ……

〔發言スル者多シ〕

○議長(藤澤幾之輔君) 靜肅ニ願ヒマス

○田中養達君(續) 此買上ノ結果ハ申スマデモナク、可哀相ナアノ農村ノ九分マデノ小作階級ノ人等ニ高イ米ヲ食ハシタ結果ニナッタデハナイカ(拍手)是ガ爲ニ多數ノ國民ガヤハリ高イ米ヲ食ッタデハナイカ、九月ノ十三日ト云ヘバ、今申シマスルヤウニ米ガナイ、隨テ政友會ガ折角買上ヲ聲明サレマシタガ、二十一萬石シカナカッタデハナイカ(拍手)私ハ此問題ダケハ……

〔發言スル者多シ〕

○議長(藤澤幾之輔君) 靜肅ニ願ヒマス

○田中養達君(續) 此問題ダケハ政黨ヲ離レテ、國民ノ皆ノ生活ニ關係スル重大問題デアリマスカラ、私ハ眞面目ニ考ヘタイ、少クトモ私ヲシテ言ハシムルナラバ、昭和二年ノ九月二十日カラ十月ニ掛ケテハ、北海道ト東京ト其他二三ノ府縣ヲ殘シタ全國ノ府縣會ノ總選擧デアッタノデ、此縣會ノ總選擧ニ利用センガ爲ニ、態〻米ノ買上ヲヤッタト云フヨリ外ニ考ヘラレヌデハナイカ(拍手)是ハ獨リ私ガ申スノデハナイ、國民ノ多數ガ皆知ッテ居ル事實デハナイカ(拍手)私ハ徒ラノ理由ヲ言フノデハナイ、今回現内閣ガ出シテ居ル此卒勢米價ナルモノハ、斯様ナ無謀ナ買上ノ出來ナイヤウニ、將來御互ニ黨略ノ具ニ供セラレナイヤウニシタイト云フ根本精神デハナイカ(拍手)何故コンナモノニ皆サンガ反對ナサルノカ私ハ分ラヌ、今胎中君ハ此卒勢米價ナルモノハ……

〔發言スル者アリ〕

○議長(藤澤幾之輔君) 大石君、靜肅ニ願ヒマス

○田中養達君(續) 高等數學デナイト分ラヌト仰シャッタ、確ニ分ラヌ、此卒勢米價ノ分ル者ハ高等學校以上大學ヲ卒業シタ人デナイト分リマセヌ、併ナガラ此卒勢米價ヲ拵ヘタノハ何カト申セバ、申スマデモナク此出動ノ基準ヲ決メルノダト云フ、此基準ニ對スル學者ノ公式デハナイカ(拍手)若シモ胎中君ノ說ノヤウニ、此公式ガ分ラナケレバ、之ニ向ッテ賛否ヲ決メルコトガ出來ヌト仰シャルナラバ、未來永劫總テガ學者ニナラナケレバ一切ノ事ハ決メラレヌコトニナル(拍手)私ハ何ト云フ恐ロシイ議論ヂヤラウト思フ、此算出ノ公式コソ學者ニ委シテ宜イデハナイカ、コンナモノヲ分ルマデト云フナラバ、重ネテ言フガ、皆大學ヲ卒業シテ、皆ガ理學博士ニナラナケレバ是ハ分ラヌ(拍手)

〔發言スル者多シ〕

○議長(藤澤幾之輔君) 靜肅ニ願ヒマス

○田中養達君(續) 政友會ノ諸君ガ若シ強ヘテ此問題ニ反對サレルナラバ、自分等ガ拵ヘテ置イタ此米穀法ヲ十年ノ間可ナリ黨略ニ使ウテ、若シモ是ガ決ッテシマウト、將來モウ黨略ニ使ハレナイカラ、ソレデハ無意味ダカラ反對ヂヤト仰シャルノデハナイカト思フ(拍手)私ハ常識デ判斷シテ是レ以外ニ考ヘラレヌ……

〔發言スル者多シ〕

○議長(藤澤幾之輔君) 靜肅ニ願ヒマス

○田中養達君(續) 私ハ政友會諸君ニハッキリ聞キタイ、唯、一例デハアルガ、昭和二年九月十三日ニ米ノ買上ガ事實ニ於テ必要デアッタカ、ナイカト云フコトハ、其當時ノ責任者デアル山本農林大臣ノ說明ヲ聽クノガ一番宜イデハナイカト思フ(拍手)米穀法ヲ拵ヘタ根本ノ精神ニ遡ッテ少シク論議シテ見タイト思ヒマス

大體此米穀法ヲ拵ヘタ根本ノ精神ハ何カト申シマスレバ、農家ノ經濟ノ安定デハナイカ、農家經濟ノ安定ノ爲ニ作ッタノダ、然ラバ農家ノ經濟ヲドウシテ安定スルノカ、色々ナ方法ガアリマセウ、併シ私ハ大別シテ二ツニ分ケテ考ヘテ見タイ、先ヅ主要生産物デアル米ノ價格ヲ一定ノ値段ニスルコト、是ガ一ツ、是ハ今申シマスヤウニ、此出動ノ基準ヲ決メテ、價格ヲ大體決メ得ラル、此改正案ノ精神ニ依ッテ是ハ決マル、今一ツノ農家ノ經濟安定ハドウスルカト言ヘバ、負擔ノ輕減デアル、此農家ノ負擔ノ輕減ト米穀法ノ精神トハ不離不卽ノモノデアリマス、(拍手)此負擔ノ問題ニ付テ想ヒ起スコトハ、一昨年ノ十月ノ十五日ニ現内閣ガ減俸案ノ意思ノアルコトヲ發表シタ、全國減俸案ニ反對シタ人ハ誰ダ、一度此意思ガ傳ハルト同時ニ、一昨年ノ十月十六日ニハ政友會ノ幹事長デアル森君ガ、減俸案ノ如キハ俸給者ノ彈壓ダト反對サレタ事實ガアリマス、越エテ十六日十七日ト一體政友會ニ之ニハ反對デアッタ、殊ニ二十日ニハ樂君、堀切君、其他ノ人等ガ芝ノ三緣亭ニ會合シテ何ト言ハレタ、減俸案ニハ、明カニ反對ダト聲明シテ居ルデハナイカ、大體此間中、政友會ノ諸君ガ此所ニ立ツト

〔發言スル者多シ〕

○議長(藤澤幾之輔君) 靜肅ニ願ヒマス

○田中養達君(續) 無準備ナル金解禁ヲヤッタト、斯ウ言ハレル、併ナガラ金ノ解禁ヲヤレバ貨幣價値ガ一割三分ダケ上ル、ソレダケ物價ガ下ル、卽チソレダケ貨幣價値ガ上ルノダカラ、隨テ官吏、特ニ高級官吏ノ減俸ヲシヨウト云フノガ現閣ノ意思デアッタ、隨テ此官吏ノ減俸ハ一面ニ於テハ負擔ノ輕減ダ(拍手)一面ニ於テハ金解禁ノ準備デアッタデハナイカ

〔發言スル者多シ〕

○議長(藤澤幾之輔君) 靜肅ニ願ヒマス

○田中養達君(續) 諸君、ソレニ何事ダ、諸君ハ之ニ對シテ反對シタデハナイカ、私ハ言ヒタイ、金ノ解禁ノ準備トシテシタ此減俸案ニ對シテ反對シタ政友會ハ、少クトモ金ノ解禁ニ對シテ論ズル資格ノナイモノダト云フコトヲ申シテ宜イ

〔發言スル者多シ〕

○議長(藤澤幾之輔君) 靜肅ニ願ヒマス

○田中養達君(續) 金解禁ノ結果貨幣價値ガ上ガルノダ、隨テ高級ナル官吏ガ餘計ニ利得スルカラ、之ヲ下ゲルノデハナイカ、今日ノ如ク減俸ニ對シテノ輿論ガアレバコソ之ヲ出シタノデハナイカ、政友會ノ諸君ニ聽キタイコトハ、今尙ホ此官吏ノ減俸ニ反對スル勇氣ガアルカドウカ(拍手)

〔發言スル者多シ〕

○議長(藤澤幾之輔君) 靜肅ニ願ヒマス

○田中養達君(續) ソレダケデナシニ、全體政友會ノ諸君ガ今日ノ農村ノ窮乏ニ面シテ居ルノヲ救フニハ、地租及ビ營業稅委讓ニアルト言ハレタ

〔發言スル者多シ〕

○議長(藤澤幾之輔君) 靜肅ニ願ヒマス

○田中養達君(續) 此地租ト營業稅ノ委讓ヘドウナッタノカ、昭和二年九月ノ縣會ノ總選擧、昭和三年ノ二月ノ總選擧ニ於テ、諸君ガロヲ極メテ地租ト營業稅ヲ委讓シテヤルト言ッタデハナイカ(拍手) 此地租ト營業稅サヘ委讓スレバ、農民ハ必ズ救ハレルト言ッタ……

〔「眞面目ニヤレ」ト呼ヒ其他發言スル者多シ〕

○議長(藤澤幾之輔君) 靜肅ニ願ヒマス

○田中養達君(續) 今日眞ニ政友會ガ農村ノ窮乏ヲ憂ヘルナラバ、過去ニ宣傳サレタヤウニ、地租ト營業稅ヲ委讓シテ、窮乏セル農民ヲ救ッテヤルノダト何故言ハナイカ(拍手)過般來君ハ何ト仰シャッタ、今日ノ農民ハ窮乏シテ居ル、是等ノ農民ハ何ヲ言ハントシテ居ルカ、何ヲ求メント欲シテ居ルカヲ此演壇ヲ通ジテ言ヘト、斯ウ仰シャッタデハナイカ、私ハ政友會ノ方ニ眞面目ニ聽イテ貰ヒタイ、アノ窮乏シテ居ル農民コソ、政府ト言ハズ與黨ト言ハズ、何レカラカ此窮乏ノ救ノ手ノ來ルコトヲ待ッテ居ルト思フ(拍手)ソレナラ政友會ノ方ガ本當ニ眞劍ニ過去ニ宣傳セラレタヤウニ、地租ト營業稅ヲ委讓スレバ、農村ハ忽チニ救ヘレルト云フコトガ、本當ニ信念ノアル宣傳デアッタナラバ、何故此際言ウテヤラナイノダト、私ハ斯ウ申スノダ(拍手)諸君、此問題ハ政黨政派ヲ離レテ考ヘタイ、大體地租、營業稅ノ如キモノハ、政友會トシテ一番大キナ政策デアッタノデハナイカ、私ハ此是非ヲ論ズルノデハナイ、少クトモ政友會ガソレ程ニ大切ナ政策ガ行詰ッテ出來ナカッタト云フナラバ、ソレデ宜シイ(拍手)

〔發言スル者多シ〕

○議長(藤澤幾之輔君) 靜肅ニ願ヒマス

○田中養達君(續) 少クトモ是位ノ重要ナ政策ガヤレナイト云フコトニナッタラ、其責

任者デアル黨首ノ犬養氏自ラ起ッテ、國民ニ向ッテ地租ト營業稅ハ斯ク〳〵斯樣ナ譯デ行詰ッテ出來ナイト云フコトヲ、何故聲明シナイカ(拍手)諸君、是ハ獨リ反對黨ヲ責メルノデハナイ、御互ニ政黨政治確立ノ爲ニ努力シテ居ルノデハナイカ、政黨政治ノ確立ハ何ニ依ッテ得ラレル、國民ガ政黨ニ對スル信用ノ程度如何ニ依ッテ是ガ定マルノデス、ソレニ……〔「議長問題外」ト呼フ者アリ〕私ハ討論ヲ致シテ居ル

〔發言スル者多シ〕

○議長(藤澤幾之輔君) 靜肅ニ願ヒマス

○田中養達君(續) ソレヲ事モアラウニ九月ノ選擧ニ宣傳シ、二月ノ總選擧ニ大宣傳ヲヤッタ此公約ヲ、弊履ノ如ク捨テ、顧ミナイト云フハ何事デアルカ、是デハ政黨ト云フモノニ對シテ國民ノ信用ガ果シテ繋ゲルカ繋ゲナイカ、是ハ政友會ノ爲デハナイ……

〔發言スル者多シ〕

○議長(藤澤幾之輔君) 靜肅ニ願ヒマス

○田中養達君(續) 政黨政治確立ノ爲ニモ責任者ガ起ッテ之ヲ辯明スル ノガ當リ前デアル

〔「問題外」「議長注意ナサイ」ト呼ヒ其他發言スル者多シ〕

○議長(藤澤幾之輔君) 靜肅ニ願ヒマス

○田中養達君(續) 諸君等ガアノ二度ノ選擧ニ宣傳政略ノ具ニ供シタ……

○議長(藤澤幾之輔君) 田中君、一寸御待チ下サイ——此場合一寸一言致シマス、只今ハ討論ノ場合デアリマスカラ、場合ニ依リマシテハ言論ノ激越ニ亙ルコトモアリマセウ、アリマセウガ、併ナガラ御互ニ隱忍シテ之ヲ聽クト云フコトハ、是ハ必要ナコトデアリマス、併ナガラ——併ナガラ演說者ニ於カレテモ、他ヲ挑發スルヤウナコトハ、成タケ之ヲ遠慮セラレテ、言論ヲ十分ニ御盡シナサルヤウニ議長ハ希望致シマス

○田中養達君(續) 諸君、私ハ……

〔發言スル者多シ〕

○議長(藤澤幾之輔君) 靜肅ニ願ヒマス

○田中養達君(續) 之ニ引替ヘテ現内閣ノ政策ニ付テ少シク申シテ見タイ、今回ノ地租法改正ニ依ッテ……

〔「討論ヲヤレ」ト呼ヒ其他發言スル者多シ〕

○議長(藤澤幾之輔君) 靜肅ニナサイ——靜肅ニナサイ——土倉君、靜肅ニナサイ

○田中養達君(續) 今回ノ地租法改正ニ依ッテ、純農村ノ田畑地租ガ約九百万圓減ゼラレマス、是ハ政友會ノ諸君ハ、成程農村ハ救ハレルダラウ、併シ之ヲ都會地ニ轉嫁サセテ、都會地ニ增稅スルノデハナイカト斯ウ仰シヤル、サウデハナイ、今回政府ノ出シタ此地租法改正ノ根本方針ハ、申スマデモナク地租ノ公平ヲ期スルガ爲デアリマス……

〔發言スル者多シ〕

○議長(藤澤幾之輔君) 靜肅ニナサイ

○田中養達君(續) 決シテ都會地ニ增稅ニナッタノデハナイノデアリマス、都會地並ニ都會地附近ハ、昨日マデハ一段幾ラデアッタ田圃ガ、坪幾ラデ賣レルヤウニナッタデハアリマセヌカ、隨ッテ是等ノ土地ハ賃貸價格ガ高クナッタ、小作料ガ高クナッタ、之ニ向ッテ負擔ヲ餘計ニスルト云フ、卽チ此事ガ公平ナル負擔ナルノデアル(拍手)尙ホ倫敦會議ヲ兎ヤ角申シテ居ル、此倫敦會議ノ結果ノ負擔輕減ハ地租ト營業稅デ平年額約千百万圓ニナリマス、此中ノ純農村ノ負擔輕減ニナル額ガ約六百万圓越シテ居ル、卽チ地租法改正ト倫敦會議ノ結果ノ輕減額ト兩方寄セルト、約千六百万圓近ク純農村ノ負擔ガ輕減サレテ居ルノデアリマス(發言スル者多シ、拍手)今日農村ノ田畑ノ地租ハ約四千五百万圓、四千五百万圓ノ田畑地租ノ中デ、約千六百万圓輕減サレルデハナイカ、左樣ノ輕減ヲ政友會ハ些程ノ輕減デアルト仰シヤル、ソレデハドレダケ輕減シタラ宜イノカ——三分ノ一ノ輕減ニナッテ居ルデハナイカ、是ガ來年ノ四月(發言スル者多ク議場騷然)是等ノ法案ガ悉ク效力ヲ發生シタ時ニハ、必ズ農村ノ中堅ノ諸君等ハ、此負擔ノ輕減ノ大キイコトニ驚キ、且ツ喜ブコトダラウト私ハ斯ウ信ジテ居リマス(拍手)諸君、農村問題ヲ中心ニ政友會ノ諸君等ハ、アレ程鳴物入リデ大宣傳ヲヤッタ、アノ地租ト營業稅ヲ弊履ノ如ク棄テ、顧ミナイ、民政黨ハ一度民衆ニ誓フト同時ニ、此苦シイ經濟ノ中カラデモ千六百万圓近クノ輕減ヲ致シテ居ルノデハナイカ(發言スル者多ク、拍手起ル)近頃農村問題ヲ中心ニ、政友會ト民政黨トガ、是程ハッキリト政策ノ對立ハ珍シイト思フガ如何デアルカ、重ネテ言フ、アレ程宣傳シタ地租、營業稅ヲ弊履ノ如ク棄テタ政友會ガ、農民ニ親切ナノカ、一度誓ッタ以上ハ、假令苦シイ中カラデモ、著々ト政策ノ實行ヲヤッテ居ル民政黨ガ、農民ニ對シテ親切ナノカ、此問題ダケハ、少クトモ小學校兒童以上ノ知識階級ノ者ナラバ、斷ジテ此判斷ハ誤ラヌモノデアルト斯ウ私ハ斷言スル、農村ニ對スル民政黨ノ……

〔發言スル者多ク議場騷然〕

○議長(藤澤幾之輔君) 田中君、田中君……

〔發言スル者多ク議場騷然〕

○議長(藤澤幾之輔君) 靜肅ニ——只今議長カラ——御聽キナサイ——御聽キナサイ——只今田中君ニ對シテ議長ハ——諸君一寸御聽キナサイ——田中君ニ對シテ議長ハ議事ヲ滑カニスベク注意ヲ與ヘタノデアリマスカラ、諸君ニ於テモ暫ク御淸聽ヲ希望致シマス

○田中養達君(續) 諸君、此窮乏シテ居ル農村ノ爲ニ、最モ眞面目ニ審議致サント致シテ居ル私ノ此熱意ニ對シテ、斯ノ如キ妨害ヲ加ヘルコト其事ガ、果シテ農民ニ對シテ親切ナモノカドウカ(拍手)農村問題ハ色々論ジテ見タイト思ヒマス、併ナガラ……

○議長(藤澤幾之輔君) 議長ハ……

〔發言スル者多シ〕

○議長(藤澤幾之輔君) 暫ク御聽キナサイ——議長ハ只今田中君ニ對シテ議事ヲ滑カニ進ムベク注意ヲ與ヘテ置キマシタ、故ニアナタ方ハサウ御喧騷ナサラナイデ、少シノ間靜ニ御聽キ下サランコトヲ希望致シマス(拍手)

○田中養達君(續) 議長ノ御注意ニ依リ簡單ニ結論ニ入リマス、現内閣ハ今回多年虐ゲラレテ居ッタ小作者ノ保護ノ爲ニ小作法ヲ提案シタ、又勞働組合法案ヲ提出シタ、婦人公民權案モ提出サレテ居ル、選擧法モ改正致サレント致シテ居ル、是ハ皆農村ノ多數ノ人ニ政治的ノ權力ヲ與ヘ、之ニ依ッテ鞏テ兩々相俟ッテ農村ヲ根本的ニ建直シタイト云フノガ現内閣ノ政策デアリ、趣意デアリマス、先ニ胎中君ハ此米穀法ナルモノハ、卽チ傳家ノ寶刀ダト仰シヤッタ、私共ハ此傳家ノ寶刀ヲ徒ニ拔クコトガ國民ノ爲ニ宜シクナイカラ、此法案ヲ拵ヘヨウト云フノデアリマス(拍手)政友會ノ過去ノ歷史カラ考ヘテ、此法案ヲ此儘ニシテ置イタナラバ、マルデ狂人ニ刃物ヲ持タスヤウナモノニナッテシマフノデハナイカト思フ(拍手)ドウゾ本當ニ農村ヲ憂ヘテ、農村ニ同情サル諸君ハ、此改正案ニ是非共御贊成下サランコトヲ、切ニ懇願致シテ置ク次第デアリマス(拍手)

○議長(藤澤幾之輔君) 東郷實君

〔東郷實君登壇〕

〔發言スル者多シ〕

○議長(藤澤幾之輔君) 靜肅ニ願ヒマス——靜肅ニ願ヒマス.

〔拍手起リ發言スル者多シ〕

○議長(藤澤幾之輔君) 靜肅ニ願ヒマス——靜肅ニ願ヒマス

○東郷實君 私ハ只今議題ニナッテ居リマス中ノ米穀需給特別會計法中改正法律案ニハ贊成ヲ致シマシテ、米穀法中改正法律案

ニハ反對致ス者デアリマス、共趣旨ヲ辯明致シマス

〔發言スル者多シ〕

○議長（藤澤幾之輔君）靜粛ニ願ヒマス

○東郷實君（續）此二ツノ法律案ヲ共傚考ヘマスレバ、極メテ簡單ナヤウデアリマスケレドモ、食糧問題

〔發言スル者多シ〕

○議長（藤澤幾之輔君）靜粛ニ願ヒマス

○東郷實君（續）或ハ人口問題カラ之ヲ考ヘ、又我國ノ農村實情乃至ハ國民經濟ノ全體カラ之ヲ見マスレバ、極メテ重要ナ法案デアリマス、隨テ私ハ此重要法案ニ付テハ、極メテ廣汎ナ範圍ニ於キマシテ、眞面目ニ、熱心ニ論議ヲ盡シテ行クコトガ、眞ニ國家國民ニ忠實ナル所以ナリト考ヘマス（拍手）故ニ私ハ暫ク諸君ノ御許シヲ得マシテ、此重大ナル法案ヲ眞面目ニ靜ニ論議ヲ進メテ行キタイト思フノデアリマス、申上ゲルマデモナク、米穀ハ內地植民地ヲ通ジテ九千万國民ノ常食ト致ス所ノ重要ナ食糧デアリマス、ソレト同時ニ同ジク內地植民地ヲ通ジ、全國ノ農村恐ク最モ普遍的ニ耕作致シテ居ル所ノ、所謂主要作物デアリマス、隨テ米作ノ豐凶竝ニ米價ノ騰貴或ハ暴落、是等ハ直ニ單リ農家經濟ニ至大ナル影響ヲ及ボスノミナラズ、國民全體ノ經濟生活ニ至大ナル關係ヲ及ボスコトハ申上ゲルマデモアリマセヌ、而シテ今ヤ我國ニ於ケル各種農産物ノ暴落、殊ニ米價ノ大慘落ハ、サラヌダニ疲弊困憊ノ極ニ達シテ居ル所ノ我國ノ農村農民ニ一大打擊ヲ與ヘテ、所謂農業恐慌ノ時代ヲ出現スルニ至ッタノデアリマス（拍手）而モ今日ノ農業恐慌ノ實情ハ、之ヲ世界ノ農政史上ニ徵スルナラバ、恰モ前世紀ノ末期ニ於テ歐洲各國ヲ襲ッタ所ノ、農業恐慌其儘ノ面影ヲ彷彿タラシメルモノガアリマス、諸君ノ御承知ノ通リ前世紀ノ末期ニ於キマシテ、交通機關ノ完備ニ伴ヒ、亞米利加其他ノ新開國カラ低廉ナル穀物ガ盛ニ歐羅巴市場ニ流入シテ來タノデアリマスガ、生産費ノ高キ歐洲各國ノ穀物栽培ハ、所謂穀價大慘落ノ爲メ一大打擊ヲ受ケ、所謂農業恐慌ノ時代ヲ出現シタコトハ、今尚ホ吾々ノ記憶ニ新タナル所デアリマス、而モ共際獨逸、或ハ佛蘭西等ノ大陸諸國ハ、保護關稅ノ手段ヲ以テ內國農業ノ保護ニ努メ、或ハ又丁抹ノ如キハ自由主義ヲ採ッタケレドモ、農業ノ組織ヲ一變シテ、所謂主穀農業カラ主畜農業ニ變ジテ農村ノ活路ヲ開キ、內國農業ノ保全ニ努メタルニ反シテ、英吉利ハ全然自由放任主義ヲ採ッテ、遂ニ內國農業ヲ犧牲ニ供シタコトハ申スマデモアリマセヌ、斯ノ如ク之ヲ世界ノ農政史上ニ觀テ見マシテモ、農業恐慌ノ現ハレタ場合ニ、共對策如何ニ依ッテ、或ハ共國ノ農業ハ頽廢シ、或ハ共國ノ農村ノ繁榮ヲ極ムルト云フ譯デアリマスカラ、今回ノ我國ニ於ケル農業ノ恐慌時代ニ對シテ、如何ナル方針ヲ執ルカ、此根本ノ方針ガ明確デナイ限リ、米穀法ノ根本的改革モ、亦共他有ユル米穀對策ト云フモノハ斷ジテ確立スルコトハ出來ナイノデアリマス（拍手）ソレデアリマスカラ吾々ハ、米穀法ノ改正案ヲ論議スルニ當ッテハ、先ヅ此根本方策ニ付テ檢討ヲ試ミルコトガ必要ナリト信ズル者デアリマス、我國農村ノ疲弊困憊ノ叫ビハ、決シテ今日ニ始マッタコトデハアリマセヌ、然ルニ今ヤ我國ノ農村ハ疲弊困憊ノ境ヲ越エテ、所謂恐慌時代ニマデ進展致シテ居リマシテ、農民ハ將ニ餓死線上ニ彷ウテ居ルノデアリマス、諸君、農村疲弊ノ原因ハ勿論一二ニシテ足リマセヌ、併ナガラ共主因ヲ成ス所ノモノハ所謂明治維新以來我國ノ政治ガ、所謂國家ノ政治的統一ヲ鞏固ナラシメンガ爲ニ、中央集權ノ制度ヲ採用シ、更ニ國富ノ增進ヲ急務ト致シタ結果ト致シマシテ、商工偏重ノ國策ガ盛ニ行ハレタ必然的結果ナリト、私ハ斷ゼザルヲ得ナイノデアリマス、而モ明治、大正六十年間ノ歷史ハ、所謂一モ二モナク西洋模倣ノ物質文化ニ終始一貫シタコトハ、是ハ申上ゲルマデモアリマセヌ、故ニ我國ノ新文化ハ將ニ都會ヲ中心トシタ、所謂本能第一主義ノ物質文化デアリ、更ニ商工業ヲ中心トシタ所ノ黃金萬能ノ物質文化デアルノデアリマス、卽チ新日本ノ文化的施設ハ、政治モ産業モ、經濟モ金融モ、敎育モ衞生モ、交通モ、悉ク都會ニ厚ク農村ニ薄イ、ソコニ吾等都會發展ノ誇ヲ感ズルト同時ニ、農村疲弊ノ悲ミヲ發見シ、ソコニ商工殷盛ノ喜ビヲ有スルト同時ニ、農業停頓ノ惱ミヲ痛感スルモノデアリマス（拍手）故ニ我國今日ノ急務ハ何ヲ差措テモ、先ヅ政治上ニ於テハ速ニ地方分權ノ制度ヲ確立シ、地方自治制ノ堅實ナル發達ヲ促シ、更ニ産業上ニ於テハ都會中心、商工偏重ノ弊ヲ一掃シ、農村、農民ヲ中心トシタ所ノ精神文化ニ最善ノ努力ヲ傾倒シナケレバナラヌト思フノデアリマス（拍手）

諸君、無論今日ハ經濟日本ノ建直シモ急務デアリマセウ、併シソレヨリモモット急務ヲ要スル所ノモノハ、私ハ精神日本ノ再建デアルト考ヘルノデアリマス、經濟國家ヨリモ精神國家、我ガ日本ノ國家ガ精神方面ニ更生シナイ限リ、今日ノ行詰ッタ經濟界及ビ思想界ノ根本的打開ハ私ハ斷ジテ出來ナイモノデアルト、信ズルノデアリマス（拍手）卽チ吾々ガ此議場ニ於テ如何ニ政治國難、經濟國難、思想國難ヲ叫ンデ見テモ、如何ニ是等ノ問題ニ關スル決議案ヲ滿場一致可決シテ見タ所デ、ソレハ結局一ツノ空文デアル、空論タルニ過ギナイト私ハ信ズルノデアリマス、私ハ過日特別委員會ニ於テ……

〔發言スル者アリ〕

○議長（藤澤幾之輔君）小俣君注意シマス

○東郷實君（續）幣原代理首相ニ共所見ヲ伺ッタノデアリマスガ、幣原代理首相ハソレハムヅカシイ問題ダカラ、能ク調ベタ上デ返事ヲスルトノコトデアリマシタガ、遂ニ今日マデ御返事ガナイノデアリマス、併シ私ハ當然デアラウト思フ、如何トナレバ現內閣組閣以來、過去一年何箇月カノ政治ノ跡ヲ見レバ、共政策ハ今尚ホ依然トシテ都會中心、商工偏重ノ時弊ヲ改メヨウトハセズシテ、却テ之ニ油ヲ注ギ火ヲ點ジ、益々共時弊ヲ擴大セントシツツ、アルノデアリマス、卽チ我國ノ農村ハ今ヤ疲弊困憊ノ境ヲ越エテ、眞ニ恐慌時代ニマデ進展シタ、共原因ハ全ク現內閣政治ノ當然ノ賜物ナリト、私ハ斷言セザルヲ得ナイノデアリマス（拍手）一昨年ノ七月現內閣成立スルヤ、直チニ財政經濟ノ根本的建直シヲ行フト稱シテ、昭和四年度ノ成立豫算ニ繰延、節約ヲ試ミタルヲ手始メト致シマシテ、所謂共所信ニ猛進セラレタ、共勇氣ニハ吾々ハ敬意ヲ表スル者デアリマス、併ナガラ共行フ所ノ政策及ビ共結果ハ、不幸ニシテ悉ク吾々國民ノ期待ヲ根本カラ裏切ッテ居ルコトヲ、吾々ハ認メザルヲ得ナイノデアリマス、卽チ共方法ト時機トヲ誤ッタ準備ナキ金解禁、極端ナ財政上ノ緊縮政策、更ニ無茶ナ消費節約ノ奬勵、之ヲ斷行シタ結果ハ、日本開闢以來、未ダ曾テ見タコトガナイヤウナ一大不景氣ヲ招來シ、驚クベキ失業群ヲ族出セシメ、更ニ諸物價ノ大慘落ニ伴フ國民所得ノ大減退ヲ來サシメ、一部少數者ヲ除クノ外、九千万國民殆ド悉ク塗炭ノ苦ミニ苦ミ拔イテ居ルト云フノガ、今日ノ實情デハアリマセヌカ、卽チ之ヲモット具體的ニ說明致シマスナラバ、金解禁ノ結果金ノ値ハ騰ッタ、併ナガラ物ノ値ガ下ッタ、更ニ緊縮政策、殊ニ非募債主義ノ結果ハ公債ノ値ハ騰ッタガ、同時ニ地方農村ニ對スル諸般ノ施設ハ根コソギニサレテシマッタ、故ニ現內閣ノ緊縮政策及ビ金解禁ノ遂行ハ、ドウ云フ結果ヲ生ンダカト云フト、徹頭徹尾都會ヲ中心トシタ地方農村無視ノ政治デアリ、更ニ一部金融資本家及ビ大商工業者ノ利益擁護ニ出發シタ所ノ政策デアッテ、我國國民經濟ノ

眞ノ基調ヲ爲ス所ノ農漁村民、及ビ中小商工業者竝ニ勞働者ノ利益ヲ犧牲ニ供シテ顧ミナイト云フ所ノ、片手落チノ政策デアルト謂ハナケレバナリマセヌ(拍手)更ニ言葉ヲ換ヘテ申シマスルナラバ、強者ニ飽マデモ阿ネリ、弱者ニハ飽マデモ辛ク當ルト云フノガ、現内閣ノ政治ヲ指導スル所ノ根本精神ナリト、私ハ斷言セザルヲ得ナイノデアリマス(拍手)

諸君、斯クテ我國ニハ農業恐慌ノ時代ガ襲來シタノデアリマス、ドウ考ヘテ見マシテモ今日ノ農業ハ儲ケガナイ、儲ケガナイカラ共處ニ農民ノ生活苦ガ出現シタノデアリマス、然ラバ儲カラヌ原因ハ一體何處ニ在ルノデアリマセウカ、之ヲハッキリ認識シテ置クニアラズンバ、米穀法ノ問題ハ論議ガ出來ナイノデアリマス(拍手)

殊ニ米其他ノ農産物ガ非常ナ慘落ヲ見ルニ至ルヤ、是ガ救濟運動ガ各方面カラ起ッタ際ノコトデアリマスガ、現内閣々僚ノ一人ノ人ハ斯ク申シテ居ラレマス、農民ガ困ッテ居ルコトハ事實デアラウ、併シ幸ニモ豐作デアッタカラマダ宜イノダ、若シ此財界不況ノ年ニ農産物ガ凶作デアッタトシタナラバドウデアラウ、ソレヲ想ヘバ豐作デアッタ事ハ、不幸中ノ幸トモ觀念スベキモノデハナイカ、都市ノ失業者ハ食フベキ物モナイケレドモ、農村ハ少クトモ食フベキ物ヲ持ッテ居ルト云フコトハ幸福デアルト、斯ウ言ハレテ居リマス、諸君、是ハ洵ニ一應御尤ノヤウニ聽エマスケレドモ、私ハ是程農民ニ對シ無理解ナ、サウシテ是程農業ニ對シテ知識ノナイ言論ハ又トアルマイト考ヘルノデアリマス(拍手)

我國ノ農業經營ハ申スマデモナク規模ハ狹小デアリマス、併ナガラ今日ハ所謂自給自足ノ經濟カラ脱シテ、立派ナ營利的農業經營ノ域ニ進ンデ居ルノデアリマス、故ニ米作ハ單ニ食フダケノ米ヲ作ル ノデハナイ、養蠶ハ單ニ紡イデ著ル爲ニ作ルノデハアリマセヌ、ソレ等ノ農産物ヲ賣ッテ、之ヲ金ニスルノガ目的デアル、即チ今日ノ農業經營ハ、生産費ト販賣價格トノ差額ヲ利潤トシテ儲ケルノガ、其眞ノ目的デアリマス(拍手)故ニ豐作必ズシモ農家ノ利益デハアリマセヌ、昨年ノ米作ハ、一割ノ増收ニ對シ、米價ガ四割ノ慘落ヲ來シテ居リマス、農家經濟カラ言ヘバ豐年ドコロヂヤナイ、實ニ近年稀ニ見ル所ノ一大凶作ト謂ハナケレバナリマセヌ(拍手)是ニ於テカ或ハ豐作飢饉ト稱シ、或ハ豐年地獄ト稱スルノデアリマス、今ヤ我國三千万ノ農民ハ、豐年地獄ノドン底ニ陷ッテ居ルコトヲ、吾々ハ明瞭ニ認識シナケレバナラヌノデアリマス(拍手)是ニ於テカ吾々ハ米其他ノ農産物ノ大慘落ノ眞因ヲ究メルノ必要ニ迫ラレテ來クノデアリマス

諸君、現内閣ノ物價政策、其物價政策ノ責任者タル井上大藏大臣ハ、物價下落ノ眞因ニ付テ色々述ベテ居ラレマスガ、物價下落ノ主因ハ生産過剩ト購買力減退ノ二ツナリト論ジテ居ラレマス、サウシテ我國ニ於テ昨年ノ生絲大慘落ノ原因ハ、我國ニ於ケル生産ノ過剩ト、亞米利加ニ於ケル購買力ノ減退ノ結果デアッテ、其證據ニハ横濱、神戸ニ二十 万梱ノ生絲ガ停滯シテ居ルデハナイカト強辯シテ居ラレマスガ、今日横濱神戸ニ於ケル二十万梱ノ滯貨ハ、井上サンノ仰シャルヤウナ簡單ナモノデハアリマセヌ、即チ現内閣ガ不當ナル高値ニ生絲ヲ維持センガ爲ニ、補償法ノ發動ヲ爲シ、而シテ二十万梱ノ生絲ヲ藏ノ中ニ藏ヒ込ンダ、ソレガ今日二十万梱ノ停滯ノ原因デアリマス(拍手)而モ其爲ニ我國ノ生絲ガ少シモ上ラナイ、大慘落ヲ致シテ、生絲輸出ハ前年ニ比シテ四億ノ損失ヲ來シテ、同時ニソレガ農村ニ影響シテ、昨年御承知ノ繭價ノ慘落ヲ來シタ、即チ前年ニ比シテ約五割四分ノ慘落デアリマシテ、三億五千万圓ト稱セラレルヤウニナッタノデアリマス、是ガ眞相デアル、自己ノ政策ノ失敗ヲ棚ニ上ゲテ、罪ヲ一ニ生産過剩ニ歸スルト云フ井上サン一流ノ錐法ヲ以テスレバ、米價今日ノ慘落ハ、又一ニ豐作ノ罪ニ歸スルコトガ出來ルノデアリマセウ、サウシテ米價ノ釣上ヲ目的トスル米穀法ノ出動ノ如キハ、以テノ外ナリト云フ結論ニ到達スルト私ハ信ズルノデアル(拍手)

然ルニ幸ニシテ正直ナル町田農林大臣ハ、過日特別委員會ニ於ケル私ノ質問ニ對シ、農産物下落ノ原因ガ、單ニ豐作ヤ世界的不景氣ノ影響ノミデハナクシテ、現内閣ノ行ハレタ金解禁、緊縮節約ノ政策ノ遂行ノ結果モ、其原因ノ一ヲ成スト云フコトヲ承認告白セラレタノデアリマス(拍手)私ハ此正直ナ告白ニ敬意ヲ表スルノデアリマスガ、ソレト同時ニ、米其他ノ農産物慘落ノ眞因ハ、詰リ現内閣ノ失政ノ結果デアッテ、三千万農民ヲ豐年地獄ノドン底ニ突落シタ其當ノ責任者ハ、現内閣ナリト斷言セザルヲ得ナイノデアリマス、ソレハ兎モ角ト致シマシテ、私ハ更ニ今日ノ農村ノ窮狀ヲ、モウ少シ實際ニ就テ究メテ行カナケレバナリマセヌ、ソレヲ究メナケレバ米價問題ヲ論ズルコトハ出來ナイ

昭和五年ニ於ケル農家收入ノ激減ハ、驚クベキモノガアリマス、吾々ハ農林省ニ其調査ヲ要求致シタノデアリマスガ、農林省ノ吾々ニ示ス所ノ材料ニ依リマスレバ、昭和五年ノ前年ニ比スル所ノ農産收入ノ減少額ハ、實ニ十二億五千万圓ノ巨額ニ達シテ居ルノデアリマス、就中米ガ四億八千万圓、是ガ第一位ヲ占メテ居ル、養蠶ハ三億五千万圓デ第二位ヲ占メテ居リマス、此一事カラ見テモ、如何ニ米ノ問題ガ重大デアルカガ分ル、勿論此十二億五千万圓ノ減收ノ中ニハ、農家自ラノ消費スル生産物モ含マレテ居リマスルカラ、之ヲ差引カナケレバナラヌ、ソレト同時ニ農家收入ハ、農産物以外、或ハ財産收入、或ハ勞働收入、ソレ等ノモノヲ更ニ加算シナケレバナリマセヌカラ、是等ヲ加算シテ差引シタナラバ、農家ノ現金收入減ハ、ヤハリ十二億五千万圓カラ十三億万圓内外デアラウト見ルノガ至當デアリマス、併ナガラ一面ニ於テハ、收入減ト共ニ農家ノ支出モ、物價低落其他ノ事情ヨリ大分減ジテ居リマスカラ、之ヲ農家ノ諸收入カラ差引カナケレバナラヌ、此調査ヲ私ハ農林當局ニ要求シテ居リマスルケレドモ、未ダ出來マセヌ、出來マセヌカラ明瞭デハアリマセヌケレドモ、吾々ノ同僚砂田君ノ調査カラ見マシテモ、私ハ差引八億圓位ノ程度ノモノハ、前年ヨリモ農家ノ收入ガ減ッタモノデアルト謂ハナケレバナラヌノデアリマス(拍手)而モ租税公課ニ何等ノ輕減ガナク、一面ニ於テハ巨額ノ負債ヲ持ッテ居ル、此有樣ヲ吾々ガ觀ルナラバ、農家ノ經濟窮迫ノ眞相ガ吾々ノ眼前ニ遺憾ナク展開サレルト云フコトヲ、吾々ハ覺エルノデアリマス、斯ノ如ク農家ノ收入ハ減ジタガ、然ラバ其負擔ハドウダ、從來ト雖モ農家ノ負擔ハ過重デアリマス、都市ニ比較スレバ農村ノ負擔ハ或ハ二倍、或ハ三倍ナリト稱セラレテ居ル、大正八年ノ調査ニ依レバ、國民所得ノ百ニ對スル直接税ノ割合ハ、商工業者ハ一七・七、農業者ノ割合ハ三四・五ニナッテ居リマス、更ニ大藏省ノ調査ニ依リマシテモ、大正九年ニハ收入百ニ對シマシテ、租税公課ノ割合ハ農業者ガ三一・三六、營業者ガ一三・五三、公務業者ガ五・二七、獨立業者ガ一・〇〇、斯ウ云フ風ニナッテ居ル事實カラ吾々ガ考ヘテ見マシテモ、如何ニ農村ノ負擔ガ都市ニ比較シテ重イカト云フコトガ分ル、ソレバカリデハアリマセヌ、農村ノ税種ハ收入ノ如何ニ拘ラズ、税率ノ釘付ケニセラレタモノガ多イノデアリマスカラ、今回ノ如ク其收入減ハ、取リモ直サズ負擔ノ著シキ増加ヲ意味スルモノナリト言ハザルヲ得ナイノデアリマス、農林省ガ私達ニ示シタ所ノ資料ニ依

リマスルト、全國四十二箇村ニ就テ調査シタ農村ノ公課負擔ハドウナッテ居ルカト云フト、農家一戶ノ負擔額ハ實ニ九十三圓、一人當リノ負擔ガ十六圓ニナッテ居リマス、而モ其中國稅ハ僅ニ總額ノ一割六分三厘ニ過ギマセヌ、其殘リノ八割三分七厘ハ、申スマデモナク府縣稅、村稅、其他ノ諸負擔ニ屬シテ居ルノデアリマス、而モ農村ノ負擔ノ根幹ヲ成ス所ノモノハ、純益課稅ヲ目標トスル所ノ所得稅ヤ營業收益稅ニアラズシテ、實ニ地租、戶數割、家屋稅關係ノ負擔ガ、總額ノ七割三分二厘ヲ占メテ居リマスカラ、如何ニ農村負擔ガ收入ノ增減ニ拘ラズ、固定セラレテ居ルカヲ明カニ物語ッテ居ルノデアリマス、故ニ物價慘落ト負擔ノ關係トヲ比較致シマシタナラバ、國民ノ中デ最モ大ナル打擊ヲ感ズル所ノモノハ、是ハ都會人ニアラズシテ實ニ農村民其人達デアルト云フコトヲ、吾々ハ斷言セザルヲ得ナイノデアリマス(拍手)私ハ此事實ヲ少シバカリ說明シテ見タイト思ヒマスガ、兵庫縣農會ノ調査ニ依リマスレバ、昭和四年ト五年、共收入ニ對スル公課負擔ノ割合ヲ見マスレバ、十町步地主ノ小作米收入ニ對スル租稅公課負擔ノ割合ガ、前年ノ四割四分三厘カラ八割三分三厘ニ增加致シテ居リマス、米作地方ノ一町步自作ノ農業純益ニ對スル租稅公課ヲ考ヘテ見マスト、前年ノ二割二分六厘カラ三割六分三厘ニ增加致シテ居リマス、養蠶地方一町步ノ自作農ヲ比較シテ見マスト、前年ノ二割三分九厘カラ五割六分九厘ニ增加致シテ居リマス、同ジク小作農デハ二割三分五厘カラ五割二分一厘、斯ウ云フコトニナッテ居リマス、尙ホ新潟縣ニ就テ四百町步ノ水田地主ニ付テ調ベテ見マスト、小作米ガ二千六百石、三万九千圓ノ收入ニ對シ、公課ハ實ニ四万八千七百六十五圓餘ニナッテ居リマス、差引不足ガ九千七百六十五圓餘ニナッテ居ルノデアリマス、更ニ鹿兒島縣ノ或ル地方ニ於テ、私ガ調査シタ所ニ依リマスレバ、小作米二百俵取ル所ノ地主ガ、千二百圓ノ公課ヲ負擔シテ居ル、一俵六圓トシテ計算シマスレバ少シモ殘リガナイ、即チ小作米ハ地主ノ門前ヲ素通リシテ、直チニ稅務署ニ納メラレルト同ジヤウナ結果ヲ見テ居リマス、又私ノ友人デ小作米百俵取ル者ニ就テ實際調ベテ見マシタガ、六圓トシテ六百圓、其負擔ガ三百五十圓デアリマスカラ、收入ノ五割八分ニナッテ居ル、食ッテ行ケナイ、千圓以上ノ借金ヲシナケレバナラヌト斯ウコボシテ居リマス、(拍手)諸君、是ガ今日ノ地方農村ノ收入ト公課トヲ比較シタル眞相デアリマス、是デモ尙ホ現內閣諸公ハ、今日ノ農家ニ負擔能力アリト御考ニナッテ居ルノデアリマスカ(拍手)更ニ米ノ問題ヲ吾々ハ考ヘルニハ、ドウシテモ農家ノ負債ヲ調ベナケレバナリマセヌ、農家ノ負債ハ農林省ノ調査ニ依リマスレバ、四十億乃至五十億ナリト稱スルノデアリマス、更ニ世間デハ或ハ六十億ナリトモ稱シマスガ、何レニ致シマシテモ、農家一戶七八百圓カラ一千圓ノ負擔ト見レバ、大ナル間違ハナイデアリマセウ、而モ其中ニハ或ハ高利短期ノ資金ガ多イノデアリマス、而モ生產上ノ必要カラ消費セラル、所ノ、所謂不生產的ノ負債ガ頗ル多イノデアリマス、物價低落ノ今日ニ於キマシテハ、其利拂サヘモ十分デナイ、斯ウ云フ實情デアル、借金ヲシテ借金ノ利子ヲ拂ハナケレバナラヌヤウナ實情デアルガ、今日ハ借金モ出來ナイ、地價ノ暴落――勸業銀行ノ調査ニ依リマスレバ、前年ニ比シテ昨年ハ五十四億圓モ田畑ノ價格ガ減ジテ居リマス、所謂擔保價値ガ非常ニ少クナッタ、是デハ土地ヲ持ッテ居ル人モ借金ガ出來マセヌ、昨日北海道ノ農業ニ從事シテ居ル私ノ友人ガ來テ話シマシタガ、北海道ノ水田――今日ノ米價デハ立ッテ行ケナイ、土功組合ノ借金モ返スコトガ出來ナイ、最後ニ土地ヲ叩イテ引取ッテ吳レト言ッテモ、引取ッテ吳レル人ガナイ、結局拓銀ガ之ヲ引受ケルヨリ仕方ガナイダラウガ、サウシタナラバ拓銀ノ前途實ニ寒心スベキモノガアルト言ッテ居リマシタガ、是ガ今日ノ地方農村ニ於ケル實情デアリマス、デアリマスカラ租稅公課ノ負擔ト農家ノ負債、此二ツノモノガ今日ノ農村經濟ヲ壓迫スル所ノ、二大橫綱ト稱シテ宜カラウト思ヒマス、卽チ今日ノ農村ノ實情ハ、債鬼前門ニ迫レバ後門ニ稅鬼之ヲ窺フト云フヤウナ有樣デアリマス(拍手)デアリマスカラ今日ノ農村ノ實情、公租公課ガ納メラレズニ差押ヲ喰ッテ居ル、或ハ租稅ノ延納、不納ノ團體的運動モ起ッテ居ル、或ハ借金ノ利拂ガ出來ナイ、或ハ掛買ヒ金ノ支拂ガ出來ナイ、電燈料ノ支拂ガ出來ナイト云ッタヤウナ點マデ窮迫シテ居ル、更ニ進ンデ或ハ地方稅ノ納入ガ面白クナイ結果、役場ノ吏員デアルトカ、或ハ小學校敎員ノ減俸ヲ盛ニ行フ、甚シキハ俸給不拂ノ爲ニ數箇月間惱ンデ、高利貸カラ高イ利子ノ金ヲ借リテ、學校ノ敎員達ガ高利貸カラ强制執行ヲ受ケルトカ云ッタヤウナ、洵ニ悲慘ナ現狀ガ日本全國到ル處ニ頻々トシテ起ッテ居ルデハアリマセヌカ、斯ノ如キコトハ實ニ國家ノ將來ノ爲ニ憂フベキコトデアルト思フ、此農產物ノ慘落ノ結果農家ノ收入ガ減ジタ場合ニ、彼等ノ羨望ノ的ニナッテ居ッタ所ノモノハ何デアッタカト云フト、小學校ノ先生デアル、然ルニ今ヤ租稅納入思ハシクナイ爲ニ、是等ノ小學校ノ先生ノ俸給モ支拂フコトガ出來ナイ、是ガ減俸ヲ行フト云フコトニナッテ居ル、ソコデ地方ニ於ケル農民及是等ノ俸給生活者ガ羨望ノ中心トナッテ居ル所ハ何處デアル、地方ニ散在シテ居ル所謂國庫支辨ノ官吏達デアリマス、是等ノ人達ガ地方農村ニ於テ非常ニ餘裕ノアル生活ヲシテ居ルト云フコトガ、今日ハ農民――農村ニ於ケル總テノ人ノ羨望ノ中心ニナッテ居ル、吾々ハ立憲政治ノ要諦ハ國民所得ノ公平ヲ期スルコトダト信ジマス、地方農村ニ於ケル此不堅實ナル實情ハ、軈テハ國民思想ノ堅實性ヲ根本的ニ破壞スベキモノデアラウト考ヘル、弱キ者ノ惱ミ、ソレガ現內閣諸公ノ眼ニハ映ジナイノデアリマスカ、ソレトモ是ガ映ジテモ知ラヌ顏ヲシテ居ルノデアリマスカ(拍手)或ハ與黨諸君ニハ、國民負擔ノ輕減ニ關スル、アノ全國町村長達ノ悲痛ナル叫ビガ聽エナイノデアリマスカ、諸君ハ地方自治制ノ危機ニ瀕シツ、アル今日ノ農村ノ實情ヲ、何ト御考ニナルカ知レマセヌガ、吾々ハ此根本原因ガ主トシテ米價安ニアルト云フコトヲ思フ時、特ニ米穀政策ノ重大サヲ痛感セザルヲ得ナイノデアリマス(拍手)內閣ノ諸公ハ是デモ農村生活ニ餘裕ガアルト御考ニナリマスカ、今日ノ農村ハ地主モ、自作モ、小作人モ、共ニ例外ナク總テ働ケル失業者デアリマス、働ケバ働ク程損ヲスルト云フノガ、今日ノ農村ノ實情デアル、「働ケド働ケド尙ホ吾ガ暮シ樂ニナラザリヂット手ヲ見ル」ト云ッタアノ啄木ノ歌其儘ガ、今日ノ農村ノ生活其モノデアルト云フコトヲ言ハナケレバナラヌ(拍手)汗ミドロニナリ、泥マミレニナッテ働イテ見タ所デ、何等儲ケガナイ、泥ダラケ、豆ダラケノ手ヲヂット見ナガラ、自暴自棄ニ陷リツ、アル所ノ、今日ノ地方農村ノアノ農民生活ヲ、吾々ガ明瞭ニ認識スルニアラズンバ、米穀政策ノ根本ハ到底樹立スルコトガ出來ナイノデアリマス(拍手)而モ是等ノ窮迫ニ對シテ現內閣ガ、然ラバ如何ナル應急對策ヲ執ッテ居ラレルカ、私ハ現內閣ノ今日ノ農村對策ハ、一ニ低利資金ノ融通ニ盡キテ居ルト思ヒマス、低利資金ノ融通、併ナガラ其實額ハ、現內閣ガ聲ヲ大ニシテ宣傳サル、ニ拘ラズ、洵ニ成績不良ナルコトヲ農村ノ爲ニ悲シムノデアリマス(拍手)現內閣ガ特ニ農村救濟ノ意味デ融通セラレタ所ノ資金ノ中デ、最モ主ナルモノハ米穀應急資金ノ三千万圓、失業救濟、農村漁村對策ノ資金七千万圓、合計一億圓デアリマス、此中デ米穀應急資金三千万圓ハ、目下進行中デアッテ、其成績ハ未ダ見ルベキモノガアリマセヌ、是ハ特別委員會ニ於テ吾々ガ農林當局ニ質シタガ、殆ド成績ノ見ルベキモノガマダ現ヘレテ居リマセヌ、デスカラ此處ニハ私ハ後ノ方ノ七千万圓ノ失業救濟資金ニ付テ、少シバカリ批判ヲ試ミテ見タイト思ヒマス

此失業救濟資金ハ其趣意書ニ依ッテモ「多ク國家ノ負擔ニ依頼セズシテ實現シ得ルノ途ヲ拓クニ努メタリ」ト書イテアルガ如キ、實ニ驚クベキモノデアリマス、町村及ビ農民個人ニ低利資金ヲ融通シ、現內閣失政ノ結果續出シタ所ノ失業者救濟ノ途ヲ講ゼントスルモノデアッテ、謂ハヾ政府自ラ製造シタ所ノ失業者ヲ、自ラ救濟スルニアラズシテ、農民ニ借金ヲセシメ、是ガ救濟ノ重任ヲ果サシメントスルノガ、此七千万圓ノ根本目的デアリマス、是程農民ニ對シテ不親切ナル政策ガ又トアリマセウカ、是程蟲ノ好イ政策ガ又ト世ノ中ニアルデアリマセウカ、ソレバカリデハアリマセヌ、此政策ハ單ニ農村ニ於ケル剩餘能力ヲ動員スルノミナラズ、都市ニ於ケル失業者ノ歸農ヲ容易ナラシメ、之ヲモ救濟スルノガ其目的デアリマス、此事ハ昨年ノ八月十九日ノ閣議決定ノ後、町田農林大臣ノ御發表ニナッタ聲明書ニモ明カニ是ガ書イテアル、諸君、今日ノ行詰ッタ農村ニ都市ノ失業者ヲ態々歸農セシメテ、之ヲモ救濟スルト云フ餘力ガアルデアリマセウカ、是ハ今日ノ農業經營ノ規模ノ小ナル點カラ考ヘテ見マシテモ、歸農ヲ奬勵スルコトガ、日本ノ農業經營ノ發展ノ上カラ論ジテ、果シテ適切デアリマセウカ、是デ眞ニ農村ヲ理解シ、農民ニ同情アル政府ノ施設ナリト論斷スルコトガ出來マセウカ、而モ其施設ノ事業ノ種類ヲ調ベテ見マスト、開墾及ビ耕地ノ改良、林道ノ開鑿等ヲ始メトシテ、其多クハ生產ヲ將來ニ持チ來スベキ基礎的施設デアッテ、直チニ右カラ左ニ農家ノ收入ヲ招來シ得ベキ何物モ其處ニナイノデアリマス(拍手)今日ッ農村ハ既ニ背負ヒ切レナイ程ノ借金ニ惱ミ切ッテ居ルノデアリマス、然ルニ此上更ニ借金ヲ奬勵スルトハ何事デアリマセウカ、ソレバカリデハナイ、租税公課ノ負擔過重ニ弱リ切ッテ居ルノガ、今日ノ農村デハアリマセヌカ、今日ノ農村ハ新ニ借金ヲシテ、而シテ事業ヲ起シ、生產ヲ將來ニ招來スルガ如キ事ヲ爲ス餘地ハナイ、今日ハ借金ヲ少シデモ減ラシ、負擔ヲ少シデモ少ナクシテ行クト云フノガ、今日ノ農村對策ノ根本デナケレバナラヌト私ハ信ズルノデアリマス、農村農民自ラノ負擔ニ依ッテ都市ニ於ケル失業者ノ歸農ノ便ヲ圖リ、之ニ職ヲ與ヘ、サラデダニ人口過剩ニ惱ンデ居ル農村ノ人口ヲ增シ、農業經營ノ利益ヲ減退セシメントスルガ如キハ、實ニ拙策ノ甚ダシキモノナリト斷定セザルヲ得ナイノデアル、而モ其貸出ニ對スル手續等モ面倒ニシテ、何等應急對策ノ趣旨ニ適ハザルコトハ、是ハ過日當ノ委員會ニ於テ、我黨ノ胎中君ト政府當局トノ質問應答ニ依ッテ明カデアリマス、當局ノ怠慢ニ依リ、本計畫發表以來既ニ半年ニナルケレドモ、何等進捗ヲ見ルコトガ出來ナイ、唯今日ニ於テ僅ニ二百万圓ノ貸付ヲ了シタト云フニ過ギナイコトハ、委員會ノ質問應答ニ於テ明カデアリマス、之ヲ政府當局ハ何ト辯明ナサルノデアリマスカ、失業救濟ノ最モ必要ナノハ農閑期デアリマス、其農閑期ハ怠慢爲スナキ政府ノ其態度ニ御構ヒナク、政府ヲ置イテキボリニシテ、サッサト行キ過ギツヽアルノガ今日ノ狀態デアリマス、本計畫發表ノ當初聲ヲ大ニシテ叫バレタ失業救濟ノ數字的說明ヲ、町田農林大臣ハ何ト始末ヲナサル積リデアリマスカ、斯ノ如ク現內閣ノ農村對策ハ、低利資金ニ最モ重キヲ置イテ居ルノデアリマスガ、其低利資金融通ノ實績ガ斯ノ如キモノデアリマス、然ルニ井上大藏大臣ハ豫算總會ニ於テ、吾々ノ同僚砂田君ノ質問ニ對シテ、農民ガ疲弊困憊シテ居ルコトモ十分承知シテ居ル、ダカラ政府トシテハ是ダケノ處置ヲシテ居ルノデアル、是デ十分デアリマス、是レ以上ハ議論デアリマスト申シテ居リマス、農村救濟施設ノ十分ナルコトヲ述ベテ、更ニアナタ方ハ色々議論ヲサレテ居ルケレドモ、是マデ農村ナリ、總テガ自覺ガ足ラズ、放漫ナル考ヲ持ッテ居ッタカラ、今日ノ狀態ニナッタト稱シテ、農村今日ノ行詰リハ農民ノ無自覺ト放漫トニ歸シテ、自己ノ政策ノ失敗ノ跡ヲ掩ハントシテ居ルノデアル(拍手)斯ノ如ク農村ニ理解ナク、斯ノ如ク農民ニ同情ナキ言論ト云フモノハ、吾々ハ未ダ曾ツテ聽イタコトハアリマセヌ(拍手)更ニ井上大藏大臣ハ今日ハ整理スベキ時代デアル云々ト高唱サレテ居リマスガ、果シテ今日ノ行詰ッタ農村民生活ニ整理ノ餘地ガアリマセウカ、現內閣ガ盛ニ唱道セラルヽ所ノ產業ノ合理化、是ハ或ハ工業ノ工場ニハ之ヲ行フノ餘地ガアリマセウ、或ハ原料ノ廉價購入、或ハ操短、解雇、勞銀ノ引下等、其餘地ハ極メテ大ナルモノガアリマセウ、併シ今日ノ農業經營ニ整理スベキ何物ガ殘サレテ居リマセウ、生產費ノ低下ヲ圖ルト云フニハ、肥料ノ廉價購入ノ外ニ途ガナイ、然ルニ俵商工大臣ハ過日特別委員會ニ於テ、硫安ノ不當廉賣ノ課稅ヲ行ヒ、而シテ今日六十圓デ農家ノ手ニ入ッテ居ル硫安ノ價格ヲ引上ゲル意思ヲ持ッテ居ルコトヲ聲明サレテ居ルデハアリマセヌカ、是デ農村ニ親切ナル政治ト言ヘマセウカ、更ニ農業經營ニハ操短ナドト云フヤウナ、工場デ用ユル手段ハ絕對アリマセヌ、勞力ガ餘ルカラト云ッテ、雇傭人ナラザル家族ヲドウスルコトモ出來ナイ、斯ク論ジ來レバ、農村ノ救濟ノ方策トシテハ、一面ニ於テハ負擔ノ輕減ヲ圖リ、負債ノ整理ニ全力ヲ盡スト云フコトト、同時ニ生產物價格ノ不當ナル引下ヲ防止スル所ノ適當ナル方策ヲ講ジナケレバナラヌ(拍手)此三ツノ策ヨリ外途ガアリマセヌ、即チ吾吾ガ今迄農村ノ窮狀ヲ詳ニ考究シテ來タ所ノモノハ、此基礎ガハッキリシナケレバ、吾吾ノ所謂米穀對策ニ對スル本當ノ審議ノ基礎ガナイカラデアリマス、私ハ斯ル意味ニ於テ、米穀法ノ改正法案ニ對スル檢討ヲ少シ試ミテ見タイト思フノデアリマス(拍手)

私ハ我國ノ食糧政策ハ國ノ存立ヲ鞏固ニシ、吾々國民ノ生活ヲ安固ニスル爲ニハ、ドウシテモ自產自給ヲ以テ其根本方針トシナケレバナラヌト確信スルモノデアリマス、而シテ此目的ヲ達スル爲ニハ、何ヲ差措イテモ先ヅ內地ニ於テ吾々ノ必要トスル吾々ノ食糧ヲ、生產スルト云フコトデアル、所謂米ヲ內地ニ於テ出來ルダケ生產スル、ソレデモドウシテモ足ラナイ場合ニ、其足ラザル所ヲ植民地ニ仰ギ、尙ホソレデモ不足スル場合、若クハ或ル特別ナ目的ニ供スル爲ニ外國米ヲ輸入スルト云フコトガ、是ガ順序ナリト信ズル、此點ニ付テ私ハ過日特別委員會ニ於テ幣原臨時代理ニ御尋致シマシタガ、幣原總理大臣代理モ其通リデアルト言明ヲセラレマシタカラ、現內閣ノ食糧ニ對スル根本方策モ玆ニ在ルコトハ明瞭デアルノデアリマス、此點ガ明カニナッタトスルナラバ、即チ我國ノ食糧政策ハ自由放任主義デナクシテ、國家ノ機能ヲ以テ是ガ數量及ビ市價ノ調節ヲスルト云フ、人爲的調節ノ主義デナケレバナラヌ、是ガ根本方針デナケレバナラヌ、此根本方針ヲ吾々ハ明瞭ニ認識シテ置カナケレバナリマセヌ、大正十年ニ米穀法ガ發布サレタト云フノモ、要スルニ此趣旨ニ外ナラナイ、然ルニ其後內外ノ事情ガ變化シテ來テ、一昨年五十六議會ニ於テ、田中內閣ガ所謂特別會計法ヲ改正シテ七千万圓ノ增額ヲ試ミタ、其場合ノ三土大藏大臣ノ提案ノ理由ヲ見マシテモ、又民政黨ヲ代表シテ賛成演說ヲサレタ田中

除三氏ノ演說筆記ヲ見マシテモ、又アノ際町田安達兩氏ガ非公式ニ野黨ヲ代表シテ、田中內閣ノ當路者ト懇談サレタ其眞相ヲ聽イテ見マシテモ、又アノ法案ニ附帶決議ヲ附シテ貴族院ニ於テ攻擊サレタ、其附帶決議ノ精神ヲ見テミマシテモ、今日此米穀法運用ノ上ニ於テハ、大ナル根本的改正ヲシナケレバナラヌ、デナケレバ眞ノ目的ヲ達スルコトハ出來ナイト云フ趣旨ニ依ッテ、アノ七千万圓ハ所謂應急的ノ意味ニ於テ貴衆兩院ヲ通過致シタノデアリマス、此趣旨ニ依ッテ米穀調査會ガ出來タ、所謂田中內閣ニ於テ米穀調査會ガ設置サレテ、一昨年ノ六月十三日ニ初メテ總會ガ開カレタ、其總會ニ於テ田中總理大臣ノ挨拶セラレタ其要旨カラ見マシテモ、米穀　調査會ノ設置サレタ當時トハ事情ガ違ッテ來タ、臺灣朝鮮ノ米ノ問題、或ハ外國米ノ問題、是等ヲ適切ニ解決スルニハ、根本ノ調査研究ヲシナケレバナラヌ、更ニ七千万圓ノ資金ヲ增額シタノモ、是ハ應急策デアッテ、根本ノ調査ヲシテ米穀對策ノ動カザル所ノ基礎ヲ作ラナケレバナラヌト云フ趣旨ヲ以テ、米穀調査會ヲ組織スルト、斯ウ言ハレテ居ル、其後內閣ガ迭ッテ濱口內閣ガ出來タ、九月ノ十三日ニ現內閣ノ手ニ依ッテ米穀調査會ガ新シク招集セラレタ場合ノ、濱口總理大臣ノ演說モ同樣ノ趣旨デアリマス、而シテソレニ依ッテ米穀調査會ノ審議ガ進ンデ、所謂諮問第一號ナルモノガ提案サレタ「米穀ノ需給及價格ノ調節ニ關シ執ルベキ方策如何」ト云フ、諮問第一號ガ、米穀調査會ニ諮問ニナッタ、此諮問ノ說明書ヲ見テモ同樣ノ趣旨デアリマス、卽チ根本的ノ米穀方策ヲ調査研究スルト云フノガ、米穀調査會ノ本當ノ趣旨デアル、是ハ前內閣モ現內閣モ、此趣旨ニ於テハ何等變ル所ガナイノデアリマス、ソコデ此調査會ニ於テ愼重ニ調査研究ヲシタ結果、此諮問第一號ニ對スル答申案ガ提出サレタ、其答申案ハ五ツノ項目カラ成ッテ居リマス

第一ガ米價基準ヲ設立スルハ緊要ナリト認ム仍テ政府ハ速ニ米穀法ノ發動ニ必要ナル米價ノ最高最低基準ヲ調査決定スヘシ

第二、農業倉庫ヲ奬勵シ之ニ低利資金ヲ融通スルコト

第三、內地ニ移出スル朝鮮米ノ數量ヲ月別平均的ニ調節スル爲速ニ朝鮮總督府ニ於テ適當ナル方策ヲ樹立スヘシ

第四、外國米輸出入許可制度ヲ設ケ一定數量ノ輸入ヲ許可シ同時ニ輸出ヲモ許可ヲ受ケシムルコトトシ外國米輸出入ノ管理統制ヲ圖ルヘシ

第五、從來ノ米穀需給調節特別會計ノ損失ヲ一般會計ニ移スコト

此五ツノ項目カラ成ル所ノ答申案ガ出來タノデアリマス、卽チ現內閣ハ此答申案ニ基イテ愼重審議セラレタ結果、今回ノ米穀法ノ改正法律案ヲ御提出ニナッタト思ヒマスガ、吾々カラ之ヲ見レバ、此答申案其物サヘ私ハ根本的ノ米穀對策ヲ講ズル上ニ於テハ、大ナル不足ガアルト考ヘル、然ルニ現內閣ガ之ニ依ッテヤラレタ所ノ米穀對策ノ跡ヲ考ヘテ見ルト、此答申案ノ內容ヲモ隨分削フコトノ出來ナイヤウナ姑息ノ改正デアッタコトヲ、私ハ遺憾ニ考ヘルノデアリマス(拍手)

私ハ是カラ極メテ簡單ニ其主張ヲ明カニシテ行キタイト思ヒマスガ、所謂此中デ最モ大切ナコトハ「從來ノ米穀需給調節特別會計ノ損失ヲ一般會計ニ移スコト」ト云フ其說明ニ「米穀需給調節特別會計ノ過去ノ損失ハ今更自ラ償却スルニ由ナシ、仍テ米穀法改正ノ際之ヲ一般會計ニ移スベシ」ト答申致シテ居リマス、デスカラ答申ノ趣旨カラ言ヘバ、米穀法ヲ改正スル場合ニハ、是ト同時ニ今日ノ特別會計ノ損失ニナッテ居ル所ノ一億五千万圓ヲ一般會計ニ移シテ、之ヲ處分シナケレバナラヌ、之ヲ熱烈ニ要求シテ居ル、一昨年ノ七千万圓增額ノ場合ノ貴衆兩院ノ熱望スル所モ是ニアッタ、然ルニ現內閣ハ此重要ナル所ノ趣旨ニ對シテ、何等實現サレテ居リマセヌ、吾々ハ之ヲ特別委員會ニ於テ町田井上兩大臣ニ御尋致シタノデアリマスガ、其通リ必要デアルケレドモ、財政ノ現狀カラハ如何トモスルコトガ出來ナイ、町田農林大臣ハ一兩年ヲ期シテ交付公債デ以テ之ヲ始末スル所ノ決心デアルト稱セラレテ居ル、井上大藏大臣ハ之ヲ始末シナケレバナラヌガ、之ヲ始末スルニハ一千万圓位ノ恆久財源ヲ必要トスルカラ、其目安ガ付カナイ以上ハ茲ニ斷言出來ナイ、何トカスル積リデアル、將來ハ何トカスル積リデアル、斯ウ仰セラレテ居リマス、私ハ此一億五千万圓ノ損失ト云フモノハ、謂ハヾ是ハ一ツノ國民ノ病ダト思ヒマス、此病ヲ適當ニ根本的ニ處理シナイデ、如何ニ特別會計ノ資金ヲ增額致シテモ、永久ニ此病ヲ取去ルコトガ出來ナイ、故ニ眞ノ名醫ガアッタナラバ、此病ニ鋭キ「メス」ヲ加ヘテ根本カラ之ヲ治療シ、然ル後ニ資金ノ增額ニ進マナケレバナラヌト思フ、然ルニ之ヲヤラナイ、ヤラナイデ八千万圓今度殖ヤスコトニナルノデスガ、是デハ病ヲ其儘ニシテ糊塗シテ何カヲ貼ッテ胡魔化シテ居ルト云フヤウナ、藪醫者デナケレバシナイヤウナ姑息ナ政策デアルト私ハ思フ(拍手)殊ニ町田農林大臣ハ一二年ヲ期シテ必ズ實現シタイト言ハレマスケレドモ、我國ノ內閣ノ平均壽命ハ一年八箇月デアリマス、此事ヲ考ヘテ見タ時分ニ、一年二年ノ先ガ果シテドウナルカ、吾々ハ豫斷ガ出來ヌト思ヒマスガ、併ナガラ現內閣ノ財政政策ノ根本カラ申シマスレバ、私ハ出來ナイト思フ、出來ナイカラ巳ムヲ得ナイトシテ、吾々ハ米穀法ノ存續スル限リ資金ヲ必要トシマスカラ、八千万圓ノ增額ニハ所謂一昨年民政黨ノ諸君ガ賛成セラレタト同樣ノ意味ニ於テ、應急ノ對策トシテ之ニ賛意ヲ表スル者デアリマス

更ニ第二ノ問題ハ、農業倉庫ヲ奬勵シ、之ニ低利資金ヲ融通スルト云フ問題、是ハ私ハ最モ必要ナル調査會ノ答申デアルト思ヒマス、農民ガ自ラノ經濟的施設ニ依ッテ、出來秋ニ於ケル市場殺到ヲ防グト云フコトハ、內地ニ於ケル米價ノ維持ニ最モ大切ナル方策デアルト云フナラバ、政府ハ此經濟的施設ニ付テ根本的ノ計畫ヲ立テ、御盡力ニナラナケレバナラヌノデアリマスケレドモ、之ニ付テ特ニ常時的ノ御計畫ガナイノデアリマス、是モ現內閣ノ財政方針カラ言ヘバ、「無論之ヲ望ムハ不可能デアリマセウ」、唯今日ノ豐作ニ對スル應急手段トシテ、先程モ申シマシタヤウニ、三千万圓ノ低利資金ヲ融通シテ、四百六十万石ノ籾ヲ端境期ヲ乘越シテ、翌年度マデ貯藏セシムルト云フコトヲ御計畫ニナッテ居ル、盛ニ之ヲ御唱導ニナッテ居リマスガ、是モ委員會ニ於テ吾々ガ確メルト、四百六十万石ノ籾貯藏ハ、是ハ豫定數デアッテ、今日ノ所デハ甚ダ不成績デアルト云フコトガ明瞭ニナッタノデアリマス、此外ニ低利資金以外ノ方法ヲ以テ、尙ホ五百六十万石位ノ籾ヲ貯藏サレルト云フカラ、彼此レ一千万石ノ籾貯藏ヲ農家ニサセルト云フ應急手段ヲ執ッテ居ラレマスケレドモ、先程言ッタヤウニ、根本的ノ此對策ニ付テハ尙ホ何等ノ計畫ガアリマセヌ、此點ニ付テモ吾々ハ此答申第二項ニ對スル現內閣ノヤッテ居ラレルコトハ、洵ニ姑息デアッテ、委員會ノ答申ノ趣旨ニ合ハナイモノデアルト云フコトヲ、茲ニ斷言セザルヲ得ナイノデアリマス

其次ハ「內地ニ移出スル朝鮮米ノ數量ヲ月別平均的ニ調節スル爲メ速ニ朝鮮總督府ニ於テ適當ナル方策ヲ樹立スベシ」是ガ重大ナル問題デアル、今日內地ノ米價ヲ出來秋ニ於テ、殊ニ支配スル所ノモノハ朝鮮米

デアル、生産費ノ安イ、價格ノ安イ朝鮮米ガ內地ニ盛ニ出來秋ニ流入シテ來ルト云フコトガ、今日ノ內地ノ米價ニ大ナル壓迫ヲ與ヘルト云フナラバ、之ニ對シテ何等カノ統制ヲシナケレバナラヌ、是ガ米穀調査會ニ於テ最モ重キヲ置イタ問題ノ一ツデアリマス、之ニ對シテ政府當局ガ、月別平均ニ調節スル爲ニ適當ナル施設ヲスルト云フ言明ガアッタ爲ニ、斯ノ如キ答申ガ出來マシタガ、然ラバ之ニ依ッテ政府當局ハ如何ナル施設ヲ致シタカ、出來秋ニ於ケル內地移入ノ殺到ヲ防グ爲ニ、低利資金ヲ融通シテ農業倉庫ヲ造ル、ソレハ昭和五年カラ五箇年ヲ期シテ百万石ノ玄米ヲ貯藏スベキ倉庫、ソレガ濟ムト更ニ第二次計畫トシテ百五十万石ヲ包容スベキ倉庫ヲ造ルト云フ、所謂十五箇年計畫ト申シマスカ、十五箇年目ニ僅ニ二百五十万石ノ米ヲ貯藏スルト云フヤウナ農業倉庫ヲ、今日計畫シテ居ラレル、政府ハ之ヲ完全ナリト思フヤト私ハ質問致シタガ、完全ト思ハヌガ、今日ノ財政狀態デハ是レ以上ニハ出來ナイト、拓務大臣ハ明瞭ニ答辯サレタノデアリマスガ、是デ果シテ所期ノ目的ヲ達シ得ルカ、吾々ハ甚ダ疑問デアリマス、殊ニ今年ハ內地モ豐作ト同時ニ朝鮮モ大豐作デアリマス、ソレ故ニ政府ノ示サレタ所ノ、內地ニ於ケル米穀需給ノ六年度ニ於ケル豫定表ヲ見マスルト、朝鮮カラ八百万石ノ移入ガアルコトニ豫定サレテ居リマス、吾々ハ茲ニ朝鮮カラ八百万石ノ米ガ入ルコトガ、善イトカ惡イトカ云フヤウナコトヲ論議スル積リヂヤアリマセヌ、併ナガラ既ニ政府ガ色々ノ方法ヲ講ジ、又臨時的ニ低利資金千八百万圓ヲ融通シテ、盛ニ御苦心ニナッテ居ル、其御苦心ハ同情致シマスガ、ソレデモ既ニ本年ハ、昨年ノ十一月ヨリ本年二月下旬ニ至ルマデノ移入米ハ、昨晩ノ夕刊ニ載ッテ居ル所ノ此數字ガ間違ナイトスルナラバ、前年ニ比シテ四十一万九千石モ多ク移入サレテ居ルト云フ事實ガアルノデアリマス、即チ今日ト雖モ朝鮮ノ米ガ內地ノ市場ヲ壓迫スルト云フコトハ明瞭デアル、ノミナラズ八百万石ヲ豫定シテ居ルト云フナラバ、今日マデ移入シタモノヲ差引イテモ、今後尙ホ四百七十万石ハ本年度ニ移入スルコトニナル、月別ニスレバ今後五十八万七千五百石、是ダケノモノガ月別平均ニ入ッテ來ルコトニナル、未ダ曾テナイ大キイ數量デアリマスガ、是ガ今後內地市場ヲ壓迫スルト云フコトハ當然デアルト思ヒマス(拍手)即チ現內閣ハ三千万圓ノ低利資金ヲ融通シテ、サウシテ四百六十万石ノ籾ヲ貯藏スル、其他色々他ノ方法デ、是ヨリ以上ノ籾ノ貯藏ヲシテ、一千万石ノ籾、所謂五百万石ノ玄米ヲ、或ハ端境期マデ持越ス、ソレマデデナクトモ、是カラ貯藏シテ置イテ、適ニ賣出サセナイト云フ方法ヲ採ッテ居ラレルノガ約八百万石ニ達シマス、是ガドノ程度マデ實現スルカ知ラヌガ、內地ニ於テ八百万石ノ米ヲ貯藏シテ置キナガラ、朝鮮カラ八百万石ノ米ガ入ッテ來ル、其善惡ヲ私ハ論ズル者デハナイガ、實際問題ヲ言ヘバ、其爲ニ內地ノ市場ガ今後モ壓迫ヲ受ケルト云フコトハ、是ハ當然ノコトデアリマス(拍手)即チ生産費ノ安イ、サウシテ價格ノ安イ朝鮮米ガ內地ニ入ッテ來テ、茲ニ內地ノ市場ヲ壓迫スルト云フナラバ、之ニ對シテモット徹底的ナ方法ヲ講ズルト云フコトガ、私ハ日本ノ全體ノ米穀政策ノ上カラ言ッテ、當然シナケレバナラヌ事デアルト考ヘルノデアリマス(拍手)私ハ敢テ、朝鮮米ヲ特別ニドウトカショウト云フ意味モ毛頭持ッテ居リマセヌ、私ハ內地ノ農民ノ爲ニ、特ニ朝鮮ヲ犧牲ニ供ショウトハ思ハナイ、ソレト同時ニ內地ノ農民ヲ、朝鮮ノ爲ニ犧牲ニ供スルト云フコトモイケナイ

茲ニ吾々ハ、モット徹底シタ所ノ米穀政策ガ我國ニ生レナケレバナラヌト思フ、即チ今日ハ單ニ生産ハ自由デアル、而シテ移入モ自由デアルガ、唯出來秋ニ一時ニ來テハイカヌカラ、是ハ月別平均デヤル方法ニシナケレバナラヌト云ッタヤウナ、ソレダケノモノデ、私ハ此重大問題ハ解決ハ出來ナイト思フ(拍手)即チ此大問題ヲ解決スルニハ、內地植民地ヲ打ッテ一丸トシタ所ノ、大ナル米穀ノ根本方策ガ立タナケレバナラヌ筈デアリマス(拍手)ソレニ對シテ私ハ、拓務大臣其他ニ御尋シタケレドモ、今日ニ於テハ何等ノ根本方策ハ立ッテ居ナイ、農林大臣モ其點ニ於テハ何等御考ニナッテ居リマセヌ

斯ウ考ヘレバ、私ハ今回ノ政府ノ御提案ニナッテ居ル米穀法ノ改正ノ如キハ、尙ホ尙ホ吾々ノ要求スル根本問題ニ觸レザルコト遠シト謂ハナケレバナラヌノデアリマス(拍手)唯殘リノ二ツ、即チ外米ノ輸入ニ關スル制度、是ハ今回ノ改正法律案ニ御提案ニナッテ居リマス、吾々ノ答申シタモノト多少違ヒマスケレドモ、要スルニ常時的ノ外米ノ輸入輸出ニ付テノ許可ノ制度ヲ採ラレタ、併ナガラ是ハ現在ノ法律デモ第二條ニ依ッテ出來ルノデアル、唯今回ノハ、其出來ル事ヲ常時的ニ法律ノ上ニ明カニシタト云フダケデアリマシテ、實質ニ於テハ私ハ大ナル變化ハナイト思フ、便利デハアルカモ知ラヌケレドモ、大ナル變化ハナイ、殊ニ條約ノ關係カラ、此法律ノ適用ヲ受ケナイモノノアル、此際デアリマスカラ、是等ノ如キハ現法ニ於テ其目的ヲ達シ得ルト云フコトナラバ、何モ慌テテ之ヲ改正スル必要ハナイ、適當ナ時機ニ、モット進ンデ徹底的ナ外米ニ關スル統制管理ノ方策ヲ考究サレテモ、尙ホ遲クナイト思フノデアリマス(拍手)

ソコデ最後ニ殘ッタ問題ガ、今回ヤカマシクナッテ居ル所ノ米價ノ基準ノ問題デアリマス、私ハ此米價基準ノ制定ニ付テ反對スル者デハアリマセヌ、私モ其必要ヲ熱心ニ主張シテ居ル一人デアリマス、併ナガラ前刻同僚ノ胎中君モ言ハレタノデアリマスガ、私ガ之ニ反對スル理由ヲ極メテ簡單ニ申上ゲテ見タイト思ヒマス

今回ノ改正ノ要旨ハ、所謂率勢米價ト、米ノ生産費及ビ家計費ノ三ツデアリマス、其中デ米ノ生産費、家計費ト云フモノヘ、是ハ現在何モナイ、空デアリマス、六年度カラ調査ニ着手スルモノデアッテ、其完成ノ年次、調査ノ結果ノ良否ト云フモノハ、今日ニ於テハ全然不明不確實ノモノデアリマス、先程委員長ノ報告ニハ、一二年ノ間ニハ必ズ云々ト云ッタヤウナコトヲ申サレマシタガ、私共ハ必ズシモ斯ノ如ク、此調査ガ速ニ出來ルモノトモ思ハナイ、故ニサウ云フヤウナ不確實ナモノヲ基礎トシテ、法ノ改正ヲ行フト云フガ如キハ、是ハ第一立法ノ精神上カラ考ヘテモ不穩當デアルト思フ(拍手)故ニ政府ハ此際是ガ調査ニ速ニ著手セラレ、サウシテ嚴密周到ナル調査ヲ遂ゲテ、其結果ニ付テ、生産者竝ニ消費者、兩而カラ之ヲ觀察シテ、是ナラバ基礎的材料トシテ採用シテモ可ナリト云フ見當ガ付イタ所デ、初メテ法ノ改正ニ著手セラレルト云フコトガ、洵ニ穩當デアルト私ハ考ヘル(「ヒヤ〳〵」、拍手)然ルニ此目安モ付カナイノニ單ニ法律ダケヲ改正シ、實行不可能ノ死法タラシメ、附則ニ於テ更ニ暫定法ヲ設ケテ、當分率勢米價一本デ行カウト云フガ如キハ、是ハ單ニ改正センガ爲ノ改正デアリ、徒ニ一時ヲ彌縫スル所ノモノデアッテ、更ニ國民ヲ欺瞞セントスル所ノ一ツノ政策デアル(「ヒヤ〳〵」、拍手)此改正法律案ハ、一般國民ノ利益增進ニハ殆ド關係ノナイモノデアリマス、生産者ニ取リマシテハ、極メテ不利益ナ結果ヲ招來スルモノデアルト云フコトヲ私ハ斷言スル(拍手)殊ニ附則ニ於テ、暫定的法トシテ率勢米價一本デ行クト云フガ如キハ、假令ソレガ短期間デアルト假定致シマシテモ、極メテ不都合デアルノデアッテ、吾々ハ此一事、斷ジテ贊成ガ出來ナイノデアリマス(拍手)即チ政府

ガ暫定的ニ一本ヲ以テ行カントスル率勢米價ニハ、色々ノ缺點ガアリマス、第一ニ日本銀行ノ物價指數ハ何ニ據ッテ居ルカ、一般物價指數ハ、東京ノ中央市場ノ卸相場デアリマス、其米價指數ハ、深川ノ正米市場ノ標準米ノ平均價格ヲ基礎ト致シタモノデアリマス、故ニ是ハ東京ノ如キ消費者ヲ目標トシタ所ノ、一ツノ基準ニハナリマスケレドモ、地方農村ノ米價ノ基準ニハ、私ハナリ得ナイト思フ(拍手)如何トナラバ米ノ庭相場ハ、深川ノ市場ヨリモ遙ニ安イ、而シテ農家ノ消費スル所ノ生産ニ要スル物資竝ニ生計ニ要スル物價ハ、遙ニ東京ノ卸相場ヨリモ高イノデアリマスカラ、此不利益ナ立場ニ在ル所ノ農家ノ本當ノ經濟ヲ中心トスル所ノ米價デアッタナラバ、斯ノ如キ東京ヲ中心トシ、消費者ヲ目標トシタ所ノ物價指數ヲ以テ算出スルト云フコトハ、遙ニ是ハ農村ノ經濟實情ヲ裏切ルモノデアル、即チ消費者本位デアッテ、生産者本位デナイト云フコトヲ玆ニ斷言シテ憚ラナイノデアリマス(拍手)更ニ日本銀行ノ物價指數ハ、申上ゲルマデモナク五十六品目ニ付テ、其平均ヲ取ッタモノデアリマス、之ニ對シテ色々ノ缺點ノアルコトハ胎中君モ述ベラレタ、而シテ其缺點ニ付テハ、委員會ニ於テ農林當局モ認メラレテ居リマス、併ナガラ單ニ是ガ一番長イ歲月ニ亙ッテノ調ベデアルカラ宜シイト云フ、是ダケノ事デアル、其內容ノ吟味ハ、サッパリ分ラヌ、內容ノ吟味ガ出來ナイ、單ニ日本銀行ト云フ其名ヲ信頼シテ、之ヲ利用スルト云フコト程危險ナ事ハ私ハナイト思フ(拍手) 尤モ是ハ單ニ物價ノ將來ヲ豫測スルト云フ、何カノ目安ニ供スルト云フ程度ノモノデアッタナラバ、ソレデモ宜イデセウ、併ナガラ今回ノ事ハ、最小二乘法ノ如キヲ利用シ、「コンマ」以下何位マデモ算出スルト云フヤウナ計算ヲシテ、之ヲ法律ノ基礎トスルモノデアリマスカラ、所謂率勢米價算出ノ基礎トスルコトニ於テ、吾々ハ洵ニ妥當ヲ缺イテ居ルモノデアルト謂ハナケレバナラヌ

此缺點多キ基礎材料ヲ以テ算出シタ所ノ米價率及ビ趨勢米價ガ、果シテ何ヲ意味スルカ、サッパリ分ラナイ、分ラヌデモ斯ウ云フ數字ガ出ルノダト云フ所謂率勢米價デアッテモ、而モ其上下二割ガ基準價格ノ最高最低デアルト云フナラバ、ソレマデ、アリマス、併ナガラサウシテ算出シタ率勢米價ガ果シテ何ニナリマセウ、何ノ權威ガアリマセウ、ソレバカリデハナイ、假ニ之ヲ用利シタトシテ、過去長年月ニ亙ル米價ノ趨勢ガ、將來ノ米價ヲ律スル上ニ於テドレダケノ効果ガアルカ、大ナル疑問デアリマス、如何トナレバ、過去ノ米價ヲ決定シタ色々ノ因子ト云フモノハ、年ト共ニ變化スルコトハ、ドウシテモ免レナイ、是ハ私ヘ時間ガアリマセヌカラ詳シクハ申上ゲマセヌガ、即チ過去ノ米價ヲ決定シタ色々ノ因子ハ變化スルモノデアル、デアリマスカラ過去ノ米價其他ノ事情ニ依ッテ將來ヲ測定スルト云フコトニ付テハ、決シテ是ハ完全ヲ期スルコトハ出來ナイモノデアル、若シ是ガ單ニ將來ノ米價ヲ豫測スル目安デアルナラバ、先程申上ゲタヤウニソレデモ宜シイノデアリマス、併ナガラ今回ノ如キ、過去ノ米價其他ノ諸事情カラ推定シテ、生産者消費者ノ兩者ニ對スル公正ナル價格ヲ算出セントスルニ至ッテハ、一層是ハ困難ナ問題ヲ惹起スルノデアッテ、同時ニ單ニ是ノミニ依ッテ最低最高ノ米價標準ヲ決メル所ノ法律ノ基礎トスルガ如キハ、極メテ不都合デアルト斷言セザルヲ得ナイ、若シ強テ之ヲ採用シタ結果、ソレデハドウナルデアラウ、ソレハ過去ノ米價カラ豫測サルベキ米價ニアラシムルコトヲ以テ其根據トシタモノデアッテ、生産者ノ利益ヲ保護シ、同時ニ消費者ノ生活ヲ壓迫シナイト云フ爲ニ定ムベキ米價ト云フモノトハ、全然無關係デアリマス、即チ是カラ得ラレル結果ハ何デアルカト言ヘバ、米價ノ安定デアル、米價ノ安定ト云フト如何ニモ宜イヤウデアリマスガ、斯ル場合ノ米價ノ安定ト云フモノハ、果シテ何ヲ意味スルカ、是ハ生産者及ビ消費者ガ――若シ政府ガ示スヤウナ材料ヤ計算法ヲ以テ豫想スルナラバ、米價ガ率勢米價ノ上下二割ノ範圍内ニ於テ落付クデアラウト云フ期待ヲ裏切ラナイ所ノ、米價ガ其處ニ定ルト云フダケデアッテ、其以外ニ何物モナイノデアリマス、之ニ依ッテ利益サレルノハ誰ダカ分ラナイ、即チサッパリ利益ヲ受ケル者ガ分ラナイ

斯ウ云フヤウナ怪シイモノヲ以テ、本法改正ノ根據トスルガ如キハ、全然本法ノ趣旨ヲ無視シタモノデアルト謂ハナケレバナラヌ更ニ最高最低價格ヲ上下二割トシタト云フコトニ付テモ議論ハアリマスガ、是ハ私ハ論ジマセヌ、上下四割ノ開キデ、過去二十九年間ノ趨勢ニ依リマシテ吾々ハ考ヘルナラバ、本法出動ノ機會ハ非常ニ少クナルモノト斷定セザルヲ得ナイ、成ベク本法ヲ出動サセナイト云フノガ此法律改正ノ趣旨デアルナラバ、ソレデ宜イカモ知レマセヌ、併ナガラ上下二割ト云フ決定ニハ、尙ホ研究ノ餘地ガ多イ、即チ與黨諸君モ、下ノ方ハ二割ニシナイデ一割五分ニスルノガ適當デアルガ、暫定的ダカラ當分二割トスルモ已ムヲ得ナイト、一昨日ノ特別委員會ニ於テ討論ノ際申述ベラレタ、一割五分ガ適當デアルガ、暫定的デアルカラシテ、已ムヲ得ナイカラ二割デ我慢スルト云フノハ、理窟ガ通ラヌヂヤアリマセヌカ、即チ不穩當ト認メナガラ、暫定的ダカラソレヲ承認スルト云フ態度ハ、是ハ生産者タル農民ニ冷酷極マル態度デアルト謂ハナケレバナラヌ、是デハ決シテ農村ハ救ハレマセヌ

殊ニ政府ノ原案ハ、米價ノ趨勢ガ直線的ニ進ムモノト認定シテ、趨勢値ヲ計算シタモノデアリマスケレドモ、是モ一種ノ認定ニ過ギナイ、直線式以外ノ用式ヲ以テ、適當ナル計算ヲ爲シ得ル餘地モアル、即チ吾吾ハ直線式ヨリモ、他ノ適當ナ用式ヲ認定スルコトガ適當ト信ズルモノデアル、即チ吾々ハ直線式ヨリモ寧ロ「パラボラ」式ガ遙ニ適當ナリト認定スル者デアル、而モ此兩者ヲ比較シテ見ルト、政府ノ御計算ニ依ッテ比較シテ見ルト、胎中君モ言ハレマシタガ、明治三十七年カラ昭和六年マデ二十八年間ニ於テ「パラボラ」式ノ方ガ、直線式ヨリモ米價ガ高イノガ十九箇年、殘リノ九箇年ガ是ト反對ニ出テ居ル、殊ニ近年大正十二年以來ハ、引續イテ「パラボラ」式ノ方ガ常ニ高値ニ出テ居ル ノデアッテ、是カラ見テモ「パラボラ」式ノ方ガ、政府原案ヨリモ遙ニ生産者ノ農民ニ有利デアル、即チ此點カラ見テモ、政府原案ハ生産者ノ利益ヲ事實ニ於テ無視シタルモノデアルト斷言セザルヲ得ナイノデアリマス

元來率勢米價ナルモノハ、統計學的ニハ何モサウムヅカシイモノデナイ、不可解ナモノヂヤアリマセヌ、併シ實際問題トシテ、率勢米價ガ果シテ何ヲ意味スルモノデアルカニ付テハ、尙ホ不可解ノ點ガ多イ、大ニ此點ハ今後研究サレナケレバナラヌ、殘サレタル所ノ研究問題デアルト云フコトハ、特別委員會ニ於ケル質問應答ノ實情カラ見マシテモ、農林大臣始メ政府當局モハッキリ會得ガ出來ナイ、又特別委員ニ於テモ、之ヲ明確ニ認識スルコトガ出來テ居ナイト云フコトハ明カデアルノニ、率勢米價ヲ基礎トスル所ノ此重大法案ヲ改正スルト云フコトハ、決シテ妥當デハアリマセヌ、若シ強テヤルト云フナラバ、現內閣ノ米價政策ハ、一人ノ算術技術者ニ依ッテ斷行サレルコトニナルノデアリマス(拍手)是デハ政治ニハナリマセヌ、是デモ尙ホ政府當局ガ政治ナリト言フナラバ、其政治コソ、盲目滅法ノ政治ナリト私ハ斷言スル(拍手)殊ニ本法ノ如キハ、生命保險ノ死亡率トハ違フ、特

別委員會ニ於テ政府當局ハ、保險會社ノ死亡率ノ計算デモ吾々ニハ分ラヌデハナイカ、コンナモノハ分ラヌデモ宜イヂヤナイカト云フコトノ御説明ガアリマシタケレドモ、ソレデハ困ル、吾々ハ保險會社ノ死亡率ガドウナッテ居ラウガ、ソレハ勝手ダ、吾吾ガ保險ニ這入ラウト這入ルマイト、ソレハ勝手デアリマス、ドノ保險會社ニ這入ラウト、ソレハ勝手ダ、併ナガラ是ハ政府ガ法律ヲ以テ、吾々ノ生産ト、又吾々ノ買ハントスル米ノ價ヲ適當ナ所ニ安定シヨウ、調節シヨウト云フノダカラ、法ノ力デ以テ吾々國民ノ利害ヲ束縛シヨウト云フ重大法案デアルカラシテ、斯ウ云フヤウナ場合ニ、生命保險會社ノ死亡率ノ計算ト同ジヤウナ考ヲ以テ、此重要法案ヲ御取扱ニナルト云フコトハ、其一事ヲ以テモ、吾々ハ此問題ニ付テ誠意ナキモノト認メザルヲ得ナイノデアリマス

吾々ハ其根據ニ不合理ナ點ガアレバ、之ヲ飽マデモ究メナケレバナラヌ、時間ガアレバ究メタカッタ、時間ガナイカラ已ムヲ得ナカッタガ、ナド言フベキモノデナイ、又其內容ハ飽マデモ通俗的ナモノデナケレバナラヌト思フ、本法ノ如キハ最モ國民大衆ニ關係ガアルカラ、國民大衆ガ容易ニ了解ガ出來ル方法ヲ以テスルト云フコトガ、眞ニ立憲政治家ノヤルベキ政治ナリト私ハ斷言スル、自分達自身向ホ幾多ノ疑問ヲ有スルバカリデナク、更ニ是ガ國民多數ノ疑惑ノ中心トナルヤウナ虞ノアル立法ニハ、吾々ハ斷ジテ與スルコトガ出來ナイノデアリマス

私ハ率勢米價一本ヲ以テ行クト云フ算定、之ヲ生産費ノ場合ト比較シテ見タイト思フ、生産費ハ政府當局ハ責任ヲ以テ示ス所ノ生産費ガナイト言ハレル、假ニ示サレタ所ノ生産費モ、是ハ速記ニ載スベカラズト云フ御注意デアリマシタカラ、私ハ玆ニ其數字ハ申シマセヌガ、サウナルト吾々ノ信頼スベキ生産費ハ、帝國農會ノ調査ニ據ルヨリ外ニ途ガアリマセヌ、帝國農會ノ生産費ヲ見マスルト、昨昭和五年ノ米一石ノ生産費ハ二十六圓四十四錢デアリマス、而シテ政府ノ原案ニ依ル、所謂率勢米價ヲ調ベテ見ルト二十二圓八十五錢デアリマス、卽チ政府原案ニ依ル昭和六年ノ率勢米價ハ生産費ヲ割ルコト三圓五十八錢七厘、實ニ一割四厘ノ安値デアリマス、更ニ率勢米價ノ下値二割ハ十八圓二十八錢デアリマスカラ、生産費ヲ割ルコト實ニ三割一分ノ安値、八圓十五錢ト云フ驚クベキ其處ニ開キガアルト云フ、此一事カラ見マシテモ、如何ニ率勢米價一本デ行クト云フコトガ、生産者ニ不利益デアルカト云フコトガ明瞭ニナルデハアリマセヌカ、是カラ見テモ吾々ハ、本改正案ハ生産者ニ有利ナリト斷言スルコトハ出來ナイノデアリマス(拍手)卽チ此點ハ與黨諸君モ明カニ認メラレタ、先程委員長ノ御讀上ゲニナッタ附帶希望條件ニ明カニ認メラレテ居ルノデアリマス、卽チ第一率勢米價一本デ行クナラバ、下値一割五分ニシタイガ、併ナガラ是ハ暫定的ダカラ已ムヲ得ナイ、併シ速カニ生産費、家計費ヲ調ベロ、而シテソレヲヤル場合ニハ內地米ヲ保護スルノ必要カラ、成ベク下値ハ生産費ニ近イ所デ定メロト云ッタヤウナコトヲ言ハレル、此一事カラ見マシテモ、明カニ率勢米價一本デ行クコトハ、生産者ニ不利益デアルト云フコトヲ、與黨諸君モ認メラレタノデアリマセウ、而シテ此附帶決議ヲ出スコトニ、政府モ御同意ニナッタトスルナラバ、政府自身モ此事實ヲ明カニ御認メニナッタノデアル、卽チ政府モ、與黨諸君モ、此一事ニ於テハ吾等ノ主張ニ確カニ降伏サレタノデアリマス(拍手)而モ尚且ツ之ヲ撤回スルノ勇氣モナク、無理ニ此案ヲ支持セラレントスルガ如キハ、眞ニ國家ヲ念トスル立憲政治家ノ態度デハナイト私ハ申上ゲタイノデアリマス(拍手)

私ハ右幾多ノ缺點ヲ申上ゲテ、所謂率勢米價一本デ行ク所ノ此改正法律案ハ、決シテ適當デナイ、寧ロ速カニ生産費、家計費ノ調査ニ著手セラレ、同時ニ尙ホ率勢米價ニ付テ愼重ナル研究ヲ續ケラレ、其間ハ現行法ヲ運用シテモ、其目的ヲ達スルコトガ出來ルノデスカラ、此三ツノモノガ立派ニ完成シタ曉ニ於テ、初メテ改正ヲサレルトモ尙ホ遲クナイト思ヒマス、斯ノ如クスル事ガ、私ハ眞ニ九千万國民ニ對スル忠實ナル所ノ政治家ノ務ナリト信ズルノデアリマス(拍手)

以上私ハ大體ニ於テ現內閣ノ米穀政策ニ對スル態度、及ビ今回ノ此米穀法改正ノ內容ニ付テ批判ヲ試ミタノデアリマスガ、何レカラ見マシテモ、今回ノ米穀法ノ改正及ビ現內閣ノ米穀政策ハ、今日ノ農業恐慌時代ヲ打開スルニ適當ナル力ノ無イモノデアルト云フコトヲ、私ハ玆ニ斷言セザルヲ得ナイノデアリマス、卽チ若シ暫定的ニ率勢米價一本デ行クナラバ、何ト御辯解ニナッテモ、農家ハ不利益ニ導カレルモノデアッテ、農家救濟ノ手段ニハナラヌト私ハ斷言セザルヲ得ナイノデアリマス、現內閣ハ、三千万農民ヲ豐年地獄ノドン底ニ突落シテ之ヲ救ハントモセズ、今又率勢米價ト稱スル一本ノ鐵棒ヲ携ヘテ自ラ閻魔ノ廳ニ至リ、靑鬼赤鬼ノ役割ヲ勤メ、農民ノ眼ヲ抉リ、鼻ヲ削ギ、耳ヲ斬リ、舌ヲ拔クノ殘酷ヲ敢テセントスルノデハナイカ、是ヲシモ惡魔ノ政治ト謂ハズシテ何デアリマセウカ、吾々ハ斯ノ如キ政治ハ、今日ノ日本ノ此大切ナル國家ヲ擁護スル上ニ於テ、此行詰ッタ所ノ日本ノ農民ノ生活ヲ救濟シ、打開スル上ニ於テ、到底滿足スルコトハ出來ナイノデアリマス、吾吾ハ今日特ニ米穀問題ハ、農村ヲ中心トシテ考ヘ、所謂精神的日本ヲ設立シテ、以テ今日ノ所謂物質的文化ノ餘弊ニ因ハレタ、此惱ヲ一掃スルト云フ、根本的ノ思想カラ出發致シマシテモ、今回ノ政府ノ御提案ニナッテ居ル米穀法ノ改正案ニハ、贊成スルコトハ出來ナイ者デアリマス

以上私ハ極メテ簡單ニ、私達ガ反對スル所ノ要旨ヲ申上ゲタノデアリマシテ、國家將來ノ爲メ我國ノ農村――國家ノ基礎ヲ成ス農村ヲ救濟スベク、速ニ適當ナル所ノ根本的米穀法ヲ確立スルコトヲ吾々ハ必要トスル、是ガ現內閣ニ望メナイトスルナラバ、他日ニ於テ吾々ハ其目的ヲ達スル機會ガアリマセウ

以上私ハ吾々ノ主張ノ一端ヲ述べ、三千万農民ノ現狀ニ鑑ミ、同時ニ吾々ノ尊キ祖國ヲ憂ヘルノ餘リ之ヲ强調シ、以テ現ニ上程ニナッテ居ル米穀法改正法律案ニ反對ノ意思ヲ表明スル者デアリマス

〔村上國吉君登壇〕

**○村上國吉君** 私ハ只今上程サレテ居リマス所ノ米穀法中改正法律案竝ニ米穀需給調節特別會計法中改正法律案ニ付キマシテ、委員長ノ報告ニ贊成スル者デアリマス、先刻來胎中君及ビ東鄕君ノ段々ノ御演說ヲ拜聽致シマシテ、特ニ東鄕君ニ至ッテハ、滔々數千万言ヲ御費シニナリマシテ、其該博ナル知識ヲ示シ、多年ノ蘊蓄ト滿腹ノ經綸ヲ吐露セラレタヤウニ私ハ感ジタノデアリマス、而モ同君ノ御論述ニナリマシタコトハ、單リ米穀政策ノミニ止マラズ、或ハ農業政策ノ全體ニ亙リ、又ハ經濟政策其他諸般ノ事ニ亙ラレテ居ルノデアリマス、而モ今玆ニ上程サレテ居リマス所ノ此二ツノ法律案ハ、是ハ米穀政策ノ全部デハアリマセヌ、米穀政策中ノ只一ツニ過ギナイモノデアリマス(拍手)私ハ東鄕君ノ例ニ倣ハナイデ、唯此二ツノ法律案ニ局限シテ、聊カ意見ヲ述べテ見タイト思フノデアリマス(拍手)

今回政府ガ提出ヲ致シマシタ所ノ、此米穀法改正ノ骨子ハ、政府ガ米ノ買上又ハ賣渡ノ爲ニ發動スル場合ノ基準價格ヲ設ケントスルノデアリマシテ、斯ノ如ク基準價格ヲ設ケテ、サウシテ此米穀法ノ發動ヲ公正

ニシ、其運用ノ上ニ誤ナカラシメントスルノガ、此提案ノ趣旨デアルノデアリマス、我國ニ於ケル米穀法ハ、既ニ御承知ノ如ク大正十年ノ制定ニ係ルモノデアリマスガ、抑〻大正十年ニ米穀法ノ制定セラレタル由來ヲ考ヘテ見マスレバ、大正六年ニハ内地ノ産米五千四百五十万石、大正七年ニハ又五千四百七十万石、此二箇年ノ稍〻不作ノ後ヲ承ケマシテ、遂ニ御承知ノ如ク大正七年ニハ米騷動マデモ持上ルヤウニナリマシタ、然ルニ大正八年ニハ、内地ノ生産米六千万石、大正九年ニハ六千三百万石ニ相成リマシタガ爲ニ、大正九年ノ一月ニハ五十圓近クシテ居リマシタ所ノ米ガ、其秋ニハ半値ニ下ッタ、曩ニハ米ノ不足ノ爲ニ國民ガ非常ニ苦ミ、次ニハ又米ノ供給過剩トナッタガ爲ニ、價格ガ大暴落ヲ致シマシテ、生産者タル農業者ノ苦ムコト甚シカリシガ爲ニ、時ノ政府ハ遂ニ大正十年ノ議會ニ此米穀法ヲ提出致シタコトデアルノデアリマス、當時ノ米穀法ニハ、此價格ノ基準ヲ設ケルト云フコトニ付テ、何等ノ考モナカッタヤウニ考ヘラレマス、然ルニ此米穀法ガ制定セラレマシテカラ後ノ、我國ニ於ケル米ノ需給關係ハ、著シク變化ヲ致シテ居リマス、東郷君モ述ベラレマシタル如クニ、植民地ニ於ケル米ノ改良増殖ト云フモノガ、段々盛ニナッテ來マシタガ爲ニ、ソレカラ以來ノ我國ノ米穀ノ需給ノ狀態ニハ、著シキ變化ガアリマス、其變化ノ關係モアリマスガ、兎ニ角ニモ斯ノ如クニシテ一タビ制定シタル米穀法ハ、今日ニ於テハ制定當時ノ目的ニ副ヒ兼ネル狀態ニ相成ッテ居ルノデアリマス

而シテ此米穀法ガ何ガ故ニ今日ソレダケノ機能ヲ缺クコトニ相成ッタカト申シマスレバ、此米穀法ニハ、一ノ大キナ缺陷ガアリマス、此缺陷ヲ取除ケルノデナカッタナラバ、米穀法ハ其效果ヲ擧ゲル譯ニ參リマセヌ、其缺陷トハ何デアルカト申マスレバ、ソレハ卽チ米ノ買上又ハ賣渡ノ爲ニ政府ガ出動セントスルニ當ッテ、適用スベキ何等ノ基準ヲ定メテ居ラヌノデアリマス、是ガ卽チ米穀法ノ缺陷デアル(拍手)此基準ノ定ガナイガ爲ニ、動モスレバ其運用ヲ誤リ、必要ナル理由ナクシテ濫ニ發動スルト云フガ如キ弊ニ陷ルコトナキヲ保シ難イノデアリマス(拍手)　故ニ米穀調査會ニ於キマシテハ、此點ガ最モ重大ナル問題トナリマシテ、熱心ニ審議セラレタ結果、此米穀法ニハ適當ナル價格ノ基準ヲ設ケテ、其發動ヲ公正ニシ、以テ運用ノ上ニ遺憾ナキヲ期スベキデアルト云フ結論ニ到達ヲ致シテ、之ヲ政府ニ答申致シタノガ、卽チ今回ノ提案トナッタ次第デアルノデアリマス(拍手)

私ハ過去ニ於ケル米穀法運用ノ是非ヲ論ズル考ハ一ツモ持チマセヌ、左樣ナ考ハ持チマセヌガ、大正十年以來此米穀法施行ノ跡ヲ見マスルト、我國ノ米穀法ハ、其發動ガ多クハ殆ド米ノ買上ニ限ラレテ、賣出動ヲシタト云フコトハ稀有ニ屬スルノデアリマス、其結果米穀需給調節會計ガ、今日抱イテ居ル所ノ巨額ノ損失ノ生ジタル譯デアリマシテ、此從來ノ發動ガ殆ド米ノ買上ノミデアッテ、賣出動ハ殆ドナカッタト云フコトニ付テ、若干茲ニ數字ヲ擧ゲテ御話ヲシテ見タイト思フノデアリマスガ、卽チ調節買上ヲ致シマシタコトガ今日マデニ七回、而シテ大正十年ノ六月ニ豫定ノ百万石ニ對シテ三十五万八千石、大正十二年ノ二月ニ買上豫定ノ百万石ニ對シテ二十二万石、同年ノ十月ニ三十万石ノ豫定ニ對シテ九万九千石、昭和二年ノ九月ニ豫定ノ百万石ニ對シテ二十一万三千石、同年ノ十一月ニ五十万石ノ豫定ニ對シテ五十一万四千石、同年ノ十二月ニ百万石ノ豫定ニ對シテ百二万一千石、又昭和四年ノ四月ニ、百万石ノ豫定ニ對シマシテ一百三万四千石ノ買上ヲ實行致シテ居ルノデアリマス、其合計ガ三百四十六万三千石ニナッテ居リマスルガ、之ニ對シテ賣出動ヲシタコトガ、幾度アルカト申シマスルト、僅ニ一回、卽チ大正十三年ニ、外米二十四万五千九百石ヲ賣ッタニ止マッテ居ルノデアリマシテ、其他ニ整理賣却ヲシタコトハ數回アリマスルガ、ソレハ皆數年間貯藏シタ米デアッテ、最早是レ以上持耐ヘルコトハ出來ナイト云フノデ、古米整理ノ爲ニ其賣却ヲヤッタノデアリマスガ、ソレハ昨年マデニ前後七回、其數量ハ外國米ガ十二万五千石、サウシテ内地米ガ九十八万二千石ト云フ數字ニ止マッテ居ルノデアリマス、斯樣ニシテ政府ノ所有米ハ、買上ノ一方デアリマスカラ、段々ト殖エル、又之ニ對スル所ノ金利倉敷ハ次第ニ嵩ミマス、貯藏ヲ致シテ居リマス間ニハ品痛ミガ出來マス、値損ガ生ジマス、斯クテ極メテ多額ナル所ノ損失ガ生ズルコトニナリマシテ、其損失額ハ此年度末ニナリマシタナラバ、一億五千万圓ニ達スルト云フコトデアリマスルガ、私ハ茲ニ一ツ其一億五千万圓ノ損失ノ内容ニ付テ御紹介ヲ致シテ見タイト思フノデアリマス、卽チ米穀法施行以來此昭和五年度末ニナリマスルト、由テ生ズル所ノ損失額ガ、事務費ニ於テ百九十七万六千圓、事業費ニ於キマシテ二千二百一万二千圓、營繕費ニ於キマシテ百十八万圓、借入金ノ利子ニ於テ四千　百七十四万八千圓、震災損失金ニ於キマシテ五百八十三万三千圓、サウシテ今日マデノ賣却損ト評價損ガ七千七百七十一万九千圓ト云フコトニ相成ルノデアリマス、シテ見マスルト、此損失一億五千万圓ノ中ニ於テ、損失ノ半分以上ト云フモノハ、品物ヲ持ッタガ爲ニ生ジタル所ノ値下リ、値損、是ガ是ダケノ損失ヲ來シタノデアリマシテ、其外ニ更ニ四千一百万圓餘リノ利息ノ中ニハ、此米ガ負擔スベキ分量ガ相當多額ニアルベキモノデアルト考ヘマスナラバ、政府ガ從來動トモスルト其出動ヲ誤ッテ、何時デモ買ニバカリ廻ッテ、賣ッタコトガナイト云フ其原因ハ、米穀法ノ出動ニ關スル所ノ何等ノ基準ノ定メナカリシガ爲ニ、遂ニ斯ウ云フ結果ヲ來シタコトデアリマシテ、是ダケノ損害ヲ國家ニ與ヘルヤウニナッタト云フコトハ、如何ニシテモ吾吾ハ遺憾千萬ニ存ズルノデアリマス(拍手)故ニ米穀法ヲ今後持續ケテ行キマス限リ、其出動ノ基準價格ヲ設ケルコトナクシテ、此儘デ行キマシタナラバ、又今迄ノコトガ繰返サレル虞ナキニアラズ、國庫ノ損失ハ測リ知ルベカラザルモノアリト憂フルノデアリマス

尤モ吾々ハ政府ノ買上ニ依ッテ米價ノ上ニ調節ノ效果ガ現ハレマスルナラバ、國庫ニハ損ガアリマシテモ、ソレハ又一方ニ於テ國民ノ利益デアリ、殊ニ生産者ノ利益トモ相成ル譯デアリマスカラ、生産者ノ利益保護ノ意味ニ於キマシテ我慢モ致シマス、所ガ既往ノ事實ハドウデアルカ、國庫ノ損失ガ加ハルニ從ッテ、米穀法ハ次第ニ其威力ヲ失ヒ、買上ハヤッテモ價格ニハ利カヌ、政府ノ手持米ガ多クナルニ從ッテ、却テ市場ノ米價ヲ壓迫シテ、農業者ニシテ見ルト、當然利得スベキ所ノ其利益ヲモ抑ヘラレルト云フコトニナッテ、結局殘ルモノハ何デアルカト言ヘバ、ソレハ國庫ノ大キナ損失バカリダト云フコトニ相成ルノデアリマスカラ、卽チ此結果ヲ見タル時ニ、今日ノ米穀法ハ、其制定當時ノ豫期ニ反シタルモノデアルト謂ハザルヲ得ナイノデアリマス(拍手)斯ノ如キ事實カラ見マシテ、現行米穀法ノ大ナル缺陷ヲ根本ヨリ改メルト云フコトガ、卽チ此改正案ノ提出セラレタル所以デアリ、斯クスルコトガ米穀法ヲ活カシ、其機能ヲ發揮スル所以デアルト考ヘマスガ故ニ、吾吾ハ先ヅ此意味ニ於キマシテ、此改正案ニ贊成セントスル者デアリマス(拍手)

次ニ米穀法ノ改正案ニ對スル政友會ノ反對論ハ、先刻來胎中君カラ、又東郷君カラ承リマシタ、御兩所共ニ、此基準價格ヲ設ケルト云フコトニ付テ、必ズシモ其趣旨

ニ反對デハナイヤウデアル、殊ニ東郷君ハ、ハッキリト基準價格ヲ設クルコトハ結構デアルト思フト云フコトヲ申サレテ居リマス、而モ其基準價格ヲ設クルコトハ宜イト考ヘナガラモ、之ニ反對ヲ爲サル所ノ要旨ハ、先刻來段々ト承ッタノデアリマスガ、第一ニ率勢米價、此率勢米價ト云フモノハ中々分ラヌ、吾々ガ聞イテモ分ラヌ、多數ノ國民ヲシテ諒解セシムルナドト云フコトハ、中々容易デナイ、コンナ了解セシムルコトノ出來ナイヤウナコトヲ法律デ定メルト云フコトハ、憲法政治ノ趣意ニ反スルモノトマデノ御演説デアリマシタ、成程此率勢米價ト云フコトハ、卒然聞イタダケデハ如何ニムヅカシサウニ聞エマス、併ナガラ過去ノ永年ノ事實ヲ基ニシマシテ、一般物價ニ對スル米價ノ位置ヲ對照シテ見マスト、米價ハ一般物價ニ較ベマシテ、槪ネ常ニ高値デ進ム趨向ヲ持ッテ居ルト云フ、此事實ノ存在スルコトハ、何人ニモ認識スルコトガ出來ルノデアリマス、卽チ一般商品ニ對スル米ノ重要度ガ其處ニ示サレルノデアリマス、此米ノ重要度ヲ、其基準價格ニ織込ムト云フコトハ、是ハ米價ノ基準ヲ立テル上ニ於キマシテ、極メテ肝要デアルト吾々ハ考ヘマス、サウシテ其重要度ナルモノヲ、或ル一定ノ學問的算式ニ依ッテ價格ニ現ハシタモノガ卽チ率勢米價デアル、サウシテ見マスト、此率勢米價ヲ大骨トシテ、サウシテ基準價格ヲ定ムルト云フコトハ、米ノ重要性ヲ尊重スル所以デアル、是ガ卽チ政府ガ此率勢米價ヲ採用スルニ至ッタ趣意デアリ、米穀調査會ガ之ヲ採用スベシト答申シタ所以ナリト吾々ハ考ヘルノデアリマス(拍手)ソレカラ又率勢米價ノ算出ノ方法ニ付テ、直線式ガ宜イカ、「パラボラ」式ガ宜イカト云フコトニ付テ、段々ト御話ガアリマシタ、寧ロ東郷君ハ此點ニ付テハ、吾々ハ「パラボラ」式ノ方ガ宜イト御斷定ニナッテ居ルノデアリマス、成程此問題ハ、其何レガ宜イカト云フコトニ付テハ、其方面ニ關スル知識ノ持合セノナイ吾々ト致シテハ、容易ニ斷言スルコトハ出來マセヌガ、兎モ角モ此兩式ニハ、各、一長一短ガアルヤウデアリマス、サウシテ政府ノ當局ガ今日マデ實驗ノ結果ニ依ッテ判斷シタ所ニ依ルト、直線式ノ方ガ宜イ、斯ウ申シテ居ルノデアリマス、ソコデ私ハ事實ノ上ニ付テ、此直線式ト「パラボラ」式ト、愈、之ヲ實行スルニ當ッテ何レガ宜シイデアラウカト云フコトヲ、過去ノ事實ニ當嵌メテ考ヘテ見マシタ、サウシマスト、卽チ我國ニ於キマシテ大正十年ニ米穀法ガ施行セラレマシテカラ以來ハ、米價ノ値幅ノ變動ガ甚シク縮小セラレタト申シテ居リマス、或者ハ米穀法ノ效果ナカリシコトヲ議論スルニ對シ、少クトモ我國ニ於テ、上下ノ其米價ノ値幅ヲ甚シク縮小スルコトガ出來ルヤウニナッタト云フコトハ、確ニ米穀法ノ御蔭デアルト、米穀法禮讃論者ハ申シテ居リマス(拍手)此値幅ノ縮小サレタト云フ大正十年カラ今日マデニ、此二ツノ式ヲ當嵌メテ考ヘテ見ル、サウ致シマスト政府ガ一ツノ草案トシテ、否原案トシテ考ヘテ居リマス所ノ率勢米價ノ上値二割、下値二割、卽チ上値二割ヲ超エタ時ニハ賣出勤ヲヤル、下値二割ヲ割ッタ時ニハ買出勤ヲヤルト云フコトニシテ、サウシテ大正十年カラ今日マデノ各月ノ平均米價ト云フモノヲ、ソレヲズット當嵌メテ行キマスト云フト、卽チ米穀法ノ發動ヲ要スベカリシ所ノ度數ト云フモノガ、上値二割ヲ超エタ度數ガ直線式ニアッテハ七回、「パラボラ」式ニアッテハ三回、又下値二割ヲ超エタル度數ハ、直線的ニアッテハ十回、「パラボラ」式ニ於テハ十一回ト云フコトニナッテ居ルノデアリマス、先程東郷君ハ、直線式ニ依ルト「パラボラ」式ニ對シテ甚ダ出勤ノ機會ガ少クナルト云フコトヲ言ハレタ、サウシテ政府ガ出動ノ機會ヲ少クスルコトガ、此米穀法改正ノ目的デアルナラバ、斯ウナサルノモ宜イダラウト云フコトヲ申サレテ居ルケレドモ、ソレハ明治三十幾年カラ以來ノ二十八九年間ニ亙ル所ノ數字ニ依ッテ左樣ニ御話ニナッテ居ルノデアリマスケレドモ、大正十年ヨリ以前ハ、我國ニ於テハ米價ノ高低ガ甚シカッタ時デアル、偶、米穀法ガ制定セラレテ、其値幅ノ甚シク縮小セラレテ、詰リ變動ノ少クナッタト云フ場合ニ之ヲ當嵌メテ見ルノガ、私ハ適當デアルト斯ウ考ヘルノデアリマスガ、サウスルト直線式ニ依ルモノハ、此十年間ニ十七回デアリ、「パラボラ」式ニ依ルモノハ十四回ト云フコトニナルノデアッテ、正ニ東郷君ノ御話ヲ悉ク裏切ッテ居ルノデアリマス、ノミナラズ直線式ニ依ル場合ニ於テハ、買出勤十回ニ對シテ、賣出勤ガ七回ニナル、「パラボラ」式ニ依リマスト、買出勤十一回ニ對シテ賣出勤ハ僅ニ三回切リデアル、若シ「パラボラ」式ニ依ッテ之ヲ實行スルコトニナリマシタナラバ、今マデノ米穀法運用ノ如クデアッテ、買込ムバカリデ賣ル時ガナイカラ、又茲ニ大キナ損ヲ出來スト云フ結果ニ或ハナリハシナイカト、私ハ憂フルノデアリマス、故ニ吾々ハ米穀法ノ目的カラ見テ、多分直線式ニ依ッタノガ宜イデアラウカト考ヘマスルケレドモ、併シ左樣ナ何レノ法式ヲ選ブノガ適當デアルカト云フガ如キ問題ハ、權威アル專門家ノ研究ニ委ネテ置イタラ宜イコトデアル、吾々ガソレニ付テ、イヤアレデナケレバナラヌ、是ノ方ガ宜イト云フガ如キコトハ、是ハ愼ンデ、避ケタ方ガ寧ロ當ヲ得タル所ノ態度デアルト吾々ハ考ヘルノデアリマス、ソレカラ胎中君モ亦東郷君モ、率勢米價ノ算出ノ基礎ヲ、日本銀行ノ調査シタル物價指數ニ依ッタコトハ、ドウモ容易ニ承服シ難イト云フ御意見デアリマシタ、勿論日本銀行ノ調査ト雖モ、委員長モ申シマシタ如クニ、絕體ニ完全ナモノデハアリマスマイ、絕對ニ完全ナモノデハアリマスマイケレドモ、今日此物價指數ニ依ッテ率勢米價ヲ算出セントスルナラバ、何レノ調査シタモノニ據ルベキカト云フコトニナリマスト、我國ニ於テ今日物價ノ調査ヲ致シテ居リマスモノハ、日本銀行ノ外ニ商工省、或ハ東洋經濟新報社、「ダイヤモンド」社アリ、大阪朝日新聞社ガアルノデアリマスケレドモ、是等ハ皆其調査ガマダ新シイ、又其目的ガ必ズシモ一樣デハナイ、斯ノ如クデアリマスカラシテ、若シ物價ノ趨勢ヲ知ラウ、物價指數ヲ知ラウト致シマスル時ニハ、日本銀行ノ調査シタモノヲ取リ、日本銀行ノ調査ニ依ッテ居ルト云フコトハ、今日我國ニ於テ總テニ通ジタル狀態デアリマシテ、此日本銀行ノ調査ヲ排斥ヲスルト云フコトハ、吾々トシテ到底爲スベキ事柄デハナイト思フノデアリマス

ソコデ先刻東郷君モ申サレマシタ如クニ、此日本銀行ノ調査シタル物價ニ依ルト、或ハ日本銀行ノ調査シテ居ル品物ハドンナモノガアルカト云フト、其値段ガ次第ニ下降セントスル趨勢ニアル所ノ工業品ト、又次第ニ上進ヲセントスル傾向ヲ持ッテ居ル所ノ農産物ト、ゴッチャニシタ平均指數デアルカラ、之ヲ以テ米價基準ノ基礎ニ使フト云フコトハ甚ダ不合理デアルト、斯樣ニ委員會ナドデ盛ニ申サレテ居ルノデアリマス、又先程東郷君ノ御話ニ依リマスルト、日本銀行ノ物價指數ト云フモノハ、東京ノ中央市場ニ於テノ物價ニ據ッテ居ルノデアル、米ハ東京ハ需用地ノ中心デアルカラ高イガ、地方ニ行ケバ更ニ下ル、安クナル、所ガ米以外ノ――農産物以外ノ農業者ノ需用シナケレバナラヌ品物ニ付テ考ヘテ見ルト、東京ハ供給地デアルガ故ニ安イ、地方ハ需用地ナルガ故ニ高イ、農業者トシテ見ルト、賣ル物ハ安イシ、買フ物ハ高イ、ソレヲチャンポンシタ所ノモノデ以テ、此率勢米價ノ基礎ニ用フルト云フコトハ、農業者トシテハ甚ダ堪ヘ難イコトデアルト云フヤウニ申サレタノデアリマス、併シ若シ日

本銀行調査ノ指數ヲ基礎ニシテ、率勢米價ヲ算出シテ行クト致シマスレバ、米ノ高イ、サウシテ米以外ノ雜貨ヤ其他ノ品物ノ値ノ安イ、其處ヲチヤンボンセラレタル所ノ指數ト云フモノハ、是ハ米ノミニ付テ考ヘテ見マスルナラバ、其率勢米價ノ結果ヲ割合ニ高ク出サシメルコトニナルノデアリマスカラ、其意味ニ於テ吾々ハ日本銀行ガ東京ノ中央市場ニ於テ調ベタ卸賣ヲ基礎ニシテ、而シテ出來上ッタ其指數ニ依ッテ、此率勢米價算出ニ用フルト云フコトニ付テハ、何等異議ヲ挾ムベキモノデナイト考ヘルノデアリマス

ソレカラ又或ハ米價ノ基準――最高最低ヲ基準ヲ定メルナラバ、ソレハ最低ハ生産費デアル、最高ハ消費者ノ即チ家計費中ノ米價ト云フコトニシタナラバ宜イデハナイカ、ソレニムヅカシイ率勢米價ナゾト云フモノヲ引張出シテ來テ、ソレヲ兎ヤ角シヨウト云フカラ、甚ダ問題ガムヅカシクナルノデアルト云フ意味ニ於テ、段々御話ガアリマシタガ、此御意見ハ私モ一理アル見解デアルト認メマス、併ナガラ御承知ノ如クニ經濟上ノ現象ハ、種々ナル經濟的事情關係ノ結合デアリマスカラ、米價ノ最高最低基準ヲ定メルニ致シマシテモ、家計費ノ米代、米ノ生産費、唯此二ツノモノダケデ、最高最低ヲ定メルト云フノデハ、ドウシテモ實際問題トシテ誤差ガ多ク出來テ來ルト云フコトヲ考ヘナケレバナラヌノデアリマセウ、一ツノモノニ依ッテ定メルヨリハ、二ツノモノヲ適當ニ按配シテ決メルト云フコトガ、確ニ公正ヲ得ル所以デアルト吾々ハ考ヘルノデアリマス(拍手)此意味カラ致シマシテ、唯生産費ト米價ダケデ、家計費中ノ米代ダケデ以テ、最高最低値段ヲ決メタナラバ宜イデハナイカト云フ、單純ナル御議論ニ對シマシテハ、吾々ハ之ニ贊成スルコトガ出來ナイノデアリマス(拍手)ノミナラズ更ニ觀察ノ方面ヲ一轉シテ見マスルト、家計費ト云ヒ、又生産費ト云ヒ、政府ガ今日考ヘテ居リマスル所ノヤリ方ハ、其年其年一年限リノ調査ノ結果ヲ、直チニ最高最低ノ基準價格ノ決定ニ應用シヨウト、斯ウ云フノデアリマス、サウシテ其生産費ト云ヒ、家計費ト云ヒ、是モ亦種々ナル經濟上ノ事情ニ依リマシテ、年々上ッタリ下ッタリスルデアリマセウ、其年々々下ッタリ上ッタリスル所ノ其モノヲ、直チニ基準ノ決定ニ用ユルト云フコトニ致シマスルナラバ、却ッテ定メラレタル所ノ最高最低價格ト云フモノガ、又年々或ハ多ク上リ、或ハ多ク下リシテ、其變動、其異動ハ必ズ大キイモノデアラウト思フノデアリマス、然ルニ今玆ニ長イ間ノ經驗ニ依ッテ、出來テ來タ所ノ、實績ノ上カラ上ッテ來タ所ノ、ソレ程波ヲ打ツコトノ少イ率勢米價ト云フモノヲソコニ加ヘテ、サウシテ以テ生産費ト家計費ト互ニ之ヲ適當ニ調合シテ行クコトニ致シマスルト、年々定メラルベキ所ノ最高最低ノ基準價格ト云フモノハ、又生産費、家計費ノミニ依ルモノヨリモ、其變動ノ差ガ少クシテ、玆ニ米價ガ安定スルト云フ結果ヲ來スモノデアルト思フノデアリマス(拍手)

又特ニ東郷君及ビ胎中君ハ、當分ノ間率勢米價一本デ行クト云フコトニ付テ、盛ニ其反對意見ヲ述ベラレタノデアリマス、併ナガラ此米穀法ノ附則ノ第二項ニ申シテ居リマスル所ノ、當分ノ間ト云フ事柄ニ付テ、吾々ハ東郷君ヤ胎中君ノ御考ニナッテ居ルヤウニハ考ヘテ居リマセヌ、即チ第一回ノ調査ガ出來タナラバ、直チニ是ハ本法ノ運用ニ適用シ得ルモノダト云フ所ノ確信ヲ持ッテ居ルノデアリマス、何故ソレヲサウ申スカト言ヘバ、此生産費ヲ調査スルコト、家計費ヲ調査スルト云フコトハ、成程政府ハ其正確ナルコトヲ欲シマスルガ故ニ、ズットト續イテヤル所ノ方針デ居ルコトハ事實デアリマス、併ナガラ何年續イテヤッテ見タ所デ、其前ノ年ノヲ今年ニ用フル、又今年ノ分ヲ來年ニ用フルト云フダケデアッテ、今年ノ基準價格ノ決定ニ用ヒマスル所ノ、其生産費ト云ヒ、家計費ト云フモノハ、一昨年ノ分ト去年ノ分ヲ合セテ平均ニシテ、今年ノ分ニ持ッテ來ルト云フヤウナコトヲスルノデハナイノデアリマス、一年調ベタモノハ直チニ其翌年ニ應用スル、ソレヨリ以前ノ分ハ最早不用ニ屬スルノデアリマス、此事實カラ考ヘテ行キマスルナラバ、何モ二年、三年、四年ト云フガ如キ長イ歳月ヲ待ッテ居ル必要ガナイ、唯ソレダケノ長イ歳月ヲ費シタ結果ト云フモノハ、調査ノ上ニ慣熟スルト云フ事實ガアルデアリマセウ、經驗ガ出來ルト云フ事實ハアルデアリマセウケレドモ、併ナガラ得ル所ハ唯ソレダケノモノデアッテ、率勢米價ヲ見ルトカ、米ノ平均價格ヲ知ルトカト云フヤウナコトハ、全然是ハ關係ガ違フノデアリマスルカラ、吾々ノ信ズル所ニ依レバ、唯、今年ノ四月カラ十一月マデ掛ッテ、今年ノ米ノ生産費ヲ調査スル、今年ノ九月カラ來年ノ八月マデ掛ッテ家計費ノ調査ヲスル、サウシテ家計費ノ調査ニ付テハ、全國二千戸ノ家ニ就テヤル、生産費ノ調査ニ付テハ全國一千三十戸ノ農家ニ就テヤル、ソレニハ政府ヨリシテ一定ノ樣式ヲ示シテ、其樣式ニ當嵌マルヤウニ親切ニ、又嚴格ニ之ヲ指導監督シテ行クト云フノデアリマスルカラ、之ニ依ッテ今年ノ四月カラ十一月マデニ調ベ上ッタ所ノ米ノ生産費ト云フモノハ、今年ノ十二月ニ於テ決定サルベキ所ノ基準價格ノ上ニ相當作用サシテ、吾々ハチットモ誤リナイモノト思ッテ居リマス(拍手)随テ此一本デ行クト云フ、所謂當分ノ間ト云フコトハ、畢竟スルニ如何ニ長ク見タ所ガ來年ノ十一月マデダケノ話デアル、ソレマデノ間モ、一本デ行クコトニ付テハ危クテ頼ル譯ニ行カナイト云フガ如キモノデアルトハ、吾々ハ常識的ニ見テ考ヘナイノデアリマス(拍手)即チ此委員會ニ於テ、關矢孫一君ガアノ希望條項ヲ付シタト云フ所以ノモノハ、畢竟スルニ之ニ基イテ居ルノデアリマスカラ、左樣ニ三年先ニナッタナラバ調ベガ出來ルコトダカ、或ハ五年先ニナッタラ出來ルコトダカ、心配デ堪ラヌト云フガ如キ御心配ハ、一切御無用ニ御願致シテ置キタイト思フノデアリマス(拍手)

斯樣ナル次第デアリマスルカラ、米穀法ノ過去ノ事績カラ考ヘマシテ、サウシテ今日ノ米穀法ノ實際ノ狀態カラ考ヘマシテ、將來ノコトヲ考ヘテ行キマス時ニ、吾々ハ斯ノ如キ趣旨ノ含マレテ居リマスル所ノ此改正案ト云フモノハ、一日モ速ニ實行スルコトガ、即チ國民ノ爲デアルト同時ニ、生産者タル農業者ノ爲ニモ、其利益ヲ擁護スル所以デアルコトヲ信ジマスルカラ、吾々ハ進ンデ此改正案ニ贊成スル者デアリマス(拍手)

又米穀需給調節特別會計法ノ改正ニ關シマシテハ、政友會ノ諸君モ御贊成ノヤウデアル、デアリマスルカラ、其御贊成ヲナサル所ノ趣旨ニ於テ異ナル所アリト致シマシテモ、其結果ハ同一デアリマスルガ故ニ、敢テ多ク申上ゲル所ノ必要ハナイト思フノデアリマス、唯私ハ此機會ニ於テ一言致シテ置キマス、成程米穀調査會ノ答申ニ依リマスレバ、政府ハ米穀法改正ノ機會ニ於テ今日ノ現存シテ居ル所ノ其損失ヲ一般會計ニ移シテ、之ヲ整理スベシト申シテ居ルノデアリマスルガ、今回ノ場合ニ於キマシテハ、ソレガ實現致シテ居ラナイ、是ハ吾々ニ於キマシテモ聊カ不本意ニ存ジマスガ、併ナガラ本會議ニ於テ、又特別委員會ニ於テ、此問題ニ關シマシテハ當局大臣ヨリ十分誠意ヲ示シテ答辯ヲ致シテ居ル次第デアリマシテ、必ズ速ニ其實行ヲスルト云フノデアリマスルカラ、吾々ハ當局ノ意ノ在ル所ヲ諒トシテ、其言明ヲ信ジテ、今日ハ政府ノ意ニ任シテ置クノガ適當デアルト思フノデアリマス(拍手)又或ハ八千万圓ヲ一時

増額スルト云フコトニ關シマシテ餘リニソレハ姑息デアルト云フガ如キ感ジヲ御持チニナル方モアルカモ知レマセヌガ、吾々ガ此八千万圓ノ増額ニ賛成スル趣旨ハ、曩ニ第五十六議會ニ於キマシテ、七千万圓ノ増額ニ賛成シタ趣旨ト同一デアリマス、而シテ八千万圓ヲ増額シタダケデハ、或ハ今後米穀法ノ發動ニ對シテ十分備ヘルニ足リナイト云フガ如キ、御懸念ノ方モアルデアラウト存ジマスルガ、併シナガラ吾々ガ此八千万圓ノ増額ニ賛成スル意思ハ、政友會内閣當時ニ於テ、漫然ト唯損失ヲ補充スルト云フ意思ダケデ以テ賛成シタノトハ、稍々其根柢ヲ異ニ致シマシテ、吾々ハ此八千万圓ノ金ガ、現實使ヒ切レナイデアリマスル間ニ、必ズ此一億五千万圓ノ現在ノ損失金ハ立派ニ整理セラル、モノデアリ、是ガ整理セラル、限リニ於テハ、茲ニ八千万圓補充シテ置クコトニ依ッテ、此米穀法ハ十分ニ其威力ヲ發揮シ得ル所以ノモノデアルト云フコトヲ確信致シマシテ、此増額ニ賛成スル次第デアルノデアリマス、私ハ以上述ベタ所ヲ以チマシテ、卽チ茲ニ委員長ノ御報告ニ賛成スル次第デアリマス(拍手)

○議長(藤澤幾之輔君) 松山常次郎君

〔松山常次郎登壇〕

○松山常次郎君 諸君、私ハ米穀法改正案ニ對シテハ反對デゴザイマス、米穀需給特別會計法ノ改正ニ對シテハ賛成デゴザイマス、前ニ演説セラレマシタル胎中君、東郷君ノ演説ト重複スルコトヲ避ケマシテ、私ノ演説ハ米穀法ノミニ限リタイト思フノデアリマス、特ニ率勢米價ノ方面カラ之ヲ論議致シタイト考ヘルノデアリマス(拍手)

只今村上君ガ演説サレタノヲ拜聴致シテ居リマシタガ、非常ニ重大ナル一ツノ事實ニ觸レラレタノデアリマス、ソレハ何カト申シマスルト、米穀法ガ大正十年ニ制定セラレテ以來、今日マデ多ク買ニ發動致シテ居ルト云フコトノ事實ヲ述ベラレタノデアリマスガ、此事ニ付キマシテハ、私ハ少シク自分ノ意見ヲ述ベテ見タイト思フ、是ハ非常ニ大切ナル事實デアリマスカラ、一ツ能ク聽イテ戴キタイト思ヒマス

今度ノ此米穀法ノ改正ニ於テ、米價ノ基準ヲ決定スル標準ト致シマシテ、政府ハ米穀ノ生産費ト家計費ヨリ算出シタル米價ト云フモノヲ標準ニ致シテ居ルノデゴザイマス、所ガ此米穀ノ生産費ト、通常ノ米價トノ間ノ開キガ極メテ近イノデアリマス、家計費カラ算出シタル米價トノ開キガ非常ニ多イ、今年ノヤウナ年ハ特別デゴザイマスケレドモ、先程カラノ演説ヲ承ッテ居リマシタ所ニ依リマスト、斯ウ云フコトニナッテ居リマス、率勢米價カラ出シテ來タ米價ハ今二十二圓デアル、家計費カラ計算シタモノハ、農林省ノ出シタモノハ二十一圓デアル、帝國農會ノ出シタモノハ二十六圓デアル、實際ノ米價ハ十八圓デアル、率勢米價ノ二割下値ヲ言ウテモ十八圓デアル、然ルニ實際ノ米價ハ十八圓、一度ハ十七圓、十六圓マデ下ッタ、斯ウ云フ事實デゴザイマス、故ニ此米價ノ下値ト見ルベキ米穀ノ生産費ト米價トノ距離ハ、非常ニ近イノデアリマス、故ニ少シ米價ガ下レバ、直グ農民ガ堪ヘラレナイ、ヤカマシク言ッテ居ル、ダカラ此米穀法ガ發動シナケレバナラヌコトニナル、生計費カラ算出シタ米價ガ、上ノ限界トノ距離ガ極メテ廣イノデアリマス、故ニ此米穀法ハ、今後ト雖モ買ニ於テ多ク發動スルト云フコトハ當然ノコトデアリマス、委員會ニ於テ關矢君ガ希望條件ヲ提出スルニ付テ、ソレヲ説明セラレタ中ニモ其中ニモ其事ニ觸レテ居リマス、米價ト云フモノハ、今日ノ農民ノ收入ノ大部分ヲ成ス、然ルニ生計費ノ方カラ言ヘバ、其一部分ニ過ギナイ、故ニ農民ノ利益ノ爲ニ多ク圖ラナケレバナラヌ云々ト述ベラレテ居リマス、今日ノ社會ノ實際ニ鑑ミマシテ、米價ノ狀態ガ、農民ノ生産費ト云フモノニ極メテ迫ッテ來テ居ルノデアリマス、是ガ私共ノ農村ノ爲ニ常ニ心配スル譯デアリマシテ、私共ハ此米穀法ヲ審議スルニ付キマシテ、其事ヲ考ヘテ居ラナケレバナラヌ、消費者ノ方面ニハ餘裕ガアリ、生産者ノ方面ニハ餘裕ガ無イ、此事實ヲ根本的ニ考ヘテ、私共ハ此米價ノ基準ヲ決定スルコトヲ審議シナケレバナラヌト思フノデアリマス(拍手)

政府カラ與ヘラレマシタル計算表及圖表ニ付テ調ベテ見マスルニ、此米穀法改正案ニハ多クノ缺點ガアルコトヲ私共ハ發見致スノデアリマス、其第一ヲ先ヅ申上ゲテ見タイト思ヒマス

米穀法ガ始メテ制定セラレタノハ大正十年四月デアリマスガ、ソレヨリ以來、今日マデ米穀法ノ發動シタコトガ十三回デアリマス、然ルニ此改正法律案ガ實施セラレテ居ッタトスレバ、此法律ノ發動ハ五回ダケトナリマス、卽チ此改正法律案ニ依レバ、米ノ調節作用ハ非常ニ鈍感ナモノトナッテシマヒマス、今村上君ノ御演説ヲ承ッテ居リマスト、此米穀法ノ發動ハ十年以來米ガ十回トカ、賣ガ七回トカ言ッテ居リマスガ、是ハマルデ政府カラ貰ッタ表ノ見方ヲ知ラナイノデアリマシテ、ドウカモウ一遍政府ニ能ク其表ノ見方ヲ教ヘテ貰ッテ、御研究ニナルコトヲ希望致シマス、政府カラ與ヘラレタ表ニ依ルト、五回發動シタコトニナッテ居ルノデアリマス、但シ是ハ率勢米價ノ上値二割ト云フモノヲ標準トシテ私ガ申シタノデアリマシテ、若シ政府ガ今爲サウト致シテ居リマスル生計費ノ調査ガ出來テ、ソレカラ算出シタル米價ト云フモノヲ御考ニ加ヘタナラバ、恐ラク此五回ガ二回カ三回ニ減ッテシマヒマス、サウ云フヤウナ譯デ、此米穀法ガ出來マスト、殆ド此米穀法ハ米價調節ニ對スル機能ヲ失ッテシマフト云フコトニナルノデアリマス(拍手)

ソレカラモウ一ツノ事實ヲ指摘致シタイト思ヒマス、大正七年度ノ場合ヲ調ベマスルニ、其年ノ七月ニ率勢米價上値二割ヲ米穀ガ突破シテ居リマスカラ、此時米穀法ガ賣却ニ向ッテ發動スル譯デアリマス、然ルニ其七月ニ彼ノ米騷動ガ勃發シテ居リマスカラ、此米穀法ガ實施セラレテ居ッテモ、彼ノ米騷動ハ防止シ得ナカッタコトニナリマス、又昭和六年度ノ率勢米價下値二割ハ十八圓二十八錢デアリマスカラ、ソレマデハ此米穀法ハ買入ニ發動シナイ、近頃米價ハ一時十七圓ニモ下リマシタガ、農家ハ二十三四圓頃カラ騷イデ居ッタ、政府ハ米穀調節審議會ヲ開キナドシテ居ル間ニ、米價ガ釣瓶落シニ下ッテ、十七圓ニモナッタノデアッタ、若シ十八圓二十八錢ニナルマデ政府ガ米價調節ヲシヨウトモシナイトスレバ、生産者タル農家ハタマッタモノデハナイ、今日米價最低價格ガ十八圓二十八錢デアルトスレバ、ソレハ生産費或ハ農家經濟ノ側カラ見テ忍ビ得ル所デハアリマセヌ、私ハ委員會ニ於テ此二點ヲ指摘シテ、政府ノ採用セル直線式率勢米價ヨリモ「パラボラ」式率勢米價ノ方ガ實際ニ適合シテ居ルヤウニ思フカラ、之ヲ計算シテ配布シテ貰ヒタイト云フコトヲ要求致シマシタ、サウシテ出來タ表ニ依リマスルト、大正七年ニ米穀法ガ賣却ニ發動スルノハ三月トナッテ居ル、故ニ七月ノ米騷動ハ優ニ防ギ得タ譯デアル

又昭和六年度ノ率勢米價下値二割ハ十九圓七十三錢トナッテ居ル、之ヲ直線式ノ十八圓二十八錢ニ較ブレバ、一圓四十五錢ノ増加トナルノデ、米價ガソレダケ維持セラルル譯デアリ、農家ノ苦痛ヲソレダケ輕減シ得ル譯デアル、是カラ考ヘテ見テ「パラボラ」式ノ率勢米價ハ直線式ノ率勢米價ニ較ベテ、餘程實情ニ適スルモノト言ヒ得ル譯デアリマスルガ、此直線式ト「パラボラ」式トノ比較ニ付テハ、後程更ニ申述ブル事ニ致シマス

政府ノ説明ニ依レバ、率勢米價ハ米價率ノ趨勢値ト、一般物價指數ト、米價指數ノ基礎ノ價格十一圓八十一錢、是ハ明治

三十三年深川米市場標準中米ノ價格デアルガ、此三ツヲ乘ジテ算出スルコトニナッテ居リマス、毎年ノ基準價格タル率勢米價ノ決定ハ、前年ノ十二月ニ於テ之ヲ爲ス、而シテ此算定ニ用フル一般物價指數ハ、其前月即チ十一月ニ於ケル日本銀行物價指數ニ之ヲ取ルコトニナッテ居リマス、故ニ日本銀行十一月ノ物價指數ガ算定セラルレバ、直チニ其後一箇年ノ米價ヲ支配スベキ率勢米價及ビ上値二割、下値二割ノ最高最低價格ガ決定セラレル、例ヘバ昭和五年度ノ率勢米價ハ二十九圓四十六錢デアル、昭和六年度ノ率勢米價ハ二十二圓八十五錢デアル、即チ昭和六年度ハ前年度ニ比シテ率勢米價ニ於テ六圓六十一錢低下シテ居ル、而シテ上値二割ニ於テ七圓九十三錢、下値二割ニ於テ五圓二十九錢低落スル譯デアリマス、此數字ハ相場師ニ取ッテハ可ナリ大ナル投物デアリマス、此事實ヲ二日三日或ハ五日前ニ知リ得タナラバ、隨分大仕事ガ出來ル筈デアル、此十一月ノ物價指數ガ日本銀行ヨリ農林省ヘ通知セラレ、農林省ヨリ發表セラル、マデノ間ニ於テ、秘密ガ漏レヌト云フコトハ誰カ保證シ得ルデアリマセウカ、ソレノミナラズ率勢米價ノ上値二割ト下値二割トノ間ハ「全ク米價變動ヲ自由ニ放任シ置クコトニナルカラ、相場師ノ活動自在タル道理デアル、此改正米穀法ガ實施セラル、コトニナレバ米價ハ却テ相場師ニ弄バル、結果ヲ來スデアラウト思ヒマス(拍手)

次ニ考フベキコトハ最高最低ノ價格ノ決定ニ付テヾアリマス、政府ヨリ配布セラレタル率勢米價ノ說明ト云フ「パンフレット」ニハ、米穀生産費ト率勢米價ノ下値二割ニ相當スル價格トノ間ニ於テ、適當ト認ムル價格ヲ以テ最低價格トスルト書イテアル、適當ト認ムル價格トハ何カトノ質問ニ對シ、農林大臣ハ其時ノ世情ニ考ヘテ斟酌スルノデアルト答ヘラレマシタ、然ラバ米穀生産費ト率勢米價下値二割ノ價格ト何レヲ重ク見ルカトノ質問ニ對シ、同等ニ見ルト答ヘラレマシタ、米穀生産費ハ近々此議會ニ十二万圓ノ追加豫算ヲ提出シ、協贊ヲ得レバ調査ニ著手スルノデアル、本當ニ此生産費ヲ調査スル爲ニハ今後十年モ掛ルサウデアリマスルガ、農林大臣ハ來年度ノ率勢米價ヲ算出スル時、即チ本年十一月迄ニ不十分ナガラモ可ナリ使用ニ堪ユル米穀生産費ヲ掴ミタイト云フ、熱心ナル希望ヲ持ッテ居ラルル意思ヲ發表セラレマシタ、生産費ト云フモノハ、斯ノ如ク大層ナ努力ノ結果得ラルベキ貴イ數字デアリマス、率勢米價ト云フモノハ後ニ詳シク說明致シマスルガ、學理上ノ根據ナク、實際ニ適合シナイ、謂ハヾ好イ加減ナ數字、學者ノ遊戲位ヨリ以上ニ評價スル價値ナキ數字デアル、ノミナラズ此二割ト云フノハ如何ニシテ決メタカト質問シマシタ所ガ、石黑政府委員ハ斯ウ云フヤウニ答ヘテ居リマス「明治三十四年以來ノ各米穀年度內ニ於キマスル平均米價ト云フモノニ對シマシテ、其一米穀年度內ニ於ケル最高米價ト最低米價トノ開キヲ見マスルト、ソレハ長年ノ平均ニ於キマシテ一割八分二厘何モト云フコトガ出マス、上ノ方ニモ一割八分二厘、下ノ方ニモ一割八分二厘ト云フ風ニ出マス、ソコデソレヲ二割ト見マシテ、サウシテ其間ノ値幅ト云フモノハ、米ノ取引ノ上ニ於テ年々アリ得ル平均ノ動キデアル、斯ウ見マシテ、其間ハ米ノ取引ノ自由ニ任シテ、調節資ニモ調節資ニモ出サナイデ宜シイ値幅デアル、斯ウ認メマシタ次第デアリマス」斯ウ云フ風ニ政府委員ハ答ヘテ居ルノデアリマス、即チ此二割ト云フ數字ハ、極メテ大雜把ナ假定的ナ數字デアル、即チ此率勢米價下値二割ト云フ數字ハ、全ク腰ダメ的ナ數字ニ過ギナイノデ、農家ノ安危ヲ支配スルヤウナ、大切ナル意義ヲ持タシムベキ性質ノモノデハナイノデアリマス(拍手)ソレヲ非常ナ努力ニ依ッテ調査シタル米穀生産費ト同等ノ重要サヲ持タセテ、最低價格ヲ決定シヨウト云フノハ、全ク此率勢米價ノ何モノデアルカヲ解セズ、唯最小二乘法ト云フ計算ノムヅカシイ數字ヲ應用シテ算出シタモノデアルカラ、定メシ有意義ナ正確ナ數字デアラウト過信シタ結果デアラウガ、全ク金ト鉛トヲ混合シテ其平均ヲ執ルト云フヤウナ仕方デアリマス、最高價格決定ノ方モ同様デアリマス、家計費ノ調査ハ同ジク今度六万圓ノ追加豫算ヲ出シテ、是迄調査ヲ行ッテ居ル便宜モアルカラ、內閣統計局ヘ委託シテ調査スルコトニナルサウデアル、其嚴密ナ調査ノ上決マルベキ家計費ヨリ算出セラル、米價ト、腰ダメ的ニ算定セラル、率勢米價上値二割トヲ同等ニ取扱ッテ、此二者ノ間ニ於テ最高價格ヲ定メヨウト云フノデアル、六千万國民ノ生活ニ重大ナル關係ヲ齎チ來ルベキ米ノ最高價格ヲ、斯ノ如キ非合理的ナ方法ニ於テ政府ハ之レヲ定メヨウト致シテ居ル、ソレカラ此率勢米價下値二割、上値二割ト云フモノハ、米穀生産費、家計費ノ調査セラル、迄ハ、最低價格、最高價格トシテ用ヒラル、ノデアルカラ、更ニ詳細ニ研究シテ見ル必要ガアルト思フノデアリマス(拍手)即チ米穀生産費ハ下値二割ヨリモ多クノ場合大キイ、之ヲ能ク考ヘテ下サイ、例ヘバ今日ノ下値二割ハ、政府ヨリ配布セラレタル表ニ依レバ十八圓二十八錢デアル、而シテ米穀生産費ハ、最近農林省ヨリ昭和五年度米生産費トシテ發表シタモノガ二十一圓三十五錢デアル、帝國農會ノ第二次計算ハ二十六圓三十五錢デアル、吾々ハ此場合ニ於テ帝國農會ノ方ガ確ナモノト思ヒマスガ、其事ハ先程胎中君カラ申サレマシタカラ、此事ニ付テハ申シマセヌガ、兎ニ角二十一圓二十六錢ト云フモノガ出テ居ルノデアリマス、然ルニ拘ラズ下値二割ハ十八圓ト云フモノニナッテ居ルノデアリマス、要スル農林省調査二十一圓三十五錢デモ、帝國農會調査二十六圓三十五錢デモ、率勢米價ノ下値二割十八圓二十八錢ヨリモ大キイト云フ事ガ分レバ此場合宜シイノデアル、此米穀生産費ト下値二割トノ間ニ於テ、適當ト認ムル價格ヲ以テ最低價格ト定メルト云フノデアルカラ、此最低價格ハ率勢米價ニ對スル割合ハ下値二割ヨリモ大キイ、即チ下値デ言ヘバ二割ヨリモ少ナイ割合ニナル、次ニ最高價格ハ家計費ノ調査ニ依リ算出セラル、米價ト、率勢米價ノ上値二割ニ相當スル價格トノ間ニ於テ、適當ト認ムル價格ヲ以テ定メルト云フノデアルガ、此家計費ヨリ算出セラルル米價ナルモノハ、通常率勢米價ノ上値二割ヨリモ大キイ、先程胎中君ガ申サレタガ、政府ノ出シテ居ル表ハ四十七八圓ト云フコトニナッテ居ルト云フコトデアル、故ニ最高價格ハ率勢米價ノ上値トシテ見レバ、其割合ハ通常二割ヨリモ大キクナル、即チ最低價格ハ率勢米價ノ下値二割ヨリモ割合ガ少クナルシ、最高價格ノ方ハ通常二割ヨリモ大キクナルノデアルカラ米穀生産費、家計費ノ調査ノ出來ル迄、率勢米價ノ上値下値ノミヲ以テ最高、最低價格ヲ決定スル場合、上値ノ方ハ下値ノ方ヨリモ割合ヲ大キクスルコトガ合理的デアルト思フ、即チ腰ダメ的ニ言フナラバ、上値二割ヲ最高價格トスルナラバ、下値一割五分ヲ最低價格ト定メルコトガ、一層合理的ト思フ(拍手)是ハ民政黨ノ人モ同感デアル、民政黨ノ人ガ希望條件ヲ說明スル時ニモ此事ハ述ベテ居リマス

以上申述ベマシタ所ニ依ッテ、此改正法律案ニ於テ使ハントスル率勢米價ナルモノハ、其適用上幾多ノ不都合ガアルト云フコトヲ明カニシタト思フ

第一ニ、是ハ米ノ調節ヲ行フ作用ガ甚ダ鈍クナル、大正七年ノ米騷動モ是デハ豫メ防ギ得ナイ、今日米ノ價格十八圓二十八錢デハ農家ガ堪ラナイ

第二ニ、日本銀行ノ物價指數ヲ取ルコトハ、相場師ニ惡用セラル、虞ガ甚ダ多イ、故ニ此米穀法ガ實施セラレ、バ、相場師ノ活動ヲ許スコトニナリ、米價ノ投機的波瀾ガ繁クナル虞ガアル

第三ニ最高及最低價格ノ決定ニ於テ多クノ不合理ナ點ガアル、而シテ其結果農家ガ多大ノ損失ヲ蒙ルコトニナル

是等ノ事ニ付テ大體說明ヲ致シタ譯デアリマス

次ニ先程率勢米價ノ算出方法ニ付テ、直線式、「パラボル」式ト云フ言葉ヲ使ヒマシタガ、此場合此意義ヲ說明シタイト思フ、前ニ申シマシタルガ如ク、率勢米價ハ基準米價ト、一般物價指數ト、米價率トノ趨勢値トノ積ヲ以テ算出スルコトニナッテ居ル、此米價率ノ趨勢値ノ算出方法ヲ政府ハ直線式ヲ採ッタ、委員會ニ於テ私ガ「パラボラ」式ノ計算ヲ要求致シタ、「パラボラ」トハ拋物線デアリマス、向フヘ物ヲ拋ゲタ時ニ、地球ノ引力ガ作用シテ描ク所ノ線デアリマス、大砲ヲ發射シタ時ニ描ク所ノ彈道、是ガ拋物線卽チ「パラボラ」デアリマス、私ハ先程カラ御話シタルガ如ク、直線式デ計算シタル率勢米價、政府ガ今度採用セントスル率勢米價デハ、其適用上幾多ノ不都合ガアルト認メマシタ、「パラボラ」式ノ趨勢價カラ算出シタル率勢米價ナラバ、幾分是等ノ不都合ヲ除去スルコトガ出來ルデアラウト想像セラレマシタ(拍手)是ガ算出ヲ政府ニ要求致シタノデアリマス、其結果ヲ見マスト、果シテ幾分不都合ガ緩和セラレタ事ヲ發見スル

今ヨリ米價率ノ趨勢値ヲ算出スルニ付キ「パラボラ」式ト直線式トノ特徵ヲ比較シテ見マス、是等ヲ算出スルニ用フル實驗的範式ハ、西ケ原農事試驗所長安藤農學博士ガ非常ナル努力ノ結果算定シ得タモノデアリマスカラ、同博士ニ敬意ヲ表スル意味ニ於テ、又研究家ノ參考トモナラウト思ヒマスカラ、玆ニ讀ミ上ゲマスコトハ略シマスケレドモ、議長ノ御許ヲ得テ速記錄ニ留メテ置キ度イト思ヒマス(拍手)是ヨリ直線式ノ場合ト「パラボラ」式ノ場合ト趨勢値ノ比較ヲ致スニ付キ、之ヲ圖表ニ現ハス場合、橫軸ニ於テ明治三十三年度以後ノ年次ヲ現ハシ、縱軸ニ於テ趨勢値ヲ表示スルト致シマス、直線式ノ場合ハ、趨勢値ハ起點ヲ一・〇一七六七トシ、ソレヨリ水平線トノ間ニ零度十九分ノ角度ヲ保ッテ直線ヲ描イテ、年次ノ進ムト共ニ一定ノ傾向ニ於テ上ッテ行クノデアル、「パラボラ」式ノ場合ハ、趨勢値ヲ表示スル曲線ハ、年次ノ進ムニ從ヒ「パラボラ」卽チ拋物線ヲ描イテ變化シテ行クノデアル、趨勢値ハ直線式ノ場合ハ、一定ノ傾向ヲ保ッテ直線的ニ增加シテ行クノデアルガ「パラボラ」式ノ場合ハ、稍、複雜ナル傾向ヲ保ッテ拋物線ニ變化シテ行クノデアル、起點ニ於テハ一・一一三一三ノ値ヲ保ツ、卽チ直線式ノ場合ヨリモ上ニアル、ソレカラ漸次下ッテ明治四十三年七月ノ頃最低ノ位置ニ達スル、ソレカラ漸次增加シ始メテ、大正十年二月頃起點ト等シキ高サニ達スル、ソレヨリ以後ハ拋物線的傾向ニ於テ增加スル一方デアル、初メニ趨勢値ガ低下スル途中、明治三十九年十一月頃直線式趨勢値ノ線ヲ切ッテ其下ニ出ル、而シテ大正十三年二月頃再ビ直線式趨勢値ノ線ヲ切ッテ上ニ出マス、故ニ大正七年頃ハ「パラボラ」式趨勢値ハ直線式趨勢値ノ下ニアリマスカラ、隨テ上値二割ノ線モ「パラボラ」式ノ方ガ低ク、米穀法ノ實ニ發動スルコトモ早クナル譯デアル、政府ヨリ與ヘラレタル計算ニ依レバ「パラボラ」式ハ三月ニ、直線式ノ方ハ七月ニ發動スルコトニナッテ居ル、私ガ前ニ申シマシタ大正七年ノ米騷動ハ、直線式ノ場合ハ豫メ防遏スルコトガ出來ナカッタ、「パラボラ」式ノ場合ハ四箇月モ前ニ米穀法ガ發動シテ居ルカラ、豫メ防遏スルコトガ出來タト申シマシタ理由ハ、趨勢値ガ斯ノ如キ狀態ニアルカラデアリマス、大正十三年二月頃ヨリ以後ハ「パラボラ」式ノ趨勢値ハ直線式ノ趨勢値ヨリモ大キクナリマスカラ、率勢米價モ亦大キクナリマス、故ニ大正十三年以後ハ直線式ノ場合ヨリモ「パラボラ」式ノ場合ノ方ガ農家ニ取ッテ有利トナリマス、昭和六年ノ最低價格ニ於テ「パラボラ」式ノ場合ハ、直線式ノ場合ヨリモ、一圓四十五錢高ク維持スルコトガ出來ルト云フコトハ、前ニ申述ベテ置キマシタ米價率、趨勢値算出ニ於ケル直線式ト「パラボラ」式ノ比較ハ此程度ニ於テ止メテ、話ヲ先ヘ進メタイト思ヒマス

次ニ此趨勢値ノ算出ニ付テ……

〔「議長々々」「人ノ原稿ヲ讀ムナ」其他發言スル者多シ〕

○議長(藤澤幾之輔君) 靜肅ニ願ヒマス

○松山常次郎君(續) モウ少シデス、非常ニ大事ナコトデアリマスカラ聽イテ戴キタイ、此問題ハ私ガ此處デ述ベタラ、學問上ノ爭ノ起ル問題デアリマスカラ、宜イ加減ナコトハ言ヘナイノデアリマス、故ニ私ハ書イテ來テ確ナコトヲ速記ニ殘シテ置キタイト思フノデアリマス

次ニ此趨勢値ノ算出ニ於テ、最小自乘法ト云フ高等數學ヲ使ッタト云フコトヲ以テ、此計算ヲ非常ニ權威アルモノ、如ク思ハシメル爲メノ道具ニ、政府側ニ於テ使ハントシタル爲ニ、此問題ガ大イニ委員會ニ於ケル興味ヲ惹起シタノデアリマスガ、元來最小自乘法ト云フ理論ハ、多クノ實驗ノ中ヨリ誤差ヲ最小トスルガ如キ傾向ヲ見出サンガ爲ニ組立テラレタル理論デアッテ、誤差ノ大ナルモノナキコトヲ前提トシテ居ルモノデアリマス、米價率ノ如キ年々變化ノ甚シキモノニ適用スベキモノデハナイノデアリマス、而シテ之ヲ適用スレバ事柄ヲ單純化シテ、一定ノ傾向ヲ見出スコトヲ得ルガ故ニ、學者ハ好ンデ斯ノ如キモノニモ之ヲ應用スル、此場合ニ於テハ學理的根據ガアルノデハナクシテ、只「エンピリカル・フォーミユラ」實驗的範式トシテ實用的使用ニ適スル場合ニノミ有價値デアリマス、然ルニ先程ヨリ說明シタルガ如ク、米價率ノ趨勢値ヲ見出ス此實驗的範式ハ、其適用上不都合ガ多イ、故ニ吾々ハ此實驗的範式ニ多クノ信賴ヲ置クコトガ出來ナイ、之ヲ適用シテ米ノ最高最低價格ヲ定メ、以テ米ノ調節ヲ有效ナラシメント企ツル、此米穀法改正案ノ示ス方法ニ贊成スルコトガ出來ナイノデアリマス

諸君、私ノ理論上ノ議論ハ大體是デ終リデゴザイマス、其處デ私ハ此事ニ付キマシテハ、町田農林大臣ノ御意見ヲ委員會ニ於テモ聽イタノデゴザイマスガ、先日或ル貴族院議員ト私ガ會ッタ、其人ノ話ニ、貴族院ニハ學者ヲ勅選議員ニ致シマシテ、隨分偉イ學者ガ居ル、中ニハ藤澤利喜太郞氏ト云フガ如キ數學ノ大家ガ居ル、サウ云フ人ハ勿論此率勢米價ノ理論ハ分ルデセウ、其他五人バカリハ此理論ノ分ル人ガアルサウデアル、建築ニ於テ柱ノ設計ヲスルト云フヤウナ時ニ、高等數學ヲ、ムヅカシイ數學ヲ使フト云フコトニハ、別ニ國民ハ左樣ニ關心ハ持チマセヌ、諸君、此事ハ能ク聽イテ下サイ、先程カラ村上君モ胎中君モ此事ヲ話サレタノデアリマスガ、學者ガ研究シテ與レタノデアルカラ、ソレヲ信ズレバ宜イデハナイカ、若シ政府ガ斯ウ云フ法律ヲ出サナイデ、自分ガ勝手ニ自分ノ責任ニ於テ宜シイノデアリマス、法律ニ出シテ吾々ノ責任ニ於テ此法律ヲ制定ショウト云フ所ニ問題ガ起ッテ來ルノデアリマス(拍手)貴族院デモ是ガ分ルヤウナ人ハ五人位ヨリアルマイ、サウ云フヤウナムヅカシイ問題ヲ以テ吾々ノ所ヘ持ッテ來ルト云フ所ニ問題ガアルノデゴザイマス、此問題ハ其最高最低價格ヲ決メルト云フコトハ、六千万ノ國民全體ニ關係アルノデアリマス、消費側カラ申

シマスナラバ、三千万ノ國民全體ニ關係アルノデアリマス、私共ガ選擧區ニ歸ッテ農家ノ人ニ會フ、米ガ安クテ困ル、農林省ヘ行ッテ米ノ買上ヲ願ニ行ッテモ、米穀法ニハ率勢米價ノ下値二割ト決ッテ居ルノダカラ、共値ガ來ルマデハ役人ノ手デハ如何トモスルコトガ出來ヌト言フ、ア、云フ法律ヲドウシテ拵ヘテ下サッタト云フコトヲ言ハレタラ、吾々ハ困ルノデアリマス(拍手)學者ノ說明ニ信頼セヨト言フガ、サウ云フ譯ニハ行カヌノデアリマス、故ニ私ハ農林大臣ニ斯ウ云フ·ヤウナムヅカシイ、皆ニ分ラヌヤウナ方法デ之ヲ出スト云フコトハ、ドウデアルカト云フ御意見ヲ尋ネタノデアリマス

元來率勢米價ノ理論ナルモノハ學理上何等根據ガアリマセヌ(拍手)先程カラ縷々申述ベマシタルガ如ク、實際上甚ダ不都合ナルモノデアリマス、而シテ吾々大多數ノ代議士ニハ譯ノ分ラヌモノデゴザイマス、而シテ此最高最低ノ價格ヲ決メルニ一番大切ナ米穀生産費ト家計費ノ調査ガマダ出來テ居ラヌノデアリマス、東郷君モ申サレマシタガ如ク、ソレナラバソレガ出來テカラ此問題ヲ出シテ來タラドウカ、此場合ニ於テ中シテ置キマス、米價ノ標準、米穀法ノ發動スル標準價格ヲ決定スルト云フコトニハ私共反對シナイガ、其定メ方ガイケナイト云フコトデアリマス、是ガ根本デアリマス、斯ウ云フヤウナ意味ニ於キマシテ、私ハ此米穀法ノ改正案ニハ反對ヲ致スノデゴザイマス、此米穀法ガ決定セラレマスナラバ、農家ハ非常ニ困リマス、ドウカ諸君、此意味ニ於キマシテ私共ノ說ニ御賛成下サルヤウニ切ニ御願ヲ致シマス(拍手)

○議長(藤澤幾之輔君) 討論ハ終局致シマシタ、先ヅ米穀法中改正法律案ノ第二讀會ヲ開クヤ否ヤヲ御諮リ致シマス、本案ノ第二讀會ヲ開クニ賛成ノ諸君ノ起立ヲ求メマス

〔賛成者　起立〕

○議長(藤澤幾之輔君) 多數デアリマス、仍テ本案ノ第二讀會ヲ開クニ決シマシタ

○作田高太郎君　直チニ本案ノ第二讀會ヲ開カレンコトヲ望ミマス

○議長(藤澤幾之輔君) 作田君ノ動議ニ御異議アリマセヌカ

〔「異議ナシ」ト呼フ者アリ〕

○議長(藤澤幾之輔君) 御異議ナシト認メマス、仍テ直チニ第二讀會ヲ開キマス

米穀法中改正法律案　第二讀會

○議長(藤澤幾之輔君) 別ニ御發議ガアリマセヌカラ、委員長報告通リニ決シマシタ、是ニテ本案ノ第二讀會ハ終リマシタ

○作田高太郎君　直チニ本案ノ第三讀會ヲ開カレンコトヲ望ミマス

○議長(藤澤幾之輔君) 作田君ノ動議ニ御異議アリマセヌカ

〔「異議ナシ」ト呼フ者アリ〕

○議長(藤澤幾之輔君) 御異議ナシト認メマス、仍テ直チニ第三讀會ヲ開キマス

米穀法中改正法律案　第三讀會

○議長(藤澤幾之輔君) 別ニ御發議ガアリマセヌカラ、第二讀會議決ノ通リ可決確定致シマシタ(拍手)次ニ米穀需給調節特別會計法中改正法律案ノ第二讀會ヲ開クヤ否ヤヲ御諮リ致シマス、本案ノ第二讀會ヲ開クニ御異議アリマセヌカ

〔「異議ナシ」ト呼フ者アリ〕

○議長(藤澤幾之輔君) 御異議ナシト認メマス、仍テ本案ノ第二讀會ヲ開クニ決シマシタ

○作田高太郎君　直チニ本案ノ第二讀會ヲ開キ、第三讀會ヲ省略シテ、委員長報告ノ通リ可決確定セラレンコトヲ望ミマス

〔「異議ナシ」ト呼フ者アリ〕

○議長(藤澤幾之輔君) 御異議ナシト認メマス、仍テ直チニ第二讀會ヲ開キマス

昭和六年三月八日

去五日貽中楠右衛門氏演説參照

家計費ヲ基礎トスル價格ノ算出例（統計局ノ家計費調査ヲ基礎トシテ算出セルモノ）

一、内閣統計局家計調査（自大正十五年九月至昭和二年八月）ニ依レバ月收入六〇圓未滿、八〇圓未滿、一〇〇圓未滿ノ各階級ノ副食物費、嗜好品費、交際費、修養娯樂費、旅行費ノ合計額ハ左ノ如シ

| | |
|---|---|
| 六〇圓未滿 | 一六、五六円銭 |
| 八〇圓未滿 | 二一、八五 |
| 一〇〇圓未滿 | 二七、一八 |

二、右合計額ノ五分、一割、一割五分、二割ヲ各階級毎ニ求ムレバ左ノ如シ

| | 五分 | 一割 | 一割五分 | 二割 |
|---|---|---|---|---|
| 六〇圓未滿 | 〇、八三円銭 | 一、六六円銭 | 二、四八円銭 | 三、三一円銭 |
| 八〇圓未滿 | 一、〇九 | 二、一九 | 三、三八 | 四、三七 |
| 一〇〇圓未滿 | 一、三六 | 二、七二 | 四、〇八 | 五、四四 |

三、右ニ依リ得タル金額ヲ六〇圓未滿、八〇圓未滿、一〇〇圓未滿ノ各階級ノ一箇月米代一二円〇三銭 一二円八二銭 一三円四五銭ニ加算スレバ次ノ如シ

| | 五分ノ場合 | 一割ノ場合 | 一割五分ノ場合 | 二割ノ場合 |
|---|---|---|---|---|
| 六〇圓未滿 | 一二、八六円銭 | 一三、六九円銭 | 一四、五一円銭 | 一五、三四円銭 |
| 八〇圓未滿 | 一三、九一 | 一五、〇一 | 一六、一〇 | 一七、一九 |
| 一〇〇圓未滿 | 一四、八一 | 一六、一七 | 一七、五三 | 一八、八九 |

四、次ニ各階級ノ消費單位ハ夫々二、七六八、二、八八八、三、〇〇八ナルヲ以テ一人當一箇月白米消費量ヲ一斗トスレバ各階級ノ一世帶當一箇月白米消費量ハ夫々二斗七升六合、二斗八升八合及三斗ナリ

五、右一世帶當一箇月白米消費量ヲ以テ三、ニ得タル金額ヲ除シ一石當白米價格ヲ算出スレバ左ノ如シ

| | 五分ノ場合 | 一割ノ場合 | 一割五分ノ場合 | 二割ノ場合 |
|---|---|---|---|---|
| 六〇圓未滿 | 四六、五九円銭 | 四九、六〇円銭 | 五二、五七円銭 | 五五、六〇円銭 |
| 八〇圓未滿 | 四八、三〇 | 五二、一二 | 五五、九〇 | 五九、六九 |
| 一〇〇圓未滿 | 四九、三七 | 五三、九〇 | 五八、四三 | 六二、九七 |

六、假ニ大正十五年九月ヨリ昭和二年八月ニ至ル東京、大阪兩市ニ於ケル玄米價格ノ白米價格ニ對スル比率八七、四八%ヲ右ノ白米價格ニ乘ズレバ左ノ玄米價格ヲ得

| | 五分ノ場合 | 一割ノ場合 | 一割五分ノ場合 | 二割ノ場合 |
|---|---|---|---|---|
| 六〇圓未滿 | 四〇、七六円銭 | 四三、三九円銭 | 四五、九九円銭 | 四八、六四円銭 |
| 八〇圓未滿 | 四二、二五 | 四五、五九 | 四八、九〇 | 五二、二二 |
| 一〇〇圓未滿 | 四三、一九 | 四七、一五 | 五一、一一 | 五五、〇九 |

聽取ノ方法ニ依ル米生產費調（農務局調查）

| 産年度 | 一石當生産費 自作 | 小作 | 平均 |
|---|---|---|---|
| 大正十一年 | 四二、七六円 | 四六、一二円 | 四四、四四円 |
| 同十二年 | 四二、一六 | 四三、八八 | 四三、〇二 |
| 同十三年 | 四一、〇八 | 四四、二一 | 四二、六五 |
| 同十四年 | 三七、五二 | 四〇、九四 | 三九、二三 |
| 昭和元年 | 三六、九五 | 三七、〇三 | 三六、九九 |
| 同二年 | 三一、〇二 | 三二、三二 | 三一、六七 |
| 同三年 | 三〇、七三 | 三一、一五 | 三〇、九四 |
| 同四年 | 三〇、三三 | 二八、九〇 | 二九、六二 |

昭和五年産米生產費調（米穀生產費調查實行案ニ依リシモノ）

一、石當生產費

| | |
|---|---|
| 自作農 | 二〇、九六円 |
| 小作農 | 二一、七四 |
| 平均 | 二一、三五 |

二、石當生產費算出ノ基礎

| | | 自作 | 小作 |
|---|---|---|---|
| 收量 | | 二、六九六石 | 二、六二二石 |
| 耕種費 | 種子代 | 〇、六五円 | 〇、六五円 |
| | 肥料代 | 一二、六二 | 一一、九八 |
| | 勞力及畜力費 延人數 | 二〇、五〇人 | 二一、三四人 |
| | 勞力賃 | 二三、五九円 | 二三、九一円 |
| | 畜力賃 | 二、六六 | 二、三一 |
| | 勞賃及畜力賃計 | 二五、二五 | 二六、二二 |
| | 農舍費 | 一、一八 | 一、二三 |
| | 農具費 | 二、四九 | 二、一二 |
| | 諸材料費 | 一、二〇 | 一、一四 |
| | 計 | 四三、三九 | 四三、三四 |
| 租税公課 | | 六、六八 | 〇、二一 |
| 土地資本利子又ハ小作料 | | 一〇、六二 | 一、〇五五石 小作料評價額 一七、八一円 |
| 反當費用合計 | | 六〇、六九 | 六一、三六 |
| 副收入 | | 四、四二 | 四、四八 |
| 反當生產費 | | 五六、二七 | 五六、八八 |

備考 反當生產費ヲ反當收量ニテ除シタルモノカ石當生產費ト符合セサルハ各項目每ニ全農家ノ分ヲ集計シタルモノヲ四捨五入法ニ依リ平均シタルカ爲ナリ

# 自作者ノ米生產費調ベ（自大正十一年至昭和二年 六年間）

帝國農會 農業經營部

| 年度 | 反當收穫 玄米數量 | 反當收穫 玄米金額 | 玄米以外ノ副收入 | 費目／單位 | 種子代 | 肥料費 自給 | 肥料費 購入 | 肥料費 計 | 諸材料費 | 勞賃 家族 | 勞賃 雇人 (三ヶ年平均) | 勞賃 計 | 畜力費 | 小計 | 農具費 |
|---|---|---|---|---|---|---|---|---|---|---|---|---|---|---|---|
| 大正十一年 | 二、五五八石 | 六九、九五円 | 七、四八円 | 一反當生產費 | 円 1.14 | 円 9.46 | 円 7.96 | 円 17.42 | 円 1.54 | — | — | 円 35.76 | 円 5.04 | 円 60.90 | 円 2.43 |
| | | | | 一石當生產費 副收入ヲ差引カザルモノ | 0.45 | 3.70 | 3.11 | 6.81 | 0.60 | — | — | 13.98 | 1.97 | 23.80 | 0.95 |
| | | | | 一石當生產費 副收入ヲ差引キタルモノ | — | — | — | — | — | — | — | — | — | — | — |
| 大正十二年 | 二、三七八石 | 七六、〇六円 | 七、五七円 | 一反當生產費 | 1.08 | 8.72 | 8.40 | 17.12 | 1.45 | — | — | 32.07 | 4.69 | 56.41 | 2.39 |
| | | | | 一石當生產費 副收入ヲ差引カザルモノ | 0.45 | 3.67 | 3.53 | 7.20 | 0.61 | — | — | 13.49 | 1.97 | 23.72 | 1.00 |
| | | | | 一石當生產費 副收入ヲ差引キタルモノ | — | — | — | — | — | — | — | — | — | — | — |
| 大正十三年 | 二、四一四石 | 九二、二三円 | 八、一三円 | 一反當生產費 | 1.00 | 7.82 | 8.35 | 16.17 | 1.71 | — | — | 33.06 | 4.21 | 56.15 | 2.11 |
| | | | | 一石當生產費 副收入ヲ差引カザルモノ | 0.41 | 3.24 | 3.46 | 6.70 | 0.71 | — | — | 13.69 | 1.74 | 23.25 | 0.87 |
| | | | | 一石當生產費 副收入ヲ差引キタルモノ | — | — | — | — | — | — | — | — | — | — | — |
| 大正十四年 | 二、五九六石 | 九六、六八円 | 八、〇四円 | 一反當生產費 | 0.85 | 6.67 | 8.10 | 14.77 | 1.35 | 23.72 | 7.23 | 30.95 | 2.81 | 50.73 | 1.93 |
| | | | | 一石當生產費 副收入ヲ差引カザルモノ | 0.33 | 2.57 | 3.12 | 5.69 | 0.52 | 9.14 | 2.78 | 11.92 | 1.08 | 19.54 | 0.74 |
| | | | | 一石當生產費 副收入ヲ差引キタルモノ | — | — | — | — | — | — | — | — | — | — | — |
| 昭和元年 | 二、五五三石 | 八七、六二円 | 七、三九円 | 一反當生產費 | 0.78 | 7.62 | 8.30 | 15.92 | 1.47 | 22.73 | 6.57 | 29.30 | 2.89 | 50.34 | 2.48 |
| | | | | 一石當生產費 副收入ヲ差引キタルモノ | 0.31 | 2.98 | 3.25 | 6.23 | 0.58 | 8.90 | 2.57 | 11.47 | 1.12 | 19.71 | 0.97 |
| | | | | 一石當生產費 副收入ヲ差引カザルモノ | — | — | — | — | — | — | — | — | — | — | — |
| 昭和二年 | 二、七〇二石 | 八二、三二円 | 七、八三円 | 一反當生產費 | 0.72 | 7.88 | 8.23 | 16.11 | 1.64 | 20.79 | 5.78 | 26.57 | 3.00 | 48.04 | 1.75 |
| | | | | 一石當生產費 副收入ヲ差引キタルモノ | 0.27 | 2.92 | 3.05 | 5.97 | 0.61 | 7.70 | 2.14 | 9.84 | 1.11 | 17.79 | 0.65 |
| | | | | 一石當生產費 副收入ヲ差引カザルモノ | — | — | — | — | — | — | — | — | — | — | — |
| 六ヶ年平均 | 二、五三三石 | 八四、一四円 | 七、七四円 | 一反當生產費 | 円 0.93 | 円 8.03 | 円 8.22 | 円 16.25 | 円 1.53 | 円 (22.41) | 円 (6.53) | 円 31.28 | 円 3.77 | 円 53.76 | 円 2.18 |
| | | | | 一石當生產費 副收入ヲ差引カザルモノ | 0.37 | 3.18 | 3.25 | 6.43 | 0.60 | (8.58) | (2.50) | 12.40 | 1.50 | 21.30 | 0.86 |
| | | | | 一石當生產費 副收入ヲ差引キタルモノ | — | — | — | — | — | — | — | — | — | — | — |

| 間接的生産費 農舎費 | 間接的生産費 公課 | 間接的生産費 土地資本利子 三分 | 間接的生産費 土地資本利子 四分 | 間接的生産費 小計 三分 | 間接的生産費 小計 四分 | 合計 土地資本利子三分ノトキ | 合計 土地資本利子四分ノトキ | 收入ヨリ生産費ヲ差引キ剰餘ノ有無(當反) 三分ノ場合 | 收入ヨリ生産費ヲ差引キ剰餘ノ有無(當反) 四分ノ場合 | 參考資料 本調査ニ於ケル平均一石當米價 | 參考資料 (自作)調査戸數 | 參考資料 平均水田經營面積(反・歩) | 參考資料 反當所要勞働日數 | 參考資料 平均水田一反當賣買價格 | 參考資料 農舎坪數 | 參考資料 家族勞賃ヲ算定スルタメニ用ヒタル臨時雇賃銭 男 | 參考資料 家族勞賃ヲ算定スルタメニ用ヒタル臨時雇賃銭 女 |
|---|---|---|---|---|---|---|---|---|---|---|---|---|---|---|---|---|---|
| 円 2.64 | 円 10.72 | 円 20.23 | 円 27.04 | 円 36.02 | 円 42.83 | 円 96.92 | 円 103.73 | (−) 一九、四九円 | (−) 二六、三〇円 | 二七、三五円 | 一六〇戸 | 一三、二〇三 | 二三、三日 | 六七九円 | 二四、〇坪 | 一、五四円 | — |
| 1.03 | 4.19 | 7.91 | 10.57 | 14.08 | 16.74 | 37.89 | 40.55 | | | | | | | | | | |
| — | — | — | — | — | — | 34.96 | 37.63 | | | | | | | | | | |
| 2.66 | 10.66 | 18.86 | 25.15 | 34.57 | 40.86 | 90.98 | 97.27 | (−) 七、三五円 | (−) 一三、六四円 | 三一、九八 | 一五七戸 | 一三、三一〇 | 二一、五日 | 六二九円 | 二五、〇坪 | 一、四九円 | — |
| 1.12 | 4.48 | 7.93 | 10.58 | 14.53 | 17.18 | 38.25 | 40.90 | | | | | | | | | | |
| — | — | — | — | — | — | 35.07 | 37.72 | | | | | | | | | | |
| 2.60 | 10.25 | 19.48 | 26.29 | 34.44 | 41.25 | 90.59 | 97.40 | (+) 九、七七円 | (+) 二、九六円 | 三八、二一 | 一七三戸 | 一三、二二九 | 二一、〇日 | 六五一円 | 二四、〇坪 | 一、五七円 | — |
| 1.08 | 4.25 | 8.07 | 10.89 | 14.28 | 17.09 | 37.53 | 40.35 | | | | | | | | | | |
| — | — | — | — | — | — | 34.16 | 36.98 | | | | | | | | | | |
| 1.66 | 10.58 | 20.72 | 27.55 | 34.89 | 41.72 | 85.62 | 92.45 | (+) 一九、一〇円 | (+) 一二、二七 | 三七、二四 | 一一七戸 | 一六、〇一八 | 二一、三日 | 六七〇円 | 二一、三坪 | 一、五九円 | 一、二三 |
| 0.64 | 4.07 | 7.98 | 10.61 | 13.44 | 16.07 | 32.98 | 35.61 | | | | | | | | | | |
| — | — | — | — | — | — | 29.88 | 32.51 | | | | | | | | | | |
| 1.94 | 10.48 | 21.07 | 28.11 | 35.97 | 43.01 | 86.31 | 93.35 | (+) 八、七〇円 | (+) 一、六六円 | 三四、三二 | 九三戸 | 一三、九一九 | 二〇、九日 | 六九五円 | 二七、三坪 | 一、五二円 | 一、一九 |
| 0.76 | 4.10 | 8.25 | 11.01 | 14.09 | 16.85 | 33.80 | 36.56 | | | | | | | | | | |
| — | — | — | — | — | — | 30.91 | 33.67 | | | | | | | | | | |
| 1.71 | 11.03 | 18.60 | 24.80 | 33.09 | 39.29 | 81.13 | 87.33 | (+) 九、〇二円 | (+) 二、八二円 | 三〇、四八 | 八八戸 | 一三、八二三 | 二〇、四日 | 六二〇円 | 二四、五坪 | 一、四六円 | 一、一〇 |
| 0.63 | 4.08 | 6.89 | 9.18 | 12.25 | 14.55 | 30.04 | 32.33 | | | | | | | | | | |
| — | — | — | — | — | — | 27.14 | 29.44 | | | | | | | | | | |
| 円 2.20 | 円 10.62 | 円 19.83 | 円 26.49 | 円 34.83 | 円 41.49 | 円 88.59 | 円 95.25 | (+) 三、二九円 | (−) 三、三七円 | 三三、二六円 | 一三一戸 | 一三、六〇七 | 二一、四日 | 六五七円 | 二四、四坪 | 一、五三円 | 一、一七 |
| 0.88 | 4.20 | 7.84 | 10.47 | 13.78 | 16.41 | 35.08 | 37.71 | | | | | | | | | | |
| — | — | — | — | — | — | 32.02 | 34.66 | | | | | | | | | | |

説明

一、本表ハ帝國農會ニ於テ調査シツヽアル米生産費資料調査中、自作者ノ各年別竝ニ平均ヲ表セルモノナリ、本表中前三年ト後三年ノ間ニ生産費ノ支額ノ稍々大ナルハ種々ノ原因アルベキモ調査農家ノ變更ハ主タル原因ナランカ。

一、就中昭和二年度ノ生産費ガ前年等ニ比シテ安ク現レタルハ、土地ノ價格ノ稍々低下シタルコト、勞働日數竝ニ一日當賃銭ノ多少減少シタルコト等ニヨルベケレド、一石當生産費ノ安キハ反當收穫量ノ增加ガ主タル原因ナリ。

一、「收入ヨリ生産費ヲ差引キ剰餘ノ有無」(左表右端)ヲ見ルニ、平均シテ現レタル所ヲ見レバ大正十一年十二年ハ損失トナリ、他ハ剰餘存スル樣現レタリ、之主トシテ米價ノ高低ニ支配サレタルモノナルガ如シ。而シテ平均ニ於テ損失ノ年ニテモ個々ノ農家ニハ然ラザルモノアリ、剰餘ノ年モ亦同ジ、(例ヘバ十四年ニ於テモ損失農家二十七戸アリタリ)

一、本表ニハ北海道ヲ省ケリ。

昭和五年産米　玄米一石當生産費

帝國農會ニ於テ調査シツヽアル米生産費調査ノ昭和五年度産米ノ調査ハ全部完了、道府縣各郡市ニ亘リ七七一戸ノ平均ハ左ノ如シ

一　石　當（自作者）

| | |
|---|---|
| 府縣平均 | 二六、四〇円 |
| 總戸數平均 | 二六、一〇 |

而シテ右ノ計算ノ基礎タル反當收穫量及生産費左ノ如シ

（一）生産額（反當）

| | 玄米 收量 | 玄米 金額 | 副産物（屑米、藁、籾殻等） | 計 |
|---|---|---|---|---|
| 府縣平均 | 二、七六三石 | 四七、四一円 | 五、六八円 | 五三、〇九円 |
| 總戸數平均 | 二、七六三 | 四七、四三 | 五、五一 | 五二、九四 |

（二）直接的生産費（反當）

| | 種子 | 肥料代 自給 | 肥料代 購入 | 肥料代 計 | 勞賃 家族 | 勞賃 雇人 | 勞賃 計 | 諸材料共他 | 畜力費 | 計 |
|---|---|---|---|---|---|---|---|---|---|---|
| 府縣平均 | 〇、六四円 | 五、五一円 | 七、〇九円 | 一二、六〇円 | 二〇、五三円 | 三、四五円 | 二三、九八円 | 一、八一円 | 二、九六円 | 四一、九九円 |
| 總戸數平均 | 〇、六四 | 五、五七 | 七、二三 | 一二、七九 | 二〇、三八 | 三、四三 | 二三、八一 | 一、七五 | 二、九〇 | 四一、八九 |

（三）間接的生産費（反當）

| | 農具 | 建物 | 諸税諸負擔 | 土地資本利子 | 計 |
|---|---|---|---|---|---|
| 府縣平均 | 二、〇二円 | 一、六七円 | 九、二一円 | 二二、九四円 | 三五、八四円 |
| 總戸數平均 | 一、九八 | 一、五五 | 八、九九 | 二二、五八 | 三五、一〇 |

（四）全生産費（反當）

| | 直接的生産費 | 間接的生産費 | 合計 |
|---|---|---|---|
| 府縣平均 | 四一、九九円 | 三五、八四円 | 七七、八三円 |
| 總戸數平均 | 四一、八九 | 三五、一〇 | 七六、九九 |

尚ホ種子、勞働ノ量ヲ示セバ左ノ如シ（反當）

| | 種子量 | 勞働日數 家族 | 勞働日數 雇入 | 勞働日數 計 | 家畜使役日數 |
|---|---|---|---|---|---|
| 府縣平均 | 三三合 | 一七、九日 | 三、二日 | 二一、一日 | 一、七日 |
| 總戸數平均 | 三三 | 一七、九 | 三、二 | 二一、一 | 一、七 |

説　明

一、本調査ハ稻作ヲ主トスル經營條件中位ノ農家ノ自作者ニ關スルモノナリ

二、家族勞力ノ評價ハ稻作期ニ於ケル平均日傭（辨當持參）ノ賃錢ニヨル

三、自給肥料ノ評價ハ市價アルモノハ市價ニヨリ市價ナキモノハ成分價ニヨリ評價セリ

四、土地資本利子ハ土地ノ賣買價格ニ年四分ヲ乘シタルモノニシテ共ノ他ノ資本（建物、農具）ノ利子ハ計上セズ

五、諸税諸負擔ハ稻作ノ負擔トナルモノヲ算出セリ

土地ニ賦課サル、租税、及土地資本利子ヲ二毛作田ノ場合表作ト裏作ニ分割スル方法ハ收益ニヨリ按分ス

今道府縣別玄米一石當ノ生産費ヲ示セバ左ノ如シ

| | |
|---|---|
| 北海道 | 二四、二二円 |
| 青森 | 二七、〇二 |
| 岩手 | 二三、五五 |
| 宮城 | 二一、七一 |
| 秋田 | 二四、七三 |
| 山形 | 二二、二七 |
| 福島 | 二一、五一 |
| 茨城 | 二四、八四 |
| 栃木 | 二四、〇四 |
| 群馬 | 二三、三四 |
| 埼玉 | 二九、二六 |
| 千葉 | 二八、二〇 |
| 東京 | 三一、七六 |
| 神奈川 | 二七、六七 |
| 新潟 | 二四、〇七 |
| 富山 | 三〇、五四 |
| 石川 | 三〇、六〇 |
| 福井 | 二九、四六 |
| 山梨 | 二一、七八 |
| 長野 | 二三、七四 |
| 岐阜 | 二九、三六 |
| 静岡 | 二四、一二 |
| 愛知 | 二八、二四 |
| 三重 | 二四、〇一 |
| 滋賀 | 二九、五五 |
| 京都 | 二九、四〇 |
| 大阪 | 三〇、四〇 |
| 兵庫 | 二七、九六 |
| 奈良 | 二六、六四 |
| 和歌山 | 二七、九八 |
| 鳥取 | 二二、五九 |
| 島根 | 二五、七〇 |
| 岡山 | 二五、三九 |
| 廣島 | 二七、八九 |
| 山口 | 二九、〇五 |
| 徳島 | 二五、二六 |
| 香川 | 二七、〇六 |
| 愛媛 | 二四、一一 |
| 高知 | 二六、九四 |
| 福岡 | 二六、〇三 |
| 佐賀 | 二六、二六 |
| 長崎 | 三二、二五 |
| 熊本 | 二四、五七 |
| 大分 | 二四、三一 |
| 宮崎 | 二四、〇七 |
| 鹿兒島 | 二八、六二 |
| 府縣平均 | 二六、四〇 |
| 總戸數平均 | 二六、一〇 |

備考

此ノ玄米一石當生産費ノ府縣又ハ總戸數ノ平均數字ト前記反當生産費ヨリ算出スルモノガ一致セザルコトアルハ前者ハ個々ノ農家ノ石當生産費ヲ出シ之レヲ平均シタルモノナルガタメ計算上止ムヲ得ザル差異ナリ

## 米生産費調査ニ關スル說明
### 農林省調査ト差違ノアル理由

帝國農會幹事　岡田　溫

最近農林省ヨリ、昭和五年度米生産費ヲ發表サレ、ソレガ一石二十一圓三十五錢ニテ、帝國農會ノ調査一石二十六圓十錢(第二次計算ハ二十六圓三十五錢)ニ比シ、四圓七十五錢ノ差違ノアルコトガ示サレタ、折柄議會デ米穀政策ノ討議サレツヽアル際デアルカラ、世間ニ多大ノ疑惑ヲ起サセ、衆議院ニ於テモ種々ノ質問出テ、帝國農會ヘハ處々ヨリ問合セアリ、或方面デハ帝國農會ノ調査ヲ疑ウヤウナ批評ナドモ傳ヘラレ、殊ニ此差違ノ內容ニハ、農村問題ニ對スル重大ナル見解ノ差違ノ含マルヽユヘ、帝國農會ノ調査方針竝ニ農林省ノ調査ト差違ヲ生ズル理由ヲ闡明スル。

小規模經營ノ農産物ノ生産費ハ、地方ニヨリ農家個々ニヨリ、可ナリ大キナ差違ノアルモノニテ、調査ノ場所ノ相違ヤ、調査數ノ多少等ニヨッテモ差違ヲ生ズル、今回農林省ノ調査ハ十五府縣ヨリ二個ヅヽ、三十個ノ調査ノ平均デアリ、帝國農會ノ方ハ全國道府縣ヨリ七百七十一個ノ調査ノ平均デアルカラ、コレダケニテモ都合ニヨリ、一圓モ一圓五十錢モノ相違ノアルモノデアル、併シカヽルコトハ偶然ノ差違ニテ、ダカラ帝國農會ノ方ガ高クナルトノ理由トハ別問題デアル、爾者ノ差違ハ主トシテ左ノ見解ノ差違ヨリ生ズル。

(一)二毛作田ハ稻ノ裏作ニ麥類ヤ蠶豆ナドヲ作ル、ソノ場合土地ノ負擔スル租税諸負擔、竝ニ土地資本利子ヲ、兩作ニ分割スル方針ガ、帝國農會ハ、兩作ノ收益ニ按分シ、農林省ハ、兩作ノ粗收入ニ按分スルノデアル、帝國農會式ノ收益トハ、生産額(粗收入)ヨリ種子、肥料、勞賃、諸材料、農具、建物ノ諸費用ヲ控除シタ殘額デアル、理由トシテハ、土地ニ課稅サレルノモ、土地ニ實賣價格ノ生ズルモ、其根原ハ以上ノ如キ收益アルガ故デアル、故ニ同一土地ニ二作ヲナス場合ハ、租稅ヤ土地資本利子ハ、收益ノ多キモノハ多ク負擔シ、收益ノ少ナキモノハ少シク負擔スルノガ正當ノ分割法デアルトノ主旨デアル、所デ近年ノ如ク麥類ガ安價トナッテハ前記ノ如キ收益ハ殆ンドナイノデアルカラ、稻作ガ土地負擔ノ全部ヲ負擔スルコトニナル年ガ多イ併シ原則ガ收益按分デアルカラ、裏作物ノ價格ガ騰貴スレバ分擔ヲ生ズルコトニナル

農林省ノ方ハ、土地ノ生産機能ニ重キヲ置キ、兩作ノ粗收入ニ按分シテ分割スルノデアルカラ、裏作ノ經營條件ノ如何ニ拘ラズ、生産物ノ價額ニ相當スルダケハ裏作ガ分擔スルカラ、ソレダケ稻作ノ負擔ガ減少スル、コレハ帝國農會ノ方ハ生産經濟ヲ基礎トシ、農林省ノ方ハ生産技術ヲ基礎トスルヨリ來ル相違デアルカラ、生産費ノ本質論トシテハ隨分議論モアルガ、併シ生産費ノ數字ニ現ハル、差違ハ僅小ナモノデアル。

(二)土地資本利子ノ計算ニ關スル見解ノ差違ガ最モ大ナル差違ノ原因デアル、帝國農會ハ、土地ノ實賣價格ニ年四分ヲ乘シタ利子ヲ用ヒ、農林省ハ、實收小作料ヨリ、租稅諸負擔ヲ控除シタ殘額ヲ用ユル方式デアル、コレハ根本理論ハ、双方共差額地代論ヨリ出タト觀ラル、カラ、論據ハ相似タヤウデアルガ、小作料ガ米納デアルガタメ、計算ノ結果ニ大差ヲ生ジ、凡ツ農地ニ投ズル各種資本ニ關スル見解ノ差違トナリ、土地ノ課稅ニ關スル見解ノ差違等ヲ生ズルコトニナル。

帝國農會ニ於テハ、農家ノ社會生活ノ立場ヨリ、一般生産經濟ノ理論ニ準據シ、土地ヲ評價シ一定額ノ資本トシテ、一定額ノ利子ヲ算出シ、之ヲ以テ生産原價構成ノ要素トシテ扱ウノデアルガ、農林省ハ、小作料ヨリ、租稅諸負擔ヲ控除シタ殘額ヲ土地資本利子トスル計算デアルカラ、土地資本利子ハ、米價ノ高低ニヨリ增減シ、若シモ米價ノ低落甚シク、小作料ヨリ租稅諸負擔ヲ控除シ、殘額ガナケレバ、資本利子ハ無クトモヨイ、ソレガ正シイ米價ノ動キデアルトノ見解デアル、從ッテ本年度ノ如ク米價ノ安イ年ニハ、農會ノ調査ト大差ノアルモノトナル、帝國農會デハ、農家ノ購入スル肥料デモ其他ノ需要品デモ、左様ナ生産費ノ見解デ生産サレタモノハ一ツモナイノデアルカラ、最モ大切ナ經營資本ガ無代價トナルヤウナ米價ハ、ソレハ不當ナ米價ノ動キデアルトノ見解デアル。

然ラバドチラガ合理的デアルカハ、政治家其他第三者ノ批判ニ任スノ外ハナイガ、帝國農會ガ「地價主義」ヲトツテヰル主ナル理由ハ、「小作料主義」ニヨレバ、(一)土地ニ投ジタ資本(賣買價額、開墾干拓費、耕地整理費、其他土地改良費、小作權買收、等ノ資本)ヲ明確ニ認メナイコトニナリ、(二)生産經濟ノ理論ニ悖リ、(三)實際取扱上ノ難問ガ多イト考ヘルガ故デアル。

(イ)　生産費ハ、生産ニ必要ナ費用デアルカラ、生産物ヲ作リ上ゲタ時ニ、全部計算ノ出來ルモノデアル、ソノ生産物ヲ販賣其他處分スルトセザルト、若クハソノ生産物ガ高價ニ賣レヨウガ、安價ニ賣レヨウガ、自分デ消費ショウガ、生産費ノ增減ニ關係ノナイ性質ノモノデアル、然ルニ「小作料生産費ニヨルトキハ小作料ノ米ヲ販賣シタ後デナケレバ計算ガ出來ナイ、又米價ニヨッテ、ソノ米自身ノ生産費ガ增減スル、コレハ市價ガ原價ヲ決定スルトイウ妙ナ計算法ニテ、現在ノ所如何ナル生産物ニモ用ヒラレテヰナイ、又經濟學說中ニモ存在シナイ、小作料ガ金納ナラバカヽル不合理ハ生ゼナイガ、現物小作料ニヨレバカクナル

(ロ)　一般的經濟理論ニ從ヘバ、物ノ

生產費ハ、材料費、勞賃、資本利子、租稅等ノ高低ニヨツテ增減スルモ、生產物ノ市價ノ騰落ガ、生產費高低ノ直接ノ原因ヲナスモノデナク、況ヤ生產物ノ市價ノ騰落ニ比例シテ增減スルモノデハナイ、而シテ我國ノ現物小作料ハ、ソノ土地ノ負擔スル租稅ト、土地資本利子ニ相當スルモノデアルカラ、小作料生產費計算ニヨレバ、米價ノ騰落ニ比例シテ生產費タル租稅諸負擔竝ニ土地資本利子ガ增減スルコトニナリ、從來ノ種々ノ政策ノ根本理論ガ覆ヘサレル、例ヘバ國策トシテ奬勵シテヰル自作農創設ニヨリ、小作ヨリ自作トナツタモノガ、米價ノ下落ニヨリ、購入シタ土地ノ負擔スル租稅ヤ、土地購入資金ノ利子（年賦金中ニ含マルル）ガ輕減サレルコトハナイノデアルガ、「小作料生產費」ニヨレバ、ソレガ輕減サレル形チニナツテ現ハレル、故ニ米價ガ下落シタ場合ハ、共年ノ小作料代金ダケノ租稅ヤ借入資金ノ利子ヲ拂ヘバヨイトイフコトヲ政府ガ公認スルコトニナル、「小作料生產費」ノ根本理論ハ、小作料ヨリ租稅諸負擔ヲ控除シタ殘額ヲ土地資本利子トシテ、有レバヨシ無ケレバ仕方ナシトシテ扱ウノガ正當ニテ、一定額ノ資本ニ、一定額ノ利子ヲ計算スルハ正當ニアラズトノ觀方デアルカラ、カヽル米價觀ニテ農政ヲ扱ウナラバ、自作農創設奬勵ニヨツテ自作トナルモノ、負擔スル租稅ヤ、土地購入代價ノ仕拂ヲ米ニテ極メルコトニシナケレバ小作者ヲ窮地ニ陷レルヤウナコトガ起ル、一面ニハ土地購入價格ノ標準ヲ示シ、（自作農創設維持補助規則）、一定額トシテノ土地資本ヲ認メ一定額ノ購入資金ヲ貸付ケ、米價ノ高低ニ拘ラズ、一定額ノ租稅ヲ徵シ、一定額ノ償還ヲナサシムル制度ヲ行ヒツヽ、他面ニハ土地資本トシテノ一定額ノ資本利子ヲ認メズ、租稅ト土地資本利子トハ、米價ノ高低ニヨツテ增減スルモノデアルトイウ、企業條件ヲ認メナイ米穀政策ヲ行ツテハ、一大政策ノ根本理論ニ矛盾ヲ生ジ、農業經營ヲ不安ニ陷レル。

（ハ）小作條件ノヨイ處、耕地ノ少ナイ所ニハ、小作權ノ賣買ガ行ハレ、愛媛縣ノ東部三郡ノ如キハ、殆ンド小作權價ノナイモノハナイ、コレハ四國ノ一部ニ行ハレテヰル特殊事例デナク、全國到ル所ニ小作權ノ賣買ガ行ハレテヰル。ソノ價格モ所有權價ト伯仲スル程度ノモノモ少ナクナイ、而シテ小作者トシテハ、地主ハ拂ウ小作料ト、小作權買收資金ノ利子ノ合計ガ生產費デアル、小作權ノ賣買若クハ價格ガ正當デアラウガアルマイガ、ソノ小作者ハカクセナケレバ米ヲ作ルコトガ出來ナイノデアルカラ、當然コレハ生產費ニ計算スベキモノデアル、然ルニコレハ小作料外デアルカラ、「小作料生產費」ヨリ省カレ、小作者ノ投下資本ハ無代價ニ扱ハレル、而シテ之ヲ救ハントスレバ、「地價生產費計算法」ニヨルノ外途ハナイ、サレバトテカヽル面倒ナモノハ調査セナイコトニスレバ、慣例ノ多イ小作經營ヲ除外シ、農林省ニ都合ノヨイモノヲ撰擇シテ調査スルトイウ批難ヲ免レナイダラウ。

（ニ）小作料生產費ハ、共理論ヲ究極スレバ、一定額ノ土地資本ヲ認メナイノミナラズ小作地ノ租稅諸負擔モ亦貨幣ニヨル一定金額ヲ認メナイコトヽナル、米價ガ甚シク下落シ、小作料ニテ租稅諸負擔ニ不足スルヤウナコトガアレバ不足ノ分ハ納付セナイデモヨイトイウ結論ニ到達スル、然ルトキハ現在ノ如キ賃貸價格ニヨリ一定額ノ地價ヲ定メ、之レニ一定率ノ地租ヲ課スル現行稅法ノ精神及理論ヲ否認スルコトニナル、從ツテ米價ノ高低ニヨリ稅率ヲ增減スルカ、昔ノ年貢米ノ如ク米デ納付スルカニ、稅制ヲ改正シナケレバナラヌトイウヤウナ議論ガ生ズル。

（ホ）近年ノ米價ハ、朝鮮臺灣米ノ移入激增ニヨツテ、甚シク低落シツヽアル、「小作料生產費」ニヨレバ、米價ノ騰落ニヨリ、全生產費ノ三割四分乃至四割二、三分マデハ、米價ニ比例シテ增減スルノデアルカラ、鮮臺米ノ移入增減ガ、可ナリ大キナ作用ヲ以テ內地ノ米ノ生產費ノ增減ヲナストイウ、木ニ竹ヲ接グヤウナ不合理千萬ナコトガ生ズル、元來生產費ノ計算ニハ、可及的カヽル不純要素ノ混入セナイヤウ嚴重ニ注意シナケレバ、米ノ生產事情ガ不明トナリ、農村疲弊ノ門戶ガ公開サレル。

（ヘ）「小作料生產費」ニヨレバ、小作料タル米ヲ賣却セナケレバ計算ガ出來ナイ、所デ共小作米價額算出ノ米價ハ、何時ノ米價ニヨルベキデアルカ、米價ハ一米穀年度內ニテ、最高最低ノ差ガ五圓、十圓、十五圓……ト非常ニ大キイカラ、計算スルトキノ米價ニヨツテ、生產費ノ數字ニ大差ヲ生ズル、出來秋ノ相場ニヨルカ、一ケ年間ノ平均相場ニヨルカハ、非常ニ重大ナ問題デアル、出來秋ノ相場ニヨレバ計算ハ早ク出來ルガ、槪シテ出來秋ハ相場ノ安イ時期デアルカラ、安價ナ時期ヲ撰ブハ正當ナ扱ヒ方デハナイ、又一ケ年ノ平均相場ニヨルトスレバ、米穀年度末デナケレバ計算ガ出來ナイカラ、米穀法運用ノ資料トハナラナイ。

資本利子生產費計算ニ於テモ、利子算出ノ利率ヲ、年四分ガ適當カ、三分ガ適當カ等ノ水掛論的議論ガ起ルガ、コレニハ他ノ資本利子ヨリ比準ヲトツテ考察スル材料ガアルガ、生產費ニ計算スル小作料ノ米價ヲ、何時ノ米價ニヨツテ算出スルガ適當デアルカヲ考察スルニハ適當ナ比準材料モナイヤウニ思ハレル。

然ルニ資本利子計算ニヨレバ、以上ノ如キ不合理ハ生ジナイ、最モ土地ノ賣買價格ハ、收益價格ヨリ高價デアルカラ、ソレヲ以テ生產費計算ノ標準ニ用ユルハ不合理ダトカ、又四分トカ三分トカノ利率ヲ何ニヨツテ決スルカ等ノ問題ニハ議論ガアル、併シ收益價格ニヨレバ鼬ゴツコトナツテ小作料生產費ニ似タ難境ニ陷ル、且ツ人口多ク土地狹キ國ハ地價ガ高イ、從ツテ生產費ガ高クナル、コレハ農業經營上ノ不注意ヨリ來ルニアラズシテ國情ノ然ラシムル所デアルカラ、國民ハソノ不利ヲ分擔シテ然ルベキモノデアル、尙又理窟ノ如何ニ拘ラズ、日常賣買取引サレテヰル事實ヲ捕ヘルコトハ不都合デナイ、併シ收益價格ヨリ高價デアルカラ、高イ利子ヲ要求スルハ不當デアラウ、而シテ各種ノ事業ヲ通ジ、經營計劃中、生產費ノ資本利子ヲ年四分ナドノ低イ利率ヲ用ヒテヰルモノハナイダラウ（經營ノ結果利廻リノ惡クナルハ別問題）最モ確實ナ國債利子デモ五分以上ガ多イ、國家ノ特別ノ保護ノ下ニ行ハル、自作農創設奬勵ニ於テモ、貸付利率年三分五厘マデヲ認メテヰル、ソレコレ考察ノ結果四分利率ヲトツテヰルノデアル、併シコレハ環境ノ經濟事情ノ變遷ニヨリ三分五厘ニナリ、四分五厘ニナリ、或ハ三分ナリ、相當ノ理由ガアレバ改正スル考ヘニテ、經濟事情ノ如何ニ拘ラズ、四分利率ヲ固執スルノデハナイ。

要スルニ農業ノ盛衰ニ關スル重大問題ニツキ、カク農林省ト見解ノ相違ヲ來シタコトハ遺憾千萬デアルガ今ハ致シ方ガナイ、帝國農會トシテハ、生產者團體ノ立場トシテ、一層生產費ノ調査研究ニ精進シ、ソノ主張ニ努メネバナラヌ。

## 率　勢　米　價

### 直線式ト「パラボラ」式トノ比較

| 年　度 | 中 値 | | | 高 値 | | | 低 値 | | |
|---|---|---|---|---|---|---|---|---|---|
| | 實　數 | 直線式 | パラボラ式 | 實　數 | 直線式 | パラボラ式 | 實　數 | 直線式 | パラボラ式 |
| | 円 | 円 | 円 | 円 | 円 | 円 | 円 | 円 | 円 |
| 明治 3 7 | 13.17 | 15.56 | 17.72 | 13.98 | 18.67 | 21.27 | 12.53 | 12.45 | 14.18 |
| 3 8 | 12.79 | 14.79 | 11.52 | 14.46 | 17.75 | 13.82 | 11.95 | 11.83 | 9.21 |
| 3 9 | 14.56 | 13.73 | 9.76 | 15.71 | 16.48 | 11.71 | 13.87 | 10.98 | 7.81 |
| 4 0 | 16.47 | 14.26 | 12.91 | 17.82 | 17.11 | 15.49 | 15.53 | 11.41 | 10.33 |
| 4 1 | 16.09 | 15.87 | 16.12 | 17.20 | 19.04 | 19.34 | 15.17 | 12.69 | 12.90 |
| 4 2 | 13.37 | 14.86 | 15.70 | 14.22 | 17.83 | 18.84 | 11.33 | 11.89 | 12.56 |
| 4 3 | 12.95 | 13.91 | 9.30 | 15.52 | 16.69 | 11.16 | 11.17 | 11.13 | 7.44 |
| 4 4 | 17.21 | 13.71 | 13.01 | 20.01 | 16.46 | 15.61 | 15.05 | 10.97 | 10.41 |
| 大正 1 | 20.51 | 15.14 | 16.05 | 23.29 | 18.17 | 19.26 | 16.80 | 12.11 | 12.84 |
| 2 | 21.52 | 17.31 | 19.87 | 22.55 | 20.77 | 23.85 | 20.30 | 13.85 | 15.90 |
| 3 | 16.78 | 18.66 | 22.34 | 20.01 | 22.39 | 26.80 | 13.00 | 14.93 | 17.87 |
| 4 | 12.98 | 17.17 | 19.65 | 14.42 | 20.60 | 23.59 | 11.31 | 13.74 | 15.72 |
| 5 | 13.48 | 17.70 | 18.23 | 15.78 | 21.24 | 21.88 | 12.71 | 14.16 | 14.58 |
| 6 | 19.25 | 20.62 | 18.85 | 23.93 | 24.74 | 22.62 | 15.81 | 16.49 | 15.08 |
| 7 | 31.35 | 24.32 | 21.50 | 44.41 | 29.78 | 25.80 | 23.86 | 19.86 | 17.20 |
| 8 | 44.89 | 32.46 | 29.18 | 52.08 | 38.95 | 35.01 | 37.16 | 25.97 | 23.34 |
| 9 | 46.92 | 45.33 | 46.21 | 54.63 | 54.40 | 55.45 | 32.37 | 36.27 | 36.97 |
| 1 0 | 29.81 | 36.51 | 37.03 | 39.64 | 43.81 | 44.43 | 25.52 | 29.21 | 29.62 |
| 1 1 | 36.05 | 34.53 | 34.09 | 40.64 | 41.43 | 40.91 | 29.99 | 27.62 | 27.27 |
| 1 2 | 32.04 | 31.01 | 31.57 | 35.13 | 37.21 | 37.88 | 27.33 | 24.81 | 25.25 |
| 1 3 | 38.15 | 34.52 | 34.95 | 41.99 | 41.43 | 41.94 | 35.28 | 27.62 | 27.96 |
| 1 4 | 41.85 | 35.87 | 37.11 | 45.21 | 43.04 | 44.53 | 39.25 | 28.69 | 29.69 |
| 1 5 | 38.12 | 34.31 | 36.87 | 40.22 | 41.17 | 44.24 | 36.18 | 27.45 | 29.50 |
| 昭和 2 | 35.61 | 30.79 | 34.22 | 37.25 | 36.94 | 41.06 | 31.47 | 24.63 | 27.37 |
| 3 | 30.99 | 31.11 | 36.03 | 33.37 | 37.33 | 43.24 | 29.84 | 24.89 | 28.83 |
| 4 | 29.05 | 32.14 | 35.52 | 31.16 | 38.57 | 42.63 | 28.20 | 25.71 | 28.42 |
| 5 | 26.42 | 29.47 | 31.89 | 30.53 | 35.36 | 38.26 | 18.13 | 23.57 | 25.51 |
| 6 | — | 22.85 | 24.67 | — | 27.42 | 29.61 | — | 18.28 | 19.74 |

備考

1. 中値ノ實數ハ前年十二月ヨリ當年十一月迄ノ平均トス
2. 高値及低値ノ實數ハ年內ノ最高及最低ヲ示ス

ルモ我國農村ノ不況、伯國財界ノ恐慌並革命等ノ爲メ、當初豫期セル如キ成果ヲ看ルニ至リ居ラス。然レトモ今後事業ノ遂行ニ一段ノ刷新ヲ加ヘ組合ノ目的達成上遺憾ナキヲ期セムトス

六、海外移住組合及同聯合會ノ設立以來之カ目的ヲ遂セシムルタメ政府ノ貸付シタル資金及補助金ハ左記ノ如シ

記

一　海外企業費貸付金生産資金貸付金内譯

| 費目＼年度 | 昭和三年度 | 同　四年度 | 同五年十二月末 | 計 |
|---|---|---|---|---|
| 海外企業費貸付金 | | | | |
| 土地購入代金 | 三、〇四三、九一〇円 | 一、〇一一、六〇六円 | —円 | 四、〇五五、五一六円 |
| 幹線道路築造費 | 八四、七三七 | 一〇八、四六五 | 二三三、〇〇〇 | 四二六、二〇二 |
| 土地區劃及測量費 | 一九四、七三七 | 一一八、五七一 | 五、〇〇〇 | 三一八、三〇八 |
| 登記料 | 一〇一、六一七 | 一五二、三九九 | — | 二五四、〇一六 |
| 土地調査費 | 三三、〇〇〇 | 四一、四六二 | — | 七四、四六二 |
| 諸給及雜費 | 七四、二一〇 | 一二九、七四三 | 四七、五四三 | 二五一、四九六 |
| 生産資金貸付金 | — | 二五〇、〇〇〇 | — | 二五〇、〇〇〇 |
| 計 | 三、五三二、二一一 | 一、八一三、二四六 | 二八五、五四三 | 五、六三〇、〇〇〇 |

二　海外移住組合及同聯合會ニ對スル公益施設費事務費其ノ他諸費補助金内譯

| 費目＼年度 | 昭和二年度 | 同　三年度 | 同　四年度 | 同五年十二月末 | 計 |
|---|---|---|---|---|---|
| 事務費補助金 | 一〇〇、〇〇〇円 | 一一〇、〇〇〇円 | 一三〇、〇〇〇円 | —円 | 三四〇、〇〇〇円 |
| 公益施設同 | — | 四五、〇〇〇 | 三二六、〇〇〇 | 四六、五一五 | 四一七、五一五 |
| 土地調査費同 | — | — | 二〇、〇〇〇 | — | 二〇、〇〇〇 |
| 土地測量費同 | — | — | — | 一九、〇二〇 | 一九、〇二〇 |
| 計 | 一〇〇、〇〇〇 | 一五五、〇〇〇 | 四七六、〇〇〇 | 六五、五三五 | 七九六、五三五 |

七、海外移住組合ノ購入土地面積及箇所ハ別紙ノ如クニシテ之ニ對スル入植者ハ在伯者ノ入植者ヲ合シ昭和六年一月末迄ニ三百八家族千六百二十七名ニ上レリ（但シ組織變更前ニ於ケル四組合ノ入植者數ヲ除ク）

海外移住組合聯合會取得土地一覧表

（昭和六年一月末現在）

| 所在地 | | 面積 |
|---|---|---|
| サンパウロ州 | チエテ移住地（サンジョゼ・ドス・ドラードス・チエテ兩河ノ間ニ介在シチエテ河ヲ隔テテノロエステ線ルッサンビーラ驛其ノ他三驛ニ面スル地及パラナ河東岸ノ二箇所ノ散地） | 一一八、七九二、五町歩 |
| サンパウロ州 | アリアンサ移住地（ノロエステ線ルッサンビーラ驛ヨリ南方四十粁ノ地） | 二七、三九三 |
| 同 | バストス移住地（ソロカバナ線クアター驛ヨリ東北三十粁ペーシ河沿ノ地） | 三二、三三〇 |
| 同 | ペンサ耕地（チエテ移住地接續地） | 一、二〇〇 |
| パラナ州 | トレスバラス移住地（パラナ、パネマ河支流チバジイ河東側流域ノ地） | 三一、二五〇 |
| ミナスゼラエス州 | サスイグランデ移住地（リオ・ドーセ本流ト支流サスイグランデ河トノ合流地附近） | 五二、四三三 |
| 計 | | 二六三、三九八、五 |

備考

アリアンサ移住地　二七、三九三町歩

内譯

一、信濃移住地　六、二五〇町歩

一、鳥取移住地　三、〇〇〇同

一、富山移住地　三、二五〇同

一、熊本移住地　三、一五五同

一、接續移住地　一一、七三八同

局移組合ノ組織變更前ニ於ケル移住地分讓狀況（昭和二年十一月末現在）

| 協會名 | 移住總面積 | 分讓面積 自作人 人員 | 分讓面積 自作人 面積 | 分讓面積 不在地主 人員 | 分讓面積 不在地主 面積 | 未分讓面積 |
|---|---|---|---|---|---|---|
| 信濃 | 一一、七五〇町歩 | 一九二人 | 六、四一五町 | 二三九人 | 四、七三一町 | 六〇三町歩 |
| 富山 | 三、二五〇 | 四 | 八五 | 二二 | 五七〇 | 二、五九五 |
| 鳥取 | 三、〇〇〇 | 一七 | 四五〇 | 一〇 | 二五〇 | 二、三〇〇 |
| 熊本 | 三、〇〇〇 | 三六 | 九八〇 | 一五 | 三四〇 | 一、七六〇 |
| 計 | 二一、〇八〇 | 二四九 | 七、八七〇 | 二七六 | 五、八九一 | 七、二五八 |

八　貸付金ノ支出ニ就テハ第六項參照

海外企業費貸付金及生産資金貸付金ハ何レモ未タ償還ノ時期ニ達セス　尚聯合會ノ取得セル移住地中バストス、チエテ、アリアンサ三移住地ニ對シテハ昭和四年度ヨリ移住者ノ入植事務ヲ開始シ産業、衛生、教育等ノ一切ノ施設ヲ施シ本年一月末現在ニ於テ千六百二十七名ノ入植者ヲ出シ現在何レモ相當ノ收益ヲ收メツツアルヲ以テ將來ニ於テハ入植者ノ増加ト珈琲樹ノ成熟ト共ニ益、發展スベキモノト認ム

九　海外移住組合聯合會カ組合員ノ移住ノ斡旋ヲ爲スヘキハ組合設立當初ノ計畫ナリシト雖モ右ハ相當ノ熟練ト經費トヲ要シ且ツ之カ卽行ハ現地ニ於ケル諸般ノ關係上考量ヲ要スル點アリタルニ依リ差當リ之ヲ海外興業株式會社ニ委託スルモ已ムヲ得サルモノト認メラル

十　組合員ノ渡航斡旋ハ財政上對外關係上竝事務遂行ノ便宜上支障無キ限リ自ラ之ヲ行フヲ可トスヘク組合設立當初ニ於テハ之カ計畫ヲ爲シタルモ爾後諸種ノ事情ニ因リ海外興業會社ニ委託シ居レルモ之必シモ組合法制定ノ趣旨ニ

反スルモノニハ非スト認ム

十一　海外移住組合聯合會カ組合員ノ渡航ノ斡旋ヲ爲サントスルハ組合設立當初ノ計畫ナルモ之カ實行ニ當リテハ細心ノ考量ヲ拂フヲ要スルニ鑑ミ關係在外公館長ニ於テモ現地ニ於ケル諸般ノ條件等ヲ篤ト考察シタル結果未タ其ノ時機ニ非サル旨ノ意見ヲ有シタルヲ以テ政府ニ於テモ大體之ヲ諒認セリ

十二　海外移住組合聯合會カブラジルニ對スル組合移民ノ誘入ヲ行フコト內外諸般ノ情勢上適當ナル時機ニ達スレハ必要ニ應シ相當盡力ヲ爲ス意嚮ナリ

十三　海外移住組合並聯合會ノ監督ニ就テハ常ニ報告書ヲ徵シ若クハ職員ヲ派シテ實地監査ヲ爲シ遺憾ナキヲ期シツツアリ又海外移住組合聯合會伯國出張所ニ於ケル事業其他ノ監督ニ就テハ在外公館ノ外特ニ隨時派遣セル職員ヲシテ嚴重ナル監査ヲ勵行セシメ居レリ

十四　聯合會ノ事業ハ遼隔ノ地ニ於テ經營スル爲事情ノ不明事業草創ノ際等ノ爲其ノ土地購入及其ノ處分並ニ管理ニ關シテ多少遺憾ノ點アルヲ認メ目下之カ刷新ニ努メツツアリ

十五　政府ハ海外移住者ニ對シ渡航費及手數料全廢報償金ヲ補助シ居ルモ必シモ現在ノ狀況ヲ以テ滿足セルニアラス將來積極的ニ海外移住ノ奬勵ヲ行ハンカ爲メ常ニ對策ノ講究ヲ怠ラスシテ時代ノ進運ニ適應シ適切ナル保護奬勵ノ方途ヲ講スルコトニ努メムトス

十六　海外興業株式會社ノ業績ハ必シモ政府ニ於テ滿足シ居ルモノニアラス常ニ督勵シテ改善ニ努メシメツツアリ而シテ當初ヨリ同社ニ對シ補助シタル金額種類ノ合計左ノ如シ

海外興業株式會社補助金調（自大正十年至昭和五年十二月）

| 事項 | 金額 |
| --- | --- |
| 保護救養費 | 七七四、一五五円 |
| 渡航奬勵費 | 八、三九一、六五三 |
| 渡航手數料全廢報償金 | 一、四九八、六三〇 |
| イグアペ、桂、レジストロ產業組合助成費 | 三〇、〇〇〇 |
| サンパウロ農事實習場設置助成費 | 三〇、〇〇〇 |
| 教育、衞生、產業施設費補助 | 二三二、六〇一 |
| 合計 | 一〇、九五七、〇三九 |

右及答辯候也

昭和六年三月十日

外務大臣　男爵幣原喜重郎

拓務大臣　松田源治

滿蒙政策ニ關スル質問主意書

右成規ニ據リ提出候也

昭和六年二月十二日

提出者　岸田　正記

滿蒙政策ニ關スル質問主意書

滿蒙則チ支那東北四省カ我カ國ト歴史的、地理的、經濟的ニ特殊ノ關係ヲ有シ我カ國存立ノ生命線タルコトハ論ヲ俟タサル所ナリ然ルニ現在滿蒙ニ居住スル本邦人ハ內鮮人ヲ併セテ百萬ヲ算セラルルモ今ヤ之等同胞ハ內外諸種ノ原因ニ依リテ其ノ經濟甚シク疲弊シ居ルノミナラス其ノ將來ニ付痛ク不安危惧ヲ感シツツアリ此ノ實狀ニ鑑ミ政府ノ對策ニ關スル所見ヲ質サムトス

右及質問候也

昭和六年三月十日

內閣總理大臣　濱口　雄幸

衆議院議長藤澤幾之輔殿

衆議院議員岸田正記君提出滿蒙政策ニ關スル質問ニ對シ別紙答辯書差進候

〔別紙〕

衆議院議員岸田正記君提出滿蒙政策ニ關スル質問ニ對スル答辯書

滿蒙ニ居住スル邦人ノ經濟的ニ困難セルハ政府ニ於テモ認ムル所ニシテ從來外務省、朝鮮總督府、關東廳、南滿洲鐵道株式會社、東洋拓殖株式會社等ヲシテ夫々救濟施設ニ力メシメツツアリ在滿鮮人保護施設トシテハ教育、醫療、金融、農事奬勵、貧困者救濟等關係各機關ニ於テ夫々實施中ニシテ明年度ニ於テハ更ニ在間島鮮人救濟費ヲ增加スル等保護ノ充實ヲ圖リ他面共存共榮ノ本義ニ則リ圓滿ナル外交折衝ニ依リ邦人ノ經濟的發展ヲ企圖シツツアリ尙ホ在滿邦人ノ經濟的困難近時特ニ甚シキモノアルハ世界的不景氣、空前ノ銀塊相場ノ慘落、農產物價格ノ著シキ低下等ノ如キ一般的情勢ニ基ク所多キヲ以テ之ガ對策ヲ講ズルハ至難ニ屬ストハ雖モ政府ハ在住邦人ノ現狀ニ鑑ミ出來得ル限リノ對應策ヲ講ズベク鋭意努力中ナリ

右及答辯候也

昭和六年三月十日

外務大臣　男爵幣原喜重郎

拓務大臣　松田　源治

第一　關稅定率法中改正法律案（政府提出）　第一讀會

關稅定率法中改正法律案

關稅定率法別表輸入稅表中左ノ通改正ス

第二百九十號中「一二五・〇〇」ヲ「七五・〇〇」ニ改ム

第六百十二號第一項己ノ四ヲ左ノ如ク改ム

| | | |
|---|---|---|
| 己ノ四　モミ屬（トドマツ等）、タウヒ屬（エゾマツ、スプルース等）、マツ屬（紅松等）及カラマツ屬（落葉松等） | | |
| イ　厚二百ミリメートルヲ超エサルモノ | 毎立方メートル | 四・四五 |
| ロ　其ノ他（丸太及割材ヲ含ム） | 毎立方メートル | 二・七〇 |

附　則

本法ハ公布ノ日ヨリ之ヲ施行ス

〔政府委員小川鄕太郎君登壇〕

○政府委員（小川鄕太郎君）　只今議題トナリマシタ關稅定率法中改正法律案ノ說明ヲ致シマス、本案ノ內容ハ人造絹及木材ノ關稅率ヲ改正セントスルモノデアリマスガ、政府ハ是等二ツノ品目ニ付テ、關稅率改正ノ要否ヲ關稅調査委員會ニ付議シテ成案ヲ得マシタノデ、玆ニ本改正案ヲ提出致シタ次第デアリマス

先ヅ人造絹ニ關シマシテハ、近年我國ニ於キマシテ、此製造業ガ非常ニ進歩シマシテ、今日デハ世界有數ノ人造絹ノ生產國タル地位ヲ占メルニ至ッタノデアリマス、然ルニ一方輸出人造絹織物ノ製造業モ大ニ發達シマシテ、內地人造絹生產高ノ大半ハ、輸出品原料トシテ使用セラレテ居ルト云フ狀態デアリマス、共他保稅工場ニ於テ外國產人造絹ヲ使用シテ居ル製造業者モアルノデアリマス、此輸出人造絹織物製造業ハ、又洵ニ有望ナ產業デアリマスカラ、政府トシテハ其立場ヲ有利ナラシメル必要ガアルト認メルノデアリマス、然ルニ人造絹ニ對スル現行關稅率ハ、大正十五年ノ改正後、絲價ガ低落シマシタノデ、現在ニ於テハ相當高率ニ當ッテ居リマス關係モアリ、又保稅工場ヲ利用スル者ト然ラザル者トノ間ノ權衡ヲ考フル必要モアリマスノデ、差當リ現行稅率ノ四割ヲ引下ゲルコトニ致シタノデアリマス

次ニ木材ニ關シマシテハ、昭和四年ニ關稅引上ガアリマシテ、相當輸入ノ調節ヲ見タノデアリマスガ、共際所謂沿海州材等ハ、各種ノ事情カラ共引上ヲ差控ヘマシタノデ、年々輸入ノ增加ヲ見テ居ルノデアリマス、ソコデ樺太材等ニ對スル影響ヲモ考慮シマシタ上、前回ノ改正ノ後ヲ承ケテ稅率ノ釣合ヲ取ル爲ニ、此沿海州材等ニ對シマシテ、新規課稅及ビ稅率引上ヲ行フコトニ致シタノデアリマス、尙ホ詳細ナル點ニ付キマシテハ、委員會ニ於テ御說明ヲ致ス考デアリマス、何卒御審議ノ上速ニ御協贊ヲ與ヘラレンコトヲ希望致シマス（拍手）

○議長（鹽澤幾之輔君）　質疑ヲ許シマス――岩本武助君

〔岩本武助君登壇〕

○岩本武助君　私ハ只今上程ニナリマシタ關稅定率法中改正法律案ノ中デ、木材ニ關スルコトニ付テ、二三政府當局ニ質問致シテ見タイト思フノデアリマス

只今提出者ノ說明スル所ニ依リマスト、此說明ハ甚ダ簡單デアリマシテ、今回沿海州材ヲ主トスル稅金引上、及ビ新ニ之ニ稅金ヲ課スルノ理由ハ、何處ニアルカヲ知ルニ苦シムノデアリマスガ、大體政府ノ見ル所ハ、輸入及需給ノ狀況ニ鑑ミテ、現今ノ實狀ニ適合スルノガ目的デアルヤウニ聞イタノデアリマス、併シ私ハ成程沿海州材ニ對スル引上モ宜シウゴザイマセウガ、單ニ沿海州ダケノ木材ニ對シテノ稅金ノ引上、及ビ新ニ之ニ課稅スルト云フコトデ、是ガ徹底致スノデアラウカドウカ、又此關稅ヲ引上ゲルニ付テハ、成程生產需給ノ狀況モ考ヘナケレバナリマセヌケレドモ、一面ニ於テ我國ノ內地林業ニ如何ニ影響ヲ及ボスカ、又一般木材ノ需要者ニ對シテモ如何ナル影響ヲ來スカ、斯樣ナ點ニ於テモ相當ニ考慮シナケレバナラヌト信ズルノデアリマス（拍手）是ニ於テ先ヅ私ハ農林大臣ニ御伺致シタイ、今回ノ改正案ヲ見マスルト、關稅定率法別表ニアリマスル「己ノ四」ヲ改正シタノデアリマス、從來「己ノ四」ノ中ノ「イ」ニ對シテ一圓十錢ヲ課稅セラレタモノヲ四圓四十五錢トシ「ロ」ノ無稅デアッタモノヲ二圓七十錢ノ稅金ヲ課ケルノデアリマス、而シテ此稱類ハ何カト申シマスルト、卽チ「モミ屬」「タウヒ屬」「マツ屬」及「カラマツ屬」デアリマス、此「己ノ四」ヲ改正スルナラバ、何故「己ノ五」及癸ノ「イ」「ロ」ヲモ改正シナイカ、ト申シマスルコトハ、現在「己ノ五」ノ中ニ於キマシテモ、「ニノ一」ノ中ニ「長十米ヲ超エ、末口ノ直徑三十センチメートルヲ超エサルモノ」「ニノ二」「共ノ他」悉ク「ニノ一」ハ無稅デアリマシテ「ニノ二」ハ一圓二十錢シカ稅金ヲ課シテ居ラヌノデアリマス「癸ノイ」ニ至リマシテハ、六分ノ稅金ヲ課シマシテ「ロ」ニ至ッテハ無稅デアリマス、政府ハ眞ニ外材ノ輸入ト內地ノ需要、共他內地ノ林業ノ前途ヲ考ヘルナラバ、ドウシテモ此點ニ考ヲ及ボサナケレバナラヌ、今玆ニ二箇年ニ於ケル「己ノ四」「己ノ五」「癸」ニ屬スル輸入高ヲ申上ゲテ見マスルナラバ「己ノ四」ニ於キマシテハ「己ノ四」ノ「イ」ノ部ニ於テ、昭和四年度ニ於テハ四万九千石、昭和五年度ニ於テハ六万五千石「己ノ四」「ロ」ニ於キマシテ、昭和四年度ニ百五十九万一千石、昭和五年度ニ於キマシテ二百二十五万九千石、此中ニハ尤モ亞米利加ノ「ノーブル・ファー」モ含ンデ居リマスルガ、昭和五年度ニ於キマシテ、此二百二十五万九千石ノ中ニ「ノーブル・ファー」ガ五十六万一千石シカ含ンデ居ラヌノデアリマス、又「己ノ五」ノ最近二箇年ノ輸入量ヲ擧ゲテ見マスルナラバ、昭和四年度ニ於キマシテハ五百五十四万九千石、昭和五年度ニ於キマシテハ四百一万八千石、卽チ「共ノ他」ノモノト云フ表ニアリマスルノニ依リマスレバ、是ハ卽チ南洋材、亞米利加材デアリマスルガ、昭和四年ニ於キマシテハ三十四万五千石、昭和五年度ニ於キマシテハ三十二万一千石、斯樣ナ風ニ入ッテ居ルノデアリマスルカラ、此亞米利加材、南洋材ノ入ッテ居リマスル邊カラ考ヘテ見マシテモ、政府ハ今回單ニ沿海州材ノミニ稅金ヲ課ケルト云フコトハ、木材關稅ノ上カラ言ッテ洵ニ徹底ヲ缺イテ居ルト信ズルノデアリマス（拍手）故ニ此點ニ付テハ、農林大臣ハ何故ニ沿海州材ノミニ課ケテ、亞米利加材及ビ南洋材ニ課ケナイノデアルカ、此理由ヲ御伺致シタイ、ノミナラズ單ノ此沿海州材ニ課ケタノミデハ、一面ニ於テハ亞米利加材ノ卽チ「ニノ一」ノ如キ長材ノ無稅ノ材木ガ、ドン／＼入ッテ參リマス、何故入ッテ參ルカト言ヒマスト、長材デ以テ入レテ、之ヲ短ク切ッテ賣捌クノデアリマス、沿海州材ヲ抑ヘルナラバ、米材ガ膨レテ來ルト云フ關係ヲ生ジテ來マス、又露西亞ニ於キマシテハ、露西亞ノアノ勞働組織ハ御承知ノ通リデアリマスルカラ、假令今日迄課シタ稅金ノヤウニ、二圓ヤ二圓五十錢殖ヤシテモ、或ハ無稅デアッタモノニ一圓ヤ一圓五十錢殖ヤシマシテモ、內地ニドンドン持ッテ來テ、所謂「ダンピング」ヲヤルノ虞ガアルノデアリマス、此點ニ對シテ政府當局ハ如何ニ考ヘテ居リマスルカ、此點モ御伺致シタイ

次ニ御伺致シタイコトハ五十六議會卽チ田中內閣ノ當時ニ、此木材關稅改正ノ案ヲ出シタノデアリマスルガ、共當時今ノ與黨

即チ民政黨ノ諸君ハ、擧黨一致ヲ以テ反對サレタノデアリマス、即チ民政黨ノ諸君ガ反對サレタ理由ハ何處ニアッタカ、私ハ私ノ質問ヲ進メル上ニ於テ、當時ノ速記錄ノ一部ノ朗讀ヲ御許シ願ヒタイノデアリマス(拍手)

當時此討議ニ當リマシテ、民政黨ノ前田房之助君ガ代表ヲサレテ反對ノ討論ヲサレ、私ハ賛成ノ討論ヲ致シタノデアリマス、故ニ參考ノ爲ニ前田君ノ速記ノ一部分ヲ讀上ゲテ見タイト思フノデアリマス「吾々ハ我國林業ノ現狀ヲ鑑ミマシテ、之ニ對シテ保護奬勵ヲ與フル必要ハ切ニ認メテ居ルノデアリマス、併ナガラ今回ノ木材關稅改正ノミニ依リマシテハ、當ニ其目的ヲ達成スルコトガ頗ル困難デアルバカリデヘナク財界不況ノ今日ニ於キマシテ、木材關稅ヲ引上マスルコトハ、一方ニ於キマシテ消費者デアリマスル全國民、殊ニ庶民階級ノ負擔ヲ過重スル虞ガアリマスルガ故ニ、吾々ハ斯樣ナ修正案ヲ提出致シタノデアリマス」又「今日內地材ガ下落ヲ致シテ林業者ガ困ッテ居リマスル原因ハ、米材ノ輸入ニアラズシテ、政府ニ統一シタル所ノ林業政策ガナイト云フコトガ、寧ロ大ナル原因デハナカラウカト思フノデアリマス、更ニ其上ニ於キマシテ、財界ノ不況ト云フコトガ、一大原因ヲ作ッテ居リマス」又「木材ノ世界的飢饉ト申シマスルモノハ、三四十年間ニ迫ッテ居ルノデアリマスカラ、我國ト致シマシテハ、出來得ル限リ安價ノ木材ヲバ外國カラ輸入致シマシテ、內地ノ山林ヲ伐採スルコトヲ當分止メテ、之ヲ休養スル所ノ時デハナカラウカト思フノデアリマス、殊ニ關稅政策ト致シマシテハ、有ユル產業ニ對シテハ、幼稚ノ時分ニハ國家ノ力ヲ以テ之ヲ保護奬勵スルノガ當然デアリマシテ、是ガ一人前ニ發達致シタ時ニ於テ、初メテ保護關稅──他ノ產業竝ニ國民生活ニ影響シナイ所ノ範圍ニ於テ、極メテ輕微ノ保護政策ヲヤルト云フコトガ、關稅政策ノ根本方針デアリマシテ、政府當局モ此主義ハ御認ニナッテ居ルノデアリマス、然ルニ何等林業政策モ確定シナイニ拘ラズ、玆ニ國民生活ノ上ニ相當影響ヲ及ボスガ如キ、高率ナル所ノ保護關稅ヲ課セラレルト云フコトハ、洵ニ前後顚倒致シタヤリ方ト申サナケレバ相成ラヌノデアリマス」又「木材ノ關稅ノ引上ニ依ッテ、森林ガ濫伐サレル所ノ弊ヲ助長サレル虞ガアラウト思フノデアリマス」、是ハ前田君ノ反對演說トシテ、反對サレル主要點ト思フノデアリマス、即チ前田君ノ反對ノ議論ハ、第一點ニ於テハ、木材關稅ノ引上ヲスルナラバ、庶民階級ノ負擔ハ重クナル、即チ家賃ガ上ルト云フヤウナコトヲ指サレタノデアラウト思フ、第二點ニ於テハ、政府ニ於テ統一シタル林業政策ガナイ、故ニ先ヅ林業政策ヲ確立シテ、サウシテ此關稅ニ向ッテ手ヲ加ヘル、又第三點ニ於テハ、外材ノ輸入ニ依ッテ當分內地材ノ休養ヲ行ハナケレバナラヌ、第四點ニ於テハ、關稅ノ引上ニ依ッテ內地ノ山林ガ濫伐サレル、此四ツノ點ガ反對ノ理由ト思フノデアリマス、然ラバ私ハ御伺ヲ致シタイ、現內閣ハ五十六議會ニ於テ、斯樣ナ反對ヲ爲サレテ、今日此沿海州材ニ對シテ關稅ヲ引上ゲ、又新ニ之ヲ課スルト云フコトニナリマスルト、所謂木材ノ需要者ニ對シテ、如何ナル負擔ニ變動ヲ來シマスルノデアリマスカドウカ(拍手)

又第二點ニ於テハ、今日此關稅案ヲ御出シニナル以上ハ、民政黨諸君ノ主張ト致シマシテハ、之ヲ出ス前ニ確乎タル林業政策ヲ御立ニナラナケレバナラヌノデアル(拍手)今日政府ガ如何樣ナル林業政策ヲ確立ナサレタノデアルカドウカ(拍手)此點モ御伺致シタイ、又關稅引上ヲ致スナラバ、內地ノ山林ハ濫伐サル、ト云フコトデアリマスルカラ、然ラバ之ニ對シテ如何樣ナル對策ヲ御執リニナッタカ(拍手)殊ニ五十六議會ニ於キマシテハ、財界ガ非常ニ惡イカラ、斯樣ナ際ニ引上グルモノデナイト、斯樣ニ論議サレタノデアリマスルガ、五十六議會當時、即チ昭和四年ノ一月ト今日ト、財界ハ如何ナル變動ヲ來シテ居リマスルカ(拍手)若モ民政黨諸君ノ議論ヲ以テ進メルナラバ、今日ノ如キ財界ニ於テ、此關稅ノ引上改正ヲ行フノ必要ハナイト云フ結論ニ相成ルノデアリマス(拍手)又一面ニ於テハ、木材關稅ノ引上改正ニ付テハ、外國トノ關係、即外交關係モ考慮セナケレバナラヌノデアルガ、併シナガラ今日五十六議會ニ、アレ程反對シタ此關稅案ヲ突如トシテ出サレル以上ハ、相當ノ決心ヲ以テ御出シニナラナケレバナラナイ(拍手)故ニ此點カラ申シマスルナラバ、寧ロ沿海州ノ一部ニ止メズシテ、亞米利加材ニ對シテモ、南洋材ニ對シテモ、今回ノ引上ト均衡ノ取レルダケ引上ゲナケレバナラヌノデアル(拍手)然ルニ今日單ニ沿海州ノミニ致シタト云フコトハ、即チ幣原外務大臣ノ軟弱外交ニ祟フレテ、斯樣ナル徹底セザル案ヲ出シタモノデアルト私ハ斷定ヲ下スノデアル(拍手)又今日特ニ私ガ御伺致シタイノハ、五十六議會ニ於テ同案ニ向ッテ絕對反對ヲ致シナガラ、今日突如トシテ之ヲ御提案ニナッタコトハ、現政府ハ木材關稅ノ政策ニ對シテ變替ヲ致シタノデアル、若クハ我ガ政友會ノ政策ニ降伏サレタノデアルカ、此點モ明カニ御伺致シタイ(拍手)尙モ一大政黨、時ノ政府ハ斯樣ナ風ニ、昭和四年ニ於テハ反對ヲ致シ、今日又是ト同樣ナ、而モ其當時ヨリモ徹底シナイ案ヲ出シタト云フコトハ、國民ニ向ッテ如何樣ナ申譯ヲ致スカ、是ハ私ハ現政府即チ民政黨ノ一大罪過ト言ハナケレバナラヌ(拍手)現政府ハ總テノ政策ニ向ッテ國民ト公約致シナガラ、之ヲ實行セズ、又反對ノ結果ヲ來スヤウナコトモ平氣デ致シテ居ル(拍手)現ニ公債政策ノ如キモ、公債募集ヲ一切セナイト、斯樣ニ國民ニ約束シテ置キナガラ、今回ノ豫算ヲ見マスルカラバ、即チ失業救濟ノ公債ノ如キ、或ハ鐵道ノ公債ノ如キ、平氣デ斯樣ナコトヲヤッテ居ル、併ナガラ是ハ常ニ出鱈目ヲ言フ井上大藏大臣ニ私ハ御伺ヲシナイ、最モ眞面目ナル町田農林大臣ニハ、私ガ質問ヲ致シマシタ總テノ點、特ニ現政府ガ此木材關稅政策ニ對シテ變替ヲシタノカ、我ガ政友會ノ政策ニ降伏シタノカ、此點ニ付テハ特ニ御答辯ヲ願ヒタイト思フノデアリマス(拍手)

〔國務大臣町田忠治君登壇〕

○國務大臣(町田忠治君) 岩本君ノ只今ノ御尋ニ對シテ大要私カラ御答致シマス

問題ハ現內閣ノ林業ノ根本政策ニ關スル御尋モ一ツアリマシタ、就中此度木材關稅一部ノ改正ヲ致シタコトニ付キマシテノ御尋ガ中心ノ御質問デアリマス、第一ニ私ガ御答ヲ致シマス前ニ御諒解ヲ得テ置キタイノハ、此度ノ木材關稅ノ改正ハ、關稅ヲ增加スルト云フ趣意デハアリマセヌ、關稅政策ノ根本ニ亙ッタ問題デハアリマセヌ、岩本君ノ御話ノ如ク、主トシテ沿海州カラ入リマス輸入木材ニ對スル關稅ヲ、現在ノ關稅ト同樣ノ率ニ之ヲ引上ゲルト云フ意味ニ止リマス、沿海州ノ木材ニ對シテハ、從來極メテ安イ率ノ稅ヲ課シテ居ルカ、然ラザレバ無稅デアリマス、何故他ノ諸國カラ入ル同樣ノ木材ニ向ッテハ、相當ノ稅率ヲ課シテ居ルニ拘ラズ、沿海州カラ入ル木材ニ限ッテ、特別ニ低率或ハ無稅ニシテ居ッタカト云フ、其特別ノ事情ハ私此席デ申上ゲズトモ、皆サンガ御承知ノ通リデアリマス、沿海州ノ木材ニ對シテ、殊更ニ低率若クハ無稅ニシテ居ッタ原因ガ消滅シタ爲ニ、玆ニ一般定率法ト同樣ノ均衡ヲ得セシムル爲ニ、之ヲ引上ゲタト云フ意味デアッテ、關稅率ヲ引上ゲル意味デハ斷ジテアリマセヌ(岩本武助君「然ラバ何故ヤラヌカ」ト呼フ)此意味ニ於テ御諒解下サレバ、大體私共ノ此度ノ提案ノ趣意ガ分リマセウ只今岩本君カラ、然ラバ何故南洋材ニ對シテヤラヌカト云フ御批評モ承リマシタ、是ハ一ツノ問題デアリマス、私共モ沿海州ノ木材ニ對シテ、一般低率ノモノ同様ノ率ヲバ南洋材ニ對シテ課シ、之ニ對シテ相當ノ考究ヲ致シマシタガ、御承知ノ通リ數年ハ次第々々ニ南洋材ノ輸入スル分量ガ減リツ、アリマス、是ガ増加シテ參ッテ内地ノ木材ニ壓迫ヲ加ヘルト云フ事情ガアレバ考慮致シマスガ、漸次ニ南洋材ノ入ル分量ガ減ッテ居ルガ故ニ、今日直チニ之ヲ改正スル必要ハ認メナイト云フ趣意ニ依ッテ、是ニハ手ヲ觸レマセヌ、又亞米利加材等ニ對スル御質問モアリマシタガ、御承知ノ通リ近年亞米利加材ガ、内地ノ需要減退ノ關係、之ヲ主トル原因トシテ、相當ノ數量ガ減ジツ、アリマス故ニ、沿海州ノ木材ニ向ッテ、定率ヲ一般低キ率カラ他ノ諸國カラ參リマスモノト同率ニシ、或ハ殊更ニ無税ニシテ居リマシタモノデ之ヲ有税ニスルト云フコトハ、一般木材關税定率ヲ根柢ヨリ改正シテ、消費者ノ生活ヲ脅スナゾト云フ虞ハ斷ジテアリマセヌ、林業政策ノ根本ニ對シテハ、申上ゲルマデモナク一面ニハ民有林ノ促進ヲ圖ッテ居リマス、其他内地ノ林業保護、林政ヲ確立スル爲ノ種種ナル施設ヲ致シテ居リマスコトハ、此處デ申上ゲルモ必要ハナイト思ヒマス、唯數年前ノ政友會内閣ノ際ニ、此關税改正案ヲ提出セラレタ時ニ、民政黨ハ擧ゲテ之ニ反對シタ、民政黨ノ從來ノ立場並ニ今日ノ立場ヲハッキリ申上ゲテ置キマス、民政黨ハ國土保安、水源涵養、竝ニ生活上ニ必要ナル木材ノ供給ヲ内地ニ於テ得テ、出來得ルダケ之ヲ海外ニ需メズトモ宜シイト云フ、大體ノ林政ヲ立テ、居ルノデアリマス、唯内地ノ林業ヲ保護スルガ爲ニ、或程度ノ關税ヲ課ケルコトハ認メテ居リマス、從來ト雖モ木材ニ對シテハ關税ガアッタノデアリマス、唯政友會ガ之ヲ提案サレタ當時ニ於テ、經濟上ノ總テノ點ト、又林業ヲ促進スル點カラ考ヘテ、一面内地ノ林業者ヲ保護スルト同時ニ、多數國民ノ生活ヲ脅サヌ程度ノ關税ヲ課ケルコトニ於テ、民政黨ハ何等異論ハナイノデアリマス、唯當時提出セラレマシタ其税率等ニ付テ、民政黨ハ之ニ贊成シ能ハザル理由ヲ申述ベテ、之ニ反對シタノデアリマシテ、根本ニ於テハ、再ビ繰返シテ申シマス、内地ノ林業ヲ確立スル爲ニハ、或程度ノ關税ヲ當分必要デアルト云フコトヲ認ムルト同時ニ、一般國民ノ生活ヲ脅サザル程度ニ於テ、消費者ト生産者ノ利害ヲ調和スル見地ニ立ッテ、吾々ハ政策ヲ執ッテ居ルノデアリマス(拍手)重ネテ申シマス、此度ノ改正ハ關税率ヲ高ムル案デハアリマセヌ、一般關税率ニ均衡ヲ得セシムル爲ニ、從來或ル事情ノ下ニ殊更ニ之ヲ低率ニシテ居リシモノヲ、現行關税法ノ共率マデ之ヲ引上ゲルト云フ意味ニ止ルノデアリマス、尙ホ細カナコトノ數量等ニ付キマシテハ、此處ニ政府委員ガ居リマスカラ、政府委員カラ説明サセマス

〔岩本武助君登壇〕

○岩本武助君　只今農林大臣ノ御答辯ニ依リマスト、私ガ質問ヲ致シマシタ關税政策ニ對スル政府ノ所見ト云フモノハ一切伺ハレナイノデアリマス、私ノ質問ノ趣旨ハ、今回ノ改正案ハ沿海州材ノミニ限ッテ、米材ノ中デモ殊ニ無税ノモノガアル、又南洋材モ共通リデアル、斯様ナモノニ税金ヲ課セナイト云フコトハ、關税政策ノ上カラ言ッテ徹底ヲ缺イテ居ルデナイカ、此質問ヲ致シタノデアル、然ルニ此御答辯ハ、洵ニ小サイ沿海州材ノミヲ見タ御答辯デアリマシテ、政府ノ木材關税ニ關スル全局ノ御答辯ニハナッテ居リマセヌ、又私ハ何故米材ナリ或ハ南洋材ノ無税ノモノニ課税シナイカト云フコトヲ御伺致シマスルコトハ、現在米材ノ輸入總額ノ約七割五分ハ、無税ノモノガ入ッテ居ルト云フ事實ガ、明カニ物語ッテ居ルノデアル、又庶民階級ニ今回ノ引上ハ何等影響ハナイト仰シヤイマスガ、現ニ輸出箱ヲ製造スル業者、隨テ之ニ從事スル職人、或ハ紙ノ原料「パルプ」、殊ニ此「パルプ」ノ問題ニ付キマシテハ、新聞紙ノ關係上非常ニ重大ナル因果關係ヲ持ッテ居ルノデアル、斯様ナコトヲ考慮セズシテ、單ニ沿海州材ヲ上ゲタコトハ、沿海州ノモノガ安カッタノト、若クハ無税ノモノガアッタカラデアル、斯様ナ無責任ナ御答辯デハ私ハ承服出來ナイノデアリマス、又農林大臣ハ今回ノ木材關税ノ引上、是ハ國土保安ノ上カラ言ウテ、一面又内地ノ木材、外國ノ木材トノ需要供給ヲ考ヘタノデアルト云フコトナラバ、五十六議會ニ於キマスル當時ト今日トデハ、成程其輸入量若クハ木材ノ單價ト云フモノ、下落ハアリマスルガ何等變ッタ現象ヲ來シテ居ラナイノデアリマス、又現内閣ハ或ル意味ニ於テハ、木材關税ノ引上ハ贊成ヲシテ居ッタノデアル、斯様ニ仰シヤイマスガ、私ハ殊ニ疑問ニ思ヒマスルコトハ若シモ現内閣ガ左様ナ風ニ、此木材關税ニ付テ良イ考ヲ御持チニナッテ居ルノナラバ、此改正案ハ何故一般豫算ノ時ニ御出ニナラナカッタカ、今日此追加豫算ニ當ッテ突如トシテ御出シニナッタノデアルカ、此裏面ヲ考ヘテ見マスルナラバ、即チ競馬法ヲ改正シテ、サウシテ此金ノ一部ト又木材關税、沿海州ノモノニ税金ヲ課ケテ、是等ノモノヲ一緒ニ致シテ、今日マデ政府ガ惱ミニ惱ンデ來タ所ノ救護法ノ實施ノ財源ニショウトシテ居ル魂膽ガアルデハアリマセヌカ(拍手)卽チ救護法實施ノ爲ニ、此木材關税ヲ犧牲ニ供シタト云フ明カナ事實ガアルノデアリマス、故ニ斯様ナ點ニ付テ農林大臣ニ御答辯ヲ願ヒタイノデアリマス

〔國務大臣町田忠治君登壇〕

○國務大臣(町田忠治君)　岩本君ノ只今ノ御尋ハ、前ニ私ガ御答シタコトニ依ッテ大要盡キテ居ルト思ヒマスガ、再ビ皆サンニ申上ゲマス、此度ハ關税ノ増率デハアリマセヌ、建前ハ――若シ内地ノ木材業全般ヲ保護スルガ爲ニ、木材ノ關税ヲ高メルト云フノデアリマスレバ、主トシテ多ク入ル所ノ亞米加利材全體其他ニ付キマシテ、一般ノ改正ヲ行フノガ當然デアリマス、併シ此度ノ提案ハ左様デアリマセヌ、特別ナル事情ノ下ニ、沿海州ヨリ輸入スル木材ニ限ッテ殊更ニ之ヲ安クシテ居ルカ、若クハ無税ニシテ居リマシタモノニ對シテ、其特別ナル事情ガ消滅シタルガ故ニ、之ヲ一般定率ト同ジ率ニ引上ゲテ平均ヲ得セシメルト云フノデアリマス、之ニ依ッテ何故ニ内地ノ木材ヲ保護セヌカト云フ今御批評ガアリマシタガ、之ニ依ッテ間接ニ樺太竝ニ内地材ニ相當ナル好影響ヲ及ボスコトハ勿論デアリマス、若シ岩本君ノ御趣意ニ依リマスト、吾々ガ前々議會ニ於テ、之ニ反對シタ理由ヲ以チ木材關税ノ改正ヲ見レバ、寧ロアノ時ニ高メタモノヲ引下ゲルガ宜シイデハナイカト云フ御議論ニ或ハナルノデアリマス、是モ相當考ヘテ居リマス、日本ノ材業ノ前途、消費者ノ立場ヲ調和スル爲ニ、現在ノ税率ガ果シテ適當デアルヤ否ヤニ對シテハ考慮致シテ居リマス、併シ經濟界全體ノ事情竝ニ特別ナル理由ニ依ッテ、内地木材ガ就中低落シテ居ル、此事情ニ依ッテ今直チニ之ヲ改正スル必要ハナイト、斯様ニ信ジテ居リマス(拍手)

○岩本武助君　簡單デアリマスカラ此席カラ御許ヲ願ヒタイ、只今農林大臣ノ御答辯ハ、私ノ質問致シマシタ趣意ト悉ク喰違ッテ居リマス、是レ以上質問致シマシテモ議論ニナリマスカラ委員會ニ讓リマス

○議長(藤澤幾之輔君)　多木久米次郎君

〔多木久米次郎君登壇〕

○多木久米次郎君　本問題ニ付キマシテ一言政府ニ御尋致シタイノデアリマス、只今大藏省ノ政務次官、又農林大臣ノ御説明モ承リマシタケレドモ、私ハ此山林保護ト云

フ精神ハ洵ニ結構ト思ヒマス、併シ果シテ此目的ヲ達スルヤ、其效果ノ如何ニ付テ大ナル疑問ヲ持ッテ居ル一人デアリマス、何トナレバ、皆サン御承知ノヤウニ、沿海州ノ木材ハ御承知ノ通リニ皆輸出燐寸ノ材料トナリマス、而モ輸出奬勵ノ政府ノ主義ト致シマシテ、其材料ノ價ヲ高メルト云フコトガ、果シテ國益デアルカドウデアルカ、産業奬勵ノ上ニ效果ヲ得ルカドウカト云フコトガ、大ナル疑問デアリマス、今ヤ人絹ノ創成ノ場合デアリマシテ、同業者ハ苦心惨憺漸ク之ニ萠芽ヲ現サントスル場合ニ、其木材ノ關係ヲ是ヨリ高クスルト云フコトハ、果シテ産業奬勵ノ目的ニ合スルヤ否ヤ、大ナル矛盾デナカラウカト、私ハ遺憾ニ考ヘル次第デアリマス、更ニ燐寸ノミデハアリマセズ、此輸出ノ材料ト致シマシテ、木材ノ使用ノ多大デアルト云フコトハ申スマデモナイコトデアリマス、況ヤ今日日本ノ山林ハ、濫伐荒廢ニ委セマシテ、良材ヲ得ルコトノ洵ニ困難ナ場合デアリマス、然ルニ拘ラズ、如何ニ國際間ノ關係ガアルカハ分リマセヌガ、國産ノ奬勵ヲ阻碍シテマデモ、斯ル矛盾ナル改正ヲスル必要ハ何處ニアルカト云フコトヲ、吾々ハ疑ハザルヲ得ナイノデアリマス、然ルニモ拘ラズ、政府ガ此山林保護ノ政策ガ、如何ナル準備デ計畫ヲ爲サルカト云フコトヲ、大ニ伺ヒタイノデアリマス、政府ガ此緊縮政策ナルニモ拘ラズ、全國ニ亙ッテ高率ノ關税ヲ課シテ、木材ヲ高價ニ導カントスルコトハ、見セ金バカリ多クシタケレドモ、兎ニ角實際行ハレヌトシテ、今ヤ法律ニ現レントスル場合デアリマス、而モ又政府ハ外客ヲ引入レテ日本ヲ紹介スルト言ハレル、一種ノ財源ヲ得ントスル計畫ハ、是ハ美ナリト言フベキデアル、サレバ私ハ此日本ノ風光ト云フモノハ、一局部ニ國立公園ト云フヤウナモノヲ置カズ、一小部分ヲ公園ニ爲スヨリモ、日本全體ヲ公園ニシテ、而モ瑞西ノ如ク此天惠ヲ利用シテ、世界ノ旅客ヲ引入レル所ノ計畫ガ必要デハナイカト考ヘルノアリマス、サレバ此山林ノ經營ニ當ッテハ、風致ノ山林ト又材料ノ山林ト相竝行シテ行ハレル所ノ、政府ニ意思アリヤ否ヤト云フコトヲ御尋致シタイノデアリマス、日本ノ櫻ハ世界ニ誇ルベキ花デアル、合セテ又木材ノ如キモ、實ニ此日本ノ最モ貴重ナル所ノ材料デアル、サウシテ最モ大切ナ政策デアル、一局部ノ國立公園ヲ希望スルヨリモ、少クモ此鐵道若クハ電車ノ沿道ニハ、櫻ノ如キ又楓ノ如キ、是等ノ樹木ヲ殖エテ、世界ノ旅客ヲ引入レル爲ニ、又國民ヲシテ此山林ノ美觀ニ依ッテ思想ヲ善導シ、又地方ノ改善ヲ圖ルト云フコトノ意思ガアルカドウカ、是ハ重大ナル事デアルト考ヘマス、御承知ノヤウニ、瑞西ノヤウナ彈丸黒子ノ所デモ、風光ヲ利用シテ年々少クトモ七百万圓以上ノ、而モ年々數十万人ノ旅客ヲ、此風光ヲ利用シテ一種ノ富ヲ作ッテ居ルト云フコトハ、皆サン御承知ノ通リノ次第デアリマス、而モ日本ノ如キ斯ル財源ニ貧弱ナル國家ト致シマシテハ、總テノモノヲ生産的ニ利用スルト云フコトガ必要デアル、洵ニ僅備タル費用ニ依ッテ國家百年ノ大計ヲ爲シ得ル次第デアル、而モ又朝鮮ノ如キハ、丁度日本デ……

（山崎達之助君「議長々々」ト呼フ）

○議長（藤澤幾之輔君）　山崎君ニ申上ゲマスガ、議長ハ多木君ニ藥品ノ携帶ヲ許可シテ居リマス、ドウゾ……（笑聲）

○多木久米次郎君（續）　御安心下サイマセ――餘リ妨害スルト藥劑ニ付シテ貰ヒタイモノデス……

（發言スル者多シ）

○議長（藤澤幾之輔君）　靜肅ニ願ヒマス

○多木久米次郎君（續）　君ニ尋ネル譯デナイカラ……

○議長（藤澤幾之輔君）　私語ヲ禁ジマス

○多木久米次郎君（續）　朝鮮ハ御承知ノ通リニ、日本ヨリ一箇月バカリ氣候ガ晩イノデアリマス、丁度日本デ凋落シタル櫻ヲ見テ、更ニ朝鮮ノ櫻ヲ探勝スルコトガ出來ル、是モ併セテ鐵道沿線ノ各方面ニ、櫻ノ如キ又楓ノ如キ、其他之ニ適合シタル所ノ山林經營ニ付テ、政府ハドレホド研究シテ居ラレルカ、今マデ準備ガナケレバ、瑞西ノ經營ノ方法ヲ研究スルヤウニシテ、技師ヲ聘スルコトモ大事ナ問題デアラウト考ヘル次第デアリマス

　第二ニ伺ヒタイノハ、關税ノ政策ハ財源ヲ得ルノガ目的デナクシテ、自國ノ産業ヲ保護スルコトガ目的デアルト云フコトハ、申上ゲルマデモナイ次第デアリマス、サレバ今日此外國ノ壓迫ヲ受ケ、極メテ困難ヲ感ジテ居ル所ノ者ニ對シテコソ、關税ヲ以テ保護スルコトガ、急務中ノ急務デアルト云フコトハ、皆サン御同感ノ次第ト考ヘマス、即チ我國ノ人口ガ殖エルコトハ、國家ノ爲ニ慶賀ニ堪ヘヌガ、食糧政策ガ誤ッテ居ル爲ニ、食糧ノ缺乏シテ居ルコトハ、皆サン御承知ノヤウナ次第デアリマス、然ルニ今ヤ世界的ノ小麥ノ豐饒デ、加奈陀ト云ハズ、亞米利加ト云ハズ、一石五圓、七圓ノ小麥ガ滔々トシテ入リツツアルノデアリマス、而モ驚ク勿レ、輸入ガ年々一億圓以上ニ增加シツツアル、而モ關税ハ僅カ一圓五十錢デアリマス、而モ此一圓五十錢ナルモノハ、金解禁ノ結果、是マデ百二十圓デ輸入シタモノガ、今ヤ硬貨ノ騰貴ニ依ッテ、百圓デ輸入スルト云フ結果ニナッテ居ル、サレバ一圓五十錢ノ關税モ、殆ド水ニ泡ノ状態ニナッテ居リマス、飜デ小麥ハ御承知ノ通リ三百万町ノ畑地ヲ持チ――三百万町ノ水田中ニハ百五十万町ノ良作ガ出來マスニモ拘ハリマセズ、全ク政策ノ宜シキヲ得ヌガ爲ニ、僅カ――五十万町歩カラ五百万石ノ收穫ヲ得ラレナイ爲ニ、洵ニ美田ヲ持チナガラ、草ヲ生ヤシテ、農家ハ農業ガ發達セズ生活ニ困難シテ居ル、而モ貿易ノ不均衡ヲ見ナガラ、之ヲ奬勵セヌト云フ、誤ッタル政策ヲ實ニ遺憾ニ感ジテ居ル次第デアリマス、皆サンモ恐ラク御同感ト信ズル次第デアリマス（拍手）而シテ御承知ノ通リ外國デハ、加奈陀ト云ハズ、濠太剌利、亞米利加ハ、皆五十馬力、七十馬力、百馬力ト云フヤウナ動力デ、耕耘ト云ハズ、刈入ト云ハズ、種播キト云ハズ、總テノ大ナル精妙ナル機械ヲ應用シテ、所謂石油ヤラ電氣ヲ以テカラニ小麥ヲ生産シテ居ル次第デアリマス、一ツノ農場ニ於テ、此農場ハ五十万圓、アノ農場ハ百万圓、此農場ハ二百万圓、三百万圓ト云フ小麥ヲ生産シテ居ル、然ルニ日本ノ小麥ハ如何デアリマスカ、マルッキリ盆栽的デアル、斯ノ如キ大仕掛デアル、而モ日本ノ如キハ米ニ致シテモ一石ニ付キ七圓モ八圓モニナッテ居ル、負擔ガ高イノミナラズ、總テノモノニ於テ能率ガ擧ラヌ、又農林省ガ機械ノ發明改良奬勵ヲシタト云フコトハ、吾々ハ寡聞ニシテ聞カヌト云フ状態デアリマス、何ヲ以テ生産費ヲ減ジテ、何ヲ以テ對抗スベキデアリマセウカ、伊太利ノ如キ二等國ト雖モ、政策宜シキヲ得マシタガ爲ニ、米ノ如キハ四斗六升モ增シテ居ル、獨逸ノ如キモ、日本ガ一石内外一段步カラ取ルノニ、一石七斗カラ二石平均モ取ッテ居ル、農林省ノ面目ハ何處ニアルカ、國家ノ不利益是ヨリ大ナルモノハナイノデアリマス、サレバ如何ニ人口ガ增加致シマシテモ、二十年、三十年ノ間、日本ノ領土ニ於テ自給自足デ食糧ヲ充タスコトハ易々タルモノデアルト思ヒマス、況ヤ朝鮮ニ於テ三百万町歩ノ畑ヲ持ッテ居ル、併シ之ヲ奬勵シテ宜シキヲ得ヌガ爲ニ、朝鮮デスラモ手間ハ安ク仕事ハ無イ、而モ無盡藏ナル土地ヲ殆ド遊バスガ如クニシテ、年々支那ヨリ數百万石ノ粟スラ買フ、農業政策ハ果シテ何處ニアルカト考ヘル、而モ與黨ト云フモノハ、國家百年ノ經綸ヲ考ヘテ行カナケレバナラヌ、吾々ノ意見ヲ能ク聽イテ實行スルヤウ

ニ努メルコトハ與黨諸君ノ責任デアル、而シテ斯ノ如クニシテカラニ買喰ヒヲスルコトヲ恥トモセズ、國力ノ衰退ヲ顧ミナイト云フコトハ洵ニ遺憾デアリマス、政府ハ此困難ナル農家ノ狀態ヲ如何ニ見テ居ラレルカ、小麥ノ關稅ヲ大ニ改正スベキ必要ヲ感ジテ居ルカドウカト云フコトヲ伺ヒタイ、殊ニ澱粉ノ如キモ、北海道ニ於テモ亦本州各方面ニ於テモ、稍、發展セントスル場合ニ於キマシテ、而モ年々五百七十万圓ト云フヤウナ輸入ヲ增加セントスル次第デアル、是等ヲ政府ハ如何ニシテ保護發達ヲ圖ル積リデアルカ、關稅ニ付テドウ云フ御考ヲ持ッテ居ルカ、栄種ノ如キモ年々三四千万圓ノ大ナル輸入ガアリマスガ、是ハ政府ハドウ云フ風ニ見テ居ルカ――良心ガアルナラバ――僕ノ話ヲ謹聽スル人間ガ賢イト思ヒマス、此栄種ト云フモノハ、世界ノ旅客ヲ引ク上ニ於テ、或ル場合ニ於テハ櫻以上ニ力ガアル、一方ニ於テハ旅客ヲ引キ、又一方ニ於テハ非常ナ利益ヲ持ッテ居ルニ拘ラズ、三千万圓、四千万圓ト云フ輸入ノアルノヲ如何ニ考ヘテ居ルカ、政府ハ無感覺ノ政策デハナイカ、是ハ如何デアリマス、國家ガ貧乏スルコトヲ諸君等ハ喜ンデ居ルノカ、ドウカ、少シ愛國心ガアルナラバ、僕ノ話ガ下手デモ、立派ナ精神ノアル所ヲ能ク聽イテ玩味スルコトガ必要デアリマス、而モ此米ノ如キモノモ、今日ノ如キ狀態デアルナラバ、此米ノ産額ト云フモノハ段々減退スルヨリ仕樣ガナイ、是ハ實ニ恐ルベキ結果ヲ來スヨリ外ナイノデアリマス、而モ今日ニ於テ始メテ數十年叫ンダ自給自足ガ出來ヤウカト云フ場合ニ、アリモセヌノニアルヤウニ、餘リモセヌノニ餘ルヤウニ、無暗ニ宣傳シテ、而モ御用新聞ガ尾鰭ヲ付ケテ米ヲ安クスルコトニ努メ、將來ノ事ヲ少シモ考ヘナイ今日デアルト考ヘマス、ソレガ爲ニ昨年ノ如キモ、現政府ハ産業合理化、國産愛用ト云フヤウナコトヲ、專ラ宣傳ヲ努メラレテ居ルコトハ、洵ニ感服ノ至リデアル、併ナガラ昨年農産物ハ幾ラ入ッテ居ルカト云フト、驚ク勿レ、二億三千万圓ト云フモノガ入ッテ居ル、農産物ノ輸入ハ、是ハ國産愛用ノ精神ノ除外例デアルカ、治外法權デアルカ（「聽エナイ」ト呼フ者アリ）聽エナイ筈チヤ、騷グノダカラ……現政府ハ金解禁ヲ斷行シテモ金ハ外ニ出ヌト言ウテ居ッタガ、四億モ五億モ出テ居ル、其爲ニ內地デハ戰々兢々トシテ居ル、政府ハ外米ヲ買フコトヲ屁トモ思ッテ居ラヌ、小麥ノ如キモ追々ト入ッテ居ル、內地デハドレ程奬勵シテ居ルカ、此ハ政府諸君ノ觀謹スル必要ガアル、第一米ガアリモセヌノニアルヤウナ、欺瞞的ナ報告ヲスルコトガ、是ガ農産物ニ大ナル害ヲナシテ居ルト云フコトヲ諸君ハ考ヘナケレバナラヌ、朝鮮ハ昨年ハ千九百二十四万石モ取ッタト言フ、之ニ私ハ大ナル疑問ヲ持ッテ居ル、何トナレバ百六十五万町歩ノ中十五万町歩ハ一穗ノ一粒モ取レヌ所デアル、其他ノ百五十万町歩ニ對シテ千九百二十四万石ト云フト、一段ニ付テ一石五六斗モ取ッタヤウナコトニナル、併シ其事實ハ大ナル間違ダト云フコトハ疑フベカラザル次第デアリマス、何トナレバ朝鮮ハ一段歩ニ付キ僅ニ六十五錢ノ肥料シカ入レテ居ラナイ、棉ヲ買ッタ分シカ紡績絲ハ出來ヌト云フノガ正則デアリマス、然ルニモ拘ラズ、如何ニ農産物ヲ下ゲルガ爲トハ云ヘ、千九百二十四万石モ取レルト云フ報告ヲシ、合セテマダ八百万石モ輸入スルガ如キ宣傳ヲサレテ居ル、農林省亦之ヲ公然ト發表サレテ居ルガ、此八百万石ニハ大ナル疑問ガアルト云フコトハ、言フマデモナイコトデアル、御承知ノ通リニ昨年ノ十月ヨリ十二月迄ニデモ四百万石以上、又更ニ一月カラ今日迄四百五十万石ノ米ヲ買ッテ居ル次第デアリマス、而シテ內地ハ現ニ外米ハ入ラズ、又粟モ入ルコトガ百何十万石モ少ナサウナ狀態デアル、米ノ價場ニモ困リ、麥場ニモ困ルト云フヤウナ宣傳ヲシテ居ル、米ハ一昨年ノ凶作ヨリモ、マダ輸入ガ餘リ殖エナイ狀態デアル、今日ニ於テ三百万石內外來テ居ル、是モ一昨年ノ輸入ニ比ベルト、僅ニ十五万石內外ヨリ來テ居ナイデハナイカ、而モ後カラ澤山來ルヤウニ言ウテ、サウシテ米ノ價格ヲ下ゲテ居ルト云フ次第デアリマス、是ハ實ニ大ナル罪惡ト吾々ハ信ズル次第デアリマス、現政府ハ實ニ農民ノ敵トモ云フベキ狀態デアリマス、農民殺シノ政策ト言フ外ナイト思フ、而モ一方ニハ市場ノ價格ヲ上ゲテ消費者ノ負擔ヲ輕クシナイ、米ハ下ゲヌ、百姓ハマルデ火責水責デアリマス、自分等ガ選擧ヲシタノニ、吾吾ノ演說ニ妨害スルヤウナ代議士ヲ出シタト云フコトハ、農家ヲシテ失望落膽セシムルノデナカラウカト思フ

ソレデ此日本ノ米モ亦保護ヲセナンダナラバ大ナル衰退ヲ來ス、何トナレバ諸君ガ御承知ノ通リ、日本ノ米ハ一年ニ一度シカ穫レヌ、熱帶國ニ於テハ、遙羅ト云ハズ、西貢ト云ハズ、一年ニ六遍ヅツ穫レルノデアル、毎日植エテ毎日刈取ッテ居ルノデアリマス、六十日經テバ成熟スル米デアリマス、然ルニ日本ハ一遍ヨリ穫レナイ、然ルニ日本ノ米ヲ保護セズ、而モ稅金ハ高イト云フ今日デアル、此農家ノ泣聲ガ諸君ノ耳ニハ入ラヌカ知ラヌガ、吾々ハ同情ニ堪ヘヌ次第デアリマス

而モ諸君御承知ノ通リニ、既往ノ實驗ニ依ッテ將來ヲ考ヘルナラバ、今日六千五百万ノ人間ハ、更ニ四五十年ヲ待タズシテ六千五百万人ノ人間ガ殖エルト云フコトヲ知ラネバナラヌ、內地ダケデハナイ、朝鮮、臺灣モ勿論ノコトデアル、隨テ又米ノ八千万石內外、小麥ノ千万石ヤ二千万石更ニ要スルト云フコトヲ知ラナケレバナラヌ、然ルニ今日アル事ヲ知ッテ明日ヲ考ヘテ居ラヌデハナイカ、唯農民ノミヲ犧牲トシテカラニ、現ニ政府ガ小作條例ノ如キ、ヤルデ農村ヲ攪亂スルヤウナ政策ヲ執ッテ、總テ國家事務ヲ忘レテシマッテ、黨利黨略ノ外ナイデハナイカ、唯國民ニ熱湯ヲ吞マスコトヨリ外知ラヌ、國利民福ヲ知ラヌ、國際間ノ狀態ハドウデアル、實ニ容易ナラヌ時デアル、國家ノ産業ヲ破壞シテシマッテ、サウシテ恬然トシテ恥ヂナイト云フコトハ、何ト云フ事デアル、吾々ハ何人ガ天下ヲ取ッテモ宜シイ、國利民福ヲ增進スル內閣ナラバ、何時デモ與スル次第デアル、デアルカラ現內閣ノ此不人望ナル、此罪惡ヲ消滅スル上ニ於テモ、吾々ノ考ヲ聽イテ實行スルコトニ努メルコトガ、現政府ノ生命ヲ延長サス所ノ良策ト云フコトヲ知ルガ宜シイ、而モ何レノ政府モ、農業ヲ盛ンニスルト云フコトガ大事デアル、然ルニ農業ヲ滅ボスコトヨリ外考ヘテ居ナイ、現ニ三百万石ノ米ヲ買ウテ、而シテ其價ハ七千万圓內外デアル、此現政府ガ買ウタ所ノモノガ灰ニナッテモ、只ヤッテシマッテモ、七千万圓內外ノ損デアル筈ナノニ、一億五千万圓モ損ヲシテ居ルト云フコトハ、諸君ハ喜ンデ居ルカ、ドウ云フヤウニ思フカ、若シ此米穀調節法デモ廢スルナラバ、現政府ノ如キ歲入ガ減ッテ苦ンデ居ル政府ガ、此惡稅タル地租ヲ免ズルコトガ出來ズ、是ガ爲ニ馬券マデモ高クシテ、サウシテ賭博ノ錢デ僞辭ヲ行フト云フヤウナ陋劣ナル政策ヲ行フ必要モナイ次第デアル、諸君等ガモウ少シ熱心ニ此國家ノ利益デアルトカ、日本ノ國利民福ノ增進デアルトカ云フコトヲ考ヘルコトガ大切デアリマス、言フマデモナク實驗ニ依ッテ皆サンガ御承知ノ通リニ、戰爭中露國ヘ世界的日本ノ豪商連ガ七千万圓モ貸付ケタ、ソレガ如何デアルカ、露國ノ戰敗及政變ニ依ッテ、其七千万圓ヘ拂フコトガ出來ナイ、ソレデ其損害ハ政府ガ引受ケテ、國ノ損害トシタト云フコトハ、皆サン御承知ノ通リデアル

戰爭中ニ濡手ニ粟ヲ摑ンダガ如キ船成金ガ、一朝平和克復スルヤ、一噸三十圓モシ

ナイ船舶ニ百五十圓モ貸シテ損ヲシテ、總額三千五百万圓ノモノニ對シテ、爾來十年總一文モ入ラヌト云フ狀態デアル、金持ガ船ヲ動カセバ補助、金持ガ製鐵ヲスレバ補助、金持ノ三人五人ノ爲ニ犧牲ヲ拂フコトダケガ、與黨タルノ責任デアルカノ如ク人ガ誤解シ易イ狀態デハナイカ、而モ此米ガ十圓下ルト云ヘバ、農家ハ六億五千万圓――農林省デ調ベテ見テモ、既ニ農產物ガ下落ヲシテ十二億五千万圓ト云フ損ヲシテ居ッテ、負擔ハ輕クナイ、如何デアリマスカ、年利五朱ト見積レバ、農家ハ二百五十億万圓ト云フ大ナル貧乏ヲシテ居ル次第デアリマス、實ニ氣ノ毒ナ狀態デハアル、是ハ全ク政策ノ犧牲デアル、悲中ノ悲、慘中ノ慘タル東京ノ震災ノ損害ハ五十億万圓デアル、農家ノ損害ハ今日ソレニ對スル五倍ノ損害デゴザイマス、而モ東京ノ復興ハ農民ノ血ヤ淚ニ依ッテ完成サレタ、農村ノ泣聲ハ政府當局ノ耳ニモ入ラヌデハナイカ

ソレデ此關稅モ政府ガ自給自足ヲ唱ヘテ、サウシテ二圓ノモノヲ一圓ニシタト云フコトハ、マダ許スベキデアルガ、併ナガラ是ハ十月限リデアル、而モ又此外米ハ認可制ヲ以テ輸入スルニモ拘ラズ、今滔々乎トシテ入リツヽアル、一方ニ於テハ過大ナル收穫アルガ如ク宣傳ヲシテ、而シテ又裏面ニ於テハ認可制ニアル外米ヲ輸入スルトハ何事デアルカ、賢明ナル奇智變通ニ富ンダ所ノ農林大臣ハ、國產愛用ヲ唱ヘナガラ外米ノ輸入ヲヤッテ居ル、是ガ國產奬勵ノ所以デアルカドウカ、農村ヲ滅ボシツヽアル、然ラバ此十月以後ニハ米ノ關稅ヲ如何ニスル御考デアルカ、是ハ勅令デ以テ時々突發的ニヤルモノデアッテ、國民ハ安心出來ヌカラ、此際此困難ナル事情ニ鑑ミテ、國利民福ヲ增進シテ、國家百年ノ大計ヲ考ヘテ、賢明ナル農林大臣ハ、自分ノ職責トシテモ、農民ノ救濟ノ上ニモ、又貿易ノ均衡ヲ保ツ上ニモ、現政府ノ命ヲ保ツ上ニモ、此關稅改正ノ誠意ガアルカ、御伺スル次第デアリマス

〔國務大臣町田忠治君登壇〕

○國務大臣（町田忠治君）　多木君ノ關稅ニ關スル御質問ハ、共前岩本君ニ御答辯申上ゲタコト、大體一樣デアリマスルカラ、ソレニ依ッテ御承知ヲ願ヒマス、其他農業政策、有ユル重要問題ニ付テノ御尋ガアッタヤウデアリマスガ、一寸私ニ聽取レヌ所モアリマシタガ故ニ、篤ト速記錄ヲ拜見シタ上ニ御答辯致シマス

○議長（藤澤幾之輔君）　鷲野米太郎君

〔鷲野米太郎君登壇〕

○鷲野米太郎君　私ハ主トシテ人絹ノ關稅改正ニ關聯シテ伺ヒタイト思ヒマス、此人絹關稅ヲ百二十五圓カラ五十圓ヲ引下ゲマシテ、七十五圓トシタト云フコトハ四割ノ引下ニナッテ、非常ニ大キナ引下ノヤウニ見エルノデアリマスルケレドモ、事實ハサウデナイノデアリマス、私共ハ現在ノ人絹會社ノ收益ノ狀態カラ見マシテ、モウ少シ思切ッタ引下ヲスルノガ當然デアラウト考ヘルノデアリマス、織物關係ノ業者ガ人絹ノ關稅ノ引下ト云フコトヲ、非常ニ期待致シテ居ッタノデアリマス、ソレハ此樣ナ不徹底ナ引下デハナクテ、モウ一層進ンダ引下ヲ希望致シテ居ッタノデアリマス、所ガ此樣ナ不徹底ナ引下デアルバカリデハナクテ、關稅引下ト交換條件ト致シマシテ、大キナ、政府ハ織物業者ニ不利ナ約束ヲ人絹會社ニ對シテシテ居ルヤウデアリマス、ソレハ保稅工場ガ現在ニ於テハ私設ノモノ五ツヲ許シテ居リマスルモノヲ、人絹織物業者ヘ、殊ニ輸出人絹織物業者ハ、保稅工場ノ增設ヲ政府ニ對シテ屢〻陳情シ申請ヲ致シテ居ッタノデアリマスルガ、人絹會社ガ不利益ニナルト云フ所カラ之ヲ阻止シテ居ッタ、所ガ今度人絹關稅ノ引下ニ當リマシテ、人絹製造會社ハ關稅ノ引下ニ對シテ猛烈ナル反對ノ運動ヲ試ミルト云フト、商工當局ガ爲サッタノカ、大臣當局ガ爲サッタノカ存ジマセヌガ、政府ハ人絹製造會社ニ對シテ、關稅ノ引下ハ四割ヲ斷行スル、ケレドモ其代リ反對ノ代償トシテ、保稅工場ヲ現在ノ五ツ以上ハ將來絕對ニ許サナイト云フ交換條件ヲ提出サレテ、ヤット人絹製造會社ノ反對ヲ阻止スルコトガ出來タト云フコトデアルノデアリマスルガ、果シテソレガ事實デアルカドウカ云フコトヲ伺ヒタイ、是ハ事實ラシイノデアリマスルガ、是ガ事實ト致シマスルナラバ、實ニ私ハ由々シキコトデナイカト考ヘルノデアリマス、一ツニハ折角保稅工場法ト云フモノガアッテ、或一定ノ條件ヲ具備シタモノニ對シテハ、保稅工場ノ設置ヲ許スト云フコトガ法律デ定ッテ居ルノデアル、勿論是ハ申請ニ依ッテ特許スルノデアルケレドモ、是レ以上許サヌト云フ條件ヲ人絹製造會社ニ對シテ交換的ニ與ヘルト云フコトハ、政府ノ不見識デアルバカリデナクテ、將來我國ノ人絹輸出織物業者ヲ保護シ、之ヲ助長シテ行カナケレバナラヌト云フコトハ、是ハ我國ノ對外輸出貿易ノ促進ノ上カラ考ヘテモ、然ルベキコトデアラウト思フノデアリマス、現在我國ノ人絹織物ハ駸々トシテ對外的ニ進出シテ、非常ナ勢ヲ以テ今日ニ至ッタノデアリマスルケレドモ、若シ斯ウ云フヤウナ方法ヲ執リマシテ、保稅工場ハ五箇以上ハ將來許サナイト致シマスルナラバ、現在保稅工場ニ關係シテ居ル所ノ人絹織物輸出業者ト云フモノハ有利デアリマスルケレドモ、然ラザルモノハ非常ナ不利ナ立場ニ立タザルヲ得ナイノデアリマスルガ、政府ハ之ニ對シテ如何ナル御辯明ガアルカ、此點ヲ御伺致シタイト存ズルノデゴザイマス、私ハ人絹關稅ハ尙ホ二十五圓位引下ゲテ、百二十五圓ヲ七十五圓削ッテ、五十圓ニスルノガ當然ト思ッテ居ルノデアリマス、將來ハ又進ンデ無稅ニシナケレバナラヌモノト考ヘテ居ルノデアリマスルケレドモ、我國ノ人絹會社ノ技術ノ餘リ進マナイ所ノ、外國ノ特許ヲ買ウテ來テ、ソレヲ眞似シテヤッテ居ル所ノ、外國ノ發明特許ヲ移入シテヤッテ居ル所ノ現在ノ我國ニ於テハ、無稅ニスルト云フコトハ、非常ニ人絹會社ニ對シテ脅威ヲ與ヘルコトデアルノデアリマスルカラ、ソコマデハ現在ニ於テハ出來ナイノデアリマスルケレドモ、五十圓位ニスルノハ當然デアラウト考ヘルノデアリマス、現在此關稅ヲ引下ゲラレテモ、織物業者ハ帶ニ短カシ襷ニ長シト言ッテ、何等之ヲ喜ンデ居ラヌノデアリマスルガ、將來尙進ンデ政府ハ或ハ五十圓ナリ、或ハ四十圓ナリニ、之ヲ引下ゲル所ノ意思ハナイカ、又我國ノ人造絹絲製造及人絹織物業ト云フモノハ、我國ニ適當致シテ居ルノデアリマス、一體日本ノ人間ハ纖維工業ニ適シテ居ルノデアル、人絹工業ハ我ガ日本ニ適當シタ工業デアラウト考ヘルノデアリマスカラ、是ハ大ニ助長發達セシメナケレバナラヌノデアリマスケレドモ、現在ノ我國ノ人絹製造ノ技術、或ハ研究ノ程度ニ於テハ、ドウシテモ外國、卽チ獨逸、亞米利加、伊太利、佛蘭西アタリナドト競爭スルコトハ出來ナイ、我國ハ紡績業ニ適當シテ居ルト同時ニ、人絹絲ノ製造工業ニ我國ハ適當シテ居ルノデアルガ、共根本ニ遡ッテ行ッテ、人絹ノ製造ニ關スル研究發明ニ關シテ、根本ノ方針ヲ決メテナサッテ居ルカドウカ、之ヲ伺ヒタイノデアリマス、實ハ私ハ大シタコトヲシテ居ナイト考ヘルノデアリマス、先般商工次官ノ御紹介ニ依リマシテ、私ハ橫濱ノ國立絹業研究所ヲ視察致シマシタ、他ノ目的モアッタノデアリマスケレドモ、人絹ニ對シテドウ云フ研究ヲシ、調査ヲシテ居ルカト云フコトヲモ調ベタイト思ッテ行ッタノデアリマス、所ガ第一部ノ角替技師ガ主任ニナリマシテ、非常ニ研究致シテ居ルノデアリマスケレドモ、亞米利加デアルトカ、獨逸、伊太利トカ云フヤウナ、先進國ノ壘ヲ摩スルヤウナ研究ハナク

テ、唯外國ノ優秀ナル所ノ人絹ガ出テ來テ、日本ノ生絲ニ對シテ一大脅威ヲ與ヘテ居ルト云フ關係ニナッテ居ルカラドト云フコトヲ非常ニ心配シテ、其絲ノ分析トカ、色々ナモノヲ調ベテ居ッタノデアリマス、人絹ノ製造研究ヲ如何ニスルカ、獨逸ナリ伊太利、佛蘭西等ニ對抗スルダケノ、人絹ノ根本ノ研究方針ト云フコトハ、執ッテ居ナイト私ハ考ヘマスル、今日マデノ我國ノ人絹製造會社ト云フモノハ、總テ獨逸ナリ其他ノ諸國ノ特許ヲ買ッテ來テ、日本ニ持ッテ來テ、工場ヲ拵ヘテ、技師ヲ外國カラ雇ウテ來テ、サウシテ之ヲ日本ノ技師ニ敎ヘテ、初メテ外國ノ眞似ガ出來タナラバ、非常ニ成功ダト云ッテ、手ノ舞ヒ足ノ踏ム所ヲ知ラナイト云フヤウナ有樣デアリマスケレドモ、外國デハ日本ガ目鼻ガ付イテ、ヤット技術ノソコマデ進歩シタ時ニハ、更ニ外國ニハ非常ニ進ンダ所ノ人絹ノ發明特許ガ出テ、日本ハ更ニ外國カラ新シイ特許ヲ買ヘナケレバ、眞似ヲスルコトガ出來ナイト云フヤウナ狀態デアルノデアリマス、私ハ多少化學工業ニ付テ、或關係カラ色々ナコトヲ調ベテ、非常ナ興味ヲ持ッテ居ルノデ、日本ノ人絹業ト云フモノハ非常ニ有望ナモノデアルケレドモ、今日資本家ガ單ニ百万トカ、二百万トカノ金ヲ出シテ、外國ノ特許ノ分權ヲ分ケテ來テ、ソレデ得タリ賢シトスル如キ態度ハ、非常ニ國家ノ前途ヲ憂フベキモノト考ヘルノデアリマスガ、政府ハ之ニ對シテ如何ナル御方針ヲ持ッテ居ルノデアリマスカ、或ハ工業研究所ナリ其他ニ於テ、人絹研究、發明ニ關スル所ノ大キナ調査ヲシテ居ルノデアルカ、アルナラバソレヲ御聽カセシテ戴キタイノデアリマス

ソレカラ又先日モ絹業研究所ノ技師ナリ、其他ノ方々ノ御話ニ依リマシテモ、決シテ我國ノ生絲工業ト云フモノハ樂觀ヲ許サナイ、此樣ナ「アセテート」式ノヤウナ優秀ナ人絹、或ハ改良「銅アムモニヤ」式ノ新シイ發明ト云フヤウナモノガ出來ル所ヲ見マスルト、我國ノ生絲工業ト云フモノニ一大脅威ヲ與ヘルモノデアルト、有力ナル技術者ガサウ云フコトヲ私ニ話シタノデアリマスガ、之ニ付テ町田農林大臣ハ、生絲工業ノ責任者ト申スコトハ出來マセヌガ、養蠶ノ方面ノ當ノ責任者デアリマスカラ、我國ノ生絲工業ノ前途ニ對シテ、人絹ノ脅威ト云フコトニ付テ、ドウ云フ考ヲ持ッテ居ルノデアルカ、人絹ガ如何ニ進ンデモ、我國ノ生絲工業ニ對シテハ何等ノ影響ガナイト云フ御抱負デアルカ、其點ヲ明確ニ御答アランコトヲ御願致シマス、私ハ色々伺ヒタイノデアリマスケレドモ、餘リ長クナリマスルト御迷惑デアリマスカラ、今日ハ簡單ニ致スノデゴザイマス

〔國務大臣町田忠治君登壇〕

○國務大臣(町田忠治君) 私ニ對スル御尋ハ最後デアリマシタガ、私ノ分カラ簡單ニ御答致シテ置キマス、人絹ト生絲トノ關係ニ付キマシテノ御尋デアリマス

人絹ガ我國ニ於テモ歐米各國ト同樣非常ナル進歩、隨テ需要ガ年々殖エテ參ッテ居ルコトハ能ク承知致シテ居リマス、今後人絹ニ對シテ更ニ一層ノ改良ガ加ヘラレ、其生産費ガ一層安クナリマスト、人絹ノ需要セラル、領分ガ、一層擴張スルコト、存ジマス、同時ニ天然絹絲ノ需要、殊ニ我國ニ於キマシテハ、外國貿易ノ大宗ト相成ッテ居リ、我ガ兌換制度ノ基礎ヲ成シテ居ルトマデ重視サレテ居ル所ノ、生絲ノ重要産業ノ將來ニ付キマシテハ、私共モ常ニ色々ノ研究モ致シ、我國ノ最モ重大ナル産業トシテ、永ヘニ存在スルコトヲ期待シ、確信シテ居ルモノデアリマス、御承知ノ通リ人絹ノ爲ニ生絲ノ需要ガ減ッタカ否ヤト云フコトニ付キマシテハ、私共ハ斯樣ニ考ヘテ居リマス、人絹ノ發達ニ依ッテ生絲ノ需要ノ増加スル分量ガ幾分カ減ゼラレタガ、生絲ノ需要ガ之ガ爲ニ減ズルモノデハナイト、事實ノ上カラ左樣ニ信ジテ居リマス

第二ニハ我國ニ於キマシテ生絲、養蠶、製絲ノ方面ニ向ッテ、色々ナル改良ヲ加フベキ點ガ多々アルノデアリマス、後刻御協贊ヲ願フ爲ニ提出致シマシタ所ノ蠶絲業組合法ノ如キモ、其一ツデアリマシテ、之ニ依ッテ生絲ノ品質ヲ改良シ、生産費ヲ出來ルダケ低廉ニ致シマスルコトニ依ッテ、將來恐ルベキ競爭者ト認メラレテ居ル支那ノ生絲ニ對シテモ、十分對抗スルコトガ出來得ル確信ヲ持ッテ居リマス、同時ニ昨年以來ノ實例ニ依リマスト、一時生絲ノ値ガ高カッタガ爲ニ、亞米利加ニ於テハ人絹ノ需要ガ著シク增加シタニ拘ラズ、昨年以來生絲ノ價格ガ頗ル低落致シタガ爲ニ、一旦需要ガ人絹ニ移リマシタモノガ、更ニ生絲ノ價ノ下落ト共ニ、天然絹絲ノ需要ヲ增シツ、アル事情ニ鑑ミマスト、今後我國ニ於キマシテ、蠶業生産費ノ低減其他ノ養蠶、製絲ニ深甚ナル改良ヲ加ヘマスルナラバ、人絹ノ發達ト共ニ天然絹絲モ一層ノ進歩發達ガ出來ルコト、確信致シテ居リマス(拍手)

〔政府委員小川鄕太郎君登壇〕

○政府委員(小川鄕太郎君) 只今鷲野君ノ御質問ノ中ニ、人絹ノ關稅百二十五圓ヲ七十五圓ニ下ゲタノハイケナイ、五十圓位ニ下ゲナケレバナラヌト云フヤウナ御質問ガアリマシタ政府ハ此人絹會社ノ發達ニ鑑ミ、尙ホ是ト競爭スル伊太利ノ人絹ノ輸入ト云フコトニ考慮致シマシテ、四割位引下ゲルノガ適當デアルト考ヘタノデアリマス、尙ホ人絹ノ發達ニ伴ヒマシテ、將來此關稅ヲ引下ゲル機會ガナイトハ申シマセヌ、サウ云フ機會ノアルコトヲ考ヘテ居リマスガ、今日デハ此位ノ程度ヲ以テ適當ダト考ヘテ居ルノデアリマス、更ニ保稅工場ノ問題ニ付テ、何カ政府ガ當業者ト色々話合ッタト云フヤウナ御質問デアリマシタケレドモ、サウ云フコトデハアリマセヌ、併シ保稅工場ノ新規特許ニ關スル事ニ付キマシテハ、茲ニ一言ヲシテ置ク必要ガアルノデアリマス、保稅工場制度ノ目的ハ、輸出品ノ原料トナル輸入品ニ對シテ關稅ヲ徵シナイデ、輸出貿易ノ振興ヲ圖ルト云フコトデアルノデアリマス、其趣旨ニ基キマシテ、政府ガ大正十二年以來人絹ハ保稅工場ヲ認メテ來テ居リマスガ、最近ニ至ッテ之ヲ出願スル者ガ續出シ、若シ之ヲ無制限ニ特許シテ居リマス時ハ、輸出人絹織物ノ原料トシテ使用スル內地人絹ハ、外國人絹ニ依ッテ置替ヘラレルコトニナリマシテ、人絹製造業及內地人絹ヲ使用スル輸出織物製造業者ニ多大ノ影響ヲ與フベキニ依リ、此際一面只今申シマシタ如ク、高率ナル關稅ヲ引下ゲマスガ、ソレト同時ニ人絹保稅工場ノ新設擴張ニ關シテモ、愼重ナル態度ヲ以テ之ニ應ゼント考ヘテ居ル次第デアリマス(拍手)

〔政府委員横山勝太郎君登壇〕

○政府委員(横山勝太郎君) 人造絹絲ノ發明研究ニ特ニ何カ考慮致シテ居ルコトガアルカト云フ御尋デアリマスガ、御承知ノ通リ人絹ハ大正八年以來ノ産業ニ係ルモノデアリマス、今日ハ既ニ非常ナル發達ヲ遂ゲテ、西洋ノ有力ナル産業各國ニ對シテ對抗出來ルコトノ狀態ニナッテ居ル、是ニ至リマシタト云フコトハ、當業者ノ努力奮勵ノ結果デアルコトハ勿論、政府ハ之ニ對シテ相當ノ助成保護ノ實ヲ加ヘタコトガ、其原因ニナッテ居ルノデアリマス、卽チ百斤百二十五圓ノ稅金ヲ課シテ居ッタト云フ如キコトモ、其一ツノ事例デアリマス、併ナガラ今日ノ所、人造絹絲ニ關スル發明研究ノ事項ニ限ッテ、特ニ政府ガ斯ク〳〵ノ政策ヲ執ッテ居ルト云フコトハマダゴザイマセヌ、將來ニ於テ其必要ニ接シマシタナラバ、相當ノ施設ヲ致ス筈デアリマス、簡單ニ御答致シテ置キマス

○議長(藤澤幾之輔君) 質疑ハ終リマシタ、日程第二右議案ノ審査ヲ付託スベキ委員ノ選擧ヲ議長ト致シマス

第二　右議案ノ審査ヲ付託スヘキ委員ノ選擧

○作田高太郎君　本案ハ議長指名十八名ノ委員ニ付託セラレンコトヲ望ミマス

〔「贊成」ト呼フ者アリ〕

○議長（藤澤幾之輔君）　作田君ノ動議ニハ御異議アリマセヌカ

〔「異議ナシ」ト呼フ者アリ〕

○議長（藤澤幾之輔君）　御異議ナシト認メマス、仍テ動議ノ如ク決シマシタ、日程第三、船舶積量測度法中改正法律案ノ第一讀會ヲ開キマス——中村政務次官

第一　昭和六年度各特別會計歲入歲出豫算案（貴族院回付）

右貴院ノ送付ニ係ル政府提出案本院ニ於テ修正議決セリ依テ議院法第五十五條ニ依リ及回付候也

昭和六年三月十三日

貴族院議長　公爵德川家達

衆議院議長藤澤幾之輔殿

昭和六年度各特別會計歲入歲出豫算中貴族院回付ノ箇所左ノ如シ

（小字及――ハ貴族院修正）

甲號

拓務省所管

朝鮮總督府

歲入

臨時部

| | | |
|---|---|---|
| 第八款　前年度剩餘金繰入 | 一、三六五、一六五 | 一、二一五、一六五 |
| 第一項　前年度剩餘金繰入 | 一、三六五、一六五 | 一、二一五、一六五 |
| 臨時部合計 | 三三、二五一、三三六 | 三三、一〇一、三三六 |
| 合計 | 二三八、五七二、八七三 | 二三八、四二二、八七三 |

歲出

臨時部

| | | |
|---|---|---|
| 第五款　營繕費 | 二、八八四、八九五 | 二、七三四、八九五 |
| 第四項　忠淸南道廳舍新營費 | | 一五〇、〇〇〇 |
| 第四項（五）　京城拘置監新營費 | 一一〇、〇〇〇 | |
| 第五項（六）　電信電話整備費 | 五二四、七三二 | |
| 第六項（七）　電信電話營繕費 | 二八六、五八〇 | |
| 第七項（八）　航路標識營繕費 | 七〇、一四三 | |
| 第八項（九）　新營及設備費 | 一、二二一、三七二 | |
| 第九項（十）　修繕費 | 二九、四八〇 | |
| 臨時部合計 | 五一、九四四、三九〇 | 五一、七九四、三九〇 |
| 合計 | 二三八、五七二、八七三 | 二三八、四二二、八七三 |

乙號

拓務省所管

朝鮮總督府

忠淸南道廳舍新營費

總額

（款）營繕費

（項）忠淸南道廳舍新營費　三五九、〇〇〇

| 年額 | |
|---|---|
| 昭和六年度 | 一五〇、〇〇〇 |
| 昭和七年度 | 二〇九、〇〇〇 |

○議長（藤澤幾之輔君）　此回付案、卽チ貴族院ノ修正ニ同意スルヤ否ヤヲ御諮リ致シマス、發言ノ通告ガアリマスガ、其前ニ鷲野米太郞君カラ質疑ガアリマス、之ヲ許シマス――鷲野米太郞君

〔鷲野米太郞君登壇〕

○議長（藤澤幾之輔君）　此場合アナタニ、ハッキリ申上ゲテ置キマスガ、回付案ノ範圍ヲ出ナイヤウニ願ヒマス、若シ回付案ノ範圍ヲ出レバ、議長ハ禁止ヲ命ジマス

○鷲野米太郞君　私ハ特別會計ノ各豫算ノ貴族院ヨリノ回付ニ付キマシテ、政府ニ其御所見ヲ御伺致シタイト存ジマス、忠淸南道道廳移轉ニ關スル經費ハ、衆議院ハ大多數ヲ以テ之ヲ否決致シマシテ、其豫算ハ衆議院ヲ通過シテ貴族院ニ回ッタノデアリマスルガ、此道廳移轉ニ付キマシテハ、吾々ハ相當ノ考ガアッタノデアリマスルケレドモ、民政黨ハ黨議トシテ之ヲ否決シタ、ソレニ付テハ非常ナ御確信ト御信念ガアッタコト、私ハ想察致シテ居ッタノデゴザイマス、政府ハ又之ニ對シテ易々諾々トシテ同意セラレタ、其政府ノ卑屈ナ軟弱ナ態度ニ付キマシテハ、私ハ非常ニ遺憾ト致シテ居ッタノデアリマス（拍手）殊ニ拓務大臣デアル所ノ松田君ノ其態度ニ付テ、私ハ非常ニ議院政治家トシテ、過去ニ輝イテ居ッタ所ノ松田君ノ態度トシテハ、卑怯未練デハナイカト云フコトヲ、松田君ノ爲ニ非常ニ遺憾ニ存ジテ居ッタノデゴザイマシタガ、併ナガラ難局ニ立ッテ居ッテ、首相代理ノ下ニ統率セラレテ居ル所ノ變態內閣トシテハ已ムヲ得ナイモノト、私ハ多少ノ同情ヲ表シテ居ッタノデゴザイマス（拍手）然ル所貴族院ニ於テハ大多數ヲ以テ之ヲ復活シテ、之ヲ衆議院ニ回付シテ同意ヲ求メラレタノデアリマス、私ハ憲法政治ノ根本カラ考ヘタナラバ、色色ノ意見ガアルノデアリマスガ、單ニ道廳移轉費ノ復活ト云フ點カラ見マスルナラバ、貴族院ノ執ッタ態度ハ公正デアッタト感ジテ居ルノデアリマス、併ナガラ私ガ此案ニ對シテ直チニ同意ヲ――私ハ甚ダ遺憾ト考ヘ、サウシテ政府ノ御所見ヲ伺フ所以ノモノハ、單ナル道廳費ヲ濟カスト云フコトガ朝鮮總督政治ヲ擁護スル上カラ、適當ノ處置トシテ、之ニ贊成スルト云フ以外ニ、議院政治ノ將來ヲ考ヘテ、非常ニ茲ニ考ヘナケレバナラヌト云フ點カラ、別ノ見地カラ政府ニ對シテ御伺ヲ致スノデアリマス、私ハ民政黨ハ必ズヤ二百七十名ノ絕對多數ヲ持ッテ居ルノデアルカラ、此際斷然ト立ッテ、而モ民政黨ガ松田君ニ對シテ不信任的ノ意味デ、大ナル所ノ信念ヲ以テ否決サレタ問題デアルカラ、必ズ二百七十名ノ絕對多數ヲ以テ、毅然トシテ立ッテ、貴族院ニ對抗スルモノト考ヘテ居ッタノデアリマス、所ガ事實ハドウカト云フト、事實ハ今暫ク分ラヌノデアリマスケレドモ、噂ニ依リマスト、民政黨ハ已ムヲ得ナイトシテ、盲從屈從スルト云フコトニ、內議ガ決ッテ居ルト云フノデアルガ、何タル卑怯ナコトデアルカ、私ハ民政黨ノ爲ニ惜マザルヲ得ナイノデアリマス（拍手）民政黨ハ今日マデ議會中心主義ヲ唱ヘテ來タ政黨デアルノデアリマス、議會中心主義ト云フコトハ、何カト申シマスト、政治ノ中心ヲ衆議院ニ置クト云フコトデアリマス、其主義ヲ唱ヘテ來タ所ノ民政黨、其民政黨ニ依ッテ成ッテ居ル所ノ此濱口內閣、其內閣モ內閣又民政黨モ民政黨、默從シテ卑怯未練ニモ貴族院ノ其復活ニ盲從スルト云フ態度ヲ執ッテ居ルヤウデアリマス、實ニ私ハ我國ノ議會政治ノ爲ニ慨嘆ニ堪ヘラレナイノデアリマス、院議ハ飽マデモ尊重スベキモノデアル、院議ハ絕對ニ之ヲ尊重スベキモノデアル、此道廳移轉費ノ復活ハ、其事其モノハ結構ナルコトデアッテ、民政黨ノヤッタ横暴ヲ否認シテ之ヲ懲ラシテ居ルコトデアルカラ、結構ナコトデアルケレドモ、其貴族院ガ、我等衆議院ノ多數ヲ以テ通過シタ所ノ此豫算案ニ對シテ、縱令公正ナル見地カラ復活シタト言ッテモ、豫算案ヲ覆シタト云フ其事ニ對シテ、衆議院ガ之ニ默從屈從スルト云フコトハ、私ハ將來ニ非常ナ累ヲ貽スモノデアルトシテ、絕對ニ反對シナケレバナラヌノデアリマス、政府ハ果シテ之ニ對シテ同意ヲ表シテ居ルモノデアルカドウカ、今又衆議院ガ之ニ對シテ默從シテ、否ナ、多數ヲ以テ民政黨ガ衆議院一部ノ反對ヲ押切ッテ、貴族院ニ盲目的ニ同意ヲシタトキニ、政府ハ如何ナル態度ヲ御執リニナルカ、此點ニ付テ特ニ御迷惑デハゴサイマセウガ、濱口總理大臣カラ政府ヲ代表シテ御所見ヲ述ベラレンコトヲ御願致シマス

〔國務大臣松田源治君登壇〕

○國務大臣（松田源治君）　鷲野君ノ……（議場騷然聽取スル能ハス）多クハ御議論デアリマス、今日ノ場合ハ……從フコトヲ明言致シマス

〇議長（藤澤幾之輔君） 質疑ノ通告ガアリマス――大口君――一寸御待チ下サイ――鷲野君

〔鷲野米太郎君登壇〕

〇鷲野米太郎君 只今松田拓務大臣カラ何カ御答辯ガアッタノデアリマスケレドモ、騷ガシイ爲ニ私ニハ何等聽取レナカッタノデアリマス、私ノ御願ハ、民政黨ヲ代表シテ居ル所ノ、民政黨總裁デアッテ、民政黨內閣ノ總理大臣デアル、濱口總理大臣ノ御所見ヲ御伺致シテ居ルノデアリマス、一言デ結構デアリマスカラ、同意スルカシナイカト云フコトヲ、是非御述ベアランコトヲ私ハ切ニ希望致シマス（拍手）

〔國務大臣濱口雄幸君登壇〕

〔拍手、發言スル者多シ〕

〇議長（藤澤幾之輔君） 靜肅ニ願ヒマス

〇國務大臣（濱口雄幸君） 鷲野君ノ御質問ニ御答致シマス、此問題ハ今日ノ場合ニ於テハ、當議場ニ於ケル決議ニ從フ外ハナイト考ヘマス（拍手）

〇議長（藤澤幾之輔君） 大口喜六君

〔大口喜六君登壇〕

〇大口喜六君 私ハ此問題ニ對シマシテ、濱口總理大臣ノ御意見ヲ今一應明確ニ伺ッテ置キタイト思フノデアリマス（拍手）今回貴族院ニ於カレマシテ……

〔發言スル者多シ〕

〇議長（藤澤幾之輔君） 靜肅ニ願ヒマス――靜肅ニ願ヒマス

〇大口喜六君（續） 今回貴族院ニ於カレマシテ、朝鮮ノ忠淸南道道廳移轉ノ問題ニ對シマシテ、衆議院ノ議決ニ反シテ政府原案ヲ可決致サレタノデアリマス、元來我ガ衆議院ニ於キマシテ、政府原案ヲ修正致シマシタ順序ハ、只今鷲野君ヨリ述ベラレマシタルガ如ク、政府與黨デアラレル所ノ民政黨ヨリ提案サレマシテ、民政黨ノ諸君滿場一致ノ決議ニ依ッテ、是ハ修正致サレタ所ノモノデアリマス（拍手）我ガ衆議院ノ議決ハ、申スマデモナク極メテ重大ナルモノデアリマシテ、此議決ハ濫ニ動カスベカラザル道理ノモノデアルト吾々ハ信ズルノデアリマス（拍手）併シ其後ニ特殊ノ事情ガ茲ニ生レ出デ、參ッタモノデアルナラバ、又茲ニ吾々モ考慮スベキコトガアルト考ヘマスルガ、特殊ノ事情ノナイ限リハ、我ガ衆議院ノ議決ハ牢乎トシテ動カスベモノキデハナイ（拍手）此道理ガ分ラレマシタナラバ、最初ニ政府ノ原案ヲ修正サレル時ニ、此修正ノ結果ガ果シテ貴族院ヘ行ッテ、ドウナルモノデアルカ、又貴族院ガ政府ノ原案ニ贊成ヲシタ場合、其成行ハ如何ナルモノデアルカト云フコトハ、先以テ考慮サレナクテハナラヌ所ノ問題デアル（拍手）無論民政黨ノ諸君ハ滿場一致ヲ以テ、已レガ政府與黨デアラレルニモ拘ラズ、政府ノ原案ヲ御修正ニナッタノデアリマスガ故ニ、此結果ガ如何ニ貴族院ニ反映スベキカ、貴族院ガ若シモ政府原案ヲ可決シタ場合、如何ニナルモノデアルカト云フコトノ、先マデ見透シテ御考ノ上ニ、御修正ニナッタノデナクテハナラナイト吾々ハ信ズルノデアリマス（拍手）此處デ私、總理大臣ニ伺ヒタイノハ、只今モ申シマシタ如ク、總理大臣濱口雄幸君ハ、一面ニ於カレマシテハ民政黨ノ總裁デアリマス、御自身ガ政府トシテ御出シニナッタ所ノ原案ニ對シテ、同ジ御自身ガ統率シテオイデナサル民政黨ガ、滿場一致ヲ以テ修正ヲ致シタモノデアリマス、ソレ故ニ其當時ニ於カレテ、愼重ナル御考ヲ以テ、此修正ノ結果ガ果シテ貴族院ヘ行ッタラバドウナルカ、若モ貴族院ガ原案ニ贊成シタ場合ハ、之ヲドウスルカト云フコトハ、其當時カラ牢固タル御決心ガナクテナラヌト考ヘマス、ソレデナケレバ、ドウシテ此內閣ヲ保ツコトガ出來ルカ、恰モ水ノ上ニ浮イテ居ル浮草ノ如ク、議會ノ決議ニ委セルト云フ、フラフラシタコトデアルナラバ、現內閣ニハ何等一定ノ方針ナシト、吾々ハ斷ゼザルヲ得ナイノデアリマス、ソレ故ニ其考ヲ持ッテ、其責任ヲ持ッテ居ラレタナラバ、何故ニ已レノ與黨ガ此修正ヲスル時ニ、豫メ與黨ノ諒解ヲ求メ、已レガ統率シテ居ル黨派デアルガ故ニ、之ヲ抑ヘテ原案ニ贊成サセ得ナカッタノデアリマスカ（拍手）當時閣臣ノ一人デアラレタ所ノ松田拓相ハ、本院ノ豫算委員會ニ於テ、決シテ是ハ固執ハシナイ、ドチラデモ、修正ナリ原案ナリ――吾々ハ原案ヲ出シタカラ原案ガ宜イト思フガ、修正サレテモ敢テ異議ハ唱ヘナイト云フ意味ヲ、既ニ言ッテ居ラレルノデアル、此考ヲ以テ貴族院ニ送ッテ、貴族院ニ於テ原案ニ贊成ヲサレ、ソコデ本院ヘ戻ッテ參ッテ、之ヲドウスルカト云フコトニ相成ッタノデアル、若モ是ガ本院ノ議決ヲ動カサナクテハナラナイト云フコトニナレバ、衆議院ノ體面ヲ如何ニスルカ、衆議院ハ忽ニシテ其ノ輕重ヲ天下ニ問ハレルコトニナルノデハナイカ（拍手）之ニ對スル責任ト云フモノハ、一ニ係ッテ內閣總理大臣タル、又民政黨ノ總裁デアル所ノ濱口君ノ上ニ在ルコトハ明瞭ナ事實デアル、而モ今日此處デ議員ノ質問ヲ受ケレバ、何ト答ヘラレルカト云フト、此場合ニ於テハ此議場ノ成行ニ從ハナケレバナラナイト云フコトハ、如何ナル面目ヲ以テ言ハレルノデアリマスカ、責任內閣ニ於ケル首相トシテノ責任、一面ニ於テハ民政黨ノ總裁トシテノ責任、而モ初メニ於テ十分ニ確信スル所ナクシテ、斯ルコトヲ與黨ニヤラシテ、或ハ一ツ誤レバ衆議院ノ體面ノ輕重ヲ問ハレルヤウナコトヲ致サレテ、ソレデ今日恰モ浮草ガ浮イテ居ルガ如ク、其時ノ場合ニ從フト云フヤウナ御答ヲ以テ、多數ヲ擁シテ此處ヲ瞞過シヨウトシタ所デ、決シテ我ガ國民ハ之ヲ承知スルモノデハナイノデアリマス（拍手）之ニ對シマシテ私ハ總理大臣トシテ、一面ニ於テ民政黨ノ總裁トシテノ、濱口雄幸氏ノ責任ニ對スル所感ヲ明確ニ致シテ置キタイト考ヘルモノデアリマス（拍手）

〔內務大臣濱口雄幸君登壇〕

〇國務大臣（濱口雄幸君） 大口君ノ御質問ニハ批評ニ涉ル點ガ多カッタト思ヒマス、其批評ニ對シマシテハ、私ハ一々辯駁ハ致シマセヌ、唯本問題ニ對スル政府ノ意見ハ、先刻鷲野君ノ御質問ニ對シテ御答ヲシタ所ニ依ッテ、極メテ明瞭デアルト存ジマス（拍手）

〇議長（藤澤幾之輔君） 是ヨリ討論ニ入リマス――森田茂君

〇森田茂君 簡單デアリマスカラ、此席カラ御許ヲ願ヒマス

〔「登壇々々」ト呼フ者アリ〕

〇議長（藤澤幾之輔君） 登壇ヲ望ミマス――登壇ヲ望ミマス

〔森田茂君登壇〕

〇森田茂君 只今上程セラレマシタ貴族院ノ回付案ニ對シテハ、貴族院ノ修正ニ同意ヲ致シマス

〇議長（藤澤幾之輔君） 大口喜六君

〔大口喜六君登壇〕

〇大口喜六君 私ハ此問題ニ對シマシテハ、衆議院ノ院議ヲ尊重致ス所ノ者デアリマス（拍手）ソレ故ニ貴族院ノ決議ニ對シマシテハ、反對ヲ致ス所ノ者デアリマス

〔拍手、發言スル者多シ〕

〇議長（藤澤幾之輔君） 靜肅ニ願ヒマス

〇大口喜六君（續） 只今濱口總理大臣ノ御答辯ヲ伺ヒマスト、鷲野君ニ御答ニナッタノデ盡キテ居ルト云フ意味デ、御答辯ニ相成ッテ居リマス（「其通リ」ト呼フ者アリ）然ラバ鷲野君ニ對スル御答辯ハ何デアルカト言ヘバ、當議場ノ成行ニ從フヨリ外ニ致方ハナイ、斯ウ云フノデアリマス、實ニ此位無定見デアリ、無方針デアリ、何等研究ノナイ如何ニモ責任ヲ解セザル所ノ內閣ヲ、未ダ曾テ見タコトガナイノデアリマス（拍手）先刻私ガ質問ノ際ニ申述ベマシタルガ如ク、此修正ハ誰ガ致シタカト言ヘバ、政府與黨ノ諸君ガ滿場一致ヲ以テ爲シタルモノデア

リマス、其修正ヲ爲スニ方ッテハ、民政黨ナルモノハ愼重ニ考慮サレタ筈デナクテハナリマセヌガ、又現內閣ニ於カレマシテモ、相當ニ考慮研究ヲシタ上デナクテハナラヌ事デアルト思ヒマス、而モ二百七十ノ諸君ハ、滿場一致ヲ以テ此修正ヲ爲シテ貴族院ニ送リ、今貴族院ガ之ヲ原案ニ復活シタカラト云フノデ、一トタマリモナク共二百七十人ガ兜ヲ脫イデ閉口致スノデアル、吾々カラ斯ウ言ハレタナラバ、定メテ諸君ハ苦痛デアリマセウ、術モ恥ヲ知リ、術モ議員トシテ體面ヲ重ンズル者デアルナラバ、斯ル事ヲ爲シテオメ〳〵ト此處ニ列ッテ居レナイ位ニ私ハ考ヘルノデアリマス(拍手)共恥ヲ忍ビ、而モ二百七十ノ多數ヲ以テ決メタ事ヲ、貴族院デ復活サレタカラト云ッテ、一トタマリモナク降參ヲ致シテ、院議ヲ重ンゼナイ所ノ民政黨ノ諸君ハ、現內閣ト共ニ如何ニモ定見ナク、如何ニモ節操ナク、如何ニモ責任ヲ解セズ、輕率淺慮ノ至リデアルト吾々ハ考ヘルノデアル(拍手)諸君ニ於カセラレマシテモ、宜シク深ク自ラ省ミラレ、政治家トシテ恥ヲ知ラル丶以上ハ、今少シ御反省アッテ然ルベキモノデアルト考ヘマス、此趣意ニ於キマシテ、吾々ハ茲ニ議院ヲ尊重シ、飽マデ衆議院ノ議決ヲ支持スルト云フ意見ヲ申述ベテ、貴族院送付ニ反對致ス者デアリマス(拍手)

○議長(藤澤幾之輔君) 是ニテ討論ハ終リマシタ、採決ヲ致シマス、貴族院ノ修正ニ同意ノ諸君ノ起立ヲ求メマス

〔贊成者 起立〕

○議長(藤澤幾之輔君) 起立多數(拍手)仍テ貴族院ノ修正ニ同意スルコトニ決シマシ

官權濫用ニ關スル質問主意書

右成規ニ據リ提出候也

昭和六年三月二日

提出者　多木久米次郎

官權濫用ニ關スル質問主意書

一　朝鮮全羅北道ニ於テ一萬五千餘町歩ノ平野ヲ蒙利地區トスル東津水利組合ノ水利事業ハ初メ七百萬圓ノ工事費ヲ以テ完了スル豫定ナリシモ實際ノ必要上貯水池ヲ擴大シテ二十一億個ノ水量ヲ貯ヘシムル等ノ爲遂ニ九百四十萬圓ノ巨費ヲ投シテ昭和四年六月竣工ヲ見タルモノナルカ之ニ對シ昭和三年十月道當局者ハ組合唯一ノ貯水池トシテ死活ヲ託シツツアル雲岩貯水池ノ貯水ヲ利用スヘキ雲岩水力電氣株式會社ノ事業經營ヲ認可シ官權ノ力ヲ以テスル干渉壓迫ニ依リ強制的ニ組合ト水電會社ト契約ヲ締結セシメ二十一億個ノ貯水量中平時ハ七億個、稻作用水必要時ハ十億個ノ貯水量ヲ殘置スル迄水電事業ノ爲用水ヲ排川使用セシムルコトト爲セリ即チ右ハ組合ト會社トノ契約ナリト雖此ノ如キ公益事業ニ對スル監督ハ政府ノ權能ニ屬スルヤ論ナキ所ナルヲ以テ政府ハ組合ノ貯水量二十一億個カ其ノ實七億個乃至十億個ニテ足レリト爲シ從テ水利事業ノ設備費九百四十萬圓モ四五百萬圓ニテ十分ナルニ拘ラス徒ニ尨大ナル計畫ニ依リ倍額ノ負擔ヲ組合員ニ課シタルモノト認メサルヤ併セテ組合ノ事業ヲ認可監督シタル當時ノ道當局者及總督府ノ責任ヲ認メサルヤ

二　雲岩水電會社ノ東津水利組合ニ對スル報償金ハ一時金三萬五千圓年額最高(五箇年度)四萬五千圓ナルカ水力利用ノ認可ヲ下ス以上ハ貯水池ニ於ケル七億個乃至十億個以外ノ貯水ハ組合ノ必要トスル限度ニ非スト看做スヘク九百四十萬圓ノ工事費ハ結果ニ於テ貯水池ノ水ヲ利用スル水電會社ノ利益ノ爲ニ半ハ以上ヲ費シタルモノト謂フヘシ然ルニ之ニ對スル會社ノ報償金カ設備費ノ百分ノ一ニモ足ラサル低廉微温ナルコトニ付政府ハ尙且之ヲ適當ノ契約ト認ムルヤ

三　水利組合ノ設備費ヲ蒙利區域ニ割當ツレハ一反歩一千六七十圓ニ當リ前項報償金ヲ割當ツレハ一反歩三十錢餘ト爲ル如何ニ朝鮮ナレハトテ水利組合カ此ノ如キ亂暴極マル契約ヲ承認スルコトハ夢想タモナシ能ハサル所ナルカ政府ハ之ヲシモ正當ナル手續ニ依リ組合員ノ意思ヲ反映シタル契約ト認ムルヤ假ニ政府當局ノ直接與ラサル所ナリトスルモ監督上何等ノ疑惑ナシト認ムルヤ

四　東津水利組合ノ事業ニ對シ政府ノ適當ト認ムル貯水量ハ幾何ナリヤ

五　水利上貯水ノ目的ハ乏水ノ際ニ於ケル用意トシテ平常不用ノ水ヲ最大限度ニ貯フルモノナルヲ以テ元且ヨリ大晦日迄間斷ナク放水スルヲ要スル水電事業ト氷炭相容レス利害全ク相反スルニ拘ラス之ヲ併用セシメムトスルカ如キハ當初水利事業ヲ認可助成シタル目的ヲ裏切ルモノト政府ハ認メサルヤ

六　東津水利組合ノ蒙利區域ニハ約一割ニ相當スル干拓地ヲ有シ之カ除鹽水ハ普通用水ノ七八割以上ヲ要シ又一般ニ天災地變ノ豫想シ難キ點ヨリ謂フモ既存ノ貯水池ニ對シテハ成シ得ル限リノ水量ヲ貯ヘシムルヲ當然トシ机上一片ノ數字ヲ以テ輕卒急遽ニ斯ル大事ヲ定ムルノ危險ヲ思ハサルヘカラス政府ハ水電經營認可ニ際シ果シテ此ノ點ヲ考慮シタリヤ

七　道當局者カ雲岩水力電氣會社ニ水電經營ヲ認可スルノ意見ヲ以テ東津水利組合ニ對シ會社ト契約スヘキコトヲ諭示スルニ當リテハ極力組合側ノ讓歩ヲ慫慂シ若應セサレハ河川取締法ノ適用ヲ以テシテモ解決セシムヘシト謂ヒ或ハ組合ノ貯水池ヲ避ケテ附近ノ他ノ箇所ニ有利ナル水源ヲ會社ニ提供スヘク其ノ結果組合水源ノ不利大ナルヘキコトヲ直接間接ニ脅威シ又頻ニ急速ナル契約締結ヲ促ス等干渉壓迫ノ甚シカリシコト言語ニ絕セリ政府ハ本水電事業認可ノ實情ヲ調査シ之ヲ官權濫用ト認メサルヤ

八　道當局者カ東津水利組合事業ノ助成後ニ生シタル水電事業ヲ保護スル爲既存ノ水利事業ヲ破滅セシムルモ尚辭セサルノ態度ニ出テシハ曩ニ總督府カ三億六千萬圓ノ大計畫ヲ以テ灌漑排水ノ普及未墾地干拓地ノ開墾助成ヲ企圖セル大精神ニ悖ラス又從テ產業ノ保護奬勵ニ關スル政府ノ方針ニ一致スト認ムルヤ

九　水利組合令ハ多數ノ爲ニ少數ノ壓迫セラルルヲ防キ役員又ハ地主ノ專横ヲ斥ケ公明正大公平無私ノ結果ヲ得セシムル爲監督ヲ大且嚴ナラシムル等遠大適切ノ法令ナルニ拘ラス官憲自ラ倒行逆施シテ一水電會社ノ利益ヲ保護スル爲大多數ノ組合ヲ犧牲トスルカ如キ出來事ニ對シ政府ハ只其ノ一機關カ既ニ措置シタル事項ナリト謂フカ如キ形式上ノ面目等ニ拘泥セス眞ニ朝鮮產業ノ發達ヲ期スルノ趣旨ヲ以テ十分ナル調査ヲ

遂ケ亂暴極マル水電認可ヲ取消スノ考慮ナキヤ

右及質問候也

昭和六年三月十七日

內閣總理大臣 濱口 雄幸

衆議院議長藤澤幾之輔殿

衆議院議員多木久米次郎君提出官權濫用ニ關スル質問ニ對シ別紙答辯書差進候

〔別紙〕

衆議院議員多木久米次郎君提出官權濫用ニ關スル質問ニ對スル答辯書

一、東津水利組合ノ貯水池設計ハ大正二年及同六年ノ如キ旱害ニ備ヘ且二千五百町步ノ擴張ヲ目的トシ工事ノ追加ヲ爲シタルモノニシテ南朝鮮(雲岩)水力電氣株式會社事業經營認可トハ何等ノ關係ナキモノトス

二、前項追加工事ハ組合ノ利益ノ爲メニ之ヲ施シタルモノナリ尙水力電氣會社ニ對シテハ左記條件ヲ附シ認可シタルモノナルカ故ニ水利組合ノ用水量ニ脅威ヲ與フルモノニ非ズ

水ノ使用料ハ組合ガ電氣事業ノ爲ニ何等設備ヲ爲サズ從テ設備費ニ對スル報償金ノ性質ヲ有セズ當事者間ノ契約ハ適當ノモノト認ム

記

(一)引水量ハ最大毎秒三百立方尺晝夜平均毎秒百八十立方尺以內トス但シ灌漑水ノ範圍內ニ於テ使用スルモノヲ除クノ外左表ニ揭クル場合ニ於テハ貯水量ヲ保有セシムル爲引水量ヲ半減又ハ停止シ電氣會社ハ補助機ヲ運轉スルモノトス

| 月日 | 貯水量 | 制限種別 | 備考 |
| --- | --- | --- | --- |
| 灌漑期間中 | 水位四十尺二寸未滿トナリタルトキ | 停止 | 組合ニ於テ植付水供給開始ノ日ヨリ補給水ノ供給停止ノ日迄ヲ灌漑期間トス |
| 灌漑終了ノ日ヨリ翌年一月末日迄 | 水位三十三尺未滿トナリタルトキ | 同 | |
| 一月一日以降一月末日迄 | 水位四十尺二寸未滿トナリタルトキ | 半減 | |
| 二月一日以降二月末日迄 | 同 | 停止 | |
| 三月一日以降灌漑期ニ至ル迄 | 水位四十四尺三寸未滿トナリタルトキ | 同 | |
| 同 | 水位四十八尺二寸未滿トナリタルトキ | 半減 | |

(二)水利組合ノ灌漑水ニ不足ヲ生スル虞アル場合ハ使用水量ヲ變更スルコト

三、水利組合ノ設備費ハ一段步當五十六圓四十七錢ニシテ質問者ノ云フガ如キ巨額ノモノニアラズ

水電會社負擔ノ水ノ使用料ハ反當二十六錢四厘トナルモ右ハ前項說明ノ如ク設備費ニ對スル報償金ニアラズ且水電會社トノ契約ハ當事者間ノ正當ナル手續ニ依リ任意締結セラレタルモノニシテ政府ハ之ニ對シ監督上遺憾ノ點ナシ

四、二十一億立方尺ヲ以テ適當ト認ム

五、水利上貯水ノ目的ハ乏水ノ際ニ於ケル用意ニ在ルコトハ論ヲ俟タス本件ハ第二項ノ說明ノ通發電用水ハ灌漑用水ニ脅威ヲ與ヘサル限度ニ於テ使用セシムルモノニシテ氷炭相容レサル事業トハ認メズ

六、干拓地除鹽ニ對スル用水量ハ特ニ水電經營許可ニ際シ考慮ニ加ヘタリ

七、道當局ガ組合ト會社トノ協定ヲ斡旋シタル事實アルモ何等干涉壓迫等官權濫用ノ事實ナシ

八、本件ハ既存ノ水利事業ヲ破滅セシムルモノニ非ザルハ勿論毫末ノ脅威ヲモ與ヘズ三十五萬町步ノ土地改良計畫ニ齟齬支障ヲ來スヘシトハ認メズ

九、水利組合ノ灌漑ニ支障ヲ來サザル限度ニ於テ水ヲ利用セシメ使用料ノ徵收ニ依テ組合員ノ負擔ヲ輕減シ又電氣會社ニ於テモ水利組合ノ工作物ヲ利用スルコトニ依リ比較的低廉ナル電力ヲ供給シ得ルコトトナリ資源ノ合理的利用ヲ圖ル趣旨ノ下ニ許可シタルモノナルヲ以テ政府ハ水電經營許可ヲ取消スガ如キ考慮ノ餘地ヲ認メズ

右及答辯候也

昭和六年三月十七日

拓務大臣 松田 源治

請願特別報告第五六號

意見書

請願文書表第八二號

舊韓國將校竝相當官及准士官ニ扶助金下賜ノ請願　朝鮮京城府蓬萊町三丁目二百二十七番地李賢歪外百四十九名呈出（紹介議員杉浦武雄君）

右請願ノ要旨ハ舊韓國ノ法令ニ依リ終身官職ヲ保有シ俸祿ヲ享クヘキ保障ヲ與ヘラレタル舊韓國陸軍將校カ隆熙元年（明治四十年）軍隊解散ニ依リ官職ヲ失ヒ其ノ後日韓倂合トナリタルモ何等ノ保護恩澤ニ浴スルヲ得ス爲ニ數十年間軍務ニ服シ一般世事ニ疎キ舊韓國軍人ハ容易ニ就職ノ途ヲ得難ク生活ニ困窮シツツアリ斯ノ如キハ個人ノ事情若ハ罪責ニ因リタルモノニ非スシテ當時國政ノ運用上必要ニ出テタル措置ノ結果ナルヲ以テ右失職舊韓國時代ノ陸軍將校竝相當官及准士官ニ對シ其ノ生活ニ相當スル扶助金ヲ一時若ハ年金ヲ以テ支給セラレタシト謂フニ在リ

衆議院ハ其ノ趣旨ヲ至當ナリト認メ之ヲ採擇スヘキモノト議決セリ依テ議院法第六十五條ニ依リ別冊及御送付候也

昭和六年三月二十一日

## 關税定率法中改正法律案外二件

### 第一讀會ノ續

第三　關税定率法中改正法律案（政府提出）　第一讀會ノ續（委員長報告）

報告書

一關税定率法中改正法律案（政府提出）

右ハ本院ニ於テ可決スヘキモノト議決致候此段及報告候也

昭和六年三月十九日

委員長　永田善三郎

衆議院議長藤澤幾之輔殿

附帶決議

一近年我カ國人造絹絲織物輸出額ノ激增ニ鑑ミ我カ人絹製造工業ヲ獎勵助長シテ益海外貿易ノ發展ヲ圖ルハ兩者共存ノ所以ナリト認ム

然ルニ一部織物業者ニ保税工場ヲ特許シ內地製人絹ヲ原料トスル多數織物業者ト海外市場ニ競爭セシムルハ內地人絹製造業者及前記多數織物業者ノ存立ヲ危クスルモノナリ故ニ政府ハ將來人絹織物業ニ對スル保税工場ノ新設又ハ擴張ノ特許ヲ與ヘサルハ勿論之カ取締ヲ嚴重ニシ以テ人絹製造ノ發達ト人絹織物輸出貿易ノ增進ト相互扞格ナキヲ期スヘシ

一關税定率法別表中第六一二號「癸」ニ該當スル南洋ラワン材ハ近時其ノ輸入益增加ノ傾向ニアリ其ノ價格低廉ニシテ內地闊葉樹ノ市場ヲ壓迫スルニ鑑ミ之カ輸入關税引上ケノ要アリト思惟ス

第十　關税定率法中改正法律案（本田恒之君外五名提出）　第一讀會ノ續（委員長報告）

報告書

一關税定率法中改正法律案（本田恒之君外五名提出）

右ハ本院ニ於テ可決スヘキモノト議決致候此段及報告候也

昭和六年三月十九日

委員長　永田善三郎

衆議院議長藤澤幾之輔殿

第十一　關税定率法中改正法律案（淺川浩君外四名提出）　第一讀會ノ續（委員長報告）

報告書

一關税定率法中改正法律案（淺川浩君外四名提出）

右ハ本院ニ於テ可決スヘキモノト議決致候此段及報告候也

昭和六年三月十九日

委員長　永田善三郎

衆議院議長藤澤幾之輔殿

〔永田善三郎君登壇〕

○永田善三郎君　諸君、只今議題ニ供セラレマシタ日程第三、關税定率法中改正法律案、政府提出、及ビ第十、十一、議員提出法律案、此二ツニ付キマシテ委員會ノ經過並ニ結果ヲ御報告致シマス、政府案二案ハ木材ニ關シマスル一部ノ補修的關税ノ引上デアリマシテ、又モウ一ツハ人絹關税ノ引下デアリマス、日程第十、十一ハ、議員提出ニ係リマシテ、關税定率法中第五十三號、五十四號、五十五號、二百十七號其他デアリマシテ、又モウ一ツハ第十八號、十九號、二十二號デアリマスガ、此中十八號ト十九號ハ、川島正次郎君外數氏ノ御提案デアリマスガ、是ハ併合審理スルコトニ致シマシテ、御承認ヲ得マシタ譯デアリマス、斯樣ナ次第デアリマシテ、政府案ノ、日程第三ニ上ッテ居リマスカハ、多數ヲ以テ可決致シマシタ、可決後之ニ對シテ附帶決議ガアリマシテ、一ツハ人絹關税ニ關シ、一ツハ木材關税ニ關シテヽアリマシテ、附帶決議ハ兩案共滿場一致デ可決致シマシタ、又議員提出ニ係ル第十、十一ハ、是モ全會一致ヲ以テ可決致シマシタ、斯樣ナ譯デアリマシテ、詳細ノ點ハ委員長報告ニ詳シク載セテアリマス、ドウカ御覽ノ上ニ本案ニ御贊成アランコトヲ御願致ス次第デアリマス――チョット申落シマシタ、政府案ニ對シマシテ板谷順助君外數名ヨリ修正ノ動議ガアリマシタ、少數ヲ以テ是ハ否決ニナリマシタ、補修ヲ致シテ置キマス

○議長（藤澤幾之輔君）　政府提出、關税定率法中改正法律案ニ對シマシテハ、岩本武助君外六名ヨリ少數意見ガ提出サレテ居リマス、此意見ハ修正デアリマスカラ、第二讀會ニ於テ其報告ヲ許スコトニ致シマス、尙ホ討論ハ便宜上第二讀會ニ於テ爲スコトニ致シタイト思ヒマス、左樣御諒承ヲ願ヒマス、先ヅ政府提出、關税定率法中改正法律案ノ第二讀會ヲ開クニ御異議アリマセヌカ

〔「異議ナシ」ト呼フ者アリ〕

○議長（藤澤幾之輔君）　御異議ナシト認メマス、仍テ本案ノ第二讀會ヲ開クニ決シマシタ

○作田高太郎君　直チニ本案ノ第二讀會ヲ開カレンコトヲ望ミマス

○議長（藤澤幾之輔君）　作田君ノ動議ニ御異議アリマセヌカ

〔「異議ナシ」ト呼フ者アリ〕

〔板谷順助君登壇〕

○板谷順助君　私ハ本法案ニ對シマシテ、簡單ニ修正意見ヲ申上ゲマス、此關税改正ニ付キマシテハ、政府ノ説明スル所ニ依レバ、税ノ收入ヲ得ルガ目的デナクシテ、關税定率ノ均衡ヲ得ルト云フコトガ目的デアル、斯ウ説明サレテ居ルノデアリマス、然ラバ均衡ヲ得ルト云フコトハ、產業ニ對スル所ノ保護ヲスルト云フ意味デアルカト云フ質問ヲ致シマシタ、所ガサウデハナイト言ッテ居ル……

〔發言スル者多シ〕

○議長（藤澤幾之輔君）　靜肅ニ願ヒマス

○板谷順助君（續）　ソコデ政府ニ對シテ質疑ヲ試ミマシタ所ガ、此法案ナルモノガ不純ノ動機ニ依ッテ提出サレテ居ルト云フコトヲ發見致シタノデアリマス、大體關税改正ト云フコトハ、我國ノ國策ヲ定ムル上ニ於テ、重大ナル關係ノアル問題デアル、然ルニ現在世界ニ於ケル所ノ大勢ニ對シテ、政府並ニ民政黨ノ諸君ハ、如何ナル所ノ考ヲ持ッテ居ルカ、現在世界ニ於キマシテハ、

○議長（藤澤幾之輔君）　御異議ナシト認メマス、仍テ直チニ本案ノ第二讀會ヲ開キマス

關税定率法中改正法律案（政府提出）　第二讀會

○議長（藤澤幾之輔君）　此際本案ニ對スル少數意見ノ報告ヲ求メマス――板谷順助君

少數者意見書

一關税定率法中改正法律案（政府提出）

右ハ本院ニ於テ別紙ノ通修正スヘキモノト認ムルニ依リ少數者意見書及提出候也

昭和六年三月十九日

委員少數意見者

岩本　武助

外六名

〔別紙〕

關税定率法中改正法律案中左ノ通修正ス

「第二百九十號中「一二五・〇〇」ヲ「七五・〇〇」ニ改ム」ヲ削ル

第六百十二號第一項己ノ五ノニ及癸ヲ左ノ如ク改ム

己ノ五　其ノ他（ドグラスファー等）

ニ　丸太及割材

ニノ一　長十メートルヲ超エ、末口ノ直徑三十センチメートルヲ超エサルモノ　毎立方メートル　三・五〇

ニノ二　其ノ他　毎立方メートル　三・〇〇

癸　其ノ他

イ　厚百五十ミリメートルヲ超エサルモノ　毎立方メートル　五・〇〇

ロ　其ノ他（丸太及割材ヲ含ム）　毎立方メートル　三・五〇

歐洲戰爭以來國力ノ回復ノ爲ニ自給自足主義、有ユル所ノ手段ヲ以テ自國ノ産業ヲ保護シテ居ルノデアル、即チ極端ナル所ノ關税政策ヲ用ヒテ、而シテ之ニ對スル所ノ對抗手段ヲ執ッテ居ルノデアリマス、或ハ生産過剩ノ爲メ、又ハ販路ノ擴張ノ爲ニ、各國ニ向ッテ不當廉賣ヲ行ッテ居ルノデアル、然ルニ我國ニ於ケル所ノ狀態ハ、ドウ云フ有樣ニナッテ居ルカ、一例ヲ申上ゲマスルナラバ、北海道ニ於テハ、戰爭以來年々歳々外國ニ輸出サレル所ノ青豌豆、澱粉ノ如キモノガ數千万圓アルノデアル、然ルニ青豌豆ガ從來亞米利加ニ於キマシテ、百封度ニ對シテ五十仙ノ課税ヲシテ居ッタモノガ、昨年ニ於テハ此三倍一弗五十仙ニ値上シタ、又菜豆類ニ對シマシテハ、從來百封度一弗七十五仙デアッタモノヲ、之ヲ突然三弗ニ値上シタノデアリマス、更ニ又我國カラ濠洲竝ニ英國ニ對シテ輸出サレテ居ル所ノ楢材ニ對シマシテハ、從來關税ガ百石ニ對シテ六百圓デアッタモノガ、是ガ突然五割ノ値上、九百三十圓ニ値上ヲ致シマシタ、即チ世界各國ニ於テハ關税ノ障壁ナルモノヲ設ケテ、自國ノ産業ヲ出來得ルダケ保護スル方針ヲ執ッテ居ルノデアリマス、然ルニ民政黨ハ組閣ノ當時ニ於キマシテハ、自由貿易主義ヲ標榜シテ居ッタ、即チ各産業ニ對シテ自主獨往デ進メヨト云フ方針ヲ執ッテ居ッタ、勿論之ニ對シテハ一應ノ理窟ハアルデアラウ、アルデアラウケレドモ、今日我國ノ狀態ハ如何ナル有樣ニナッテ居ルカ、即チ明治初年以來輸入超過デヂリ〱貧乏ヲシテ居ルノデアル、デアリマスカラ、此局面ヲ打開スルト云フコトニ付キマシテハ、ドウシテモ一面ニ於テ輸入ヲ防遏シ、輸出ヲ奬勵スルト云フコトニ對シマシテハ、出來得ルダケ産業ノ振興ヲ圖ラナケレバ、何時ノ時代ニ於テ我國ノ國際貸借ノ改善ヲ達スルコトガ出來ルノデアリマスカ、吾々ハ此見地カラ我國ノ現在ノ産業ニ對シテ、出來ルダケ保護奬勵ヲスル必要ガアルト云フコトヲ認メルノデアリマス、然ルニ此度現政府カラ提出サレマシタ所ノ木材ノ關税改正ニ對シマシテハ、産業ヲ保護スル意味カラ出發シテ居ルノデアルカト云フ吾々ノ質問ニ對シテ、政府ノ當局ハサウデナイト答ヘテ居リマス、大體此木材ノ關税ト云フモノハ、我ガ田中内閣ノ當時ニ於テ、亞米利加材ガ輸入サレルガ爲ニ、我國ニ於ケル所ノ木材業者ガ、非常ナル打撃ヲ受ケルト云フ所カラ、之ニ對シテ關税ヲ課ケタノデアリマスガ、其際ニ民政黨ノ諸君ハ反對シテ居ッタ、其反對ノ理由ト致シマシテハ、若シ木材ニ關税ヲ課ケラレルト高クナル、高クナレバ從テ那覇ニ於ケル借家賃ガ高クナリ、又濫伐ガ行ハレルト云フコトヲ言ッタノデアリマスガ、要スルニ現在山村ニ住居シテ居ル所ノ林業者ハ、木材ノ非常ナ暴落ノ爲ニ、殆ド其收支償ハナイト云フヤウナ狀態ニナッテ居ルノデアリマス、所ガ之ニ對シテ此度木材ノ一部ニ對シテ關税改正ノ法案ガ提出サレタノデアリマスガ、吾々ハ此趣旨カラ考ヘマシタナラバ、何故是ト同ジ運命ニアル所ノ南洋木材ニ對シテ之ヲ課ケヌカ、然ルニ此南洋材ニ對シテ農林大臣ノ説明スル所ニ依リマスレバ、一般低率ナモノ同樣ニ税ヲバ、南洋材ニ課ケルコトニ付テ相當考究ヲ致シタガ、御承知ノ通リ數年次第々ニ南洋材ノ輸入スル分量ガ減リツヽアル、是ガ増加シテ參ッテ、内地ノ木材ニ壓迫ヲ加ヘルヤウニナッタナラバ考慮スルト言ッテ居ル、然ルニ近年南洋材ノ我國ニ入ル數量ハ、政府ノ提出シタ所ノ參考資料ニ依リマシテモ、昭和三年ニ於テハ二十二万九千石、四年ハ三十五万五千石、五年ニ於テハ三十二万千石、年々増加スルト云フ數字ガ現レテ居ルノデアリマス、勿論昨年ハ財界不況ノ爲ニ三十二万千石ニ減ッテ居リマスケレドモ、南洋材ノ輸入ノ爲ニ——現在我ガ日本ニ於ケル闊葉樹ノ一箇年ノ需要高ハ五百万石デアリマスガ、之ニ對スル所ノ半數以上ハ、北海道ニ於テ供給シテ居ルノデアリマス、北海道材ガ年々歳々此南洋材ノ輸入ノ爲ニ壓迫サレマシテ、從來ニ於テハ三百万石以上移出シテ居ッタノデアリマスガ、今日ニ於テハ其半分ノ百五十万石ニ減ッタト云フヤウナ情勢デアリマス、更ニ又値段ノ關係カラ申シマシテモ、今日物價ガ安クナッタ、安クナッテモ生産費ハ八百圓デハ上ラヌノデアル、然ルニ南洋材ハ第一木代ガ只同樣デアル、而シテ又搬出ニ於テモ極メテ便利デアル、是等ノ關係カラ致シマシテ、六百圓ノ値段デ以テ内地ニ來テ、供給サレルノデアリマスカラ、我國ニ於ケル所ノ闊葉樹ナルモノハ、年々歳々是ガ壓迫ヲ受ケテ居ルヤウナ情勢デアル、所ガ我ガ日本ニ於ケル所ノ此闊葉樹ナルモノハ、本土ニ於テ十八億石、北海道ニ於テ十億石、更ニ又朝鮮、臺灣ニ於テ約七億石、詰リ我國ノ領土ニ於テハ四十億石ノ闊葉樹材ガアル、其需要ナルモノハ、今申シマシタ通リ、一箇年ニ於テ約五百万石ニ滿タヌノデアル、デアリマスカラ、是等ノ林業政策ノ上カラ行キマシテモ、我國ニ於ケル所ノ闊葉樹ニ對シテ、相當ナ保護ヲ加ヘルト云フコトハ當然デアルト云フ見地カラ致シマシテ、農林大臣ニ質問致シタノデアリマス、又之ニ對シテ民政黨ノ諸君ヨリ希望條件ガ出テ居ルケレドモ、斯ル生温イ方法デハイカヌ、吾々ハ之ヲ修正シテ、即チ米材ニ於ケル田中内閣ノ關税ヲ課ケタ此均衡ヲ保タンガ爲ニ、年々沿海州カラ無税デ入ッテ居ル所ノ、此木材ノ均衡ヲ得ルト云フ目的ヨリ課税スルナラバ、是ト同樣ノ運命ニアル所ノ南洋材ニ課ケルト云フコトハ、當然ノ結果デアルト云フノデ、吾々ハ之ニ對シテ修正ヲ致サントスルノデアリマス

更ニ又米材ニ對シテ、長物ニ付キマシテハ、無税ト云フコトニナッテ居ッタケレドモ、是ハ均衡ヲ失スル、此意味ニ於キマシテ、即チ己ノ五ニ於ケル所ノ「ニノ二」之ニ對シテ三圓五十錢「ニノ一」ニ對シテ三圓、更ニ又南洋材ノ從來挽材ニ對スル從價六分ニ對シテ五圓、無税ニナッテ居ルノニ三圓五十錢ヲ課ケマシテ、此度政府ノ改正サレルノ所ノ沿海州ノ木材ニ、均衡ヲ得セシムル意味ニ於テ、修正致シタノデアルノデアリマス

更ニ又人絹ノ關税ノ引下ニ對シマシテハ、勿論各々其立場ニ依リマシテ、一利一害ハアリマセウ、併ナガラ我國ノ人絹ナルモノガ、近年著シク發展ヲシタ、例ヘバ最近ニ於ケル所ノ生産高ヲ調ベテ見マシテモ、昭和三年度ニ於キマシテハ一億六千五

百万「ボンド」昭和四年ニ於テハ二億七千万「ボンド」昨年ニ於テハ三億六千六百万「ボンド」ニ增加シテ居ルヤウナ狀勢デアル、デアリマスカラ、今日我國ノ輸出ナルモノガ、非常ナル勢ヲ示シテ居ルノデアリマス、輸入ハドウデアルカト申シマスレバ、何等增減ガナイ、此財界ノ不況ノ場合ニ於テ、經濟界ニ非常ナ衝動ヲ與フル所ノ、四割ヲ引下ゲルト云フコトハ意味ヲ爲サヌ、之ニ對シテ政府當局ニ向ッテ色々ノ質問ヲ致シタ所ガ、要領ヲ得ナイノデアリマスカラ、吾吾ハ現在ノ狀態ニ於キマシテハ、其儘ニシテ置キマシテ、將來ノ趨勢ニ依ッテ相當ナ改正ヲ加フルコトガ相當デアラウト、斯ウ信ズルモノデアリマス

更ニ澱粉竝ニ煉乳品ニ對シマシテハ、今日ノ狀勢ニ於キマシテハ、關稅ヲ課ケナケレバ、此保護ハ出來ナイト云フコトハ、政民兩派ニ於テ一致シテ居ル所ノ意見デアリマス、現在ノ農村ハ、御承知ノ通リ米ニ對シマシテハ、米ノ生產費ヲ償フ意味ニ於テ、米穀法ナルモノガ出來テ居ル、決シテ農產物ハ單リ米バカリデハアリマセヌ、卽チ乳製品ニ於テモ、澱粉ニ於テモ、之ヲ保護シナケレバナラヌ必要ガアル、然ルニ之ニ對シテ政府ノ當局、農林大臣竝ニ大藏大臣ハ、相當ニ考慮ヲスルト言ッテ聲明シタノデアルガ、昨日其聲明ナルモノヲ伺ヒマスルニ、將來ニ於テ出來ルダケ努力スル、唯反古紙同樣ナモノヲ出シテ居ルノデアリマスノデアリマスルカラ、吾々ハ現在ノ政府賴ムニ足ラヌ、將來ニ於テ出來ルダケ我黨ニ於テ――我黨內閣ニ於テ此問題ヲ解決スル、是ヨリ外ニ途ガナイト云フコトヲ確信スルノデアリマス(拍手)

○議長(藤澤幾之輔君)　此少數意見ニハ成規ノ贊成アリト認メマス、仍テ少數意見ハ修正動議トシテ成立致シマシタ、質疑ヲ求メラレテ居リマス――鷲野米太郎君

〔鷲野米太郎君登壇〕

○鷲野米太郎君　非常ニ御急ギノヤウデアリマスルカラ、私ハ極ク簡單ニ述ベマスルカラ、暫ク御淸聽ヲ煩シマス

私ノ伺ハウトスル點ハ、關稅及ビ砂糖消費稅ノ脫稅ニ關聯シタコトデアリマス、此事ニ付キマシテハ、巷間色々ノ噂ガアッタノデアリマスルガ、三月九日ニ東京朝日新聞ノ記事ニ依リマスト、某會社ノ輸入砂糖關稅ノ脫稅及ビ消費稅ノ脫稅ニ付キマシテ、橫濱市民中津梅吉ナル者ヨリ某會社ガ告發サレタノデアリマス、其後大阪ノ某經濟雜誌ニモ、此問題ガ論議セラレテ居リマスルシ、其他ノ二三ノ新聞ニ於テモ、此事ノ眞相ガ報道セラレテ居ルノデアリマス、會社ハソレハ事實無根ト申シテ居ルヤウデアリマス、サウシテ橫濱稅關ニ於テモ、事實無根ト云フヤウナ事ヲ言ウテ居ルノデアリマスルケレドモ、私ガ色々ノ方法ニ依リテ材料ヲ得タ所ノ其材料ニ依リマスルト、事實無根デハ斷ジテナイノデアリマス、サウシテ色々ノ人證モアレバ物證モアルノデアリマス、所ガ此某會社ナルモノハ、某大財閥ノ經營シテ居ル大會社デアッテ、民政黨トハ直接ノ關係ハナクテモ、間接ノ關係ガアルノデアリマス、現ニ其會社ノ某當局者モ豪語シテ、民政黨內閣ノ下ニ於テハ、斷ジテ此問題ハ問題ニナラナイト、會社當局者ガ告發ニ關係アル某ニ對シテ豪語シテ居ル問題デアルノデアリマス、脫稅ノ金額ハ、十數年カラ以前ノ金額ヲ合計シマスト、數千万圓ニ達スルノデアリマスケレドモ、單ニ昭和三年ノ十月カラ昭和五年ノ二月ニ至ル迄ノ分ダケデモ、六百三十万圓ニ達スルノデアリマス(拍手)關稅法ノ規定ニ依リマスト、脫稅ニ對シテハ三倍ノ罰金ガ課セラレルノデアリマスルカラ、其罰金額ハ千八百餘万圓ニ達シマス、サウシテ砂糖ノ脫稅デアルナラバ其砂糖ヲ沒收シ、砂糖ガ賣ラレテ居ルナラバ、其價額ヲ追徵スル コトニナッテ居ルノデアリマスルカラ、結局事件ガ進展シテ參リマシタナラバ、某會社ハ數千万圓ノ金ヲ國庫ニ納入セネバナラヌコトニナル、大脫稅、大事件デアルノデアリマス、此問題ニ付キマシテ、大藏當局ハ果シテ調査ヲ進メタカ、又今後調査ヲ進ムルノ御考デアルカ、此裏ニハ稅關吏及ビ稅務吏ノ收賄瀆職事件モ伏在シテ居ルト云フ噂モアル、又司法當局トシテハ、橫濱檢事局ヨリ如何ナル報告ヲ受ケテ居ラレルノデアルカ傳ヘ聞ク所ニ依リマスト、橫濱稅關ト橫濱檢事局ノ間ニハ妥協ヲシテ、此問題ニ手ヲ著ケナイト云フヤウナ噂ガアルノデアリマスルガ、事實ガ明カデアッテモ、司法當局ハ檢事局ヲ鞭撻シテ手ヲ著ケナイト云フ考デアルカドウカ、此點ヲ御伺致シタイノデアリマス、私ハ色々此問題ニ付テ述ベタイノデアリマスルケレドモ、是ダケ申シマシタナラバ、事件ノ概要ハ分ルノデアリマスルカラ、大藏當局及ビ司法當局ノ御所見ヲ伺フノミト致シ、更ニ本會議ニテ重ネテ質疑ハ致サヌノデアリマスルケレドモ、事件炳トシテ明カデアルカラ、若シ政府ガ一寸モ事件ノ審理ヲ進メナイナラバ、私ハ第二ノ行動ニ移ルト云フコトヲ、玆ニ斷言シテ降壇スル次第デアルノデアリマス(拍手)

〔政府委員小川郷太郎君登壇〕

○政府委員(小川郷太郎君)　鷲野君ノ只今述ベラレタ事ハ、何等報告ニ接シテ居リマセヌ

〔政府委員井本常作君登壇〕

○政府委員(井本常作君)　鷲野君ノ御質問ニ御答致シマス、鷲野君ハ具體的事實ヲ指摘シテ居リマセヌカラ、司法省ト致シマシテハ答辯ハ出來マセヌ、併ナガラ橫濱檢事局ト橫濱ノ稅關ガ妥協シテ居ルト云フ事實ハ、司法省ト致シマシテハ認メマセヌ、左樣御承知ヲ願ヒマス

○議長(藤澤幾之輔君)　質疑ハ終リマシタ、討論ハアリマセヌ、岩本君外六名提出ノ修正案ニ贊成ノ諸君ノ起立ヲ求メマス

〔贊成者　起立〕

○議長(藤澤幾之輔君)　少數デアリマス、修正案ハ否決セラレマシタ、次イデ本案委員長報告ニ付テ採決致シマス、本案委員長報告ニ贊成ノ諸君ノ起立ヲ求メマス

〔贊成者　起立〕

○議長(藤澤幾之輔君)　多數デアリマス、仍テ本案ハ委員長報告ノ通リ決シマシタ(拍手)是ニテ第二讀會ハ終了致シマシタ

○作田高太郎君　直チニ本案ノ第三讀會ヲ開カレンコトヲ望ミマス

○議長(藤澤幾之輔君)　作田君ノ動議ニ御異議アリマセヌカ

〔「異議ナシ」ト呼フ者アリ〕

○議長(藤澤幾之輔君)　御異議ナシト認メマス、仍テ直チニ本案ノ第三讀會ヲ開キマス

---

關稅定率法中改正法律案(政府提出)　第三讀會

○議長(藤澤幾之輔君)　別ニ御發議ガアリマセヌカラ、本案ハ第二讀會議決ノ通リ可決確定致シマシタ(拍手)

次ニ本田恒之君外五名提出、關稅定率法中改正法律案、淺川浩君外四名提出、關稅定率法中改正法律案ヲ一括シテ其審議ニ入リマス、兩案ノ第二讀會ヲ開クニ御異議アリマセヌカ

〔「異議ナシ」ト呼フ者アリ〕

○議長(藤澤幾之輔君)　御異議アリマセヌ、仍テ兩案ノ第二讀會ヲ開クニ決シマシタ

○作田高太郎君　直チニ兩案ノ第二讀會ヲ開キ、第三讀會ヲ省略シテ、委員長ノ報告ノ通リ可決確定セラレンコトヲ望ミマス

○議長(藤澤幾之輔君)　御異議ナシト認メマス、直チニ兩案ノ第二讀會ヲ開キマス

關稅定率法中改正法律案(本田恒之君外五名提出)　第二讀會(確定議)

關稅定率法中改正法律案(淺川浩君外四名提出)　第二讀會(確定議)

○議長(藤澤幾之輔君)　別ニ御發議ガアリマセヌカラ、兩案トモ委員長報告通リ可決確定致シマシタ(拍手)是ニテ本案ハ終了致シマシタ

官權濫用ニ關スル再質問主意書

右成規ニ據リ提出候也

昭和六年三月二十四日

提出者　多木久米次郎

官權濫用ニ關スル再質問主意書

拙者提出ノ官權濫用ニ關スル質問ニ對シ拓務大臣松田源治君ヨリ答辯アリタルモ全ク其要領ヲ得サルヲ以テ左ニ再質ニ及ビ候也

喋々ヲ要セス朝鮮今日ノ水利組合法ハ專制的ニシテ組合ニ評議員アルモ實質ハ全ク諮問機關トシテ決議機關ニ非ス故ニ組合長ノ獨斷ト官憲ノ認可制ニシテ評議員ナルモノハ唯形式ニ備フルノミ

朝鮮全羅北道ニ於ケル東津水利組合ハ莫大ナル巨費ヲ投シテ二十一億八千萬個ノ水ヲ貯藏スルモノナルモ創業日尚淺ク僅ニ三箇年ニ過キス而モ其ノ三箇年中稻作旺盛季ニ於テ水全ク缺乏シテ非常ノ困難ヲ惹起シ甚タ危殆ニ瀕セシ事實少カラス則チ二十一億八千萬個ノ池ニ僅ニ一二千萬個ヨリ以上水ナキ危急ニ迫リシコト少カラス之レ何人ノ記臆ニモ新ナル所ナリ而モ水源地ヨリ末流ニ至ル迄ハ十三、四里ノ遠キニアルカ故ニ其ノ下流ノ危險ハ常ニ謂フヘカラサルモノナリ況ヤ天變地變ハ何時起ルヤ圖ラサルモノアルニ於テオヤ

此ノ蒙利地區一萬五千餘町步ノ利水組合ハ現ニ八百萬圓ノ大ナル負債アルモノニシテ其ノ生產モ一段步籾六石トセハ九十萬石一石十圓トシテ九百萬圓ノ生產能力ヲ有シ地主小作人一萬五千人家族ヲ合スレハ七、八萬人ノ生活スル大ナル機關ナリ而モ間接ニハ殺招其ノ他種種ノ商人アリ勞働者アリ依テ以テ生ヲ營ム所ナリ

朝鮮ニ於テハ水利ハ本年ニ水ヲ貯ヘ之ヲ明年ニ使用スルモノナルカ故ニ水ヲ貯藏スルコトヲ主要トス然ルニ水電ハ日日夜夜水ヲ排出セサレハ其ノ目的ヲ達シ得サルモノナレハ同一水源ニ於テ水利事業ト水電事業トヲ併置スルコトハ最初ヨリ利害相反スル施設ナルコト謂フ迄モナシ水量豐富ノ場合ハ兎モ角既ニ水ノ不足ヲ感シタルトキハ非常ノ危險ヲ感セサルヲ得ス當路者ハ將來水ノ危險ヲ感シタルトキハ水電ハ中止スルト謂フモ今日ノ有力ナル會社ナルモノハ政府モ議會モ勵カス力ヲ有スルコトハ既往種種ノ實例ニ依リ明ナリ而モ彼ノ水番ナルモノノ如キハ全ク僅カノ給料ニ衣食セルモノナルカ故ニ如何ナル場合ト雖他ノ強制等ニ對シ對抗スルカ如キハ實際ニ於テ不可能ナルコト勿論ナリ

而シテ東津水利組合ノ負債八百萬圓モ全クノ借錢ニシテ政府ヨリノ低利五朱一厘ノ金ハ半分アルモ平均ハ七朱ノ高利トナル即チ銀行ノ貸出ハ八朱九厘ノ高步貸ナルハ拓務省トシテ大ニ著感セラレタキコトナリトス而シテ斯ノ如キ高利ニ苦ム組合ハ今後二十七年間豐凶ノ差別ナク元利償還ノ義務ヲ有スルカ故ニ現ニ本年ノ如キ米價安ニ際會セハ一石ニテ濟ムモノモ二石以上ヲ要スルコトナレハ其ノ苦痛モ甚大ナリ

該水利組合ヲシテ二十一億八千萬個ノ設備ヲ以テシテ水ハ半分モ使用シ能ハサル程其ノ權利ヲ放棄セシメタルハ之レ全ク官憲ノ力ナリ當時其ノ衛ニ當リタル者ハ渡邊忍知事ニシテ此ノ官吏カ如何ニ壓迫干涉セシヤ全ク昔ノ朝鮮官吏以上ナリトス大阪毎日新聞ノ傳フル所ニ依レハ水利組合側ノ役員ハ水電會社ノ株一萬株ヲ有セリトノコトナルカ物ナクシテ影ナク火ノ氣ナクシテ煙起ラストハ至言ナリ而モ或義俠ノ人士ハ其ノ暴戾見ルニ忍ヒス水ノ補償價ニ四萬五千圓ニ甘ムスルナラハ其ノ權利ヲ百萬圓ニテ買フヘシト申出テタルモ遂ニ官ヲ左右ニ託シテ應セス若假ニ之ヲ百萬圓ニテ賣ルトセハ年七朱トシテ七萬圓ノ補償ヲ得ルト同樣ニテ負債八百萬圓ノ八分ノ一ヲ輕減スル所以ナリ而モ此ノ百萬圓ノ權利買收ハ水ノ最低ヲ十五億萬個トスルコトヲ條件トシタルモ尙應セサリシハ何タル奇怪事ソヤ干涉壓迫ノ衞ニ當リタル者ハ渡邊知事ナルモ其ノ裏面ニハ山梨總督アルコトヲ推知スルニ難カラス

右東津水利組合ハ下流ニ評議員少クシテ上流ニ多ク爲ニ下流ハ何時モ非常ノ壓迫ヲ受クルモノニシテ水源地ヨリ下流ハ十三、四里ノ遠キニ在リ依テ創業當時ノ一大條件トシテ貯水池百二十町步ノモノヲ建造セリ然ルニ此ノ組合ハ創業以來惡弊百出現ニ其ノ不正ノ行爲ノアリタルモノ載セテ帳簿ニ尙存セリト謂フ而シテ監督ノ不良トスル工事ノ不完全ノ爲ニ昨年春此ノ池ハ崩壞セリ然ルニ組合ハ創業ノ條件ヲ無視シテ十分ノ復興工事ヲ爲サス僅ニ半分以下ノ水ヲ貯フルニ過キサル修繕ヲ爲シタルニ止マルト相俟テ下流ノ危險ハ益加ハルノ有樣ナリ

元來一方ニハ水ヲ利用セシムルコトヲ許可シ他ノ一方ニハ水ヲ排除セシムルコトヲ認可ス矛盾撞著言語ニ絕ス然シテ此ノ權力ナキ評議員ニ對シテハ一ハ干涉壓迫一ハ役員ノ據牒株、兩々相俟テ今日ニ至レリ二十一億八千萬個ノ水ハ僅ニ三年ヲ俟タスシテ半滅以下トナレルモ當局ハ尙安全ナリト謂フ、洵ニ以テ沙汰ノ限リト謂フヘシ

要スルニ官權濫用ノ結果一千萬圓以上ノ生產力ヲ阻害シ八百萬圓ノ負債支拂ヲ不能ナラシメ一朝水不足ノ場合ニハ忽チ八萬民衆ノ生活ヲ脅威スルコトトナルハ明瞭ナルカ斯ル場合政府ハ其ノ補償ニ當ラルルコトト思惟ス政府ノ所見如何

右及再質問候也

昭和六年三月二十五日

內閣總理大臣　濱口雄幸

衆議院議長　藤澤幾之輔殿

衆議院議員多木久米次郎君提出官權濫用ニ關スル再質問ニ對シ別紙答辯書送進候

（別紙）

衆議院議員多木久米次郎君提出官權濫用ニ關スル再質問ニ對スル答辯書

東津水利組合所屬ノ貯水池ノ水ヲ利用スル水力發電ヲ許可スルニ際シテハ水利組合ト水力電氣會社トノ間ニ協議成立シタルモノナリ右協議ハ水利組合ニ於テハ法令ノ定ムル所ニ依リ水利組合評議員會ノ議決ヲ經タルモノニシテ水利組合評議員會ハ組合員ノ互選ニ依リ選出セラレタル組合評議員ヲ以テ之ヲ組織シ制度上諮問機關ナリト雖其ノ決議ハ之ヲ尊重シ官權ニ於テ濫リニ無視シ得ヘキモノニ在ラズ政府ニ於テハ更ニ各種ノ事情ヲ考慮シ特ニ下流ニ貯水池ヲ設ケシムル等水利組合地域ノ灌漑ノ安全ニ必要ナリト認ムル嚴重ナル條件ヲ附シ之ヲ許可シタルモノナリ而シテ此ノ條件ヲ確保セムカ爲ニハ水利組合自身ニ於テモ特ニ常時監視員ヲ置キ之ガ監督ヲ爲シツツアルモノナリ

以上ノ次第ナルヲ以テ水力發電許可ヲ爲シタルガ爲水利組合ニ特ニ損害ヲ與フルモノトハ思料セズ尚萬一ニ於テモ本件許可ニ基キ政府ニ於テ損害ノ補償ヲ爲スノ筋合ノモノニ在ラズ

右及答辯候也

昭和六年三月二十五日

拓務大臣　松田源治

第二百三十三　間島在住朝鮮人救濟ニ關スル建議案（宮川一貫君提出）

間島在住朝鮮人救濟ニ關スル建議案

間島在住朝鮮人救濟ニ關スル建議

間島ニ於ケル朝鮮人ノ生活ノ脅威ト生命財産ノ不安ハ我カ國對支政策、對滿蒙政策就中朝鮮統治上重大ノ關係ヲ有ス仍テ政府ハ速ニ其ノ對策ヲ樹テ之カ救濟ノ道ヲ講セラレムコトヲ望ム

右建議ス

間島在住朝鮮人救濟ニ關スル建議案理由書

本案提出ノ理由ハ本文ニ詳ナルヲ以テ玆ニ之ヲ贅セス

本月二十五日議事日程自第二十三至第九十八建議案竝同日請願日程自第一至第二百九十四

第二十三　朝鮮統治ノ經綸ニ關スル建議案(多木久米次郎君提出)

朝鮮統治ノ經綸ニ關スル建議案

朝鮮統治ノ經綸ニ關スル建議

政府ハ深ク朝鮮ノ實情ニ鑑ミ徐ヲ以テ參政權ノ付與、相互ノ關税ノ撤廢、政費補給ノ增額、地方議會制度ノ創定及總督ヲ閣員ニ列スル等ノ施設ヲ爲シ其ノ統治經綸ヲ一新シテ內地領土ノ延長タルノ實績ヲ擧ケラレムコトヲ望ム

右建議ス

朝鮮統治ノ經綸ニ關スル建議案理由書

朝鮮ハ單ナル植民地ニ非ス我カ領土ノ一部トシテ其ノ文化ト人物ノ如キモ內地ノ一地方ニ比シ必スシモ劣ラサルノ狀態ニアリ然ルニ現今統治ノ方式ト其ノ實質トハ飽迄植民地トシテ之ヲ取扱ヒ憲法ニ依ル臣民ノ權利ヲ與ヘス義務ヲ負擔セシメサルハ一視同仁ノ化ヲ及ホス所以ニ非ス就中朝鮮人士ニシテ內地ニ居住スルノ故ヲ以テ參政權ヲ行使シ得ル者四十萬ニ達スルニ拘ラス朝鮮ニ在ル五十五萬ノ內地人ヨリ參政權ヲ奪フカ如キハ矛盾モ亦甚シト謂フヘシ是レ本案ヲ提出スル所以ナリ

〔補足〕

朝鮮ハ我國西北ノ鎖鑰ニシテ之レガ經綸如何ハ帝國ノ運命ニ關スルノミナラズ又以テ東洋ノ安危ニ係ル問題ニ有之、畏クモ日韓合併ノ御詔勅ニ於テ一視同仁ノ御仁政ヲ朝鮮ニ布カセ給フ御聖旨ハ炳トシテ明カナル處ナリ。

抑モ朝鮮ハ二千年ノ古キ歷史ニ於テ燦然タル文化ノ跡ヲ殘シタリトハ云ヘ積年ノ秕政ニ其產業ハ全然頹廢シテ見ルノ影モナキ狀態ナリシガ過去二十有年前卽チ日鮮併合ノ時代ヨリ漸ク振興ノ氣運ニ向ヒタルモノニシテ此點ヨリ朝鮮ハ新開ノ土地ニシテ從ツテ各方面ニ開拓施設スベキ餘地廣ク之レガ經綸ハ頗ル多事ナリ、玆ニ併合以來ノ治績ヲ其產業方面ニ於テ見ルニ明治四十三年ノ輸移出入總額五千九百六十九萬圓ニ對シ昭和三年ニハ七億七千九百九十六萬圓又生產物價額ハ明治四十四年ニ於テ約三億餘圓ナリシモノガ昭和二年ニ於テハ十八億一千餘萬圓ヲ示シ漸次進展ノ數字ヲ現ハシ居ルモ其內容タルヤ內地ノ夫レニ比シ未ダ甚ダ幼稚ノ域ヲ脫セズ卽チ前記生產物價額中其七割二分ハ農產物ニシテ而モ其農業ニ於テ現在尙開發ノ餘地多大ナルモノアルニ鑑ミ前途尙遼遠ノ感アリ、宜ナル哉農產ノ大宗タル米ニ對スル增殖計畫ノ確立及風土最適ノ稱アル養蠶ニ對スル產繭百萬石計畫ハ將ニ機宜ノ施設トシテ大ニ意ヲ強クスルニ足ル次第ニテ朝鮮產業ノ第一位ヲ占ムル農業ニシテ如斯其他水產、鑛業ノ方面ニ於ケル遺利又多大ナルベク殊ニ工業ニ於テ原料勞力共ニ豐富ニシテ又動力トシテ水力乏シカラザル條件ヲ以テシテ昭和元年ノ工產額三億六千五百餘萬圓ニシテ內地ノ紡績及生絲生產額十八億五千四百萬圓ノ僅カニ二割ニ過ギズ又水力電氣ニ至リテハ約十萬キロニシテ內地ノ三百五十萬キロニ比シ霄壤ノ懸隔アリ帝國ニ取リ密接重大ノ關係ニアル朝鮮ノ產業ハ海ニ陸ニ如斯殘サレタル資源ト開發スベキ多大ノ餘地ヲ存スルモノナル故此方面ニ對スル爲政者ノ積極的考慮ヲ煩ハシ度點多多ナルハ勿論ナルト共ニ又以テ最モ重要視スベキハ朝鮮民心ノ安定ニシテ近時稍モスレバ部分的ニ其平靜ヲ欠クガ如キ感アルハ誠ニ遺憾ニ堪ヘズ、須ラク之レニ臨ムニ寬嚴其宜シキヲ得ルハ勿論能ク其國民性ヲ捕ヘ特性ヲ考察シ以テ融合ノ實ヲ擧グルニ善處スベキハ勿論ナリ

由來朝鮮人士ハ政治問題ニ最モ趣味ヲ有シ從テ彼人士ヲシテ政治問題ニ關與セシムル事ハ自然彼等ヲシテ趣味ニ導キ一種ノ安定ヲ與フルト共ニ忠君愛國ノ念慮ヲ喚起セシメテ以テ帝國ノ根柢ヲ一層堅固ナラシムル最モ重大ナル要件ナリ

申ス迄モナク朝鮮ハ所謂朝鮮ニアラズ今ヤ均シク帝國ノ臣民タル以上憲法ニヨリ付與セラレタル特權ヲ均シク享受スベキハ昭々乎トシテ瞭然タル處ナリ、然ルニ先年普選ヲ實施シテ以テ三百萬ノ投票ヲ千五百萬ニ增加シタル機會ニ際シテモ朝鮮ニ參政權ヲ付與スル事ヲ時機尙早トシテ之レヲ考慮セザリシ事ハ、正ニ當局ノ欠意トシテ將又其當時立法府ニ列シタル吾人ノ責任トシテ憲法國ノ一大恨事ト云ハザルヲ不得、又朝鮮ニ於ケル國家ノ功勞者トシテ公侯伯子男ノ榮爵ヲ辱クスルモノ幾數十人ヲ以テ算シ而シテ道般貴族院ノ改革ヲ行ヒタル機會アリシニモ不拘之等朝鮮人士ニ對シ又其一席ヲモ與ヘザリシ事ハ彼レ人士ノ最モ不平トスル處ニテ、之レガ要求モ又至當ト思考セザルヲ不得。

尤モ參政權ヲ付與スルニハ敎育ノ程度ニモ關スベキ問題ナルモ、現在朝鮮人士ニシテ普通敎育ノ課程ヲ經タルモノ未ダ漸ク其人口ノ十分ノ一內外ト聞クモ、而モ彼ハ昔日我國ニ對スル文事ノ輸入者トシテ常ニ孔孟ノ道ヲ守リ其敎ヲ尊重スル事歷史的ニ非常ニ熱烈ニシテ假令國語ニ充分ナラズ又秩序的敎育ニ欠如スルトモ比較的文字ヲ能クシ常識ニ富ム者多ク、殊ニ社交ニ巧ニシテ帝國臣民トシテノ資格ヲ具備スルモノ決シテ尠シトセズ殊ニ現ニ內地ヘ轉住シタル者ニ對シテハ普選實施ニ件ヒ內地居住僅々一ケ年ヲ經タル者ニハ參政權ヲ付與シ既ニ殆ト四十萬ノ多キニ達スル有樣ナリ。

又我國ハ既ニ內ニ行詰リ外ニ向ツテ發展セザルヲ得ザル境遇ニアリテ現ニ內地人ニシテ朝鮮ニ在住スルモノ五十五萬ヲ以テ算シ、之等內地人ハ朝鮮ニ在ルガタメニ貴重ナル參政權ノ特權ヲ失ヒツ、アル事ハ彼等ノ甚ダ以テ心細シトスル處ニテ、之レ朝鮮渡航者ノ比較的共數ヲ增加セザル一因ト思惟セラル。

斯ルガ故ニ假令一時ニ一般ニ參政權ヲ付與セザル迄モ少クモ朝鮮モ北海道或ハ琉球ノ例ノ如ク先ヅ以テ各都市々々ニ於テ代議士ヲ出サシメ然ル後漸進的ニ內地同樣參政權ヲ一般ニ及ボスノ方策ハ最モ緊要事ニシテ又憲法ノ大精神ニ浴セシムルノ一大要件ナリ。

今日動々モスレバ拓務省ヲ設置シテ以テ海外ノ領土ニ經綸ヲ行ハントセラル、ハ誠ニ時宜適切ノ處置ナルモ、朝鮮ヲモ殖民地ト稱スルガ如キハ朝鮮人士ノ最モ喜ベザル處ニシテ又最モ不愉快ヲ感ズルノ名稱ニテ、敢テ屋上屋ヲ造ルト云フモ過言ニアラザルカト信ゼル、元來朝鮮人士ハ臺灣人士等ト其人格品性ヲ大ニ異ニシ現ニ我皇室ニ於セラレテモ李王家ト御結婚アラセラレタル如キ全ク我皇室トシテ開闢以來未曾有ノ事ニ屬シ畏クモ以テ範ヲ萬民ニ示サセラレタル御聖旨ノ程モ恐惶ニ堪ヘザル次第ニテ爲ニ內鮮日ニ月ニ同化ノ實ヲ擧ゲ眞ニ骨肉ノ交リヲナシツ、アル事ハ隱レナキ事實ニシテ實ニ國家ノ慶事之レヨリ大ナルハ無シ、從テ憲法ノ大精神ニ則リ今日之レニ參政權ヲ付與スル事ハ至極當然ノ問題ニシテ大切ナル朝鮮統治ニ一歩ヲ進ムルモノトシテ國家百年ノ大計ノ爲メ將又東洋平和ノ爲メ眞ニ適切ナル方策タルハ勿論又以テ　明治大帝ノ御皇猷ヲ進ムルモノト思惟セラル、又一面ニ於テ均シク帝國ノ臣民タル以上國民ノ義務タル徵兵ヲ課スル事ハ所謂權利義務ヲ平等ニスル見地上彼ガ人心

ニ安定ヲ與フル基タルベク尤モ其數及運用ニ關シテハ可然考慮ヲ要スル事ナリ。

今ヤ帝國ノ環境ハ決シテ樂觀ヲ許サズ善隣支那ハ南北統一シテ活躍ノ現狀ハ大ニ注意スベキ狀態ニアリ米國又東洋ニ於ケル飛躍ニ益々急激ニシテ寸時モ油斷ヲ許サズ而モ我外交ハ常ニ無援孤立ノ立場ヲ保持シテ今ヤ内ニ國民ノ緊張ト結束ノ急務ナルヲ痛感セラル、ノ秋朝鮮ノ經綸ハ滿洲保護ノ政策ト併セテ極メテ重大ニテ積極政策ニヨリ大ニ産業ノ開發ヲ期シ經濟的ニ民心ノ安定ヲ計ルト共ニ少クトモ三、四個師團ノ增設ヲ行ヒ此方面ヨリノ民心ノ安定ヲ劃スル事又大切ナリ彼レ英國ノ大ヲ以テシテモ尙且愛蘭ノ變化ハ如何之レ大ニ他山ノ石トスベク、而モ英國ノ如キハ産業ニ外交ニ將タ國防ニ幾千萬里ヲ隔ツル殖民地ト常ニ能ク内外相呼應シテ以テ百年ノ計ヲ建テツヽアル有樣ナリ・宜シク治ニ居テ亂ヲ忘レズ殊ニ帝國臣民トシテ憲法ノ恩澤ヲ受クルハ之レ憲法ノ付與セル特權ニシテ之レヲ實施セザルハ憲法ノ違反者ニシテ又憲法ノ罪人タリ依テ一日モ速ニ朝鮮ニ參政權ヲ付與シタク之レガ一日早キハ一日ノ利益ニテ一日遲ル、事ハ一日ノ不利益ニシテ相互ニ感情離散ノ間隙ヲ生ジ禍根之レヨリ萌スヤモ難計正ニ國家百年ノ重大問題トシテ大ニ爲政者ノ考慮ヲ煩スベキ所ナリ。

併セテ玆ニ一言シタキハ由來爲政者ノ朝鮮ヲ見ル誠ニ冷淡ナルガ如キ感アルハ爲國家甚ダ遺憾トスル處ナリ、歴代内閣其何レヲ問ハズ其黨勢擴張ニ關シテハ大臣自ラ地方ニ馳驅セラル、事敢テ珍シトセザルニ最近二十數年來閣員ニシテ朝鮮ヲ訪ハレタルモノ僅ニ故林外相及ビ岡田文相アルノミナリシガ一昨年松田拓相ノ滿鮮視察ノ勇擧アリシハ又以テ壯トスル處ナリ、幸ニ朝鮮ハ併合以前ニ厘毛モ國際的債務ナキ點ハ誠ニ仕合セナルモ朝鮮ハ二千年來所謂持チクヅシタル家屋同樣ニシテ屋根モ破レ壁モ落チ土臺モ腐リ雨露モ凌ギ能ハザル國家ナリ從テ之レヲ保持スルニハ相當ナル修繕費用ヲ要スルハ當然ニシテ而モ積極的投資ヲ絕對必要トスルニ不拘朝鮮ニ對シ併合以來年々補フ處ノモノ僅々千五百萬圓内外ニ過ギズシテ一銀行ノ救濟資金ニモ遠ニ及バザル有樣ナリ、尤モ最近ニ至リ六億餘萬圓ノ募債ヲ許シ鐵道ノ敷設其他ノ經綸ニ資セシメントスルハ一進步ナリト雖而モ其募債ハ年年政府ノ同意ヲ要スルモノニシテ事實ハ漸ク二三千萬圓ニ不過ノ狀態ニテ如斯ニシテ併合以來既ニ二十年ノ星霜ヲ閲シ尙且ツ其治績ノ見ルベキモノ比較的遲々タルハ遺憾至極ナリトス。

尙加フルニ今尙相互ニ關稅ヲ徵收シテ以テ朝鮮ヲ他國視スルガ如キハ之亦遺憾千萬ニテ其他紙幣然リ郵便、電信又然リ之等多少内地ト趣ヲ異ニセザルベカラザル理由ノ存スル者アリトスルモ如斯ハ宜シク英斷以テ内地同樣ノ取扱ヒヲ望マシク一面彼レ外國宣教師ハ學校其他機會ヲ利用シ布教ノ美名ニ隱レテ陰ニ思想ノ惡化ヲ誘導スルガ如キ行動アルニ對シテモ適當ノ對策肝要ナリ、又地方行政ニツイテモ最近多少改善セラレ參政ノ道ヲ開カレタル事ハ誠ニ時宜適切ト可稱モ由來現在朝鮮ニハ郡府縣制ノ實施無之ガ爲ニ時トシテ緊張ヲ欠キ人心ノ作興ヲ阻害スル者又尠シトセザル狀態ニナリテ議員ノ半數以上ハ官選トシ任期二箇年又原案執行權ヲ認ムル事トシテモ此際速ニ郡府縣制ヲ布キテ以テ地方行政ニ參與ノ途ヲ開キ官民共同一致而モ緊張裡ニ地方行政ノ向上ヲ期セザレバ昔日ノ朝鮮ニ返ル虞レナシトセズ之等亦適切ノ考慮必要ナリ尙今日ノ朝鮮ハ總督ニ依リテ統裁セラル、者ニテ其總督ハ内閣ノ班ニ列セズシテ總理大臣ニ隸屬スルガ爲ニ若シ總理大臣ノ注意ニ欠如アレバ却テ經綸ヲ行フノ機ヲ失スル場合ナシトセズ故ニ内閣官制第十條ニヨリ總督モ閣員同樣内閣ノ班ニ列スルノ特權ヲ保持シ、其經綸ヲシテ一層敏活效果アラシムル樣ニセラレン事併セテ切望ス如上朝鮮現狀且ツハ將來ニ鑑ミ朝鮮ニ對スル參政權問題ト併セテ考慮セラレタシ此段及建議候也

請願特別報告第三八二號

意見書

請願文書表第九六四號

歸鮮朝鮮人ノ內地再渡來ニ關スル請願　下關市竹崎町二十六番地鄭德根外四名呈出（紹介議員保良淺之助君）

右請願ノ要旨ハ內地ノ鑛山工場等ニ雇入レラレタル朝鮮人ニシテ雇主ノ證明ヲ有スル者ハ歸鮮シタルトキ內務省訓令ニ基キ再渡來ノ證明書ヲ附與サレ內地ヘノ歸還自由ナルモ內地在住朝鮮人ノ獨立生計者ハ斯ル恩典ニ浴セスシテ商取引其ノ他ニ依リ一時歸鮮シタル場合ニハ再渡來證明手續ノ爲大ナル經費ト時日ヲ費シ其ノ不利不便甚大ナルモノアリ依テ內務省令ヲ以テ前記獨立生計者ニ對シ各管轄地方官廳ノ在住證明ニ依ル內地朝鮮間ノ渡航ノ自由ヲ與ヘラレタシト謂フニ在リ

衆議院ハ其ノ趣旨ヲ至當ナリト認メ之ヲ採擇スヘキモノト議決セリ依テ議院法第六十五條ニ依リ別冊及御送付候也

---

請願特別報告第五二八號

意見書

請願文書表第一一〇三號

朝鮮鳥致院全州間鐵道敷設ノ請願　朝鮮忠清南道論山郡江景面中町六十七番地公吏坂上富藏外十六名呈出（紹介議員多木久米次郎君）

右請願ノ要旨ハ朝鮮忠清南道及全羅北道ハ古來朝鮮ノ寶庫ト稱セラレ全鮮第一ノ米產地ニシテ人口亦稠密產業ノ發達見ルヘキモノアルモ交通機關ニ惠マレス又忠清南道公州ハ道廳ノ所在地ナルニ拘ラス交通甚タ不便ニシテ管內ニ對スル行政上ノ運用ヲ全フスル能ハサル狀態ニ在リ依テ京釜線鳥致院ヨリ公州ヲ經テ全州ニ達スル鐵道ヲ敷設シ地方產業ノ開發及物資輸出入ノ便ニ資セラレタシト謂フニ在リ

衆議院ハ其ノ趣旨ヲ至當ナリト認メ之ヲ採擇スヘキモノト議決セリ依テ議院法第六十五條ニ依リ別冊及御送付候也

昭和七年一月二十二日

# 犬養國務大臣ノ演說

# 高橋國務大臣ノ演說

## 國務大臣ノ演說

〔國務大臣犬養毅君登壇〕

○國務大臣(犬養毅君) 諸君、第六十回帝國議會ニ當リマシテ、一言政府ノ所信ヲ述ブルコトハ、私ノ光榮トスル所デアリマス

昨臘不肖恭シク大命ヲ拜シマシテ內閣ヲ組織致シタ以來、夙夜兢業輔弼ノ責任ヲ全ウセンコトヲ期シテ居リマス、內外ノ國務ニ當リタル際、圖ラズモ不祥事件ニ遭遇致シテ、恐懼措ク所ヲ知ラズ、直ニ闕下ニ伏シテ辭表ヲ上リマシタ(「聽エマセヌ」ト呼フ者アリ)御聽エニナリマセウ(「大聲ニ願ヒマス」「默レ」ト呼フ者アリ)宜シイ……

○議長(中村啓次郎君) 靜肅ニ……

○國務大臣(犬養毅君)(續) 高聲ニ言ヘバ幾ラデモ高聲ニ出來マス、御靜ニナサイ——辭表ヲ上リマシタ所、聖仁洪大ナル御諚ヲ蒙リマシテ、時局重大ノ際ナルガ故ニ留任セヨ、斯ウ云フ厚キ御沙汰ヲ蒙リマシタ、此際更ニ進ンデ退イテ熟慮痛思致シマシタ、此際更ニ進ンデ責任ヲ盡シ、益、粉骨碎身、事效ヲ以テ聖恩ノ萬一ニ報イ奉ルト云フコトガ當然デハナイカト、斯ウ私共閣議ヲ決定致シマシタ、此決定ヲ以テ留任ノ御受ヲ申上ゲテ、再ビ國務ヲ執ルコトニナッタノデアリマス、即チ粉骨碎身シテ、更ニ進ンデ責務ヲ盡スト云フコトハドウスルノデアルカト云ヘバ、即チ將來斯ル不祥事件ガ再ビ起ッテハナラヌ、再ビ起ラシメザルマデニ萬全ノ處置ヲ執ルト云フコトガ一番ノ急務デハナイカト、斯ウ私ハ信ジタノデアリマス(拍手)外ニ於テハ滿洲事變ノ解決、內ニ在ッテハ經濟界大混亂ノ拾收、此責任ハ最モ重大ナルモノデアッテ、吾々ハ之ニ對シテ力及ブダケ粉骨碎身シテ進ムト云フコトガ、此際臣節ヲ全ウスル所以デアルト、斯ウ確信致シタノデアリマス、是ガ留任致スト云フコトノ顚末ノ大要デアリマス

ソレカラ滿蒙ニ於ケル今回ノ事變ハ、最モ重大ナル問題デアリマスルガ、錦州ノ東北軍撤退致シマシタノデ、先ヅ是デ大要一段落ハ著イタノデアル、大要一段落ハ著キマシタガ、吾々ノ目的タル滿蒙ノ天地ヲ、內外人安住ノ場所ニスルト云フコトノ、此大キナ仕事ハ、引續イテ今後ニ俟ツベキモノデ、中々今日容易ノコトデハナイノデアル、デ之ニ向ッテハ無論今後共著々進ンデ參ルノデアルガ、併ナガラ吾々ハ隣邦ニ對シテ領土的野心ハ少シモ持ッテ居ナイ、是ハ何處マデモ持ッチヤ居ナイ、又吾々ノ望ム所ハ何デアルカト云ヘバ、既存條約ノ尊重デアル、既得權益ノ擁護デアル、此以外ニハ出ヌノデアル、是ガ建前デアリマシテ、我國策ノ根幹タル滿洲ニ於テ門戶開放——門戶開放ハ即チ此基礎ノ上ニ打立ラレテ、門戶開放サレテ居ル、斯ウ云フモノニシタイノデアル、是ガ出來マスレバ東洋ノ平和ノ即チ確保ガ出來、特有ノ文化ヲ擴ゲテ、延イテハ世界人類ノ文明ニ貢獻スルコトガ出來ルノデアル、斯ウ云フ方針ヲ以チマシテ、日華兩國間ノ永遠ノ關係ヲ定メタイ、此考ヲ以ッテ進ンデ居ルノデアリマス、此根本ガ定マラナケレバ、一度騷亂ガ收マッテモ、幾多ノ波瀾ヲ亦度々起サナケレバナラヌト云フ有樣ニナッテ來ル、ソレ故ニ此際ニ於テ此根本ニ向ッテ力ヲ加ヘマシテ、サウシテ兩國間ノ關係ヲ定メタイ、是ガ即チ今日ノ滿蒙ニ於ケル仕事デアリマス、此大目的ノ爲ニ酷寒ノ地ニ働イテ居ル所ノ我ガ軍隊ノ將士、之ニ對シテハ御互ニ最モ深厚ナル敬意ヲ表シナケレバナリマセヌ、殊ニ政府ハ各地方長官ニ命ジマシテ、是等將士ノ家族ニ十分ニ保護ヲ加ヘロ、又遠隔地ニ在ル者ニ後顧ノ憂ナカラシムル爲ニハ、此家族ニ向ッテ各地方ニ於テ十分保護ヲ加ヘロ(「高聲ニ願ヒマス」ト呼フ者アリ)是ガ即チ國家即一家族、國家ガ一家族デアルト云フ日本特有ノ美風、之ヲ發揚スルト云フ爲ニハ、斯樣ナ際ニ最モ力ヲ盡スベキモノデアル、斯ウ云フノデ地方官ニモ命ジテ居リマス

政府ハ內外ノ情勢ニ鑑ミマシテ、組閣ノ劈頭ニ金輸出禁止ヲ行ヒ、並ニ兌換停止ヲ斷行シタノデアリマス、是ハ言フマデモナク之デ正貨ノ流出ヨリ生ズル所ノ危難ヲ防止シ、產業ノ大崩壞、之ヲ避ケテ……產業ノ崩壞ヲ避ケ、而シテ國民生活安定ノ新活路ヲ開拓スルト云フ意味デ、眞先ニ之ヲ行ッタノデアリマス、金輸出再禁止ニ依ッテ總テ經濟界ノ行詰ッタ狀態ヲ一變シマシテ、サウシテ此基礎ノ上ニ立ッテ、吾々ノ主張スル所ノ經濟政策ヲ、段々此上ニ建設シテ行ク、斯ウ云フ順序ニナッテ居ル

國內政治ノ全般ニ關シテハ、吾々ガ在野時代ニ於テ既ニ屢、宣明シタ政綱政策、此綱領ナルモノガアル、此政綱政策ノ中ニ付テ、時宜ニ應ジテ緩急ヲ圖ッテ、サウシテ著著之ヲ行ッテ行ク、之ヲ實際ニ示シテ行ク、斯ウ云フ順序ニナッテ居リマス

最近農工商各業ヲ通ジ疲弊困憊ノ極度ニ達シ、幾多ノ失業者ヲ簇出シテ居ルコトハ深憂ニ堪ヘナイ、殊ニ東北地方ノ窮狀ハ御承知ノ通リ同情ニ堪ヘナイ(「聽エナイ」ト呼フ者アリ)是等ノ事態ハ米穀、並ニ蠶絲ヲ始メトシテ一般物價ガ激落シ、金融モ亦極度ニ梗塞シタ結果斯樣ニナッタノデアリマスガ、此恢復ハ最モ急務ト認メテ居ルノデアリマス、政府ガ此救濟策ヲ立テルニ當ッテハ、國家經濟ノ大本ニ基キ、各部分ヲ整備統制スルノデアリマス、即チ內ニ在ッテハ產業助長ノ積極政策ヲ採リ、外ニ向ッテハ關稅ヲ整調シテ貿易ノ增進ニ資スルト云フ針路ヲ採ッテ居リマス、勿論產業ノ振興ニ付テヘ、特ニ金融トノ緊密ナル聯繫ヲ保チ、共何レニモ偏重セザルヨウニ留意スルノデアリマス、而シテ是等ノ施設ヲ昭和七年度ノ豫算案ニ於テ實現スルト云フコトハ、議會開會前ニ內閣ガ潰レマシテ餘日ガ無イ爲ニ、已ムコトヲ得ズ大體ニ於テ前內閣ノ立案ヲ踏襲セザルヲ得ザル有樣ニナッテ居リマス(拍手)唯、彼ノ增稅——彼ノ主張シテ居ル所ノ增稅ハ、國民生活ノ實情ニ鑑ミテ、此增稅計畫ハ止メテシマフ(拍手)

ソレカラ國民思想ノ問題ニナリマス、現下

ノ生活ノ不安ガ、直ニ延イテ國民ノ思想ヲ險惡ニナラシメル所以デアル、凡ソ思想ハドウスレバ宜イカ、是ハ廣汎ニ亙ッテ隨分大問題デアリマス、凡ソ健全ナル思想ハ相愛共存ノ心デアリ、此心ノ發生スル根本道念ノ涵養ハ何處カト言フト、宗教及ビ教育ニ待タナケレバナラヌノデアル、其教育ナルモノモ、極メテ廣汎ナモノデ、其所謂形ヲ成シテ居ル教育ハ、先ヅ家庭ニ源ヲ發スルノデアル、繼イデ小學ニ於テ素地ヲ作ル、斯ウ云フノデアルカラ、此道念涵養ト云フ根本ニ突込ムガ爲ニハ、ドウシテモ小學教育、師範教育ノ改善ニ俟タナケレバナラヌ、無論教育者ハ教育勅語ノ御主旨ヲ服膺シテ、之ヲ根本トスルト云フコトハ勿論デアリマス、併ナガラ之ヲ根本トシテ感化ヲ及ボスト云フコトハ、身ヲ以テ之ヲ率キルト云フヨリ外ニ仕方ガナイ(拍手)ソレデ教育ハドウシテモ身ヲ以テ率ユルノデアル、ソレ故ニ此小學ノ教育、即チ科目ノ教授ニ當ル人ニ、師範教育ノ改善ヲ致シマシテ、サウシテ之ニ當ル人ガ各自ノ信念、或ル信念――一種類トキメルノデナイ、各自ノ信念ヲ體得シテ、此體得上ヨリ兒童ノ頭ニ持ッテ行ッテ感化ヲ及ボスト云フコトニ努メサシタイ、此意味デ進ンデ參ッタ、是バカリデハ總テガ改善出來ルトモ存ジマセヌガ、即チ改善ノ一部分ハ斯樣ナモノカラ著手スル、斯ウ云ヲ考デアリマス

ソレカラ行政ノ刷新、是ハ詰リ行政機構ヲ極メテ簡易單純ニスルト云フコトガ目的ナノデ、極メテ簡單ニ、極メテ簡捷ニナシテ行ク、サウシテ各部ノ官吏ヲシテ其統制ノ下ニ綱紀ヲ振肅シテ行ク、斯ウ云フ有樣デ引締メテ參レバ、上長ノ命令ハ下僚ニマデズット一貫シテ行クト云フ有樣ニナルノデアルカラ此大改革ヲ爲シテ見ヨウ、此事務ヲ簡捷ニスルト云フコトハ、各官廳ト云フヨリカ、此官廳ニ接觸スル所ノ國民ニ對シテ、多大ノ便宜ヲ與ヘルト云フコトヲ吾吾ハ信ジテ居ルノデアリマス

外交問題ニ對シマシテハ外務大臣カラ十分御話致シマス、又經濟問題、殊ニ金輸出再禁止ノ問題ニ對シマシテハ、大藏大臣カラ十分ノ說明ヲ致サレルコト、ナッテ居リマス、政府ノ意ノアル所ヲ諒トセラレンコトヲ希望致シマス、之ヲ以テ終リト致シマス(拍手)

○議長(中村啓次郎君)　外務大臣芳澤謙吉君

〔國務大臣芳澤謙吉君登壇〕

○國務大臣(芳澤謙吉君)　諸君、帝國目下ノ外交問題ノ内デ重要ナル案件ニ付キマシテ、茲ニ所見ヲ陳述致シマスルコトハ私ノ欣幸ト致ス所デアリマス

外交案件中我國ニ取リマシテ最モ重要ニシテ、同時ニ世界ノ耳目ヲ聳動致シマシタモノハ、申ス迄モナク滿洲事變デアルノデアリマス、元來支那ハ我ガ隣邦デアリマスル關係上、我國ニ取リマシテ政治上、經濟上竝ニ社會上、頗ル重要ナル關係ヲ有スル次第デアリマスルガ、殊ニ滿洲ニ付キマシテハ、過去ノ歷史及接壤關係等ヨリ致シマシテ、政治的考量ヲ要スルコトガ頗ル大ナルモノガアルノデアリマス(拍手)又滿洲ニ於ケル治安ノ消長ガ、我國ニ對シマシテ極メテ緊切ナル影響ヲ與フルコトハ、論ヲ俟タザル所デアリマス、之ニ加フルニ日本ハ滿洲及内蒙古ニ於キマシテ百萬以上ノ居留民ヲ有シ、又租借地、鐵道、炭坑等ニ關シマシテ、條約上竝ニ契約上幾多ノ重要ナル權益ヲ有シテ居ルノデアリマス、然ルニ近年支那官憲ハ、滿洲ガ日本ノ努力ニ依リマシテ、今日アルヲ得タル歷史ヲ蔑視シ、我方ノ寛大ナル態度ニ狃レマシテ、帝國臣民ヲ迫害シ、我ガ條約上乃至契約上ノ權利利益ヲ蹂躙致シマシタ實例ガ頻々トシテ起リマシテ、我國トシマシテハ之ニ對シテ屢々抗議ヲ提出シ、又警告ヲモ與ヘタノデアリマスルガ、殆ド何等ノ效果ナク、是ガ爲メ日本ノ同地方ニ對スル政治的關係ニ頗ル不安ヲ加ヘマシタノミナラズ、我ガ權利利益ヲ頗ル危殆ニ陷ラシメタルコトハ否ムコトガ出來ヌノデアリマス、其結果我ガ朝野ノ感情ガ次第ニ刺戟セラレマシタル際、偶々九月十八日ノ夜鐵道爆破事件ガ突發致シマシテ、日支兵ノ衝突ト相成リ、事態ガ發展致シマシテ、滿洲ニ於ケル政情モ亦一變スルニ至リマシタ顚末ハ既ニ御承知ノ通リデアリマス

抑々滿洲ハ極東治安ノ關鍵トモ稱シ得ルノデアリマシテ、日露戰爭以前ニ於キマシテモ既ニ左樣デアリマシタガ、今日ニ於キマシテハ其一層適切ナルコトヲ覺ユルノデアリマス、殊ニ我國ト致シマシテハ、絕大ナル權益ヲ有スル次第デアリマスカラ、從來支那本部ニ於キマスル内亂ノ、滿洲ニ波及セントシマシタ場合ニ、我國ハ極力之ガ防遏ニ努力致シタノデアリマス、是レ畢竟滿洲ニ於ケル治安ノ維持ト云フコトハ、我國ニ取リマシテ絕對ニ必要デアルガ爲ニ外ナラヌノデアリマス、幸ニ過去ニ於キマシテハ、我方ノ努力ニ依リ支那本部ニ於ケル内亂ニ拘ラズ、滿洲ノミハ殆ド別天地ノ如ク、其影響ヲ受ケナカッタ次第デアリマス、若モ近年ニ於ケルガ如ク、支那側ノ不法行爲ナク、我方ノ條約上乃至契約上ノ權利ニシテ尊重セラレテ居リマシタナラバ、縱令九月十八日ノ事件ガアリマシタニシマシテモ、今日程ノ紛糾ヲ見ルコトハナカッタモノト信ズルノデアリマス

前述ノ如ク過去ニ於ケル滿洲ノ治安ハ主トシテ我國ニ依ッテ維持セラレタノデアリマスガ、將來ニ於キマシテハ此點ニ關スル我國ノ責任ト云フモノハ、加重スルトモ輕減スルコトハナイト考ヘルノデアリマス、日本ノ滿洲ニ對スル立場ハ右ノ如クデアリマスガ、茲ニ一言ヲ要スルコトハ、日本ハ滿洲ニ於キマシテ、領土的企圖ヲ有スルモノデハナイノデアリマス、又既存ノ諸條約ハ申スニ及バス、門戸開放、機會均等ノ主義ヲ尊重スルコトモ勿論デアリマス、日本ノ滿蒙ニ對シテ要望スル所ハ、同地方ノ治安ノ確保及經濟的開發ニ依リマシテ、内外人安住ノ地トナルコトニ存スル次第デアルノデアリマス

翻ッテ支那本部ノ狀況ヲ見マスルノニ、排日運動ナルモノハ過去多年ニ亙リマシテ、殆ド繼續的ニ行ハレテ來タモノデアリマシテ、或ハ一時緩和致シタコトガアリマシテモ、忽チニシテ再ビ猛烈深刻ナル狀態ヲ呈スル次第デアリマスガ、是ハ單ニ日貨排斥等、所謂經濟絕交運動デアルバカリデナク、諸學校ノ教科書ニ種々ノ排日教材ヲ採錄致シマスル等、精神的半面ヲモ有スル次第デアリマス、而シテ此運動ガ支那官憲ノ直接、間接ノ指導奬勵ノ下ニ反日會等、私的團體ノ壓迫强制ニ依リマシテ、一般商民ノ自由意思ニ反シテ行ハレテ居ルモノデアルコトハ、確實ナル證跡ガアルノデアリマス、尙

ホ其間排日ヲ以テ營利的職業ト爲ス者スラ尠クナイ實情デアルノデアリマス、然ルニ昨秋滿洲事變ガ發生シテ以來、該運動ハ又復非常ニ險惡ナル情勢ヲ示シマシテ、幾多ノ暴虐ナル所爲ガ發生致シタコトハ、甚ダ遺憾ニ感ズル次第デアリマス、我ガ日本ハ其領土內ニ於キマシテ、支那人ニ對シテ完全ナル保護ヲ與ヘテ居ルノニ拘ラズ、支那ニ於ケル我ガ同胞ハ名狀スベカラザル虐待ヲ受ケツヽアルコトハ、非常ニ懸隔セル對照ト申スコトガ出來ルト考フルノデアリマス(拍手)

由來支那ニ於キマシテハ、比年內亂、又ハ黨派間ノ爭鬪ガ絕ユルコトナク、是ガ爲メ內政上ノ事情ガ對外關係ニ影響ヲ及ボスコトガ頗ル大ナルモノガアルノデアリマス、排日運動モ亦內政關係ニ基クモノガアルト云フコトハ、申上グルマデモナイ所デアリマシテ、滿洲事變發生以前ニ於キマスル同地地方官憲ノ排日態度等モ、亦同樣ノ事情ニ依ルモノガアッタコトヽ信ズルノデアリマス、之ヲ要シマスルニ內亂若クハ黨派間ノ爭鬪ナルモノガ、支那ノ對外關係ニ多大ノ影響ヲ及ボシマシタコトハ、否認致シ難イ事實デアリマシテ、我ガ日本ハ支那ノ隣國デアリマスルガ爲メ、列國中最モ大ナル影響ヲ蒙リツヽアル次第デアリマス

不幸ニシテ日支間ノ關係ハ、目下ノ所前述ノ如ク、支那ノ對內對外關係等複雜ナル事情ノ影響ヲ受ケテ居ルノデアリマシテ、此兩國ノ關係ヲ改善シ、國交ヲ常軌ニ復歸セシメンガ爲ニハ、相當ノ時日ヲ要スルコトヽ考フルノデアリマス、滿洲事變ハ日本ノ正當防衛ニ基クモノデアリマシテ、又排日運動ハ支那側ノ謬見ニ基クモノデアルノデアリマス、要スルニ此兩者共支那側ニ於テ反省シテ、其態度ヲ徹底的ニ改ムルコトヲ必要ト致ス次第デアリマス(拍手)尤モ支那ノ一般人民及有識者ハ我ヲ敵視スルモノデハナイノミナラズ、其衷心ニ於テハ我ニ對シテ寧ロ友好的デアルト信ジテ居ルノデアリマス、隨テ兩國間ニ於ケル通常關係ノ恢復ト云フコトニ付キマシテハ、私ハ必ズシモ悲觀ヲ要シナイト考ヘテ居ルノデアリマス、日支兩國ハ相互ニ敬愛シ、不良ノ關係ハ之ヲ除外例ト致シ、原則トシテハ親善ナルベキデアリマシテ、此事ガ兩國ノ爲ニ利益デアルコトハ申スマデモナイノデアリマス

滿洲事變ハ當時「ゼネヴア」ニ開催中ノ國際聯盟總會及理事會ニ可ナリノ衝動ヲ與ヘタノデアリマスルガ、支那代表ハ九月二十一日聯盟規約第十一條ニ基キマシテ、本件ヲ理事會ノ問題トシテ審議ヲ要求シマシタノデ、玆ニ此問題ハ正式ニ聯盟理事會ノ審査ニ附セラルヽコトニナッタ次第デアリマス、爾來聯盟理事會ハ本件審議ノ爲メ、三回ノ會議ヲ重ネ、前後二回ノ決議ヲ採擇スルニ至リマシタ次第ハ、既ニ世間周知ノ事實デアリマス、又一方米國政府ハ國際聯盟ノ一員デハアリマセヌガ、大體ニ於キマシテ聯盟側ト步調ヲ合セテ來タ次第デアリマシテ、是ハ不戰條約及九國條約ノ締約國ノ一トシテ極東ノ事態ニ付キマシテ多大ノ關心ヲ有シタルガ爲ト存ズルノデアリマス、帝國政府ハ聯盟ニ對シマシテモ、米國ニ對シマシテモ、常ニ滿洲事變ニ關スル我方ノ態度ヲ――立場ヲ明ニ致シテ來タノデアリマシテ、今回ノ事變中、對聯盟、竝ニ對米國ノ關係ニ於キマシテ、時ニ機微ニ亙ルガ如キ狀況ノ發生ヲ見タコトガナイノデモアリマセヌガ、吾々ハ常ニ懇切丁寧ニ是ト折衝ヲ重ネマシテ、我ガ立場ヲ明ニシ、我ガ權益ニ關スル諒解ヲ明確ナラシムルコトニ努メマシタノデ、兩者共ニ漸次我方ノ態度ヲ了解シテ來タ次第デアリマス、將又滿洲事變ニ際シマシテ、「ソヴイエト」聯邦政府ガ中立不干涉ノ態度ヲ持シテ變ラナカッタコトハ、帝國政府ノ滿足ト致ス所デアリマス

次ニ來ル二月二日ヨリ開催セラルヽコトニナッテ居リマスル軍縮會議ニ關シマシテハ、帝國政府ハ既ニ其方針ヲ決定致シマシテ、我ガ全權委員ニ授ケタノデアリマス、此會議ハ陸・海・空三軍ニ亙リマスル最初ノ大會議デアリマスカラ、世界ノ之ニ對スル期待ハ尠クナイノデアリマス、帝國政府ト致シマシテハ、固ヨリ我方ノ主張ノ貫徹ヲ期シマスルト共ニ、此會議ガ公正且ツ合理的ノ結果ヲ齎シテ、以テ恆久的世界平和ノ確立ニ寄與スルニ至ランコトヲ切望致ス次第デアリマス(拍手)

惟フニ開國進取ハ維新以來渝ラザル日本國民ノ精神デアリマシテ、知識ヲ世界ニ求ムルコトハ明治大帝ノ御誓文ニ基イテ、日本國民ノ大方針ト致ス所デアリマス、隨テ飽マデ我ガ權益ヲ擁護致シマスト同時ニ、廣ク世界各國ト相協力致シマシテ、文明ノ惠澤ニ浴センコトハ、帝國外交ノ理想トスル所デアリマス(拍手)私ハ此理想ノ下ニ國利民福ノ增進ヲ計ランコトヲ期スルモノデアリマス(拍手)

**○議長(中村啓次郎君)** 大藏大臣高橋是淸君

〔國務大臣高橋是淸君登壇〕

**○國務大臣(高橋是淸君)** 諸君、私ハ玆ニ昭和七年度歲計豫算ニ關シ、其大要ヲ說明スルノ光榮ヲ有シマス

御承知ノ如ク現內閣ハ昨年十二月中旬ニ成立致シマシタノデ、新ナル方針ヲ樹テ、昭和七年度豫算ヲ編成スルノ餘日ガアリマセヌデシタカラ、已ムヲ得ズ大體ニ於テ前內閣ノ決定シタル槪算ヲ踏襲スルコトヽ致シ、現內閣ノ政策ニ關スル新規事項ハ之ヲ今後ニ讓ルコトヽ致シマシタ

右ニ依リ編成シタル昭和七年度總豫算ハ、歲入歲出共ニ十三億九千七百餘万圓ニシテ、歲入ニ在ッテハ經常部十二億三千八百四十万餘圓、臨時部一億五千八百六十餘万圓、歲出ニ在ッテハ經常部十一億四千百三十餘万圓、臨時部二億五千五百七十餘万圓デアリマス、今之ヲ前年度豫算ニ比較致シマスレバ、歲入ニ在ッテハ經常部ニ於テ一億五千八百五十餘万圓ヲ減少シ、臨時部ニ於テ六千六百三十餘万圓ヲ增加シ、差引九千二百十餘万圓ノ減少デアリマス、又歲出ニ在ッテハ、經常部ニ於テ四千百餘万圓、臨時部ニ於テ五千七十餘万圓、合計九千百八十万餘圓ノ減少デアリマス

次ニ歲入豫算減少ノ主要ナルモノヲ擧ゲマスレバ、租稅收入ニ於テ九千二百六十餘万圓、印紙收入ニ於テ八百六十餘万圓、官業及官有財產收入ニ於テ五千九百四十餘万圓デアリマス、右ノ如ク昭和七年度歲入豫算ノ減少額ハ頗ル巨額ニ達シ、到底普通歲入ノミヲ以テ歲出ヲ支辨スルコトガ出來マセヌカラ、既ニ公債法ノ成立シテ居リマスル事業費、卽チ電話交換擴張費、震災善後費、道路改良費竝ニ電信擴張及改良費ヲ公債支辨ニ移スト共ニ、結局歲入不足ヲ補塡スル爲ニ九千六百四十餘万圓ノ公債ヲ發行スル

コト、致シマシタ
尙ホ前內閣ハ昭和七年度豫算ニ於テ約五千六百万圓ノ增稅ヲ行フノ計畫ヲ樹テ、居ッタノデアリマス、併シ現內閣ハ國民全般ノ疲弊既ニ甚シキモノアルコトヲ認メ、寧ロ此場合ニ於テハ經濟力ノ回復增進ヲ圖ルコトヲ主トスベキデアルト考ヘマス、而シテ假令增稅ヲ行フト雖モ、國民經濟力ノ現狀ニ於テハ、果シテ豫定ノ收入ヲ擧ゲ得ルヤ否ヤガ疑問デアルノミナラズ、內閣成立以來餘日幾何モナク、前內閣案ノ適否ニ就キ十分ナル調査ヲ行フ遑ガアリマセヌデシタカラ、大體ニ於テ前內閣ノ豫算計畫ヲ踏襲シタルニモ拘ラズ、增稅案ノミハ之ヲ見合ハスコト、致シタノデアリマス(拍手)
昭和七年度ニ於テ歳出豫算ノ財源トシテ發行スル公債ハ、一般會計及特別會計ヲ通ジ一億九千百餘万圓デアリマス、之ガ內譯ハ一般會計ノ分、電話事業公債千七百五十餘万圓、震災善後公債七百六十餘万圓、道路公債百万圓、電信事業公債九十餘万圓及歳入補塡公債九千六百四十万餘圓、合計一億二千三百五十餘万圓デアッテ、特別會計ノ分、鐵道公債四千九百万圓、朝鮮事業公債千四百九十餘万圓、臺灣事業公債三百万圓、關東州事業公債六十万圓、合計六千七百五十餘万圓デアリマス
以上述ブルガ如ク昭和七年度ニ於テハ歳入ノ減少著シク、巨額ノ公債ノ發行ヲ必要トスル事情ニ在リマスカラ、國債整理基金ノ繰入ハ、一般會計及特別會計ヲ通ジテ一部之ヲ中止シテ、國債發行額ノ減少ヲ圖ルコト、致シマシタ、卽チ前年度首ニ於ケル國債總額ノ萬分ノ百十六ニ相當スル金額ノ繰入ハ、之ヲ其三分ノ一ニ減額シ、又前々年度ニ於テ一般會計ノ歳計上新ニ生ジタル剩餘金ノ四分ノ一ニ相當スル金額ノ繰入ハ、全部之ヲ停止スルコト、致シマシタ、其結果昭和七年度ニ於ケル減債基金ノ繰入額ハ二千六百八十餘万圓トナリ、繰入停止額ハ四千七百餘万圓ニシテ、內一般會計ノ分ハ三千五十餘万圓デアリマス
諸君、私ハ金ノ輸出再禁止ヲ必要トセル我國經濟界ノ情勢ニ付キマシテ、此際特ニ政府所見ノ一端ヲ申上ゲマス(拍手)昭和四年七月濱口內閣ノ成立スルヤ、金解禁ヲ以テ主要政綱ト爲シ、是ガ遂行ノ準備トシテ財政ノ緊縮、國債ノ整理、消費ノ節約ヲ強調シ、豫算ニ付テモ極端ナル節約緊縮ヲ實行シタノデアリマス、是ガ爲ニ我ガ經濟界ハ日ニ月ニ不況ニ沈淪シ、產業ハ衰頹シ(「ノー〳〵」拍手)、物價ハ暴落シテ農工商等ノ實業ニ從事スル者ハ、作モ物ヲ作レバ損失ヲ招キ(「ヒヤ〳〵」拍手)之ヲ賣レバ更ニ其損失ヲ加フルノ有樣デアリマシタ(拍手)勿論世界不況ノ影響ガ我國ニ波及シタ事モ爭ハレナイ事實デアリマス、世界各國ハ孰レモ戰後ノ財政整理ニ努ムルト同時ニ、金本位制ノ復活ニ專念シ、其前後ヲ通ジテ財政金融上ニ收縮政策ヲ行フニ急ナリシヲ以テ、世界的ニ增大シタル物資ノ供給ト、之ヲ消化スベキ購買力トノ間ニ均衡ヲ失ヒ、爲ニ物價ノ下落トナリ、失業者ノ增加トナリ(拍手)米、佛兩國ヲ除クノ外、概ネ所謂不景氣風ニ襲ハレツ、アッタノデアリマシタガ、其米國モ一昨々年十一月遂ニ財界ノ恐慌ヲ惹起シタルコトハ御承知ノ通リデアリマス、而シテ此恐慌ハ更ニ世界的不況ヲ激成シ、物價ノ暴落、失業者ノ激增一層甚シキヲ加ヘ、從來不況中ニモ尙ホ幾分餘裕ヲ存シタル諸國ヲモ襲ッテ、遂ニ未曾有ノ世界的不景氣ヲ捲起スニ至ッタノデアリマス、然ルニ井上前藏相ハ、米國ノ恐慌ハ其金利ヲ低下セシムベキヲ以テ、我國ガ金解禁ヲ爲スモ正貨流出ノ憂ナキニ至リタルモノト推斷シ、天佑ト迄稱シテ、此時ヲ選ンデ金解禁ノ決心ヲ堅メ(拍手)同年十一月二十一日ニ至リ大藏省令ヲ公布シ、昭和五年一月十一日ヲ以テ愈〻金輸出禁止ノ解除ヲ斷行シタノデアリマス、當時吾々ガ金解禁ノ未ダ其時機ニ非ザルヲ信ジ、極力之ニ反對シタルコトハ諸君御承知ノ通リデアリマス(拍手)併ナガラ政府ガ一旦之ヲ決行シタル以上ハ、最早爭フベキモノデハアリマセヌ、唯其對策ニ錯誤ナカランコトヲ冀ヒ、靜ニ其爲ス所ヲ注視シテ居ッタノデアリマス、然ルニ解禁後ニ於ケル實情ハ悉ク前內閣ノ豫測ニ反シ、財界ノ不況益〻深刻トナリ(拍手)物價ハ低落シテ止マル所ヲ知ラズ(拍手)產業ノ不振ハ極度ニ達シ、社會思想上憂フベキ現象ヲ呈シ、(「ノー〳〵」拍手)租稅公課ノ負擔ハ實質上益〻重キヲ致シ(拍手)殊ニ正貨ノ流出ハ前內閣ノ聲明ヲ裏切ッテ(拍手)甚シキ巨額ニ上リ、爲ニ金融ハ逼迫シ、經濟界ノ極端ナル不振不況ハ、延イテ國家及地方財政ノ窮乏トナリ、前內閣ノ方針ニ反シタル公債又ハ借入金ヲ以テスルニアラザレバ、歳計上收支ノ均衡ヲ得ル能ハズ、昭和五年度、六年度ノ歳計ハ、孰レモ議會ニ於ケル言明ヲ裏切リ(拍手)巨額ノ歳入不足ヲ生ジ、殊ニ昭和七年度豫算ノ如キ、前內閣ノ計畫ニ依ルモ一億三千万圓ヲ超ユル公債ヲ發行シ、其上ニ五千六百万圓以上ノ增稅ヲ行フニアラザレバ(拍手)豫算ヲ編成スル能ハザルニ立至ッテ居ッタノデアリマス、卽チ前內閣ノ金解禁政策、竝ニ其後ノ財政經濟策ハ總テ所期ニ反シ、我ガ國民經濟ハ極度ニ困憊シ、前途暗澹タル狀態ニ陷ッタノデアリマス(拍手)
斯クシテ若槻內閣倒レ、現內閣ノ成立ヲ見ルニ至リマシタガ、現內閣ハ是等各般ノ情勢ニ鑑ミ、組閣後直ニ金輸出ノ再禁止ヲ斷行シタノデアリマス(拍手)卽チ我等ハ之ヲ以テ時局匡救ノ第一步ト信ジタルノミナラズ、當時ノ我國ノ實情ハ、當局ノ好ムト好マザルトニ拘ラズ、到底金本位ヲ維持シ難キ情勢ニ在ッタノデアリマス、今之ヲ事實ニ依ッテ說明致シタイト思ヒマス
前內閣ハ金解禁ノ實行上、在外正貨ヲ補充スルノ必要アリトナシ、昭和四年七月以降盛ニ外貨ノ買付ヲ行ヒ、同年十二月迄ノ間ニ於テ、其金額ハ一般會計ニ於テ六千四百三十餘万圓、預金部ニ於テ一億五千二百五十餘万圓、合計二億一千六百九十万圓ニ及ビ、右ノ外日本銀行ノ買上ゲタル外貨二千餘万圓ヲ加フル時ハ、在外正貨ノ買上總額ハ二億三千七百万圓ニ上リ、解禁後自由ニ處分シ得ベキ在外資金ハ三億四百万圓ニ達スル旨ヲ聲明セラレタノデアリマス、尙且ツ政府ハ一億圓ノ「クレヂット」ヲ英米ニ設定シタル趣ヲ公表シ、國民ニ對シ解禁ヲ爲スモ正貨流出ヲ懸念スル要ナシトノ旨ヲ明ニシタノデアリマス(拍手)然ルニ此在外正貨ノ充實ナルモノハ、或ル部分ハ政府ノ支拂ニ利用セラレ、或ハ當時解禁ニ依ル爲替ノ騰貴ヲ見越シ、圓買ノ思惑的需要ノ盛ナルニ乘ジ、政府ノ損失ニ於テ正金銀行ヲシテ賣向ヘシメタルニ外ナラザルガ故ニ、爲替回復シ、思惑ノ目的ヲ達スレバ、圓賣外貨買ノ需要起ルハ當然デアリマシテ、殘ル

所ハ政府ノ損失ノミデアリマシタ、此點ハ會計檢査院ノ指摘シタル通リデアリマス(拍手)

果然爲替相場ハ解禁ニ關スル大藏省令公布日タル昭和四年十一月二十一日ニハ對米四十八弗八分ノ五ヲ示シ、十二月九日ニハ遂ニ四十九弗臺ニ達シ、市場ハ從來ノ外貨賣ヨリ一轉シテ外貨買ノ氣配ニ轉ジ、玆ニ早クモ在外正貨減少ノ端緒ハ開カレタノデアリマス、即チ正金銀行ハ日本銀行ヨリ在外正貨ノ拂下ヲ受ケ、又ハ政府在外正貨ノ預入レヲ受ケテ、弗又ハ磅ヲ賣ッタノデアリマシテ、解禁實施ノ當日タル昭和五年一月十一日ニ於ケル在外正貨ハ既ニ著シク減少シ、將來ノ爲替資金トシテ使用シ得ル額ハ、政府及日本銀行ノ所有ヲ合シテ約一億五千万圓ニ過ギザルノ狀態ニアリ、解禁聲明當時ノ三億圓ハ既ニ其半額以上ヲ失ッテ居ッタノデアリマス(拍手)隨テ一月十一日解禁實施後、在外正貨賣却ノ要求ニ對シテハ、十分之ニ應ズルノ餘力ガ無クナリ、結局海外ヘノ送金ハ正貨ノ現送ヲ爲スヨリ外ナキコト、ナッタノデアリマス、一月二十一日外國銀行先ヅ現送ヲ開始シ、同三十一日以後ハ内外ノ銀行續々ト正貨ノ現送ヲ實行シ、一月ヨリ六月迄ノ半箇年間ニ、約二億二千五百万圓ノ正貨ノ流出ヲ見、解禁當時ノ聲明ヲ裏切ルコト、ナリマシタ、而モ井上大藏大臣ハ、我ガ特殊爲替銀行タル横濱正金銀行ヲシテ現送ヲ爲サシムルコトヲ好マザリシ爲メ、正金銀行獨リ現送ヲ行ハズ、自然其海外資金ニモ著シキ窮乏ヲ告ゲタルニ反シ、隨意ニ現送ヲ行フ外國銀行ハ、次第ニ我ガ爲替市場ノ實權ヲ握リ、昭和五年上半期ニ於テハ、我ガ爲替市場ハ全然外國銀行ノ支配ノ下ニ歸スルニ至リマシタ、而シテ是等外國銀行ハ其獨占的地位ヲ利用シテ、現送ト賣爲替トノ差益金ヲ大ニスル爲メ、爲替相場ノ引下ヲ爲シ、一月ヨリ四月迄ノ如キ、四十九弗四分ノ一乃至四十九弗十六分ノ一ト云フガ如キ、金本位制ノ下ニ於テハ有ルマジキ相場ヲ現出スルニ至ッタノデアリマス(拍手)

固ヨリ斯ノ如キ不自然ナル現象ハ永續スベキモノデナク、政府モ外國銀行ノ爲替市場獨占ノ弊ニ堪ヘズ、寧ロ正金銀行ヲシテ爲替ヲ賣却セシムルヲ可トスルノ方針ニ改メ、正金銀行ハ大藏大臣ノ旨ヲ受ケテ、昭和五年七月三十一日以後、所謂爲替統制賣ヲ開始シタノデアリマス、即チ正金銀行ハ爲替ノ直物、先物ヲ、無制限ニ四十九弗八分ノ三ノ割合ヲ以テ賣却ヲ開始シ、是ガ決濟ニ付テハ、差當リ借入金ニテ間ニ合セ置キ、出合又ハ解合ニ依リ、決濟ヲ得ザル分ハ現送ヲ許可スト云フ諒解ヲ與ヘテ實行セシメタノデアリマス、是ハ解禁スルモ正貨流出セズト聲明セル關係上、正貨ノ流出ヲ防止セントスル窮策デアッテ、是ガ爲メ正金銀行ノ固有ノ業務ヲ害シ、今日ノ如キ難問題ノ端ヲ開イタコトハ頗ル遺憾トスル處デアリマス(拍手)

昭和五年下半期以後財界ノ悲觀ハ愈、強マリ、又内地ノ變態的金融緩漫ノ影響トシテ、日本ノ外貨公債ニ對スル投資其他ノ資本逃避額ハ漸ク增加シ、正金銀行ノ統制賣ハ、是ガ爲メ甚シク增加シマシタ、仍テ正金銀行ハ是ガ決濟ノ爲メ、昭和五年九月二十六日以後正貨ノ現送ヲ開始シ、十二月迄ニ合計六千十八万餘圓ヲ現送シマシタ、斯クシテ解禁第一年ノ正貨流出高ハ實ニ合計三億八百餘万圓ノ巨額ニ達シタノデアリマス(拍手)

昭和六年ニ入リマシテ金融界ハ異常ノ緩漫狀態ヲ呈シ、外貨邦債ノ利廻ハ内國債ニ比シ遙ニ有利トナリタル爲メ、外債ノ買付激增シ、正金銀行ノ統制賣ハ之ニ應ジテ增加セザルヲ得ザルニ至リマシタ、殊ニ七月ニ入ルヤ、獨逸財界ノ破綻暴露シ、九月十八日ニハ滿洲事變勃發シ、同二十一日ニハ英國ノ金本位停止ヲ見ルニ至リ、弗買ノ需要ハ猛然トシテ起リ、正金銀行ニ殺到シテ來タノデアリマス、蓋シ本邦在英資金ハ、英貨ノ低落ニ依リ固定狀態ニ陷ッタ爲メ、新ニ弗資金ノ調達ヲ要シタルト、我國モ亦遠カラズ金本位停止ノ已ムベカラザルニ至ルベキコトハ、苟モ財界ノ事情ニ通ジタル者ノ豫見シ得ベキ所デアッタ爲ニ、輸入商ハ輸入資金ノ手當ヲ急ギ、且ツ投機思惑モ加ッタノデアリマスカラ、之ヲ自然ノ儘ニ放任スレバ、弗買ノ非常ナル巨額ニ上ルベキハ當然デアリマス、故ニ前内閣ニ於テハ熟慮省察、斷乎トシテ其非ヲ改ムベキ時機ニ遭遇シタノデアリマス、即チ形勢甚ダ非ナルコトヲ察シテ、金ノ輸出ヲ禁止スルカ、左モナケレバ資本ノ流出及爲替ノ思惑ヲ取締ルベキ立法乃至ハ行政上ノ手續ヲ講ズベキデアッタノデアリマス、然ルニ前内閣ハ行懸リ上、依然トシテ正金銀行ヲシテ統制賣ヲ續行セシムルト云フ、最惡ノ方法ヲ選ンダノデアリマス(拍手)吾々ハ如何ニシテモ其理由ヲ知ルニ苦シムノデアリマス、果シテ其金額ハ日ニ激增シテ底止スル所ヲ知ラズ、僅ノ期間ニ三億數千万圓ノ巨額ニ上ルヲ見テ、當局モ漸ク其結果ノ重大化セルニ驚カザルヲ得ナカッタノデアリマス、即チ實業界ノ有力者ヲ集メテ、金本位擁護ニ對スル協力ヲ求ムルト共ニ、俄然高金利政策ニ出デ、十月十一月ノ二回ニ亙リ、日本銀行公定割引步合ヲ引上ゲ、金融上ノ壓迫ニ依リ、爲替ノ解合ヲ爲サシメント欲シタノデアリマス、而モ此手段失敗スルヤ、直接解合ヲ勸告シタルモ、之ニ應ジタルモノ殆ド無ク、唯、二三ノ銀行會社等ガ、其受渡ノ一部ヲ先物ニ延期スルコトヲ承諾シタルニ止ッタノデアリマス

サレバ政府ハ遂ニ正金銀行ヲシテ統制賣ヲ中止セシムルノ外ナカッタノデアリマス、然レドモ其時既ニ統制賣ノ總額ハ七億五千四百餘万圓ノ巨額ニ達シテ居ッタノデアリマス、内閣更迭ノ際ニハ、未決濟殘高尚ホ二億餘圓ヲ存シ、全ク收拾スルコトノ出來ナイ事態ニ陷ッテ居ッタノデアリマス、此未決濟ノ分ニ對シ前内閣當局ハ、内閣ガ依然存續シテ居ッタナラバ、解合ヲ爲サシムルコトガ可能デアッタト云フコトヲ強辯シテ、共責任ノ回避ニ努メテ居リマスケレドモ、一昨年七月末以來昨年十二月初旬ニ至ル迄、解合ノ行レタ總額ハ、殆ド言フニ足ラザル少額ナリシコトニ依ッテ之ヲ察スルモ、殘存額ノ解合ノ不能ナリシコトハ明白ナル事實デアリマス(拍手)殊ニ此不能ナル解合ヲ強制セント欲シテ、一般財界ヲ壓迫シ、產業ヲ死滅ニ瀕セシメ、年末ニ際シテ經濟界ニ恐慌狀態ヲ惹起スルヲモ意ニ介セザリシガ如キ、無謀ノ甚シキモノト謂ハザルヲ得マセヌ(拍手)

抑、前内閣當局ガ、爲替統制賣ヲ行ハシムルニ當リ、日銀及正金首腦部ト所謂「話シ合ヒ」ヲ爲シタルニ止マリ、政府ノ決定トシテ正規ノ手續ヲ踏マズ、獨斷專行、而

モ秘密裡ニ此冒險ヲ敢行シタルコトハ明カデアリマス、同時ニ內閣更迭ノ際ニ、前藏相ガ急遽日本銀行ニ交付セル統制賣ニ關スル承認書ノ如キモ、閣議ノ決定ヲ經タルモノデモアリマセヌ、故ニ現內閣トシテハ、是ガ爲メ何等ノ拘束ヲ受クベキ性質ノモノニ非ズシテ、全ク自由ノ立場ニアルコトハ明白デアリマス（拍手）併ナガラ之ヲ放任スルニ於テハ、正金銀行ハ非常ノ窮境ニ陷リ、延イテハ海外ニ對シ我國ノ信用ヲモ毀損スルノ虞ナシトセザルヲ以テ、現內閣ハ已ムヲ得ズ昨年十二月、合計五千万圓ノ現送ヲ許可シ、現在モ其善後策ニ對シテハ深キ考慮ヲ拂ヒツヽアル次第デアリマス、要スルニ斯ノ如キ難問題ヲ今日ニ殘シタルハ、全ク前內閣ガ無謀ニ、而モ國民ノ耳目ヲ掩蔽シテ、正貨ニ對スル一大投機ヲ行ハシメツヽアリタル結果ナリト斷言セザルヲ得ナイノデアリマス（拍手）

惟フニ金ノ輸出再禁止ハ、國民ノ大多數ヲシテ總括的窮乏ノ苦悩ヨリ脫出セシメ、轉テ產業ヲ振興シ、生活ノ安定ニ向ハシメントスル時局匡救ノ第一步デアルト信ジマス、之ニ依リ不自然ナリシ爲替相場ハ低落シ物價ハ對內的ニ騰貴シ、對外的ニハ却テ低落スルノ道理ニ基キ國內產業ノ刺戟トナリ、延イテ外國貿易上ニモ好影響ヲ及ボシ、不況打開ノ曙光ガ玆ニ現ハレタノデアリマス（拍手）然レドモ固ヨリ是ハ單ニ新タナル經濟的基礎ガ現ハレタルニ止マリ、未ダ周圍ノ環境ガ、全面的ニ緩和セラルヽニ至ッタ譯デハアリマセヌ、隨テ國民ハ此新タナル基礎ノ上ニ立チ、緊張シタル精神ヲ以テ、堅實ナル方針ノ下ニ奮鬪事ニ當リ苟モ一時ノ反動景氣ニ醉フガ如キコトナキヤウ深ク戒メテ、官民一致、一大決心ヲ以テ此經濟難局ヲ打開セネバナラヌト考フル次第デアリマス

終リニ臨ミ豫算案ニ付テハ、御審議ノ上速ニ協賛ヲ與ヘラレンコトヲ望ミマス（拍手）

〔「議長」「議長」ト呼フ者アリ〕

○議長（中村啓次郎君） 諸君、只今 詔書降下ノ旨內閣總理大臣ヨリ傳達セラレマシタ、之ヲ捧讀致シマス、諸君ノ起立ヲ望ミマス

〔總員起立〕

朕帝國憲法第七條ニ依リ衆議院ノ解散ヲ命ス

〔「萬歲」「萬歲」ト呼フ者アリ〕

○議長（中村啓次郎君） 是ニテ散會致シマス

午後三時二十五分散會

昭和七年三月二十三日

昭和六年度歳入歳出總豫算追加案（緊急事件）外三件

第一（第一號）昭和六年度歳入歳出總豫算追加案（緊急事件）

第二（第二號）昭和六年度歳入歳出總豫算追加案（緊急事件）

第三（第一號）昭和七年度歳入歳出總豫算追加案（緊急事件）

第四（特第一號）昭和七年度各特別會計歳入歳出豫算追加案（緊急事件）

（國務大臣犬養毅君登壇）

○國務大臣（犬養毅君） 諸君、今回ノ總選擧ニ當選セラレタル諸君ト相會スルコトハ、私ノ光榮トスル所デアリマス、政府ハ茲ニ重大ノ時局ニ臨ミ、特ニ緊急ナル問題ニ付キ協賛ヲ仰フノデアリマス

先ニ衆議院解散セラレ、昭和七年度歳入歳出總豫算竝ニ同年度各特別會計豫算不成立トナリシ爲ニ、政府ハ憲法ノ條章ニ依リ、前年度ノ豫算ヲ施行スルコトニナリマシタガ、唯々今回ノ事變ニ關スル經費ニ付キマシテハ、緊急已ムヲ得ザルモノアルガ故ニ、茲ニ臨時議會ノ召集ヲ奏請シ、追加豫算案及法律案ヲ提出致シマシタノデアリマス、尚ホ此機會ニ於テ銀行券ノ金貨兌換ニ關スル件及昭和六年度ニ於ケル國債償還資金ノ繰入ノ一部停止ニ關スル件ノ緊急勅令竝ニ今回ノ事變ニ關シ經費支辨ノ爲メ公債發行ニ關スル緊急財政處分ニ付テ、憲法ノ規定ニ基キ、夫々事後承諾ヲ求メントスルノデアリマス

支那事件ニ付キマシテハ、帝國ハ東洋永遠ノ平和ヲ確保シ、我ガ權益ノ擁護及我ガ國民ノ生命財産ノ保護ヲ完ウセンコトヲ期スル外ニ、何等ノ意圖ヲ有シマセヌ、領土的企圖無キハ勿論、門戸開放機會均等主義ヲ尊重スルモノデアルコトハ屢〻聲明シタ通リデアリマス、日支兩國ハ目下複雜ナル關係ニ立チ到ッテ居リマスガ、支那ニシテ反省ノ實ヲ擧グルニ於テハ、解決ハ決シテ難事ニアラズト思ヒマス、政府ハ一日モ早ク日支關係ガ常態ニ復シ、善隣ノ誼ヲ敦クセンコトヲ切望シテ居ルノデアリマス

一般政策ノ事項ニ關シマシテハ、次期議會ニ於テ諸君ノ協賛ヲ願フ心算デアリマス、此度ノ提案ニ付キマシテハ、現下ノ事情ヲ洞察セラレ、速ニ協賛アランコトヲ希望致シマス（拍手）

○議長（秋田淸君） 芳澤外務大臣

（國務大臣芳澤謙吉君登壇）

○國務大臣（芳澤謙吉君） 諸君、帝國ノ重要外交案件ニ付キマシテハ、去ル一月ノ通常議會ニ於キマシテ御說明申上ゲテ置イタノデアリマスガ、本日茲ニ其後ノ事態ニ關シマシテ、報告ヲ兼ネ所見ヲ陳述致シマスノハ、私ノ欣ビト致ス所デアリマス

支那本部ニ於ケル排日運動ニ付キマシテハ、其後モ機會アル毎ニ、支那側ニ對シマシテ之ガ徹底的停止ヲ要求シテ來タノデアルノデアリマス、然ルニ支那側ニ於キマシテハ、何等反省ノ跡ナク、該運動ハ却テ益〻深刻執拗ヲ加フルノ狀況デアリマシテ、上海地方デハ其勢最モ甚シカッタノデアリマス、殊ニ一月九日上海民國日報ノ我ガ皇室ニ對シマスル不敬記事事件、及同月十八日支那暴民ノ我ガ日蓮宗僧侶等殺傷事件ノ發生ヲ見ルニ及ビマシテ、過去長日月ノ間排日運動ノ爲ニ苦シミ、殊ニ最近其最モ惡辣ナル情勢ニ對シテ、隱忍ニ隱忍ヲ重ネ來リマシタ我ガ居留民ノ憤懣ハ、其極ニ達シマシテ、事態極メテ重大化スルニ至ッタノデアリマス

此狀況ニ於キマシテ、在上海帝國總領事ハ、政府ノ訓令ニ基キ、上海市長ニ對シマシテ、右兩事件ニ關シ嚴重抗議シマスルト共ニ、數項ノ要求ヲ提出致シマシタノデアリマス、而シテ前者ニ付キマシテハ、間モナク同市長ニ於テ我ガ要求ニ應ジタノデアリマス、又後者ニ付キマシテハ種々曲折ガアッタノデアリマスガ、結局同月二十八日午後三時ニ至リマシテ、同市長ヨリ我方ノ要求ヲ容レタ回答ガ接到致シタノデアリマス、我方トシマシテハ、之ニ依テ事態ノ緩和ヲ期待スルト同時ニ、支那側約束ノ履行ヲ監視スルノ地位ニ立ツニ至ッタ次第デアリマス

然ルニ是ヨリ先、第十九路軍ハ上海ノ租界附近ニ集中致シマシテ、各種ノ戰鬪準備ヲ行ヒ、甚ダ不穩ナル態度ヲ示シテ居ッタノデアリマシタガ、共同租界工部局當局ハ、無節制ナル支那軍隊及極端分子ノ使嗾シマスル支那暴民ノ爲ニ、租界内ノ秩序ガ紊亂サレルコトヲ慮ッタモノヽ如ク、二十八日ノ參事會ニ於キマシテ、同日午後四時ヨリ戒嚴令ヲ施行スルコトニ決定致シタ次第デアリマス、其結果列國軍ハ豫テノ協定ニ基キマシテ、各〻其受持區域ノ警備ニ就イタノデアリマス、我ガ陸戰隊モ、其受持區域タル閘北地方ノ警備ニ就カウトシマシタ際、支那側ヨリ我ガ陸戰隊ニ向ヒマシテ發砲致シマシタノデ、我軍ハ已ムナク是ガ對抗手段ヲ執ッタノデアリマス、世間ニハ往往此事ニ付キマシテ、支那側ノ方カラ我方ノ要求ヲ承認致シタニ拘ラズ、我ガ陸戰隊ニ於テ、自カラ求メテ攻擊ヲ開始シタルガ如ク傳フル者モアリマスルガ、決シテサウ云フ次第デナク、事實ハ只今私ノ申上ゲタ通リデアリマス

我方ト致シマシテハ、事態ノ惡化ヲ防グガ爲ニ全力ヲ盡シ、二度迄モ支那側トノ間ニ戰鬪中止ノ協定ヲ成立セシメタノデアリマス、然ルニ此戰鬪中止ノ協定ハ、二度トモニ支那軍ノ破棄スル所ト相成ッタノデアリマス、ソコデ二月十八日我方ヨリ改メテ、支那軍ノ一定距離ノ外ニ撤退スル事、竝ニ其他ノ要求ヲ提出致シタノデアリマス、然ルニ支那側ニ於キマシテハ遂ニ之ニ應ジナカッタ爲ニ、二月二十日ニ至リマシテ、豫テ增援ノ爲メ派遣セラレテアリマシタ我ガ陸軍ハ、海軍ト相協力致シマシテ、支那軍ノ一定距離以外ニ撤退スルコトヲ强制致シタノデアリマス、其結果三月三日ニ至リマシテ、完全ニ支那軍ノ撤退ヲ實現セシメタ次第デアリマス、上海事件ノ發生ヲ見ルヤ、支那政府ハ日支間ノ紛爭ニ付キマシテ、國際聯盟規約第十五條ノ適用ヲ、先ヅ聯盟理事會ニ提起致シタノデアリマス、之ニ次ギマシテ、此事柄ハ更ニ支那側ノ要求ニ依リマシテ、聯盟總會ノ方ニ移サルヽニ至ッタノデアリマス、我方ト致シマシテハ、上海事件ハ單純ナル地方的事件デアリマシテ、所謂國交斷絕ニ到ル虞アルモノデナイト考ヘテ居ルノデアリマス、又滿洲問題ニ付キマシテハ、最近同地方ニ於ケル新規ノ戰鬪行爲モナク、又規約第十一條ニ基イ

テ理事會ニ審査中デアリマシテ、現ニ既ニ調査委員ガ支那ノ實情ヲ調査スルガ爲ニ極東ニ向ッテ出發シタル事實モアル次第デアリマシテ、是等ノ理由ニ顧ミマシテ、上海事件モ、滿洲事件モ、共ニ規約第十五條ノ適用ヲ見ルベキ問題デハナイト云フ見解ヲ執ッテ居ルノデアリマス、帝國政府ニ於キマシテハ最初ヨリ此趣旨ニ基キマシテ、明確ナル留保ヲ聲明シマシタ上デ、理事會及ビ總會ノ討議ニ參加致シタノデアリマス、然ルニ國際聯盟總會ハ、三月十一日ニ至リマシテ一ツノ決議ヲ通過致シタノデアリマス、此決議ハ、我ガ日本ト致シマシテハ、受諾シ難イ幾多ノ點ヲ含ンデ居ルノデアリマスカラ、總會ニ於キマスル帝國代表ハ、政府ノ訓令ニ基キマシテ、日本側ノ立場ヲ闡明致スト同時ニ、前述ノ第十五條適用ニ關シマスル異議ヲ留保シマシテ、投票ニ參加致サナカッタ次第デアリマス

次ニ滿洲問題ニ付キマシテハ、昨年秋、舊東北政權倒壞ノ後ヲ承ケマシテ、同地方ニ於ケル支那側要人ニ依リテ行ハレマシタ、所謂局地的治安維持ノ努力ハ、其後支那本部ニ對シマスル滿洲ノ特異性、及從來同地方ニ於テ行ハレテ居リマシタ軍閥政治ニ對シマスル、滿洲一般人民ノ反感ト相俟ッテ、次第々々ニ此滿洲獨立運動ニ轉向シタ模様デアリマシタガ、最近ニ至リマシテ、前ノ省長等首唱ノ下ニ獨立ヲ宣言スルニ至ッタノデアリマス

次デ三月十二日ニ至リマシテ、新政府ノ外交總長ハ帝國政府ニ宛テ、滿洲國ノ創立ヲ通報シテ來タノデアリマス、此通報ニ對シマシテハ、非公式ニ之ヲ領承スルニ止メタ次第デアリマス、私ハ新政府ニシテ、若シ右通報ニ記載シテアリマス通リ、既存ノ條約及外國人ノ權益ヲ尊重シ、且ツ門戸開放ノ原則ヲ遵守致シマスルナラバ、是ハ新政府ノ前途ノ爲ニモ甚ダ歡迎スベキコト、考ヘテ居ル次第デアリマス(拍手)

將又北洋漁業問題ニ關シマスル日本ト「ソヴィエット・ロシア」トノ間ノ諸懸案ニ付キマシテハ、昨年來「モスコー」ニ於キマシテ鋭意商議ヲ繼續中デアリマスルガ、未ダ解決ヲ見ルニ至リマセヌ、去リナガラ是ガ適當ノ妥結ニ達シマスコトハ、兩國國交ノ大局カラ見マシテモ、極メテ望マシキ所デアリマシテ、又解決ヲ圖ラントシマスル大體ノ方針ニ付キマシテハ、既ニ兩國ノ間ニ意見ノ接近ヲ見テ居ル所デアリマス、政府ト致シマシテハ、今後トモ我ガ主張ノ貫徹ニ努メマシテ、條約ニ基ク正當ナル權利利益ノ確保ヲ期スル考デアリマス

以上ハ帝國外交經過ノ大體デアリマスガ、帝國ハ滿洲ニ於キマシテハ、甚大ナル政治的利害關係ヲ有スルコトハ勿論デアリマス、而シテ支那本部ニ於キマシテハ、政治的關係ヨリモ寧ロ經濟的利害ノ方ガ多分デアリマス、随ヒマシテ南京政府及國民黨黨部ガ、從來ノ排日政策ヲ抛棄シテ、内部ノ和平統一ヲ圖リ、資源開發等ノ經濟的發展ニ努力シマスル場合ニハ、日支兩國ノ國交和衷融合ニ至ルベキコト、疑ヲ容レザル所ト考ヘテ居ルノデアリマス

尚ホ玆ニ一言致シタイコトハ、滿洲事變、殊ニ上海事件ノ發生以來、歐米諸國ニ於ケル空氣ハ、我國ニ對シマシテ兎角好意的デナイト思ハルヽモノガアッタ次第デアリマスルガ、是ハ事實ニ即セザル支那側ノ宣傳又ハ種々ノ誤解ニ基ク次第デアリマシテ、時日ガ經過シマスルト共ニ、是等諸國ニ於ケル日本ニ對シマスル感情モ漸次好轉スルコト、期待シテ居ル次第デアリマス(拍手)

**○議長(秋田淸君)** 荒木國務大臣

(國務大臣荒木貞夫君登壇)

**○國務大臣(荒木貞夫君)** 只今ヨリ私ノ主管事項中當面ノ時局ニ關スルモノニ付キマシテ、玆ニ梗概ヲ申述ベタイト存ジマス

東洋永遠ノ平和ノ爲ニモ一大障碍デアリマシテ、又最モ悲シムベキ事象ノ一デアリマシタル所ノ、彼ノ支那ノ排日排貨ノ運動ハ、近年ニ至リマシテ頓ニ熾烈トナッタノデアリマシテ、滿蒙ニ於キマスル所ノ我ガ特殊權益ハ、當時ノ滿洲政權ニ依リマシテ、完膚ナキマデニ蹂躙セラレタノデアリマス、遂ニハ我ガ同胞鮮人ノ壓迫トナリ、更ニ進ンデハ其虐殺ニマデ及ビマシテ、遂ニ我ガ武官一行ニ對シマスル慘殺等ヲ見ルニ至リマシテ、侮日モ玆ニ至ッテ其極ニ達シタノデアリマス、隱忍ニ隱忍ヲ重ネテ參ッテ居リマシタル所ノ我ガ在滿ノ同胞、否九千万ノ國民モ、最早一日モ平靜ヲ保ツニ堪ヘ難キ程度ニ至ッテ居ッタノデアリマス、然ルニ事態ハ更ニ惡化ヲ致シマシテ、遂ニ昨秋ニ至リマシテ、奉天北大營附近ニ於キマスル王以哲配下ノ支那官兵ノ暴擧ニ依リマシテ、玆ニ已ムナク皇國自衛權ノ發動ヲ餘儀ナクセラレタノデアリマス、爾來皇軍ハ寡兵ヲ以テ衆敵ニ當リ、困苦ヲ凌ギ、晝夜敢行、不斷ノ活動ヲ續ケ來ッタノデアリマス、而シテ一面ニハ、恐ラクハ過去ニ於テモ稀ニ見ラレル所ノ程度マデニ我ガ同胞ノ擧國一致的ノ公憤、又燃ユルガ如キ熱烈ナル後援トニ依リマシテ、幾多ノ國際難局ニ直面ヲ致シマシタガ、克ク之ニ堪ヘマシテ、征戰玆ニ半歳、暴戻ナル兵匪、馬賊、竝ニ便衣隊等ノ迫害ニ打克チマシテ、今日ニ於テハ僅ニ三万ニ足ラザル在滿ノ將兵ハ、兎モ角モ皇國ノ二倍半ノ廣袤ヲ有シマスル滿蒙ノ地域ニ駐屯ヲ致シマシテ、直接ニハ內鮮同胞百万ノ生命財産ノ安固、間接ニハ在滿三千万民衆ノ生活ノ康寧ニ寄與シツヽアルノデアリマス、而シテ其本來ノ第一使命デアリマスル所ノ、國防ノ第一線ニ立チマシテハ、其任務ヲ盡スニ於テ、遺憾ナク確實ニ之ヲ遂行ヲ致シ、其保障ヲ續ケテ今日ニ至ッテ居ルノデアリマス、是等ノ點ニ付キマシテハ、過去各位ニ於カレテ十分御諒知ノコトト存ジマス

扨テ事變ノ當初、滿洲ニ駐屯ヲ致シテ居リマスル所ノ我ガ陸軍ノ兵力ハ、駐剳第二師團ト獨立守備隊トデアッタノデアリマスルガ、是等各方面ニ散在ヲシテ居リマスルモノヲ合シマシテモ、僅ニ一万四百、其奉天附近ニ在リマシタモノハ、當時四千餘ニ過ギナカッタノデアリマス、之ニ反シマシテ、在滿ノ支那軍隊ノ總兵力ハ二十二万內外ヲ算シマスル、又奉天附近ニ在リマスルモノデモ、優ニ一万四千餘ヲ有シテ居ッタノデアリマス、此實情ニ鑑ミマシテ、事變ノ勃發直後朝鮮ヨリ混成一旅團ヲ派遣セラルルコト、ナリマシテ、爾來御承知ノ如ク、其都度緊急必須ノ要求ニ應ジマシテ、更ニ內地及朝鮮ヨリ所要ノ兵力ヲ增派セラレタノデアリマシタガ、常ニ寡少ノ兵力ヲ以チマシテ、克ク遼西ニ於キマスル所ノ禍根ヲ除キ、北滿ノ不安ヲ一掃致シマシテ、又一方ニハ馬賊兵匪等ニ對シマシテ、之ヲ討伐スルコトノ以外ニ、努メテ皇軍ノ犧牲ヲ尠カラシムルコトヲ目的ト致シマシテ、是等馬賊、匪賊ヲ招撫致シマシテ、以テ今日ノ安康ヲ招來シ得タノデアリマス、併ナガラ仔細ニ觀察ヲ致シマスルト、前途尚ホ樂觀ヲ許サヾルモノガ多々アリマスルノデ、之ニ善處スル爲ニ、當局ハ焦慮對策ヲ考究中デゴザイマス、元來國防上ヨリ見マシテモ、滿洲ノ平和ヲ永遠ニ維持シ、其發展スルコトヲ希フコトハ勿論デアリマシテ、是ガ爲メ現在ノ狀態ニ於テハ、少クモ現有兵力ヲ必要トスルコトハ勿論、尚ホ爲シ得レバ現勢以上ノ兵力ヲ駐屯セシムルヲ必要ト思惟セラレテ居リマシテ、目下當事者ニ於テソレゾレ研究中デゴザイマス

次ニ上海方面ニ對シマスル點デアリマスルガ、之ニ對シマシテハ陸軍部隊ノ派遣ハ、滿洲ニ對スルモノト其事態ハ全然異ッテ居リマスルノデ、最モ愼重ナル態度ヲ執ルノ必要ヲ認メマシテ、事態ノ推移ヲ靜觀シテ居ッタノデアリマシタガ、二月ニ至リマシテ、情勢急ヲ告ゲマシテ、遂ニ閣議ノ決定

ニ依リマシテ、海軍ニ協力シテ事件ヲ速決スル爲ニ、陸軍ヨリモ派兵セラル、コトニナリマシテ、統帥部ノ計畫ニ基キマシテ、取敢ヘズ九州カラ一旅團ト、更ニ或ル程度マデ充實ヲ致シテ居リマスル一箇師團トヲ派遣セラル、コト、ナッタノデアリマス、陸軍ト致シマシテハ、當初ヨリ上海ニ於キマスル所ノ特殊ノ關係ニ基キマシテ、努メテ流血ノ慘ヲ見ルコトナク、事件ヲ解決致シタイ希望ヲ有シテ居ッタノデアリマス、之ニ基キマシテ屢々支那側ト交渉ヲ重ネマシタガ、支那側ノ態度ハ、砲擊ヲ以テ我ガ交渉ニ答フル等、其不誠意甚シキモノガアリマシタノデ、遂ニ交戰ノ已ムナキニ至リマシタコトハ、洵ニ遺憾ニ存ズル次第デアリマス、然ルニ支那側ハ尚ホ悛ラズシテ、當面ノ廣東軍ノ所屬ニ屬シテ居リマスル所ノ第十九路軍ノ外ニ、更ニ蔣介石直系ノ警衛軍ヲ增加致シマシテ、計六箇師團ヲ以テ、却テ我ニ對シテ反擊ヲ加ヘントスル所ノ勢ヲ示シマシタノデ、豫メ準備シテ居ル所ニ從ヒマシテ、充實ヲ致シテ居リマスル所ノ二箇師團、及同方面ニ必要トセラレテ居リマスル所ノ附屬部隊ヲ增派致シマシテ、今月初メ一擧ニ敵主力ヲ再起シ得ザルマデニ擊攘シタノデアリマス、而シテ爾後平和促進ノ爲ニ、是等ノ兵力ヲ一定地域ニ集結ヲ致シマシテ、目下停戰ノ姿勢ヲ執ッテ居ルノデアリマス、而シテ軍ニ於キマシテハ、常ニ我ガ政府ノ根本政策ト完全ナル協調ヲ遂ゲマシテ、又海軍トハ共協同動作ニ於テ、一點ノ遺憾ナカラシムルコトヲ期シマシテ、更ニ作戰ヲ上海附近ニ局限シマシテ、出來得ル限リ當時ノ狀況ヲ顧慮致シマシテ、日支ノ全面的開戰ヲ惹起スルヤウナ不幸ヲ避ケントスル所ノ目的ヲ達成シ得タノデアリマス

元來上海方面ノ派遣部隊ノ目的ト云フモノハ、居留民ノ保護、共同租界ノ康寧維持デアリマスルノデ、今回ノ戰鬪ノ結果、支那軍ニシテ今後大規模ノ集中、攻擊動作ニ出デザル限リハ、統帥部ノ意見ニ基キマシテ、自主的ニ速ニ兵力ヲ收縮スル所ノ方針ヲ採ルコト、致シマシテ、本月ノ中旬ニ第十一師團及混成第二十四旅團ヲ現地ヨリ撤收スル所ノ命令ガ發セラレマシテ、內地ニ於テ待機スルコト、ナッテ、目下歸還輸送ノ途中ニゴザイマス

以上ハ時局ニ關スル主務事項ノ大要デアリマスルガ、抑〻國防ノ見地ニ立チマシテ、皇國內外現下ノ情勢ヲ稽ヘツ、、今次事變ノ性質及經緯ヲ仔細ニ考察致シマスルト、其重大性、深刻性ニ於テハ、到底往年ノ西伯利派兵、又ハ濟南事變等ト日ヲ同ウシテ論ズルコトガ出來ナイノミナラズ、觀察ニ依リマシテハ、日露戰役當時以上ノ重大性ヲ有スルモノト考ヘラル、ノデアリマス(拍手)將兵始メ一般ノ意氣ノ高潮シ來リマシタルコトハ、固ヨリ當然ノ歸結デアルト存ジマス、唯此上ハ奉公ノ至誠ト、私ヲ忘レテノ奮鬪ト、而シテ擧國一致ノ團結ノ力ニ依リマシテ、有終ノ美ヲ濟シテ、以テ國防ノ安固ト同胞ノ康寧トヲ期シタイト祈ッテ居ル次第デアリマス

更ニ今次事變ニ於キマスル所ノ陸海軍ノ協同動作ニ付キマシテハ、古今ノ歷史ニ見ルコト稀ナル所デアリマシテ、蓋シ世界ニ誇ルベキモノ、一ト致シマシテ、深ク意ヲ强ウシテ居リマスルコトヲ特ニ玆ニ御報告申上ゲテ置キタイト存ジマス(拍手)

今ヤ上ハ　陛下ノ稜威ニ依リマシテ、神明ノ加護ヲ享ケ、下ハ將兵ノ忠烈無比ノ奮鬪ニ依リマシテ、世界ノ畏敬ヲ受ケ、又同胞擧ッテノ熱烈ナル後援ニ依リマシテ、其決意ト意氣トヲ中外ニ示シ、遂ニ東亞ニ於ケル淸新ナル和平ノ曙光ヲ認メツ、アリマスルコトハ洵ニ感激ト御同慶ニ堪ヘザル所デアリマシテ、當局ト致シマシテモ愈〻其責任ノ重大ヲ痛感致シマシテ、戮力同心、皇國ノ此難局ヲ打開ヲ致シマシテ我ガ國體ノ本源ニ基キテ、外ハ皇道宣揚、爲ノ國防ノ安固ヲ期シ、內ハ萬民同和ノ爲ノ國礎布石ノ實ヲ擧ゲマシテ、異端ヲ排シ、皇道ヲ踐ミ、以テ皇國ノ淸新ナル和平ニ寄與シ、宏猷扶翼ノ大任ヲ果スコトニ邁進致シマシテ、一同ト共ニ是ガ實現ヲ期シテ居ル次第デアリマス、然ルニ前途ハ尚ホ逆睹シ難キモノガ多多アリマスル、如何ニ考ヘテ見マシテモ、內外洵ニ非常ナル時機ト存ジマスルノデ、吾々モ非常ノ覺悟ヲ以テ臨ンデ居ル次第デアリマスルカラ、ドウゾ各位ニ於カレマシテモ、此難局ヲ御諒察ノ上、現下ニ於キマスル陸軍ノ使命ノ完成ニ十分ノ御協助アランコトヲ切ニ祈ル次第デアリマス(拍手)

**○議長(秋田淸君)**　大角海軍大臣

(國務大臣大角岑生君登壇)

**○國務大臣(大角岑生君)**　玆ニ私ハ今次ノ上海事件ニ關スル經過ノ概要ヲ申述ベタイト存ジマス

久シキニ亘ル支那本土ノ排日排貨運動ハ、昨秋以來急激ニ惡化シテ參リマシテ、漸次在留邦人ノ生命財產ニモ脅威ヲ感ズルヤウニナリ、中支、南支方面ニハ、幾多ノ事故ヲ起シタノデアリマスルガ、帝國海軍ハ機宜警備ノ兵力ヲ增派致シマシテ、居留民ノ保護ニ遺憾無キヲ期スルト共ニ、絕エズ彼等ニ威嚇ヲ加ヘマシテ、極力事端ノ發生ト、其擴大トヲ防止スルコトニ努メ、常ニ出先外務官憲ト密接ナル協力ノ下ニ善處致シマシテ、幸ニ一月中旬頃マデハ、特ニ重大ナル事態ノ發生ヲ見ルコト無ク經過シテ參ッタノデアリマス

然ルニ一月九日上海ニ於テ、我ガ皇室ニ對スル不敬記事掲載事件ガ起リ、同十七日抗日市民大會ノ不穩ナル決議、翌十八日邦人僧侶及信徒ニ對スル殺傷事件等相繼イデ起リマシテ、現地ニ於ケル帝國官憲ハ、上海市政府當局ニ對シテ嚴重ナル抗議ヲ致シタノデアリマス、然ルニ容易ニ誠意ノアル回答ニ接シマセヌ、漸クニシテ一月二十八日午後、上海市長ヨリ我方ノ要求ヲ承認スルト云フ回答ヲ受ケタ　デアリマス、然ルニ當時支那側反動諸團體ノ暴動化セントスル氣配ハ極メテ濃厚トナリマシテ、又我ニ對シ皆々戰備ヲ整ヘツ、アル第十九路軍及便衣隊等ニ對シマシテハ、市長ハ何等之ヲ制壓スルノ權威無ク、保安隊ハ逸早ク逃亡スルト云フヤウナ有樣デ、形勢頗ル險惡トナリマシタノデ、同日午後四時工部局ハ遂ニ戒嚴令ヲ布キ、各國軍隊ハ、豫テノ協定ニ從ヒマシテ其受持配備ニ就クニ至リマシタ、帝國海軍陸戰隊ハ豫メ我ガ行動任務ニ關スル布告ヲ發シタル後、邦人多數ノ居住區域デアリ、且ツ我ガ受持警備區域デアリマスル、北四川路方面及楊樹浦方面一帶ノ治安維持ニ任ズル爲ニ、兵力配備ヲ開始致シマシタル所、北四川路方面ニ於テ、突如トシテ支那軍ノ襲擊ヲ受ケマシタノデ、我モ亦自衞上兵力行使ノ已ムヲ得ザルコト、ナリマシテ、遂ニ日支兩軍ノ戰鬪ヲ惹起スルニ至ッタノデアリマス

今次ノ正面衝突ヲ起シマシタ支那第十九路軍ハ昨年廣東派ノ武力的背景トシテ上海方面ニ移駐シテ參ッタモノデアリマシテ、同軍中ニハ多分ノ赤化分子ガ混入シテ居リマシテ、而モ支那內政上ノ抗爭等モアリマシテ、軍長タル蔡廷楷トシテハ、退イテ僻地ニ去ルカ、留ッテ上海死守ノ美名ノ下ニ玉碎スルカ、二途共一ヲ選バナケレバナラナイト云フヤウナ境地ニ在ッタノデアリマス、而モ彼ノ背後ニハ、對日紛糾ヲ助成シテ、蔣介石ヲ窮地ニ陷レントノ策謀モ加ハリ、形勢ノ惡化ハ免レ難キモノト觀測サレタノデアリマス

兎モ角事態斯ノ如クシテ、彼我軍隊ノ交戰ヲ見ルニ至リマシタノデ、帝國海軍ハ更ニ其待機兵力ヲ急派致シタノデアリマスルガ、當初ハ僅ニ二千七八百ノ寡兵ヲ以テ、十倍餘ノ敵ト對峙致シマシテ、而モ我ガ陸戰隊ノ警備區域デアリマスル閘北方面ハ、

煉瓦造等ノ家屋ガ十重二十重ニ構作致シマシテ、恰モ天然ノ要塞ヲ形成シ、敵ハ其間ニ堅固ナル防禦陣地ヲ構築シテ我ヲ攻撃シ、又支那獨特ノ便衣隊ナルモノヲ多數租界内ニ潜入セシメマシテ後方ヲ攪亂シ、而モ亦各國ノ利害相錯綜セルニ乘ジ、故意ニ我方ト第三國間ノ紛爭ヲ惹起セシメントスル支那側ノ惡辣ナル陰謀奸策ガ、盛ニ行ハレルト云フヤウナ有樣デ、作戰上極メテ不利ナル狀況ノ下ニ行動シタノデアリマスガ、我ガ陸戰隊ハ、堅忍不拔克ク善戰致シマシテ、敵ニ多大ノ損害ヲ與ヘ、彼等ヲシテ我ガ警備區域内ニ一歩モ踏入レシメズ、上海ニ於ケル我ガ地歩ヲ死守シタノデアリマス、併ナガラ一方海軍兵力ヲ以テ陸戰隊ヲ増援スルノニハ、自ラ一定ノ限度ガアリ、且ツ前ニ申上ゲマシタヤウナ地形上ノ關係モアリ、加フルニ各種複雜ナル國際關係等モアリマスノデ、遠ク前ヘ出マシテ、敵ノ根ヲ斷ツト云フヤウナ譯ニモ參ラナカッタノデアリマス、而シテ他方支那側ハ續々増援隊ヲ集中スルト云フ狀況デアリマシタノデ、遂ニ二月初旬陸軍ノ出兵トナリ、次デ更ニ同月下旬第二回ノ増兵ヲ見ルニ至ッタノデアリマス

海陸軍ノ協同動作ハ、極メテ圓滿順調ニ進捗致シマシテ、陸兵ノ輸送及護衛竝ニ揚陸掩護ハ勿論、呉淞砲臺獅子林砲臺ノ攻略ヲ初メトシ、殊ニ海軍飛行機ガ上海方面ニ於ケル航空權ヲ完全ニ獲得致シマシタル結果、陸上作戰ニ於キマシテハ、我ガ飛行機ヲ以テ思フガ儘ニ敵陣地乃至敵ノ密集部隊等ニ對シ痛撃ヲ加ヘルコトガ出來タノデアリマシテ、今次事變ニ於ケル海陸軍ノ協同作戰ハ、實ニ世界史上稀ニ見ル美事ナモノデアリ、皇軍ノ威力ニ無限ノ強味ヲ加ヘタガ如キ感ガ致シタノデアリマス

上海方面ニ於ケル戰鬪行爲ハ、去ル一日乃至三日ニ亙ル我ガ陸海軍ノ總攻撃ニ依ッテ、彼ニ徹底的打撃ヲ與ヘマシタ結果、國際都市タル上海自體、及ビ其咽喉ヲ扼セル國際水路ノ安全モ確保サレマシテ、先ヅ茲ニ一段落ヲ告ゲタ次第デアリマス、是レ畢竟陛下ノ御稜威ヲ仰ギ、國民ノ熱誠ナル後援ニ感奮シタル出征將士ノ功勞ナリト信ジ、洵ニ感激ニ堪ヘザル次第デアリマス、而シテ此事變ノ爲メ忠死セシ將士ノ英靈ニ對シテハ、深甚ノ敬意ヲ表スルモノデアリマス

海軍ト致シマシテハ、事件ノ收マリ次第、一日モ速ニ増派部隊ヲ復歸セシメテ、教育訓練其他ノ整備ヲ致シ、以テ海軍本來ノ實力ノ維持增進ニ努力致シタイノデアリマシテ、先ヅ以テ嚢ニ聯合艦隊ヨリ臨時第三艦隊ニ編入セラレマシタ第三戰隊、第一水雷戰隊、第一航空戰隊等ヲ復歸セシメタ次第デアリマスガ、尚ホ諸般ノ情勢ニ鑑ミマシテ、當分ノ間從來ノ第一遣外艦隊以外ニ、尚ホ若干ノ部隊ヲ殘留セシムル必要ガアルト考ヘテ居ル次第デアリマス

尚ホ又上海方面以外、支那沿岸各地ニ於キマシテハ、支那側虛妄ノ宣傳ニ因リマシテ、廣ク人心ノ動搖ヲ見タノデアリマスガ、所在我ガ海軍警備部隊ト出先外務官憲トノ協力善處ニ依リマシテ、只今迄ノ所、特ニ申述ブベキ重大ナル事端ノ發生ヲ見ズニ經過致シテ參ッテ居リマス、以上ハ今次上海事件ニ關スル經過ノ概要デアリマス

帝國海軍ハ常ニ我ガ政府ノ方針ニ則リ、隣邦支那トノ親善融和ヲ念トシ、相提携シテ和平確保ノ使命ニ精進セントスルモノデアリマスガ、苟モ公道ヲ無視シ、正義ニ反スル相手國ノ態度ニ對シテハ、敢然トシテ其非ヲ匡正スルノ要アリト信ズルモノデアリマス(拍手)希クハ支那側ニ於テモ、今次ノ事變ニ深ク反省自覺スル所アッテ、將來所謂禍ヲ轉ジテ福ト爲スノ結果ヲ見ルニ至ランコトヲ切望シテ已マザル次第デアリマス(拍手)

○議長(秋田清君) 高橋大藏大臣

(國務大臣高橋是清君登壇)

○國務大臣(高橋是清君) 昭和六年度及七年度歲入歲出總豫算追加、此一括サレマシタ四案ニ付テ簡單ニ說明ヲ致シマス、第一號ノ昭和六年度歲入歲出總豫算追加ハ、滿洲事件ニ關シ昭和六年度中ニ陸軍省及海軍省ニ於テ要スル經費ヲ見積リタルモノデアリマシテ、其金額ハ陸軍省所管ニ屬スルモノ六百五十六万七千二百三圓、海軍省所管ニ屬スルモノ百一万一千九百五十八圓、合計七百五十七万九千百六十一圓デアリマス、是ガ財源ハ借入金ニ依ル計畫デアリマス、昨年九月滿洲事件突發以來、滿洲事件ニ關スル經費トシテ今日マデニ支出シマシタ金額ハ、外務、陸軍、海軍ノ三省ヲ通ジマシテ、七千九百八十餘万圓デアリマシテ、内昭和六年度ノ歲出豫算節約額ヲ復活シタルモノガ三百十餘万圓、第二豫備金支出ノ分ガ六百九十餘万圓、財政上ノ緊急處分ニ依ル公債金ヲ財源トシテ、豫備金外支出ノ分、六千九百七十餘万圓デアリマス、之ニ今回ノ追加豫算ヲ加ヘマスト、昭和六年度ニ於ケル滿洲事件費ノ總額ハ八千七百三十餘万圓ニ達スルノデアリマス

次ニ第二號ノ昭和六年度歲入歲出總豫算追加ハ、恩給ノ豫算ニ不足ヲ生ジマシタ爲メ、之ニ追加ヲ要スルモノデアリマシテ、其金額ハ百四十二万二千四百七十一圓デアリマス、是ガ財源ハ昭和六年度豫算實行上ノ歲入超過額ヲ以テ、之ヲ支辨スル計畫デアリマス

次ニ第一號昭和七年度歲入歲出總豫算追加ハ、滿洲事件ニ關シ昭和七年度ニ於テ、外務、陸軍、海軍ノ三省ニ於テ要スル經費ノ内、次ノ臨時議會開會マデニ必要ナル經費、即チ四、五ノ兩月分ヲ見積ッタモノデアリマシテ、其金額ハ外務省所管ニ於テ百四十四万五百六十六圓、陸軍省所管ニ於テ三千九十七万二百五十餘圓、海軍省所管ニ於テ二千七百十万八千二百六十五圓、合計五千九百五十一万九千八十五圓デアリマス、是ガ財源ハ公債ニ依ル計畫デアリマス

次ニ特第一號昭和七年度各特別會計歲入歲出豫算追加ハ、關東廳竝ニ公債金特別會計ノ追加豫算デアリマシテ、關東廳ノ分ハ昭和七年度ニ於テ、滿洲事件ノ爲ニ關東廳ニ於テ要スル經費ノ内、四五ノ兩月分ヲ見積ッタモノデアリマシテ、其金額ハ三十五万四千二百三十六圓デアリマス、是ガ財源ハ公債ニ依ル計畫デアリマス

又公債金特別會計ノ分ハ、前ニ說明シマシタ昭和七年度滿洲事件費ノ財源トシテ發行スル公債金ヲ、一般會計竝ニ關東廳特別會計ニ繰入レル爲ノ追加豫算デアリマシテ、所謂通リ拔ケノ勘定ニ屬スルモノデアリマス

以上ノ四案ハ何レモ緊急避クベカラザル經費ニ關スル追加豫算デアリマスカラ、速ニ御協贊アランコトヲ希望致シマス(拍手)

○議長(秋田清君) 是ヨリ質疑ヲ許シマス——山道襄一君

(山道襄一君登壇)

○山道襄一君 總理大臣ヲ始メ各大臣ノ議案ニ對スル御說明ヲ承リマシタ、之ニ對シマシテ質疑ヲ致シマスニ際シテ、關聯致シマシテ一言申上ゲテ置キタイノデアリマス

一昨日ノ本議場ニ於キマシテ、忠勇ナル在外ノ我ガ軍隊ニ對シテ、本院ハ滿場一致ヲ以テ感謝ノ決議ヲ致シタノデアリマス、今回ノ滿洲竝ニ支那ニ關スル事件ニ付テノ帝國軍隊ノ行動ハ、申スマデモナク自衛權ノ行使ニ終始致シテ居ルノデアリマス、之ニ要シマスル費用ニ對シマシテハ、我黨ハ進ンデ協贊ヲ與ヘタイコトヲ思フノデアリマス、只今陸軍大臣ノ御演說中ニモアリマシタ如ク、此重大ナ時局ニ際シテ國防ノ第一線ニ立テル忠勇ナル軍隊ノ諸君ニ向ッテ、吾々ガ滿場一致ヲ以テ此豫算ニ協贊ヲ與ヘマスルコトガ、是等在外將士ノ後援トナリ、之ニ依ッテ士氣ノ鼓舞ヲ致シ、更ニ輝キ犧

牲トナラレマシタ所ノ吾々ノ同胞ノ英靈ヲ慰メルコトノ一端トモナリマスルナラバ、吾々ハ實ニ本懐ノ至リニ堪ヘヌト考ヘテ居ルコトヲ一言致シテ置クノデアリマス（拍手）

唯々外交ノ問題ニ關シマシテハ、若シ一タビ此措置ヲ誤ルガ如キコトガアリマシタナラバ、洵ニ取返シノ付カザル國家ノ大損害デアルト共ニ、此忠勇ナル軍隊ノ働キニ對シテ、又一命ヲ賭シテ戰ハレタル英靈ニ對シテ、吾々ハ何トモ申譯ノナイ事態ヲ惹起スコトヲ心配ヲ致スノデアリマス（拍手）ソレ故ニ此軍事豫算ニ對シマシテハ進ンデ協贊ヲ與ヘマスニ當ッテ、全國民ガ齊シク私ト同樣ナル憂慮ヲ致シテ居リマス外交ノ事柄ニ付テ、二三ノ質問ヲ致シタイノデアリマス

併シ今ヤ時局ハ極メテ重大デアリマス、殊ニ外務大臣芳澤氏ハ嘗テハ帝國ノ代表トシテ、「ジュネーヴ」ニ於ケル國際聯盟會議ニ於テ、又現在外務大臣トシテ、此事件ノ勃發以來極メテ大ナル奮鬪努力ヲ續ケラレテ居ルノデアルノミナラズ、單ニ列國ト樽俎折衝ノ任ニ當タラレル苦心ノミナラズ、人知レザル所ノ幾多ノ苦心ヲ有セラレテ、此難局ニ當ッテ居ラル、コトニ對シテ、十分ナル敬意ト、十分ナル同情トヲ有シテ居ル者デアリマス、故ニ此際私ハ多クノ言葉ヲ用ヒテ敢テ之ヲ難詰セントシ、或ハ之ヲ叱責セントスルト云フガ如キコトハ致シマセヌ、總テノ行掛リヲ打捨テ、、眞ニ國民代表ノ立場ニ於テ質問ガ致シタイト思フノデアリマス（拍手）故ニ私ノ問ハントスル所ハ悉ク國民擧ッテノ心配デアリ、又此重大ナル時局ニ對シテ、吾々ガ此信念ヲ以テ質問ヲ致シマスル以上ハ、何卒内閣諸公モ親切丁寧ニ此議場ヲ通シテ國民ニ說明ヲ與ヘラレンコトヲ、豫メ御願ヲ致シテ置クノデアリマス

凡ソ一ツノ國家ヲ建設致シマスコトハ、容易ナコトデハアリマセヌ、最近ノ世界大戰爭ノ後ニ於ケル歐羅巴ニ於キマスル小國建設ノ、アノ苦心ノ狀態ヲ見マシテモ明カナ事柄デアリマス、然ルニ最近亞細亞ノ一角ニ於キマシテ、殊ニ吾々ト密接ナル利害關係ヲ有スル此接壤地帶ニ於キマシテ、滿洲國ガ生レ出タノデアリマス、而モ此滿洲國ノ建設ハ、極メテ無難デアリ、而シテ最モ輕キ言葉デ申シマスレバ、スラ スラット出來上ッタノデアリマス、恐ラク斯ノ如キ狀態ニ於テ國家ガ建設セラレタト云フコトハ、世界ノ東西古今ニ於テ稀ニ見ル事柄デアルト考ヘマス、何ガ故ニ斯ノ如ク無難ニ、斯ノ如ク容易ニ、此滿洲國ガ生レ出デタカヲ考ヘテ見マスト、私ハ斯ク信ズルノデアリマス、此滿蒙ノ地ガ、從來歷史的ニモ、政治的ニモ、支那ノ中央政權カラ全ク獨立ヲシテ居ッタト云フコト、是ガ一ツノ事實デアル、更ニモウ一ツ、此三千万ノ住民ノ心ガ、支那ノ中央政權ト全然離レ、舊滿洲ノ勢力政權ト全然離レテ居ッタ、從テ此三千万民衆ノ新國家組織ニ對スル精神ガ、全ク一致シテ居ッタト云フコトヲ如實ニ物語ッテ居ルモノデアルト私ハ考ヘル者デアリマス、斯ノ如キ國家ニ對シマシテハ、吾々ハ非常ナル祝意ヲ表シ、非常ナル敬意ヲ表サナクテハナラヌ、同時ニ吾々ハ之ニ對シテ、多大ナル同情ト多大ナル好意トヲ有スル必要アルコトヲ感ズルノデアリマス、恐ラクハ此私ノ發言ハ、全日本國民ノ同樣ナル考デアラウト云フコトヲ茲ニ信ズルノデアリマス（拍手）是ハ濱口内閣、若槻内閣、而シテ現犬養内閣ヲ通ジテノ一貫シタル考デアリ、思慮デアルコトヲ信ズルノデアリマス、吾々ハ此隣人此隣邦、而シテ同種同文デアリマス所ノ此新國家、此新國民ニ對シ、非常ナル同情ヲ與ヘナケレバナリマセヌ、併シ今日ノ場合ニ於テ、此問題ニ付テハ、極メテ國際的ニ微妙ナル關係ノアルコトヲ信ジマスガ故ニ、多クノ言葉ハ費シマセヌ、唯茲ニ聞イテ置カナケレバナラヌコトハ、此關係ニ在リ、此立場ニ在リマスル所ノ此新國家ガ、先進諸國家ニ對シ承認ヲ求メテ居ル一事デアリマス、凡ソ國家ノ承認ハ、或ル場合ニハ、之ヲ求ムル者ヨリモ、之ヲ與フル者ニ於テ必要ガアルコトガアルコトヲ感ジナケレバナラヌノデアリマス、茲ニ土地ガアリ、住民ガ居リ、而シテ其處ニ主權者ガアルナラバ、其國家ハ法理上成立シ得ルデアリマセウ、併シ其國家ト利害ヲ有シ、其國家ニ對シ、何モノカノ關係ヲ有シマス場合ニハ、求ムル者ヨリモ與ヘル者ニ於テ多クノ考慮ヲ拂ハナケレバナラヌ場合ガ幾多アルノデアリマス、帝國ノ現狀ヨリ致シマスナラバ、先ニ申シタル如ク彼我ノ歷史的關係、或ハ地理的關係、又ハ經濟的關係、是等ノ場合ニ於テ、私ハ特ニ我ガ政府ガ滿洲國ニ對スル態度ニ付テ、先刻ノ外務大臣ノ御說明ヨリモ、モウ一歩進ンダル、國民ヲシテ安心セシメ得ル程度ノ御言明ガ出來ルナラバ、其御言明ヲ承リタイノデアリマス、更ニ最近ノ世界各地ヨリ傳ハリマスル報道ニ依リマスレバ、此若キ國民ニ對シ、必ズシモ有利ナル報道ノミデハアリマセヌ、故ニ列國ノ滿洲國ニ對スル態度ニ對シ、我ガ帝國ハ如何ナル措置ヲ執ルノデアルカ、如何ナル覺悟ヲ有シテ居ルノデアルカト云フコトモ、併セテ此場合ニ承ッテ置キタイノデアリマス（拍手）此問題ニ付テハ、私ハ今申シマシタ如ク、國際上極メテ微妙ナ關係ノアルコトハ承知シテ居リマスガ、願クハ政府トシテ、爲シ得ル最大限度ノ御言葉ヲ以テ、御答辯下サランコトヲ御願ヲシテ置キマス

次ニ御尋ヲ致シタイノハ上海事件ニ關スルコトデアリマス、上海事件ニ關シマシテハ、私極メテ多クノ御尋ヲ致シタイコトガアリマス、併ナガラ今日ノ場合、之ヲ試ルコトハ其時機ニ非ズト信ジマス、故ニ之ヲ他日ノ適當ナル機會ニ讓リタイト考ヘマス、唯、今日私ノ御尋ヲ致シタイコトハ、此上海事件ニ對スル處理ニ付テハ、軍事上並ニ外交上如何樣ナル處理ヲ爲サントシテ居ラレルノデアルカ、特ニ最近上海ニ開カレテ居リマス日支停戰ノ交渉ノ顚末ニ付テ承リタイノデアリマス、其顚末ノ中ニ於テモ、若シ帝國ノ軍隊ガ撤退ヲ致シタ場合ニハ、其地域ニ於ケル治安維持ハ如何ナル方法ニ依ッテ之ヲヤラル、カト云フコトハ、特ニ御尋ヲ致シテ置キタイノデアリマス（拍手）

尙ホ更ニモウ一ツハ、政府ハ此上海ニ在ル帝國軍隊ノ撤收ニ向ッテ努力セラレツ、アルヤウデアリマス、是ハ本年ノ二月七日ニ、政府ガ上海事件ニ付テ聲明ヲセラレタ所ノ、其聲明書ノ第五項及第六項ノ目的ヲ達シタルガ故ニ、此撤收ニ着手シタト言ハレルノデアルカ、或ハ二月七日ノ聲明ノ第五及第六ノ目的ヲ達スルノ成算ガ出來タルガ故ニ、此撤收ノ開始ヲ致サレルト云フノデアルカ、此點ハ特ニ明ニシテ置イテ戴キタイノデアリマス、今ヤ全國民ハ上海事件ニ付テハ多大ノ憂慮ヲ有ッテ居ルノデアリマス、而モ此事件ノ取扱方ノ如何ニ依リマシテハ、帝國ノ外交、帝國ノ軍事等ニ及ボシマス惡影響ガ、極メテ甚大ナルモノガアルコトヲ私ハ信ズルノデアリマス（拍手）故ニ國家ノ爲メ、國民ノ爲メ此質問ニ付テモ特ニ詳細ナル御說明アランコトヲ御願致スノデアリマス

最後ニ私ノ御尋致シタイコトハ、今回ノ滿洲及支那ノ事件ニ關係致シマシテ、國際聯盟ノ執レル態度ニ付テデアリマス、總理大臣ヲ始メトシテ、各大臣ノ御演說中ニモアリマシタ如ク、今回ノ事件ハ、近年ノ支那ノ態度ガ餘リニ驕慢デアリ、餘リニ背德デアル、其結果甚シキハ帝國ト結ンダル條約ヲ無視シ、或ハ帝國ノ既得ノ權益ヲ蹂躙シ、或ハ帝國居留民ノ生命財產ヲ危殆ニ陷ラシムルガ如キ行動ヲ執リタルコトガ、是ガ今回ノ事件ノ勃發ノ原因デアリ、今日ニ

至ッテ居ル所以デアルコトハ申上ゲルマデモナイコトデアリマス、帝國政府ハ最初ヨリ此事件ニ付テハ自衞權ノ發動デアルコトヲ聲明致シ、而モ如何ナル場合デモ吾々ノ既得權益ノ擁護ガ出來、吾々居留民ノ生命財產ノ安固ヲ保チ得ラレルナラバ、イツ何時デモ撤兵シ、イツ何時デモ日支交渉ニ應ズル用意ノアルコトハ絶エズ聲明致シテ居ルノデアリマス、隨テ帝國ハ此建前ヲ以テ此事件ヲ扱ッテ來テ居リマスガ故ニ、國交斷絶ノ虞アル場合ノ規約デアル國際聯盟第十五條ノ適用ノ必要ナキコトヲ、幾度モ繰返シテ主張致シテ居ルノデアリマス、故ニ滿洲事件ノ圓滿ナル解決ノ途ハ唯、日支直接ノ交渉ニ依ッテノミ遂ゲ得ラル、モノデアルコトハ、芳澤外務大臣ガ「ジュネーヴ」ニ於ケル、國際聯盟ノ會議ニ於テ帝國代表タリシ時ニモ屢〻聲明ヲセラレ、此發言ヲセラレテ居ルノデアリマス、帝國政府モ昨年ノ九月十九日、或ハ九月二十四日ノ聲明、十月十二日ノ回答、九月三十日ノ會議、或ハ今年ノ二月四日外務大臣ガ英米佛ノ三國大使ノ來翰ニ對シテ答ヘラレタル其中ニモ、明ニ之ヲ明言セラレテアル通リデアリマス、只今ノ御演説ニモ是ガアッタノデアリマス、而モ單ニ日本ノ聲明ノミナラズ、此事ニ付テハ御承知ノ如ク、昨年ノ九月三十日ニ於ケル國際聯盟理事會會議ノ席上ニ於テ、英國代表デアル「セシル」卿ハ、支那ノ國際聯盟十五條ノ適用ノ要求ニ對シテ深ク之ヲ咎メ、今回ノ此「ジュネーヴ」ノ會議ハ聯盟規約第十一條ニ依ッテ招集セラレタ會議デアル、而モ今日事態ハ漸次改善セラレツ、アル、第十五條ノ適用ヲ致スト云フガ如キコトハ斷ジテ不可デアル、幾多ノ係爭事件ソレ自身ハ、兩當事國自身ニ於テ解決ニ努力スルコトガ當然ノ義務デアルト云フ事迄極言致シ、會議ハ之ヲ謹聽シ、而モ其日ノ決議、九月三十日ノ決議ノ第六項ニ於テ、兩國直接ノ交渉ヲ明ニ聯盟ハ承認シテ居ルノデアリマス、是ハ私ガ繰返シテ申上ゲルマデモナイコトデ、而モ昨年ノ十二月十日ニ於テ決定サレタ滿洲竝ニ支那ニ對シ、國際聯盟ヨリノ特別調査委員派遣ノ決議ノ如キ、國際聯盟ソレ自體ガ滿洲及支那ニ關スル知識ガ缺乏シテ居ルガ爲ニ、此派遣ヲ致スト云フコトニナッタコトハ、現在ノ外務大臣デアリ、時ノ帝國代表デアッタ芳澤氏ノ疾ク御承知ノコトデアリマス、然ルニ斯ノ如ク明確、斯ク如ク事理明白ナル決議ガアルニ拘ラズ、今年三月十一日ノ國際聯盟特別總會ニ於キマシテハ奇怪千萬ナル決議ヲ致シテ居ルノデアリマス、其決議ノ内容ニ付テハ、私ガ今更之ヲ申上ゲルマデモナク、外務大臣御承知ノ通リデアリマス、此決議ニ依リマスレバ聯盟規約第十五條ヲ滿洲事件ニマデ適用セントスルノデアリマス、之ニ依テ如何ナル事ヲ生ズルカト云フナラバ、奇怪千萬、遺憾至極ノコトガ生ズルノデアリマス、大體國際聯盟ガ、嚢ニハ特別調査委員ヲ滿洲ニ派遣シテ、其報告ヲ俟ッテ、此事件ノ最後ノ決定ヲ與ヘルト云フコト、ナリ、滿洲事件ハ國際聯盟規約第十一條ニ依ッテ之ヲ處理スルト云フコトニ確定サレテ、特別委員派遣ト ナッテ居ルノデアリマス、其委員ハ日本ヲ經テ上海ニ至リ、滿洲ニ至ラントシテ、目下調査中デアルノデアリマス、然ルニ其報告ヲ俟タズシテ、國際聯盟ガ自ラ知識ノ缺乏ヲ認メナガラ、缺乏シテ居ル此知識ノ儘デ、第十五條ヲ適用シテ此事件ノ處理ヲセントスルガ如キコトハ、何ト考ヘテ見テモ明カニ不徳義ナル行爲デアルト私ハ思ハナケレバナリマセヌ(拍手)又斯ノ如キコトヲ致シマスナラバ、國際聯盟ハ、此會議ニ於テ、同一ノ滿洲事件ニ付テ二ツノ理事會、二ツノ委員會、二ツノ總會ヲ有ツト云フガ如キコトニナルノデアリマス、同一ナル事件ニ對シテ、同時ニ二ツノ異ッタ會議ヲ有ツト云フガ如キコトハ、明ニ不法デアルト云フコトヲ私ハ信ゼザルヲ得ヌノデアリマス(拍手)更ニ又日本ガ幾度ビカ承認ヲ與ヘマシタ所ノ其聲明、其留保ニ對シテ、彼等ハ之ニ向ッテ承認ヲ與ヘテ置キナガラ、此日本ノ聲明、此日本ノ留保ヲ蹂躙スルガ如キ決議ヲ致スコトニナルノデアリマスガ、是ハ確カニ不當ナル決議不當ナル會議デアルト言ハナケレバナリマセヌ、此不當ナル態度、此不法ナル態度、此不徳義ナル態度、ソレニ依ッテ開カレタル所ノ此三月十一日ノ國際聯盟特別會議ニ向ッテ、帝國政府ノ代表ハ、政府ノ命ヲ受ケテ出席シテ、之ニ發言スルトハ一體何事デアルカト云フコトヲ私ハ承ッテ見タイノデアリマス(拍手)

斯ノ如キ會議ニ參加ヲ致シテ――斯ノ如キ會議ニ向ッテ參加シタル以上ハ、其留保ヲ致サウトモ、棄權ヲ致サウトモ、苟クモ之ニ向ッテ參加ヲ致シタル以上ハ二重ナル、不徳ナル、不法ナル、不徳義ナル會議ヲ、日本帝國ノ政府ガ承認シタト云フコトニ相成ルノデアリマスガ、之ニ對スル政府ノ所見ヲ明ニ伺ッテ置キタイノデアリマス(拍手)極メテ是ハ重大ナル事柄デアリマス、一體斯ノ如キ不都合ナ會議ガ開催サレルト云フコトハ、今年二月ノ日ニ接受セラレマシタ所ノ英米佛三國ノ通牒ニ依ッテデモ、明ニ想像シ得ラレタコトデアリマス、少クトモ此二月ノ初ヨリ三月ノ十日ニ至ルマデ、四十幾日カノ日ノ間ニ之ニ向ッテ、之ヲ防グ爲ニ、政府ハ如何ナル措置ヲ執ラレタノデアルカ、之ヲ私ハ承リタイノデアリマス、唯一片ノ聲明ヲ爲シテ、之ニ對スル何等ノ措置ヲ執ッテ居ラレヌト云フコトハ、怠慢失態モ亦甚シキモノデアルト思ハザルヲ得ナイノデアリマス(拍手)此點ハ先ニ外務大臣ノ御演説中ニ、近時歐羅巴ノ小國ノ態度ガ、甚ダシク帝國ニ對シテ不利益ニナッテ來タ、是ハ或ハ支那ノ宣傳ニ依リ、或ハ誤解ニ依ルト言ハレマシタ如ク、其支那ノ宣傳ニ依リ、誤解ニ依ッテ、左樣ナ態度ヲ招クヤウナ、政府ハ今日マデ安閑トシテ之ニ對スル何等ノ對策ヲ講ゼズ、此誤解ニ對スル辯明ヲナサヌデ居ラレタノデアルノデハアリマセヌカ、若シ努力セラレタナラ、如何ヤウニセラレタカト云フコトヲ承リタイノデアリマス、若シ斯ノ如キコトニ對シテ、爲スベキ何等ノ行動ヲ執ッテ居ラレナカッタトスルナラバ、洵ニ驚クベキ所ノ怠慢デアリ、驚クベキ所ノ失態デアルト私ハ思フノデアリマス(拍手)而モ、此三月十一日ノ會議ニ於テ、我國ガ聯盟規約第十五條ノ適用ヲ留保シタト稱セラル、モ、代表ガ會議ニ出席シテ棄權シ、殆ド滿場一致ノ形ヲ以テ會議ノ決議ヲ爲サシメタト云フコトハ、取モ直サズ國際聯盟規約十五條ノ第十項ノ決議ヲ爲サシメタコトニナルノデアリマス、何故ニ堂々其不法不當不徳義ヲ責メテ、反省ヲ求メ、少クトモ大國ノ一ヲシテ反對セシメナカッタカ、此間ニ盡スベキ幾多ノ手段ガ外交官トシテナクテハナラヌ、外務當局トシテナクテハナラナカッタト考ヘルノデアリマスガ、之ニ對シテハ如何ナル對策ヲオ有チニナッテ居ルカ、之ヲ私ハ承リタイノデアリマス、前若槻内閣ノ當時決定シテ居ッタ滿洲事件ヲ覆ヘシタ大失態デアル(拍手)若シ之ニ對シテ明確ナル御答辯ガ得ラレマセナラバ、恐ラクハ日本ノ國、近代日本ニ於テ斯ノ如キ失態、斯ノ如キ怠慢ナル外交ナカリシコトヲ思フ、之ニ對スル政府ノ責任、外務大臣ノ責任ヲ明ニシテ置イテ貰ハナケレバナラヌト思フノデアリマス、願ハクハ十分ナル御言明ヲ與ヘラレンコトヲ願フノデアリマス(拍手)

(國務大臣芳澤謙吉君登壇)

○國務大臣(芳澤謙吉君) 只今宮道君ヨリ山道君ヨリ……間違ヒマシタ、甚ダ失禮、山道君ヨリ御出シニナリマシタ御質問ニ答辯致シマス、山道君ノ御質問ノ第一ハ滿洲國ニ對シテ何故早ク承認ヲ與ヘナイカ(「違フ〱」「默ッテ聞ケ」ト呼ビ其他發言スル者多シ)約言スレバ、サウ云フ風ニ諒解致シマシタ、日本政府ハ滿洲國ノ出現ニ付キマシテハ愼重ナル考慮ヲ盡シマシテ、各般ノ情勢ヲ考ヘタ上デ承認ヲ與ヘル考デ居リマス、只今ハ急イデ之ヲ與ヘルコトハ見合シテ居ルト云フ狀況デアリマス、ソレカラ滿洲國ノ出現ニ就テ、歐米諸國ノ之ニ對スル態度ハドウデアルカ云フ御質問モアリマシタガ、只今政府ノ領收致シテ居ル歐米諸國カラノ報道デハ、マダ歐米各國ニ於キマシテモ、承認ヲ與ヘルト云フ模樣ハナイノデアリマス

ソレカラ第二ニ上海事件ノ處理ニ付テハ、ドウ云フ措置ヲ執ッテ居ルカ、停戰交渉ニ付テノ顚末ヲ說明シテ與レト、斯ウ云フ御註文デアリマス、新聞デモ御承知ノ通リ只今停戰交渉ハ進行デアリマス、サリナガラ交渉者ノ間ニ約束ガアリマシテ、交渉ノ內容ノ公表ハ出來ナイコトニナッテ居リマス、ソレデ只今此點ニ付キシテ御說明ノ出來ヌコトハ私ノ遺憾トスル所デアリマス(拍手)ソレカラ日本政府ハ軍隊ヲ撤收スル場合ニハ、從來ノ聲明ノ趣旨ニ反スルヤウナコトハ致シマセヌ

第三ニ國際聯盟ニ於ケル總會ノ三月十一日ノ決議ハ、甚ダ不都合デアル、又何ガ故ニ日本政府ハ斯ノ如キ總會ニ代表ヲ出席セシメタカ、斯ウ云フ御質問デアリマス、只今ノ御質問ノ中ニモアリマシタ通リ、日本ノ代表ハ三月十一日ノ決議ニ對シマシテ、日本ノ立場ヲ闡明シテ、第十五條ニ關スル留保ヲ維持シテ棄權シタノデアリマス、是ハ何處ノ國際會議デモ、如何ナル條約ヲ結ブ場合ニモ、留保ヲスルト云フコトハ能クアル、國際聯盟ノ理事會ナリ、總會ナリニ於キマシテモ、過去ニ先例ハ多々アルノデアリマス(拍手)何故サウ云フ態度ヲ執ルナラバ、最初カラ總會ニ我ガ代表ヲシテ出席セシメタカト云フ御質問ノ趣旨カトモ解釋サレルノデアリマスルガ、御承知ノ通リ當洲事變及上海事件ハ、全世界ノ耳目ヲ聳動シテ居ル非常ナル大問題デアル、此大問題ガ國際聯盟ノ總會ナリ、其他ノ會合ニ論議セラレテ居ル際ニ、日本政府トシマシテハ、出來得ルダケ日本ノ立場ヲ十二分ニ說明シテ、各國ヲシテ能ク諒解セシメル措置ヲ執ルト云フコトガ、是ハ必要デアッテ、日本ノ爲ニ得策ト考ヘタ爲メデアリマス(拍手)併シナガラ其總會ノ決議若クハ結論ニシテ、日本ニ取ッテ受諾シ難イモノガアレバ留保スルノガ當然デアリマス(拍手)

(山道襄一君登壇)

○山道襄一君 只今ノ外務大臣ノ御答辯ニ對シマシテ、重ネテ一言申述ベテ置キマス、第一ノ問題タル滿洲國ノ件ニ付テハ、各般ノ狀勢ニ鑑ミテ承認ヲ與ヘル積リデアルト云フ御答辯デアリマシタ、此問題ニ付テハ、時節柄是レ以上私ハ追窮ハ致シマセヌ

上海事件ニ付キマシテハ、今相互ノ間ニ約束ガアル爲ニ、其顚末ニ付テ述ブルコトガ出來ヌト云フ御話デアリマシテ、私ハ敢テ交渉ノ內容ニマデ立至ッテ伺ヒタイト申スノデハアリマセヌ、政府ガ政治的ニ、軍事的ニ、外交的ニ、此事件ヲ如何ニ處理セラレル積リデアルトカ云フコトヲ質問シタノデアリマス、撤兵區域ノ治安ヲ如何ナル方法デ維持スルカト云フコト、帝國軍隊ノ撤收ヲ致スト云フ場合ニ――帝國軍隊ノ撤收ヲ致スト云フ場合ニ、殊ニ重要ナ聲明デアル所ノ二月七日ノ聲明、其主要項目タル第五、第六ニ對シテハ、外務大臣トシテ、政府トシテハ相當ナル御考ガ付キ、相當ナル目度ガ付イテ居ルカドウカ、若シ是ガ付カナケレバ、輕々シク左樣ナ交渉ニ應ゼラルベキデハナカラウト云フコトハ、極メテ大切ナコトデアルト私ハ信ズルノデアリマス(拍手)此一點ハ大切ナコトデアリマスカラ明ニシテ置カレンコトヲ望ンダノデアリマス

更ニ私ハ第三ノ國際聯盟ノ問題ニ付テハ、洵ニ外務大臣ガ私ノ言葉ヲ正當ニ御解シ下サラザリシコトヲ遺憾ニ考ヘマス、御苦衷ハ私ハ御察シ致シマス、外交上ノ立場ニ於ケル御苦心ハ何處マデモ私ハ御察シ致シテ居ルノデアリマス、唯前若槻內閣ノ當時ニ於テ、卽チ昨年十二月十日ノ聯盟會議ヲ限リトシテ、滿洲問題ニ付テハ、聯盟規約第十五條ノ適用ハシナイ、事件解決ハ日支兩國ノ直接交渉ニ委スルト云フコトニ確定シテ、唯々其最後ノ決定ヲスルノニ特別調査委員ヲ派遣シ、實情ヲ調査セシムルト云フコトニ決定シタモノヲ、今更ニ滿洲ニ規約第十五條ヲ適用スル委員ガ出來ルト云フガ如キコトハ、同一ノ問題ニ付テ、異ナッタル二ツノ條項ニ基イテノ委員會ガ二ツ作ラレ、總會ガ二ツ開カレルト云フコトニナル、斯カル不法不當不德義ノ會議ニ、日本ガオメ〳〵ト捲込マレテ、サウシテ拔差シナラザル狀態ニ陷ッタ、其經過ガ聽キタイ、其責任ガ聽キタイ、其對策ガ聽キタイト申シタノデアリマス、アナタガ棄權ヲシタコトニ付テノ御辯明、留保ヲシタコトニ付テノ御辯明、是ハ是マデノ立場ヲ唯々僅ニ辯明セラレ、釋明セラレタルニ過ギマセヌ、今回ノ此渦中ニ捲込マレ、斯ノ如キ所ノ不法ナル、不當ナル、不德義ナル會議ニ捲込マレ、オメ〳〵トシテ居ルナラバ、大體規約第十一條ニ基イテ現在支那ニ派遣セラレテ來テ居ル特別調査委員ヲ何ト爲サル積リデアルカ、是ガ御聽キシタイ、若シ後ノ總會ガ正當デアルナラバ、最初ノ總會ハ消滅シナケレバナラヌ、最初ノ總會ガ正當デアルナラバ後ノ總會ハ消滅シナケレバナラヌノデハナイカ、其二ツノ會議ニ帝國代表ヲ出席サセレタ、而モ佐藤代表ハ此不法タリ、不當タリ、不德義タルコトニ付テハ、會議ノ席上ニ於テ何等ノ發言ヲ致シテ居ラヌデハアリマセヌカ、斯ノ如キコトニナッタコトニ付テ、經過及政府ノ對策ガ承リタイ

又外務大臣ノ演說ニ於テ、歐羅巴小國ノ態度ガ近來甚ダ我國ニ對シテ不利益デアルト言ハレタガ、斯クナルマデ政府ハ安閑トシテ見テ居ッテ、此失態ニ立至ラシメテ居ッタノデハナイカ、若シ安閑トシテ居ナカットト云フナラバ、之ニ對シテ如何樣ナル方法ヲ講ジタカ、如何樣ナル手段ヲ執ッタカト云フコトノ御說明ガ何故出來ナイノデアリマスカ、斯ノ如ク小國ノ、吾々ニ對スル態度ガ甚ダ惡イ所ノ誤解ニ陷ッタ、惡宣傳ニ掛ッタト云フナラバ、何ガ故ニ惡宣傳ヲ妨ゲ、何ガ故ニ誤解ヲ解クダケノ努力ヲシナカッタカト云フコトヲ私ハ御尋ネシタイノデアリマス、此失態ハ殆ド日本ノ外交史上ニ、未ダ曾テ見ザル所ノ屈從的、退嬰的ノ失敗ノ外交デアリマスガ、之ニ付テノ責任ハドウセラレルカト云フコトヲ、玆ニ重ネテ御尋ヌスルノデアリマス、若シ是レ以上ニ御答ガ出來ナイナラバ、私ハ他日ノ機會ニ讓リマスガ、願クバ是ハ國民ノ均シク心配ヲシテ居ル重大ナ事件デアリマスカラ、親切ナル、眞面目ナル御答辯アランコトヲ望ムノデアリマス(拍手)

(國務大臣芳澤謙吉君登壇)

○國務大臣(芳澤謙吉君) 只今山道君ヨリ重ネテ御質問ガアリマシタガ、其第一ハ、上海事件ニ付テデアリマス、政府ハ是マデ上海事件ニ付キマシテモ、屢々聲明致シテ居ル次第デアリマスガ、今後上海事件ヲ處理シ、軍隊ノ引揚ゲヲ實行スル場合ニ付キマシテモ、是等ノ過去ニ於キマスル聲明ノ趣旨ニ從ッテ、實行致ス考デアリマス、第二ニ、國際聯盟ニ於ケル滿洲問題ノ處理ニ付テハ、昨年來聯盟規約第十一條ニ依ッテ、聯盟理事會ガ處理シテ居ッタニ拘ラズ、今囘第十五條ノ適用ヲ見ルニ至ッタ會議ニ、ナゼ日本ノ代表者ガ參加致シタカト云フ御質問デアリマスルガ、支那ノ方カラ第十五條ノ適用ヲ請求シマシテ、其結果國際聯盟理事會ニ於テ之ニ應ジタノデアリマスガ、日本トシマシテハ、最初カラ第十五條ノ適用ニ對シテ異議ヲ挾ンデ、此異議ヲ挾ンデ居ル留

保ノ下ニ參加致シテ居リマスルカラ、何等日本ノ權利利益ニ對シテ影響ガナイノデアリマス(拍手)

ソレカラ各方面ニ於ケル日本ニ對スル惡宣傳ニ對シマシテハ、御忠告ノ通リ絶エズ政府ト致シマシテハ、是ガ是正ニ最善ノ努力ヲ致シテ居リマス、尙ホ申シ遲レマシタガ、最初ノ御質問ノ初頭ニ於テ、私ニ對シマシテ御懇ロナル御言葉ヲ賜リ、厚ク御禮ヲ申上ゲマス(拍手)

(山道襄一君登壇)

○山道襄一君　外務大臣ニ對シテ重ネテ私ハ申上ゲマス、私ノ繰返シマシタ言葉ガ……

(發言スル者アリ)

○議長(秋田淸君)　御靜肅ニ

○山道襄一君(續)　尙ホ外務大臣ノ御諒解ニ至ラザリシコトヲ甚ダ遺憾ニ感ジマス、勿論外務大臣ハ故ラニ私ノ言葉ヲ御諒解下サラナイノデハアリマスマイケレドモ、斯ク迄ニ私ガ明瞭ニ申上ゲタルコトガ、ソレガ御返答ガ出來ナイト云フコトニ付テハ、洵ニ國家ノ爲ニ悲シマザルヲ得マセヌ、私ハ撮イ摘ンデ申上ゲテ置キマス

上海事件ニ對シ、我ガ撤兵地域ノ治安ヲ如何ナル方法デ維持スルノカ、又、我ガ軍隊ノ撤收ニ付テハ二月七日ノ重大ナル聲明ノ第五、第六ニ對シ、ハッキリ目度ガ付イタ、其目的ガ達セラレタト仰シャルノカドウカ、之ニ付テ明確ニ答辯シテ、國民ニ安心ヲサセル必要ガアルコトヲ私ハ申述ベタノデアリマス、又國際聯盟ノ問題ニ付テハ、アナタハ三月十一日ノ會議デ留保ヲシタト言ハレマスケレドモ、帝國代表ガ出席シ、會議其モノハ、非合法ナルコトヲ責メズシテ、國際聯盟規約第十五條第十項ノ決議ヲ爲スニ至ラシメルヤウナ形式ヲ採ラレタト云フコトニ付テ、重大ナル疑義ガアルノデアリマス、アナタガ若槻內閣時代ニ決定シタ規約第十一條ニ依ル會議ノ決定シタ特別委員會ヲ御認メニナルナラバ、三月十一日ノ特別總會ノ無效ヲ主張セネバナラヌ、然ルニ帝國代表ヲ會議ニ參加セシメテ居ッテ、之ニ對シ一言モ抗議サセテ居ラヌ、アナタハ此會議ノ開カルル前ニ、相當ノ對策ヲ講ジテ置カレナクテハナラヌ筈デアル、如何ニセラレタカ、又今後如何ヤウナ抗爭策ヲ御執リニナルカヲ私ハ聽キタイノデアリマス、サウシテ小國ニ對スル事ヲ努メタト仰シャルガ、唯努メ努メタダケデハ足リナイノデアリマス、如何ヤウナル手段、如何ヤウナル方法ニ依ッテ、小國ニ向ッテ誤解ヲ解クコトニ努メラレタカ、支那ノ惡宣傳ニ對抗セラレタカ而シテアナタハ代表ガ規約十五條ノ留保ヲシタト言ハレマスガ、十五條ノ適用ヲ留保シタダケデアッテ、其他ノ事ハ、今申ス通リ、不法ナル會議ニ對シテ何等抗議モ反對モ留保モシテ居ラレヌ之ヲ如何ニ處置セラルヽカト云フコトヲ御尋ネスルノデアリマス、是ガ政府トシテノ大ナル失敗デアル、之ヲ甚ダ遺憾ニ思フト云フノデアリマス

私ハ三度目ノ登壇デアリマスカラ、是レ以上問フコトハ出來マセヌ、他日ノ機會ニ讓リマスガ、願クバ斯ノ如キ重大ナル問題ハ、國家ノ爲ニ親切ニ、擧國一致的ノ態度ヲ以テ局ニ當リ答辯セラレンコトヲ忠告シテ降壇スルノデアリマス(拍手)

○議長(秋田淸君)　小川鄕太郎君

[「答辯シロ」ト呼フ者アリ]

○議長(秋田淸君)　外務大臣ハ發言ヲ求メラレマセヌ、仍テ議長ハ小川鄕太郎君ニ發言ヲ許シマシタ

(小川鄕太郎君登壇)

○小川鄕太郎君　私ハ只今上程セラレテ居リマス豫算案ニ關聯致シマシテ、御尋ヲシタイト思ヒマス

只今犬養總理大臣カラ、昭和七年度ノ豫算ハ第六十議會ノ解散ニ依ッテ不成立ニナッタガ故ニ、憲法ノ條章ニ依ッテ、前年度ノ豫算ヲ施行シタ、斯ウ云フ御說明ガアリマシタ、此豫算案モ追加豫算案トシテ出テ居リマスカラシテ、昭和七年度ノ豫算ハ前年度ノ豫算ヲ施行セラレルモノト考ヘマス、所デ只今犬養首相ノ憲法ノ條章ニ依ッテ前年度ノ豫算ヲ施行セラレルト言ハレルノハ、何デアルカト言ヒマスト、憲法七十一條ニ「帝國議會ニ於テ豫算ヲ議定セス又ハ豫算成立ニ至ラサルトキハ政府ハ前年度ノ豫算ヲ施行スヘシ」此事ヲ意味サレテ居ルノダト思ヒマス、然ルニ此條文ニ於キマシテノ「成立ニ至ラサルトキハ」ト云フコトハ、前年度內ニ成立セザル時ハト云フ意味ト解スベキデアリマス、卽チ三月三十一日マデニ、有效ナル議會ノ決議ガ豫算ニ關聯シテナカッタ時分ト云フコトデアラウト思ヒマス、勿論總豫算ガ議會ニ提出セラレテ居ルト云フコトヲ前提トシテ居リマス、然ルニ只今三月中ニ臨時議會ガ開カレテ居リマシテ、玆ニ總豫算ハ提出セラレテ居リマセヌ、隨テ豫算ガ成立スルトカ成立シナイト云フ問題ハ起ラナイ、卽チ有效ナル議決ヲ爲スニ山ガナイノデアリマス、憲法七十條ノ精神カラ言ヒマスレバ、政府ハ總豫算ヲ此議會ニ提出スル必要ガアルノデハナイカ、是ハ憲法ノ精神カラ當然デアラウト思フノデアリマス(拍手)此點ニ付キマシテ犬養總理大臣ノ御答辯ヲ求メタイノデアリマス、或ハ會期ガ五日デアルカラシテ、總豫算ヲ議スル追ガナイト言ハレルカモ知レマセヌガ、會期ヲ定メルノハ政府ノ自由デアリマス

(發言スルモノ多シ)

○議長(秋田淸君)　靜肅ニ願ヒマス

○小川鄕太郎君(續)　會期ガ短イノ故ヲ以テ、憲法上ノ解釋ハ少シモ異ラナイト思ヒマス、又之ヲ政治論カラ考ヘマシタナラバ、私ハ現政府ハ總豫算ヲ此臨時議會ニ提出スル所ノ義務ガアリハセヌカト思フノデアリマス、前年度ノ豫算ヲ施行スルト言ハレマスケレドモ、前年度ノ豫算ハ前內閣ガ拵ヘタモノデアリマシテ、金本位制度擁護ノ下ニ於テ、物價ハ安イト云フヤウナ財界ヲ背景ニ致シマシテ出來タ豫算デアリマス、然ルニ現內閣ハ、金ノ輸出禁止ヲサレマシテ、物價ヲ高クスルト云フ政策ヲ執ッテ居ラレルノデアリマス、全然違ッタ背景ニ立ッテ居ルノデアリマスカラシテ、現內閣ガ豫算ヲ實行シヨウト云フナラバ、當然新シイ政策ヲ行フ爲ニ總豫算ヲ提案セラレナケレバナラヌト思フノデアリマス(拍手)前年度ノ豫算ヲ施行スルト致シマシテモ、物價ノ低イ時代ニ編成サレタ豫算ガ、物價ノ高イ時代ニ於キマシテ行ハレルコトハムヅカシイト思フノデアリマス、或ハ此施行豫算ニ依ッテ實行豫算ヲ編成サレルデアリマセウケレドモ、實行豫算ヲ編成スルニ方リマシテハ、減ズルコトハ出來マセウガ、多クスルコトハムヅカシイト思フノデアリマス、政府ハ如何ニシテ此豫算ヲ實行ショウトセラレルノデアリマスカ、此點ニ付キマシテ明瞭ナル御答辯ヲ御願ヒシタイノデアリマス

次ニ滿洲事件費ニ付テ御尋ネシタイノデアリマス、私ハ此滿洲事件費ニ對シマシテハ喜ンデ協贊ヲ與ヘタイト思フノデアリマス、ソレハ山道君カラ既ニ申サレタ通リデアリマスガ、之ニ關聯致シマシテ共財政上ノ取扱ハドウナルデアラウカト云フコトヲ伺ヒタイノデアリマス

「只今高橋大藏大臣ノ御說明ニ依リマストト云フト、滿洲事件費ハ一億四千七百万圓位ニナッテ居ルト思ヒマス、其中デ一億三千七百万圓位ガ公債支辨ニ依ッテ居ルト思ヒマス、昭和七年度ノ追加豫算ハ二箇月分デアルト言ハレルノデアリマスカラシテ、今後十箇月分――十箇月ニ於キマシテ滿洲事件ニ要スル所ノ經費ハ幾何ニ上ルノデアリマセウカ、ソレハ先ノコトデアル カラ分ラヌト言ハレルカモ知レマセヌガ、昭和七年度ノ豫算ト云フモノヲ考ヘル時分ニ於キマシテハ、凡ソノ目度ガアラウト思フノデアリマス、共ノ凡ソノ月度ニ付キマシテ伺

ヒタイト思フノデアリマス、若シ二箇月間ニ六千万圓ヲ要スルト云フヤウナ計算デ行キマスナラバ、尙ホ今後ニ於キマシテ三億圓必要デアラウト思フノデアリマス、少クトモ滿洲事件費ニ要スルダケノ公債ハ、三億ナリ四億ニナルデハナイカト考ヘラレルノデアリマスガ、政府ノ見込ハ如何デアリマセウ、サウ云フ風ニ巨額ノ公債ヲ發行スルト致シマスト、其ノ利子ダケデモ、三億圓四億圓ニ致シマシテモ、或ハ千五百万圓乃至二千万圓ノ利子ガ要リマスガ、サウ云フ利子ハ何處カラ捉ヘテ來ルノデアリマセウ、少クトモ戰爭ヲスルト云フ以上ハ……

〔「金ガ要ル」ト呼ヒ其他發言スル者多シ〕

○議長（秋田淸君）　靜肅ニ

○小川鄕太郎君（續）　現代ノ國民モ亦其負擔ヲ分ツ必要ハナイデアラウカ、又此公債ノ利子マデモ、公債ニ仰ガウトスルノデアリマスカ、尙ホ此軍事公債ニ關聯致シマシテ、昭和七年度ニ於キマシテ政府ノ考ヘテ居ラレル所ノ公債ヲ起サレル額ハドノ位デアリマセウカ、赤字公債ハ既ニ九千六百万圓ト豫定サレテ居ルト思フノデアリマス、然ルニ此赤字公債ハ、中々九千六百万圓デハ濟マナイデアラウト思フノデアリマス、尙ホ其ノ外ニ……

〔「誰ガ赤字ヲ出シタカ」ト呼ヒ其他發言スル者多シ〕

○議長（秋田淸君）　靜肅ニ

○小川鄕太郎君（續）　昭和七年度ノ豫算ニハアルノデアリマス――犬養內閣ノ昭和七年度ノ實行豫算ニハ、必ズ現ハレテ來ルノデアリマス、尙ホ其他政友會內閣ニ於キマシテ、積極政策ヲ行フ爲ニ、巨額ノ公債ヲ起サレナケレバナラヌト思ヒマスガ、ソレニ付キマシテハ凡ソノ見込ガアラウト思ヒマス、昭和六年ニ此內閣ガ出來マシテ、昭和七年度ニ亙リマシテ、起サレントスル公債額ノ總額ヲ承リタイノデアリマス、尙ホ此委員會ガアリマセヌカラシテ、此處デ便宜上伺ヒマスガ、此一億四千七百万圓ノ滿洲事件費ニ於キマシテ、機密費ハ幾何ニ上ッテ居リマスカ、之ヲ伺ッテ置キタイノデアリマス

第三ニ伺ヒタイノハ、昭和六年度ノ歲入歲出總豫算追加第二號デアリマス、第二號ハ恩給ノ增加百四十餘万圓ヲ計上シタモノデアリマス、是ハ軍事豫算ト同ジヤウニ緊急ナルモノトシテ、茲ニ緊急決議ヲ要求サレテ居ルト思ヒマスガ、此モノハ滿洲事件費ニ關聯シテ居ルノデアリマスカ、滿洲事件ニ關聯シテ居ルトシタナラバ、何處デマ關聯シテ居ルノデアリマスカ、滿洲事件ニ關聯セナイナラバ、必ズシモ緊急トハ言ハレナイノデアリマス、此點ニ付キマシテ大藏大臣ノ率直ナル御答辯ヲ伺ヒタイノデアリマス、何時モノ議會ニ於キマシテ、此頃ニナリマスト云フト、恩給費ガ不足ヲ告ゲマシテ、何時モ追加豫算ガ請求サレルノデアリマス、私ハ其意味ニ於テ、偶〻臨時議會ガ開カレテ居ルガ故ニ、此恩給費ノ增加ヲ請求セラレタノデハナイカト思フノデアリマス、果シテ然リトスレバ、是ハ緊急ナル事項デハナイト考ヘルノデアリマス（拍手）一體年度末ニ於キマシテハ恩給費ガ足ラナイ、是ハ豫算ノ編成ノ上ニ於テ遺憾ノ點ガアルカモ知レマセヌケレドモ、恩給費ガ增加シテ止マナイト云フコトカラ來テ居ルト思フノデアリマス、是ガ故ニ恩給亡國論ト云フヤウナ議論サヘアルノデアリマシテ、恩給法ノ改正ト云フモノガ必要ニ迫ラレテ居ルト思フノデアリマス、前內閣ハ此ニ觀ル所ガアッテ、恩給法ノ改正ヲ企テ、居ッタノデアリマス、現內閣ハ此恩給法ノ改正ニ付キマシテハ、如何ナル考ヲ有ッテ居ラレマスカ、此機會ニ於テ御尋ネシテ置キタイト思フノデアリマス

次ニ此豫算ノ形式デアリマスガ、歲出ヲ計上シテ、歲入ヲ計上シテアリマセヌ、是ハ近來稀ニ見ル例デアルト思フノデアリマス（拍手）政府ハ或ハ一般會計ニ於テモ其前例ナキデハナイ、アレハ明治三十六年位迄ハ多少アッタト言ハレルカモ知レマセヌガ、其後サウ云フ例ハナイト思フノデアリマス、何故ナイカ、ソレハ財政ノ鞏固ヲ期スル上カラ致シマシテ、當然ノコトデアラウト思フノデアリマス、政府ハ今日マデ慣例ニナッテ居リマス此例ヲ破ッテ、茲ニ歲入ヲ計上セズ、歲出ヲ計上シタダケノ豫算ヲ提案セラレタノデアリマス、是ハ畢竟スルニ財政ガ困難デアル、國家ノ信用ト云フモノガ、非常ニ之ニ依ッテ傷ケラレテ居ルト考ヘルノデアリマス……

〔發言スル者多シ〕

○議長（秋田淸君）　靜肅ニ……

○小川鄕太郎君（續）　其說明ヲ聽キマスト云フト、歲入ノ超過ヲ以テ之ヲ支辨スルト云フコトデアリマス、歲入ノ超過ガ昭和六年度ニドレ位アルノデアリマスカ、昭和六年度ノ赤字ハ六千五百万圓ト言ハレテ居リマス、ソレガ故ニ政府ハ減債基金ノ一部繰入、四千四百万圓デアリマスカ、尙ホ其他ニ事業公債二千百万圓足ラズノモノヲ起シテ、之ヲ補塡シタト云フコトデアリマス、其赤字公債ヲ起シテ置キナガラ、片方ニ歲入ノ超過ガアルト云フコトハ、ドウ云フコトデアリマスカ、尙ホ此金ノ輸出禁止カラ以來、爲替相場ガ非常ニ下ッテ居リマスカラシテ、爲替損金モ極メテ巨額ニ上ルコトダラウト思ヒマス、地方土木費ノ補助ト云フモノモ、既ニ決定シテ居ルト思フノデアリマス、サウ云フヤウナモノヲ皆支辨シテ、尙且ツ茲ニ歲入超過ナルモノガアルノデアリマスカ、歲入超過ナルモノハ實際七月ノ三十一日ニ至ッテ決算ヲシテ見ナケレバ、分ラヌコトデハナイカト思フノデアリマス、歲入缺陷ガ非常ニ多イ、而モ公債ヲ起スナリ、減債基金ノ繰入ヲ停止スルナドシテ、漸ク辻褄ヲ合シテ居ル、此時ニ歲入ノ超過ガ茲ニアル、ソレ故ニ恩給ハ出シテ宜シイト云フ、斯ウ云フコトガドウシテ言ヘルノデアリマスカ（拍手）私ハ斯ウ云フヤウナ事ヲヤレバコソ、日本ノ財政ト云フモノヲ人ガ疑フノデアラウト思フノデアリマス（拍手）若シ足リナイトスルナラバ、足リナイト云フコトヲ明ニシタナラバ宜シイ、漫然トシテ茲ニ歲入超過ガアルト云フノデ、斯ウ云フヤウナ、形式ノ整ハザル所ノ豫算ヲ提出スルコトハ、私ハ其意ヲ得テ居ナイト思フノデアリマス（拍手）此點ニ付テ御說明ヲ願ヒタイノデアリマス（拍手）

○議長（秋田淸君）　島田政府委員

〔「總理大臣」「總理大臣」ト呼フ者アリ〕

〔國務大臣犬養毅君登壇〕

○國務大臣（犬養毅君）　御答致シマス、此邊ハ總テ事務的ニ亙ル問題デアリマスカラ、ソレダカラ政府委員ヲ出シテ說明サセルト、丁度適當ノ問題デアリマス（拍手）

○議長（秋田淸君）　島田政府委員

〔政府委員島田俊雄君登壇〕

○政府委員（島田俊雄君）　小川君ノ第一問、今期議會ニ總豫算ヲ提出シナイ理由ニ付テノ點ニ對シテ御答致シマス、政府ハ總豫算ハ通常議會ニ提出スルト云フコトガ、申スマデモナク憲法ノ解釋デアルト左樣ニ考ヘテ居リマス、今期議會ハ召集ノ詔書ニモアリマスル通リ、憲法第七條竝ニ第四十二條ノ規定ニ依リマシテ……（「間違ッテハイカヌゾ」ト呼フ者アリ）第四十三條ノ規定ニ依リマシテ、召集セラレタル臨時議會デアリマス、隨テ臨時議會ニハ總豫算ハ提出セザルノ意味ニ解釋ヲ致シテ居リマス（拍手）又事實ニ於キマシテモ、議院法ノ規定ニ依ル豫算審査ノ期間其他ニ關スル點ヨリ致シマシテ、期間ニ於テ是ガ出來ナイト云フコトハ、年度末ノ關係、卽チ二十一日ノ期間ヲ御覽ニナレバ、年度ヲ越エルノデアリマスカラ、此議會ニ於テ爲スコトノ出來

ナイコトハ當然ノコトデアルト、斯樣ニ解釋致シテ居ル次第デアリマス、是ダケ申シマス(拍手)

○議長(秋田淸君)　高橋大藏大臣

(國務大臣高橋是淸君登壇)

○國務大臣(高橋是淸君)　小川君ノ御質疑ニ對シテ御答ヲ致シマス、滿洲事件費ニ付テ、今後ドノ位ノ金ガ要ルカ、公債ニ依ルトスレバ、少クトモ三四億位ノ公債ガ入用デアルヤウダガ、政府ノ見込ハドウダ、又其公債ノ利子モ公債ニ依ル譯デアルカ、結局此七年度ニ於テ要スル公債ノ總額ハ幾ラニナル見込デアルカト云フ御尋ノヤウデアル、此滿洲事件費ハ、始終變化ガアルノデアリマス、現在ノ所デハ先ヅ維持費トシテ此儘ニ行キマスレバ月額約千二百万圓、其他ニ若干ノ一時費ヲ要スルノデアリマス、併シ是ハ常ニ變化ガアルノデアリマスカラ、今日ノ現在ノ見込デハ、此儘續クトスレバ、只今申シタ通リ月額千二百万圓、卽チ一箇年ニ一億四五千万圓ニナリマセウ

ソレカラ尙ホ政友會ノ政策ハ卽チ積極政策デアルカラ、是モ亦多大ノ資金ヲ要スルデアラウ、ソレ等モ亦公債ノ殖エルコトニナルガ、全體デドノ位ノ公債ガ發行セラルルノカ、見込ヲ言ヘト云フ話デアルガ、是ハ私トシテモ今日マダ見込ハ立タヌノデアリマス、何レ見込ガ立ッテ、其豫算ヲ提出スル場合ニ於テ、初メテ國民ニ知ラセルコトガ出來ルノデアル、今想像デ言ウタ所デ何モ役ニ立タヌ、ソレカラ第二號ノ恩給公債ノコトニ付テ、是ハ滿洲事件ニ關聯シテ居ラナイト云フヤウナ御解釋デアル、ソレヲ此處ヘ緊急事件費トシテ出シタト云フコトデアリマスルガ、是ハ全ク滿洲事件ニ關係ナイトハ言ヘナイ、御承知ノ通リ多數ノ將校兵士ガ戰歿シテ居リマス、隨テ此遺族扶助料公債ハ澤山數ガ多イ、ソレカラ一時恩給ヲ要スル場合モアルノデアル、全然滿洲事件ニ關聯シテ居ラヌト云フコトハ言ヘナイノデアル、ソレカラ歳出バカリアッテ歳入ガナイ、財源ガナイノニ歳出バカリ出シタト云フ御尋デアリマスガ、是ハ金再禁止以來財界ノ機構ニ變化ヲ來シテ、一月以來ノ歳入ノ成績ヲ見マスト、現在ニ於テハ現計ニ於テ確ニ四五百万圓ノ增收ニナッテ居リマス(拍手)現計ニ於テ確實ニ增收ガアリマスルカラ、茲ニ財源ガアルノデアリマス、是ダケ御答致シテ置キマス(拍手)

ソレカラモウ一ツ機密費ノ御尋デアリマシタガ、機密費ハ昭和六年度ニ於テ九百三十三万二千百三十三圓、昭和七年度ニ於テ九十五万圓、合計千二十八万二千百三十三圓、是ダケデアリマス(拍手)

(小川鄕太郞君登壇)

○小川鄕太郞君　此臨時議會ニ總豫算ヲ何故提出セナカッタカト云フ質問ニ對シテ、島田政府委員ハ答ヘラレテ、臨時議會ニ於テハ總豫算ヲ提出セナイト言ハレタ、私ハ臨時議會ガ四月以後ニ召集セラレタ時分ニハ問題ハナイト思フノデアリマス、然ルニ今回ハ三月中ニ召集セラレタノデアリマス、今日マデ例ノナイ事デアリマス、此處ニ問題ガ起ルノデアリマス、其成立セザルト云フ意味ハ如何デアリマスカ、之ヲ聽イテ居ルノデアリマス、憲法七十一條ハ帝國議會ガ豫算ヲ議決セズ、又ハ豫算ガ成立ニ至ラザルトキハ前年度ノ豫算ヲ施行スベシトアルノデゴザイマス、其成立セザルトキハト云フコトハ、「三月三十一日マデニ成立セナカッタトキハト云フ意味デアリマス、サウシマスト云フト、臨時議會デアラウガ何デアラウガ、憲法ノ條章カラ見マスト云フト、三月三十一日マデニ總豫算ヲ提出シテ、總豫算ガ議決ニ至ラナカッタトキニ、又ハ成立ニ至ラナカッタトキニ初メテ前年度ノ豫算ヲ施行スルト云フコトニナルノデアリマス(拍手)唯臨時議會ニハ總豫算ヲ提出セナイト云フダケデハ、此憲法ノ條章ノ解釋ガ出來ナイト云フノデアリマス(拍手)サウ云フヤウナ理窟デナクシテ、憲法七十一條ノ解釋ヲ如何ニスルカト云フコトヲ聽キタイノデアリマス、期間ガ短イカラト云フ故ヲ以テ說明セラレマシタケレドモ、ソレハ政府ノ御勝手デアリマス、一體政府ハ三月ニハ臨時議會ヲ開カナイ積リデアッタノデハナカッタノデスカ、樞密院ニ强要セラレテ開クコトニナッタノデハアリマセヌカ(拍手)人ニ强要セラレテ臨時議會ヲ開クナラバ、三月ノ十八日カラ召集セナクテモ、モット早ク召集セラレタナラバ、其處ニ相當ノ期日ハアルノデアリマス、期日ノナイヤウニシテ置イテ、ソレデ期日ガナイト云フコトハ如何ナル說明デアリマスカ(拍手)私ハサウ云フコトデハ憲法ノ解釋ハ出來ヌト思フノデアリマス

尙ホ高橋大藏大臣ハ、滿洲事件費ハ今日マデ一億四千七百万圓、是カラ後ニ今ノ狀態デ行クナラバ、一箇月ニ先ヅ千二百万圓、サウ致シマスト云フト昭和七年度ノ終リマデニハ、此狀態デ行キマスト、今豫算ニ提出サレテ居ル以外ニ、少クトモ一億二千万圓ハ要ルノデアリマス、ソレデアリマスカラ滿洲事件費ダケデモ公債ノ額ハ二億五千万圓ニ上ルト思フノデアリマス、非常ナ大キナ額デアリマス、ソレデ昭和七年度ニ於キマシテハ……

(發言スル者アリ)

○議長(秋田淸君)　靜肅ニ……

○小川鄕太郞君(續)　政府ハ公約ニ從ヒマシテ、政友會ノ政策ヲ行フト言ハレルノデアリマスカラ、此間ノ公債ノ額ハ見込ノナイコトハナイト思フ、ソレハ厖大ナ公債ヲ起サウトセラレテ居ルノデアリマス、是ガ果シテ日本ノ財界デ出來ルコトカドウカ、或ハ世間デハ五億圓六億圓ト言ッテ居リマスガ、ドウ致シマシテモ……

(發言スル者アリ)

○議長(秋田淸君)　靜肅ニ……

○小川鄕太郞君(續)　政府ノ募ラントスル公債ハ、「五億圓六億圓デハナイト思ヒマス、果シテ斯ウ云フ公債ガ、今日ノ財界ニ於テ起シ得ルト考ヘラレルノデアリマセウカ、尙ホ私ハ軍事豫算ニ付キマシテハ謹ンデ協贊ヲスル者デアリマスケレドモ……

(發言スル者アリ)

○議長(秋田淸君)　靜肅ニ……

○小川鄕太郞君(續)　其財源ニ付キマシテ、財政ノ立テ方ニ付キマシテハ、明ニシテ戴カナケレバナリマセヌ、二億五千万圓ノ公債ヲ起スト云フコトデアルト、其利子ダケデモ千五百万圓位ニナルデアリマセウ、其モノヲ尙ホ公債ニ依ッテ支辨スルト云フヤウナ財政政策ト云フモノハ、私ハ非常ナ考ヘモノデハナイカト思フノデアリマスガ、其點ニ付テ大藏大臣ハ如何ニ考ヘテ居ラレルノデアリマセウカ、凡ソ事件費ト云フモノニ付テハ、現代モ後代モ――後ノ世モ共ニ之ヲ負擔シテ宜シイト思フ、公債ニ仰グト云フコトハ敢テ異存ハアリマセヌケレドモ、現代ノ國民ハ少シモ之ニ付テ負擔ヲ頒ツ必要ハナイノデアリマスカ、私ハ敢テ之ヲ租稅ニ求メヨウトハ致シマセヌケレドモ、何カ滿洲事件費ノ公債ニ付キマシテ、其利子ダケハ確定財源ニ於テ辨ズルヤウナ、サウ云フ建前ハ必要デナイカト思フノデアリマス、ソレニ付キマシテ高橋大藏大臣ニ御意見ガアルコト、思ヒマス、之ヲ謹ンデ承リタイト思ヒマス(拍手)

(國務大臣高橋是淸君登壇)

○國務大臣(高橋是淸君)　御答ヲ致シマス、大正七年度ノ總豫算ヲ何故臨時議會ニ出サナイカ、斯ウ云フコトデセウ、憲法ノ解釋モ御述ベニナリマシタガ、大體議會ノ……

(「何ダカ分ラヌ」ト呼ビ其他發言スル者アリ)

○議長(秋田淸君)　靜ニ……

○國務大臣(高橋是淸君)(續)　解散ニナリマシタ場合、其他豫算ノ不成立ノ場合ニ次

ノ總豫算ヲ出スノハ、通常議會ニ出スモ、ト解釋シテ居リマス、能ク議會ノ豫算審議ノ手續、サウ云フコトヲ御考ヘ下スッタナラバ、定メテ小川君モ私ト同ジ考ヲ有タレルダラウト思フ(拍手)ソレカラ何カ此臨時議會ハ樞密院ニ強要セラレタトカ云フ、コンナ事ハ答辯ノ限リデナイ

ソレカラ公債ヲ頻リニ心配サレル、軍事公債ハモウ幾ラ出シテモ構ハヌト云フ御話、サウシテ見ルト、此政友會ノ積極政策ヲ行フノニ、公債ヲ使ッチヤナラヌト云フコトニ結論ガナルノデナイカ、左樣ナコトハ私ハマダ考ヘテ居ラヌ、左樣御承知ヲ願ヒマス(拍手)

(小川鄕太郎君登壇)

○小川鄕太郎君　高橋大藏大臣ノ只今ノ御答辯ハ、私ハ要領ヲ得テ居ナイト思ヒマス、此臨時議會ニ何故總豫算ヲ提出セナイカト云フコトニ對シマシテノ御答ハ、通常議會ニ提出スルガ例デアル、是ハ島田政府委員ノ答辯ト同ジデアリマス、裏ヲ言ッタダケデアリマス、私ハ憲法七十一條ニ、帝國議會ガ豫算ヲ議決セズ、又ハ豫算ガ成立ニ至ラザルトキハ、前年度ノ豫算ヲ施行スベシトアル、其成立セザルトキハト云フコトハドウ云フ意味デアルカ、其憲法上ノ解釋ヲ聽キタイト思フノデアリマス、其解釋ヲ何等答ヘナイデ、唯、今日迄ノ例トナッテ居ルト云フコトデハ私ハ承服出來マセヌ、卽チ臨時議會ガ此三月ニ召集セラレタト云フコトハ例ガナイノデアリマス、ソレデアリマスカラ、今日迄ノ例ヲ以テハ說明スルコトハ出來ナイノデアリマス、前例ヲ以テ說明セナイデ、ドウカ此憲法ノ條章ノ解釋ヲ明ニシテ貰ヒタイト思フノデアリマス

(發言スル者アリ)

○議長(秋田淸君)　靜肅ニ……

○小川鄕太郎君(續)　ソレカラ公債政策ニ付キマシテハ、私ノ伺ッタノデアリマスガ、軍事費ノ爲ニ二億五千万圓ノ公債ヲ起シ、其利子ガ巨額ニ上ルガ、其利子ヲ支辨スルニ付テ、確定財源ヲ用意スベキカドウカ、之ニ付テ伺ッタノデアリマスガ、之ニハ何等ノ御答辯アリマセヌ、又軍事公債ト積極政策ノ公債ニ付キマシテ、何カ高橋大藏大臣ハ一寸譯ノ分ラナイ說明ヲセラレマシタガ、私ノ伺ヒマシタノハ、昭和七年度ニ於テ幾許ノ公債ヲ起サルベキカ、ソレガ今日ノ財界ニ於テ起サレ得ルモノデアルカ、斯ウ云フ質問ヲシタノデゴザイマス、ソレニ對シテ何等御答ガナイノデアリマス

更ニ私ハモウ一ツ伺フ事ガアリマシタガ、此恩給豫算ニ付キマシテ、此恩給豫算ガ百四十万圓アル、其中海軍々人、陸軍々人ノ遺族扶助料ガアルカラ、關係ガアルト云フヤウニ言ハレマシタケレドモ、其額ハ僅カ十三万圓程ノモノデアラウト思フ、併シ此百四十万圓ノ中ニ十三万圓程アル故ヲ以テ、是モ滿洲事件ニ關係ガアルカ存ジマセヌガ、關係シテ居ルガドウカ、ソレモ明ニシタイノデアリマス、縱シ關係アリト致シマシテモ、此百四十万圓ノ豫算ト云フモノガ、ソレダケデ緊急ヲ要スル軍事豫算ト同ジヤウニ見ルト云フ理窟ガ立チ得ラレルノデアリマスカ、ソレナラバ非常ナコヂ付ケデアルト云フコトヲ私ハ斷言シテ憚リマセヌ、此點ニ付テ辯解アルナラバ御辯解ヲ願ヒタイノデアリマス

(政府委員島田俊雄君登壇)

○政府委員(島田俊雄君)　臨時議會ニ總豫算ヲ提出セザルコトニ付テ、重ネテノ御尋ネデアリマスカラ、政府ノ見解ヲ申上ゲマス、憲法第七十一條ニ所謂「帝國議會ニ於テ豫算ヲ議定セス又ハ豫算成立ニ至ラサルトキ」ト云フノハ卽チ總豫算ノ成立セザル場合ヲ意味シテ居ルト斯樣ニ解シテ居リマス、而シテ今回ノ議會ハ卽チ先刻申上ゲマシタ通リ、憲法第四十三條、臨時緊急ノ必要ニ依ッテ召集セラレタモノデアル、通常議會ハ申スマデモナク、第四十一條、卽チ例ニ引カレマシタ所ノ「帝國議會ハ每年之ヲ召集ス」第四十二條ニ至リマシテ、此通常議會ニ對シテハ、三箇月ヲ以テ會期トスルト云フ會期ノ定メガゴザイマス、而シテ議院法ニハ、尙ホ總豫算ヲ議スルニ付テハ、衆議院、貴族院、各三週間ノ期間ヲ有ッテ居リマス、是ハ議院ノ意思ニ依ッテ短縮スルコトハ出來ルケレドモ、政府ノ意思ヲ以テ短縮スルコトハ出來ナイノデアリマス、卽チ私ハ憲法ノ解釋ノ上カラ、臨時議會ニ於キマシテハ、總豫算ヲ提出スベキモノデナイト考ヘルト共ニ(拍手)事實ニ於テモ亦今期議會デハ之ヲ提出スルコトガ出來ナイト云フコトヲ以テ御答ト致シタイト思ヒマス(拍手)

○議長(秋田淸君)　是ニテ質疑ヲ終リマシタ、是ヨリ討論ニ入リマス――山崎達之輔君

(山崎達之輔君登壇)

○山崎達之輔君　私ハ豫算各案ニ對シマシテ、贊成ノ意ヲ表スル者デアリマス、今回ノ事件ハ帝國ノ權益ヲ擁護シ、東洋永遠ノ平和ヲ確立スベキ非常ナル重大性ヲ有スルコトハ申スマデモナイコトデアリマス、今ヤ全國民ハ、忠勇義烈ナル陸海軍將兵ノ勞苦ニ對シマシテ、感謝措ク能ハザルト共ニ、國民ノ全精神ヲ傾注シテ帝國ノ使命ノ達成ヲ祈願致シテ居ルノデアリマス、此際本院ニ於キマシテ、事件費ニ關スル豫算各案ニ對シテ、全院一致卽決シテ協贊ヲ致シマスルコトハ、正ニ全國民ノ意思デアリ、又此國民的信念ヲ中外ニ宣明スル所以ナリト信ジマス(拍手)玆ニ至誠ヲ披瀝致シマシテ原案贊成ノ趣旨ヲ明ニ致シマス(拍手)

○議長(秋田淸君)　小山松壽君

(小山松壽君登壇)

○小山松壽君　諸君、只今上程ノ日程第一乃至第四、豫算案ニ對シ、私ハ我ガ立憲民政黨ヲ代表シ玆ニ贊成ノ意思ヲ發表致シマスコトヲ甚ダ光榮ト致シマス(拍手)

本院ハ曩ニ第六十回議會及本期議會ノ冒頭ニ於キマシテ、二回ニ亙リ陸海軍將士ニ對スル感謝決議ヲ致シテ居リマス、此事ハ申上ゲルマデモナク滿洲及支那方面ニ於テ、帝國陸海軍將兵ガ寡ヲ以テ衆ニ當リ、銃匪兵匪ヲ掃蕩シテ、內外人ノ生命財産ヲ保護シ、克ク其功績ヲ收メタル功勞ニ對シマシテ、感激措ク能ハザル國民ノ總意ヲ決議ニ表シタモノナルコトハ申ス迄モアリマセヌ、然ルニ政府當局ノ今日迄ニ於ケル外交ノ經過ヲ承リマスレバ、果シテ所期ノ目的ニ副ヒ得タルヤ否ヤ、疑ナキヲ得ナイ點モアリマスガ、冀クバ本豫算ヲ實行スルニ當リマシテハ、特ニ東洋ノ平和確立ニ對スル所期ノ目的ヲ貫徹シ、陸海軍將兵ノ勞苦ヲ水泡ニ歸セシメザルヤウ、特別ナル努力ヲ拂ハレンコトヲ申添ヘテ置キマス、本案ニ贊成ノ意ヲ表スル次第デアリマス(拍手)

○議長(秋田淸君)　淸瀨一郎君

○淸瀨一郎君　簡單デアリマスカラ此席ヨリ御許ヲ願ヒマス

○議長(秋田淸君)　許可致シマス

(「登壇々々」ト呼フ者アリ)

(淸瀨一郎君登壇)

○淸瀨一郎君　本日出席致シテ居リマスル我ガ第一控室所屬ノ議員ハ、總テ只今上程ノ豫算各案ニハ贊成デアリマス(拍手)

○議長(秋田淸君)　是ニテ討論ハ終リマシタ

○原惣兵衛君　右四案ヲ一括シテ、卽時可決セラレンコトヲ望ミマス

(「贊成々々」ノ聲起ル)

○議長(秋田淸君)　原君ノ動議ニ御異議アリマセヌカ

(「異議ナシ」ノ聲起ル)

○議長(秋田淸君)　御異議ナシト認メマス、仍テ四案ヲ一括シテ採決致シマス、四案ニ贊成ノ諸君ノ起立ヲ求メマス

(總員起立)

○議長(秋田淸君)　起立總員

(拍手起ル)

○議長（秋田清君） 仍テ四案共満場一致、可決確定致シマシタ

（拍手起ル）

○議長（秋田清君） 日程第五、満洲事件ニ關スル經費支辨ノ爲公債發行ニ關スル法律案ノ第一讀會ヲ開キマス、高橋大藏大臣

# 帝都治安ニ關スル緊急質問

## 帝都治安ニ關スル緊急質問（小山松壽君外十名提出）

（武富濟君登壇）

○武富濟君　諸君、本員ハ茲ニ帝都治安、並ニ社會不安ニ關スル件ニ付テ、首相內相法相及ビ文相ノ三大臣ニ質問ヲ致シマス、努メテ簡單ニ致シマスカラ、ドウゾ質問ノ趣旨ヲ、御脱漏ナク全部御答ヲ煩シタイノデアリマス

近時帝都治安ハ殆ド紊亂致シマシテ、社會ノ不安モ亦甚ダシイモノガアリマス、殆ド前例ノナイ程ノ事實デアリマス、一月八日ニハ警視廳ノ正門前ニ於テ彼ノ大逆罪ガ行ハレ、二月九日ニハ井上前藏相ガ暗殺ヲセラレ、三月五日ニハ團男爵ガ同ジク兇手ニ斃レテ居ル、其他到ル處ニ强盜殺人ノ犯罪ガ行ハレテ居ル、共產黨員モ亦到ル處ニ不穩ノ行動ガアル、學生ノ多數モ頻リニ潛行運動ヲ爲シテ、多數檢擧ヲセラレテ居ル事實ガアル、流言蜚語ハ最モ盛ンニ行ハレテ居リマシテ、新聞ノ記事モ日夜吾々ノ目ヲ驚カスモノガアル、或ハ大逆罪ノ共犯ガアルトカ……

（發言スル者多シ）

○議長（秋田清君）　靜肅ニ

○武富濟君（續）　血盟團ノ背後ニハ有力ナ支持者ガアルトカ、敎唆、使嗾ヲスルモノガ背後ニ控エテ居ルトカ、血盟團ノ外ニ尙ホ暗殺團ガ存在シテ居ルトカ、元老西園寺公ガ附ケ狙ハレタ事實ガアルトカ、或ハ若槻、鄕兩男爵ガ危險ノ魔手ニ襲ハレントシタトカ、政友內閣ノ閣員ニシテ、吾等ノ尊敬スル床次竹二郎氏モ狙ハレテ居ッタトカ、三井財閥ノ巨頭デアル池田成彬氏モ怪シカッタトカ、或ハ牧野內府モ危險デアッタトカ、盛ニ傳ヘラレテ居リマス、都鄙皆此不安ノ氣分ニ蔽ハレマシテ、容易ナラザル場合デアリマシテ、實ニ聖代ノ不祥事デアルト申サナケレバナリマセヌ（拍手）驚クベキハ鋼鐵製ノ「防彈チョッキ」ガ非常ニ販賣セラレテ、犬養總理大臣ニ之ヲ獻納シタモノガアルト云フ、犬養首相モ喜ンデ之ヲ受納サレタト云フ滑稽ナル悲慘事ガアル（拍手）暴力ノ直接行動ハ野蠻ノ遺習デアッテ、憲政ノ破壞デアリ、法治國ノ破壞デアリマス、此勢ニシテ底止スル所ガナカッタナラバ、一體日本ノ前途ハ何トナルト諸君ハ思ハレル（拍手）洵ニ寒心ニ堪ヘザルモノガアリマシテ、國民ハ今ヤ戰々兢々ト致シテ居ルノデアリマス、此險惡ナル世相ノ招來ハ、只單ニ一警視廳、一內務省ノ責任デハナイト思フ、實ニ政府全體ノ責任デアルト吾々ハ考ヘルノデアリマス（拍手）

仍テ茲ニ私ハ三大臣ニ向ッテ緊急ニ質問ヲ致シタイノデアリマスガ、先ヅ順序トシテ第一ニ司法大臣ニ御伺ヲシタイ、團男爵暗殺後ノ新聞記事ハ、連日一味ノ犯罪ノ內容、搜査ノ經過、甚ダシキハ被疑者ノ寫眞マデモ添ヘテ詳細ニ記事ノ掲載ガアルノデアリマス、之ニ對シテ法相ハ何ト御考ニナルノデアリマスカ、是ガ若シ新聞社ノ自發的ノ記事デアルトスルナラバ、何ガ故ニ記事ノ差止メヲ御命令ニナラヌノデアリマスカ、若シ警視廳又ハ檢事局ガ自ラ進ンデ發表シタルモノトシタナラバ、是ハ洵ニ不都合デアルト申サナケレバナリマセヌ（拍手）犯人ハ逃走スルデアリマセウ、證據ノ湮滅モ行ハレルデアリマセウ、共犯者ハ隱レルデアリマセウ、或ハ之ヲ隱ス者モアリマセウ、若シ警視廳ナリ檢事局ガ之ヲ發表スルト云フコトデアルナラバ、司法大臣トシテハ御止メニナッテ然ルベキモノデアラウト思フ、若シ之ニ反シテ警視廳ナリ檢事局ナリガ、社會ノ人心ヲ緩和スル一手段トシテ、餘リニ隱シ切ッテ居ッタノデハ、疑心暗鬼ヲ生ズルノ恐レガアル、隨テ一部ノ事實ヲ發表スルガ宜シイト云フ一種ノ政策ニ出テ居ッタトスルナラバ、ソレモ亦一理ガアリマセウ、デアルナラバ、寧ロ進ンデ一切合財有ユル問題ヲ共儘ニ御發表ニナル御意見ガアルカドウカ伺ヒタイノデアリマス（發言スル者アリ）是ハ前例ガアル、嘗テ共產黨ノ事件ノ折、鈴木內務大臣、並ニ原司法大臣ハ、此壇上ヨリ人心ノ不安ヲ一掃スルト云フ言ヒ前ノ下ニ、豫審中ノ事件ヲ悉ク詳細ニ發表ヲナサレタル前例ガアルノデアリマス（拍手）此前例ヲ追フノ御意見ガアルカナイカ

尙ホ續イテ確メテ置キタイ點ハ、彼ノ大逆犯人ニ共犯ガアルカナイカト云フ問題デアリマス、彼ハ一箇ノ爆裂彈ヲ所持シテ居ッタ、上海ニ於ケル獨立政府ニ聯絡ノアル者デアリマス、而モ上海東京間ヲ二三回往復シテ居ル事實ガアル、彼ノ貧困者ニシテ其樣ナ旅費ノ調達モ出來ル譯モナシ、又自ラ爆裂彈ヲ製造スル能力モナイ、此爆彈ノ出所ナリ、旅費ノ出所ヲ考ヘマスル時ニ、必ズヤ共犯者ガアルニ相違ナイト斷ズルノガ常識デアリマス、世人ハ此點ニ付テ最モ不安ニ感ジテ居ルノデアルカラ、大逆犯人ニ共犯者ガアルノデアルカ、ナイノデアルカ、若シアルナラバ捕ヘラレテ居ルノデアルカ、未ダ捕ヘラレテ居ラヌノデアルカ、何ガ故ニ捕ヘヌノデアルカ、其事實ヲ承リタイノデアリマス

續イテ世間ノ最モ不審ニ考ヘテ居リマスル點ハ、所謂血盟團ナルモノニ、有力ナル黑幕ガアルヤニ新聞ノ記事ガ見エテ居ル、果シテ其樣ナル支持者、背面ノ强力ナル、司法權ノ及バザル何者カヾ潛在シテ居ルノデアルカドウカ、此點ヲ明瞭ニ致シタイノデアリマス（拍手）以上ハ司法大臣ニ對スル第一項ノ質問デアリマス

次ハ總理大臣ニ伺ッテ確メタイノデアリマスガ、抑〻此大逆犯ナリ、暗殺罪ナリニ付テ起ッテ來ル不安ノ原因ガ、一體何處ニ在ルト總理大臣ハ思召サレルノデアルカ

（此時發言スル者多シ）

○議長（秋田清君）　靜肅ニ――靜肅ニ……

○武富濟君（續）　其原因ヲ究メテ是ガ對策ヲ定メルノ必要ガアル、本月ノ十七日犬養總理大臣ハ、內相トシテ內務省ニ登省ヲセラレマシテ、高等官一同ニ對シテ訓示ヲセラレテ居ル、此原因ハ社會組織ノ缺陷ト、政治家ノ態度行動ニ在ルト認メル、左右兩系ノ

矯激運動ヲ取締リ、殊ニ暗殺團ノ行爲ニ付テハ嚴重ニ之ヲ取締ルト共ニ、政治ヲ改善致シテ社會ヲ刷新シタイモノデアルト云フ御訓示ガアッタノデアリマスガ、其言ハ甚ダ結構デアッテ、吾々モ亦贊成デアリマスガ、唯併ナガラ如何ニモ抽象ニ失シテ居ッテ、具體的ノ方策ガ示シテナイ、表面ノ言葉ハ結構デアルガ、內容ガ或ハ貧弱デアルカモ分ラヌ、ソコデ內相ハ果シテ今日ノ日本ノ社會組織ニ如何ナル缺陷ガアルト認メラレテ居ルノデアルカ、政治家ニ如何ナル責任ガアルト自覺ヲシテ居ラレルノデアルカ、內務大臣ハ如何樣ニシテ此社會ヲ刷新セントスルノデアルカ、如何樣ニシテ此政治ヲ改善セントスルノデアルカ、其內容ニ付テ具體的ノ對策ガアラバ承リタイノデアル（拍手）

次ニ此帝都ノ不安ヲ來シマシタル暗殺團ノ殘虐行爲ハ、唯單ニ一時ノ感情ノ激成ニ依ッテ起ッタモノデアルトセラレルノデアルカ、ソレトモ根柢ノ深イ過激思想ニ依ッテ居ルモノデアルカヲ總理大臣ニ伺ヒタイノデアリマス、是ガ第二項デアリマス、吾々ハ其後者ニ屬スルモノト信ジテ居ル、所謂「ファッショ」ノ先驅的所業デアルデアラウト認メマス、今ヤ我國ノ思想界ヲ流レテ居ル危險ナル二大潮流ハ、申ス迄モナク一ハ共產主義、他ノ一ハ「ファッショ」デアリマス、此「ファッショ」派ハ政黨ノ打破、財閥ノ倒壞ヲ手段トシテ、憲法ヲ否認シ、議會政治ヲ破壞セントスル、世ニモ恐ルベキ危險ノ考デアリマス、明白ニ朝憲ノ紊亂デアリ、明白ニ國體ノ變改ヲ圖ッテ居ルモノデアル、政府ハ一體之ニ對シテ如何ナル意見ヲ有ッテ居ラル、ノデアルカ、政友會內閣ノ取締ヲ見マスルニ、從前ノ傳統ニ囚ハレテ、兎角ニ左傾派ニノミ全力ヲ注イデ、右傾團體ノ行動ニ付テハ監視ガ甚ダ寛大デアルヤウニ見エルノデアリマス（拍手）申ス迄モナク極左ト極右ハ、其觀念上相距ルコト甚ダ遠イノデアリマスガ、其內實ハ殆モ接近ヲ致シテ居ル、丁度元日ト大晦日ノ關係ノ如キモノデアルト思ハナケレバナラヌ（笑聲）之ニ對スル政府ノ一方ニ偏シタル取締ト云フモノガ、遂ニ間隙ヲ生ジテ、極右派ノ暴力ル恣ニスル餘地ヲ與ヘタモノデアラウカト吾々ハ考ヘル、政府ハ「ファッショ」ノ憲法政治否認、議會政治破壞、此朝憲紊亂ノ矯激思想ヲ現ニ如何樣ニ取締リツ、アルノデアルカ、詳細ニ承リタイノデアリマス、近頃ノ出版物ヲ諸君モ御覽ニナッタデアリマセウガ、餘程危險ナル思想ガ各所ニ散見ヲシテ居ル、或ハ記事ニ、或ハ評論ニ、怪シ氣ナル「ファッショ」ノ思想ト云フモノガ、頗ル自由ニ、大膽ニ掲載サレテ居ルノデアリマスガ、此出版物ノ取締ニ付テ、內務當局ハ餘リニ緩漫怠慢デハナイカ、餘程放任シテ居ラレルノデハナイカ、將來此出版物ニ對スル取締ニ對シテ、如何樣ナル考ヲ有ッテ居ラレルカヲ確メタイノデアリマス、吾々ハ皇室ヲ中心トシテ、一君萬民ノ民衆政治ヲ徹底致シマシテ、右セズ左セズ、中央ノ大道ヲ堂々トシテ濶歩セントスル者デアリマシテ、政友會ノソレトハ聊カ趣ヲ異ニシテ居ルモノト御承知ヲ願ヒタイ（拍手）飽マデ憲法ヲ擁護シタイ、絕對的ニ議會政治ヲ維持シタイ、首相モ蓋シ御同感デアルト考ヘマスガ、近來「ファッショ」ニ對スル取締ガ餘リト言ヘバ寛大千萬デアルト云フコトカラ、多少ノ疑ヲ有ッテ居リマス、念ノ爲ニ御意見ヲ伺ッテ置キタイノデアリマス

第三項トシマシテ總理大臣ニ伺ヒタイノハ、此大逆、暗殺罪ト云フモノハ、如何ナル動機タルトヲ問ハズ、思想ノ惡化ニ基クモノデアルコトハ申ス迄モナイト信ズル、然ラバ思想ノ善導對策ヲ何ト內務大臣ハ考ヘテ居ラレルカ、本年ノ一月十四日地方長官會議ノ席上ニ於ケル訓示ニ依レバ「思想ノ善導ハ師範敎育ノ改善ニ俟ツ」師範敎育ノ改善ニ俟ツト云フ訓示ヲシテ居ラレル、其迂言甚ダ嗤フニ堪ヘタリト申サナケレバナラヌ、思想ノ惡化ハ現在ノ事實デセウ、大逆罪、暗殺罪ハ目前ニ展開シテ居ルデセウ、十年、二十年ノ後ニ效果ヲ生ズベキ師範敎育ニ今力ヲ入レテ居ッテ何ノ對策ニナルカ、盜人ヲ見テ繩ヲ綯フコトハ迂濶デアリマスガ、此師範敎育ニ力ヲ入レルト云フコトハ、卽チ盜人ヲ見テ繩ヲ綯フノ迂濶ヨリモ尙更ニ大ナル迂濶デアルト申サナケレバナラヌノデアリマス（拍手）モウ少シ適切ニシテ割切ナル立派ナ方策ハナイモノデアルカ、此點ヲ詳細ニ承ッテ置キタイノデアリマス

次ハ文部大臣ニ御尋ヲ致シマスガ、此血盟團中ニ大學ノ學生ガ相當居ルモノ、如クニ傳ヘラレテ居リマス、既ニ檢擧サレタト承知ヲシテ居ル、二月十四日ニ第一高等學校ニ共產黨的不穩ノ行動ガアッテ、十數名ノ處分ヲ受ケタ者ガアル、三月十三日ニハ東京帝國大學學生ノ六名ガ思想ノ問題ニ依ッテ檢擧セラレタト云フ事實ガアル、近時學生ノ思想ハ益々惡化致シマシテ、不穩ノ行動ガ甚ダ多イ、殊ニ高等ノ敎育ヲ受ケタ者ニシテ中々秀才ト言ハレル所ノ學生共ガ、往往ニシテ極端過激ナ思想ヲ懷イテ檢擧ヲ受ケテ居ルト云フ事實ハ、洵ニ寒心ニ堪ヘザルモノデアリマスガ、之ニ對スル對策ハ、有ルノデアルカ無イノデアルカ承リタイ、鳩山文相ハ「スポーツ」ヲ獎勵スルハ宜シ、「ベースボール」ヲ取締ルモ結構、「ゴルフ」ニ耽ルモ結構デアルガ、其間ニ學生ノ思想ハ日々夜々危險ニ瀕シテ居ルト云フコトヲ、閑却シテ居ッテハ私ハ大變デアルト思フ、一體學生ノ思想ガ惡化スルコトヲ、事前ニ防止スルノ對策ハ無イモノトセラレルノデアルカ、學校當局ガ自ラ考究スルノ必要アルハ勿論デアリマスケレドモ、文部當局ガ學校ニ對シテ其對策ヲ指示スルノ必要ト義務ガアル、如何ナル方針ヲ立テ、對策ヲ講ジツツアルノデアルカ、今現ニ如何樣ニ學校當局ヲ指導シツ、アルノデアルカ、學生ノ危險思想ヲ根絕スベキ對策ガ有ルノカ無イノカ、持合セガアルナラバ承リタイノデアリマス

次ハ總理大臣竝內務大臣ニ對シテ、第四項ト致シマシテ、帝都ノ不安ト云フモノハ、警視廳ノ取締不十分、竝ニ搜査ノ粗漏ト云フコトニ其因ヲ發シテ居ルノデハナイカト云フコトヲ伺ヒタイ、大逆犯人ノ李奉昌ハ、昭和三年ノ秋、危險人物トシテ、御大典ノ折拘束ヲセラレテ居ル人物デアルト御承知ハナイノデスカ、上海政府ト特別ノ關係ガアリ、爆彈ハ二箇所有ッテ居ッタ、而モ何人ガ見テモ、一見朝鮮人ト分ル風態ノ男デアリマス、是ガ警視廳ノ門前ニ至ル場合ノ態度ハ、頗ル怪ムベキ風デアッテ、何人モ之ヲ怪マナカッタ者ハナイ、ソコデ警視廳ノ巡査某ハ果シテ誰何シタ、所ガ彼ノ所持スル憲兵曹長大場全奎ノ名刺ヲ示サレヤ、直ニ此一枚ノ名刺ニ欺カレテ、身體ノ檢査ヲスルコトナク、卽チ爆彈ヲ押收スルコトナク、現ニ警視廳ノ門前ニ放チ遣ッタト云フ失態ハ、一體何ト御覽ニナル、當時警視廳ノ監察官ハ定員四名デ、一名ハ缺員デ、其儘放任サレテ居ッタ、前內相中橋氏ハ神宮參拜ニ赴カレテ、取急イデ歸京スベカリシ重大ナル場合デアルニ拘ラズ、悠々自適ノ遊ビ事デアルカ、ソレトモ黨勢擴張デアルカ、選擧費ノ調達デアルカ分リマセヌガ、京都地方ニ滯在シテ、ボンヤリシテ東京迄歸ッテ來ナカッタト云フ、其留守中ノ出來事デアルコトハ、怠慢千萬デアルト申サナケレバナラヌ、其當時警察官ノ精神上ハ、頗ル緊張ヲ缺イテ居ッタ、官紀ハ甚ダ弛緩シテ居ル、警視廳ガ政府ノ命ヲ受ケタノデアルカ、ソレトモ其意ヲ迎ヘタノデアルカハ分リマセヌケレドモ、所謂選擧第一主義ニ沒頭致シマシテ、他ヲ顧ルノ餘地ガナカッタノガ、此大逆罪ヲ惹起シタ根本ノ問題デス、其事實ハ何ニ依ッテ是ガ認メラレルカト申シマスト、亂發千萬ナル人事行政ノ上ニ現ハレテ居ル、事實ハ如何ニモ否認

スルコトハ出來マスマイ、長氏ガ總監ニ就任シタル後、昨年十二月中、直ニ刑事警務兩部官房主事ヲ更迭シ、續イテ保安部長ヲ更迭シテ、名課長ノ評ノ高カッタ刑事課ノ第一第二課長ヲ、共ニ休職ヲ命ジテ居ル、各署ノ視察係、司法主任ヲ、合セテ數十名ヲ更迭ヲシタト云フ亂暴ハ、前例ノ無イコトデアル、又大竹警務部長ハ、頗ル滑稽ナル訓示ヲ管內ノ署長ニ與ヘテ居ル、十二月ノ末全署長ヲ集メテ、年內ニ署長ノ異動ハシナイカラ、御警衛ハ熱心ニヤレ、ドウ云フコトデス、年內ニハ異動ヲセヌカラト云フ言葉ハ、一夜明ケレバ首ヲ馘ルゾト云フ申條デハアリマセヌカ、而モ驚クベキコトハ十二月末マデニ、普通ノ慣例ニ背イテ、一月分ノ機密費ヲ一厘半錢與ヘテ置カナカッタ、ソコデ管內ノ全署長ハ、年內ニハ異動ハシナイ、或ハ來ル一月ニハ異動ガアルデアラウト先ヅ考ヘテ、ソコヘ年內ニ受取ルベカリシ機密費ガ一厘半錢渡リマセヌカラ、依テハ自分ガ馘首サレルノデアラウト考ヘルノハ當然デセウ、卽チ助命運動ニ狂奔スルノハ人情ノ常デセウ、此全署長ヲ騙ッテ不安ノ底ニ陷レテ置イテ、十分ニ內偵ノ活動ヲシロト申シテモ、機密費ハ一厘半錢與ヘズニ置イテ、十分ニ檢擧取締ニ努力セヨト言ッテモ、是ハ無理デハアリマセヌカ、長總監ガ大逆罪ニ付テ免官セラレタル後、政府ハ人選ヲ誤ッテ、有名ナル脫線家、非常識家ノ某ヲ警視總監ニ選任ヲ致シマシテ、又空前デアッテ殆ド絕後デアル所ノ大異動ヲ行ッテ居ル、十數名ノ休職署長ヲ復活シタ、甚シキハ六十四歲ノ老年者ヲ署長ニ起用シテ居ル、六十四歲ノ老署長ハ、火事ガアッタ時ニ駈足ハ出來ヌデアリマセウ、刑事部ノ第一課長ヲ更迭シ、主任七名ノ中三名ヲ更ヘ、刑事巡查六十九名中驚クベシ二十有餘名ヲ迭ヘテ居ル、高等課ニ於テハ經驗ノアル所ノ主任四名共更迭ヲシテ居リマスカラ、專門的知識ヲ要スル所ノ思想問題ノ研究モ出來ナケレバ、彼等一味徒黨ノ行動モ一向搜査スルコトガ出來ナイ實情ニナッタノデアリマス、現ニ長谷川總監ハ、亂發ニモ新聞記者ニ對シテ、今ハ選擧第一ダ、事務ハ一切部下任セダト放言シテ居ルデハアリマセヌカ、何ト云フ警視總監デアル、此長谷川氏ノ失態百出ガアリマシタ爲ニ、流石ノ中橋內相モ遂ニ之ヲ馘首シナケレバナラヌコトニナッタノデアリマシタガ、其馘首ノ後ハ愈、人選ヲ嚴ニスベキデアルニ拘ラズ、警察ニハ全然無經驗デアル大野君ヲ拉シ來ッタノハ一體何ト云フ心懸デアリマスカ、大野新總監ハ相當ノ人物デアッテ、立派ナ役人デアルコトハ認メマスルガ、彼ハ警察官ノ經驗ガ一日モナイ、縣ニ於テ警察部長ヲシタコトモナイ、警部ニナッタコトモナイ、「サーベル」ヲ腰ニ吊ッタコトモナイ、サウ云フ無經驗ナル人間ヲ、情實的ニ捉ヘ來ッテ、帝都治安ノ任ニ當ラシムルト云フ、其大膽不敵、亂發言フ所ヲ知ラヌノデアリマス、現ニ大野君ハ井上氏ガ暗殺サレマシタ時ニ、輕卒ニモ卽斷シテ、事件ノ背後ニハ連累者ハナイト明言ヲシテ居ル、能ク取調ベナケレバ、事件ノ背後ニ連累者ガ有ルカ無イカ分ラヌデセウ、苟モ警察ニ經驗ノアル者ハ、此背後ニ連累者ガ有ルカ無イカト云フコトハ、サウ容易ク明言ノ出來ルモノデハナイガ、是ガ無經驗ノ悲シサデ、一應取調ベテ、直ニ事件ノ背後ニ連累者ナシト卽斷ヲシタコトガ、第二ノ暗殺事件ヲ惹起シタ原因デハアリマセヌカ、大野總監ガ血盟團ノ組織的團體デアルト云フコトニ氣ガ付カナカッタ迂闊ハ甚シイコトデアリマシテ、團男爵ガ再ビ兇手ニ殪レルニ及ンデ、急ニ態度ヲ一變シテ、警察ニ手落ガアッタ、何トモ恐縮ニ堪ヘヌト白狀シタノハ、既ニ遲イト言ハナケレバナラヌ、玆ニ一ツノ御參考ニ供スベキ文書ガアリマス、是ハ久岡幸昌ナル者ガ昭和六年ノ十二月二十九日ニ警視總監ニ宛テ、控ヘヲ取ッテ發送シタル葉書デアリマス、其文章ニハ斯樣ニアル「陳者方今世情甚ダ面白カラザル風聞等シキリニ傳ハル折柄小生等愚考仕リ候ニ玆十日ヲ出デス國家ノ爲メ不祥事出來致サズヤト憂感致サレ此間要路ノ人々特ニ貴官ニ於カセラレテハ特別ナル御詮議然ルベキカト特ニ前以テ御諷諫申上候、萬事ハ事前ガ大事、過ギタルコトハ駟馬モ及バジト存ジ候先ヅハ御注意迄、總監閣下、久岡幸昌」大ニ豫言的中デアリマシテ、此十二月二十九日ノ注意書ニ、相當ノ注意ヲ拂ッタナラバアノヤウナル大事ト云フモノハ突發セズニ濟ンダト私ハ思フ、暗殺事件ノ取調ト云フモノガ、甚ダ疎漏、不親切デアッタト云フ事實ハナイカト云フコトヲ承リタイ、大野總監ハ前述ノ通リニ井上事件ノ背後ニ連累者ナシト輕卒ニモ斷定ヲシタ、若シ其取調ガ親切丁寧デアッタナラバ、血盟團ノ內容ノ組織的ノ計畫デアッタコトモ、犯人ノ住所氏名モ悉ク判明シテ、一網打盡ニ檢擧ガ出來タニ相違ナイ、然ラバ團男爵ハ暗殺ヲ免レタニ相違ナイト思フ、警察ノ怠慢ガ遂ニ團君ヲシテ、アノ樣ナル非業ノ最期ヲ遂ゲシメタルコト、ナルナラバ、春秋ノ筆法ヲ以テスルナラバ、警視廳ガ團男ヲ殺シタト云フコトニナルノデアリマス

此點ニ付テ關聯シテ居リマスルカラ法相ニ御尋ネヲシタイ、當時檢事局ノ態度ハドウデアッタノデアリマスカ、背後ニ何等ノ連累者ナシト卽斷ヲセラレテ居ッタノデアルカ、ソレトモ背後ニ共犯人ノ恐ルベキモノガ潛在シテ居ルト認メラレタノデアルカ、相當搜査ノ步ヲ進メラレテ居ッタノデアルカドウカ、若シ往年ノ幸德秋水事件ノ時ノヤウニ峻烈ナル檢擧ヲ續ケタナラバ、ヨモヤ團男爵ハ殺サレズニ濟ンダデアラウト思ハレマスケレドモ、其當時ニ於ケル檢事局ノ態度ハドウデアッタカト云フコトヲ、吾々ハ疑惑ノ眼ヲ持ッテ居リマスカラ、詳細說明ガ煩ハシタイノデアリマス、警視廳ハ抑、多額ノ豫算ヲ立テ、、多額ノ機密費ヲ擁シテ居ル、帝都ノ治安ノ重大ナル職責ヲ持ッテ居ルノガ本來ノ使命デアリマセウ、然ルニ選擧第一主義ニ沒頭シテ、彼ノ亂暴ナル人事行政ヲ行ッテ、遂ニ此ヤウナル官紀ノ紊亂、人心ノ不緊張、失態ノ續出ヲ見ルニ至ッタト云フコトハ、容易ナラザル政府ノ責任デアッテ、內務大臣タル者ハ、天下ニ向ッテ當ニ此壇上ニ於テ謝罪スベキデアルト考ヘマス、玆ニ警視廳ノ怠慢無責任ノ事實ヲ如實ニ立證スル所ノ成績表ヲ首相ニ提示スルノ光榮ヲ有スルコトハ遺憾デアリマス、昭和六年ノ一月一日ヨリ二月十二日ニ至ル迄ノ間、此四十三日間ニ於ケル警視廳管內ノ強盜被害件數ハ二十四件、檢擧サレマシタノハ二十九件、ソレハ他府縣カラ入込ンダ人間ノ檢擧ガアリマシタカラ、好成績デアリマシテ、百二十「パーセント」ノ成績ヲ擧ゲテ居ル、ソレハ昭和六年ノ一月一日ヨリ二月十二日マデ、アリマス、政友會內閣ニナリマシテカラノ數字ハ如何デス、今年ノ一月一日ヨリ同ジク二月十二日ニ至ル強盜件數ハ倍ノ五十五件、檢擧總數ハ其半バニ充タザル二十七件、其成績ハ四十九「パーセント」、ト驚クベキモノデアリマス、是ハ警視廳ガ自ラ作製シタル文書デアリマスカラ、此數字ニハ僞リハナイ、卽チ民政黨ノ天下ノ時代ニハ百二十「パーセント」デアリマシテ、政友會內閣ニナルト四十九驚クベキ所ノ怠慢、失態デアルト申サナケレバナラヌ、其他所謂八ツ裂キ事件ガ檢擧サレナカッタ、其他ノ殺人事件ト云フモノガ三件モ、借金ニナッテマダ檢擧サレテ居ラナイ、警視總監ハ眼ヲ開イテ居ルノカ、眠ッテ居ルノカ、何ヲシテ居ルノカ承リタイト思フノデアリマス(拍手)若シ警察ニ於テ取締ノ搜査ニ缺陷ガアリト思ハル、ナラバ、其是正ノ方策ハ何ト御考ニナルカ、警視廳ノ官紀ノ振肅ノ方策ハドウデアルカ、此官紀ヲ振肅シ、方策ヲ確立スルコトニ付テ、誠意ガ

御在リニナルカナラナイカヲ承リタイノデアリマス

事ノ序デニ文部大臣ニ伺ヒタイコトガアル、今年ノ二月二十七日付ノ内容證明郵便ヲ以テ久岡幸昌ナル者ヨリ被通告人鳩山一郎トシテ、或ル人々ガ　陛下ニ對シ奉リテ不敬ナル所業ガアッタト云フ事實ニ付テ注意ヲ喚起シタ書面ガ出テ居リマス、而モ是ハ配達證明書デアリマシテ、文部省内鳩山一郎トシテ、郵便局ノ配達證明書ガ存在シテ居リマス、其通告書ハ差出人……

（發言スル者多シ）

○議長（秋田清君）　靜肅ニ……

○武富濟君（續）　差出人久岡幸昌ナル者ノ斯様ナル通告狀ヲ鳩山文相ハ手ニ入レラレタ事實ガアルカドウカ、御覽ニナッテ居ルカドウカ、御覽ニナッテ居リナガラ、此問題ニ付テハ方策ヲ執ラレタノデアルカ、先ヅ伺ヒタイノデアリマス

帝都ノ不安、社會不安ノ此際ニ當ッテ、特ニ臨時議會ガ開會サレル時ニ、何ガ故ニ犬養總理大臣ハ專任内相ヲ置イテ帝都ノ治安維持ニ盡サレナカッタノデアルカト云フコトヲ承リタイ、蓋シ奏請ガ出來ナカッタデアラウト私ハ思ヒマス（拍手）然ラバ私ハ其内情ヲ承リタイ、議會直前ニ森翰長ハ中橋内相ヲ病床ニ訪問シ、又犬養首相モ自ラ内相ヲ訪問シテ、其辭職ノ餘儀ナキ事情ヲ說キ、其内諾ヲ得テ、其後任ニ鈴木喜三郎氏ヲ置キ、法相ノ後釜ニ川村竹治氏ヲ其後任者トシテ内諾ヲ得タ、御親任式ヲ行フ際、宮中ノ御都合サヘ伺ッタコトデアル、是ハ天下公知ノ事實デアル、政友會ノ諸君モ認メナイ筈ハナイ（「ノー〳〵」）森翰長ニ聞イテ御覽ナサイ、然ルニドウデス、久原幹事長ノ一言ノ横槍ニ會フヤ、數時間ノ後變說ヲシタト云フコトハ、實ニ驚キ入ッタル心境ノ變化デアル、一體如何ニ修練ガ積マレルト云フト、斯様ニ巧ニ心境ガ變化スルノデアルカ、後學ノ爲ニ承ッテ置キタイノデアリマス（拍手）首相ハ選擧直後ニ於テ、我ガ黨ガ絕對多數ヲ得タカラ政局ハ安定シタト豪語シテ居ル、政界ハ安定シタカモ知レマセヌガ、政友會御自身ノ御不安定ハ極端デアルト申サナケレバナリマセヌ（拍手）一體議會後ニハ速ニ專任ノ内相ヲ置イテ、此帝都治安ノ任ニ當ラセル意思ガアルノデアルカ、ナイノデアルカ、ソレトモ飽迄兼攝内相デ押通シテ行クノデアルカ、是ハ帝都不安ニ關スル最モ緊密ナル關係ニアル重大ナル事項デアリマスカラ敢テ伺ッテ置キタイノデアリマス、一體抑〻ガ組閣ノ初メニ年ノ老ヒタル病人ノ、老病事ニ堪ヘザル所ノ中橋氏ヲ内相ニ据ヘタト云フコトガ根本ノ誤デアリマス、國政擔當ニ誠意アル者ノ所行トハ認メラレナイ、全ク黨内ノ事情ニ左右セラレテ、政權爭奪ノ爲ニ黨内ノ動搖ヲ防ガンガ爲ニ、姑息ニ黨ノ利益ヲ圖ランガ爲メノ事情ヨリ出テタル所ノ奏請デアル、是ガ爲ニ延イテハ警察行政ノ完全ナル遂行ヲ見ルコトガ出來ナイ、大逆事件ヲ勃發セシメテ居ル、暗殺團ヲ横行セシメテ居ル、帝都ヲ驅ッテ不安ノ淵ニ落シテ居ル、是ハ老人ノ事ニ堪ヘザル中橋氏ヲ起用シタルト云フコトガ根本ノ原因デアル、尙且ツ之ニ付テ犬養氏ハ責任ヲ感ジナイノデアルカ、ソレトモ恐縮ニ堪ヘヌノデアルカ、承リタイ、一月ノ初メニ中橋氏ガ大逆事件ニ關シテ引責處決セントシテ居ル時ニ、强ヒテ之ヲ止メテ一蓮托生ト稱シテ留任ヲ懇談シテ居ラレル、而モ議會直前ニナッテ急遽周章狼狽直ニ辭職セシメタ眞意ハ一體何處ニアル、中橋君ガ病氣デ登院不可能ナラバソレデ宜イ、吾等ハ故意ニ不能ヲ强ヒテ病弱者ヲ苦シメルガ如キ帝國議會ノ爲善ノ前例ハ尊重セヌ者デアリマス、首相ノ眞意ハ惟フニ不祥事件ノ當面ノ責任者タル中橋氏ガ貴衆兩院ノ糾彈ヲ受ケテ、辯解ノ言葉ニ窮シテ、ソレガ爲ニ内閣ニ龜裂ヲ生ジテ、致命的ノ打擊ヲ受ケンコトヲ虞レタカラ、自ラ攻擊ノ的ヲ外シテ安全ノ地位ニ立ッテ、一日ノ安キヲ貪ラントシタ所ノ卑怯未練ノ行動デアルト私ハ思フノデアリマス、犬養首相ハ昨日此壇上ニ於テ男子屍ヲ馬革ニ裹ムノ槪ヲ示シテ、右顧左眄、此日本ノ時患ヲ匡救スルノハ誰ガ何ト言ッテモ吾々ダト云ッタ壯烈極マル態度ヲ執ラレタ、老來意氣益〻盛ニシテ、大イニ敬意ヲ表スル、併ナガラ昨日ノ態度ニ似モヤラザル所ノ千里隔絕、攻擊ノ的ヲ外シテ一日ノ安キヲ貪ルト云フガ如キ態度トハ、天地霄壤ノ差ガアルデハナイカ、何ゾ前ニ勇ニシテ後ニ怯ナルヤデアル、其眞意ヲ承リタイ、併ナガラ是モ亦心境ノ變化デアルト言ハレレバ我輩又何ヲカ言ハンヤデアリマス

最後ニ此思想ノ惡化ト世相ノ險惡ト云フモノト、政友會ノ言說行動ノ關係ニ付テ疑ハシキモノガアリマス、此事ナクンバ甚ダ國家ノ爲ニ幸デアル、此惑ヲ解カンガ爲ニ、特ニ此最後ノ項目ニ付テ明快ナル御答辯ヲ煩シタイノデアリマス、首相ハ世相ノ險惡ノ原因ノ一トシテ、政治家ノ責任デアルト言ハレテ居ル、政治ノ刷新ヲ期シタイト言ハレテ居ル、其事ハ洵ニ結構デアルトシテ我等モ至極贊成デアリマス、吾々ハ議會ノ神聖ヲ保持シヨウトスル、品位ノ向上ヲ圖ラントスル、議會内ニ於ケル暴力ノ禁壓ヲ行ハントスル、選擧界ノ廓淸ヲ實現シタイ、干涉壓迫ヲ根絕シタイ、先ヅ以テ選擧法ノ改正ヲ實行シタイ、政權獲得第一主義ヲ排除シタイ、國利民福主義ノ善政第一主義ヲ徹底シタイ、斯ノ如クニシテ初メテ社會ハ靜謐デアッテ、世間ハ平穩デアリマセウ、然ルニ翻ッテ政友會竝ニ政友會内閣ノ爲セル所ノ事蹟ノ跡ヲ繹ネレバ思ヒ半バニ過グルモノガアル、臣節問題ニ付テハ昨日齋藤君糾彈ノ通リ、一タビ聖旨ノ下ルニ會フヤ詔々トシテ自得ノ情ヲ掩ヘズ、恬然トシテ其位ニ留マッテ居ルコトハ、思想惡化ノ最モ大ナルモノデアルト言ハナケレバナラヌ、前々議會ニ於テ幣原臨時總理大臣ノ答辯中、無イ所ニ柄ヲスゲテ、失言アリト稱シテ六日、七日、ノ間亂鬪ニ亞グニ亂鬪ヲ以テシテ、殆ド容易ナラザル亂暴狼藉ヲ働イテ、議會ノ威信ヲ地ニ墜サセタノハ政友會デハナイカ、近クハ昨日ノ委員會ニ於テモ、濫リニ野黨ノ發言ヲ封ジテ亂暴狼藉、我黨ノ田中委員ノ身邊ニ迫ッテ、或ハ危害ヲ加フベキ姿勢ヲ示シテ脅迫シタト云フ事實ヲ何ト御覽ニナル、又前議會ニ於テハ反對黨ノ口ヲ緘シテ一言モ發セシメナイ、言論結社ノ自由ニ付テハ數十年來孤軍奮鬪ノ勢ヲ以テ働カレタ所ノ、畏敬スベキ犬養先生デハアッタガ、一度總理大臣トナレバ此發行ヲ敢テシテ居ル、又總選擧ニ臨ンデハ選擧第一主義ノ實行ヲ徹底シテ、警察官ヲ政黨化シテ居ル、干涉壓迫ヲ行ッテ居ル、熊本ノ實例ハドウデス、サウシテ不自然ナル多數ヲ獲得シテ得々トシテ居ル、政策ヲ爲ッテ議員ヲ僞造シテ居ル、物價ヲ妄リニ暴騰セシメル、社會民衆ノ生活不安ヲ來シテ居ル、社會政策ハ不徹底デアル、失業對策ハ考ヘテハ居ラヌ、帝都不安ノ眞最中ニ專任内相一人サヘモ置クコトガ出來ヌニ至ッテハ、思想モ惡化シテ、社會モ不安ニナルニ決ッテ居ルデハアリマセヌカ、即チ思想惡化ノ重大原因ヲ成シテ居ルノハ、政友會竝ニ政友會内閣デアルト言ハレテモ辯解ノ言葉ハナイト思フ（拍手）今ヤ日本ノ社會ハ政友會ノ機關車ニ引摺ラレテ、即チ政友會ノ世相惡化ノ「レール」ノ上ヲ眞直グニ急速度ニ驀進シテ居ルト云フ現狀デアル（拍手）此政友會竝ニ政友會内閣ガ思想惡化ト云フモノニ對シテ責任ガアルト御考ヘニナルカ、ナイト御考ヘニナルカ、敢テ伺ヒタイノデアリマス（拍手）

直ニ結論ニ入リマス、此帝都不安、世相ノ險惡ト云フモノハ、私共ハ思フ、總理大臣ハ社會組織ノ缺陷ト申サレマシタガ、吾吾ハ其外ニ尙ホ經濟組織ノ缺陷ガアルト認

メル、其外ニ政治組織ニ缺陷ガアルト思フ、此社會組織、經濟組織、政治組織ノ缺陷ニ淵源シテ居ル所ノ思想惡化ト云フモノニ原因ヲシテ、殊ニ現時ノ暗殺團ノ行爲ハ「フアツシズム」ノ一斷面ノ現レデアッテ、彼等ノ暴虐ヲ擅マヽニセシメタル直接ノ原因ハ、實ニ不公明ナル人事行政ヲ行ッタ政友會内閣ノ爲ニ、豫防警察ト云フモノガ怠慢不注意ヲ重ネテ、檢擧捜査ガ怠慢デアッテ、過失ガ頻出シテ、其結果斯様ニナッタコトデアルト考ヘマスカラ、政府ノ責任ハ頗ル重大デアルト考ヘル、之ニ對シテ總理大臣ハ何等ノ責任ナシト强辯スルノ勇氣ガアルカナイカ承リタイ

　即チ私ノ質問ハ斯様ニ要約スルコトガ出來ル、首相竝ニ兼攝内相ニ對シテハ、第一、帝都不安ノ原因、社會不安ノ原因ハ何レニアルヤ、首相ノ所謂刷新トハ何ダ、政治ノ改善ノ具體的方策ハ何處ニアル、過激運動ノ取締ハドウ云フ風ニ對策ヲ講ズルノデアルカ、具體的方策ガアラバ承リタイ、ナケレバナイト御言明ヲナサイ、二項ハ「フアツシズム」ニ對スル御意見如何、三ハ思想善導ノ根本策如何、四ハ警察ノ不取締、取調ニ粗漏アリトスルヤ否ヤ、五ハ專任内相問題ノ辯明如何、六ハ政友會ノ思想惡化ニ對スル責任アリト認ムルヤ否ヤ、此六項デアリマス、司法大臣ニ對シテハ第一項トシテ新聞記事ノ取締ニ關スル御意見如何、犯罪ノ事實發表ノ意思アリヤ否ヤ、大逆罪ノ共犯アリヤ否ヤ、血盟團ニ黑幕紳士アリヤ否ヤ、二項ハ井上氏事件ノ時ニ檢事局ノ捜査ニ粗漏ガアッタカナイカ、若シ粗漏ガアッタトスルナラバ、將來ハ如何ニ善處セントセラレルノデアルカ、此二項デアリマス、鳩山氏ニ對シテハ學生思想ノ取締竝ニ是ガ指導方策如何、二項トシテハ内容證明郵便ニ對スル警告書ニ付テ取計ハレタル行動如何、三大臣ハ願クバ誠意ヲ以テ御答辯ヲ願ヒマシテ、此帝都不安ヲ一日モ速カニ去ラシムルヤウ御努力アラムコトヲ希望致シマス（拍手）

〔國務大臣犬養毅君登壇〕

○國務大臣（犬養毅君）　私ハ御答申ス前ニ質問者ニ一ツ御願ミシタイ、餘リ長イノデ箇條ガ六トカ何トカ仰シヤルガ、何々カ一ツソコヘ書イテ下サイ、サウセヌト餘リ長イ演説デ私ハ覺エテ居リマセヌ、ソレヲ一ツ持ッテ來テ下サイ、斯ウ云フ長イ演説ハ忘レマス

〔發言スル者多シ〕

○議長（秋田清君）　靜肅ニ願ヒマス、靜肅ニ

○國務大臣（犬養毅君）（續）　是ヨリ御答ヘ致シマス、第一ノ御尋ハ今日ノ思想惡化、此原因ハ何レニアリヤ、私ハ無論是マデ公ニシテ居ル通リ種々ナ原因ガアル、併ナガラ其中ニ政治ガ七分マデ責任ヲ負ハナケレバナラヌト云フノガ、歴代ノ政治ヲ指スノデアル、是ハ政治ノ歴代ノ缺陷、是ハドウシテモ負ハナケレバナラヌ、ソレカラ思想ノ問題、是ハ私、地方官會議ノ時ニ師範教育ハ必要デアルト云フコトヲ言ッタト云フノデ、泥棒ヲ捉ヘテ繩ヲ綯フヤウナモノダト云フ意味ニ質問者ハ述ベマシタ、サウデハナイ、ドウシテ斯様ナ思想問題ノヤウナ大キナモノヲ取扱フ、差向キ當面ノ急、之ヲヤルコトガ一ツ、ソレバカリデハ盡キナイ、其泉源ニ上ッテ之ヲ防禦シナケレバ出來ナイノデス、此泉源ハ一寸述ベテモ長クナル、ナルタケ私ハ簡單ニ言ハヌト、何カ坊サンカ哲學者ノ講釋ミタイナモノニナルガ、今日私ノ豫テノ議論カラ言フト……

〔發言スル者多シ〕

○議長（秋田清君）　靜肅ニ

○國務大臣（犬養毅君）（續）　少シ御聽キナサイ、之ニ付テハ私ハ一番研究シテ居ル問題デアル、研究シテ居ル問題ト云フノハ一體道德觀念ガ何處カラ發生スルカ、文學ノ上カラ得ラレルモノデハナイノデアル、必ズ道德、道念ノ泉源ト云フモノハ一ツノ信仰ダ、儒學デモサウデアル、佛教デモサウデアル、何デモサウデアル、ソレデナケレバ起ラヌノデアル、眞ノ道念ハ文字ノ上デ教科書ヲ讀ンデ、サウシテ善行美事ヲ爲シタル事例ダケ示シテ、兒童ノ頭ニ道念ヲ吹込ムト云フコトハ出來ナイノデス（ヒヤヒヤ）ソコデドウスレバ宜イカ、此幼年ノ子供ニ道念、ソンナムヅカシイモノヲ吹込ムコトハ出來ナイ、併ナガラ畑ダケハ作ッテ置カナケレバナラヌ、何時デモソコニ打込ンデ行ケバ稔ルト云フ畑ダケハ拵ヘテ置カナケレバナラヌ、是ガ教育デアル、ソコデ其畑タル子供ニ持ッテ行ッテ、打込ムニハドウカト言ヘバ、文字ノ上デハ出來ナイ、ムヅカシイ理窟ヲ言ッタ所ガ分ラヌ、之ヲ教育シテ行ク、大概校長ガ倫理道德ヲ受持ツノデアリマス、之ヲモウ少シ改善シテ一種ノ信念ヲ持タセル、信念ハ耶蘇教デモ宜ケレバ、佛教デモ宜ケレバ、儒教デモ宜イ、或信念ヲ持タセ、或信念ヲ持ッテ、文字ニ書イタモノヲ校長ガ打込ムト云フコトハ――畑ニ出來ルト云フコトハ、之ガ師範教育ノ改善デアル（拍手）詳シイコトヲ御聽キニナリタケレバ、閑ノ時ニ何時デモ御話致シマス、之ヲ言フトマルデ講義ニナルヤウダカラ、私ハ是ダケデ止メテ置ク、ソレデアルカラ斯ウ云フ問題ハ、當面ノ急ト、原因ト兩方カラ見ナケレバナラヌ、政治ノ責任ト云フノハ歴代ノ政治ノ責任デアリマス、獨リ一黨一派デナイ、ソレカテ無論此外ニモ責任ヲ負フベキモノガ澤山アル、之ヲ改善スル、私ハ此任ニ當ッテ、最モ自分ガ確信シテ居ルノハ、之ヲ改革ショウト云フノデ、ソレハ何人モ改革セナイノヲ、私ハ着手ショウト云フノガ、玆ニ留マッテ居ル所以デアル、行フト云フコトハ具體的ニ經驗カラ一切ノモノヲ捕ヘテ、案ヲ出ス時ヲ御待チ下サラヌケレバ、今日發表スル時期ニ達シナイ（拍手）又左様ナモノヲ今日玆ニ述ベル必要モ何モナイ

　ソレカラ「フアツシズム」ニ對スル意見如何、無論取締ル、取締ッテ效果ヲ擧ゲテ居ル、擧ゲテ居ルト云フノハ、斯様ナ血盟團ノアッタト云フコトハ、前内閣モ探知シテ居ラレマセウ、探リ得テ居ラレルダラウ、堪能ナリト號セラレタ内務大臣ト、堪能ナリト號セラレタ警視總監、警保局長、是デスラ唯バット、ソレヲ得タキリデ捕ヘテ居ナイヂヤナイカ、ソレ位難シイ、向フガ進ンデ居ル、向フガ此潛行運動ハ餘程進ンデ居ル、ソレヲ捕ヘタヂヤナイカ、現ニ二人迄危害ヲ加ヘラレタト云フコトハ、甚ダ遺憾デアルガ、「ピストル」ノ所在、其外捕ヘ擧ゲタヂヤナイカ、堪能ナル警視總監、警保局長ガ爲シ得ザルコトヲ爲シテ居ルノデアル、ソレデアルカラ經驗ノ無イ警視總監ナド、云フコトハ、少シ御控ヘニナッタ方ガ宜カラウト思フノデアル

〔發言スル者多シ〕

○議長（秋田清君）　靜肅ニ

○國務大臣（犬養毅君）（續）　ソレカラ思想善導、是ハ大概一デ御答シタノデ……

〔發言スル者多シ〕

○議長（秋田清君）　野中君ニ注意致シマス――靜肅ニ……

○國務大臣（犬養毅君）（續）　大概盡キテ居

ルダラウト思ヒマス、ソレカラ第四――御聽キナサイ、質問スルカラ述ベテ居ルノダカラ、聽カナケレバ質問ノ要ガナイヂヤナイカ、政友會ノ思想激化ニ對スル責任、政友會ハ左樣ナ責任ハ負ハナイ、激化サセテハ居ナイ、激化サセタノハ、前内閣ガ最モ激化サセタノデアル、責任ハソコニアルノダ

（「取消セ」ト呼ヒ其他發言スル者多シ）

（離席者多ク議場騷然）

○議長（秋田淸君） 諸君御着席ナサイ、總員着席ナサイ――（拍手）總員御着席ナサイ

（拍手起ル）

○國務大臣（犬養毅君）（續） ソレカラモウ一ツノ御尋ネノ箇條ハ、警察ノ取締ニ粗漏アリトスルヤ否ヤ、是ハナイト御答致シマス、唯簡單ニ左樣ナコトハナイ

（發言スル者多シ）

○議長（秋田淸君） 靜肅ニ、工藤君、工藤鐵男君御着席ナサイ――御着席ナサイ――崎山君御着席ナサイ

（拍手起ル）

○國務大臣（犬養毅君）（續） ソレカラ最後ノ御尋ハ、中橋内務大臣ガ迭ッタ、ソレヲマルデ新聞ニアルコトヲ事實ト爲サッテノ御尋デアル、私ハ決シテ中橋君ニ辭職ヲ勸メモ何ニモ致シマセヌ、ソレカラ元來病人デアル――病人デハアリマセヌ、當時ハ僅カノ病氣デ、最早癒エツヽアッタ、御承知ノ通リ伊勢神宮ニモ參詣ガ出來ルト云フ位ナ程度ニナッテ居ッテ、全快スベキ人ナンデアリマス、之ヲ充テルノハ尤モデアル、ソコデ此度辭メラレタノハ、是ハ私ハ醫者デナイカラ、ドノ位ナ程度デ癒ルト云フノハ、私ニハ分リマセヌ、内務大臣ニ任ゼラレタ時ニハ僅カナコトデ全快サレテ、立派ニ働ケルト信ジテ居ッタ、所ガ其中ニ種々ナ病氣ガ生ジタ、併ナガラ不治ナ病デハナイ、確カニ癒ル、是ハ私確信スル、所ガ當人ニ於カレテハ、癒ルガ、醫者ノ說ニ依ルト、ドウシテモ完全ニ耳ガ聞エルト云フノハ理想的ニ言ッテ四箇月、斯ウナルト此次ノ議會ニ出ラレナイヤウニナル、然ラバ辭職、此際ニ辭シタイ、斯ウ云フノデス、別ニ私ハ留メルト云フコトヲ求メモシナケレバ、何ニモシナイ、ソンナラ不治ナ病デアルカト醫者ニ聞イテ見レバ、不治ノ病デハナイノデアル、唯理想的ニ順調ニ行ッテ四箇月モ掛ルト云フノデアルナラバ、此次ノ議會ニ出席出來ヌト云フコトハ實ニ自分ハ恐入ルカラト云フノデ、强ヒテ辭メヨウ、斯ウ云フノデアル、避ケルノデモ何デモナイ、中橋君ガ避ケテモ私ガ兼任スレバ、質問ハ總テ引受ケル、同ジコトナノデアリマス（拍手）ソンナコトデ避ケハシマセヌ、避ケヌカラ吾々ハ此處ニ立ッテ居ルノデアル、ソンナコトヲ避ケルヤウナコトハ致シマセヌ、ソレカラ此外ニ區々タル細目ニ亙ッタ御尋ガアリマスガ、是ハ政府委員モ居リマスシ、細カイ事ノ御尋ガアレバ、ソレハ御答シマス、滿足出來ルマデ御答シマス、又ソレカラ司法大臣、文部大臣ヲ名指サレタノデアリマスカラ、是モ御答辯シマセウ、定メテ御滿足ニナルマデノ御答辯ハ出來マセウ

（拍手）

（國務大臣鈴木喜三郞君登壇）

○國務大臣（鈴木喜三郞君） 武富君ニ御答申シマス、此度ノ事件ニ付テ、新聞記事掲載ヲ禁止シナカッタノハドウ云フ譯デアルカト云フ御尋デゴザイマスガ、凡ソ檢察事務ニ付キマシテ、新聞掲載ヲ禁止スルカシナイカト云フコトハ、事件ノ如何ニ依ッテ、檢事局ガ觀察スルノデアリマス、掲載シテ是ナル事アリ、非ナル事アリ、是ハ多年檢事ノ職ヲ奉ゼラレタル武富君能ク御承知ノコトデアリマス（拍手）今回ノ事件ニ付キマシテ禁止シナカッタト云フコトハ、却テ禁止スレバ人心ヲ惑ハス、人心ノ不安ヲ來スト云フコトノ意味ニ依ッテ禁止シナカッタノデアリマス（拍手）

ソレカラ第二問ノ此間ノ大逆事件竝ニ團君暗殺事件、是等ノ事件ノ背後ニ有力者ガアルカナイカ、或ハ此事件ニ付テ共犯者ガアルカナイカト云フコトハ未ダ以テ公表スルノ域ニ達シマセヌ、却テ公表スレバ共犯者アル場合ニ於テハ逃ゲテシマヒマス、是モ武富君ノ御承知ノコトデアリマス、而シテ今回ノ事件搜査ニ付キマシテモ、亦先般ノ井上君ヲ暗殺シタ事件ニ付キマシテモ、檢事局ニ於キマシテハ聊カノ檢察事務ニ付キマシテ遺漏アルコトヲ認メマセヌ（拍手）

（國務大臣鳩山一郞君登壇）

○國務大臣（鳩山一郞君） 武富君ノ私ニ對スル質問ニ對シテ御答ヲ申上ゲマス、矯激ナル思想ニ對スル對策ハ如何ナルモノデアルカト云フ問デアリマシタ、矯激ナル思想ガドウ云フ原因ニ依ッテ生ズルカ、是ハ昨日民政黨ノドナタカノ御演說ニモアリマシタ通リニ、政治上カラ來ルモノモアリ、或ハ社會上ノ原因ニ依ッテ來ルモノモアリマスルシ、又經濟上ノ原因ニ依ッテ來ルモノモアリマス、其由ッテ來ル所ノ原因ガナクナレバ、隨テ矯激ナル思想ガ無クナル次第デアリマスカラ、原因ガ多種多樣デアレバ、之ニ對スル對策モ亦多種多樣デナクテハナラナイノデアリマス

併ナガラ其矯激ナル思想原因ハ多種多樣デアリマスルケレドモ、或ル見方ニ依リマスルト、非常ニ單純化セラルヽノデアリマス、何デ單純化セラルヽカト言ヒマスルト、ソレハ年齡カラ考ヘルノデアリマス、年齡カラ考ヘマスルト、十八歲カラ二十三歲位ノ者ガ矯激ナル行動ニ移ルヤウナ次第デアリマスカラ、此年齡カラ考ヘマスレバ、此對策ガ又比較的容易ニ考ヘラルヽノデアリマス、即チ學生生徒ニ對スル監督取締其宜シキヲ得マシタナラバ、此矯激ナル思想ノ大半ハ之ヲ驅逐スルコトガ出來ハシナイカ、斯ウ云フ風ニ考ヘテ居ルノデアリマス、隨テ學生生徒ニ對スル取締、其指導ト云フコトニ付キマシテハ、多年文部省ニ於テモ出來ルダケ努力ヲ致シテ居リマス、其主ナルモノヲ申上ゲマスレバ、第一ニ指導教官制度デアリマス、指導教官ヲ置キマシテ、サウシテ學生生徒ノ左傾スルノヲ善導シテヤル、第二ニハ或ハ講演或ハ「パンフレット」ニ依リマシテ學生生徒ヲ指導スルノデアリマス、第三ハ貧困ナル學生ガ其生活ニ困ルガ爲ニ、左傾ニナル場合ガアルモノデアリマスルカラ、生徒ノ福利增進ト云フモノニモ力ヲ盡シテ居リマス、同時ニ又

第四ト致シマシテ學生生徒ニ穩健ナル研究、修養ノ團體ヲ奬勵ヲシテ居リマス、斯ウ云フヤウナ色々ナコトヲヤリマシテ、十八歳カラ二十二三歳ニ達スル學生生徒ニ對シマシテハ、出來得ルダケノ力ヲ盡シテ居ル次第デアリマス、是ハ多年文部省ニ於テヤッテ居リマシタ所デアリマスルカラ、其處ニ坐ッテイラッシャル田中前文部大臣ニ武富サンガ御聽キ下サッタナラバ、ヤハリ同樣ノ御答ヲ得ラルヽコトヽ思ヒマス、其上ニデス、將來如何ナルコトヲ考ヘテ居ルカト云ヒマスルト、學生生徒ノ試驗科目ヲ段々ニ少クシテ參リマシテ、自由時間ト云フモノヲ餘計ニ持タシタナラバ、學生生徒ガ矯激ナル思想ニ移ルノヲ幾分カ取止メルコトハ出來ナイカ知ラ、生徒ト先生トノ接觸時間、之ヲ殖ヤスコトガ、又學生ガ誤ラザルヤウニナル方策デハナイカ知ラ、斯ウ云フヤウナ點ニ付キマシテ目下文部省ニ於テ考案中デアリマス、是ガ先刻總理大臣ガ此處デ答ヘラレタ眼前ニ付テノ方策ト云ヒマスカ、師範教育改善トカ云フ先ノ方策ニ非ズシテ、只今直接ニ斯ウ云フヤウナ對策ヲ執ッテ居ル次第デアリマス、是デ以テ私ハ御問ニ對シテ答ヘタ積リデアリマス、先刻武富君ハ私ニ對スル質問ノ間ニ於テ野球トカ「ゴルフ」トカ仰シヤイマシテ、何ダカ野球「ゴルフ」等ノ如キモノヲ有閑階級ノ單純ナル娛樂ノヤウニ御考ヘニナッテ居リマスルガ、斯ウ云フ思想ハ極メテ舊思想デアリマシテ（拍手）「スポーツ」ハ今精神教育ノ上ニ最モ重要ナル要素ヲ有ッテ居リマスノデアリマス、アナタノヤウナ說ハ是ハ「スポーツ」ヲ非常ニ冒瀆スルモノト申上ゲタイノデアリマス（拍手）

最後ニ序ニ私ニ質問ガアリマシタ第二ノ點ハ共書面ハ、私自ラハ讀ンデ居ラナイ、知リマセヌ、是ニ對シテハ何トモ御答ヲ致スコトハ出來マセヌ、惡シカラズ御諒承下サイマセ

○原惣兵衛君　本日ハ是ニテ散會セラレンコトヲ望ミマス

○議長（秋田淸君）　原君ノ動議ニ御異議アリマセヌカ

（「異議ナシ」ト呼フ者アリ）

○議長（秋田淸君）　御異議ナシト認メマス、仍テ動議ノ如ク決シマス、明日ノ日程ハ公報ヲ以テ御通知致シマス、本日ハ是ニテ散會致シマス

午後六時十分散會

○副議長（植原悅二郎君） 此際諸君ニ御諮リ致スコトカアリマス、御承知ノ通リ陸軍大將白川義則君ハ、上海派遣軍司令官トシテ任地ニ在リ、國家ノ爲メ精勵克ク其任務ヲ完ウシ、皇軍ノ威武ヲ宣揚セラレマシタガ、去ル四月二十九日不慮ノ慘禍ニ罹ラレ、同地兵站病院ニ於テ專ラ療養セラレテ居リマシタ、吾々國民ハ偏ニ其御本復ヲ祈ッテ居リマシタ所、遂ニ去ル二十六日薨去セラレマシタコトハ、誠ニ痛惜哀悼ノ至リニ堪ヘマセヌ、就キマシテハ院議ヲ以テ、弔詞ヲ贈呈致シタイト思ヒマス、尚ホ弔詞ノ案文ハ議長ニ於テ起草致シタモノガアリマス、玆ニ之ヲ朗讀致シマス

衆議院ハ戰功顯著ナル上海派遣軍司令官陸軍大將從二位勳一等功二級男爵白川義則君ノ不慮ノ慘禍ニ罹リ薨去セラレタルヲ哀悼シ恭シク弔詞ヲ呈ス

○濱田國松君 只今議長ノ御提議相成リマシタ、故白川大將ニ對スル表弔ノ件デアリマスルガ、同大將ノ遭難ハ洵ニ悲ムベキ出來事デアリマシテ、痛恨ノ至リニ堪ヘナイ次第デアリマス、本員ハ曩ニ三月二十日附ヲ以チマシテ本院ガ上海派遣軍將兵ニ對シ、爲シタル感謝決議ノ意味ヲ延長シマシテ、國民ノ名ニ於テ深厚ナル弔意ヲ表スベキモノト思料致シマス、仍テ賛成ヲ致シマス

（拍手起ル）

○副議長（植原悅二郎君） 松田源治君

○松田源治君 本案ニ賛成ノ意ヲ表シマス

（拍手起ル）

○副議長（植原悅二郎君） 淸瀨一郎君

○淸瀨一郎君 白川大將ノ薨去ハ眞ニ哀悼ノ至デアリマス、吾々第一控室所屬議員ハ本案ニ全部贊成デアリマス

（拍手起ル）

昭和七年六月四日

## 齋藤國務大臣ノ演說

### 國務大臣ノ演說

（國務大臣子爵齋藤實君登壇）

○國務大臣（子爵齋藤實君） 諸君、犬養內閣總理大臣ガ第六十二回帝國議會ノ召集ヲ前ニシ、不慮ノ兇變ニ依ッテ俄ニ薨去セラレマシタコトハ、國家ノ爲メ眞ニ痛惜ノ至ニ堪ヘザル次第デゴザイマス、此時局多難ノ際ニ當リマシテ、不肖圖ラズモ組閣ノ大命ヲ拜シ、寔ニ恐懼措ク所ヲ知ラズ、乃チ各方面ノ協力ヲ求メマシテ、時局匡救ヲ目的トスル所謂擧國一致內閣ヲ組織致シ、謹デ此重任ニ膺リ、以テ匪躬ノ節ヲ盡サンコトヲ期シタル次第デアリマス、玆ニ其初ニ當リ諸君ト相見エテ、一言新內閣ノ所信ヲ述ブルノ機會ヲ得マシタコトハ、私ノ最モ光榮トスル所デアリマス

對外政策ニ就キマシテハ、新內閣ハ國際ノ信義ヲ重ンジ、列國ト協調致シマシテ、世界人類ノ進步發達ニ貢獻セントスル、傳統的政策ヲ維持スルコトハ勿論デアリマスルト共ニ、我ガ權益ノ擁護ト、國際正義ノ命ズル所トニ對シ、自カラ獨自ノ立場ヲ執ルコトノアリマスルコトモ、亦已ムヲ得ザル次第ト考ヘテ居ルノデアリマス、此機會ニ於キマシテ支那方面ノ狀況ニ就キ一言シマスレバ、上海ニ於キマシテハ五月五日日支兩軍ノ間既ニ停戰協定ノ成立ヲ見ルニ至ッタノデアリマスガ、是ハ誠ニ御同慶ニ堪ヘナイ次第デアルト同時ニ、私ハ同地方ノ狀況ガ今後益〻平靜ニ赴カンコトヲ切望シテ止マナイ次第デアリマス、次ニ滿洲ニ於キマシテハ、去ル三月上旬ヲ以テ樹立セラレタル新國家ハ、逐次發達ノ道程ヲ辿リツツアルノデアリマスガ、同國ガ今後益〻健實ナル發達ヲ遂ゲマスコトハ、啻ニ同地方ノ治安及繁榮ノ回復增進ノ爲メノミナラズ、東洋平和ノ確保ノ爲ニモ極メテ有意義ト思考スルノデアリマス、私ハ我ガ國民ガ同國ノ前途ニ對シテ多大ノ希望ヲ繫ケテ居ルコトヲ確信スルモノデアリマス、玆ニ私ハ滿洲及上海地方ニ於ケル我ガ陸海軍將士ノ努力ト勞苦トニ對シテ、厚ク感謝ノ意ヲ表スルト共ニ、四月二十九日上海ニ於テ不逞分子ノ爲メ危禍ヲ蒙リマシタル、陸海軍、外務官憲及民國主腦部等ニ對シテ深厚ナル同情ノ意ヲ表シマス

現下ノ時局ハ、世人ガ之ヲ稱スルニ、非常時ノ形容詞ヲ以テシマスル程重大デアルト考ヘマス、深刻ナル經濟上ノ不況ハ、今猶ホ恢復ノ曙光ヲ見難ク、農村ノ困憊ト都市ノ沈滯トハ共ニ益〻甚シカラントスルノ狀況デアルノミナラズ、近時兇變相繼イデ行ハレ、人心極メテ不安、寔ニ重大ナル危機ト申サネバナリマセヌ、此人心ノ不安ヲ一掃シ、國民生活ノ安定ヲ圖リマスルコトハ、苟モ任ニ政府ニアル者ガ、粉骨碎身、萬難ヲ排シテ努力シナケレバナラヌ所デアリマス、卽チ嚴ニ治安ノ保持ニ務メテ、非違ヲ戒ムルト共ニ、財界ノ苦難ヲ緩和シ、失業ノ救濟ヲ計リ、農村ノ振興ニ勉メテ、以テ國民大衆ノ生活ヲ安定セシムルノ途ヲ講ジナケレバナリマセヌ、是レ寔ニ刻下ノ急務デアリマシテ、新內閣ノ重要ナル使命ノ一ツデアルト考ヘマス

今次ノ兇變カラ致シマシテ、往〻軍紀ヲ云爲スルノ聲ヲ聞キマスルノハ、寔ニ遺憾ノ至リデアリマス、凡ソ皇軍ハ唯大命ノミニ基キ其行動ヲ律セラルベキハ勿論、嚴正ナル軍紀ノ裡、忠節、禮儀、武勇、信義、質素、貫クニ一誠ヲ以テスベキハ、是レ我ガ建軍ノ精神デアリマシテ、同時ニ又皇軍ノ光輝トシテ衆庶ノ齊シク仰ギ來ッタ所デアリマス、私ハ今後我ガ陸海軍ガ上下一致シテ益〻勅諭ノ御趣旨ヲ徹底シ、皇軍ノ光輝ヲ永遠ニ確保シ、以テ 陛下ノ信倚ニ答ヘ奉ル所アルベキヲ確信スルモノデアリマス

政界ノ淨化ヲ圖リ、其宿弊ヲ芟除スルコトハ、立憲政治更新ノ爲ニ、此際特ニ考慮セラルベキ重要使命ノ一ツデアリマス、立憲政治ノ下ニ政黨相對立シ、各自其政策ニ基イテ所信ヲ鬪ハスコトハ當然ノ現象デアリマシテ、何等怪ムコトヲ要シナイノミナラズ、其運用宜シキヲ得マスレバ、輿論ノ統制ニ資シ、政策ノ研鑽ニ便シマシテ、國政ノ運行ヲ公正ナラシムルコトヲ得ルノデアリマセウ、併ナガラ黨爭ノ餘波ガ、動モスレバ累ヲ中央地方ノ行政ニ及ボシマシテ、選擧ニ各種ノ情弊ヲ伴ハシメ、延イテハ立憲政治ノ前途ニ疑惧ノ念ヲ懷カシムルガ如キ懸念ナキヲ保シナイノデアリマス、新內閣ハ現下重大ノ國情ニ稽ミ、一黨一派ニ偏セズ、所謂擧國一致ト申ス基礎ノ上ニ組織セラレテ居リマスケレドモ、議會ヲ尊重スルコトハ申スマデモナク、又決シテ政黨ヲ輕視スルモノデハアリマセヌ、唯其病弊ニ對シマシテハ、極力之ヲ排除致シ、今正ニ眞面目ナル國民ノ胸底ニ湧起リツヽアル政界革新ノ要望ニ副ヒ、今日ノ非難ヲ一轉シテ明日ノ信頼ニ替ヘシメンガ爲メ、十分ナル誠實ト熱意トヲ盡サントスルモノデアリマス

之ヲ要スルニ、我國ハ目下政治、外交、經濟、思想ノ各方面ニ亙ッテ、重大ナル時機ニ在ルト存ジマス、隨テ前ニ述ベマシタ所ノ要綱以外ニ、産業ノ開發、敎育ノ改善、思想ノ善導等、爲スベキノ事項ハ極メテ多イノデアリマス、而モ是等ノモノハ何レモ唱フルニ易クシテ、行ハルヽノハ容易デアリマセヌ、吾々ハ此難局打開ノ爲ニ、速ニ必要ナル具體的方策ヲ樹立致シ、北行ヒ易キモノヨリシテ難キモノニ進ミ、着々之ヲ實行ニ移シ、全國民協力ノ下ニ、時局ニ適應セル施設ヲ完ウセンコトヲ企圖シテ居ル次第デアリマス、又從前ノ政府ガ考究セル諸方策ニシテ劃切有效ナルモノ、就中現下經濟界ノ不安ヲ匡救スベキ財政經濟ノ緊急方策ハ、大體之ヲ踏襲シ、追加豫算案並ニ各般ノ法律案トシテ、玆ニ協贊ヲ求メタ次第デアリマス、豫算又ハ法律ヲ要セザルモノニ付キマシテハ、着々是ガ實行ヲ期シ、其他ノ方策ハ本議會ニ提出スルモノヽ外、之ヲ次ノ通常議會ニ提案致ス見込デアリマス、斯ノ如クニシテ此重大ナル時局匡救ノ大任ヲ盡シ、聖慮ヲ安ンジ奉リ、國民ノ期待ニ副ハンコトヲ期シテ居ルノデアリマス、幸ニ此趣旨ヲ諒トセラレ、速ニ協贊ヲ與ヘラレンコトヲ切望スル次第デアリマス（拍手）

諸君、私ハ更ニ外務大臣トシテ、外交關係ニ付キ一言スルノ光榮ヲ有シマス、最近ニ於ケル帝國ノ重要外交案件ニ關シ、玆ニ報告ヲ兼ネ所見ヲ開陳致シマスルハ、私ノ欣幸トスル所デアリマス

先ヅ日支關係ニ付キマシテハ、上海方面ノ情勢ハ、五月五日上海ニ於テ日支兩軍ノ停戰協定成立シ、同地方平靜回復ノ緒ニ就キマシタノハ御同慶ノ至リデアリマス、本協定ノ調印ヲ見マスルマデニハ、種々ナル紆餘曲折ガアッタノデアリマスガ、幸ニシテ其成立ヲ見ルニ至リマシタノハ、我ガ方ノ公正ナル態度ニ加フルニ、英國公使ヲ始メ、友好國代表者ノ非常ナル盡力ガ多大ノ貢獻ヲナシタノデアリマス、尙ホ此機會ニ

私ハ上海方面ニ於テ奮闘シ、克ク其大任ヲ全ウシタル我ガ陸海軍將兵ニ對シ、衷心感謝ノ意ヲ表スルモノデアリマス、又四月二十九日同地ニ於ケル爆彈事件ノ爲メ、危禍ニ遭遇セラレタル我ガ陸海軍及外務官憲並ニ民團關係者等ニ對シ、深厚ナル同情ノ意ヲ表スルモノデ、殊ニ白川派遣軍司令官ノ薨去ハ、洵ニ痛恨ニ堪ヘナイ次第デアリマス、今次ノ停戰協定ニ依リマスレバ、支那軍ハ上海ヨリ一定距離ニ止マルノミナラズ、上海ノ周圍ニ於テ、其統制ノ及ブ限リ、總テノ敵對行爲ヲ停止スルコト、ナッテ居リ、且ツ支那軍ノ行動ニ關シ疑ヲ生ズル場合ニ於テハ、英・米・佛・伊、四國代表者ガ之ヲ確ムルコト、ナッテ居ルノデアリマスカラ、右規定ガ能ク守ラル、限リ、差當リ支那軍隊ニ依ッテ上海附近ノ治安ノ攪亂サル、ガ如キコトハナイ筈デアリマス、隨テ我ガ陸軍ハ五月十一日陸軍大臣聲明ノ通リ、本協定ノ運用ト、上海地方平靜確立ニ關スル關係友好國側ノ今後ノ活動トニ信頼シ、其全兵力ノ內地歸還ヲ行ハシメラル、コト、ナッタノデアリマスガ、右ハ上海附近ニ對スル皇軍ノ出動ガ、何等ノ政治的意圖ニ出ヅルモノニ非ズトノ、帝國政府累次ノ聲明ヲ如實ニ證スルノデアリマス、併ナガラ停戰協定ハ、日支兩軍ノ停戰ヲ規定スルニ止マルノデアリマシテ、上海附近ノ恒久的平靜ヲ囘復スル方法ヲ確立シタモノデアリマセヌ、隨テ過去數十年ニ亙ル外支人ノ平和的努力ノ結晶タル、此盛大ナル國際都市ノ繁榮ヲ維持スルガ爲ニハ、更ニ一步ヲ進メテ、內外人ガ安全ニ居住シ、圓滑ニ營業シ得ル狀態ノ確立セラル、コト、極メテ肝要デアリマス、斯クシテ上海地方ガ過去十數年間、屢〻各種ノ不祥ナル事件ヲ繰返シ來レル、不安ナル狀態ヨリ永久ニ脫却スルコトガ出來マスナラバ、是ハ單ニ上海地方居住ノ外支人ノ幸福ノミニ止マラズ、實ニ支那及支那ニ利益ヲ有スル列國ノ幸福デアリマス、此趣旨ニ於キマシテ、私ハ夙ニ帝國政府ノ希望セル所デアリ、又本年二月二十九日支那側同意ノ下ニ成立シマシタ聯盟理事會決議ニ豫想セル、所謂圓卓會議ガ、速ニ開始セラレ、且ツ成功ヲ遂ゲンコトヲ期待スルモノデアリマス

滿洲ニ於キマシテハ、滿洲國ハ鞏固ナル決意ト革新ノ理想ノ下ニ新國家トシテ徐々ニ發達ノ道程ヲ辿リツ、アルモノト認メラル、ノデアリマス、私ハ我ガ國民ガ同國政府ノ前途ニ對シ、多大ノ希望ヲ懸ケテ居ルコトヲ確信シマスルト共ニ、滿洲事變ニ伴フ國際關係ノ處理ニ付キマシテ、右新國家ノ存在ト云フコトハ、現實ノ事實トシテ無視スルコトヲ許サナイモノト存ズルノデアリマス、同國ガ今後益〻健實ナル發達ヲ遂ゲマスコトハ、啻ニ同地方ノ治安及繁榮ノ囘復增進ノ爲ノミナラズ、東洋平和ノ確保ノ爲ニモ肝要ト思考スルノデアリマス、同地方ニ於ケル兵匪等、不逞分子ノ跳梁ハ外部ヨリスル煽動等モアリマシテ、容易ニ鎭靜セヌノデアリマスガ、新國家ハ創立早々ノコトニモアリ、未ダ十分ニ治安ノ囘復ニ當リ得ル狀態ニ達シテ居ナイノデアリマス、隨テ在滿帝國軍ハ新國家ノ警備力ニ對シ必要ノ協力ヲ與フル外、帝國臣民ノ生命財產ガ危殆ニ頻スルトカ、又ハ一般治安ニ動搖ヲ來スト云フガ如キ事態ノ發生ヲ見マスル場合ニハ、自ラ之ガ鎭定ニ任ゼザルヲ得ザル狀況ニ在ルノデアリマス、私ハ滿洲各地ニ治安維持ノ爲メ、日夜生命ノ危險ニ曝サレ絕大ノ犧牲ヲ拂ヒツ、アル我ガ將兵並ニ警察官ニ對シ、此機會ニ衷心感謝ノ意ヲ表シタイト思ヒマス

由來今次滿洲ニ於ケルガ如キ政治的變動ノ場合ニハ、外部ヨリスル煽動等ガナクモ、反動派又ハ不逞分子等ノ跳梁ヲ免レナイノデアリマシテ、新國家ノ庶政ガ其整頓ヲ見ルニ至ルマデニハ、相當ノ日時ヲ要スルコト、諸外國ノ實例等ニ徵シマシテモ明カデアリマス、隨ッテ現下ノ滿洲ニ於ケル事態ノ成行ニ付キ、素リニ焦急ナル態度ヲ以テ臨ムガ如キハ、私ノ強ク反對セザルヲ得ザル所デアリマシテ、要ハ假スニ時ヲ以テシ、堅實ニ問題ノ解決ニ向ッテ步ヲ進ムルニアルト信ズルノデアリマス

滿洲事變ノ發展ニ伴ヒマシテ、北滿ニ於ケル我ガ居留民ノ保護ノ爲メ、帝國軍隊ハ同方面ニ出動シテ、兵匪ニ當ルコト、ナリマシタガ、其間該地方ニ於ケル「ソヴィエト」聯邦ノ正當ナル權益ハ常ニ之ヲ尊重シ之ニ損害ヲ及ボスガ如キコトナキヤウ、十分ノ注意ヲ拂ッタノデアリマス、此事實ハ我ガ軍隊ノ行動ノ跡ニ徵スレバ明瞭ニ觀取セラル、所デアルト存ジマス、尙ホ帝國政府ハ「ソヴィエト」聯邦政府ニ對シ、我軍ノ北滿出動ノ目的ハ、居留民ノ生命財產ノ保護デアッテ、他ニ何等ノ意圖ヲ有スルモノデナイト云フコトヲ屢〻聲明致シマシタカラ、同聯邦政府ニ於テハ、必ズヤ帝國政府ノ眞意ノアル所ヲ諒解シテ居ルコト、確信スル次第デアリマス、然ルニ世間滿洲事變ヲ契機トシテ、日「ソ」兩國間ニ戰爭ノ危險アリナドト、誠シヤカニ吹聽スル者ノアルノハ甚ダ遺憾デアリマシテ、我ガ國民ガ斯ル言說ニ迷ハサレザランコトヲ希望スル次第デアリマス

國際聯盟ニ於キマシテ、上海事件ノ推移ヲ注視シテ居タ次第ハ、御承知ノ通リデアリマスガ、上海ニ於ケル日支停戰交涉一時停頓ノ際、支那側ガ問題ヲ聯盟ニ提出シマシタ結果、種々紛糾ヲ來シタノデアリマスガ、現地ニ於テ前述ノ如キ停戰協定成立ノ見込ガ略〻付キマシタノデ、聯盟ニ於テモ右ノ事實ニ卽シテ、其難局ヲ切拔クルコトトシ、四月三十日臨時總會開催ノ上、上海ニ於ケル交涉ノ促進ヲ慫慂スルコトヲ大體ノ趣旨トスル決議ヲ採擇シ、玆ニ一段落ヲ告ゲルニ至ッタノデアリマス、尤モ帝國政府ハ聯盟規約第十五條ノ適用ニ異議ノ留保ヲ致シテ居リマス關係上、右決議ノ採擇ニ關シマシテモ、我ガ方ノ立場ヲ闡明シテ棄權シタノデアリマス

尙ホ目下現地ニ在リテ調査ニ從事シテ居リマスル所ノ聯盟支那調査委員ニ對シマシテハ、我ガ方ハ其任務ノ遂行ノ爲メ、出來得ル限リノ便宜ヲ供與スルト共ニ、同委員ガ支那及滿洲ノ實情ニ付キ、正確公正ナル認識ヲ把握センコトヲ希望シテ已マナイノデアリマス

日支關係以外ノ重要外交問題ト致シマシテハ、現下ノ世界的政治經濟ノ不安輕減ノ問題デアリマスガ、軍縮會議ハ去ル二月以來開催中デアリマス、該會議ハ陸海空三軍ニ亙ル最初ノ大會議デアリ、隨テ會議ノ期間ハ相當長引クコト、思ハレマスガ、帝國政府トシテハ既定ノ方針ニ基キ、我ガ主張ノ貫徹ヲ期スルト同時ニ、本會議ガ相當ノ成功ヲ收メンコトヲ冀ッテ居ル次第デアリマス

又國際經濟關係ニ付キマシテハ、今ヤ世界ノ各國ハ、何レモ自國產業保護等ノ見地カラ、從來ニ見ナカッタ種々ノ方策ヲ採用スルニ至リマシテ、之ガ爲メ國際通商上ニ於ケル支障著シキモノアル次第デアリマスガ、政府ニ於キマシテハ出來得ル限リ我ガ對外通商上ノ支障ヲ少クスルコトニ努力ヲ怠ラヌ次第デアリマシテ、特ニ本年ニ入リマシテカラモ、從來多年ノ懸案デアリマシタ我國ト葡萄牙國及佛領印度支那トノ通商協定、又ハ稅率協定ノ成立ヲ見ルニ至ッタノデアリマス、葡萄牙國トハ明治四十四年以來無條約ノ狀態ニ在リマシタノデ、我國ハ同國トノ通商上、諸外國ニ比シ不利益ナル待遇ヲ受ケ來ッタノデアリマスガ、種々折衝ノ結果、本年三月兩國間ニ通商協定締結セラレ、同協定ハ既ニ實施ヲ見ルニ至ッテ居リマス、又佛領印度支那ハ御承知ノ通リ、地理上我國トハ極メテ近隣ノ關係ニ在リナ

ガラ、同方面トノ通商貿易上重要ノ關係アル關税問題ニ付キマシテ、今日マデ何等ノ取極ガナク、明治二十九年以來日佛兩國當局ノ多年ノ苦心努力モ、種々ノ事情ニ妨ゲラレテ、其成果ヲ擧グルニ至ッテ居ナカッタノデアリマス、然ルニ昨年頃カラ交渉ノ機運漸ク動キ、遂ニ本年五月十三日協定調印ノ運ビト相成リマシタ、本協定實施ノ上ハ、日本ト印度支那トノ通商貿易ハ、從來ニ比シ容易トナリ、彼我ノ經濟關係ハ漸次密接ヲ加フルコト、存ジマス、是等協定ノ成立ハ前記兩國トノ國交親善ノ爲ニモ誠ニ慶賀ニ堪ヘナイ所デアリマス

今ヤ世界ハ各方面トモ種々不安ナル狀況ニアリマシテ、就中經濟上ノ不況ハ極テ深刻ナルモノガアリマス、我國モ列國ノ一員トシテ、此世界的狀勢ノ影響ヲ受クルコトヲ免レナイト同時ニ、國際的ニ解決ヲ要スル幾多ノ重大案件ヲ有シテ居ル次第デアリマシテ、此間ニ處スル帝國外交ノ前途ハ、固ヨリ多事多難ナルベキヲ豫期シナケレバナリマセヌ、而シテ此帝國外交ノ重大時機ニ善處スルガ爲ニハ、國民的ノ一致團結ガ最モ重要デアルハ申スマデモアリマセヌ、私ハ諸君ト共ニ全國民ノ支持ニ依リ、此難局ノ打開ニ向ッテ最善ノ努力ヲ盡シタイト思フノデアリマス(拍手)

○議長(秋田清君) 大藏大臣高橋是清君

(國務大臣高橋是清君登壇)

○國務大臣(高橋是清君) 諸君、今般內閣ノ成立ニ際シ、不肖引續キ財政整理ノ重任ニ膺ルコト、ナリ、玆ニ昭和七年度追加豫算ヲ說明致シマスルコトハ、私ノ最モ光榮トスル所デアリマス

昭和七年度歲入歲出總豫算ハ、衆議院解散ノ爲メ不成立トナリマシタノデ、憲法ノ條章ニ基キ、前年度豫算ヲ施行セラル、コトトナリマシタガ、前內閣ハ此施行豫算ノ範圍內ニ於テ實行豫算ヲ編成シ、不成立豫算ニ計上シタル事項竝ニ緊急ヲ要スル事項ニシテ、施行豫算ノ範圍內ニ於テ實行シ得ベキモノハ、成ベク之ヲ實行豫算ニ計上スルコト、致シマシタ

右ノ方針ニ依リ作成致シマシタ昭和七年度ノ實行豫算ノ總額ハ、歲入十三億七千四百七十餘万圓、歲出十四億六千五十餘万圓、歲入歲出差引八千五百八十万餘圓ノ歲入不足トナッテ居リマス、此不足額ハ次ニ述ベル追加豫算ノ歲入ヲ以テ補塡シ、施行豫算ノ範圍內ニ於テ實行スルコトノ出來ナイ事項ハ、昭和七年度追加豫算トシテ議會ニ提出スルコト、シ、其準備ヲ致シテ居ッタノデアリマス、然ルニ今般內閣ノ更迭ヲ見ルニ至ッタ次第デアリマスガ、現內閣ニ於テモ、前內閣ノ作成シマシタ追加豫算ノ計畫ヲ以テ、何レモ緊急措キ難キモノト認メマシテ、之ヲ本議會ニ提出スルコト、致シタノデアリマス

而シテ昭和七年度歲入歲出總豫算追加トシテ計上致シマシタ金額ハ、歲入四億百八十餘万圓、歲出三億百餘万圓、歲入歲出差引一億七十餘万圓ノ歲入過剩ニナッテ居リマスガ、此過剩額ハ前ニ述ベマシタ實行豫算ニ於ケル歲入不足額、竝ニ次ニ述ベマスル實行豫算增加ノ歲入不足ヲ補塡スルモノデアリマス、此追加豫算ト共ニ實行豫算ノ增加ヲ必要トスルモノガアリマシテ、其金額ハ歲入三百七十餘万圓、歲出千八百七十餘万圓、歲入歲出差引千四百九十餘万圓ノ歲入不足デアリマス

右三者ヲ通計致シマシタ昭和七年度實行豫算ノ總額ハ、歲入歲出共ニ十七億八千四十万餘圓トナリマス

昭和七年度ノ實行豫算歲入ニ付テハ、不成立豫算編成後、財界ノ事情ノ變化ニ伴ヒマシテ、歲入豫算全部ニ亙リマシテ、新ニ見積リヲ樹テ直シマシタ外、別途提案シマシタ關稅ノ改正ニ依ル增收等モアリマシテ、結局歲入實行豫算ハ不成立豫算ニ比シテ、經常部ニ於テ四千三百五十餘万圓ヲ增加シテ居リマス、又歲入ノ臨時部ニ於テハ公共團體工事費ノ納付金及分擔金ノ增加、竝ニ公債金ノ增加、其他ノ增減ガアリマシテ、結局不成立豫算ニ比シテ三億三千九百七十餘万圓ノ增加トナッテ居リマス

次ニ歲出ニ付キマシテハ、前述ノ如ク實行豫算竝ニ追加豫算ノ總額ハ、經常部ニ於テ十二億五百六十餘万圓、臨時部ニ於テ五億七千四百七十餘万圓、合計十七億八千四十万餘圓デアリマシテ、不成立豫算ニ比較シテ三億八千三百三十餘万圓ノ增加デアリマス

而シテ追加豫算中重ナル事項ニ就テ略說シマスレバ、滿洲事件ニ要スル經費ニ付テハ、第六十一議會ニ於テ本年四月五月兩月分ノ所要經費ニ付キ協贊ヲ得タノデアリマスガ、今回六月以降明年一月迄ニ要スル經費トシテ、陸軍省所管ニ於テ六百五十餘万圓ヲ實行豫算ニ計上シタル外ニ、外務省所管ニ於テ五百五十餘万圓、陸軍省所管ニ於テ一億千七百七十餘万圓、海軍省所管ニ於テ三千九百七十餘万圓、大藏省所管ニ於テ豫備費トシテ二千万圓、合計一億八千二百九十餘万圓ヲ一般會計ノ追加豫算ニ計上致シマシタ、尙ホ特別會計ノ分トシテ朝鮮總督府ニ於テ三十餘万圓、關東廳ニ於テ二百六十餘万圓、計二百九十餘万圓ヲ特別會計ノ追加豫算ニ計上致シマシタ

以上一般會計、特別會計ヲ合計シテ六月以降滿洲事件費ノ總額ハ一億九千二百五十餘万圓デアリマスガ、其財源支辨ノ爲メ滿洲事件公債發行ノ限度ヲ增額スルノ法律案ヲ別途提案致シマシタ

失業ノ救濟竝ニ防止ニ付テハ、政府ハ產業ヲ振興シ、土木事業ヲ興スヲ適當ト信ジマシテ、之ニ必要ナル計畫ヲ立テタノデアリマス、卽チ河川改修、港灣修築及道路改良等ノ土木事業ヲ增加施行スルト同時ニ、小農ノ增殖獎勵其他農山漁村振興ノ爲ニ適切ナル各種ノ施設ヲ行フコト、シ、之ニ要スル經費ヲ追加豫算ニ計上致シマシタ

昭和七年度歲入ハ財界不況ノ爲メ著シク減少スルニ拘ラズ、國務ノ遂行ニ必要ナル經費ノ支出ハ已ムベカラザルモノデアリマスカラ、昭和七年度一般會計實行豫算ニ於テハ多額ノ財源不足ヲ來シマスノデ、減債基金繰入ノ一部停止ヲ實行スルト同時ニ、現行ノ公債法ニ依ル事業公債竝ニ滿洲事件公債ヲ發行スルノ外、新ニ歲入補塡公債ヲ發行スルノ已ムヲ得ザルニ至リマシタ、仍テ是等ニ關スル法律案ヲ別途提案致シタ次第デアリマス、而シテ昭和七年度ニ於テ歲出豫算ノ財源トシテ發行スル公債ノ額ハ、一般會計ニ於テ電話事業公債、電信事業公債、震災善後公債及道路公債ヲ合セテ、事業公債ガ四千三百七十餘万圓、滿洲事件公債二億四千九百餘万圓、歲入補塡公債一億六千五十餘万圓、一般會計合計四億五千三百三十餘万圓トナリマス

特別會計ニ於テ朝鮮、臺灣、關東州及樺太ノ事業公債二千三百八十餘万圓、帝國鐵道公債四千九百万圓、事業公債合計ガ七千二百八十餘万圓トナリマス、朝鮮總督府及關東廳ノ分トシテ、滿洲事件公債ガ三百三十餘万圓、特別會計合計七千六百十餘万圓、以上一般會計及特別會計ヲ通ジテ公債ノ發行總額ハ五億二千九百五十餘万圓デアリマス、右公債ノ發行方法ハ日本銀行竝ニ預金部其他政府部內ノ資金ヲ以テ之ヲ引受ケシメ、一般市場ニ於ケル公募ハ之ヲ避クル方針デアリマス

次ニ我國經濟界ノ情勢ヲ觀マスルニ、今日ノ如ク通貨ガ不足シ、信用ガ收縮シテ居ッテハ、產業發展ノ手段ヲ缺ク次第デアリマシテ、到底其振興ヲ期スルコトガ出來マセヌ、隨テ金融ノ緩和ヲ圖リ、產業ノ正當ナル取引ニ必要ナル數量ノ通貨ヲ圓滑ニ供給スルノ途ヲ講ズルコトガ最モ必要デアルト思ヒマス、然ルニ我國通貨ノ基本タル兌換銀行券發行制度ハ、制定後既ニ相當ノ年月ヲ閱シ、其間國民經濟ノ發展顯著ナルモノガ

アッタニ拘ラズ、久シキニ亘リ之ニ伴フ適當ナル改正ヲ見ナカッタ爲ニ、今日ノ事態ニ適應スル機能ヲ缺ク憾ガアリマス、仍テ政府ハ此際保證發行限度額ヲ十億圓ニ擴張シ、且ツ制限外發行稅率ノ限度ヲ引下グル等、兌換銀行券發行制度ヲ改革スルコト、シ、尙ホ之ニ關聯シテ現行ノ制限內發行稅制度ヲ廢止シテ、納付金制度ヲ採用スルコト、シ、更ニ進ンデ中央銀行ノ行務ノ運行ヲシテ一層時宜ニ適ハシメ、且ツ金融界等トノ聯繫協力ヲ緊密ナラシムル爲メ、日本銀行ニ參與會ヲ設置シテ、以テ制度運用上ノ完備ヲ期スルコト、致シタイト存ジマシテ、是等ニ必要ナル法律案ヲ今期議會ニ提出スルコト、致シマシタ

發券制度改革ノ結果、通貨ノ供給ガ便利トナルコトハ明カデアリマスガ、健全ナル通貨ノ增加ヲ實現センガ爲ニハ、之ヲ產業ノ正當ナル取引ニ向ケシムルコトニ留意シ、投機思惑ノ資金ニ流用セラル、ガ如キコトハ、努メテ之ヲ抑制シナケレバナリマセヌ、而シテ近時對外爲替相場ノ下落及外貨證券ノ値下リ等ノ事實ガアル爲メ、民衆ノ投機心ヲ唆リ、少額ナガラ資本ノ海外流出ヲ見ツ、アルノハ最モ遺憾トスル所デアリマス、斯ノ如キ事態ガ繼續スルニ於テハ、將來我國財界ニ及ボスベキ影響ノ憂フベキモノガアリマスカラ、今後ノ推移ニ應ジ資本ノ逃避ニ對シテ、適切ナル取締ヲ行フノ必要ガアルト思ヒマス、仍テ之ニ關シ必要ナル法律案ヲモ今期議會ニ提出スルコト、致シマシタ

近年地方金融界ガ兎角苦境ニ在ルノハ、勿論一般不況ノ影響ニ依ルコトデモアリマスガ、其主タル原因ハ、地方銀行ガ不動產ヲ抵當トシテ貸付ケタル資金ガ、固定シタルコトニ在ルト謂ハナケレバナリマセヌ、故ニ地方金融界ノ改善ヲ圖ルガ爲ニハ、是等ノ固定セル不動產抵當債權ヲ資金化スルノ方策ヲ講ズルコトガ緊要デアリマス、仍テ政府ハ差當リ預金部資金二億圓ヲ日本勸業銀行其他ノ不動產銀行ニ融通シ、是等ノ銀行ヲシテ地方銀行ニ對シテ出來得ル限リ寬大ナル條件ヲ以テ、其不動產抵當債權ノ肩代リ、又ハ之ヲ質トスル貸付ヲ爲サシムルノ計畫ヲ樹テ、旣ニ實行上必要ナル手續ヲ執ッテ居ル次第デアリマス

世界經濟ノ大勢ヲ見マスルニ、不況ノ深刻ナルニ從ヒ、各國何レモ先ヅ內ヲ整ヘルコトヲ根本トシ、輸入ヲ防遏シテ國內產業ノ發達ヲ圖ラントスル傾向ガ顯著デアリマシテ、各國擧ッテ外國物資ニ對シ高率ノ關稅ヲ賦課スルノミナラズ、國ニ依ッテハ更ニ進ンデ貿易ノ管理、又ハ特定商品ノ輸入禁止ヲ行フモノサヘモアルノデアリマス、各國ノ情勢ガ斯ノ如クデアルノミナラズ、我國ノ現狀ヨリスルモ、此際出來得ル限リ輸入ヲ防遏スルト共ニ、國內產業ヲ保護助長スルコトハ最モ必要デアリマスカラ、政府ハ緊急ノ必要アリト認ムル輸入品ニ付キ、關稅率ノ引上ゲヲ行フコト、シ、尙ホ爲替相場ノ下落ニ伴ヒ、從量稅率ハ從價稅率トノ關係上、適當ノ考慮ヲ拂フノ必要ヲ生ズルニ至リマシタ、仍テ當分ノ內從量稅率ヲ一定割合ダケ增率スルコト、シ、ソレ〲之ニ關スル法律案ヲ今期議會ニ提出スルコトト致シマス

今日ノ不況ハ世界各國共通ノ現象デアッテ、我國獨リ是ガ例外タルコトヲ得ナイコトハ勿論デアリマスガ、均シク不況ニ遭遇シテ居ルト申シマシテモ、國ニ依リ自ラ其事情ヲ異ニシテ居ル所ガアリマス、歐洲諸國ハ何レモ大戰後對外債務ノ激增ニ苦ンデ居リマスガ、特ニ獨逸ナドニ於テハ巨額ノ賠償債務ノ重壓ノ下ニ在ッテ、國民努力ノ結晶ノ大部分ハ、賠償債權國ニ引渡サネバナラヌト云フ悲境ニ在リマス、又英・米・佛ノ如キ債權國モ、債務國ガ支拂不能ニ陷ルガ如キ場合ニ於テハ、直チニ自國ノ財政及經濟ニ苦痛ヲ感ゼネバナラヌ立場ニ在ルノデアリマス、然ルニ我國ハ大戰ニ甚ク對外債務ヲ存シナイノミナラズ、賠償債權モ極メテ少額ニ止マッテ居ルコトハ、寧ロ好都合ナ次第デアリマシテ、此點ヲ考慮スルナラバ、同ジク不況ニ當面シテ居ルト申シマシテモ、我國ノ之ニ對スル反撥力ハ、各國ニ比シ却テ優レルコトガアルト申シテモ差支ナイノデアリマス、我ガ國民ハ過去ニ於テ屢〻幾多ノ難關ヲ突破シテ來タ、誇ルベキ經驗ヲ有スルノデアリマスカラ、現下ノ經濟界ノ非常時ニ際シマシテモ、朝野一致ノ努力ヲ以テ、必ズヤ之ヲ克服シ得ルコト、確信シテ居ル次第デアリマス

終リニ臨ミ政府提出ノ豫算案ニ付テハ、何卒速ニ御協贊ヲ與ヘラレンコトヲ希望致シマス（拍手）

○議長（秋田清君）　陸軍大臣荒木貞夫君

（國務大臣荒木貞夫君登壇）

○國務大臣（荒木貞夫君）　荒木ハ今次現內閣ノ成立ト共ニ、不肖ノ身ヲ以チマシテ再ビ其任ニ留ッテ、匪躬ノ誠ヲ致スコトニナリマシタノデ、茲ニ所管事項中ノ第六十一議會以後ニ起リマシタ主ナル事柄、殊ニ最近起リマシタ最モ悲シムベキ不祥事件ニ付キマシテ、及ビ之ニ關聯致シマスル事項ニ付テ梗槪ヲ申述ベタイト存ジマス

先ヅ第一ニ申上ゲタイト存ジマスルノハ、上海方面ノ事柄デアリマス、此方面ニ於キマシテハ、幾多ノ紆餘曲折ヲ經タノデアリマスルガ、五月五日御承知ノ如ク停戰協定ノ成立ヲ見ルニ至リマシテ、茲ニ我軍ハ自主的ニ撤兵ヲ敢行致シマシテ、之ヲ內地ニ待機セシメラレテ居ル次第デアリマス

唯此停戰ガ將ニ成ラントスル時、白川軍司令官始メ海陸外務ノ首腦者及ビ民國長等ガ、不慮ノ難ニ遭ハレマシタ事ニ付キマシテハ、誠ニ遺憾ニ存ジテ居ル次第デアリマス、此徹底的ノ撤兵ニ對シマシテハ、上海在留民ニ或ハ多少不安ノ念ヲ與ヘ、又斯ク唱ヘラレル者モアルヤウニ聞キ及ンデ居リマスルガ、前申シ述ベマシタ通リ、停戰協定ガ明カニ成立致シテ居リマシテ、列國ノ混合委員會ノ手ニ依ッテ之ヲ監視セラレテ居ルバカリデナク、有力ナル海軍部隊ガ駐屯シテ居ル外ニ、特ニ便衣隊其他小規模ノ不逞分子ヲ排除スルニ必要ナル機關及憲兵等ハ、之ヲ殘置セシメラレテアリマスル、加之內地ニ撤退ヲ致シマシタル部隊ハ、若シ支那側ニシテ停戰協定ヲ破リ、不法行爲等ガアリマシテ、必要ト認メマスル場合ニ於キマシテハ、何時タリトモ出動セラルル如ク、遺漏ナキ準備ヲ整ヘテ居リマスノデ、此點ハ遺算ナシト信ジテ居リマス、此上ハ一日モ早ク永久ノ平安ノ來ルヲ希望シテ居ル次第デアリマス

次ニ滿洲方面ニ於キマシテハ、三月上旬滿洲國ノ建設セラル、ヲ見マシタガ、同國ハ創業未ダ日ガ淺ク、十分ノ力ヲ伸シ得ザル有樣デアリマシテ、是ガ爲ニ匪賊ノ橫行ハ依然トシテ熄マナイノデアリマス、殊ニ調查團一行ノ入滿ニ伴ヒマシテ、新國家ノ顚覆ヲ企圖シテ居リマスル所ノ一派ノ策動ニ依リマシテ、間島、吉林及北滿方面ニ於キマシテハ、近時著シク匪賊ノ活氣ヲ呈シテ參リマシタノデアリマス、我ガ關東軍ニ於キマシテハ、同地方ノ平和維持ノ爲メ、目下尙ホ十分トハ申シ兼ネマスル兵力デアリマスルガ、一刻モ速ニ此兵力ヲ以チマシテ、平和克復ノ爲ニ奮鬪ヲ續ケテ、廣大ナル地域ニ於テ討伐ニ從事シテ、寧日ナキ有樣デアリマス、今後高粱ノ繁茂期ニ入リマスレバ、更ニ其困難ノ度ヲ加ヘルコトハ想像ニ難クナイノデアリマスルノデ、目下之ニ對スル對策ヲ攻究中デアリマス

我國ノ生存及自衞上、又東洋和平ノ爲ノ崇高ナル此任務ニ服シマシテ、御奉公ヲ致シテ居リマス是等ノ將兵ニ對シテ、世上動モ致シマスルト、匪賊討伐デアルガ故ニ、之ヲ輕視致シテ居リマスル傾モナイデハアリマセヌガ、其任務ノ實質ニ於キマシテハ、

賢ニ過去ノ戰役ニ劣ラザル大任ニ從ッテ居ルコトデアルコトヲ、玆ニ特ニ申上ゲテ置キタイト存ジマス

目下陸軍ト致シマシテハ、事變勃發以來、臨機增派セラレタル部隊ヲ整理致シマシテ、朝鮮ヨリ派遣セラレタル部隊、竝ニ服役延期中ノ古イ年次ノ兵ヲ歸還致サセマシテ、目下約三万餘ノ兵力ヲ以テマシテ、第一線ニ於テ必要ナル地域ノ治安維持ニ一段ノ努力ヲ拂ヒマシテ、急速ナル平和ノ克復ヲ期シツヽアル次第デアリマス、派遣ノ將兵、士氣旺盛デアリマシテ、各々其任務ニ服シ、擧國一致ノ後援ニ感謝致シテ居ルコトヲ玆ニ御報告申上ゲテ置キマス

昨今滿洲方面ニ於キマスル狀勢ニ付テ、幾多ノ批判ヲ耳ニ致スノデゴザイマスルガ、目下共改ムベキハ之ヲ改メ、施設スベキハ之ヲ施設致シマシテ、萬全ヲ期シタイト日夜一同奮闘ヲ續ケテ居リマス、唯、一般ノ狀勢ヲ判斷致シマスルニ、中々重大デアリマシテ、今後一段ノ決心ト、擧國的努力ノ必要ヲ痛感致シテ居ル次第デアリマス

次ニ申上ゲタイト存ジマスルコトハ、去月十五日帝都及其附近ニ於テ突發致シマシタ不穩事件ニ付テヾアリマス、不肖ハ昨年就任以來、皇國内外ノ狀勢ガ唯事デナイト云フコトヲ痛感致シマシテ、此際ハ小異ヲ捨テ、上下益々一致シ、忠誠ヲ擢ンジテ此國歩艱難ノ時局ニ當ルノ覺悟ヲ固ムルコトガ最モ急ナルコトヽ考ヘマシテ、殊ニ陸軍ハ其中堅トシテ、假令幾多皇國内外ノ社會相ニ不備ハアリマセウトモ、能ク其堪ヘ難キヲ忍ンデ、一意武德ヲ磨キ、以テ衆ト共ニ皇軍ノ本分ニ邁進スベキヲ期シテ居ッタ次第デアリマス

偶々本年初頭ニ聖諭奉戴五十周年ヲ迎ヘマシタノデ、謹ンデ聖詞ヲ奉リマシテ、一心不亂ニ皇軍ノ威德ヲ發揚致シマシテ、時艱ニ備フル爲ニ僚友ト共ニ全幅ノ力ヲ致シツヽアッタ次第デアリマス、然ルニ突如這般ノ最モ悲シムベキ不祥事件ニ遭遇ヲ致シマシテ、殊ニ吾々ガ當時閣僚ト致シマシテ仰イデ居リマシタ所ノ首班、犬養總理ガ兇彈ニ斃レマシタルコトニ付キマシテハ、誠ニ哀悼痛惜ノ念ニ堪ヘザル次第デアリマス、然ルニ之ニ十一名ノ陸軍士官學校在校中ノ候補生ガ參加致シテ居リマスルコトヲ知リマシタコトニ付キマシテハ、是ガ假令思慮未ダ定マラザル若年ノ生徒デハアリ、又共動機ガ如何ニアリマセウトモ、誠ニ恐懼措ク能ハザル所ト深ク自責シテ居ル次第デアリマス

成程今日ノ社會相ニハ幾多改善ヲ要スベキモノモアルニ相違ナイノデゴザイマスルガ、皇國軍人ト致シマシテ、此種行動ニ出マスルコトハ、誠ニ遺憾デ申譯ナキコト、存ジテ居ル次第デアリマス

第六十一議會ノ貴族院ノ御質問ノ際ニモ述ベマシタ如ク、暗殺行爲ハ、共發動ノ精神ノ如何ニ拘ラズ、皇國精神ノ本義ニ照シマシテ最モ悲シムベキ、最モ恥ヅベキ一ノ行爲ト深ク信ジテ居ル者デゴザイマス、吾々ハ指導監督ノ責ガ假令何處ニアルニ拘ラズ、誠ニ共至ラザリシコトヲ痛感致シテ居ル次第デアリマス

是等ノ生徒ハソレ／＼事件後軍法會議ニ付シマシテ、目下審理中デアリマスルノデ、今其事件ノ内容ヲ詳細ニ述ブル域ニ達シテ居ラヌノデアリマスルガ、今後能ク是等ノ原因ヲ究明致シマシテ、再ビ斯ノ如キコトノナイヤウニ、更ニ全幅ノ努力ヲ傾注致シマシテ、萬遺算ナキヲ期シテ居ル次第デアリマス

熟々方今ノ時局ヲ達觀致シマスルニ、大義ノ下、國民ヲ擧ゲマシテ結束一致、一切ノ私念ヲ放擲致シマシテ、驀地ニ國家ノ急ニ趨ルベキノ秋ト窃ニ信ジテ居ル次第デアリマス、而シテ此間皇軍ハ最モ堅實ニ其本領ニ邁進致シマシテ、自ラ其中堅ヲ以テ任ゼザルベカラザル位置ニ在リト存ジテ居リマス、若シ然ラズシテ、一度皇軍ニ罅隙ヲ生ジマスルヤウナコトガアリマセウナラバ、獨リ上 陛下ニ對シ奉ッテ、共御盛德ヲ瀆シ奉ルノミナラズ、現在ノ時局ニ鑑ミマシテ、皇國ノ前途ニ對シテ、誠ニ寒心ニ堪ヘザルモノガアルト考ヘマシテ、一面同僚ト共ニ其軍容ノ肅正ニ努力致シテ居ルノデアリマスガ、遂ニ今回ノ不幸ヲ見マシタルコトハ、不肖ノ不德デアリマシテ、至誠ノ未ダ通ゼザルモノガアルノデアルコトヲ深ク恥ヂテ居ル次第デアリマス、顧ミ來リマスレバ、外憂ハ切々トシテ迫ッテ居リマス、内患亦頻リニ兆シテ居ルヤウデアリマス、寸刻モ晏如タルコトガ出來ザル今日ノ有樣ヲ見マシテハ、寸時モ安閑トシテ居ラレザル氣ガ致スノデアリマス、不肖ノ身ヲ以チマシテ、日夜苦慮ヲ續ケテ居ル次第デアリマス

然ルニ四圍ノ狀勢ハ、今回敢テ不肖ヲ忘レマシテ、再ビ其任ニ留マリ、匪躬ノ誠ヲ致サヾルヲ得ザルニ立至リマシタニ付キマシテハ、沈思幾度カ致シマシテ、固ヨリ多士濟々ノ我ガ陸軍ニ於テ、不德自ラ揣ラザルノ誹ハゴザイマセウケレドモ、現時局ヲ顧ミマシテ、玆ニ一切ノ理念ニ克ッテ、此道ヲ執ルヲ自分ノ踏ムベキ道ナリト考ヘマシテ、敢テ再ビ現職ヲ奉ジテ、御奉公ヲ續クルコトニナッタ次第デアリマス、此義切ニ御諒承ヲ願ヒ、吾々ノ衷心ヲ御推察願ヒマス

固ヨリ今日トテモ、皇軍ノ陸軍ト致シマシテハ、其忠勇ノ精神ニ於キマシテ、其武德ノ涵養ニ於キマシテ、之ヲ海外、上海、滿洲ノ戰績ニ見マシテモ、依然トシテ光輝アル陸軍ト致シマシテ、十分上ハ 陛下ノ信倚ニ答ヘ奉リ得ルト信ジテ居リマスガ、倘ホ之ヲ契機ト致シマシテ、一層今日採リツヽアル所ヲ強調致シ、部外ノ誘惑ヲ排除シ、熱誠ナル家長タルノ蘊德ト、懇篤ナル教官ノ訓育、嚴肅ナル指揮官ノ威信トヲ併セ用キマシテ、一意聖諭ヲ奉ジマシテ、上ヲ敬ヒ下ヲ育シミ、上下一致國事ニ勤勞スベキ精神ヲ一貫致シマシテ、一氣ニ肅軍ノ實ヲ擧ゲ、皇軍ノ本義ヲ顯彰シテ、此非常時機ニ處シ、眞ニ 陛下ノ股肱、國家ノ楨幹トシテ難ニ備フルノ用意ヲ整ヘ、以テ上宸襟ヲ安ンジ奉リ、下國民ノ寄託ニ應フルニ遺憾ナカランコトヲ期シテ居ル次第デアリマス（拍手）

○議長（秋田清君）　海軍大臣岡田啓介君

（國務大臣岡田啓介君登壇）

○國務大臣（岡田啓介君）　所管事項ニ付キ簡單ニ御報告申シマス、上海事件ニ關シマシテハ曩ニ六十一議會ニ於テ御報告申上ゲテアリマシタガ、其後日支間ニ停戰協定ガ始マリ、幾多ノ紆餘曲折ヲ經マシテ、遂ニ五月五日ニ至リ、右協定ノ成立ヲ見、一先ヅ一段落ヲ告グルニ至リマシタ、本協定ノ結果、同方面ノ狀態モ平靜ニ向ヒマシタノデ、曩ニ增派致シマシタル兵力中、若干ヲ歸還セシメタノデアリマス、併ナガラ同方面ノ事態ガ全ク平靜ニ歸スル迄ニハ、尚ホ相當ノ時日ヲ要シマスノミナラズ、支那各地ノ擾亂ニ備フル爲メ、相當有力ナル部隊ヲ支那沿岸ニ配備スルノ要アリト認メマシテ、目下北支方面ニ、軍艦驅逐艦ヲ合セ六隻、揚子江方面ニ同ジク二十四隻、外ニ特別陸戰隊二千數百名、南支方面ニ九隻ヲ存置シテ居ルノデアリマス、上海ニ於テ起リマシタル陸海軍、外務ノ主腦部ノ遭難ハ眞ニ遺憾デアリマス、特ニ白川軍司令官ニ對シマシテハ、哀悼ニ堪ヘマセヌ

滿蒙ニ於キマシテハ、海軍施設、港務、運輸及海軍關係ノ調査研究ニ關スル事項ヲ掌理致サセマシテ、關係各部トノ連繫ヲ圖リ、又必要ニ應ジマシテハ、滿蒙ニ於ケル警備ニ關スル事項ヲモ掌理セシメマスル爲メ、曩ニ滿洲海軍特設機關ヲ設ケラレマシタガ、更ニ本年五月相當人員ヲ派遣致シマシテ、滿洲海軍特設機關首席將校ノ指揮ニ入レ、目下松花江方面ニ於テ叛軍討伐中ノ

陸軍部隊ノ江上輸送援助ニ任ゼシメテ、陸軍ニ協力セシムルコト、シ、現ニ右任務ニ從事中デアリマス

去ル五月十五日海軍青年將校、現役五名、豫備役一名、計六名ノ者ガ、陸軍士官候補生若干名ト、相率ヒマシテ、首相官邸其他ヲ襲撃致シ、矯激ナル直接行動ヲ敢テスルニ至リマシタ事ハ、寔ニ昭代ノ一大恨事デアリマシテ、洵ニ遺憾至極デアリ、恐懼措ク能ハザル次第デアリマス、本事件ニ關シマシテハ、目下司直ノ手ニ於テ愼重調査審理中デアリマシテ、未ダ責任ヲ以テ發表シ得ル時機ニ達シテ居リマセヌガ、本日マデノ調査ニ依リマスレバ、事ノ動機ハ、本來純眞ナル青年將校ガ、輓近ニ於ケル世相ニ憤激シマシテ、遂ニ今回ノ非常手段ニ訴フルニ至ッタ模樣デアリマス

申マデモナク帝國軍人ニシテ、苟モ斯ノ如キ行動ニ出ヅルト云フコトハ、其動機ノ如何ヲ問ハズ、斷ジテ許スベカラザルモノデアリマス、是レ啻ニ軍人タル本分ニ悖ルノミナラズ、軍規ヲ紊リ、軍隊ヲ蠧毒スルニ至ルモノト存ズルノデアリマス(拍手)隨テ本事件ノ處理ニ關シマシテハ、極メテ愼重ナルト共ニ、將來ニ亙リ其禍根ヲ一掃スルヤウ、最善ノ努力ヲ盡ス決心デアリマス(拍手)

○議長(秋田淸君)　是ヨリ通告順ニ依ッテ、國務大臣ノ演説ニ對スル質疑ヲ許シマス――山崎達之輔君

國務大臣ノ演説ニ對スル質疑

(山崎達之輔君登壇)

○山崎達之輔君　私ハ内閣總理大臣ニ對シマシテ、諸般ノ政策ニ超越致シテ居リマス、謂ハヾ政治ノ最高指導方針ト申シマセウカ、或ハ現代ノ政治ノ根本使命トモ申スベキコト、更ニ憲政運用ノ點ニ關シマシテ、私ノ所信ヲ率直ニ披瀝致シマシテ、首相ノ明敎ヲ請ハントスル者デアリマス

總理大臣ノ御演説ニアリマシタ通リニ、只今ノ時局ハ極メテ重大デゴザイマス、我國ハ内ニ在ッテハ財政經濟ノ危局ヲ救ヒマシテ、國民生活ノ安定ヲ期セナケレバナラヌ、外ニ在ッテハ對滿國策ノ遂行、對支諸問題ノ解決ト云フガ如キ、極メテ重大ナル局面ニ逢著致シテ居ルコトハ、總理ノ御話ノ通リデゴザイマス、併ナガラ私ノ信ズル所ヲ以テ致シマスレバ、現在ハ是等ノ、或ハ經濟財政ノ政策トカ、或ハ外交政策ト云フガ如キ點ヲ、更ニ超越シタル、重大ナル問題ガ横ハッテ居ルノデハナイカト私ハ考ヘルノデアリマス、ソレハ我國ガ今日直面致シテ居リマスル此難局ト、世界全體ノ動キニ照シマシテ、我國ノ將來進ムベキ道ヲ如何ニ定ムベキカ、我ガ國民ノ嚮フ所ノ指標ヲ何レニ設クベキカ、言ヒ換ヘマスレバ帝國ノ國家的理想、國民的信念ヲ打樹テルベキ、所謂國是恢弘ノ重大問題ガ横ハッテ居ルノデハナイカト私ハ信ズル者デアリマス(拍手)

歐羅巴大戰爭ノ直後ニ於キマシテ、御承知ノ通リ平和主義、國際主義、或ハ民主思想、斯ノ如キ潮流ガ澎湃トシテ起リマシテ、一時殆ド全世界ヲ掩ハントスルノ情勢ヲ呈シタノデアリマスルケレドモ、是等ノ潮流或ハ運動モ、遂ニハ歐羅巴戰爭ニ依ッテ齎ラサレマシタル全人類ノ危難ヲ救ヒ能ハザルニ立到リマシテ、玆ニ今ヤ世界ヲ擧ゲテ國家主義、國民主義ノ勃興ヲ見テ居ルノデアリマス、政治ノ上ニ於キマシテモ、御承知ノ通リ動モスレバ獨裁專制ノ風潮ガ擡頭セントシツヽアルノデアリマス、謂ハヾ今日世界ヲ擧ゲテ非常ナル不安ト、非常ナル動搖ト、非常ナル焦燥ノ裡ニ彷徨ウテ居ルト申シテモ過言デナカラウト思ヒマス、私ハ戰後ニ起リマシタル無節制ナル平和主義、或ハ國際主義ガ、遂ニ現代ヲ支配スルノ力ガナカッタト同樣ニ、近來一部ニ擡頭シテ居リマスル極端ナル反動的潮流モ、亦將來ヲ支配スルノ力アリトハ信ズルコトガ出來マセヌ(拍手)私ノ見ル所ヲ以テ致シマスレバ、現代ノ不安ト、動搖ト、焦躁、是ガ變テハ人類ノ上ニ新ナル文明ヲ育成セントスル惱ミノ過程デアルト私ハ見テ居ル者デアリマス、大キク申シマスレバ、現代ハ正ニ人類文明ノ轉換期デアリ、或ハ又世界歷史轉換ノ期トモ申スベキデアラウト存ジマス、先ヅ以テ此趨勢ニ對スル理解ト認識トヲ有シマセヌケレバ、現下ノ困難ナル時局ノ控制收拾ハ不可能ト存ジマス

顧テ我國ノ狀態ヲ考ヘマスレバ、明治ノ初年、我ガ國民ハ明治大帝ノ偉業ヲ翼賛シ奉リマシテ、所謂開國進取ノ大理想ニ依ッテ率ヒラレ、統一セラレテ居ッタノデアリマス、此大方針ノ下ニ、日清日露ノ兩大戰役ニ勝利ヲ得マシテ、ソレ迄ハ國是ノ大方針ニハ何等ノ搖ギガナカッタノデアリマス、然ルニ歐羅巴戰爭ノ戰後ヨリ致シマシテ、甚ダ遺憾デゴザイマスガ、我國ノ國民的理想ニハ一ツノ弛ミガ起ッタノデハナイカ、國民的信念ノ基礎ニハ一ツノ搖ギガ生ジタノデハゴザリマスマイカ、滿洲問題ノ勃發以來幸ニ我ガ國民的精神ハ甦ラントシテ居リマス、此點ハ私共國家將來ノ爲ニ甚ダ心強ク感ズル所デハゴザイマスルケレドモ、未ダ國家的ノ理想、或ハ國民的ノ信念ガ形ヅクラレルニハ至ッテ居ラヌノミナラズ、依然トシテ我國ニ於テモ不安アリ、動搖アリ、焦躁ガアルノデゴザイマス

以上申上ゲマシタ通リニ、今ヤ世界ヲ擧ゲテ空前ノ危局ニ立ッテ居ルノデアリマス、我ガ帝國ノ現狀モ亦同樣デアリマス、此秋ニ於ケル一國ノ政治ハ、到底當面應急ノ政策ニ止マルコトヲ許サルベキモノデハナイト信ジマス、更ニヨリ高遠ナル、ヨリ偉大ナル使命、即チ維新ノ大業ニモ比スベキ國是恢弘ノ重大使命ガ横ハッテ居ルコトヲ意識シナケレバナラヌノデゴザイマス、犬養老首相ハ、大業未ダ其緒ニ就カズシテ悲ムベキ兇變ニ斃レラレマシタ、新ニ成立致シマシタル齋藤内閣モ、其政治ノ最高方針トシテ此重大ナル使命ニ明確ナル意識ヲ有セラレ、其達成ニ向ッテ渾身ノ努力ヲ捧ゲラルベキモノト私ハ確信致シマス、殊ニ齋藤内閣ハ、所謂擧國一致ノ形態ヲ以テ成立致シマシタ、漸ク確立セラレヨウト致シマシタル我國ノ憲政ノ習律ニ一大變例ヲ呈シテ居ルノデアリマス、齋藤首相ノ御演説ニモゴザイマシタガ、吾々ハ飽マデ議會政治ノ上ニ立チ、議會政治ヲ護ルベキモノデアルト信ジマス(拍手)若モ現代ノ政治ガ、内治或ハ外交ニ關スル一般政策ノ問題ニ止マルモノト致シマシタナラバ、憲政ノ習律ニ對シマシテ變例ヲ認ムルノ必要ハナイト信ジマス、例ヘバ對支外交ノ問題ノ如キ、大體ニ於テ我ガ國論ハ既ニ其揆ヲ一ニ致シテ居リマス、財政經濟ノ政策ノ如キハ、二月ノ總選擧ニ於テ國民ノ判斷ハ明快ニ決定致シテ居ルノデアリマス(「ノーノー」拍手)更ニ政黨改善ノ問題ノ如キ、固ヨリ重大ナル事項デハゴザイマスルケレドモ、是ハ決シテ事務的ノ吏僚ノ手ニ依ッテ解決セラルベキ問題デハゴザイマセヌ、是トテ憲政ノ習律ニ對スル一時的ノ變態ヲ必要トスル根據トハナリ得ルモノデハナイト信ジマス、而モ私共ガ玆ニ齋藤内閣ヲ認メマシテ、齋藤内閣ニ對スル協力ヲ吝マナイ所以ノモノハ、實ニ現代政治ノ使命ガ、如何ニモ重大デアリ、森嚴デアリ、是ガ達成ノ爲ニハ、或ハ政黨ノ協力、或ハ擧國一致内閣ト云フヤウナ、憲政ノ例外的形態ヲモ辭スベキモノニアラズト認ムルガ故デゴザイマス、即チ非常重大ノ危局ニ立チマシテ、國ヲ擧ゲテ國是恢弘ノ經綸ニ躍進スベキ時、是ガ憲政ノ習律ニ對スル變例ヲ許容セラルベキ根據デアルト信ジマス

以上私ハ現代政治ノ重大責務ト、憲政運用ニ關シマシテ、私ノ信念ヲ率直ニ披瀝致シマシテ、齋藤首相ノ御敎ヲ仰グ次第デゴザイマス、願クハ首相ノ御所信ヲ披瀝セラレマシテ、此議場ヲ通ジテ國民ノ前ニ此點

ヲ明カニセラレンコトヲ切望ニ堪ヘマセヌ（拍手）

私ハ終リニ臨ミマシテ首相自重加餐セラレ、奉公ノ誠ヲ致サレンコトヲ切望ニ堪ヘマセヌ（拍手）

○議長（秋田清君） 齋藤國務大臣

（國務大臣子爵齋藤實君登壇）

○國務大臣（子爵齋藤實君） 只今山崎君ノ御説ヲ拜聽致シマシタガ、私ノ先刻述べマシタル所ノ施政方針ノ演説ノ大綱ハ御承知ノコト、存ジマス、其趣意ニ依ッテ此內閣ハ進ミマスル考デアリマスルカラ、左樣御諒承ヲ願ヒタイト思ヒマス（拍手）

○議長（秋田清君） 松岡洋右君

（松岡洋右君登壇）

○松岡洋右君 本年三月以降ノ外交ノ經過、之ニ對スル御意見ヲモ大體齋藤總理兼外相カラ先程拜聽致シマシテ、私ト致シマシテハ滿足ニ考ヘテ居ルノデアリマスガ、御承知ノヤウニ內政外交共ニ非常重大ノ時機デアリマス、此時ニ當リマシテ恰モ旋風ノ裡ニ外交上立ッテ居リマス日本國民ト致シマシテハ、尙ホ數點御伺シタイ點ガアラウト私ハ想像――否、信ズルノデアリマス、デ是カラ數點ニ就テ質問ヲ試ミヨウト思ウテ居リマスノデ、暫ク御淸聽ヲ願ヒマス

第一ハ上海事變デアリマスガ、是ハ先程外相ヨリ御述ニナリマシタヤウニ、事變其モノハ一段落ヲ告ゲタノデアリマシテ、吾吾モ御同慶ニ存ズルノデアリマスガ、併シ我國ガ出兵ヲシ、サウシテ昨年九月以來滿蒙デ拂ヒマシタ所ノ犧牲ヨリモ、其數ニ於キマシテモ、亦質ニ於キマシテモ、ソレ以上ニ拂ッタ其目的ハ、是カラ貫カナケレバナラナイ問題トシテ殘ッテ居ル、卽チ上海問題、言葉ヲ換ヘテ言ヘバ上海地方ノ安全保障ノ問題デアリマス、是ハ是カラ中々時日モ掛リ、又幾多ノ紆餘曲折ヲ經ルコトデアラウト私ハ想像致シマスガ、併シ此問題ニ付キマシテハ、非常ナ決心ヲ以テ掛ラナケレバ、到底目的ハ達シ得ラレヌモノト信ジテ居リマス、又齋藤總理兼外相ハ、先程其御述べニナッタ所ニ依ッテ窺ヒマシテモ、非常ナ努力、少クトモ最善ノ努力ヲ拂フト云フコトデゴザリマスガ、私ハ此上海問題ト云フモノヽ重大性ヲ、先ヅハッキリ把握シナケレバナラヌト考ヘテ居リマス、之ヲ簡單ニ申上ゲマスレバ、滿蒙ハ既ニ御承知ノ通リ支那カラ殆ド離レテ居リマス、アト支那本土ノ問題ニ關スル限リハ、上海問題卽支那問題ト言ッテモ必シモ過言デナイト思ハル、程ノ重大性ヲ持ッテ居ル問題デアリマス、其富、人口、貿易、又上海ト云フ地點ガ、支那本土ニ對シテ有シテ居ル所ノ特異ナル地位及關係カラ之ヲ推シテ見マシテモ、上海問題卽支那問題デアルト云フ位ニ言ヘルダケノモノデアルト私ハ信ジテ居リマス、而シテ之ヲ實質ニ就テ考ヘテ見マスト云フト、一層其然ル所以ヲ悟リ得ルト思フ、ソレハ上海問題ノ解決乃至上海地方ノ安全保障ノ問題ノ解決ト申シマスルカ、其根柢ハ支那本土ニ瀰漫シテ居ル所ノ排日乃至排外教育及運動ト云フ、此問題ト、モウ一ツハ今ヤ支那ノ心臟ニ喰込ンデ、我ガ日本本土ノ六倍大以上ノ地域ニ其勢力ヲ及ボシツ、アル所ノ赤化運動、共產軍ノ行動、此二ツノ問題ガ横ハッテ居ルノデアリマシテ、此二ツノ問題ニ對シテ根本的ニ鋒ヲ入レルダケノ案ガ立タナケレバ、私ハ上海問題ト云フモノヽ解決ハ著カヌモノデアルト、斯樣ニ考ヘテ居ル、此意味ニ於テ上海問題ノ解決、又ハ上海地方安全保障ノ問題ノ解決ト云フコトハ、支那問題ノ解決ト云フコトモ言ヘルノデアリマス、此點ヲ私ハ指摘致シマシテ、此二ツノ大キナ問題、此二ツハ實ハ支那問題ダケデハナイノデアル、我國ノ明治以來ノ國是デアリマスル所ノ東亞全局ノ保持ノ根本ニ觸レテ居ル大問題、之ニ向ッテ齋藤首相兼外相ハ如何ナル御見解ヲ持ッテ居ラレルカ、又是ニ對シテ如何ナル對策ヲ考ヘテ御出デニナルカ、御伺致シタイ、第二ガ――第二ト云フヨリモ、此上海問題ニ關聯致シマシテ、私ハ第二ノ質問ニ移ル前ニ希望ダケヲ附加ヘサシテ戴キタイノデアリマス、上海始メ中部及南部支那ニ永年辛苦粒々、小サイ者ハ小サイナガラニ、大キイ者ハ大キイナガラニ築上ゲタ發展ノ基礎ハ、半バ排日ニ依ッテ壞サレ、殊ニ上海ノ居留民ノ如キハ、大部分ハ非常ナ窮狀ニ陷ッテ居ルノデアリマス、饑餓線上ニ彷徨シテ居ル者モ少クナイ、何ガ爲ニ彼等ハ斯ウ云フ目ニ遭ッテ居ルノカト考ヘテ見ルト、彼等ハ國策ノ犧牲ニサレテ居ルノデアル、是ハ過去二十數年間ニ於テ八回ノ「ボイコット」排日運動ガ支那ニ繰返サレマシタガ、多クハ我國ノ國策ノ結果デアリマス、殊ニ昨年ノ秋滿洲事變ノ勃發以來、最モ徹底シタル甚シキ排日ヲ喰ッテ、遂ニ日貨排斥ヨリ進ンデ、居住民ノ生命ニマデ危害ヲ及ボス程度ニ立到ッタコトハ御承知ノ通リデアリマス、是ハ特ニ我ガ滿蒙國策ノ犧牲ニナッテ居ルノデアリマスガ、是ハ斷ジテ日本ノ國家トシテ放ッテ置クベキモノデハナイ、彼等ヲ私ハ國家トシテ救ハナケレバナラナイモノト信ジテ居リマスガ、此點ニ關シ、卽チ彼等ノ救濟問題ニ付テ如何御考ヘニナッテ居ルカト云フコトヲ御伺シタイノデアリマス

第二ニ日露間ノ問題デアリマスガ、漁業問題始メ、多年結ンデ解ケナイ問題ガ幾多アルノデアル、世間ニハ日露問題ト云フト、漁業問題バカリカト思ッテ居ル人ガアリマスガ、實ハ七億何千万モマダ貸シタ金ガ一厘モ取レナイト云フ問題ガアル、其他幾多ノ問題ガアリマスガ、ドウゾ擧國一致內閣ノ出現シタ今日、國民總立チデ支持シテ居ル筈ノ此內閣デアリマスルカラ、私ハ特ニ此點ニ言及スルノデアリマス、ドウカ一日モ速ニ此等ノ諸懸案、重大ナル諸懸案ヲ解決サレテ、サウシテ一日モ速ニ、殊ニ滿蒙問題ナドノアル今日、日露ノ國交ト云フモノヲ安定サスヤウニ御願シタイ、此點ニ付テノ御方針ナリ御考ヲ承リタイト存ジテ居リマス

ソレカラ第三ガ米國ニ付テヾアリマスガ、實ハ滿洲事變勃發以來、歐米ヲ通ジテ我國ノ滿洲ニ於ケル行動ニ付テ、是非ノ論ガ相當喧シカッタノデアリマスガ、上海事變勃發以來ハ、殊ニ歐米デ我國ニ對スル非難ノ聲ガ高マッテ來タノデアリマス、其中デモ亞米利加デハ、私カラ申上ゲルマデモナク、エライ排日感情ガ頭ヲ擡ゲテ來タノデアル、「ハーバート」大學ノ總長ノ如キ人マデガ、對日經濟絶交スラ絶叫スルニ至ッタ、是ハ主ニドウ云フコトデ斯ウナッタカト申シマスト、上海事變勃發以後ハ、我國ガ揚子江ニ對シテモ野心ヲ持ッテ居ルノデハナイカト云フ疑モ、識者ノ間デハ傳ヘラレマシタケレドモ、是ガ主ナ動機デハナイノデアリマス、殊ニ米國ニ於ケル對日反感ノ擡頭ノ主ナル原因ハ、上海事變勃發ニ伴ウテ、上海ニ於ケル我ガ國人ノ或者ガ支那人ヲ虐殺シタ、慘殺シタ、日本人ト云フ奴ハ獨逸人ヨリモ無殘ナ人種デアルト、斯ウ云フヤウナ電報ガ上海カラ飛ンデ行キ又論評ガ下サレタノデアル、此米國ニ於ケル對日反感ト云フモノハ、見方ヲ變ヘテ申シマスナラバ、非常ナ質ノ惡イ反感デアル我ガ大和民族、名ヲ最モ貴ブ所ノ我ガ大和民族ニ取リマシテハ、耐ヘ得ナイ所ノ不名譽、私ハ此我ガ大和民族ガ蒙リツヽアル所ノ不名譽ヲ、ドウシテモ拭ハナケレバナラヌト信ジマス、是ハ單リ日米ノ國交ノ親善ナランコトヲ希フ見地カラノミ申スノデハナイ、大和民族ノ名譽問題デアリマス、一體此問題ハドウ云フコトデアルカト申シマスト、上海事變勃發ニ至ルマデ、隨分日本人ハヒドイ目ニ遭ッテ居ル、其處ヘ事變勃發ト共ニ便衣隊ナルモノガ、日本人ノ多ク居住シテ居ル虹口方面ニ乘込ミマシテ女子モ男モ區別ナ

シニ──老若區別ナシニ射チ始メタ、是ニ於テカ當時ノ居留民ノ中デハ血眼ニナッテ、或人ハ殆ド正氣ヲ失ッタノデアリマス、東京ノ震火災ニ於キマシテ、朝鮮人襲來ノ噂位デモアレ位ナコトニナッタ、況ヤ上海ニ於キマシテハ、虹口ニ於テハ便衣隊ナルモノガ現實ニ射ッタ、是ニ於テ極度ニ恐怖心ニ驅ラレ、且ツ昂奮シタ餘リ、多少日本人ノ中デモ、アレマデヤラヌデモト云フ位マデヤッタ跡モアルノデアリマス、洵ニ其事ハ遺憾デアリマスケレドモ、併シ日本人モ人間デアリマス、亞米利加人ガ此場合ニドウスルカト云ッタラ、私ハ略〻同ジ事ドコロヂヤナイ、ドウカスルト日本人ヨリモ、モット恐怖心ヲ起シテ、モット酷イコトヲシタダラウト思フ、是ハ良イコトデハナイガ、併シ當時ノ環境ヲ見マスト云フト、免レナイコトデアル、是レ位ハ米國民モ分ラナイ譯ハナイ、ドウシテモ私ハ大和民族ノ名譽ノ爲ニ、此誤解ハ解イテ戴キタイ、此點ニ付テ御考ヲ御伺致シタイ

第四ガ滿蒙問題ニ付テデアリマス、先程滿蒙問題ノ最近ノ經過ニ付テ承リマシタガ、殊ニ其中デ齋藤外務大臣ハ、滿洲事變ニ伴フ國際關係ノ處理ニ付テハ、右新國家──即チ滿洲新國家ノコトデアリマス──右新國家ノ存在ト云フコトハ、現實ナル事實トシテ之ヲ無視スルコトヲ許サナイト申サレタ、勿論ノコトデハアリマスガ、此際ニ於キマシテ、我ガ總理大臣カラ斯ノ如ク明快ナル御言明ノアッタコトハ、私ハ洵ニ欣快ニ存ズルノデゴザイマスガ、併シ私カラ申シマスナラバ、之ヲ御言明ナサル程デアルナラバ、何故百尺竿頭一歩──一歩ジャナイ、私カラ言ッタラ半歩ヲ進メテ、直チニ御承認ニ相成ラヌカ(「其通リ」ト呼フ者アリ、拍手)私共ハ餘リニ承認ノ遲キヲ實ハ惜ミ、且ツ憤慨シテ居ルノデアリマス(「然リ〳〵」ト呼フ者アリ)私ハ帝國臣民トシテ之ヲ申シマス、但シ軟弱外交ノ結果、昨年九月十八日勃發シタ、是ガ仕合セトナリマシテ──世ノ中デハドンナコトガ、仕合セニナルカ分ラヌ、是ガ仕合セトナッテ、サウシテ此爆發ガ來テ、之ヲ楔機ト致シテ、ソレ迄ニ滿蒙ニ付テハ──其外ノ事ニ付テモ左樣デアリマスガ、特ニ滿蒙問題ニ付テハ御熟知ノ如ク、消極ト積極ノ二ツニ分レテ居タ、モウ一ツアルノハ、消極デモ積極デモナイ、鵺ガ中間ニアッタ、所ガ此滿洲事變ヲ楔機ト致シマシテ、我黨ガ多年唱ヘテ居リマシタ滿蒙積極政策ニ國論ガ統一サレタノデアリマス(拍手)デ、元來滿蒙ニ關シマシテハ、甚ダ遺憾ナコトデアリマスガ、日露戰後、長ク我國ノ方針ガハッキリト定ッテ居ナカッタ、ソレヲ田中內閣ノ下ニ、昭和二年東方會議ニ於キマシテ……

(此時發言スル者多シ)

○議長(秋田清君) 靜肅ニ……

○松岡洋右君(續) 滿蒙ノ地ヲシテ內外人安住ノ地タラシメルコト、是ガ一、二ガ此目的ヲ達スルニハ、倶トシテ我ガ權益ノ擁護ヲ爲スベキコト、三ガ滿蒙ノ治安ヲ絶對ニ維持スルコト、云フ、此明快ナル方針ヲ確立シタノデアリマス、是ガ偶〻昨年秋ノ事變勃發ニ依ッテ、即チ之ヲ楔機トシテ、全國民ガ益〻此方針ニ、徹底シタ、積極的ニ共鳴シタ(拍手)デ、私ハ先程モ申シマシタヤウニ、我ガ總理兼外相カラ先ニ引用致シマシタ如キ明快ナル御言明ヲ得タコトハ、甚ダ喜ビマスガ、尙ホ滿蒙問題ノ解決ハ容易ナラヌノデアリマス、是カラデアリマスガ、併シ差當リ之ヲ出來ルダケ早ク承認ヲシテ戴キタイ、蓋シ此希望ハ、私ハ全國民ノ希望デアルト確信シテ居リマス(拍手)

之ニ關聯シテ、私ハ必シモ餘所ノ國ノスルコトヲ一々眞似ヲセイトハ申シマセヌガ、一ツ例ヲ引クコトヲ許シテ戴クナラバ「パナマ」ト云フ、アノ國ガ出來タノハ千九百三年デアリマス、アレハ「コロンビア」ト云フ國ノ中カラ「パナマ」ト云フ獨立國ヲ刻ミ出シタノデアリマス、此「パナマ」ノ革命派ガ新國家ヲ宣言致シマシタノハ千九百三年十一月四日デアリマス、米國ト云フ國ハ餘所ノ國ノ承認ヲ寧ロ遲延スル國デアリマス、其米國政府デスラ三日後ニ於テ、事實上ノ政府トシテ之ヲ承認シ、而シテ九日後、即チ十一月十三日ニハ之ヲ正式ニ承認シテ居ルノデアリマス、之ニ顧ミマスト我國ノ滿蒙ト云フ(此時發言スル者アリ)私ハ政黨政派ニ拘泥シテ話ヲシテハ居ナイ、モウ少シ眞面目ニ聽キ給ヘ(「民政黨靜肅」ト呼フ者アリ)此滿蒙ト云フ國ヲ、米國ノヤリ方ニ之ヲ比シテ見マシテモ、既ニ三箇月モ經ッテ尙ホ承認シナイト云フコトハ、私一個ト致シマシテハ甚ダ遺憾デアル、此機ニ於テ斯ル擧國一致內閣ノ下ニ、速ニ滿蒙ノ正式承認ヲ行ハル、御意思ガアルカナイカ

ソレカラ尙ホ滿蒙問題ニ付テ私ノ希望ヲ述ベ、ソレカラ外相ノ御考ヲモ聽キタイノハ、既ニ事變後八箇月餘ニナリマス、滿蒙ノコトナド固ヨリ私ト雖モ左カラ右ニ解決ノ出來ルモノトハ思ッテ居リマセヌケレドモ、併シ兎モ角八箇月餘ニナッテ居リマシテ、私ノ觀ル所デハ、滿蒙現場ニ於ケル帝國ノ諸機關及諸施設ハ、統制ヲ缺イテ居ルト遺憾ナガラ觀テ居リマス、此統制モ亦一日モ速ニ御付ケ下サルヤウニ希望スルト同時ニサウ云フ御意思ガアルカナイカト云フコトヲ御聞シタイノデアリマス

第五ニ矢張此滿蒙問題ニ關聯スルコトデアリマスガ、指摘スルマデモナク、國際聯盟調査委員ハ、アノ通リ調査ヲシテ居リマス、大體現場ノ調査ヲ終ッテ、北平ニ引揚ゲタラシイガ、是ハ尙ホ續イテ報告ヲ致ス筈デアリマス、サウシテ此九月ノ國際聯盟總會ニ於キマシテ、滿蒙問題ガ議題ニサル、ヤ、或ハ是ガ多少延サル、カハ今ノ所未定ノ問題デアルラシイノデアリマスガ、併シ遲クトモ本年內ニハ、滿蒙問題ハ國際聯盟ノ總合ニ懸ケラレルコト、豫期スベキモノデアルト信ジテ居リマス、而シテ其國際聯盟ノ總會ハ、私ハ我國ノ開國以來最モ重大ナル關ケ原ニ臨ムノデアルト、斯樣ニ信ジテ居ル、是コソ私ハ眞ニ擧國一致、以テ之ニ當ッテ、此外交上ノ難關ヲ突破シナケレバナラヌト考ヘル、若シ外ノコトデ擧國一致內閣ヲ要シナイト致シマシテモ、私ハ是レ一ツデモ眞ニ擧國一致、之ニ當ラナケレバナラヌト思フ(拍手)而シテ滿蒙問題ニ付テハ、繰返スマデモナク、我ガ國民ハ一致シテ居ル、此一致セル國民ノ力ト決心ヲ以テ、此擧國一致內閣ハ、之ニ御臨ミニナルコト、確信ハ致シテ居リマスルガ、此會議ハ我國ノ國運ヲ決定的ニ決スベキモノデアルト云フコトヲ御注意ヲ申上ゲテ、之ニ臨ム所ノ用意及覺悟ヲ今カラ承ッテ置キタイト思フノデゴザイマス(拍手)

〔國務大臣子爵齋藤實君登壇〕

○國務大臣(子爵齋藤實君) 松岡君カラ數項ニ亙ッテ御質問ノ形デ御意見ヲ拜承致シマシタガ、御意見ノ部分ハ至極御同感デアリマス、排日問題並ニ赤化運動等ニ關シテノ支那本部ノ問題ノ如キモ、是ハ非常ニ遺憾ナル問題デ、且ツ重要ナル問題デアリマスカラ、是マデ執リ來ッタ方針ニモ悖ラヌヤウニ、尙ホ努力ヲ積ケテ、是ハ是非善導シナケレバナラヌト考ヘテ居ルノデアリマス、ソレカラ在支邦人ノ救濟ト云フヤウナ御言葉モアッタヤウデゴザイマスガ、此事ニ付キマシテハ目下考究中デアリマスカラ、何トカ進行シ得ルダラウト考ヘテ居リマス

ソレカラ亞米利加ノ日本ニ對スル輿論等ニ付キマシテハ、御話ノ通リデアリマスガ、段々公正ナル日本ノ態度ガ分リマシテ、稍〻亞米利加ノミナラズ、其他ノ方面ニ於キマシテモ諒解シツヽアル傾向ト思ハレルノデアリマス、尙ホ進ンデ實際ニ於テ、我國ノ公正ナル態度ヲ益〻強ク明ニシテ、誤解ナカラシメンコトヲ期セナケレバナラヌト

考ヘテ居リマス
　對滿洲國ノ問題ニ付キマシテ、承認ノコトノ御話ガアリマシタガ、是ハ出來得ル限リ速ニ承認シタイ考ヲ持ツテ居リマス、併ナガラ是ハ唯、枝葉末節ノ問題ニアラズシテ、根本カラ、政治的ニモ、實際的ニモ、大局カラ觀テ決定シナケレバナラヌ問題デアリマスカラ、萬遺憾ナキヲ期スル積リデ居ルノデアリマス(拍手)ソレカラ在滿機關ノ統制ト云フヤウナ御話モアリマシタガ、是ハ是非萬全ナル案ヲ練リ上ゲテ行キタイト思ツテ居ルノデアリマス、左樣御承知ヲ願ヒマス(拍手)

○議長(秋田清君)　杉山元治郎君

(杉山元治郎君登壇)

○杉山元治郎君　只今總理大臣初メ各大臣ノ演說ヲ承リマシテ、私ハ農村選出ノ代議士ト致シマシテ、現下ノ重大問題デアリマス所ノ農村問題ニ特ニ重點ヲ置イテ、質問ヲ致シタイト思フノデアリマスルガ、又現內閣ニ對シマシテ、野黨ノ一人ト致シマシテ(笑聲)一般的ナ質問ヲ致シテ見タイト思フノデアリマス、質問ヲ致シマスル前ニ、現內閣ガ出現スルニ至リマシタ政治機構ノ變遷、動搖ト、現內閣ノ本質、役割、或ハ將來ヘノ展望ヲ簡單ニ申上ゲマシテ、私ノ質問ノ觀點ヲ先ヅ明ニシテ置キタイト思フノデアリマス

　齋藤內閣ノ出現致シマシタコトハ、去ル五月十五日事件ヲ楔機ト致シマシテ出來タコトハ申ス迄モアリマセヌ、其五、一五事件コソハ、正ニ支配階級ノ政治機構ノ動搖、變遷ヲ白日ノ下ニ暴露致シタモノダト考ヘルノデアリマス、何故カト申シマスルニ、今日迄ノ政黨內閣、卽チ濱口內閣ニ致シマシテモ、或ハ犬養內閣ニ致シマシテモ、大命降下ト共ニ二十四時間ヲ出デナイ內ニ組閣ヲ致シテ居リマス、然ルニ今回ノ樣子ヲ見マスルニ、元老ガ數日ノ考慮ヲ要シ、又重臣ヲ經巡ツテ各種ノ意見ヲ隈ナク聽取シテ居リマスル其樣子、竝ニ政友會總裁ガ、新聞ニ傳ヘテ居リマスル所ノ組閣談、或ハ荒木陸相ガ唱ヘテ居リマスル所ノ組閣談ナルモノヲ見マシテモ、如何ニ內部ガ動搖致シテ居ルカト云フコトヲ知ルコトガ出來ルノデアリマス、併シ斯ル政治機構ノ動搖ト混亂コソハ、決シテ唯五月十五日事件共モノニ起ツタノデハナクシテ、久シイ以前カラ存在シテ居ツタト考ヘルノデアリマス、ソレハ唯支配階級ガ極力大衆ノ前ニソレヲ押シ隱シテ居ツタノデアツテ、唯、五・一五事件ガ其表面的ニ現ハレタニ過ギナイノデアリマス、此混亂動搖コソハ、我國資本主義政治ノ根本的矛盾ノ一ツノ現ハレニ過ギナイノデアリマス、卽チ其矛盾トハ、資本主義沒落期ニ於キマスル所ノ世界經濟恐慌、其一環ノ現ハレトシテ來マシタ所ノ農業恐慌ニ因リマスル所ノ金融ノ弱化、其必然ノ結果トシテ生レマシタ所ノ官吏ノ減俸、恩給ノ引下ゲ、破產、農產物ノ低落等、等、ソレニ基キマス所ノ中間社會層卽チ軍人、官吏、商工業者、農民等ノ、反資本主義化シマシタ所ノ社會的原因ニ基クモノデアラウト考ヘルノデアリマス

　資本主義政治機構ノ矛盾ノ現レハ、先ヅ第一ニ濱口內閣當時ニ於キマス海軍軍縮、卽チ千九百三十年ノ海軍倫敦條約ニ關シマス彼ノ統帥權ヲ繞リマシタ、政府ト海軍々閥トノ對立ニ始マツテ居ルト云フコトヲ申上ゲタイノデアリマス、是ハ形式ニ於テハ政府ハ押切ツタヤウデアリマスケレドモ、實質ニ於キマシテハ、軍縮剩餘金ノ全部ヲ海軍擴張費ニ充テルト云フコトニ依ツテ、實質的ニ軍閥ノ勝利トナツテ居ルノデアリマス、第二ノ現レト致シマシテハ、若槻內閣ノ滿蒙問題ニ付テノ陸軍々閥トノ對立デ、脆クモ若槻內閣ガ敗退シタ事實デアリマス、第三ノ表現ハ犬養內閣デアリマスガ、形式的ニハ政黨內閣ヲ維持シテ居リマシタガ、實質的ニハ軍部ノ「ロボット」デナカツタカ、或ハ或者ハ荒木內閣ダト評シテ居ツタノデアル、是ハ確ニ事實デナイカ、ダカラ一部軍縮ト滿蒙問題ニ於テハ遂ニ軍部ノ要求ニ屈服シテ居タト云ツテ宜イノデアリマス、第四ハ今回ノ政黨內閣主義ノ退場ト共ニ、齋藤超然內閣ノ成立シタ事實デアリマス

　以上ノヤウニ齋藤內閣出現ニ至リマシタ五・一五事件共モノハ、中間社會層ノ反資本主義化運動ノ急進的表現デアリマス、ソレニ依ル社會不安ヲ利用致シマシテ、資本主義階級ハ政治ノ反動化ヲ行フテ、齋藤內閣ヲ組織セシメ、次デ來ル所ノ社會不安ヲ利用致シマシテ、更ニ一層政治ノ反動化ヲ行ハントスルデアラウト思フノデアリマス、斯クシテ生レマシタ齋藤內閣ノ本質、使命、或ハ運命ニ付キマシテ一言申上ゲテ見タイノデアル

　第一ニ齋藤內閣ハ、次ノヤウナ構成ニ依ツテ出來テ居ルト云フコトヲ申上ゲタイノデアリマス、所謂官僚ヲ代表致シテ居リマス所ノ南氏及後藤氏、軍閥ヲ代表致シマシテ齋藤氏、荒木氏、岡田氏、財閥ヲ代表致シマシテ古川系ノ中島氏、安田系ノ高橋氏、三井系ノ三土氏、鳩山氏、三菱系ノ山本氏、永井氏、既成政黨ヲ代表致シマシテ、政友會デハ高橋氏、三土氏、鳩山氏、民政側デハ、山本氏、永井氏、卽チ現內閣ハ吾々ノ眼力カラ見マスルナラバ、反動的ノ共同戰線內閣デアルト申上ゲタイノデアリマス

　第二ニ現內閣ハ先キノ齋藤氏ノ演說ニモゴザイマシタガ、所謂擧國一致內閣デアルト申シテ居リマスケレドモ、是ハ人口ノ九割ヲ占メテ居リマス所ノ、吾等勞働者、農民、勤勞大衆ニ對スル所ノ政府デアツテ、卽チ所謂支配階級ノ擧國一致內閣デアツテ、吾等無產階級ノ擧國一致內閣デナイコトヲ申上ゲタイノデアリマス

　第三ニ現內閣ハ「ブルジョア」反動內閣デアリマス、現ニ政黨內閣制ハ否定シテ居リマスルガ、既成政黨ヲ認メルト仰シヤツテ居ル、サウシテ議會政治ノ上ニ立ツノダト仰シヤツテ居リマスルガ、斯クシテ立ツテ居ル、卽チ支配軍ノ聯合軍デアルト申上ゲタイノデアリマス、併シ現內閣ハマダ「フアッショ」デハナイ、ソレハ後ニ來ル所ノ所謂反動勢力ヘノ前奏曲デアルト申上ゲタイ、サウシタ資本主義防衛ノ所謂十字軍ノ第一線デアルト申上ゲタイノデアリマス、私ハ次ノヤウナ豫言ハ寧ロ當ラナイコトヲ望ムノデアリマスガ、併シ不幸ニシテ若シ的中スルデアラウコトヲ慮レルノデアリマス、卽チ齋藤內閣ハ餘リ永ク保タナイノデナイカ、此秋ノ頃迄ニハ倒レテ、次ニハ平沼氏ノヤウナ、或ハ荒木氏ノヤウナ官僚軍閥ノ立憲「フアッショ」政府ガ生レテ、反對黨ノ無イ政府樹立ト云フ「スローガン」ヲ揭ゲテ、而シテ憲法ノ濫用ニ依ツテ、而シテ解散ノ釣瓶擊チヲシテ、反對スル者ハ何ボデモ、所謂解散ノ憂目ヲ見セテヤルト云フ、斯クシテ

一ツノ政黨政府、斯ウシタ政府ヲ樹立シ、一方ニ於テハ、地方ニ在郷軍人ヲ中心トスル所ノ地方政治ト云フヤウナモノガ出來ルノデナイカト云フコトヲ虞レルノデアリマス、斯クシテ齋藤内閣ノ後ニ來ルモノハ、所謂議會制度ヲ避忌スル、純然タル「フアッショ」獨裁政治ニナリハシナイカ、或ハ斯ル「ブルジョア・フアッショ」ノ下デハ所謂軍部ノ國家社會運動モ、或ハ赤松氏等ノ社會「フアッショ」運動モ成長セナイデ、唯「ブルジョア・フアッショ」ガ社會不安ヲ利用致シマシテ、上カラノ變革ヲ行フノダト考ヘルノデアリマス

次ニ現内閣ノ支配階級カラ課セラレマシタ所ノ使命ハ、當面ノ政治的動搖ノ安定デアリマス、併シ此安定獲得ノ爲ニハ、政府ガ尚ホ一層無産大衆ノ搾取ト、彈壓トヲ強化スルデアラウト思ヒマス、而シテ獲得セラレタカノヤウニ見エマス所ノ一時的ナ安定ト云フモノハ、大衆ノ不滿ト反抗ノ増大トヲ通ジテ破壞サレ、社會不安ハ更ニ々々一層深化強大スルデアラウト考ヘルノデアリマス

第五ニ現内閣ハ新聞ナドニ依ッテ傳ヘラレテ居ル所ニ依ルト、所謂人材内閣ダト謂フ、如何ニモ人材内閣カ分リマセヌガ、ソレハ支配階級ノ人材内閣デアッテ、吾等無産階級カラ見マスルナラバ、遺憾ナガラ朽木ト古材ノ寄木細工ノ内閣デアルト申上ゲタイノデアリマス、斯ル内閣ガ社會不安ノ激成ト共ニ、所謂齋藤實盛ノヤウニ、死ナナイデアラウカ、而シテヨリ反動的ナ政府ニ席ヲ讓ルノデハナカラウカト云フコトヲ申上ゲタイノデアリマス、尚ホ現内閣ハ國難打開ト云フコトヲ一ツノ「スローガン」ト致シテ居リマスガ、一應國難ニ對シマスル所ノ見解ニ付キマシテモ、之ヲ無産大衆ノ立場カラ申上ゲテ置キタイノデアリマス、卽チ支配階級ハ國難打開、非常時ノ統一ト云フ「スローガン」ヲ掲ゲテ居リマスガ、ソレハ我國支配階級ノ卽チ利益ト、資本主義防衛ノ爲ノ國難デアリ、非常時デアッテ、卽チ資本主義ノ沒落ノ足掻ニ過ギナイト云フコトヲ申上ゲタイノデアリマス、社會不安ノ第一トシテ私ハ特ニ玆ニ申上ゲテ置キタイノデアル所謂社會不安ノ最モ重大ナルモノハ、是ハ農村ノ窮乏デアルト云フコトヲ申上ゲタイノデアリマス、今日ニ至リマスルマデ二大政黨ノ諸君ハ常ニ農村ノ振興ヲ御叫ビニナッタ、又選擧騷ニ於テハ常ニ此看板ヲ御掲ゲニナッタノデアリマスガ、遺憾ナガラ此看板通リヲ實行シナカッタ、隨テ益、今日ノヤウナ窮乏ニ追込マレテ行ッタノデハナカラウカ、要ハ農村ニ對スル所ノ皆サンノ認識ガマダ不十分デアッタノデハナカラウカ、私ハ斯ク考ヘテ居ルノデアリマス

私ハ多クノ農村窮乏ノ實情ヲ申上ゲタイノデアリマスガ、ソレハ皆サンモ或點ニ於テハ御承知ダト思ヒマスガ故ニ、此二三ノ點ニ付テ申上ゲテ見タイト思フノデアル、或ハ此席上ニ御出デニナルカ分リマセヌガ、卽チ先般岩手縣ノ盛岡ノ方カラ參リマシタ一人ノ方ノ申シマスルコトニ、盛岡市ヲ僅カ一里ト離レナイ所ノ村ニ於テ、今農村ガ何ヲ食ベテ居ルカト申シマスト云フト、椎ノ生ノ實ヲ食ベテ居ルト云フコトデアルカラ、サウ云フヤウニ生ノモノヲ食ベナイデ、煮テ食ベタナラバドウデアルカト言ウタ時ニ、煮テ食ベルト云フト澤山食ベル、而シテ此夏ノ初メニ當ッテ、食物ガ出來ルマデニ食物ガ切レルト云フ虞ガアルガ故ニ、生デ食ベルノデアルト云フコトデアリマス、岩手縣ハ昨年ハ凶作デアッタ、併シ如何ニ凶作デアリマシテモ、僅カ一箇年ノ凶作ニ於テ、此盛岡市ヲ離ル、所ノ近隣ノ百姓ガ、椎ノ生ノ實ヲ食シナケレバナラヌト云フヤウナコトハ、如何ニ是ハ農村ノ窮乏ヲ物語ッテ居ル所ノ一ツノ物語デアリ、又一面ニ於キマシテ是ガ如何ニ吾々ガ農村救濟ニ對シマシテモ、十分ナ手ガ伸ビナカッタカト云フコトヲ申上ゲ得ルノデアリマスルガ、更ニ之ニ類シマシタコトハ、去ル六月一日ノ讀賣ノ夕刊ニモ出テ居リマシタヤウニ、新潟縣ノ北魚沼郡ノ湯之谷村ト云フ處ガ、相變ラズ椎ヤ櫪ノ生ノ實ヲ食ッテ居ル、而シテ實ニ疲弊困憊シテ居ルト云フ狀態ガ書カレテ居リマシタガ、單ニソレバカリデハナイ、或ハ皆サンガ山形縣ノ出身ノ代議士ノ方ガ御出デダト思ヒマスガ、卽チ此酒田ノ町ノ極ク附近ノ村、是ハサウ申スト云フト御分リダト思ヒマスルガ、其村デハ一村カラ三百人餘リノ所謂女郎ヲ出シテ居ルト云フコトデアル、是ハ決シテ本當ニ好キ好ンデヤルノデハ、斷ジテナイ、今日ノヤウナ田植時ニ田ノ中カラ泥足ノ儘賣ラレテ行ッタト云フ實情モ、吾々ハ見モシ聞キモ致シテ居ルノデアリマス

サウシタ事ハ單ニ山形縣ノ村バカリデハナイ、農村ノ多クノ處カラ、都市ニ於キマスル所ノ醜業婦ガ出テ來テ居リマス、戸籍調ベヲ致シマスル時ニ、明カニ之ヲ看取スルコトガ出來ルノデアル、斯ウシタ人達ノ悩ミ——或ハ今日モ長野縣ノ下伊那ノ或人ニ會ッタノデアリマスルガ、是ハ或ル老人ノ話ダトシテ申シマスルノニ、天明ノ時代ナラ率ザ知ラズ、ソレ以來今日迄、百姓ガ味噌ヲ搗クコトハ出來ナイト云フヤウナコトガナカッタノデアルガ、今年ハ其味噌ノ豆ヲ買フコトスラ出來ナクシテ、非常ニ困ッテ居ルト云フコトヲ傳ヘテ來タノデアル、御承知ノヤウニ百姓ノ副食物ト申シマスルナラバ、大半ハ味噌デアルト云フコトヲ申上ゲタイノデアリマスルガ、其味噌スラモ搗クコトガ出來ナイト致シマシタナラバ、如何ニ是ガ國民保健衞生ノ上ニ於キマシテ、重大ナ事實ヲ生ムデアラウカト云フコトヲ申上ゲタイノデアリマス、斯ウシタ事實ヲ申上ゲマスルナラバ、ソレコソ多々何程デモアルノデゴザイマスガ、ソレヲ先ヅ略シテ置キマシテ、斯ウ云フヤウナ實情ト窮乏ニ農村ガ陷ッテ居ル

又皆サンノ手ニ渡ッテ居ッタカ分リマセヌガ、此間中ノ請願書ノ中ニモゴザイマスルヤウニ、農民ガ如何ニ窮乏シテ居ルカト云フコト、此問題ニ付テ、是ハ政黨政派ノ問題デナクシテ、本當ニ吾々日本ノ國民トシテ、十分ノ考慮ト觀察ヲ願ヒタイト思フノデアリマス（拍手）斯ウシタ窮乏ノ中心ヲ致シマスルモノハ土地問題ト、税金ト、借金トガ、此問題ノ主ナルモノヲ成シテ居リマス

次ニ社會不安ノ第二ト致シマシテハ、是ハ都市失業ノ問題デゴザイマスルガ、私ハ

此問題ニ付テモ、一言申上ゲタイノデアリマスルガ、今日迄ノ內務省ノ統計ニ於キマスルト云フト、失業者ハ五十万云々ト申シテ居リマス、併シ今日迄ノ失業統計ナルモノハ、遺憾ナガラ少數ニ少數ニト考ヘルヤウニ統計ヲ致シテ居ルヤウニ考ヘルノデアリマス、卽チ本當ノ社會不安ノ脈搏デアル所ノ失業ノ問題ニ付テ、十分ナ觀察ガ出來ナカッタナラバ、此國家不安ノ問題ヲ救フ所ノ本當ノ事業ヲ行フコトハ、私ハ出來ナイト思フ、卽チ今日迄ノ失業統計ト云フモノハ、遺憾ナガラサウ云フ點ニ付テ缺ケテ居ル所ガアル、譬ヘテ言フナラバ大阪市ニ於キマシテモ、詰リ百圓以上ノ收入ノアル者ニ於キマシテハ、失業者ガアッテモ、失業者ト認メナイト云フ、卽チ表通リヲ省イテ、而シテ百圓以下ノ收入デアルダラウト云フ家ダケヲ調査シテ、失業統計ヲ作ッテ居ルト云フヤウナ狀態デアル、斯ウシタヤウナ、先ヅ頭カラ斯クアルデアラウト云フヤウナ爲ニ失業統計ガ減少スルヤウナ狀態デアル、又失業者ノ率ヲ見マスル時ニ、唯數ダケノ上ニ於キマシテ、如何ニモ失業者ト就職率ト云フ問題ニ付テ十分ナ考察ヲ掲ゲテ居ラナイ、此方面カラノ失業統計ト云フモノヲ疎カニサレテ居ルノデハナイカ、或ハ犯罪、或ハ自殺、斯ウシタ本當ノ失業者ニ對シマスル所ノ點ヲハッキリト把握致シマセナイデ、唯數ノ上ニ於ケル所ノ失業ノ統計ヲ作ッテ居ル嫌ガアル、斯クシテ出來マシタ其失業者ニ對シマシテハ、卽チ都會ニ居ッテハ仕事ガナイカラ、農村ニ歸ルヤウニト、斯ク申シマシテ歸農ヲ勸メマシタ結果、卽チ如何ニ今日ハ社會制度、卽チマダ壞レナイ所ノ家族制度ノ結果、此都市ニ於キマスル所ノ失業者ト云フモノ、苦痛ヲ、農民自體ノ上ニ、家族自體ノ上ニ轉嫁シテ居ッテ、國家ガ此失業問題ノ救濟ヲ、此貧乏ノ農村ノ家庭ニ轉嫁シテ居ルト私ハ申シタイノデアル

先般モ新潟縣ノ木崎村ノ或ル百姓ニ伺ヒマシタ、御承知ノ通リ新潟縣ハ所謂出稼國デアル、此新潟縣ニ於キマシテ、昨年ト本年トニ於テ、其木崎ト云フ所ノ一箇村ニ於キマシテ、人口ガ六百餘人殖エテ居ルト云フコトヲ申シテ居ルノデアル、一村ニ於テ六百餘人カラ人口ガ急激ニ增加致シテ居リマスコトハ、要ヌルニ出稼ガ出來ナイ所ニ、都會カラノ所謂歸農勞働者ノアルコトヲ物語ルモノデアッテ、是ガ窮迫致シテ居リマス所ノ農村ト云フモノヲ、一層苦シメテ居ルト云フ事實ヲ私ハ申上ゲタイノデアリマス

尙ホモウ一ツノ國家不安ノ問題ハ滿蒙問題デアリマス、前ニ松岡サンガ滿蒙ノ問題ニ付テ、一日モ早ク之ヲ認メルヤウニト云フコトガアリマシタガ、併シ滿蒙ニハ或ハ御ヘラレテ居ルヤウナ多クノ資源ガアルカモ分ラナイ、其資源ヲ開發致シマス迄ニハ、ドレダケノ資力ト、ドレダケノ血稅ヲ拂ハナケレバナラナイカト云フコトヲ申上ゲタイノデアル、而シテ其多クノ負擔ト血稅ト云フモノガ、其拂ッテ居ル內ニ償ハレル程度デアルナラバ宜イケレドモ、此窮乏ノドン底ニ在リマス時ニ、今言ウタヤウナ負擔ノ增大ト、血稅ノ增大ト云フモノガ、延テハ此困ッテ居ル民衆ノ、所謂反抗トナッテ現レテ來ナイカト云フコトヲ申上ゲタイノデアリマス、斯ル所ノ社會不安、之ヲ約メマスナラバ、資本主義政府、或ハ資本主義防衞ノ第三權力トシテノ政府ノ決シテ能ク解決シ得ルモノデハナイ、ソコデ本當ニ此社會不安ト云フモノヲ解決致シマス所ノ一ツノ途ハ、此行詰ッテ居リマス所ノ資本主義ノ打倒ト、社會主義ノ建設以外ニナイト云フコトヲ申上ゲタイノデアリマス、斯ウ云フ見地カラ見マス時ニ、今ヤ資本主義ノ制度ハ卽チ自解作用ヲ行ッテ居ル、而シテ慕末ノヤウナ現象ヲ呈シテ居ルノデハナイカト云フコトヲ申上ゲテ置キタイノデアル、以上申上ゲマシタ所ノ觀點ニ立チマシテ、私ハ是カラ簡單ニ質問ヲ申上ゲテ見タイト思フノデアル

先ヅ第一ニ農村ノ問題ニ付テ質問ヲ致シタイト思フノデアリマスルガ、首相ハ農村ノ問題ニ付テ出來ル ダケノ所謂施設ヲスル、又配慮モスルト云フヤウナ御話デアリマシタガ、前年度ヲ踏襲致シマシテ、サウシテ僅バカリノ農村、漁村、山村ノアノ費用ヲ以テシテ、此今日行詰ッテ居ル所ノ現在ノ農村ト云フモノヲ果シテ救フコトガ出來ルカ、所謂更生ノ途デモ與ヘルコトガ出來ルカドウカト云フコトヲ、先ヅ第一ニ私ハ總理大臣ニ伺ヒタイノデアリマスルガ、ソレニ引續イテ農村ノ今日ノ重大問題ハ、總テノ人ノ御承知ノヤウナ負債問題デアリマス、所謂六十億ノ負債ガアルト言ハレテ居ルガ、此負債整理ノ問題ヲ如何ニシテヤルカ、私ハ其負債整理ヲヤルト云フヤウナ鼎ナル言葉デ濁サレテモ、吾々農民ハ承服スルコトガ出來ナイ、卽チ具體的ナ六十億ノ負債ヲ、斯ウ云フヤウナ方法ト方法ニ依ッテヤルト云フ、卽チ責任アル所ノ言葉ヲ此議政ノ壇上カラ吾々五百五十万戸ノ農民ニ聲明ヲシテ貰ヒタイト思フノデアリマス、先般ノ茨城縣下デアリマスルカ、請願書ニモゴザイマシタヤウニ、六十億ノ負債ニ對シテ、所謂「モラトリアム」ヲ布ク所ノ意見ガアルカドウカ、三箇年「モラトリアム」ヲ布イテ呉レト云フヤウナ請願ガ出テ居ルノデアリマスガ、卽チ三年間、或ハ何年デモ宜イガ、布クト云フ、サウ云フヤウナ意思ガアルノデアルカ、所謂資本家ノ爲ニ、前ニ「モラトリアム」ヲ布キ、猶豫ヲシタト云フコトモ書イテアリマスガ、サウ云フヤウニ今日ハ國家非常時デゴザイマスガ故ニ、私ハサウ云フヤウナ問題ニ對シテ、所謂「モラトリアム」ガ出來ルナラバ、出來ルトハッキリト申シテ貰ヒタイノデアル

ソレカラ是ハ私共ノ理想デアルケレドモ、恐クハ先ニ申シタヤウナ構成內容ヲ持ッテ居リマス所ノ現內閣ニハムヅカシイコトデアラウト思ヒマスガ、所謂負債金額ノ棒引ト云フコトハ、願ッテモ出來ナイコトデアラウト思ヒマスガ故ニ、私ハ出來ナイコトヲ此處デ言ハウトハ思ハナイノデアル、併シ負債整理組合ノヤウナモノガ出來テ、而シテ斯ク々々云フヤウナ內容ト、斯ウシタ負債償還能力ガアル、斯ウ云フ場合ニ於キマシテ、卽チサウ云フ場合ニ於キマス所ノ或ル程度ノ所謂元金ノ棒引ノ爲ニ、政府ハ骨折ルト云フコトガ出來ルカドウカ、斯ウ云フ

フコトニ付テモ伺ヒタイノデアル

ソレカラ次ニ負債ノ整理債券、所謂資本家階級ニ對シマシテ、多クノ債券ヲ發行シテ居ルノデアリマスガ故ニ、吾々困ッテ居ル所ノ此農民ノ爲ニ、所謂負債整理債券ト云フモノヲ發行シテ、詰リ低利デ長年賦デヤルト云フヤウナ、サウ云フヤウナ肩持リノ方法ヲ執ルコトガ出來ナイカドウカ

モウ一ツ特ニ負債ノ問題ニ付テ伺ヒタイコトハ、卽チ自作農創定ニ依ッテ、所謂今日ノ農民ノ中ニハ多クノ負債ヲ持ッテ居ルト云フコトデアル、此自作農創定ニ依リマス所ノ、所謂負債ト申シマスコト、是ハ御承知ノヤウニ政策ノ誤リデアル、是ハ農民自身ノ所謂誤リデハ斷ジテナイ、サウ云フ誤リニ對シマシテ、政府ハ適當ニ之ヲ處理シ、サウ云フ負債ニ對シマシテハ速カニ其元金ノ或ル部分ノ棒引、或ハ其他低利、或ハ長年賦ニシテヤルト云フヤウナコトハ出來ナイカドウカ、斯ウ云フ問題ヲ御研究致シタイノデアリマス

次ニ負擔輕減ノ問題デアリマスガ、第一ノ點ハ此處ニ御出デナサル所ノ多クノ議員諸君ト違フカモ知レマセヌガ、私ハ貧農ノ立場ト致シマシテ申上ゲタイコトハ、今日ノ所謂五割ニ近イ所ノ貧農ノ負擔ノ一ツノ點ハ、小作料ノ高率デアルト云フコトヲ申上ゲタイノデアル、是ハ單ニ私ガ僻目デ言フノデナクシテ、所謂「ブルヂヨア」學者ト謂ハレテ居ル所ノ那須博士ノヤウナ學者ニ依ッテ示サレテ居ル所ノ說ニ依リマシテモ、如何ニモ小作料ガ高イト云フコトヲ申上ゲタイノデアル、サウ云フ意味合ニ於キマシテ、公正小作料ト云フモノヲ決メタ所謂小作法ト云フモノヲ制定スル所ノ意思ガ、農林大臣ニアルカドウカト云フコトヲ伺ヒタイノデアル

次ニ都市ト農村トノ負擔ガ違ッテ居ル、是ハ地主諸君ニモ關係ガアル、卽チ大藏省ノ調査ニ依ルト、吾々百姓ガ負擔百ノ時ニ、營業者ノ負擔ガ四一・六、乃至五六・五デアルト云フヤウナ狀態ヲ示サレテ居リマスガ、斯ウ云フ所謂不平均ナ稅制ニ對シマシテ、少クトモ平等ニ公平ニスルト云フダケノ努力ヲ直グニスルト云フ意思ガアルカドウカト云フコトヲ伺ヒタイノデアル、ソレカラ若シ本當ノ意味合ニ於テ、農林省ガ自作農ヲ保護スルト云フ意味合デアルナラバ、現在ノヤウナ地租ノ僅カ二百圓ノ免稅點ダケデハ、眞ニ自作農ノ保護ハ出來ナイカラ、少クトモ之ヲ四百圓ナリ、五百圓ナリ、今日ノ一町百姓ノ總テノ點マデ之ヲ引上ゲルト云フ所ノ、所謂努力ヲスルカドウカ、併シ其反對ニ大地主ニ對シテハ累進課率ヲ行ッテ私ハ宜イ、此勇氣ガアルカドウカ

次ニ負擔ノ問題ニ付テ今大臣ノ御話ノ中ニモ、世界各國ノ社會情勢カラ致シマシテ、關稅ノ引上ハ已ムヲ得ナイト云フヤウナ御話デアリマシタケレドモ、此關稅引上ノ中ニ、砂糖ノ消費稅ノ如キ、卽チ民衆ノ使フ所ノ消費稅ヲ上ゲテ居ル點、而モ其消費稅ノ割合ハ甚ダ高率デアルト云フコトハ、今日誰モ認メテ居ルノデアリマス、又選擧ノ場合ニ於テハ、是ハ總テガ叫ンデ居ルノデアリマスガ故ニ、斯ウシタ所謂民衆虐メノ消費稅ニ對シマシテハ、極力之ヲ低下シ、關稅ニ對シテハ引上ゲルコトハ已ムヲ得ナイカモ知レマセヌケレドモ、斯ウシタ民衆ノ負擔スル所ノ消費稅ハ撤廢シテハドウカ、少クトモ此處ニ現レテ居ル所ノ砂糖ノ消費稅ノ如キハ、之ヲ低下スル勇氣ヲ持ッテ居ルカドウカト云フコトヲ大藏大臣ニ伺ヒタイノデアリマス

ソレト同時ニ煙草ノ如キモ尙ホ之ヲ低下スル必要ハナイカ、私ハ煙草ヲ喫マナイカラ必要デナイノデアリマスケレドモ、一應申上ゲテ置クノデアリマス

ソレカラ皆樣ニ申上ゲタイコトハ、卽チ多年政友會ノ皆サンガ地租委讓ヲ御話ニナッテ居ッタ、又民政黨ノ皆サンガ所謂義務敎育費ノ國庫補助增額ト云フコトヲ申サレテ居ッタノデアル、斯ウ云フヤウニ卽チ多年申サレテ居ッタ所ノ此二ツノ案ニ付テ、今迄ハ出來ナカッタカモ知レマセヌガ、斯ウシタ協力內閣デ、御手々ヲ繋イデ都合ノ好イヤウナ內閣ニ於テハ、皆サンガ選擧民ニ約束シタ所ノ此二ツノ案ヲ所謂徹底サシテ、サウシテ所謂農民ノ負擔輕減ノ爲ニヤッテハドウカ、私ハ此點ニ付テモ、尙ホ農林大臣ニ伺ヒタイト思フノデアル

尙ホ地方稅ノ問題デアリマスルガ、此點ハ簡單ニ中上ゲテ置キマス、今日ノ地方稅ガ如何ニ國稅ニ對シテ割合ニ高イカ、之ヲモット輕クスルヤウナ方法ニ付テ、ドウ云フヤウナ方法ト計畫ヲ持ッテ居ルカト云フコトヲ、大藏大臣ニ伺ヒタイト考ヘテ居ルノデアリマス

ソレカラ農村ノ根本問題デアリマス所ノ、土地ノ問題ニ付テ私ハ質問致シタイノデアリマス、現在ノヤウナ社會狀勢ノ變化致シマシタ時ニ、所謂明治三十一年ニ制定ノ民法其モノヲ以テ律シマスルコトハ、是ハ時代遲レデアルコトハ申ス迄モナイ、併シ其結果所謂土地所有權ト云フモノ、絕對權ヲ認メマシテ、本當ニ土地ヲ利用シ、之ヲ耕作シ、而シテ此國民大衆ノ生活ノ安定ノ爲ニ努力致シテ居リマス所ノ、小作農民ト云フ者ガ何等ノ保護ヲ持ッテ居ラナイ所ノ、遺憾ナ狀態ニ在ルコトヲ申上ゲタイノデアル、斯ウ云フ意味合ニ於キマシテ、卽チ小作人ノ權利ヲ確認致シマスル所ノ所謂小作法ト云フモノヲ制定スル所ノ意思ヲ持ッテ居ルカドウカ、斯ウ云フコトヲ農林大臣ニ伺ヒタイノデアル、若シ本當ニ小作人ノ權利ガ認メラレマスルナラバ、所謂新聞紙ニ傳ヘラレテ居リマスルヤウナ、所謂農村ノ不祥事件モ起ラナイ、又多クノ立禁ノ問題モ起ラナイノデアリマス、特ニ私ハ此處デ皆サンニ御考慮ヲ煩ハシ、又大臣ニ御考慮ヲ煩ハシタイ問題ハ、卽チ立禁ノ中ニ於キマシテモ、最モ性質ノ悪イ所ノモノデアッテ、是ハ出征軍人ノ土地ニ對シマスル所ノ、所謂耕作禁止ノ問題デアリマス、是ハ今此處ニ新潟縣及秋田縣カラ斯ウ云フ手紙ガ參ッテ居ルノデアリマスケレドモ、私ハ今之ヲ讀上ゲルコトヲ止シマスルガ、兎モ角モ陸軍當局ハ都會勞働者ニ於キマシテ、所謂勞働爭議ナルモノガ起リマシタ時ニ、此出征軍人ノ故ニト云フコトニ付テハ、相當ニ努力致シテ來タコトヲ私ハ感謝セザルヲ得ナイノデアル、若シ都市勞働者ノ勞働問題ニ對シテ、陸軍當局ガ御骨折ヲ致シタト

申シマスルナラバ、ドウカ農村ニ於テモ、即チ出征軍人ノ家族ハ地主ノ爲ニ土地ヲ取上ゲラレテ、而シテ路頭ニ迷フト云フヤウナ狀態ニゴザイマス時ニ、此問題ニ對シテ所謂陸軍大臣ガ之ニ對スル何等カノ方法ヲ講ジテヤルコトハ出來ナイカ、其點ヲ一ツ御伺致シタイノデアリマス

尙ホ農村問題デアリマスルガ故ニ、私ノ平生言ハントスル所ヲ言ウテ居ルガ故ニ、能ク聽イテ戴キタイノデアル、次ニ肥料ノ問題ニ付テ一言申上ゲタイノデアリマスガ、肥料ハ申ス迄モナク農民ノ現金支出ノ大部分ヲ占メルモノデアリマスルガ、此現金支出ト云フモノガ今日如何ニ困ルカト云フコトハ、先ニ申シマシタヤウニ、僅カノ味噌ノ豆ヲ買フコトスラ困ルト云フヤウナ狀態ニ依ッテモ知ラレルノデアリマス、其肥料ハ御承知ノヤウニ、三井、三菱、住友ト云フヤウナ僅カバカリノ資本家ノ大部分ノ獨占ニナッテ居リマシテ、農産物ハ下落致シマシテモ、遺憾ナガラ此肥料ト云フモノハ下ラナイト云フコトハ、皆サンノ御承知ノ通リデアル、斯ウ云フヤウナ農村ノ農民ノ現金支出ノ大部分ヲ占メテ居ル、負擔ノ非常ニ大キイ此肥料ノ問題ニ對シマシテ、所謂資本家ノ獨占ニ任サナイデ、政府ハ速ニ之ヲ卽チ國家經營ニ移ス所ノ努力ヲ拂ハナイカドウカ、此點ニ付テ伺ヒタイト思フノデアリマス(拍手)偶、硫安ノ這入リマシタ時ニ、所謂獨逸ノ硫安ガドン／＼ト這入ッテ參リマシテ、農産物ノ下落ト共ニ所謂困ッテ居ッタガ幸ニ肥料ガ下ッテ是デヤット稍、償ヒガ出來ルト云フ喜ヲ持ッテ居リマスル時ニ、是等肥料資本家階級ガ、卽チ商定ヲ致シマシテ、直チニ肥料ノ引上ヲ致シマシタコトハ皆サンノ御承知ノ通リデアル、斯ウ云フヤウニ今日ハ資本家ニ握ラレテ居ル、而モ其資本家ノ中ニハ所謂「ハーヴァー」ノ特許權ヲ持ッテ居ル所ノ一ツノ會社モアル、先年此特許權ノアル會社カラ、特許料トシテ儲ケテ居ル中ノ三十万圓ヲ政府ニ寄附スルトカ云フ問題ガアッタノデアリマスガ、私ハ若シ其特許權ヲ今尙ホ之ヲ或ル會社ニ持タシテ居ルナラバ、而シテ輸入硫安ノ頭ハネヲ今尙ホシテ居ルト云フコトデアルナラバ、斯ウ云フ特許權ニ對シテ直様之ヲ取ルカドウカ、之ヲ回收スルカドウカト云フコトヲモ伺ッテ置キタイノデアリマス

ソレカラ農村ノ實情ヲ觀マシテ、肥料ヲ買フ力ガ無イ、先般ノ請願書ノ中ニ、一反歩ニ對シテ肥料ノ一圓ヲ補助シテ貰ヒタイト云フコトヲ書イテ居ッタヤウデアリマスルガ、是ハ單ニアノ請願ニアル農民ノ人達バカリデハナイ、全國ニ於キマス所ノ多クノ農民諸君ハソンナ貸付ナント云ウタ所デ、今ハ借ル所ノ資格スラモ無クナッテ居ルノデアル、ドウカ直接ニ潤フヤウニ補助シテ貰ヒタイト云フコトガ、所謂農民ノ切ナル要求デアル コトヲ申上ゲタイノデアル、此意味合ニ於テ農村、山村、漁村ハ、斯ウ云フヤウナ此資金貸付ニ付テモ卽チ本當ニ百姓ニ行渡ラ ナカッタト云フ實例ヲ申上ゲタイノデアリマスルケレドモ、今ハソレヲ省イテ置キマス、兎ニ角貸付ガ本當ノ百姓ニ徹底致シマセヌガ故ニ、ドウカ一切ノ耕作農民ニ對シマシテ、本當ニ所謂肥料代金ノ一部分ヲ援助スル、卽チ産業補助ノ名目ニ於テ大資本家ニ對シテ致シマスル位ナラバ、今日ノ刻下危急ノ場合ニ於キマシテドウカサウ云フヤウナ補助ヲシテ貰ヒタイト思フガドウカト云フ問題デアリマス

次ニ肥料ノ資金ノ補助ガ困難デアルナラバ、是ハ借入モ已ムヲ得ナイノデアリマスルガ、今日迄ノ肥料資金ノ貸付ト云フモノハ、名目上行ッテ居ルト云フケレドモ、是ハ產業組合ノ手ヲ通シテ、或ハ農會ヲ通シテ、色々ノモノヲ通シテ參リマスル結果、本當ノ農民ニ行渡ラ ナカッタト 云フ憾モアルノデアリマスガ、是ハサウデナクシテ、本當ノ耕作農民 ニ行渡ルヤウナ所謂貸付方法ハ、ドウ云フヤウニシテ出來ルカドウカ、之ニ付テ一日モ早クヤッテ貰ヒ タイト云フコトヲ申上ゲタイノデアル

次ニ養蠶農民ノ問題デアリマスルガ、是ハ最近新聞デ滯荷生絲處分問題ニ付テ大分農相モ頭ヲ悩マシテ居ルヤウデアリマスルガ、元々生絲ノ補償法ト云フモノハ、是ハ吾々養蠶農民ヲ救濟スルト云フノデハナクシテ、ソレハ生絲ヲ擔保ニ取ッテ居ッタ所ノ金融資本家、製絲業者、所謂一部ノ問屋ノ救濟ニアッタコトハ申ス迄モナイノデアル、斯ウ云フヤウナ資本家ノ救濟ノ爲ニ、兎モ角モ國家ガ三千万圓ノ補助ヲシタノデアル、而モソレガ事想ヒト外レマシテ、而シテ尙ホ／＼暴落スルト云フ今日ノ狀態ヲ來シテ居ル、尙ホソレニ對シテ二千三百万圓ヲ増額シテ、之ヲ處分ショウトシテ居ルノデアリマスルガ、私ハ此生絲滯荷處分ノ問題ハ、所謂私共農民、殊ニ本當ノ養蠶農民ノ救濟ニナラナクテ、彼等資本家ノ爲ノ、ソレスラモナラナカッタ、而モ滯荷ノ爲ニ昨年ノ繭モ今年ノ繭モ非常ニ下リ、所謂繭ノ値段ガ上ラナイト云フヤウナ今日ノ狀態デアリマス時ニ、私ハ少クトモ養蠶農民ノ爲ニ徹底シタ所ノ救濟ノ途ヲ講ジナケレバ、或ハ山梨縣ニ於テ、或ハ群馬縣ニ於テ、或ハ長野縣ニ於テ、色々ナ問題ガ勃發スルデアラウコトヲ申上ゲテ置キタイノデアリマス

私ハ尙ホ米ノ問題ニ付テ申上ゲタイノデアリマスガ、今日ノ米價ガ生產費ヲ割ッテ居ルト云フコトハ、皆サン御承知ノ通リデアリマスガ、百姓ガ非常ニ働イテ尙ホ生產費ヲ割ル、斯ウ云フ問題ニ對シテハ、如何ナル方法ヲ以テ生產制限ヲスルカ、如何ニシテ價格維持ノ問題ヲ解決スルカ、卽チ米ノ專賣マデ行クト云フヤウナ決心ヲ今持ッテ居ルノカドウカ、斯ウ云フコトヲ簡單ニ伺ッテ置キタイノデアリマス

尙ホ私ハ農村ノ問題ハソレ位ニ簡單ニ片付ケテ置キマシテ、現內閣ハ五月十五日事件ヲ契機トシテ起ッタト云フコトヲ申上ゲマシタガ、其時ニ撒キマシタ所謂陸海軍青年將校農民同志ト云フモノ、撒イタ「ビラ」ヲ讀ンデ見マス、

――私ガ之ヲ讀ンダカラト云ウテ、之ヲ直グニドウセヨト云フノデハナイ、卽チ斯

ル直接行動ニ依ッテヤルト云フコトハ、ソレハ決シテ今日ノ所謂不安ヲ打開スルモノデハ斷ジテナイト私ハ考ヘテ居ル、併シ大臣モ申サレテ居ッタヤウニ、所謂ソレ等ノ人ノ純情ナル精神ト云フモノニ對シテハ、或點ニ付テ吾々ノ考ヘルコトモアルノデアル、ソコデ私ハ此行動、所謂手段ト云フモノガ惡イ、併シ其中ニ盛ラレテ居ル所ノ精神ヲ本當ニ體得セナカッタナラバ、復斯ウ云フ問題ハ起ラナイデアラウカ、或ハ皆サンノ中ニハ之ヲ十分ニ讀ミ、之ヲ知ッテ居ル方モアルカモ知レナイケレドモ、尙ホ之ヲ知ッテ居ラナイ人モアラウト思ヒマスガ故ニ、私ハ之ヲ讀ンデ、サウシテ諸君ニ之ヲ申上ゲタノデアリマス、併シソレハ議長ニ於テイケナイト云フコトナラバ、勿論是ハ速記錄カラ消シテ貰フコトヲ申上ゲルコトヲ辭シナイノデアリマス、サウ云フ譯デアリマシテ、サウ云フ風ナ所謂靑年將校ノ純情ナ精神ニ因ッテ起ッタト云フガ、此問題ハ陸軍大臣或ハ海軍大臣モ、軍隊ノ冒瀆デアルト申サレタノデアル、此問題ニ對シテ陸軍大臣ハ責任ヲ感ジテ居ル、所謂恐懼シテ居ルト云フ話デアリマシタケレドモ、尙ホ其責任ノ地位ニオイデナサルコトハ、サウ感得ハナサッテ居ルカモ知レナイケレドモ、其精神ニハ共鳴シテ居ル、所謂其底ニ一脈ノ何カヾアルノデハナイカト云フ世間ノ誤解ガアルノデハナイカ、故ニ此點ニ付テ陸軍大臣ノハッキリシタ答辯ヲ願ッテ置キタイト斯ウ思フノデアリマス

ソレカラ單ニ此事ヲ申シマスルコトハ、ソレバカリデハナイ、所謂昨年ノ十月デゴザイマシタカ、所謂世間一般ニ知レテ居リマスル所ニ依テハ、色々此軍人ノ諸君ガ何カヤッタト云フヤウナ事、是ハ殆ド常識ノヤウニ傳ヘラレテ居ル、併シ一般ニハ新聞ニモ禁止サレテ居ッテ、所謂分ラナイノデアルガ、此問題ト所謂五月十五日事件ト云フモノニ對シマシテ、何等カノ關係ガアルノデナイカ、若シアリト致シマスルナラバ、斯ウ云フ事ガ再々起ル、ソレニ對シマシテ、十分今後監督スルト云フ御話デゴザイマシタガ、斯ウ云フヤウニ、前ニアッテ、引續イテ斯ウ云フ事件ガ起ルコトヲ思ヒマスル時ニ、國民ガ所謂不安ノ念ニ驅ラレルト云フ、斯ウ云フ點ヲ御考ヘ戴キマシテ、所謂(笑聲)御答辯ヲ願ヒタイト思フノデアリマス、尙ホ色々ノ點ガアリマスルガ、一人デ獨占致シマシタカラ、以上ヲ以テ終リト致シマス(拍手)

○議長(秋田清君) 只今杉山君ノ御演說中、御朗讀ニナリマシタ所謂宣傳「ビラ」(笑聲、拍手)是ハ警保當局ニ於テ新聞紙ニ揭載禁止ヲ命ジテ居ルト云フコトデアリマスルカラ、此發言ハ禁止致シマシテ、之ヲ速記錄ニ揭載スルコトヲ認メマセヌ、卽チ速記錄ヨリ抹殺スルコトニ致シマス(拍手)――

農林大臣後藤君

(國務大臣後藤文夫君登壇)

○國務大臣(後藤文夫君) 杉山君ノ御質問ハ專ラ農林省ノ事ニ關係ヲシテ居ッタヤウデアリマスルカラ、其點ニ付テ私カラ御答ヲ致シマス

御質問ハ非常ニ廣汎デ多岐ニ亙ッテ居リマシテ、非常ニ熱心ニ農村ノ狀況ヲ述ベラレタノデアリマス、一々御答ヲスルニハ或ハ聽落シタ事ガアッタカトモ思ヒマスル、今日經濟界ノ一般ノ不況ハ、國民ノ一般ニ非常ナ苦痛ヲ與ヘテ居ルノデアリマス、殊ニ農村ニハ非常ナ窮乏ノ狀態ガ現ハレテ居ルコトハ、私共ノ深ク同情ヲ致シテ居ル所デアリマス、只今杉山君ノ申サレタ農村ノ負債ノ問題デアルトカ、或ハ農村ノ小作ノ問題デアルトカ、或ハ農村ノ土地ノ問題デアルトカ、或ハ農民ノ肥料資金ノ問題デアルトカ、或ハ其他農山村ニ對スル資金供給ノ問題デアルトカ、或ハ又昨今ヤカマシクナッテ居リマスル滯荷生絲ガ、農村ニ於ケル蠶絲業者ヲ壓迫シテ居ル問題デアルトカ云フヤウナコトハ、ソレ〴〵皆非常ニ大キナ問題デゴザイマス、政府ハ是等ノ問題ニ付テモ十分ナ考慮ヲ重ネテ、最善ノ處置ヲ執リタイト云フ考デ居ル譯デアリマス、之ヲ以テ御答ト致シマス(拍手)

(杉山元治郎君登壇)

○杉山元治郎君 今農林大臣ハ、最善ノ處置ヲ執ル、是ハ大變結構ナ言葉デアルノデアリマスガ、何時モ私共ハ其言葉ニ胡麻化サレテ來タノデアリマス(「其通リ」其他發言スル者アリ) 其最善ノ處置ト云フ言葉デナシニ、私ハ先ニ申シマシタヤウニ、負債ニ對シテハドウ云フヤウナ方法ヲ執ルカ、具體的ナ方法ヲ示シテ吳レ、或ハ肥料ノ問題ニ付テモ、ドウ云フ風ニスルカト云フ、具體的ナ事實ヲ示シテ吳レト云フコトヲ質問シタノデアッテ、抽象的ナコトヲ決シテ聽カナカッタノデアリマス、ドウカ具體的ニ一一御說明願ヒタイト思ヒマス(拍手)

(國務大臣後藤文夫君登壇)

○國務大臣(後藤文夫君) 十分ナ考慮ヲ重ネテ、出來得ル最善ノ處置ヲ執リタイト思ッテ居ルト御答シタノデアリマス、然ラバ負債ノ問題ニハドウ云フ風ナ具體的ナ處置ヲ執ルノデアルカ、其他色々ナ今質問ノ箇條ニ付テ、ソレ〴〵ドウ云フ具體的ノ處置ヲ執ルノデアルカト云フコトヲ言ッテ貰ヒタイト云フ御質問ノヤウデアリマスルガ、是ハ何レモ中々ノ大問題デアルコトハ、皆樣ノ御承知ノ通リデアリマス、之ヲ今、斯ク斯ク斯樣ニ、斯ウシテ此問題ヲ直チニドウスルンダト云フコトハ、私ガ今御答スル時機ニ到達シテ居リマセヌ(「ヒヤ〳〵」)是ハ十分ナル考慮、十分ナル熱意ヲ以テ、農村ノ人々ニ對スル十分ナル同情ヲ以テ、私ハ十分ナル考究ヲ遂ゲテ、出來得ル最善ノ處置ヲ執リタイト考ヘテ居ルノデアリマス、之ヲ以テ御答ト致シマス(拍手)

(杉山元治郎君登壇)

○杉山元治郎君 今ノ御答辯デハ遺憾ナガラ、吾々百姓ガ今生死ノ間ヲ彷徨ッテ居ルノデアリマス(拍手)迚モコンナ簡單ナコトデハチットシテ居ルコトガ出來マセヌノデアルガ故ニ、此議會デ、モット誠意アル說明

ヲシテ貰ヒタイノデアリマス、サウシテ其辞キ處置ヲ願ヒタイノデアリマス（「必要ナシ」其他發言スル者多シ）

（國務大臣荒木貞夫君登壇）

○國務大臣（荒木貞夫君） 只今杉山君カラ、農村ノコトニ付テ非常ニ御心配ニナラレ、殊ニ出征ノ家族及遺族ノ點ニ付テ御心配アラレタコトニ付キマシテハ、洵ニ感激ニ堪ヘナイ次第デアリマス、農村ノコトニ付キマシテハ、啻ニ杉山君バカリデナク、恐ラクハ御列席ノ各議員諸君並ニ廟閣ノ閣僚ニ於テモ、悉ク心配ヲ致シテ居ル深刻ナル事ダラウト存ジマス、之ニ付キマシテ、只今遺家族ノ安康ニ付キマシテハ、具體的ニ今回ノ事變ニ於テ、吾々同胞ノ洵ニ涙グマシイ結晶ニナリマスル所ノ恤兵金ヲ基礎ト致シマシテ、之ヲ朝野ノ有志及其他ノ方ニ諮リマシテ、玆ニ具體的ニ、或ハ財團法人ト致シ、或ハ其他ノ方法ヲ以チマシテ、永遠ニ、斯様ナ御奉公ヲ致シテ居リマスル所ノ家族若ハ遺族ニ對シテハ、保障ヲ致スヤウナ處置ヲ今日執ッテ居リマス、唯玆ニ總テノ事ヲ詳シク申上ゲル迄ニ至ッテ居リマセヌガ、既ニ其草案モ終ッテ居ル次第デアリマス

唯玆ニ杉山君ニ一ツ御願シテ置キタイコトハ、先程色々不安ノ點ヲ御述ニナッテ居ルノデアリマスルガ、吾々モ農民モ共ニ 陛下ノ赤子ト存ジテ居リマス、私只今廟閣ニ列シテ居リマスケレドモ、其精神ニ於テハ貧農ノ方ト寸分變ッタ考ヲ持ッテ居ラヌ積リデアリマス、故ニ先程カラ御述ニナル通リノ非常時ニ際シマシテ、互ニ階級ノ爭鬪ニ依リ、國民總體ノ結束ヲ破ラレザルヤウニ、ドウゾ其點ニ付テ十分ノ御盡力ヲ煩シタイト存ジマス

又私ガ今回ノ不祥事件ニ付キマシテ、靑年將校ト一脈相通ズルノデハナイカト云フ御話ガゴザイマシタガ、今日ノ時局ニ對シマシテ內外ノ事ニ付テ心配ヲセラレテ居ルコトニ付テハ、私ノミナラズ總テノ國民悉クガ關心ヲ有ッテ居ルコト、存ジマス、其精神ニ於テハ或ハ是等ノ將校ト一脈相通ズル所ガアルカモ知レマセヌガ、今回ノ不祥事件ノ兇行ニ付キマシテハ、先程縷々申述ベマシタル如ク、單ニ是等ノ者ニ對シテ左様ナ事ノナイヤウニト云フコトデ即今處置ヲ執ッタバカリデナク、豫ネ〲之ニ付テハ及バズナガラ努力ヲ致シマシテ、斯様ナ事ノナカランコトニ付テハ、蓋シ何處ニ向ヒマシテモ人後ニ落チザルノ處置ヲ執ッテ居ッタノデアリマスガ、不幸ニシテ玆ニ至リマシタコトハ、先程申述ベマシタル如ク、私ノ不徳ノ致ス所デ、此點ニ付テハ先般來御詫ヲ申シテ居ル次第デアリマス、ドウゾ其點ヲ御諒承ノ上ニ、斯ノ如キ不安ノ根源デアリマスル事ヲ芟除致シマスルコトニ付テハ、十分ニ努力致シマスルノデ、ドウゾ一國々民ノ悉クノ不安狀態ヲ取除キマスル爲ニ、階級ノ爭鬪其他ノコトニ付テ十分御配慮ヲ煩シタイト存ズル次第デアリマス（拍手）

○議長（秋田淸君） 朴春琴君

（朴春琴君登壇）

○朴春琴君 不肖私ハ國務大臣ニ對シテ質問ト云フコトハ甚ダ僭越ト思ヒマスケレドモ、私ハ朝鮮二千万民ノ希望デアリ、或ハ期待デアルコトデアリマスカラ、寧ロ四角張ッタ質問ト云フコトヲ拔キニシテ御聽キシタイト思フノデアリマス

御聽キ致ス前ニ餘談デアリマスルガ、簡單ニ皆サンニ御禮ト御詫ヲ申述ベタイト思フノデアリマス、國家多端ノ折柄、一月ノ八日ニ朝鮮デ生レタ不良ナル日本人ニ依ッテ起サレタル不敬事件ナリ、或ハソレニ亘ッテ團琢磨サントカ、或ハ井上サンデアルトカ、上海事件デアルトカ、又此前ノ首相官邸ニ於テ白晝日中起ッタ大キナ事件トカ、斯ノ如キ事ガ起ッテ居ルコトヲ日本國民トシテ考ヘテ見ルト、遺憾ニ堪ヘナイ次第デアリマス

モウ一ツハ、私ハ朝鮮生レ日本人トシテ帝國議會ノ議政壇上ニ立チマシタコトハ、私一個人ノ光榮ノミデナクシテ、朝鮮二千万民ノ光榮ト思フガ故ニ、是レ以テ亦皆様ニ厚ク御禮申上ゲル次第デアリマス（拍手）何シロ生レハ朝鮮人デアリマスケレドモ、日本人ニハ違ヒナイ、併シ情ケナイコトニハ朝鮮生レデアリマスノデ、言葉ガ不十分デアルカラ、割引シテ聽イテ戴キタイト思フノデアリマス（拍手）

私ハ日本國民トシテ國家ノ大陸的ノ政策ニ付テ皆様ニ御話シタイト思フシ、又殊ニ朝鮮二千万民ガ崇拜シテ居ル齋藤內閣ガ出來タ序ニ、大ニ海外ニ發展シテ貰ヒタイト云フコトニ付テ、一ツ承リタイト思フノデアリマス

第一ハ食糧問題、人口問題ト云フコトハ、數年前カラ此議政壇上ニ於テ政民共ニ論ジテ居ル、併ナガラ其食糧問題、人口問題ハ、果シテ解決ヲ付ケテアルカナイカト云フコトヲ吾々ハ疑フ、例ヘバ此朝鮮ト日本ト併合シタノハ二十二年前デアル、ソコデ今日朝鮮ニ行ッテ居ル日本內地デ生レタ日本人ガ何人アリマスカ、昨年ノ國勢調査ニ依ルト四十二万人デアル、十年前モ四十万人、今日ハ四十二万人、一向殖エテ居ナイ、ソレカラ又朝鮮デ生レタ日本人ガ內地ニ來テ居ル者ハ五十万人ヲ突破シテ居ル、所ガ朝鮮ニ行ッテ居ル四十二万人ト云フ人ハ、是ハ移民ヂヤナイ、北海道ヘ行ッテ居ル人トカ、九州ヘ行ッテ居ル人ト同ジク、日本內地カラ朝鮮ニ行ッテ居ル者ハ是ハ移民ヂヤナイ、之ヲ移民ト假定スルニシテモ、朝鮮生レノ人ガ內地ニ五十万人モ來テ、此方カラ四十二万人行ッテ居ル、差引八万人內地ニ來テ居ル者ノ方ガ殖エテ居ル、ソコデ政治家ニ於テハ移民問題トカ食糧問題トカ云フコトニ付テ、モウ少シ考ヘテ戴キタイト思フノデアリマス（拍手）ソコデ其原因ガ何レニアルカ、斯ウ吾々ハ考ヘテ見レバ、第一ニ、二十二年前、日韓併合當時畏レ多クモ 明治大帝陛下ハ朝鮮二千萬民ハ一視同仁デアルト云フコトヲ仰セラレタ、其時吾々ハ其併合シタ其日カラ日本人デアル、又朝鮮ハ

日本ノ國内デアル、然ルニモ拘ラズ日本人ガ朝鮮ニ行ク時、下關ヘ行ク迄ハ日本ノ國ト思ッテ居ル、朝鮮ニ渡ル時ニナルト、英米ヘ行クヤウナ氣持ニナル、ソレハ何ガ原因デアルカト云フト、僅カノ關税ヲ取ル爲デアル、デハ今日ノ日本ノ北海道ヘ行クニ關税ヲ取ルカ、九州ヘ行クニハ關税ヲ取ルカト云フト取ラナイ、唯朝鮮ニ渡ル爲ニ僅カノ關税ヲ取ル、或ハ鞄ヲ調ベル、事ニ依ルト身體檢査ヲスルナド、酷クヤッテ居ル、ソレデアルカラシテ、日本ノ國内ノ朝鮮デアリナガラ、此邊ノ差別ガアル爲ニ、日本人ガ朝鮮ニ殖エナイト云フ コトハ 事實デアル、ソコデ日本ト朝鮮ト併合シタ意味ハ、私ハサウヂヤナイト思フ、年々内地ノ百万位ノ殖エル人口問題、食糧問題解決ノ爲ニ、朝鮮ト併合シタナラバ、其併合シタ意味、卽チ日本ノ併合シタ目的ヲ達スル爲ニハ、今日ノ朝鮮ニ少クトモ日本人ガ或ハ四百万ヤ五百万ハ行ッテ居ナクチヤナラヌモノヂヤナイカト思フノデアリマス

ソレカラ又私共ハ日本ト併合シテ、新日本國民デアルナラバ、國家ノ爲ニ働クコトハ國民ノ義務デアル、又吾々ハ此内地人卽チ日本人ニナッタコトヲ誇トシテ居ル、吾々ハ權利義務ト云フコトニ付テ、所謂權利ヲ束縛シ、義務モ果サセナイト云フコトデハ、日本人ニナッタ甲斐ガ私ハナイト思フ、權利ヲ與ヘルト同時ニ義務モ果スト云フコトハ、當然日本人ノ義務ヂヤナイカト私ハ思フノデアリマス(拍手)

モウ一ツハ此現内閣總理大臣ハ、殊ニ朝鮮ニ十年間功績ヲ積マレタ人デアルカラシテ、此鮮人ノ立場、鮮人ガ如何ニ今日苦ンデ居ルカ、又何ヲ期待シテ居ルカ、是ハ與ヘルベキモノデアルカナイカト云フコトヲ、能ク總理大臣ハ知ッテ居ル筈ト私ハ思フノデアリマス、私共ハ日本ノ大陸的ノ政策ト云フコトニ付テ、朝鮮ニ生レタ日本人ニ對スル權利義務ヲ共ニシタイト云フコトヲ、現總理大臣ニ對シテ要求スルノデアリマス、之ヲ果シテ實行スルヤシナイヤト云フコトヲ承リタイト思フノデアリマス

尙ホ滿蒙問題ト云フコトヲ、總テ到ル處デ論ジテ居ル、日本ノ生命線デアル、生命線ニハ違ヒナイ、併シ滿蒙ニ於ケル所謂生命線、此生命線タルコトヲ私ハ能ク聞イテ居リマスケレドモ、諸君、大ニ論ズル其人ガ、實際滿蒙ノコトヲ私ハ分ラナイヂヤナイカト思フ、大ニ認識不足ヂヤナイカト私ハ思フノデアリマス(「ヒヤヒヤ」、拍手)眞ニ滿蒙ハ日本ノ生命線デアルト云フコトヲ思フナラバ、今日ノ事變、此事變ニ對スル軍部ノ費用ハ二億万カ三億万ヲ投ジテ居ル、又田中内閣ノ時、濟南事件ニ於テハ、アレハ又何億万圓ヲ投ジテ居ル(「入ッテ居ラヌゾ」ト呼フ者アリ)入ッテ居ル、ソレガ認識不足ダ(笑聲)又日清日露兩戰爭ニ於テ、貴重ナル生命ヲ捨テ、數十億万圓ノ物資ヲ投ジテ、サウシテ今日マデ滿蒙ハ日本ノ生命線デアルト云フコトヲ言ッテ居リマスガ、今日滿蒙ニ於ケル日本人ノ移民、其移民ヲ勘定シテ見ルト 云フト、果シテドノ位行ッテ居ルカ、アノ野原ノ處ヘ幾ラ行ッテ居ルカ、先ヅ二十二万人、其二十二万人ノ中デ滿鐵御用商人ト滿鐵ノ社員ト、滿鐵ニ關スル者ヲ差引スルト云フト、アト先ヅ三割シカ殘ッテ居ナイ、デハ此アト三割ト云フ人ガ何デアルカト云フト、ソコラ中ニ藥屋ノ看板ガ掛ッテ居ル、ソレハ實際ニ藥ヲ賣ルノデハナクシテ、先ヅ裏ヲ潜ッテ所謂阿片密賣ヲスル人ガ一割位アル、アト二割ハドウカト云フト、内地ヘ往ッタリ來タリシテ、所謂滿蒙通ト云フ滿蒙ゴロ付デアル(笑聲)ソコデ此二十二万人ノ中ニ於ケル農民、所謂滿蒙デ日本人ガ農業ヲシテ居ル人ガ七百戸デアル、其七百戸ノ中デ、人口ハ千三百人アル、今迄デスヨ、デハ此七百戸ノ中デ千三百人ト云フ人ハ、果シテ滿蒙ニ農業ヲシテ居ルカト云フト、サウヂヤナイ、安イ支那人ヲ連レテ來テ使ッテ、今ノ暮シヲシテ居ル、ソコデ日本ガ滿蒙ハ日本ノ生命線デアルト言フ、何レニシテモ滿蒙ハ日本ノ生命線ト云フノハ日本ノ食糧問題、人口問題ヲ解決ヲ付ケル爲ニ、滿蒙ハ日本ノ生命線ト言ハナクテハナラナイ、其處ニ皆サント新國民、皆サンノ兄弟、是ハ嫁デモ離レルコトノ出來ナイ兄弟デアル、此兄弟ハ實際ノ數カラ百万ト云フ人デアル、此百万ト云フ人ハ、全ク日本ノ國ノ爲ニ滿蒙開拓ノ第一線ニ立ッテ、日本ノ國ニ取ッテハ大恩人デアル(拍手)此等百万ノ人ニ對シテハ今日マデ日本ノ國家カラ補助シタ譯ヂヤナシ、實際此散在シテ居ル、奥地カラ奥地マデノ所謂支那ノ地主ニ壓迫サレ、或ハ馬賊ニ壓迫サレ、支那ノ官憲ニ壓迫サレ、年々ニ少クテモ二百ヤ三百ノ人ハ支那ノ官民ニ間違ナク虐殺ヲ受ケテ居ル、ソレデ此鮮人ノ手ニ依ッテ滿蒙ノ天地デ開拓シタ穀物ガ、米ハ五百万石、ソレカラ大豆・粟・黍・雜穀ヲ入レルト云フト、五百万石、此人等ハ日本國家カラ何モ補助モセズ、保護機關モナシニ、支那人ニ殺サレナガラ、自分達ガ開拓シテ行ッタノガ、今日一千万石取レテ居ルノデアル、此一千万石取レタノガ卽チ日本ノ權利デアル、此第一線ニ立ッテ、日本國家ノ爲ニ廣漠タル南滿洲ニ於テ、殺サレナガラ此滿洲天地ヲ開拓スル皆サンノ兄弟、之ヲ今日マデ保護シタコトガアルカ

モウ一ツ、此前ニ國際聯盟ノ問題ガアッタ時、此國際聯盟ノ滿蒙視察――滿蒙調査ヲシタ時、軍部ノ方々モ、外交ノ方々モ、内閣ノ方々モ、總テ滿蒙事變ト云フモノハ滿鐵ノ破壞、或ハ中村大尉ノ大事件ヲ謂フ、洵ニ因縁ノ付ケ方ガ正直過ギタ、所謂滿鐵ノ破壞ト、中村大尉事件ノミニ考ヘテ居ル、日本ト朝鮮ト併合シタ兄弟、卽チ自國民デ年々二百ヤ三百ハ間違ナク殺サレテ居ルコトヲ、何デ國際聯盟ニ訴ヘナイノカ(「日本政府ハ完全ニヤッテ居ル」ト呼フ者アリ)ヤッテナイ、嘘ダ、ソレカラ東支沿線カラ逃ゲテ來タ千三百名ガ、行場ニ困ッテ遊業銀行ノ所ニ千三百人收容シテ居ル、寒イノニ席ヲ敷

クコトガ出來ナイ、食ベルコトガ出來ナイ、子供ガドン〱死ンデシマウ、支那ノ官民カラ、子供ガ手ヲ切ラレタリ、或ハ指ヲ切ラレタリ、燒鏝ヲ當テラレタリシテ居ル、今度「リットン」ト云フ人ガ來テ、朝鮮民會長ト日本民會長ト立會ッタ時、此人達ハ日本人デアリナガラ、何デ保護ヲシナイカト云フコトヲ聽カレタ時ニ答辯ガ出來ナカッタ、是ハ日本國ノ恥デアル、現内閣總理大臣ガ朝鮮總督當時ニ、日本ニハ年々米ガ九百万石位足ラナイ、是ハ朝鮮デナケレバナラヌト云フ譯デ、產米增殖計畫ト云フモノヲ行ッテ、昭和三年ニナッテ二千万石位ノ米ガ朝鮮ニ取レルヤウニナッタ、ソコデ内地ニ七百万石ノ米ガ移入スルコトニナッタ、所ガ當局ノ方々ガ、朝鮮米ガ内地ニドン〱來ルト云フト、内地ノ農村ヲ脅カシテ困ルカラ、之ヲ制限シナケレバナラヌト云フノデ、制限シテシマッタ、ソコデ昭和三四年頃カラ段々減ラシテ、反對ニ外國米ヲ取ッテ日本米ト混ゼテ胡麻化シテ賣ラウト云フ、ソコデ朝鮮米ハ全ク日本ノ米トチットモ變ラナイ、寧ロ米ニ依テハ朝鮮米ガ美味シイ、又日本ノ一等米トチットモ變ラナイ、寧ロ向フノガ良イカモ知レヌ、之ヲ日本ノ商人ハ、朝鮮カラ朝鮮米ガ日本ニ渡ッテ來ルト云フト、決シテ朝鮮米ト言ハナイ、日本ノ一等米トシテ賣ッテ居ル、ソコデ此既成政黨ハ農村ヲ救濟シナケレバナラヌ、農村ヲ脅カシテ居ルト言フガ、露骨ニ言ヘバ黨ノ政策ニ過ギナイノデアッテ、本當ノ日本ノ國家ノ大局カラ言フナラバ、朝鮮米ヲ内地ニドン〱入レルト云フコトハ、國家ノ大利益デアルト云フコトヲ吾々ハ思フノデアリマス

ソコデ今後、ソレハ鮮人モ惡イ人モアリマス、又鮮人バカリヂヤナイ、日本人ニモ惡イ人モアル、鮮人ガ獨リ惡イト云フト目ガ立ツ、サウシテ私ハ甚ダ遺憾ニ思フノハ、先キ總理大臣ノ申サレタ中デ、上海ノ不逞ト言フ、是ダケハ是非取消シテ貰ヒタイ、日本人ノ不逞ト言フノハ何デアル、不良分子ト言フナラバ宜イケレドモ、此處デ新聞或ハ又皆ノ方々ガ言フノハ不逞鮮人ト云フ、是ガ爲ニ善良ノ鮮人マデモ不逞ニ入ル、是レ即チ内鮮融和ノ破壞デアル、ソレデハ本當ニ滿蒙ハ日本ノ生命線ト云フコトハ出來ナイ

ソコデ今日私共ガ滿蒙ヲ視察シテ見ルト云フト、東三民ト山東民ガ一日七錢デ生活ガ出來ル、一日朝六時カラ晩六時マデ働クノガ日當三十五錢デアッテ、之ヲ以テ朝六時カラ晩ノ六時マデ働イテ居ル、ソコデ拓務省ノ計畫ハ、日本人ヲ移民スルト云フコトヲ此前ニ騷イデ居ル、所ガ氣候モ違フ、又生活程度ガ違フ、衞生觀念ガマルキリ違フ、此處ニ日本人ガ滿蒙ニ行ッテ開拓スル、今日本人ハ此處ニハ居ナイ、其處ニハ皆サンノ同胞ハ氣候モ能ク似テ居ルシ、生活モ能ク似テ居ルシ、地理モ隣リデアル、又今日向フニ行ッテ一千万石位穫ッテ居ル、此人達ヲ第一線ニ立テ、帝國ノ爲ニ滿蒙ヲ開拓シ、後カラ日本人ガ行クト云フノハ、僕ハ大成功デハナイカト思フ、皆サンノ同胞ハ全ク首腦部即チ政治家ハ、滿蒙ノ所謂日本人ノ百萬同胞ノ存在ヲ認メナイ、此存在ヲ認メナイデ、ドウシテ日本ノ大局的政策ガ出來ルカト言ヒタイ

ソコデ若シ今日ノ擧國一致内閣――今マデノ内閣ガ斯ノ如キコトヲヤッテ居ルト云フコトハ、是ハ大ニ政治ノ缺陷ト云フコトヲ言ハナクチヤナラヌ、只今私共ガ見テモ、民政黨ノ人ガ出テ演說ヲスルト云フト政友會ノ人ガ彌次ル、斯ウ云フヤウナコトデハ、所謂植民地ノ發展ト云フコトハ出來ナイ、即チ既成政黨ノ缺陷ト云フコトハ明カデアル(「ノー〱」)謂ハヾ特殊銀行、特殊會社ト云フモノヲ殆ド潰シテシマッタ、吾々ハ日本人トシテ國家ヲ思フガ故ニ論ズルノデアル、ソコデ吾々ガ日本人トシテ遺憾ニ堪ヘナイコトハ、此前ニ此場所デ臣節問題ノ質問ガアッタ時ニ、吾々日本國民トシテ皇室中心主義デアル、此點ニ於テ吾々ハ謹聽シテ、兩政黨ハ之ヲ聽クモノト思ッタ、豈圖ランヤ民政黨ガパチ〱手ヲ叩キ、政友會ハ板ヲ叩ク、中ニハ、ソレハ不可抗力デハナイカ、馬鹿野郎ト言フ人ガアッタ、大イニ以テノ外ダト思フ、ソレデアリマスカラ、斯ノ如キコトハ斯ノ如キコトヽシテ、今日所謂擧國一致内閣ガ出來タ此矢先、オ互ニ從來ノ因緣ヲ離レテ、全ク日本ノ國家ヲ如何ニスルカト云フコトヲ考ヘテ貰ヒタイト思フノデアリマス

ソコデ伺ヒタイコトハ、今後滿蒙ニ於ケル朝鮮人ノ保護ガ徹底的ニ出來ルカ出來ナイカ、又此後ノ集團部落ノ問題、或ハ自作農創定ノ問題、保護機關、斯ウ云フ問題ニ付テ、拓務省デオヤリニナルニシテモ、二千万ノ同胞ニモ均シク權利義務ヲ與ヘルコトガ出來ルカ出來ナイカ、在滿朝鮮人ニ對スル徹底的ノ保護ガ出來ルカ出來ナイカト云フコトヲ承リタイト思フノデアリマス

○**議長(秋田清君)**　拓務大臣永井君

(國務大臣永井柳太郎君登壇)

○**國務大臣(永井柳太郎君)**　只今朴春琴君カラ朝鮮生レノ日本人トシテノ眞劍ナル叫ビヲ聞キマシテ、少カラズ感激シタノデアリマス、第一ニ内地人ノ朝鮮ニ移住スル者ヨリモ、朝鮮人ノ内地ニ移住スル者ノ方ガ多數ニナッテ居ルト云フ事實ヲ指摘セラレマシテ、朝鮮ニ於ケル生活狀態ガ、朝鮮人ヲ安ンズルコトガ出來ナイノミナラズ、内地人ニモ十分ナル生活ノ機會ヲ與ヘ得ナイト云フヤウニ論ゼラレタノデアリマスガ、朝鮮ニ於ケル產業ヲ出來得ルダケ盛大ナラシムルコトニ依リマシテ、朝鮮人ヲシテ朝鮮ニ於テ生活ノ安定ヲ得セシムルヤウニ努力スルト同時ニ、又内地人モ更ニ朝鮮人ト共存共榮シ得ル機會ヲ發見シ得マスルヤウニ、朝鮮ノ產業ヲ獎勵シ、經濟生活ヲ再建スルコトハ洵ニ大切デアルト思ヒマス、曩ニ大規模ノ產米計畫ヲ立テマシタノモ、其目的デアッタト思ヒマス、又昭和六年ニ朝鮮人ノ失業者ヲ救濟スル目的デ、約六千五百万圓デ三箇年計畫ノ河川、道路、港灣、其他ノ

新事業ヲ起スコトニナリマシタノモ其目的デアルト思ヒマス、昭和七年カラ十五箇年ニ亙ッテ、北鮮開拓計畫ヲ立テマシテ、ソレニ依ッテ朝鮮人ニ新タニ生業ノ機會ヲ與ヘルト同時ニ、未開發ノ土地ヲ開發セントスル計畫ヲ立テ、居リマスコトモ、亦其目的ニ出ヅルモノデアリマス、出來得ル限リ朝鮮人ガ朝鮮ニ於テ生活ノ安定ヲ得ルト共ニ、内地人モ亦朝鮮ニ行ッテ、共存共榮シ得ル機會ヲ建設スルコトニ努力致シタイト存ジマス

ソレカラ第二ニ内地人ト朝鮮人トガ、一視同仁ノ　明治大帝以來ノ御精神ニ則ッテ、同一ノ權利義務ヲ行使シ得ルヤウニシナケレバナラヌト云フ御意見ガアリマシタガ、其同一ノ權利義務ヲ行使シ得ルヤウニナル前提トシテ、最モ大切ナルモノハ朝鮮人ノ教育デアルト思ヒマス、御承知ノ通リニ大正九年ニ三面一校ノ方針ヲ立テ、學校ヲ建設シ、昭和四年ニハ一面一校ノ方針ヲ立テテ更ニ普通教育ヲ授クル機關ヲ擴張致シマシタガ、其後財界ノ不況ニ伴フ財政ノ困難デ、十分ニ教育機關ガ普及シテ居ナカッタヤウデアリマス、現内閣トシテハ、先ヅ出來得ルダケ朝鮮人ニ對スル教育機關ヲ普及シテ、朝鮮人ノ生活ニ必要デアル教育ヲ、出來得ルダケ徹底セシムルト云フコトニ全力ヲ盡シタイト思ッテ居ルノデアリマス

ソレカラ第三ニ在滿朝鮮人ガ幾多ノ危險ヲ冒シナガラ、滿洲ニ進出スル日本人ノ先驅トシテ奮闘シテ居ラル、苦衷ヲ御述ベニナリマシタコトニ對シテハ、私モ衷心カラ感激ヲ禁ジ得ナカッタノデアリマス、在滿朝鮮人ノ生活ヲ保護シテ、出來ルダケ其移住ノ目的ヲ遂ゲシムルヤウニ保護シナケレバナラナイト云フコトヲ政府ハ痛切ニ感ジテ居リマス、今日滿洲ニ對スル軍事費トシテ莫大ナル金額ヲ要求致シマスルノモ、是ハ單ニ在滿内地人ダケデナク、在滿鮮人ノ生命財產ヲ保護シ、全日本國民ノ權益ヲ擁護スルト云フ意味デアリマスカラ、其恩惠ハ單リ内地人ダケデナク、朝鮮人ニモ及ンデ居ルコトデアリマスガ、總テ同ジ日本國民トシテ、内地人モ朝鮮人モ、滿洲ニ於テ十分生活ノ安定ヲ得テ、生活シテ行クコトノ出來ルヤウニ政府トシテハ最善ノ努力ヲ致シタイ考デゴザイマス、御諒承ヲ願ヒマス（拍手）

---

**○上田孝吉君**　國務大臣ノ演說ニ對スル質疑ハ之ヲ以テ終局シ、日程ハ延期セラレンコトヲ望ミマス

（「贊成」ト呼フ者アリ）

**○議長（秋田淸君）**　上田君ノ動議ニ御異議アリマセヌカ

（「異議ナシ」ト呼フ者アリ）

**○議長（秋田淸君）**　御異議ナシト認メマス、仍テ國務大臣ノ演說ニ對スル質疑ハ是ニテ終局セラレマシタ、尚ホ本日ノ日程ハ延期スルコトニ決シマシタ、明日ノ日程ハ公報ヲ以テ通知致シマス、本日ハ是ニテ散會

午後四時五十二分散會

昭和七年六月八日

議事日程第二十二乃至第二十六ノ件

肝屬川治水工事著手ニ關スル建議案

肝屬川治水工事著手ニ關スル建議

産業開發上最急務ナリト認ム政府ハ速ニ共ノ工事ヲ昭和七年度ヨリ著手セラレムコトヲ望ム

右建議ス

○議長（秋田淸君） 日程第二十四、趣旨辯明、中野寅吉君

〔「簡單々々」ト呼フ者アリ〕

〔中野寅吉君登壇〕

○中野寅吉君 是ハ簡單ト仰シヤルカラ、モウ極ク簡單ニ致シマセウ、東京上野ヲ發シマシタ汽車ハ（笑聲起ル）笑フコトヂヤアリマセヌ、私ハ簡單ニヤッテシマフ、本當ニ――東京ノ上野ヲ發シマシタ汽車ハ七時間デ新潟ニ著キマス、新潟ヲ出發シタ船ハ、三十時間ニシテ咸鏡北道ノ淸津ニ著キマス、淸津ノ驛ヲ發シタ汽車ハ、會寧線完成ノ曉ニ於テ、滿洲國ノ新首都長春ニ十四時間デ著キマス、卽チ上野ヨリ滿洲國ノ新首都デアル所ノ長春ニハ五十一時間デ著イテシマフノデアリマス、先刻申上ゲマシタ通リ會寧線ノ完成ハ、來年五月末ニ出來テシマフ、其處ニ國際列車ガ通フ、然ルニ對岸ノ淸津港ハ二百二十万噸ノ呑吐力アルニ拘ラズ、其對岸ノ對等港ナル新潟ハ僅ニ九十万噸ノ呑吐力ヨリシカナイノデアリマス、仍テ此北鮮北滿ノ大貨物ヲ消化スルニハ敦賀港ダケデモ足リナイ、伏木港デモ足リナイ、ドウシテモ此北鮮北滿ノ大物資ノ呑吐港ノ中心ト云フモノハ新潟港ニ置キマシテ、東北六縣、北信八州、北海道、關東一圓ノ經濟力ヲ此處ニ伸ス必要ガアルガ故ニ、私ハ更ニ此新潟港ヲ先ヅ五百万噸位ノ收容力アルヤウニ改築シテ、以テ北鮮、北滿ノ大物資ノ呑吐港トシタイト思フ、是ガ爲ニ決シテ敦賀港ヲ閑却スルニ非ズ、伏木港ヲ閑却スルニ非ズ、伏木ニハ伏木ノ任務アリ、敦賀ニハ敦賀トシテノ任務ガ自ラアリマスカラ澤山ダ、併シ帝都ノ近道デアル所ノ新潟港ハ、ドウシテモ是ハ大ナル働キヲシテ貰ハナケレバナラヌカラ、此建議ヲ出シタ次第デアリマス、モウ遠イコトデハナイデスヨ、五月ノ末ニ會寧線ガ軍隊援護ノ下ニ出來上ッテ、サウシテモウ共處ニ國際列車ガ通フデス、向岸ノ列車ヲ眺メテ居ッテ、此方ハ共荷物ヲ受ケルコトガ出來ナイト言ッタナラバ、是ハ内地人ノ恥デアリマス、何卒御審議ノ上御協賛アランコトヲ御賴ミ申シマス

○議長（秋田淸君） 日程第二十五、趣旨辯明、崎山武夫君

○崎山武夫君 本案モ此席カラ御許シヲ願ヒマス

○議長（秋田淸君） 許可シマス

○崎山武夫君 本案ノ理由ハ既ニ此議案ニ附イテ居リマス理由書ニ於テ明デアリマスカラ之ヲ省略致シマシテ、何レ其内容ハ委員會ニ於テ御説明ヲ致シタイト思ヒマス、何卒諸君ノ愼重ナル御審議ニ依リマシテ、本案ノ通過ニ御贊成アランコトヲ望ミマス

---

○議長（秋田淸君） 日程第二十六、趣旨辯明、永田良吉君

〔永田良吉君登壇〕

○永田良吉君 肝屬川治水工事ノ建議案ニ對シマシテ極ク簡單ニ説明申上ゲマス、肝屬川ハ鹿兒島縣ノ大隅半島ニアル川デアルノデアリマス、是ハ去ル大正三年ニ櫻島ガ大噴火ヲ致シタ際ニ慘害ヲ被ッタ河川デアルノデアリマス、其後毎年雨ノ降ル度毎ニ、上流ノ方カラ噴火ノ降灰ヤ土砂ヲ本流ノ方ニ押流シマシテ、今デハ流域百箇町村ノ良田ガ、殆ド一万町歩モ浸水ノ爲ニ非常ナル慘害ヲ被ッテ居ルノデアリマス、是ガ爲ニ年年收穫ハ非常ナル減少ヲ致シマシテ、共被害ガ年額百万圓ニ達シテ居リマス、而シテ今ヤ共流域地方ノ農民ハ是迄ノ間、十數年ノ間、或ハ耕地整理組合ヲ組織スルトカ、或ハ町村組合ヲ組織シマシテ、先ヅ地方ノ町村費ヤ縣費ノ補助ヲ仰ギ、農民モ自ラ費用ヲ負擔シマシテ第一起債ヲ致シタノデアリマス、共起債額ガ合計シテ見マスト、百六十餘万圓ニ達シテ居リマス、サウ云フ莫大ナ起債ヲ起シマシテ、此工事ノ復舊ニ當ッタノデアリマスガ、一度工事ヲ始メマスト、度々是ガ工事半バニシテ破壞ヲセラレタノデアリマス、而シテ今ヤ此地方ノ農民ハ一般ノ經濟界ノ疲弊ト共ニ、尙ホ從來ノ卽チ此起債ノ利息ノ拂込ノ爲ニ非常ナル苦痛ヲ感ジテ居ルノデアリマス、何卒此地方農民ノ苦痛ヲ救濟セラレル意味ヲ以チマシテ、私ハ同河川ガ速ニ工事著手ニ相成ルヤウニ此建議案ヲ出シタ譯デアリマス、何卒皆樣方ノ御贊成アランコトヲ希望スル次第デアリマス

○上田孝吉君 日程第二十四乃至第二十六ノ三案ハ一括シテ淸瀨一郎君提出、衆議院議員選擧法中改正法律案ノ委員ニ併セ付託セラレンコトヲ望ミマス

○議長（秋田淸君） 上田君ノ動議ニ御異議アリマセヌカ

〔「異議ナシ」ト呼フ者アリ〕

○議長（秋田淸君） 御異議ナイト認メマス、仍テ動議ノ如ク決シマシタ

---

○上田孝吉君 此際暫時休憩セラレンコトヲ望ミマス

○議長（秋田淸君） 上田君ノ動議ニ御異議アリマセヌカ

〔「異議ナシ」ト呼フ者アリ〕

○議長（秋田淸君） 御異議ナシト認メマス、仍テ暫時休憩致シマス

午後四時十分休憩

---

午後四時四十五分開議

〔閑院宮春仁王殿下台臨アラセラレタルニ付、議長及總員起立敬禮〕

○議長（秋田淸君） 休憩前ニ引續キ會議ヲ開キマス、日程第二十八、航空省設置ニ關スル建議案ヲ議題ト致シマス、提出者ノ趣旨辯明ヲ許シマス――提出者永田良吉君

東北本線尻内下田間ヲ八戸經由ニ變更ニ關スル建議案

東北本線尻内下田間ヲ八戸經由ニ變更ニ關スル建議

八戸線ハ東北本線尻内驛ヨリ分岐シ東海岸ヲ走リ岩手縣久慈町ニ至ル唯一ノ交通線ニシテ地方繁榮ニ寄與スルコト甚大ナルモ東北本線尻内驛ハ該地方重要都市ナル八戸市八戸驛ヲ去ル二里ニ垂ムトスル地點ニ在リ從テ八戸市内各驛ニ發著スル貨客輸送ノ不便不利實ニ言語ニ絕スルモノアリ殊ニ最近八戸市制實施セラレ八戸漁港施設完成シ更ニ商港的設備ノ進展ヲ見ムトシ貨物ノ集散近時頓ニ殷賑ヲ呈スルニ至リ貨物輸送旅客ノ往來激增シ現在ノ八戸線ニテハ到底其ノ要求ヲ滿タスニ足ラサルノ實狀ナリ故ニ玆ニ八戸線八戸驛ヲ東北本線ノ一要驛トシ以テ其ノ要求ニ應セムカ爲ニ東北本線ヲ尻内驛ヨリ八戸驛ヲ經由シ下田驛ニ至ル樣路線ノ改修ヲ斷行シ以テ地方產業ノ開發進展ヲ計リ地方官民多年ノ宿望ヲ達セラレムコトヲ望ム

右建議ス

○議長（秋田清君） 日程第十、提出者熊谷五右衛門君

（熊谷五右衛門君登壇）

○熊谷五右衛門君 只今上程ニナリマシタ第十、敦賀淸津又ハ雄基間聯絡特急航路開始ニ關スル建議案ニ關スル建議ノ趣旨ヲ一言申上ゲタイト思フノデアリマス、滿洲新國家ハ成立シ、長春ヲ新京ト定メラレマシテ、吉會鐵道ノ完成ハ眼前ニ橫ッテ居ルノデアリマス、是ニ於テ滿洲ト朝鮮、本土トノ交通ハ自然ニ起ル問題デアリマス、敦賀港ヨリ對岸ノ淸津又ハ雄基ニ達スルノニハ、速力ノ早キ船ナラバ、二十六時間餘ニシテ達スルコトガ出來ルノデアリマス、ソレヨリ吉會線ニ依ル時ハ、僅ニ十五時間ニシテ新京ニ到著ヲ致シマス、今東京ヨリ釜山ヲ經由シテ新京ニ達シマスルノニハ、五十三時間ヲ要スルノデアリマシテ、之ニ比シマスル時ハ、二十時間ヲ短縮スルコトガ出來ルノデアリマスル、最モ捷路ニ當ッテ居ルノデアリマス、敦賀ハ灣内廣ク致シマシテ、港ノ設備モ略〻備ッテ居ルノデアリマス、地勢ニ於キマシテハ近畿東海ヲ控ヘテ、卽チ本土ノ中央部ヲ抱擁シテ居ルノデアリマス、今ヤ吉會線開通ノ曉ニハ、旅客ノ往復竝ニ物貨ノ運輸ノ激增スルコトハ、火ヲ睹ルヨリ明デアルト思フノデアリマス、又軍事上ニ於キマシテモ、忽セニスルコト能ハザルコト、信ズルノデアリマス、過日請願委員會ニ於キマシテ、是ト同意味ノ請願ガ出マシテ、滿場一致ヲ以テ採擇ニ決セラレタノデアリマスシ、又中野君ガ一度淸津ヨリ敦賀ニ上陸致シマシタ時ニ於テ、大ニ此必要ヲ感ゼラレテ、是ト同樣ノ建議案ヲ提出サレタ次第デアリマス、鐵道省ノ經營ヲ以テ聯絡航路ノ開始セラレンコトヲ切望シ、此建議案ヲ提出致シタ次第デアリマス、何卒滿場ノ諸君ノ御贊成ヲ御願致シマス

（拍手）

昭和七年六月十一日

關稅定率法中改正法律案外二件

報告書

一關稅定率法中改正法律案(政府提出)

右ハ本院ニ於テ可決スヘキモノト議決致候此段及報告候也

昭和七年六月十日

委員長　東　武

衆議院議長秋田清殿

附帶決議

一　政府ハ本案實施ノ狀況ニ鑑ミ將來一層共ノ完璧ヲ期スルハ勿論特ニ從量稅ノ三割五分一律引上ケノ內容ニ就テハ各品目ニ付完全ナル調査ヲ遂ケ稅率改正案ヲ次期通常議會ニ提出スヘシ

二　南洋材ニ對スル課稅ハ政府部內ニ於テ詮議未了ノ爲保留セラレタルヲ遺憾トス次期通常議會ニ於テ必ス提案スヘシ

報告書

一輸入稅ノ從量稅率ニ關スル法律案（政府提出）

右ハ本院ニ於テ可決スヘキモノト議決致候此段及報告候也

昭和七年六月十日

委員長　東　武

衆議院議長秋田清殿

報告書

一遠洋漁業奬勵法中改正法律案（政府提出）

右ハ本院ニ於テ可決スヘキモノト議決致候此段及報告候也

昭和七年六月十日

委員長　東　武

衆議院議長秋田清殿

〔東武君登壇〕

○東武君　關稅定率法中改正法律案外二件ニ付キマシテ、委員會ノ經過竝結果ヲ御報告申上ゲマス、此關稅改正ハ、今期議會ニ於テ相當重要ナモノデアリマス、又內容ガ非常ニ廣汎ニ亙ッテ居リマスガ、巨細ナコトハ茲ニ一々說明ヲ申上ゲルコトヲ省キマス、大要ヲ申上ゲタイト考ヘテ居リマスガ、少シク時間ヲ拜借シナケレバナラナイノデアリマス、本委員會ハ六月四日ニ指名ヲ受ケマシテカラシテ、六回ニ亙ッテ委員會ニ於テ審議ヲ重ネタノデアリマス、晝夜ヲ通ジテ愼重審議ヲ遂ゲマシタ、本案ノ內容ハ二十九品ノ稅率ヲ改正セントスルモノデアリマス、是ハ從量稅トハ又別デアルノデス、特別ノ除外例デアリマス、卽チ農產物ト致シマシテハ、小麥、高粱、玉蜀黍、「バター」、「コンデンスドミルク」及「トグラスファー」等、木材ガアルノデアリマス、又化學工業品ト致シマシテハ、「パラフィン・ワックス」燐「クロール」酸加里「カーボンブラック」「ピッチ」及「アスファルト」道路修築用ノ「コールタール」「ピッチ」又ハ「アスファルト」ノ製品ガアルノデアリマス、製鐵業關係品ト致シマシテハ、銑鐵、「ワイヤロッド」、鐵線、「リードワイヤ」、「パーブドツウイストワイヤ」、「ロール」及「ローラー」金屬製ノ旋ガアリマス、又自動車工業品ト致シマシテハ、自動車ノ部分品、瓦斯機關、石油機關等ガアルノデアリマス、其他小麥粉、石絨製品「マグネシウム」安全剃刀ノ刄、貨幣、懷中時計部分品、陶齒、屑「セリユロイド」ト云フヤウナモノガ入ッテ居ルノデアリマス、斯ノ如ク相當廣汎ナル範圍ニ亙ッテ稅率ヲ改正セントスルノデアリマス

政府ノ說明ノ趣意ニ依リマスト、大體ニ於キマシテ海外ノ輸入ヲ防遏シ、國內產業ヲ保護奬勵スルト云フ、前犬養內閣ノ產業立國主義ヲ踏襲シタモノデアリマシテ、一面農村ノ振興、重要產業ノ基礎確立ヲ目的トシテ居ルノデアリマス、右ノ物品ノ中デ最モ熱心ニ論議セラレ、愼重ニ質疑應答ヲ重ネラレタモノハ、小麥、高粱、玉蜀黍、銑鐵、自動車部分品及木材デアリマシタ、其詳細ニ付キマシテハ委員會ノ速記錄ニ依ッテ御覽ヲ願フコト、致シマシテ、其中ノ最モ重要ト認メル點ダケヲ、極ク簡單ニ御報告ヲ申上ゲタイト思ヒマス

銑鐵ニ付キマシテハ、今度ノ關稅ノ引上中最モ重大ナル問題デアリマシテ、多年歷代ノ內閣ガ、鐵工業ニ對スル關稅ヲ引上ゲルト云フ問題ニ付テハ、相當ニ苦心ヲシテ、未ダ懸案トシテ是ハ殘ッテ居ッタノデアリマス、此改正ニ付キマシテモ、種々ノ議論ガアルノデアリマスルガ、大體ニ於キマシテハ、此改正ニ依ッテハ一部ノ資本家階級ノ利益ヲ保護スルノデアル、一般消費者ニ負擔ヲ掛ケルモノデハナイカ、又今日マデ鐵工業ノ需要者ニ對シテハ、補助費ノ名目デ一噸六圓當リノ補助ヲ與ヘテ居ルノデアリマス、此恩典ニ浴シナガラ、毫モ生產合理化ト云フコトヲ圖ッテ居ラナイ、政府ノ說明ニ依リマシテモ、一噸五十圓ナラバ固定資本ニ對シテ是ハ相當デアルト云フノデアリマスルガ、今ノ五箇所バカリノ鐵工業ハ、一億万圓以上ノ固定資本ヲ持ッテ、サウシテ三千万圓以上ノ社債ヲ持ッテ居ル、サウ云フヤウナ風ニシテ、尙ホ此製鐵ノ奬勵費ノ恩典ニ浴シ、又併セテ三割以上ノ高關稅ニ依ッテ、彼等ガ保護サレルト云フコトハ、消費者階級ニ對シテ非常ナ不合理ナ點ガアル、之ニ對シテ政府ノ所見如何ト云フコトガ、大體關稅改正案ノ委員會ニ於テ、連日質問應答ヲ重ネラレタ點デアリマス

又木材ニ付キマシテハ、委員中ニハ關稅改正ハ已ムヲ得ナイト致シマシテモ、幾ラ關稅ヲ上ゲテ內地山村其他ノ木材業ナドニ刺戟ヲ與ヘヨウトシテモ效果ガ餘リナイ、ソレハドウ云フ原因デアルカト申シマスルト云フト、五十九議會ニモ關稅ノ改正ヲ致シ、又今回モ關稅ヲ更ニ三割五分改正ヲスルト云フコトニナルノデアリマスルガ、改正ヲシテモ矢張內地ノ木材ハ殆ド無價値同樣デアッテ、生產費ハ一向償ハヌ、今農村ナドガ

非常ニ窮迫致シテ居ルガ、此木材ハ日本ニ於キマシテハ重要ナル產業デアル、又之ニ依ッテ衣食スル農家ノ副業其他ヲ併セルト云フト、農村ナドニハ多大ノ影響ヲスルノデアルガ、關税ノ作用ニ依ッテノミデハ、ドウシテモ救フコトハ出來ナイ、其最モ大ナル原因ハ、樺太ト云フモノガアッテ、樺太島ノ經費ハ全部木材收入ニ依ッテ其財源ヲ求メテ居ル、故ニ毎年八百万石、一千万石ト云フ拂下ヲ樺太廳ガスルニモ拘ハラズ、內地ニ來ル樺太材ノ島外移出ハ殆ド一千万石ニ近イモノガアル、ソレニ依ッテ一般ノ內地ノ木材價格ト云フモノハ、其重壓ヲ受ケテ、到底價値ヲ引上ゲルコトガ出來ナイ、樺太長官ヲ呼ビ、拓務大臣ヲ呼ンデ、色々此點ニ付テ質疑ヲシテ見タノデアルガ、樺太長官ノ言フノニハ、今ノ狀態ヲ繼續スルト云フト、今後樺太ハ十箇年ニ於テ三億万石以上ノ蓄積材ガ無クナッテシマフノダラウト云フコトヲ言ッテ居ル、國土ノ荒廢非常ニ甚シイモノガアル、同時ニ樺太材ヲ八百万石乃至一千万石ノ拂下ヲシテ、其收入ヲ樺太經營ノ財源ニシテ居ルガ、一方ニハ其樺太材ノ拂下ヲシタヨリ倍額以上ノモノガ內地ニ出テ來ル、島內消費ト云フモノハ六七百万石モアレバ澤山デアルガ、ソレガ樺太廳デ八百万石位ノ拂下ヲシテ、內地ニハ一千万石、多イ時ハ一千二百万石ノ材木ガ出ル、是ハドウ云フ譯デアルカ、是ハ極メテ不合理デアルガ、是ハ盜伐ガ行ハレテ居ル、斯樣ナコトヲ其儘ニシテ置イテ、サウシテ全國的ニ山林企業者ガ皆疲弊困憊ヲシテ居ルト云フコトヲ見テ居ッテ、サウシテ唯關税ノミヲ引上ゲテ、內地ノ木材業ニ相當ノ保護ヲシヨウナド、云フコトハ大ナル誤リデアル、之ヲドウスルノデアルカト云フコトノ議論ガアリ、盛ニ質疑應答ヲセラレタノデアリマシタガ、之ニ對シテハ政府モ相當ニ考慮スルト云フコトデ、政府――國務大臣ト致シテ、サウシテ永井拓務大臣カラシテ委員會ニ於テハ聲明書ヲ發シテ居ルノデアリマス、是ハ後デ御報告致シマス、又滿洲材ニ付キマシテモサウデアル、滿洲ハ今ヤ新國家ノ承認ヲショウト云フマデニ、此全國的ノ氣運ガ漲ッテ居ル場合ニ、滿洲所謂豆滿江、間島ノ此木材企業ハ、大抵內地ノ資本デ內地人ガ經營ヲシテ居ルノデアル、之ニ對シテ玆ニ關税ノ障壁ヲ設ケルト云フコトハ、餘リニ矛盾シタ政策デハナイカト云フコトノ質問ガ多々アッタノデアル、之ニ對シテハ政府ハ、其點ニ付テハ今直チニ此關税ヲドウスルコトモ出來ナイガ、近ク滿蒙及日本ノ經濟統制ヲ圖ル、此機會マデハ實ニ已ムヲ得ナイ、其場合ニハ相當滿蒙日本ノ經濟統制ヲシテ、ソレ等ノ緩和ヲ圖ル考デアルト云フ、斯樣ナ答辯デアリマシタ

其外ニ自動車部分品ナドニ付キマシテモ、マダ日本ノ工業ハ自動車部分品トシテ國產ヲ奬勵シテモ、決シテ完全ナモノヲ產出スルコトハ出來ナイノデハナイカ、サウスレバ今現在「トラック」其他「バス」ト云フヤウナモノニ對シテ、非常ナ負擔ヲ加重スルデハナイカト云フ議論モアリマシタガ、之ニ對シテハ相當ニ基礎工業トシテ發達スル十分ナル見込ガアルト、斯ウ云フ政府ノ答辯デアリマシタ、尚ホ技術者ヲ呼ビマシテ、色々自動車工業ニ對シテモ研究ヲ致シマシタガ、矢張我國ニ國產トシテ將來相當ニ發達スル運命ニ達シテ居ルト云フコトハ、吾々モ委員諸君モ認メタ次第デアリマス、故ニ此點ニ付キマシテモ、原案ヲ賛成スルノ已ムヲ得ザルモノガアッタノデアリマス

其外ニ此輸入税ノ税表中ニ定メラレテアリマスル所ノ從量税、是ハ全部九百何品ト云フモノニ對シテ、當分ノ內百分ノ百三十五ニ相當スル所ノ税率ヲ課スルト云フ案ニナッテ居ルノデアリマスルガ、從量税率ヲ增加スルノ趣意ハ何處ニ在ルカト云フコトデアッタガ、是ハ三割五分ト云フ標準ハ何處カラ來テ居ルノデアルカト云フト、是ハ外國爲替ノ相場ノ現勢ニ鑑ミテ、三割五分位ノ、詰リ爲替關係ガ暴落致シテ居リマスルカラシテ、其程度ノモノヲ一律ニ引上ゲルト云フコトハ何等不合理ハナイト、斯ウ云フ說明デアッタノデアリマスルガ、今後外國爲替相場ノ現勢ニ鑑ミテ、輸入品ノ價格ガ騰貴ヲ免レナイ情勢ニアリマス、此場合ニ於テハ從價税品ノ税金額ガ增加致シマスルニ反シマシテ、從量税品ノ税金額ハ依然トシテ同一ノ定額デアルカラ、從價税率トノ關係ヲ調節スル爲ニ必要デアルト云フノデアリマス、委員會ニ於キマシテ最モ論議ノ中心ニナリマシタノハ、從量税率ノ增加ノ割合ト、例外ノ範圍トデアリマスガ、其詳細ハ委員會ノ速記錄ヲ御覽ヲ願ヒタイ、此處ニハ其內ノ最モ重要ナルモノノ一端ダケヲ御報告申上ゲル次第デアリマス

ソレニ就キマシテ政府ヨリシテ斯樣ナ聲明ガアリマシタ、此政府ノ意思ヲ代表スルト云ッテモ、單獨ニ國務大臣トシテノ聲明デナクシテ、政府トシテ連帶責任ノ上ニ立ツ國務大臣トシテノ聲明ヲ願ヒタイト云フコトデ、製鐵業ニ對シテハ政府ノ聲明ハ「現在製鐵業ノ徹底的整理及合理化ヲ圖リ、之レヲ合同ニ導キ以テ生產費ノ低減ヲ期ス」ト云フコトヲ、中島商工大臣ガ國務大臣トシテ委員會デ聲明ヲ致シマシタ、又同ジク國務大臣トシテ永井拓務大臣ハ「樺太材ノ伐採ニ就テハ政府ハ嚴重ナル監督取締ヲ勵行シ、其內地移入量ヲ相當制限スルニ努ムヘシ」是ハ同樣政府ノ聲明デアリマス、又同ジ委員會ノ同僚倉元委員カラシテ、採決ニ臨ミマシテ一ツノ決議ガ出テ居リマス「政府ハ本案實施ノ狀況ニ鑑ミ將來一層其ノ完璧ヲ期スルハ勿論特ニ從量税ノ三割五分一律引上ゲノ內容ニ就テハ各品目ニ付完全ナル調查ヲ遂ゲ税率改正案ヲ次期通常議會ニ提出スヘシ」此決議案ヲ倉元委員カラシテ提出ニナリマシタ、是ハ採決ニ入リマシテ大多數ヲ以テ此決議ハ可決サレマシタ

又南洋材ニ付キマシテ、手代木委員カラシテ決議ヲ提出致シテ居リマス、此南洋材ニ付キマシテハ、極ク簡單ニ說明ヲ致シテ置キマスガ、委員會ニ於テハ南洋材ニ税率ヲ課スルト云フコトハ、委員總體ノ意見デアッタノデアリマス、唯農林省ト、大藏省ト、拓務省トノ間ニ、調查委員ノ議ガ纏マラズシテ、此南洋材ダケハ保留ニナッテ居ッタノデアリマス、此南洋材ハ南洋カラ來ル「ラワン」材ト申シマシテ濶葉樹ノ代用ニナル樹デアリマスルガ、北海道ガ最モ此關係ガ多ク、內地一般ニ濶葉樹ト云フモノハ、需要ハ漸次進步シテ參ッテ居ル、然ルニ南洋ニ於キマスル所ノ「ラワン」材ト云フモノハ、殆ド生產費ナシニ內地ニ入ッテ來ル、ソレニ付テ內地ノ濶葉樹ト云フモノハ、殆ド生產引合ハズシテ、企業ニナラヌト云フノガ、今日ノ狀態デアル、サウシテ此內地ノ濶葉樹ノ石數ハ、殆ド七十億ト云フヤウナ巨額ノモ

ノガアルノデアル、ソレデ之ニ從業シテ居ル者ハ十万人――北海道ノミデモ十万人以上ノ人ガ之ニ從事シテ、サウシテ冬季ノ職業ナドニナッテ居ル、所ガ南洋カラシテ入ッテ來ル爲ニ壓迫ヲ受ケテ、是等ノ者ガ漸次驅逐サレテ、南洋材ニ壓サレルト云フコトノ今日ノ狀況ニナッテ居ル、南洋ニアッテハ然ラバドウ云フ企業者ガアルカト云フト、南洋ニハ五人シカ企業者ガナイ、其内ノ三人ハ權利ヲ失脚シテ居リ、後ト二人、三菱ト三井ガ企業ヲ致シテ居ル、サウシテ一箇年ニ四五十万石ノモノガ内地ニ入ッテ來テ居ルノデアリマスガ、三井、三菱等モ内地ニ於テ木材關稅ヲ課ケ、亞米利加材ニモ課ケ、北洋材ニモ課ケル場合ニ、特ニ南洋材ニ除外スルコトハ非常ナ不合理デアルト云フノデ、此企業者ノ最モ大ナル三井物產會社ナドハ、既ニ是ハ國家本位トシテ、南洋材ニ相當ノ稅率ヲ課ケルト云フコトハ當然デアル、自分等ガ企業ヲ致シテ居ッテモ、是ハ國家ノ爲ニハ忍バナケレバナラヌト云フコトノ聲明書ナドヲ出シテ居ル、委員會ハ全會一致デアル、サウシテ又前ノ五十議會ノ時ニモ農林大臣ハ既ニ議會ニ於テ、漸次南洋材ガ壓迫ヲスルト云フ場合ニハ、必ズ是ハ關稅ヲ課ケルト云フコトヲ致スト云フコトヲ、委員會ニモ言明ヲシテ居ル、又委員會ニ於キマシテハ五十九議會ニモ同ジヤウナ希望決議ヲ致シテ居ッタ、所ガ今回矢張南洋材ト云フモノハ保留ニナッテ居ル、非常ニ不合理千萬デアリマスルガ、併シ之ヲ品目ニ於テ修正ヲスルト云フコトハ到底短期間ニ許サナイ、其事情ガアリマシタ爲ニ遂ニ修正ヲスルコトモ出來ナイデアリマシタガ、甚ダ國家ノ產業ヲ保護スル上ニ於テハ遺憾千万ナモノガアッタノデアリマシタガ、民政黨ノ手代木代議士カラシテ一ツノ決議案ガ出マシタ「南洋材ニ對スル課稅ハ政府部內ニ於テ詮議未了ノ爲保留セラレタルヲ遺憾トス次期通常議會ニ於テ必ス提案スヘシ」此附帶決議ガ出テ居リマス、採決ニ入リマシテ、鐵工業ニ對スル政府ノ聲明、同ジク樺太材ノ伐採ニ付テ制限ヲスルト云フ、矢張政府ヲ代表シタ國務大臣トシテ、永井拓務大臣ノ嚴格ナル聲明ガアリマシタ、之ニ依リマシテ遺憾ナガラ委員會ハ、之ヲ箇々ニ品目ニ付テ見マスルト云フト、相當ニ無理ナモノモアルシ、又修正シナケレバナラヌモノガアリマシタガ、前申上ゲタ如キ經過ニ依リマシテ、今此短期ノ間ニ、又產業計畫ノ我國ノ生產ヲ保護シ、各國ガ關稅戰爭ヲスル場合ニ、我國ダケガ開ッ放シニシテ、サウシテ我國ノ產業ヲ絕滅ニ歸セシムルト云フコトハ出來ナイト云フ、非常ナ國家的大局ノ見地カラ、忍ンデ此關稅ノ二案ノ承認ヲ致スコトニナリマシタ、採決ノ結果トシテ全會一致可決致シタ次第デアリマス、此段御報告致シマス

又、モウ一案ハ、遠洋漁業獎勵法中改正法律案、是ハ遠洋漁業ノ獎勵法ハ明治三十年ノ制定ニ係リマシテ、時勢ノ推移ト事業ノ變遷ニ鑑ミ、改正ノ必要ガアッテ此提案ヲサレタモノデアリマシタガ、其內容ハ施行期間ヲ十九箇年延期スルト云フコト、、獎勵金額ノ算出方法、船舶ノ評價額百分ノ十五以內トスルト云フコト、設備ノ種類、噸數等ニ變更ヲ加ヘタト云フコトデアリマシテ、我國遠洋漁業ノ發達ヲ期スル此遠洋漁業獎勵法ハ、其根幹ヲ成スモノデアリ、極メテ必要ナル改正デアルト信ジマシテ、二三委員カラシテ質問ガアリマシタガ、汽船底曳網トカ、或ハ遠洋漁業ノ根據地ト云フヤウナ、重大ナ有益ナ質問ガアリマシタガ、政府モ之ニ對シテ明答ヲ與ヘ、委員會ハ全會一致ヲ以テ可決シタ次第デアリマス、以上委員會ノ經過デアリマスルガ、三案ヲ通ジテ委員會ハ可決致シタ次第デアリマス、此段御報告申上ゲマス（拍手）

○議長（秋田淸君）　是ヨリ討論ニ入リマス――小池四郎君

（小池四郎君登壇）

○小池四郎君　關稅ニ關シマスル政府提出ノ法案ニ對シマシテ、反對ノ意思ヲ表明致シマス、是カラ簡單ニ申上ゲマスル所ノ內容ハ、勿論私一個ノモノデハアリマスルケレドモ、其骨子ニ至リマシテハ、第一控室所屬ノ大多數議員ノ一致スル所ダト云フコトヲ、御諒承願ヒタイト思フノデアリマス、勿論本法律案ニ於キマスル內容ハ、幾多ノ條項ガ多々アルノデアリマシテ、其中ニ於キマシテハ、反對スル必要ノナイ、贊成スベキ所ノ條項アルコトハ、私モ認メルノデゴザイマスケレドモ、法律案中最モ重要ナル所ノ二ツノ條項ニ付キマシテ、遺憾ナガラ贊成スルコトノ出來ナイ爲ニ、本案共モノニ反對ヲシナケレバナラナクナッタノデアリマス、此二ツノ條項ト云ヒマスノハ、今委員長カラノ報告ニモアリマシタヤウニ、銑鐵ニ關スル所ノ關稅引上ノ問題デアリマス、モウ一ツハ滿洲ノ木材ニ關シマスル所ノ、關稅ノ引上ノ問題デアリマス、此二ツノ點ニ付キマシテ、私共ハ政府ノ所見ニ贊成スルコトヲ得ナカッタノデアリマス、木材並ニ特ニ銑鐵ニ付キマシテハ、日本內地又特ニ滿洲ニ於キマスル所ノ銑鐵事業ノ發展ノ上ニ、非常ナ大キナ影響ヲ持ツモノト私共ハ信ズルノデアリマス、言フ迄モナク滿洲ニ於キマスル所ノ產業ノ發達ハ、大體ニ於テ原料產業ノ發展ニ俟タナケレバナラナイト信ズルノデアリマス、又今後ニ於キマスル日本內地ニ於ケル所ノ產業ノ發展ハ、滿洲原料ヲ出來得ル限リ容易ニ內地ニ輸入スルコトニ俟シテ居ルト、私共ハ信ズルノデアリマス、勿論銑鐵ノ問題デアリマスガ、銑鐵ノ關稅ノ引上ヲ致シマスルナラバ、鋼材其他鐵製品ノ價格ト云フモノハ、當然上ラナケレバナラナイ、鋼材鐵製品ト云フモノ、今日日本ニ於キマスル產業ハ、生絲、綿絲布ノ輸出ニ次ギマスル所ノ、重大ナル輸出項目デアルト信ズルノデアリマス、ソレニ對スル惡影響ト云フモノハ、相當大キナモノガアルト云フコトヲ考ヘラレルノデアリマス、私共勿論日本內地ニ於キマスル所ノ銑鐵工業ノ、製鐵業ノ確立擁護ト云フコトニ付テハ、何等ノ異存ハナイケレドモ、今日ノ銑鐵事業ト云フモノガ、斯ノ如ク不振ニナリマシテ、國家ノ保護ヲ俟タナケレバ立行カナクナッタト云フコトハ、他ニ大キナル原因ガアルト云フコトヲ知ッテ居リマス、從來ニ於キマスル所ノ關稅ヤ獎勵金、或ハ今日ニ於キマスル所ノ爲替低落カラ來マス所ノ影響ダケニ依ッテ、既ニ今日ノ製鐵業ノ保護ハ、十分デアルト私共ハ信ズルノデアリマス、是レ以上ノ保護ト云フモノハ、確立ノ爲ノ手段ト云フモノハ、日本ノ銑鐵業或ハ製鐵業ノ經營ノ誤レル點、現ニ衰弱シタ點ヲ建直ス以外ニハナイト、私共ハ信ズルノデアリマス、勿論滿洲ノ銑鐵ヲ日本內地ニ輸入スル、或ハ滿洲ノ木材ヲ日本內地ニ輸入スルト云

フコトニ付テハ、幾分カ或ハ或ル程度ノ内地産業、當該産業ニ對シマスル所ノ惡影響、打撃犧牲ト云フモノハ覺悟シナケレバナラナイト、私ハ信ジテ居リマスルガ、此打撃ト犧牲トヲ最小限度ニ始末シテ、日滿ノ間ノ産業ノ統制ヲシナケレバナラナイノデアリマスルガ、其爲ニ斯ウシタヤウナ打撃犧牲ヲ、最小限度ニ處置スルト云フコトガ、今日國民一般カラシテ、今日ノ齋藤内閣ガ爲サナケレバナラナイ重要ナ任務トシテ謂ハレテ居ル所ノ、統制經濟ノ確立ト云フモノハ、其處ニ私共ナケレバナラナイト思フノデアリマス、併シ今日私共委員會ニ出テ聽キマスル所ニ依リマスレバ、今日ノ政府ニハマダ對滿經濟計畫ニ對スル確乎タル所ノ方針ヲ持ッテオヰデニナラナイ、サウ云フ點ニ付テ私共ハ、今日ノ關税改正案ニ付テ反對ヲシナケレバナラヌノデアリマス、政府ノ發明スル所ニ依リマスト、對滿經濟關係ハ、經濟上或ハ國際關係上、事極メテ重大デアルカラ、今日マダ確立スルノ機會ニ達シテ居ナイト云フコトヲ申シテ居リマスガ、然ラバ此對滿經濟關係ノ方針ガ確立スルマデ、斯ノ如キ所ノ關税引上ゲヲ待ッタ所デ遲クハナイト、私共信ズルノデアリマス、而シテ又滿洲木材ニ對シテハ、殊ニサウデアリマスガ今回ノ關税引上ゲノ主ナル原因ガ、爲替低落カラ來テ居ルト云フコトヲ聞キマスガ、滿洲ニ於ケル大多數ノ木材ト云フモノ、内地ニ輸入サレル木材ナルモノハ、別ニ爲替低落ノ影響外ニ在ルト云フコトハ、明ナ事實デアリマス、豆滿江附近ニ於ケル間島方面ニ於ケル木材取引ハ、一切日本金ニ於テ大部分ヤラシテ居ルト云フコトヲ信ジテ居リマスガ、然ラバ爲替低落ノ影響ノ範圍外ニアル所ノ物品ト云フコトガ出來ルノデアリマス、斯ウ云フ物ニ關税引上ゲヲ爲スコトハ、折角滿洲ガ斯ノ如ク有利ニ産業ガ發達ショウトスル時ニ、嫩葉ニシテ根ヲ枯ラス所ノ方法ナリト私共ハ信ジテ居リマス、又銑鐵ニ關シマシテモ、銑鐵ノ關税ヲ引上ゲマス所ノ重大ナル動機ト言ハレマスモノハ、印度銑鐵ノ輸入ヲ防遏シナケレバナラヌト云フ點ニ在ルト聞イテ居リマス、ダガ引上ゲノ動機ノ如何ニ拘ラズ、事實ニ於テハ今日ノ關税引上ゲト云フモノガ、滿洲産ノ銑鐵ノ輸入防遏ニナル結果ヲ如何トモスルコトガ出來ナイノデアリマス、敵トナリマス所ノ印度銑鐵ト云フモノハ、大シタ輸入量ハナイノデアリマシテ、逐年輸入ガ遞減シツヽアル事實ハ、統計ノ示ス所デアリマス、然ルニ拘ラズ、反對ノ現象トシテ滿洲カラ内地ニ入リマス銑鐵輸入高ト云フモノハ、逐年増加ノ傾向ニアルノデアリマス、結局ニ於テ――結果ニ於テ其動機ガ如何デアリマセウトモ、今日ノ關税引上ゲト云フモノガ、滿洲銑鐵ノ輸入防遏トナルコトハ、明ナリト私共考ヘテ居ル、若モ此關税引上ゲガ實現サレルコトニナリマスレバ、滿洲ノ銑鐵ハ入リ惡クナルト云フ結果ニナリマシテ、日本内地ニ於キマスル銑鐵ノ市價ト云フモノハ、三井、三菱竝ニ淺野、特ニ三井、三菱兩系統ノ銑鐵業者、又販賣業者ニ、市價ヲ左右スル獨占權ヲ持タセナケレバナラヌ結果ニナルト思フノデアリマス、而シテ中島商工大臣ノ言ニ依リマスレバ、製鐵合同ニ邁進シナケレバナラヌト仰シヤッテ居ル、製鐵業ノ合同ヲスルト云フコト、サウシテ生産費ノ低減ヲ御圖リニナルト云フコトハ結構デハアリマスケレドモ、製鐵業ノ合同、是レ即チ纔ニ殘サレタ所ノ三井、三菱系ノ製鐵業者ノ獨占「カルテル」ノ結成トナラザルヲ得ナイノデアリマス、サウ致シマスナラバ、今日最モ猛威ヲ振ッテ困ッテ居ル所ノ獨占資本ノ確立擁護ニ、此關税引上ゲガナルト云フコトナラバ、私共ハ斷ジテ贊成スルコトガ出來ナイト思フ、纔ニ殘サレタ滿洲ノ銑鐵、此銑鐵ニ依ッテ、日本ノ銑鐵ノ市價ガ幾分調節サレル所ノ作用ヲシテ居ルノデアリマスガ、此滿洲銑鐵モ矢張其販賣權ハ三井、三菱系ノ商事會社ノ手ニ大多數ハ握ラレテ居リマス、然ラバ結局此關税引上ゲノ結果、銑鐵ノ市價ト云フモノガ、一部ノ人ニ依ッテ動カサレテ行クト云フコトヲ、拒否スルコトノ出來ナイ結果ニナルト思ヒマス、今日關税ノ引上ゲノモウ一ツノ原因ニナッテ居リマス所ノ、日本製銑業ノ不振ト云フモノ――衰弱ト云フモノ、原因ハ決シテ關税ノ如何ニアルノデハナクシテ、製鐵業其モノニ大キナ缺陷ノアルコトハ、明ナ事實デアリマス、今日日本ノ大キナ製銑業者デアリマス釜石、或ハ輪西、兼二浦ト云フヤウナモノハ、是ヘドノ位ナ生産高ヲ有ッテ、其生産高ニ對シテ如何ナル資本金、借入金ヲ有ッテ居ルカトト云フコトヲ見マスルナラバ、明ニ今日ノ日本ノ製銑業其モノヲ、合理化サレタル所ノ正シイ事業ナリト認メルコトハ出來ナイノデアリマス、此三ツノ製鐵業者ノ資本金竝ニ借入金ハ、一億數千万圓ト聞イテ居リマス、其産出スル生産高ハ僅ニ三十五万噸デアリマス、若シ今日新ニ斯ノ如キ生産能力ヲ有ツ所ノ製鐵工場ヲ造ラウト致シマスレバ、昨日委員會ニ於テ政府當局カラ八幡製鐵所デ新シク建設スル所ノ、製銑工場ノ工事費ノ計算表ヲ戴イタノデアリマスルガ、ソレニ依ッテ換算致シマスルナラバ、僅ニ一千六百万圓デ以テ三十五万噸ノ生産ヲ爲シ得ルノデアリマス、今日一千六百万圓デ以テ出來上リマスル工場ガ、今日ノ日本ノ製銑業者トシテ一億數千万圓ノ資本金ト、借入金ヲ以テヤッテ居ルト云フコトガ、日本ノ製鐵業者ノ事業不振ニ陷ル唯一絶對ノ原因ナリト私共ハ考ヘマス、此事實ヲ無視シテ、關税ノ引上ゲニ依ッテ此製銑業ノ不振ヲ取戻サウトスル所ニ、私共ハ大キナ矛盾ガアルト考ヘテ居リマス、結局此意味ニ於キマシテ、斯ノ如キ狀態ニ於テ獎勵金モ既ニ與ヘ、關税モ引上ゲラル、ト云フコトニナリマスナラバ、其金ハ一體何處ニ行ク、間接ニハ色々ノ方面ニ行キマスケレドモ、最後ノ途ハ此莫大ナ借入金、莫大ナ無用資本ヲ有ッテ居リマス、其元締デアル金融資本ヘト、此關税引上ゲニ依ル保護金ガ流レテ行ク以外ニハナイノデアリマス、今日ノ關税引上ゲガ幼稚産業ヲ育成スル關税デアリマスレバ、私共ハ反對スル理由ハナイト思ヒマス、ケレドモ斯ウ云フ風ニ行詰ッタ擧句ニ、衰弱シ切ッタ日本ノ産業ヲ擁護シ、サウシテ結果ニ於テハ其産業ノ後ニ在リマス所ノ、金融大資本ヲ潤ス關税ニ變ッテシマッタナラバ、此關税ハ國民生活ノ上カラ見マシテ、斷ジテ贊成スルコトノ出來ナイ關税政策ダト謂ハザルヲ得ナイノデアリマス、丁度今日ハ御承知ノヤウニ、外ニハ農民モ市民モ生活窮乏ノドン底ニ在リマシテ、倒レヨウトシテ居ル時デアリマス、議會モ政黨モ一切ヲ擧ゲテ、此重大ナル問題ノ解決ニ狂奔シテ居ル時ナノデアリマス、斯ウ云フ重大ナ時ニ當リマシテ、斯ノ如キ意味ニ於テ徒ニ銑鐵ノ關稅ヲ引上ゲテ、鋼材、鐵製品ノ市價ヲ高メマスト云フコトハ、斯ノ如ク苦ンデ居リマス農民ノ鍋釜ノ値段ヲ、上ゲルト云フコトヲ覺悟シナケレバ出來ナイコトデアリマス、是ハ私共議會トシテ忍ビ難イ結果デアルト言ハザルヲ得ナイ、サウシテ逆ニ其金ハ三井、三菱系ノ製鐵所、續イテ銀行ノ中ヘト流込ンデ行キマスルナラバ、國民生活ヲ擁護シナケレバナラナイ今日ニ於テ、斷ジテ是ハ贊成スルコトガ出來ナイト思ヒマス、而シテ又國民ノ血ヲ以テ最近確保致シマシタ滿洲ノ權益ヲ、經濟的ニ抛棄シテ顧ミナイヤウナ關稅政策ニ對シマシテハ、是レ亦私共ハ反對シナケレバナラナイト思フノデアリマス、簡單ナガラ反對ノ意見ヲ申述ベマシテ、私ノ責ヲ塞ギタイト思ヒマス

○議長(秋田清君) 武田德三郎君

(武田德三郎君登壇)

○武田德三郎君 私ハ只今提案ニナッテ居リマス關稅ニ關スル二ツノ法律案ニ對シ、委員長ノ報告通リ、卽チ二ツノ希望決議ヲ添ヘテノ原案ニ贊成ヲ致ス者デアリマス、吾々政友會ハ皆樣大體御承知置キノ通リ今日ノ世界的經濟ノ趨向ニ鑑ミマシテ、我國ノ經濟政策ノ基調ヲ統制經濟、又ハ計畫經濟ニ置カナケレバナラヌト云フ意見ヲ有ッテ居ル者デアリマス、此經濟政策ノ基調カラ致シマシテ、既ニ一兩年前カラ產業五箇年計畫ト云フモノヲ世ノ中ニ發表ヲ致シテ居ルノデアリマス、吾々ハ此產業五箇年計畫ヲ實現スル爲ニハ、種々ナル經濟的手段ヲ執ラナケレバナラヌト信ジマスルガ、其中ニ關稅ノ手段ト云フモノハ、最モ有效ナル手段デアルト考ヘテ居ル者デアリマス、斯樣ナル見地カラ、吾々ハ此度發案セラレマシタル關稅ノ改正案ニ贊成ヲ致ス者デアルノデアリマス、仍テ吾々ノ議論ノ基調ヲ簡單ニ申上ゲテ、贊成ノ理由ニ致シタイト思フノデアリマス

今日世界ノ經濟上ノ趨勢ト云フモノハ、私ガ今敢テ玆ニ事々シク說明ヲ申上ゲルマデモナク、世界ヲ擧ゲテ關稅戰爭ニ沒頭シテ居ルト云フ有樣デアリマス、總テノ國ハ關稅障壁ヲ設ケテ、自己ノ國內ノ市場ヲ完全ニ自己ノ國民ニ保ツヨウニ努メテ居ルト云フコトハ現實ノ事實デアリマス、從來各國ガ經濟的ニ爭ッテ居ッタコトハ、所謂帝國主義ノ思想ヨリ爭ッテ居ルト言ハレタノデアリマスガ、今日ハ帝國主義ノ思想カラ經濟上ノ爭ヲシテ居ル國民ト云フモノハ、世界ニハ恐クハナカラウト思ヒマス、今日ハソレヨリ一歩ヲ進メテ、國民經濟ヲ確立スルト云フ趣旨カラ、經濟上ノ決死的ノ爭ヲ今日ハ續ケテ居ルト云フコトハ、世界經濟上ニ於ケル所ノ各國民ノ實情デアリマス、卽チ何レノ國ノ實情ヲ見マシテモ、皆其市場ヲ保タンガ爲ニハ、有ユル經濟的ノ手段ヲ執ルト同時ニ、又此關稅ノ障壁ヲ出來得ルダケ、殆ド禁止關稅ニ等シキヤウナ障壁ヲ設ケテ居ルト云フコトモ、是亦事實デアリマス、而モソレハ從來ノ帝國主義ノ爭ト違ヒマシテ、小國マデモ總テガ今日其狀態ヲ續ケテ居ルト云フコトモ、亦爭ヒ難キ事實デアルノデアリマス、先ヅ此一二ノ例ヲソレニ取ッテ見マスルナラバ、御承知ノ如クニ英國ハ自由貿易ノ祖國ト謂ハレテ居ッタ國デアリマス、然ルニ戰爭ノ終ハルト程ナク、千九百二十二年ニ於キマシテ、所謂產業安全法ト稱スル所ノ保護關稅法ヲ設ケテ居ッタノデアリマス、而モ有ユル品目ニ亙リマシテ三割三分ト云フヤウナ高率ノ課稅ヲ致シテ居ッタノデアリマス、併シ其時ハ是ハ非常特別稅ナリト稱シテ、期限ヲ三箇年ヲ附シテ居ッタノデアリマスガ、ソレガ期限ノ前年千九百二十五年ニ於キマシテ、更ニ第二ノ工業安全法ナルモノヲ制定致シマシテ、之ニ輪ヲ掛ケタヤウナ保護關稅法ヲ確立致シテ、而モ其實施ノ期限ヲ十箇年ト致シタノデアリマス、又更ニソレニ尙ホ甘ンゼズシテ、昨年ノ十一月御承知ノ如クニ商相「ライヒマン」ノ手ニ依ッテ、所謂十割關稅ナルモノガ成立ヲサレテ、今現ニソレガ實施サレテ居ルト云フヤウナ狀態ニナッテ居ルノデアリマス、其他佛蘭西ニ於キマシテモ、英吉利ノ金再禁止ニ伴フ爲替ノ下落ヲ防止スルト稱シテ、一割五分ノ附加稅ヲ課ケ、程ナク更ニ一般的ノ關稅增徵ノ法案ヲ實行致シテ居ルト云フ狀態デアリマス、又亞米利加ノ如キニ至ッテハ、私ガ多クヲ申上ゲル迄モナク、元來高率保護關稅ヲ以テ有名ナ國デアリマス

斯ノ如ク何レノ狀態ヲ見マシテモ、總テ關稅ニ依ッテ自國內ノ市場ヲ外國ニ向ッテ之ヲ遮斷シテ、自己ノ國民ニ之ヲ保護ショウト云フ狀態ガ、最モ著シク現ハレテ居ルノデアリマス、而モ亞米利加ハ亞米利加トシテ、南米モ包含シテ一ノ經濟「ブロック」ヲ作ラント計畫致シテ居ルト云フコトハ、是モ明白ナ事實デアリマス、又歐羅巴ニ於キマシテハ、所謂「プリアン」ノ歐羅巴合衆國ト云フモノヲ造ッテ、歐羅巴ヲ一ノ經濟單位ノ「ブロック」トシテ、此間ニ經濟上ノ存立ヲ圖ラウト致シテ居ルコトモ明白ナ事實デアリマス、又露西亞ハ、アノ廣大ナル地域ヲ以テ、所謂極端ナル計畫經濟ヲ行ッテ、自己ノ國民的經濟ヲ玆ニ確立セントシテ藻搔イテ居ルト云フコトモ、是亦現實ノ事實デアリマス、更ニ英吉利ハ所謂帝國特惠關稅ト云フモノヲ設ケテ、其廣大ナル植民地ヲ連ネテ、玆ニ一ノ經濟「ブロック」ヲ作ラントシテ居ルノデアリマス

斯樣ナル場合ニ於テ、我ガ帝國ハ何ヲ以テ我ガ國民經濟ヲ擁護スルデアリマセウカ、幸ニモ滿洲ノ問題ガ御承知ノ如キ狀態ニ好轉致シテ來マシテ、今ヤ滿蒙ト我國ガ一ツノ經濟「ブロック」トシテ存立セントスル、洵ニ喜バシキ狀態ニ今日ハ進ンデ居ルノデアリマス、故ニ吾々ハ此經濟「ブロック」ヲ飽マデ擁護シテ、我國ノ產業ヲ發達セシムルダケノ事ヲシナケレバナラヌト云フコトハ、世界的ノ經濟ノ趨向ニ鑑ミテ、何人モ異論ノアルベキ筈ガナカラウヤニ私ハ考ヘル者デアリマス、斯樣ナル意味合カラ、吾々ハ所謂產業五箇年計畫ナルモノヲ樹ッタノデアリマス、而シテ此計畫タルモノハ、外國カラ輸入サレテアル內、昭和四年度ノ計算ニ於キマシテ約六億圓ニ相當スル所ノ輸入品ハ、我國ニ於テ十分生產シ得ルモノデアル、故ニ之ヲ相當ノ補助――助長ヲ致シマスルナラバ、我國ニ於テ此最モ必要ナル品物ヲ、自給自足スルコトノ出來ルト云フノガ、大體ノ計畫デアルノデアリマス、此計畫ニ依リマシテ、吾々ノ見ル所デハ此六億圓ノ中、是ハ昨年ニナリマシテ、大體ニ於テ三億圓程度ノモノニナラウト考ヘルノデアリマスガ、是ハ商工省ノ產業合理局ニ於テ調ベラレタル所ノモノモ、我ガ政友會デ調査致シマシタモノト、略、一致致シテ居ルノデアリマス、而シテ此產業五箇年計畫ヲ

實現致シマスルノニハ、吾々ノ見ル所デハ、三十七種ノ外國カラノ輸入品ヲ、關税ノ手段ニ依ッテ防護致スナラバ、關税ノ手段ノミトハ申シマセヌガ、其主ナル方法ヲ關税ノ手段ニ依ッテ之ヲ保護致シマスルナラバ、遠カラザル中ニ輸入ハ杜絶スルコトガ出來ルト云フ目算ハ樹テ、居ルノデアリマス、斯樣ナ見地カラ考ヘテ見マスルト云フト、私共ハ大體ニ於テ此度提案セラレマシタル所ノ此關税改正案ハ、先ヅ妥當ノモノト考フル譯デアルノデアリマス、唯併ナガラ之ヲ其內容ニ立至ッテ色々精査致シテ見マスルト云フト、先程委員長ヨリ御報告ノアリマシタ如ク、之ヲ少シモ缺點ガナイトハ言ハレナイノデアリマス、之ヲ玉成致シマスルノニハ、相當ノ考慮ヲ費スベキ必要ガアルデアラウト思ハレルノデアリマス、左樣ナ意味合ニ於テ、アノ附帶ノ希望決議ト云フモノヲ決定致シタノデアリマスルガ、當局モ亦吾々ト其所見ヲ同ジウスルト云フコトヲ、其答辯ニ於テ承ッテ、吾吾ハ滿足ヲ致シテ居ル次第デアリマス、今此點ニ對シテ第一控室ノ小池四郎君カラ、鐵竝ニ木材ノコトニ對シテノ御論ガアリマシタガ、私モ大體小池君ノ御議論ガ適當デアルト考ヘテ居ルノデアリマス、卽チ製鐵ノコトニ對シマシテハ、合理化ガ未ダ十分デナイ、更ニ一層是ガ合理化ヲ勵行致シマシテ、生産費ヲ低下スルト云フコトニ努メナケレバナラヌト云フ御論ニ對シテハ、私モ全ク同感デアリマス、併ナガラ、此銑鐵ヲ、關税ヲ以テ保護スルト云フコトニ依ッテ、日本ノ財閥ヲ擁護スルモノナリト云フヤウナ斷定ノ下ニ、本案ニ反對ヲ爲サルト云フコトハ、私ニハドウシテモ其趣旨ガ明デナイノデアリマス、今日日本ノ製鐵ヲ壓迫シテ居ルモノハ、御承知ノ如クニ印度ノ銑鐵デアリマス、是ハ數字ノ上ニ明白ニ現ハレテ居ル事柄デアリマス、現ニ委員會ニ於テモ、此印度ノ銑鐵ト我國ノ銑鐵ノ生産費ノコトニ對シテ、色々質問應答ヲ重ネマシタガ、政府ノ説明ニ依リマスレバ、我國ノ現在ニ於テノ銑鐵ノ一噸當リノ生産費ハ、三十五圓幾ラト云フコトデアリ、印度ノ銑鐵ノ生産費ハ、日本ヘ到著シテ沖渡シノ計算ニ於テ二十五圓幾ラ、約二十六圓デアルト云フコトニ相成ッテ居ルノデアリマス、然ラバ我國ノ銑鐵ニ對シテ相當ノ補助ヲ與ヘルカ、然ラズンバ保護關税ヲ以テ之ヲ保護スルト云フコトハ、何等ノ不思議ノナイコトデアルノデアリマス、現ニ印度ハ御承知ノ如ク、先程申上ゲマシタ英吉利大帝國ノ經濟「ブロック」トシテ、特惠關税ヲ設定致シテ居リマスルガ、其特惠關税ニソレヲ作用致シマシテ、我國ノ重要産業タル綿絲、綿布ニ向ッテ高率ノ課税ヲ致シテ居リマスルノデ、我國ノ綿絲、綿布ハ印度ニ輸出スルコトニ於テ、大ナル障碍ヲ與ヘラレテ居ルト云フコトハ、世間周知ノ事實デアリマス、併ナガラ我國ニ於テハ印度ノ銑鐵ノ爲ニ、我國ノ工業ノ基礎トナルベキ最モ――所謂「キーインダストリー」ト言ハレル此製鐵業ガ、印度ノ銑鐵ノ爲ニ脅威ヲ受ケルト云フコトニ向ッテ、吾々ガ相當ノ經濟的手段ヲ執ルト云フコトハ、何等差支ナイコトデアルト私ハ思フノデアリマス、唯小池四郎君ノ言ハレル如クニ、餘リニ關税ト云フモノハ、其率ガ高過ギルト云フト、其恩惠ニ狃レ易クシテ、合理化ヲスルト云フコトノ熱心ガ少クナルト云フコトハ、是ハアリ得ル事柄デアリマス、故ニ吾々モ此點ニ向ッテ今希望決議ヲ附シタノデアリマス、左樣ナル理由ノ下ニ此嚴格ナル希望決議ヲ附シマシテ、當局モ亦誠意ヲ以テ必ズ實行スルト云フコトヲ吾々ニ確約致シタノデアリマス、又滿洲ノ銑鐵ガ、此爲ニ非常ニ脅威ヲ受ケルデハナイカト云フ御論モ、是モ一應御尤デアリマス、吾々モ此點ニ於テハ、非常ニ憂ヲ有ッテ居ルノデアリマシテ、政府當局ニ、此點ニ付テ如何樣ノ處置ヲ執ルカト云フコトヲ、嚴密ナル意味ニ於テ質問ヲ試ミタノデアリマス、政府ハ之ニ對シテ滿洲ノ銑鐵ニ向ッテハ、相當考慮スルノ必要アルコトヲ認メ、來ルベキ議會ニ於テ相當ノ豫算ヲ提出シテ、滿洲ノ銑鐵ト日本ノ銑鐵トノ間ニ、統制經濟ノ見地カラ適當ナル保護ヲ與ヘ、適當ナル調和ヲ取ルノ手段ヲ必ズヤ實行スルト云フコトヲ、吾々ニ言明ヲ致シテ居ルノデアリマス、政府當局ガ既ニ斯樣ナ確約ヲ吾々ニ致シタル以上ハ、吾々ハ之ヲ信頼スルト云フコトハ、決シテ不都合ナルコトデモナカラウカト思フノデアリマス、而モ一面ニ於テハ、今日世界ノ經濟的ノ戰爭ト云フモノハ、洵ニ劇甚ヲ極メテ、一日モ緩ウスベカラザルノ狀態ニナッテ居ルノデアリマス、吾々ハ先程申上ゲタ如ク、産業五箇年計畫ヲ樹テ、之ヲ實施セントシテ居ルノデアリマスカラ、其一日ヲ空費スルト云フコトハ、吾々ノ計畫ガ直チニ年限ノ上ニ於テ重大ナル齟齬ヲ來スコトニナルノデアリマス、故ニ吾々ハ此一箇年ヲ空費スルト云フコトハ、到底此儘ニシテ打捨テ、置クコトノ出來ナイ事柄デアリマスカラ、先ヅ以テ多少ノ不完全ナ點ガアルト致シマシテモ、之ヲ玉成スルノ見込ガ十分立チマスルナラバ、先ヅ根本的ノ手段ニ依ッテ、經濟政策ヲ遂行スルト云フコトニ努メルコトガ、當然ノ事デアルト、吾々ハ考ヘテ居ル次第デアリマス、斯樣ナル意味合カラ、吾々ハ此關税政策ニ贊成ヲ致スモノデアリマス、又滿洲材ノ事ニ對シテ、小池君ノ御話ガアリマシタガ、是モ私ハ大體ニ於テ同感デアリマス、私モ既ニ委員會ニ於テ、此點ニ付テ政府當局ニ質問致シタノデアリマス、殊ニ豆滿江材ニ至リマシテハ、殆ド朝鮮人ノ事業デアルト云フ事實ヲ承知致シテ居ルノデアリマス、故ニ是ハ何カ特殊ノ考慮ヲ要スル問題デナカラウカト云フ意味ニ於テ、今小池君ガ言ハレタト殆ド同一ノ意味ニ於テ、政府ニ質問ヲ致シテ見タノデアリマス、之ニ對シテ政府當局ハ、滿洲ハ遠カラズ完全ナル國家トシテ、我國ガ之ヲ對手ニ何等カノ經濟的ノ交渉ヲ進ムベキ時期ニ達スルト思フカラ、其近キ將來ニ於テ滿洲國ト經濟的交渉ヲ進ムベキ時期ヲ見計ッテ總テ滿洲ト我國トノ統制經濟ノ上ニ根本的ノ方針ヲ確定スル積リデアルカラ、ソレ等ノコトハソレマデ暫ク待ッテ與レロト云フ言明ガアッタノデアリマス、吾々ハ此言明ヲ信ジテ、此滿洲材ニ付テモ多少ノ不安ガアリマスケレドモ、先程委員長ヨリ報告ノ希望決議ノ中ニ同ジク吾々ノ此希望ヲ含メタ意味ニ於テ此點モ看過致シテ居ルノデアリマス、大體今申上ゲマシタル如ク、吾々ハ日本ノ産業政策ノ根本カラ考ヘテ見マシテ、關税政策ニ依ッテ我國ノ産業ヲ確立シ、更ニ之ヲ發達助長セシムルト云フコトハ、一日モ猶豫スベカラザルモノト考ヘテ居ルノデアリマス、斯樣ナ意味合ニ於テ吾々ハ本案ニ原案ノ儘贊成ヲシテ、更ニ此實施ノ結果ニ顧ミテ、來ルベキ通常議會ニ於テ相當ノ考慮ヲ政府ハ加ヘラレタ上、適當ナル修正ナリ、或ハ更ニ別種ノ改正案ナリヲ提出セラレンコトヲ希望シテ本案ニ賛成ヲ致ス次第デアリマス（拍手）

○議長（秋田淸君） 永田善三郎君

（永田善三郎君登壇）

○永田善三郎君 諸君、本員ハ只今上程サレテ居リマスル三案ニ對シマシテ賛成ノ意見ヲ表示スルモノデアリマスルガ、議場ノ空氣ニ鑑ミマシテ成ベク簡單ニ申述ベタイト思ヒマス、議題ハ三案デアリマスガ、私ハ先ヅ第一ニ遠洋漁業奬勵法中改正法律案ニ付キマシテハ、委員長報告ノ通リ何等ノ意見ヲ申上ゲマセズ賛意ヲ表スルモノデアリマス、關稅定率法ノ二案ニ付キマシテハ、共一ツノ從量稅三割五分ヲ一律ニ引上ゲルト云フ案ニ付キマシテハ、吾々ハ幾多ノ疑問ノ點ヲ有ッテ居ルノデアル、當議場ニ於キ、又豫算總會ニ於キ、又關稅委員會ニ於キ、各方面ニ於キマシテ三割五分ト云フ見積ヲ出シタ、其爲替ノ下ルト云フコトニ對スル政府ノ所見ヲ質シテ居ルノデアリマスルガ、大藏大臣ハ爲替ガ上ルカ下ルカ分ラナイ、ソンナコトハ俺ノ知ッタコトヂヤナイ、資本ノ海外逃避ヲ防止スルコトモ爲替ノ安定ヲ圖ル意味デハナイノデアル、故ニ三割五分ニナルカ、三割ニナルカ、四割ニナルカ、ソンナコトハ關係ガナイト云フ御意見デアリマスカラ、洵ニ此基礎ガナイノデアリマス、併ナガラ左樣ナコトヲ今日論議ヲ致シテ居リマシテモ、到底此短カイ期間ニ吾々ガ審議ヲ盡スコトハ出來マセヌノデ、先ヅ此非常特別ノ內閣ガ出來タ際デアルカラ、此內閣ノ御土產ノ積リデ此案ニ暫定的ニ賛成ヲショウ、斯ウ云フコトガ民政黨ノ大體ノ意見デアリマス

其次ニハ二十九品目ノ各品目ニ付キマスル稅ノ盛リ方デアリマス、是モ仔細ニ見マシテ必シモ適當トハ私共ハ思ヒマセヌ、殊ニ農產品等ニ付キマシテ無暗ニ關稅收入ノミ上ゲテ、是デ行ケルト云フヤウナ御觀測ニハ私共ハサウ共鳴ヲシナイ、併ナガラ本案ノ二十九品目ニ付キマシテモ、中々短カイ期間デ十分ナル審議ヲ致シテ居ル暇ガナイノデ、是モ大體ニ於テ賛意ヲ表スル譯デアリマスルガ、只今無產黨ノ小池君ノ意見ニ對シマシテ政友會ノ武田君カラ御反駁ガアリマシタノデ、是モ大要酌ンデ居リマスルガ、共中デ吾々ガ本案ニ賛成スルニ至リマシタ中ニ、一二私共ト所見ヲ異ニシテ居ル點ガアル、ソレハ第一ガ先ヅ木材關稅デアリマスルガ、豆滿江方面ノ木材ニ課稅スルコトガ宜イト云フ意見ノヤウニ受取リマシタガ、私共ハ左樣ニハ信ジテ居ラナイ」是ハ別ニ深クハ論ジマセヌガ、アノ邊ノ貨幣制度ノ實情ヲ御承知ニナレバ直チニ解決ノ出來ルコトデアリマス、又滿洲ノ銑鐵ノ問題ニ付キマシテ色々ト小池君ノ御意見ガアリマシタガ、是モ只今武田君ガ申述ベマシタ通リデアリマス、政府ハ既ニ案ヲ持ッテ居ルト云フコトデアリマスカラ、此點ハ吾々ハ心配致サナイ、併シ銑鐵關稅ヲ此際引上ゲテ大衆ニ多少ノ不利益ヲ與ヘルト云フコトハ、是ハ看過スコトノ出來ナイコトデアリマス、政府ノ示サレテ居リマス內地ノ生產費及印度銑ノ沖著値段、斯ウ云フモノニ對シマシテモ、今日爲替ガ始終動イテ居ルノデアリマスカラ、私共ハドウモ捉ヘ所ガナイノデアリマスケレドモ、武田君ガ世界ノ大勢ヲ說イテ此演說ニナリマシタ通リノ事情デアリマシテ、此際此時ニ於キマシテ、我ガ國策ヲ樹立スル上カラ申シマスレバ、是モ承認スルノ已ムヲ得ナイノデハナイカト思ハレル、併ナガラ諸君ノ御承知ノ通リ、世間ニ於キマシテハ近頃資本家ト政黨トガ苟合妥協シテ居ルト云フヤウナ意見ガアル、又小池君カラモ只今サウ云フヤウナ事ヲ聞イテ居リマス、斯ウ云フ際デアリマスノデ、私共モ共點ヲ心配致シ、過日關稅ノ委員會ニ於キマシテモ商工大臣ニ特ニ共點ヲ伺ッタノデアリマス、即チ此案ハ政友會ノ內閣當時ニ出發シテ居リマセウガ、通リ上ゲマシタノハ中島商工大臣デアル、サウシテ之ヲ賛成ヲ致シテ法律案ニスルノガ吾々デアル、政友會デアリ、民政黨デアル、此政友會、民政黨ガ財閥ノ走狗トナッテ居ルト云フヤウナコトヲ言ハレルノハ、アナタノヤウナ政黨ニ關係ノナイ人ガノコ〳〵出テ來テ、サウシテ吾々ニソレヲ押付ケルト云フコトハ、ドウモ一向友達甲斐モナイヂヤナイカト云フヤウナ愚痴マデモ發シタヤウナ譯デアリマスガ、大臣ハイヤ決シテサウデナイ、自分モ長ク財界ニ居ッテ其實情モ能ク知ッテ居ル、決シテ自分モ財閥ノ走狗デハナイ、自分トシテソンナ事ヲ認メル譯ヂヤナイ、全然サウ云フコトハ無イノデアル、誠心誠意ヲ以テ此鐵工業ノ樹立ヲシテ行カナケレバナラヌト思ッテ居ル、自分モ長ク合理局ニモ居ッテ、多少ハ學識、經驗、知識ヲ持ッテ居ル積リデアル、其故ニ行政官トシテノ今日ノ地位ニ立ッタノデアルカラ、此機會ニ於テ積年ノ自分ノ抱負ヲ實行シテ見タイト思フ、斯ウ云フ熱意ノアル御話デアリマシタノデ、ソレデ私共モ始メテ安心ヲシテ、先ヅ此儘賛成ショウカト云フヤウナ今日ノ空氣ニナッテ居ルノデアリマス、小池君ハ御見ニナラヌヤウデアリマスガ、ドウカ共點ハ能ク御諒承ヲ願ヒタイト思フ次第デアリマス、尙ホ木材關稅、共他色々品目ニ亙リマシテノ意見モ澤山アリマスガ、委員長ノ御報告モ十分デアリマシタシ、又武田君ノ御演說モ大分長ク、或ハ無產黨ノ反對意見ノ中ニモ盡サレタ點モアルヤウナ譯デアリマスカラ、私ハ以上ノ理由ヲ述ベマシテ、民政黨ノ賛成ノ意見ヲ代表シテ議場ニ御紹介申上ゲ、且ツ最後ニ臨ミマシテ中島商工大臣ニ特ニ此點ヲ御願致シテ置キタイト思フ、ソレハ全ク此銑鐵關稅ノ問題ハ天下注視ノ的トナッテ居ル、正ニ是ハナッテ居ル、故ニ先程ノ委員會ニ於キマシテノ御聲明、必ラズ之ヲ整理合同ニ導クト云フ此事ハ、アナタノ洵ニ重厚ナル御人格カラ出發シテモ、亦非常特別內閣デアル此內閣ノ使命カラ考ヘテモ、ドウシテモ之ヲ次ノ議會ニ此處デ御目ニ懸ル時マデニハ、少クトモ或ル形ニ於テ議場ニ示サレルト云フコトガ、アナタガ吾々政黨人ニ對シ、吾々衆議院ニ對シテ責任ヲ持ツ所以デアルト私ハ信ズル、故ニ此點ハ諄イヤウデアリマスガ、念ヲ押シテ御願致シテ置キマシテ、之ヲ以テ賛成演說ヲ終ル次第デアリマス

○議長（秋田淸君） 討論ハ終局致シマシタ、先ヅ關稅定率法中改正法律案、輸入稅ノ從量稅率ニ關スル法律案ノ第二讀會ヲ開クヤ否ヤヲ御諮リ致シマス、兩案ノ第二讀會ヲ開クニ御異議アリマセヌカ

（「異議ナシ」ト呼フ者アリ）

○議長（秋田淸君） 御異議ナシト認メマス、仍テ兩案ノ第二讀會ヲ開クニ決シマシタ

○上田孝吉君　直チニ兩案ノ第二讀會ヲ開カレンコトヲ望ミマス

○議長（秋田淸君）　上田君ノ動議ニ御異議アリマセヌカ

（「異議ナシ」ト呼フ者アリ）

○議長（秋田淸君）　御異議ナシト認メマス、仍テ直チニ兩案ノ第二讀會ヲ開キ、議案全部ヲ議題ト致シマス

（「異議ナシ」ノ聲起ル）

---

關稅定率法中改正法律案　第二讀會

輸入稅ノ從量稅率ニ關スル法律案　第二讀會

○議長（秋田淸君）　別ニ御異議モアリマセヌカラ兩案トモ委員長報告通リ決シマシタ、是ニテ兩案ノ第二讀會ヲ終リマシタ

○上田孝吉君　直チニ兩案ノ第三讀會ヲ開カレンコトヲ望ミマス

○議長（秋田淸君）　上田君ノ動議ニ御異議ゴザイマセヌカ

（「異議ナシ」ト呼フ者アリ）

○議長（秋田淸君）　御異議ナシト認メマス、仍テ直チニ兩案ノ第三讀會ヲ開キ、議案全部ヲ議題ト致シマス

---

關稅定率法中改正法律案　第三讀會

輸入稅ノ從量稅率ニ關スル法律案　第三讀會

○議長（秋田淸君）　採決致シマス、兩案ニ贊成ノ諸君ハ起立

（贊成者起立）

○議長（秋田淸君）　起立者多數、仍テ兩案共可決確定致シマシタ（拍手）次ニ遠洋漁業獎勵法中改正法律案ノ第二讀會ヲ開クヤ否ヤヲ御諮リ致シマス、本案ノ第二讀會ヲ開クニ御異議アリマセヌカ

（「異議ナシ」ト呼フ者アリ）

○議長（秋田淸君）　御異議ナシト認メマス、本案ノ第二讀會ヲ開クニ決シマシタ

○上田孝吉君　直チニ本案ノ第二讀會ヲ開キ、第三讀會ヲ省略シテ委員長ノ報告通リ可決セラレンコトヲ望ミマス

○議長（秋田淸君）　上田君ノ動議ニ御異議アリマセヌカ

（「異議ナシ」ト呼フ者アリ）

○議長（秋田淸君）　御異議ナシト認メマス、仍テ直チニ第二讀會ヲ開キ、議案全部ヲ議題ト致シマス

昭和七年六月十五日

昭和三年度歳入歳出總決算
昭和三年度各特別會計歳入
歳出決算外三件

第一｛昭和三年度歳入歳出總決算
　　　昭和三年度各特別會計歳入歳出決算
第二　昭和三年度國有財産増減總計算書
第三｛昭和四年度歳入歳出總決算
　　　昭和四年度各特別會計歳入歳出決算
第四　昭和四年度國有財産増減總計算書

報告書

一昭和三年度歳入歳出總決算、昭和三年度各特別會計歳入歳出決算
右ハ本院ニ於テ別紙ノ通議決スヘキモノト議決致候此段及報告候也

昭和七年六月十日
決算委員長　樋口　典常
衆議院議長秋田清殿

（別紙）

不法又ハ不當ナルモノ

昭和三年度歳入歳出總決算中
歳入ニ於テ
不當ナルモノ　十四件
歳出ニ於テ
不法ナルモノ　二件
不當ナルモノ　六件
昭和三年度各特別會計歳入歳出決算中
歳入ニ於テ
不當ナルモノ　六件
歳出ニ於テ
不當ナルモノ　八件
計　三十六件
官金
不當ナルモノ　一件
官有物
不當ナルモノ　三件
合計　四十件
既往年度（大正九年度、大正十年度、大正十三年度、大正十四年度、大正十五年度昭和元年度及昭和二年度）
一般會計中
歳入ニ於テ
不當ナルモノ　二十件
歳出ニ於テ
不當ナルモノ　一件
特別會計中
歳入ニ於テ
不當ナルモノ　五件
歳出ニ於テ
不當ナルモノ　一件
合計　二十七件
總計　六十七件

昭和三年度歳入歳出總決算及同各特別會計歳入歳出決算中不法又ハ不當ナリト議決シタル事項左ノ如シ

不法ナルモノ
一般會計歳出ニ於テ
豫算目的外ノ支出ヲ爲シタルモノ　二件
計　二件
不當ナルモノ
一般會計歳入ニ於テ
租税ノ徴收不足ニ屬スルモノ　九件
租税ノ徴收過ニ屬スルモノ　一件
徴收上注意ノ周到ヲ缺キタルモノ　一件
賦課徴收ニ關シ措置宜シキヲ得サルモノ　二件
歳入ノ徴收ニ關シ監督宜シキヲ得サルモノ　一件
計　十四件
一般會計歳出ニ於テ
虚構ノ事實ニ對シ支拂ヲ爲シタルモノ　二件
物品ノ購入ニ當リ措置其ノ宜シキヲ得ス國庫ニ損失ヲ及ホシタルモノ　二件
豫算ノ使用其ノ宜シキヲ得サルモノ　二件
計　六件
特別會計歳入ニ於テ
徴收不足ニ屬スルモノ　三件
租税免除ニ關シ監督其ノ宜シキヲ得サルモノ　一件
土地賣拂代金ノ徴收ニ關シ措置其ノ宜シキヲ得サルモノ　一件
租税外歳入ノ徴收ニ關シ監督其ノ宜シキヲ得サルモノ　一件
計　六件
特別會計歳出ニ於テ
補助費ノ支給ニ關シ措置其ノ宜シキヲ得サルモノ　一件
人夫賃ノ支拂ニ關シ其ノ宜シキヲ得サルモノ　一件
虚構ノ事實ニ對シ支拂ヲ爲シタルモノ　三件
工事ノ施行ニ當リ調査ノ周到ヲ缺キ國庫ニ損失ヲ及ホシタルモノ　一件
其ノ他ノモノ　二件
計　八件
官金
預金部資金ノ運用其ノ宜シキヲ得サルモノ　一件
計　一件
官有物
國有林ノ貸付其ノ宜シキヲ得サルモノ　一件
國有林木ノ賣拂其ノ宜シキヲ得サルモノ　一件
國有地ノ交換ニ當リ價格ノ評定其ノ宜シキヲ得サルモノ　一件
計　三件
合計　四十件
既往年度（大正九年度、大正十年度、大正十三年度、大正十四年度、大正十五年度昭和元年度及昭和二年度）
一般會計歳入ニ於テ
租税ノ賦課徴收ニ關シ措置其ノ宜シキヲ得サルモノ　二件
租税ノ徴收ニ關シ監督其ノ宜シキヲ得サルモノ　一件
租税ノ徴收不足ニ屬スルモノ　十五件
租税ノ徴收過ニ屬スルモノ　二件
一般會計歳出ニ於テ
虚構ノ事實ニ對シ支拂ヲ爲シタルモノ　一件
計　二十一件
特別會計歳入ニ於テ
租税ノ徴收過ニ屬スルモノ　一件
租税ノ徴收不足ニ屬スルモノ　三件
租税外歳入ノ徴收ニ關シ監督其ノ宜シキヲ得サルモノ　一件
特別會計歳出ニ於テ
虚構ノ事實ニ對シ支拂ヲ爲シタルモノ　一件
計　六件
合計　二十七件
總計　六十七件

警告ヲ附シタル事項左ノ如シ

昭和三年度

一般會計歳出ニ於テ

阿片ノ收納ニ關シ措置其ノ宜シキヲ得サルモノ 一件

補助費ノ支給ニ關シ措置其ノ宜シキヲ得サルモノ 一件

豫算超過ノ契約ヲ爲シタルモノ 一件

豫算ノ目的外ノ支出ヲ爲シタルモノ 一件

奬勵金ノ交付ニ當リ措置其ノ宜シキヲ得サルモノ 一件

計 五件

特別會計歳出ニ於テ

建物ノ買收ニ當リ價格ノ決定其ノ宜シキヲ得サルモノ 一件

奬勵金ノ交付其ノ當ヲ得サルモノ 一件

其ノ他 一件

計 三件

官有物

國有未墾地ノ管理其ノ宜シキヲ得サルモノ 一件

名ヲ國有財産ノ交換ニ藉リ豫算外ノ工事ヲ施行シタルモノ 一件

計 二件

既往年度(昭和二年度)

特別會計歳出ニ於テ

豫算ノ使用其ノ宜シキヲ得サルモノ 一件

計 一件

合計 十一件

注意事項左ノ如シ

昭和三年度

一般會計歳出ニ於テ

國費ヲ以テ地方費負擔ノ營繕工事ヲ施行シタルモノ 一件

國費ノ支給ニ關シ措置其ノ宜シキヲ得サルモノ 一件

物品ノ購入ニ當リ措置其ノ宜シキヲ得サルモノ 一件

豫算ノ使用其ノ宜シキヲ得サルモノ 一件

計 四件

特別會計歳入ニ於テ

土地ノ賣拂價格低廉ニ失シタルモノ 二件

輸入税ノ免除ニ關シ措置其ノ宜シキヲ得サルモノ 一件

計 三件

特別會計歳出ニ於テ

物品ノ購入ニ當リ措置其ノ宜シキヲ得サルモノ 一件

其ノ他 一件

計 二件

官有物

國有財産ノ讓與其ノ宜シキヲ得サルモノ 一件

計 一件

合計 十件

昭和三年度歳入歳出總決算、昭和三年度各特別會計歳入歳出決算及既往年度未確定決算中左ノ如ク議決ス

一般會計

歳入經常部

第一款 租税

第一項 所得税

(一) 板橋外十税務署ニ於テ徴收不足ニ屬スルモノ(會計檢査院報告一) 七五、三八八・七七〇円

(二) 水道橋税務署ニ於テ徴收不足ニ屬スルモノ(同上) 一三、八九一・七六〇

(三) 横濱税務署ニ於テ徴收不足ニ屬スルモノ(同上) 九、二二七・三〇〇

營業收益税ニ於テ同署ノ徴收不足ニ屬スルモノ 六、六四三・六六〇

(四) 四谷税務署ニ於テ徴收不足ニ屬スルモノ(同上) 六、五九四・四〇〇

(五) 小倉税務署ノ徴收不足ニ屬スルモノ(同上) 五、三七六・二五〇

資本利子税ニ於テ同署ノ徴收不足ニ屬スルモノ 五、一一九・八〇〇

(六) 東税務署ノ徴收不足ニ屬スルモノ(同上) 三、五三一・四四〇

資本利子税ニ於テ同署ノ徴收不足ニ屬スルモノ 四一四・〇〇〇

(七) 水道橋税務署ニ於テ徴收不足ニ屬スルモノ(同上) 三、一三四・〇五〇

(八) 四谷税務署ニ於テ徴收不足ニ屬スルモノ(同上) 二、四〇八・六五〇

(九) 淀橋税務署ニ於テ徴收不足ニ屬スルモノ(同上) 二、一三九・二五〇

(一〇) 上京税務署ノ徴收過ニ屬スルモノ(同上) 一二、三五〇・八三〇

營業收益税ニ於テ同署ノ徴收過ニ屬スルモノ 一、〇七九・七八〇

右ハ孰モ取扱ノ過誤ニ因リ徴收上過不足ヲ生セシメタルモノニシテ不當ナリトス

第五項 相續税

(一一) 時效完成ノ爲徴收不能ト爲リタルモノ(會計檢査院報告三) 三、〇八三・〇〇〇円

右ハ相續財産ニ對スル推定税額ニシテ注意ノ周到ヲ缺キタルモノニシテ不當ナリトス

第八項 酒税

(一二) 板橋税務署ニ於テ收入未濟ニ屬スルモノ(會計檢査院報告四) 三三六、六三六・五〇〇円

右ハ酒造税並酒精及酒精含有飲料税ノ滯納額ニシテ本件ハ酒税ノ徴收ニ關シ措置其ノ宜キヲ得サリシニ因ルモノニシテ不當ナリトス

第三款 官業及官有財産收入

第一項 郵便電信及電話收入

(一三) 東京外五遞信局ニ於テ收入ニ至ラサルモノ(會計檢査院報告五) 二〇六、九九一・二四〇円

右ハ通信社外五社ニ對スル郵便料電報等ノ料金ニシテ本件ハ數年ニ亘リ納入ニ至ラサルモノニシテ不當ナリトス

第十項 刑務所收入

(一四) 福岡刑務所ニ於テ收入ニ至ラサルモノ(會計檢査院報告六) 三、四五三・七一〇円

右ハ監督其ノ宜シキヲ得サリシニ因ルモノニシテ不當ナリトス

外務省所管

歳出經常部

第二款 在外公館

第二項 館費

(一五) 外務省ノ支出ニ係ル(會計檢査院報告一) 一五、〇二五・三二二円

右ハ自動車購入ノ爲支出シタルモノニシテ本費ノ支辨ト爲スヘキモノニ非ス會計法ニ違背セシモノト認ム依テ不法ナリトス

大藏省所管

歳出經常部

第十款 諸拂戻及補塡金

第一項 諸拂戻及補塡金

(一六) 大阪税務監督局ノ支出ニ係ル(會計檢査院報告一) 四〇、一六四・三二〇円

右ハ虚構ノ事實ニ對シ支拂ヲ爲シタルモノニシテ不當ナリトス

第十九款 大禮施設費

第一項 大禮施設費

（一七）内閣ノ支出ニ係ル（會計檢査院報告四）

三三七、四六一・〇〇〇円

右ハ隨時契約ヲ以テ購入シタル大禮記念章、女子用綬及記念章用箱ノ代價ニシテ本件ハ物品ノ購入ニ當リ措置其ノ宜シキヲ得ス國庫ニ不利ヲ及ホシタルモノニシテ不當ナリトス

陸軍省所管

歳出經常部

第二款　軍事費

第四項　衣糧費

（一八）陸軍糧秣本廠ノ支出ニ係ル（會計檢査院報告一）

二一六、五六三・一四〇円

右ハ同廠札幌派出所ニ於テ購入シタル燕麥ノ代金ニシテ本件ハ物品ノ購入ニ當リ措置其ノ宜シキヲ得ス且經費ノ年度區分ヲ紊リタルモノニシテ不當ナリトス

歳出臨時部

第一款　艦艇製造費

第一項　補助艦艇製造費

（一九）海軍省經理局及横須賀、吳、佐世保各海軍經理部ノ支出ニ係ル（會計檢査院報告三）

三〇六、四一六・〇四九円

右ハ軍艦靑葉、衣笠ノ「タルビン」翼等ノ製造工事其ノ他艦艇ノ修理用材料トシテ使用セルモノナルモ本件ハ豫算ノ使用其ノ宜シキヲ得ス依テ不當ナリトス

農林省所管

歳出經常部

第二款　森林費

第三項　事業費

（二〇）秋田營林局ノ支出ニ係ル（會計檢査院報告一）

一二、七八六・四八〇円

右ハ標本館敷地トシテ買收シタル池沼及基礎工事等ニ要シタル費額ニシテ本件ハ豫算ノ目的外ニ使用シタルモノニシテ不法ナリトス

（二一）高知營林局ノ支出ニ係ル（會計檢査院報告二）

七、四七二・六九〇円

右ハ同局内ニ於テ斫伐事業施行ノ爲傭役シタル人夫賃ナリト稱スルモ本件ハ豫算ノ使用其ノ宜シキヲ得ス年度區分ヲ紊リタルモノニシテ不當ナリトス

（二二）高知營林局ノ支出ニ係ル（會計檢査院報告三）

六〇一・九三〇円

右ハ虛構ノ事實ニ對シ支拂ヲ爲シタルモノニシテ不當ナリトス

特別會計

大藏省所管朝鮮總督府

歳出臨時部

第十二款　耕地改良及擴張費

第三項　助成金

（二三）朝鮮總督府ノ支出ニ係ル（會計檢査院報告三）

一〇五、五四八・〇〇〇円

右ハ京畿道所在ノ水利組合ニ對シ土地改良工事補助トシテ支給シタルモノナルモ本件ハ補助費ノ支給ニ關シ措置其ノ宜シキヲ得ス不當ナリトス

大藏省所管臺灣總督府

歳入經常部

第一款　租税

第四項　酒精税

（二四）臺中、臺南、高雄各州及花蓮港ニ於テ徴收ヲ至ラサルモノ（會計檢査院報告一）

一七、一五八・四〇〇円

右ハ租税ノ免除ニ關シ監督其ノ宜シキヲ得ス不當ナリトス

第七項　所得税

（二五）高雄州ニ於テ徴收不足ニ屬スルモノ（會計檢査院報告二）

一四、一六一・三〇〇円

（二六）臺中州ニ於テ徴收不足ニ屬スルモノ（同上）

一、三三四・〇七〇円

右ハ孰モ取扱ノ過誤ニ因リ徴收不足ヲ生セシメタルモノニシテ不當ナリトス

歳出經常部

第十二款　交通局

第三項　遞信事業費

（二七）臺灣總督府交通局遞信部ノ支出ニ係ル（會計檢査院報告五）

二四、六六三・七五〇円

右ハ人夫賃ノ支拂ニ關シ其ノ宜シキヲ得ス不當ナリトス

大藏省所管關東廳

歳出臨時部

第一款　官有物拂下代

第一項　官有物拂下代

（二八）大連民政署ニ於テ收入未濟ニ屬スルモノ（會計檢査院報告一）

八四、八七一・六六〇円

右ハ土地賣拂代金ノ徴收ニ關シ措置其ノ宜シキヲ得ス不當ナリトス

大藏省所管樺太廳

歳入經常部

第一款　租税

第二項　所得税

（二九）樺太廳大泊支廳ニ於テ徴收不足ニ屬スルモノ（會計檢査院報告一）

一、一二〇・九二〇円

右ハ租税ノ徴收上取扱ノ疎漏ニ依ルモノニシテ不當ナリトス

海軍省所管

歳出

第一款　海軍燃料廠作業費

第二項　事業費

（三〇）海軍燃料廠平壤鑛業部ノ支出ニ係ル（會計檢査院報告二）

二、〇四〇・〇〇〇円

右ハ虛構ノ事實ニ對シ支拂ヲ爲シタルモノニシテ不當ナリトス

文部省所管

歳入經常部

第一款　東京帝國大學

第四項　諸收入

（三一）東京帝國大學ニ於テ歳入ニ編入スヘキモノ（會計檢査院報告一）

一、九四三・七〇〇円

右ハ租税外歳入ノ徴收ニ關シ監督其ノ宜シキヲ得ス依テ不當ナリトス

歳出經常部

第一款　東京帝國大學

第二項　校費

（三二）東京帝國大學ノ支出ニ係ル（會計檢査院報告二）

一、三九二・一〇〇円

右ハ虛構ノ事實ニ對シ支拂ヲ爲シタルモノニシテ不當ナリトス

鐵道省所管

資本勘定

歳出

第一款　鐵道建設費及改良費

第一項　建設費

（三三）鐵道省ノ支出ニ係ル（會計檢査院報告一）

一三二、一一九・〇〇〇円

右ハ雨領線第四工區土工其ノ他工事費ノ内ニシテ本件ハ工事ノ施行ニ當リ調査ノ周到ヲ缺キ國庫ニ損失ヲ及ホシタルモノニシテ不當ナリトス

第二項　改良費

（三四）鐵道省ノ支出ニ係ル（會計檢査院報告二）

四一四、五三三・五二〇円

右ハ東京汽力發電所基礎杭打工事費ニシテ本件ハ工事ノ設計變更ニ依リ延滯償金ヲ免除スルノ結果ヲ生セシメタルモノニシテ不當ナリトス

用品勘定

歳　出

第一款　鐵道用品及工作費

第一項　用品及工作費

(三五)　鐵道省ノ支出ニ係ル（會計檢査院報告三）

六五、〇〇〇・〇〇〇円

右ハ三等客車用古經便枕ノ代價ニシテ本件ハ不必要ノ物品ヲ購入セシモノト認ム依テ不當ナリトス

收益勘定

歳　出

第一款　鐵道作業費

第一項　事業費

(三六)　鐵道省ノ支出ニ係ル（會計檢査院報告五）

三、一二六・〇三〇円

右ハ虛構ノ事實ニ對シ支拂ヲ爲シタルモノニシテ不當ナリトス

官　金

(三七)　大藏省預金部ニ於テ百萬圓ヲ沖繩縣債引受ノ形式ニ依リ沖繩興業銀行ニ融通シタル件（會計檢查院報告）

右ハ預金部資金ノ運用其ノ當ヲ得サリシモノニシテ不當ナリトス

官有物

(三八)　熊本營林局ニ於テ沖繩縣下ノ國有林貸付及地上立木拂下ノ件（會計檢査院報告二）

右ハ國有財産ノ管理上其ノ宜シキヲ得ス依テ不當トス

(三九)　樺太廳ニ於テ立木ノ年期賣拂契約ヲ爲シタル件（會計檢査院報告四）

右ハ官有物ノ處分失當ナリト認ム依テ不當ナリトス

(四〇)　樺太廳ニ於テ官民有土地交換ノ件（會計檢査院報告五）

右ハ價格ノ評定其ノ宜シキヲ得サルモノニシテ不當ナリトス

既往年度

大正九年度及十年度

一般會計

歳入經常部

第一款　租　税

第十五項　關　税

(一)　横濱税關ニ於テ徴收不足ニ屬スルモノ（會計檢査院報告一）

六、一四四・七八〇円

右ハ當該官吏カ請託ヲ容レ關税ヲ逋脫セシメタルモノニシテ不當ナリトス

大正十三度

一般會計

歳入經常部

第一款　租　税

第二項　所得税

(二)　神田橋税務署ノ徴收ニ係ル（會計檢査院報告二）

六九、三五二・〇一〇円

右ハ所得税ノ決定上調査宜シキヲ得ス過誤ヲ重ネ税金追徴ノ途ナキニ至ラシメタルモノニシテ不當ナリトス

(三)　横濱税務署ノ徴收ニ係ル（會計檢查院報告三）

五、六九六・〇四〇円

右ハ所得税ノ決定上調査宜シキヲ得ス徴收不足ト爲リタルモノニシテ不當ナリトス

大正十四年度

特別會計

大藏省所管　樺太廳

歳入經常部

第一款　租　税

第二項　所得税

(四)　樺太廳大泊支廳ニ於テ徴收過ニ屬スルモノ（會計檢査院報告四）

一、九三六・一六〇円

右ハ所得税ノ決定ニ當リ損金ヲ計算セサリシニ因ルモノニシテ不當ナリトス

大正十五年度<br>昭和元年度

一般會計

歳入經常部

第一款　租　税

第一項　所得税

(五)　東税務署ニ於テ徴收不足ニ屬スルモノ（會計檢査院報告五）

九、五〇四・三〇〇円

(六)　新宮税務署ニ於テ徴收不足ニ屬スルモノ（同上）

九、三一六・八六〇

右ハ孰モ取扱ノ過誤ニ因リ徴收不足ヲ生セシメタルモノニシテ不當ナリトス

昭和二年度

一般會計

歳入經常部

第一款　租　税

第一項　所得税

(七)　淀橋税務署ニ於テ徴收不足ニ屬スルモノ（會計檢査院報告六）

三七、一三四・八七〇円

(八)　神田橋税務署ノ徴收不足ニ屬スルモノ（同上）

二四、四六八・五六〇

營業收益税ニ於テ同署ノ徴收不足ニ屬スルモノ

八、九六六・七〇〇

(九)　幸橋税務署ニ於テ徴收不足ニ屬スルモノ（同上）

一六、〇八七・九六〇

(一〇)　幸橋税務署ニ於テ徴收不足ニ屬スルモノ（同上）

一三、九三三・二〇〇

(一一)　四谷税務署ニ於テ徴收不足ニ屬スルモノ（同上）

八、九三四・七九〇

(一二)　西税務署ニ於テ徴收不足ニ屬スルモノ（同上）

五、六〇四・三七〇

(一三)　淀橋税務署ノ徴收不足ニ屬スルモノ（同上）

四、五八一・〇九〇

營業收益税ニ於テ同署ノ徴收不足ニ屬スルモノ

七六九・七七〇

(一四)　川越税務署ノ徴收不足ニ屬スルモノ（同上）

四、四六六・九六〇

營業收益税ニ於テ同署ノ徴收不足ニ屬スルモノ

三〇八・九二〇

(一五)　水道橋税務署ニ於テ徴收不足ニ屬スルモノ（同上）

四、一九三・一一〇

(一六)　飯田橋税務署ニ於テ徴收不足ニ屬スルモノ（同上）

四、一一〇・四〇〇

(一七)　東税務署ニ於テ徴收不足ニ屬スルモノ（同上）

三、一二九・三七〇

(一八)　東税務署ニ於テ徴收不足ニ屬スルモノ（同上）

二、八四一・八〇〇

(一九)　淀橋税務署ニ於テ徴收不足ニ屬スルモノ（同上）

二、一八四・五一〇

(二〇)　四谷税務署ニ於テ徴收過ニ屬スルモノ（同上）

九、五四三・五七〇

右ハ孰モ取扱ノ過誤ニ因リ徴收上過不足ヲ生セシメタルモノニシテ不當ナリトス

第三項　營業收益税

(一一) 横濱稅務署ニ於テ徴收過ニ屬スルモノ(會計檢査院報告七)
四、九三一・七七〇円
右ハ營業收益ノ調査共ノ宜シキヲ得ス徴收過ニ至ラシメタルモノニシテ不當ナリトス

大藏省所管
歳出經常部
第十款 諸拂戻及補塡金
第一項 諸拂戻及補塡金

(一二) 大阪稅務監督局ノ支出ニ係ル(會計檢査院報告八)
一四、六三一・五二〇円
右ハ虚構ノ事實ニ對シ支拂ヲ爲シタルモノニシテ不當ナリトス

特別會計
內務省所管
健康保險
歳入
第一款 健康保險收入
第一項 保險料收入

(一三) 兵庫及青森兩健康保險署ニ於テ收入濟額ニ編入セサリシモノ(會計檢査院報告十)
四、九八七・八九〇円
右ハ監督共ノ宜シキヲ得サリシニ因ルモノニシテ不當ナリトス

臺灣總督府
歳入經常部
第一款 租稅
第七項 所得稅

(一四) 臺中州ニ於テ徴收不足ニ屬スルモノ(會計檢査院報告十一)
二、八四八・三四〇円

(一五) 高雄州ニ於テ徴收不足ニ屬スルモノ(同上)
二、五六四・〇五〇

(一六) 臺南州ニ於テ徴收不足ニ屬スルモノ(同上)
二、一一〇・六〇〇円
右ハ孰モ所得額決定上取扱ノ過誤ニ因リ徴收不足ヲ生セシメタルモノニシテ不當ナリトス

海軍省所管
海軍燃料廠
歳出
第一款 海軍燃料廠作業費
第二項 事業費

(一七) 海軍燃料廠平壌鑛業部ノ支出ニ係ル(會計檢査院報告十二)
七、〇八五・八九〇円
右ハ虚構ノ事實ニ對シ支拂ヲ爲シタルモノニシテ不當ナリトス

警告

內務省所管
歳出經常部
第十一款 衛生試驗所
第三項 阿片費

(一) 大阪衛生試驗所ノ支出ニ係ル(會計檢査院報告一)
八九七、二一七・三六〇円
右ハ內地產阿片ニ對シ交付シタル賠償金ニシテ本件ハ阿片ノ收納ニ關シ共ノ措置宜シキヲ得ス依テ警告ス

歳出臨時部
第四款 道路改良費
第一項 道路改修及助成費

(二) 秋田縣ノ支出ニ係ル(會計檢査院報告二)
一〇、〇〇〇・〇〇〇円
右ハ同縣國道ニ於ケル玉川、由利兩橋架換工事費ニ對スル國庫補助金トシテ縣ニ交付シタル金額ニシテ本件ハ補助費ノ支給ニ關シ措置共ノ宜シキヲ得ス依テ警告ス

海軍省所管
歳出經常部
第二款 軍事費
第五項 造船造兵及修理費

(三) 海軍省經理局共ノ他經理部等ノ支出ニ係ル(會計檢査院報告一)
七四五、九五九・一〇四円
右ハ曳船兼交通船外數十口ノ代價ニシテ本件ハ豫算超過ノ契約ヲ締結シタルニ因ルモノニシテ共ノ措置當ヲ得ス依テ警告ス

第九項 艦營費

(四) 横須賀、呉及佐世保海軍經理部ノ支出ニ係ル(會計檢査院報告二)
三、八〇〇、一四四・五一〇円
右ハ前記軍需部所屬鋼製重油槽及鋼製輕質油槽等ノ工事費ニシテ本件ハ豫算ノ目的外ニ屬スルモノニシテ警告ス

商工省所管
歳出臨時部
第一款 產業獎勵費
第七項 製造業獎勵費

(五) 商工省ノ支出ニ係ル(會計檢査院報告一)
四九、六三四・七〇〇円
右ハ獎勵金ノ交付ニ當リ措置妥當ヲ缺クノ嫌アリ依テ警告ス

大藏省所管朝鮮總督府
歳出臨時部
第五款 營繕費
第九項 新營及設備費

(六) 朝鮮總督府專賣局ノ支出ニ係ル(會計檢査院報告二)
一二、一一一・二一〇円
右ハ慶尙南道所在ノ建物買收代價ニシテ本件ハ建物ノ買收ニ當リ時價ノ算定共ノ宜シキヲ得ス依テ警告ス

大藏省所管關東廳
歳出臨時部
第一款 事業費
第八項 大連市街擴張費

(七) 關東廳內務局土木課出張所ノ支出ニ係ル(會計檢査院報告二)
三四、四五八・六二〇円
右ハ大連市ニ於テ下水工場移轉總工費見込額ノ內ニシテ本件ハ經費ノ支辨ニ付措置妥當ヲ缺クノ嫌アリ依テ警告ス

鐵道省所管
收益勘定
歳出
第一款 鐵道作業費
第一項 事業費

(八) 鐵道省ノ支出ニ係ル(會計檢査院報告四)
四一、六四一・二七〇円
右ハ特別小口扱及小口扱貨物ノ集貨配達作業請負人ニ對シ交付セル獎勵金ノ內ニシテ本件ハ獎勵金ノ交付ニ當リ措置共ノ當ヲ得サルモノニシテ警告ス

官有物

(九) 朝鮮總督府ニ於ケル國有地貸付ノ件(會計檢査院報告三)
右ハ國有未墾地ノ管理上措置妥當ヲ缺クノ嫌アリ依テ警告ス

(一〇) 鐵道省ニ於テ京阪電鐵株式會社ト國有財產交換ノ名ヲ以テ國有鐵道ノ工事ヲ爲シタル件(會計檢査院報告六)
右ハ名ヲ國有財產ノ交換ニ藉リ豫算外ノ工事ヲ爲シタルノ嫌アリ依テ警告ス

遞信省所管
歳出臨時部
第二款 電信電話營繕費
第二項 海底電信線修繕費

(一一) 遞信省ノ支出ニ係ル(會計檢査院報告九)
一一八、三二〇・〇〇〇円
右ハ東京小笠原間外五箇所海底線修理工事費トシテ支出シタルモノニシテ本件ハ豫算ノ使用共ノ宜シキヲ得サルモノニシテ警告ス

注意事項

内務省所管

歳出臨時部

第七款 北海道拓殖費

第一項 殖民費

（一）北海道廳ノ支出ニ係ル（會計檢査院報告三）

二八、〇四四・六五〇円

右ハ同廳附屬倉庫增築工事代金ニシテ本件ハ地方費ヲ以テ支辨スヘク國費ヲ以テ支辨スヘキモノニ非ス依テ注意ヲ促ス

第四項 土地改良費

（二）北海道廳ノ支出ニ係ル（會計檢査院報告四）

二七七、九八一・〇〇〇円

右ハ土功組合中事業成績不良ナル用水組合ニ對シ特別救濟金ヲ支出シタルモノニシテ失當ノ措置ナリト認ム依テ注意ヲ促ス

大藏省所管

歳出臨時部

第九款 震災復舊及新營費

第二項 工事費

（三）内閣印刷局ノ支出ニ係ル（會計檢査院報告三）

二四、三五四・〇〇〇円

右ハ同局抄紙部工場復舊ノ爲抄紙原料共ノ他ノ購入代價ニシテ本件ハ不急ノ物品ヲ購入シタル嫌アリ依テ注意ヲ促ス

司法省所管

歳出臨時部

第二款 營繕費

第十一項 陪審法廷及陪審員宿舍其他新營費

（四）旭川地方裁判所ノ支出ニ係ル（會計檢査院報告一）

七、三六三・六七六円

右ハ陪審法廷及陪審員宿舍新營ニ際シ既設ノ裁判所廳舍ニ就キ增築、修繕等ヲ爲シタル工費ノ内ニシテ本件ハ豫算ノ使用妥當ヲ缺クノ嫌アリ依テ注意ヲ促ス

大藏省所管朝鮮總督府

歳入經常部

第一款 租税

第十一項 關税

（五）新義州税關ニ於テ徵收ニ至ラサルモノ（會計檢査院報告一）

二一七、二四七・〇〇〇円

右ハ輸入税ノ免除ニ關シ措置共ノ宜シキヲ得ス將來ニ對シテ注意ヲ促ス

大藏省所管臺灣總督府

歳入臨時部

第一款 官有物拂下代

第一項 官有物拂下代

（六）臺中州ノ徵收ニ係ル（會計檢査院報告三）

五、一六七・四六〇円

右ハ土地ノ賣渡ニ當リ價格ノ評定宜シキヲ得ス將來ニ對シ注意ヲ促ス

（七）臺南州ノ徵收ニ係ル（會計檢査院報告四）

三、五四八・一五〇円

右ハ土地ノ賣拂價格低廉ニ失スルモノニシテ注意ヲ促ス

大藏省所管

歳出臨時部

第五款 地方費補助

第一項 地方費補助

（八）關東廳ノ支出ニ係ル（會計檢査院報告三）

一、〇〇〇、〇〇〇・〇〇〇円

右ハ地方費補助トシテ關東州地方費ノ歳入ニ繰入レタルモノニシテ本件ハ補助費ノ支給ニ關シ措置共ノ宜シキヲ得サル嫌アリ依テ注意ヲ促ス

遞信省所管

歳出

第一款 簡易生命保險費

第二項 事業費

（九）簡易保險局ノ支出ニ係ル（會計檢査院報告一）

二二、〇七六・五〇〇円

右ハ物品ノ購入ニ當リ措置共ノ宜シキヲ得サルノ嫌アリ依テ注意ヲ促ス

官有物

（一〇）富山縣ニ於ケル國有財産ノ無償讓與ノ件（會計檢査院報告一）

右ハ國有財産ノ讓與共ノ宜シキヲ得サル嫌アリ依テ注意ヲ促ス

政府ノ辨明ヲ認メタルモノ

一般會計

大藏省所管

報告ノ二 那覇税務署ノ徵收ニ係ルモノ

陸軍省所管

報告ノ二 營繕管財局ノ支出ニ係ルモノ

報告ノ二 第五師團經理部ノ支出ニ係ルモノ

特別會計

報告ノ一 東京税務監督局ノ徵收ニ係ルモノ

報告ノ二 東京税務監督局ノ徵收ニ係ルモノ

---

報告書

一昭和三年度國有財産增減總計算書

右ハ本院ニ於テ是認スヘキモノト議決致候此段及報告候也

昭和七年六月十日

決算委員長 樋口典常

衆議院議長秋田清殿

---

報告書

一昭和四年度歳入歳出總決算、昭和四年度各特別會計歳入歳出決算

右ハ本院ニ於テ別紙ノ通議決スヘキモノト議決致候此段及報告候也

昭和七年六月十日

決算委員長 樋口典常

衆議院議長秋田清殿

（別紙）

不法又ハ不當ナルモノ

昭和四年度歳入歳出總決算中

歳入ニ於テ

不當ナルモノ 二十一件

歳出ニ於テ

不法ナルモノ 一件

不當ナルモノ 十三件

昭和三年度各特別會計歳入歳出決算中

歳入ニ於テ

不當ナルモノ 十一件

歳出ニ於テ

不當ナルモノ 四件

官金

不法ナルモノ 一件

官有物

不當ナルモノ 三件

合計 五十四件

既往年度（大正十一年度、大正十四年度、大正十五年度、昭和元年度、昭和二年度及昭和三年度）

一般會計

歳入ニ於テ

不當ナルモノ 十六件

歳出ニ於テ

不當ナルモノ 二件

特別會計

歳入ニ於テ

不當ナルモノ 二件

合計 二十件

總計 七十四件

昭和四年度歳入歳出總決算及同各特別會計歳入歳出決算中不法又ハ不當ナリト議決シタル事項左ノ如シ

不法ナルモノ
一般會計歳出ニ於テ
豫算目的外ノ支出ヲナシタルモノ　一件
官金ニ於テ
預金部資金ノ運用宜シキヲ得サルモノ　一件
計　二件
不當ナルモノ
一般會計歳入ニ於テ
租税ノ徴收不足ニ屬スルモノ　十七件
租税ノ徴收過ニ屬スルモノ　二件
租税ノ賦課徴收ニ關シ措置其ノ宜シキヲ得サルモノ　二件
計　二十一件
一般會計歳出ニ於テ
豫算ノ使用宜シキヲ得サルモノ　三件
補助金ノ支給ニ關シ措置其ノ宜シキヲ得サルモノ　二件
豫算ノ餘裕アルニ乘シ不急ノ物品ヲ購入シタルモノ　一件
工事ノ施行ニ當リ措置其ノ宜シキヲ得サルモノ　一件
國債ノ發行ニ關シ監督其ノ宜シキヲ得サルモノ　一件
物件ノ購入ニ當リ措置其ノ宜シキヲ得サルモノ　二件
虚構ノ事實ニ對シ支拂ヲ爲シタルモノ　二件
工事費ノ支出宜シキヲ得サルモノ　一件
計　十三件
特別會計歳入ニ於テ
租税外歳入ノ徴收ニ關シ監督其ノ宜シキヲ得サルモノ　二件
租税ノ徴收不足ニ屬スルモノ　五件
材木ノ資拂ニ當リ措置其ノ宜シキヲ得サルモノ　四件
計　十一件

特別會計歳出ニ於テ
内地鹽回送料金ノ決定其ノ宜シキヲ得サルモノ　一件
共濟組合ニ對シ不當ナル支出ヲ爲シタルモノ　一件
工事ノ施行ニ當リ調査ノ周到ヲ缺キタルモノ　一件
物件ノ購入ニ當リ措置其ノ宜シキヲ得サルモノ　一件
計　四件
官有物
國有林野ノ管理其ノ宜シキヲ得サルモノ　一件
官有物ノ處分ニ當リ措置其ノ宜シキヲ得サルモノ　一件
國有林ノ管理竝處分其ノ宜シキヲ得サルモノ　一件
計　三件
合計　五十四件
既往年度(大正十二年度、大正十四年度、大正十五 昭和元 年度、昭和二年度及昭和三年度)
一般會計歳入ニ於テ
租税ノ徴收不足ニ屬スルモノ　十一件
租税ノ徴收過ニ屬スルモノ　五件
一般會計歳出ニ於テ
虚構ノ事實ニ對シ支拂ヲ爲シタルモノ　二件
特別會計歳入ニ於テ
租税ノ徴收不足ニ屬スルモノ　一件
租税ノ徴收過ニ屬スルモノ　一件
合計　二十件
總計　七十四件
警告ヲ附シタル事項左ノ如シ
昭和四年度
一般會計歳出ニ於テ
豫算ノ目的外ノ支出ヲ爲シタルモノ　二件
豫算ノ使用其ノ宜シキヲ得サルモノ　二件

郵便物遞送自動車料金ノ算定宜シキヲ得サルモノ　一件
豫算ノ餘裕アルニ乘シ不急ノ物品ヲ購入シタルモノ　一件
計　六件
特別會計歳入ニ於テ
租税ノ徴收過ニ屬スルモノ　一件
計　一件
特別會計歳出ニ於テ
電力料金ノ決定其ノ宜シキヲ得サルモノ　一件
請負工事費ノ決定其ノ宜シキヲ得サルモノ　一件
運賃割戻金ヲ以テ新線路ノ建設費ニ充當シタルモノ　一件
補助金ノ支給ニ關シ措置宜シキヲ得サルモノ　一件
計　四件
官有物
國有土地建物ヲ財源トシテ豫算外ノ工事ヲ施行シタルモノ　一件
國有地ノ貸付其ノ宜シキヲ得サルモノ　一件
計　二件
既往年度(昭和三年度)
一般會計歳出ニ於テ
補助金ノ支給ニ關シ措置其ノ宜シキヲ得サルモノ一件
計　一件
合計　十四件
注意事項左ノ如シ
昭和四年度
一般會計歳出ニ於テ
豫算ノ目的外ノ支出ヲ爲シタルモノ　二件
補助金ノ支給其ノ宜シキヲ得サルモノ　一件
豫算ノ使用其ノ宜シキヲ得サルモノ　一件
計　四件

特別會計歳入ニ於テ
林木ノ資拂ニ當リ措置宜シキヲ得サルモノ　一件
租税外歳入ノ徴收ニ關シ措置宜シキヲ得サルモノ　一件
豫算ノ目的外ノ支出ヲ爲シタルモノ　一件
計　三件
特別會計歳出ニ於テ
請負工事費ノ決定宜シキヲ得ス國庫ニ損失ヲ及ホシタルモノ　一件
集會所新設ニ當リ措置宜シキヲ得サルモノ　一件
貨物集配料金ノ決定宜シキヲ得サルモノ　一件
計　三件
官有物
國有地ノ交換ニ當リ價格ノ評定其ノ宜シキヲ得サルモノ　一件
計　一件
既往年度(昭和三年度)
一般會計歳出ニ於テ
豫算ノ目的外ノ支出ヲ爲シタルモノ　二件
計　二件
合計　十三件

昭和四年度歳入歳出總決算昭和四年度各特別會計歳入歳出決算及既往年度未確定決算中左ノ如ク議決ス

一般會計
歳入經常部
第一款　租税
第一項　所得税
(一) 板橋税務署ニ於テ徴收不足ニ屬スルモノ(會計檢査院報告一)
一三、四四四・〇〇〇円
(二) 伏見外八税務署ニ於テ徴收不足ニ屬スルモノ(同上)
七、四八八・六四〇

(三) 札幌税務署ニ於テ徴收不足ニ屬スルモノ(同上)
六、一八〇・一二〇

(四) 厩橋税務署ニ於テ徴收不足ニ屬スルモノ(同上)
四、八〇六・二七〇

(五) 永代橋税務署ニ於テ徴收不足ニ屬スルモノ(同上)
三、八一七・四二〇

(六) 南税務署ニ於テ徴收不足ニ屬スルモノ(同上) 三、六六一・六六〇

(七) 同税務署ニ於テ徴收不足ニ屬スルモノ(同上) 三、三九六・四七〇

(八) 足利税務署ニ於テ徴收不足ニ屬スルモノ(同上)
二、九三一・六〇〇

資本利子税ニ於テ同署ノ徴收不足ニ屬スルモノ
五〇九・一八〇

(九) 新發田税務署ニ於テ徴收不足ニ屬スルモノ(同上)
二、八二九・七五〇

資本利子税ニ於テ同署ノ徴收不足ニ屬スルモノ　三三二・二〇〇

(一〇) 東税務署ニ於テ徴收不足ニ屬スルモノ(同上)
二、六四六・六七〇

(一一) 南税務署ニ於テ徴收不足ニ屬スルモノ(同上)
二、六三一・五八〇

(一二) 伏見税務署ニ於テ徴收不足ニ屬スルモノ(同上)
二、五七七・七五〇

(一三) 上京税務署ニ於テ徴收不足ニ屬スルモノ(同上)
二、四五九・一四〇

(一四) 札幌税務署ニ於テ徴收不足ニ屬スルモノ(同上)
二、四五〇・二〇〇

(一五) 東税務署ニ於テ徴收不足ニ屬スルモノ(同上)
二、四四一・四六〇

(一六) 上京税務署ニ於テ徴收不足ニ屬スルモノ(同上)
二、四一四・四三〇

(一七) 四谷税務署ニ於テ徴收不足ニ屬スルモノ(同上)
二、一三三・〇六〇

(一八) 西宮税務署ニ於テ徴收過ニ屬スルモノ(同上)
三、三八二・〇五〇

營業收益税ニ於テ同署ノ徴收過ニ屬スルモノ　二五〇・一六〇

(一九) 神田橋税務署ニ於テ徴收過ニ屬スルモノ(同上)
二、三六八・八〇〇

右ハ執モ取扱ノ過誤ニ因リ徴收上過不足ヲ生セシメタルモノニシテ不當ナリトス

第五項 相續税

(二〇) 明石税務署ノ徴收ニ係ル(會計檢査院報告二)
三七、九七九・三九〇円

右ハ課税價格ヲ決定スルニ當リ贈與ノ價格ヲ脱漏シタルガ爲税額ニ於テ不足ヲ來シタルモノニシテ不當ナリトス

(二一) 和歌山税務署ノ徴收ニ係ル(會計檢査院報告三)
二、六二九・五四〇円

右ハ課税價格ヲ決定スルニ當リ未收入利子、借入金及未拂利子ヲ控除セス又出資持分ヲ過大ニ計算シ課税價格ニ對スル税額ノ超過ヲ來タシタルモノニシテ不當ナリトス

内務省所管

歳出臨時部

第三十一款 災害費

第七項 靜岡縣災害土木費補助

(二二) 靜岡縣ノ支出ニ係ル(會計檢査院報告三) 七、六七五・二一九円

右ハ同縣災害復舊工事玉機橋架設工事費ニシテ災害ニ基ク必要ノ工事ニ非サルニ本費補助金ノ支給ヲ爲セル妥當ノ措置ニアラス依テ不當ナリトス

第三十二款 帝都復興事業費

第一項 東京復興費

(二三) 復興局ノ支出ニ係ル(會計檢査院報告四)
九三、八三二・二五二円

右ハ同局東京第四出張所ノ施行ニ係ル街路一部撤築其ノ他盛土工事費等ニシテ工事ノ施行ニ當リ措置其ノ宜シキヲ得ス依テ不當ナリトス

大藏省所管

歳出經常部

第十三款 諸支出金

第一項 諸支出金

(二四) 大藏省ノ支出ニ係ル(會計檢査院報告一)
一六、〇七七・七四〇円

右ハ國債廢棄ニ因リタル損害ノ賠償金トシテ日本銀行ニ支拂ヒタルモノニシテ本件ハ國債ノ發行ニ關シ監督其ノ宜シキヲ得ス國庫ニ損失ヲ及ホシタルモノニシテ不當ナリトス

歳出臨時部

第二十款 大禮施設費

第一項 大禮施設費

(二五) 内閣ノ支出ニ係ル(會計檢査院報告四)
一〇九、八二五・五〇〇円

右ハ隨意契約ヲ以テ購入シタル大禮記念章等ノ代價ニシテ本件ハ高價ノ物品ヲ購入スルニ至リタル措置其ノ宜シキヲ得サルモノトシテ不當ナリトス

陸軍省所管

歳出經常部

第二款 軍事費

第五項 兵器及馬匹費

(二六) 第一師團經理部ノ支出ニ係ル(會計檢査院報告一)
一、一〇〇・七八〇円

右ハ兵器部ニ於テ兵器手入等ニ要シタル金額ト稱スレドモ本件ハ虚構ノ事實ニ對シ支拂ヲ爲シタルモノニシテ不當ナリトス

海軍省所管

歳出經常部

第二款 軍事費

第五項 造船及修理費

(二七) 海軍省經理局共ノ他ノ支出ニ係ル(會計檢査院報告一)
五六四、二四二・二五〇円

右ハ館山海軍航空隊ニ設備シタル飛行艇ノ代價ニシテ本費ノ支辨ト爲スヘキモノニアラス本件ハ會計法ニ違背シタルト認メラル依テ不法ナリトス

司法省所管

歳出臨時部

第二款 營繕費

第九號 新營費

(二八) 市谷刑務所ノ支出ニ係ル(會計檢査院報告二)
二、九六三・二一〇円

右ハ同所ニ於テ俸給、被服費等ニ支拂ヒタル金額ニシテ本費ノ支辨ト爲スヘキモノニアラス豫算ノ使用其ノ宜シキヲ得サルモノニシテ不當ナリトス

第三款 震災復舊諸費

第二項 巣鴨刑務所移築費

(二九) 巣鴨刑務所ノ支出ニ係ル(會計檢査院報告三)
一三、九五〇・〇〇〇円

右ハ「セメント」ヲ購入シタル代價ニシテ物件ノ購入ニ當リ措置其ノ宜シキヲ得サルモノニシテ不當ナリトス

農林省所管

歲出經常部

第三款　試驗場及調查所費

第二項　事業費

(三〇)　獸疫調査所其ノ他ノ支出ニ係ル(會計檢査院報告一)

一、八八二・二五〇円

右ハ同所官舍ノ修繕及新營工事費ニシテ本件ハ工事施行等ニ於テ其ノ妥當ナラサルモノニ過年度支出ヲ爲スハ不當ナリトス

歲出臨時部

第一款　産業奬勵費

第二項　開墾及土地改良費

(三一)　農林省ノ支出ニ係ル(會計檢査院報告二)　一九七・一一〇円

右ハ開墾助成ノ爲補助金ヲ支給シタルモノニシテ本件ハ其ノ支給ニ關シ措置其ノ宜シキヲ得ス依テ不當ナリトス

遞信省所管

歲出經常部

第五款　年金及恩給

第二項　恩給

(三二)　貯金局ノ支出ニ係ル(會計檢査院報告三)　四四八・五〇〇円

右ハ恩給及扶助料トシテ支拂ヒタルモノニシテ本件ハ虛構ノ事實ニ對シ支拂ヲ爲シタルハ不當ナリトス

歲出臨時部

第二十二款　震災復舊及新營費

第三項　電信電話施設費

(三三)　東京遞信局ノ支出ニ係ル(會計檢査院報告五)

三八七、〇〇七・九八〇円

右ハ東京及横濱市內電話線路復舊工事費中本省交付品ヲ併セタル金額ノ內ニシテ本件ハ工事ニ對シ之カ工費ノ全部ヲ本費ノ支辨ト爲シタルハ妥當ナラス依テ不當ナリトス

(三四)　東京遞信局ノ支出ニ係ル(會計檢査院報告六)

一二、一〇五・五〇〇

右ハ鑄鐵管、鉛管、亞鉛鍍鋼管等ノ代價ニシテ本件ハ豫算ノ剩餘アルニ乘シ不要ノ物品ヲ購入シタルモノニシテ不當ナリトス

拓務省所管

歲出經常部

第一款　拓務本省

第二項　事務費

(三五)　拓務省ノ支出ニ係ル(會計檢査院報告一)

一八、二四四・〇〇〇円

右ハ同省官吏等ニ對シ慰勞金ヲ支給シタルモノニシテ本件ハ豫算ノ使用其ノ宜シキヲ得サルモノニシテ不當ナリトス

特別會計

大藏省所管專賣局

歲出

第一款　專賣局作業費

第二項　事業費

(三六)　大阪外四地方專賣局ノ支出ニ係ル(會計檢査院報告一)

三、〇一七、二四七・〇七〇円

右ハ本局契約ニ基キ內地鹽回送費トシテ支拂ヒタル金額ニシテ本件ハ回送費ノ決定其ノ宜シキヲ得ス國庫ニ損失ヲ及ホシタルモノニシテ不當ナリトス

文部省所管

歲入經常部

第三款　東北帝國大學

第二項　諸收入

(三七)　東北帝國大學ニ於テ歲入ニ編入スヘキモノ(會計檢査院報告一)

二四、五七〇・〇〇〇円

右ハ德江某カ授業料研究料等ヲ横領セシ金額ニシテ本件ハ監督其ノ宜シキヲ得サリシニ因ルモノニシテ不當ナリトス

鐵道省所管帝國鐵道

資本勘定

歲出

第一款　鐵道建設及改良費

第一項　建設費

(三八)　鐵道省其ノ他支出ニ係ル(會計檢査院報告一)

二二七、二六四・三〇〇円

右ハ同所共濟組合勞務從事員等人件費トシテ支出セルモノニシテ本件ハ國庫支辨ト爲スヘキモノニ非ス依テ不當トス

拓務省所管朝鮮總督府

歲入經常部

第一款　租稅

第三項　營業稅

(三九)　仁川府ニ於テ徵收不足ニ屬スルモノ(會計檢査院報告一)

一、六〇七・八三〇円

右ハ課稅標準ヲ決定スルニ當リ遺算シタルモノニシテ不當ナリトス

第三款　官業及官有財產收入

第二項　鐵道收入

(四〇)　朝鮮總督府鐵道局ニ於テ歲入ニ編入スヘキモノ(會計檢査院報告二)　八、二八三・七一〇円

右ハ同局須藤某カ入院料及藥價等横領費消セシ金額ニシテ本件ハ監督其ノ宜シキヲ得サリシニ因ルモノニシテ不當ナリトス

拓務省所管臺灣總督府

歲入經常部

第一款　租稅

第二項　製茶稅

(四一)　臺灣總督府稅關ニ於テ收入ニ至ラサルモノ(會計檢査院報告一)

四〇、一〇四・五二〇円

右ハ取扱上注意ノ周到ヲ缺キ多額ノ製茶稅ヲ逋脫シタルニ因ルモノニシテ不當ナリトス

拓務省所管樺太廳

歲入經常部

第一款　租稅

第二項　所得稅

(四二)　樺太廳泊居支廳ニ於テ徵收不足ニ屬スルモノ(會計檢査院報告一)

四二、五一六・七〇〇円

右ハ所得額ヲ決定スルニ當リ製造業所得ヲ免稅シ賞與金ヲ計算セサリシ等其ノ取扱ノ過誤ニ因リタルモノニシテ妥當ナラス依テ不當トス

(四三)　樺太廳豐原支廳ニ於テ徵收不足ニ屬スルモノ(會計檢査院報告二)　三、七三四・九一〇円

(四四)　樺太廳泊居支廳ニ於テ徵收不足ニ屬スルモノ(同上)

二、三四一・一六〇

右ハ孰モ取扱ノ過誤ニ因リ徵收上不足ヲ生セシメタルモノニシテ不當ナリトス

第二款　官業及官有財產收入

第六項　森林收入

(四五)　樺太廳敷香支廳ノ徵收ニ係ル(會計檢査院報告三)

九三、二七五・九七〇円

右ハ開墾支障木トシテ隨意契約ヲ以テ賣拂ヒタル國有林木ノ代金ニシテ本件

ハ林木ノ賣拂ニ當リ措置其ノ宜シキヲ得サルモノニシテ不當ナリトス

（四六） 樺太廳泊居支廳ノ徴收ニ係ル（會計檢査院報告四）

六三、〇二六・四九〇円

右ハ國有林木ヲ賣拂ヒタル代金ノ内ニシテ本件ハ枯木及燒損木トシテ低廉ナル價格ニ賣拂ヒタル措置其ノ宜シキヲ得ス不當ナリトス

（四七） 樺太廳泊居支廳ノ徴收ニ係ル（會計檢査院報告五）

六〇、七一一・三〇〇円

右ハ同島特別處分令ニ依リ島内販賣用トシテ賣拂ヒタル立木ノ代價ニシテ本件ハ林木ノ拂下ニ當リ措置其ノ宜シキヲ得ス依テ不當トス

（四八） 樺太廳眞岡支廳ニ於テ收入未濟ニ屬スルモノ（會計檢査院報告六）

三三、三九四・〇七〇円

右ハ同島特別處分令ニ依リ隨意契約ヲ以テ賣拂ヒタル國有林木ノ代金ニシテ本件ハ林木ノ拂下ニ關シ措置其ノ宜シキヲ得ス國庫ニ損失ヲ及ホシタルモノニシテ不當ナリトス

歳出臨時部

第四款 特別事業費

第一項 鐵道建設費

（四九） 樺太廳鐵道事務所ノ支出ニ係ル（會計檢査院報告七）

二四、八五七・七〇〇円

右ハ鐵道建設工事ノ内當泊居停車場及線路ニ要シタル用地費補償等ニシテ本件ハ工事ノ施行ニ當リ調査ノ周到ヲ缺キ國庫ニ損失ヲ及ホシタルモノニシテ不當ナリトス

第五款 鐵道改良費

第一項 鐵道改良費

（五〇） 樺太廳鐵道事務所ノ支出ニ係ル（會計檢査院報告八）

七七八、〇九三・〇〇〇円

右ハ隨意契約ヲ以テ購入セル石炭車外八點ノ代金ニシテ本件ハ物件ノ購入ニ當リ措置其ノ宜シキヲ得ス國庫ニ損失ヲ及ホシタルモノニシテ不當ナリトス

官 金

（五一） 大藏省預金部ニ於テ外貨ヲ買入レタルモノ（會計檢査院報告一）

一五一、五五七、〇八三・〇〇〇円

右ハ同省預金部ニ於テ預金部資金ヲ以テ外貨ヲ買入レタルモノニシテ本件ハ預金部資金ノ運用其ノ宜シキヲ得ス國庫ニ損失ヲ及ホシタルモノニシテ不法ナリトス

官有物

（五二） 朝鮮總督府ニ於テ林野貸付ノ件（會計檢査院報告三）

右ハ朝鮮總督府ニ於テ造林ヲ目的トシ貸付セル林野ノ内既ニ貸付期間滿了シ其處分未濟ニ屬スルモノニシテ本件ハ處分未濟ノ儘之ヲ放任シ且ツ貸付料金徴收上未濟額ヲ生セシムルカ如キハ不當ナリトス

（五三） 樺太廳ニ於テ無償讓與ノ件（會計檢査院報告五）

右ハ樺太廳ニ於テ敷香郡内ニテ國有林木ヲ内川軌道附屬建物建築其ノ他工事用材ノ名義ヲ以テ無償讓與ヲ爲シタルモノニシテ本件ハ官有物ノ處分ニ當リ措置其ノ宜シキヲ得ス國庫ニ不利ヲ及ホシタルモノニシテ不當ナリトス

（五四） 樺太廳ニ於テ薪材賣拂ノ件（會計檢査院報告六）

右ハ樺太廳ニ於テ島内販賣用薪材等トシテ賣拂ヒタル國有林木ニシテ本件ハ國有林ノ管理並處分其ノ宜シキヲ得ス國庫ニ不利ヲ及ホシタルモノニシテ不當ナリトス

既往年度

大正十二年度

一般會計

内務省所管

第二款 治水事業費

第二項 河川費

（一） 内務省仙臺土木出張所ノ支出ニ係ル（會計檢査院報告一）

四、九五〇・七五〇円

右ハ虚構ノ事實ニ對シ支拂ヲ爲シタルモノニシテ不當ナリトス

大正十四年度

一般會計

歳入經常部

第一款 租 税

第三項 營業税

（二） 横濱税務署ニ於テ徴收不足ニ屬スルモノ（會計檢査院報告二）

九、一一四・一六〇円

右ハ課税標準ヲ決定スルニ當リ誤算アリタルモノニシテ不當ナリトス

大正十五年 昭和元 年度

一般會計

歳入經常部

第一款 租 税

第三項 營業税

（三） 横濱税務署ニ於テ徴收不足ニ屬スルモノ（會計檢査院報告三）

一四、〇二四・七六〇円

右ハ課税標準ヲ決定スルニ當リ誤算アリタルモノニシテ不當ナリトス

昭和二年度

一般會計

歳入經常部

第一款 租 税

第一項 所得税

（四） 品川税務署ニ於テ徴收不足ニ屬スルモノ（會計檢査院報告四）

五、二六二・〇七〇円

（五） 幸橋税務署ノ徴收不足ニ屬スルモノ（同上） 五、〇〇〇・〇〇〇

營業收益税ニ於テ同署ノ徴收不足ニ屬スルモノ 二、九八六・八二〇

（六） 玉造税務署ニ於テ徴收不足ニ屬スルモノ（同上）

二、四一六・四二〇

右ハ孰モ取扱ノ過誤ニ因リ徴收上不足ヲ生セシメタルモノニシテ不當ナリトス

特別會計

大藏省所管

樺太廳

歳入經常部

第一款 租 税

第二項 所得税

（七） 樺太廳泊居支廳ニ於テ徴收不足ニ屬スルモノ（會計檢査院報告五）

七〇、〇二三・五四〇円

右ハ事業年度ノ所得額ヲ決定スルニ當リ計算ヲ誤リタルモノニシテ不當ナリトス

昭和三年度

一般會計

歳入經常部

第一款 租 税

第一項 所得税

（八） 幸橋税務署ニ於テ徴收不足ニ屬スルモノ（會計檢査院報告六）

四、六六七・一二〇円

（九） 南税務署ノ徴收不足ニ屬スルモノ（同上） 三、六九三・三八〇

資本利子税ニ於テ同署ノ徴收不足ニ屬スルモノ 五四〇・一〇〇

（一〇） 品川税務署ニ於テ徴收不足ニ屬スルモノ（同上）

三、五九二・一〇〇

(一一) 南税務署ニ於テ徴收不足ニ屬スルモノ(同上) 三、五八六・四七〇円

(一二) 西税務署ノ徴收過ニ屬スルモノ(同上) 一二三、九〇三・三八〇

營業收益税ニ於テ同署ノ徴收過ニ屬スルモノ 一、六七四・三四〇

(一三) 西宮税務署ニ於テ徴收過ニ屬スルモノ(同上) 五、七三〇・八三〇

(一四) 幸橋税務署ニ於テ徴收過ニ屬スルモノ(同上) 五、一八四・〇〇〇

(一五) 西宮税務署ニ於テ徴收過ニ屬スルモノ(同上) 五、一二五・五一〇

(一六) 神戸税務署ノ徴收過ニ屬スルモノ(同上) 二、三六三・四八〇

營業收益税ニ於テ同署ノ徴收過ニ屬スルモノ 一、二九六・〇〇〇

右ハ孰モ取扱ノ過誤ニ因リ徴收上過不足ヲ生セシメタルモノニシテ不當ナリトス

第三項 營業收益税

(一七) 永代橋税務署ニ於テ徴收不足ニ屬スルモノ(會計檢査院報告七) 一二、八九八・五五〇円

(一八) 板橋税務署ニ於テ徴收過ニ屬スルモノ(同上) 九、五一八・二九〇

右ハ孰モ取扱ノ過誤ニ因リ徴收上過不足ヲ生セシメタルモノニシテ不當ナリトス

海軍省所管

歳出經常部

第二款 軍事費

第四項 衣糧費

(一九) 海軍省經理局及佐世保海軍經理部ノ支出ニ係ル(會計檢査院報告十一) 二、三三三・八一一円

右ハ糧食品購入代金トシタルモ虚構ノ事實ニ對シ支拂ヲ爲シタルモノニシテ不當ナリトス

特別會計

大藏省所管

樺太廳

歳入經常部

第一款 租税

第十項 營業收益税

(二〇) 樺太廳大泊支廳ニ於テ徴收過ニ屬スルモノ(會計檢査院報告十二) 二、三七二・五四〇円

右ハ營業純益額ヲ決定スルニ當リ誤算シタルニ因ルモノニシテ不當ナリトス

警告

大藏省所管

歳出臨時部

第十六款 災害費

第七項 横濱税關建造物其他震災復舊費

(一) 横濱税關ノ支出ニ係ル(會計檢査院報告三) 三、一二一・〇〇〇円

右ハ長濱檢疫事務所ノ工事費ニシテ本件ハ本項豫算ノ目的外ニ屬スルモノトシテ警告ス

海軍省所管

歳出經常部

第二款 軍事費

第九項 艦營費

(二) 横須賀及呉海軍經理部ノ支出ニ係ル(會計檢査院報告二) 二、一九〇、九三四・六五〇円

右ハ鋼製重油槽及附屬裝置等ノ設備工事費ニシテ本費支辨ト爲スヘキモノニアラス依テ警告ス

司法省所管

歳出經常部

第三款 刑務費

第三項 收容費

(三) 小菅外四十五刑務所及小田原外七少年刑務所ノ支出ニ係ル(會計檢査院報告一) 九七、三二六・七二〇円

右ハ作業助手給料、手當及慰勞金ニシテ本件ハ豫算ノ使用其ノ宜シキヲ得ス依テ警告ス

遞信省所管

歳出經常部

第二款 遞信費

第二項 遞信事業費

(四) 東京遞信局ノ支出ニ係ル(會計檢査院報告一) 五〇八、二四二・九七〇円

右ハ同局内郵便物遞送ノ料金ニシテ本件ハ自動車遞送料金ノ算定其ノ宜シキヲ得ス警告ス

(五) 遞信省ノ支出ニ係ル(會計檢査院報告二) 三七六、〇二一・〇〇〇円

右ハ同省ニ於テ購入シタル硬銅線ノ代價ニシテ本件ハ豫算ノ餘裕アルニ乘シ不急ノ物品ヲ購入セルノ嫌アリ依テ警告ス

歳出臨時部

第五款 電話交換擴張費

第二項 事業費

(六) 遞信省ノ支出ニ係ル(會計檢査院報告四) 三八、五三〇・〇〇〇円

右ハ大阪中央電話局南分局新築其ノ他ノ工事費ニシテ本件ハ別途豫算ノ要求ニ俟ツヲ相當トシ之ヲ本費支辨ト爲スカ如キハ失當ノ措置ト認メラル依テ警告ス

鐵道省所管帝國鐵道用品勘定

歳出

第一款 鐵道用品及工作費

第一項 用品及工作費

(七) 鐵道省ノ支出ニ係ル(會計檢査院報告三) 一四、七三〇・三〇〇円

右ハ同省後藤工場ニ於テ購入シタル電力料金ニシテ本件ハ電力料金ノ決定其ノ宜シキヲ得ス國庫ニ損失ヲ及ホスノ嫌アリ依テ警告ス

收益勘定

歳出

第一款 鐵道作業費

第一項 事業費

(八) 鐵道省ノ支出ニ係ル(會計檢査院報告五) 五五、五五四・三五〇円

右ハ東京鐵道局管内ニ於ケル鐵桁除換工事等ノ請負工事費ニシテ本件ハ請負工事費ノ決定其ノ宜シキヲ得ス依テ警告ス

第三項 諸拂戻及立替金

(九) 鐵道省ノ支出ニ依ル(會計檢査院報告六) 一六〇、六七五・一九〇円

右ハ東北線王子支線ニ依ル託送貨物ノ運賃割戻金トシテ支拂ヒタルモノニシテ本件ハ運賃割戻金ヲ以テ其ノ實新線路ノ建設費ニ充當シタル如キハ妥當ナラスト認ムルヲ以テ將來ニ對シ警告ス

拓務省所管關東廳

歳入經常部

第一款 租税

第三項 所得税

(一〇) 大連民政署ニ於テ徴收過ニ屬スルモノ(會計檢査院報告二) 二一、九二六・七六〇円

右ハ所得額ヲ決定スルニ當リ慰勞金ヲ當期ノ損金ト爲サザリシニ因リ租税ノ徴收過ニ至レルモノニシテ警告ス

歳出臨時部

第二款　補助費

第一項　地方費補助

（一一）關東廳ノ支出ニ係ル（會計檢査院報告三）

八〇〇、〇〇〇・〇〇〇円

右ハ地方費補助トシテ關東廳地方費ノ歳入ニ繰入レタルモノニシテ本件ハ補助金ノ膨脹ヲ豫期シ地方費ノ一般財源ニ供セルカ如キハ失當ノ措置ニシテ將來ニ對シ警告ス

官有物

（一二）臺灣軍經理部ニ係ル件（會計檢査院報告一）

右ハ臺灣軍經理部ニ於テ諸部隊用宿舍敷地ヲ臺灣總督府ニ無償管理換ヲ爲シ同府ヲシテ之ヲ臺北市ニ無償讓與セシメ更ニ右地上ニ存スル建物及立木等ノ地上物件ヲ同市ニ交付シ之等ノ代償トシテ價格ニ相當スル家屋ヲ提供セシメタルモノニシテ本件ハ國有土地建物ヲ財源トシテ豫算外ニ營繕工事ヲ施行シタルモノト認メラルルヲ以テ警告ス

（一三）呉海軍建築部ニ係ル件（會計檢査院報告二）

右ハ呉海軍建築部舞鶴出張所ニ於テ京都府新舞鶴町所在第一上陸場敷地ノ一部ヲ無償使用ノ許可ヲ爲シタルモノニシテ本件ハ國有地ノ貸付共ノ宜シキヲ得サルモノニシテ警告ス

内務省所管

歳出臨時部

第七款　北海道拓殖費

第三項　產業費

（一四）北海道廳ノ支出ニ係ル（會計檢査院報告八）

四二、七五〇・〇〇〇円

右ハ東京出張所貯藏庫ノ敷地トスル爲買收シタル代金ニ對シテ補助金トシテ交付セル金額ニシテ本件ハ補助金ノ交付ニ當リ調査充分ナラス過當ノ支出ヲ爲シタルモノニシテ警告ス

注意事項

内務省所管

歳出臨時部

第七款　北海道拓殖費

第三項　產業費

（一）北海道廳ノ支出ニ係ル（會計檢査院報告一）　八、七〇八・四五〇円

右ハ道廳產業部所屬官舍共ノ他工事費等ニシテ本項豫算ノ目的外ニ屬スルノ嫌アリ依テ注意ヲ促ス

第四項　土地改良費

（二）北海道廳ノ支出係ルニ（會計檢査院報告二）

四二、三五〇・〇〇〇円

右ハ土功組合中事業成績不良ナル用水組合ニ對スル特別助成金ノ內ニシテ本費豫算ハ灌漑及排水溝ノ工事ニ對シ工費ノ一部ヲ補助スルノ目的ヲ以テ積算セラレタルモノナルニ財政困難ニ陷リタル組合ニ對シ更ニ本費ヨリ特別救濟資金ヲ支出スルカ如キハ當ヲ得ス注意ヲ促ス

第四十六款　震災復舊費補助

第一項　震災土木費補助

（三）神奈川縣ノ施行ニ係ル（會計檢査院報告五）

二一五、七七七・六〇〇円

右ハ同縣ノ施行ニ係ル國道及護岸復舊工事ニ對シ交付セル國庫補助金ノ內ニシテ本件ハ出水ニ因ル災害復舊ナルニ震災復舊費ニ對スル特別補助ヲ目的トスル本費ヨリ補助金ヲ交付スルハ妥當ナラス將來ニ對シ注意ヲ促ス

大藏省所管

歳出臨時部

第八款　震災復舊及新營費

第二項　工事費

（四）内閣印刷局ノ支出ニ係ル（會計檢査院報告二）

一四九、九四〇・〇〇〇円

右ハ抄紙機等ノ代價ニシテ本費支辨ヲ以テ購入スルハ妥當ナラス豫算ノ使用共ノ宜シキヲ得ザルモノトシテ注意ヲ促ス

遞信省所管簡易生命保險

歳　出

第三款　營繕費

第一項　簡易保險新營費

（五）遞信省ノ支出ニ係ル（會計檢査院報告一）

三一二、五五七・六〇〇円

右ハ同局倉庫新築工事費ニシテ本件ハ請負工事ノ決定共ノ宜シキヲ得ス國庫ニ損失ヲ及ホシタルモノニシテ將來ニ對シ注意ヲ促ス

鐵道所管帝國鐵道

資本勘定

歳　出

第一款　鐵道建設及改良費

第二項　改良費

（六）鐵道省ノ支出ニ係ル（會計檢査院報告二）

一〇、二〇六・八三一円

右ハ常磐線助川驛職員集會所新設ニ要シタル費額ニシテ本件ハ名ヲ集會所ノ設置ニ藉リ慰安設備ヲ實施シタルカ如キハ妥當ナラス將來ニ對シ注意ヲ促ス

收益勘定

歳　出

第一款　鐵道作業費

第一項　事業費

（七）鐵道省ノ支出ニ係ル（會計檢査院報告四）

七、一九九・九二五・七一六円

右ハ同省各驛ニ於テ特別小口扱貨物ノ集貨配達料及同通知書作成手數料トシテ支拂ヒタル金額ニシテ本件ハ貨物集配料金ノ決定共ノ宜シキヲ得ス國庫ニ損失ヲ及ホシタルモノニシテ注意ヲ促ス

拓務省所管朝鮮總督府

歳入經常部

第三款　官業及官有財產收入

第三項　森林收入

（八）江原道金化郡ノ徴收ニ依ル（會計檢査院報告三）

六、二六六・九六〇円

右ハ同郡國有林立木ノ賣拂ニ當リ追徴シタル金額ニシテ本件ハ材木ノ賣拂ニ當リ措置共ノ宜シキヲ得ス依テ注意ス

第五項　度量衡收入

（九）朝鮮總督府及同府殖產局ニ於テ收入未濟ニ屬スルモノ（會計檢査院報告四）

六六、八二三・七二〇円

右ハ度量衡ノ販賣ニ當リ政府ニ納入セサルモノニシテ本件ハ物品ノ委託販賣ニ當リ代金徴收ノ手續緩慢ニ失セルノ嫌アリア依テ注意ヲ促ス

拓務省所管臺灣總督府

歳出臨時部

第一款　事業費

第二十一項　船舶新造費

（一〇）臺灣總督府税關及臺北州港務部ノ支出ニ係ル（會計檢査院報告二）

一五、三七〇・〇〇〇円

右ハ税關小蒸汽船芝蘭號修繕税關淡水支署浮橋一式新造及臺北州港務部自動艇一隻新造ニ要シタル經費ニシテ本件ハ本項豫算ノ目的外ニ屬スルノ嫌アリ依テ注意ヲ促ス

官有物

（一一）臺灣總督府ニ於テ土地交換ノ件（會計檢査院報告四）

右ハ臺灣總督府ニ於テ高雄州ニテ官有地ト會社所有地ト交換シタルモノニシテ本件ハ土地ノ交換ニ當リ價格ノ評定其ノ宜シキヲ得ス國庫ニ損失ヲ及ホシタル嫌アリ依テ注意ヲ促ス

既往年度(昭和三年度)

内務省所管

歳出臨時部

第七款 北海道拓殖費

第三項 產業費

(一二) 北海道廳ノ支出ニ係ル會計檢查院報告九)

八、六六七・〇〇〇円

右ハ道廳產業部屬官舍ノ新營及其ノ他工事費ニシテ本件ハ豫算ノ目的外ニ屬スルノ嫌アリ依テ注意ヲ促ス

第三十六款 震災復舊費補助

第一項 震災土木費補助

(一三) 神奈川縣ノ支出ニ係ル(會計檢查院報告十)

二、〇三一・五〇〇円

右ハ同縣ノ施行ニ係ル道路及護岸復舊工事費ニ對シ交付セル國庫補助金ノ内ニシテ本件ハ本項豫算ノ目的外ニ屬スルノ嫌アリ依テ注意ヲ促ス

政府ノ辯明ヲ認メタルモノ

一般會計

外務省所管

報告ノ一 外務省ノ支出ニ係ルモノ

陸軍省所管

報告ノ二 第五師團經理部ノ支出ニ係ルモノ

報告ノ三 陸軍省ノ支出ニ係ルモノ

司法省所管

報告ノ四 司法省、名古屋控訴院及浦和外五地方裁判所ノ支出ニ係ルモノ

特別會計

大藏省所管

報告ノ一 大阪稅務監督局ノ徵收ニ係ルモノ

報告ノ二 東京稅務監督局ノ徵收ニ係ルモノ

拓務省所管

報告ノ一 大連民政署ニ於テ徵收不足ニ屬スルモノ

報告書

一昭和四年度國有財產增減總計算書

右ハ本院ニ於テ是認スヘキモノト議決致候此段及報告候也

昭和七年六月十日

決算委員長 樋口 典常

衆議院議長秋田清殿

(樋口典常君登壇)

○樋口典常君 只今議題トナッテ居リマスル昭和三年度、昭和四年度ノ歳入歳出總決算、各特別會計歳入歳出決算及右兩年度ノ國有財產增減總計算書ニ關スル決算委員會ノ經過竝ニ結果ヲ御報告申上ゲマス、昭和三年度ノ歳入決算ハ總額二十億五百餘万圓デアリマシテ、其內譯ハ、經常部十五億五百餘万圓、臨時部五億餘万圓トナッテ居リマス、歳出決算ハ總額十八億一千四百餘万圓デ、其內譯、經常部十一億八千四百餘万圓、臨時部六億三千餘万圓、其差一億九千餘万圓ノ剩餘金ガ出タノデアリマス、是ハ翌年度繰越トナッテ居リマス、昭和四年度歳入決算ハ總額十八億二千六百餘万圓デ、其內譯、經常部十四億八千一百餘万圓、臨時部三億四千五百餘万圓デアリマス、歳出決算ハ總額十七億三千五百餘万圓デ、其內譯、經常部十二億一千二百餘万圓、臨時部五億二千三百餘万圓デ、其差九千餘万圓ノ剩餘金ハ翌年度繰越トナッテ居リマス、前年度ニ比シ約一億圓ヲ減ジテ居ルノデアリマス、

次ニ國有財產ニ付テ申上ゲマス、昭和三年度中ニ增加シマシタ總額ハ九億五千六百餘万圓デ、減少シマシタ總額ハ六億二千三百餘万圓デ、之ヲ差引シマスレバ三億三千三百餘万圓ノ增加トナリ、三年度末現在總額ハ七十八億三千六百餘万圓デアリマス、四年度中ニ增加シマシタ總額ハ六億九千八百餘万圓デ、減少シタ總額ハ四億二千四百餘万圓デアリマス、之ヲ差引スレバ二億七千四百餘万圓ノ增加トナリ、四年度末現在總額ハ八十一億一千百餘万圓トナリマス、前年度末ニ比シテ二億七千五百餘万圓ノ增加デアリマス、其審查方法ハ先例ニ依リ小委員ヲ設ケテ審查セシメ、委員總會ニ於テ決定シタノデアリマス、詳細ハ國有財產增減總計算書ノ通リデアリマスカラ、茲ニ省略スルコトヲ御許シヲ願ヒタイト思ヒマス

以上ハ數字ノ大體デアリマス、是ヨリ審查ノ經過ヲ申上ゲタイト存ジマス、其前ニ此決算委員會ノ來歷ヲ一言スルノ必要ガアルト思ヒマス、其來歷ヲ簡單ニ申述ベテ見マス、本決算卽チ昭和三年度ノ決算共他ハ、第五十八議會ニ政府ガ提出シタノデアリマス、其當時既ニ總會ヲ開クコト七回、分科會八回、小委員會二回、都合十七回開會シテ審議ヲ重ネテ居リマス、昭和四年度ノ決算共他ハ第五十九議會ニ提出ニナッテ居リマス、共當時總會、小委員會トモ十二回開イテ審查致シテ居リマス、六十、六十一議會ニハ會議ヲ開イテ居リマセヌ、本年卽チ第六十二議會ニ於キマシテハ總會、小委員會、併セテ八回程開會致シマシテ、愼重審議ヲ盡シマシタ、斯樣ニシテ前後通計スレバ、實ニ三回ノ議會ニ亙ッテ三十七回ノ會議ヲ開イテ審議致シタ次第デアリマス、其主ナル質疑事項ハ、三年度、四年度ヲ通ジテ凡ソ二十件バカリニナッテ居リマス、今其二三ノ例ヲ擧ゲマスルト、八重山山林貸付ニ關スル件、大禮記念章註文ニ關スル件、樺太山林拂下ニ關スル件、預金部資金運用ニ關スル件、酒造稅徵收不能ニ關スル件、鐵道貨物集配ニ關スル件、臺灣銀行貸付金保證ニ關スル件、內地鹽廻送ニ關スル件等デアリマシタガ、共詳細ハ委員會ノ速記錄ニ詳カニナッテ居リマスルカラ、之ニ讓ルコトニ致シタイト思ヒマス、何卒御承諾ヲ與ヘテ戴キタイ

大體右樣ナ次第デアリマシテ、審查方法ハ會計檢查院ノ報告ト政府ノ辯明書ト相對照シテ、嚴正公平ニ審議致シタノデアリマス、其結果、三年度ニ於テ法規違反トシテ取扱ッタモノガ二件、不當トシタモノガ六十五件、警告ヲ與ヘタモノガ十一件、注意ガ十件、政府ノ辯明ヲ承認シタモノガ五件、合セテ九十三件、以上ノ通リニ決定致シマシタ

四年度ニ於テハ法規違反ガ二件、不當ガ七十二件、警告ガ十四件、注意ガ十三件、政府ノ辯明承認ガ七件、合セテ百八件、斯樣ナコトニ決定致シマシタ

尙ホ一々主文ヲ申上ゲテ御說明ヲ致シタイト思ヒマスルケレドモ、餘リ時間ガ長クナリマスルカラ、報告書ニテ御承知ヲ願ヒタイト思ヒマス

各特別會計ハ一々當該官衙ノ責任アル說明ヲ聽取リマシテ調查ヲ致シマシタ、以上ノ如クニシテ決算委員會ハ理事諸君ヲ初メ、各委員諸君、就中立川、谷原、渡邊、蔭山、松尾、三善、井上、山口、石川、田中、中野、福田、中村、齋藤、佐藤、保良、吉田等ノ諸君ガ日々午前午後ニ亙リ、御熱心ニ御精勵下サレ、適切有效ナル質問ヲ發シテ、政府當局ノ座右ニ供シ、同時ニ吾々ガ財政監督ノ責任ヲ盡シ、歳入歳出及財產處分ニ關シテ卓越セル御議論ヲ試ミラレタコトハ、誠ニ感謝措ク能ハザル所デアリマス、謹ンデ御禮ヲ申シマス、而シテ極メテ圓滿ニ議事ノ進行ヲ圖リマシテ、和衷協同全會一致ヲ以テ、只今此處ニ報告致シマシタ通リノ決定ヲ見ルニ至リマシタ

茲ニ一言申上ゲテ置キタイコトガアリマス、ソレハ第一控室ニ居ラル丶所ノ福田關次郎君ガ、斯ノ如ク年々不法不當ト云フヤウナコトガアッテハ、甚ダ不都合デアルカラ、昭和三年度及昭和四年度ノ決算ニハ不當ノ箇所尠カラズ、政府ハ爾今斯ル不都合ヲ

生ゼシメザルコトヲ帝國議會ニ聲明スルコトヲ條件トシテ、已ムナク承認スベキモノナリト認ムト、斯ウ云フ意見ヲ加ヘテノ御議論ガアリマシタ、併シ是ハ成立タナカッタノデアリマス、又御本人モ强テ之ヲ成立タセルト云フコトニナレバ、困難ナコトモ起ルデアラウト云フヤウナ所カラ、斯ウ云フ意見ヲ自分ハ持ッテ居ルト云フコトヲ玆ニ明ニシテ置イテ、委員會ノ決定ニハ贊成ヲスル、斯ウ云フコトニナッテ居リマス、隨テ同君ハ右ノヤウナ意見ヲ持ッテ居ラレルト云フコトヲ、御紹介申上ゲテ置キマス、何卒本議場ニ於カレマシテモ、滿場一致御承認ヲ賜ランコトヲ、切ニ懇望スル次第デゴザイマス(拍手)簡單ナガラ是デ報告ヲ終リマス

○議長(秋田淸君) 是ヨリ討論ニ入リマス、福田關次郎君

(福田關次郎君登壇)

○福田關次郎君 昭和三年度及四年度ノ決算ニ付キマシテ、吾々ハ託サレマシタ範圍ニ於テ愼重審議ヲ試ミタノデアリマス、併ナガラ其審査ヲ進ムルニ從ヒマシテ、誠ニ吾々ガ承服スルコト能ハザル點ガ多々アルノヲ遺憾ト致シマス、是ニ於キマシテ吾々ハ何等カノ方法ヲ以テ、爾今ノ政府ニ相當ナル注意警告ヲ與ヘ、是ガ改善ノ實ヲ擧ゲシメルニ必要ナル手段ヲ執ルト云フコトガ必要ナリト、痛感スルニ至ッタノデアリマス、仍テ私ハ今委員長モ御報告ニナリマシタヤウニ、相當强キ決議案モ出サナケレバ、委員會ノ權能ハ其價値無キニ終リハシナイカト申上ゲタ、ソレハ三年度四年度ノ決算ヲ通觀スルニ、不正ノ箇處少ナカラズ、政府ハ當議場ニ於テ爾今斯ルコトヲ爲サヾルコトヲ聲明スベシト云フ、其決議ヲ致シタイト申上ゲタ、然ルニ今見マスルト、政府ハ一人モ此處ニ見エテ居ラナイ、今日迄ノ決算ニ於キマスル所ノ議場ノ審査方針ガ、斯ル無權威デ終ッタト致シマスルナラバ、決算ト云フモノノ權威ガ何處ニアラウカト思ヒマス、又政府ガ此決算ニ現ハレマシタ所ノ官紀綱紀ノ紊亂ノ跡ヲ叩クニ堪ヘズシテ、此處ニ出席スルコト能ハザルノカト私ハ疑ハナケレバナラナイ、第一其事實ニ付キマシテ私ハ申上ゲテ、我國ノ今日ノ租稅ノ徵收法、或ハ事業ノ遂行上ニ於キマスル官紀綱紀ノ紊亂ニ對シマスル所ノコトニ付テ、一言申上ゲテ見タイト思フ

第一、驚キマスルノハ、私ハ今三年度カラ申上ゲマスルガ、租稅ノ點デアリマス、一般會計歲入經常部ニ於キマシテ、第一款租稅ノ部ニ於テ、東京板橋稅務署外十稅務署ニ於テ六十九万六千餘圓ト云フ徵收不能ニ終ラシメタ、其中ニ驚クベキ事項ノアルコトダケヲ申上ゲテ置キタイト思ヒマス、此中ニハ富豪ノ脫稅、或ハソレヲ助長シタカノ感ヲ與ヘタ失當ノ件ガ、少クゴザイマセヌ、一ツハ其脫稅若クハ滯納ヲ奬勵、或ハ共犯デモアリハシナイカト思ハシメル稅務署、其當時ノ警察又司法權ノ發動ニ實ニ疑フベキ點ノ多々アルコトヲ遺憾ト致シマヌ、其例ハ酒造稅中、板橋稅務署管內、日暮里所在吉野某ガ經營ニ係リマス酒造場ハ、初メカラ此脫稅若クハ滯納ヲ目的トシテ掛ッタノデハナイカト云フ事實ガアル、最初彼ハ督促ヲ受ケテモ稅金ヲ納メズシテ、其滯納ガ二万七千餘圓ニ及ンデ居リマス、是ガ爲ニ遂ニ免許ヲ取消サレマシタ、免許ヲ取消サレタト同時ニ、又他ノ名前ヲ以テ同ジ工場ニ是ガ許可ヲ與ヘテ居リマス、サウシテ其名前ハ東京酒造合名會社ト稱スル名儀ヲ以テ、取消シタ同日ニ之ヲ許シテ居ル、サウシテ此經營ノ中ニハ矢張此吉野某ガ當ッテ居ルノデアリマス、此東京酒造合名會社ガ免許ヲ受ケルヤ、一厘ノ稅金モ拂ヒマセヌ、大正十二年十月以來十二万八千餘圓ヲ滯納致シマシタ、是ニ於テ十四年六月再ビ免許ヲ取消サレタノデアリマス、其處ヘ今度ハ第三番目ニ再ビ名前ヲ變ヘテ、又々同所ニ於テ、同日附ヲ以テ「ユニオン」酒造會社ナルモノニ免許ヲ與ヘテ居リマス、サウシテ是レ亦九万二千餘圓ノ滯納ヲ爲スニ至ッタノデアリマス、サウシテ又々取消處分ヲ受ケマシテ、其取消處分ヲ受ケルヤ、直チニ今度ハ關東釀造株式會社ニ卽時許可ヲ與ヘテ居ルノデアリマス、此モノガ實ニ八万七千九百餘圓ヲ滯納シ、其分ヲ合計致シマスルト、一ツノ工場ニ於キマシテ、三十三万六千六百餘圓ト云フ巨額ナル所ノ酒造稅ヲ滯納シ、此稅金ヲ取立テズ、其數百万石ノ酒ノ密造ヲ默認シタト同一ナル結果ヲ、故ニ來サシメタト云フコトノ裡ニ伏在スル不正ハ、驚クベキモノガアラウト推定スルノデアリマス、而モ名ハ異ナルモ吉野某ハ一貫シテ其利益ヲ收受シテ、經營ニ當テ居ルシ、殊ニ前記關東釀造會社ハ、川越市ニ於テ、酒造稅五十五万九千餘圓ヲ滯納シタル前科者デアリマス、其間ニ於キマシテ、時ノ警察、時ノ司法權ガ何等ノ發動ヲセズシテ、斯ノ如キ滯納ヲ認メルト致シマシタナラバ、日本全國ニ於キマスル所ノ是等ノ業者ガ、斯ル手段ヲ執ッタ時ニハ、日本ノ財政經濟ノ危機ヲ導クコトハ、一點ノ疑モナイト信ズルノデアリマス、又次ニ於キマシテ吾々ガ留意シナケレバナラヌコトハ、斯ル滯納的大脫稅ヲ同一稅務署管內ニ於テ行ハシムルガ如キ稅務署ハ、全ク此脫稅共犯ノ如キ實情ニ置カレテ居ルノデアリマスルガ、此點ハ大藏大臣ニ向ヒマシテ、私ハ明快ナル辯明ヲ求メタイノデアリマス

次ニ第三款、官業及官有財產收入ニ關シマシテ、第一項郵便、電信電話收入ニ付テ、此徵收不可能ナルモノガ二十万六千餘圓デアリマシテ、滯納ハ主トシテ通信社、新聞社、約束郵便、內國電報、海外電報料等デアリマシテ、國家ニ損失ヲ與ヘタノデアリマスルガ、是ガ徵收ニ盡力ヲセズ、其儘拋棄スルガ如キハ、國家ニ大ナル損害ヲ與ヘタルモノト謂ハナケレバナリマセヌ

又歲出臨時部ニ於キマシテ、第九款、第二項工事費、本件ハ內閣印刷局抄紙部工場移轉ト稱シテ、實際役ニ立タザル所ノ水田ノ如キ所ヲ買收シ、無用ノ土地ニ工事ヲ施行致シマシテ、其出水等ニ依ッテ到底無駄デアルト云フモノニ、數万圓ヲ投ジテ工事ヲ施行シ、サウシテ其マヽ中止致シマシタノハ、此處ニ日本化工「ペンキ」株式會社ト云フモノガアリマス、ソレノ土地ヲ買收シタノデ、此會社ノ一ツノ救濟ニ當テラレタノデハナイカト云フ疑ヲ以テ、是ガ爲ニ會計檢査院ハ斷乎タル決心ヲ以テ、政府ニ忠告ヲ促シ、是ガ辯明ヲ試ミテ居リマスガ、政府ハ之ニ對スル詳細ナル辯明ヲ與ヘテ居リマセヌ

其次ハ第十九款第一項大禮施設費中、大禮記念章製造ニ關シ、日本勳章株式會社ト時ノ政府トノ間ニ於ケル、大不正事件ノ落シ子ノ一ツデアリマシテ、天下ヲ震駭サセマシタ所ノ大問題ノ一ツノ殘リデアリマス、記念章女子用役章及用器、計四十四万七千餘圓ノ多額ノ金額ニ上ッテ居リマスルガ、隨意契約ニ依テ之ヲ爲サシメテ居ル、是ハ他カラモ見積ヲ取リマシタ所ガ、見積ニハ色色アリマスルガ、多クハ皆安イ見積リデアルノニ、其中ノ一番高ク見積リマシタ所ノモノニ之ヲ請負ハシメテ、以テ國家ニ莫大ナル損害ヲ與ヘマシタト云フコトハ、吾々國民代表ト致シマシテ、斯ノ如キコトハ斷ジテ認容スベキモノデハナイト云フコトヲ明言致シテ置キマス

次ニハ歲出經常部第二款第四項衣糧費、陸軍ガ糧秣購入ニ當リマシテ、不急ノ糧秣ヲ購入シ、且ツ某銀行ニ其代金ヲ支拂ハシメテ置イテ、利息金ヲ拂フト云フコトハ、會計法上ノ途ガナイモノデアルカラ、恰モ其糧秣ガ時價ノ騰貴ノ如ク虛僞ヲ裝ッテ、サウシテ其年度末ニ於テ追拂ヒヲシタト云フコトハ、會計檢査ノ上ニ於キマシテモ、或ハ斯ノ如キ購買ノ規程ニ依リマシテモ、斷ジテ許スベキモノニアリマセズシテ、年度

區分ヲ辨ヘザル處置ト謂ハナケレバナリマセヌ、而シテ多額ニ拂ハナクテモ宜イ所ノ利子ヲ掛ケテ、之ガ爲ニ其利息ダケヲ拂ハシメマシタモノガ、八千餘圓ニ及ンデ居リマスガ、斯ノ如キ事ヲ以テモ亦、國家ニ與ヘマシタ所ノ損害ハ、少々デハナイト謂ハナケレバナリマセヌ

其次ハ豫算ノ餘ルト云フ所カラ致シマシテ、此間小野寺政府委員ニモ委員會ニ於テ突込ンダノデアリマスルガ、陸軍ニ於キマシテモ餘程注意ヲシナケレバナラナイ、殆ド今日豫算ヲ流用シ、餘ル物ヲ後ニ整理セズシテ、其儘之ヲ消化セントシテ、色々ナコトニ是ガ使ハレテ居ル、次ハ陸軍第九師團ガ似島仁保在不用ノ土地ヲ購入シタ件デアリマス、是等ハ小野寺政府委員ノ説明ニ依リマスレバ、萬一ノ時ニ要ルカモ分ラヌト言ヒマスルガ、日露戰爭ノ時ノ似島ニハ病院ガアリ、火薬庫ガアル、是等ノ土地ガ遊ンデ居ルニ拘ラズ、殊更此土地ヲ買フト云フガ如キハ、豫算ノ有餘ッタ所ヲ利用セントシマシタ不當ノ支出ト致シマシテ、吾々ガ是レ亦認容スルコト能ハザルモノデアリマス

次ニハ歳入第一款第一項、國有財産賣拂代金デアリマス、賣拂代金八十九万六千餘圓ノ件デアリマス、是ハ東京税務所監督局ノ徴收ニ係ルモノデアリマスルガ、東京深川區越中島在國有土地ノ中一萬七百餘坪ヲ、四年一月坪當リ三十一圓八十七錢ヲ以テ、越中島木材倉庫會社ニ一万七千八百餘坪ヲ賣渡シテ居リマス、又是ト同一ニ一坪三十一圓八錢ヲ以テ、日本産業會社ニ賣拂ッテ居リマス、此當時ノ地價ハ其邊ノ航空隊ナンカガ買ヒマシタノハ幾ラカト申シマスレバ、其金額ハ一坪當リガ九十五圓八十二錢デアリマス、其物ヲバ三十一圓八錢ト云フガ如キ、三分ノ一ニ足ルカ足ラザルカノ時價ヲ以テ、之ヲ拂下ゲルト云フコトハ、實ニ國有財産ニ關シマシテ意ヲ用ユル者ノ遺憾ト致ス所デアリマス、右ハ鶴澤某及久原鑛業株式會社ヨリ權利義務ヲ繼承シタモノデアルガ、是ガ日本産業株式會社デアリマス、斯ル不當ノ廉價ヲ以テ拂下ゲテ、國庫ニ莫大ノ損害ヲ生ゼシメタト云フコトハ、綱紀紊亂ノ甚シキモノデアリマシテ、吾々ハ斷ジテ斯ノ如キ行爲ヲ許スベキモノデアリマセヌ、不當ノ甚シキモノト謂ハナケレバナリマセヌ(拍手)

次ニハ官金ニ於キマシテ、預金部資金運用上ノ失當、大藏省預金部ガ沖繩縣債券引受ト稱シテ、沖繩興業銀行株式會社ニ金百万圓ヲ融通致シタト云フコトデアリマス、是等ノ如キハ預金部運用ノ根本方針ヲ誤ルモノデアリマシテ、此沖繩縣ノ縣債ヲ引受ケルト云フ名目ヲ與ヘテ、沖繩縣ガ此銀行ヲ救濟センガ爲ニ、此低利資金ノ大藏省預金部ノ金ヲ利用致シテアリマスカラ、是ガ今ニ回收ノ途ガナクテ、遂ニ國家ニ其損害ヲ與ヘントスルモノデアリマス、斯ノ如キハ預金部資金運用ノ根本ノ精神ニ反スルノ大ナルモノト謂ハナケレバナリマセヌ、其次ニハ熊本營林局ガ不正不義ヲ働キマシタコトノ一ツ、開墾牧畜ヲ目的ト致シマシテ、驚ク勿レ四百三十四町歩ヲ開墾シ、サウシテ一千五百餘町歩ヲ牧畜ニ供スルモノトシ、又名ヲ開墾ニ藉リマシテ、地上ノ立木伐採ガ目的デアルト云フコトガ分ッタ、此地上ニハ琉球松二万立方米及雜立木十八万立方米程アリ、之ヲ特賣シタルハ國有財産ヲ不當ニ處分シ、多大ノ損失ヲ國家ニ與ヘタルモノデアリマシテ、是亦不當ナリトシテ指摘シナケレバナリマセヌ、其次ニハ三年中樺太廳ガ國有林野特別處分令ニ依リマシテ、林木本年度ニ特賣契約セルモノハ、實ニ二億八百餘万石ノ巨大ニ及ンデ居リマス、驚クベキ不當ノ措置デアリマシテ、是ハ昭和三年度ニ何故斯ノ如キ不當ノ拂下ヲ致シタノデアリマスルカ、今迄ノ慣例ヲ見マスレバ、一年間ノ拂下ハ約五六千万石前後デアリマスルノニ、一時ニ二億八百餘万石ト云フ、其年ニ限ッテ是ダケノ不當ノ拂下ヲ致シタト云フコトハ、其時ノ事情ガ內閣倒壞ヲ恐レテ、ソレヲ見込ンデノ拂下ト云フヨリ外ハナイト、吾々ハ斷ゼナケレバナラヌ

其次ニ第一款鐵道建設及改良費第一項、昭和三年二月、金二十九万餘圓ヲ以テ、菱田組ニ請負ハシタ所ノ雨龍線第四工區、深川左岸線ヲ選定スルヲ當然トスベキモノニ、却テ困難ナル所ノ右岸線ヲ選ビマシテ、遂ニ之ガ爲ニ工事ヲ中止シナケレバナラヌト云フコトニナッタノデアリマス(「簡單簡單」ト呼フ者アリ)當時眞ニ純理ニ立脚致シマスルモノハ左岸線デナケレバナラヌト主張シタルニ拘ラズ、右岸線ヲ選定シ、ソレガ爲ニ此豫算ヲ以テ遂ニ竣功スルコト能ハズ、再ビ左岸線ニ變更セシメテ、帝國ニ莫大ナル損害ヲ與ヘタト云フガ如キ、サウシテ請負金額ヲ增加セシメ、此間何モノカノ不正ガ行ハレタト云フコトハ、會計檢査院ノ指摘サレタ所デアリマス、斯クシテ國家ガ損害ヲ蒙ルノミデハナイ綱紀ノ肅正上由由シキ大問題デアリマス、第二項改良費ニ於キマシテモ四十一万四千餘圓ヲ以テ、昭和三年八月間組ニ請負ハシメタル、東京汽力發電所基礎杭打工事費デアリマス、此竣功期間ハ十一月二十日ト定メラレテ契約致シタノデアリマスガ、十一月初メニ當リマシテモ、工事ノ三分ノ一モ出來ナイ、是ニ於テ到底期日ニハ竣功ノ見込ガアリマセヌ、玆デ竣功出來ナカッタナラバ、其期日延滯賠償金ト致シマシテ、數万圓ヲ徴收スル規則ト相成ッテ居リマスガ、鐵道當局ハ之ヲ損害賠償ヲ取ルコトヲ何トカ免レシメテヤランガ爲ニ、之ヲ救助スル目的ヲ以テ、賄賂ニ依ッテ此工事設計變更ヲ致シタノデアリマス、サウシテ遂ニ之ニ依リマシテ六十日間ノ工事期日ノ延期ヲ許可シタルガ如キハ、是デモ綱紀紊亂ノ甚シキモノデナイト言フコトガ出來ルデアリマセウカ、尚又驚クベキコトハ、請負人ノ請託ヲ入レテ、斯ル不正不義ヲ働クトハ一體何事デアリマセウカ、此處ニ政府ノ方ハ一人モ出デズ、サウシテ斯ノ如キ不正ヲ默認スルトナッタナラバ、我ガ日本將來ノ國家ノ財政ハ、如何ニシテ之ヲ健全ナルモノタラシメルコトガ出來ルノデアリマスカ、而モ此收賄罪ニ問ハレタ者ハ、一ツノ小官吏ニ過ギマセヌガ、此中ニ居ル所ノ呑舟ノ魚ヲ逸シタルノ憾アルコトハ、遺憾千萬ト謂ハナケレバナリマセヌ、而シテ吾々ガ玆ニ擧ゲマスルコトハ斯ノ如キモノデアリマシテ、又諸君ニ於カレマシテモ此實際ノ事實ヲ御聽キニナッテ、如何ナル御感ジヲナサルカト云フコトデアリマス

植民地ニ於キマスル所ノ綱紀頽廢ノ事實ハ實ニ驚クベキ所ノモノガ多々アルノデアリマス、其中ニハ又國有財産處分ニ於キマシテモ驚クベキモノガアリ、又樺太ニ於キマスル國有林野ノ點ニ付キマシテモ、鐵道ノ上ニ於キマシテモ、斯ル不正ト認ムベキモノガ多々アリマス、吾々ハ昭和三年度ニ於キマスル所ノ、此不正事件ノ多キニ喫驚セザルヲ得ナイノデアリマスルカラ、本院ト致シマシテハ爾今是等ニ對シマスル何等カノ途ヲ執ラナケレバナラヌト存ジマス

最後ニ昭和四年度分ニ付キマシテ、簡單ニ申上ゲテ置キタイト思ヒマス、第八款第二項工事費、十四万九千九百餘圓、是ハ三井物産カラ內閣印刷局ガ購入致シマシタ所ノ長網式ノ抄紙機一臺デアリマス、是ハ既ニ內閣印刷局ニハ他ニモ尚ホ豫備機ガアリマシテ、全然不必要ナモノデアリマス、之ヲ十四万九千九百餘圓ト云フ金ヲ掛ケテ、三井ノ請託ヲ受ケテ、要ラザルモノヲ購入スルガ如キハ、國費ノ濫費ト謂ハナケレバナラヌ、次ハ第二款遞信費中、遞信事業費、金五十万八千餘圓ノ支出ニ關スルモノデアリマシテ、東京ノ遞信局ノ中央自動車會社

外二會社ニ支拂ヒマシタ所ノ遞送料金デアリマス、此料金ヲ他ノモノト比較シテ能ク調査致シマシテ、一哩當リノ料金等ヲ計算致シマスルト、其料金ハ正ニ三割餘ノ高價ニ支拂ハレテ居ルノデアリマス、一ツノ會社ニ國費ヲ支拂ヒマスルノニ、善良ナル意思ニ於テ之ヲ管理シナケレバナラヌ所ノモノガ、何處カラ考ヘテモ、時ノ相場ヨリ三割以上不當ニ支拂ヒマスルコトノ其裏ニハ、何モノカ不正ノ伏在スルト云フコトヲ、推定シナケレバナラヌノデアリマシテ、此點モ吾々ハ承服スルコトガ出來マセヌ

同ジク同省支出ニ係ル三十七万六千餘圓ヲ以テ、古河電氣工業株式會社外二會社ヨリ購入致シマシタ所ノ銅線デアリマス、斯ル莫大ナル金額ヲ以テ、財閥デアル古河其他カラ銅線ヲ買フノニ、而モ其當時之ヲ購入致シマシタトキニ既ニ、遞信省ノ銅線ハ有餘ッテ向フ二箇年間使ッテモ、到底之ヲ消化スルコトガ出來ヌト云フコトヲ、會計檢査院ニ於テモ立證サレテ居リマス、然ルニ是亦再ビ三十七万餘圓ノ尨大ナル此銅線ヲ買入ル、トハ、果シテ何事デアリマスルカ、是卽チ豫算ノ餘ルニ應ジ、或ハ一部ノ財閥ノ請託ヲ容レテ、彼等ヲ救濟ノ爲ニ國費濫費ノ甚シキコトヲシタト斷ジナケレバナリマセヌ

其次ハ歳出第一款大藏省專賣局事業費支出、三百一万七千餘圓ニ關スル件デアリマス、政府ガ日本食鹽回送株式會社ニ對シマシテ、其間ニ於ケル所ノ契約、其間ニ於ケル所ノ運賃ノ支拂等ハ洵ニ亂雜ニシテ、殆ド規律ヲ缺イテ居ルノデアリマシテ、サウシテ此國家ヨリ時ノ相場、時ノ運賃率ヨリ遙ニ高キ所ノ回送費ヲ拂ッテ、國家ニ莫大ナル損害ヲ與ヘタ其一事デアリマス、今日何レノ會社ト雖モ、此會社ノ配當ガ二割ヲ得ラレル會社ハ、日本全國廣シト雖モ、此不況ノ時期ニ何處ニ在リマスカ、所ガ此日本食鹽回送株式會社ダケハ、今ニ二割ト云フ所ノ配當ヲ維持シ、此配當ヲ爲サシメンガ爲ニ、政府ガ不當ナル支出ヲ爲シツヽアルト云フコトニ付キマシテハ、本院ト致シマシテハ今後斷乎タル途ヲ講ズルノ必要ガアルト信ジマス

次ニ歳出第三款第一項、簡易保險局新營費、大林組ニ簡易保險局倉庫新築工事ヲ請負ハシメ、是等ノ如キハ悉ク競爭入札ニ付スベキデアルニ拘ラズ、此大林組ヲ指定シテ之ヲ隨意契約ニ依リ請負ハシメ、以テ國家ニ多大ノ損害ヲ與ヘマシタ點ニ付キマシテモ、綱紀紊亂ノ伏在ヲ推定スルモノデアリマシテ、斷ジテ認容スベキモノデハアリマセヌ

其次ニ拓務省所管植民地朝鮮總督府ノ件デアリマス、我ガ日本ノ植民地ト稱スルモノガ、輿論ノ制裁其他ノ監視ノ薄キニ乘ジテ、折角國家ガ國費ヲ投ジ、幾千万ノ人々ヲ犧牲トシテ得マシタ所ノ植民地ハ、現在如何ニナッテ居ルカト云フコトハ、此一事ヲ以チマシテモ皆樣ガ御推定ガ出來ルデアリマセウ、樺太ニ於キマスル森林ヲ殆ド分捕ルガ如クニ之ヲ分捕リ、有ユル利權ヲ漁リ、其間ニ於ケル、綱紀、官紀ノ紊亂ノ如キ、名狀スベカラザルモノガアル、此處ニソレヲ申上ゲマスルノハ唯其百分ノ一、九牛ノ一毛ヲ申上ゲルニ過ギマセヌガ、如何ニ朝鮮總督府內ニ官紀ノ紊亂シテ居ルカト云フコトヲ、立證スルニ足リルノデアリマス、朝鮮總督府ニ於テ政府ノ專屬ニ係ル度量衡器ノ販賣デアリマス、是ハ民間ニ委託販賣トナッテ居ルノデアリマシテ、サウシテ其代金納付ノ件ハ同府規則ニ依リマスト、委託販賣ハ每月ノ賣上高ヲ翌月ノ十日迄ニ報告セシメ、其報告ニ依ッテ卽時賣上代金ノ徵收ノ手續ヲ執ルト云フノガ、朝鮮ニ於キマスル是等ノ規則デアリマス、然ルニ拘ラズ今日迄ノ實例ヲ調査シテ驚クノハ、一箇月前ニ賣ッテ翌月ノ十日迄ニ報告シテ、卽時徵收スルト云フ規則デアルニ拘ラズ、今日迄朝鮮ニ於キマスル度量衡販賣者ハ、五箇年乃至六箇年間賣上代金ヲ一文モ拂ッテ居リマセヌ、未納ノ儘今日迄六箇年間、而モソレガ委託ヲ取消サズシテ、其儘繼續セシメテ居ルノデアリマスガ、黨派ヲ超越シテ、斯ノ如キ事實ニ付テ本院ガ之ヲ承認スルコトガ出來マスカヲ伺ッテ置カナケレバナリマセヌ、又斯ルコトヲ致シマシテ、植民地ガ尨大ナル豫算ヲ取リナガラ、斯ノ如キ綱紀官紀ノ紊亂ヲ爲サシメテ、我國ノ危機ヲ導キツ、アルト云フコトニ付テモ、一層ノ注意ヲ拂ハナケレバナリマセヌ、此間ニ於テ六箇年間モ度量衡ヲ賣ッテ、政府モ之ヲ供給シ、其代金ヲ未拂デ置ケルト云フ間ニ、何モノカガナクテ常識デ以テ斯ノ如キコトガ行ヘマスカ、是ハ今後ニ於キマスル所ノ、政府ガ眞ニ心ヲ茲ニ持シテ以テ事ニ當ッテ解カナケレバナラヌ重大問題デアラウト思ヒマス

尚ホ朝鮮總督府ニ於キマシテ、造林ヲ目的トシテ貸付ケタル林野ノ中、是亦如何ニ朝鮮ニ於キマス所ノ官憲ノ總テノ行動ガ、果シテ官吏タル本分ヲ盡シテ居ルカドウカ、高キ給料ノミヲ取ッテ彼等ガ何ヲシテ居ルカト云フコトヲ摘發スルニ良キ所ノ、一ツノ「バロメーター」ハ、此一件ニ見テモ分リマス、造林ヲ目的トシテ貸付タル林野ノ內、昭和四年度前既ニ貸付期限ガ滿了シテ、其處分ガ未濟ノ儘ノ件數ハ實ニ九千三十二件アルノデアリマス、サウシテ是等ノ面積ハ九万七千二十二町步ニ及ンデ居リマスルガ、貸付料未濟ハ又數万圓ニ及ンデ居リマスガ、一ツトシテ是等ニ對シマシテ手ヲ著ケテ居ラナイノデアリマス、是等ニ對シマシテモ、果シテ何レノ政府ノ責任デアリマスカハ、諸君ノ冷カナル御考慮ヲ願ヒタイ、又是等ノ處分ガ國有林管理上斯ノ如キデアリマスナラバ、洵ニ憂慮ニ堪ヘザル所ノモノデアルト考ヘナケレバナリマセヌ

其次ハ歳出臨時部第二款第一項地方補助費、其內ノ八十万圓、右ハ關東廳ノ民間事業補助費デアリマス、四年度ニ補助スベキモノハ、前後二回ニ亙リマシテ三十四万五千餘圓補助濟ミデアリマス、玆ニ八十万圓カラ差引キマスト、差引殘額ガ四十五万四千餘圓ニナリマスガ、其不要額ハ不要額トシテ整理スベキガ當然ノ途デアルノニ拘ラズ、之ヲ翌年度ノ滿鐵企業等ノ增產計畫ノ補助ヲ豫想シテ、實行豫算全部ヲ地方費ニ繰入レタルガ如キ、翌年度ノ地方費ノ財源ニ供スルガ如キハ、豫算ノ本分ヲ紊リ、會計法ヲ無視シタルノ甚シキモノト謂ハナケレバナリマセヌ

其次ハ臺灣軍經理部ガ國有財產ヲ勝手ニ處分致シマシタ不正事件デアリマス、臺北大和町ノ衛戍病院敷地國有財產三十五万五千餘圓ヲ、同總督府ニ陸軍ノ經理部ガ、之ヲ無償デ讓與致シテ居リマス、サウシテ同府ハ之ヲ臺北市ニ讓與致シマシテ、且ツ地上物件デ之ニ附隨致ス國有財產ヲ通計シマスト、八万二千圓ト云フモノヲ交付シテ居ルノデアリマス、右ノ代償ト致シマシテ、約三十五万圓ニ相當スル家屋ヲ提供セシメテ居ル行爲ハ、豫算外ニ恣ニ營繕工事ヲ致シテ、且ツ國有財產ヲ自由ニ處分シタル違法ノ甚シキモノデアリマシテ、斷ジテ許スベキモノニ非ズト謂ハナケレバナリマセヌ

其次ハ海軍部ニ於キマシテ、吳海軍建築部舞鶴出張所ニアリマシテ、舞鶴水交社ニ對シテ同社經營ノ宅地ト致シマシテ舞鶴要港上陸場二千二十五坪ト云フモノヲ、昭和四年ヨリ向フ三十箇年無償使用ノ許可ヲ與ヘタ一事デアリマス、國有財產保持ノ上ヨリ致シマシテ、不當ノ甚シキモノト謂ハナケレバナリマセヌ、元來水交社ナルモノハ何デアリマスカ、是ハ官制ノ上ニモ認メラレテ居リマセヌ一ツノ私的團體ニ過ギマセヌ、其團體ニ恣ニ海軍省ガ官有土地ヲ貸與シ、而モ三十箇年ト云フ長期ニ亙ッテ無償デ貸與スル

ガ如キハ、綱紀紊亂ノ因ヲ成スモノデアリマシテ、斷ジテ認容スベキ性質ノモノデハアリマセヌ

最後ニ鐵道省支出ニ關シマスル件デアリマス、鐵道省支出ハ昭和三年度ニ於キマシテモ既ニ摘發致シタノデアリマスガ、此第一款第一項事業費七百十九万九千餘圓デアリマス、是ハ省線各驛ニ取扱ハレル所ノ特別小口取扱貨物、集貨配達料デアリマス、諸君、是ハ鐵道省ガ一會社ニ出ス一年間ノ費用デアリマスルゾ、七百十九万九千餘圓ト云フモノガ不當ニ支出セラレ、若シ二割、三割高カッタ時ニ被ル國庫ノ損害ハ幾許デアルカハ、皆樣御推察ガ出來ルモノト信ジマス、然ルニ鐵道省ハ之ヲ爲シテ居ルノデアル、即チ此集配ヲ爲サシメテ居リマスル國際通運株式會社ニ支拂ッテ居ルノデアリマス、サウシテ更ニ物價ガ安クナッテ、運賃其他ガ安クナッタ昭和三年度ニ、再ビ莫大ナ取扱料金ヲ上ゲ、其上ニ通知書ヲ出ス通知料マデ一通ニ付テ二錢ト云フモノヲ出スト云フガ如キ金ノ使ヒ途ニ、有ユル名目ヲ付ケテ官費濫用ノ途ヲ講ジタト云フコトハ、大ニ吾々ト致シマシテ看過スルコトガ出來マセヌ、サウシテ其料金ノ支拂ノ高キニ失シタノガ約三割三分デアリマシテ、五十斤ト五十斤增ス毎ニ支拂フベキ所ノ計數ハ、三割五分乃至四割五分高ニ支拂ハレテ居ルト云フ事デアリマス、是ハ吾々ガ言フバカリデナク、會計檢査院ニ於キマシテモ、之ヲ指摘サレテ居ルノデアリマシテ、此方面ニ於キマスル所ノ鐵道省ト國家ノ被リマスル損害ダケデモ幾許デアリマスルカ、而モ其國際通運ガ下請人ニ支拂致シマスル金額カラ見マシテモ、是ハ不當デアルカドウカト云フコトヲ立證スルニ足ルノデアル、國際通運ガ他ノ下請會社ニ拂ヒマスノハ、鐵道省カラ與ヘル料金ノ二割引ノ範圍デ之ヲ割出シテ居ッテ、其二割引デモ他ノ會社ハ利益ニナルノデアリマス、其間ニ於キマスル國際通運會社ニ與ヘラレル不當ノ利益ハ、取リモ直サズ國家ノ損失ニ歸スルノデアリマスカラ、吾々國民代表ト致シマシテ、斷ジテ認容スベキ性質ノモノデハアリマセヌ、而モ之ニ依ッテ一年間我ガ國家ノ受ケマスル損害ハ、約二百五十万圓ト推定ガ出來ルノデアリマシテ、此間ニ於ケル綱紀官紀ノ紊亂ハ由々シキ大問題ナリト斷ゼナケレバナリマセヌ

次ハ樺太廳鐵道事務所ノ支出ニ關シマスル件、七十七万八千餘圓ヲ以テ、購入シタル車輛ノ件、即チ是デアリマス、汽車製造會社ト云フモノハ、御承知ノ通リ各般ニ亙ッテ製造會社ハ存立致シテ居リマス、然ラバ一ツノ汽車ヲ註文致シマスルノニハ、色々ナ會社ニ競爭入札ニ附セシムルノガ當然ナ歸結ト謂ハナケレバナリマセヌノニ、事玆ニ至ラシメズ、隨意契約ニ依リ四輪車十五噸積石炭車六十輛ト云フモノヲ註文シタ一事デアリマス、他ノ會社ニハ一ツノ見積モ出サセテ居リマセヌ、サウシテ此汽車製造株式會社ト云フモノト唯密ニ會合シテ、此契約ヲ爲シテ居ルノデアリマスルガ、是ガ物ノ高カッタ大正十二年當時 小倉鐵道會社ヨリ購入シタモノヲ其準トシテ居リマス、今日ハ鐵材其他有ユルモノガ二割、三割下落シテ居ルニ拘ラズ、此價格ガ其物價ノ高キ時ヨリ尙ホ二割五分乃至三割高價ニ買入レタノデアルガ、其不正ノ金ハ何レニカ消化サレテ、此間ニ伏在スル罪惡ハ驚クベキモノト謂ハナケレバナリマセヌ、シカノミデハナイ、此車輛ヲ運搬スル運搬費ニ於キマシテモ、驚クベキ不正ヲ爲シテ居ル、樺太ニ於キマシテハ、材木運送船ト云フモノガ多々アリマシテ、其便ハ非常ニ便利デアリ、而モ運賃ハ非常ニ低廉デアルノニ拘リマセズ、之ヲ一般ノ優秀船ニ委託シタ以上ノ、尙且二割強ノ高キニ註文致シマシテ、此運搬費ダケデ國家ガ損害ヲ受ケマスモノハ、六万三千餘圓ニ及ビ、之ヲ合計致シマスレバ約二十餘万圓ノ大損失ト相成ルノデアリマス、元來鐵道省ガ多額ノ財政ヲ左右スルニ當リ、不正不義ヲ行フ全ク伏魔殿デハナイカト吾々ハ謂ハナケレバナリマセヌ、前記ニ於ケル所ノ總テノ事實ガ之ヲ立證スルニ止マラズ、現在ニ於テモ幾百万圓ノ工事請負ニ於テモ、全ク不正ナル談合ニ依ッテ工事入札ガ行ハレテ居ル、是等ハ今司法大臣ハ居ラレヌガ、何故ニ斯ノ如キコトニ向ッテ司法權ノ發動ヲ爲サヌノデアルカ、我ガ日本ノ政府、大臣其他ノ者ガ頭ヲ竝ベテ居ラレテモ、斯ノ如キコトニ著眼セズ、有ユル方面――板橋ノ税務署ニ於ケル所ノ數年間ニ亙ル脫税事件デモ、司法權發動ニ依ッテ國家ノ權威ヲ發揮シ、以テ綱紀官紀ノ肅正ヲ爲スベキデアルノニ、悉ク之ヲ默認シテ居ル、現在ニ於ケル鐵道省ニ於テノ入札ノ方法ハ、總テ競爭入札ヲ以テ幾千万ノ工費ヲ消化スルノガ當然デアルノニ、鐵道省ハ何ト致シタ、現在ハ悉ク談合ニ依ッテ不正ニ入札ガ行ハレテ居リマセヌカ、現在ニ於テ行ハレツヽアルモノハ皆是デアルコトガ明瞭ニナッテ居ル、而モ其鐵道省ノ指定スル請負人ノ資格アル者ハ、全國ニ約百六十餘人デアリマス、然ルニソレ等ノ者ニハ一ツトシテ是等ノ指名或ハ入札ヲ爲サシメズシテ、唯主要人物ダケガ一ッ玆ニ「グループ」ヲ造ッテ、其者ノミニ依ッテ日本全國ニ於ケル鐵道工事ハ請負ハレテ居ルノデアリマス、斯ノ如キコトニ向ッテ司法權ノ發動ハ全ク今日眠ッテ居ルノカ、其存在ヲ疑ハナケレバナラヌ狀況デアル、惟フニ近來議會ニ於ケル決算審議ノ模樣ハ、洵ニ吾々ノ常ニ遺憾千萬ト致ス所デアリマス、決算委員會ト云フモノガ、過去ッタコトデアルカラ、最早致シ方ナシト言ヒマスレバ、ソレダケノコトデアリマスケレドモ、今日ノ世ニ在ッテ過去ッタ所ノ此財政、經濟、其會計ノ收支ニ付キマシテ、吾々國民代表ハ眼ヲ玆ニ止メ、一方ニ於テハ會計檢査院アリ、此處ニハ審議機關タル帝國議會ガアッテ、國民ノ利害ヲ代表シテ、是ガ嚴肅ナル點檢ヲ行ハシメテ政府ニ警告ヲシ、若シ之ヲ尙ホ聽カザル時ニハ、敢然立ッテ其時ノ政府ヲ糺彈シ、或ハ上奏案、決議案等ニ附スベキデアラウト思ヒマス、顧ミマスレバ明治三十四年度ノ決算中、北海道旭川ノ兵營建築ニ當リマシテ、競爭入札ニ附セズ、隨意契約ニシタト云フ、此僅カノ一事デサヘモ、上奏案ヲ提出スルト云フノデ、議會ハ大騷動ヲ爲サレタデハアリマセヌカ、此當時ト今日トヲ想ヒマスト、實ニ今昔ノ感ヲ禁ズルコトガ出來得ナイノデアリマス、而モ大正十二年三月二十日貴族院ハ、樺太ノ森林ヲ松昌洋行ニ拂下ゲ、其代金ガ未拂デアル、ソレハ不當デアルナガラ、無料デ貸與シタコトハ不屆デアル、ト云フコト、其次ニハ牧場ヲ使用セシメ此僅カノ二ツデサヘモ貴族院ハ決議案ノ通過ヲ爲サレテ居ルノデアリマス、斯ク致シマシテ以前ハ却テ審議權ノ嚴肅ト議會ノ權威トガ發揮サレタノデアリマスルガ、現在ニ於ケル所ノ此決算委員會ノ調査方針ハ何デアリマスルカ、是ナルガ故ニ今日ノ政府、今日ノ官吏ガ腐敗墮落致シ、議會モ亦之ニ伴フテ天下ヨリ疑ヲ受ケルノニ至ルデハアリマスマイカヲ痛感シナケレバナリマセヌ、爾カ致シマシテ、此ニ於テ吾々ガ官紀綱紀ノ肅正ヲ期スルノハ、吾々ノ重責デアルト信ジマスルト共ニ、此意味ニ於テ本案ノ承認ニハ反對ヲシナケレバナリマセヌ、悉クニ反對デハアリマセヌガ、今擧ゲマシタルコトノ事實ノ存在スルノニ、無批判ニ之ニ贊成スルト云フコトハ、帝國議會ノ權威ヲ失墜シ、議員ノ本分ヲ冒瀆スルモノト謂ハナケレバナリマセヌカラ、斷ジテ吾々ハ反對スルノデアリマス(拍手)

尙ホ最後ニ昭和三年度ノ政友會內閣ノ時ト、民政黨內閣ノ四年度トヲ比較致シマシテ、其罪惡、不正失當ト認ムベキ件數ニ付テ、金額ヲ御參考ニ申上ゲテ置キタイト思

ヒマス、昭和三年度ニ於キマシテ、不正失當ナリト致シマシテ、會計検査院ガ擧ゲラレマシタモノハ、一千八百八十六万五千餘圓デアリマシテ、之ニ對シテ四年度ニ於キマシテ擧ゲラレマシタモノハ、一千三十二万六千圓デ、差引政友會内閣ノ時ガ八百五十三万八千餘圓増加ヲ來シテ居ルコトダケハ、看過スルコトノ出來ナイ問題ト謂ハナケレバナリマセヌ、以上ニ依リマシテ、斯ノ如キ點ニ付キマシテハ、我ガ部屋ニ於キマシテハ之ヲ承認スルコト能ハズト決定シ、以テ本員ガ之ヲ述ベマシタ所以デアルコトヲ御諒承ヲ願ヒタイノデアリマス（拍手）

○議長（秋田清君） 討論ハ終局致シマシタ、採決致シマス、昭和三年度歳入歳出總決算、昭和三年度各特別會計歳入歳出決算、昭和三年度國有財産增減總計算書、昭和四年度歳入歳出總決算、昭和四年度各特別會計歳入歳出決算、及昭和四年度國有財産增減總計算書、右各議案ニ對シ委員長報告通リ是認スルニ賛成ノ諸君ハ起立

（賛成者起立）

○議長（秋田清君） 起立多數、各件共委員長報告通リ是認スルニ決シマシタ（拍手）

――日程第五、明治四十一年法律第三十七號中改正法律案ノ第一讀會ヲ開キマス、提出者ノ趣旨辯明ヲ許シマス――提出者岡田忠彦君

昭和七年八月二十六日

## 齋藤國務大臣ノ演說

### 國務大臣ノ演說

（國務大臣子爵齋藤實君登壇）

○國務大臣（子爵齋藤實君） 諸君、當議會ニ於キマシテ再ビ諸君ト相見エ、政府ノ所信ニ付テ陳述スルコトヲ得マスルノハ、私ノ光榮トスル所デアリマス、

外交ノ事項ニ付キマシテハ、新興滿洲國ガ益〻健全ナル發達ノ道程ヲ進ミツヽアルコトハ、善隣ノ誼最モ深キ我邦トシテ、慶祝ニ堪ヘザル所デアリマス、前回衆議院ニ於テ之ヲ速ニ承認スベシトスル決議ガアリマシタ通リ、政府ハ帝國獨自ノ立場ニ基キ、出來得ル限リ速ニ正式ノ承認ヲ與フル決意ノ下ニ、目下萬般ノ準備ヲ整ヘツヽアル次第デアリマス

在滿帝國諸機關ノ圓滿ナル連絡統制ノ爲ニ、適當ナル施設ヲ行フコトノ緊要ナルハ、夙ニ認メラレタル所デアリマスガ、今般取敢ヘズ現在諸機關ノ首腦ハ同一人之ニ當リ、滿洲ニ於ケル現實ノ事態ニ應ジ、必要ニシテ適切ナル措置ガ講ゼラルヽコト相成ッタノデアリマス、而シテ事變勃發以來既ニ一年ニ近ク、此間滿洲ノ荒野ニ在ッテ困苦ニ堪ヘ忍ビ、兵匪ノ鎭定ニ從事シテ、治安ノ恢復ニ盡瘁シツヽアル將兵ノ辛苦ニ對シ、重ネテ深ク感謝ノ意ヲ表スルモノデアリマス

諸君、不況困憊ノ難局ニ直面シテ、農山漁村及中小商工業ノ窮狀ニ對シ、之ガ匡救策ヲ講ズルコトハ、今期議會ノ使命デアリマス、現下ノ不況ニ付キマシテハ、天皇陛下夙ニ深ク御軫念アラセラレ、眞ニ恐懼ニ堪ヘザル所デアリマス、而シテ今回畏クモ時局匡救ノ爲ニ施藥救療及學術振興ノ資トシテ、多額ノ内帑ヲ御下賜アラセラレ、聖恩ノ宏大ナル、偏ニ感激ニ堪ヘマセヌ、聖旨ヲ奉體シ、策勵力行能ク成果ヲ收メ、以テ聖慮ニ副ヒ奉ランコトヲ期スル次第デアリマス、固ヨリ時局ノ匡救ニ適切ナル施設ヲ實現致シ、人心安定ノ對策ヲ遂行スルコトガ、現内閣ノ重要ナル任務ノ一デアリマスカラ、萬難ヲ排シテ是ガ達成ヲ期シツヽアルノデアリマス、然ルニ適〻前期議會ノ衆議院ニ於キマシテ、通貨流通ノ圓滿、農村其他ノ負債整理、公共事業ノ徹底的實施、農產物其他重要產業統制ニ關シ、必要ナル諸案ヲ提出スベキ旨ノ決議モアリ、政府モ共感ヲ同ジウスルモノデアリマスガ故ニ、出來得ル限リ決議ノ趣旨ニ副ハンコトヲ期シマシテ、爾來鋭意其具體案ノ作成ニ努力シ、茲ニ諸君ノ協贊ヲ請フベキ時期ニ達シタノデアリマス

先ヅ政府ハ現下ノ梗塞セル金融ノ疏通ヲ圖ルガ爲メ、產業資金等ノ供給ト相俟チ、銀行及產業組合ノ不動產ニ固定セル資金ヲ流動化セシムルコトヽシ、之ガ資金融通ニ當ル不動產銀行及產業組合中央金庫ニ損失ヲ生ジタル場合ニハ、政府ニ於テ之ヲ補償スルコトト致シタノデアリマス、固ヨリ此等資金ノ圓滿ナル疏通ハ、產業組合系統ニ屬スル各種機關ノ活動ニ俟ツ所大ナルベキハ、言フマデモナイノデアリマスカラ、其機能ヲ擴充シ、其事業ノ發達ヲ助長シ、且ツ之ガ活用ヲ普遍的ナラシメンコトヲ期シ居ル次第デアリマス、政府ハ又低金利政策ヲ採リマシテ、來ル十月一日ヨリ郵便貯金利子ノ引下ヲ行ヒ、一般金利ノ低下ヲ誘導シテ、金融ノ圓滑ヲ圖ラントスルモノデアリマス、豫算ノ實施ト上述諸般ノ施設トニ依リ、通貨流通ノ圓滿ヲ期セントスルモノデアリマス

次ニ農村其他ノ負債整理ニ關シマシテハ、先ヅ以テ一方ニハ各種低利資金ニ付テ、本年度以降三箇年間ニ期日ノ到來スベキ元利金及現ニ延滯セル元利金ニ對シ、適當ナル猶豫ヲ與フルノ方途ヲ講ズルコトヽ致シタル外、一方ニハ誠實ナル債務者ニ負債整理ニ因ル更生ノ機會ヲ與フルガ爲メ、農村ニハ隣保共助ノ精神ニ基ケル負債整理組合ヲ設ケシメマシテ、計畫的組織的ニ負債ノ整理ヲ行ハセ、政府及道府縣ニ於テハ之ニ對シテ整理資金ヲ供給スルコトヽシ、又既存ノ金錢債務ニ付キマシテハ、債權者債務者互讓ニ依ル調停ノ制度ヲ設クルコトヽ致シタノデアリマス

更ニ進ンデ政府ハ積極的ニ適切ナル事業ヲ起シテ生業ヲ與ヘ、不況ニ沈淪セル窮狀ヲ打開センガ爲ニ、道路其他ノ工事ト共ニ各般ノ農林土木事業ヲ實施スル等ノ方法ヲ講ジ、由テ以テ窮乏セル農山漁民ニ直接就勞ノ機會ヲ與ヘ、遍ク貨銀收入ノ途ヲ開クニ勉メ、又軍需品ノ整備、鐵鋼船舶ノ起工等ニ依ッテ、中小商工業者ノ救濟ニ資セントスル次第デアリマス

尙ホ重要產業ノ統制ニ付キマシテハ、其恒久的方策ノ如キ、固ヨリ將來ノ考究ニ俟ツベキモノハ尠クアリマセヌ、米穀ニ關シマシテハ、曩ニ米穀部ヲ農林省ニ設置シ、鋭意根本方策ノ樹立ニ付テ考究ヲ重ネツヽアル次第デアリマスガ、臨時施設トシマシテハ、米穀需給調節特別會計ノ借入限度ヲ增額シ、以テ米穀買入ノ資金ヲ潤澤ナラシムルト共ニ、玄米及籾ノ貯藏ヲ全國的ニ獎勵スル等ノ方法ヲ講ジ、又蠶絲業ニ關シマシテハ、應急的手段トシテ差當リ夏秋蠶對策ヲ講ズルト共ニ、製絲業刷新ノ爲メ、製絲業免許制度ヲ樹立セントスルノデアリマス、而シテ中小商工業ニ對シマシテハ時局ノ急ニ應ズルガ爲メ、一層從來ノ統制施設ヲ擴充シ、其普及徹底ヲ期スルコトヽシマシタル外、小賣商ニ付キマシテハ、其共同施設ニ依ッテ事業經營ヲ改善シ、統制ヲ得シムルノ目的ヲ以テ、商業組合ノ制度ヲ設クルコトヽ致シタ次第デアリマス、

以上ノ外尋常小學校ノ經費ニ關シテ、負擔ノ輕減ヲ圖ルト共ニ、教育上ノ支障ナカラシムル爲メ、尋常小學校費ノ臨時國庫補助ヲ行フコトヽシ、又移植民ノ保護獎勵、貧困者ノ醫療救護、小學校缺食兒童ニ對スル食料支給等ノ施設ヲ講ジ、罹災救助ノ範圍ヲ擴張スル等、何レモ地方ニ於ケル疲弊ヲ緩和シ、窮乏打開ノ一方策タラシメンコトヲ期スルモノデアリマス

斯ノ如クニシテ昭和七年度ニ於ケル時局匡救ニ關スル經費ヲ計上シタノデアリマス、尙ホ時局匡救ニ關スル施設ハ、今後凡ソ三年間ヲ期限トスル考デアリマシテ、其間ニ相當巨額ノ經費ヲ以テ、之ヲ行ハンコトヲ企圖シテ居ル次第デアリマス、而シテ豫算ノ計上ニ當リマシテハ、全國各地方ニ普及スルヤウニ勉メ、而モ各地方ノ實狀ニ即

シマシテ、救濟ノ厚薄ハ出來得ル限リ窮迫ノ輕重ニ應ゼシムルコトニ致シタノデアリマス、斯ノ如キ趣旨ニ依リマシテ、玆ニ必要ナル追加豫算案及各般ノ法律案ヲ提出スル運ビト相成ッタノデアリマス

惟フニ經濟界ノ不況ハ、自ラ人心ノ萎縮ヲ招キ、人心ノ萎縮ハ又自ラ不況ヲ誘ヒ、互ニ因トナリ果トナリマシテ、益〻不況ヲ深カラシムルノデアリマスカラ、殊ニ此點ニ付イテ警メナケレバナリマセヌガ、幸ニシテ今ヤ疲弊窮迫ノ裡トハ申セ、國民ノ間ニハ國民自ラノ力ニ依ッテ、不況克服ノ途ヲ取ラントスル自力更生運動ノ興リツヽアルコトハ、眞ニ悅バシキ次第デアリマシテ、政府モ此堅忍不拔ナル精神ノ作興ニ意ヲ用ヒ、此精神ノ下ニ於ケル更生計畫ノ樹立實施ニ對シテ、相當ノ助成ヲ致シ、政府ノ施設ト國民ノ自力更生ト相俟ッテ、衆心一致、此難局ヲ打開スルガ爲ニ邁進シ、國力ノ充實伸張ヲ圖ラントスル次第デアリマス、幸ニ此趣旨ヲ諒トセラレ、速ニ協贊ヲ與ヘラレンコトヲ切望致シマス(拍手)

○議長(秋田淸君) 外務大臣內田康哉君

(國務大臣伯爵內田康哉君登壇)

○國務大臣(伯爵內田康哉君) 帝國ノ重要外交案件ニ付キマシテハ、去ル六月ノ帝國議會ニ於テ、前任者ヨリ報告ヲ兼ネ所見ヲ開陳シタル次第ガアリマスガ、其後滿蒙問題ノ重要ナル發展ニ顧ミマシテ、滿蒙及支那本部ニ關スル帝國政府ノ所見並ニ方針ニ付キマシテ詳細申述ベ、諸君ノ御淸聽ヲ煩ハシタイト思ヒマス

滿洲國ガ益〻健全ナル發達ノ道程ヲ辿ッテ居リマスノハ御同慶ノ至リデアリマス、帝國政府ハ、新國家ニ對スル承認ヲ以テ滿蒙ノ事態ヲ安定シ、延テ極東ニ於ケル恒久的ノ平和ヲ招來スベキ唯一ノ解決方法ト認ムルモノデアリマス、仍テ政府ハ速ニ滿洲國ヲ正式ニ承認スル決意ノ下ニ、目下著々準備ヲ整ヘテ居ルノデアリマシテ、右準備整ヒ次第、不日承認實行ノ筈デアリマス

然ルニ外國ニ於ケル一部人士中ニハ、今尚ホ支那ニ對スル帝國ノ態度、殊ニ九月十八日事件ノ發生以來、帝國ノ執リ來リシ措置ヲ十分ニ諒解セズ、又ハ滿洲國ノ成立ニ付キ、正當ナル認識ヲ缺キ、剩サヘ帝國ノ滿洲國ニ對スル承認ヲ以テ、不法視スルガ如キ所說ヲ爲スモノガアリマスルニ顧ミ、私ハ此機會ニ於テ從來政府ノ累次宣明シ來ッタ所ト重複スルヲ厭ハズ、是等諸點ニ關スル我方ノ立場ヲ明カニスルト共ニ、前述ノ如ク帝國政府ガ滿洲國ノ承認ヲ以テ、滿蒙問題解決ノ唯一ノ方法ト認メマスル所以ノ梗概ヲ述ベテ、諸君ノ御諒解ヲ得テ置キタイト思ヒマス(拍手)

抑〻近年極東ニ於ケル國際關係惡化ノ主要ナル原因ガ、支那ノ混亂セル狀態ニ加フルニ、過激思想ノ顯著ナル影響ヲ受ケタル排外的革命外交ノ遂行ニ存スルコトハ、何人モ爭ヒ難イ所デアリマス、而シテ右支那ノ異常ナル狀況ニ依ル最大ノ被害者ガ日本デアルト云フコトハ、申スマデモアリマセヌガ、其他ノ列國モ亦忍ブベカラザル侮辱ト、堪ヘ難キ災害ヲ被リ來ッタ次第デアリマス、然ルニ斯ノ如キ事態ノ匡正ヲ聯盟規約其他所謂平和維持機關ニ求ムルノ至難ナルコトハ、苟モ支那ノ實情ニ通ズルモノノ、直チニ首肯シ得ベキ所ト信ジマス、現ニ列國ハ其在支權益ニ對スル重大ナル侵害ヲ受ケ、又ハ受クル虞アル場合ニハ、是等ノ機關ニ依賴スルコトナク、直接其自力ヲ以テ、之ガ匡救又ハ豫防ヲ圖ルコトヲ常トシテ居ルノデアリマシテ、最近ノ事例ノミヲ數フルモ枚擧ニ遑ナキ有樣デアリマス

我國ハ支那ガ穩健着實ナル方法ニ依リ其國運ヲ挽回シ、進ンデ極東ノ平和ニ對スル同國ノ使命ヲ、果シ得ル日ノ速ニ到來センコトヲ衷心希望シツヽ、二十餘年ノ久シキニ亙リ、極度ノ自制ト忍耐トヲ示シ來ッタノデアリマス、而モ支那側ハ我ガ寬大ナル態度ニ應ゼントスル誠意ナク、我方ニ對スル輕侮ト排斥トハ却テ益〻甚シキヲ致シタノデアリマス、帝國政府ハ支那側ニ對シ、日本國民ノ忍耐ヲ試サントスルガ如キ態度ノ極メテ危險ナルコトヲ、幾度トナク警告シタノデアリマスガ、寸毫モ改善セラルヽ所ナキノミナラズ、却テ愈〻惡化シマスル一面、忍耐ニ忍耐ヲ重ネ來ッタ日本國民ノ感情ガ、遂ニ極度ニ尖銳化スルニ至リマシタ折柄、帝國ノ生命線タル滿蒙ニ於テ、彼ノ九月十八日事件ノ發生ヲ見ルニ至リ、我方ニ於テハ、敢然トシテ正當防衞ノ行動ニ出ヅルノ外ナカッタノデアリマス

然ルニ右帝國ノ行動ヲ以テ不戰條約ニ違反スルモノナルヤノ所說ヲ爲ス者ガアリマスガ、斯ノ如キハ全ク事實ニ卽セザル主張デアリマス、帝國ノ存立ト重大ナル關係ヲ有スル權益ニ對スル支那側ノ暴戾ナル侵害ニ對シ、我方ニ於テ眞ニ已ムヲ得ズシテ起チ、之ガ防止ニ必要ナル行動ニ出デタモノナルコトハ前述ノ通リデアリマス、不戰條約ハ此種ノ場合ニ於ケル自衞權ノ行使ヲ制限スルモノデハアリマセヌ、卽チ同條約ハ締約國ガ其判斷ニ基キ、自國ノ領土及一切ノ權益ニ對スル危險ヲ防止スル爲メ、必要ト認ムル措置ヲ執ルコトヲ禁止シテハ居ラナイノデアリマス、又右自衞權ノ行使ハ、行使國ノ領土外ニ及ビ得ルモノナルコト明デアリマス、帝國ノ行動ハ、他ノ列國ガ同樣ノ場合ニ執リマシタ措置ト、其本質ヲ同ジウスルモノデアリマス

右ノ如ク我方ニ於テ自衞行動ニ出デマスルヤ、張學良政權ニ屬シテ居リマシタ官吏ノ大部分ガ、或ハ逃亡又ハ辭職シ、該政權ノ事實的解消ヲ見ルニ至リマシタコトハ御承知ノ通リデアリマス、然ルニ滿蒙ニ於キマシテハ、豫テ同地方ヲ以テ支那本部ニ於ケル內亂ノ渦中ニ投ズルコトニ反對シ、且ツ累年ニ亙ル張家ノ惡政ヲ憎惡スル有識人士ノ間ニ、政治改革ノ機運ガ醞釀シツヽ、アッタノデアリマスガ、是等人士ハ右張學良政權倒壞ノ機會ヲ利用シ、現實ノ運動ニ著手シタノデアリマス、卽チ前述張學良政權ノ事實的解消ノ結果、奉天、哈爾賓等ニ治安維持會ガ成立シマシタガ、我方トシマシテハ、滿蒙ニ於ケル治安維治ノ責任上、是等維持會ニ對シ必要ノ援助ヲ吝マナカッタノデアリマス、然ルニ是等維持會關係ノ要人等ハ此情勢ニ應ジ、蹶然起ッテ遂ニ新國家ヲ創建スルニ至ッタノデアリマス、要スルニ滿洲國ノ成立ハ、同地方ガ支那本部ニ對シテ有スル地理的、歷史的及住民心理上ノ特異性ヲ背景トセル獨立運動ノ結果ニ外ナラナイノデアリマス

或ハ新國家ノ成立ヲ以テ、我ガ軍事行動ノ結果ナリトシ、之ニ對スル責任ヲ帝國ニ歸セントスル者モアリマスガ、斯ノ如キハ前述ノ事情ヲ認識セザルニ基クモノデアッテ、我方ノ容認シ得ベキ限リデハアリマセヌ、又滿洲國政府ニ、多數本邦人ノ在職シテ居ル事實ヲ以テ、新國家ノ成立ニ帝國ガ何等カノ關係ヲ有シ居ルヤニ邪推スル者モアリマスガ、建國草創ノ際、外國人ノ技能ヲ利用スルコトハ、幾多ノ先例ガアルノデアリマス、現ニ我國ノ如キモ明治維新後、多數ノ外國人ヲ官吏又ハ顧問トシテ傭聘シテ居ッタノデアリマシテ、例ヘバ明治八年頃ニ於ケル是等外國人ノ總數ハ、五百名ヲ超過シテ居タノデアリマス、要スルニ個人タル本邦人ガ滿洲國政府ニ在職セル事實ヨリシテ、前述ノ如キ邪推ヲ爲スハ、僻見モ甚ダシキモノデアリマス

滿洲國ノ成立ガ、支那內部ノ分離運動ノ結果ナルコトハ、以上詳述ノ通リデアリマス、然ルニ斯ノ如クニシテ成立セル既存ノ新國家ニ對スル帝國ノ承認ヲ以テ、九國條約ノ規定ニ違反ストノ主張ヲ爲ス者モアリマスガ、右ハ甚ダ不可解ナル議論デアルト思ヒマス、九國條約ハ前述ノ如キ支那ニ於ケル分離作用、卽チ支那ノ一地方ノ住民ガ、

自己ノ發意ニ依ッテ獨立國ヲ建設スルコトヲ禁止スルモノデハアリマセヌ、随テ九國條約當事國タル帝國ガ、滿蒙ニ於ケル住民ノ發意ニ依リ成立致シマシタ既存ノ滿洲國ヲ承認シマシテモ、同條約ノ規定ニ牴觸スルコトハナイノデアリマス、固ヨリ我方ニ於テ滿蒙ノ併合、其他同地方ニ對シ領土慾ヲ滿足セシメントスルガ如キ假定ノ下ニ於テハ、問題ハ別デアリマス、併ナガラ帝國ガ滿蒙ニ對シ、何等ノ領土的意圖ヲ有セザルコトハ、今更多言ヲ要シマセヌ

以上ヲ以テ私ハ支那ニ對スル帝國ノ態度、殊ニ九月十八日事件發生以來我方ノ執リ來リシ措置ガ、極メテ正當且ツ適法ノモノナルコト、滿洲國ハ其住民ノ自發的意圖ニ依リ成立セルモノニシテ、支那ニ於ケル分離運動ノ結果ト見ルベキモノナルコト、及ビ斯ノ如クニシテ成立セル新國家ニ對シ、帝國ニ於テ承認ヲ與フルハ九國條約ノ規定ニ何等牴觸セザルコトヲ明ニシタ次第デアリマスガ、更ニ進ンデ帝國政府ガ滿洲國ノ承認ヲ以テ滿蒙問題解決ノ唯一ノ方法ト認メマスル所以ニ言及致シタイト思ヒマス

滿蒙問題ノ解決ニ關シ、帝國政府ノ最モ重キヲ置キマスル所ハ、第一ニ其住民ノ正當ナル要望ガ充タサレ、且ツ帝國ノ權益ガ確保サルヽト共ニ、苟モ舊來ノ排外的施設ノ再現ヲ防止シテ、同地方ニ內外人安住ノ樂土ヲ築キ、以テ滿蒙自體ノ安定ハ勿論、進ンデ極東ニ於ケル恒久的平和ノ招來ヲ期スル事、及ビ第二ニ感情論又ハ抽象論ヲ排シ、滿蒙ニ於ケル現實ノ事實ヲ基礎トシテ、問題ノ解決ヲ期スル事ノ二點デアリマス、吾吾ハ滿洲事變ノ勃發ヲ見ルニ至リマシタ過去ノ經緯、及ビ從來滿蒙ニ對シ我國ノ拂ヒマシタ絶大ノ犧牲ニ顧ミ、右二點ニ卽シテ滿蒙問題ノ根本的解決ヲ計リ、以テ日支間永年ノ禍根ヲ一掃スルノ要アル事ヲ痛感スルモノデアリマス

然ルニ近時、支那本部政權ヲシテ何等カノ形式ニ依リ滿蒙ニ關係セシムルコト、シ、以テ一時ヲ糊塗セントスル解決案ヲ考慮スル向モアルヤウデアリマスガ、斯ノ如キハ究極スル所九月十八日事件以前ノ狀態ヲ繰返ス結果ニ終ルベキコト、吾々永年ノ經驗ニ顧ミ何等疑ナイ所デアリマシテ、日本國民ハ右ノ如キ解決案ニ、斷ジテ贊成スルモノデハアリマセヌ、又支那本部政權ノ滿蒙進出ハ如何ナル形式ヲ以テスルヲ問ハズ、滿洲國政府ノ建國宣言及對外聲明等ニ表示セラレマシタ政治的信條ト、全然相容レザルモノデアリマシテ、滿洲國人ニ於テ之ヲ容認セザルベキコトハ火ヲ睹ルヨリモ明デアリマス、滿蒙ニ對シ其人民ノ欲セザル所ヲ强制セントスルガ如キハ、正義ノ觀念ノ許サザル所デアリマスノミナラズ、同地方ニ新ナル紛亂ノ種ヲ蒔クニ外ナラナイノデアリマス、要スルニ支那本部政權ノ滿蒙進出ヲ圖ルガ如キ企圖、其他類似ノ不徹底ナル考案ハ、前述ノ如キ滿蒙ヲ以テ內外人安住ノ樂土ト爲サントスル目的ニハ副ハズ、又滿蒙ニ於ケル現實ノ事態ヲ基礎トスベシトノ趣旨ニモ合ハナイモノデアリマシテ、滿蒙自體ノ安定、乃至極東ニ於ケル恒久的平和ヲ招來スル所以デハアリマセヌ

之ニ反シ滿洲國ニ於キマシテハ、其建國宣言及對外聲明等ニ、內外ニ對スル極メテ公正妥當ナル政策ヲ揭ゲ居リ、殊ニ對外關係ニ付キマシテハ、正義ト平和ト親善トヲ主旨トスベキコト、國際法及國際慣行ニ照シテ、既存條約上ノ義務ヲ繼承履行スベキコト、外國人ノ既得權益ヲ尊重シ、其生命財產ヲ保護スベキコト、外國人ノ來往ヲ歡迎シ、且ツ各民族ニ對シ平等公正ナル待遇ヲ與フベキコト、外國人ノ經濟活動ニ關シ門戶開放ノ主義ヲ遵守スベキコト、列國トノ通商貿易ヲ容易ナラシメ、世界經濟ノ發展ニ貢獻スベキコト等ノ方針ヲ宣明致シテ居リマスノミナラズ、同國當局ハ右實行ノ十分ナル誠意ヲ有スルモノト認メラル、次第デアリマス、随テ同國ニ對シ承認ヲ與ヘ、此上トモ同國ガ前述ノ如キ健全ナル政策方針ノ實施ニ邁進シテ參リマスヤウ援助シテ行クコトハ、卽チ現實ノ事態ニ基イテ、滿蒙ニ內外人安住ノ樂土ヲ築ク所以デアリマシテ、是レ實ニ滿蒙問題ノ恒久的解決ヲ齎ラス唯一ノ方法デアルコトハ、何人ニモ明ナル筈デアリマス

滿洲國ノ政策方針ノ公正妥當ナルコト右ノ如ク、又同國當局ニ於テ、是ガ實行ニ關シ十分ナル誠意ヲ有スルコト前述ノ通リデアリマスルヲ以テ、同國ニシテ建國ノ純眞ナル精神ヲ堅持シ、努メテ已マナケレバ、其前途ハ實ニ洋々タルモノガアリマス、世間或ハ同國ニ於ケル匪賊ノ跳梁ヲ過大視シ、或ハ同國ノ財政難ヲ豫斷スルガ如キ者モアリマスガ、斯ノ如キ悲觀論ニハ容易ニ左袒スルコトガ出來ナイノデアリマス、新興國ニ於テ其建國當初、現下ノ滿洲國ニ於ケルガ如キ不逞分子ノ跳梁ヲ見ルコトハ、世界ニ幾多ノ事例ガアルノデアリマシテ、而モ多數ノ場合ニ於テ是ガ鎭定ニハ相當ノ年月ヲ費ヤシテ居ルノデアリマス、之ニ比較スレバ目下滿洲國ニ於ケル匪賊ノ討伐ハ、良好ナル成績ヲ以テ進行シテ居ルモノト見ナケレバナリマセヌ、又滿洲國ノ財政ハ、同國當局ガ其建國當初ニ於テ豫想シテ居リマシタ所ヨリモ、遙ニ良好デアルト云フコトヲ聞及ンデ居リマス、滿洲國ハ、其領域及人口、殊ニ廣大ナル富源ニ顧ミマシテ、施政宜シキヲ得バ、必ズヤ富裕ナル國家トナリ、世界各國ニ取ッテモ有望ナル市場トナリマスルコト、疑問ノ餘地ガアリマセヌ、私ハ斯クシテ滿洲國ガ健全ナル發達ヲ遂ゲ、啻ニ同國三千萬民衆ノ福祉ヲ招來スルノミナラズ、支那本部更生ノ好模範トナランコトヲ期待スルモノデアリマス

翻ッテ支那本部ノ狀況ヲ見マスルニ、最近內政ノ紛亂ハ一層甚シキヲ致シタル一方、共匪ノ跳梁ハ、長江及南支一帶ノ廣大ナル面積ニ亙ッテ居ルノデアリマシテ、國民政府ノ前途ニ對シ重大ナル暗影ヲ投ジテ居ル狀態デアリマス、而モ排外、殊ニ排日運動ハ依然トシテ止マナイノデアリマスルガ、斯ノ如クンバ、支那本部ト外國トノ關係ハ愈々紛糾ヲ加ヘ、其結果益々國內ノ混亂ヲ誘致スベキコト、想像ニ難カラヌノデアリマシテ、之ニ伴フ人民ノ窮苦ハ、眞ニ同情ニ堪ヘナイモノガアリマス、私ハ支那ガ今日ノ狀態ヲ續ケテ行キマスルコトハ、啻ニ同國自身ノ爲メ寒心ニ堪ヘザルノミナラズ、外國側ニ取ッテモ由々シキ形勢ヲ持來スノ危險ヲ包藏シテ居ルコトヲ、痛感スルノデアリマス、之ニ反シ支那側ガ叙上ノ事態ニ深ク思ヲ致シ、速ニ其誤マレル對外政策ヨリ脫却スルト共ニ、眞面目ニ其內部ノ整頓ニ精進セントスル建設的ノ態度ニ出デ來リマスルナラバ、右ハ支那竝ニ諸外國雙方ノ爲メ、眞ニ喜バシキコトデアリマシテ、我ガ國民ガ東洋ノ大局ニ顧ミマシテ、出來得ル限リノ助力ヲ吝マザルベキコト勿論デアリマス、私ハ同文同種ノ日滿支三國ガ、各、獨立國トシテ相倚リ相助ケ、極東ノ安寧福祉ノ爲メ、延イテ世界平和ト人類文化トノ爲メ、努力邁進スル時期ノ一日モ速ニ到來センコトヲ翹望シテ已マナイモノデアリマス(拍手)

〇**議長**(秋田淸君) 大藏大臣高橋是淸君

(國務大臣高橋是淸君登壇)

〇**國務大臣**(高橋是淸君) 諸君、玆ニ昭和七年度追加豫算ヲ說明致シマスコトハ、私ノ最モ光榮トスル所デアリマス、今回政府ニ於テ計畫シタル昭和七年度ニ於ケル時局匡救ニ關スル經費ハ、國ノ負擔ニ屬スル分、一般會計ニ於テ一億六千三百餘万圓、特別會計ニ於テ千三百餘万圓、計一億七千六百餘万圓デアリマシテ、此外地方ノ負擔ニ屬スル分ガ八千七百餘万圓アリマスカラ、結局昭和七年度ニ於ケル時局匡救ニ關スル中

央及地方ノ經費總額ハ二億六千三百餘万圓トナル計算デアリマス、而シテ國ノ負擔ニ屬スル分ハ、殆ド全部公債ニ依リ、地方負擔ニ屬スル分ニ付テハ、主トシテ政府ヨリ低利資金ヲ供給シ、尚ホ事業ノ種類ニ依リテハ、國庫ヨリ利子ノ補給ヲ爲ス計畫デアリマス

時局匡救ニ關スル豫算ノ計上ニ當ッテハ、成ベク各地方ニ普遍的ニ國庫支出金ノ普及スベキ事業ヲ選定スルニカヲ注ギ、又急迫ノ程度最モ甚シキ地方ニ對シテハ、事業費ノ割當ヲ多額ナラシムルコトニ努メマシタ

次ニ時局匡救事業ノ主ナルモノヲ説明致シマス、内務省所管ニ於ケル治水、港灣、道路等ノ土木事業ハ、國ニ於テ施行スルモノト、府縣及町村ニ於テ施行スルモノトアリマスガ、府縣及町村ニ於テ施行スルモノニ對シテハ、相當ノ割合ヲ以テ補助ヲ致シマス、是等事業費ノ總額ハ七千四百餘万圓デアリマシテ、其内、國ノ負擔ニ屬スルモノ四千八百餘万圓、地方ノ負擔ニ屬スルモノ二千五百餘万圓デアリマス、尚ホ北海道拓殖ニ關スル經費ノ增加ガ五百餘万圓アリマス

農林省所管ニ於ケル開墾、用排水幹線改良、林道開設、暗渠排水事業助成等、農業土木ニ關スル經費ノ總額ハ六千八百餘万圓デアリマシテ、其内、國ノ負擔ニ屬スルモノ三千七百餘万圓、地方ノ負擔ニ屬スルモノ三千百餘万圓トナリマス、尚ホ農村經濟更生施設ニ關スル經費トシテ、三百四十万餘圓ヲ計上致シマシタ

陸海軍ニ於ケル軍需品ノ製造、艦船ノ建造竝ニ修理等ハ、商工業等ノ振興ニ資スル所大ナルモノガアリマスノデ、是等ニ要スル經費トシテ、陸軍省所管ニ於テ千八百五十万圓、海軍省所管ニ於テ千八百四十四万圓ヲ支出スルコトニ致シマシタ

市町村財政ノ急迫ヲ緩和スル方法トシテ、今後三箇年ヲ限リ市町村立尋常小學校費臨時補助ヲ支出スルコトヽシ、昭和七年度分トシテ、千二百万圓ヲ支出スルコトヽ致シマシタ

右ノ外船舶改善助成ニ要スル經費、金錢債務臨時調停法施行ニ關スル經費等ガアリマス

以上ハ今回政府ニ於テ計畫シタル昭和七年度ニ於ケル時局匡救ニ關スル經費ノ大體ニ付テ説明シタノデアリマスガ、右ノ經費ノ内一部ハ豫算編成ノ技術上、施行豫算ノ範圍内ニ於テ支辨シ得ルモノガアリマスノデ、此分ハ實行豫算ヲ增額スルコトヽシ、今回追加豫算トシテ議會ノ協贊ヲ求ムル金額ハ、一般會計ニ於テ歳出總額一億四千六百六十餘万圓デアリマス、而シテ之ニ對スル歳入ノ追加豫算ハ一億六千三百四十万餘圓デアリマシテ、歳入歳出差引歳入超過額千六百七十餘万圓ハ、前述ノ實行豫算增額ノ財源ニ充ツルノデアリマス

次ニ特別會計ニ於テモ、時局匡救ニ關スル經費ヲ豫算シタモノガアリマスガ、其主ナルモノハ帝國鐵道會計ニ於テ、建設費ノ繰上七百万圓ノ外、朝鮮、臺灣及樺太ニ於ケル各植民地會計ニ於テ、各種土木事業費ヲソレ〴〵三百六十餘万圓、百六十餘万圓及六十餘万圓ヲ計上致シマシタ

右ハ大體ニ於テ本年九月以降七箇月分ノ經費デアリマスガ、政府ハ前議會ニ於ケル衆議院ノ決議竝ニ現下世論ノ趨勢ニ鑑ミ、今後三年度ニ亘リ、徹底的ニ時局ノ匡救ヲ爲ス方針ノ下ニ、本豫算ヲ編成シタ次第デアリマシテ、來年度ニ於テハ、更ニ相當經費ノ增加ヲ來スベク、隨テ三年度ノ經費ヲ通計致シマスナラバ、其總額ハ約六億圓ニ達スル見込デアリマス

昭和七年度ニ於テ歳出豫算ノ財源タルベキ公債ノ追加額ハ、一般會計ノ分、道路公債八十餘万圓、歳入補塡公債一億六千百九十餘万圓、計一億六千二百七十餘万圓、特別會計ノ分、鐵道公債七百万圓、朝鮮事業公債三百三十餘万圓、臺灣事業公債百六十餘万圓、樺太事業公債六十餘万圓、計千二百六十餘万圓、合計一億七千五百四十餘万圓デアリマスガ、之ニ從前決定セル本年度公債發行總額六億七百万圓ヲ加ヘマス時ハ、昭和七年度ニ於ケル公債發行總額ハ七億八千二百万圓トナリマス、

右發行總額中、七千七百万圓ハ交付公債デアッテ、又新規公債中預金部其他政府部内ノ引受ノ金額九千八百万圓ガアリマスカラ、兩者ヲ差引イタ殘額ハ六億七百万圓トナリマス、此金額ハ今日ノ狀況ニ於テハ一應日本銀行ヲシテ之ヲ引受ケシムル見込デアリマス

次ニ我國經濟界ノ窮境ヲ打開シ、且ツ產業ノ振興ヲ圖ル爲ノ根本手段トシテハ、通貨ノ供給ヲ圓滑ナラシムルコトガ緊要ナルコトハ、既ニ屢〻申述ベマシタ通リデアリマシテ、前議會ニ於テ協贊ヲ得タル日本銀行保證準備ノ擴張、竝制限外發行稅ノ低減ニ關スル法律ノ如キモ、是ガ對策ノ一端ニ外ナラナカッタノデアリマスガ、今回更ニ郵便貯金ノ利子ヲ從前ニ比シ、一分二厘引下ゲテ三分トナシ、來ル十月一日ヨリ實施スルコトヽ致シマシタ、郵便貯金ノ利子變更ノ如キハ、成ベク之ヲ避ケタイノデアリマスガ、今日ノ非常時ニ際シ、經濟界全體ノ建直シノ爲ニハ、一般金利ノ低下ヲ圖ルコトガ最モ緊要ナルヲ以テ、此際之ヲ斷行シ、由テ以テ大藏省預金部ノ貸付利率ヲ低下シテ、資金ノ融通ヲ受クル各種地方團體ノ負擔輕減ヲ圖ルト共ニ、農村及中小商工業者ノ救濟ニ資シ、併セテ一般金利ノ低下ヲ誘導シタイト考ヘルノデアリマス

金融ノ圓滿ヲ期スルガ爲ニハ、通貨ノ供給ヲ容易ナラシムルト共ニ、金融機關ノ内部ニ於テ既ニ固定セル資金ヲ流動化シテ、共活動ヲ圓滑ナラシムルコトノ必要ナルコトハ、申ス迄モナイ所デアリマス、仍テ政府ハ資金固定ノ最モ顯著ナル普通銀行、及貯蓄銀行ノ不動產貸付ヲ資金化セシムル爲メ、今後三年間ニ政府低利資金五億圓ヲ日本勸業銀行、農工銀行及北海道拓殖銀行ニ融通シ、是等ノ銀行ヲシテ一般銀行ノ所有不動產、及不動產抵當附債權ヲ擔保トスル貸付、又ハ是ガ肩代リヲ行ハシムルノ計畫ヲ樹テマシタ、而シテ右ノ貸付ヲ行フニ當ッテハ、從前ノ例ニ依ラズ、抵當不動產ノ鑑定價格ノ全額迄、融通ヲ爲シ得ルノ途ヲ開イテ、融資ノ徹底ヲ圖ルト共ニ、將來融資銀行ニ於テ本貸付ノ爲メ損失ヲ受クルコトアル時ハ、政府ハ之ニ對シ一億圓ヲ限リ補償ヲ爲スコトヽシテ、融資銀行ノ地位ヲ保障スルノ必要ガアルト思ヒマス、仍テ是ガ爲メ必要ナル法律案ヲ別途提出スルコトヽ致シマシタ、尚ホ是ト關聯シテ、政府ハ現今產業組合ノ固定セル債權ニ付テモ、同樣ノ理由ニ依リ之ヲ資金化スルノ必要ヲ認メ、別ニ政府低利資金一億圓ヲ三箇年間内ニ產業組合中央金庫ニ融通シ、同金庫ヲシテ所屬產業組合及同聯合會ニ對シテ資金ノ融通ヲ行ハシメ、之ニ因リ生ズルコトアルベキ損失ニ對シテハ、政府ニ於テ三千万圓ヲ限リ補償ヲ爲スコトヽシ、之ニ關スル法律案モ亦本議會ニ提出スルコトヽ致シマシタ

政府ハ預金部資金ノ性質ニ鑑ミ、成ベク之ヲ地方ニ還元スル方針ヲ採ッテ來マシタガ、現下ノ情勢ニ鑑ミ、時局匡救諸對策ニ對シ、出來得ル限リ多額ノ資金ヲ供給スルコトノ必要ヲ認メ、農村振興及農業土木事業資金四千餘万圓、前述ノ政府補償不動產金融資金五億圓ノ内、昭和七年度分トシテ差當リ一億圓、產業組合金融疏通資金一億圓ノ内、昭和七年度分トシテ差當リ二千五百万圓、中小商工業者等產業資金三千万圓、共他各種ノ資金ヲ併セ、總額二億二千六百餘万圓ニ及ブ新規資金ノ融通ヲ爲スコトニ決定致シマシタ

農村及中小商工業者ノ負債整理ニ關シテハ、近來頓ニ金融逼迫ノ元利支拂不能ヲ訴フルモノガ增加スルニ至リマシタガ、政府ニ於テモ是等債務者ノ中、到底自力ノミニ依リ更生ノ途ヲ講ズルコト困難ト認ムル者ニ對シテハ、昭和七年度以降三箇年分ニ亙ル元利支拂資金ヲ融通スルコトヽシ、既ニ其昭和七年度分トシテ、總額六千七百五十萬圓ノ資金融通ヲ決定致シマシタ、尚ホ此外政府ハ農村ニ於ケル債務者ノ負債整理ニ便宜ヲ供與スル爲メ、負債整理組合ヲ設置セシメ、整理資金ノ供給ヲ必要トスル場合ハ、府縣及政府協力シテ之ニ當ルコトヽシ、是ト同時ニ誠實ナル債務者ヲ更生セシムル爲メ、一口千圓以下ノ小額債務ニ付キ、今後三箇年間裁判所ニ於テ調停及簡易ナル裁判ヲ行ヒ得ルコトヽ致シ、兩者相俟ッテ負債整理ノ實ヲ擧ゲシメタイト存ジマス

以上述ベマシタ各般ノ施設ヲ綜合シマスレバ、政府ノ時局匡救豫算ノ三年度間ノ通計額ハ前ニモ述ベマシタ通リ、約六億圓デアリマスガ、之ニ政府低利資金ノ融通ニ依リ行ハルベキ、地方ノ時局匡救事業費ノ三箇年度分ヲ加ヘマスレバ、中央地方ヲ通ジテ約八億圓ニ達スル見込デアリマス、更ニ前ニ述ベマシタ各種ノ政府ノ時局匡救資金ノ、今後三箇年間ニ於ケル融通豫定總額ヨリ、地方經費ニ融通スベキ分ヲ除イタ額モ、亦約八億圓ニ上ル見込デアリマスカラ、兩者ヲ合算スレバ、今後三箇年間ニ使用セラルベキ資金ノ總額ハ、凡ソ十六億圓ニ達スル計算ニナルノデアリマス

惟フニ現下世界ノ各國ニ瀰漫セル經濟不況ニ善處シ、更生ノ活路ヲ發見スルコトニ付テハ、各國何レモ苦心ヲ重ネテ居ルノデアリマスガ、一擧ニシテ效果ヲ收ムルノ妙案ハ、未ダ曾テ見出サレナイノデアリマシテ、結局各方面ニ各種ノ手段ヲ講ジテ、以テ不況打開ヲ策スルノ外ナイノデアリマス、政府ガ此度提案セントスル上述ノ各種施設モ、前議會ニ於ケル帝國議會ノ院議並ニ世論ノ情勢ニ鑑ミ、時局對策トシテ最モ適當ト信ジタルモノヲ採擇致シマシタ次第デアリマス、サリナガラ今日ノ時局ニ善處スルニハ、國民ガ單ニ政府ノ施設ノミニ依賴スルガ如キコトガアッテハ、到底所期ノ效果ヲ收ムルコトガ出來ナイノデアリマシテ、國民自身自力更生ノ意氣ヲ以テ、難局打開ニ邁進スルノ用意ガナクテハナラヌノデアリマス、私ハ國家ノ内外ニ患難累積セル刻下ノ非常時ニ際シテ、我ガ國民ガ其固有ノ堅忍不拔ノ精神ヲ發揮シテ、此世界的試練ニ堪ヘラレンコトヲ希望シテ止マヌノデアリマス

終リニ臨ミ、政府提出ノ豫算案ニ付テハ、何卒速ニ御協贊ヲ與ヘラレンコトヲ希望致シマス(拍手)

○議長(秋田清君) 是ヨリ通告順ニ依リ、國務大臣ノ演說ニ對スル質疑ヲ許シマス――森恪君

## 國務大臣ノ演說ニ對スル質疑

(森恪君登壇)

○森恪君 外交ニ關シマスル首相並ニ外相ノ御演說ヲ拜聽致シマシテ、私ノ得マシタル印象ハ、第一ニ政府ハ滿洲國承認ノ問題ヲ單純ナル一箇ノ外交手續ト見テ居ラレルノデハナイカト云フコトデアリマス

言ハルヽ所ノ總テヲ要約シテ考ヘテ見マスト、滿洲國ヲ承認致スト云フコトハ何等聯盟規約ニモ、不戰條約ニモ、將タ又九箇國條約ニモ抵觸違反致ス所ハナイノデアル、然ラバ承認ヲ斷行スルニ付テ、何ノ憚ル所ガアルカト云フ所ニ歸着致シテ居ルノデアリマシテ、政府ハ專ラ法律的ニ外交技術的ニ之ヲ扱ッテ居ラレル風ガアルノデアリマス、又第二ニ滿洲國ヲ承認致スニ付テ必要ナル所ノ有ユル要件ハ、着々進メツヽアルノデアル、斯ウ云フ風ニ吾々ニ御報告ニ相成ッテ居ルノデアリマスルガ、其御演說ノ内容ニ依リマスルト云フト、全權大使ヲ任命セラレタト云フ事實ヲ御報告ニ相成ッタノミデアッテ、アノ長イ御演說ノ何レノ部分ニ於キマシテモ、私共ハ準備ガ行ハレタト云フ、其片鱗ヲダモ之ヲ見出スコトガ出來ナイノデアル(拍手)

今日ノ場合ニ於キマシテ滿洲國ヲ承認致スト云フコトハ、蓋シ我ガ日本ガ執ルベキ唯一ノ途デアルト云フコトニ對シマシテ、私共ハ政府ト共ニ所見ヲ全ク一ニ致スノデアリマス、現ニ吾々ハ院議ヲ以テ此承認ヲ必要ト致シタノデアル、此場合ニ承認ヲ致スコトニ對シテ異議ヲ挾ム者ハ一人モ居ナイノデアリマス、ケレドモ滿洲國ヲ承認致スト云フコトソレ自體ガ、政治的ニ如何ナル重要ナル意味ヲ含ムモノデアルカ、又是ガ我ガ國家ノ運命ノ消長ニ如何ニ重大ナル因果關係ヲ持ツモノデアルカト云フコトニ付キマシテハ、時ノ政府ガ如何ナル態度ヲ執リマセウト、誠意ガアラウガナカラウガ、吾々國家國民ト致シテハ、眞劍ナル態度ヲ以テ之ヲ研究致サナケレバナラヌ(「ヒヤヒヤ」「拍手」)即チ私共ハ此見地ニ立チマシテ政府ノ所信ニ疑ヲ懷カザルヲ得ナイノデアリマス

滿洲國承認ノ問題ヲ單ナル法律論、條約論ヲ以テ斷定シ、輕々シク之ヲ取扱ヒマシテ、理由ナク樂觀論ニ依リ、自己陶醉ニ陷リマスルコトハ、政治家ノ行動ハ兎ニ角ト致シマシテ、是ハ國家國民ニ取ッテハ危險千萬至極デアルト言ハナクテハナラヌノデアリマス(拍手)今日ノ狀勢ニ於テ日本ガ滿洲國ノ承認ヲ爲シマスル場合ニ於テ、私共ハ一應斯ウ云フ點ニ迄モ考慮ヲ費サナクテハナラヌ、即チ少クモ世界ノ輿論ノ上ニハ、我國ノ此斷乎タル行動ハ少カラザル所ノ衝動ヲ與ヘルニ相違ナイノデアリマス、又國際聯盟ノ方面ト我國トノ間ニ、或ハ正面衝突ヲモ餘儀ナクセラル、ヤウナ事態ガ展開スル場合ガアルカモ知レナイ、勢ノ趨キマスル所、吾々ハ聯盟ヲ脫退セザルヲ得ナイヤウナ場合ニ逢着致スカモ知レナイノデアリマス、斯ノ如キ趨勢ニアリマシテ、隣邦ニハ他力本願ヲ以テ外交ノ要旨ト考ヘテ居リマスル所ノ支那國ノ官民ガアル、是等ノ形勢ニ刺戟セラレマシテ、彼等ガ再ビ抗日、排日ノ氣勢ヲ激發シテ、サウシテ不幸ナル上海事件ト云フガ如キコトガ再ビ繰返サレルヤウナ可能性ハ、又將來十分ニ吾々ハ之ヲ覺悟致サナクテハナリマセヌ、米國ト我ガ日本ノ國交關係ニ於テ、吾々ハ今日以上ニ其關係ガ改善セラルベシトハ、之ヲ今日ニ於テハ期待スルコトガ出來マセヌ、否寧ロ私共ハ米國トノ關係ハ惡化スルニ非ズヤト云フ點ヲマデ懼レテ居ルノデゴザイマス(拍手)

昨年秋以來ノ聯盟ノ空氣、世界ノ輿論ノ大勢ニ徵シマシテ、吾々ガ今日滿洲國ノ承認ヲ行ハウト云フ時ニハ、少クモ極端ナル場合ヲモ豫想致シマシテ、豫メ國内的ニハ國民ノ心理的、物質的ニ十分ナル決心ト用意ニ取掛ル必要ガアルト云フコトヲ私共ハ感ズルノデアル(拍手)即チ單ナル外交上ノ關係影響ノミヲ考ヘテ見マシテモ、斯ノ如キ數點ヲ吾々ハ算ヘ擧ゲルコトガ出來ルノデアリマス

吾々ハ滿洲國承認ト云フ問題ハ、實ニ斯ノ如キ重大ナル意義ヲ存シテ居ル問題ト考ヘテ居リマス、即チ第二臨時議會ニ於テ、吾々ガ院議ヲ以テ、速ニ滿洲國ヲ承認スベシト決定致シタノモ、而モ即刻承認スベシトハ言ハナカッタノモ、又當時此院議ニ對シテ、政府ガ準備成リ次第ニ承認スベシト御答ニナリマシタ其御答辯ヲ吾々ガ諒ト致シタノモ、要スルニ滿洲國承認ト云フ問題ガ、斯ノ如キ重要性ヲ有ッテ居ルト云フコトヲ吾々ガ認メタ結果ニ外ナラヌノデアリマス(拍手)

然ルニ其後政府ハ、此院議ニ對シテ斯ノ如キ答辯ヲ致シテ居リナガラ、一體何ヲ爲

シタノデアルカ、徒ラニ時日ヲ空過致シテ、國內的ニモ國外的ニモ、滿洲國承認ニ必然伴ハネバナラヌ所ノ重要ナル對策ト云フモノヲ、講ジタリトスル所ノ形跡ヲ吾々ハ發見スルコトガ出來ナイノデアル(拍手)日本ト滿洲國ノ間ニ締結スベキ條約案ノ起草ヲ爲ストカ、或ハ條約交渉ノ衝ニ當ル所ノ全權ヲ任命スルト云フガ如キ事ハ、抑、末デアリマス、吾々ガ滿洲國承認ニ必要ナル準備ト諒解致シテ居リマス所ノモノトノ間ニハ、大ナル懸隔ヲ見出スノデアリマス、例ヘバ政府ハ滿洲國承認ノ結果ト致シマシテ、生ズルコトアルベキ日本ト支那ノ間、或ハ日本ト列國ノ間ニ、國交關係ノ變化ニ對應スル爲ニ如何ナル處置ヲ執リ、又執ラントセラレタノデアルカ、外交上諸列國ニ對スル各般ノ措置ハ勿論ノコト、國內ニ於キマシテハ國民思想ノ誘導、陸海軍備ノ充實、財政經濟ノ建直シ、確立、斯様ナ種々ナル點ニ於テ、滿洲國承認ト附帶的要件トモ謂フベキ是等ノ問題ハ、實ニ一日モ忽セニスルコトガ出來ナイニ拘ラズ、政府ハ是等ノ諸點ニ對シテ、果シテ何ヲ爲シタリト國民ニ報告スル勇氣ヲ有ッテ居ルカ(拍手)

政府ガ此重大ナル滿洲國ノ承認ト云フ問題ヲ、擧ゲテ――問題ノ眞ノ意義ヲ把握セズニ、専ラ技術的ニ、法律的見地カラ事物ヲ處理セントスル傾ノアル外務當局ニノミ、之ヲ擧ゲテ一任致シテ居ルト云フガ如キ現狀ハ、少クモ國民ノ不安ニ堪ヘザル狀態デアルト謂ハナクテハナラヌ(拍手)滿洲國ノ承認ト申シマスコトハ、單ナル法律上、條約上ノ問題デハ斷ジテアリマセヌ、既存條約ニ抵觸シテ居ルトカ、或ハ既存條約ニ抵觸シテ居ラナイト云フガ如キ問題ハ、今日多ク國民ノ知ラント欲スル所デハナイノデアリマス、滿洲國ノ承認ヲ爲ストカ、既存條約ニ抵觸シテ居ラナイト云フガ如キコトハ、今日少シク政治問題ニ興味ヲ持ツ者ハ、悉ク之ヲ認メル、現ニ院議ガ之ヲ認メテ居ル、而モ政府ノアノ長イ演說ノ大部分ヲ占領シテ居ルモノハ、此既存條約ノ關係ヲ縷々御說明ニ相成ッタニ過ギナイノデアリマス、

元來法理上ノ議論ト申シマスモノハ、事白異同、種々ナル、如何様ニモ議論ノ立テヤウガアルノデアリマス、即チ現政府ノ如ク國運ノ消長ニ係ルヤウナ重大ナ問題ヲ、法理ノ上ニ根據ヲ求メヨウトスル彼ノ如キ態度ト云フモノハ、私ハ滿洲國承認ト云フ重大問題ノ性質上、根本カラ錯覺ニ陷ッテ居ルモノデアルト斷定ヲ致スノデアル(拍手)

又今日日本ト滿洲國トガ條約ヲ締結致シマシテ、國交ヲ開始スルト言ヒマスルコトハ、吾々ヲシテ率直大膽ニ言ハシメテ見マシタナラバ、要スルニ是ハ形式一片ノ事柄デアルト、或ル意味ニ於テ申シテ差支ナイ、事實ニ於テハ、實質ニ於テハ、我ガ日本ハ早ク既ニ滿洲國ヲ承認シテ居ル、實質上承認致シテ居リマスル此滿洲國ニ對シテ、今改メテ正式ニ承認ヲ與ヘントスル所ノ眞ノ理由ハ何デアルカ、是ハ政府ガ指示シテ居リマスヤウナ法律上ノ實效ヲ收メルト云フコトガ、此正式承認ノ目的デハ斷ジテナイノデアリマス、滿洲國承認ノ眞ノ意義、眞ノ目的ハ、滿洲國承認ト云フ事ニ依ッテ、滿洲ヲ中心トセル亞細亞ノ總テノ問題ニ對シテ、我ガ帝國ノ臣民ガ如何ニ之ヲ見、如何ニ之ニ對處セントスルカト云フコトヲ世界列國ニ向ッテ聲明致スト共ニ、我ガ日本國民自ラニ對シテ、決心ト覺悟ヲ促ス目的デアルト謂ハナクテハナラヌノデアリマス(拍手)隨テ實際上ノ承認ノ相手方ハ滿洲國デハアリマセヌ、目標ト致シテ居リマスル所ノモノハ、內ハ日本國民デアリ、外ハ支那及列國デアルノデアリマス、從來追從ヲ惟レ生命ト致シテ居リマシタヤウナ我國ノ外交ガ、茲ニ敢然ト立ッテ新滿洲國ニ單獨承認ヲ與ヘント致シマスル所ノ行爲ハ、私共ヲシテ言ハシメタナラバ、是ハ我國ノ外交ガ自主獨立ニ相成ッタト云フコトヲ、世界ニ向ッテ宣告スルガ如キモノデアルト申シテ差支ナイノデアリマス(拍手)言葉ヲ換ヘテ申シテ見マシタナラバ、今跳梁跋扈致シテ居リマス所ノ――目的ノ眞相ヲ捉ヘ得ザル所ノ今ノ國際協調主義者ヤ、或ハ國際間ニ不當ナル所ノ現狀維持ヲ主眼トシテ唱ヘテ居ル今ノ國際平和論者ニ對シマシテ、滿洲國承認ト云フ動機ヲ捕リテ、我ガ帝國ガ外交的ニ宣戰ヲ布告シタルガ如キモノデアルト申シテ差支ヘナイノデアリマス(拍手)

私ハ滿洲國ノ單獨承認ト申シマスルコトハ、斯ノ如キ重大ナル意義ヲ含ムモノト諒解ヲ致シテ居ルノデアリマス、而シテ斯ノ如キ意味ノ諒解ハ、私共ガ田中內閣ノ所謂東方會議以來、常ニ國民ニ愬ヘテ參リマシタ所ト合致スノデアリマス、私共ハ爾來國民ニ向ッテ、亞細亞ニ歸レト云フコトヲ絶致シテ居ルノデアル、亞細亞ニ歸レト云フコトノ意味ハ何デアルカト言ヒマシタラバ、六十年間盲目的ニ模倣シ來ッタ西洋ノ物質文明ト袂ヲ別ッテ、傳統的日本精神ニ立歸リ、東洋本來ノ文明ト理想トニ基イテ、我ガ亞細亞ヲ守ルト云フコトガ、吾々ガ亞細亞ニ歸レト云フコトノ眞意デアルノデアリマス(拍手)今日物質本位ノ西洋文明ガ、既ニ沒落ノ期ニ達シテ居ルト云フコトハ、歐洲諸國ニ於ケル所ノ世相其モノガ如實ニ之ヲ物語ッテ居ルノデアリマシテ、我ガ日本ノ眼前ノ實相モ、考ヘヤウニ依リマシテハ、其原因ハ主トシテ無條件ニ西洋ノ文物ヲ輸入シタ結果ナリト斷定致スコトモ出來ルノデアリマス、日本ガ此際卒然トシテ本來ノ面目ニ立歸リマシテ、東洋固有ノ此精神ニ則リ、內外ノ懸案トナッテ居リマスル大小總テノ問題ヲ解決致シテ、サウシテ東洋永遠ノ平和ノ確立ニ成功致スヤウニナリマシタナラバ、是ハ啻ニ亞細亞ニ於ケル所ノ諸民族ノ福祉トナルノミナラズ、延イテハ紛然雜然トシテ離合ニ迷ッテ居リマス今ノ歐米各國國民ニ對シ、自覺覺醒ノ曙光ヲ投ゲ與ヘルモノデアルト申シテモ差支ナイノデアル(拍手)

吾々ハ此見地ニ立チマシテ、天ノ與ヘラレタル帝國ノ此新使命ニ力強ク第一歩ヲ踏出ス、其意味ニ於テ滿洲國ノ承認ヲ斷行致サナクテハナラヌト考ヘルノデアリマス(拍手)今日ノ政府ガ爲スガ如クニ、此意味ニ於ケル所ノ認識ガナク、不幸ニシテ國民ノ間ニ此意味ニ於ケル所ノ自覺ガナク、漫然此重大ナル問題ニ手ヲ著ケルヤウナコトガアリマシテハ、是ハ我國國民ガ、歷史ノ上ニ貢獻スル所ノ新意義ヲ全ク滅却致ス虞トナルノデアリマス

私ハ以上ノ如キ見解ヲ以テ、此滿洲國承認問題ニ處セント致シテ居ルノデアリマシテ、今日此場合ニ、兎ニモ角ニモ政府ガ滿洲國承認ニ直チニ手ヲ染メントスル其事自體ニ對シテハ、雙手ヲ擧ゲテ贊成ヲ致スノデアリマスガ、滿洲國承認ト、必然的ニ之ニ伴ヒマスル所ノ總テノ用意ヲ怠ッタト云フ、時ノ政府ノ責任ハ、自ラ茲ニ別個ノ問題デアルト云フコトヲ思ハナクテハナラヌ(拍手)即チ斯様ナ立場ニ於テ私ハ現政府ニ次ノ四點ニ對シマシテ明快ナル所ノ答辯ヲ煩シタイノデアリマス

第一、政府ハ滿洲國承認ニ對シ各種ノ準備ヲ必要トセリ、其準備ノ種類及其程度如何

第二、滿洲國ニ對スル公法上ノ承認ヲ斷行スル場合、國際情勢ニ如何ノ變化ヲ招來スルモノト判斷シアリヤ、又此變化ニ對スル事前事後ノ對策如何

第三、右承認ニ伴ヒ國際經濟界ニ於ケル帝國ノ地位ニ何等カノ變化アリト判斷シアリヤ

第四、滿洲國承認ノ結果日支兩國間其他列國トノ間ニ生ズル事アルベキ國交上ノ重

大化ニ應ズル政府ノ準備果シテ如何私ハ政府ノ率直大膽ナル所ノ答辯ヲ要求致ス者デアリマス（拍手）

（國務大臣伯爵內田康哉君登壇）

○**國務大臣（伯爵內田康哉君）** 只今ノ森君ノ御質問ニ御答ヲ致シマスガ、森君ノ御話ハ、其大部分ハ御意見ノ開陳ニ費サレタト思ヒマス、此御意見ニ對シマシテハ、謹ンデ拜聽致シテ置キマス、ソコデ此處ニ御殘置キニナリマシタ此條項書キニ依リマシテ、一應御答致シタイト存ジマス

「第一、政府ハ滿洲國承認ニ際シ各種ノ準備ヲ必要トセリ、其準備ノ種類及其程度如何」、是ハ勿論政府ニ於テ必要ナル準備ヲ致シタノデアリマス、又今日ニ於テモ致シツヽアルノデアリマス、私ノ演說ニ申シマシタル通リニ、其準備ノ終リ次第速ニ承認ヲ致ス積リデアリマス、ケレドモ茲ニ其準備ノ種類及其程度ヲ開陳致シマスコトハ、御斷リヲ致シタイト存ジマス

「第二、滿洲國ニ對スル公法上ノ承認ヲ斷行スル場合、國際情勢ニ如何ノ變化ヲ招來スルモノト判斷シアリヤ、又此變化ニ對スル事前事後ノ對策如何」固ヨリ昨年九月十八日ニ勃發致シマシタ滿洲事變ト云フモノハ、我國ニ取リマシテモ、洵ニ重大ナル問題タルコトハ申スマデモアリマセヌガ、世界ヲ衝動致シタ問題デアリマス、丁度當時聯盟總會モ開ケテ居リマシテ、殊更ニ此問題ヲ目立タシメタノデアリマス、斯ル重大ナ問題デ、又世界ニ大關係ヲ生ジタ問題デアリマスカラ、之ニ對スル處置ハ前々政府以來、出來得ルダケノ方法ヲ講ゼラレタコト、思フノデアリマス、併シ私共ハ斯ウ云フ信念ノ下ニ立ッテ此事件ニ直面シタノデアリマス、即チ滿蒙ノ事件ト云フモノハ、我ガ帝國ニ取ッテハ所謂自衞權ノ發動ニ基クモノデアリマス、ソレ故ニ天下ニ對シテ何等恥ヅル所ナイ、我ガ行動ハ洵ニ公明正大ナモノデアルト云フ自信ヲ持ッテ居ルノデアリマス、世界列強モ亦此日本ノ立場ヲ必ズヤ私ハ諒トシテ來ルト思フ、昨年來「ゼネバ」ニ於ケル所謂孤軍奮鬪ノ我國ノ立場ヲ顧ミマシテモ、其望ノアルト云フコトヲ看取シ得ルト思ヒマス、私ハ今日ハ餘程我ガ立場ヲ世界ガ諒解シ來ッテ居ルト信ジテ居ルノデアリマス、又今後ニ於キマシテモ必ズヤ私ハ諒解ヲスルト思フ、無論承認ノ曉ニハ多少ノ論議ハアリマセウ、即チ是等ニ對シテ今日ノ演說ノ中ニモ、私ハ日本ノ立場ヲ闡明シテ置イタ次第デアリマス、ケレドモ我ガ行動ノ公正ニシテ適法デアルト云フコトハ、是ハ何人モ爭ハナイ所デアラウト思フ、況ヤ我ガ國民ハ、只今森君ノ言ハレマシタ通リニ、此問題ノ爲ニハ所謂擧國一致、國ヲ焦土ニシテモ此主張ヲ徹スコトニ於テハ、一歩モ讓ラナイト云フ決心ヲ持ッテ居ルト言ハナケレバナラヌ、此國民ノ決心ノ下ニ、我ガ公明正大ナル態度ヲ主張シ、其主張ヲ維持スルト云フコトニ於テ、私ハ何モ懼レル所ハナイト思フ（拍手）此信念ニ於キマシテハ、勿論世界ヲシテ諒解ヲセシムルダケノコトハ致シマス、ケレドモ宣傳々々ト云フコトガ能ク言ハレマスケレドモ、此決心ノ下ニ此我ガ公明正大ナル主張カラ顧ミマスル時ニハ、宣傳ノ如キハサウ多ク顧ミルニ足ラナイト思フ、世界ハ必ズ我ガ態度ヲ是認スルニ至ルト私ハ確信シテ居ル、又是認セシメナケレバナラナイノデアル（拍手）斯ク申シマスレバ、此第二、第三、第四モ私ハ只今私ノ言明ニ依ッテ十分ニ質問ノ趣旨ニ答ヘ得タト思ヒマス（拍手）

〇國務大臣（鳩山一郎君） 後藤君ニ御答ヲ致シマス、第一ノ全額國庫負擔ノ問題ニ付キマシテハ、先刻答辯ヲ致シマシタ通リニ、マダ全額國庫負擔ガ適當デアルト云フ結論ヲ得テ居リマセヌ、第二ノ特別町村調査ノ爲ニ六千五百圓ヲ調査費トシテ取ッテ居ルノハ不都合デハナイカト云フ御質問デゴザイマスガ、今日迄八千五百万圓ノ義務教育費國庫負擔金ニ付キマシテ、一ツノ調査費モナカッタノデアリマス、所ガ調査費ガナイ爲ニ、時ニ遺漏モアリマスルシ、同時ニ監督ヲ嚴重ニ致シマセヌト、義務教育費トシテ渡シタモノヲ、他ノ用途ニ使用スルト云フヤウナコトガアリマスノデ、各地方ニ時時人ヲ派スルヤウナ必要ガアルモノデアリマスルカラ、八千五百万圓ニ此度ノ千二百万圓ヲ加ヘテ、九千七百万圓ノ國庫負擔金ガ適當ニ分配使用セラル、爲ニハ、此位ノ費用ハ已ムヲ得ザルモノト考ヘテ居リマス、第三ノ一般町村ニ對シテハ九月中旬前後、特別町村ニ對シテハ來年二月前後ト云フ新聞記事ガアッタサウデアリマスガ、是ハ新聞記事デアリマシテ、マダ文部省ニ於テ斯樣ニ決定シタコトハゴザイマセヌ、金圓ヲ受取リ次第成ベク速ニ之ヲ分配致シタイト思ッテ居リマス

〇副議長（植原悅二郎君） 日程第九、右議案ノ審査ヲ付託スベキ委員ノ選擧ヲ議題ト致シマス

第九 右議案ノ審査ヲ付託スヘキ委員ノ選擧

〇上田孝吉君 本案ハ議長指名十八名ノ委員ニ付託セラレンコトヲ望ミマス

〇副議長（植原悅二郎君） 上田君ノ動議ニ御異議アリマセヌカ

〔「異議ナシ」ト呼フ者アリ〕

〇副議長（植原悅二郎君） 御異議ナシト認メマス、仍テ動議ノ如ク決シマシタ

〇上田孝吉君 議事日程變更ノ緊急動議ヲ提出致シマス、卽チ此際政府提出、米穀應急施設法案ヲ議題トナシ、其審議ヲ進メラレンコトヲ望ミマス

〔「贊成」ト呼フ者アリ〕

〇副議長（植原悅二郎君） 上田君ノ動議ニ御異議ナシト認メマス、仍テ日程ハ變更セラレマシタ、政府提出、米穀應急施設法案ノ第一讀會ヲ開キマス――後藤農林大臣

米穀應急施設法案（政府提出） 第一讀會

米穀應急施設法案

米穀應急施設法

第一條 政府ハ米穀法ニ依リ米穀ノ買換ヲ爲サントスル場合ニ於テ必要アリト認ムルトキハ命令ノ定ムル所ニ依リ買換ニ代ヘ買換ノ爲賣渡ヲ爲サントスル米穀ヲ道府縣ニ對シ貸付スルコトヲ得

第二條 政府ハ米穀ノ出廻數量ヲ調節スル爲道府縣ガ米穀貯藏助成施設ヲ行フ場合ニ於テ必要アリト認ムルトキハ命令ノ定ムル所ニ依リ奬勵金ヲ交付スルコトヲ得但シ其ノ金額及交付ノ年度ニ付テハ帝國議會ノ協贊ヲ經ベシ

第三條 政府ハ朝鮮米及臺灣米ノ內地移入數量ヲ月別平均的ナラシムル爲勅令ノ定ムル所ニ依リ朝鮮米及臺灣米ノ買入、賣渡、加工又ハ貯藏ヲ爲スコトヲ得

前項ノ買入又ハ賣渡ノ價格ハ時價ニ準據シテ之ヲ定ム

第四條 政府ハ米穀ノ數量又ハ市價ヲ調節スル爲特ニ必要アリト認ムルトキハ勅令ヲ以テ期間ヲ指定シ粟ノ輸入稅ヲ增減又ハ免除スルコトヲ得

附 則

本法施行ノ期日ハ勅令ヲ以テ之ヲ定ム

本法ハ昭和九年十月三十一日迄其ノ效力ヲ有ス但シ第二條ノ規定ハ昭和十年三月三十一日迄其ノ效力ヲ有ス

第三條ノ規定ニ依リ買入レタル米穀ニ付テハ昭和九年十月三十一日後ト雖モ勅令ノ定ムル所ニ依リ其ノ賣渡、加工又ハ貯藏ヲ爲スコトヲ得

本法ニ依ル米穀ノ貸付並ニ朝鮮米及臺灣米ノ買入、賣渡、加工又ハ貯藏ニ關スル一切ノ歲入歲出ハ米穀需給調節特別會計ニ屬セシム

米穀需給調節特別會計法第四條ノ三ニ定ムル最高金額ハ昭和九年度末迄ハ四億八千萬圓トス

（國務大臣後藤文夫君登壇）

〇國務大臣（後藤文夫君） 政府ハ既ニ米穀需給調節特別會計法中改正法律案ヲ提案致シマシテ、其御審議ヲ願ッテ居ルノデアリマス、尙今後ノ米穀事情ニ應ズル臨機ノ施設ト致シマシテ、更ニ玆ニ米穀應急施設法案ヲ提出スルコト、致シマシタ、其要旨ト致シマスル所ハ、先ヅ朝鮮米、臺灣米ノ內地移入ヲ調節致シマスコトニシマシテ、出廻期ノ內地ノ米穀需給關係ノ壓迫ノ緩和ヲ計ラウトスルノデアリマス、ソレガ爲ニ朝鮮米、臺灣米ノ買受、賣渡等ヲ爲シ得ルコトト致シマシテ、之ニ必要ナル經費ハ米穀需給調節特別會計ニ屬セシメテ、其借入限度ヲ昭和九年度末迄ニ更ニ三千万圓ヲ增額スルコト、致シマシタ、次ニ右ト同時ニ內地米ガ出來秋ニ於テ、一時ニ市場ニ出廻ルコトヲ防グ爲ニ、道府縣ノ米穀貯藏助成施設ニ對シマシテ、相當ノ奬勵金ヲ交付スルノ途ヲ樹テタノデアリマス、尙ホ是等ノコトニ關シマシテ、粟ノ輸入稅ニ付テモ、特別ノ必要ノアル場合ニ於テハ、勅令ヲ以テ期間ヲ指定シテ、サウシテ是ガ增減免除ヲ爲シ得ルコト、致シマシタ、尙ホ政府ハ必要ノアリマス時ニハ、其所有米ノ買換ニ代ヘマシテ、米穀ヲ道府縣ニ貸付クルコトヲ得ルノ途ヲ開クコトニシタノデアリマス、以上大要デアリマス、何卒御審議ノ上速ニ御協贊アランコトヲ願ヒマス

〇副議長（植原悅二郎君） 別ニ質疑ノ御通告ガアリマセヌカラシテ、右議案ノ審査ヲ付託スベキ委員ノ選擧ヲ議題ト致シマス

右議案ノ審査ヲ付託スヘキ委員ノ選擧

〇上田孝吉君 本案ハ政府提出、米穀需給調節特別會計法中改正法律案ノ委員ニ併セ付託セラレンコトヲ望ミマス

〇副議長（植原悅二郎君） 上田君ノ動議ニ御異議アリマセヌカ

〔「異議ナシ」ト呼フ者アリ〕

〇副議長（植原悅二郎君） 御異議ナシト認メマス、仍テ動議ノ如ク決シマシタ

〇上田孝吉君 議事日程變更ノ緊急動議ヲ提出致シマス、卽チ此際秦豐助君外二十三名提出、負債整理組合中央金庫法案及米穀法中改正法律案ヲ逐次上程シ、其審議ヲ進

メラレンコトヲ望ミマヌ

（「贊成」ト呼フ者アリ）

○副議長（植原悦二郎君）　上田君ノ動議ニ御異議ナシト認メマス、仍テ日程ハ變更セラレマシタ、先ヅ負債整理組合中央金庫法案ノ第一讀會ヲ開キマス、提出者ノ趣旨辯明ヲ許シマス――土井權大君

植民地米統制法案

植民地米統制法

第一條　政府又ハ政府ノ許可ヲ受ケタル者ニ非サレハ朝鮮及臺灣ヨリ米又ハ籾ノ移入ヲ為スコトヲ得ス

第二條　政府ハ米穀證券ヲ發行シ朝鮮内ニ於テ毎年八百万石以内、臺灣ニ於テ二百万石以内ノ米又ハ籾ヲ買收貯藏スルモノトス

籾ノ米ニ對スル換算ハ勅令ヲ以テ之ヲ定ム

第三條　政府ハ必要ニ應シ朝鮮又ハ臺灣ニ貯藏セル買收米ヲ内地ニ移入スルモノトス

第四條　朝鮮又ハ臺灣ニ於テ發行スル米穀證券ハ發行ノ日ヨリ六月内ニ現金ヲ以テ之ヲ支拂フモノトス

第五條　日本銀行ハ第二條ノ米穀證券ノ所持人ノ請求ニ依リ政府ノ定ムル歩合ヲ以テ其ノ證券ノ割引ヲ為スコトヲ要ス

第六條　政府ノ許可ヲ受ケスシテ朝鮮又ハ臺灣ヨリ米又ハ籾ヲ移入シタル者ハ五百圓以上五千圓以下ノ罰金ニ處シ犯罪ニ係ル米穀ノ沒收又ハ其ノ價格ノ追徴ヲ為スモノトス

第七條　本法實施ニ必要ナル事項及收支會計ニ關スル規程ハ勅令ヲ以テ之ヲ定ム

附　則

本法ハ公布ノ日ヨリ之ヲ施行ス

（胎中楠右衛門君登壇）

○胎中楠右衛門君　提案ノ理由説明ニ先ッテ農村問題ノ根本ニ付テ申述ベタイト考ヘテ居リマシタガ、同志ノ諸氏ヨリ種々論ゼラレマシタノデ、其點ハ省略致シマス

私ノ玆ニ説明セント欲シマスル諸法案ハ、我ガ農家ノ現在ノ窮況ヲ救濟スルノニハ、ドウシテモ農家ノ收支ヲ増ス所ノ方策ヲ採ラネバナラヌ、是ニ於テ農家收入ノ主ナルモノデアリマスル米ト蠶絲、此根本對策ヲ立テ、初メテ農村經濟ノ基礎ガ確立シ得ルト信ズル者デアリマス、然ルニ近時往々ニシテ私共ト所見ヲ異ニスル者ガアル、而モ此臨時議會ガ非常對策ノ為デアル、非常對策ノ為デアルガ故ニ應急對策ハ相當ノ考慮ヲ拂フモ、根本對策ニ付テハ兎角閑却サレテ居ル嫌ヒガアルト存ジマス、抑〻農村問題ノ如キ、長キ歴史ニ依ル農民經濟ノ關係、是ハ特ニ考慮シナケレバナラヌ、此問題ヲ解決セント欲シマスレバ、少クトモ根本對策ヲ立テ、其根本對策ガ實施サレルマデ相當ノ期間ヲ要スル、而モ今日非常ノ時デアルカラ、玆ニ初メテ應急對策ノ必要ガアルモノト考ヘル、然ルニ今回提案サレタル所ノ政府ノ諸案ヲ見マスルニ、何等此根本對策ニ觸レタモノガナク、私ハ此點ハ政府竝ニ諸君ニ向ッテ特ニ考慮ヲ煩シタイト考ヘテ居ル、而シテ私ガ提案致シマシタ七ツノ法案ヲ、玆ニ二ツニ分ケテ、一ツハ蠶絲ニ關スル問題、即チ原蠶種國營法竝ニ製絲業法、輸出生絲販賣統制法及日本蠶絲株式會社法、之ヲ一括シテ極ク簡單ニ申述ベタイト思フ

御承知ノ如ク我國ノ蠶絲ガ如何ナル關係ヲ有ッテ居ルカト云フコトハ、敢テ玆ニ論ズルマデノ必要ハナイト思フ、農家ノ收入ノ主ナルモノ、一デアリマス、養蠶家――製絲家ガ之ヲ製絲シ、更ニ之ヲ海外ヘ輸出致シマス所ノ共額ハ、我國輸出ノ大宗トシテ最モ重要ナル務ヲシテ居ルコトハ極メテ明瞭デアル、是ガ現在ノ如ク有ユル打撃ヲ受ケマシテ、製絲家ハ勿論、養蠶ヲヤッテ居リマス農村ノ、今日ノ此實情ト云フモノハ極メテ慘憺タルモノデアル、故ニ此問題ヲ根本的ニ解決シテ、將來再ビ斯ル悲慘事ヲ生ゼシメナイヤウニスルニハ、先ッ以テ現在アル實ニ七百種ニ餘ル蠶種、雜然トシテ農家自身ガ養蠶ヲ致ス時ニ、其選擇ニ迷フト云フヤウナ有樣デアリマス、之ヲ統一スル、即チ原々蠶種ハ國ガ作リ、原蠶種ハ國營ノ下ニ玆ニ品種ノ改良及生産費ノ低下、竝ニ時ニ或ハ市場ノ形勢ニ依テハ繭ノ統制ヲ是デ圖ッテ行キ、玆ニ端ヲ發シテ次ニ來ルモノハ製絲業法デアル、現在ノ我ガ製絲業者ガ雜然トシテ強イ根抵ヲ有タズシテ營業ヲ致シテ居リマスコトヨリ生ズル幾多ノ不利、幾多ノ支障ト云フモノハ、既ニ一般ノ認メテ居ル所デアル、故ニ之ニ對スル所ノ政府ノ監督ノ下ニ其業ハ認可許可ノ制度ヲ以テ之ヲ統制シテ行カウ、更ニ生絲ノ輸出者ガ是亦如何ニモ雜然トシテ、資本ノ微弱ナル點ヨリ、或ハ其他ノ事情ニ依リマシテ持耐ヘルコトガ出來ナイ、故ニ屢〻賣崩シ、或ハ廉賣ヲ致シマス為ニ、一般我國ノ生絲ノ市價ヲ低落セシメ、之ニ依テ一般製絲業者ノ被ル損害、延イテ國家ニ及ボス所ノ不利ト云フモノハ多大デアル、故ニ輸出生絲販賣統制法ヲ設ケテ之ヲ統制スルト同時ニ、日本蠶絲株式會社ト云フモノヲ作ラセマシテ、之ニ政府ガ半分ノ出資ヲシテ、政府監督ノ下ニ我國ノ生絲輸出ヲ之ニ依テ統制セシメ、サウシテ輸出ノ絲價ト云フモノヲ維持セシメヨウト云フコトデアリマス、此順序ヲ經タル四ツノ法案ガ一ツトナッテ、玆ニ初メテ我國ノ蠶絲業ノ根本ガ確立シ、此「コンプリート」シタル所ノ法案ニ依テ初メテ農民ガ將來ニ向ッテハッキリシタ安心ト目標ヲ立テ、、我國ノ養蠶業ニ從事シ得ルモノナリト確信シテ已マナイ者デアリマス（拍手）是レ即チ蠶絲業ニ對スル所ノ提案ノ理由デアリマス

次ニ米ノ問題ハ、是ハ米專賣法ガ中心デアリマス、加フルニ米專賣特別會計法ト云フモノヲ作ッテ居リマス、更ニ植民地米統制法ノ案ト云フモノヲ附加致シテ居リマス、此場合私ハ簡單ナガラ特ニ申上ゲテ置キタイ、米ノ重要性ハ今玆ニ私ガ言葉ヲ多ク用ヒズトモ、若宮君ノ説明ニ依テモ極メテ明瞭ナンデアル、多クハ申上ゲマセヌ、併ナガラ是ニモ大ナル私ハ認識ノ不足ガアルト云フコトヲ感ジテ居ル、何故カ、農家ノ主要ナル産物デアルト云フコトハ極メテ明瞭

ナンデアル、是ガ今日マデ此米ニ對スル所ノ主ナル問題トナッテ居ッタ、併シ今日デハ更ニ之ニ加フルニ米ガ消費者デアル一般國民生活ノ主要ナルモノデアルト云フコトガ玆ニ一ツ加ッテ來タ、故ニ米ノ問題ヲ根本的ニ解決致サウトスルノニハ、ドウシテモ此生産者ト同時ニ消費者ノ利益ト云フモノヲ圖ラナケレバナラヌ(拍手)此生産消費ノ利害ハ果シテ如何、言フマデモナク極メテ明瞭ニ、生産者ハ少シデモ米ノ値段ヲ高ク賣リタイ、消費者ハ少シデモ米ノ値段ヲ安ク買ッテ食ヒタイ、此利害異ッタル所ノ二ツノ問題ヲ同時ニ解決スルニ非ズンバ、此米ノ問題ハ解決ガ出來ナイ(拍手)世ニ説ヲ爲ス者ガアル、或ハ米價ノ公定案トカ、種々ナル論議ヲスル者ガアリマスルガ、私共ノ知ル限リニ於テハ一面ノ利害ニ對シテハ相當效果ガアリ得ルト致シマシテモ、此生産消費ノ兩方面、而モ利害相反セル所ノ此極端ナル二ツノ目的ヲ同時ニ解決致シマスルノニハ、ドウシテモ國家ノ力、國ノ力ノ手ヲ以テ此問題ヲ解決スルニ非ズンバ到底出來ナイ、是レ即チ專賣案ヲ私共ガ提案シタ理由デアリマス(拍手)勿論御承知ノ如ク、專賣法ガ幸ニシテ諸君ノ同意ヲ得テ通過致シ、總テ是ガ法律トナルト致シマシテモ、此專賣法ガ實施サレル迄ニハ相當ノ月日ヲ要スルコトハ明瞭デアル、併ナガラ現時ノ國狀ハ私ガ改メテ申スマデモナク、若宮君ガ言ハレタ通リ、實ニ慘憺タル現狀デアル、故ニ此根本對策、即チ專賣案ヲ以テ私共ハ晏如トシテ居ルコトハ出來ナイ、此專賣案ガ實施サレル迄ノ間ニハ、適當ナル對策ヲ執ッテ、當面應急ノ策モ講ジナケレバナラヌ、是ハ稍、重複ニハナリマスケレドモ、一應申上ゲテ置カナケレバナラヌ、此意味ニ於キマシテ、私共ハ現行米穀法ノ存續ヲ前提トシテ、無論現行米穀法ノ存續ト云フ意味ノ中ニハ、惡法デアリマスル所ノ率勢米價ヲ削除スルト云フコトハ勿論デアル、之ニ加フルニ此出來秋ニ朝鮮臺灣ノ方ヨリ殺到シテ來マスル所ノ米ヲ如何ニシテ防グカ、ドウシテ內地ノ米ノ價ヲ相當ニ保タシメテ農家ヲ救ヒ得ルカト云フ問題ニナル、此故ニ植民地米統制法ト云フモノヲ立テタノデアリマス、是ハ彼ノ地ニ於テ米若クハ籾ヲ買ッテ、彼ノ地ニ貯藏シ、必要ニ應ジテ順次國內ニ移入スルト云フ趣意デアリマス

更ニモウ一ツ説明ヲ致シテ置カナケレバナリマセヌコトハ、私共ノ申上ゲマスル專賣案ナルモノハ、是亦動モスレバ世ノ誤解ヲ受ケ易イ、專賣「モノポリー」ト云フト何ダカドウモ政府ガ金儲ヲスル爲ニヤルヤウナ感ジヲ一般國民ニ與ヘテ居ル、煙草ノ專賣然リデアリマス、併ナガラ私共ノ謂フ此米ノ專賣ナルモノハ、還ニ申シマスル通リ單ニ生産、消費ノ兩方面ノ利益ヲ保護シテ、サウシテ此重大ナル問題ヲ國ノ力ニ依テ解決スル爲ノ專賣案デアリマシテ、決シテ專賣ト云フノガ目的ヂヤナイ、寧ロ專賣ト云フコトハ、此二ツノ極端ナル異ッタ利益ヲ同時ニ擧ゲヤウト云フ爲ノ結果ニ生ジタ所ノ專賣デアリマス、隨テ是ハ非收益主義デアリマスルカラシテ、此趣旨ニ基キマシテ專賣特別會計法ト云フモノヲ提出致シタノデアリマス

以上ノ趣旨ニ依リマシテ此七案ト云フモノハ、米竝ニ蠶絲ニ關シテ提案致シタノデアリマス、素ヨリ重大ナル問題デアルコトハ能ク知ッテ居ル、併ナガラ玆ニ更ニ私ハ一ツ附加ヘテ私ノ考ヲ申述ベサシテ戴キタイ實ハ私ハ由來一ツノ不滿ヲ持ッテ居ッタ、何ダ、我國ノ爲政者ガ殆ド共通ノ一ツノ大ナル缺點ガアル、斯様ニ私ハ感ジテ居ル、何カ、爲スベキ事、爲サネバナラナイ事ノ其重大ナルガ故ニ、其困難ヲ避ケ、其責任ヲ逃レテ、重大問題ハ成ベク自ラ其衝ニ當ルコトヲ避ケテ、其時々ニ依テ膏藥ヲ貼ルヤウナ、所謂胡麻化シヲヤッテ來タト云フコトガ我國ノ事實デアル、是ハ敢テ當政府ノミニ申シテ居ルノデハナイ、多クノ在來ノ爲政者ハソレガ多イ、此意味ニ於キマシテ、私ハ苟モ國民國家ノ爲ニドウシテモ是ハシテヤラナケレバナラヌ、爲サナケレバナラヌト云フコトガ認メラル丶ナラバ、在來ノ共通ナル、ソレ等ノ卑怯ナル觀念ヲ、此後ニ於テ爲政者ガ持タナイヤウニシテ、思切ッタル所ノ對策ヲ樹テ丶、之ヲ實行スル所ノ覺悟ヲ以テ、政府當路者ガ本案ニ對シテモ臨マレンコトヲ切ニ希望致シマシテ、説明ヲ終ルコトニ致シマス

○議長(秋田淸君)　本案ニ對シ質疑ノ通告ハアリマセヌ

---

○上田孝吉君　只今議題ノ第一乃至第四ノ四案ハ、政府提出製絲業法案ノ委員ニ、第五乃至第七ノ三案ハ、政府提出ノ米穀需給調節特別會計法中改正法律案外二件ノ委員ニ、ソレゾレ付託セラレンコトヲ望ミマス

○議長(秋田淸君)　上田君ノ動議ニ御異議アリマセヌカ

(「異議ナシ」ト呼フ者アリ)

○議長(秋田淸君)　御異議ナシト認メマス、仍テ動議ノ如ク決シマシタ——只今政府ヨリ五月十五日事件ニ關シ報告ノ爲ニ發言ノ通告ガアリマス、尙ホ之ニ對シ祕密會ヲ要求セラレマシタ、仍テ是ヨリ會議ノ公開ヲ止メマス、傍聽人ノ退場ヲ命ジマス

五月十五日事件ニ關スル報告ノ件

(午後六時三十九分祕密會ニ入ル)

---

(午後七時十四分祕密會ヲ終ル)

○議長(秋田淸君)　祕密會ニ於キマシテハ小山司法大臣ヨリ五月十五日事件ニ關スル報告ヲ聽取致シマシタ、次回ノ日程ハ公報ヲ以テ御通知スルコト丶致シマス、尙ホ念ノ爲メ御注意致シマス、明二十八日ハ日曜日デアリマスルカラ本會議ハ開キマセヌ、但シ特ニ各委員會ハ之ヲ開會致シマス、本日ハ是ニテ散會致シマス

午後七時十六分散會

昭和七年九月一日

米穀需給調節特別會計法中改正法律案外二件

米穀需給調節特別會計法中改正法律案（政府提出）第一讀會ノ續（委員長報告）
米穀應急施設法案（政府提出）第一讀會ノ續（委員長報告）
米穀法中改正法律案（秦豐助君外二十三名提出）第一讀會ノ續（委員長報告）

報告書

一米穀需給調節特別會計法中改正法律案（政府提出）

右ハ本院ニ於テ別紙ノ通修正スヘキモノト議決致候此段及報告候也

昭和七年八月三十一日

委員長　東　　武

衆議院議長秋田清殿

（別紙）

（小字及━━ハ委員會修正）

米穀需給調節特別會計法中左ノ通改正ス

第四條ノ三中「三億五千萬圓」ヲ「四億~~五~~八千萬圓」ニ改ム

附　則

本法ハ公布ノ日ヨリ之ヲ施行ス

附帶決議

一政府原案四億五千萬圓ヲ四億八千萬圓ト修正増額スル趣旨ハ米穀ノ數量又ハ市價調節ニ遺憾ナキヲ期スル爲ナリ

故ニ米穀法中改正法律案ト本案トハ密接不離ノ關係ヲ有スル不可分ノ決議ナルコトヲ玆ニ明ニス

二政府ハ現行米穀法ニ不備缺陷アルヲ認メ速ニ根本方策ヲ立ツル必要アルコトヲ聲明セラレタリ政府ハ速ニ現下ノ國情ニ鑑ミ米穀ニ關スル根本方策ヲ樹立シ之ヲ次ノ通常議會ニ提出スヘシ

報告書

一米穀應急施設法案（政府提出）

右ハ本院ニ於テ否決スヘキモノト議決致候此段及報告候也

昭和七年八月三十一日

委員長　東　　武

衆議院議長秋田清殿

報告書

一米穀法中改正法律案（秦豐助君外二十三名提出）

右ハ本院ニ於テ別紙ノ通修正スヘキモノト議決致候此段及報告候也

昭和七年八月三十一日

委員長　東　　武

衆議院議長秋田清殿

（別紙）

米穀法中改正法律案中左ノ通修正ス

（小字ハ委員會修正）

附　則

政府ハ當分ノ内本法ニ依リ朝鮮及臺灣ニ於テ各其ノ地ノ産米ノ買入、賣渡、交換、加工又ハ貯藏ヲ爲スコトヲ得

政府ハ當分ノ内米穀ノ數量又ハ市價ヲ調節スル爲特ニ必要アリト認ムルトキハ勅令ヲ以テ期間ヲ指定シ粟ノ輸入税ヲ輕減又ハ免除スルコトヲ得

本法ニ依ル米穀ノ交付又ハ貸付竝朝鮮米及臺灣米ノ買入、賣渡、加工又ハ貯藏ニ關スル一切ノ歳入歳出ハ米穀需給調節特別會計ニ屬セシム

（東武君登壇）

○東武君　只今上程ニナリマシタ米穀需給調節特別會計法中改正法律案外二件ノ、委員會ノ經過ト結果ヲ報告スル次第デアリマス、本法律案ノ審議ハ、今月二十七日ヨリ本日午前、午後ヲ通ジマシテ、五日間ニ亙リマシテ審議ヲ致シタノデアリマスルガ、諸君ノ御承知アラセラレル如ク、現内閣ハ非常時内閣ト稱シ、擧國一致ノ協力ヲ捧ゲテ時局匡救ノ大任ヲ全ウセントスル爲メ、特ニ此臨時議會ヲ開キ、幾多ノ匡救上ノ重要法案ヲ提出シタモノデアリマス、特ニ本法案ハ國民大衆ノ生活ニ卽スル米穀ノ需給調節ニ關シ、且ツ直接四千万ノ農民ノ生キルカ死ヌカト云フ岐路ニ立ツ、極メテ重大ナル米價問題ニ關係ヲ有スル案件デアリマスカラ、今期議會ヲ通ジマシテ、國民全體ノ注視ノ的トナッテ居ルノデアリマス、故ニ委員會ハ愼重審議ヲ重ネマシタ、玆ニ本委員會ヲ通ジマシテ、委員諸君ト政府當局者トノ間ニ於ケル質問應答ヲ重ネラレタ點ニ付テ、最モ重要ナル點ダケヲ御報告致シタイト考ヘテ居リマス

一、現行米穀法中第四條乃至第五條ノ率勢米價ニ關スル規程ノ可否、卽チ言葉ヲ換ヘテ言ヘバ、率勢米價ナルモノ、、條項ヲ削除スベキヤ否ヤノ點デアリマス

二、率勢米價ノ規定ヲ其儘存續シテ、現下深刻化セル農村ノ時局匡救ノ目的ヲ達成スルコトガ出來ルノデアルカ否ヤ

第三點ハ現政府ハ昨年及本年ノ如キ、最極度ニ米價ノ低下セル場合ニ於テ、現時ノ米ノ價格ヲ以テ適當ナリト信ズルヤ否ヤ、現下米穀法ノ基準價格ヲ維持スル必要倘ホアリヤ如何

第四點ハ米ノ生産費ハ幾何デアルカ、率勢米價ハ米ノ最低生産費ヲ割ルコト多シ、現行米穀法ノ米價基準ヲ運用シテ、時局匡救ノ豫期ノ目的ヲ達スルコトガ出來ルノデアルカ、ドウデアルカ

第五點ハ昨年米穀法ノ一部ヲ改正致シマシテ、其後米穀法運用ヲ爲シタル經過及實績ハドウナッテ居ルカ、悉ク失敗ニ屬シテ居ルノデハナイカ、斯ル有害無益ナル法律ナルコトハ既往一年間ノ實績ニ徴シテ、極メテ明白デアルノデハナイカ、政府ノ所見ハ如何

第六ハ政府ハ現在ノ米穀法ヲ以テ適當ナル法律ナリト思考スルカドウデアルカ、若シ現行法ニ不備缺陷ガアルト認メルナラバ、更ニ百尺竿頭一歩ヲ進メテ、米穀對策トシテ根本法ヲ制定スルノ意思ガアルカドウカ、斯ウ云フ其信念ヲ有シテ居ルカドウカ

第七、政府ハ應急施設トシテ朝鮮臺灣ノ米ノ買入、賣渡ヲ爲ス方針デアルト云フガ、朝鮮、臺灣ノ米ヲ買入レ、又內地三百万戸ノ最モ利害關係ヲ有スル貧農ノ米ヲ買入レ、其生活ト經濟トヲ緩和スルノ意思アルヤ否ヤ、又朝鮮、臺灣ニ於テハ其時々ノ時價ヲ以テ買上ゲルガ、內地ニ於テハ極メテ農民ニ不利ナル率勢米價率ヲ以テ買上ゲ出動ヲ爲スハ、跛行的偏頗ノ處置デハナイカ

第八、政府ハ率勢米價改正ニハ反對ダト稱シテ居ルガ、米價ノ基準トシテ率勢米價ノ基準ハ不備デアルト云フコトダケハ、委員會ニ於テ明ニ認メタコトヲ發明シテ居ルノデアリマス、若シ適當ノ方法ヲ講ジテ、成ベク農家ノ要望スル生産費ヲ以テ買上ノ目的ヲ達スル考デアルト、政府ハ稱シテ居リマスガ、其適當ノ方法トハ如何ナルコトヲ謂フノデアルカ

第九、政府ハ率勢米價以外、生産費ヲ加味シテ米穀法運用ヲ爲スト云ッテ居リマスガ、其生産費ナルモノハ何時出來ルノデアルカ、又其生産費ナルモノハ俄カ作リノ生産費ニアラザルカ、例ヘバ昨年委員會ニ於キマシテ、帝國農會ハ米ノ生産費ヲ二十六圓何錢ト公表シテ居リマス、其當時政府ハ二十一圓ト公表シタル如キ又前農相ノ町田君ハ、生産費ヲ調査スルノニハ少クトモ二年カ三年ノ星霜ヲ費サナケレバ、生産費ノ調査ハ出來ナイト云フコトヲ、昨年ノ委員會ニ於テ屢、明言致シテ居リマス、此點ヲ考ヘルトキハ、例ヘバ昨年ノ生産費調査ノ如ク、北海道ノ如キ、又東北ノ如キ凶作地ニ於ケル米ノ生産費ハ、百圓ト云フヤウ

ナ非常ニ高イモノガアリ、又失業者ノ歸農者ナドヲ無賃同樣デ雇ッテ、サウシテ耕作ヲシタモノ、一石ノ生産費ハ、九圓ト云フヤウナモノガ現ニ存在シテ居ル、斯樣ナ生産費ヲ假作リニ米價生産費ニ加味シテ買フト云フガ、果シテサウ云フコトガ出來ルノデアルカドウカ、是ガ第九デアリマス

第十、率勢米價率ナルモノハ、學說カラ申シマシテモ、實際上カラ申シマシテモ、何等經世上ニ有用ナルモノニアラズ、唯學者ノ閑遊戲的技巧ヲ弄シタルモノデアル、即チ昨年度、米穀改正ノ本委員會ニ於テ申シタ如ク、農林省ハ此率勢米價ナルモノニ付テ局長之ヲ知ラズ、大臣之ニ答フル能ハズ、政府委員一モ之ニ答フルコトガ出來ナイ、唯或某技師ガ獨リ此率勢米價ナルモノヲ創定シタ、而モソレハ學說上極メテ誤ッタル根抵ヲ有スルモノデアルト云フコトハ、屢々議論應答ガ重ネラレタ、即チ斯ノ如キ學術上カラ見マシテモ何等ノ權威ナク、且經濟上ノ常ナキ物價ニ應用シテ、國民ノ利害關係ノ最モ重大ナルモノニ應用スルガ如キハ、抑、其根幹ニ於テ既ニ大ナル誤謬ト錯誤トヲ併有シテ居ルモノデアル、率勢米價ナルモノハ――私ハ茲ニ時間ヲ拜借スルコトヲ遠慮致シマスルカラ、細カシイコトハ申シマセヌガ、明治三十三年十一月以降、日本銀行ノ調査シタル米價ノ指數ト物價指數、即チ物價指數ハ六十幾種ノ物價指數、其六十幾種ノ中ニハ、或ハ煉瓦ノヤウナモノガアリ、鰹節ノヤウナモノガアリ、或ハ疊表ノヤウナモノガアル、サウ云フ物ノ指數ヲ寄セ集メタ六十幾種ノ物價指數ヲ、明治三十三年以來ノ米價率ト、此物價指數ヲ基礎ニ致シテ、サウシテソコニ生ジタル所ノ十一圓八十七錢ト云フモノガ、率勢米價ノ趨勢値ト云フモノニナッテ居ル、斯樣ナモノヲ以テ日常物價ノ變動常ナキ時ニ於テ、斯樣ナル根柢ニ於テ誤ッタルモノヲ以テ率勢米價ナルモノヲ定メテ、國民大衆ノ生活ニ何等ノ關係ナキ極メテ有害ナルモノヲ保存スルト云フコトハ、全ク其根柢ニ於テ大ナル錯覺ト誤謬ガアルト云フ非難ガアル(「委員長ソレハ私見ヂヤナイカ」ト呼フ者アリ)私見ヂヤアリマセヌ、斯樣ノ論議ガ應答サレテ居タト云フコトヲ言ウテ居ルノデアル(「委員長報告ヲセヨ」ト呼フ者アリ)

第十一――是ハ皆私ノ意見デハアリマセヌ、皆委員會ニ於テ質問應答ヲ重ネテ居ッタモノヲ要約シテ言ッタノデアル、米穀法ノ率勢米價ノ基準價格ト云フモノニ付テ、質問應答ガ重ネラレタノデアリマス、今率勢米價率ハ幾ラニナッテ居ルカト申シマスト、昨年ノ米價率ノ最低ハ十六圓三十一錢デアリマス、率勢米價ノ標準價格ハ二十四圓三十九錢デアル、昭和七年即チ本年ノ率勢米價ノ最低價格ハ、十七圓九十一錢デアル、率勢米價率ハ二十二圓三十九錢デアル、此最低ヲ、犬養内閣ガ出來タ爲ニ物價指數ニ大ナル變動ガアルト稱シテ――是ハ一年間ヲ通ジテ、其前年ノ十一月ニ其翌年ノ指數ノ查定ヲスルコトニ法律ノ明文ガナッテ居ル、又經濟界ニ異常ノ變動ガアッタ場合ニハ、特ニ修正ヲスルト云フ箇條ガアル爲ニ、本年ノ四月ニ一時改正ヲシタ値ガ十七圓九十一錢ニナッテ居ルノデアル、米穀法ノ法則ニハ勅令ニ依テ定ッテ居ル、法律第三十一號デアリマスガ「命令ノ定ムル所ニ依リ當分ノ內第四條ノ最低價格又ハ最高價格ハ第五條ノ規定ニ拘ラズ米價指數ノ物價指數ニ對スル割合ノ趨勢ニ依リ算出シタル價格ヲ基礎トシ之ヲ定ム」ト明文ガアルカラ動カスコトハ出來ナイ、是ハ法律ノ明文ガ儼乎トシテ居ルカラ自由裁量ヲ許ス餘地ハナイ、此基準價格ハ自由裁量ヲ許サザル所ノ明文ガ儼存シテ居リマスル故ニ、本年ノ米價率ノ最低價格ハドウデアルカト申シマスレバ、十七圓九十一錢ト云フモノニナッテ居ル、是ハ動カスコトハ出來ナイ、斯樣ニ本年度ノ米價率ヲ以テスレバ農家ノ庭先相場、是ヨリハ政府委員ノ言明ニ依リマシテモ、約二圓ノ開キガアルト云フコトハ、諸君御承知ノ通リデアル、二圓乃至ソレ以上ノ落差ヲ見ナケレバナラヌノデアリマス、假ニ最低二圓ノ此庭先相場ト、率勢米價ノ値開キガアルト致シマスレバ、此農家ノ手離ス所ノ本年ノ米ノ價格ハ十五圓九十一錢ニナルノデアル、農家ノ米ハ十五圓九十一錢デナケレバ買上ゲラレナイト云フコトニナル、サウ云フ結果ヲ生ズルガ、若シ果シテ然リト致シタナラバ、實ニ農家ノ手放相場ハ、一俵ニ付キマシテ六圓四十錢デナケレバ、政府ニ賣ルコトガ出來ナイト云フ、斯カル非常ナ矛盾惡法ノ結果ガ、茲ニ起ッテ來ルノデアリマス(拍手)

第十二ト致シマシテ、農林省ノ昭和六年及同七年ノ米穀生産費ノ調査報告ニ依リマスルト云フト、全國ノ千三百五戶ニ對スル所ノ自作農及小作農、自作及小作ヲ通ジタルモノ、生産費ハ幾ラデアルカト云フコトヲ檢討致シテ見マスルト云フト、是ガ自作農ニ於テハ二十圓二十錢、小作農ハ十九圓九十五錢、自作小作ヲ通ズルモノガ二十圓十一錢、之ヲ三ツ平均致シマスルト云フト農家ノ生産費ガ一石當リ二十圓十一錢ニナル右ノ……

(「ソレハ誰ガヤッタノカ」其他發言スル者多シ)

○議長(秋田淸君) 靜肅ニ

○東武君(續) 是ハチヤント政府ガ發表シテ居ル、政府ガ發表シタ統計デアル、右ノ率勢米價ノ基準價格ニ依リマシテ、農家ノ賣放ス所ノ米ノ價格ハ、農林省ノ發表シタ生産費ト比較スルモ、農林省ガ生産費トシテ出シタモノト、農家ガ現ニ賣放ス所ノ相場ノ値トハ、尙ホ四圓二十錢ト云フ下位ニナラナカッタナラバ、之ニ假令幾分ノ生産費ヲ加味スルト致シマシテモ、農林大臣ハ生産費ヲ加味スルカラ、左樣ナ心配ハナイト屢、言フノデアルガ、假ニ生産費ヲ加味スルト致シマシテモ、生産費ヲ割ルコト既ニ二圓五十錢乃至三圓以上デアル、農林省ノ發表シタル生産費ト、實際ノ買上價格トヲ較ベレバ――此法律ヲ嚴密ニ的確ニ應用スレバ、現ニ生産費ヲ割ルコト二圓五十錢乃至三圓ト云フ價格デ、農家ハ米ヲ賣ラナケレバナラヌト云フ結論ニナル、是ハ私ノ私見デハアリマセヌ、私ハ數字ノ示シタ所ヲ根據トシテ申シタノデアリマス、ソレニ尙ホ厚顏ニモ時局ヲ匡救スルト云フヤウナコトヲ言ハレルカ、ドウカト云フ質問ガアリマシタ(拍手)農林大臣ハ委員會ニ於キマシテハ、農村匡救ト米價對策ニ對シテハ、全然諸君ト同感デアル、感ヲ同ジウスルモノデアルト云フコトヲ屢、言ウテ居ル、然ラバ率勢米價ト云フモノハ、感情ト行掛リヲ拋棄シテ恬淡ナル雅量ヲ以テ、何故政友會ノ提出スル改正案ニ同意スルコトガ出來ナイノデアルカ――是ハ質問デスヨ、同意スルコトガ出來ヌノカト云フ質問ガアリマシタ、又農林大臣ハ生産費ヲ加味スルト云フガ、其生産費ナルモノハ何時出來ルノデアルカ

(發言スル者多シ)

○議長(秋田淸君) 靜肅ニ――手代木君ニ注意シマス

○東武君(續) 政府委員ハ生産費ヲ加味スルカラ差支ハナイト屢、言フガ、其生産費ナルモノハ何時出來ルノデアルカ、之ヲ政府委員ニ質問致シマスルト云フト、生産費ナルモノハ十二月中旬ト吾々ニハ報告シテ居ル、中旬デハ分ラヌガ、何日デアルカト云ヘバ、十二月ノ十日デアルト斯ウ言フ、十日ニナッタラ全國ニ命ジテアル所ノ、農家ノ經濟調査ノ報告ガアル、其報告ヲ集計スルノニハ十二月十日ニナラナケレバ生産費ハ分ラヌ、假令不完全デアッテモ、生産費ト云フモノハ分ラヌト斯ウ言フ、ソコデ若シ農林大臣ノ言明ヲ率直ニ吾々ガ信用スル

ト致シマシテモ、米ノ生產費ハ假令不備ナルヲ我慢スルトシテモ、十二月十日迄ニハ農林省ハ生產費ト云フモノハ分ラヌカラ、此率勢米價ニ生產費ヲ加味シヨウトシテモ出來ナイノデアル、是ハ極メテ明瞭デアル、然ラバ十二月十日ハ既ニドウ云フ時期デアルカト申シマスルト、季節的ニ於テ最早全國ノ稻ノ早生、早廻リノ米ト云フモノハ、多量ニ市場ニ販賣サレル季節デアル、農林省ガ吾々ニ提供シタル所ノ米穀要覽ニ依テ見マシテモ、米ノ出廻リノ季節ハ十一月、十二月、一月ヲ通ジテ、小農ノ賣出ス數量ト云フモノハ全收穫量ノ五割三分ニ當ッテ居ル、五割三分ト云フモノハ十一月、十二月、一月ヲ以テ小農、貧農ハ賣出シテ居ル、若シモ農林大臣ノ生產費ヲ加味シテ米價ヲ定メルトシテモ、既ニ貧農、小農、小作農ノ如キハ――吾々ノ最モ匡救ノ對象物タル貧農、小農ト云フモノハ、賣ラウトシテモ最早米ガナイ、更ニ言葉ヲ換ヘテ申シマスレバ、此出廻時期ニ吾々ガ時局匡救ノ對象物トシテ救ハナケレバナラヌモノハ、此農林省ガ生產費ヲ加味シテ率勢米價ヲ作ッテ、ソレヲ應用シヨウト云フ時ニハ、既ニ時期遲レデアルト云フコトヲ言ハナケレバナラヌ、然ラバ其間ハドウスルカト言ヘバ、是ハ整理調節ヲスルノダ、ソンナ法律違反ナコトヲシテ、サウシテ時局ヲ匡救シヨウト云フノハ大ナル間違デアル、以上ガ卽チ大體ノ經過デアルト云フコトヲ御諒承願ヒタイ（拍手）

結果ノ概要ニ付テ御話申上ゲマス、本委員會ニ付託サレタ所ノ米穀需給調節特別會計法中改正法律案、政府提出ノ原案第四條ノ三ノ中ノ資金ヲ增加スル、卽チ三億五千万圓ヲ四億五千万圓ト云フコトニ改メルト云フコトニナッテ居ル、之ヲ本委員會ニ於キマシテハ、四億五千万圓ト云フノヲ修正致シマシテ、之ヲ四億八千万圓ト改正シタ、米穀特別資金會計ニ於テハ一億三千万圓ヲ增加致シタコトニナルノデアル、ソコデ第二ハ米穀應急施設法案デアリマス、此施設法案ニドウ云フコトヲ規定シテアルカト云ヘバ、第一條ニハ、政府ハ必要ノアル場合ハ米穀ヲ道府縣ニ對シテ貸付ケルト云フ條項ガ一項、第二條ハ、米穀ノ貯藏施設ニ對シテ奬勵金ヲ出スト云フコトガ一項、第三條ハ、政府ハ朝鮮米及臺灣米ノ買入、賣渡、加工、貯藏ヲ爲スコトガ出來ル、朝鮮米、臺灣米ヲ買上ゲルト云フコトガ、此法律ノ中ニ入ッテ居ル、第四條ハ、勅令ヲ以テ滿洲カラ朝鮮ニ入ル粟ノ輸入關稅ヲ增減シ、或ハ撤廢スルコトガ出來ルト云フ條項ガ入ッテ居ル、サウシテ特別會計ノ所屬ニ屬スル所ノ最高金額四億八千万圓ト別ニシテ、朝鮮臺灣ニ於ケル所ノ植民地米ヲ買ッタリ處理スル爲ニ、三千万圓ト云フモノヲ應急施設法案ニ計上致シタ、ソレヲ吾々ハ此全額ヲ四億八千万圓ト致シマシテ、總額一億三千万圓ト云フモノヲ增額シタ、吾々ハ最初ニハ此金額ハ少イデアラウト云フコトヲ懸念致シマシタガ、現ニ米穀資金ニハ今七千万圓ノ現存餘力ガアル、サウシテ一億三千万圓ト云フモノヲ新ニ追加スレバ、玆ニ二億圓ト云フ餘力ガ出來ルノデアル、政府ハ當分ノ間是デ差支ハナイト言フ、政府ガ當分差支ナイト云フモノヲ、吾々ガ特ニ之ヲ增額スル必要ハナイノデアリマスガ、實質ニ於テハ政府ノ提案ト吾々ノ修正案トハ、其金額ニ於テハ少シモ差等ハナイ、此事ヲ豫メ御承認ヲ願ヒタイ

ソコデ結論ヲ申シマスルガ、米穀需給調節特別會計法中改正法律案、是ハ卽チ我黨ノ若宮委員ヨリシテ、四億八千万圓ト云フコトノ修正動議ガ出マシタ、之ヲ採決致シマシテ、多數ヲ以テ委員會ハ可決致シマシタ

第二ニ米穀應急施設法案ナルモノハ、先程各條項ヲ申シマシタガ、政友會ノ米穀法中改正法律案ガ、是ガ大體政府ノ豫期シテ居ルコトハ、總テ目的トスル所ヲ織込ンデアル、唯粟ノ輸入關稅ノミガ殘ッテ居リマシタガ、此輸入關稅ハ之ニ政府ノ主張ハ正シイト吾々モ考ヘマシテ、是ハ提案ノ米穀法改正ノ中ニ附則ヲ一項加ヘテ、之ヲ補充致シマシタ、サウ致シマスト云フト、穀ノ貯藏奬勵ト云フ如キハ、豫算ヲ既ニ取ッテアルノデアリマスカラ、是ハ法律ガナクトモ行政廳トシテ運用ガ自由ニ出來ルノデアル、其他ノモノハ總テ吾々ノ法案ノ中ニ含蓄シテ居ルノデアルカヲ、是ハ入用ガナイ、ソレニ依リマシテ米穀法中改正法律案ト云フ案豐助君外數十名ヨリ提案シテ居ルモノハ是ハ修正可決サレタノデアリマス、サウシテ第三ノ政府提案ニナル所ノ米穀應急施設法案ハ、是ハ此提案ノ中ニ全部含蓄、織込マレテ居ルカラ、政府ノ希望ハ此米穀法改正案ガ通過スレバ、全部政府ノ豫期通リ行ケルノデアルカラシテ、既ニ其必要ト目的ガ解除サレタノデアルカラシテ、是ハ當然否決ノ運命ヲ見ルノデアリマシテ、採決ノ結果否決ト致シマシタ、而シテ我黨ノ提案ニ對スル修正案ハ、今申シマシタ――（發言スル者アリ）マダアルンデスヨ、附帶決議ト云フモノガアル、サウシテ附帶決議ナルモノガアリマスガ、之ヲ朗讀致シマス

政府原案四億五千万圓ヲ四億八千万圓ト修正增額シタル趣旨ハ米穀ノ數量又ハ市價調節ニ遺憾ナキヲ期スル爲ナリ

故ニ米穀法中改正法律案ト本案トハ密接不離ノ關係ヲ有スル不可分ノ決議ナルコトヲ玆ニ明ニス

是ガ附帶決議ノ一項デアリマス、第二項ハ

政府ハ現行米穀法ニ不備缺陷アルヲ認メ速ニ根本方策ヲ立ツル必要アルコトヲ聲明セラレタリ政府ハ速ニ現下ノ國情ニ鑑ミ米穀ニ關スル根本方策ヲ樹立シ之ヲ次ノ通常議會ニ提案スヘシ

此二項ガ附帶決議デ、委員會ハ大多數ヲ以テ可決サレタ次第デアリマス（拍手）修正案ニ對スル附則ノ條項モアリマスカラ、既ニ委員會ニ提出シテアリマスカラシテ、是ハ印刷ニ依ッテ諸君ノ御手許ニ配付サレテ居ルコト、考ヘマスカラ、是ハ略シマス、之ヲ以テ御報告ヲ終リマス（拍手）

○議長（秋田淸君） 質疑ノ通告ハアリマセヌ、討論ニ入リマス、通告順ニ依リ發言ヲ許シマス――高田耘平君

（高田耘平君登壇）

○高田耘平君 只今議題トナッテ居リマスル三案ニ付テ私共ノ意見ヲ申上ゲタイト思ヒマス、其前ニエライ珍ラシイ委員長ノ詳細ナル御報告ガアッタコトハ感謝致シマスルガ、政友會案ニ對シテ吾々ノ質問シタコトハ何等御報告ガナイノデゴザイマス（拍手）私ハ委員長タル者ハ政府ニ對スル質問デモ、政友會案ニ對スル質問デモ、公平ニ報告スルノガ當然ト思ヒマス（拍手）何故ニ東委員長ハ私ガ委員會ニ於テ政友會案ニ對シテ爲シタル質問ニ其答辯ヲ――答辯ハアッタガ、ソレヲ本會ニ報告シナイノカ……

（此時發言スル者アリ）

○議長（秋田淸君） 靜肅ニ

○高田耘平君（續） 私ハ、故ニ委員長ノ御報告ニ漏レテ居ッタ點ヲ御參考ノ爲ニ申上ゲル必要ガアルト思ヒマス（拍手）

政友會ノ第四條第五條廢止、卽チ基準米價廢止ニ對シテ、之ヲ廢スルコトニ依テ、今後政府ハドウ云フ場合ニ於テ米ヲ買入レルノデアルカ、而シテ其基準米價決定――前ノ法律ニハ無論一定ノ基準ハナカッタガ、其當時民政黨モ政友會モ、各內閣ノ時代ニ於テ大體ハ其時ノ米ノ生產費、家計費、又米價ニ對スル物價ノ割合、非常ニ安イカドウカ、高イカドウカ、其他一般經濟上ノ事情ヲ斟酌シテ、玆ニ買上ノ發動或ハ賣渡ノ發動ヲシタノデアルガ、第四條第五條ヲ取ッタ場合ニハドウ云フ方針ニ於テ買上ゲルノデアルカ、何等ノ基準ハナイノデアルカト伺ッタ所ガ、若宮君ハ提案者トシテ答ヘテ、

生産費、家計費其他一般ノ經濟狀態ヲ考慮シテ買フノデアルト御答ニナッテ居ルノデゴザイマス(拍手)是ハ事實デアリマス(若宮貞夫君「高川君、違ッテ居ルヨ」ト呼フ)違ッテ居ル點ハ後デ又御訂正ヲ御願致シス

ソコデ第四條第五條ヲ全然擱ス結果ハドウナルカ、賣渡及買上ノ時代ニ於テモ、何ヲ以テ買フト云フ基準ガナクナルノデアリマス、實ハ大正十年米穀法ガ最初政府ヨリ提出サレタル場合ニ於テノ政府案ニハソレガナカッタノデゴザイマス、所ガ其當時ノ貴族院ニ於テ買上賣渡ニ付テ何等ノ規定ガナイト云フコトデハ、ドウ云フ過チヲ生ズルカト云フコトヲ恐レタ爲メデアリマセウカ、買上及賣渡ニ際シテハ其當時ノ時價ニ準據シテ定メヨトノコトニナッテ、ソレガ行ハレテ居ッタノデゴザイマス、今度ノ秦豐助君外二十三名ノ御提案ニハ、此時價ニ依テ買フト云フコトモ全然削除シタノデゴザイマスカラシテ、私ハ提案者若宮君ニ對シテ第四條第五條ヲ取ッタ結果、何ノ値段デ買フノダト云フ質問ヲ致シマシタガ、之ニ對シテハ御答辯ガナイノデゴザイマス

更ニ又或ル委員ヨリ提案者ニ對シテ無償交付ト云フコトヲヤルガ、其條件トシテ災害或ハ緊急已ムヲ得ザルト云フヤウナ意味ノコトハアルノデアリマス、其緊急已ムヲ得ザルトハドウ云フ場合ニ於テ無償交付ヲスルノデアルカトノ質問ガアリマシタガ、之ニ對シテハ書イテアルカラ讀ンデ見レバ分ルト云フダケデ、ドウ云フ場合ニ於テ無償交付ヲスルト云フ解釋ハナイノデアリマス(拍手)如何ニモ不徹底ナ御答辯デアリシコトヲ極メテ遺憾ト致シマス

(此時發言スル者アリ)

○議長(秋田清君) 靜肅ニ

○高田耘平君(續) 私ハ私共ノ意見ヲ申上ゲル前ニ、政友會案ニ對シテ吾々同志ノ質問ニ對スル答辯ガ斯ノ如クデアリシト云フコトヲ、御參考ノ爲ニ申上ゲルコトガ必要デアルト存ジテ申上ゲマシタ

更ニ私ハ此米ノ問題ガ目下ノ農村對策上極メテ重要デアリシト云フコトハ、是ハ詳シク申上グル必要ハゴザイマセヌガ、私共ハ政府案ヲ以テ此際端境期ニ於テ相當ニ米價ノ維持ガ出來ルト信ジテ飽迄モ政府案ヲ支持シ、政友會案ニ反對スルモノデアリマス(拍手)政友會案ト政府案トヲ比較致シマスルト云フト、大體ニ於テ似テ居ル點モアルノデアリマス、殊ニ政友會ガ御發案當時ハ粟ノ問題ニ付テ何等ノ注意ヲ拂ヘザリシガ、急ニ御氣付キニナッテ粟ノ問題モ政友會ノ修正トシテ委員會ニ訂正シタ爲ニ、粟ノ問題モ政友會ノ案トナリマシタカラシテ、玆ニ政府案ト政友會案トノ差ハドウ云フコトニナルカト云フト、第一ハ現行米穀法ノ第四條第五條ノ基準米價ヲ廢止スルト云フ點、是ガ第一、第二ハ米穀ヲ無償ニテ市町村ニ交付スルト云フコトガ、是ガ意見ノ差ニナッテ居ルヤウデゴザイマス、第三ノ貯藏奬勵ノ問題ハ是ハ先程委員會ニ於テ若宮君ノ御話ヲ承ルト云フト、政府案ニ明記シテアリマスルガ、政友會ハ法律ニ規定セザルモ豫算ニ計上サレバ實行出來ルカラ必要ナシト云フコトデゴザイマスカラ、是ハ唯法律ニ書クガ宜イカ書カナイガ宜イカト云フ問題ニ相成リマス、第四ニ買入賣渡シノ際ニ時價ヲ置クコトガ善イカ惡イカト云フ此問題ニ相成ルノデゴザイマス、故ニ此四ツノ問題ニ付テ可否ヲ論ズレバ吾々ノ意見ト政友會ノ意見ノ岐レル所ガ決定スルノデゴザイマス

私ハ此問題ニ付テ可否ヲ申ス前ニ、何故ニ吾々ハ例ヘバ粟ノ問題、朝鮮トカ臺灣ニ於テ內地ノ特別會計ヲ以テ米ヲ買入レル問題等ヲ、臨時處理法ニ取入レテ居ルコトガ可ナリヤト云フコトヲ言ヘナケレバナラヌノデアリマス、御承知ノ通リ前內閣時代ニ於テ執リタル米穀統制ノ實ヲ擧グル爲ニ、米穀部ヲ設ケマシテ調査研究ヲ遂ゲテ、米ニ對スル所ノ根本方針ヲ確立スルト云フコトニナッテ居リマスルカラシテ、此朝鮮臺灣ヨリ米ヲ月々平均的ニ移入スルコトガ、是ガ果シテ永久的ニ實行サルベキヤ、尙ホ更ニ最善ノ良法ナキヤト云フコトヲ研究決定スル必要モアリマス、而シテ粟ノ輸入關稅ノ問題モ之ニ關聯シテ參リマス、斯樣ニ恒久策ハ御承知ノ通リ決定スルト云フコトヲ政府モ明言セラレテアルノデゴザイマスルカラ、此際斯ル問題ハ尙ホ一層完全ニ調査研究ヲ遂ゲ、根本的ニ解決スベキ必要ガアルカラ、寧ロ臨時施設トシタ方ガ適當デアルト云フ考ヲ以テ、私共ハ政府案ニ同意スルモノデアルト云フコトヲ申上ゲテ置ク次第デアリマス

私只今ヨリ基準米價ノ問題ニ付テ吾々ノ意見ヲ申上ゲテ見タイト思フノデアリマス、世間ノ人ハ此基準米價ノ問題ニ付テ疑惑ヲ有ッテ居ル人ガアルヤウデアリマスドチラカト云ヘバ能ク知ラナイヤウデアリマス、私ハ率勢米價ノ下値二割ヲ以テ買入ノ最低基準トシ、而シテ賣渡ノ場合ニ於テハ率勢米價ノ二割上ヲ以テ賣渡時機トスル、ソレノミデハ滿足スルモノデハアリマセヌ、ソレハ基準米價デハアリマセヌ、率勢米價ナルモノハ先程東君ガ色々申シマシタガ、一寸間違ッテ居ル點ガアルヤウニ思ヒマスルガ、私共ヨリ見ルト云フト、率勢米價ナルモノハ明治三十三年以來ノ米價指數ト、一般物價指數トヲ對比スルト云フト、常ニ物價指數ヨリモ米價指數ガ上ニアルノデゴザイマス、其狀態ヲ採ッテ之ヲ數學的ニ割出シテ、所謂率勢米價ナルモノハ出來タノデゴザイマス、即チ經濟事情ニ應ジタル所ノ相場デアルト言ヒ得ルノデアリマス、此率勢米價ノ上下二割ト云フ事柄ハ、是ハ生産費及家計費ノ調査ノ完了シナイ間ノ一種ノ過渡的便法デゴザイマシテ、生産費ノ調査ガ昭和七年度ニ於テハ完了スルノデゴザイマスカラ、其調査ガ完了スレバドウスルカト云ヘバ、最低基準價格ハ生産費ト、所謂先程申上ゲタ率勢米價ノ下値二割トノ間ニ於テ、適當ニ其當時ノ經濟事情ヲ斟酌スルコトガ出來ルノデアリマス、言葉ヲ換ヘテ言ヘバ、若シ玆ニ率勢米價ハ二十圓デアルトスレバ、率勢米價ノ下値二割ハ即チ十六圓デアル、所ガ生産費ガ二十二圓デアルト致シマスレバ、其二十二圓ト、率勢米價ノ下値二割タル十六圓ノ間ニ於テ、時經濟事情ニ應ジテ買上ゲルコトガ出來ル、即チ本年ノヤウナ狀態ニ於キマシテハ、當局者ノ意見デ、米穀委員會ノ意見ヲ聽イテ、二十二圓マデ買得ルコトニ相成ルノデゴザイマス、斯クスルコトニ依リテ即チ基準米價ガアルト雖モ、生産費マデ買得ルノデゴザイマス、是ハ明確ナル法律上ノ解釋デアリマス(「ソンナ庭先相場ヲ知ラナイカ」ト呼フ者アリ)ソンナ事ハ後デ話シマスカラ默ッテ御聽キナサイ

(「ソンナ古イ事ハ止メロ」ト呼ヒ其他發言スル者多シ)

○議長(秋田清君) 靜肅ニ――靜肅ニ願ヒマス

○高田耘平君(續) 而シテ委員會ニ於テ此問題ニ付テノ政府ノ答辯ハ、本年ノヤウナ場合ニ於テハ、一日モ早ク調査ヲ遂ゲテ、而シテ成ベク早ク最低基準價格ヲ今ノ米價基準ニ依テ決定シテ、生産費ニ近イ程度ニ於テ買上グルノデアルト明言シテ居ルノデゴザイマス、勿論之ニ關シテハ施行令即チ勅令改正ヲ要シマスガ、之ヲ改正シテ實行スルト云フコトヲ政府ハ明言シテ居ルノデゴザイマス(「ソンナ古イ事ハ止メロ」ト呼フ者アリ)イヤ、今ノ法律ノ說明ヲシテ居ル、昔ノ法律デハアリマセヌ、然ラバ政友會ノ諸君ハ若シ此第四條、第五條ヲ全然削除スレバドウ云フ程度ニ於テ御買上ニナルノデゴザイマスカ、即チ若宮君ノ御答辯ノ通リ生産費、家計費、物價及米價トノ關係等ヲ顧慮シテ買フト云フコトデアリマシテ、如何ニ政友會ノ諸君ト雖モ、マサカ生産費モ何モ構ハズ無暗ニ高ク買フト云フ意味デハゴザイマスマイ、諸君ノ中ニハ消費者ノ利益ヲモ顧ミル人モゴザイマセウ、政友會ノ諸君全部ガ必ズ生産費以上デ買フト云フコトヲ此處デ御明言ニナレマスカ(「明言出來マス」ト呼フ者アリ)若シ御明言ニナルナラバ責任アル總裁ガ此處デ御答辯ナサイ、ソレナラバ承服致シマス、如何ニ政友會ノ諸君ト雖モ生産費以上デ買上ゲル勇氣ハ無イ

デゴザイマセウ、若シ有ルナラバ總裁ガ此處ヘ來テ御言明アランコトヲ望ミマス――而シテ帝國農會ノ要望モ、大體此際生產費ノ程度デ買上ゲルト云フコトデアリマシタナラバ、而シテ政友會ガ生產費以上デ買上ゲルト云フコトヲ、消費者ノ利益モ考ヘネバナラヌカラ言ヒ得ナイト致シタナラバ、現内閣ノ執ル所ノ生產費ニ近ク買上ゲルト云フコトハ、農民ノ要望モ政友會ノ要望トモ一致スルノデゴザイマシテ、基準米價ヲ置クモ何等差支ナイモノデアルト云フコトハ立派ニ斷言出來ルノデアリマス(拍手)

此處デ問題ハ先程ドナタカノ私語ニアッタ所ノ、今年ノ端境期ヲドウスルト云フ問題ニ移リマス、成程本年ノ生產費――昨年ノ調ヲ見ルト、大體ニ於テ十二月ノ六日マデニ集計ガ付イテ居ルヤウデゴザイマス、故ニ昨年デサヘ十二月六日ニ集計ガ付イタノデアルカラシテ、政府ガ此際電報ヲ以テ各方面ニ照會シテ置キ、急速ニ步ヲ進メレバ、私ハ十二月ノ二日、三日ノ頃マデニ集計ガ出來ルト思ヒマス、事務的ニ出來マス、サウスレバ假令米穀委員會ニ付議致シマシタ所ガ、十日以前ニ必ズ最低基準價格ヲ決定スルコトガ出來ルノデアリマス、ソコデ問題ハソレ前ニ賣出ス所ノ小地主小作人ガ、洵ニソレデハ可哀相デハナイカト云フ御意見ガ出ルノハ極メテ御尤デアリマス、併ナガラ十二月十日前ニ市場ニ出ル米ハ極メテ僅カデアリマス、東北、北海道及北陸地方ニ限リマス、其全數量ハ恐ラク總數ノ十分ノ一乃至二デアラウト思ヒマス、此石數ダケハ大體ニ於テ未ダ最低基準價格ガ決定シナイ前ニ市場ニ出ルコト、存ジマスルケレドモ、併ナガラ如何ナル場合ニ於テモ政府ガ全部ヲ買上ゲルコトハナイノデゴザイマス、全部買フコトハ出來マセヌ、サウスレバ十二月十日頃ニ於テ政府ハ生產費ニ近イモノ、或ハ生產費ヲ以テ買上ゲルト云フコトガ一般ニ分ッテ居レバ、ソレニ依テ吾々ハ市價ハ完全ニ維持サレルト思ヒマス(拍手)若シ之ニ依テ市價ガ維持サレルコトガ出來ナイトスルナラバ、政府ガ日本國中ノ有ユル米ヲ全部買ハナケレバ何等ノ效果ガ無イト云フ結論ニナルコトハ明デアル(拍手)吾々ハ斯樣ナ理由ニ依テ米穀ノ基準價格ヲ決定シ、之ニ依テ最低價格ヲ定メテ、米ヲ生產費近クデ買上ゲルコトニ依テ農村ハ安全ニ救ハレ、而シテ政友會諸君ノ目的モ之ニ依テ達セラレ、農會大多數ノ意見モ之ニ依テ完全ニ達セラレルト信ズルノデアリマス

吾々ハ此場合何故ニ基準米價ガ必要デアルカト云フ理由ヲ申上ゲテ置カナケレバナラナイト思ヒマス、私ハ米穀ノ基準價格ニ關スル法律ガ制定サレナイ前ニ於テ、米穀法ガ如何ニ惡用サレタカト云フコトヲ申サナケレバナリマセヌ(拍手)吾々ハ或ル場合ニ於テハ――否、大多數ノ場合ニ於テ米ヲ買フベカラザルニ買ッタ事例ガアルト思ヒマス(拍手)昭和二年ノ縣會議員ノ選擧ノ前ニ於テ農民ノ懷ロニ少シモ米ガ無イ、唯大地主或ハ商賣人ノ懷ロニハ米ガアッタラウ、其時ノ相場ハ左程吾々ハ安イモノト思ハナイノデアル、之ヲ不當ニ買入レタ、其結果……

(發言スル者多シ)

○議長(秋田清君)　靜肅ニ願ヒマス

○高田耘平君(續)　大地主及商賣人ハ米ヲ賣出シテ利益シ、而シテ餘ノ多數ノ農民ハ此不當買上ノ爲ニ大損害ヲ被ッタト云フ事例ハ極メテ著明ナ事デアル、加之、其運用ヲ誤レル結果ハ、買ッテモ下リ、買ッテモ下リ、遂ニ何等目的ヲ達スルコトガ出來ナカッタデハアリマセヌカ、是ハ要スルニ何等ノ基準ガ無クシテ、時ノ内閣ガ選擧ノ爲ニ利用スルコトガ出來ルト云フコトニ相成ルノデアリマス、而シテソレガ爲ニ國ノ經濟ニ大損害ヲ與ヘタノデゴザイマス、(拍手)昭和二年ノ縣會議員選擧ノ其當時ノ内閣ガ誰デアルカト顧ミレバ、如何ニ其當時ノ米買上ガ罪惡デアリシカト云フコトヲ立證スルモノデアルト思ヒマス(拍手)是ハ昭和二年ノ縣會議員選擧ノ前ニ買ッタコトハ最モ甚シキ失態デアリシコトヲ物語ルモノデアルガ、大體ニ於テ米ノ買上ト云フモノガ選擧ノ前ニ行ハレタコトハ事實デアリマス、故ニ田中内閣時代ニ於テ其弊害ヲ匡正スルガ爲ニ米穀調査委員會ヲ作リ、而シテ濱口内閣、若槻内閣ヲ經テ、其當時ノ朝野ノ學識經驗アル者及政友會ノ人、民政黨ノ人モ委員トナッテ、大多數ヲ以テ決定シタ所ノ案デゴザイマス、之ヲ輕々ニ削除セントスルガ如キコトハ、唯徒ニ世論ニ媚ビ(「ノーノー」)何等ノ確信無クシテ實行セントスルモノデアリマス(拍手)

若シ政友會ノ諸君ガサウデナイト致シマシタナラバ、私ハ玆ニ申上ゲタイ事ガアル、政友會ノ諸君ハ昨年ノ十二月ヨリ今年ノ五月迄、時ノ内閣ノ首班トシテ犬養總理大臣ガアッテ、諸君ノ黨派ノ人ガ内閣ヲ組織シテ居ッタノデハアリマセヌカ、農村ノ窮乏、非常對策ノ必要ナルコトハ五月十五日以後ニ始ッタノデハアリマセヌ、農村ヲ救ハナケレバナラヌト云フコトハ、政友會内閣ガ倒レタ後ニ起ッタ問題デハアリマセヌ、是ハ諸君肯定致シマセウ、若シサウデアルト致シマシタナラバ、而シテ諸君ノ主張スル如ク、基準米價ガアルト云フコトガ、非常ニ農民ノ利益ヲ害スルモノデアルト致シマシタナラバ、何故ニ政友會内閣存續中ニ、此前ノ議會ノ時ニ此提案ヲ諸君ハ致サナカッタノデアルカ(拍手起リ「時局ガ違フ」ト呼フ者アリ)時局ガ何デ違フ、其當時ト今日トエライ違ハナイ、滯貨生絲ニ付テ不當ノ賣拂契約ヲシテ、國家ニ大損害ヲ生ゼシムルヤウナコトヲ致シナガラ、諸君ガ若シ基準米價ガソレ程惡イト思フナラバ、何故ニ此問題ニ付テ少シモ用意致サナイノデアリマスカ、自分デ内閣ヲ取ッテ居ル時ニハ少シモ其點ニ觸レズシテ、内閣ガ變レバ自分ノ主張ヲ徒ニ大袈裟ニシテ宣傳セシメントスルハ洵ニ宜シクナイコト、私ハ思フ(拍手)私ハ以上ヲ以テ基準米價ノ適用ニ依テ、何等農民ノ利益ヲ害セズシテ、生產費マデ買上ゲルコトガ出來ルト云フコトヲ玆ニ斷言シテ置ク次第デアリマス

更ニ第二ノ政友會ト民政黨トノ意見ノ差、即チ政友會案ニ斯ウ云フコトガアル、災害ノ場合及何カ非常時ニ於テハ、政府所有ノ米ヲ市町村ニ有償或ハ無償ニテ交付シ或ハ貸付ケルコトヲ得、斯ウ云フコトヲ書イテアル、私共ハ貸付ノ規定ニハ同意致シマス、但シ意見ガ違ヒマス、府縣ガ貸付ノ事業ヲ行フ場合ニ於テ、之ヲ貸付ケルコトガ可ト存ジマス、所ガ無償ニテ市町村ニ交付スルト云フコトガ書イテアリマス、之ニ對シテ小川君ヨリ提出者タル若宮君ニ伺ヒマシタドウ云フ意味デ伺ッタカト云ヘバ、斯ウ云フノデアル、更ニ實際生活ニ困ル、食フニ困ル人ガアル、働イテモ食フニ困ル人ガアル、其場合ニ於テハ其人ニ政府ガ相當ノ方法ヲ執ッテ衣食ノ途ヲ立テ、ヤラナケレバナラヌ、ケレドモ此ニ於テ規定スル必要ハナイ、是ハ純然タル社會立法トシテ、別ニ規定ヲ設ケル方ガ宜イヂヤナイカト云フヤウナ質問ト、同時ニ特別會計ニ於テ會計ノ紊亂ヲ來ス、斯ウ云フコトノ質問ガアリマシタ、之ニ對シテ若宮君ノ答辯ハ、一ツノ立法ガ二ツノ目的ヲ兼ネテモ差支ナイヂヤナイカ、米價調節ノ目的ト同時ニ、社會政策ノ目的ヲ達スルコトニ於テ、何等害ハナイヂヤナイカト云フヤウナ答辯デアリマシテ、會計ノ混亂ト云フコトニ付テハ御答辯ガナカッタヤウニ思ッテ居リマス、斯ウ云フ委員會ノ内容ニナッテ居リマスガ、私ノ考ヘル所デハ、成程市町村ニ無償デ交付スルト云フコトモ一理アルカトモ存ジマス、併ナガラ之ニ依テ生ズル所ノ弊害ハ數限リ無クナルト私ハ思フ、何故デアルカト云ヘバ、今デサヘ御承知ノ通リ「米ヨコセ會」トカ、或ハ又場所ニ依テハ、私共ノ農村ニ於テモ、自分デ持ッテ居ル米ヲ賣ッテ、俺ハ米ガナイカラ政府米ヲ出セ、市町村ハ米ヲ買ッテ出セ、斯ウ要求ヲスル人モアル、私ハ無償ニテ市町村ニ交付スルト云フコトニ依テ、放逸ニシテ何等爲ス所ナク、遊ンデ居ッテ食ヘナイ人ニマデ政府ガ無償デ米ヲ與フルト云フ制度ヲ立テルコトハ、非常ニ間違ッタル政策デアルト確信シマス、私ハ無暗ニ政黨ガ御座ナリヲ言ッテ人氣取ヲスルコトハ宜シクナイト思ヒマス

(發言スル者アリ)

○議長(秋田清君)　靜肅ニ

○高田耘平君(續)　私ハ此意味ニ於テ無償ニテ交付スルト云フコトハ將來ノ爲ニ洵ニ宜シクナイ、此意味ニ於テ私ハ此無償交付ニ反對致シマス、若シ實際非常ニ能ク働イテモ生活ニ窮スル人ガアッタ場合ニ於テハ、之ヲ助ケル爲ニハ別ノ法律ヲ制定スルコト

ガ私ハ機宜ノ處置ト信ズルノデアリマス（拍手）

第三ノ貯藏奬勵ノ問題デゴザイマスルガ、是ハ全然意見ガ違ッテ居ル譯デハゴザイマセヌデ、政友會諸君ノ御意見ハ法律ニ書カズトモ豫算ニアレバ出來ルト云フノデゴザイマス、是ハ成程サウデゴザイマセウ、併ナガラ今マデ行ッタコトノナイ事デアル、今日マデ行ッタノハ籾ノ貯藏ニ對シテ低利資金ヲ融通スルダケデアリマシタ、所ガ今度ハ一面低利資金ヲ融通シ、他面或ル時期マデ米ヲ貯藏セシメテ、一石ニ對シテ二圓マデ、保險料ノ意味ニナリマスカ、二圓程度マデ奬勵金ヲ出スノデゴザイマスカラシテ、私ハ相當ノ效果ガアルト存ジマス、故ニ是ハ法律ニ書イテ置ク方ガ却テ宜シイト思ヒマシテ、政府案ニ贊成スル、第四ニ買上賣渡ノ際ニ於ケル時價準據ハ絶對ニ存置ヲ要シマス、其理由ハ政治的非違ヲ起シ易ク、一部國民ニハ不當ノ利益ヲ與ヘ或ハ損害ヲ蒙ラシムルカラデアリマス、詳細ハ略シマス

即チ政府ノ米穀對策ハ一面ニ於テ籾及米ノ貯藏奬勵ヲナシ、他面ニ於テ朝鮮臺灣ニ於テ内地ノ特別會計ヲ以テ適當ノ時機ニ米ノ買上ヲ爲シテ、之ヲ月別平均的ナラシメ、一時ニ内地ニ殺到シテ、ソレガ爲ニ十二月一月ニ於テ米ノ暴落スルコトヲ防グ案ヲ立テタノデゴザイマス、此點ニ對シテ委員會ニ於テ、朝鮮ニ於テ米ヲ買フナラバ、其程度ニ於テ其金ヲ以テ内地ニ於テ米ヲ買フ方ガ宜シイデハナイカト云フヤウナ質問モアリマシタガ、吾々ノ見ル所ニ依レバ、朝鮮臺灣ノ米ハ其生産費ガ内地ヨリモ安イコトハ明デアルカラシテ、假令時價デ買上ゲマシテモ、朝鮮臺灣ニ於テ安イ米ヲ買フト云フコトハ、所謂安イ米ガ來テ端境期ニ内地米ヲ壓迫スル弊害ヲ除クコトガ出來ルノデアリマスカラシテ、同ジ數量ノ買上ヲ斷行致シマシテモ、内地米ヲ買上ゲルヨリモ極メテ有效適切デアルト信ジマシテ、朝鮮臺灣米ノ買上ヲ可トスル所以デアリマス、即チ朝鮮臺灣ニ於ケル所ノ米ノ買上資金ノ增加、米價基準ヲ適當ニ運用シテ、生産費或ハ生産費ニ近キ程度ニ於テ内地ニ於テ米ヲ買上ゲルコトニ依テ、私ハ相當ニ端境期ニ於テノ米價ノ維持ガ出來ルト信ジテ、茲ニ政府案ニ贊成スル次第デアリマス

私ハ先程東君ノ報告ノ中ニモアリマシタガ、其基準米價ヲ昨年ノ七月ヨリ行ッタ結界、ソレガ爲ニ米ノ値段ガ非常ニ安クナッタノデアルカノ如ク誤解シテ居ル人ガアリマスルガ、ソレハ決シテ然ラズト云フコトヲ申上ゲテ見タイト思フノデアリマス、我國ノ米價指數ハ常ニ一般物價指數ヨリ一割二三分上ニアルコトハ明デアリマス、是ハ三十有餘年ヲ通ジテ共通リデアリマス、其理由ヲ茲ニ申ス必要ハアリマセヌ、所ガ基準米價ヲ適用シタノハ何時カラデアル、カト云フト、昭和六年七月カラデアリマス、昭和六年ノ七月カラ本年ノ七月迄ノ、十三箇月間ノ所謂米價指數ト物價指數トヲ見ルト、ヤハリ三十數年來ト同ジニ、此十三箇月間ニ於キマシテ、大體ニ於テ一般物價指數ヨリモ米價指數ハ一割二三分上ニアルノデゴザイマス、斯クスルコトニ依テ率勢米價ガ――諸君ガ率勢米價率勢米價ト云フガ、此第四條第五條ガアルカラシテ、ソレガ爲ニ農民ニ損ヲ掛ケタ、ソレガ爲ニ米ガ上ラナイト云フコトハ、全然誤謬デアリマシテ、此統計ガ明ニ示シテ居リマス、米價基準ヲ適用シタカラト云ッテ、何等農民ニハ損ヲ掛ケマセヌ、是ハ明ニ統計ニ現レテ居ル

モウ一ツ私ハ此際申上ゲテ見タイト思フコトハ、今政府ハ約四百万石ノ米ヲ持ッテ居ルト思ヒマス、此上生産費近クヲ以テ米ヲ買フト致シマス、朝鮮、臺灣ヨリモ或ル程度ノ米ヲ買ヒマス、所ガ徒ニ多量ノ買上ヲスルト云フコトガ、果シテ將來ノ農民ノ爲ニ利益デアルヤ否ヤト云フコトハ、餘程考ヘナケレバナラヌト思ヒマス、私共ハ米穀法ノ十年以來ノ運用ノ形跡ニ徴シテ、米ノ買上ニ依テ米ノ値段ヲ引上ゲルト云フコトハ不可能デアルト思フ

（發言スル者多シ）

○議長（秋田清君） 靜肅ニ願ヒマス

○高田耘平君（續） 或ル程度ニ維持スル働ハアリマスルケレドモ、之ニ依テ米ノ値段ヲ釣上ゲントスルコトハ、今日マデノ實蹟カラ言ヘバ上ッテ居リマセヌ、買フ時ハ上ルガ、其時米ガ澤山アレバ又下リマス、是ハズット今日マデノ實蹟ヲ顧レバ分ル、只今幾ラデモ買ヘバ宜イト言フガ、サウ買ッテドウスルノデアルカ、千万石モ二千万石モ買ッタナラバ米ハドウナル、能ク考ヘナケレバナリマセヌ、諸君、私ハ此意味ニ於テ買ヘバ上ル買ヘバ上ルト云フ人ハ非常ニ間違ッテ居ル、ソレハ政府ガ別ニ法案ヲ立テ、或ハ專賣法トカ、或ハ公定價格ノ標準ヲ定メルト云フコトニ依テ、豐富ナル資金ヲ以テ買上ヲスル場合ニ於テハ實行出來マスルガ、今ノ米穀法ノ運用ニ依テ、非常ナル豐作ノ途中ニ米ヲ釣上ゲントスルコトヘ、私ハ無理デアルト思フ、其千万石二千万石ヲ若シ買ッタトスレバ、ソレヲ持ッテ居ル結果ハ、後ニナリマシテ其重壓ニ耐ヘズシテ、市價ハ上ルコトガ出來ナイト云フコトノ結果ハ、却テ農民ガ苦シムト云フ時代ガ來ルノデゴザイマス（拍手）

ソレノミナラズ地主階級ト小作人階級デハ餘程違ッタ位地ニアルト思ヒマス、成程地主階級ハ一年中自分ノ米ヲ食ッテ居ル、所ガ地方ニ依テ違ヒマスルガ、關西方面ノ副業ノ多イ處ヘ行キマスルト云フト、四五月ノ頃マデニ米ヲ賣ッテ、後ハ買ッテ食フ農民ガ澤山アルサウデゴザイマス、漁村ニ於テ最モ甚シク、副業ノアル處ニ於テ其狀態ニアル、斯クスレバ無暗ニ米價ヲ釣上ゲル釣上ゲルト云フコトハ、生産費ヲ維持スルト云フコトハ穩當ト思ヒマスルガ、無暗ニ釣上ゲル／＼ト云フコトヲ言フノハ、農民ノ半分ノ小作人階級ヲ、或ハ自作農階級ヲ、却テ壓迫シテ、損害ヲ與フルト云フ結果ニナルト云フコトヲ、能ク考ヘナケレバナラヌト思ヒマス、是ハ私ハ今日マデノ米穀法ノ運用ガ、米ヲ引上ゲルコトガ多クノ場合ニ於テ出來ナカッタノデアルト云フコトノ事例ヲ擧ゲテ、唯米ノ買上ハ豐作時機ニ於テ米ノ暴落ヲ防イデ、相當ノ程度ニ維持スル働キシカナイモノデアル、無暗ニ買ヘバ却テ後デ農民ガ迷惑スルモノデアルト云フコトヲ、茲ニ御參考ノ爲ニ申上ゲテ置クノデアリマス（拍手）以上ヲ以テ私ノ政府案贊成ノ意見ト致シマス（拍手）

○議長（秋田清君） 八田宗吉君

（八田宗吉君登壇）

○八田宗吉君 私ハ政友會ノ提案、即チ桑豐助君外十數名ノ御提出ニナリマシタル提案ニ對シマシテ贊成ヲ表スルモノデアリマス、委員長ノ報告ニ依テ、吾々ノ質問シマシタル諸般ノ上ニ付キマシテ詳細ナル御報告ガアッテ、吾々ノ論據ガ那邊ニアルカト云フコトハ、既ニ説明シ盡サレタル次第デアリマスルカラシテ、私ハ茲ニ重ネテ時間ヲ費シテ申上ゲル煩雜ヲ避ケタイト存ジマス、唯今高田君ニ依テ反對ノ點ニ對スル御議論ガアッタコトニ對シマシテ、吾々ノ所見ヲ異ニスル點ニ付キマシテ申述ベテ見タイト存ジマス

吾々ハ今日農村ノ疲弊困憊至ラザルナキ狀態ニナッテ居ル其原因ヲ以テ、農産物ノ首位ヲ占ムル所ノ米價ノ慘落シテ居ル此今日ノ狀況ガ、農民ヲシテ斯ル慘苦ヲ嘗メシメツヽアルモノデアッテ、全ク此米價下落ト云フコトニ原因ヲシテ居ルト考ヘテ居ル（拍手）而シテ此米價ノ下落ノ原因ハ何處ニアルカト申シマスト云フト、吾々ハ檢討シ盡シマシテ、昨年定メラレタル率勢米價ナル此桎梏ガアッテ、政府ノ出動、米買入ヲ妨ゲ、サウシテ徒ニ此法ガアッテ動カスコトノ出來ナイヤウナル、此率勢米價ナル米問題ニ對スル癌ガ横ッテ居ル爲ニ、農民ガ苦心ヲ嘗メツヽアルノデアルカラシテ、先ヅ此癌ヲ切拔イテ、サウシテ秋ノ米ヲ高クサセルコトガ一番必要デアル（拍手）

由來吾々ハ米ヲ高クスル上ニ付テハドウシテモ端境期ニ、秋ノ出廻期ノ米ヲ高クスルニアラザレバ、今亡ビントシツヽアル所ノ中農、小農、即チ自作農及自作兼小作農、斯ウ云フヤウナ者ヲ救フコトガ出來ナイト思フ、デアルカラシテドウシテモ秋ノ出廻期ノ米ヲ高クスルヨリ外仕方ガナイ、即チ十一月カラ十二月上旬ニ亙ッテ、米ノ出廻期ニ於テ政府ガ買入ヲ爲シテ、サウシテ米價ヲ吊上ゲル政策ヲ採ッテ、中小農ヲ救フ外ナイト云フコトガ吾々ノ根本立論デアリマス、今回米穀委員會ニ於キマシテハ、總理大臣等ニモ御出席ヲ願ヒ、又農林大臣等ヨリ御提案ニ對シマシテ色々詳細ニ承ッタ

ノデアリマスルガ、吾々ト所見ヲ異ニシテ居ラレル點ハ唯一點デアル、ソレハ何デモナイ、率勢米價ヲ固執シテ居ラレルト云フ點ニ過ギナイノデアリマスガ、何ノ爲ニ政府ガ此率勢米價ヲ固執シテ居ラレルカ、吾吾ハ其意味ヲ付度スルニ苦ムノデアリマス、即チ米價對策トシテ、應急策トシテ政府ハ米穀資金一億三千万圓ノ増額ヲ試ミタノデアリマス、併ナガラ率勢米價ニ對シテハ飽迄モ固執シテ居ッテ、折角一億三千万圓ヲ増シテモ、何等此米穀法ノ出動ヲ爲ス能ハズ、米ノ買入ヲ爲スコトノ出來ナイ狀態ニアルト云フコトヲ、吾々ハ非常ニ悲ム者デアリマス、而シテ秋ノ出廻期ノ米ヲ高クスルニハ、ドウシテモ率勢米價ヲ取除カナケレバナラヌト云フコトニ付テハ、委員長タル東君ヨリ詳細ニ御話ガアッタノデアリマス、即チ昨年定メタル率勢米價ナルモノハ、全ク生産費ヲ見ナカッタ率勢米價デアッテ、暫定的ナモノデアル、今後ハ生産費ヲ加味シタル率勢米價ヲ以テ、即チ率勢米價下値二割ニナッタ時ニ買入レ、一割上ッタ時ニ之ヲ賣出スト云フコトニスル、斯ウ云フ暫定的ノ法律デアッテ、生産費、生計費ノ調査ハ其後致シテ決定スルト云フコトニ昨年ハ定メタノデアル、而シテ生計費、生産費等ニ付テ政府ノ發表スル所ニ依ルト、生産費ニ付テ申シマスルト、昨年ノ生産費ハ十二月ニナッテ自作農、小作農ニ付テ調ベタ金額ガ二十圓十一錢デアル、而シテ本年ニ於テ此率勢米價ノ基準ヲ定メルベキ此調査ヲスルニ付テハ、如何ナル時日ヲ要スルカト云フト、十一月十日ニ至ラザレバ生産費ニ付テ全國カラ集ル統計ヲ示スコトガ出來ナイト云フ次第デアル、十二月十日ニ至ッテ始メテ此生産費ヲ計上シテ、基準米價ヲ定メルコトガ出來ルト申シマスルガ、十二月十日後ニナッテハ殆ド米穀法ナルモノヽ出動ヲ要シナイ時代ニナリ、既ニ中農、小農ハ之ヲ要シナイノデアル、而シテ考ヘテ見マスルト云フト、昨年生産費ガ二十圓十一錢デアッタモノガ、本年ハドウナルカト云フト、昨年モ豐作デ、今年モ亦豐作デアル、サウシテ肥料代ハ安イ、斯ウ考ヘテ見ルト云フト、本年ノ米ノ生産費ト云フモノハ、昨年ヨリモ安イト云フコトガ想像出來ルノデアリマス、然ルニ先程町田君等ハ生産費ヲ今年ハ二十二圓ト假ニ見ラレテ居ル、何タル杜撰ナル見方デアルカ、私ハ其計算ノ甚シク御粗末ナルニ驚カザルヲ得ナイノデアリマス、昨年ガ二十圓十一錢デアッテ、本年ハ二十二圓ト見テ、率勢米價ノ二割下ト睨ンデ米價吊上策ヲ採ラレルト云フコトハ、是ハ洵ニ誤ッタル數字ノ上ニ立論サレタモノデ、私共ハ其杜撰ナル計算ニ驚イタノデアリマス、吾々ハドウシテモ生産費ヲ加味シタル率勢米價ヲ主張シタ者デアリマシタガ、今ヤ諸般ノ點カラ想像シマスト、却テ此率勢米價ガアル爲ニ妨ゲラレルコトガ夥シイ、今申シタ通リ生産費ガ二十圓以下ニナッテ參ッタ時ニ當ッテ、率勢米價ニ依テ基準價格ヲ定メテ參ルト云フコトデハ、益々安イモノニナッテシマウカラシテ、玆ニ吾々ハ率勢米價ノ基準、即チ現行米穀法ノ第四條第五條ヲ廢シテ、自由ニ政府ガ出動シ得ルヤウニ致シテ、十二月十日以前ニ於テ、最モ買込マナケレバナラヌ時ニ政府ノ處置ヲ致サセヤウト考ヘルノデアリマス、斯樣ニシテ行キマスト、米價ハ必ズ高ク上ッテ來ルニ違ヒナイ、從來妨ゲノアッタ率勢米價ノ癌モ取ッテシマヒ、又時價ニ準據シテ買ハナケレバナラナクナッテ居ッタ所ノ此法律モ無クナルノデアリマスカラシテ、政府ノ信ズル所ノ生産費ヲ超過シタル價格ニ於テ買込ムコトガ出來ル、高田君ハ生産費ヲ超過シタ價格ヲ以テ買フノハドウカト言ハレマシタガ、生産費ニ利潤ヲ加ヘタル値段ヲ以テ買フノハ、是ハ當然ノコトデアルト思フ、生産費ノミノ價格ヲ以テ買フニアラズシテ、ソレニ更ニ利益ヲ加味シタル價格ヲ以テ政府ハ買入レ、米價ノ吊上策ヲ取ッテ宜イノデアル、從來ハ時價ニ準ズルト云フコトガアリマシタ爲ニ、何時デモ米價ガ慘落シタ時分ニ、其時ノ値段デ買取テ居ル、ダカラ吾々ノ郷里ノ會津ナドデハ、此政府ノ買ニ應ズル者ハ殆ドナイノデアル、町田農林大臣ノ當時ニ於テ政府ヘ買入ヲサレタケレドモ、時價ニ準據スルト云フ規定ガアッタ爲ニ、安クシカ買ハレナイ、ソレデ其買ニ應ズル者モナイト云フヤウナコトデ、米價ハアンナニ慘落シタ、ソコデ今回此時價ニ準據スルト云フコトヲ取ッテ、隨意ニ政府ノ信ズル價格ヲ以テ買收ルコトガ出來ルコトニナシタ、此位農民ニ取ッテ理想的ノ法案ハナイト信ズル、抑、吾々ガ米穀法立法當時ニ於テ非常ニ心配シタコトハ、價格ノ調節ヲモ加味シナケレバナラヌト云フコトデアッタ、量ノ調節ノミデハイケナイト云フコトデ、衆議院ニ於テハ價格ノ調節ト云フコトヲ加ヘテ本院ヲ通過シタノデアリマス、然ルニ貴族院ニ於テ量ノ調節ニ止メテ價格ノ調節ヲ除キ、專ラ消費者側ニ對シテ同情ヲ拂ハレタヤウナ結果ニナッタノデ、吾吾ハ之ヲ非常ニ遺憾ニ感ジテ居ッタノデアリマス、ソレヲ高橋是清サンガ農商務大臣ニ就カレタ大正十三年ノ春ノ議會ニ於テ、漸ク此價格ハ時價ヲ以テ定メルト云フコトニナリ、是ニ於テ市價ノ調節ト數量ノ調節ト相竝ンデ行クト云フコトニナリ、始メテ米穀法ノ値打ヲ發揮スルヤウニナッテ參ッタノデアリマス、農民ハ此政策ノ貫徹ヲ喜ンダノデアリマス、先程高田君ハ縣會議員ノ選擧ニ當ッテ政府ハ米ヲ買取ッテ、サウシテ選擧ニ惡用シタコトガアッタト言ッテ御責メニナラレマシタガ、凡ソ秋ノ米ヲ高クサセヨウト思フニハ、米穀法運用以來ノ歷史ヲ見テモ春先カラ買取ッテ、サウシテ秋米ヲ高クシ、以テ中農、小農ヲ救フコトニシテ居ッタ、大正十一年ノ五月本法施行ノ初メニ於テ百万石ヲ買取ッタ、併シ其當時ハ效果ノ見ルベキモノハナカッタガ、注目スベキハ秋ノ端境期ニ至ッテ米價ノ昂騰ヲ見タ、八九月ノ米價ハ五六月ノソレニ較ベテ六十九錢乃至二圓十八錢ニ上ッタト書イテ居ル、ソレカラ昭和二年ニ八万石ヲ、山本悌二郎君ガ農林大臣ノ時買入レラレ、十一月五十万石買取リ、十二月百万石ヲ買取ッテ、サウシテ秋ノ米ト云フモノ、價格ヲ保持シタル此親切ナル、此農民ニ對シテ中小農ヲ保護スル、此慈愛アル政治ニ對シテ吾々ハ感激措ク能ハザル所、本當ニ農民生活ヲ知ッテ居ル者ノ同情スル所デアッテ、全ク政黨ノ爲ノ惡法デアッテナント云フコトハ、實際農民ノ生活ニ即セザル所ノ、考ヘザル所ノ、本當ニ憐ムベキ政治家デアルト考ヘルノデアリマス、其他米ヲ拂下ゲルコトニ付テ色々御話ガアリマシタガ、洵ニ吾々ハ案ノコトニ付テモ政府案ニ贊成ヲ致シ、吾々モ之ニ追及ヲ致シテ提案シタヤウナ次第デアルカラ、何等政府ト異ナル點ハナイ、唯頻ニ率勢米價ニ囚ハレテ秋ノ十二月以前ニ、十二月十日以前ニ此米穀法ヲ出動シテ、農民ヲ救フコトノ出來ナイト云フコトハ殆ド分ラナイ、一億三千万圓ヲ本當ニ運用シテ行クコトノ出來ル法律ガ、吾々ニ依テ實行出來ルコトヲ提案致シタノデアリマス、速ニ之ヲ採用サルルヤウニ熱望シテ已マヌノデアリマス

○議長(秋田淸君) 小池仁郎君

(小池仁郎君登壇)

○小池仁郎君 私ハ政府案ノ米穀需給調節特別會計法中改正法律案ニ贊成ヲスル者デアリマス、次ノ米穀應急施設法案ニハ修正意見ヲ有ッテ居ル者デアリマス、政友會ヨリ提案セラレタル米穀法中ノ改正案ニハ或ル修正ヲ付シテ、四條、五條ノ削除及昭和六年法律第三十一號附則第二項ヲ削リ、之ニ贊成ヲ表スル者デアリマス、ソレニ付テ簡單ニ意見ヲ披瀝シテ見タイト思ッテ居ルノデアリマス

只今迄同僚諸君ガ熱心ニ此問題ヲ論議サルルノヲ拜聽シマシテ、如何ニモ大切ナル問題デアルカラ、各、御主張ヲ爲サルコトハ當然ナコトデアル、併シ米ハ政黨ノモノデモナイ、全ク國民ノモノダ(拍手)民政黨ノモノデモナケレバ、政友會ノモノデモナイ、ドウシテモ此問題ハモウ少シ御互ガ冷靜ニ考ヘテ見ナケレバナラヌノヂヤナイカ、此時局匡救ノ問題ノ解決ノ鍵ハ、國民ノ債務整理ト此米ノ問題ヲ解決シテ、多數ノ生産者ニ安心ヲ與ヘル、同時ニ多數ノ消費者ニ安心ヲ與ヘル、此二ツノ問題ガ解決スレバ、時局ノ匡救ノ鍵ガ大體ニ於テソコニ現レタト言ッテモ宜イ位ニ私ハ考ヘテ居ル(拍手)先ヅ米穀ノ應急施設法案トシテ政府ノ提案セラレタル所ハ、此標題ニ揭ゲラレマシタ通リ應急ノ施設デアリマス、應急ノ施設デアルカラ、モウ少シ徹底シタコトガ欲シイノデアリマシテ、色々質問ヲ試ミマシタケレドモ、政府モ今調査中デアル、

殊ニ總理大臣ハ米ニ對シテハ出來ルダケ早ク次ノ議會ニ出シタイト考ヘテ居ル、此聲明ガアリマシタカラ、其聲明ニ信頼シ、政友會諸君ノ御希望ノ點ヲモ考慮シ、應急施設ノ方ニ修正ヲシタイト考ヘタノデアリマス、即チ第一條ノ政府案ニ「政府ハ米穀法ニ依リ米穀ノ買換ヲ爲サントスル場合ニ於テ必要アリト認ムルトキハ命令ノ定ムル所ニ依リ買換ニ代ヘ買換ノ爲賣渡ヲ爲サントスル米穀ヲ道府縣ニ對シ貸付スルコトヲ得」此道府縣ト云フモノ、下ニ、道府縣又ハ市町村ト「市町村」ノ三字ヲ加ヘテ、市町村ニモ此應急施設法ヲ實行セシメタイト云フ趣旨デアリマス、隨テ第二條ニ於ケル、道府縣ト云フ下ニモ、ヤハリ「又ハ市町村」ト云フ字ガ加ハル譯デアリマス、意味合ハ同一デアリマス、第一條ノ第二項トシテ、是ハ政友案ニアルノデアリマス、少シ字句ハ違ッテ居リマスケレドモ、大體ノ意味ハ同ジデアル、政府ハ災害救助其ノ他緊急ノ必要アルトキハ道府縣又ハ市町村ノ施設ニ對シ其ノ貯藏ニ係ル米穀ヲ有償若クハ無償ニ交付シ又ハ一定ノ期間ヲ限リ貸付ヲ爲スコトヲ得」此一項ヲ加ヘルノデアリマス、大體ハ政友會提出案ノ米穀法ノ第一條ノ二項ニ加ヘルト云フコト、意味ハ同ジナノデアリマス、併シ此施設ハ要スルニ應急案ト考ヘマシタカラ、此應急施設法ノ第一條ノ二項ニ差加ヘタイト云フノデアリマス、修正ノ案文ハ其通リデアリマスガ、尚ホ政府ガ朝鮮米、臺灣米ノ內地移入數量ヲ月別平均セシメテ、內地米價ノ低落ヲ防ギ、或ハ暴騰ヲ防グ、斯ウ云フヤウナコトハ應急ノ施設トシテ當然ナコトデアル、第四條ノ案ニ關スル問題ナドモ極メテ適切ナモノト思ヒマスカラ、米價ニ付テノ不滿足ナ點ハアリマスケレドモ、大體應急ノ施設トシテ、政府案ニ贊成ヲ表シタノデアリマス、以上ノ修正ヲ加ヘテ贊成ヲシタノデアリマス

次ニ政友會提案ノ第四條、第五條ノ削除竝ニソレニ附隨シタル勅令第三十一號附則第二項ノ削除、之ニ私ハ贊成ヲシテ居ル、之ニ付テハ色々ノ御議論ガアリマスガ、所謂率勢米價――率勢米價ハ私ハ知リマセヌ、私ハ素人ダ、私ハ米ヲ作ッテ居ル者デナイ、米ノ消費者デアル、消費者デアルカラ、米ノコトハ能ク知ラヌ、知リマセヌガ、今所謂米穀法ノ基準價格トシテ、政府ガ國內ニ告示シタルモノヲ見マスレバ、昭和六年ノ十二月ノ決定、即チ政友會內閣ノ山本農林大臣ニ依テ告示セラレタルモノガ、最低ガ十六圓三十一錢、率勢米價ガ二十圓三十九錢、其最高ガ二十四圓四十七錢、是ハ時代ニ適應シナイト認メラレテ、更ニ昭和七年四月ニ改訂セラレテ、最低價格ハ十七圓九十一錢、率勢米價ガ二十二圓三十九錢、最高ノ價格ガ二十六圓八十七錢、斯樣ニナッテ居リマス、私ハ此告示ヲ見マシテ今日ノ政友會ノ諸君ガ、此率勢米價ト云フモノ、撤廢ヲ主張セラル、コト、對照シテ、何故ニ此時此率勢米價ナルモノヲ撤廢セラレナカッタカト云フコトヲ、實ハ惜ンデ居ルノデアリマス、結局ソンナコトハ死ンダ子ノ齢ヲ今數ヘテモ仕方ガナイ、惡イト思ッタラ卽座ニ改メルガ宜イ、私ノ尊敬スル高田耘平君ハ、率勢米價ニ付テ今諄々トシテ此處ニ說明ヲセラレ、又平素モ米ニ付テノ御教ヲ受ケテ居ル、私ハ消費者デアッテ、安イダケ宜シイノデアル、安イダケ洵ニ結構デアル、併ナガラ今日ノ此最低價格十七圓九十一錢卽チ約十八圓、十八圓ノ最低價格デ、果シテ生産者ガ之ヲ手放スコトガ出來ルカ出來ナイカ、併シ背ニ腹ハ代ヘラレナイ、非常ナル窮境ニ立チマシタラ、或ヘ之ヲ代ヘルカモ知レヌ、今高田君ノ御話ニ依レバ、生産費ハ二十二圓ダト云フ、又八田宗吉君ハ只今生産費ニ若干ノ利益ガナケレバ賣ッテハナラナイト云フヤウナ御意見モアッタガ、是ハ米ノ問題ダカラ各々我田ニ水ヲ引クコトモ宜シイデアリマセウガ、水ヲ引クコトヲ止メテ、極ク公平ナ立場ニ立ッテ考ヘテ見ルコトガ一番宜イ、假ニ今年ノ生産費ガ二十二圓ダ、此率勢米價ノ最低價格ガ十八圓ダ、之ヲ平均シテ二ツニ割ッタラ幾ラノ相場ガ出テ來ルカ、二十二圓ト十八圓デ四十圓、二十圓ニナル、ソレナラバ生産者ガ二圓生産費ヲ割ッテ賣ラネバナラヌト云フ義務ガ何處ニアルカ、私ハ消費者ガ成ベク安イ方ガ宜イト云ッタカラト云ッテ、自分達ノ同族ノ者ガ作ッテ居ルモノヲ、無理ヤリニ安ク買取ラネバナラヌト云フ理窟ガ何處ニ一體アルカ(拍手)成程率勢米價ト云フモノ、斯ウシタ標準ヲ設ケルニハ歷史ガアリマセウ、如何ニモ其歷史ハ吾々ハ尊敬シナケレバナリマセヌ、歷史ハ尊敬シナケレバナラナイガ、其歷史ヲ尊敬スル爲ニ、現在ノ國民ヲ犧牲ニスル必要ハナイ筈デアル(拍手)私共ハ口ヲ開ケバ共存共榮ト言ヒマス、共存共榮ト云フナラバ、生産者モ損ヲシナイヤウニ、消費者モ大シタ金ヲ拂ハナイデ消費ガ出來ルヤウニシテ行クコトガ、米穀法ノ精神ダラウト考ヘテ居ル、是ガナクシテ今日此樣ナ狀態ヲ互ニ論議スルト云フコトハ、モウ少シ御互冷靜ニ時局ノ窮迫ニ覺メナケレバナラヌト考ヘテ居リマス(拍手)此法ヲ立テルト云フコトハ容易ナコトデハナカッタデセウ、率勢米價ヲ定メルト云フコト、高等數學マデ用ヒテ決メタノデアリマスケレドモ、ソレハ百姓ニハ分リマセヌ、今日ノ時局匡救ノ問題ハ、先程モ申上ゲタ通リ、國民ニ先ヅ安心ヲ與ヘルト云フコトガ先決問題デアル(拍手)吾々ハ現內閣ガ協力內閣、擧國一致內閣、時局匡救ノ爲ニ生レタ內閣トシテ、其時局匡救ノ成案ヲ見テ、非常ニ不滿足ヲ感ジ失望ヲシテ居ル、是ト同ジコトダ、アナタ方ハドナタデモ、政友會デモ民政黨デモ、或ハ吾々國民同盟ノ者デモ、今ノ原案ニハ洵ニ不滿足ダ、不滿足ダカラヤリ替ヘナサイ、ヤリ替ヘル暇ガナイカラ、マア泣キ泣キ涙ヲ流シテ之ヲ通シテヤラウ、斯ウ云フノデアリマス(拍手)要スルニ國民ニ若干ノ安心ヲ與ヘヨウ、ヨリ良キモノヲ玆ニ作出シテ、サウシテ國民ニ安心ヲサセルト云フコトガ、時局匡救ノ最大政策デナケレバナラヌ(拍手)成程米ノ生産ヲスル者、農家ノ生産ニ關係スル人ハ、國民ノ大多數デアリマス、ケレドモ消費者ハ又ソレヨリモ多イノダ、生産者ハヤハリ消費者デアリ、需要者デアル、サウ考ヘルト餘リ高クテモイケナイ、餘リ安ケレバ勿論作ル人ガ困ッテシマフ、斯ウ云フ點ヲ考ヘテ見マスルト、今マデ率勢米價ト云フモノヲ告示シテアル爲ニ、ドンナニ農民ガ不安失望ノドン底ニ喘イデ居ルカ、或時ニハ政友會ハ農民ノ味方ダト、或ル國民ノ中ニハ考ヘテ居ッタ者ガアッタカモ知レナイ、ソレダノニ最低價格ハ十七圓九十一錢、十八圓、オ前ノ米ハソレデナケレバ買入ノ發動ガ出來ナイノダ、何ト是ハ失望セザルヲ得ヌデハアリマセヌカ、況ヤ既ニ平均ノ生産費ガ二十圓デアルトスレバ、ソレニ餘分ノ儲ケヲヤルカヤラナイカハ、ソレハ一般ノ物價ト對照シナケレバナラヌ、是ハ當然ノコトダト思フ、然レドモ低イ相場デドウシテモ生産者ガ手離サナケレバナラヌト云フコトハ、是ハ無理ナ骨頂ダ、是程ノ無理ナ法律ハ私ハナイト思フ、私ハ此點ニ付テ農林當局ニ伺ッテ、何トカ率勢米價ノ下二割ノ幅、上二割ノ幅ヲ取ル方法ハアリマセヌカ、ソレヲ取ッテ、率勢米價一本デ行クト云フト非常ニ安心スルヂヤナイカ、幅ヲ決メテ置クカラ、其間ニ米穀ヲ取扱フ人人ノ駈引ガ出來テ、上ルベキモノモ下ッテシマヒ、或ハ下ルベキモノモ上ッテ、一般ノノ消費者ニ迷惑ヲ與ヘルコトガアルノダカラ、此施行令ヲ改正スルノ意思ガアルカナイカヲ尋ネタ、ソレハ出來ナイト當局ハ答ヘラレタ、今假ニソレヲ改メル譯ニハ行カナイ、到底今日ノ間ニハ合ハナイト云フ意味合デアッタ、此率勢米價ヲ定メルニハ多大ノ辛苦艱難ヲシテ、斯ウ云フ法律ガ出來タノデアリマセウ、之ニハ私敬意ヲ表シマス、併シ實際ニ當嵌ラナイノダカラ、所謂涙ヲ揮ッテ馬稷ヲ斬ル、米穀法ノ四條、五條及之ニ附隨スル法律三十一號ノ第二項ヲ削ルト云フ政友會ノ案ニ贊意ヲ表シタ次第デアリマス(拍手)政府提案ノ米穀應急施設法ハ洵ニ不徹底トモ思ヒマスケレドモ、今日ノ場合是レ以上ノコトハ出來マスマイ、併シ國內ニハ非常ニ困ッテ居ル者モアリ、或ハ災害ニ遭ッテ居ル者モアリ、サウ云フ方面ニ無償ヲ以テ、此買換ナケレバナラナイト云フ米ヲ、其市町村ニ分ケルコトハ餘リニ濫費ニナルトハ考ヘテ居リマセヌ、此點ニ付テハ尊敬スル高田君ノ御再考ヲ煩スノデアリマス、私ノ修正案ノ趣意、及政友會案ニ贊成ノ意見ヲ申上ゲタ次第デアリマス(拍手)

○上田孝吉君　三案ニ對スル討論ハ之ヲ以テ終局トセラレンコトヲ望ミマス

○議長（秋田清君） 上田君ノ動議ニ御異議アリマセヌカ
〔「異議ナシ」ト呼フ者アリ〕
○議長（秋田清君） 御異議ナシト認メマス、仍テ討論ハ終局シマシタ、先ヅ米穀需給調節特別會計法中改正法律案ノ第二讀會ヲ開クヤ否ヤヲ御諮リ致シマス、本案ノ委員長報告ハ修正デアリマス、本案ノ第二讀會ヲ開クニ御異議アリマセヌカ
〔「異議ナシ」ト呼フ者アリ〕
○議長（秋田清君） 御異議ナシト認メマス、本案ノ第二讀會ヲ開クニ決シマシタ
○上田孝吉君 直チニ本案ノ第二讀會ヲ開カレンコトヲ望ミマス
○議長（秋田清君） 上田君ノ動議ニ御異議アリマセヌカ
〔「異議ナシ」ト呼フ者アリ〕
○議長（秋田清君） 御異議ナシト認メマス、直チニ第二讀會ヲ開キ、議案全部ヲ議題ト致シマス

米穀需給調節特別會計法中改正法律案　第二讀會

○議長（秋田清君） 採決ヲ致シマス、本案ノ委員長報告ノ修正ノ點ニ賛成ノ諸君ノ起立ヲ求メマス
〔賛成者起立〕
○議長（秋田清君） 起立多數——委員長報告ノ修正ノ點ハ可決サレマシタ（拍手）其他ノ部分ハ原案ノ通リ御異議アリマセヌカ
〔「異議ナシ」ト呼フ者アリ〕
○議長（秋田清君） 御異議ナシト認メマス、其他ノ部分ハ總テ原案ノ通リ決シマシタ、是ニテ第二讀會ハ終了致シマシタ
○上田孝吉君 直チニ本案ノ第三讀會ヲ開カレンコトヲ望ミマス
○議長（秋田清君） 上田君ノ動議ニ御異議アリマセヌカ
〔「異議ナシ」ト呼フ者アリ〕
○議長（秋田清君） 御異議ナシト認メマス、直チニ第三讀會ヲ開キ、議案全部ヲ議題ト致シマス

米穀需給調節特別會計法中改正法律案　第三讀會

○議長（秋田清君） 別ニ御發議モアリマセヌ、第三讀會議決ノ通リ可決確定致シマシタ（拍手）次ニ米穀應急施設法案、米穀法中改正法律案ノ採決ニ入ルニ先ッテ一言致シマス、米穀法中改正法律案ノ委員長報告中ニハ、米穀應急施設法案中ノ條項ト共通ノ部分ガアリマスガ、各別ノ議案デアリマスカラ、先例ニ依リ各案ノ各條項ハ之ヲ不可分ノモノトシテ取扱ヒ、先ヅ秦豐助君外二十三名提出、米穀法中改正法律案ノ第二讀會ヲ開クヤ否ヤヲ御諮リ致シマス、本案ノ委員長報告ハ修正デアリマス、本案ノ第二讀會ヲ開クニ賛成ノ諸君ノ起立ヲ求メマス
〔賛成者起立〕
○議長（秋田清君） 起立多數デアリマス——仍テ本案ハ第二讀會ヲ開クニ決シマシタ
○上田孝吉君 直チニ本案ノ第二讀會ヲ開カレンコトヲ望ミマス
○議長（秋田清君） 上田君ノ動議ニ御異議アリマセヌカ
〔「異議ナシ」ト呼フ者アリ〕
○議長（秋田清君） 御異議ナシト認メマス、第二讀會ヲ開キ議案全部ヲ議題ト致シマス

米穀法中改正法律案　第二讀會

○議長（秋田清君） 採決ヲ致シマス、本案ノ委員長報告ノ修正ノ點ニ賛成ノ諸君ノ起立ヲ求メマス
〔賛成者起立〕
○議長（秋田清君） 起立多數——委員長報告ノ修正ノ點ハ可決サレマシタ、其他ノ部分ハ原案ノ通リ御異議アリマセヌカ
〔「異議ナシ」ト呼フ者アリ〕
○議長（秋田清君） 御異議ナシト認メマス、其他ノ部分ハ總テ原案ノ通リ決シマシタ、是ニテ第二讀會ハ終了致シマシタ
○上田孝吉君 直チニ本案ノ第三讀會ヲ開カレンコトヲ望ミマス
○議長（秋田清君） 上田君ノ動議ニ御異議アリマセヌカ
〔「異議ナシ」ト呼フ者アリ〕
○議長（秋田清君） 直チニ第三讀會ヲ開キ、議案全部ヲ議題ト致シマス

米穀法中改正法律案　第三讀會

○議長（秋田清君） 別ニ御發議モアリマセヌ、第三讀會議決ノ通リ可決確定致シマシタ（拍手）次ニ政府提出、米穀應急施設法案ノ第二讀會ヲ開クヤ否ヤヲ御諮リ致シマス、本案ノ委員長報告ハ否決デアリマス、本案ノ第二讀會ヲ開クニ賛成ノ諸君ノ起立ヲ求メマス
〔賛成者起立〕
○議長（秋田清君） 起立少數デアリマス、仍テ本案ハ第二讀會ヲ開カザルコトニ決シマシタ（拍手）
○上田孝吉君 國務大臣ノ演説ニ對スル質疑ハ次回ノ議事日程終了後繼續スルコト、シ、本日ノ日程ハ之ヲ延期シ、直チニ散會セラレンコトヲ望ミマス
○議長（秋田清君） 上田君ノ動議ニ御異議アリマセヌカ
〔「異議ナシ」「反對々々」ト呼フ者アリ〕
○議長（秋田清君） 御異議ナシト認メマス
〔「反對々々」ト呼フ者アリ〕
○議長（秋田清君） 只今ノ議長ノ表決ノ宣告ニ對シ異議ノ申立ガアリマスカラ、起立ニ諮ヒマス、上田君ノ動議ニ賛成ノ諸君ノ起立ヲ望ミマス
〔賛成者起立〕
○議長（秋田清君） 起立多數、仍テ上田孝吉君ノ動議ノ通リ決シマシタ、次回ノ日程ハ公報ヲ以テ御通知致シマス、本日ハ是ニテ散會致シマス

午後七時三十五分散會

昭和七年九月三日

金鵄勲章年金令改正並殊勲者優遇ニ關スル請願外百八十五件

請願特別報告第一〇九號

意見書

請願文書表第六四〇號
伏木港ヲ鮮滿聯絡港ニ指定ノ上伏木雄基間ニ直通定期航路開設ノ請願
富山縣對岸貿易拓殖振興會長齋藤樹呈出（紹介議員高見之通君外三名）

右請願ノ要旨ハ富山縣射水郡伏木港ハ鮮滿ノ連絡港トシテ要素ヲ具備セルノミナラス産業交通上重要ナル地位ニ在リ依テ吉林雄基間鐵道ノ全通ノ曉ハ伏木港ヲ滿鮮連絡港ニ指定ノ上伏木雄基間ニ毎月四回ノ直通定期航路ヲ開設シ以テ内地鮮滿間通商貿易ノ迅速ト輸送力ノ增大ヲ期セラレタシト謂フニ在リ

衆議院ハ其ノ趣旨ヲ至當ナリト認メ之ヲ採擇スヘキモノト議決セリ依テ議院法第六十五條ニ依リ別冊及御送付候也

請願特別報告第一四四號

意見書

請願文書表第六九一號
米穀專賣法制定ノ請願　廣島縣賀茂郡原村農佐々木源太郎外十六名呈出（紹介議員山道襄一君）

右請願ノ要旨ハ今ヤ農村ハ米繭價ノ慘落ニ因リ疲弊困憊ハ其ノ極ニ達セリ而シテ農村ヲ匡救振興セシムルノ途ハ一ニ米價ノ昂騰ヲ策スルノ外ナシト信ス依テ政府ハ速ニ米穀專賣法ヲ制定シ米ノ生産費ヲ基準トシテ之ヲ買上ケ且臺鮮米ノ内地移入ヲ制限シ又ハ移入税ヲ課シ農村ヲ匡救セラレタシト謂フニ在リ

衆議院ハ其ノ趣旨ヲ至當ナリト認メ之ヲ採擇スヘキモノト議決セリ依テ議院法第六十五條ニ依リ別冊及御送付候也

昭和七年九月四日

貴族院ニ於ケル言論ニ付事實ノ有無ヲ質スノ緊急質問

## 貴族院ニ於ケル言論ニ付事實ノ有無ヲ質スノ緊急質問

(砂田重政君登壇)

○砂田重政君 諸君、私ハ只今議題ニ上セラレマシタル貴族院ノ言動ニ關スル事實ノ有無ヲ明確ナラシメル爲ニ緊急質問ヲ致シタイト思ヒマス、其趣旨ヲ明ニ致シ、農林大臣ノ明確ナル御答辯ヲ得タイト存ズルノデアリマス(拍手)

去ル九月一日ノ貴族院本會議ニ於テ上山滿之進君ノ質問ハ、私共ガ之ヲ朗讀ヲ致シマスルト、悉ク虛僞、悉ク捏造、全ク事實ニ非ザルコトヲ認ヒ、其結果ハ我ガ帝國ノ議會政治ヲ否認シ、政黨政治ガ罪惡ノ集團タルガ如キ言動ヲ弄セラレテ居ルノデゴザリマス(拍手)是ハ一黨一派ノ問題デハゴザリマセヌ、民政黨ニモ亦其他ノ黨派ノ諸君ニモ關係ノアルコトヲ、ハッキリ演說ヲサレテ居ル(拍手)併ナガラ上山君ハ前回ノ議會ニ於キマシテモ非常ナ失言ヲサレ、取消サレタコトモアル方デアリマシテ、普通ノコトナラバ斯ウ云フ一種ノ變態ノ人トシテ看過シテ差支ナカラウト考ヘタノデアリマス、其論議サレテ居ルコトハ悉ク上山君ガ或ハ農林次官ノ時代、若クハ米穀法改正委員ノ時代、悉ク眞相ヲ承知シテ居リナガラ、虛僞ノ事實ヲ流布シテ、而モ帝國議會、貴族院ノ公開ノ席上ヨリ、國民全體ニ對シテ、我ガ帝國ノ憲法政治ノ土臺デアルベキ議會政治ヲ否認セラレルガ如キ流言ヲ放ツニ至ッテハ、斷ジテ此儘ニ放置シテ置クベキ問題デハアリマセヌ(拍手)私ハ其事實ノ眞相ヲ茲ニ明ニ致シマシテ、現農林大臣ハ此事實ヲ農林省ノ調査スベキ總テノ材料ニ依テ明確ニ致シ、國民ノ誤解ヲ解キ、全國民ヲシテ斯樣ナル虛僞ノ事實ナカリシコトヲ明ニ致シマスルト同時ニ、動モスレバ暴行問題ヲ論議ナサル方々ニ私ハ一言シテ置キタイ、個人ニ對スル暴行ハ防グコトガ出來マス、帝國議會ニ於ケル議員ノ言論ノ自由ノ蔭ニ隱レテ、國民ヲ欺キ、國家ヲ欺キ、總テ人々ニ對シテ――

(此時發言スル者多シ)

○議長(秋田清君) 靜粛ニ

○砂田重政君(續) 事實ニ非ザル議會政治否認ノ說ヲ擧ゲサスガ如キ暴行ヲ行フ者ガアレバ、是コソ帝國議會カラ掃蕩シテシマハナケレバナラヌノデアリマス(拍手)直接行動ノ腕ニ依ル暴行ヲ排擊シテ、言葉ニ依テ國民ヲ欺クヤウナ暴行ヲ行フ者ヲ看過スルコトハ、斷ジテ許サレナイト吾々ハ思フノデアリマス(拍手)

上山君ノ演說ノ要旨ヲ茲ニ簡單ニ申上ゲマス、其演說ノ要旨ハ、米穀法施行以來、即チ大正十年以來今日マデ八回米ノ買上ガ行ハレテ居ル、其八回ノ中ノ六回迄ハ、之ヲ選擧ニ利用シタモノデアルト云フコトヲ言ッテ居ル

(「其通リ」ト呼ヒ其他發言スル者多シ)

○議長(秋田清君) 靜粛ニ

○砂田重政君(續) 而モ六遍ノ米ノ買上處置ハ、絕對ニ自分ハ選擧ノ爲ニスルモノト邪推ヲ下スト云フ意味デハナイガ、所謂政治家ニハ潛在意識ト云フモノガアッテ、サウシテ斯ウ云フコトヲヤルト云フ事實ガ、斯樣ナコトヲ證明シテ居ルデハナイカ、恰モ帝國議會每ニ此米穀法ニ依テ農民ヲ救フ爲ニヤッタト言ハレル、此米穀法ノ出來タ根本ハ誰ガ作ッタカト云ヘバ、今日ノ民政黨ノ所屬デアル內務大臣ノ山本サンノ時代ニ出來タ、其六回ノ米ヲ買上ゲタノハ之ヲ選擧ニ惡用シタト言ハレテ居ル、其第一ハ大正十二年ノ二月加藤友三郎內閣ノ時ニ二十二万石ノ買入ヲヤッタ、大正十二年ノ二月加藤友三郎內閣デ、二月ニ僅ニ二十二万石ヲ買入レ、其年ノ九月ニ縣會ノ選擧ガアッタカラ、是ハ縣會選擧ノ爲ニ惡用シタノデアラウト云フコトナンデアル、二月ニ米ヲ買ッテ九月ニ縣會ノ選擧ガ行ハレタ、加藤友三郎內閣デ何故是ガ選擧ニ惡用シタト言ハレルカ、何ヲ根據ニ左樣ナコトガ言ハレル、加之當時ノ米穀要覽ニ依テ見マスルト、其後二月カラ六月迄ノ間ニ加藤友三郎內閣ハ二十四万石ノ米ヲ賣却シテ居ル、二月ニ買ッテ、二月カラ六月迄ノ間ニ二十四万石ノ米ヲ賣却シテ、九月ニ選擧ガアッタ、是デ何故縣會ノ選擧ニ惡用シタト云フコトガ言ヘルカ(拍手)其次ハ大正十三年ノ四月ニ百万石ノ買入ヲシタ、是ハ同年ノ五月ノ衆議院議員ノ選擧ニ惡用シタノダ、即チ清浦內閣ガ大正十三年ノ四月ニ百三万石ヲ買ッタノハ、震災ノ後ヲ受ケテ日本ノ米ガ足リナクナッタカラ、外國米ヲ百三万石買ウタ、外國米ヲ百三万石清浦內閣デ買入レテ、是デ日本ノ米價ノ安定ヲ圖ッタ、暴騰ヲ防グ爲ニ外國米百三万石ヲ買ッタノガ、其年ノ五月ノ選擧ニ何デ惡用サレルノデアリマスカ(拍手)ソレカラ其次ハ昭和二年ノ九月、田中內閣ノ時ニ九月ニ二十一万三千石買ッタ、是ガ九月ノ縣會ノ選擧ニ惡影響ヲシタ、斯ウ言ハレル、是ハ此間モ民政黨ノ高田耘平君ガ此席上カラ御述ニナッタ通リ、九月ニナッテ百姓ガ一俵モ米ヲ有ッテ居ラヌ時ニ米ヲ買ッタノハ怪シカラヌト仰セニナッタ、上山君モ同ジコトヲ言ウテ居ル、百姓ガ米ヲ一俵モ有ッテ居ラヌヤウナ時ニ米ヲ買ッテ、縣會ノ選擧ノ黨勢擴張ニ何ガ出來ル(拍手)何ト云フ馬鹿氣タ議論ダ

(議場騷然)

○議長(秋田清君) 靜粛ニ

○砂田重政君(續) 昭和二年ノ九月ニ二十一万石ヲ買ッタト云フノハ、此當時下岡君ノ朝鮮ニ於ケル產米增殖計畫ガ完成ヲシテ、其年ノ八月カラ朝鮮米ガ非常ナ勢デ殺到シテ來タコトハ、農業要覽ニ明確ニナッテ居ルノデアル(拍手)即チ昭和二年ノ八月ニハ、前年ニ比較シテ二十万石ノ增デアリマス、九月ニハ十八万石ノ增デアリマス、十月ニハ三十万石ノ增デ、十一月ニハ四十五万石ノ增デアリマス、斯樣ニ非常ナ勢デ九月カラ朝鮮米ガ殺到シテ來テ、日本ノ米ガ段々ニ暴落ノ徑路ヲ辿ル危險ガアルカラ、九月ノ端境期ニ至ッテ二十一万石買上ゲタ、十一月ト十二月ニ百万石宛買上ゲタト云フノハ、是ハ米ノ出盛期ニ於テ、而モ斯樣ニ急激ニ朝鮮米ノ出ル時ニ、之ヲ買上ゲテ農民ヲ助ケル外ニ途ガナイ、ソレガ何ガ選擧ニ關係ガアル(「値段ヲ言ヘ」ト呼フ者アリ)

値段ハ後デ言フカラ默ッテ聽イテ居給ヘ――斯樣ニ昭和二年ノ九月ト十一月ト十二月ノ三回ニ此年ニ買ッタノハ、選擧ニ關係ガアルダラウト云フヤウナ演說ヲサレテ居リマスル、此時ノ情勢ハドウナッテ居ッタカ、是ハ民政黨ノ農林關係ノ諸君ナラバ御承知ノ通リ、清浦内閣ノ當時ニ買入レタ百三万石ノ此外國米ヲ、其後濱口内閣、若槻内閣ニ於テ幾度カ賣リニ出サレタガ、出スト世間ノ相場ガ下ル爲ニ、中止ヲシ中止ヲシテ、非常ニ古イ外國米ノ百万石近イモノガ、昭和二年ノ田中内閣ノ時マデ其儘藏ノ中ニ積ンデアッタコトハ諸君御承知ノ通リデアル、ソレカラ後ニ民政黨ノ二ツノ内閣ノ間ニ、米ノ買換ト稱シテ買ノ方ハヤッタガ賣ノ方ハ止メタ、其古米ガ非常ニ澤山倉庫ノ中ニ堆積ヲシテ居ル爲ニ、非常ニ米價ニ惡影響ヲ及ボシタ、此處分ノ方法ガ付カナイト云フコトガ、米ノ値段ヲ安クシタ原因デアルト云フコトハ、當時ノ新聞ヲ御覽ニナッタ方ハ悉ク御承知ノ筈デアリマス(拍手)斯樣ナ事實ニ依テ米ノ買上ヲ斷行シタモノヲ捉ヘテ、是ハ悉ク選擧ニ利用スルト云フ、一體何處ヲ押セバサウ云フコトガ言ヘルノカ、其次ハ昭和四年ノ四月一日ニ百万石ノ買入ヲヤッタ、是ハ昭和四年五月ニ市町村會議員ノ選擧ガアル、此選擧ニ利用スル爲ニヤッタノダ、斯ウ言フ、昭和四年四月一日ニ百万石ノ買入ノ發表ヲ致シマシタコトハ、昭和三年迄ニ米穀特別會計ノ資金ガ無クナッテ、當時ノ帝國議會ニ特別會計ノ資金ヲ二億七千万圓ニ擴張スル案ヲ提出致シタ、即チ此時ノ端境期ニハ最早買出動ニ出ルダケノ資金ガナクナッタノデアル、ソコデ已ムヲ得ズ昭和四年ノ議會ノ協贊ヲ經テ、三月三十一日ニ米穀特別會計基金ヲ一億七千万圓ニ增加シテ、發布ニナッタ翌日買出動ヲシテ、百万石ヲ買ウテ米價ノ調節ヲ圖ッタノデアリマス、隨テ之ヲ買入レル當時ニハ、其前三月ノ帝國議會ニ於テ衆議院、貴族院ノ協贊ヲ經テ、急速ニ米ヲ買ヘナケレバナラヌガ金ガナイ、此金ヲ是非共今度ハ協贊ヲ得タイト云フコトハ、時ノ農林大臣其他政府當局者ヨリ明確ニ議會ニ於テ答辯ヲシテ買ッタノデアル、若シ是ガ其當時ヨリ選擧ニ惡用スル爲ニヤッタト云フナレバ、當時ノ貴族院議員デアッタ上山滿之進君ハ、當時議會ニ於テ此事ヲ何故ニ質問シナイノデアルカ(拍手)悉ク其事實ヲ知リ、而モ議會ニ於テ大臣カラ言明ヲシテ居ッテ、三月三十一日ニ發表サレテ、四月一日ニ此米ヲ買ッタノガ、市町村會議員ノ選擧ニ惡用シタナド、云フコトハ、全ク事情ヲ知ラナイ、今何ントカ言ハレタヤウナ方ガ言ハレルノナラバ吾々ハ議論ハ致シマセヌ(拍手)併ナガラ苟モ貴族院ニ於テ米穀法ニ關スル權威者トシテ、民政黨内閣ノ當時ニ於テハ米穀委員會ノ特別ノ委員トナリ、現内閣ノ下ニ於テモ、此今回ノ米穀法改正ノ根本改革ヲヤル特別委員ニナッテ居ル人ガ、率勢米價ノ內容ガ如何ニナッテ居ルカト云フ說明モセズ、今日如何ニ農民ニ無理解ダト云フコトハ分リマスガ、是ハ今日議論ヲシナクテモ宜イ、其ノ米價ハ此値段デ澤山ダト云フ演說ヲサレタ、之ヲ私ハ論議ショウト云フノデハナイ、內容ニ關スル吾々ノ修正ヲシタ案、政府ノ提案ヲシタ案ニ對シテ、其內容ノ急所ニ向ッテ質問ヲ發スルナラ、如何ナル質問ヲサレテモ吾々ハ之ニ異存ヲ申シマセヌ、悉ク內容ヲ知リナガラ、其內容ニ對スル質問ヲ爲サズシテ、此米穀法ノ運用ハ悉ク選擧ニ惡用ヲスル、恰モ政黨ノ集團ハ悉ク惡集團ナルガ如キ流言ヲ放ッテ國民ヲ惑ハシ、欺クニ至ッテハ、斷ジテ議員ノ爲シ得ベキコトデハアリマセヌ(拍手)私ハ若シ上山君ガ斯樣ナ言辭ヲ弄セラル、ナラバ、何故ニ其當時濱口內閣、若槻內閣ノ時代ニ、米ヲ買替ニ名ヲ藉リテ、買フダケ買ッテ、賣ル方ヲ悉ク止メタト云フ、此事實モ一緒ニ攻擊ヲナサラナイト、不純ナ分子ダト言ハレテモ仕方ガナイ(拍手)

而モ更ニ進ンデ上山君ハ――是ダケノ事實ハ農林省ノ此米穀要覽ニアルノデゴザイマス、只今私ノ申上ゲタコトガ事實デアリヤ否ヤ、上山君ノ言フガ如ク選擧ニ惡用シタト云フ事實ガアルカ、其點ハ農林大臣ヨリ明確ナル御答辯ヲ要求スル者デアリマス(拍手)

ソレカラ其次ニ上山君ハ更ニ言葉ヲ添ヘテ、大正十年カラズット値段ニ構ハズ米ヲ買ッテ來マシタ、値段ニ構ハズ米ヲボカ〳〵買フカラ、今日米穀法ニ依ル損失ガ二億圓ニナッタデハナイカ、此二億圓ノ損ト云フモノハ、何ノ基準モナクシテ選擧ニ惡用シタカラ斯樣ナモノガ出來タ、此損害ヲ一般會計ノ國民ニ負擔セシムルノハ怪シカラヌト、斯ウ言フ、是ガ米穀法ニ精通シタ人ノ言葉ト言ヘマスカ、私ハ此點ヲ農林大臣ニ伺ッテ見タイ、米穀法ト云フ法規ノ誤レルコトハ、是ハ何人モ異論ハナイ、併ナガラ値段ヲ構ハズ、ボカ〳〵幾ラデモノ値段デ買ッタト言ハレルガ、今日迄米穀法ニ依ル米ノ買上ハ、其當時ノ時價ノ下ル危險ノアル時ニ、時價ヲ相場トシテ、必ズ基礎ヲ置イテ買上ゲタモノガアルカ、其値段ニ構ハズシテ、勝手氣儘ナ値段ヲ農林大臣ガ定メテ買上ゲタル事實ガアルヤ否ヤ、大正七年八月一日現在ニ於ケル米穀特別會計ノ損失ノ總高ハ一億七千二百三十四万圓デアリマス、此一億七千二百三十四万圓ノ中デ、米ヲ買取ッテ之ヲ賣ル間ノ差額、及現在アルモノヲ評價シタ損失ノ差額、即チ米穀法ノ米デ損ヲシタモノ、總高ハ七千八百六十三万圓、關東ノ大震災ノ爲ニ受ケタル損失ガ五百八十三万圓、燒ケテシマッタ、米穀證券ノ割引料、是ガ四百六万圓、事業費トシテ所謂保管料ト云フモノニ二千八百十七万圓、借入レタ金ノ利息、是ハ即チ米ノ借入レタ金モアリマス、役人ニ月給ヲ拂ッタ月給ニ對シマシテモ利息ヲ拂ッテ、六箇月毎ニ之ヲ元金ニ組入レテ、複利デ年々年々利息ヲ拂ッテ居ル、特別會計ノ利息ノ總高ガ五千二百十三万圓、營繕費ガ百十五万圓、事務費ガ二百三十五万圓、合計一億七千二百三十四万圓、是ガ即チ八月一日現在ノ米穀法ニ依ル損失ト私ハ承知致シマスルガ、滅茶苦茶ニボカ〳〵米ヲ買フテ、値段ニ構ハズ亂暴至極ノコトヲシテ、米ヲ買取ッタ爲ニ生ジタ損害二億圓ト云フ言葉ハ、苟モ此米穀法ニ精通シ、米穀買上ノ問題ニ干與サレテ居ッタ上山君ノ言動トシテ許スベカラザルコトデゴザリマス(拍手)此上山君ノ演說ガ虛僞カ、私ノ申上ゲルコトガ眞實ナリヤト云フコトヲ、明確ニ御答辯ヲ得タイ

上山君ハ此前議會ニ於テ名君宰相繼イデ出デズト云フヤウナ失言ヲシテ、衆議院議員ナド、云フ者ハ三万圓カ四万圓ノ金デ買ッテ來ルト云フヤウナ無禮ナコトヲ言ッテ、到頭議會ニ於テ陳謝シタ、斯樣ナ無禮ナ言動ヲ弄スル人デアリマスルカラ、其言ウテ居ルコトガ吾々ハ殆ド齒牙ニ掛ケナイト思ッテモ、元ハ民政黨內閣ノ臺灣總督ヲ勤メタ人、農商務次官ヲシタ人、斯樣ナ人ガ斯樣ナ議會ノ壇上ニ於テ演說ヲナセバ、所謂議會政治ノ根本デアル政黨內閣ト云フモノハ、左樣ナ惡イ事ヲスルモノダト云フ風ニ誤解ヲ與ヘラルルコトガ、聽テハ國民全體ノ議會否認ノ聲ガ起ルノデゴザリマス(拍手)直接行動ヲヤル者ガ一人ヤ二人アッタト云フノデ、ソレデ起ルノデハナイ、斯樣ナコトガ若イ人々ノ頭ニ、全ク世故ニ通セズ、事情ニ通ゼザル者ニ對シテハ、動モスルト議會恃ムニ足ラズト云フ動機ヲ作ルノハ、斯樣ナ虛僞ノ宣傳ニアル(拍手)即チ斯樣ナ事ガ度重サルカラ、誰方カノ言ハレタ如クニ、仕舞ニハ議會恃ムニ足ラズト云フ聲ガ、一世ノ人格者タル總理大臣ヲ暗殺スルヤウナ惡漢ガ現ハレテ來ルノデアル

諸君、御互ニ議會ニ席ヲ有チ、御互ガ此議會ニ於テ諸君ノ――此諸君ノ方々ハ知ラ

ヌガ、吾々ハ此米穀ニ對スル案ヲ組立ッテ、經濟組織ニ關スル案ヲ組立ッテ、過去數年ノ間、此深刻ナル不況ノ狀態ノ現レタル時以來、如何ニ心血ヲ注イデ此經濟界ヲ救ヒ、此國難ヲ救ヒ、國民大衆ニ生活ノ安定ヲ與ヘルコトニ、ドノ位ノ苦心ヲ重ネ、慘憺タル努力ヲ重ネテ居ルカト云フコトハ、御互全體ガ心ニ顧ミテ、サウシテ私ハ――是ハ諸君ガ御承知ノコトデアラウト思フ、民政黨ノ諸君モ同樣デアラウト思フ、今日ノ國同ノ諸君モ同樣デアラウト思フ、ソレガ悉ク何事モ議會ヲ恃ムニ足ラズ、議會ト云フモノハ罪惡ノ集團ナリト云フガ如キ、斯樣ナ言辭ノ下ニ一朝ニシテ葬リ去ラレ、ソレデ尙ホ議會ハ自ラ省ミテ淨化ショウナド、云フ、サウ云フコトヲ言ウテ居ル時代デゴザイマセウカ、其樣ナ流言蜚語ヲ放ッテ全國民ニ對シ誤解ヲ招キ、此議會政治ヲ呪フヤウナ官僚敗殘者ノ陰謀ガアルナラバ、徹底的ニ之ヲ膺懲スルコトガ必要デアル（拍手）此陰謀ノ現ハレガ此今年ノ議會ニ於テ出タノデアル、固ヨリ御互ニ此赤誠ノアル所、國民生活、國民大衆ノ安定ノ爲、或ル一部分ノ人ノ如ク、唯大キナコトヲ言ウテ、中味ノ入ッタ具體的ノ政策ヲ持タズシテ、世間ヲ煽動スル政治トハ、今日ノ政治ノ論議ハ違フ時代ニナッテ居ル（拍手）其努力ノ跡ヲ眞ニ國民ニ徹底セシムルノニハ、斯ウ云フ流言蜚語ヲ放ツ官僚ノ陰謀ヲ排擊シテシマフト云フコトガ今日ノ急務デナケレバナラヌ（拍手）而シテ御互全體ノ眞ノ赤誠ガ國民ノ本當ノ耳朶ニ觸レ、國民ノ眞意ト相合致シタ時ニ於テ政黨內閣ガ出來ルノデ、今日ノヤウナ狀態ノ內閣ハ出來ナイ筈デアルト吾々ハ考ヘルノデアリマス（拍手）此時機ニ到達セシムル爲ニハ、斯樣ナ亂暴ナコトヲ考フル者ハ之ヲ……

（發言スル者多シ）

○議長（秋田淸君） 靜肅ニ

○砂田重政君（續） 議會ノ壇上ヨリ明確ニ致シ、而モ農林大臣ヨリ、此私ノ申上ゲタ事實ガ眞實カ、上山君ノ言ウタコトガ眞實カト云フコトハ、此議會ニ於テ明確ナル御答辯ヲ得テ、サウシテ之ヲ國民ニ明ニシタイト云フ意味デ、只今ノ質問ヲ發シタ次第デアリマス（拍手）願クハ農林大臣ノ明確ナル御答辯ヲ得タイト思フノデアリマス（拍手）

（發言スル者多シ）

○議長（秋田淸君） 靜肅ニ

（國務大臣後藤文夫君登壇）

○國務大臣（後藤文夫君） 只今砂田君カラ貴族院ニ於ケル上山議員ノ質問ニ關聯シテ、御尋ノアリマシタ二點ニ御答ヲ致シマス

第一點デアル過去ニ於ケル米穀法ノ運用ニ依ル米ノ買上ガ、選擧ニ利用セラレタ、或ハサウ云フヤウナ想像ガセラル、ト云フヤウナコトニ付テ、ドウ考ヘルカ、私ハ過去ノ歷代ノ政府ガ米穀法ニ依テ米ノ買上ヲ致ストキハ、相當ナ理由ガアッテ致シタノデアル、選擧ニ利用サレタト云フヤウナ推測ハ、持ッテ居リマセヌ（拍手）

第二ノ米ノ價ヲ時價デ買ハズニ勝手ナ値段デ買ウタ、サウ云フコトモ過去ニ於テナイト思ッテ居リマス（拍手）

（發言スル者多シ）

○議長（秋田淸君） 靜肅ニ――日程ニ入リマス日程第一、土地工作物愛護法案ノ第一讀會ヲ開キマス、提出者ノ趣旨辯明ヲ許シマス――提出者荒川五郎君

昭和七年九月四日

金錢債務臨時調停法案外一件

米穀法中改正法律案（小字及━━貴族院修正）

米穀法中左ノ通改正ス

第一條ニ左ノ一項ヲ加フ

政府ハ米穀ノ買換ヲ爲サントスル場合ニ於テ必要アリト認ムルトキハ命令ノ定ムル所ニ依リ買換ニ代ヘ買換ノ爲賣渡ヲ爲サントスル米穀ヲ道府縣ニ對シ交付スルコトヲ得

政府ハ災害救助其ノ他緊急ノ必要アリト認ムルトキハ市町村ニ對シ其ノ貯藏ニ係ル米穀ヲ有償若ハ無償ニテ交付シ又ハ一定ノ期間ヲ限リ貸付ヲ爲スコトヲ得

第四條 削除

第五條 削除

昭和八年法律第三十一號附則第二項ヲ削ル

附 則

本法施行ノ期日ハ勅令ヲ以テ之ヲ定ム

政府ハ當分ノ内本法ニ依リ朝鮮及臺灣ニ於テ各其ノ地ノ産米ノ買入、賣渡、交換、加工又ハ貯藏ヲ爲スコトヲ得

本法施行ノ日ヨリ昭和八年十二月末日ニ至ル迄ハ第四條ノ最低價格ハ第五條ノ規定ニ拘ラズ命令ノ定ムル米穀生産費ニ依ル

政府ハ當分ノ内朝鮮米及臺灣米ノ内地移入數量ヲ月別平均的ナラシムル爲勅令ノ定ムル所ニ依リ朝鮮米及臺灣米ノ買入、賣渡、加工又ハ貯藏ヲ爲スコトヲ得此ノ場合ニ於ケル買入又ハ賣渡ノ價格ハ時價ニ準據シテ之ヲ定ム

政府ハ當分ノ内米穀ノ數量又ハ市價ヲ調節スル爲特ニ必要アリト認ムルトキハ勅令ヲ以テ期間ヲ指定シ粟ノ輸入税ヲ增減又ハ免除スルコトヲ得

本法ニ依ル米穀ノ交付又ハ貸付竝ニ朝鮮米及臺灣米ノ買入、賣渡、加工又ハ貯藏ニ關スル一切ノ歳入歳出ハ米穀需給調節特別會計ニ屬セシム

○議長（秋田清君） 尙ホ右二案中金錢債務臨時調停法案ハ、貴族院ニ於テハ本院ノ修正シタル點ヲ全部削除シテ、政府原案ノ通リ復活シタノデアリマス、回付案ハ印刷ノ上配付致スノデアリマスガ、其時間モゴザリマセヌ、且又只今申シマシタ如ク、政府原案ニ復活シタモノデアリマスカラ、既ニ諸君ノ御手許ニアリマス所ノ政府提出原案ニ付キ御承知ヲ乞ヒマス、次ニ米穀法中改正法律案ノ回付案ハ、只今諸君ノ御手許ニ配付致シテアリマス、採決致シマス、先ヅ政府提出金錢債務臨時調停法案ノ回付案ニ同意スルヤ否ヤヲ御諮リ致シマス、本案ノ貴族院ノ修正ニ同意ノ諸君ノ起立ヲ求メマス

（賛成者起立）

○議長（秋田清君） 起立多數、貴族院ノ修正ニ同意スルニ決シマシタ━━次ニ本院提出、米穀法中改正法律案ノ貴族院回付案ニ同意スルヤ否ヤヲ御諮リ致シマス、本案ノ貴族院ノ修正ニ同意ノ諸君ノ起立ヲ求メマス

（「反對」「發言ノ通告ガアリマスヨ」ト呼フ者アリ）

○議長（秋田清君） 暫ク御待チ下サイ、通告アリヤ否ヤヲ確メマス

（「通告ナシ」ト呼ヒ其他發言スル者多シ）

○議長（秋田清君） 靜肅ニ━━靜肅ニ━━本院提出米穀法中改正法律案ノ貴族院回付案ニ對シテ高田耘平君ヨリ發言ヲ求メラレテ居リマス、ソレヲ許シマス━━高田耘平君

（高田耘平君登壇）

○高田耘平君 極メテ簡單ニ貴族院修正ニ贊成スルノ理由ヲ申上ゲヤウト思ヒマス、去ル三十一日ノ本會議ニ於テ、米穀法中改正法律案、政友會提出ノ案ニ對シテ、吾々ハ反對ヲ致シタノデゴザイマス、而シテ其當時申上ゲマシタ通リ、政友會ト政府及吾々民政黨トノ意見ノ差ハ、歸スル所賣買上ニ於テハ三點ニナッタノデアリマス、即チ米穀無償交付ノ可否、何方ガ宜イカ、第二ハ米穀ノ買入及賣渡ノ時ニ、時價ニ準據シテ買入或ハ賣渡スコトガ良イカ惡イカ、政友會ノ案ニハ、何等買上賣渡ノ標準ニ付テ何等ノ制限モナクナッタノデゴザイマス、之ガ果シテ良イカ、惡イカ、吾々ハ飽マデモ時價ニ準據シテ置ク必要ガアリト思ッテ之ヲ主張シタ次第デゴザイマス、更ニ第三ハ、基準米價ヲ設スルヤ否ヤト云フコトデアリマス、吾々ハ基準米價ヲ設セズトモ……

（發言スル者多シ）

○議長（秋田清君） 靜肅ニ

○高田耘平君（續） 生産費マデニ買上ゲルコトガ出來ルカラシテ、基準米價ヲ存置シテ置イテモ何等差支ノナイト云フ主張ヲ述ベタノデゴザイマス、吾々ノ此正シキ主張ハ、遺憾ナガラ（「ノー〱」）多數ト云フ爲ニ破ラレタノデアリマス、所ガ貴族院ニ於ケル修正ハ、無償交付ヲ爲スコトガ非ナリト云フ點ニ付テ全然吾々ト意見ガ一致シタノデゴザイマス（拍手）即チ貴族院ノ修正ニ依ッテ、政友會ノ主張ハ破滅サレタノデアリマス（拍手）更ニ買上賣渡ノ時期ニ於テ、時價ニ準據シテ買フベシト……

（議場騷然）

○議長（秋田清君） 靜肅ニ

○高田耘平君（續） 吾々ハ主張ヲシタノデアリマス、之ニ反シテ、何等ノ基準ナクシテ、且ソレニ依ッテ各種ノ政治的罪惡ヲ起スノ虞アリ、ソレニ依ッテ或ハ不當ノ利益ヲ或ル者ニ受ケシメ、或ル者ニ損害ヲ起スノ虞ガアリマスルカラシテ、吾々ハ絶對ニ之ヲ維持シタノデアリマス、其正當ナル主張ハ、遺憾ナガラ本院ニ於テ敗レマシタ、併ナガラ貴族院ハ吾々ノ意見ヲ採ラレマシテ、時價ニ準據シテ買上ヲスルコトニ致シタノデアリマス（拍手）吾々ハ此意味ニ於テ貴族院ノ修正ニ同意スルモノデアリマス（拍手、「簡單々々」）更ニ第四條第五條ヲ……

（議場騷然）

○議長（秋田清君） 靜肅ニ

○高田耘平君（續） 存續スル吾々ノ意見ハ、是モ貴族院ニ於テ容レマシテ、削除ノ意見ガ潰レマシタ、其當時吾々ハ……（「恥

ヲ知ラヌカ」ト呼ビ發言スル者多シ）其當時吾々ハ第四條第五條ヲ存シテモ、所謂最低基準價格ヲ生産費マデ引上ゲテ買フコトガ出來ルノデアルカラシテ、第四條第五條存置ニ依ツテ、何等生産費デ買フト云フ農會ノ主張モ、政友會ノ主張モ容レラレルカラシテ、決シテ廢ス必要ナシト主張シタノデゴザイマス、所ガ是ガ諸君ノ爲ニ破ラレマシタガ、貴族院ハ吾々ノ主張ヲ容レテ、第四條第五條ヲ存置シタノデアリマス、加之貴族院ニ於テハ吾々ガ第四條第五條ノ解釋上、生産費マデ買得ルト云フコトヲ更ニ裏書シテ、附則ニ於テ本法發布ノ日ヨリ――改正法發布ノ日ヨリ昭和八年十二月三十一日マデノ間、命令ノ定ムル生産費ニ依ツテ買上ゲルコトガ出來ルト云フ規定ヲ設ケマシテ、即チ法律ノ解釋上當然來ルベキコト、當然解釋スルベキコトヲ更ニ裏書シテ……

（議場騷然）

○議長（秋田淸君） 靜粛ニ

○髙田耘平君（續） 附則ニ於テ生産費デ買フト云フコトニシタト云フコトハ、洵ニ私共ノ主張ヲ此附則ニ於テ徹底致シマシタ、吾々ハ貴族院諸公ガ、吾々ノ正當ナル解釋ヲ、之ヲ裏書シテ附則ニ決メテ吳レタ、此勞ニ對シテ厚ク敬意ヲ表シマス、以上ヲ以テ私ノ贊成ノ意見ト致シマス（拍手）

（議場騷然）

○議長（秋田淸君） 靜粛ニ

○志賀和多利君 此重大ナル案件ニ對シ……

○議長（秋田淸君） 志賀君何デスカ――志賀君

（議場騷然）

○議長（秋田淸君） 採決致シマス、本案ノ貴族院ノ修正ニ同意ノ諸君ノ起立ヲ求メマス

（贊成者起立）

（議場騷然）

○議長（秋田淸君） 靜粛ニ――只今ノ議長ノ宣告ガ徹底セザルヤヲ慮レマスカラ、更ニ改メテ宣言致シマス、本案ノ貴族院ノ修正ニ同意ノ諸君ハ起立ヲ求メマス

（贊成者起立）

○議長（秋田淸君） 起立少數、仍テ貴族院ノ修正ニ同意セザルコトニ決シマシタ（拍手）只今不同意ニ決シマシタ所ノ議案ニ對シテハ、議院法第五十五條ニ依リマシテ、兩院協議會ヲ開クコトヲ求メナケレバナリマセヌ、就キマシテハ協議委員ノ數ヲ定メ、及ビ其選擧ヲ行フ必要ガアルノデアリマス、仍テ協議委員ノ數及ビ其選擧方法ヲ議題ト致シマス

――

昭和七年九月五日

議長ノ報告

在滿邦人ニ對スル低資融通等ニ關スル質問主意書

右成規ニ據リ提出候也

昭和七年九月三日

提出者　仙波　久良

在滿邦人ニ對スル低資融通等ニ關スル質問主意書

財界ノ現狀ニ鑑ミ政府ハ不動產融資及損失補償法ニ依リ內地竝樺太ニ於テ低利資金ノ融通ヲ爲シ其ノ損失ニ對シテハ之ヲ補償スルノ途ヲ講ジ以テ經濟界ノ匡救ヲ圖リ朝鮮ニ於テモ總督府ハ同樣ノ主旨ニ依リ其ノ財界匡救ノ實ヲ擧ケムトシツツアリ亦產業組合中央金庫特別融通及損失補償法ヲ制定シ內地ニ於ケル財界ノ匡救ヲ爲サムトスルモノアルハ頗ル機宜ニ適セル處置ト認ム

然ルニ在滿邦人二十數万ニ達スル滿洲ニ對シテハ何等匡救ノ方途ヲ講セサルハ其ノ實情ニ鑑ミ甚シク均衡ヲ失スルモノアルヲ認ム政府ハ速ニ同一主旨ニ立脚シテ在滿邦人ノ匡救ヲ爲スノ要アリト思惟ス

抑在滿邦人ノ經濟的苦境ヲ招來シタル主タル原因ハ

一　在滿邦人不動產債務約七千万圓ニ達シ概シテ高利ナルコト

一　銀高時代ニ於ケル投資、兩三年來ノ銀安及之ニ因ル滿洲國人側ノ購買力激減

一　支那舊軍閥官憲ノ不當ナル壓迫及排日貨

一　一兩年來關東廳及滿鐵ノ事業費削減

一　世界的不況ノ波及、穀類價格ノ下落ニ因ル購買力ノ激減

一　昨年滿洲事變以來支那官憲（兵工廠其ノ他）ノ物資購入全滅

等ヲ擧グルコトヲ得滿洲一般財界不況ヲ最雄辯ニ物語ルモノハ滿洲輸出入貿易金額ニシテ昭和六年ニハ昭和三四年ニ比シ半額以下トナレリ在滿邦人ノ租稅公課及借家賃ノ滯納率ハ著シク激增セルハ如何ニ在滿邦人ガ經濟的苦境ニアルカヲ知ルニ足ルヘシ然ルニ其ノ苦境ニアル實情內地方面ニ十分傳ハラサルハ

一　在滿邦人ノ約半數ハ官吏、滿鐵其ノ他內地大會社ノ社員等所謂給料生活者ニシテ中小商工業者ハ各地ニ散在シ居ルコト

一　直接議會ニ實情ヲ反映セシムルコト不便ナル立場ニアルコト

卻テ內地ニ於テハ滿洲事變以來軍費其ノ他ニ依リ所謂滿洲景氣ヲ現出シ在滿邦人亦其ノ餘澤ヲ蒙リツツアルガ如ク想像スル者アルモ事實ハ旅館料理店等特種例外的ノモノヲ除キ食糧其ノ他モ大部分ハ軍部專屬ノ御用商人ノ間ニ於テ調辨セラレ而モ多クハ內地ニ於テ購入セラレツツアルカ如ク一般ハ家賃其ノ他變調的物價騰貴ニ苦シムノ實情ニアリ又不德義ノ御用商人ニシテ關稅及運賃ノ減免セラレタル商品ヲ市中ニ流出セシメ一般商人ヲ苦シムルノ事實アリ

以上ノ如キ事情ニ加フルニ

一　在滿邦人ノ郵便貯金約三千万圓ニ達スルニ其ノ地方還元ト稱スヘキハ僅ニ三百万圓ニ過キサルナリ先年ノ東拓及鮮銀經由ノ疏通資金ニシテ現存スルモノ約四百五十万圓アルモ九分以上ノ高利ニシテ低利資金ニ非ス又滿鐵、東拓及鮮銀等ニ救濟其ノ他ノ爲融通シアリト稱スルモノアルモ之等ハ所謂地方還元ト稱スルヲ得サルモノナリ

一　今回ノ郵便貯金利子引下ハ在滿邦人ニ更ニ年額三十數万圓ノ打擊ヲ與フルコト、ナル

此等ノ實情ハ日滿經濟關係ノ將來ニ鑑ミ矛盾ノ甚シキモノナリ此ノ際滿洲ニ永ク在住スル邦人ノ經驗及知識ヲ出來得ル限リ利用スルコトハ邦人ノ滿洲發展上國家ノ大局ヨリ見ルモ最合理的ニシテ且有效ナリ依テ在滿邦人ニシテ其ノ信用、擔保確實ナルモノニ對シ相當額ノ低利資金ヲ融通スルコトハ極メテ適切ナル處置ナリト謂フヘシ政府ハ左記各項ニ對スル所見如何

一　內地竝樺太及朝鮮ニ於ケル財界匡救ノ主旨ニ倣ヒ在滿邦人ノ苦境ヲ速ニ低利資金ヲ融通シテ匡救スル意思アリヤ否ヤ

二　其ノ意思アリトセハ之カ實行ノ時期及程度如何

右及質問候也

本質問ニ對シテハ書面ヲ以テ答辯アラムコトヲ望ム

昭和七年九月四日

內閣總理大臣　子爵齋藤　實

衆議院議長秋田清殿

衆議院議員仙波久良君提出在滿邦人ニ對スル低資融通等ニ關スル質問ニ對シ別紙答辯書送進候

（別紙）

衆議院議員仙波久良君提出在滿邦人ニ對スル低利資金融通等ニ關スル質問ニ對スル答辯書

政府ハ出來得ル限リ在滿邦人ノ苦境ヲ匡救スル爲適當ノ措置ヲ講ズルノ意志ヲ有スルモ大藏省預金部ヨリ低利資金ヲ融通スルヤ否ヤハ此際言明スル事ヲ得ズ

右及答辯候

昭和七年九月四日

大藏大臣　高橋　是清

拓務大臣　永井柳太郎

一　昨三日貴族院ヨリ回付アリタル議案左ノ如シ

金錢債務臨時調停法案（政府提出）

米穀法中改正法律案（本院提出）

農村負債整理組合法案（政府提出）

一　昨三日貴族院ニ於テ本院ノ送付ニ係ル左ノ議案ヲ可決シタル旨同院ヨリ通牒ヲ受領セリ

市町村立尋常小學校費臨時國庫補助法案（政府提出）

製絲業法案（政府提出）

產業組合中央金庫特別融通及損失補償法案（政府提出）

產業組合法中改正法律案（政府提出）

產業組合中央金庫法中改正法律案（政府提出）

不動產融資及損失補償法案（政府提出）

昭和七年法律第六號中改正法律案（政府提出）

商業組合法案（政府提出）

商品券取締法案（政府提出）

米穀需給調節特別會計法中改正法律案（政府提出）
道路法中特例ニ關スル法律案（本院提出）

一議員ヨリ提出セラレタル質問主意書左ノ如シ

在滿邦人ニ對スル低資融通等ニ關スル質問主意書

提出者　仙波久良君

（以上九月三日提出）

一昨三日兩院協議委員議長及副議長ノ互選結果左ノ如シ

米穀法中改正法律案並農村負債整理組合法案兩院協議委員

議長秦豐助君　副議長松野鶴平君

○議長（秋田清君）　會議ヲ開キマス、都合ニ依リ暫時休憩致シマス

午前十時四十二分休憩

---

午後九時十分開議

○議長（秋田清君）　休憩前ニ引續キ會議ヲ開キマス、福田關次郎君ヨリ議事進行ノ發言ヲ求メテ居ラレマスガ、此議事進行ハ直チニ處理スルコトヲ要セザルモノト認メマスルカラ、後刻適當ナル機會ニ於テ、之ヲ許可致シタイト思ヒマス――日程第一、罹災救助基金法中改正法律案ノ第一讀會ノ續ヲ開キマス、委員長ノ報告ヲ求メマス――委員長安藤正純君